丁海斌

◎

著

中国文档名词发展演变史

——档案学、文书学之历史语言学研究（上）

百花洲文艺出版社
BAIHUAZHOU LITERATURE AND ART PRESS

图书在版编目（CIP）数据

中国文档名词发展演变史：档案学、文书学之历史语言学研究/丁海斌著. -- 南昌：百花洲文艺出版社，2024.11

ISBN 978-7-5500-5143-0

Ⅰ.①中… Ⅱ.①丁… Ⅲ.①文档 – 名词术语 – 语言学史 – 中国 Ⅳ.①G254.92-61

中国国家版本馆CIP数据核字(2023)第049359号

中国文档名词发展演变史
——档案学、文书学之历史语言学研究

ZHONGGUO WENDANG MINGCI FAZHAN YANBIAN SHI
——DANGANXUE、WENSHUXUE ZHI LISHIYUYANXUE YANJIU

丁海斌　著

出 版 人	陈　波	
责任编辑	周振明	
书籍设计	黄敏俊	
制　作	何　丹	
出版发行	百花洲文艺出版社	
社　址	南昌市红谷滩区世贸路898号博能中心一期A座20楼	
邮　编	330038	
经　销	全国新华书店	
印　刷	江西省和平印务有限公司	
开　本	720 mm × 1000 mm 1/16	
印　张	60.75	
版　次	2024年11月第1版	
印　次	2024年11月第1次印刷	
字　数	900千字	
书　号	ISBN 978-7-5500-5143-0	
定　价	98.00元（全二册）	

赣版权登字　05-2023-83

邮购联系　0791-86895108
网　址　http://www.bhzwy.com

图书若有印装错误，影响阅读，可与承印厂联系调换。

专业语言的历史实证研究（代序）

本书是笔者主持的国家社科基金一般项目"中国文档名词发展演变史"（14BTQ071）的最终成果。

一、研究对象

名词，是人对特定的客观事物的符号性表述。这种表述（名称）是人们在认识世界、理解世界的活动过程中获得的，其对象是那些具有独立特征的某一个或存在共性的某一类事物。这个名称确立后，会在人类认识发展过程中得到不断的修正与完善。名词的产生与发展，表面上是语言问题，而本质上是人类思想认识问题。词汇，不仅仅是语言，更是一种概念、一种思想。对它们的研究，是构建人类思想史、认识史的一个重要方面。

专业语言，对于一个专业领域而言具有极其重要的意义。普通人也说文书和档案，但那只是一种一般意义上的名称，不是一种专业的概念认识。他们在说这些名词时，没有专业研究员头脑中的那些丰富、精确的概念认识。作为概念的专业名词，它是建立在通晓专业历史和成就的基础上的。非专业地使用名词与专业地使用概念，是非专业与真专业的明显区别。

作为专业的研究者，我们的确要比非专业人士对专业名词了解得更多。但这就够了吗？黑格尔说，人们对自己经常挂在嘴边的名词往往是最无知的。虽然作为研究者，我们对本专业的这些名词比普通人了解得多一些。但如果认真推敲起来，说起这些名词的来源、演化，我们大多知之不详、知之不确。这种无知，会使我们的专业性受到质疑，会使我们学科的成熟性受到质疑。专业语言的成熟，从来都是专业成熟的显著标志之一。

关于文档名词的研究，是文书术语学、档案术语学、文书史、档案史等学科重要的基础性的组成部分。在古代汉语中，人们对文书和档案这两种事物的认知区分还不是十分清晰，反映为名称上的区分也不是很明显，同一个名词常常兼具文书和档案两方面的含义，它们之间联系紧密。历史时代越早，这种情形就越明显。基于此，本书将两者作为共同的研究对象，即我们研究的是文档名词，而不只是档案名词或文书名词。当然，由于现代社会名词的专业化程度大大提高，我们就改为以档案名词为主了。

在语言学中，研究某一专业或行业语言的部分，被称为专业或行业语言学。在专业语言学中，语音与语法不是研究的重点，词汇是它们的主要研究对象。而专业词汇又以名词为主，这是本书以文档语言中的名词作为研究对象的主要原因。

名词是由词素构成的，据此，我们将具有同一词素（根词）的名词归为一类，称为名词"族类"，这是一种词汇聚类研究方法在文档名词研究中的应用。具体而言，我们从文档语言的特殊性出发，在文档族类特征方面，归纳出以下族类文档名词："文族""书族""案族""簿族""籍族""册族""卷族""牍族""典族""图族""档族"等。这些"族类"将文档名词划分为"组"或"群"，以一个"群组"为研究对象，即按照"文档名词整体→文档名词族类→文档名词个体"的研究路径展开，可以帮助我们更好地从整体到个体分析文档名词的词义与使用情况。

此外，文档名词族类中的很多名词往往可以分属两个不同族类，即构成该词的两个词素分属两个不同的族类，如"案牍""案卷""文案"等，它们既都属于"案族"文档名词，也分别属于"牍族""卷族""文族"文档名词。在统计时，这些交叉的名词我们在不同的族类中皆纳入统计范畴，不在整体中加以剔除，以保持各族类本身的完整性。但在具体论述时会有所侧重、取舍，尽量避免较多的交叉与重复。

多数情况下，一个名词会具有多个义项。而这些义项往往并不都是指代文档类事物的，也会包含其他事物或概念，而本书中所研讨的主要是该名词的文档类含义和用法。如"文字"一词，《汉语大词典》中有3个义项、6种含义，在大多数情况下它是指记录语言的书写符号，古汉语中多指单字。比较这6种含义，仅有"公文；案卷""指奏疏或札子"属于文档名词的范畴，即"文字"一词仅在这两种用法中指代文书档案类事物，因此检索结果和统计数据均在这两种用法（文档含义）的范畴内筛选和计算，即一般只统计其文档含义的部分，以确保数据的准确性和可靠性，避免含义混淆、数据泛化。

本书的选词范围较大，总数多达200余个。在名词范围上达到了前所未有的水平，具有较高的全面性。如"文族"名词就包括"文、文卷、策文、公文、文典、文字、文告、文凭、文契、文墨、文款、文疏、文牒、文榜、文诰、文翰、文历、文学、文验、文解、文稿、文檄、文引、文札、文示、文表、文帖、文券、文状、文奏、文按、文计、文约、文记、文帐、文移、文符、文献、文证、书文、文书、文案、文牍、册文、文册、典文、图文、文簿、中古文、架阁文字、架阁文书"等51个文档名词。

当然，即使达到如此之大的选词范围，但在浩瀚的词汇海洋面前，遗漏仍然是难免的，有待我们继续挖掘。

二、研究方法

（一）计量语言学

1.主要基于数据库文献之检索、分析的较大数据量抽样统计法

本书采用了计量语言学的方法进行历史语言学的研究。它需要两个重要前提：第一，历史上连续的文献遗存。对于古代语言，特别是文档语言（具有明

显的书面语言特点），我们主要从各个时期的书面文献来考察。如果文献是断断续续的，数量很少，就难以达到较好的效果。在这一点上，我们要感谢我们伟大的祖先，从商代开始，就给我们留下了大量的连续的文献资料，不但"经史子集"汗牛充栋，小说、笔记也数不胜数。这是本书开展研究的必要条件之一。第二，数据库的建设与运用。我们进行了大数据量的统计工作，如果没有网络数据库这样的工具，手工完成是很困难的，甚至说是不可能完成的。

尽管本书的数据量很大，但使用的仍是抽样统计法，即在从全部研究对象（古代文献）中抽取一部分对象（笔者当时所能查到的全部数据库文献及部分纸质文献）进行调查并取得资料的基础上，运用数理统计的原理，对整体做出数量上的估计判断，从而对认识对象得出大致结论。抽样法也叫取样法，统计学中称为抽样推断法，是统计方法在社会科学领域的应用。这种统计工作，成功与否、效果如何主要取决于研究人员对统计样本的选择。本书主要采用整群抽样法，即古代以《国学宝典数据库》《爱如生中国基本古籍数据库》所收全部古籍文献等为统计对象，现代则以年鉴数据库为统计对象，对这些群体对象进行调查统计，以期获得较佳的结果数据。

本书所进行的检索统计，样本主要来源于《国学宝典数据库》、《爱如生中国基本古籍数据库》（2016年年底）和《四库全书数据库》（2016年）所包含的书籍及一些特殊文献（如甲骨文汇编、金文汇编等），并参考了"读秀"等中文数据库。在古文献样本选择上，我们首先选择了《国学宝典数据库》，因为它是目前国内数据量较大、检索较便利的数据库。但这个数据库有一些缺点，如部分文献时代归属不准确、内容有错误、部分重要文献缺失等。所以我们采取了一些补救措施，如：在文献年代归属上，我们都在进行研究后确认或订正；在内容上，我们逐一对照权威纸本或纸本的扫描电子版，并以纸本作为参考文献注释的依据；在重要文献缺失问题上，如甲骨文献、金文文献、《清实录》等，我们就不能单纯依赖该数据库了，通过其他数据库（如《爱如生中国基本古籍数据库》、《四库全书数据库》、"读秀"等）和纸本文献来弥补。

具体到文献时代归属问题上，我们既考虑作品创作年代，也考虑作品的内容年代。如《清史稿》的作品创作年代是民国，但其作品的内容年代是清代，所以我们在对内容进行具体考察后将其统计数据归入清代。数据的年代确定，是一件极其复杂的问题，有时需将作品年代、作品内容年代、作者出身、作品资料来源、作品语言习惯等综合考虑，并参考旁证，方能最后确认。但即使如此，这方面的误差也是在所难免的。

具体而言，我们数据检索的古代文献总数为2578部（详见本书附录1）。其中先秦73部，秦汉66部，三国13部，两晋59部，南北朝83部，隋唐五代412部，宋朝615部，元朝272部，明朝452部，清朝（鸦片战争前）533部，数据截至时间为2015年7月。此外，在近代部分，笔者还选取晚清文献361部，民国文献290部，合计651部进行检阅、统计和分析。古代与近代文献合计3229部。当代部分的检索、统计的对象是新中国成立以来的年鉴数据库，截至2015年1月20日，CNKI年鉴共2853种、23331册。

特别需要指出的是，《国学宝典数据库》等数据库处于不断扩充的过程中，读者今天看到的这些数据库的文献数已经远多于笔者此前所检索的文献数，文献年代等也做了部分调整。因此，请读者参照本书的附录——《本书所检索、统计的中国古代文献表》中的文献，它们是本书检索的具体对象。如果读者现在检索相关数据库，数据有可能有所差异，请特别注意这一点。当然，作为一种概率性的统计描述，这种差异在总体上一般不影响基本结论。

2.检索文献中文档名词所属时代划定

我们在检索过程中，需要把某一具体文献中的文档名词归入相应的某一具体历史时代，如《史记》的著作年代为西汉，其中所使用的文档名词一般也归于这一时代。但古代文献中文档名词的时代划分并不是一件容易的事，因为其写作年代与内容年代常常是不一致的。如《明史》的编修年代并不是明代，而是清代，这样就出现了两个历史时间的选择问题。那么，其中的文档名词应归入哪个时代的语言词汇呢？历史语言的时代辨别有时是很困难的。除文献本身的年代问题外，有的时候作品、作者的年代是清楚的，但作者使用的语言可能不是本时代的，许多史书中就大量存在着这样的问题。有时这种年代的差别是较明显的，易于辨别，但有时差别是模糊的，不易于辨别。仔细认真的态度、深厚的学术功底等都是准确鉴别的重要条件。在本书中我们一般采用内容时间标准，即主要以作品内容所针对的时代为准。具体地说，在确定各历史时期所需检索的文献时，首先要考察作者所属朝代和文献的撰修时间，其次重点考察文献的具体内容和语言特点。总之，综合考虑以上因素以划分文献所属历史时期。如《明诗纪事》和《明诗别裁集》这两部著作，它们虽成书于清代，但均为清代学者汇集明代诗作编撰而成。所以，根据这两部文献的实际内容和语言特点，我们将其中文档名词所属的历史时期划为明代。

但这种选择标准不是绝对的。事实上，作者在编修作品时也会选择本时代的词汇，甚至会使用一些自造词汇，如《周礼》中的一些文档词汇是作者自造的，如果把它们作为西周文档名词就不合适了。

还需特别说明的是：我们的检索样本——书面文献，特别是古代文献，其作品真伪、写作年代等有一定的不确定性，这也会影响到数据的准确性。特别是先秦文献，这种情况较为严重。笔者采取的办法是：非唯一性证据可宽泛处理之，即同样证据来源于多部文献，其中有可靠性程度较高的文献，这类数据就可以被认可；而唯一性数据若来源于可靠性程度不高的文献，则不以确切证据对待，以存疑的方式呈现给读者。

先秦文献比较复杂，许多作品（《孔子集语》等）是后人编撰的，如何处理它们，是笔者的一个难题。笔者的处理办法是：这类文献仅作为参考材料，不作为证据性材料。比如："图书"一词在多部"先秦文献"中出现过，但由于它们并不是先秦时期的作品，词汇所属年代具有很大的不确定性，所以我们没有确认该词出现于先秦。

总之，确认历史文献中语言词汇的时代属性，是一项需要耐心和能力的工作，由于笔者及其他参与者的能力、精力有限，我们的工作尚有一些不足之处，请读者原谅、批评、指正。

3.名词使用频次及其划分

有些语言学著作将词汇出现的次数称为频次。本书有所不同，本书将某一名词在检索文献中平均出现的次数称为频次，而在检索文献中出现的次数直接称为"出现次数"，这样似乎更准确、科学一些。

在本书中，笔者还将文档名词划分为高、中、低频。根据文档名词的特点，我们将频次在1以下者称为低频词，1—2者称为中频词，2以上者称为高频词。

此外，几年之内，我们进行了几轮统计，深度广度有所不同，特别是早期仅以词汇的文档词义为统计对象，后期则进行了更全面更深入的检阅统计工作，并注意到了名词的其他词义的使用情况。这样可以更清晰地说明文档词义在该词多种词义中的地位。在这个递进的研究过程中，还会出现另外一个问题：随着研究的进展以及资料的增加、资料解读方面的新发展，此前的数据和观点需要得到修正。这在我们此前的文章中有所体现。研究的过程，是一个追求真理的过程，是一个自我超越的过程。某些早期作品中的相关内容和数据，可能在后来的作品特别是本书中得到了部分修正与调整。希望读者也注意到这一点，完整地阅读我们的相关作品，避免因阅读不全面导致的误差。

总之，笔者以文本检阅和数据统计为基础，应用计量语言学的研究方法分析各个历史时期文档名词的应用频次与应用范围；通过文本分析的方法，分析文档名词的内涵；运用历史演进分析的方法对文档名词的发展演变发展给予较清晰的说明。作为文档名词的历史语言学研究，本书在档案学、文书学、图书馆学乃至汉语言学等学科领域中都具有一定的学术意义。

4.关于数据误差问题

语言应用类的统计，其本身的属性就是概率性的统计，统计数据的误差是不可避免、客观存在的。这种统计数据的误差包括抽样误差和非抽样误差。

在抽样误差方面，必须指出的是：尽管本书的检索统计的样本量已经很大了，但它检索的还远不是全部历史文献。（当然，检索全部历史文献是不可能实现的事情。而且，即使是所谓全部历史文献，也不等于全面历史事实。）因此，它并未达到完全统计，所以其统计结果的不完全性是客观存在的，不可将其作为绝对数值（总体真值）来看待。但对汉语言历史文献的全体进行检索、分析、统计，实际上是不可能的，它几乎是一个无限总体，我们甚至无法确认我们的检索量占总量的百分比。值得欣慰的是，在我们的统计样本数量很大和重要样本基本不缺失的前提下，其基本的统计学价值是存在的，大数量的统计样本，基本保证了统计数值与历史事实之间具有较接近的一致性，与总体真值较接近，并且这些数据是我们自己检索、分析、统计得来的一手调查数据，对我们分析词汇的历史演变具有积极的参考价值。此外，本书的研究经历了一个较长的时间过程，所以各个统计数值的来源时间也不完全相同，主要时间段是2014—2020年。由于研究对象非常庞杂，我们把统计的时间段控制在一个很小的范围内也是不可能的。关于这一点，也请读者了解并见谅。

抽样误差还与总体变异性呈正相关关系。我们的研究是一个历史演变性研究，总体变异性和总体同质性都是客观存在的，这给我们的分析、统计提出了挑战，也是我们必须解决的问题。迎接挑战、解决问题，正是我们开展这个项目研究的目的所在。

在非抽样误差方面，本书主要表现在词义理解方面，特别在古代名词的词义分析上，词义理解的误差一定是存在的。当然，客观条件不允许我们集中全国顶级专家来做这个事情，而且顶级语言专家也未必对这些专业名词有深入的研究。因此，我们只能在仔细阅读、反复推敲与讨论、查阅相关研究文献等基础上，慎重确定名词的词义。在这个方面，我们经历了一个渐进的过程，先确定词性——主要是区分名词与动词，再确定名词的文档含义，再简单分析名词的其他各种词义（我们始终以分析名词的文档含义为主）。总的说来，虽然本书中所做的一些统计还可能具有一定的误差和不准确性，但应该达到了较高的水准，具有较高的可信度，可以作为进行分析的参考数值。这些参考数值对推进学界对相关名词词义及其应用的研究是有意义的。

（二）族类（词族）研究法

名词族类（词族）研究之法，乃笔者自创之词汇聚类的研究方法。这种词汇聚类一般以一个共同词素（根词）为标志，如以词素"文"为标志，以"文书""文档""文牍""文典""公文""文件"等数十个具有文档含义的名词，形成名词"词族"——"文族"文档名词，然后在本历史时期内以它们为一个对象群体展开研究。不同族类之间具有各自的特殊性，发现、说明这些特殊性，对我们认识该族类乃至认识文档名词整体，都具有重要意义。族类内部的各个名词，具有一定的同质性、相似性，这对我们展开研究提供了重要的有利因素；而在此基础上对它们之间各自的特殊性的分析，则显得更具意义。揭示族内名词的这种相似性与特殊性，对名词的整体与个体研究都具有重要意义。

聚类分析的方法，是学术研究常用的研究方法。笔者这里所用的名词族类研究是笔者根据本书的需要自创的。但此种方法是否为语言学界首创，笔者无暇考证，故不得而知。

（三）历史文化背景分析法

语言的使用与所对应的历史文化密切相关。所以，本书使用历史分析法，将各部分所研究的历史语言词汇与对应的历史文化背景尽可能地紧密结合，通过当时历史文化的大背景，解读词汇的产生与使用情况。本书采用具体分析的方法与历史唯物主义的发展变化的观点具体分析语言词汇的发展、演变过程，找出现实存在的根据与本质，揭示来龙去脉，说明发展趋势，串联词汇的历史发展过程。

这种方法的运用是非常重要的，是历史语言学研究的应有之义。如果不与具体的历史背景相结合，许多历史语言词汇就变成了无法解释的"裸词"。

此外，出于更好地研究语言词汇的社会属性的考虑，本书采用"经史子集+丛书+通俗小说"的古籍分类方法。

三、基本结构

全书第一章为"导论：文档专业历史语言学论纲"，探讨了文书学、档案学领域历史语言学的基本问题。内容包括：文档语言与文档历史语言学、文档词汇、文档词汇发展变化的历史规律、学术史。

　　其余各章则按历史时期的顺序展开，分别为先秦、秦汉、三国两晋南北朝、隋唐五代、两宋、元、明、清、民国、中华人民共和国时期的文档名词。这几章的基本结构如下：

（一）历史背景的介绍以及对文档名词影响的分析

　　语言是社会的产物，有什么样的社会历史环境和背景，才会有什么样的语言词汇。社会历史背景与文档词汇关系密切，是文档词汇产生、发展的前提与基础。就文档名词的存在与发展而言，其历史背景主要有三个基本层次：

　　一是历史发展的宏观大背景，即包括政治、经济、文化方方面面的整体社会面貌。这些社会面貌之间存在着互动、联动的整体协调关系，它为文档名词的存在与发展提供了宏观规定性。在这个方面，在不忽视宏观历史进程的前提下，我们强调国家政治制度对文档工作和文档词汇的影响。文档事物，与国家事务密切相关，尤其是古代社会的文档事物。它们主要运用于官方施政、存史等活动中。社会基本政治制度（分封制、集权制、民主制等）、官制、选举制、租税制度、兵制、法律制度、农工商业的管理制度、婚姻制度、人口管理、族制、与衣食住行相关的礼仪与管理制度等，都为文档名词的产生与使用提供了必要的社会条件。因此，国家政务等社会管理活动的产生与发展同文档词汇的产生与发展具有密切关系。

　　二是文化发展历程，这是文档名词存在与发展的中观历史环境，是作为语言文化类事物的文档名词的类规定性。文档词汇是一种以书面语言为基本出发点的专业词汇，在文化领域内我们主要在语言的范畴内研究其历史背景问题。我们要关注以下几个主要问题：第一，这一时代的社会语言的基本特征与文档名词的关系；第二，作为一种书面语言，它与书面记录工具（主要是载体）的关系密切，因此我们要关注书面记录载体（甲骨、青铜、简牍、纸张、电子载体等）与文档名词的关系；第三，我们还要关注这种书面语言使用者（如巫史）的种种特征，以及其与文档名词的关系。当然，当人群范围逐步扩大后，我们还应关注外来文化的影响问题等。

　　三是文档工作产生与发展的具体状况，这是先秦时期文档名词存在与发展的微观环境，是文档名词作为人类活动工具的具体规定性。

在本书中，笔者将每个朝代的历史环境与文档名词的发展、变化之间的关系进行了较深入的分析，较好地反映了社会与文档语言之间的关系。

（二）本时期名词概述

本书第二章及以后，每一章的第二节为对应时期的文档名词概述，是对文档名词整体情况的整体说明，主要包括文档名词的构成与特点、文档名词的应用两个部分，突出解决整体性、特殊性的问题。

关于每一时期文档名词的构成，主要按文档族类展开叙述，即其包含的几大文档名词族类（"文族""书族""图族""簿族""籍族""牍族""令族""册族""典族"等）及各族类所包含的文档名词。

关于每一时期文档名词的特点，主要反映文档名词的特殊性，包括组成特点、历史发展阶段特点、名词构成方式特点等。

关于每一时期文档名词的应用，重点是各族类名词的整体使用次数与频次及应用领域等相关情况，并注重历史时期的比较及本时段特点分析。

总之，不论从文书学、档案学还是从语言学角度而言，本书所研究的问题都具有很强的专业性。同时，本书也是一部大规模应用计量语言学方法的著作。所以，本书应该有以下几个关键词：档案学、文书学、专业语言学、历史语言学、计量语言学。它是一部跨学科研究的成果。

研究语言词汇，是一项极端复杂的工作，所涉知识面极其广泛，上及庙堂政治，下至百姓生活，凡此种种，难以穷尽。正所谓学然后知不足，吾亦然！吾虽尽力补己之不足，但仍有所不逮。加之部分工作假手于学生（大量的检索与数据统计工作等，没有他们的帮助无法完成），人多手杂，吾虽尽力弥补，错漏之处仍在所难免，恳请读者诸君指正！

目录

第一章 导论：文档专业历史语言学论纲

人，都是要用语言表达思想和进行交流的。某一专业的学术共同体，必然会有不同于其他专业的本专业独有的专业语言，它是专业共同体赖以存在的人文基础。并且，这个基础源远流长，是历史的结晶。有历史，这个基础就显得深厚、牢固，内涵就丰富多彩。有历史的专业，是厚重有力的专业，是有说服力的专业。档案学、文书学及其他学科的深厚的历史文化底蕴，无不显现于它深厚的历史语言中。而深厚的历史语言需要以学术的方式揭示出来，阐释它的学科被称为历史语言学。

本书是文书学、档案学领域中具有专业历史语言学性质的第一部著作，它也将因此成为这门专业历史语言学诞生的标志。而要创建这门专业历史语言学，首先要对相关概念、学术术语、基本规律、研究现状等问题进行比较清晰的阐释，这便是本章要完成的工作。

第一节　文档语言与文档历史语言学

一、文档语言

（一）语言的一般概念

语言是指生物同类之间由于沟通需要而制定的具有统一编码解码标准（即采用一套共同的处理规则来进行表达）的沟通指令。人们以视觉、声音及触觉方式来传递这种指令。人通过学习获得语言能力，人们运用这种能力交流信息和思想。

我们这里所说的语言，是以声音为表达方式、以文字等符号为记录方式的语言，通常称为语言文字。声音符号是语言的外在表现形式，表达的信息与思想是语言的内涵，词汇和语法构成语言的指令系统。人的身体是语言的第一表达工具，语音、手势、表情及其他身体姿态是语言最初的表现形式，以文字为代表的各种符号是语言的体外表现形式。语言是人脑中的具备一定完整程度的抽象符号系统，具有全民性、非物质性和抽象性。符号的应用早期主要表现为文字，文字是人类语言至今为止最大的应用类，而以数字为代表的新兴符号体系显示出了越来越重要的作用。

语言是文化的重要组成部分和表现方式，没有语言就不可能有文化，语言特别是书面语言是文化传承的工具。每个文化集团（如民族）都有属于自己的独特的语言，语言本身是生活方式并且是保持生活方式的重要手段。所谓文化集团，可以是一个民族，如汉语就是汉族的语言文字；也可以是一个专业团体，每个专业团体都有自己的区别于其他专业团体的语言，如档案专业语言。每个团体都需要形成具有本团体特色的语言，这是这个团体成熟的标志。档案语言的产生、发展、成熟，与档案专业团体的产生、发展、成熟紧密相连。本书介绍的是文档语言中最具核心意义的名词的产生、发展与成熟的过程，它也从一个特殊且重要的角度表现了文档事物、文档工作团体的产生、发展与成熟的过程。

语言具有民族性。所以，本书所说的语言是指汉语言。汉语是一种语素型的非拼音文字。

（二）语言及文档专业语言的特性

一般而言，文档语言既具有语言的一般特性，也具有自身的专业特殊性。

1.从语言的一般属性看

第一，文档语言具有指向性和描述性。语言是概念的映象，用来表示事物的名称，即具有指向性。语言的描述性是在语言指向性的基础上语言含义的具体体现，语言具备描述性是语言能够交流的重要体现。语言是一个有限集合，由有限的语言单位及其规则构成。任何语言单位都处在聚合关系和组合关系中，而指向性是这种语言聚合关系的指向标。

专业语言的指向性与描述性较为清晰，即以本专业领域中的特殊事物为特定指向和特定内涵。并且，专业化程度越高，专指性就越强，描述性就越准确。而专业化程度较低时，这种指向与描述（词义）则较为模糊、多元。对专业语言而言，语言的专指性是必然的，而明确性较高的描述能力也是必要的。两者都有一个提升的过程，如从一般意义的档案到专门性的档案（如人事档案、财会档案等）就是一个专指性提升的过程。

第二，文档语言具有逻辑性。语言是一个指令系统，它有结构、有规则。语言的指向描述支配语言的逻辑变化。文档语言是一种具有专业指向性的语言，所以它具有人工语言的一些特征，与普通社会性语言相比，它的逻辑性更强，要求与本专业的精确思维相适应。当然，在它们产生之初，自然语言的特征较为明显，语言的灵活性、多义性、模糊性特点亦有所表现。但这种语言的专业性需求要求它们不断地向专业化发展。文档语言的专业化进程很漫长，这个进程几乎在它们产生之初就开始了。在这一点上，可参见本书第二章先秦部分文档名词较快的复音化进程。

语言与其指称对象之间，在本始上、本质上是一种任意性的关系，语言的初始符号具有较大的任意性和选择性。但随着语言的发展，后来所造的词语，则大多符合构词法，有一定的规则与根据。文档语言往往是后来发生的，并且是一种人工语言，所以构成文档语言的语素都是具有一定理据的，它有利于后来的研究者循迹而行。

第三，文档语言具有交际性和传播性。语言按照一套具有统一编码解码标准的声音或图像指令进行输入与输出，人因此而获得沟通。语言的这种交际性是本集团（专业群体）共同创造并共同遵守的，并成为本集团的重要文化象征和群体认同的工具。专业群体的形成表层上是一种职业规定，但本质上是由职业内涵决定的。一个初入专业群体的成员，由于专业语言方面的缺陷，常常会感到自己是一个外人，与其他群体成员之间有沟通障碍。当然，人们可以在语言传播的过程中习得这种专业语言。档案专业语言往往是通过专业学习、培训以及在专业实践活动中学习获得的。

第四，文档语言具有传承性（无限传播性）。一般来说，普通人并不直接参与对语言符号的约定活动，他们从上代人那里习得语言。语言的传播功能使语言具备无限传播性，异时空的人们可以通过同一套编码解码标准的声音或图像指令相互沟通，使得传播得以进行。从理论意义上看，语言可以成为一种得以传播并保存的大众共识。但不变是暂时的，变化是永恒的、必然的，语言无时无刻不在进化的过程中，古代的语言无论是语音还是字符都与今天的语言有很大的差别。而现代语言又是在古初语言（产生于古代社会的早期语言）的基础之上进化而来的。即现代语言是古初语言无限传播（传承）的产物。这种无限传承并不是无条件的，遗忘与遗失也是常常发生的，因此传承也需要一些有意识的探索和努力。事实上，本书的撰写与出版就是文档专业语言传承的研究成果。通过书中的研究内容，读者会发现文档语言的传承并不是一件轻而易举的事情，许多古老的文档语言现在已经消失或边缘化了，需要我们进行研究才能使传承的链条不会完全断裂，才能使消失的文档语言得以再现。

第五，文档语言具有民族性。一个物种进化出的特殊交流行为为一个物种所独有，国家、地域不同，交际行为也会有所差异。世界上的语言有很多，各国的语言大多都不同。即使在同一国家中，不同地域的语言也有差别。同一种语言，也有方言之语音、语义的差别。差别程度各不相同，有的基本上可以相互理解，有的则像是另一种语言，难以相互沟通。除了地区间的差别，还有社会阶层和年龄的差别，不同阶层、不同年龄段的人，会有自己那个阶层、那个时代的一些特殊的词汇。本书所研究的文档专业语言，是汉语言文字系统的一部分，其民族性是显而易见的。这种语言的民族性，就带来了不同民族语言之间的交流和相互影响问题，如外来语的问题。这个问题，在文档专业语言中亦有所体现。

具体地说，汉语文档语言的民族性问题可以分为两个层面：一是中华民族范围内少数民族语言的影响问题，这与我国是一个多民族国家有关，如蒙古语、满语、藏语等少数民族语言对文档名词的影响；二是外来语如英语、日语、俄语等对汉语文档名词的影响。前者在古代比较明显，后者在近现代比较重要。

2.从文档语言的特殊性看

第一，文档语言（主要是指文档词汇，词汇是专业语言研究的主要对象），既具有社团性也具有全民性。它首先是属于从事文书和档案工作的专业社团的，同时它的某些部分（如文书、档案、人事档案等）也在社会中被广泛运用，所以也是属于全社会的。

文档是由物质载体和信息载体两部分组成的，所以，指代它们的语言也无外乎从这两个方面着手，如"文"（符号）、"牍"（木牍）等。

第二，语言分为口语和书面语言两种形式，文档名词倾向于书面语的特征。

书面语是一种"写"在某种物质载体上的语言。从语言发生学的角度看，口语在先，书面语在后。因此，文档语言产生的时间要晚于口头语言，而专业性的语言形式，又晚于一般性的书面语言形式。

第三，专业共同语是文档语言的另一个特征，它是本专业群体所共同使用的语言。

语言是一种社会公约性的概念符号，其本质是社会的。专业语言不同于一般性的社会语言，其本质是专业共同语，是一个社会群体的集体意识的表现手段，是群体共同认同、共同接受的一种社会公约。

文档语言是在自然语言的基础上经过专业加工而形成的，所以我们可以把它和数理语言等专业性语言同样对待，将其作为人工语言。文档语言的这种人工语言特性，随着其专业程度的提升而更趋明显。文档语言是一种工作语言，而非生活语言。方言一般属于生活语言，所以方言一般很少用来表达文档类事物。在很多语言社团中，共同语和方言常常同时存在，这被称为"双言现象"。文档领域则一般没有共同语与方言并用的"双语现象"。

语言包括语音、语法、词汇以及由它们形成的句子等。而文档语言作为一种专业语言，则以研究专业词汇为核心，这一点与普通语言学有很大的不同，它们之间有各自不同的任务与分工。

二、文档语言学

我们从语言学的属性与分类出发，探讨文档语言学的属性、特点与内涵。

早期的汉语言研究并没有成为独立的学科，它曾作为经学的附属部分而存在，古代把汉语研究称为小学，是为读经服务的，附丽于经学。西方19世纪产生了历史比较语言学，语言学也在19世纪成为一门独立的学科。作为一种基础学科，语言学逐渐发展成人文科学中重要且具有一定领先意义的学科。

文档语言学是研究文书、档案工作及文书学、档案学中具有专业和学科属性与特点的语言及相关问题的分支学科。它以专业术语为主要研究对象，所以这个学科发展初期也被称为专业术语学，如"档案术语学"。但"术语学"的内涵与范畴要小于"语言学"的内涵与范畴，它是专业语言学的重要部分，但不是全部。从历史上看，汉语言中的文档语言从古至今都是非常丰富并独具特色的，在汉语言学中具有十分重要的特殊意义和普遍意义。文档语言学是文书学、档案学中的重要的基础性的分支学科；同时，它作为专业语言学，也是语言学的重要分支，它的研究与发展对汉语言学的研究与发展具有重要意义。

从语言学的内部结构看，它包括基础研究、应用研究和交叉研究，并由此形成了不同的研究方向和不同的学科分支。

基础研究的研究对象是语言的基本构造和基本性质，分为具体语言学和一般语言学：具体语言学是对某一种具体语言（如汉语、英语）进行研究；一般语言学（普通语言学）是对所有语言的共性、本质及语言与社会的关系进行研究，它形成的是关于语言的普遍理论。基础语言学形成的关于语言的普遍理论或基础理论，是研究文档语言学的理论基础。文档语言学首先以语言的普遍理论为基础，同时还需借鉴具体语言学，特别是汉语研究的有关成果。我们研究的文档语言学是汉语言学的分支，它既要以一般语言学、具体语言学（汉语言学）的基础理论为指导，同时也是它们的扩展与发展，对其研究具有正面的促进作用。

我们研究语言时，又可以分为动态（历时）和静态（即时）两种时间角度，由此语言学分为历时语言学（动态语言学）和共时语言学。历时语言学从历史纵向的角度研究语言的发展演变；共时语言学从当时横向的角度研究语言的结构系统，如现代汉语、古代汉语等。文档语言学亦涉及静态与动态两个方面，本书的研究属于动态研究，而当代文档语言学则属于静态研究。

从研究方法的角度，语言学还可以有多种分类。比如历史比较语言学以历史比较法为基础，研究具有亲属关系的语言之间的相互关系；对比语言学则是用来对比没有亲属关系的语言的。以上两种研究皆属于两种语言之间的比较研究，当文档语言学研究发展到一定程度、达到一定的水平时，这些方法亦会被加以应用。研究初期，我们一般主要关注汉语言内部的问题，这些与其他语言进行比较的研究会很少。

语言的某一子系统、某个单元或某一方面也可以作为研究对象，由此语言学研究中又形成语音学、语汇学、语法学、语义学、篇章语言学、方言学等学科分支。文档语言是一种社会方言，是一种专业语言，因此文档语言学是一种专业语言学。作为一种专业语言学，它的主要研究对象是专业词汇，所以文档语言学的研究主要与语汇学、语义学等有关。而语音问题往往不是专业语言学的研究对象，而是基础语言学的研究对象。所以文档语言学又可以被称为文档词汇学。

从总体上看，文档语言学属于语言学中的专业语言学，具有明显的本专业的属性与特点。它既属于语言学的一部分，也属于文书学、档案学的一部分。它与档案哲学、档案史一起，属于档案学中的基础学科。

三、历史语言学与文档（专业）历史语言学

（一）相关概念

语言是今天的，更是历史的。历史是用语言描述的，语言是在历史过程中形成、运用与发展的。今天的语言是长期历史演变、积淀的结果。历史的语言离不开语言的历史，这就是历史语言学的真正意义。

"历史语言学"（Historical Linguistics），也称"越时语言学"（Diachronic Linguistics），是一门研究语言历史发展变化的学科。换言之，以语言的历史发展变化规律作为研究对象的语言学，即对语言进行历时性研究的学科，被称作历史语言学。语言处于不断的变化中。只不过这种变化，是通过渐变的方式实现的，所以在一个短时期内不易觉察出来，时代越久远，这种发展演变的情形就会越清楚，就会呈现出它的规律性。对语言在历史发展中的规律性的研究，就形成了历史语言学这样一门学问。它是语言学的重要分支。历史比较语言学是历史语言学研究中的一种重要思路与方法。对不同语言或同一语言的不同发展阶段做比较分析，构拟语言的原始基础形式，确定语言间的亲缘关系，以展现语言的发展规律，这种语言学研究叫作历史比较语言学。

（二）本书研究的相关问题与特点

1.性质与意义

本书的研究可以称作专业领域（文书学、档案学）的历史语言学研究。无疑，这既是专业史研究的发展，也是汉语历史语言学的发展。通过对专业语言（与一般性的语言学不同，专业语言学主要关心的是词汇的历史发展，特别是名词词义的历史发展）的历史语言学研究，会使历史语言学得以深化，得以开辟新的研究领域。从笔者了解到的情况看，本书是汉语言研究中第一部系统的专业历史语言学著作，因此其学术意义就不止于文档专业的专业领域了。

同时，本书的研究无疑大大推进了文档领域的历史研究，它是档案史、文书史深化发展的一个标志性著作。海登·怀特曾说道："作为所有这些学问的主题的'历史'只有通过语言才接触得到，我们的历史经验与我们的历史话语是分不开的，这种话语在作为'历史'被消化之前必须书写出来。"①这充分说明了历史语言对历史研究的重要性。从某种意义上说，档案历史语言学的研究，是档案史研究的逻辑起点和成熟的标志。

总之，本书既属于语言学领域，也属于档案学、文书学领域。它对其他专业领域的历史语言学研究亦可提供借鉴意义。

2.词汇变迁与社会发展

在历史发展过程中，几乎任何重大的社会变化都能在词汇上得到体现，而词汇也在这种变化中逐渐发展起来。在现实生活中，语言词汇是一种变化比较模糊、不知不觉的慢变量；但在历史长河或后世研究者眼中，语言词汇与历史是一种共时变量，或者说是一种清晰的快变量。"档案"一词的产生只有300多年，成为专业通用名词还不到100年。在历史长河中，它的存在显得非常短暂。

每个历史时期的重要历史特征无不对词汇产生各种各样的影响，每个历史时期的文档名词都带有这个历史时期的历史烙印，因此本书在每个历史时期首先探讨的就是这个历史时期的社会环境与文档名词的关系问题。由于文档工作的专业特点，人类社会的社会管理方面的变化，特别是政治、经济活动方面的变化，对文档词汇的影响较大。社会变革的强度与其对文档词汇的影响成正比，中国社会变革剧烈的时期，如先秦、近代、当代，也是文档名词变革剧烈的时期。同时，在研究词汇和词义发展的时候，应当进一步考察其意义随着社会发展而变化的是哪一些词，如"公文"在不同历史时期的用法和频率有较大变化，古代专制社会的使用量较小，近现代使用量较大；以及词义相对比较稳固、社会发展对其没有影响或影响较小的又是哪一些词，如"文书"一词从古

① 怀特. 后现代历史叙事学［M］. 陈永国，张万娟，译. 北京：中国社会科学出版社，2003：292.

至今其基本含义变化不大。此外，文化心理是一个时代社会思潮的表现，体现某种文化心理的某些具有特殊性的文化词必然也会打上时代印迹，鲜明的时代性是一部分文化义和文化词的显著特征。在文档名词中，某些名词具有突出的时代性，它们是在某些特殊的时代背景下诞生的，如"档案"一词就是在清代满汉文化融合的特殊历史背景下形成的；有些名词只在某些朝代中使用，如"架阁文书"主要在宋代使用，而某些朝代（如元朝等）也具有显著而独特的文化心理特征。

3.研究方法

本书采用的是历史语言学的研究方法，以文档专业名词的历史发展为特定研究对象，目的是在文档专业语言的范畴内建立起整体的联系的学术架构。丹麦人拉斯克在《古代北方语或冰岛语起源研究》一书中认为："要找出语言的亲属关系，我们必须有方法地考察它们的整个结构，而不是只比较其中一些琐碎的细节。"①本书不是对两种或多种语言间进行历史比较，而是对一种语言内具有紧密亲属关系的专业语言词汇进行历史比较。为了对它们进行整体的比较研究，笔者在每一个大的历史时期（古代、近代、现代）内，按照历史发展阶段和族类分析的方法进行历史比较研究，它们构成了本书研究的基本范畴、方法和模式。

除了进行大规模的计量语言学的数据统计分析、词义比较分析方法外，笔者还创造和运用了词汇"族类"研究的方法，它是围绕着一个共同词素进行的词汇聚类研究方法，是专业语言领域内的语言关系类型学研究。笔者的这种方法借鉴了德国语言学家施莱歇尔提出的语言的谱系树模式原理，但有所变化和发展，进行了基于这种原理的中国文档词汇的谱系研究。当然，笔者的这种研究是不同于一般语言学的谱系研究，是专业领域内的而非广域的，是中国的（汉语的）而非世界的（多种语言的）。

内部拟测法也是本书使用的重要方法，语言历史中的某些事物会在该语

---

① 岑麒祥. 语言学史概要［M］. 北京：科学出版社，1958：103.

言的构造中留下可辨识的痕迹，找到这些痕迹可以帮助我们反向推断并寻找出造成这些痕迹的历史事实，这种构拟历史语言面貌的方法就是内部拟测法。这种方法在语言学界主要用于研究语音的变化，而本书则将其运用于词汇研究。即我们预定了一些可能性（如可能出现的名词、族类），并寻找它们的历史痕迹，并在寻找中扩展了它们的现实范畴和线索，进而与词汇产生、发展、变异的历史原因相连接。

总之，历史语言学、计量语言学、比较分析法、"族类"分析法、内部拟测法等是本书的主要研究方法。

4.结论的形式

科学研究所得出的结论（规律）有两种基本类型：一种是预测性的，一种是解释性的。在语言学研究中，预测性结论主要产生于语音研究方面，而在词汇研究等方面，主要是解释性。而且，一般而言，历史研究多是解释性的。中国的语言体系是一种表意语言体系，所以中国语言研究首先要解决的是词义解释的问题。而作为一种专业语言的研究，文档语言的研究更是以专业词汇的词义解释为前提和主要内容。因此，文档专业名词的词义及其运用分析便构成了本书的基本内容。

5.材料与途径

普通的历史语言学的材料主要有方言和亲属语言的材料和文字、文献的材料。文档语言产生于文字、文献出现以后，而且从研究内容上看，主要是书面语言，对语音方面涉及较少，所以其研究材料以书面文字材料为主。

从文档历史语言学的研究途径看，我们主要从书面材料出发，检索、辨识、分析、比较不同时期历史文献中记载的语言历史发展的基本事实，从而整理出各历史时期文档名词发展的线索和规律。这是一种由古到今沿着历史发展顺序追踪其演变过程的历史研究路径，是传统汉语史研究的基本路径。当然，我们也可采取相反的路径，即以现实作为出发点，以今证古，采取"回顾"的方式。本书因为首先是从现实中的文档名词作为基本出发点的，所以前期路径是"回顾"式的。但其后的研究，却是按从古到今的顺序进行的，所以中后期主要是采取"前瞻"式的研究路径。

四、专业语言的功能

语言在人类的生活和工作中发挥着毋庸置疑的重要功能。语言的基本面貌就是由它的社会功能决定的,语言为什么是这个样子而不是那个样子,也都是由它所承担的社会功能决定的。我们想要认识专业语言的基本面貌,想要更好地运用专业语言,也要从研究专业语言的功能出发。

语言的功能是多方面的,它可以分为文化功能和心理功能两个大的基本方面。以下我们从这两个方面出发,结合文档专业语言,探讨专业语言的功能问题。

(一)专业语言的语用功能

专业语言或称行业语,是社会方言的一部分。社会方言词用于承担不同的社会行业和群体的交流、交际任务,是体现行业和群体特征的重要工具和外在表现。因为社会方言没有自己的语音和语法系统,只是拥有一系列词语(专业人士在创造自己行业的专业用语时,没有必要同时创造出另外一套有别于普通社会语言的语音与语法系统)。这些社会方言词是本专业群体人士之间进行专业交流的必要工具,在表达专业特色、进行群体沟通和创造群体价值等方面具有不可替代的作用。

行业语言分为内核部分和外围两个部分。

内核部分是构建专业语体的基本元素,具有严密、准确、简洁、单一等语体特点和语体风格,还具有极强的专业性,在本专业领域内承担专业语言职能,负载和传递科学的、精确的各种专业业务信息,表现本专业的学科范式。如"全宗""卷""文件生命周期"等档案学专业用语,是档案行业语的内核部分,专业性强,传递的专业信息明确、严密,是构建专业语体风格的基本元素。

行业语的内核部分的语用特点表现为具有一定稳定性的静态形式的高度统一。它能够适应专业语体的客观性、精确性、科学性、区别性的要求,一般不会出现主观性、变化性、灵活性等动态层面的语用特征，具有动与静的统一、用而不变的特点。专业化水平较高的学科词语系统，极少存在同音词、同义词和多义词，一般不带有感情色彩和形象色彩。其专业义项是精确单一的。这种特征是随着专业水平的提升而渐进渐强的，在专业发展水平较低的时候，这种特征会弱一些。如作为行业语言，古汉语中的文档名词则与现代汉语不同，多义词、同义词较多，专业程度较低。如古代语言中会发生"文档"不分、"图档"不分的现象。但随着社会进步和档案专业本身的进化与发展，档案行业语言的客观性、精确性、科学性的特征就会日趋明显，与行业语外围部分的区别也日趋明显。

行业语中的内核部分一般只适用于行业内部。而行业语中的外围部分，则有所不同，它具备两种语用领域：专业化领域和社会化领域。

在专业化领域，其语用情形和价值接近核心层行业语，以特定词汇的身份承担着专业领域的交际任务，但与核心层有所不同：一是从主体上看，这一语用领域主体主要是广大普通档案工作者，而非档案学者和档案行政管理者；二是在内涵的精确性、科学性、意义抽象性方面，程度不及核心层；三是其词语内涵更为具体，专指性强。

那些具有大众意义的行业语也会进入社会化领域。在社会化领域，这些语言词汇的语用价值与一般词语的语用价值更接近。它们在静态层面之外，在语用的平面意义上，可能因为特殊表达的需要临时改变其内涵，增加新语义形成变体以满足一般社会交际丰富性的需要。由于新增意义往往是比喻性的，所以它们在大众范围内的语用呈现出形象化的语用特点。即：在本行业内运用，它们依然是术语的本来意义，但在大众交际领域里不仅是术语含义的运用，更多的则是比喻意义或引申意义的运用，为一般的语言交际带来丰富、形象、生动的表达效果。如"归档""红头文件"等文档领域中的专业词汇，也会进入社会领域，"归档"可以用来表示妥善保存起来，"红头文件"可以用来比喻政策法规等。

在行业语进入共同语的问题上，我们还应注意本行业与其他行业语的互动问题。行业语之间是会相互借鉴的，特别是关系密切的行业之间，汉语言是会相互影响的，如"归档""备份"等词。"归档"是文档行业用语，但被IT业借用为存储有组织的数据，而IT业的"备份"也被档案界引进使用。

另外，有些行业语不是以增加新义项的形式进入全民用语，而是以临时比喻的形式进入全民语言的动态交际领域。这种临时转换语体、转换语用范围的应用，不仅能为语言表达增添形象意味，而且能够利用主体心理和习惯上的错位产生新颖、幽默等风格色彩，如："你是不是不知道你自己是老几了？还真的把自己的话当成红头文件啦！"

（二）学科文化功能

在学科文化方面，专业语言是学科文化的基础性组成部分与重要的工具。它主要有文化的交流、标识、记录与传播等功能。

第一，本学科的学术交流功能。

交流是语言最重要最基本的社会功能。没有交流就没有人类活动。同理，没有交流更没有专业活动，因为专业活动有自己的特殊文化背景，专业人士之间的沟通与合作以语言上的相互理解为前提，因此语言交流是进行某种专业活动的必要条件。专业团体能够形成和维持的基础条件之一，就是有各种具有本专业特性的语言工具使团体成员之间能够相互沟通、彼此协调。可以说，没有专业语言，就不会有正规、科学的专业活动。

这种交流具有专业群体内的特殊性或特质性。如我们谈档案馆工作时，会使用到"全宗"这类的名词，它是非本专业人士所不能理解的，而对本专业人士而言，它使交流通畅而亲切。

第二，学科标识功能。

在一般情况下，不同的学术团体，往往有不同于其他学术团体的特色鲜明的属于本团体的社会语言。每一个人在使用本专业语言时，专业语言的特殊性宣示着其使用者属于它对应的社会团体。同时，个人在长期的社会实践中会形成自己的不同于他人、他专业的独特的语言习惯，这种语言习惯是一个人的专业属性和学术个性的折射。这就是专业语言对学科群体和专业人士的标识功能，我们也可称之为语言的专业印记。

语言是一个社团的标志，那么它就会在社团认同和情感维系中起到特殊作用。同一社团的人在交流时，要求使用本社团的共同语言，否则就会产生认同障碍与情感疏离。

此外，作为一种学科标识，专业语言是否科学、专业特殊性强弱如何，对本学科的形象会产生影响。专业语言如果科学性、专业特殊性都很强，对于人们对这个学科的科学水平、专业程度的认识都具有正面影响，反之则有负面影响。而且，标识是需要设计与宣示的，要有意识地做这项工作。以往，我们在现代文档专业语言的设计（研究）方面，做了一些重要的工作。但历史语言由于时代久远、以往的研究有所不足、人们对其专业属性的认识比较缺乏等原因，更需要挖掘和向世人宣示，这也是本书的重要使命。

第三，本学科文化的记录与传播功能。

语言本身是人类社会文化以及本学科文化的基础性体现和最重要的记录者与传播者。学科语言的这种功能非常明显。我们所使用的专业词汇本身就是有别于其他学科的专业知识的反映，它既是专业知识的记录工具也是承载者和传播者。对于专业知识的传播，特别是其在学科内部的传播来说，学科语言是不可缺少的。这在不同学科的教科书中有充分的体现。

同时，这些专业词汇，如"文书""公文""档案"等，也具有一定的社会性，在大众传播中也有一定的价值与作用。

总之，语言是文化的精髓和基础，是文化中最深层的部分，是文化中的文化。一个学科，如果有深邃的语言文化的基础，这个学科就是有文化有历史、内涵深厚的学科。历史会告诉我们"我是谁"；语言会告诉我们"我有文化"。通过对专业语言的深度揭示，从历史和语言的角度，在学科内外宣示档案学科"是谁"，宣示档案学科"有文化"，是历史语言学的重要功能之一。

（三）心理功能

语言还有着多方面的心理功能，其中主要有思维功能、认知功能、学习功能、心理调节功能和审美愉悦功能。

第一，思维功能。

思维分为技术思维（运动思维）、形象思维、逻辑思维（抽象思维）三种类型。学术研究主要运用的是逻辑思维。逻辑思维是一种抽象思维，它通过运用概念、判断、推理等方式进行。它所使用的思维工具是作为概念载体的语言，语言表达的不仅仅是概念，它通过词语、句子乃至完整的篇章来表达某种判断和推理等，来完成逻辑思维的全过程。本学科的逻辑思维必须借助本学科语言来完成，学科语言是学术思维的重要工具。由于学者们都具备一定的学科属性，所以学科语言不仅是重要的也是不可缺少的。

第二，认知功能。

语言在认知方式、固化思想、继承与传播三个方面发挥认知功能。

首先，语言在某种程度上决定人们的认知方式。学术语言是一个与研究对象相一致的分类系统，这个语言分类系统是团体成员观察世界、认识世界的基本出发点，并由此影响着团体成员的认知方式。其次，语言可以起到把思想物化，并在物化的过程中使思想更明晰、更固化的作用。学术语言体系是一个经过众多学者之手制成的思想模具，思想注入其中塑铸、锻压成型，学科思想体系的形状因此而改变，各学科为优化语言塑模对思想形状的改变，常常定义一批科学术语，创造一批特定的符号，以此来优化本学科的语言模具。最后，认知定型后，还需要语言去继承和传播。

英国语言学家艾奇逊在讨论语义时说道：“每种语言都以不同的方式对世界万物进行分类，这是显而易见的。”[①]文档名词显示了人们对文档事物的分类，这一点也是显而易见的。因此，档案语言史，也是档案思想史。

一个学科，其学术语言愈专纯，其学科独立性愈强；反之，其学科独立性则愈差。档案学科在历史语言方面，具有较好的基础和独立性，但现代学科语言存在着一定的外来冲击和干扰，需要我们提升专业语言研究与运用的科学性。

---

① 艾奇逊. 现代语言学入门［M］. 王晓钧，译. 北京：北京语言学院出版社，1990：120.

第三，学习功能。

从学科语言和专业语言而言，语言的作用更多地体现在专业的学习过程中。在专业的学习过程中，语言是不可缺少的桥梁和工具。专业语言也可以称为一种工作语言，所以在工作中运用这些专业语言，如"分类""组卷"等学科词汇，可以引导工作人员去学习和进行某项专业工作。

此外，专业语言亦可在心理调节、审美愉悦等方面发挥作用。如：

题赠档案馆

郭沫若

前事不忘后事师，自来坟典萃先知。

犹龙柱下窥藏史，呼凤舆前听诵诗。

国步何由探轨迹，民情从以识端倪。

上林春讯人间满，剪出红梅花万枝。

这首诗中郭沫若使用了"坟典""柱下"等专业词汇，颇具审美价值。

五、专业语言规划

国家和社会团体会对语言进行一些管理性工作，从学科和专业语言规划的角度来看，主要有共同语的规范和完善、语言的选择、语言协调、语言调查、专业术语的统一和标准化等。

文档专业语言的规划一般由相应的行政管理部门，包括中共中央、国务院办公厅、国家档案局或其他行业的主管部门来负责，并通过相应的文件来体现。

学科语言或专业语言的语言规划主要表现在名词术语的规范化上。文档语言作为一种与国家和社会管理息息相关的事物，以及一种在较大范畴内使用的社会共同语，其语言规划是较早的，早在文档产生初期，人们就对其进行了成文或不成文的规划，如我国先秦的文书文种"典""谟""训""诰"等。而到了现代，则在更规范、更大范围（如国际范围）内进行了这种规划，如国际档案理事会主持编纂的《档案术语词典》和国家档案局批准发布的档案行业标准《档案工作基本术语》（DA/T 1–2000）等。

第二节　文档词汇

专业语言的研究对象主要是词汇，尤其是名词。而语言学的其他方面，如语音、语法问题，则不是专业语言学关注的主要对象。

在文书学、档案学的范畴内，以往对本学科语言学的研究主要局限于名词术语的规范上，是出于现实需要的语言学的共时研究，而对专业语言的历时研究则缺乏有意识的学术自觉研究。

一、造字与造词

（一）关于造字

人类先有口头语言，语言代表着概念，然后有对应的文字。人们在造字的时候，对这个词或概念所反映的客观事物，物则物之，图则图之。古人造字，尽量利用了概念与客观事物之间的关系，尽量以客观事物的形象来造字，以获得概念与客观事物之间最直接的联系。客观事物，有的是以物的形象即图画来代表，如"册"字，甲骨文中这种情况很普遍；有的是以已有的字来构成，如"羊大"为"美"。字加字，也就变成了新的字。汉语中，由字加字形成的字非常普遍。

汉字是一种象形会意（表意）文字系统。从汉字与汉语个体单位的对应关系看，汉字是一种语素文字（表示词或语素的文字，非表音文字）。从汉字的内部构造看，分为形旁（根据意义构造的有理偏旁）、声旁（根据声音构造的有理偏旁）和配旁（没有根据的无理偏旁）三种偏旁部件。只有一个偏旁的字叫独体字，多一个偏旁的叫合体字。合体字可以分成指示字、会意字和形声字，汉语中主要是后两种，特别是形声字约占80%。许慎《说文解字》曰：

"仓颉之初作书，盖依类象形，故谓之文；其后形声相益，即谓之字。"[①]《汉语大词典》按：依类象形，即独体，为文；形声相益，即合体，为字。

　　文档类字词产生的时间较晚，因为文档由符号记录，不会产生于口语时代，它是系统性符号，是文字产生后才大量出现的事物。但与生活类等语言不同的是，文档类事物本身和语言文字关系密切，与造字造词的文化人密切相关。所以，虽然相对于口头语言它产生得较晚些，但从文字的角度看，在文字产生以后，这类词汇发展得较快。在中国古代的陶文、甲骨文中已经有了相关的文字，如"文""书""典""册"等。这些文字亦以会意字（如"典""图"等）和形声字（如"牍""簿"等）为主。早期的文字能够表达独立的概念，因此也称为单音节词。

　　汉字属于表意文字。表意文字是用象征性书写符号记录词或词素的文字体系，它不直接或不单纯表示语音。它是一种象征性书写符号，即所谓的"依类象形"。在表达文档类事物时，也会反映出这种特点。如"書"（"书"），其原始含义是书写，从字形来看，上部为笔，表示书写。又如"册"，象形字，为用竹木条和皮绳穿成的简册之形，本义指简册。

　　这些单音节词（字）可以作为词素组成复音词。但作为词素的字并不一定等于原始的表意文字，特别是一些外来译词。如"档案"中的"档"，并不是"横木为档"的"档"，而是满语译音字。这一点学术界曾产生误会，也是我们在研究语言文字时需要注意加以区分的地方。

（二）关于造词

　　造词是通过词素进行的，词素是造词单位。从最初的意义上来说，词素和词是同时产生、共同发展的。词汇的发展与社会发展密切相关，词素的发展依赖词汇系统本身的发展。以下两种方式是词素产生一般方式：

　　第一，单纯词产生的同时，产生了相应的新词素。

　　单纯词是由一个词素构成的，最初产生时与构成它的词素在语音形式和

---

① 许慎. 说文解字 [M]. 北京：中华书局，1963：314.

意义内容上是完全一致的，所以只要单纯词一产生，就意味着一个新的构词成分——词素——产生了。汉语中绝大多数词素一开始就是以构成单纯词的面目出现的，如"人""文""书""令"等。这种词素有两个特点：一是均为成词词素；二是有的词素构成的单纯词在今天已经不再使用了，只剩下构成合成词的作用，如"今""目"等，在现代汉语中一般不能作为词出现，而只能构成诸如"今天""目击"之类的合成词。

在文档领域中亦有这样的特点，早期的字主要是作为单音节词独立表达相应的事物，如"文""书""令"等。但随着词汇系统的发展，它们独立表达事物的情况越来越少，而主要是作为组词词素通过组词来发挥作用，如"文书""命令"等。

第二，由合成词素产生新词素。

合成词素是由合成词发展演变而来的词素。它们作为一个合成后的整体，可以具备词素的功能。如"电子"这一成分已经以整体的形式参与了造词活动（如造出"电子文件""电子档案"等词），因而获得了词素的性质和功能，因此我们可以称之为合成词素。合成词素的形成是合成词在社会上长久使用的结果。大部分成为合成词素的合成词是使用频率较高的词，并具有极强的凝固性。在文书、档案领域中，那些具有专业通用意义的合成词，如"档案""文书""文件"等，往往可以作为中心词与其他词素结合形成新的专指性更强的专业词汇，如"科技档案""人事档案""电子文件"等。

（三）关于词素

我们在进行文档名词分析时，首先从具体的语素和名词开始。语素是最小的音义结合体，它被用来构词，所以又叫词素。从功能来分，词素可分为成词词素和不成词词素，自由词素和黏着词素，定位词素和不定位词素，构词词素和构形词素。

成词词素，是指能单独成词的词素。我们所说的单音节词都是成词词素，不成词词素是不能单独成词的词素。文档名词除单音节词外，多数为由成词词素构成的双音节词。

自由词素是能单说的词素，黏着词素是不能单说的词素。能够单说的词素，也就是单音节词。因此，凡是以单音节词的形式去构成复音词的词素都是自由词素。文档名词中的构词词素以自由词素为主体。

定位词素，是构词时位置固定，总在别的词素前边或后边的词素；不定位词素，是构词时位置不固定，有时在前边，有时在后边。这种情形在文档名词中亦有所体现：在以单音节词构成联合式双音节词时，它们往往不是定位词素，如"档册""册档"；但如果是偏正式双音节词时，构词词素往往是定位词素，如"黄籍""黄册"。当一个具有通用意义的专业名词作为下位类词汇的构成词素时，其往往作为定位词素，如"科技档案""人事档案""电子档案"，显而易见，"档案"是定位词素。

二、词的分类

根据研究的需要，可以从不同的角度给词分类，目前词汇学上基本的分类有以下几种：按词所具有的音节数量，分为单音节词和多音节词；按词所包含的词素的数量，分为单纯词和合成词；按词所包含的意义的多少，分为单义词和多义词；按一个词有几种读法，分为单音词和多音词。

（一）单音节、双音节、多音节词

音节是读音的基本单位，任何词的读音，都可分解为一个个音节。汉语中由一个字构成的词是单音节词，就是一个音节表示一定的意义。双音节词、多音节词是两个或者三个以上的音节组成的词，由这些音节共同组成一定的意义。

古汉语中单音节词居多，并且时间越早，单音节词所占的比例越高。但文档名词有所不同，虽然最早产生的名词都是单音节词，如"文""书""典""册""图"等，但文档名词中的双音节词、多音节词出现得很早，先秦就已经大量出现，双音节词自秦汉起逐渐占主要地位，这是由文档名词专指性的较高要求决定的。所以，本书除先秦外，其他历史时期以研究双音节词、多音节词为主。

（二）单纯词与合成词

单纯词是由一个词素构成的词，所有单音节词都是单纯词，而有一些双音节词和多音节词也是单纯词，如"萝卜""咖啡"。所有音译的外来词，也都是单纯词。文档名词的复音化进程快于普通词汇的复音化进程，单音节词主要使用于文档名词产生的早期，即先秦前期，这些单音节词包括"书""册""典""图"等。文档名词中的单音节词，属于单纯词的范围。文档名词中的外来音译词也属于单纯词，如"芬特"。但文档名词中的外来词多数不采用音译，如"芬特"后来被改为"全宗"及"文件"（意译）、"档案"（音译与意译的结合），它们就不是单纯词了。

合成词是由两个或两个以上词素构成的词。合成词可以划分为以下类型：

联合式合成词是由两个意义相近、相关或相反语素并列组成的合成词，两个词素之间的关系是平等并列的。联合式文档合成词一般由两个意义相近或相关的语素并列组合而成，如"图籍""典册""文典"等。

偏正式合成词的两个词素之间是修饰和被修饰的关系，文档名词多属于这种形式，如"公文""官书""黄册"等。

补充式合成词的两个词素之间是补充和被补充、注释和被注释的关系，如"书契"。

动宾式合成词的两个词素是支配和被支配的关系，如"司机"。

主谓式合成词的两个词素之间是陈述和被陈述的关系，如"地震"。重叠式合成词是两个相同的词素重叠构成的合成词，如"爸爸""妈妈"。这两种形式在文档名词中很少见。

双音节及多音节复合词的形成，主要有三种情况：第一种情况是语言中有这个概念，原来是用词组表达的，后来换成了双音节词，书面语言要为这个双音节词选字造词；第二种情况是语言中原有这个概念，原用单音节词表示，后来换成了双音节词，书面语言要为这个双音节词选字造词；第三种情况是语言中产生了一个新的概念，这个概念是双音节词，它的词素成分是语言中已有的单音节词，书面语言即以这两个单音节词合成了这个双音节词。

文档名词中双音复合词的创造主要是以上面的第二、三种情况为主。一般是先有单音节词，如"文""书""典""册""令""图""簿""籍"等，在单音节词的基础上形成双音节词；由新的概念而生的双音节词有许多是外来词，如"全宗"等。

基于单音节词、双音节词的基础知识，人们还会创造一些多音复合词文档名词。如"起居注""电子文件""数字档案"等，以偏正式组合为多。

（三）单义词和多义词

词有单义和多义之分。单义词大多是表示事物名称的词、科学术语、外来词和新造词。汉语中以多义词为主。凡是表示多种相互联系的不同意义的词都叫多义词。多义词中的多个义项中有一个是本义，其他意义从这个本义发展变化而来。意义的发展变化有引申和比喻两种途径。

汉语词汇在意义上首先是由单义向多义发展的，最初的词总是单音单义的。但它们很快就被引申、扩展，成为多义词。文档名词在早期多数是多义词，如"文书""书契""图籍"等，在古代这种情况比较普遍。但亦有一些专指性名词是单义词，如"黄册"等。并且，与一般性语言词汇相比，它们的专指性要强一些，如"诏书""架阁文书""鱼鳞图册"等。

词义的发展是语言发展的重要组成部分。单义词在语言系统中总是表现为意义的单一性，不至于引起理解上的偏差，这在专业名词中较为突出。近代以后，文档名词的专业化程度提高，外来词增多，文档名词在整体上专业性越来越强，词义的专指性（单义性）逐步提高。这是一种整体的发展趋势。到了现代，它们作为专业术语，单义性十分突出。当然，像"档案""文书"这些通用性专业名词的含义宽泛一些，"人事档案""红头文件"等专指性更强一些。

在文档名词意义的研究中，我们对单义词和多义词都会有所关注。不同的是，多义词更为复杂一些，我们此前对它们意义的区分也有所不足，所以我们的研究重心更偏向多义词一些。在研究文档名词多义词时，我们尤其要注意以下两组问题，一是：多义词的多个意义都是什么？它们之间是一种怎样的关系？有联系还是没有联系？如果有，是一种什么样的联系？二是：多义词词义发展的表现和规律各是什么？词义是怎样演变的？这些是文档名词研究的核心问题。如："图书"一词早期主要是档案含义，然后逐渐多义化，并向现代的图书含义转换。

（四）新词、固有词和历史词语

从历史发展的角度划分，我们可以把词汇划分为新词、固有词和历史词语。

所谓新词，是指基于这一共时平面上新产生的词，也即历史上从未出现的词。所谓固有词，是指以某一时期为参照，这一时期以前已经出现、现在仍然在使用的词语。所谓历史词语，是以某一时期为参照，在这一时期以前产生和存在过，但在这一时期已经基本不再使用的词语。这三种划分方法在文档名词的词义分析中是有意义的，所有文档名词都可以在这三种词中找到自己的位置。作为一个在人类历史上最具历史文化连续性的国度，我国既有大量古汉语固有词，如"文书""案卷""档案"等；也有大量历史词语，如"典""谟""训""诰"等。当然，新时代也产生了大量新词，如"数字档案"等。

（五）本族语词汇与外来语词汇

本族语词汇就是本民族语言的词汇。从外国语言和本国其他民族语言中连音带义吸收进来的词叫外来词。意译词不属于外来词，它是根据原词的意义，用汉语自己的词汇材料和构词方式创造的新词，这种词也叫译词，如"民主""科学""电话"等。外来词则不同，也叫借词，不仅用别的语言词语的义，也借用其音如"吉普""尼龙"等。

从文档名词的角度看，时间愈早，本族语词汇所占的比例愈高。先秦时期我们几乎看不到外来语词汇，从汉代开始，汉语中就有了从西域和匈奴、佛教地区以及蒙古语、藏语、维吾尔语、满语等语言中吸收来的借词。但这些借词在文档名词中出现的比例不大。文档领域中吸收别国或他族语言而来的词汇，主要是译词，但古代的数量也不多。古代最为著名的是从满语和萨满教中吸收而来的"档子""档案"。"档子"一词是音译词，"档案"一词是半译音半译义的。半译音半译义的译词一般前一半是译音，后一半是译义，如"档"是满语""的汉语译音，"案"指汉语的"案卷"。

近代以后，文档领域中的这类词语逐渐多了起来。近代外来语词汇主要来自英语和日语。近代早期，即清晚期，文档名词受英文影响较大，如"公文""文件"等词就与英语有关："公文"一词在中国古已有之，但受外来影响才大量使用起来；"文件"一词则是在翻译英文的过程中产生的汉语译词。民国时期，文档名词受日语影响较大。一般来说，19世纪中晚期以前，中国对日本影响较大，其后则日本对中国影响较大。一方面日语与汉语有亲缘关系，另一方面大批中国留学生留学日本，大批英美词语从日文转译过来，如"电子""原子""训令"等。"训令"一词亦是中国古已有之，但从日文转译回来后，才大量使用起来，内涵亦有所变化。

现代外来语词汇主要来自俄语和英语。新中国成立初期，文档名词主要受俄语影响，如"芬特"（音译）、"全宗"（意译）；改革开放以后，主要受英语影响，如"电子文件""电子档案"等。

文档词汇对外来语的吸收有两大特点：一是以译词为主，纯粹的外来词极为少见；二是许多词先是音译，然后逐渐过渡到意译，如从俄语而来的"芬特"就逐渐过渡到"全宗"，走过了一个从音译到意译的过程。

三、词义分析

（一）词义

词义（语义）问题是本书的核心问题。语义就是语言的意义，是语言形式所表达的内容。词义分为系统意义和指称意义。系统意义涉及的是语言内部的关系，指称意义指名词和句子等语言成分与语言外部世界的联系。文档名词的意义，指的就是这种指称意义。我们在研究文档名词时，研究它的词义就是研究这个词与它所指称的文档事物的关系。

语言是约定俗成的，词义也是如此。约定俗成是指词义的社会性和全民性。与一般词汇不同，文档名词作为专业词汇，虽然也有一定的约定俗成的属性，但约定为主，俗成为轻，它首先是在社会管理领域中约定和规定而形成的，具有自上而下的特点，是较小范围的约定，而到更大范围中应用。词义的约定俗成与他的使用范围有关，由于文档名词最初并不是大众化的，因此它也就不是大众约定俗成的。

词义反映人们的认识，这种认识来源于人们对外部世界的感知。对文档事物，人们最早感知的是它的载体，包括符号载体和物质载体。所以，最早的表达文档事物的单音节词或字，主要是反映这些符号载体或物质载体的，如"文""书""典""册"等。后来这些单音节词也就成为复音词的组成词素。

我们在研究词义时，应注意词义和所指的区别。词义并不等于所指。第一，一个词在不同的语言环境中所指的具体对象可能是有所不同的。词义的特点之一是它具有概括性，而所指往往是具体的，所以所指和词义并不等同。第二，不同词的所指可以是同一个对象，但词义并不一定相同。因为人们看待事物的角度会有所不同。

另外要把词义和词的释义区别开来，词典上的说明是词的释义，而不能就说它是词义本身。它反映的是一种实存与认识的关系。

词义虽然和概念有关系，但是词义并不等于概念。第一，概念属于逻辑范畴，而词义属于语言范畴，所以它必须与一定的语音形式相结合，这种结合具有鲜明的民族特点，不同的语言其语音系统也是不同的。第二，词义有鲜明的民族性，这种民族性表现在不同的语言里有不同的词汇系统，或者说思维中的概念和语言中的语义单位的对应关系在不同的民族中有不同的分配格局。第三，概念有真实概念与虚假概念之分，而"就语义对所指物的反映来说，没有错误不错误的问题"[①]，词义是对客观事物的一种认识和评价，客观事物可能是虚幻不实的，有真伪之别，但认识和评价本身并无真伪之别。

---

① 石安石. 语义论［M］. 北京：商务印书馆，1993：26.

词义既具有概括性，又具有具体性；既有一定的稳定性，也有一定的变异性；既有语文义，也有术语义，并存在着不同的模糊性；既有世界性，也有民族性。

（二）语文义、术语义、文化义

概念意义是词语的主要意义。概念意义，又被称为理性意义、支撑意义，是人们对所指对象的区别性特征的概括认识。而专业词汇就是要解析概念意义，使之与其他事物相区别。人们对事物的认识有浅有深，有专业有通俗。因此概念意义有通俗和专门两种意义类型。而我们说某词是专业词汇时，当然是指专门意义。我们有必要区分广义的概念和专门的科学意义的概念，前者是普通意义上的词义，后者则是专业意义上的词义。专门或专业意义是专业人士对所指对象的特殊认识，一般反映事物内部的本质特征，比较深刻和明确。专门意义一般适用于特定的专业或学科领域，如本书所涉及的文档领域。通俗意义广泛使用于人们的日常生活。文书、档案等专业词汇，既使用于专业领域，也使用于大众，所以既有其专门意义，也有其通俗意义。而"全宗"等不被大众所使用的专业词汇，则主要有专门意义，一般不具备通俗意义。

语言学上所说的词义，主要是指词的语文义，而当这个名词作为科学术语存在时，其科学含义与概念是一致的，也就是说，这个时候它的词义主要表现为术语义。在古代汉语中，文档名词具有的主要是语文义，而尚无明确的作为专业术语概念的术语义，或者说，古代文档名词的术语义是模糊的。而现代的专业词汇，词义本身就是作为科学概念存在的，其术语义是明确的，甚至是作为专业标准存在的。但在非专业领域则不同，即使是专业词汇在非专业领域中，仍然具有模糊性。因此，在现代我们要区别专业领域的词义（术语义）和非专业领域的词义（语文义）。

按照语文义和术语义，我们可以把词分成三类：一是只具有术语义的词，如"全宗""原子"等；二是只具有语文义的词，如"爱""恨"等；三是兼具语文义和术语义的词，如"文书""档案""水"等。文档名词一部分属于兼具语文义和术语义的词，而其中专业性很强的词汇则只有术语义。术语词与科学分类具有很强的一致性，而语文词则与科学分类有很大的区别。文档名词中的术语义与科学分类之间的关系比较密切，语文义则与科学分类有较大的出入。比如从语文义的角度，文书和档案具有包容的关系，人们常常说的文书，其中是包含档案的。但从术语义的角度，即科学分类的角度，两者是各自独立的事物。

词汇往往还具有各种文化内涵，即文化义。文化义指词在特定社会文化背景下所获得的反映一个民族风俗习惯、文化背景、宗教信仰、思维方式等诸多文化因素的隐含意，如"牍""典""册"等文档名词就具有简牍文化的内涵。

从语文义、术语义、文化义的角度分析，文档名词可以分为两类：一类是兼具术语义与文化义的文档名词。这类名词首先是作为专业术语存在的，同时它不可避免地具有文化义，如"全宗""虚拟档案"等；另一类则兼具语文义、术语义和文化义，这类文档名词具有一定的大众性（语文义），使用范围并不只是局限于专业领域，也不可避免地具有语文义，如"文书""档案""公文"等词。关于文档名词的语文义、术语义和文化义的比较，见下表：

表1-1　文档名词语文义、术语义和文化义的比较

词义属性	与文档名词的关系
术语义	文档名词一般都具有术语义。但有强有弱，古代的文档名词的术语义较弱，现代文档名词由于标准化程度的提升，术语义很强
语文义	许多文档名词也会被有文化的大众所使用，有一定的语文义；只有少数极为专业化的文档名词不具有语文义
文化义	文档不但本身是文化载体，而且它所涉及的国家制度等方面的内涵也具有文化意义，所以所有文档名词都具有文化义

一般地说，语文义具有模糊性，术语义则较为明确。社会科学的术语与自然科学的术语有所不同，自然科学术语的术语义往往是比较明确的，而社会科学术语的术语义有时并不十分明确，特别是其范围有一定的模糊性。文档名

词的含义具有一定的模糊性。虽然它们在大致上的含义是清楚的，但深究起来，却往往有不清楚的地方，难以给它们划一个十分清晰的界限。比如，古汉语中一些文档名词，文件和档案的界限就不是十分清楚。其具体的指称对象，往往是在特定环境中确定的。现代汉语文档名词的专业性则有所提升。

这种词义的不确定性，便扩大了释义者随意发挥的空间，又由于使用同一个词的场合不同，针对性不同，所以即使对同一个词，不同的人也可以有不同的解释，具有较强的主观色彩。这种现象在人们解释古汉语作品特别是早期的古汉语作品时很常见。

（三）词义范围与类型

词的语义范围是指一个词在特定的语言系统中所占的位置和区域，这个位置或者说区域受到其他相关的词的限定，同时这个词也在限定其他的词，它们之间具有一种相互限定的关系，共同组成一种语言关系体。文档词汇的这种词义范围首先是在专业领域范围内的，这个语义范畴是文书学、档案学学术共同体学科范式的基础和重要组成部分。

关于词义范围的确定，艾奇逊说道："我们必须知道语义是两面的。一个词项的意义，比如tree（树），必须按照两个方面考虑。首先，作为某种语言系统中的一个成分，它的意义取决于与这个系统中的其它词的关系。其次，它的意义连接于外部世界中可知事物的一定种类。……对于语言学家来说，这两个方面是互补的。他先考察第一个方面，即语言成分之间的内在关系，然后是第二个方面。"[①]第一方面就是语言的系统意义，第二方面就是指称意义。语言学家首先关心的是第一方面的意义，而我们这些档案学者在研究文档名词时，首先关心的是第二方面的意义。

词汇意义从历时的角度进行分类，可以分为基本意义与引申意义、词源意义与现行意义，本书所研究的文档专业的历史语言学，较好地解决了词义的历时发展问题，回答了相关词汇的起源与本义、发展与引申义等等；从共时的角

---

① 艾奇逊. 现代语言学入门［M］. 王晓钧，译. 北京：北京语言学院出版社，1990：119.

度分类，可以分为直接意义与转移意义、具体意义与抽象意义、中心意义与边缘意义。这些内容不是历史语言学的主要研究内容，但在历时研究时也会有所涉及。

在汉语中，有同实异名的情况，即同一个事物可以用多个名词来表达。这在文档名词中是非常常见的，如"文书"与"文件"在多数时候指称的是同一个事物。

（四）义项的划分

多数词汇的含义不是单一的，一个词的几个意义中的每个意义都是一个义项，也就是词典中的一个条目。义项，又称义位，是语义学术语，指语义系统中能够独立存在的基本语义单位。义位具有民族性、地方性、时代性、抽象性、模糊性和可变性等性质。义位之间存在对立、并列、包容和关联等关系。

划分义项要考虑到历时和共时两种情况。历时讲的是词义的发展变化；共时则把一个词的若干意义看作是同一个时期共有的，暂时不考虑这些意义产生的先后。本书的历史语言学研究注重名词多义项的区分与研究。需要注意的是，我们所分析的文档名词，往往是多义词，这些名词往往有文档类义项和非文档类义项，这种情况在古代尤其明显。当然，我们研究的重点是文档类义项。我们会将其义项进行分解，而主要分析其具有文档意义的义项。

从历时的角度看，在划分义项时有以下几个因素可供考虑：第一，词义范围的扩大和缩小；第二，词义的转移，词义由一个范围转移到另一个范围无疑应该看作是两个义项；第三，由个别到一般，由具体到抽象。这种变化带有一定的普遍性，我们认为一般应该把它们看作是两个义项。

从共时的角度看，下面几个因素值得注意：第一，义项的划分，必须放到一定的语义系统中去，要注意考察词与词之间的关系，避免把词孤立起来去规定义项；第二，区别义项与一个词在句中所指内容，或者说区别义项与义项变体，不能把后者看作义项，要区别语言形式的普通意义和临时意义，语言的临时意义不能归纳为一个义项；第三，对义项的概括要与句意显示的事实区别开来，不要受翻译的影响；第四，在划分义项的时候要注意每一个义项的语音构成。

（五）词汇意义的动态变化形式

第一，词汇意义的缩小变化，这种变化是指词汇指称范围的缩小。包括由属概念到种概念的变化，由普遍概念到单独概念的变化。

第二，词汇意义的减少变化。词汇意义的缩小变化是针对词汇意义的表意范围而言的，即针对概念的外延；词汇意义的减少变化是针对词汇意义的义素特征而言的，针对概念的内涵数量变化。值得注意的是，概念内涵的减少一般伴随着概念外延的扩大，而此处的内涵减少并未伴随外延的扩大，那么它必然还会同时显示其他方面的变化。事实上，此处所谓的减少变化，相对静态词汇意义而言，指动态词汇意义的内涵减少了，但在减少的同时，另外的内涵特征却得到凸显和强化。如在反腐败斗争中，"老虎级"和"苍蝇级"，只是显示了大小之别，而老虎和苍蝇的其他含义则被忽略了。

第三，词汇意义的转移变化。词汇意义的转移变化，有三种基本形式，即比喻、引申和借代，通过这三种形式将此概念转化成彼概念。

清江藩《经解入门·说经必先通训诂》："字有义，义不一：有本义，有引申义，有通借。"[①]通过比喻、引申、借代，无论哪一种方式，词标记的概念所发生的静态向动态的转化，都是建立在人类联想的基础上进行的。其中比喻，属于相似联想，引申与借代属于相关联想，这种联想造就了静态向动态的转化。

清代学者朱骏声在《说文通训定声》一书中把多义词的义项分为"本义"、"转注"（"引申"）和"假借"三类，我们还可以从这个意义上理解词汇意义上的动态变化。

本义是指这个多义词的最初的含义，它一般是多义词词义体系的核心，是多义词词义衍生、发展的起点。由于语言的产生历史难以具体确定，因而词的本义实际上是难以确定的。语言学上所说的本义，实际上是指由汉字字形所分

---

① 江藩. 经解入门 [M]. 北京：文化学社，1932：98.

析出来的意义，是字的本义。如果把文字看成是记录语言的符号，那么字本义只是词的一个较早的义项。

引申义是指通过引申方式所产生的新义。引申义是词义沿本义的方向运动发展的结果，与本义有着直接或间接的联系，分别被称为直接引申义和间接引申义。《训诂方法论》："引申是一种有规律的词义运动。词义从一点（本义）出发，沿着它的特点所决定的方向，按照各民族的习惯，不断产生新义或派生新词，从而构成有系统的义列，这就是词义引申的基本表现。"①

假借义就是指古代汉语中借用已有的音同或音近的文字而表示的含义。假借义与本义无关，不是该词义系统内部生成的意义，是借来表达另一种含义。

6.根词、名词聚类与文档名词的族类研究

在词汇里，最原始、最单纯、最基本的词叫作根词，它是基本词汇的核心。在根词的基础上派生出许多其他词来。汉语的根词多数是单音节词。在文档名词中，这些单音节基本词汇是词汇发展的基础，如"文""牍""案""册""令""书""簿""籍"等。围绕着这些根词，会形成一个个名词聚类，本书称之为"族类"。

分类研究是人类认识事物的基本研究方法。词汇，因其表达对象范畴（领域）的共同性，而形成不同的名词聚类。文档名词本身就是一个名词聚类。而这种分类研究的方法还可以细化、多样化。笔者根据文档名词的特点，采取了名词族类的研究方法。这种词汇聚类以一个共同词素为标志，如以词素"文"为标志，以"文书""文档""文牍""文典""公文"等数十个具有文档含义的名词，形成名词聚类——"文族"文档名词。然后我们以它们为一种对象群体，展开研究。族类内部的各个名词，具有一定的同质性、相似性，这对我们展开研究提供了重要的有利因素；而在此基础上对它们之间各自的特殊性的分析，则显得更具意义。揭示族内名词的这种相似性与特殊性，对名词的整体与个体研究都具有重要意义。

---

① 陆宗达，王宁. 训诂方法论［M］. 北京：中国社会科学出版社，1983：140.

本章小结

一个学科的发展往往要经历三个阶段：一是早期不自觉的零散研究阶段。在研究中并没有意识到学科的问题，并没有明确地以该学科作为研究对象。笔者及其他学者早期的关于"档案"词源的研究就属于这一阶段。大家在研究这一问题时，并没有专业历史语言学的概念，并没有在相关研究中提出和探讨相关概念。二是开始分清对象，积极探索。就笔者而言，这个阶段是从申报课题前后开始的。那时关于这一方面的研究，笔者已从"档案"词源问题扩展开来，开始以"文档名词"的发展演变作为研究对象。笔者最早有整体的档案名词研究意识始于《从〈二十五史〉看中国古代档案名词的演变》[①]，但那时是灵机一动或一时兴起，并没有明确的历史语言学研究的意识。三是意识明确，并开展一些关于规律的总结。这以本书的写作为标志。

在这里，笔者要强调两个问题：

第一，我们要明确树立档案历史语言学的意识。出于历史语言学的特点，笔者把文书、档案两个领域的历史语言学合起来进行研究，因为从历史上看，特别是从古代史上看，文档名词是紧紧连在一起的。不论称档案历史语言学还是称文档历史语言学，只要我们有了专业历史语言学的概念与意识，我们的研究就进入了一个历史新阶段。我们将以更积极、更科学的态度进行我们专业的历史语言学的探索。

第二，我们要明确树立档案历史语言学的独立性、特殊性的意识，并以此展示本专业的独立性、特殊性和历史厚度。由于专业本身的独立性、特殊性，我们的专业语言也与其他专业的专业语言有着迥然区别。它有本专业的独立性、特殊性，既是由本专业的独立性、特殊性决定的，也是本专业的独立性、特殊性的反映与标志。而且，经本书研究表明，档案历史语言学极具历史厚度，这从历史告诉我们"我是谁"的角度，向人们宣示档案学科的独立性和特

---

① 丁海斌，葛宏源. 从《二十五史》看中国古代档案名词的演变［J］. 档案学通讯，2003（2）：91-94.

殊性。

由于专业语言学的特点，档案历史语言学的研究有三个具有递进关系的核心：第一个核心是在语言研究中以词汇为主，第二个核心是在词汇研究中以名词为主，第三个核心是在名词研究中以词义为主。

第二章　先秦：滥觞时期的文档名词

先秦（公元前221年以前）即秦朝以前的历史时代，止于秦始皇统一中国。狭义的先秦时期包含夏、商、西周、东周（春秋、战国）等几个历史阶段，这一时期是中华语言文化的滥觞期，也是文档名词的滥觞期。从文化分期的角度看，它经历了甲骨时代、青铜时代、简牍时代三个文化时期。

第一节　先秦文档名词发生、发展的历史背景

语言是文化的产物，文化是社会历史的产物。我们要叙述文档语言的发生、发展，须从历史与文化的发生、发展讲起。

先秦是中华文明的起源和奠基的历史时期，其最基本的历史特征是文明的全面奠基。这一特征既提供了文档语言词汇的历史规定性，也造就了它们的历史同一性——宏观的历史、文化与微观的文档语言具有历史同一性，即先秦文档名词在文明的全面奠基过程中完成了本身的全面奠基，它是中华文明全面奠

基的产物和重要的组成部分①。先秦文档词汇（主要是名词）的特征既来源于先秦历史文化的规定性，也是其历史文化母体的组成部分和表现形式之一。

一般而言，语言文化具有强大的延续性，并不会完全被当时的社会历史状况所左右。但先秦则有所不同，它是语言文化的滥觞期，中华文明和文档词汇都处于创造期、发生期、成长期，创造都是从一张白纸开始的，都是从无到有，因此这时的书面语本身还谈不上继承与延续②，主要是根据社会的需要进行全新的创造，社会现实需要等对词汇的形成与使用具有规定性。换言之，就是当时的社会有什么，需要什么，人们才会创造出相应的词汇来。文档词汇这种应用性词语在这方面的表现更为突出，先秦典籍（如《尚书》《春秋》等）中的文档词汇即是如此。

当然，人的主观能动性还是存在的，对事物进行命名本身就是主观性很强的人类活动。但文档词汇的对象性极强，一般以明确的客观事物作为依据。先秦词汇处于一个从无到有的阶段，更是难以凭空想象。只是到了先秦晚期，词汇有了一定的成熟度，如同到了人的青年时代，想象力丰富起来，才产生了以《周礼》为代表的颇具主观想象力的作品，出现了一些颇具想象力的文档词汇。但还须指出的是，这种想象力也不是天马行空，它们仍然带有现实的影子，是作者以现实为依据进行的理想设计性的再创作。

总体而言，从文档词汇产生、发展的社会背景来看，社会的政治、经济，特别是社会的管理活动，是产生文档词汇的社会需求的主要来源，它们是文档词汇之父。文化，特别是社会的语言文化，是文档词汇产生的母体；而文档活动则是文档词汇产生与发展的最为直接、最为具体的根据，是孕育文档词汇的直接巢窠。以下笔者从先秦的宏观历史背景及较具体的文化背景、文档工作背景等方面，来叙述文档名词产生的历史背景。

---

① 不论是从文档名词起源的时间、内涵，还是从它在先秦语言体系中的位置和作用的角度看，说它是中华文明的重要组成部分，都不是夸大之词。

② 历史是不可能没有继承性和连续性的。但这一时期书面语的"继承"，并不是书面语内部的继承与延续，而是与口头语言之间具有一定的历史联系，具有一定的继承性、连续性。

一、先秦政治与文档名词

政治之于文档，乃重要之母体。先秦为中华文明之始，亦为中华政治文明之始，而文档作为政治文明的工具与记录，必然与之相伴生。当然，文档并不仅仅来源于政治，亦来源于经济、文化等人类其他活动，但政治无疑是其中较为重要的部分。

（一）社会管理制度的建立与文档名词

在这里，我们需要强调先秦国家制度的形成对文档工作和文档词汇的影响。文档事物，与国家事务密切相关，在先秦尤其如此。由于文化的发展还很不充分，先秦"学在官府"，文书、档案类事物主要产生于官方，主要运用于官方施政、存史等活动中。因此，先秦国家政务等社会管理活动的产生与发展与文档词汇的产生与发展具有密切关系，并对后世产生巨大的影响。

中国历史上的第一个朝代——夏——产生于先秦之始。先秦是中国各种社会管理制度的全面奠基时期，《礼记·明堂位》载："夏后氏官百，殷二百，周三百。"①《史记·夏本纪》载："自虞、夏时，贡赋备矣。"②国家建立以后，与国家相关的各种社会管理制度也必然随之不断发展、完善，分封制的建立与实施，官制、选举制、租税制度、兵制、法律制度等的形成与完善，农工商业的管理制度、婚姻制度、人口管理制度、族制等的形成与完善，与衣食住行相关的礼仪与管理制度等的形成与完善等，都为文书、档案事物的产生和使用提供了必要的社会条件，也为文档名词的产生和日益广泛的使用提供了必要的社会条件。

总的说来，先秦社会管理制度的建立是文档事物和文档名词产生的最直接的原因，因政行文，因政存档。许多先秦文献都能反映先秦社会制度的建立与文档名词的关系，其中最具代表性的是《周礼》。《周礼》将国家机构的设立、职能分工以及产生与管理什么样的文档，梳理得十分清楚。如《周礼·天

---

① 阮元. 十三经注疏［M］. 北京：中华书局，1980：1492.

② 司马迁. 史记［M］. 北京：中华书局，1959：89.

官·大宰》开宗明义地说道：

> 大宰之职，掌建邦之六典，以佐王治邦国。一曰治典，以经邦国，以治官府，以纪万民；二曰教典，以安邦国，以教官府，以扰万民；三曰礼典，以和邦国，以统百官，以谐万民；四曰政典，以平邦国，以正百官，以均万民；五曰刑典，以诘邦国，以刑百官，以纠万民；六曰事典，以富邦国，以任百官，以生万民。①

按照这个体系，《周礼》向我们描述了一个基本完整的（《冬官篇》佚失）与国家行政管理体系相对应的文档工作体系及文档名词体系（表2-1），文档与国家行政管理工作的关系一目了然。

表2-1   《周礼》各行政部门的文档事物（名词）一览表

部门	文档名词
天官	六典、八法、八则、八柄、八统、九赋、九式、九贡、九职、九两、九正、九事、九功、八成、比居、简稽、版图、傅别、书契、礼命、质剂、要会、要贰、贰令、岁会、岁成、月要、月成、日成、治要、治凡、治目、治数、官成、官契、官书、版、书、治、复、逆、会、要、成、总、贰、图
地官	书契、质剂、要会、比要、地比、役要、治成、贤能之书、书、贰、辟、质、剂、图
春官	六典、事书、治中、约剂、三兆之法、三易之法、三梦之法、版、治、会、贰、质、剂、图
夏官	简稽、书契、版、书、复、逆、要、贰、图
秋官	八成、判书、地傅、三典、五刑、傅别、要会、礼籍、约剂、五禁之法、版、书、要、贰、图、中

（二）巫史制度与文档名词

甲骨文化等是以一种书面载体材料为标志的文明形态，而巫史文化则是一种以文化形成与使用者为标志的文化形态。巫史文化是先秦文化的主要形态。

宗教巫术活动在先秦政治、文化生活中占有重要地位。在部落联盟时期，

---

① 孙诒让. 周礼正义［M］. 北京：中华书局，1987：58.

部落联盟的首领就具有了巫王合体的特征，尧舜禹都身兼部落联盟首领和大巫师的双重身份。巫术与政治紧密结合，巫政一体，是中国早期政治的基本特征。这种特征在夏商周时代极为盛行，《礼记·表记》载："殷人尊神，率民以事神，先鬼而后礼。"①陈梦家曾断言："王者自己虽为政治领袖，同时仍为群巫之长。"②

巫术活动是先秦早期政治的重要组成部分，在中华文化诞生初期，主要表现为巫史文化，巫、史合一，即史官往往兼任巫职，故后世常以"巫史"并称。巫史需要记录其部族的谱系、历史，并进行占卜活动，记录占卜内容和过程，他们成为我国古代第一批知识分子。

中国古代历来重视修史，早在商周就有了最初的史家和官修历史典籍。《汉书·艺文志》谓："古之王者世有史官……左史记言，右史记事，事为《春秋》，言为《尚书》。"③其实，史官不只是记事记言，而且兼有掌管、解释和传扬历史记录和文物，并从历史事实中推演出古今兴亡的经验，以之为统治者服务的职能。他们也是中国历史上最早的文档工作人员。官史合一造成了"学在官府"的局面，使官府成了后代学术的渊薮。甚至可以说，商周之际，巫史以外无文化。史官也就成了当时社会最主要的"知识分子"，深刻地影响了古代文化的面貌。先秦诸子中，有一些道家、儒家人物可能就直接出于史官。如《史记》称老子曾为"周守藏室之史"④，《汉书·艺文志》称"道家者流，盖出于史官"⑤。原始儒家，许多人认为它最初起源于古代的方术之士（如《汉书·司马相如传》注："凡有道术皆为儒。"⑥又见胡适《说儒》等），而古代之所谓术士，不外乎六类，文、史、星、历、卜、祝，皆为巫史

---

① 阮元. 十三经注疏 [M]. 北京：中华书局，1980：1642.

② 陈梦家. 商代的神话与巫术 [J]. 燕京学报，1936（2）：535.

③ 班固. 汉书 [M]. 北京：中华书局，1962：1715.

④ 司马迁. 史记 [M]. 北京：中华书局，1959：2139.

⑤ 班固. 汉书 [M]. 北京：中华书局，1962：1732.

⑥ 班固. 汉书 [M]. 北京：中华书局，1962：2592.

也。儒家奉为经典的"六经"——《诗》《书》《易》《礼》《乐》《春秋》源于史官，因此学术界有"六经皆史"之说。先秦诸子多有浓厚的史官背景。班固说："道家者流，盖出于史官，历记成败存亡祸福古今之道，然后知秉要执本，清虚以自守，卑弱以自持。"①老子本身即是周王室的柱下史。

"巫术文化"是先秦文化的重要组成部分。美国哈佛大学教授张光直认为："中国古代文明是所谓萨满式（shamanistic）的文明。这是中国古代文明最主要的一个特征。"②所谓萨满（shaman），相当于中国古代的巫、觋，萨满式文化就是一种巫术文化。通过控制巫觋，从而垄断能够沟通天地人神的巫术，就成了中国古代统治者建立和维护其政治权威的重要手段，这体现了中国古代"政教合一"的历史特点。也就是说，巫术文化不只是与巫术有关，不但与史合而为一，还与国家政治密切相关。

由上可知，先秦文化具有显著的巫史文化的特征，使得巫史文化具有中华文化源流之意义。同时，古汉语中最早的文档名词亦是在巫史文化中孕育出来的，如"祝册""册祝"等词，具有明显的巫史文化特征。具体来说，巫史比较而言，史的影响更大一些。就先秦职官而言，巫史合一主要在上层，而更多的中下层官吏里，史的数量是比较大的，他们是国家行政部门文档工作者。如《周礼·春官·大史》曰：

> 大史掌建邦之六典，以逆邦国之治，掌法以逆官府之治，掌则以逆都鄙之治。凡辨法者考焉，不信者刑之。凡邦国都鄙及万民之有约剂者藏焉，以贰六官，六官之所登。若约剂乱，则辟法，不信者刑之。③

先秦之"史"，对文档词汇的产生、使用与发展影响极大，他们是文档词汇的主要使用者，也可能是主要创制者。

---

① 班固. 汉书 [M]. 北京：中华书局，1962：1732.
② 张光直. 考古学专题六讲 [M]. 北京：文物出版社，1986：4.
③ 孙诒让. 周礼正义 [M]. 北京：中华书局，1987：2079-2082.

二、先秦文化与文档名词

社会的宏观历史背景，特别是社会的政治及其他社会管理制度，提供了文档语言发生、发展的客观需求，它们是文档词汇孕育之父。但只有这种需求还是不能完成全部的孕育过程，它还需要一个母体，这个母体就是社会文化。中国先秦的社会文化，特别是先秦的语言文字体系本身，是文档词汇孕育之母。

文档词汇是一种以书面语言为基本出发点的专业词汇。因此，我们主要在语言文字的范畴内研究其文化背景问题。从历史语言学角度看，我们应主要关注以下几个问题：第一，这一时代社会语言的基本特征特别是语言文字体系本身的发生、发展与文档名词的关系。第二，作为一种书面语言，它与书面记录工具（主要是指物质载体）的关系密切。因此，我们要关注先秦书面记录载体（甲骨、青铜、简牍等）与文档名词的关系。第三，我们还要关注这种书面语言使用者（如巫史）的种种特征以及其与文档名词的关系。当然，当人群范围逐步扩大后，我们还应关注外来文化的影响问题。

（一）汉语言文字的起源与文档名词

文档词汇是汉语言中具有一定特殊性的组成部分。汉语言文字是整体、母体，文档语言是部分、分支。由此，我们需在汉语言文字体系内去考察文档词汇的产生与发展。

与中华历史文化的连续性相一致，我们至今仍在使用的汉语亦具有很好的连续性。在此种情形之下，我们也需循着连续的历史脉络研究汉语中的文档词汇的发生、发展。也就是说，我们需要从源头开始，连续地研究汉语中的文档词汇问题。

传说中国的文字发明于黄帝时期，黄帝的史官仓颉被认为是汉字的发明人。战国文献里最早提到仓颉的是《荀子》，《荀子·解蔽》曰："故好书者众矣，而仓颉独传者，壹也。"[①]《韩非子·五蠹》说："仓颉之作书也，

---

① 王先谦. 荀子集解［M］. 北京：中华书局，1988：401.

自环者谓之私，背私谓之公。"①《吕氏春秋·君守》云："奚仲作车，仓颉作书，后稷作稼，皋陶作刑，昆吾作陶，夏鲧作城，此六人者所作当矣，然而非主道者。"②《淮南子·本经》云："昔者，仓颉作书而天雨粟，鬼夜哭。"③李斯《仓颉篇》云："仓颉作书，以教后诣。"《论衡·骨相篇》："仓颉四目，为黄帝史。"④东汉学者许慎在《说文解字叙》中较详细地说明了文字的发明过程及作用：

　　古者庖牺氏之王天下也，仰则观象于天，俯则观法于地，视鸟兽之文，与地之宜，近取诸身，远取诸物，于是始作《易》八卦，以垂宪象。及神农氏，结绳为治，而统其事，庶业其繁，饰伪萌生。黄帝之史仓颉，见鸟兽蹄远之迹，知分理之可相别异也，初造书契。百工以乂，万品以察，盖取诸《夬》。《夬》扬于王庭，言文者宣教明化于王者朝廷，君子所以施禄及下，居德则忌也。

　　仓颉之初作书，盖依类象形，故谓之文。其后形声相益，即谓之字。文者，物象之本；字者，言孳乳而寖多也。著于竹帛谓之书。书者，如也。⑤

南朝刘勰作《文心雕龙·练字》时沿袭许慎的说法，有"夫文象列而结绳移，鸟迹明而书契作"⑥的名句。

从考古材料看，在商朝以前，只有极少量的零星的原始文字存在。新石器时代，我们在诸多遗址中发现了数量众多的甲类符号（几何形符号）和乙类符号（象形符号）。特别是人汉口陶尊符号和半坡的刻画符号等，良渚文化、龙山文化中甚至出现了一些排列成行的符号。这些符号曾被认为是最早的汉字。

---

① 王先慎. 韩非子集解［M］. 北京：中华书局，1998：450.

② 许维遹. 吕氏春秋集释［M］. 北京：中华书局，2009：443.

③ 何宁. 淮南子集释［M］. 北京：中华书局，1998：571.

④ 黄晖. 论衡校释［M］. 北京：中华书局，1990：112.

⑤ 许慎，段玉裁. 说文解字注［M］. 上海：上海古籍出版社，1981：753-754.

⑥ 刘勰，王运熙，周锋. 文心雕龙译注［M］. 上海：上海古籍出版社，1998：348.

如李孝定先生认为："半坡陶文是已知的最早的中国文字，与甲骨文同一系统。"①由此我们可以根据现有考古材料得出汉字出现于6000年前的结论。

关于汉字的起源，学者们逐渐有了一些基本的共识：文字的形成需要一个过程，这个过程的终点是完整的文字体系的形成。在完整的文字体系形成之前，已经产生的文字通常只能记录语句中的部分词语，并且往往跟图画式的表意手法夹杂使用。有人把这种不成熟的文字称为原始文字②。从6000年前产生，到4000年前形成成熟、完整的体系，仓颉只是中间阶段对文字进行整理、完善的代表而已。如黄侃先生云：

按文字之生，必以寖渐，约定俗成，众所公仞，然后行之而无阂。窃意邃古之初，已有文字，时代绵邈，屡经变更；壤地佌离，复难齐一。至黄帝代炎，始一方夏；史官制定文字，亦如周之有史籀，秦之有李斯。然则仓颉作书云者，宜同鲧作城郭之例；非必前之所无，忽然创造，乃名为作也。《周礼·大行人》：王之所以抚邦国诸侯者，九岁属瞽史，谕书名；依郑君说，名即字也。据此，隆周之治，同书文字，职在史官；是亦循黄帝以来之旧而已。

《荀子》云："好书者众矣，而仓颉独传者，壹也。"今本此说，以为文字远起于古初，而仓颉仍无嫌于作字；庶几和会乖违，得其实相者欤。"③

我们从殷商的甲骨文异体繁多的事实中也可以看出，文字绝不是一个人创造的。

从文字产生与文档词汇的关系来看，由于成熟的文档事物的产生需要系统文字的支持，因此原始文字时代不可能产生成熟的文书、档案，也就更不可能产生文档名词。事实上，目前确无证据表明原始文字时代有词义清晰的文档

---

① 李孝定. 从几种史前和有史早期陶文的观察蠡测中国文字的起源［J］. 南洋大学学报，1969（3）：1–28.

② 裘锡圭. 文字学概要［M］. 北京：商务印书馆，1988：1.

③ 黄侃. 黄侃论学杂著［M］. 上海：上海古籍出版社，1980：2.

类词汇存在。但文档作为"原始性符号记录",与人类最早的符号具有密切关联,因此中国最初的文字中产生相关的原始文字也是必然的。如原始陶文中的代表符号——"文",该字的含义虽然目前还没有明确的答案,但从后世该字的含义看,它与"原始性符号记录"有关的可能性较大。

其实,文字与文档的产生过程,可以看作同一个过程。它们都与社会发展及它所带来的对书面记录的需求有关,与符号体系自身的发展有关。而由于必须有文档事物,其后才会有文档词汇。所以文档词汇的产生时间应在这个过程的中、后期。清代学者陈澧云:

> 盖天下事物之象,人目见之,则心有意,意欲达之,则口有声。意者,象乎事物而构之者也。声者,象乎意而宣之者也。声不能传于异地,留于异时,于是乎书之为文字。文字者,所以为意与声之迹也。[①]

从各种历史条件和目前的事实证据看,汉语言中具有清晰文档词义的文档词汇起源于殷商的甲骨文,如甲骨文中的"文""典""册"。

创字、造词,须"象乎事物而构之",所以"事物"本身的成熟程度是创造相对应的文字、词汇的前提。在甲骨文之前,创造文档类词汇的事物成熟度前提似乎难以具备。所以,笔者判断,甲骨文之前汉语言中还难以出现文档词义清晰的文档类词汇。

(二)先秦词汇的基本特征与文档名词

古汉语的发展有一个重要的规律:年代越久远,即越接近文字产生的早期,单音节词的数量越多,而双音节词和多音节词的数量则相对较少。词汇产生初期的单音节词还具有多义性的特征,意义较为模糊,指向性不够明确。随着语言的发展,双音节词和多音节词的数量就会逐渐增加。先秦处于古汉语的初生时期,这一特征十分明显,单音节词在当时的词汇中具有明确的主体地位。这一点当然也会影响到先秦的文档名词。因此,先秦最早出现的文档名词也是单音节词。但文档名词有其特殊性,由于其多使用于职务性活动,所以要

---

① 向光忠. 文字学刍论 [M]. 北京:商务印书馆,2012:9.

求有较强的指向性，这样就需要比普通词汇具有较强的双音性、多音性，所以在其产生之后较早、较快地进入了双音化、多音化的时代。在先秦稍晚一些的时候，双音节词就较早地成为文档名词的主体。

（三）甲骨文化、青铜文化、简牍文化与文档名词

先秦作为中华文化的初生期，书面文献的物质载体亦具有早期的特征，尚处于粗加工阶段，且具有载体多样化、更替较为频繁的特点。在一定的文化时期，一般有其主流载体，它成为这一时期文化的标志。在先秦的商、西周、春秋、战国时期，所应用过的书面载体主要有甲骨、青铜器、缣帛、简牍等，我们分别称其为甲骨文明、青铜文明、简牍文明等。这些文化形态与文档名词之间具有发展进程的同步性。其中，甲骨文明和简牍文明较为重要，分别是中国文档名词的起步期和成熟期。

殷商时期的甲骨文是先秦早期文化的典型代表，也是汉语文档名词的早期代表。甲骨文，又称"殷墟文字""契文""甲骨卜辞""龟甲兽骨文"等。甲骨文主要是商朝王室用于占卜吉凶记事而在龟甲或兽骨上契刻的文字，记录了商朝后期（约前14世纪—前11世纪）的政治和经济情况，内容一般是占卜所问之事及所得结果。除甲骨文外，商代还有零星的陶文、金文、石刻文，但它们数量不多。所以研究商代文字，一般以甲骨文为代表。甲骨文在西周初期还应用了较短的一段时期，但数量不多，金文是西周文字的代表。

在能够识别的甲骨文中，我们发现了迄今为止我们所知最早的单音节文档名词"文""典""册"等。

商周阶段的青铜铭文则是先秦时期文化形成的又一重要代表。青铜铭文是古代青铜器上的文字，也称金文（"吉金文字"）、钟鼎文。由于铜器铭文的篇幅和内容都有很大的局限性，数量不多，因此其对汉语言文字发展的影响要逊于甲骨文。但青铜文化对文档名词亦有所影响，单音节词"图"即产生于金文。

简牍是我国古代遗存下来的写有文字的竹简与木牍，它们的主要使用时间是西周、春秋战国到秦汉时期。这一时期是汉文化的形成期，也是文档名词的

形成期。简牍文化从西周开始进入繁荣期，孔子曰："周监于二代，郁郁乎文哉！吾从周。"①早期写在简牍上的文字大多数与官方文档有关，包括官方文书、户籍、告示、信札、遣册等。这一时期形成了很多文档词汇（具体见本章第二、三节），是文档词汇体系的形成期。

三、先秦时期的文书、档案工作与文档名词

就历史空间而言，在大的政治、文化背景之下，文档名词具体使用于文书、档案工作中。文档事物是文档词汇的命名对象，也就是说，有什么样的文档事物才会有什么样的文档名词。因此，文书、档案工作，特别是文档事物本身，是文档名词产生与发展的最为直接、最为具体的根据。

（一）先夏及夏朝时期

到目前为止，殷墟甲骨文是我们看到的最早的汉字体系，而此前的夏及夏以前的一段时期，则是这个汉字体系逐渐形成的时期。从考古情况看，我们在这一时期发现了一些被称为原始文字的东西。这些原始文字数量少，辨识困难，给我们传递的信息极少。因此，到目前为止，关于夏及夏以前一段时期的文书、档案及文档工作，尚无实物证据。但从历史记载看，《墨子·非攻下》云："禹既已克有三苗，焉磨为山川，别物上下，乡制大极，而神民不违。"②这说明国家制度已较完备，为文档事物的产生提供了社会条件，夏具备了产生文书、档案的可能性。尽管我们还没有实物证据确认这一时期产生了文书、档案，但后世文献记载印证了这种可能性。

《左传》《国语》《尚书》《墨子》《吕氏春秋》等先秦典籍中有"虞书""夏书""夏令""夏训"等文档名称的记载。《吕氏春秋·先识览》载："夏太史令终古出其图法，执而泣之。夏桀迷惑，暴乱愈甚。太史令终古乃出奔如商。"③其中既记载了图法档案，又记载了夏的档案工作者——太史

---

① 阮元. 十三经注疏［M］. 北京：中华书局，1980：2467.

② 吴毓江. 墨子校注［M］. 北京：中华书局，1993：220.

③ 高诱. 吕氏春秋［M］. 上海：上海古籍出版社，2014：344.

令终古。

从这些大量的记载及当时国家事务的开展看，夏朝已有文档且文档工作是较为可信的，但确证其存在还需等待进一步的考古发现。并且，从其产生了较为严整的国家制度来看，当时是有可能已经产生了文档名词的，当然，它的确证也需等待进一步的考古发现。

（二）商朝时期

商朝时期的文书、档案工作，是目前为止有明确考古实证最早的文书档案工作。它主要有赖于殷商甲骨档案的发现。殷商甲骨档案主要产生于商朝后期，是中国古代最早的规模性的档案实物遗存。

甲骨档案的文字多用铜刀或石刀刻在坚硬的龟甲兽骨上，少数甲骨文书使用毛笔书写。甲骨文字大者径逾半寸，小者细如芝麻，篆刻得规整美观。甲骨档案记载的内容具体可以分为三个部分：（1）占卜文书，主要记录占卜的时间、祈求的事情、显示的征兆和祈求的结果等；（2）记事刻辞，主要记录非占卜的事件；（3）表谱刻辞，包括祭祀和家谱。其内容相当丰富，记载了商王朝的许多历史事迹，反映了王令、巡游、天象、臣仆、征战、犁田、渔猎、医药等各方面情况。

这些甲骨档案被有意识地集中保存于商王朝宗庙所在地，说明这一时期已经具有了文档保管意识，形成了较规范的档案工作流程，有了初步的档案制度。陈梦家在对殷墟进行详细考证之后认为："卜辞集中的出土于殷都安阳，而卜辞所记占卜地往往有在殷都以外的，可见这些在外地占卜了的甲骨仍旧归档于殷都。"①甲骨档案管理有了初步的分类工作。邓绍兴认为：

从商代保管甲骨档案的原始状态中，可以看出档案分类的萌芽。出于查考利用的需要，殷商宗庙所保存的甲骨档案，大体上开始按年代（朝代）、材质（龟甲、兽骨）、管理人员等分类庋藏，使之秩序化。②

① 陈梦家. 殷虚卜辞综述 [M]. 北京：中华书局，1988：46.

② 邓绍兴. 中国档案分类的演变与发展 [M]. 北京：档案出版社，1992：3.

当然，商朝档案工作的范围还非常狭小，基本上局限于王室的范畴。但文档与文档工作的客观存在，为文档名词的产生与使用提供了充分条件，使得我们已经能够看到可以确证的文档名词。

除了可以确证的甲骨文档及相应的文档名词外，商朝很有可能还有简牍文档及相应的文档名词。《尚书·多士》中有"惟殷先人有册有典"之语，其中的"典""册"很有可能是书写于竹木之上的简牍文档。王国维先生在《简牍检署考》一文中有过如下的议论："书契之用自刻画始。金石也，甲骨也，竹木也，三者不知孰为后先，而以竹木之用为最广。"①从《尚书·盘庚》等商朝文书字数角度来看，《盘庚》篇的字数多达1283个，难以在甲骨书写，很可能是在竹木书写的。总之，商朝在存在甲骨档案的同时，很有可能也存在简牍文档，并存在相应的文档名词（如《尚书》中商书各篇中"诰""训"等文档名词），但由于简牍相对而言不易长久保存，目前我们无法看到商代的简牍文字了。

（三）周朝时期

周朝是继夏、商二代之后建立的王朝，周的政治文化在继承前两代的基础上有了很大的发展。周分为西周和东周，共存在800余年。其中东周分为春秋和战国两个时代。

周朝时期虽然仍以史官掌管档案，但与殷商时期相比有了明显的变化，档案工作比商朝有了更进一步的发展，相关记载也比商朝丰富得多。周朝已经普遍地建立了一系列的文档工作制度，还设有比较完善的档案管理工作系统，涉及官员、场所、分工等。他们之间相互协调。特别是到东周时期，各诸侯国都建立了自己较完备的档案工作体系，在文档管理上取得了前所未有的成就。

先秦典籍对周代档案工作的记载已较为丰富，如《左传·襄公十一年》"夫赏，国之典也，藏在盟府，不可废也。子其受之!"②，《礼记·内则》

---

① 宋原放. 中国出版史料：古代部分第1卷［C］. 武汉：湖北教育出版社，2004：1.

② 左丘明. 左传［M］. 上海：上海古籍出版社，2015：533.

"宰辩告诸男名，书曰'某年某月某日某生'而藏之。宰告闾史，闾史书为二，其一藏诸闾府，其一献诸州史。州史献诸州伯，州伯命藏诸州府"[①]，等等。《周礼》一书对这一时期档案工作的记载则极为丰富。

要探讨两周时期的文档工作情况，则《周礼》是必须深入研究探讨的典籍。《周礼》是中国古代一部极为重要的经典，它在阐述先秦政治制度的同时也描述了与之相关的文档工作情况，是中国档案史研究中一部绕不过去的古代经典。但必须指出的是，《周礼》的记载并不完全是西周抑或春秋战国的历史事实，其中有一些是作者的想象与设计，因此在使用《周礼》中的史料时须与其他材料相互印证（具体见本章第四节）。关于这一点，此前的一些档案史论著多有缺陷。

第二节　先秦文档名词概述

先秦时期的文化是中华文化的开端，对后世影响深远，是之后各时期文化发展的基础，具有不可取代的历史地位。先秦文化之开端体现在文档名词上，表现出两个基本特征：滥觞与多元。

"滥觞"是针对文档名词术语整体起源而言的。其具体体现是：汉语言文档名词出现于先秦时期，而且此后各个时期的文档名词多与先秦文档名词有所关联，多受到先秦文档名词的影响。先秦文化是中华文化的开端，而先秦文档名词也是汉语言文档名词的开端，是中国文档词汇的滥觞。这种"滥觞"是具有历史必然性的。

"多元"是针对先秦文档名词出现的状态而言的。其具体体现是：在"档案"一词大一统档案名词术语之前，从先秦时期开始，这些名词是在不同社会实践领域中各自产生的，它们之间多数尚未建立起关联关系，还没有出现统一性、通用性、专业性的文档名词。在文档名词的发生期，这种分散性具有明显

---

① 阮元. 十三经注疏［M］. 北京：中华书局，1980：1470.

的不成熟性。档案名词术语就始终处于数量众多、多元共存的局面。这个"多元"的局面从先秦时期开始形成并贯穿整个中国古代，直到近代"档案"成为统一的文档名词术语才得以逐渐终止。

一、先秦文档名词的构成、发展过程与特点

文书与档案文献曾在中华文明史上特别是在先秦文明史上起到独特而重要的作用。它们不但为先秦文明的发展提供了基本的文献资料，而且它们自身就是先秦文明的重要组成部分。我们在这里所研究的先秦文档名词，就是先秦语言的重要组成部分。但它们往往隐藏在文明成果的背后，因而长期被人们所忽视。基于此，我们有必要对先秦时期的文档名词进行细致、深入的研究。本部分将对先秦时期文档名词的整体构成、发展阶段、词汇内涵与构词特点等进行具体阐述。

（一）先秦文档名词的整体构成

从文档名词所归属的族类角度来进行划分，先秦时期文档名词的构成主要分成九大族类——"文族""书族""牍族""簿族""籍族""册族""典族""令族""图族"，和具有特殊性的《周礼》文档名词以及其他等11个部分。（表2-2）

从整体上看，先秦时期"书族""典族""令族""图族""册族"等族类发育水平较高，它们皆起源于甲骨文、金文，起源早，名词数量较多；"牍族""簿族"发展水平较低，带有较明显简牍文化的特征；"文族""籍族"的发育水平处于中等。《周礼》文档名词从其来源、数量、影响等来说都具有特殊的历史意义，值得我们对它进行专门研究。

表2-2　先秦文档名词整体构成表

族类		名词
文族		文、文典、文献
书族		书、事书、繇书、刑书、丹书、载书、书社、图书策、玺书、檄书、券书、书契、书简、官书、判书、贤能之书、赤爵衔书、凤凰衔书、虞书、夏书
牍族		竿牍
簿族		主簿、名簿
籍族		户籍、法籍、礼籍
册族		册、册书、册文、册祝、祝册
典族		典、典册、典籍、典书、训典、六典、三典、典策
令族		令、法令、政令、将令、军令、饬令、阴令
图族		图、地图、图法、图籍、版图
《周礼》文档名词	《周礼》专有名词	成、贰、质、剂、治、复、逆、会、要、总、辟、治中、版图、礼命、质剂、岁会、约剂、官书、官契、简稽、傅别、要会、要贰、贰令、比要、地比、役要、岁成、月要、月成、日成、事书、治要、治凡、治目、治成、治数、官成、地傅、比居、六典、八法、八则、八柄、八统、九赋、九贡、九两、九职、判书、三典、五刑、九式、九正、九事、九功、八成、三兆之法、三易之法、三梦之法、五禁之法、贤能之书
	先秦典籍共有名词	书、版、图、令、誓、盟、礼籍、书契、政令、禁令、法令、戒令
其他		训、则、誓、诰、谟、约、盟、夏训、甘誓、盟誓、约誓

（二）先秦文档名词发展的阶段性

先秦时期，是中华文化发生、发展的一个大繁荣的时期。文化的发生、发展与繁荣同样推动了文档名词的发生、发展与日益繁荣。文档名词的这种发生、发展与日益繁荣也经历了一个过程，这个过程中的一个个点穿成了一条线。这是一个与先秦文化发展相一致的过程。因此，我们就从文化史的角度对先秦文档名词按照甲骨时代、金文时代、简牍时代三个时期进行分别阐述。

1.甲骨文中的文档名词

甲骨文中有4500多个字，已辨识的约1500字。经笔者查证，其中涉及的文档名词主要有"文""典""册"，它们皆为单音节词。"书""令""契"等后世重要的文档名词，在甲骨文中虽已出现，但当时还没有文档名词的含义，是动词"书写""契刻"和"发布命令"等义，当时尚未产生文档之义。

（1）"文"

"文"是汉语中最早出现的文字之一，早在史前陶文中就已出现，并在其后的各类汉字形体中均有确切、可考之记载，是为数不多的起源较早并延续至今的汉字之一。

"文"字最早可见于陶寺遗址。1984年考古工作者在陶寺遗址中发现一片扁壶残片（朱书扁壶），壶身的两侧各有一字，其中清晰可见的便有"文"字，如图2-1所示，陶片上的"文"字像是众多线条交错形成的图案，它是一种图画性符号，属于象形文字的范畴；另一侧则较难解读。陶寺文化大致年代为公元前2450年至公元前1900年，这也说明了"文"字的产生要早于现在学术界普遍定位的先秦时期。虽然朱书扁壶的发现追溯了"文"字的产生，但是单凭此壶并不能说明其具体含义。

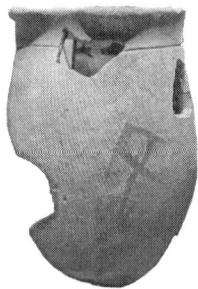

图2-1 陶寺遗址出土的"朱书扁壶"

殷商时期，这一独立的符号被进一步简化。甲骨文中的"文"字仅用四段交错的线条予以表示，表意不变但笔画更少、更便于刻写；金文时期，在甲骨文的"文"形基础上加"彡"以便突出刻纹之意，有的金文则在交错的图案内加"♥"（心，表意识），进一步明确"文"字"用线条、图案传达意识"之含义。总的来看，"文"字最早的用法和出处为刻在岩壁、龟甲上的图画性符号——象形汉字，具有初步的、浅显的表意作用。"文"字有文献可考的最早含义是"花纹；纹理"。《尚书》中有"厥贡漆丝，厥篚织文"[①]之句。许慎《说文解字》曰："文，错画也。象交文。"[②]"又因花纹往往具有审美作用，故'文'又衍生出'文饰'、'装饰'、'文采'等义；'文'又因其图画性质而引申为'文字'义，因为汉字即由图画演变而来，进而衍生出'文章'、'文化'、'文明'等有关人类精神文化内容的其他含义。"[③]

图2-2 陶文、甲骨文、金文（2）、篆文、隶书中的"文"字

随着历史的发展，"文"的词义也不断丰富起来，在先秦时期就形成了多种含义、多个义项。在对先秦时期出现"文"字的重要古籍的检索过程中发现，除其本义外，"文"字在先秦时期出现了人名的用法，以及"典籍""文字""法令条文"之义。

先秦"文"字用于王公贵族的谥号和自号为最多，约占总数的73%。从周文王、周武王等号来看，文与武相对，含义为褒义。人们特别喜欢用"文"自号（如周文公）或给前人加谥号（后期以这种用法为主），说明"文"在先秦地位之重要。"文"用于人的称呼，只是一种礼仪性的用法，虽然大量重复出现，但实际意义不大。

除去人的称号用法外，"文"字多指"花纹、纹理"与"符号记录物（典籍）"之义。其中"花纹、纹理"之义是其本义，在先秦前期所占比重较大，后期"典籍"（广义，以文档含义为主）之义成为"文"的主要词义，约占该单音节词在先秦文献中总出现次数的20%，是"文"字用于人的称号之外的主要用法。如果考虑人名用法的大量重复的特点，"典籍、文档"用法的实际地

---

① 陈戍国. 尚书校注 [M]. 长沙：岳麓书社，2004：25.

② 许慎，段玉裁. 说文解字注 [M]. 上海：上海古籍出版社，1981：425.

③ 方明. 甲骨文形意关系的美学研究 [D]. 天津：南开大学，2014：40.

位是第一位的。

表2-3　先秦单音节词"文"的各义项出现情况统计表

文献	自称与谥号	典籍、文档	花纹	文字	文才	合计
《尚书》	49	6	4			59
《黄帝内经·素问》	3	11	1			15
《周礼》		1	6			7
《仪礼》		2				2
《竹书纪年》	31	6				37
《礼记》	65	9	5	5		84
《周易》	7	11	1	1		20
《鬻子》	8					8
《灵枢经》			2			2
《诗经》	46	3				49
《六韬》	51					51
《大学》	1					1
《孙子》					1	1
《孝经》	1		2			3
《亢仓子》	4	2	1			7
《鬼谷子》	2	1				3
《文子》	20	11				31
《子思子》	20	2				22
《老子》		9				9
《春秋公羊传》	15					15
《子华子》			1			1
《管子》	18	2	4			24
《禽经》			4			4

续表

文献	自称与谥号	典籍、文档	花纹	文字	文才	合计
《邓析子》	1					1
《中庸》	6			4		10
《范子计然》	3	4				7
《论语》	14	27				41
《子夏易传》	25	35				60
《春秋左传》	267	3	4		1	275
《春秋穀梁传》	35	1	1			37
《吕氏春秋》	170	2	3			175
《孔子集语》	103	45	2		2	152
《星经》	4	2	1			7
《尸子》	3	7				10
《燕丹子》	1					1
《尔雅》		2	6			8
《关尹子》			2			2
《逸周书》	32	25			1	58
《鹖冠子》		7				7
《山海经》		42	29	11		82
《韩非子》	77	5	8			90
《荀子》	3	46				49
《庄子》	18					18
《公孙子龙》	9					9
《国语》	138	14			1	153
《晏子春秋》	7	1		2		10
《列子》	12			1		13
《墨子》	54	6	2			62

续表

文献	自称与谥号	典籍、文档	花纹	文字	文才	合计
《战国纵横家书》	4					4
《司马法》				1	1	2
《穆天子传》		14				14
《慎子》		1				1
《尹文子》	3	3				6
《古三坟》		2				2
《孟子》	34	1	1			36
《商君书》	4	1			1	6
《吴子》	3					3
《尉缭子》	1	3	1			5
《解鸟语经》	1					1
合计、占比及频次	1373、73.34%、18.81	375、20.03%、5.14	91、4.86%、1.25	25、1.34%、0.34	8、0.43%、0.11	1872、100%、25.64

　　显然，在其演变发展过程中单音节词"文"具有广阔而丰富的文档类含义，先秦时期的单音节词"文"就具有"文字符号记录及相关的事物"之意，如《鬼谷子》载："此揣情饰言成文章，而后论之。"①与之相关的复音词（如文献等）也已出现并开始使用，例如："夏礼，吾能言之，杞不足征也；殷礼，吾能言之，宋不足征也。文献不足故也。足，则吾能征之矣。"②但其主要在先秦时期以单音节词的方式作为文档名词使用，而后其使用空间被意义更为明确的复音词所取代，而"文书""文献"等复音词在此后快速发展起来。这主要是因为它同其他单音节词一样，具有无法避免的局限性，即义项非常丰富，可以指代较多的事物，但在表达精确性上却较为欠缺。这种单音节词

---

① 鬼谷子. 鬼谷子［M］. 南京：江苏古籍出版社，2001：51.
② 杨伯峻. 论语译注［M］. 北京：中华书局，1980：26.

的表达方式，有时会使读者很难知晓原作者想要表达的确切含义。

（2）"册"

"册"，象形字，甲骨文写作 ⊞、⊞、⊞、⊞①，指龟版。后来人们将文字书写于竹木简之上，并用皮绳逐一串起来，亦称"册"，即简册，其含义是一种记录符号信息的物质载体。古时凡簿籍均可称"册"。《说文解字》中载："册，符命也，诸侯进受于王者也。象其札，一长一短，中有二编之形。"②但甲骨学家们的解释与许慎不同。董作宾说道："此册字最初所象之形，非简，非札，实为龟板，其证有二：第一，自积极方面证之。吾人既知商人贞卜所用之龟，其大小、长短，曾无两甲以上之相同者，又知其必有装订成册之事，则此龟板之一长一短，参差不齐，又有孔以贯书编，甚似册字之形状。而'册'，当然为其象形之字也。第二，自消极方面证之。《仪礼》《聘礼》疏引郑氏《论语·序》云：'《易》《诗》《书》《春秋》《礼》《乐》册，皆二尺四寸；《孝经》谦，半之；《论语》八寸策者，三分居一，又谦焉。'是古代简策虽有长短之异，而其于一种书，一册书中，策之长短必同。如六经之册，皆二尺四寸，《孝经》十二寸，《论语》八寸，是也。简牍与札，在一册之中，其形制大小长短必相同。而册字之所象，乃一长一短，则非简非札，可断言也。"③甲骨学家董作宾、胡厚宣等都肯定龟版是装订成册的。1949年以来，安阳殷墟出土的甲骨文材料再次证明了这一点。由此可知，古文"册"字的原型应源于卜甲，而不是简策，而且甲骨中的"册"字与说文中的古文字"册"字基本一致。"册"从产生之初即为文档之意。后世在"册"字文档含义的基础上不断衍生出其他文档名词，如"册书""文册""册文""册籍""籍册""册奏""册印""册宝""册子"等。

---

① 曹定云. 论"惟殷先人，有册有典"及相关问题——兼释《英藏》1616中另类"典"字 [J].考古，2013（9）：68-75.

② 许慎撰，段玉裁注. 说文解字注 [M].上海：上海古籍出版社，1981：85.

③ 董作宾. 商代龟卜之推测 [M]//李济等.安阳发掘报告：第1期. 北京：国立中央研究院历史语言研究所，1929：59-130.

（3）"典"

"典"，会意字，甲骨文为 ⿰、⿰、⿰、⿰ 。前面二体为双手捧册之状，后面二体是前面二体的侧视之形。从字形结构就可以知道，"册"与"典"有密切的内在联系。甲骨文"典""册"互用的现象较常见。①或言"典"字为上"册"下"大"，其本义指重要的文献，而早期的文档皆为重要的文献。《说文》曰："典，五帝之书也。从册在丌上，尊阁之也。庄都说，典，大册也。"②

甲骨时期可以认为是文档名词起源的最初阶段。这个阶段的文档名词数量极少，含义单一，是广义的文档名词含义。同样，在这个文档名词起源的最初阶段，文档名词的产生和使用还处于起步阶段。

2.金文中的文档名词

金文所代表的文化时代被称为青铜时代。中国的青铜文化起源于黄河流域，历时约1600年（前21世纪—前5世纪），大体上包括夏、商、西周、春秋时期。青铜器主要是祭祀礼仪和生活、生产用具，用于铸字的较晚、较少，所以金文作为一种文字记载，要略晚于甲骨文，目前我们所见的金文以西周为主。

总体而言，金文文献的字数是较少的，所以我们在金文中发现的文档名词亦较少，目前意义较明确的文档名词只有"图"（金文中虽然也有"书"字，但它不具备文档义项）。

"图"字（单音节词）出现的时间稍晚于"书"，它最早见于金文，字形为 "⿴"。"图"在金文中的本义是与人类社会组织有关的地图，即行政图，古人作为档案保存。出土青铜器《宜侯夨簋》上的铭文记载："王省武王、成王伐商图，遂省东或（国）图。"③其"图"字也是指地图。学术界对

---

① 曹定云. 论"惟殷先人，有册有典"及相关问题——兼释《英藏》1616中另类"典"字[J]. 考古，2013（9）：68–75.

② 许慎撰，段玉裁注. 说文解字注 [M]. 上海：上海古籍出版社，1981：200.

③ 任伟. 西周封国考疑 [M]. 北京：社会科学文献出版社，2004：365.

金文"⬚"字的解释主要是此义，如李学勤先生指出："'图'，指地图。'武王，成王伐商图'是军事地图，'东国图'是行政地图，正象现存最早地图马王堆帛书地图，有《驻军图》，又有《长沙国南部图》。"①胡易容先生解释道："'图'的金文外面是'口'，像国邑；里面是'啚'，指边鄙。合起来表示地图。"②

具体而言，"图"为会意字，从口，从啚。口（wéi），表示范围；啚（bǐ），是"鄙"的本字，"鄙"即都鄙之鄙，周代地方组织五百家为一鄙，周制每县五鄙。都鄙之图主要用于社会管理。《周礼》曰：

> 大司徒之职，掌建邦之土地之图与其人民之数，以佐王安扰邦国。以天下土地之图，周知九州之地域、广轮之数，辨其山林川泽丘陵坟衍原隰之名物。而辨其邦国都鄙之数，制其畿疆而沟封之，设其社稷之壝而树之田主。③

郑玄注："土地之图，若今司空郡国舆地图。"④这种"郡国舆地图"既是行政管理地图，同时又与经济管理有关（如贡赋）："地讼，以图正之。"⑤先秦"图"字的这种用法还有很多，如《管子》"凡兵主者，必先审知地图"⑥等。

除本义外，先秦时期"图"字已有了一些引申义：

①河图。《易·系辞上》："河出图，洛出书，圣人则之。"⑦

②计议、谋划、考虑。其义来源于绘图和以行政图进行管理。《说文》：

① 李学勤. 宜侯夨簋与吴国 [J]. 文物，1985（7）：14.

② 胡易容. 图像符号学：传媒景观世界的图式把握 [M]. 成都：四川大学出版社，2014：27.

③ 孙诒让. 周礼正义 [M]. 北京：中华书局，1987：689-692.

④ 孙诒让. 周礼正义 [M]. 北京：中华书局，1987：689.

⑤ 孙诒让. 周礼正义 [M]. 北京：中华书局，1987：814.

⑥ 黎翔凤. 管子校注 [M]. 北京：中华书局，2004：529.

⑦ 朱熹. 周易 [M]. 上海：上海古籍出版社，1987：63.

"图，画计难也。"①《尚书·太甲上》："慎乃俭德，惟怀永图。"②《诗经·小雅》："是究是图，亶其然乎。"

"图"字也是先秦的常用词，在先秦各种文献中总出现次数为307次。其主要含义是作为名词的"各类地图"及作为动词的"谋划"，分别占总出现次数的19.09%和77.67%。两者比较而言，似乎动词的义项远比名词的义项常用，但实际情况并不完全如此。事实上，"图"的本义，即作为名词的"各类地图"，通过组合形成"地图""图籍""图簿"③等双音节词，其词义变得更精确了。这些双音节词出现的次数很多，取代了单音节词"图"的使用。

金文时期是先秦时期文档名词起源的一个阶段。虽然其新产生的文档名词并不多，但它上承甲骨、后继简牍，既有对起源于甲骨时期文档名词的继承，又有对后世简牍时期文档名词的引导传承，是一个比较特别的阶段。

3.简牍时代的文档名词

简牍，指的是竹简、木简、竹牍和木牍。从文化载体的角度而言，在中华文化发展的过程中，简牍文化的发生晚于甲骨文化、金文文化，其产生与主要应用期为先秦中后期（西周、春秋、战国时期）及秦汉三国两晋南北朝时期，这一时期可称为中华文化发展史上的简牍文化时期。

在纸张发明以前，简牍在大多数时间里是中国古代文献的主要形式，对后世文献制度产生了深远的影响。在简牍时代，简牍作为文化载体被古人用来撰写公文、书籍以及其他符号文本，文档种类得到迅速增加，文档名词也得到了极大的繁荣与丰富，名词数量迅速发展，这是文档名词体系形成的时期。

（1）"书"

"书"的起源很早，最早见于甲骨文。④"书"的原始含义是书写，从字形来看，笔上口下，口说话，笔记录，即为书写。东汉许慎在《说文解字》

---

① 许慎，段玉裁. 说文解字注［M］. 上海：上海古籍出版社，1981：277.

② 陈戊国. 尚书校注［M］. 长沙：岳麓书社，2004：47.

③ 丁海斌，宋少云. 中国古代"图族"文档名词研究［J］. 北京档案，2016（12）：6-9.

④ 谷衍奎. 汉语源流字典［M］. 北京：语文出版社，2008：127.

中对"书"解释是："箸也。从聿，者声。"①箸，即"著"，明显的意思；聿，即笔。书是指用笔记录使文字显明，所以早期为动词，不具有文档名词之意；后来由动词引申为名词（书写物），具有了简册、文书、信函等文档名词的含义。《尚书》《论语》《左传》等皆有此用法。

书写是"书"的本义，其词义必然由此沿着历史发展的脉络扩展开来，并在先秦就形成了较丰富的含义及多个义项。首先，它在金文中有人名的用法②；而在金文之后，"书"的用法更加丰富起来，出现了重要的词义拓展。即在原有的书写、记录（动词）及人名义项之外，出现了另外一个重要义项：作为名词的"书写记录之物"的词义。所谓书写记录之物，兼具文书、档案、书籍的含义，即《说文解字注》说的"著于竹帛谓之书"③。

这种名词的含义后来居上，成为书的主要义项，占该单音节词在先秦文献中总出现次数的84.53%（见表2-4）。比较典型的是《尚书》中出现"书"440次，皆为文档之义，如《尚书·金縢》："启籥见书，乃并是吉。"④"书"在先秦的"书写记录之物"的词义中包括文书、档案、典籍等具体含义。那么，这几种含义的出现的具体情况又如何呢？总的说来，其中以文书、档案之义的出现为早、为主，而典籍的出现则是春秋战国时期的事情了，其次数也较少，仅占总次数的2.73%。

先秦时期"书"的文档义项除了作为通用的文档名词，往往还作为专指性文档名词。具体如下：

第一，泛指，意同今日"文书、档案"。

《韩非子·六反》载："今学者皆道书策之颂语，不察当世之实事，曰：'上不爱民，赋敛常重，则用不足而下恐上，故天下大乱。'"⑤

————————

①　许慎，段玉裁. 说文解字注 [M]. 上海：上海古籍出版社，1981：117.

②　王文耀. 简明金文词典 [K]. 上海：上海辞书出版社，1998：297.

③　许慎，段玉裁. 说文解字注 [M]. 上海：上海古籍出版社，1981：117.

④　陈戍国. 尚书校注 [M]. 长沙：岳麓书社，2004：117.

⑤　王先慎. 韩非子集解 [M]. 北京：中华书局，1998：421.

第二，意为专指性文档。

《管子》载："与诸侯饰牲为载书，以誓要于上下，荐神。"①在这里"载书"一般专指盟誓，即为一种官方性质的盟约文书。

又如《吕氏春秋》：

> 与之盟曰："加富三等，就官一列。"为三书同辞，血之以牲，埋一于四内，皆以一归。又使保召公就微子开于共头之下，而与之盟曰："世为长侯，守殷常祀，相奉桑林，宜私孟诸。"为三书同辞，血之以牲，埋一于共头之下，皆以一归。②

"书"在这里也是专指盟约文书的含义。

《吕氏春秋》中载："以绛、汾、安邑令负牛书与秦。"③其意为把绛、汾、安邑的地图让牛驮着献给秦国。这里的"书"就专指地图档案，而非广义上的文档名词。《仪礼》载："史读书展币。宰执书告备具于君，授使者。"④"书"在此处专指人名册籍、礼单簿等。

通过上述几个例子可以发现，这部分文献中所使用的"书"一词具有更为具体的文档含义，一般都有其专用领域。这与第一部分表文档含义的"书"具有显著的区别。下表反映了先秦文献中"书"主要义项的出现情况：

---

① 黎翔凤. 管子校注［M］. 北京：中华书局，2004：425.

② 高诱. 吕氏春秋［M］. 上海：上海古籍出版社，2014：236.

③ 高诱. 吕氏春秋［M］. 上海：上海古籍出版社，2014：435.

④ 李景林，王素玲，邵汉明. 仪礼译注［M］. 长春：吉林文史出版社，1995：193.

表2-4　先秦单音节词"书"主要义项出现情况统计表

文献	义项					合计
	文书、档案、书信	泛指典籍	专指某一作品	书写、记载	文字	
《周礼》	11			25	3	39
《尚书》	440					440
《仪礼》	5			6		11
《竹书纪年》	7			1		8
《礼记》	14	2		13	2	31
《六韬》	7					7
《周易》	4					4
《灵枢经》	2					2
《诗经》	1					1
《大学》	1					1
《亢仓子》	2	1				3
《鬼谷子》	2					2
《文子》	4	2				6
《子思子》	12					12
《子华子》	4					4
《管子》	11	1		4		16
《中庸》	1					1
《论语》	5					5
《子夏易传》	5		7			12
《春秋左传》	29		98	82		209
《星经》	2					2
《燕丹子》	1					1
《逸周书》	3			5		8
《韩非子》	20	7		1	1	29

续表

文献	义项					合计
	文书、档案、书信	泛指典籍	专指某一作品	书写、记载	文字	
《鹖冠子》					2	2
《荀子》	17	2		1	1	21
《庄子》	7	10		1		18
《国语》	23	1		4		28
《晏子春秋》	8			1		9
《墨子》	27	1	20	9		57
各义项出现总数及占比	675、68.25%	27、2.73%	125、12.64%	153、15.47%	9、0.91%	989、100%

总之，"书"在先秦的总出现次数近千次，出现频率极高，是先秦古汉语的核心词汇。以它为主要词素（根词），开始组合出一些双音节词。更重要的是，它的主要词义是文档词义，是极重要的文档名词及文档名词组词词素。

（2）"簿"

"簿"，最早出现于战国时期，本义指记事簿列记账的竹简。"簿"，形声字。竹表意，"竹"古文字形体像竹叶，表示簿用竹简编成，用于记事、记账。"簿族"文档名词是简牍文化的产物，因此产生时间略晚，"簿"字表示文档含义最早出现于战国时期。一是指代文簿之意，如孟子在《孟子·万章下》中提到"孔子先簿正祭器，不以四方之食供簿正"①，其中的"簿"字即表示文书。赵岐有注："先为簿书，以正其宗庙祭祀之器。"②二是指代一种官名，即各级主官属下掌管文书的佐吏。如"意令主簿安置几前"③中的"簿"即是此意。该族类名词以"簿"字为主字陆续形成多组双音节词，如

---

① 孟子. 孟子 [M]. 北京：中华书局，2010：200.

② 章学诚，叶瑛. 文史通义校注 [M]. 北京：中华书局，1985：646.

③ 章学诚，叶瑛. 文史通义校注 [M]. 北京：中华书局，1985：860.

"簿书""簿籍""簿领""文簿""候簿""疏簿""讯簿"等。

（3）"牍"

"牍"是写字用的木片，也称木简。《说文解字》云："牍，书版也。"①可见"牍"字从古代产生开始就具有了书写材料的意义。"牍"在出现的名词中可以引申为记录文字的载体，并延伸出公文、档案等含义。

（4）"籍"

"籍"字，最早出现于先秦春秋战国时期，本义是登记册、户口册。"籍"，形声字，篆体形为"籍"。《说文》载："籍，簿也。从竹，耤（jí）声。"②古书以竹制成，故"籍"从"竹"。古时帝王家的土地是奴隶按户籍轮流代耕，"籍"是古代统治者记载老百姓有关贡赋、人事、户口等内容的"档案"，即底册。"籍"字表示其文档含义的义项最先出现于先秦战国时期，《周礼》中曾云"掌讶掌邦国之等籍，以待宾客"③。这里的"籍"为礼籍、簿籍之义。《管子》："太史既布宪，入籍于太府，宪籍分于君前。"④其后发展为"籍族"文档名词，包括"典籍""载籍""户籍""册籍""图籍""黄籍""籍帐""法籍""籍图"等。

"籍"在先秦时期亦有广义的典籍之含义。如《荀子》："有天下者之世也，埶籍之所存，天下之宗室也。"⑤

总之，简牍时期是先秦时期文档名词起源的最后一个阶段。经过甲骨、金文时期文档名词的发展，其起源已发展到了一个新的阶段，其基本特点有二：一是单音节词文档名词基本形成，"文""典""册""图""书""籍""牍""版"等主要单音节词文档名词皆已产生；二是双音节文档名词亦开始大量产生，开双音节文档名词发展之先河。此外，这一时期的文档名词开始了快速、宽阔领

①　许慎，段玉裁. 说文解字注［M］. 上海：上海古籍出版社，1981：318.

②　许慎，段玉裁. 说文解字注［M］. 上海：上海古籍出版社，1981：190.

③　孙诒让. 周礼正义［M］. 北京：中华书局，1987：3090.

④　黎翔凤. 管子校注［M］. 北京：中华书局，2004：66.

⑤　王先谦. 荀子集解［M］. 北京：中华书局，1988：297.

域发展，更多文档名词族类产生，更多不同含义的文档名词形成，更多不同载体形式的称谓出现，等等，从而使文档名词的起源进入了最后一个也是发展最为繁荣的阶段。

表2-5　先秦甲骨文化、金文文化、简牍文化历史时期文档名词表

历史阶段	该阶段产生的文档名词
甲骨	文、典、册、令
金文	图
简牍	书、籍、牍、簿、文典、文献、事书、繇书、刑书、丹书、载书、书社、书策、玺书、檄书、券书、书契、书简、官书、判书、贤能之书、赤爵衔书、凤凰衔书、竿牍、主簿、名簿、户籍、法籍、礼籍、册书、册文、册祝、祝册、典册、典籍、典书、训典、六典、三典、典策、地图、图法、图籍、版图、治、复、逆、会、要、成、总、贰、辟、质、剂、中、八法、八则、八柄、八统、九赋、九式、九贡、九职、九两、九正、九事、九功、八成、判书、地傅、五刑、比居、简稽、傅别、礼命、质剂、要会、要贰、贰令、比要、地比、役要、岁会、岁成、月要、月成、日成、治成、治中、治要、治凡、治目、治数、约剂、官成、官契、三兆之法、三易之法、三梦之法、五禁之法

4.图档起源的递进关系与文档名词

先秦是文献起源的时期，这一时期产生的文献主要是文书、档案与图书。那么，文档与图书的起源孰先孰后呢？抑或同时起源的呢？图书馆学界一般认为："在先秦时期，图书、文献、档案三者彼此交织在一起，当时文献的发展还处在起步阶段，未完全分化出来，一律用图书、图籍之类的词语来称呼。"[①]或言："我国早期文明发展中，出现可称之为文献的物件，因为不同的角度，有时把它称为档案，有时则把它称为典籍。"[②]"在古代图书与档案

① 刘国进. 中国上古图书源流 [M]. 北京：新华出版社，2003：9.

② 谢灼华. 中国图书与图书馆史 [M]. 修订本. 武汉：武汉大学出版社，2005：5.

是不分的。"①类似这样有意模糊档案与图书起源界限的说法在图书馆学界有很多。但这种模糊的说法是不可取的，因为既然是两个事物，就不可能是同一源头。孪生子的出生尚有前后之分，何况图、档呢？"在过去的几千年的有文字的历史中，档案和图书是主要的文明记载物。但书籍的产生，要比档案晚一些。""在文字发明后的一段时间内，档案几乎是文明的唯一文字记载物，是当时的主要文明传播工具。并且，档案的积累为书籍的产生做了准备，'书籍起源于档案'。由档案而至书籍，是先秦文明的一个重大事件。"②当然，图书馆学学者们在说先秦图、档"彼此交织在一起"的同时，也说："甲骨文、金石铭文属档案而非图书。"③"远古的时候，人们对于'图书'一词是泛指的，人们用图画、文字记载其信息、知识，首先是为了帮助记忆，避免遗忘，以作实际事务时的参考。所以最古的图画、文字记载，其内容都是记事性的，……就其作用来说，它们主要是供工作时的检查参考，其实质相当于后世所说的档案。"④图书产生于先秦后期，即春秋战国时期。

分清这一点对文档名词的研究是十分重要的，因为早期的"图""书""书契"等名词，是文档名词，而不是图书名称。甚至"图书"一词产生时的本义亦是档案。

总体来讲，先秦时期是中国古代延续时间最长的历史时期，也是中国历史、文化的起源阶段。先秦时期对后世其他朝代的影响较为深远，这种影响体现在文化上，就是先秦文化是中华文化的基础。先秦时期是一个文化的开端，具有不可取代的地位。而先秦文档名词亦具有同样的地位，是古汉语文档词汇的开端。

---

① 黄宗忠. 信息、知识、图书与图书馆［J］. 武汉大学学报（社会科学版），1984（5）：92.

② 丁海斌. 论先秦文明与档案［J］. 档案学通讯，1993（5）：52.

③ 刘国进. 中国上古图书源流［M］. 北京：新华出版社，2003：238.

④ 黄宗忠. 信息、知识、图书与图书馆［J］. 武汉大学学报（社会科学版），1984（5）：92.

（三）先秦文档名词的构词特点

从整体上来看，先秦时期文档名词的构词特点主要体现在以下三个方面。

1.从以单音节词为主开始向双音节词（多音节词）过渡

先秦时期文档名词的使用以单音节词为主，这是以后各历史时期所没有的，符合语言发展初期的特点。

如前所述，年代越久远，单音节词的数量越多，而双音节词和多音节词的数量却相对较少。也就是说，词汇的产生是从单音节词开始的，但单音节词在满足语言文字的功能方面，有着种种不足，比如一词多义性、词义多变性、词义关系复杂性等。因此，随着语言的发展，双音节词和多音节词的数量就会逐渐增加。从早期文献看，甲骨文献、《吕氏春秋》以及《逸周书》等先秦文献中，文档名词单音节词的使用数量远远超过双音节词、多音节词的数量，其中甲骨文、金文文献中只有单音节文档名词，而《墨子》《尚书》等文献中虽然已出现双音节词，但与单音节文档名词相比依然占少数。

通过单音节词与双音节词的对比我们可以发现，单音节词的产生时间要远远早于双音节词，其最早可以追溯到陶文、甲骨文文化时期，如"文""典"等文档名词。而双音节文档名词则始于简牍文化时期，是单音节词后续发展的产物。从发展情况来看，单音节词的使用主要集中于先秦、秦汉时期，且呈现出使用数量逐步下降的趋势；而双音节词的使用则呈现出快速增长的趋势，在先秦早期使用量为0，在先秦中后期逐步增多并在先秦末期开始成为文档名词的主体。在先秦早期，单音节词的普遍使用可以说是常态，双音节词和多音节词却属于"特殊"名词。而随着时间的推移、语言的发展，双音节词和多音节词被大量开发使用而成为新常态，而此时的单音节词却变成"特殊"名词。这种转变在先秦时期便开始了，并且在《周礼》文档名词中也得以体现。

以《周礼》中使用的文档名词为例，单音节文档名词的使用已不占优势，其词汇量占22.1%（15个）、使用次数占42.6%（78次），双音节词则分别为70.6%（48个）和54.7%（100次），多音节词分别为7.3%（5个）、2.7%（5次）。此时双音节词的词汇使用量已占绝对优势，但单音节词的平均使用次数仍高于双音节词，两者的比为5.2∶2.08，使用量靠前的文档名词中单音节词仍然有一定优势。

从单音节、双音节、多音节文档名词使用情况来看，除了语言的发展所导致的必然性外，双音节、多音节名词对单音节名词的取代也受人类客观实践活动的影响。随着人类客观实践活动的拓展，在社会实践的各个专业领域中，专业活动的范围和专业性必然有所扩展与提升，人们的认知水平也必然不断提升。所以，早期的单音节文档名词已经很难满足人们描述客观实践活动的需要了，因此本领域内的专业化程度更高的双音节词、多音节词便应运而生。如在《周礼》中法律事务领域产生了数量丰富的文档名词——"六典""八法""八则""八柄""八统""九赋""九式""九贡"等。这些事物若仅用 "法"或"书"等单音节词已经很难概括并进行区分，所以数量众多的双音节词、多音节词开始出现在历史舞台并成为主流。

还需指出的是，文档名词的复音化有一个特点：它在古代汉语的复音化过程中，处于领先者的地位。"古汉语词汇主要由单音词构成（即使到了唐代也没有改变这种状况）。"[1]由此可以看出，文档名词的复音化进程早于整个古汉语的复音化进程。其主要原因是文档活动具有不同于一般社会活动的专业性，指代它们的名词需要较高的专指性，而单音节词的多义性显然不能满足文档事物的这种专业性。而"复音词虽然也有一词多义的问题，但与单音词比较起来，就'相形见绌'了"[2]。

总之，先秦时期的文档名词从早期的单一的单音节词汇逐渐向与双音节和多音节文档名词共存的多元化方向发展。并且这种发展不仅仅是发生在先秦时期一个阶段，之后的历朝历代，文档名词始终是由多种词汇构成的，只是单音节词被使用的次数越来越少了。

2.先秦文档名词构词的不成熟性

①　赵克勤. 古代汉语词汇学［M］. 北京：商务印书馆，2005：20.

②　赵克勤. 古代汉语词汇学［M］. 北京：商务印书馆，2005：22.

先秦时期是中国文化的起源期，是包括文档在内的汉语言文献的起源期，自然也是文档名词的起源期。从具体事实看，我们现今所能看到的最古老的先秦文献中，已经出现了后来在古代长期使用甚至至今仍在使用的一些文档名词，如"文""书""册""典"等。但作为起源时期的文档名词，它们同时具有不成熟性，主要表现为：名词的数量少，单音化特征突出（具有单音节词本身所固有的一切缺陷），尚处于不稳定期，尚未得到广泛应用，等等。

我们首先从字词角度看，以"书"为例："书族"文档名词（如"文书"）是至今仍广泛使用的一个文档名词族类，但"书"一词在先秦时期虽然具有文档名词的含义，但同时具有"文字、书写（动词）"等多种含义，而非专指文档含义，亦非专作文档名词使用。这在我们研究"书"一词的过程中容易被误解或因词义模糊而产生歧义，这是不成熟性的典型体现。

此外，先秦时期产生的文档名词的不成熟性特征，还体现在这一时期所使用的一些文档名词还没有被固定化，还不稳定，具有一种临时组合的意味，在后世逐渐被淘汰或转义了，如"中""成""籍""贰"等。以"中"为例："中"在甲骨文中就有，在甲骨文中，"中"象旗杆，上下有旌旗和飘带。旗杆正中竖立，"中"就表示中心、当中，指一定范围内部适中的位置。在《周礼》中，"中"有行政管理档案之义，称"治中"，但后世中"中"字不再有这方面的含义了。

3.先秦文档名词构词的组合方式主要为偏正与联合结构

复音词包括单纯词与合成词两大类。文档名词中的复音词皆属于合成词，并且主要分属于合成词中的偏正式与联合式。

先秦文档名词的组合主要是偏正结构，即以某一单字词为主，加以修饰它的词，形成某专门性的文档名词，如"载书""刑书""繇书""玺书""事书""檄书""地图""月要""官成""日成""月成""岁成""岁会"等。

先秦文档名词中的另外一种主要形式是联合式——两个文档单音节词联合形成。如"图书""书契""书简""图籍""图法""版图""要会"

等。这种联合式合成词从组词词素的角度看，它们是同性、同义或近义组合，即组合成这些双音节词的单音节词词素皆为具有文档义项（同义或近义）的单音节名词（同性），笔者称之为"同性相吸"。这种"同性相吸"的意义在哪里呢？它主要在于这些意义复杂多变的单音节词以某个相同或相近的意义组合到一起后，词义被有选择地固定了，变得单一而明确了。如"图书"一词中的"图"和"书"原本有多种词义，而它们组合后，意义就通过相互之间特定的选择而被固定下来了。

以上两种合成词构词法（偏正式合成词、联合式合成词），成为后世文档名词构词法的主流。

二、先秦文档名词的应用

关于文档名词的应用，我们主要关注以下几个方面的问题：名词数量与应用领域问题，文档名词的出现次数与应用频次问题。

（一）先秦文档名词出现的次数与频次

从先秦时期文档名词的总体使用情况来看，在我们可查的73部先秦时期文献中，各族类及《周礼》文档名词共计约有104个，总出现次数为621次，在各文献中的平均出现次数（总频次）约为8.51。这是一个较高的出现频次，说明先秦文献与文档类事物的相关性较高，这与先秦时期文献的种类与内容有关：先秦时期的文献多与文书、档案有关，以档案与档案汇编为主，即所谓的"六经皆史"。先秦经典，或为档案与档案汇编，或为史籍著作，或为政论文章，它们中使用文档类名词的频率自然比其他作品高很多。

从"族类"角度看，"书族"文档名词在先秦的出现频次最高（2.795），"典族"（1.411）、"图族"（1.205）次之，它们都是先秦出现较早、族类名词数量较多的文档名词家族。

从单一文献来看，《周礼》无疑是明星级作品。《周礼》是描述国家制度的作品，它使用甚至自己创制较多的文档名词是可想而知的。

表2-6 先秦文档名词应用情况汇总表

族类	名词	族类名词使用总次数	族类名词使用频次
文族	文、文典、文献、册文	8	0.110
书族	书、事书、繇书、刑书、丹书、载书、书社、书策、玺书、檄书、券书、书契、书简、官书、判书、册书、典书、贤能之书、赤爵衔书、凤凰衔书	205	2.795
牍族	竿牍	1	0.014
簿族	名簿	1	0.014
籍族	户籍、法籍、礼籍、典籍、图籍	18	0.247
册族	册、册书、册文、册祝、祝册、典册	17	0.233
典族	典、典册、典籍、典书、训典、文典、三典、六典、五典、典策	111	1.521
图族	图、地图、图法、图籍、版图	88	1.205
令族	令、法令、政令、将令、军令、饬令、阴令	74	1.014
《周礼》文档名词	治、复、逆、会、要、成、总、贰、辟、质、剂、中、八法、八则、八柄、八统、九赋、九式、九贡、九职、九两、九正、九事、九功、八成、判书、地傅、五刑、比居、简稽、傅别、礼命、质剂、要会、要贰、贰令、比要、地比、役要、岁会、岁成、月要、月成、日成、治成、治中、治要、治凡、治月、治数、约剂、官成、官契、官书、三兆之法、三易之法、三梦之法、五禁之法	183	2.507
其他	训、则、誓、诰、谟、约、盟、夏训、训典、法、准则、甘誓、盟誓、约誓	661	9.054

注：书后所附表2的数据与本表有所差异，原因在于该表的统计一般不包括单音节词。本书其他时期的统计亦不包括单音节词，但本章考虑先秦的特殊性，单音节词在这一时期较为重要，所以本表加入了单音节词的数据（附录表2只包括"图""典"等少数单音节词）。除此处外，其他部分的数据皆不包括单音节词。此外，由于这一时期的特殊性，我们将"《周礼》文档名词"也作为一个独立的统计单元。

（二）部分单音节词的通用性和双音节词的分散性

先秦文档名词整体上规范性、通用性较差，但部分单音节词表现出一定的通用性。这种通用性的表现主要是这些单音节词的出现次数，使用这些词的文献数较多，如"书"的文档义项在先秦典籍中出现次数为862次，使用了"书"一词的先秦文献包括《尚书》《周礼》《周易》《诗经》等约20部著作，说明其使用有一定的广泛性。除"书"外，单音节词"典""图"等单音节词也有一定的通用性。但是，需要说明的是，这些单音节词作为专业词汇是具有重大缺陷的，它具有多义、模糊等不足，这些缺点大大削弱了它们作为通用性名词的价值。严格地说，真正的有通用性的专业名词之位需要双音节词、多音节词来承担。

先秦时期双音节词的发生与发展尚属于初始期、萌芽期，尚未形成通用性的文档名词。人类的实践活动本身具有分散性，先秦时期的这些双音节文档名词就分散地产生于政治、经济、巫术占卜、科技文化等各个领域中，它们的专指性有所提高，但当时的人们受认识水平所限，还没有把它们作为一个具有相同属性的同类事物的整体来看待。这些双音节文档名词还处于分散的、各自独立的状态，并没有专业性、通用性很强的名词术语来加以概括。其中《周礼》中的文档名词最具代表性：《周礼》中的文档名词数量多达68个，且这些文档名词又分散于《周礼》所设计的国家管理活动的各个领域中。

先秦双音节文档名词通用性较差，还表现在它们的使用量和出现该词的文献量上。一般来说，通用性较强的名词总体使用量大，使用该词的文献多。但先秦双音节文档名词的总体使用量和使用该词的文献数都较少。以使用量相对较大的"书契"一词为例：它的总使用量是11次，仅在《周礼》《慎子》等文献中出现过，这两个方面的数据与"书"相比都不可同日而语。

（三）先秦文档名词的应用范围——多出现于经部和子部文献

在检索、统计分析的过程中，我们发现文档名词主要出现在经部和子部文献中。其中，以儒家十三经（《易》《书》《诗》《周礼》《仪礼》《礼记》《春秋左传》《春秋公羊传》《春秋穀梁传》《论语》《孝经》《尔雅》《孟子》）和先秦诸子的著作最为典型。

十三经中，《尚书》和《周礼》两书出现文档名词最多；诸子著作中《管子》《韩非子》《荀子》等对文档名词的使用数量也较多（如表2-7所示）。

表2-7　先秦主要典籍中出现的文档名词表

书籍文献	名词	数目合计
甲骨文献	文、典、册	3
金文文献	文、典、册、图	4
《逸周书》	典、训典、图、书、刑书、宪命	6
《国语》	典、训典、典刑、书、玺书、文告、五正、八索	8
《春秋左传》	牒、典、刑书、丹书、载书、玺书、事典、训典、典籍、典册、五正、八索	12
《尚书》	书、册、典、图、刑书、祝册、册祝	7
《吕氏春秋》	图、书、法、典、书社、图法	6
《慎子》	牒、符节、檄书、书契、慎子	5
《墨子》	典、符、图、书、符节、信符、载书	7
《荀子》	宪、籍、书、宪命、文典、典刑、典制、图籍	8
《管子》	宪命、五正、图、书、简册、籍、典、典法、载书、书社、符籍、策籍、户籍	13
《韩非子》	图、书、籍、法、牒、书策、书简、玉版、遗书	9
《周礼》	版、书、治、复、逆、会、要、成、总、贰、辟、质、剂、图、中、六典、八法、八则、八柄、八统、九赋、九式、九贡、九职、九两、九正、九事、九功、八成、判书、地傅、三典、五刑、比居、简稽、版图、傅别、书契、礼命、质剂、要会、要贰、贰令、比要、地比、役要、礼籍、岁会、岁成、月要、月成、日成、事书、治成、治中、治要、治凡、治目、治数、约剂、官成、官契、官书、三兆之法、三易之法、三梦之法、五禁之法、贤能之书	68

通过对各文献中文档名词使用情况的对比可以发现，先秦时期文档名词

使用数量最多的是经部中的《周礼》，而在使用量较多的前十种文献中子部文献就占据了六席（如图2-3所示）。可以认为，经部和子部的古籍文献基本包含了先秦时期所使用的大部分文档名词，这也是先秦以后各个历史时期在应用方面所不具备的特点。当然，这与经部和子部典籍在先秦文献中的主体地位有关，但同时也在一定程度上表明了这些文献的内容取向：它们都比较关心国家政治与社会管理。

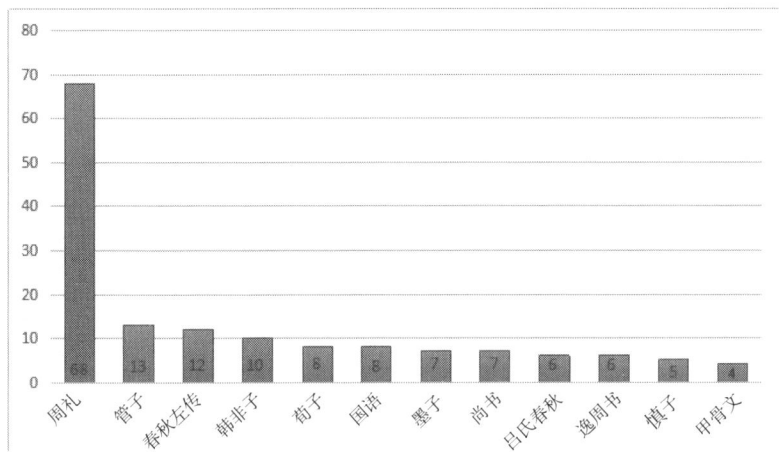

图2-3 先秦主要典籍中所含档案名词数量比图

（四）先秦文档名词应用的延续性

先秦时期是中国文化的起源期，是中国文献的起源期，自然也是文档名词的起源期。作为起源期，这些文档名词既具有初期的不成熟性，也有其对后世深远的影响性，正所谓源远流长，这个源就是先秦。这种对后世的影响，具体表现在流传后世的先秦文档名词上。

从先秦文档对后世的影响而言，我们应注意以下几个问题：

第一，中国文档名词起源于先秦，先秦文档名词起源于单音节词。先秦文档名词对后世的影响以单音节文档名词为主，双音节词次之。

从具体情况看，先秦单音节文档名词地位重要，并且所有重要的先秦单音节文档名词都被保留下来，流传后世，并在后世文档名词的发展过程中发挥重要的作用，如"文""典""册""书""版""图""籍"等。而没有被流传下去的主要是《周礼》中的作者自造单音节文档名词，如"中""成""治""会""要""总""辟"等。

第二，除《周礼》外，其他经书和子部文献中的文档名词多被保存下来。

《周礼》是一部作者个性特征较强的先秦典籍。其内容（包括所使用的名词）有许多作者自创的痕迹。自创的文档名词不具备大众化的特征，淘汰率较高。《周礼》中共有文档名词68个，流传后世者27个，其中自创名词有20个，最著名的是"版图"一词，但该词流传后世之后词义有所变化。其他名词如"质剂"等，对后世影响不是很大。总体而言，虽然《周礼》自创的文档名词淘汰率较高，但流传后世的数量还是比较大的。

先秦其他经部和子部文献中的文档名词通用性强一些，流传率较高。下表（表2-8）反映了后世文档名词与先秦文献的关联：

表2-8　流传后世的主要先秦文档名词表

文献	流传后世的先秦文档名词	数目
《周礼》	书、版、图、礼籍、书契、八柄、六典、八法、八则、八统、九赋、九贡、九两、九职、三典、五刑、判书、质剂、质、剂、岁会、约剂、版图、官书、官契、礼命、贤能之书	27
《管子》	图、书、简册、籍、典、典法、载书、符籍、策籍、户籍、书社、宪命	12
《春秋左传》	牒、典、刑书、丹书、载书、玺书、事典、训典、典籍、典册	10
《韩非子》	图、书、籍、法、牒、书策、书简、玉版、遗书	9
《荀子》	籍、书、宪命、文典、典刑、典制、图籍	7
《国语》	典、训典、典刑、书、玺书、文告	6
《尚书》	书、册、典、图、刑书、祝册、册祝	7
《逸周书》	典、训典、图、书、刑书、宪命	6
《墨子》	典、图、书、符节、信符、载书	6

续表

文献	流传后世的先秦文档名词	数目
《吕氏春秋》	图、书、典、书社、图法	5
《慎子》	符节、檄书、书契、礼籍	4
金文文献	书、文、典、册、图	5
甲骨文献	文、典、册	3
《文子》	书、图、籍、法籍	4
《穆天子传》	书、典、图、宪命	4
《论语》	版、图、文献	3
《黄帝内经素问》	书、玉版、册文	3
《商君书》	书、书社、券书	3
《诗经》	书、典、典刑	3
《庄子》	书、竿牍、典法	3
《燕丹子》	书、图、地图	3
《晏子春秋》	书、书社、丹书	3
《子华子》	册书、礼籍	2
《古三坟》	书、书契	2
《孟子》	书、载书	2
《尹文子》	诰誓	1

第三节 先秦各族类文档名词

先秦时期的文档名词从不同的角度出发可以进行不同的分类：从音节的角度可以划分为单音节词、双音节词和多音节词；从所属领域可以划分为行政类、经济类、文化类文档名词等。但这些分类方法对文档名词的研究都存在一定的局限性。因而本书从族类的角度划分来进行分类研究，更具科学性和系统性，有利于提升对这一时期文档名词认识的整体性。本节从"文族""书族""牍族""簿族""籍族""册族""典族""图族""令族"9个部分进行分别研究。

一、先秦"文族"文档名词

"文族"文档名词是指在中国古代已经产生并被使用、含有单音节词"文"的文档名词族类。"文族"文档名词是中国古代文档名词中具有代表性的名词族类之一。从检索的数据来看，在整个中国古代历史上，"文族"文档名词的出现次数、使用频次等方面多高于其他族类的文档名词。

（一）"文族"文档名词的构成、内涵与应用

"文"是古汉语中最早出现的文字之一。早在史前陶文中就已出现，并在其后的各类汉字形体中均有确切、可考之记载，是为数不多的起源较早并延续至今的汉字之一。

通过检索发现，在先秦时期，"文"字出现后，与其他单音节词相结合组成双音节词或其他固定用法，使得词义更加准确、清晰。在前期以"花纹、文理"为主要字义时，出现了"黼黻文章"等固定搭配；在以"古籍"之义作为主要词义之后，又出现了"文武""文理""文绣""文献""文告""文典""册文"等。总体上说，这些双音节词均在多部文献中出现，使用频率较高。这些双音节词中，具有文档含义的主要有"文献"和"文典"。根据笔者检索统计，整个中国古代"文族"文档名词共计有51个，包括"文""文卷""策义""公文""文告""文凭""文牒""文诰""文稿""文奏""文按""文书""文案""文牍""册文""文簿"等。但先秦仅出现4个，说明其族类的整体发育水平还比较低。

从先秦时期"文族"文档名词的使用情况来看，除单音节词"文"外，双音节词"文典""文献""册文"在整个先秦时期仅各分别出现1、3、2次。无论是名词的数量，还是名词的使用次数都是非常少的。这种情况仅仅是在先秦时期才出现的，一方面是因为先秦时期是文档名词的起源期，各族类文档名词都还处于萌芽的状态，因此导致名词数量的偏少；另一方面也表明"文族"

文档名词虽然在先秦时期就已经出现，但与同时期的"书族"等文档名词相比，并没有成为文档名词的主流。

（二）"文族"主要文档名词简介

"文族"文档名词最早出现的是单音节词"文"，关于该单音节词的介绍，参见本章第二节中的"甲骨文中的文档名词"部分。

1. 文典

其在先秦时期的含义为文籍典册。如《荀子·非十二子》中记载：

> 尚法而无法，下修而好作，上则取听于上，下则取从于俗，终日言成文典，反纠察之，则倜然无所归宿，不可以经国定分，然而其持之有故，其言之成理，足以欺惑愚众，是慎到、田骈也。①

2. 文献

文献一词有两层含义：一是指有关典章制度的文字资料，二是专指有历史价值或参考价值的图书资料。而先秦时期"文献"一词主要是第一层含义，如前文提到的《论语》载：

> 子曰：夏礼，吾能言之，杞不足征也；殷礼，吾能言之，宋不足征也。文献不足故也。足，则吾能征之矣。②

（三）后世其他具备文档含义的双音节词

先秦"文族"文档名词的发育水平还不太高。表现之一是"文族"名词中除"文献""文典"二词在先秦时期就具有了文档含义外，其他"文族"双音节词在当时并没有具备文档的含义，或相关词义不甚清晰，在后世的发展中才逐渐产生了文档之义，其中典型的代表有"文学""文字""文告""文翰""图文"五词。这里对这5个名词在先秦的使用情况给予说明。

1. 文学

先秦时期，"文学"一词并没有产生后世的"有关狱讼的文书、文件"等

---

① 荀况. 荀子 [M]. 哈尔滨：北方文艺出版社，2013：39.
② 杨伯峻. 论语译注 [M]. 北京：中华书局，1980：26.

文档名词方面的含义。这一时期，"文学"一词词义较为模糊，其典型用法，如《吕氏春秋·先识览第四》"中谢，细人也，一言而令威王不闻先王之术，文学之士不得进，令昭厘得行其私"①以及《韩非子·外储说左上》"故中章、胥己仕，而中牟之民弃田圃而随文学者邑之半"②。虽有部分学者将其译作"典籍"之义，但通过全文以及先秦时期语言发展的特点来看，单纯地将其译作"典籍"较为勉强，所以这一时期"文学"一词还没有明确地具有文档方面的含义。

2.文字

"文字"一词在先秦时期没有形成"公文、案卷""奏疏、札子"等文档方面的含义。先秦时期的著作，典型出处有《星经》："过日蚀壁，中国不用贤士，失文字。"③这里的"文字"一词含义较为广泛，类似今天"文化"一词的用法。

3.文告

"文告"作文档名词的含义为"政府机关对公众发布的通告"。先秦时期"文告"一词尚未有此义。"文告"一词在先秦时期出现一次，《国语·周语》："于是乎有刑罚之辟，有攻伐之兵，有征讨之备，有威让之令，有文告之辞。布令陈辞而又不至；则增修于德，而无勤民于远。"④此处，"文告"一词作"以文德告谕"之义。

4.文翰

"文翰"一词在后世逐渐形成了"公文、信札"的文档名词的含义。但它在先秦时期只在《逸周书》出现过："蜀人以文翰，文翰者，若皋鸡。"⑤这句话是指蜀人进献有文彩的锦鸡，锦鸡像五彩鸡。由此可见，先秦时期"文

① 吕不韦门客，关贤柱，等. 吕氏春秋全译 [M]. 贵阳：贵州人民出版社，1997：570.

② 韩非. 韩非子 [M]. 上海：上海古籍出版社，1989：89—90.

③ 甘公，石申. 星经 [M]. "丛收集成初编"本. 北京：中华书局，1985：88.

④ 左丘明. 国语 [M]. 上海：商务印书馆，1934：4.

⑤ 皇甫谧，等. 帝王世纪；山海经；逸周书 [M]. 沈阳：辽宁教育出版社，1997：62.

翰"一词是在"文"字本义的基础上发展而来，并未形成文档之义。

5. 图文

"图文"一词多指"图谶之文"的含义，"图谶之文"属图籍的范畴，有文档之义。而先秦时期"图文"一词出现于《古三坟·山坟》："皇曰：命子襄居我飞龙之位，主我图文，代我咨于四方上下，无或私。"[①]

总体来看，先秦时期"文族"文档名词的应用还处于发展初期，构词数量还较少，使用频次低，该族类的主要文档名词（如"文书""文牍"等）还没有产生。

二、先秦"书族"文档名词

唐人长孙无忌曰："书之所兴，盖与文字俱起。"[②]意思是自从有了文字，也就有了"书"。"书族"在中国文档名词中具有重要的地位，它贯穿古今、历史悠久、含义丰富，是我们研究文档名词过程中需要重点研究的文档名词族类。它在我国文档名词的形成和发展演变过程中具有特殊的意义与作用，对我国文档名词术语的变迁产生了深远的影响。

（一）先秦"书族"文档名词的构成与应用

构成"书族"文档名词的词素——"书"是汉语中最早出现的文字之一，早在金文中就已出现，并在后世的各类汉字形体中均有确切、可考的记载，也是为数不多的、起源较早并延续至今的汉字之一。

先秦时期的各族类文档名词中，"书族"是使用频次最多、族类名词出现总次数最多、名词数量最多的族类（"文族"名词出现的总次数虽然多于"书族"名词的出现次数，但其名词义项复杂，其他含义的义项较多，作为文档义项的名词的出现次数反不及"书族"）。此外，"书族"文档名词也是先秦时期构词结构最多元的族类，即构成先秦时期"书族"的文档名词既有

---

① 燕福奎. 远古人文史考释［M］. 北京：中国文史出版社，2015：257.

② 长孙无忌，等. 隋书经籍志［M］. 北京：中华书局，1985：10.

单音节词，又有双音节词和多音节词。其中单音节词1个——"书"；双音节词包括："事书""繇书""刑书""丹书""载书""书社""书策""玺书""檄书""券书""书契""书简""官书""判书"共14个；多音节词3个——"贤能之书""赤爵衔书""凤凰衔书"。这说明其族类成熟度相对较高。下表（表2-9）为"书族"文档名词在先秦的使用情况：

表2-9　先秦"书族"文档名词统计表

族类	名词组成与出现次数	族类名词总使用量	族类名词使用总频率
书	书（141）、事书（1）、繇书（2）、刑书（9）、丹书（6）、载书（13）、书社（8）、书策（2）、玺书（2）、檄书（1）、券书（2）、书契（11）、书简（1）、官书（1）、判书（1）、贤能之书（1）、赤爵衔书（1）、凤凰衔书（1）	204	2.795

　　先秦时期"书族"文档名词具有构词的起源性和丰富性，这也导致其具有显著的构词特点。从构词意义成分上来看，与词根"书"共同组成新词的另一词素都具有较为丰富的内涵，表达不同的含义。每个词或者是在"书"前加了词素，或是在"书"后添加了词素来构成新词。

　　有的构词词素表明了档案的物质载体形式，如"书简"；有的表明了档案的外部表现形态，如"券书""丹书"；有的表示了文件的内容，如"判书""贤能之书"等。这种组合而成的双音节词或多音节词使得文档名词表达的意思更加明确，概念更加具体。

（二）主要"书族"文档名词简介

　　"书族"名词包括"书""事书""繇书""刑书""丹书""载书""书社""书策""玺书""檄书""券书""书契""书简""官书""判书""贤能之书""赤爵衔书""凤凰衔书"等。受篇幅所限，在此主要对"刑书""载书""书契""书社"4个在先秦时期使用频次较高的文档名词进行介绍。

1.刑书

原意指刑法的条文，后又指刑部的官吏。而在先秦时期，其在指刑法条文的同时，又指载有法律条文的文献典籍的含义。如《逸周书》载：

维四年孟夏，王初祈祷于宗庙，乃尝麦于太祖。是月，王命大正正刑书。

爽明，仆告既驾，少祝导王、亚祝迎王降阶，即假于。大宗、小宗、少秘于社，各牡羊一牡豕三。史导王于北阶。王涉阶，在东序。[①]

众臣咸兴，受大正书，乃降。太史策形书九篇，以升授大正，乃左还自两柱之间。[②]

2.载书

"载书"一般指盟誓。盟书，会盟时所订的誓约文件。当时诸侯和卿大夫间举行盟誓活动，盟书皆有数本，一本埋在盟所或沉河，以取信于鬼神，与盟者各持一本归，藏于祖庙或司盟之府。如《管子》载：

与诸侯饰牲为载书，以誓要于上下，荐神，然后率天下定周室，大朝诸侯于阳谷。故兵车之会六，乘车之会三，九合诸侯，一匡天下。[③]

又如《墨子》载：

子墨子曰：……是故书之竹帛，镂之金石，传遗后世子孙，欲后世子孙法之也。今闻先王之遗而不为，是废先王之传也。

子墨子南游使卫，关中载书甚多，弦唐子见而怪之，曰："吾夫子教公尚过曰：'揣曲直而已。'今夫子载书甚多，何有也？"子墨子曰："昔者周公旦朝读书百篇，夕见漆十士……"[④]

3.书契

———

① 黄怀信. 逸周书校补注译［M］. 西安：西北大学出版社，1996：313.

② 黄怀信. 逸周书校补注译［M］. 西安：西北大学出版社，1996：318.

③ 黎翔凤. 管子校注［M］. 北京：中华书局，2004：425.

④ 吴毓江. 墨子校注［M］. 北京：中华书局，1993：687.

"书契"，既指契约之类的文书凭证，又指文字符号。从"书契"一词的发展演变可以发现，该词传承至后世作为文档名词使用。虽然其具体的含义略有变化，但其总体作为文档名词的含义却没有改变。《周礼·天官·小宰》："以官府之八成经邦治：一曰听政役以比居，二曰听师田以简稽，三曰听闾里以版图，四曰听称责以傅别，五曰听禄位以礼命，六曰听取予以书契，七曰听卖买以质剂，八曰听出入以要会。"注云："傅别，谓为大手书于一札，中字别之。书契，谓出予受入之凡要。凡簿书之最目，狱讼之要辞，皆曰契。"①

《慎子·威德》中记载：

> 夫投钩以分财，投策以分马，非钩策为均也。使得美者，不知所以德；使得恶者，不知所以怨，此所以塞愿望也。故蓍龟，所以立公识也；权衡，所以立公正也；书契，所以立公信也；度量，所以立公审也；法制礼籍，所以立公义也。②

到了唐宋元明清时期，其含义多指"文字符号"，但依然是文档名词的含义。司马光《资治通鉴》载：

> 珪曰："书籍凡有几何，如何可集？"对曰："自书契以来，世有滋益，以至于今，不可胜计。苟人主所好，何忧不集！"③

明代李廷机《鉴略妥注》："蛇身而牛首，继世无文章。制字造书契，画卦名阴阳。男女教嫁娶，俪皮为礼将。养牲供庖食，畜马猪牛羊。"④

龚自珍《西域置行省议》："东南临海，西北不临海，书契所能言，无有言西北海状者。"⑤

4.书社

"书社"有两种基本含义：一是基层的行政管理体制，即"里社"；二

① 孙诒让. 周礼正义 [M]. 北京：中华书局，1987：167.

② 许富宏. 慎子集校注 [M]. 北京：中华书局，2013：18.

③ 司马光. 资治通鉴 [M]. 北京：中央民族大学出版社，2002：1140.

④ 李廷机. 鉴略妥注 [M]. 长沙：岳麓书社，1988：3.

⑤ 龚自珍. 龚自珍全集 [M]. 上海：上海人民出版社，1975：105.

是在册籍上书写社人姓名。"书"为一种人事档案。许多文献都涉及"书社"这一概念。如《史记·孔子世家》："昭王将以书社地七百里封孔子。"《集解》引服虔曰："书，籍也。"①可见孔子曾在楚国受到楚昭王的极高待遇。当时楚地的社庙中有专书里社成员的社籍册。

（三）先秦是否出现了"图书"一词

在笔者检索的"先秦"文献中，多次出现"图书"一词。那么，先秦真的产生了"图书"一词吗？笔者在具体考查了这些"先秦"文献的真伪和创作年代等问题后，得出的结论是：目前尚无确切证据表明先秦已出现"图书"一词。具体原因如下：

1.《孔子集语》之"图书"

《孔子集语》载："用日也，一日辰为法，以一辰二辰，以三辰，以四五辰，以六七辰，以八九辰，以十辰，以十一辰，以十二辰。夜不可见，水中赤，煌煌如火英，图书蛇皆然也。"②

《孔子集语》是后人所写关于孔子言行事迹的文字汇编，有两种版本，一为宋朝薛据所辑，二为清朝孙星衍所辑，虽都不是先秦时期撰写，但其中包含孔子原话，所以人们也常常将其列为先秦文献。上述古文虽然来自《孔子集语》，但其是根据《周易乾凿度》中原句所辑。《周易乾凿度》，又称《易纬乾凿度》，是西汉末纬书《易纬》中的一篇，其中记录了孔子在谶纬方面的观点及言论，但该句是否为孔子原话仍待考证。有学者就曾对其真实性表示过怀疑，如马达先生在其文章中引经据典说明《周易乾凿度》不是出自战国，即其并不为孔子原话，乃是托于孔子，辗转牵合："《隋书·经籍志》云：'七经纬三十六篇，并云孔子所作。'……唐孔颖达《〈诗谱序〉正义》说：'谶纬皆汉世所作。'宋郑樵《通志·艺文略》说：谶纬之学起于前汉，及王莽好符

---

①　司马迁. 史记 [M]. 北京：中华书局，1959：1932.

②　孙星衍，等. 孔子集语校补 [M]. 济南：齐鲁书社，1998：344.

命，光武以图谶兴，遂盛行于世。"①所以，该记载无法作为"图书"在先秦时期出现的确凿证据。

2.《甘石星经》所记"图书"

《甘石星经》有载："东壁二星，主文章图书也。土星，春夏金，秋冬土。一名天术。失色大小不同，天子将封鄙土，而失天下。"②

但亦有众多学者指出《甘石星经》为伪书，并不出自战国时期。《甘石星经》此书名最早见于宋代晁公武《郡斋读书志》一书，其言："《甘石星经》一卷，汉，甘公、石申撰。"③清代学者钱大昕先生曾言："今世所称《甘石星经》，乃后人伪托，多袭用《晋》《隋》二志，而稍为异同，要其剽窃之迹，自不能掩。"④清代周中孚言："至《读书志》《通考》《宋志》始有《甘石星经》一卷，竟指为甘石合撰之书，其非《隋志》所载之本……以后人采进《晋》《隋》二志之文成之。词意浅近，必非古书。"⑤现代学者蔡克骄、管成学在其文章中也指出："《甘石星经》是一部唐、宋人伪托甘、石之名编写的伪书。"⑥

由于后代所传的《甘石星经》多已不是原文，且历代屡有篡改增删，所以，我们也无法将其作为"图书"一词在先秦时期出现的确凿证据。

3.《韩非子》之"图书"

《韩非子·大体》载："豪杰不著名于图书，不录功于盘盂，记年之牒空虚。"⑦

《韩非子》的编集是一个较长的过程。韩非去世之后，已有门徒整理师

①　马达.《列子》与《周易乾凿度》——马叙伦《列子伪书考》匡正之一［J］. 常州工业技术学院学报（社会科学版），1997（1）：31.

②　甘公，石申. 星经［M］. "丛书集成初编"本. 北京：中华书局，1985：88.

③　刘德龙. 齐鲁历史文化名人传略：古代卷［M］. 济南：齐鲁书社，2006：210.

④　钱大昕. 嘉定钱大昕全集：第9册［M］. 南京：江苏古籍出版社，1997：592.

⑤　周中孚. 郑堂读书记［M］. 北京：中华书局，1993：206.

⑥　蔡克骄，管成学.《甘石星经》是一部伪书考辨［J］. 自然辩证法通讯，2002（5）：66.

⑦　李维新，等. 韩非子［M］. 郑州：中州古籍出版社，2008：212.

说，汇为一编，这是《韩非子》编集的第一阶段。汉初，将《初见秦》《存韩》等文书档案类文献编入韩非著作集中，这是编集的第二阶段。司马迁所见就是这个本子，其面貌已与今本很接近，司马迁之后，始有《韩子》之书名。

但关于《大体》这一篇章，是否为韩非子原话，即是否为战国时期所写，学者们存在着不同的看法。如梁启雄先生在《韩子浅解》前言中说："思想和文字与他篇都有点不同的篇，有《十过》《用人》……《大体》……《制分》九篇……《用人篇》至《制分篇》共八篇都是短篇，从思想内容上看，可以说基本上都是法家思想。但是，每篇都夹杂着一些崇古思想……跟韩非的思想体系不合。八篇的文字，讹错不多，文章也不像《五蠹》《说难》《孤愤》等篇那样古奥。根据这些，如果说：'这九篇都不是韩非的作品，而是后人的增益作品'，好像可以。"①他对《大体》是韩非子所写表示怀疑。但现代学者马世年在其论文中写道："可以确定《初见秦》《有度》《十过》《问田》《人主》《饬令》以及《存韩》之'李斯上秦王政书''李斯上韩王安书'不是韩非之作；《忠孝》《心度》《制分》疑为后学之作。本书其他篇目则都是韩非的作品。"②"本文（《大体》——引者注）有'守成理、因自然''法如朝露，纯朴不散'的话，怀疑者认为可能是汉初道家的言论……没有明确的反证，否定者也只是怀疑而已，其理由并不能成立。所以，它们都应是韩非所著。"③

《韩非子·大体》是否为韩非子本人所作？如果是后人所作，年代为何？这两个问题似乎一时难以有结论。因此，其中所出现的"图书"一词的作者、年代也就一时难有结论，不能作为先秦出现该词的证据。

4.《慎子》所记"图书"

《慎子逸文》载："豪杰不著名于图书，不录功于盘盂，记年之牒空

---

①　梁启雄. 韩子浅解［M］. 北京：中华书局，1960：前言8.

②　马世年. 《韩非子》的成书及其文学研究［D］. 兰州：西北师范大学，2005：1.

③　马世年. 《韩非子》的成书及其文学研究［D］. 兰州：西北师范大学，2005：58.

虚。"①该句与《韩非子》相同。

《慎子》为战国时期慎到所著，《史记·孟子荀卿列传》曰"慎到著十二论"，但其在流传的过程之中散失多半，清代学者钱熙祚根据唐宋类书补正原文，重新辑《慎子》一书，共有七篇，另有《慎子逸文》。"图书"一词见于《慎子逸文》，逸文主要是后人收集的散失的慎子文章或文句，钱熙祚所辑《慎子》中该文句后注明"按《韩非子》有此文"②，说明该文句可能来自《韩非子》，不是慎到原话。但《韩非子》中此句也无法证明为韩非子原话，因此，此文中"图书"一词的作者、年代也就难有结论。

总之，由于先秦文献本身的复杂性，通过对其作者、创作年代等要素具体问题具体分析，我们目前对"图书"一词是否在先秦出现这一问题的结论是存疑的。当然，先秦出现"图书"一词的可能性是存在的，原因有二：一是关于"图书"一词的出现时间，我们最迟可以确认为西汉的《史记》，其时间相距不远；二是这些存疑文献有一定的数量，这就让人觉得它不是一个偶然现象。当然，无论如何，目前这个问题仍然处于存疑状态。

三、先秦"牍族"文档名词

"牍族"文档名词是简牍文化特征较为明显的族类，因此其产生、发展相对较晚，先秦时期仅呈萌芽状态，其组成仅有"竿牍"一词，秦汉以后才蓬勃发展起来。

（一）"牍族"文档名词的构成、内涵与应用

"牍族"文档名词是简牍文化的产物，"牍"指木简，引申为记录文字的物质载体，并进一步延伸出公文、档案等含义。"牍族"文档名词出现得稍晚，并且在先秦文献中极为少见。

从文化载体的角度而言，在中华文化发展的过程中，简牍文化的发生晚

---

① 许富宏. 慎子集校集注［M］. 北京：中华书局，2013：103-104.

② 许富宏. 慎子集校集注［M］. 北京：中华书局，2013：104.

于甲骨文化，其产生与主要应用期为先秦中后期（西周春秋战国）及秦汉三国两晋南北朝时期，这一时期可称为中华文化发展史上的简牍文化时期。作为文化载体，简牍被古人用来撰写公文、书籍及其他符号记录，也就成为这一时期文档的主要物质载体。作为这一时期文档的主要物质载体，它最初表现为物质形态，但其应用必然影响到文化层面，于是出现了包括语言文字在内的简牍文化，"牍族"文档名词就是在这种背景下产生的。简牍文化滥觞于先秦中后期（西周春秋战国），"牍族"文档名词亦如此。

由于是简牍文化的产物，所以"牍族"词汇应该不会在甲骨文和早期金文中产生，这一点在我们的检索中得到印证。汉字"牍"出现的时间比较晚，它的最初的形态是小篆"牘"。并且比较特殊的是，我们并没有在检索范畴中的先秦古文献中发现单音节词"牍"，而是发现了"简牍"（西周《鹖冠子》）和"竿牍"（战国《庄子》）两个双音节词，直到秦朝时才检索到单音节文档名词"牍"。但是《鹖冠子》中的"简牍"指的是文章、书籍，不具备文档类事物的含义，因此不能被列入"牍族"文档名词的统计之中。

（二）"牍族"文档名词简介

我们通过检索的结果发现，目前在先秦时期"牍族"文档名词仅有一个："竿牍"，是书信的含义。《庄子》载：

> 小夫之知，不离苞苴竿牍，敝精神乎蹇浅，而欲兼济道物，太一形虚。若是者，迷惑于宇宙，形累不知太初。彼至人者，归精神乎无始而甘冥乎无何有之乡。[①]

意思是古人把鱼肉之类送给别人时，常用茅苇等叶子裹起来。古人多用竹简尺牍互相问候。在这里"竿"通"简"，竿牍就是竹简，指书信的意思。由此可见，"竿牍"一词在先秦时期就已经被作为文档名词而使用，并在后世得到了使用传承，如表2-10所示。

[①] 郭庆藩. 庄子集释 [M]. 北京：中华书局，2013：919.

表2-10   "竿牍"一词统计表

时代	出现次数	频次
先秦	1	0.014
宋	105	0.171
元	1	0.004
明	18	0.040
清	82	0.154
合计	207	0.106

由于"牍族"文档名词在先秦时期并未被广泛使用，因此今人对先秦时期"牍族"文档名词的研究还略显单薄。但先秦时期之后的各个朝代，"牍族"文档名词得到了广泛使用，并最终构成一个数量较多的文档名词族类。

四、先秦"簿族"文档名词

先秦"簿族"文档名词亦处于发展的萌芽期，名词数量和使用次数都极少。

（一）"簿族"文档名词的构成、内涵与构词特点

"簿"，形声字，最早出现于先秦的战国时期。竹表意，其古文字形体像竹叶，表示簿用竹简编成，用于记事、记账。

"簿族"文档名词是以"簿"字为主字陆续形成多个名词，如"簿书""簿籍""簿领""簿案""簿历""簿状""书簿""簿牒""文簿""明簿"等。"簿"与"牍"相似，其单音节词使用量极少，清代以前以双音节词为主，清代出现了较通俗的多音节词，如"登记簿"（表2-11）。

"簿族"文档名词是简牍文化的产物。"簿"字表示文档含义，最早出现于先秦时期的战国阶段。先秦时期的"簿族"文档名词还处于萌芽阶段，因此名词数量少、频次低、内涵比较单一。

表2-11 "簿族"文档名词各时期使用情况表

时期	文档名词	数量
先秦	簿正、簿檄	2
秦汉	名簿、簿书、簿籍、对簿、上簿、官簿、图簿、军簿、兵簿、校簿	10
两晋	簿书、簿籍、图簿、兵簿、校簿、簿领	6
南北朝	簿书、簿籍、文簿、簿领、上簿、名簿、讯簿、选簿、阙簿、军簿、战簿	11
隋唐五代	簿书、簿籍、文簿、簿领、对簿、讯簿、上簿、名簿、阙簿、图簿、军簿、校簿、簿历、簿状、书簿、簿案、黄簿、官簿、班簿、选簿、版簿、簿最、帑簿、收簿、候簿、簿牒	26
两宋	簿书、簿籍、文簿、书簿、簿案、簿领、对簿、讯簿、上簿、黄簿、官簿、班簿、选簿、名簿、图簿、版簿、军簿、战簿、兵簿、校簿、候簿、簿历、簿状、簿牒、门簿、青簿、疏簿	27
元	簿书、簿籍、文簿、书簿、簿案、簿牒、簿领、上簿、黄簿、官簿、班簿、选簿、名簿、兵簿、收簿、候簿、簿历、簿状	18
明	簿书、簿籍、文簿、书簿、簿牒、簿领、对簿、讯簿、上簿、黄簿、官簿、资簿、班簿、选簿、名簿、版簿、军簿、校簿、簿最、收簿、候簿、门簿、疏簿、簿状、簿檄	25
清	簿书、簿籍、文簿、书簿、簿案、簿牒、簿领、对簿、上簿、黄簿、官簿、班簿、选簿、名簿、军簿、兵簿、批簿、收簿、候簿、门簿、疏簿、簿历、簿状、登记簿	24

（二）"簿族"主要文档名词简介

先秦时期的"簿族"文档名词尚处于萌芽状态，只出现两个双音节词：
"簿正""簿檄"。它们也仅在战国文献中各出现1次。

1.簿正

"簿正"原意指立文书以正其不正，而后衍生出文档的含义。如孟子说："孔子先簿正祭器，不以四方之食供簿正。"①其中的"簿"字即表示文书，赵岐有注："先为簿书，以正其宗庙祭祀之器。"②

2.簿檄

"簿檄"即簿册，仅在先秦和明代各出现1次。《商君书·兵守第十二》："故曰客，治簿檄，三军之多，分以客之候车之数。"③

五、先秦"籍族"文档名词

"籍族"文档名词的历史亦可追溯到先秦时期，并且随着历史的推进，其使用频率越来越高，使用范围越来越广，且其本身的内涵也越来越丰富。

（一）"籍族"文档名词的构成、内涵与构词特点

"籍"字，最早出现于春秋战国时期，古书以竹制成，故"籍"从"竹"。《说文》载："籍，簿也。从竹，耤声。"④其词义是登记册、户口册、礼籍、簿籍，具有强文档含义，所以在双音节文档名词中可以较好地起到主字的作用。它作为"常用单音节词素"在词组中后置，表达文档含义；而其前置词素（如"户""图"等）则表明了双音节词的特定含义。该族类文档名词以"籍"字为主字组成双音节词，如"典籍""载籍""户籍""册籍""图籍""黄籍""籍帐""法籍""籍图"等。先秦时期出现的"籍族"文档名词包括"户籍""礼籍""法籍""典籍""图籍"等。比较而言，其族类发育水平略高于"牍族""簿族"，名词数量和使用次数均略高于它们。

---

①　孟子. 孟子 [M]．北京：中华书局，2010：200.

②　章学诚，叶瑛. 文史通义校注 [M]．北京：中华书局，1985：646.

③　高亨. 商君书注译 [M]．北京：中华书局，1974：101.

④　许慎，段玉裁. 说文解字注 [M]．上海：上海古籍出版社，1981：90.

表2-12 各个历史时期出现的"籍族"文档名词

时期	文档名词	数量
先秦	户籍、礼籍、法籍、典籍、图籍	5
秦汉	户籍、法籍、典籍、图籍、载籍	5
三国、两晋、南北朝	载籍、户籍、法籍、典籍、图籍、黄籍	6
隋唐五代	载籍、户籍、黄籍、法籍、典籍、图籍、籍帐	7
两宋	载籍、户籍、黄籍、法籍、典籍、图籍、册籍、籍图	8
元	载籍、户籍、黄籍、籍帐、法籍、册籍、图籍、籍图	8
明	载籍、户籍、黄籍、籍帐、法籍、册籍、图籍、籍图	8
清	载籍、户籍、黄籍、籍帐、法籍、册籍、典籍、图籍、籍图	9

（二）"籍族"主要文档名词简介

先秦时期的"籍"族文档名词处于初步发展时期，主要包括"户籍""法籍""礼籍""典籍""图籍"5个文档名词，其发展水平高于"牍族"和"簿族"。

1.户籍

"户籍"一词专指户口籍册，是一个十分重要的专指性文档名词，对于了解古代的户籍制度具有十分重要的作用。我国户籍制度建立于春秋、战国之交，并且各朝各代都有出现，一直延续至今。

先秦时期已有"户籍"一词的使用。如《管子·禁藏》载："夫叙钧者，所以多寡也。权衡者，所以视重轻也。户籍田结者，所以知贫富之不訾也。"①

2.典籍

---

① 黎翔凤. 管子校注［M］. 北京：中华书局，2004：1025.

"典籍"一词最早出现在先秦时期，其早期的含义与文档的意义密切相关，主要指法典、图籍等重要档案，如《孟子·告子下》记载："天子之地方千里；不千里，不足以待诸侯。诸侯之地方百里；不百里，不足以守宗庙之典籍。"①

《左传·昭公二十六年》载："十一月辛酉，晋师克巩。召伯盈逐王子朝，王子朝及召氏之族、毛伯得、尹氏固、南宫嚚奉周之典籍以奔楚。"②《左传·昭公十五年》亦有"司晋之典籍"③之句。

"典籍"一词只在先秦时期的文档含义比较明显，秦汉之后 "典籍"除文档含义之外，逐渐衍生出图书、职官等含义，其文档含义的用法在晋、明、清等时期甚至出现了空白。

3.法籍

其基本释义有两个：一是载有法令制度的典籍，二是指佛教经书。根据查阅的资料，"法籍"一词最先出现于春秋时期，并且盛行于汉、元、清时期。

《文子》载：

老子曰：朴至大者无形状，道至大者无度量，故天圆不中规，地方不中矩。往古来今谓之宙，四方上下谓之宇，道在其中，而莫知其所。故其见不远者，不可与言大，其知不博者，不可与论至，夫禀道与物通者，无以相非。

故三皇五帝，法籍殊方，其得民心一也。④

最后一段的意思是古代三皇五帝就是胸怀远大的人，他们所用的法制典籍虽然有所不同，但是在得民心上却是一致的。法籍在古代有着十分重要的规范和约束作用，无论是对臣民还是君主，是一个国家的秩序得以井然运行的保障，不过从其本质上来说，还是统治阶级为维护其自身的利益而实现阶级统治

---

① 孟子. 孟子［M］. 北京：中华书局，2010：247.

② 杨伯峻. 春秋左传注［M］. 4版. 北京：中华书局，2016：1640-1641.

③ 杨伯峻. 春秋左传注［M］. 4版. 北京：中华书局，2016：1524.

④ 唐突生，滕蜜. 文子释译［M］. 武汉：湖北人民出版社，2012：190.

的一种工具。

4.礼籍

其指记载名位尊卑的文书。在先秦时期除《周礼》外，《子华子》《慎子》《礼记》等典籍中也同样出现使用了"礼籍"一词。在此仅以《周礼》为例。

《周礼·秋官·小行人》："小行人掌邦国宾客之礼籍，以待四方之使者。令诸侯春入贡，秋献功，王亲受之，各以其国之籍礼之。"郑玄注："礼籍，名位尊卑之书。"贾公彦疏引陆德明释文："名位尊卑，以解礼也，之书，以解籍也。"①

5.图籍

"图籍"是由两个单音节文档名词"图"和"籍"组合在一起形成的，"图"即地图档案，"籍"即登记户籍的名册，"图籍"取两者综合之义泛指地图和户籍档案。《战国策》卷三载：

> 司马错与张仪争论于秦惠王前。司马错欲伐蜀，张仪曰："不如伐韩。"王曰："请闻其说。"
>
> 对曰："亲魏善楚，下兵三川，塞轘辕、缑氏之口，当屯留之道，魏绝南阳，楚临南郑，秦攻新城、宜阳，以临二周之郊，诛周主之罪，侵楚、魏之地。周自知不救，九鼎宝器必出。据九鼎，按图籍，挟天子以令天下，天下莫敢不听，此王业也……"②

六、先秦"册族"文档名词

"册族"文档名词，是先秦时期出现较早、处于中等发育水平的文档名词族类。随着历史的推进，其名词个数越来越多，使用范围越来越广，内涵也越来越丰富。

---

① 《十三经注疏》整理委员会. 十三经注疏：周礼注疏［M］. 北京：北京大学出版社，1999：1010.

② 刘向. 战国策［M］. 济南：齐鲁书社，2005：31-32.

（一）"册族"文档名词的构成、内涵与构词特点

"册"，象形字，甲骨文 ，为用竹木条和皮绳穿成的简册之形，本义指简册。在文字产生之初，人们将文字书写在竹简之上，并用皮绳将竹简逐一串起来，古时凡簿籍均可称"册"。《说文解字》中载："册，符命也，诸侯进受于王者也。"①可见"册"包含文档之义。后世在"册"字文档含义的基础上不断衍生出其他文档名词，如"册书""文册""册文""册籍""籍册""册奏""册印""册宝""册子""黄册""档册"等。"册族"文档名词在先秦时期已包含有5个名词，分别是："册""册书""册文""册祝""祝册"。从名词数量和使用次数看，"册族"在先秦处于中等水平（表2-13）。

表2-13　先秦"册族"类文档名词先秦统计表

名词	出现次数	频率
册	11	0.151
册书	1	0.014
册文	2	0.027
册祝	1	0.014
祝册	1	0.014
合计	16	0.219

（二）先秦"册族"主要文档名词简介

1.册

如前文所述，"册"字出自甲骨文，本义为龟版而不是简册，简册为其简牍时代的延伸义。甲骨文中有"禹册"（用于征伐）与"新褙""旧褙"（"新册""旧册"，主要是记载祝词、用牲之法和用牲数量）。②

"册"是"册族"文档名词的主要构成要素和发起词，其在整个"册族"

---

① 许慎，段玉裁．说文解字注［M］．上海：上海古籍出版社，1981：85.

② 曹定云．论"惟殷先人，有册有典"及相关问题——兼释《英藏》1616中另类"典"字［J］．考古，2013（9）：68-75.

文档名词中具有举足轻重的作用。"册"作为单音节文档名词使用时主要出现在先秦及秦汉时期，共出现了14次[1]，其中先秦时期出现11次。其在先秦时期的频次虽然仅为0.151，但比较起来是使用频率较高的。这时"册"作为文档名词使用时泛指记载重要事件的档案。如《尚书》载："史乃册祝曰：'惟尔元孙某，遘厉虐疾。……'……公归，乃纳册于金縢之匮中。王翼日乃瘳。"[2]又："惟尔知，惟殷先人有册有典，殷革夏命。"[3]

2.册书（存疑）

"册书"也曾称"策书"，作为中国古代帝王诏令文书的文种名称之一，"册书"早在先秦时期就已出现，几乎在后世的每个朝代均有提及。但在先秦时期"册书"仅有《子华子》一个出处。《子华子》载：

> 本也晋国之鄙人也，尝得故记之所道者矣。昔先大夫栾武子之在位也，夙夜靖共，矫枉而惠直，不忘其执守，而以从其君，厥有显闻，布在诸侯之册书。逮其嗣主则不然，弗类于厥心，放命以自贤，怙宠专权，翦弃人士，图以封殖于厥躬。国人疾视之，如目有眯焉，日移其志，以速厥罚，栾氏以亡。[4]

此外，伪称先秦作品的《孔子集语》亦有"策书"一词，但不能作为该词出现于先秦的证据。

3.册文

"册文"早在先秦时期就已出现，为册命、册书等诰命文书的一种，并且在各个朝代的文献中均有提及，是整个"册族"文档名词中延续性最好的名词之一。

《黄帝内经·素问》载：

① 古代文献中，"策"假借为"册"，表示简册，即借"策"为"册"。本书统计时含假借字"策"，非假借字"策"以及非文档名词含义的不在其内。

② 李民，玉健. 尚书译注 [M]. 上海：上海古籍出版社，2012：187.

③ 李民，玉健. 尚书译注 [M]. 上海：上海古籍出版社，2012：243.

④ 佚名. 四部精华：中册 [M]. 长沙：岳麓书社，1991：255.

帝曰："请闻其所谓也。"鬼史区曰："臣积考《太始天元》册文曰：'太虚寥廓，肇基化元，万物资始，五运终天，布气真灵，总统坤元……'"①

4.册祝

"册祝"又称"祝册"，原意指把告神之言写在册书上，读以祝告神，后亦指写在册书上的祭告天地宗庙的祝词或写有祝词的册书。《尚书》载：

戊辰，王在新邑烝祭，岁。文王骍牛一，武王骍牛一。王命作册逸祝册，惟告周公其后。②

史乃册祝曰："惟尔元孙某，遘厉虐疾。若尔三王，是有丕子之责于天，以旦代某之身。予仁若考，能多材多艺，能事鬼神……今我即命于元龟，尔之许我，我其以璧与珪，归俟尔命，尔不许我，我乃屏璧与珪。"③

虽然其在先秦时期的使用次数只有2次，但其在后世的历朝历代都得到了延续使用，是"册族"文档名词中具有连续性的代表。

从先秦时期"册族"整体的应用来看，虽然此时双音节词名词数量上要多于单音节词，但单音节词"册"的使用频次高于双音节词的频次，这也说明了在先秦时期单音节词占有重要的地位。

七、先秦"典族"文档名词

"典"一词是出现时期较早的几个文档名词之一。"典族"文档名词也是古汉语中重要的文档名词族类之一，是先秦发育较好的文档名词族类。

（一）"典族"文档名词的构成、内涵与应用

"典"是出现较早的文档名词，最早产生于甲骨文中，其本义主要是指重要的文献，包括文件、档案。

① 张隐庵. 黄帝内经素问集注［M］. 上海：上海科学技术出版社，1959：247.
② 李民，王健. 尚书译注［M］. 上海：上海古籍出版社，2012：238.
③ 李民，王健. 尚书译注［M］. 上海：上海古籍出版社，2012：187.

古人也以"典"与其他单音节词组合，形成了一些文档类名词，如"典册（策）""典簿""典法""典诰""典籍""典例""典谟""典票""典契""典誓""典书""典文""典宪""典训""典则""典证""训典""六典""书典""文典"等。在先秦时期的"典族"文档名词或固定组合有9个："典""典册""典籍""训典""典法""文典""三典""五典""六典"（表2-14）。

表2-14　先秦"典"族类文档名词先秦统计表

名词	出现次数	频率
典	83	1.137
典册	1	0.014
典籍	4	0.055
训典	8	0.110
文典	1	0.014
典法	3	0.014
五典、六典	10	0.151
三典	1	0.014
合计	111	1.521

（二）"典族"主要文档名词

1.典

"典"，会意字，作为单音节文档名词出现于甲骨文（🏺），是最早出现的文档名词之一。其字形表示双手奉持重要的典籍，或言上"册"下"大"，其本义指重要的文献。《说文》载："典，五帝之书也。从册在丌上，尊阁之也。庄都说，典，大册也。"[①]早期文档皆为重要的文献，因此皆称为"典"。

殷商时期的"工典"是"典"的最早应用之一。在殷人卜辞中，"工典"一词为常例应用，即载有祝告之词的竹简，贡献于神灵。因此笔者在之前的文

① 许慎，段玉裁.说文解字注［M］.上海：上海古籍出版社，1981：200.

章中将"典"的本义明确为："祭祀时献给神明的简册"。"典"的本义带有明确的文档含义，后世将其本义进一步扩充，简括为重要的文献。①

《左传·昭公十五年》有"言以考典"之句。另外，"典"还有法典类文档的含义，如《周礼·秋官·大司寇》载大司寇"掌建邦之三典"，即轻典、中典、重典。②《尚书·五子之歌》其四曰："明明我祖，万邦之君。有典有则，贻厥子孙。"③《尚书·多士》载："惟尔知，惟殷先人，有册有典，殷革夏命。"④以上分别是《尚书》对夏商时期典、册、则的记载。

2.典册（策）

"典册"（亦作"典策"）由"典""册"组合而成，"册"是用竹片或木片串成的竹木简，其基本含义与单音节词"典"比较接近，主要指官方重要的册籍，"典册"的文档属性较强，普通文献一般不用此称呼。《左传·定公四年》："备物、典策，官司、彝器。"杨伯峻注："典策谓典籍简册。"⑤

3.训典

"训典"指训教的法典文书，即王者教导民众的法则文书或先王典制之书，属于训示类的文档名词。训示类文档名词主要包括"训典"与"典训"，二者在构词方式上虽然不同，但是两者均侧重于"训"字，都是指之前记载的相关准则性的训示。但从出现时间上来看，"训典"早于"典训"一词，在先秦时期已经出现，如《逸周书》载："王拜曰：'允哉！余闻在昔，训典中规。非时，罔有格言日正余不足。'"⑥而"典训"在汉朝文献中始有出现。

"训典"在先秦出现次数较多，与先秦之敬祖习俗有关。如《尚书·毕

①　曹定云.论"惟殷先人，有册有典"及相关问题——兼释《英藏》1616中另类"典"字[J].考古，2013（9）：68-75.

②　崔高维.周礼仪礼[M].2版.沈阳：辽宁教育出版社，2000：77.

③　《十三经注疏》整理委员会.十三经注疏：尚书正义[M]，北京：北京大学出版社，1999：179.

④　《十三经注疏》整理委员会.十三经注疏：尚书正义[M]，北京：北京大学出版社，1999：426.

⑤　杨伯峻.春秋左传注[M].北京：中华书局，1990：1537.

⑥　黄怀信.逸周书校补注译[M].西安：西北大学出版社，1996：145.

命》："弗率训典，殊厥井疆，俾克畏慕。"孔传："其不循教道之常，则殊其井居田界，使能畏为恶之祸，慕为善之福。"[1]《左传·文公六年》："告之训典，教之防利。"杜预注："训典，先王之书。"[2]

4.文典

"文典"泛指文献典籍，与文档关系不甚紧密。该词在中国古代属于稀见词语，使用量很少。先秦见《荀子》："下则取从于俗，终日言成文典。"[3]

5.典法

"典法"即典章法规，是法规档案的一种称谓。《管子·君臣上》载："是故主画之，相守之；相画之，官守之；官画之，民役之；则又有符节、印玺、典法、策籍以相揆也。"[4]

6.五典、六典

先秦的五典有两种用法：

第一，"三坟五典"。吴林伯说：

> 孔安国《尚书传序》："伏羲、神农、黄帝之书，谓之三坟；少昊、颛顼、高辛、唐、虞之书，谓之五典；八卦之书，谓之八索；九州之志，谓之九丘。"左丘明《春秋》昭公十二年传称左史倚相"能读三坟、五典、八索、九丘"，可见此等文籍，当时确有，孔子据以修订，而名为经。[5]

第二，"五典"是"五常"的又一种说法，指五种行为规则。语出《尚书·泰誓下》："狎侮五常。"唐孔颖达疏云："'五常'即五典，谓父义、

① 《十三经注疏》整理委员会. 十三经注疏：尚书正义［M］，北京：北京大学出版社，1999：524.

② 杨伯峻. 春秋左传注［M］. 北京：中华书局，1990：547-548.

③ 王先谦. 荀子集解［M］. 北京：中华书局，1988：93.

④ 李山. 管子［M］. 北京：中华书局，2009：174.

⑤ 吴林伯. 《文心雕龙》义疏［M］. 武汉：武汉大学出版社，2002：38-39.

母慈、兄友、弟恭、子孝。"①《尚书·舜典》："慎徽五典，五典克从。"②

"六典"一词最早出现于《礼记》与《周礼》。《周礼·天官·大宰》记载："大宰之职，掌建邦之六典，以佐王治邦国：一曰治典，以经邦国……六曰事典，以富邦国，以任百官，以生万民。"③

"六典"在产生之初就其内涵与性质而言主要是指法律文档，这种用法在后世基本上沿用下来，主要指法律档案。《通典》记载："后周文帝又依《周礼》建六官，遂置天官大冢宰卿一人，掌邦治，以建邦之六典，佐皇帝治邦国。"④

八、先秦"图族"文档名词⑤

"图族"也是文档名词中发育较早的文档名词族类。它的专门性较强，与国家赋税管理、宗族管理等密切相关，是中国古代重要的文档名词族类。

（一）"图族"文档名词的构成、内涵与应用

先秦时期的"图族"文档名词主要有"图""地图""图籍""图法""版图"5个名词，总出现次数为88次，总使用频次为1.205，是发育水平较高的先秦文档名词族类。

关于先秦"图"一词，参见本章第二节内"金文中的文档名词"部分。

（二）"图族"主要文档名词简介

1.地图

"地图"一词最早出现于先秦时期，起初其含义为描摹土地山川等地理

---

① 《十三经注疏》整理委员会. 十三经注疏：尚书正义［M］，北京：北京大学出版社，1999：279.

② 《十三经注疏》整理委员会. 十三经注疏：尚书正义［M］，北京：北京大学出版社，1999：51.

③ 《十三经注疏》整理委员会. 十三经注疏：周礼注疏［M］，北京：北京大学出版社，1999：24.

④ 杜佑. 通典［M］. 长沙：岳麓书社，1995：267.

⑤ 本书这个部分对笔者与笔者的学生宋少云共同写作的《中国古代"图族"文档名词研究》一文（载《北京档案》2016年第12期，第6—9页）的部分内容做了修正，特此说明。

形势的图，基本具备了地图档案的意义，主要是作为职官土训向周王解说的依据，用来告知周王不同的地区所适宜施行的事。在后来的发展中，"地图"一词也主要作为地图档案的含义留存下来。

第一，指地图档案。《周礼·地官·土训》载："土训掌道地图，以诏地事。道地慝，以辨地物而原其生，以诏地求。王巡守，则夹王车。"[①]

第二，指记载版图的地图档案。《战国策》载：

> 臣窃以天下地图案之。诸侯之地五倍于秦，料诸侯之卒，十倍于秦。六国并力为一，西面而攻秦，秦破必矣。今西面而事之，见臣于秦。夫破人之与破于人也，臣人之与臣于人也，岂可同日而言之哉！"[②]

2.图籍

"图籍"是由两个单音节文档名词"图"和"籍"组成的，"图"即地图档案，"籍"即登记户籍的名册，这两个字组合到一起，取其综合的含义即地图和户籍档案。在古代，地图档案和户籍档案是政府重要的文档种类，在各个朝代均有出现，使用的范围也较广。例如《战国策》载：

> 司马错与张仪争论于秦惠王前。司马错欲伐蜀。张仪曰："不如伐韩。"王曰："请闻其说。"对曰："亲魏善楚，下兵三川，塞轘辕、缑氏之口，当屯留之道，魏绝南阳，楚临南郑，秦攻新城、宜阳，以临二周之郊，诛周主之罪，侵楚、魏之地。周自知不救，九鼎宝器必出。据九鼎，图籍，挟天子以令天下，天下莫敢不听，此王业也。今夫蜀，西辟之国，而戎狄之长也，敝兵劳众，不足以成名，得其地不足以为利。臣闻：'争名者于朝，争利者于市。'今三川、周室，天下之市朝也，而王不争焉，顾争于戎狄，去王业远矣。"[③]

3.图法

"图法"在先秦时期最初的含义指图录和法典，后来逐渐演变出天文档案

---

①　崔高维. 周礼 [M]. 2版. 沈阳：辽宁教育出版社，2000：35.

②　刘向. 战国策 [M]. 上海：上海古籍出版社，2008：280.

③　刘向. 战国策 [M]. 上海：上海古籍出版社，2008：50.

的意思，在先秦时的具体用法如《吕氏春秋·先识览》："夏太史令终古见桀惑乱，出其图法，执而泣之。"①由此可知，图法指的是图录和法典。

4."版图"

《周礼·天官·小宰》："三曰听闾里以版图。"郑司农云："版，户籍。图，地图也。听人讼地者，以版图决之。"贾公彦疏："闾里之中有争讼，则以户籍之版、土地之图听决之。"②

"版图"在《周礼》中意为户籍和地域图册档案，在后世仍有此种用法。如苏辙《会计录民赋序》："故三代之君，开井田，画沟洫，谨步亩，严版图，因口之众寡以授田，因田之厚薄以制赋。"③方文《负版行》载："借问此是何版图，答云出自玄武湖。天下户口田亩籍，十年一造贡皇都。"④由此可见，"版图"在《周礼》中作为文档名词的用法确实传承了下来。但"版图"一词的词义在后世有所变化和扩展，其含义主要指一国的疆域，是《周礼》"版图"一词的发展。

九、先秦"令族"文档名词

"令族"文档名词起源较早，行政与法律文书名词的含义较为浓重。从"令"在甲骨文时期出现开始，先秦时期出现了多个双音节词。

（一）"令族"文档名词的构成、内涵与应用

"令"产生于甲骨文，是产生较早的文档名词。"令族"文档名词也是发育较早的文档名词族类，除单音节词"令"外，先秦时期已产生了"法令""政令""将令""军令""饬令""阴令""功令"等双音节词（表2-15）。

从使用情况看，"令族"文档名词因与国家政治、法律关系密切，历朝历代的使用量都比较大，先秦时期虽稍逊，使用频次为1.014，但只列于"书

① 吕不韦. 吕氏春秋 [M]. 沈阳：万卷出版公司，2012：195.

② 孙诒让. 周礼正义 [M]. 北京：中华书局，1987：167—168.

③ 姚鼐. 古文辞类纂 [M]. 武汉：崇文书局，2017：116.

④ 廖可斌. 2006明代文学论集 [C]. 杭州：浙江大学出版社，2007：385.

族”“典族”“图族”之后，列先秦12个文档名词族类使用量的第四位。

从文档名词的内涵看，这些“令族”文档名词主要使用于行政法律领域，具有较强的应用指向。

表2-15　先秦“令族”文档名词出现情况表

名词	次数	名词	次数	名词	次数
法令	5	政令	55	军令	6
将令	1	功令	3	饬令	2

（二）“令族”主要文档名词简介

1. “令”

“令”的起源很早。作为一个单音节词，它具有多个义项，原始词义是动词，但早在甲骨文中就引申出“法律文书”的义项，并在历史发展中词义与应用有所变化。

单音节词“令”是汉语中最早产生的词汇之一，起源于殷商时期甲骨文，而且是甲骨文中的多见字。“令”的甲骨文字形 **ᗄ** 是从 **ᐱ** 从 **ᗄ**。关于甲骨文“令”的字形与词义，罗振玉说："集众人而命令之。"①洪家义则认为甲骨文上部的屋顶（**ᐱ**）是 **ᗄ** 的省声，"余是舍的省文，即庐舍，原是简陋的房屋，后来引伸而包括宫室"，令字"象人危坐于屋中，会意发号施令。大概当时君长发号施令时是危坐于屋中的"。②林义光认为令字从口在人上，象口发号，人跪伏以听。③当然，不管甲骨文造字把上面比作什么，最终想要表达的还是上级命令下级、发布命令的含义。正如《说文》所说："令，发号也。"④

金文的 **ᗄ** 承续甲骨文字形。当"令"成为常规词语后，金文再加"**ᗄ**"（"口"）另造了"**ᗄ**"（"命"）字，代替"令"的动词义项，强调"开口发令"。高田忠周说过："按说文'令，发号也。从亼卩'，又'命，使

___

① 于省吾. 甲骨文字诂林［M］. 北京：中华书局，1996：364.

② 于省吾. 甲骨文字诂林［M］. 北京：中华书局，1996：365.

③ 于省吾. 甲骨文字诂林［M］. 北京：中华书局，1996：366.

④ 许慎，段玉裁. 说文解字注［M］. 上海：上海古籍出版社，1981：430.

也'。从口令声。然发号亦命令也。疑令、命原同字。故三代器铭文，两字并用不分，后世凡发号曰令，发号以使人曰命。"①

"令"本是动词，意为发布命令，尚不属于法律文书名词的范畴。但单音节词的应用非常灵活，一词多义。"令"出现以后，词义很快就发生了拓展，增加了名词的义项，表示必须执行的要求、法规，有了法律文书的含义。

一些学者认为秦汉时期的"令"才具有了法律文书的义项。如仁井田陞认为："令的起源可以说是始于汉代。"②大庭脩认为："在秦代，将正文的'法'改称为'律'，补充法也还叫作'律'。汉代继承了秦的六律和补充法的诸"律"……汉代以后的补充法也有对律的补充，大多被称为'令'。只是秦令的存在与否目前尚不清楚。"③但早在甲骨文中，"令"已经具备了类似法律文书的含义。如考古发现的商代甲骨卜辞："贞，帝于令？"（《甲骨文合集》40447）"连劭名先生释'令'为'天命'，'帝于令'即禘祭于天命。"④类似的卜辞还有"庚☐贞，降鬼，允隹帝令？"（《甲骨文合集》34146）。这些材料可以证明当时的"令"已经具备了名词的用法，其含义为"帝令"。由此可见，虽然一般认为"令"本义是动词，见于甲骨文，但其指代"法律文书"的名词义项在甲骨文中亦已出现。

这种用法在金文中得到了更明确的应用，如一则青铜器铭文中写道："佳廿又八季五月既望庚寅，王才（在）周康穆宫。旦，王各（格）大室，即立（位）。……受王令（命）书。"⑤在分封制度下，王及诸侯都有权力发布这种令，故有"古者天了诸侯皆用令"之说。如《周礼·夏官·大司马》载："犯令陵政则杜之。"⑥

①　戴家祥. 金文大字典［M］. 上海：学林出版社，1995：614.

②　仁井田陞. 唐令拾遗［M］. 栗劲，霍存福，王占通，等译. 长春：长春出版社，1989：802.

③　大庭脩. 秦汉法制史研究［M］. 林剑鸣，等译. 上海：上海人民出版社，1991：10-11.

④　韩胜伟. 简析甲骨刻辞中的使令动词"令"［J］. 唐山师范学院学报，2014（4）：24.

⑤　孙瑞. 论先秦令书［J］. 吉林师范大学学报（人文社会科学版），2004（3）：91.

⑥　孙诒让. 周礼正义［M］. 北京：中华书局，1987：2290.

先秦时期，"令"的使用已相当普遍，在笔者的检索范围中共出现97次，分别出现于经部（60次）、子部（35次）、史部（2次）。

古代汉语中，"命"与"令"同义，只是出现的时间不同，"令"早于"命"，在殷商时期开始得到使用，我们通过考察先秦时期"命"的用法，也可对"令"加深认识。"命"做名词时，多出现在《尚书》《诗经》《周礼》等典籍中。例如《诗·商颂·长发》："帝命不违。"《论语·子路》："使于四方，不辱君命。"① 《尚书·康诰》曰："天乃大命文王殪戎殷，诞受厥命越厥邦厥民。"② 《周礼·秋官·司盟》"盟万民之犯命者"，表示政府对下民发布的政令、法令。郑玄注："犯命，犯君教令也。"③ 《周礼·春官·典命》"典命"④，这里的"命"是君王让官员晋级的令书，表示帝王赐命臣下职位、爵禄的文书。

2. "法令"

"法令"一词是"令族"法律文书名词中最重要的一个。"法令"一词出现时间早，最早出现在先秦，主要是指法律条令，在多个领域皆有应用。

《礼记》有所提及："敬鬼神、畏法令也。"⑤

《孙子》载："故校之以计，而索其情。曰：主孰有道？将孰有能？天地孰得？法令孰行？兵众孰强？士卒孰练？赏罚孰明？吾以此知胜负矣。"⑥

《韩非子》："商君教秦孝公以连什伍，设告坐之过，燔诗书而明法令，塞私门之请而遂公家之劳，禁游宦之民而显耕战之士。"⑦ 这里的"法令"都是特指当时的法律。

《周礼·春官·御史》："御史掌邦国都鄙及万民之治令，以赞冢宰。凡

---

① 张燕婴. 论语 [M]. 中华书局，2009：196.

② 慕平. 尚书 [M]. 中华书局，2009：166.

③ 孙诒让. 周礼正义 [M]. 北京：中华书局，1987：2855—2856.

④ 孙诒让. 周礼正义 [M]. 北京：中华书局，1987：254.

⑤ 王文锦. 礼记译解 [M]. 北京：中华书局，2001：31.

⑥ 骈宇骞，王建宇，牟虹，等. 孙子兵法，孙膑兵法 [M]. 北京：中华书局，2006：5.

⑦ 韩非. 韩非子 [M]. 上海：上海古籍出版社，1989：35.

治者受法令焉。掌赞书。凡数从政者。"①其中"令"特指政权机关所颁布的命令、指示、决定等的总称，是最常见的一种法律文书。

3. "政令"

"政令"一词是中国古代使用比较频繁的法律文书名词。它由"政"和"令"两个词素共同组合形成的。其中"政"一词的词性由动词演变为名词，"令"又特指命令类的法律文书，所以政令应该属于偏正结构。在古代汉语中，行政机关的执行就叫作"政"，布告叫作"令"，所以政令就泛指政府所发布的命令。

本书检索范畴中，"政令"在先秦的使用次数有60次，主要使用于《周礼》和《春秋左传》中，频率也有0.82，说明其在先秦已出现并应用得较频繁了，主要特指中央特权机关发布的命令文书。"政令"的使用范围主要集中在经部的著作中，以《周礼》最具代表性。《周礼·天官·小宰》："小宰之职，掌建邦之宫刑，以治王宫之政令，凡宫之纠禁。掌邦之六典、八法、八则之贰，以逆邦国、都鄙、官府之治。"②这里主要是阐述先秦史官的职能，其中小宰的执掌有一部分是涉及内史方面，通过对法典的运用、保存和考释来具体实现对官吏的管理和其他重要政事的参与。其他如"司巫掌群巫之政令"③提到周朝设置司巫官职，由其掌管全国性的雩祭。"大会同，则帅士庶子而掌其政令。"④"司隶掌五隶之法，辨其物，而掌其政令。"⑤

政令在应用上主要有两种功效：其一是行政机关发布政令，这是管理国家的重要方式。《荀子·致士》："则政令不行而上下怨疾，乱所以自作也。"⑥主要说的是由于政治类的法令推行不当，引起了全国上下的不满，出

①　孙诒让. 周礼正义 [M]. 北京：中华书局，1987：2140.

②　孙诒让. 周礼正义 [M]. 北京：中华书局，1987：157—158.

③　孙诒让. 周礼正义 [M]. 北京：中华书局，1987：2062.

④　孙诒让. 周礼正义 [M]. 北京：中华书局，1987：2359.

⑤　孙诒让. 周礼正义 [M]. 北京：中华书局，1987：2882.

⑥　荀况. 荀子 [M]. 上海：上海古籍出版社，2014：166.

现混乱也都是统治者咎由自取。其二是行政机关实行政令，这体现了统治阶级的权威性和检验实行的效率性，《淮南子·修务训》"百姓亲附，政令流行"①就提到了关于政令在社会内的推行概况。

4. "将令"

《说文》云："将，帅也。"②"将"主要是指统率全军者。《吕氏春秋》有云："军必有将。"③"将"这一特指将帅的词素与"令"这一特指命令的词素相结合就构成了新词语"将令"，所以"将令"是一个复音词。"将令"主要指将帅的命令，即军令。

"将令"一词在先秦仅出现1次，出自战国时期的《尉缭子·将令第十九》。其内容为：

> 将军受命，君必先谋于庙，行令于廷，君身以斧钺授将，曰："左、右、中军皆有分职，若逾分而上请者死。军无二令，二令者诛，留令者诛。失令者诛。"将军告曰："出国门之外，期日中，设营表，置辕门，期之，如过时，则坐法。"将军入营，即闭门清道，有敢行者诛，有敢高言者诛，有敢不从令者诛。④

5. "军令"

"军令"是比较特殊的法律文书名词之一，专指性比较强，是族类名词中具有代表性的一个。它主要是特指军事上所发布的命令。

"军令"一词在春秋战国就已经出现并且使用了6次，在《管子》一书中使用了3次，在《国语》中也使用了3次。

《管子·小匡》曰："作内政而寓军令焉。"

《国语》曰：

> 以为军令：五家为轨，故五人为伍，轨长帅之；十轨为里，故五十人

① 顾迁. 淮南子 [M]. 北京：中华书局，2009：263.
② 许慎，段玉裁. 说文解字注 [M]. 上海：上海古籍出版社，1981：121.
③ 高诱. 吕氏春秋注 [Z]. 上海：上海古籍出版社，2014：405.
④ 尉缭. 尉缭子 [M]. 乌鲁木齐：新疆青少年出版社，2009：159—161.

为小戎，里有司帅之；四里为连，故二百人为卒，连长帅之；十连为乡，故二千人为旅，乡良人帅之；五乡为一帅，故万人为一军，五乡之帅帅之。①

6. "阴令"

《说文》有云："阴，暗也。水之南，山之北也。"②中国古代哲学认为一阴一阳谓之道。"阳"主要是指太阳或者男子，而"阴"主要指月亮或者女子。这样含义的"阴"与"令"相结合，就组成了"阴令"，主要是指古代君王在后宫所发布有关妇人之事的命令。"阴令"在笔者检索的先秦文献中仅出现2次。如《周礼·天官·内小臣》有云："掌王之阴事阴令。"③

7. "饬令"

《说文》云："饬，致坚也。从人从力，食声。读若敕。"④主要的意思有：整顿、使整齐；古同"敕"，告诫，命令。"饬令"一词最早出现在战国时期，其含义就是指命令类的公文。语出《韩非子》：

　　饬令，则法不迁；法平，则吏无奸。法已定矣，不以善言售法。任功，则民少言；任善，则民多言。行法曲断，以五里断者王，以九里断者强，宿治者削。⑤

第四节　《周礼》文档名词

《周礼》作为一部描述先秦时期政治制度的经典，在行政、经济、法律等多方面都可称为典范。其中涉及的文档名词数目繁多，而且历来被档案史家所重视，但未解之题、前人之误亦多。因此，本书特将其单立一节，以期给人们更全面、更准确的论述。

①　徐元诰，王树民，沈长云. 国语集解 [M]. 北京：中华书局，2002：224.
②　许慎，徐铉等. 说文解字 [M]. 上海：上海古籍出版社，2007：726.
③　孙诒让. 周礼正义 [M]. 北京：中华书局，1987：540.
④　许慎，徐铉等. 说文解字 [M]. 上海：上海古籍出版社，2007：700.
⑤　韩非. 韩非子 [M]. 上海：上海古籍出版社，1989：164.

本节首先对先秦时期文档名词的总体使用情况进行了统计和研究，通过数据的对比体现出《周礼》文档名词研究的重要性和特殊意义；然后对《周礼》中天、地、春、夏、秋五官中各自使用的文档名词进行了频次、类别、内容范畴等方面的研究分析；最后在此基础上将《周礼》文档名词划分为通用文档名词与专有文档名词（即作者独创之文档名词），并从这两个方面研究其对后世文档名词发展的影响。

一、《周礼》文档名词的范畴与研究现状

（一）范畴

本书中所研究的《周礼》文档名词是指《周礼》原文中明确出现的文书、档案名词。《周礼》共分为六篇：天、地、春、夏、秋、冬六官。但冬官篇佚失，以《考工记》代之，与其他五篇的叙事模式有很大的不同，故《考工记》使用的文档名词不在我们研究的范畴之内。

同时，在《周礼正义》《周礼注疏》《周官新义》等研究《周礼》的著作里，作注过程中使用过的文档名词或概括性文档名词而在《周礼》原文中却没有出现的，亦不在本书讨论的"《周礼》文档名词"范畴之内。

（二）研究现状

1.《周礼》的研究状况

关于《周礼》的译注门派林立。东汉时期，郑玄会通各家之说，作《周礼注》。到了唐代，贾公彦又为《周礼》及郑玄《周礼注》作《周礼疏》。至此《周礼注疏》成为后世历代研究《周礼》绕不过去的经典。而清朝孙诒让的《周礼正义》则是传统《周礼》研究的集大成者，同时也可以说是传统《周礼》研究的终结。在这之后，《周礼》的研究从经学的脉络当中走出，发散到历史学、考古学、文献学等各个学科领域。20世纪以来的《周礼》研究论著相当多，具有代表性的主要有以下几部论著：郭沫若的《周官质疑》（1932）、徐复观的《〈周官〉成立之时代及其思想性格》（1980）、彭林的《〈周礼〉主体思想与成书年代研究》（1991）、林尹的《〈周礼〉今注今

译》（1972）、冯绍霆的《周礼：远古的理想》（1996）。

2.《周礼》文档名词的研究现状

《周礼》是中国古代一部极为重要的经典，它在阐述先秦政治制度的同时也描述了与之相关的文档工作情况，是中国档案史研究中一部非常重要的古代经典。对《周礼》文档名词的研究，历来被我国档案史学家所重视，研究文章和相关引用极多。特别是过去的各版本《中国档案史》教材，对其内容都有引用，作为叙述先秦档案史的重要证据，有人甚至直接将其作为西周档案史的证据。但其中正误混杂、鱼目混珠，急需廓清。

在写作本书之前，笔者曾对《周礼》及其文档名词问题发表了一系列的研究成果，主要有：1.《〈周礼〉中档案与档案工作者名词之阐释·天官篇》，《宁夏档案》1993年第3期；2.《〈周礼〉中档案与档案工作者名词之阐释·地官篇》，《宁夏档案》1993年第4期；3.《〈周礼〉中档案与档案工作者名词之阐释·春官篇》，《宁夏档案》1994年第4期；4.《〈周礼〉中档案与档案工作者名词之阐释·夏官篇》，《宁夏档案》1995年第1期；5.《〈周礼〉中档案与档案工作者名词之阐释 秋篇》，《宁夏档案》1995年第2期；6.《论〈周礼〉记载官方迷信活动的文件档案》，《辽宁大学学报》1995年第2期；7.《〈周礼〉中记载的法律文书与档案》，《辽宁大学学报》1999年第2期；8.《〈周礼〉中记载的行政文书与档案》，《辽宁大学学报》2000年第1期；9.《论〈周礼〉所记载的经济管理文书与档案》，《档案学研究》1995年第2期；10.《论〈周礼〉中记载的档案工作的制度》，《档案学研究》2005年第5期；11.《〈周礼〉记载的文档工作主体研究》，《档案学通讯》2006年第2期；12.《〈周礼〉文档名词再研究》，《档案学通讯》2015年第6期；13.《〈周礼〉中记载的科技档案与科技档案工作》，《档案学通讯》1991年第6期；14.《〈周礼〉中记载的天文、气象档案工作》，《辽宁档案》1993年第7期。

此外，涉及《周礼》文档名词的使用的相关研究还有：吉林大学古籍研究所朱红林的《〈周礼〉官计文书与战国时期的行政考核——竹简秦汉律与〈周礼〉比较研究（十七）》，《吉林师范大学学报》（人文社会科学版）

2010 年第4期；吉林大学文学院马卫东的《〈周礼〉所见地图及其地图管理制度》，《档案学通讯》2012年第5期，等等。

二、《周礼》文档名词的重要地位

在先秦文档名词大家庭中，《周礼》文档名词具有不可取代的重要地位。

（一）《周礼》成书时期的界定

关于《周礼》的成书时期，始终是学术界争论的焦点，至今尚无统一的定论。而本书的研究主体既为《周礼》中使用的文档名词，则必然要将其放到所处时代的背景下进行研究，因此对《周礼》成书时期的界定就显得尤为重要。

1.《周礼》成书时期的诸论

作为儒家经典的《周礼》，是一部关于政治、经济等各种社会制度的文献。其成书年代久远，囊括内容丰富，对后世各朝代制度建设等方面都起到了深远的影响。有关《周礼》的名称、作者及成书年代等问题，在古往今来引起诸多评论，说法众多，始终未能达成一致。

目前关于《周礼》成书时期的说法主要有：西周说、东周春秋说、战国说、周秦之际说、汉说等。其中，持战国说的学者居多。对于这些关于成书时期的诸多争论，本书将不再赘述。

2.关于《周礼》一书内容的界定

《周礼》的基本内容是"设官分职"。从其具体内容来看，规模宏大，组织严密。从其设置的机构来看，各机构之间既有领导与被领导关系，又有分工协作关系，从理论上来讲十分严密。但是，如此严密的官僚机构，是否仅仅是由古代的某一个朝代而生成的？这种说法显然是值得推敲的。从《周礼》一书的机构体系的设置来看，推测出这一整套充满了理想成分的官制并非由一个朝代产生的。

此外，结合《周礼》中使用的文档名词的情况，单就文档名词中单音节词、双音节词和多音节词的使用来看，《周礼》不可能是先秦早期的作品，甚至不大可能是先秦中期的作品，很可能是战国或秦初的作品，即先秦末期或稍晚时的作品。从其内容来看，其中既有先秦的历史事实，也有作者的创造、设计，并非完全是先秦哪一个朝代（如西周）的历史事实。

（二）《周礼》文档名词的重要性

首先，《周礼》的重要性来源于它所处的时代。中国历史早期的先秦时期，是一个中华文化滥觞与发展繁荣的时期，文化的滥觞与繁荣同样导致了文档名词的滥觞与繁荣，而《周礼》则是这种滥觞与繁荣的代表。

其次，《周礼》的重要性还来源于它本身的独特性。它是描述国家政治制度的著作，在中国历史上影响深远。而且，该作品既有对先秦历史事实的记述，也有作者个人的设计和创制，这体现了它的学术魅力，也增加了对其进行甄别的难度。

再次，对《周礼》文档名词进行深入、细致的描述和甄别，还在于对以往学术研究的拨乱反正。以往学界，特别是档案学界，对《周礼》多有误读、误用，笔者希望通过本书的这部分内容，对相关问题给予澄清。

关于《周礼》对于档案史的重要性，《周礼》文档名词对于档案名词术语的重要性以及《周礼》文档名词在先秦时期的重要地位，我们可以用两个方面的数据加以具体说明。

1.先秦文献中所含文档名词数

据笔者统计（见表2-16），《周礼》中使用的文档名词总计约有75个，这个数量无疑是相当大的。这在先秦文献甚至是在所有古代文献中都是罕见的，它彰显了《周礼》重要的档案学意义。除《周礼》外，其他先秦文献中使用文档名词较多的有《管子》《春秋左传》《韩非子》《吕氏春秋》及甲骨文献等，出现文档名词数为5—18个不等，与《周礼》文档名词数相距甚远。

此外《周礼》文档名词中既含有单音节词，又有双音节词和多音节词。从词素构成来看，《周礼》也是文档名词最丰富的先秦文献。

表2-16　先秦部分重要典籍中出现的文档名词表

文献	名词	名词数
《周礼》	版、书、治、复、逆、会、要、成、总、贰、辟、质、剂、图、中、契、令、六典、八法、八则、八柄、八统、九赋、九式、九贡、九职、九两、九正、九事、九功、八成、判书、地傅、三典、五刑、比居、简稽、版图、傅别、书契、官契、礼命、质剂、要会、要贰、贰令、比要、地比、役要、礼籍、岁会、岁成、月要、月成、日成、事书、治成、治中、治要、治凡、治目、治数、约剂、官成、官契、官书、法令、政令、阴令、戒令、三兆之法、三易之法、三梦之法、五禁之法、贤能之书	75
《管子》	图、书、籍、典、契、宪命、五正、简册、典法、载书、书社、符籍、策籍、户籍、法令、政令、将令、军令	18
《春秋左传》	牒、典、契、刑书、丹书、载书、玺书、事典、训典、典册、典籍、五正、八索、政令、军令、阴令	16
《韩非子》	图、书、籍、法、牒、契、书策、书简、玉版、遗书、符契、法令、饬令、将令	14
《荀子》	宪、籍、书、契、宪命、文典、典刑、典制、图籍、契券、政令	11
《国语》	典、训典、典刑、书、玺书、文告、五正、八索、政令、军令	10
《墨子》	典、符、图、书、符节、信符、载书、法令、军令	9
《尚书》	书、册、典、图、刑书、祝册、册祝	7
《吕氏春秋》	图、书、法、典、书社、图法、法令、将令、功令	9
《逸周书》	典、训典、图、书、刑书、宪命、法令、政令	8
《慎子》	牒、符节、图书、檄书、书契、慎子、券契	7
甲骨文献	书、文、典、册、令	5

注：《韩非子·大体》篇中出现了"图书"一词，但由于该篇被认为是后人的增益作品，故未收录在内。

2.先秦文献中所含文档名词流传后世数

先秦文献典籍中所使用的文档名词，据笔者统计，有74个在后世朝代仍然被传承使用（因文献资料的缺失和收集等方面的缘故或导致统计数字存在偏差）。而在流传到后世的这些文档名词中，仅《周礼》一部文献著作就含有38个（见表2-17），这个数字同样体现了《周礼》文档名词在先秦时期的重要地位。

除《周礼》外的其他文献典籍，使用的流传到后世的文档名词最多也仅为10余个，且各文献之间流传到后世的文档名词多有重合。而《周礼》中流传到后世的文档名词近40个，这也是先秦时期其他文献典籍所不能比及的。

同时，单从各文献所含的文档名词数量看，《周礼》文档名词对后世的影响也是最具独特性的。这种独特性体现在：其他文献中的文档名词相互之间多有重合，很难具体分辨对后世文档名词的影响主要得益于哪部文献著作。而由于部分《周礼》文档名词的"专书特有"属性，其对后世文档名词的影响来源则十分清晰。我们对后世文档名词的检索可以直接追溯到其是否起源于《周礼》文档名词，这亦是《周礼》文档名词"起源"特征的体现。从表2-18可以明晰先秦时期主要典籍包含的、流传到后世的各族类文档名词的总体情况。其他典籍中的文档名词因重复的原因不在表2-18中全部列述，而列入表2-17的先秦文献流传后世的名词数较少。

表2-17　部分先秦文献所含文档名词流传后世数

文献	流传后世文档名词	数目
《周礼》	书、版、图、契、令、质、剂、礼籍、书契、八柄、六典、八法、八则、八统、九赋、九贡、九两、九职、三典、五刑、判书、质剂、岁会、要会、月要、月成、事书、治成、约剂、傅别、版图、官书、官契、礼命、法令、政令、戒令、贤能之书	38
《管子》	图、书、籍、典、契、宪命、五正、简册、典法、载书、符籍、策籍、户籍、书社、法令、政令、将令、军令	18
《春秋左传》	牒、典、契、刑书、丹书、载书、玺书、事典、训典、典籍、典册、五正、政令、军令	14

续表

文献	流传后世文档名词	数目
《韩非子》	图、书、籍、法、牒、契、书策、书简、玉版、遗书、符契、法令、饬令、将令	14
《荀子》	籍、书、契、宪命、文典、典刑、典制、图籍、契券、政令	10
《国语》	典、训典、典刑、书、玺书、文告、五正、政令、军令	9
《尚书》	书、册、典、图、刑书、祝册、册祝	7
《逸周书》	典、训典、图、书、刑书、宪命、法令、政令	8
《墨子》	典、图、书、符节、信符、载书、法令、军令	8
《吕氏春秋》	图、书、典、书社、图法、法令、将令	7
《慎子》	符节、檄书、书契、礼籍	4
甲骨文献	书、文、典、册、令	5
《穆天子传》	书、典、图、宪命	4
《论语》	版、图、文献	3
《诗经》	书、典、典刑	3
《庄子》	书、竿牍、典法	3
《孟子》	书、载书	2

　　《周礼》中使用的、流传到后世的文档名词，可分为两种：第一种为《周礼》中所含先秦时期通用的文档名词，包括书、版、图、令、礼籍、书契、法令、政令等文档名词；第二种为《周礼》独有的文档名词，包括八柄、六典、八法、八则、八统、九赋、九贡、九两、九职、三典、五刑、判书、质剂、质、剂、岁会、约剂、版图、官书、官契、礼命、贤能之书等20多个文档名词。在这些流传到后世的文档名词中，书、版、图、判书、版图、质剂等词在后世影响较大。

　　先秦其他文献中，《春秋左传》《管子》《韩非子》《尚书》《吕氏春秋》及相关甲骨文献等所含流传后世的名词也较多，但与《周礼》相比还是相差甚远。这一点上，《周礼》的重要性也是不言而喻的。

上文中探讨的这两个数据——先秦时期各文献所含文档名词数目、先秦时期各文献所含文档名词流传后世数——既有助于我们将《周礼》文档名词放在时代的背景下从整体上对其进行研究，又通过对比其他文献、名词数目等体现出《周礼》文档名词在整个先秦时期，甚至是在中国古代的重要地位。因此对《周礼》文档名词的研究是十分必要和重要的。

表2-18　先秦时期各族类文档名词流传后世总数

族类	文档名词	数目
书族	书、丹书、玺书、刑书、书社、载书、檄书、遗书、典书、券书、书简、书策、书契	13
典族	典、典法、典刑、训典、事典、典籍、典册、典制	8
册族	册、册祝、祝册、册文、册书	5
图族	图、图籍、地图、图法	4
籍族	策籍、户籍、法籍、礼籍	4
符族	符、符籍、符节、信符	4
文族	文、文献、文典	3
令族	令、法令、政令、将令、军令、饬令、戒令、禁令	8
《周礼》	书、版、图、契、令、质、剂、礼籍、书契、八柄、六典、八法、八则、八统、九赋、九贡、九两、九职、三典、五刑、判书、质剂、岁会、要会、月要、月成、事书、治成、约剂、傅别、版图、官书、官契、礼命、法令、政令、戒令、贤能之书	38
其他	玉版、牒、简策、宪命、诰誓、五正、竿牍	7

三、《周礼》文档名词的具体分析

《周礼》是中国先秦时期关于政治、经济等社会制度的一部重要的文献，在行政管理、经济管理、法律军事等方面都可称为典范。其中蕴含的文档名词数量众多，所属领域宽泛，且其中所使用的某些文档名词对后世文档名词具有深远的影响和重要的意义。

（一）《周礼》各篇的文档名词

前文已介绍过《周礼》的简要情况，在《周礼》的五官中，天官属于总揽政务的部门，所以其中出现的文档名词数量最多，达47个之多。且文档名词的使用次数也是最多的，达94次。而地、春、夏、秋官四篇，分管农业生产、经济管理、行政管理、军事事务、巫术占卜、法律事务等，分别形成一些本领域中的专属文档类名词。但地、春、夏、秋官这四篇的文档名词无论是在数量上，还是使用次数上，与天官篇相比都相差甚远。

地、春、夏、秋这四篇中的文档名词有一部分与天官篇有重合，如"版""治""逆""贰""诏""书契""六典""傅别"等，同时这四篇的文档名词也凸显了各自的特点，如地官篇的"比要""地比""役要""治成""贤能之书"等，春官篇的"事书""三兆之法""三易之法""三梦之法"等，秋官篇的"判书""三典""五刑""约剂""五禁之法"等。夏官篇虽没有自己独特的文档名词，但在使用上有自己的特点。总的来说，这五篇使用的文档名词既有各自的特点，又有部分相通之处。

如表2-19所示，天官篇中共有文档名词52个，共使用了113次；地官篇共有文档名词16个，共使用59次；春官篇共有文档名词17个，共使用33次；夏官篇共有文档名词11个，共使用了24次；秋官篇共有文档名词18个，共使用44次。通过对比可以发现，这五篇中以天官篇数量（名词数与总使用次数）最多；地官篇的文档名词单词使用频次最高，为3.69，彰显出其行政职能之突出。

通过对《周礼》中使用的文档名词进行筛选、统计等发现，在其使用的72个文档名词中，以"政令""禁令"两词的使用出现次数为最多，突出了《周礼》一书的行政管理的内涵。其后的是出现17次的"贰"、出现11次的"书"和出现9次的"图"等（见图2-4）。

表2-19　《周礼》各篇中的文档名词一览表

篇章	文档名词	使用次数	单词平均出现次数
天官篇	六典、八法、八则、八柄、八统、九赋、九式、九贡、九职、九两、九正、九事、九功、八成、比居、简稽、版图、傅别、书契、礼命、质剂、要会、要贰、贰令、岁会、岁成、月要、月成、日成、治要、治凡、治目、治数、官成、官契、官书、戒令、政令、禁令、法令、令、版、书、治、复、逆、会、要、成、总、贰、图（52个）	113	2.17
地官篇	禁令、政令、书契、质剂、要会、比要、地比、役要、治成、贤能之书、书、贰、辟、质、剂、图（16个）	59	3.69
春官篇	禁令、政令、六典、法令、事书、治中、约剂、三兆之法、三易之法、三梦之法、版、治、会、贰、质、剂、图（17个）	33	1.94
夏官篇	政令、禁令、简稽、书契、版、书、复、逆、要、贰、图（11个）	24	2.18
秋官篇	禁令、政令、八成、判书、地傅、三典、五刑、傅别、要会、礼籍、约剂、五禁之法、版、书、要、贰、图、中（18个）	44	2.44

注：上表中以宋体字书写的名词为五篇中的互通性名词，以楷体字书写的名词为对应篇章独有名词。

　　通过文档名词的使用次数可以明晰，除了占有绝对优势的"政令"与"禁令"外，《周礼》中使用次数第三至七位的文档名词依次是"贰""书""图""约剂"和"版"。其中使用次数最多的前三位都是单音节词，而这五位中仅有一个双音节词。这就说明即使是在《周礼》成书时期，即先秦晚期，单音节文档名词的使用依然占有重要的地位。这就引出了下文对《周礼》中单音节、双音节和多音节文档名词使用情况的探讨。

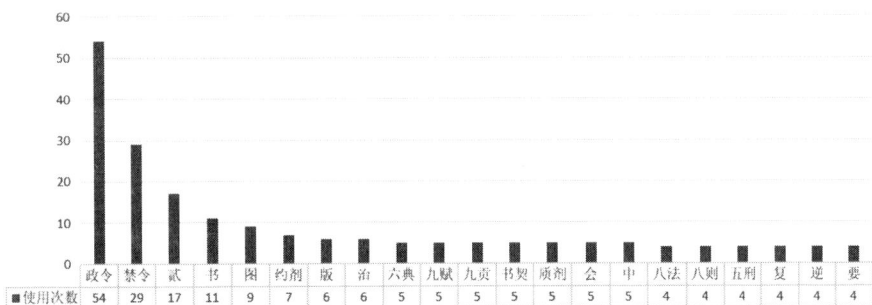

■使用次数	政令	禁令	贰	书	图	约剂	版	治	六典	九赋	九贡	书契	颁剂	会	中	八法	八则	五刑	复	逆	要
	54	29	17	11	9	7	6	6	5	5	5	5	5	5	4	4	4	4	4	4	4

图2-4　《周礼》使用量前21位文档名词树状图

（二）《周礼》中的单音节、双音节、多音节文档名词

1.单音节文档名词

《周礼》中的单音节文档名词为："版""书""治""复""逆""会""要""成""总""贰""辟""质""剂""图""中""令"。其中"书""版""图""令"在先秦时期得到了较广泛使用，"质""剂"也对后世产生深远影响。下面将从各个单音节词所属的实践领域对它们进行分类研究。

第一，经济类文档名词。

包括："成""要""会""总"4个名词。通俗来讲，"成"即为今日所说的会计每日账簿，"要"即为会计每月账簿，"总"即为会计总账，"会"即为会计账簿。而《周礼》中也有"日成""月要""岁会"等双音节文档名词，其含义与各单音节文档名词大体相似。它们均指代会计账簿，同属于经济领域文档名词的类别，且每个单音节词在经济领域范围内又具有不同的专门性指代。《周礼·天官·酒正》："酒正之出，日入其成，月入其要，小宰听之。岁终则会，唯王及后之饮酒不会。以酒式诛赏。"疏云："'日入其成'者，以下正酒府之成要，所谓官成也。……云'月入其要'者，贾疏云：'谓酒正得酒人日计文书，日计其月要，至月尽，以月计文书入于小宰。'……'岁终则会'者，此正酒府之岁会，亦官成也。"①又："职内掌邦之赋入，辨其财用之物而执其总。以贰官府都鄙之财入之数，以逆邦国之赋用。凡受财者，受其贰令而书之。"注曰："辨财用之物，处之，使种类相从。总谓簿书之种别与大凡。"②

第二，政事类文档名词。

包括"中""治""辟""复""逆""令"等。

中。在《周礼》中，"中"一词指代官府所有的案卷簿书，因此该词应是作为一个统称而使用。而诸如"官书""官成"等文档名词则具有了专门的指代含义，这与"中"一词的使用范畴是截然不同的。"中"一词明显具有更广泛的使用领域，并兼具概括性。《周礼·秋官·小司寇》："以三刺断庶民狱讼之中：一曰讯群臣，二曰讯群吏，三曰讯万民。"③江永云："凡官府簿书谓之中，故诸官言治中、受中，小司寇断庶民讼狱之中，皆谓簿书，犹今之案卷也。"④

治，在《周礼》中为官府的政绩文书。《周礼·天官·大宰》："岁终，则令百官府各正其治。受其会，听其致事，而诏王废置。三岁，则大计群吏之治，而诛赏之。"贾疏云："经云令百官府各正其治，谓正处其所治文书，大宰乃受其计会也。"⑤

年岁终了的时候，每个官府都要整理其各自的政绩文书。并且每三年周王都会根据这些政绩文书对官员的政绩进行赏罚。由此可知，"治"一词不仅仅是政绩文书，更是官员被赏罚的重要依据。

辟，在《周礼》中指"功作章程"（郑玄注），即今日所说的施工章程。由其含义可知它也是一种官方性质的文档名词。《周礼·地官·乡师》：乡师

---

① 孙诒让. 周礼正义 [M]. 北京：中华书局，1987：364.

② 孙诒让. 周礼正义 [M]. 北京：中华书局，1987：483—484.

③ 孙诒让. 周礼正义 [M]. 北京：中华书局，1987：2775-2776.

④ 孙诒让. 周礼正义 [M]. 北京：中华书局，1987：1566.

⑤ 孙诒让. 周礼正义 [M]. 北京：中华书局，1987：154-155.

之职，各掌其所治乡之教，而听其治。以国比之法，以时稽其夫家众寡，辨其老幼、贵贱、废疾、牛马之物，辨其可任者与其施舍者，掌其戒令纠禁，听其狱讼。大役，则帅民徒而至，治其政令；既役，则受州里之役要，以考司空之辟，以逆其役事。①

复、逆。在《周礼》中，复指诸侯的奏事文书，逆指民众的上奏文书。这两种文书均与官方有关，因此亦属于政事的类别，是具有政治性质的官方文档名词。《周礼·天官·宰夫》："宰夫之职，掌治朝之法，以正王及三公、六卿、大夫、群吏之位，掌其禁令。叙群吏之治，以待宾客之令，诸臣之复，万民之逆。"郑司农云："复，请也。逆，迎受王命者。宰夫主诸臣万民之复逆。"郑玄曰："复之言报也，反也。反报于王，谓于朝廷奏事。自下而上曰逆，逆谓上书。"②

第三，专指副本的文档名词。

贰。在《周礼》中除了表数字外还有文档副本的含义。"贰"一词并不专属于某一个领域，而是泛指所有文档的副本。因此将其划分为通用类文档名词是比较合理的。《周礼·天官·小宰》："小宰之职，掌建邦之宫刑。……掌邦之六典、八法、八则之贰……执邦之九贡、九赋、九式之贰，以均财节邦用。"郑司农云："贰，副也。"孙诒让曰："六典、八法、八则，大宰修立其书，彼为正本，小宰执其副本也。"③

《周礼·秋官·大司寇》：

> 以肺石达穷民，凡远近茕独老幼之欲有复于上而其长弗达者，立于肺石，三日，士听其辞，以告于上，而罪其长。正月之吉，始和布刑于邦国都鄙，乃县刑象之法于象魏，使万民观刑象，挟日而敛之。凡邦之大盟约，莅其盟书，而登之于天府，大史、内史、司会及六官皆受其贰而藏

①　孙诒让．周礼正义［M］．北京：中华书局，1987：819-820.
②　孙诒让．周礼正义［M］．北京：中华书局，1987：189.
③　孙诒让．周礼正义［M］．北京：中华书局，1987：157-159.

之。①

通过如上例子可以发现，"贰"一词既指九贡、九赋等各种法务文书的副本，又指盟约、盟书的副本，以及后文贤能之书的副本，等等。由此可见"贰"一词在《周礼》中具有广泛的通用性。

2.双音节文档名词

《周礼》文档名词对于后世的影响主要体现在双音节文档名词上（见表2-20）。无论从名词数量还是使用次数上看，《周礼》中的文档名词都处于"领头羊"的地位。一方面体现了文档名词发展沿革的趋势，另一方面也体现了双音节词已经在文档名词术语领域处于主导的地位。

关于《周礼》中双音节文档名词的相关研究，参见本书其他部分，在此不多作介绍。

3.多音节文档名词

《周礼》中共使用了5个多音节文档名词，从它们使用的领域看，它们应同属于政事类文档名词。虽然在具体的使用方向上略有差别，但都同属于《周礼》设置的官制掌管的官方文书档案。

贤能之书。《周礼》中的含义是推荐贤能的上书，亦属于政事领域的一种官方文书。《周礼·地官·乡大夫》："三年则大比，考其德行道艺，而兴贤者能者，乡老及乡大夫帅其吏与其众寡，以礼礼宾之。厥明，乡老及乡大夫、群吏献贤能之书于王，王再拜受之，登于天府，内史贰之。"疏云："'乡老及乡大夫群吏献贤能之书于王'者，论学士之秀者以告于王，而升名于司徒也。"②

与《周礼》中其他多音节词不同的是，"贤能之书"并非《周礼》专书特有的文档名词，该词在后世也得以流传，并产生了"家信、家书"这样新的含义。

---

① 孙诒让. 周礼正义［M］. 北京：中华书局，1987：2754—2756.

② 孙诒让. 周礼正义［M］. 北京：中华书局，1987：845-849.

三兆之法，三易之法，三梦之法。从这3个词的字面含义来看，这3个词均是指巫术占卜的几个方法。但在《周礼》中，这3个词亦指官方掌管的相关方面的文书典籍，因此其应同属于政事类的文书档案名词。《周礼·春官·大卜》：

> 大卜掌《三兆》之法，一曰《玉兆》，二曰《瓦兆》，三曰《原兆》。其经兆之体，皆百有二十，其颂皆千有二百。掌《三易》之法，一曰《连山》，二曰《归藏》，三曰《周易》。其经卦皆八，其别皆六十有四。掌《三梦》之法，一曰《致梦》，二曰《觭梦》，三曰《咸陟》。①

五禁之法。《周礼》中亦指记载5种禁法的官方文书。因此同上述文档名词一样，同属于政事领域文档名词的范畴。《周礼·秋官》：

> 士师之职，掌国之五禁之法，以左右刑罚，一曰宫禁，二曰官禁，三曰国禁，四曰野禁，五曰军禁，皆以木铎徇之于朝，书而县于门闾。②

表2-20　《周礼》单音节、双音节、多音节文档名词一览表

类别	文档名词及数量	总出现次数	单词平均出现次数
单音节词	版、书、治、复、逆、会、要、成、总、贰、辟、质、剂、图、中、令（16个）	81	5.06
双音节词	六典、八法、八则、八柄、八统、九赋、九式、九贡、九职、九两、九正、九事、九功、八成、判书、地傅、三典、五刑、比居、简稽、版图、傅别、书契、礼命、质剂、要会、要贰、贰令、比要、地比、役要、礼籍、岁会、岁成、月要、月成、日成、事书、治成、治中、治要、治凡、治目、治数、约剂、官成、官契、官书、政令、禁令、戒令、法令（52个）	187	3.60
多音节词	三兆之法、三易之法、三梦之法、五禁之法、贤能之书（5个）	5	1

---

① 孙诒让. 周礼正义［M］. 北京：中华书局，1987：1924—1933.

② 孙诒让. 周礼正义［M］. 北京：中华书局，1987：2782.

（三）《周礼》中的通用文档名词与专有文档名词

《周礼》中的文档名词，是否是先秦时期人们普遍使用的名词？它们只是《周礼》作者的创造还是社会普遍存在的事实？即它们是独有的还是普遍存在的？这些是中国档案史、中国文书史研究中必须解决的问题。

此前，中国学术界就十分重视《周礼》一书在政治史、档案史、文书史等领域中的重要价值。但此前学术界并没有解决好《周礼》史料的使用问题，目前主要分为两种情况：

第一种情况是具有明显的错误，即直接将《周礼》的记载作为西周或先秦的历史事实，这种情况相当普遍。如被高校普遍采用为教材的周雪恒教授主编的《中国档案事业史》（中国人民大学出版社，1994年版）的第三章《西周王朝的档案和档案工作》等，把《周礼》中的文档名词及其他档案工作方面的内容，作为西周的客观存在加以叙述。这是不科学的，其原因有二：第一，种种证据表明，《周礼》假托周公所作，不是西周的作品；第二，从笔者的研究看，《周礼》中加入了大量作者本人的理想化设计，并非西周抑或先秦的客观事实，其中有一些无法在其他文献或考古材料中找到旁证。这种错误是明显的，并且影响很大。

第二种情况是意识到了以上方面的问题，在叙述上有所规制。如笔者在诸多论著中皆将其称为"《周礼》所记载的内容"而不是将它们认定为西周或先秦的事实。还有一些学者也意识到这种问题，如闵庚尧先生曾言："周代的文书机构和职官设置，在《周礼》《礼记》等书中有着详细的记载。然而，《周礼》一书系战国时期儒家的著作。而《礼记》，则是西汉的作品，属于述古之作。两本书在内容的真实性方面都存在一些问题。当然也不完全是出于想象，既有史实，也含有儒家的理想。"①

当然，第二种情况中的解决方式也不是彻底解决问题的方法。要更好地发挥《周礼》的史料价值，最好的办法是分清它记载的内容哪些是先秦史实（如

---

①　闵庚尧. 中国古代公文简史 [M]．北京：档案出版社，1988：14-15.

能更具体地分清西周还是春秋战国），哪些是作者的设计或理想。笔者采取的基本方法是寻找旁证。即如有其他文献或考古材料作为旁证，则可将该内容作为历史事实对待；若目前尚无法找到较可靠旁证，则暂将其划入作者设计的内容。笔者此前已初步完成此项工作。①

　　按照以上有无旁证的方法，笔者将《周礼》中的文档名词分为通用名词和专有名词两个类别。通用名词是指该文档名词不仅仅在《周礼》一书中出现，同时期也在其他文献中被使用；专有文档名词是指该类名词仅在《周礼》一书中使用，而在先秦其他文献中未见。经过检索统计，《周礼》中的通用文档名词仅有10个，而专有文档名词多达64个（见表2-21）。这个数字说明了《周礼》中大量使用了非通用性的文档名词，即作者自行创制的本书特有文档名词，这也从一个特殊角度说明了《周礼》中文档名词的特殊价值。对《周礼》特有的文档名词进行研究，才能使中国古代档案名词术语的研究得以全面、深入。

表2-21　《周礼》文档名词使用范畴一览表

使用范畴		名词一览
通用文档名词		书、版、图、令、礼籍、书契、政令、禁令、法令、戒令
专有文档名词	在后世仍被使用的名词	六典、八法、八则、八柄、八统、九赋、九贡、九两、九职、判书、三典、五刑、版图、礼命、质剂、质、剂、岁会、约剂、官书、官契、贤能之书
	仅在《周礼》（包括对其原文的引用）及相关注疏著作中使用的名词	治、复、逆、会、要、成、中、总、贰、辟、九式、九正、九事、九功、八成、地傅、比居、简稽、傅别、要会、要贰、贰令、比要、地比、役要、岁成、月要、官成、月成、日成、事书、治要、治凡、治目、治成、治中、治数、阴令、三兆之法、三易之法、三梦之法、五禁之法

---

① 丁牧羊，王鹤淇．《周礼》文档名词再研究［J］．档案学通讯，2015（6）：32-39.

1.《周礼》通用文档名词

所谓《周礼》通用文档名词，是指该文档名词不仅在《周礼》这部著作中被使用，也在先秦的其他文献中被使用，在先秦具有一定的应用上的广泛性。事实上，《周礼》中使用的大多数文档名词我们没有在先秦典籍中找到旁证，只有"书""版""图""令""礼籍""书契""政令""禁令""法令""戒令"10个名词在多部先秦典籍中出现（见表2-22），它们可以基本被确认为先秦时期的通用文档名词。而除这10个名词以外的其他文档名词则尚未在先秦典籍中找到旁证，所以暂将它们划分为《周礼》专有文档名词。但由于先秦文献的复杂性，这种划分尚难达到绝对的准确性。如"戒令"一词除《周礼》外，还在《国语》和《老子河上公章句》两部文献中出现过，但这两部文献的成书年代皆不能确认为先秦作品，因此"戒令"一词的旁证并不充分，但考虑到先秦"令""政令""禁令"等词的情况，"戒令"一词作为先秦通用性词汇的可能性较大。此外，目前被划为《周礼》专有文档名词的64个名词，如果将来我们找到新的旁证，划分就会有所变化，但从各方面情况分析，总体上这种划分不会有太大误差。

通用文档名词的特点是单音节词的比重较大，使用量较大。而且，它们多数不但在先秦时期具有通用性，即使到今天仍然是常用词，如"书、版、图、令、书契、政令、禁令、法令"等。其中的单音节词，作为主要词素，在后世组成了更多的双音节词、多音节词，具有了更广泛的内涵，如由"图"一词衍生的"图书""图籍""图文"等；由"书"一词衍生出的"书诏""书牍""文书""图书""书籍"等；由"版"一词衍生的"玉版""版图"等。其中部分新组合名词在今天仍具有文档的意义，如"文书"等。在这些通用文档名词中，"令""书"等词的通用性最强，对后世的影响也较大。

表2-22 《周礼》中部分通用文档名词出现在先秦文献中的情况统计表

名词	出现的文献
书	甲骨文献、《尚书》《诗经》《仪礼》《周礼》《国语》《逸周书》《吕氏春秋》《墨子》《管子》《韩非子》《商君书》《文子》《荀子》《晏子春秋》《六韬》《孙膑兵法》《黄帝内经素问》《穆天子传》《燕丹子》《周易》《鹖子》《灵枢经》
图	《论语》《尚书》《周礼》《墨子》《管子》《韩非子》《穆天子传》《周易》《周礼》
版	《论语》《周礼》
书契	《周礼》《鹖子》《慎子》《子夏易传》《古三坟》
礼籍	《周礼》《子华子》《慎子》《礼记》
令	《黄帝内经素问》《尚书》《周礼》《竹书记年》《素女经》《礼记》《鹖子》《灵枢经》《六韬》《吕氏春秋》《尔雅》《逸周书》《山海经》《申子》《韩非子》《荀子》《庄子》《国语》《晏子春秋》《墨子》《尹文子》《孟子》《商君书》《孙膑兵法》《吴子》《尉缭子》《孙子》《文子》《管子》《老子》《春秋公羊传》《论语》《子夏易传》《春秋左传》
政令	《黄帝内经素问》《周礼》《鹖子》《逸周书》《荀子》《国语》《墨子》《管子》《春秋左传》
法令	《黄帝内经素问》《周礼》《礼记》《灵枢经》《六韬》《吕氏春秋》《礼记》《韩非子》《逸周书》《甘石星经》《鹖冠子》《荀子》《墨子》《商君书》《穆天子传》《吴子》
禁令	《周礼》《尸子》《韩非子》《荀子》《尹文子》《商君书》《吴子》《管子》
戒令	《周礼》《国语》《老子河上公章句》（西汉时期的道家学术著作）

2.《周礼》专有文档名词

专有文档名词即是指该文档名词仅在《周礼》一书中作为文档名词使用的名词，而在先秦时期的其他文献中未曾作为文档名词出现。除《周礼》中使用的上述10个通用名词外，《周礼》中的专有文档名词才是《周礼》文档名词的主要组成部分，总数达60多个。这与《周礼》的性质——并非纪实作品而是作者创作出来的作品——有关，也与先秦为词汇创制高峰期有关，我们今天的作品不可能创制如此之多的新词。需要特殊说明的是，这种"专有"是指同时期的"专有"，而不包含后世各朝代的延续使用。这种延续使用应属于"专有"名词的通用化过程，即得到了后世的认可与传承，这一问题将在接下来的部分详述。

作为《周礼》文档名词的两个重要组成部分，通用与专有文档名词均具有其独特的特点。虽然在使用传承上具有本质的区别，但它们从整体上反映了《周礼》文档名词在使用上的独特方式，从不同的方面丰富了《周礼》文档名词的内容。

四、《周礼》文档名词对后世的影响

《周礼》文档名词对后世的影响主要包括《周礼》通用文档名词的后世延续使用和《周礼》专有文档名词后世的通用化、《周礼》专有文档名词的词义消失而衍生出新的名词词义以及《周礼》专有文档词语的词语整体性消失等。

此外，需要说明的是：虽然《周礼》中有一部分文档名词是《周礼》专书特有的文档名词，并没有在同时期及后世的其他著作文献中出现，但它们却引起了后世对其的相关研究，这实际上也是另一种角度的影响。

关于《周礼》中使用的文档名词对后世的影响，本书将以通用文档名词和专有文档名词两个部分展开讨论，共包括四个方面：《周礼》通用文档名词的延续使用，《周礼》部分专有文档名词在后世的通用化，《周礼》部分专有文档名词文档词义消失（含衍生出非"文档"的新含义）；《周礼》部分专有文档名词词语消失。

（一）《周礼》通用文档名词的延续使用

《周礼》中的通用文档名词包括"书、版、图、令、誓、盟、礼籍、书契、政令、禁令、法令、戒令"共12个名词。这类名词对后世的影响主要体现在它们在后世得以延续使用。当然，由于这些名词在先秦其他文献中也出现过，所以它们得以流传的功劳不能都记在《周礼》身上。

除5个"令族"文档名词外，在《周礼》的其他7个通用文档名词中，"书""版""图"三个单音节词对后世影响较大，它们和由它们组成的一些双音节词、多音节词（如书籍、图书、版图等）成为现代汉语中的常用词，其含义也得到了很大的扩展。它也从一个侧面说明了先秦档案文化对后世的重要影响。但我们还需注意这样一个事实：根据笔者的检阅，这3个名词作为文档名词，主要在先秦时期使用，秦汉、三国时期仍然有一定的使用频率，它们在先秦、秦汉、三国时期作为文档名词的平均使用频次分别为书（1.599）、版（0.059）、图（0.901）。其后作为文档名词来使用则较为稀少了。

三个单音节词中我们以"书"一词为例。"书"是先秦对后世影响较大的文档名词之一。除作为单音节词使用外，当时还组成了"书契""图书""官书""贤能之书"等双音节词、多音节词。《说文》序云："著于竹帛谓之书。"[①] "书"泛指一切文字及其他符号作品。在先秦，它主要有文书、图籍、册籍等意，是一种文档名词，今日之著作类图书的含义还很少。

"书"在先秦时期使用范围极广，作为文档名词在甲骨文献、《周礼》等23种文献中出现过。同时，它对后世的影响也极大，"书""书籍""图书""文书"等都属于当今中国社会中最常见的名词。但从先秦以后，作为单音节词其含义中文档的意义就越来越少了。而由它组成的一些双音节词（如"文书"）仍保留了文档含义，也表明了它早期作为文档名词的长期影响。

《周礼》通用文档中的"令族"名词——"政令""禁令"等——对后世的影响也比较大，应用频率很高。

《周礼》通用文档名词中的两个双音节词——"书契""礼籍"对后世的影响相对较小，但亦有所差异。其词义也有所变化，在后世作为文档名词的使用也相对少些。"书契"一词在先秦、秦汉、两晋、隋唐五代、宋、元、明、清等时期都有所使用，平均使用频次为0.23。"礼籍"出现的朝代相对少

---

① 许慎，段玉裁. 说文解字注［M］. 上海：上海古籍出版社，1981：754.

些（先秦、南北朝、唐、宋、明、清），作为文档名词使用的频次很低，仅为0.012。

"书契"，既指契约之类的文书凭证，又指文字符号，是各种书面文献的泛称。

（二）《周礼》专有文档名词对后世的影响

需要说明的是，上述通用性文档名词并不是《周礼》中独有的，所以其对后世的影响也不是《周礼》一种文献的功劳。后世对于该类文档名词的传承使用并不能追溯到具体的文献著作上。例如上文所述之"书契"，后世的使用很难追溯其是否直接受《周礼》的影响。因此，下面所述的《周礼》专有名词，更能说明《周礼》文档名词对后世文档名词发展演变的影响。

1.《周礼》部分专有文档名词在后世的通用化

《周礼》中60多个专有名词中，有一部分被后世所使用，它们包括"八柄、六典、八法、八则、八统、九赋、九贡、九两、九职、三典、五刑、判书、质剂、质、剂、岁会、约剂、版图、官书、官契、礼命、贤能之书"，总计共22个名词。这22个文档名词的传承是《周礼》专有文档名词对后世影响的主要体现。

在上述22个《周礼》专有文档名词中，"版图"一词在后世的使用范围极广。"版图"在《周礼》中意为户籍和地域图册档案，此种用法在古代被传承了下来。但"版图"一词的词义在后世有所变化和扩展，除户籍和地域图册档案之义外，其主要含义转变为专指一国的疆域，并延续到现代，是《周礼》"版图"一词的发展。

以"官书"一词为例。"官书"一词在《周礼》中指官府的文书。《周礼·天官·宰夫》：

> 掌百官府之征令，辨其八职：一曰正，掌官法以治要；二曰师，掌官成以治凡；三曰司，掌官法以治目；四曰旅，掌官常以治数；五曰府，掌官契以治藏；六曰史，掌官书以赞治；七曰胥，掌官叙以治叙；八曰徒，

掌官令以征令。①

《宋史·欧阳修传》："修幼失父，母尝谓曰：'汝父为吏，常夜烛治官书，屡废而叹。……'"②在唐代的文献中，"官书"一词发展出"官府收藏、编撰或刊行的书籍"的含义，如《隋书》卷三十二曰："《古文官书》一卷（后汉议郎卫敬仲撰）"。③

"质剂"是《周礼》中记载的商业文档名词，是古代贸易券契"质"和"剂"的并称。《周礼·天官·小宰》载："…七曰听卖买以质剂"，"郑司农云：…质剂，谓两书一札，同而别之，长曰质，短曰剂。傅别、质剂，皆今之券书也，事异异其名耳。"④而保留了文档之意的"质剂"一词也在后世的朝代得到了延续使用，如（晋）左思《魏都赋》载："质剂平而交易，刀布贸而无算。财以工化，贿以商通。难得之货，此则弗容。"宋）⑤岳珂在《桯史》中写道："洋与岭俱隐然有锄治故迹，耕者或谓得骨于故处。考之业主之质剂，则地名皆信然，殊不可晓。清台考验，近世罕有精者。"⑥（清）梁启超《生计学学说沿革小史》："银行质剂之制度兴起，且偏及于诸地也。"⑦由此可见，"质剂"在后世的朝代中得到了比较普遍的使用，是《周礼》专有文档名词后世通用化的典型代表。

而在前文列举的"贤能之书"一词亦属于这个类别，在此不再重复论述。

从上述的专有文档名词的例子中可以发现，该类后世通用的文档名词均起源于《周礼》，然而这类名词在后世的使用频次皆较低，且并未在某个朝代呈现出大规模使用的情况。但该类文档名词却是《周礼》文档名词对后世文档名词深远影响的具体体现，是对《周礼》文档名词进行深入研究的集中诉求，在

①　孙诒让. 周礼正义［M］. 北京：中华书局，1987：192-193.

②　欧阳修. 欧阳修集：第4卷［M］. 哈尔滨：黑龙江人民出版社，2005：1836.

③　魏征，令狐德棻. 隋书［M］. 北京：中华书局，1973：945.

④　孙诒让. 周礼正义［M］. 北京：中华书局，1987：167.

⑤　王海燕，尚晓阳. 历代赋选［M］. 海口：南海出版公司，2007：239.

⑥　岳珂. 桯史［M］. 西安：三秦出版社，2004：43.

⑦　梁启超. 饮冰室合集［M］. 北京：中华书局，1989：1046.

文书史、档案史领域中具有重要地位。表2-23为《周礼》专有文档名词在后世的使用情况。

表2-23　《周礼》专有文档名词后世使用情况统计表

名词	使用时代	频次
质剂（质、剂）	先秦、两晋、唐、宋、元、明、清	0.043
版图	先秦、两晋、唐、宋、元、明、清	0.030
八则	先秦、南北朝、唐、宋、明	0.022
贤能之书	先秦、南北朝、唐、宋、元、明、清	0.022
约剂	先秦、唐、宋、元、明、清	0.018
九贡	先秦、唐、五代十国、清	0.018
岁会	先秦、唐、宋、元、明、清	0.017
六典	先秦、唐、清	0.011
九职	先秦、汉、两晋、唐	0.010
八法	先秦、南北朝、唐、宋、清	0.009
九赋	先秦、南北朝、唐、宋、元、明	0.008
礼命	先秦、南北朝、唐、宋、清	0.006
八统	先秦、南北朝、唐、宋、明、清	0.006
三典	先秦、汉、南北朝、唐、宋、明	0.005
五刑	先秦、汉、明、清	0.005
官书	先秦、唐、宋、元、明、清	0.004
八柄	先秦、两晋、南北朝、唐、宋、元、明、清	0.004
判书	先秦、南北朝、唐、宋、元	0.004
九两	先秦、隋、清	0.003
官契	先秦、唐、宋、元、明、清	0.003

2.《周礼》部分专有文档名词文档词义的消失

文档词义的消失包括以下两个方面：一是指仅在《周礼》中作为文档名词的含义使用，而在其他文献中不含有此含义；二是指《周礼》中该类文档名词在历史的进程中失去了表"文档含义"的功能，形成了新的词义，即衍生出了新的含义。

第一方面主要是指单音节文档名词，它们在产生的初期就具备不同的含义，而仅在《周礼》中才具备了文档名词的属性，除此以外它们的文档词性便消失了；第二方面主要是指双音节文档名词，它们由《周礼》创造且产生时仅在《周礼》中作为文档名词使用，之后它们作为"非文档名词"被沿用了下来，形成了其他新的词义。

（1）仅在《周礼》中作为文档名词使用的单音节名词

该类名词的特点是其并非由《周礼》创造产生，它们在其他文献中也广泛使用，但仅在《周礼》中具备了"文档"的含义。具体包括"治、复、逆、会、要、成、中、总、贰、辟"共10个单音节文档名词，它们在《周礼》中的文档含义前文已做叙述，在此不再赘述。

仅以"贰"一词为例，因"贰"一词的使用次数是《周礼》文档名词中较多的，具有代表性。

"贰"一词同时具备名词和动词的属性，表名词含义时主要是指数量词"二、两个"。《礼记》载：

> 天子七日而殡，七月而葬。诸侯五日而殡，五月而葬。大夫、士、庶人三日而殡，三月而葬。三年之丧，自天子达。庶人县封，葬不为雨止，不封不树。丧不贰事，自天子达于庶人。丧从死者，祭从生者。支子不祭。①

"贰"表动词时则主要是"一分为二，背离、变节"的含义。《国语》载：

> 骊姬生奚齐，其娣生卓子……里克曰："夫史苏之言将及矣！其若之何？"荀息曰："吾闻事君者，竭力以役事，不闻违命。君立臣从，何贰之有？"丕郑曰："吾闻事君者，从其义，不阿其惑……若之何其民之与

---

① 胡平生，陈美兰. 礼记；孝经［M］. 北京：中华书局，2007：86.

处而弃之也？必立太子。"①

可以看出该词在以上文献中不具备文档名词的含义，而在《周礼》中它被赋予了这种词义。《周礼·天官·小宰》载："小宰之职，掌建邦之宫刑，以治王宫之政令，凡宫之纠禁。掌邦之六典、八法、八则之贰，以逆邦国、都鄙、官府之治。执邦之九贡、九赋、九式之贰，以均财节邦用。"郑司农云："贰，副也。"孙诒让案："六典、八法、八则，大宰修立其书，彼为正本，小宰执其副本也。"②

由此"贰"一词在《周礼》中主要指各种文档的副本，是应用比较频繁的文档名词。而在先秦及后世的其他著作文献中却未见此词义，故此将其称为"文档词义消失"的名词。

（2）《周礼》中专有文档名词后世衍生新义

这类词也是由《周礼》创造产生的，它们未在先秦时期其他文献典籍中出现过，并在后世也失去了文档含义。但该词在后世以衍生新含义的形式存在着。该类词主要是双音节文档名词，如表2-25所示。

其中有些词（如"中""治中"等），被档案学界的某些学者作为重要的先秦通用文档名词对待，甚至作为"档案"一词的源头。应该说，这是一种误解，它们虽然在《周礼》中具有文档词义，作为文档名词使用，但后世却与此无关，而且它们是作为《周礼》专有名词出现的，谈不上是先秦通用文档名词。

"中""治中"在《周礼》原文中多处出现，是《周礼》中比较重要的文档名词。如《周礼·春官·天府》："凡官府乡州及都鄙之治中，受而藏之，以诏王察群吏之治。"郑司农曰："治中，谓其治职簿书之要。"孙诒让引江永曰："凡官府簿书谓之中，故诸官言治中、受中，小司寇断庶民讼狱之中，皆谓簿书，犹今之案卷也。"③

---

① 王宏，赵峥英. 国语［M］. 长沙：湖南人民出版社，2012：90.

② 孙诒让. 周礼正义［M］. 北京：中华书局，1987：157-159.

③ 孙诒让. 周礼正义［M］. 北京：中华书局，1987：1566.

《周礼》中"中"一词是指官府的案卷簿书，作为官方文书的统称而使用。但作为文档名词，"中"和"治中"在后世并未得以推广、沿用。尤其是在汉代以后，"治中"一词的含义由《周礼》中表"文档"之义的文档名词演变成为官职名（全称"治中从事史"，亦称"治中从事"，为州刺史的高级佐官之一，主众曹文书。该官职名主要在汉代、三国等时期使用）。而其本身不再具备文档之义。

各代治中所掌的职能并不完全相同。在隋朝时期成为郡的佐官改"治中"为"司马"。而唐朝初期仍称"治中"，高宗时再改为"司马"。元大都路都总管府及明清京府（如顺天府、应天府）设置"治中"，"治中"品等为正五品。作为处理各项庶务的中级官员，上受各府尚书指使任事，与通判共同参理府事。而在清朝灭亡后，该官职彻底废除。

除了"中""治中"外，受篇幅所限，难以对《周礼》中的此类名词一一列述。在此再选取有代表性的名词加以阐述，以"要会""比居"二词为例。

《周礼·天官·小宰》载："以官府之八成经邦治：……七曰听卖买以质剂，八曰听出入以要会。"郑司农云："要会，谓计最之簿书，月计曰要，岁计曰会。"孙诒让案："一月之计少，举其凡要而已，故谓之要。一岁之计多，则总聚考校，故谓之会也。"[1]

在《周礼》中"要会"有会计簿书的含义，而其后"要会"一词文档含义消失，衍生出了"主旨、要旨"的新名词含义。如唐代张九龄《敕岁初处分》载："盖不体仁无以为长，不知道无以用心。故道者众妙之门，而心者万事之统。得其要会，义可以兼济于人；失其指归，生不能自全于己。"[2]"要会"在此处实为要领、要点之意，而不再是表"会计簿书"的文档名词含义。

此外"要会"又有"通都要道"的含义，如《资治通鉴》载：

　　夫事成于果决而败于犹豫，安有上将与叛卒入贼城，而他日得保无恙

---

① 孙诒让. 周礼正义 [M]. 北京：中华书局，1987：167—174.

② 张九龄. 曲江集 [M]. 广州：广东人民出版社，1986：393-394.

乎！大梁，天下之要会也，愿假三百骑先往取之；若幸而得之，公宜引大军亟进，如此始可自全。①

清代毕沅《续资治通鉴·宋神宗熙宁十年》载：

近废荆门军为长林县，屯兵减少，不足以控制要会。闻自废军以来，盐酒课息每岁亏数，过于所存役钱。乞复建军。②

在这两处"要会"均为防护要地的含义，是"通都要道"含义的最直接应用，是其另作他义的典型体现。

再以"比居"一词为例。《周礼·天官·小宰》载："听政役以比居。"郑司农云："政谓军政也。役谓发兵起徒役也。比居谓伍籍也。比地为伍，因内政寄军令，以伍籍发军起役者，平而无遗脱也。"③

"比居"在《周礼》中指登记人口的簿籍，具有明确的文档含义。而除此之外不再有文档含义的"比居"一词的应用，以"邻居"的词义普遍出现。如晋代陈寿《三国志》载：

士卢显为人所杀，质曰："此士无仇而有少妻，所以死乎！"悉见其比居年少，书吏李若见问而色动，遂穷诘情状。若即自首，罪人斯得。每军功赏赐，皆散之于众，无入家者。④

唐代释道世《法苑珠林》载：

佛告王曰：往昔有贾客三人，到他国内兴生，寄住孤独老母舍。应与雇舍直，见老母孤独，欺不欲与。伺老母不在，默去不与。母归不见客，即问比居。皆云已去。⑤

总之，在先秦以后的典籍文献中，"比居"一词均以"邻居"的含义出现，在《周礼》中的"文档"含义消失不见了。

① 司马光. 资治通鉴：图文珍藏本 [M]. 长沙：岳麓书社，2011：4133.

② 毕沅. 续资治通鉴 [M]. 北京：北京燕山出版社，2008：1832.

③ 孙诒让. 周礼正义 [M]. 北京：中华书局，1987：167.

④ 陈寿. 三国志 [M]. 北京：中华书局，1959：742.

⑤ 释道世. 法苑珠林校注 [M]. 北京：中华书局，2003：1712.

通过对上述几个名词的举例研究中可以得出结论：《周礼》中该类文档名词的使用既丰富了中国古代文档名词术语的多样性，又创造出一些新的名词含义。这些名词在后世的多个朝代中被传承了下来，虽然其词义发生变化，但从名词的整体性讲，《周礼》显然具备名词"源头"的重要意义。

3.《周礼》部分专有文档名词的词语消失

除以上移作他义的《周礼》专有文档词外，《周礼》中还有一种词语消失的专有文档名词，即该类名词仅在《周礼》一部著作或引用《周礼》内容及相关注疏著作中出现过，后世不再使用或仅作为《周礼》研究介绍时引用。如表2-24所示。

表2-24　词义消失与词语消失文档名词一览表

词义消失的文档名词	治、复、逆、会、要、成、中、总、贰、辟、八成、九功、比居、地傅、简稽、要会、贰令、地比、治要、治中、治数、官成
词语消失的文档名词	九式、九正、九事、傅别、要贰、役要、岁成、月要、月成、日成、事书、治凡、治目、治成、三兆之法、三易之法、三梦之法、五禁之法

区别于词义消失的文档名词，本书将其统称为"词语消失的文档名词"。该类《周礼》文档名词对后世的影响可以简单地概括为：对《周礼》原文的引用介绍。即以原文再现的形式为后人所使用。

《周礼》中该类文档名词共有18个：其中双音节文档名词14个，多音节文档名词共4个。而单音节文档名词却不在这类名词之列。由此可见，单音节词具备更强的传承性。（见表2-24所示）

以"事书"为例，《周礼·春官》载："凡四方之事书，内史读之。"贾疏云："诸侯凡事有书奏白于王，内史读示王。"[①]"事书"在《周礼》中指古代诸侯给天子的奏事之书，是一种官方的正式文书。它具备明显的文档名词含义。

---

① 孙诒让. 周礼正义［M］. 北京：中华书局，1987：2132.

　　然"事书"仅在《周礼》一书中作为文档名词而使用，对后世文献的检索发现："事书"一词的出现多为对《周礼》原文的转引，而并非将其作为文档名词传承使用。如其多在《周官新义》《周礼注疏》《大学衍义补》等文献中出现，并且出现形式比较单一，均为对《周礼》原文的转引或注疏。故此，将"事书"一词划分为《周礼》中出现而后世并未推广使用的专有文档名词。

　　再以"傅别"一词为例，《周礼·天官·小宰》载："以官府之八成经邦治：一曰听政役以比居；二曰听师田以简稽；三曰听闾里以版图；四曰听称责以傅别。"注曰："傅别、质剂，皆今之券书也。"①

　　"傅别"为表"券书"之意的文档名词，而对该词进行研究发现，该词除《周礼》外，仅在《大学衍义补》《周官新义》《周礼正义》等文献中出现过，但这些出现仅仅是对《周礼》作注过程中的引用，而不是将其传承使用。除此之外，该类《周礼》中专有的文档名词就未在其他著作文献中出现过。因此，从本质上讲，"事书""傅别"等这部分文档名词实际上是"消失"了的，其不同于上文中名词"文档词义"的消失，而是名词的整体性消失。

　　虽然该类《周礼》文档名词对后世的影响较小，并在后世以名词的整体性消失为特征。但它们毕竟真实地在档案史中呈现过，它们的存在，丰富了中国古代文档名词术语的种类和数量，并且也引起了后世档案史学家、语言学家以及相关学者对它们的关注，这也从另一个角度说明了其对后世的影响。因此，该类《周礼》文档名词在今天同样具有重要的学术价值。对该类文档名词进行研究也同样有助于提升《周礼》文档名词整体研究的完整性。

　　总之，《周礼》作为历代档案史学家和政治学家研究档案史、政治史等的重要文献，其科研价值是毋庸置疑的。此前虽已有包括笔者在内的相关学者对《周礼》文档名词进行了一些研究工作，但还不够完整与深入，特别是关于《周礼》中通用与专有名词，单音节词、双音节词与多音节词，后世流传与未流传文档名词等具体问题未予厘清。而在本书中这些问题终于得以厘清，其学

---

① 孙诒让. 周礼正义 [M]. 北京：中华书局，1987：167.

术意义是重大的。

本章小结

总体来讲，先秦时期的文档名词最突出的时代特点为：起源性和多元性。在这个中华文化起源的早期阶段，人们纷纷为实践活动中的相关事物命名，从而产生了数目众多、形式丰富的各种名词，包括文档名词。这些名词术语是人类实践活动的珍贵产物，亦是语言学、档案学乃至整个人类社会文明的瑰宝，并对后世的朝代产生了深远的影响。

先秦时期经历了中国文化起源的甲骨时代、青铜时代以及简牍时代的前期，它们也是古汉语文档名词起源、发生、发展的时期，它们是中国文档名词的滥觞期，而在其后的秦汉简牍文化时期，中国文档名词体系完成了它的奠基。

中国古汉语词汇起源于单音节词。所以，先秦是中国汉语言历史上文档名词单音节词占重要地位的时代。其中，甲骨、金文时代是以单音节词为主的时代。但与一般语言体系不同的是，作为一种专业语言，文档名词的复音化来得较早，到先秦晚期，复音词占主导地位的趋势已经形成。

先秦时期，文档名词的主要族类都已经产生，"文族""书族""牍族""簿族""籍族""册族""典族""图族""令族"等在先秦处于滥觞期。其中，书、典、图、册、令等族类发育较成熟。主要文档名词族类中仅有"案族"在先秦尚未出现。

在中国文书史、档案史、政治史等领域中，《周礼》都是一部非常重要的文献，它在先秦文档名词研究上，亦具有重要地位。本书对《周礼》文档名词进行了系统梳理与介绍，特别是区分了《周礼》中通用文档名词与专有文档名词的区别，这是中国文书史、档案史中关于《周礼》研究的重要突破。

第三章　秦汉：奠基时期的文档名词

秦汉（前221年—220年）是中国古代秦、汉（西汉、东汉）两大王朝的合称，一般还包括两汉之间王莽建立的新朝。公元前221年秦灭六国，建立了中国历史上第一个真正意义上的统一王朝。秦历二世而亡，在短暂的分裂之后，刘邦建立了汉朝。秦汉是中国历史上第一个大一统时期。这一时期也是统一多民族国家的奠基时期，稳定的大一统秩序，促成了文化的趋同与统一，并反映到中国文档名词发展上。大量新的重要的文档名词产生，双音节词的数量明显超过了单音节词的数量，古汉语文档名词体系的框架基本形成，文档名词的大厦由此奠基。

第一节　秦汉文档名词发生、发展的历史背景

先秦时期创造的物质文明与精神文明的丰硕成果，为秦汉时期的文化大发展提供了坚实稳固的上升阶梯。文字的统一，教育的发展，民族交流的增多，外来文明的传入等，都促进了秦汉文化的发展和文档名词的进步。

一、秦汉政治与文档名词

在中国古代，特别是古代早期，社会政治制度与档案、档案工作的关系最为密切，对文档名词的影响也是最大、最直接的。

秦汉确立和发展了专制主义中央集权体制。在中央，以皇权为核心建立了三公九卿制，组建了集行政、司法、军事、财政和监察于一体的庞大的中央政府。在人才选拔、任用方面，实行征辟、察举与回避制度。在监察方面，建立完善了由中央直接控制的、由御史大夫、刺史、督邮和县令廷掾组成的垂直管理的监察体系，以及经常性监察与定期巡视相结合的监察制度。

在地方上，秦汉实行郡县制，集行政、司法、军事、财政为一体，并在基层实行乡里制度和户籍按比制度，奠定了中国封建社会地方行政机构的基本模式和原则。

总之，秦汉的政治制度是以皇权为中心的官僚制度，是专制主义的中央集权制度。皇帝专权制度，太子、后宫制度，外戚、宦官制度，中央集权与诸侯王分封制度，多审级的司法管理制度，中央集权的军事制度和财政管理制度，以及人事管理方面的赐爵、考课、秩俸、朝位、印绶、符节、车舆、冠服等这一系列政治制度无一不是为了加强中央集权，其不仅增强了封建中央集权统治，而且对加强秦汉时期的政府机关工作和文书档案工作以及对后来我国封建社会文书档案工作的发展都产生了直接的影响。

秦汉时期封建政治的发展为对政治领域中文档名词的发展提供了坚实的社会基础，促进了行政文书、档案名词的发展。如"诏书"一词，就是产生于秦汉时期，其含义是皇帝布告天下臣民的文书。秦始皇统一六国，建立大一统的君主专制国家，自诩"德兼三皇，功高五帝"，于是自称皇帝，曰朕。改"命"为"制"，改"令"为"诏"，从此"诏书"便成为皇帝布专用文书的名称。"诏书"在秦汉时期使用频率较高，如《史记》载："魏其乃使昆弟子上书言之，幸得复召见。书奏上，而案尚书大行无遗诏。诏书独藏魏其家，家丞封。"①

二、秦汉文化与文档名词

（一）秦汉史学与文档名词

秦汉时期特别是两汉时期是汉文化的形成期。其中，对文档名词的形成与应用影响较大的是史学的发展。

秦汉时期是中国古代史学的重要发展期。秦统一中国建立起我国历史上第一个统一的封建制国家后，继承了前代的史官制度。秦代史官撰写的《秦记》可能起于秦哀公，终于秦二世，记述秦国始立于诸侯国至秦代灭亡600年的历史。云梦秦简中有一篇《编年记》是按年代编写的极其简略的大事记，起于秦昭王元年（前306年），终于秦始皇三十年（前217年）。但秦祚苦短，总体上在史学方面成就较少。

两汉是我国封建社会繁荣昌盛的时代，在史学上也取得了极为辉煌的成就，创造了通用的"纪传体通史"和"断代史"史书体例，特别是两汉史学均以"究天人之际，通古今之变"为目的，把历史记载的范围从帝王将相扩展到社会各阶层，使历史成为一部综合性的社会生活史、社会发展史。

在这种历史条件下，出现了司马迁、班固等著名史学家和《史记》《汉书》等光辉历史著作。这些伟大的史学著作，不但展现了中华文明发展的宏大历史画卷，也是不朽的文学作品，反映了当时的优秀的语言文化。其中也出现了很多重要的文档名词。据有关文献记载来看，"图书"一词可能最早（或言不晚于）出现于汉代的《史记》中："何独先入收秦丞相御史律令图书藏之。沛公为汉王，以何为丞相。……汉王所以具知天下厄塞，户口多少，强弱之处，民所疾苦者，以何具得秦图书也。"②《汉书》中也多次出现"图书"一词，如："秦遂不改，至始皇灭六国，二世而亡。昔三代居三河，河洛出图

---

① 司马迁. 史记 [M]. 北京：中华书局，2006：625.
② 司马迁. 史记 [M]. 北京：中华书局，2006：353.

书，秦居渭阳，而渭水数赤，瑞异应德之效也。"①

又如"文书"一词，《史记》载："逐水草迁徙，毋城郭常处耕田之业，然亦各有分地。毋文书，以言语为约束。"②《汉书》载："欲止宫休舍，樊哙、张良谏，乃封秦重宝财物府库，还军霸上。萧何尽收秦丞相府图籍文书。"③

由此可以看出《史记》《汉书》等历史著作的出现极大地促进了秦汉文档名词的发展。

（二）秦汉道教文化与文档名词

宗教也是文化的重要组成部分，也会影响到文档名词的产生与应用。两汉时期的本土宗教主要是道教。

道教正式出现在东汉末年安、顺之朝，它是在我国古代传统的神仙信仰基础之上，由秦汉的方仙道、两汉的黄老道演变发展而来的一种土生土长的宗教。道教的神学体系是以神仙信仰为核心，以长生得道为人生目的，以神秘化、宗教化的道家思想为主体，融入阴阳五行、巫道方术、谶纬迷信以及儒、墨、释的某些思想，复合构成的一个内容庞杂的思想体系。

东汉中期，道教早期的系统理论著作《太平经》出现了。它通过道家学说的歪曲、附会和发挥，把道家思想中的唯心论同阴阳五行、神仙方术杂糅到一起，并广泛地吸收了儒家伦理道德、墨家的政治经济思想、释家息欲行善的教义和祠祀之方等内容，从而为道教的创立做好了理论上的准备。到东汉末年，道教徒设庙建坛，建立起了大规模的宗教组织，设道师，立道诫，经常性地进行宗教活动，道教至此作为一支独立的社会力量登上了历史舞台。

汉代产生的道教文化对文档名词的发展有较大的影响，以"文书"一词为例，"文书"一词在汉代使用数量较多，尤其多用于《太平经》一书中。"文书"在汉代共出现了139次，在《太平经》一书中就出现了高达92次。如：

① 班固. 汉书［M］. 北京：中华书局，1962：1438.

② 司马迁. 史记［M］. 北京：中华书局，2006：635.

③ 班固. 汉书［M］. 北京：中华书局，1962：22-23.

天地者，主造出生凡事之两手也。四时者，主传养凡物之两手也。五行者，主传成凡物相付与之两手也。男女夫妇者，主传统天地阴阳之两手也。师弟子者，主传相教通达凡事文书道德之两手也；君与臣者，主传治理凡事人民诸物之两手也。此有六事，才举其纲，见其始耳，不可胜书也。①

"文书"一词之所以使用频次如此之多，是因为《太平经》作为道教的经典，以道家阴阳五行解释治国之道。若是纯粹的宗教，没有入世的内容，是不会出现如此之多的"文书"一词的。在一部著作中如此密集地使用"文书"一词，对"文书"一词在中国历史上的推广起了重要的促进作用，这就是汉代道教文化对文档名词产生影响的重要例证。

（三）秦汉科技与文档名词

秦汉时期在科学技术方面也取得了辉煌成就，特别是在天文历法、数学、医学、造纸等科技领域取得丰硕的成果。如：汉武帝时，天文学家制定出中国第一部较完整的历书——"太初历"；世界公认的有关太阳黑子的最早记录产生于西汉；东汉著名科学家张衡发明制作了地动仪，并对月食现象作了最早的科学解释；东汉的《九章算术》是汉代重要的数学著作，代表了当时世界上最先进的应用数学，是中国古代数学形成完整体系的标志；东汉末年张仲景编撰中医经典《伤寒杂病论》，被后人誉为"医圣"；东汉产生了中国第一部完整的药物学著作《神农本草经》；华佗比西方早1600多年发明了麻醉药——麻沸散。造纸术是在汉代发明的，目前世界上所知最早的纸是甘肃天水放马滩出土的西汉前期绘有地图的纸。公元105年，东汉蔡伦改进造纸术，造出了人称"蔡侯纸"的便于书写的纸。秦汉时期还形成了较成熟的科技与手工业管理制度。

以上种种，都促进了科技类文档名词的发展。以地图为例，秦汉时期地图的绘制水平和精确度都有了较大的提高，一方面，"勾股弦定理""重差法"

---

① 陈国勇. 太平经 [M]. 广州：广州出版社，2003：370-371.

等数学理论为测绘工作打下了较坚实的数学基础；另一方面，当时已具备的一些基本的测量仪器和工具，如测向司南和测距仪器等，为地图的精确绘制提供了技术条件。秦汉时期的地图称为"舆地图"，简称为"舆图"，"舆"含有尽载行事之意。秦汉地图广泛应用于土地疆界的评定、封建王朝的行政管理和军事战争。因此，秦汉地图的内容比较丰富，除了山、川、道路、州县之外，还包括田赋、户口、车乘等。

秦汉时期地图的绘制水平趋于成熟，除"舆图"外，"地图""图籍"等文档名词的使用次数也较先秦时期明显增多。在我们的检索范畴内，"地图"一词在先秦时期出现了8次，秦汉时期增长到22次；"图籍"一词在先秦时期出现了5次，到秦汉时期出现了15次。

"地图"一词如《汉书》载：

> 臣闻越非有城郭邑里也，处溪谷之间，篁竹之中，习于水斗，便于用舟，地深昧而多水险，中国之人不知其势阻而入其地，虽百不当其一。得其地，不可郡县也；攻之，不可暴取也。以地图察其山川要塞，相去不过寸数，而间独数百千里，阻险林丛弗能尽著。视之若易，行之甚难。[①]

"图籍"一词如《史记》载：

> 今齐王甚憎仪，仪之所在，必兴师伐之。故仪愿乞其不肖之身之梁，齐必兴师伐之。齐梁之兵连于城下而不能相去，王以其间伐韩，入三川，出兵函谷而无伐，以临周，祭器必出。挟天子，案图籍，此王业也。[②]

由上可知，随着秦汉科技的发展，部分文档名词的使用次数较先秦时期有所增长，科技文化对文档名词的发展起到了一定的促进作用。

三、秦汉时期的文书与档案工作

秦汉时期，随着封建统一大帝国和中央集权的政治体制的建立和巩固，

---

① 班固. 汉书 [M]. 北京：中华书局，1962：2778.

② 司马迁. 史记 [M]. 北京：中华书局，2006：440.

文档工作体制也逐渐完善、发展起来。特别是两汉和新朝统治者较重视文档工作，不仅继承了前朝的管理经验，而且在很多方面都进行了新的尝试，文书档案的管理工作进一步加强。这些为文档名词的发展和文档名词体系的成熟提供了重要的实践基础。

（一）文档种类

1.国家行政管理

秦汉时期中央集权体制已经形成，国家管理制度渐趋严密。在国家管理活动中，文书、档案是必不可少的有效工具，这些文书、档案包括：诏、诰、令、文书、诏令、公文等等，它们有的承继自先秦，有的则是汉代自创的。

2.图籍档案

地图（田亩图）、户籍是中国古代封建国家管理的重要工具。秦汉时期就有"图簿""图籍"（地图、户籍等簿册）。《汉书》载："莽至明堂，授诸侯茅土。下书曰：'予以不德，袭于圣祖，为万国主。……以明好恶，安元元焉。'以图簿未定，未授国邑，且令受奉都内，月钱数千。诸侯皆困乏，至有庸作者。"[①]

秦国具有很好的户籍档案管理的传统。早在战国时期，秦国就开始著录户籍。商鞅变法后，户籍档案管理得到进一步的发展，1975年湖北云梦睡虎地秦墓出土的《傅律》就详细记载了秦的户籍档案情况。当时登记入籍叫"傅籍"，迁居重新登记叫"更籍"。两汉时期，对人口控制非常严格，《户律》对户籍档案的管理作了严格规定。"图籍""图书"等名词中都有户籍的含义。

3.法律档案

秦在商鞅变法后，建立起一套严密的法律制度，由此也形成了大量的法规性档案。如湖北云梦睡虎地秦墓中出土有1100多枚秦简，大部分是关于秦代律法的。汉承秦制，武帝时期"律、令凡三百五十九章，大辟四百九条，

---

① 班固. 汉书[M]. 北京：中华书局，1962：4128-4129.

千八百八十二事，死罪决事比万三千四百七十二事。文书盈于几阁，典者不能遍睹"①

4.科技档案

这一时期的科技档案主要有天文、地理、医药等。

当时的天文档案属太史令管辖，太史令掌管天事、星历，掌守明堂、灵台，即参与制订太初历的工作。一些重要的天文现象，如瑞应、灾异等需要记录并上奏皇上，地方各郡对特殊星象也要加以记录、上报。这些文书保存起来，亦成为天文档案。汉代的天文观测仪器比前代增多，观测活动也更正规化，因此档案记录也趋于完善。

《周礼》中就已经有关于治疗不愈而死亡的医疗记录档案的记载。秦汉时期有了更加详细的医疗档案，如《史记·扁鹊仓公列传》即记载了仓公所保存的病历。

总的说来，秦汉时期的各类档案已相当完备，包括政治、经济、文化、社会生活等各个方面，如郡守"每年将郡内户口数目、垦田多少、财政收支、经济生活、治安状况、文化教育、风俗厚薄、郡吏考核等，一切大小事情，登录于计簿之上，而上计与天子"②。

（二）文档管理制度

1.副本制度

《周礼》的作者对副本制度的重要性有深刻的认识，书中有多处关于副本的记载，称为"贰"。如《周礼》中"太史""乡大夫""司盟""大司寇""小司寇""大府""司民""司会""司书""职内"等各篇中都有"掌……之贰""入要贰""受其贰"等语。秦汉时期，随着大一统国家管理制度，特别是公文制度的严密与完善，副本制度也日趋完善起来，并正式出现了"副"的概念。

---

① 班固. 汉书 [M]. 北京：中华书局，1964：1101.

② 中华文化通志编委会. 秦汉文化志 [M]. 上海：上海人民出版社，1988：70.

2.文书邮驿制度

文书邮驿制度是公文有效传递的保障，是实现公文职能的重要手段。秦汉时期公文的驿传制度不断完善和进步。

汉代公文传递主要有车传和马传，不同性质的公文采取不同的传递方式。当时按一定的距离设定相应的基础设施，如规定五里设邮，十里设亭，三十里设驿，还修缮了相应的官道、驿道，专供公文传递的车马使用。西汉时期，由于社会政治经济发展的需要，车传已不适合。因此，比车传更为方便快速的马传取代了车传而普及起来。汉代对于急件，要求快速驿传，文书末尾写有"急急如律令"之词，意即依照法律或命令急速行事，符到即行。

为了避免文书驿传迟误，当时对文书传递过程中的各种违规行为制定了较详细的处罚规定。

3.保密制度

秦朝的公文载体主要是简牍，简牍用结绳的方式来固定，在固定的地方用黏土封好，在土上面盖章，这是表示保密的章纹，看到这个章印就知道是保密的文件了。秦朝主要采用这种"封泥加印"的方式来确保公文的秘密。到了汉代，保密制度得到进一步发展。统治者对保密工作还制定了一系列法律条文，保密制度逐渐完善。《汉书·王莽传》载："漏泄省中及尚书事者，'机事不密则害成'也。"①

（三）文档管理机构

1.石渠阁

石渠阁，又称"石渠""石阁"，是大约公元前200年萧何为了收藏、保管自己所收的秦朝图籍档案文献而建，位于长安未央宫殿北，因在阁四周以磨制石块筑成水渠，渠中水围绕阁周围而得名。石渠阁作为西汉王朝收藏重要档案典籍的场所，是西汉永久保存档案的基地。整个西汉王朝统治时期，石渠阁都发挥着重要作用，只是由于西汉的灭亡才使石渠阁毁于战火。至汉武帝之

---

①　班固. 汉书 [M]. 北京：中华书局，1962：4116.

际，石渠阁是具有档案保管与学术讨论双重性质的场所，诸多名儒学者、公卿大臣乐意光顾石渠阁，利用阁中收藏的档案文献研究文学经义，如司马相如、王褒、刘向、东方朔、倪宽、孔臧、董仲舒等云集一堂争辩不休。至宣帝时，石渠阁受到极力尊崇，阁中绘画功臣贤大夫像，首位即是霍光，第二为苏武。

2.兰台

"兰台"一词最早出现于战国时期的楚国，乃宫殿名。汉代，"兰台"由御史中丞管辖，《汉书·百官公卿表》载："在殿中兰台，掌图籍秘书。"在御史中丞之下设兰台令史，史官在此修史。中国第一部纪传体断代史——《汉书》的编撰者班固，就曾担任过兰台令史。

3.东观

东观是东汉宫廷中从事档案、典籍收藏、整理、讲学、著述的地方，其典藏的档案文献囊括历朝注记、尚书掌管的档案以及功臣功状和前朝旧典等。东观位于洛阳南宫，有高阁十二间，建筑华丽。《后汉书》载："于南宫东观尽心集作。"[①]东汉诸帝十分重视东观所藏典籍、档案的校阅和整理。永元十年（98年）春，和帝前往东观"览书林、阅篇籍"并"博选术艺之士以充其宫"。以后邓康、马融、李胜等人先后以校书郎、校书郎中、东观郎等职值东观"典校秘书"。东观的丰富收藏，为东汉修史提供了有利条件。自和帝起，班昭、蔡邕等当时著名学者，先后奉诏于东观撰修国史，历经百余年，广泛采用本朝档案典籍，撰成《东观汉记》。

第二节　秦汉文档名词概述

先秦时期是中国文化的开端，秦汉时期延续先秦时期，给后世的其他朝代带来了持续的、较为深远的影响，也具有不可取代的地位。这种影响体现在文档名词上则表现为承上启下。秦汉时期是文档名词的产生和加速发展期。大量新词产

---

① 范晔. 后汉书 [M]. 北京：中华书局，1965：56.

生，双音节词的数量超过了单音节词的数量，一些重要的文档名词（如文书、文案、簿籍等）产生于这一时期，文档名词的发展处于一种十分活跃的状态。

一、秦汉文档名词的整体构成与特点

（一）文档名词的构成

从文档名词所归属的族类角度来进行划分，秦汉时期文档名词的构成主要分成十一类："文族"文档名词、"书族"文档名词、"案族"文档名词、"牍族"文档名词、"簿族"文档名词、"籍族"文档名词、"册族"文档名词、"典族"文档名词、"图族"文档名词、"令族"文档名词以及其他文档名词，具体构成如表3-1所示：

表3-1　秦汉文档名词各族类构成表

族类	名词（出现次数）	名词数（总出现次数）
文	文书（139）、书文（47）、典文（12）、策文（9）、文献（7）、中古文（6）、文墨（6）、册文（6）、图文（2）、公文（1）、文字（1）、文疏（1）、文学（1）、文檄（1）、文约（1）、文案（1）、文典（1）	17（242）
书	文书（139）、诏书（83）、书文图书（54）（47）、簿书（22）、书记（18）、书奏（18）、书契（13）、奏书（7）、券书（7）、典书（3）、牍书（2）、册书（2）、凤凰衔书（2）、赤雀衔丹书（1）	15（418）
案	文案（1）	1（1）
牍	书牍（3）、尺牍（3）、牍书（2）、奏牍（2）	4（10）
簿	簿书（22）、上簿（9）、对簿（5）、官簿（4）、簿籍（3）、军簿（3）、名簿（2）、兵簿（1）、校簿（1）、图簿（1）	10（51）

续表

族类	名词（出现次数）	名词数（总出现次数）
籍	载籍（22）、图籍（15）、法籍（8）、典籍（4）、簿籍（3）、户籍（1）、典册（8）、册文（6）、册书（2）	6（53）
册	典册（8）、册文（6）、册书（2）	3（16）
典	六典（28）、典谟（17）、典文（12）、典法（12）、典训（10）、典册（8）、典诰（6）、典籍（4）、典宪（4）、训典（4）、典书（3）、文典（1）	12（109）
图	图书（54）、地图（22）、图籍（15）、图法（5）、图文（2）、图簿（1）	6（99）
令	法令（161）、政令（58）、律令（53）、诏令（34）、施令（23）、阴令（23）、军令（16）、将令（12）、功令（5）、宪令（3）、违令（1）	11（389）
其他	起居注（1）	1（1）

从上表可以看出秦汉时期的"文族"文档名词数量最多，共17个，总出现次数为242次，其中"文书"一词出现次数最多，为139次。"书族"文档名词的总出现次数最多，共计418次，文档名词数量居于第二位，共15个。另外两个名词数和总出现次数相对较多的族类是"令族"和"典族"文档名词，"令族"文档名词共11个，总出现次数为389次，其中"法令"一词的使用次数最高；"典族"文档名词的数量为12个，总出现次数为109次。在以上秦汉时期出现的文档名词中，出现次数较少的是"案族""牍族""册族"和其他文档名词，属于低频"族"类名词。其中"案族"只有1个名词——"文案"，且只出现1次；"牍族"文档名词4个，出现次数为10次；"册族"文档名词3个，出现次数为16次；其他文档名词数量为1个，出现次数为1次。

（二）文档名词的特点

1.新生与消亡

秦汉时期文档名词的发展演变十分活跃，较先秦时期新增了大量名词的同时，也有部分文档名词走向消亡，具体如下表（表3-2、表3-3）所示：

表3-2　先秦、秦汉时期文档名词对比表

族类	先秦已有文档名词	秦汉新增文档名词	秦汉消亡文档名词
文	文献、文典、册文	策文、公文、文字、文墨、文疏、文学、文檄、文约、书文、文书、文案、典文、图文、中古文	
书	书、事书、书契、官书、判书、典书、册书、贤能之书、凤凰衔书	书文、书记、书奏、文书、诏书、簿书、牍书、赤雀衔丹书、奏书、券书、图书	官书、判书、贤能之书
牍	竿牍	牍书、尺牍、奏牍、书牍	竿牍
簿	名簿	簿书、簿籍、官簿、对簿、上簿、军簿、兵簿、校簿、图簿	
籍	户籍、法籍、礼籍、典籍、图籍	簿籍、载籍	礼籍
册	册、册书、册文、典册、祝册、册祝		祝册、册祝
典	典册、典籍、典书、训典、六典、三典、典、典法、文典	典诰、典谟、典文、典宪、典训	三典
图	图、地图、图法、图籍、版图	图簿、图文、图书	版图
令	法令、政令、施令、阴令、将令、军令、饬令、功令	诏令、律令、违令、宪令	饬令

续表

族类	先秦已有文档名词	秦汉新增文档名词	秦汉消亡文档名词
其他名词	治、复、逆、会、要、成、总、贰、辟、质、剂、中、八法、八则、八柄、八统、九赋、九式、九贡、九职、九两、九正、九事、九功、八成、判书、地傅、五刑、比居、简稽、傅别、礼命、质剂、要会、要贰、贰令、比要、地比、役要、岁会、岁成、月要、月成、日成、治成、治中、治要、治凡、治目、治数、约剂、官成、官契、官书、三兆之法、三易之法、三梦之法、五禁之法	中古文、起居注	治、复、逆、会、要、成、总、贰、辟、质、剂、中、八法、八则、八柄、八统、九赋、九式、九贡、九职、九两、九正、九事、九功、八成、判书、地傅、五刑、比居、简稽、傅别、礼命、质剂、要会、要贰、贰令、比要、地比、役要、岁会、岁成、月要、月成、日成、治成、治中、治要、治凡、治目、治数、约剂、官成、官契、官书、三兆之法、三易之法、三梦之法、五禁之法

表3-3　先秦与秦汉各族类名词数量对比表

	文族	书族	案族	牍族	簿族	籍族	册族	典族	图族	令族	其他
先秦	3	9		1	1	5	6	9	5	8	58
秦汉	17	15	1	4	10	6	3	12	6	11	2

由上表可以看出，先秦时期各族类文档名词的规模基本形成，但是族类文档名词数量较少，而其他文档名词数量较多，这是先秦时期的一个显著特点。秦汉时期，文档名词根据已有的族类扩展，已经形成了较为完善的族类体系，这一时期的文档名词发展有以下几个特点：

（1）大量新词出现

秦汉时期文档名词的发展较活跃，出现了大量新词，在我们检索到的范围内，新出现的名词在数量和出现次数上，除特殊名词外大致都超过了先秦已有的旧词，新增的名词多于消亡的名词，使用次数大幅增长，这些都说明秦汉时期文档名词发展的活跃度较高。在这一时期出现的新词中，有一些在中国文档名词发展演变史上具有重要地位，如"文书""文案""图书""诏书""典谟""簿籍""起居注"等。

（2）部分名词不再使用

首先，许多单音节词不再使用了，包括"版""要""诰""会""成""誓""文""中""贰""谟""总""训""治"等。它们中有的作为单音文档名词彻底消失了，如"要""会""成""中""总"等，通用性较差；有的与其他单音文档名词组合成复音词，如"文"（文案、书文、策文）"谟"（典谟）；有的作为单音节词消失了，但保留了与其他单音节词的组合词，如版（玉版）。

这些单音节词多数来源于《周礼》。《周礼》是作者阐述政治理想""规划与设计国家机构的著作。其中，有的文档名词与先秦的客观存在具有一致性，也有的属于作者的个人设想。而属于作者个人设想部分的文档名词，有的并没有取得社会认同，未能推广开来，在后世就未见使用了。《周礼》中一些在其他先秦文献中亦出现过的文档名词，由于早已被人们所认同，具有一定的普遍性，所以就保存了下来，如"籍""典""图"等。

另外，也有一些在先秦存在的文档双音节词也不再使用了，如："约剂""简稽""傅别""官成""簿檄"等。"约剂""简稽""傅别""巫恒""官成""要会"等皆来自《周礼》，簿檄来自《商君书》，它们在先秦时就来源于单一文献，通用性差，在后代被淘汰的可能性较大。

（3）继承并发展

虽然这一时期是历史上唯一的新词多于旧词的时代，但这一时期也表现出不可或缺的继承性。秦汉文档名词从族类而言，除"案族"外，各个族类的主词（"书""文""籍""簿""牍""典""图""册"等）作为单音节词在先秦就已经产生了。特别是其中最为重要的"文""书""典""册"等词，在甲骨文中就存在了，生命力极强。可以说，先秦文档名词是秦汉乃至整个中国古代文档名词的基础，并在秦汉时期继续发展。秦汉时期，文档名词中复音词（主要是双音节词）已超过了单音节词的数量，且复音词的出现次数和使用频次较先秦时期都有了较大幅度的增长，在先秦的基础上有了进一步发展。

2.复音词的发展

（1）单音节词逐渐向复音词转变

秦汉时期，单音节词逐渐向复音词转变，复音词（主要是双音节词）的数量远远超过了单音节词。当然，这一时期的双音节词还不够成熟，多数名词的出现次数较少，通用性差，用法也还不稳定。

秦汉时期文档名词的造词方法大体和先秦相同，即使用词素与词素组合。有些词素表明了档案的物质载体形式，如 "图籍"；有些表明了档案的外部表现形态，如 "典册"；有些大致表示文件的内容，如"文书"。组合而成的双音节词使得文档名词表达的意思更加明确，概念也更加具体。

从秦汉时期开始，文档词汇就以双音节词为主了。两晋南北朝时期以后，双音节词几乎一统天下。这主要是由于汉语词汇是以单音节的方块汉字作为表达意义的符号，而每一个汉字都是形、音、义的结合体，具有极大的独立性，为单音节词的产生和独立使用提供了极大的便利条件。而文档名词很早就以双音节词为主，其原因与文档名词含义的丰富性与专业性有关：

首先，文档是由符号与物质载体共同构成的，有时还包括载体形式（如册、簿等）、管理方式（如卷、宗等）、专业内涵等含义。一般来说，"文""书""案""册""卷"等单音节词难以包含这些较丰富的含义。所以，文档名词之单音节词只是在中华文明早期才占据主导地位，它们很快就被双音节词所取代了。

文档名词具有这一特点还有另外一个原因：古汉语单音节词一般都具有多

义性和词义关系的复杂性，并且常常泛指性与特指性混杂，这与文档名词的专业性、特指性相悖，而通过两个或多个单音节词的结合，词语的含义就更加明确了，特指性得以加强。即名词越单一，意义就越抽象、广泛；名词的组合越复杂，其意义越具体。如双音节词"诏书"与单音节词"书"相比，就有了一定的特指性。诏书，特指皇帝通告臣民的文书。在表达专业性较强的意义时，单音节词的灵活性就变成缺点了。

秦汉三国时期，"起居注"一词的出现也应值得我们重视，它是在我们的检索范围内较少出现的三音节词，更说明了复音词发展的深化。先秦虽然也有多音节词出现，但这些名词缺乏稳定性和专业性，远不及"起居注"一词。

（2）部分词语组合后词义转变

单音节词组合后，新的组合词的词义会发生一些变化，常常会发生转义。如"文字"一词，其最早出现在东汉王充所作《论衡》中："古圣先贤遗后人文字，其重非徒父兄之书也，或观读采取，或弃捐不录，二者之相高下也，行路之人，皆能论之，况辩照然否者不能别之乎？"①这句话中"文字"一词泛指贤良圣明的先人留给后世的文化典籍等，而"文字"在现今的通行含义为"记录语言的符号"。再如"图书"一词，原多专指地图与户籍，是一种档案。《史记·萧相国世家》记载："沛公至咸阳，诸将皆争走金帛财物之府分之，何独先入收秦丞相御史律令图书藏之。沛公为汉王，以何为丞相。项王与诸侯屠烧咸阳而去。汉王所以具知天下厄塞，户口多少，强弱之处，民所疾苦者，以何具得秦图书也。"②这里的"图书"指的是地图和户籍档案，与今天"图书"一词的含义有所不同。

有些词组，在凝固成复音词的过程中产生了概念外延的变化，或缩小或扩大。外延缩小变为特指，外延扩大变为泛指，意义也或转为抽象，或转为具体。文档名词概念外延常常是由大变小的，如"文书"原泛指文字图籍，后来

---

①　王充. 论衡 [M]. 长沙：岳麓书社，1991：211.

②　司马迁. 史记 [M]. 北京：中华书局，2006：353.

逐渐变成专指公文了，相对而言，意义转为具体；也有的文档名词概念外延由小变大，如"档案"一词，清代时使用的范畴较小，后来逐渐成为一种通用性专业名词，相对而言，意义转为抽象。

（3）构词方式主要是联合式和偏正式

秦汉时期双音节文档名词的构成方式主要以联合式、偏正式为主，这与古代汉语复音词的构成特点一致。作为联合式的合成词，中国古代文档名词的第一类属性是：复音词→合成词→并列复音词→同性复音词。同性复音词是由意义相关、词性相同的语素组成的。组成文档名词各语素的词性多数是名词，如"文书""案卷""文籍""档案""图书""簿籍""图籍""文献"等，组成它们的语素在意义上具有相关性、词性上也相同（皆为名词）。将词性相同的语素组合的原因就在于当意义复杂的单音节词以某种相关的意义组合在一起后，意义就变得具体而明确了。这种组合起到了对单音节词多种意义的选择作用。

作为联合式的合成词，中国古代文档名词的第二类属性是：复音词→合成词→主从复音词→偏正式复音词，如"黄册""丹书""制书""刑书"等。偏正式复音词由两个实语素构成，其中一个语素修饰、限制另一个语素，为偏语素，被修饰的语素是词语语义的核心成分，为中心语素。如上述名词中的"册""书"为中心语素，"黄""丹""制""刑"为偏语素。中心语素指事物的本体——文档，偏语素表示文档载体的颜色（黄、丹）、文档的作者属性（制：天子之言曰制）、文档的内容属性（刑书：法律文档）等。

复音词的形成与发展，就是由不稳定逐步走向稳定的。秦汉古籍中的某些文档复音词还处于形成的初期，它们还具有不稳定性，先秦与秦汉古籍中的某些文档复音词经过两晋南北朝隋唐的发展后，逐步淘汰、整合，文档名词的构成才逐步稳定下来。

二、秦汉文档名词的应用

（一）秦汉文档名词的使用次数与频次

从秦汉文档名词的总体使用情况来看，在我们检索的66部秦汉时期文献中，各族类文档名词的总数量为87个，总出现次数为1395次，在各文献中的平均出现次数（总频次）约为21.14。在先秦时期的73部文献中，各族类文档名词数量共105个，出现次数共计489次，总频次约为6.70。由此可见秦汉时期文献的总数较先秦来讲变化不大，秦汉时期文档名词的总数量较先秦时期有所减少，但其总使用次数和频次较先秦时期有明显的增长，这说明秦汉文献与文档类事物的相关性较高。秦汉政治的统一使文化得到进一步发展，大量史书、典籍的出现使文档名词的应用更加广泛，说明了语言文字发展在当时的活跃性。表3-4为先秦与秦汉各族类名词使用次数对比，图3-1为频次对比。

表3-4　先秦与秦汉各族类名词使用次数对比表

时期	文族	书族	案族	牍族	簿族	籍族	册族	典族	图族	令族	其他
先秦	6	29		1	1	18	16	107	88	78	145
秦汉	242	418	1	10	51	53	16	109	99	389	7

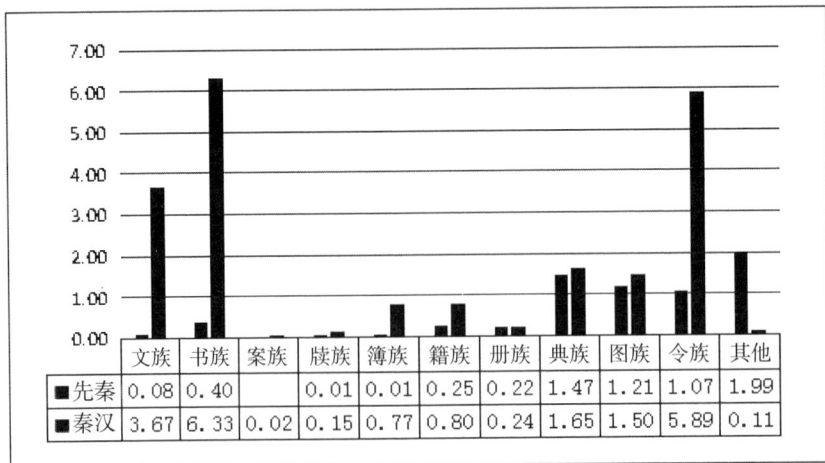

	文族	书族	案族	牍族	簿族	籍族	册族	典族	图族	令族	其他
■先秦	0.08	0.40		0.01	0.01	0.25	0.22	1.47	1.21	1.07	1.99
■秦汉	3.67	6.33	0.02	0.15	0.77	0.80	0.24	1.65	1.50	5.89	0.11

图3-1　先秦与秦汉各族类名词使用频次对比图

　　从以上图表中可知在秦汉时期11个文档名词族类中，"书族"文档名词出现的次数最多，共出现418次，使用频次为6.33。其次是"令族"文档名词，在秦汉共出现了389次，使用频次为5.89。使用次数较高的还有"文族"文档名词，在秦汉共出现242次，使用频次为3.67。秦汉时期出现次数较少的分别是"案族"文档名词、其他文档名词、"牍族"文档名词和"册族"文档名词，使用次数分别为1、7、10、16次，使用频次为0.02、0.11、0.15、0.24。

　　从先秦和秦汉时期文档名词使用次数和频次的对比图表来看，与先秦时期相比，除了其他文档名词，秦汉时期各类文档名词出现次数和使用频次均有所增长。其中增长幅度较大的是"书族""令族"和"文族"文档名词，使用次数分别增加了389、311、236次。秦汉较先秦时期使用次数减少的只有其他文档名词，其使用次数减少了138次，其原因是先秦时期的其他文档名词多数来源于《周礼》，它们的通用性较差，在秦汉时期被淘汰，因此秦汉时期其他文档名词的数量较少，使用次数和频次也较低。

（二）秦汉文档名词的应用领域

　　秦汉时期的文档名词主要出现在史部、子部、经部文献中，其中史部文献中的文档名词出现最多，子部文献次之，经部最少。在检索范围内，并未发现该时期集部、丛书以及通俗小说中出现文档名词，这主要是因为在秦汉时期的66部文献中，集部文献有2部，通俗小说仅有1部，而丛书在秦汉时期并没有出现。

　　在秦汉时期的66部文献中，史部文献的数量虽然只有6本，但其文档名词的使用量却已经占据了半壁江山，尤其集中在西汉司马迁的《史记》和东汉班固的《汉书》两本文献中。其主要原因是秦汉是中国封建史学的开创和确立时期，史学著作的出现极大地促进了秦汉文档名词的发展，而秦汉史学的代表作就是《史记》和《汉书》。在子部文献中，大量文档名词出现在东汉《太平经》一书中，如"文书"一词，在汉代共出现了139次，在《太平经》一书中就出现了高达92次，这与秦汉道教的发展有极为密切的关系。

　　总的说来，秦汉时期的文档名词在先秦的基础上加速发展，无论是在数量、出现次数还是使用频次上都有了大幅增长，为后代文档名词的发展奠定了重要的基础。

第三节 秦汉各族类文档名词

秦汉时期是文档名词的产生和加速发展期，这一时期大量新词产生，双音节词的数量超过了单音节词的数量，文档名词的发展处于一种十分活跃的状态。本节通过检索秦汉时期的66部文献，对这一时期的"文族""书族""案族""牍族""簿族""籍族""册族""典族""图族""令族"及其他文档名词出现的次数进行了细致检索，并对每一族类文档名词的内涵、应用情况和主要名词进行了研究分析。

一、秦汉"文族"文档名词

（一）"文族"文档名词的构成、内涵与应用

"文族"文档名词是中国古代文档名词中最具代表性的名词族类之一。在表3-5的17个"文族"文档名词中，除先秦时期已出现的"文献""文典""册文"外，其他14个均为本时期新增的名词。说明该时期"文族"文档名词的产生与发展十分活跃。

在秦汉时期17个"文族"文档名词中，绝大部分为双音节词，且多为并列式、偏正式结构。它们大多为通用性文档名词，泛指古代档案，如"文献""文书"等；也有一些专指性名词，如"文檄"就专指"古代用于征召或声讨等的文书"。秦汉时期"文族"文档名词的组合方式主要有三种：一是单音节词"文"+表示载体的单音节词，如文案，其中"文"主要取"刻画、书写"等动词含义，"案"表示物质记录载体的形态；二是"文"+表示具体内涵的单音节词，它们组合在一起用以表示与文字记载有关的事物，如"文"+"约"组合成"文约"一词，这类的"文"通常取"表示记录语言的符号（如文字）以及与之有关的事物"的含义；三是限定性单音节词

+"文"，如"公"（朝廷、国家）+"文"组成"公文"一词表示"官方政务文书"，如"图"（图谶）+"文"组成"图文"一词表示"图谶之文"，类似的名词还有策文、典文、中古文等。

表3-5　秦汉"文族"文档名词使用情况

序号	名词	使用次数	使用频次	是否为秦汉时期新增
1	文书	139	2.106061	是
2	书文	47	0.712121	是
3	典文	12	0.181818	是
4	策文	9	0.136364	是
5	文献	7	0.106061	否
6	文墨	6	0.090909	是
7	册文	6	0.090909	否
8	中古文	6	0.090909	是
9	图文	2	0.030303	是
10	公文	1	0.015152	是
11	文字	1	0.015152	是
12	文疏	1	0.015152	是
13	文学	1	0.015152	是
14	文檄	1	0.015152	是
15	文约	1	0.015152	是
16	文案	1	0.015152	是
17	文典	1	0.015152	否

从使用次数上来看，"文族"文档名词中大部分名词使用次数不多，属于低频词，也有个别高频词，如"文书"一词，秦汉时期共出现139次，使用频次为2.10，其次是"书文"一词，共出现47次，频次为0.71。

（二）本时期重要的文档名词

1.文书

在秦汉时期，"文书"一词首次出现，作为最具有代表性的文档名词之一，自出现起在中国古代各个朝代均有不同程度的使用，连续性最强。从检索结果中可以看出，在以"二十五史"为代表的史书和其他许多古籍文献中都曾使用过"文书"这一文档名词。

（1）"文书"一词的构词与内涵

从结构上来看，"文书"一词属于偏正式复音词。"文"字，在甲骨文中已经出现，单音节词"文"有文献可考的最早含义是"花纹、纹理"。"书"字起源较早，且延续性较强，主要是指把文字刻划或写画在竹简上，这也是其本义，作书写之义。"文"与"书"两个含义广泛的词素共同构成了"文书"一词。"文书"一词的主要含义都是与文件、档案相关的。在后世的发展演变中，词义中的文档含义逐渐变得越来越明确，其他含义变得较少使用。

"文书"一词最早可考于西汉《过秦论·中篇》："秦王怀贪鄙之心，行自奋之智，不信功臣，不亲士民，废王道，立私权，禁文书而酷刑法，先诈力而后仁义，以暴虐为天下始。"[①]在此文中，"文书"一词是指秦始皇"焚书坑儒"过程中所禁的相关书籍，可以将其理解为"诗书古籍"之意。在"文"字具有"法令条文""文字"之意，以及"书"字具有"书写""书籍"之意的基础上，"文书"的产生直接适用于文档名词。"文书"一词的本义为"文章""诗书"。

古代"文书"一词，自其在西汉产生直至清朝的整个发展过程中，词义极其丰富。

"文书"一词在作"诗书古籍"之义时，最早出现在西汉《过秦论》中。"文书"一词产生初期的词义与单音节词"文"和"书"之义较为贴合，产生初期多用于"诗书古籍"之义。其中较为典型的是《汉书》"封秦重宝财物府

---

① 曾国藩. 广注经史百家杂钞 [M]. 上海：国学整理社，1936：81.

库，还军霸上。萧何尽收秦丞相府图籍文书"①，其中甚至直接出现了"图籍文书"的使用。

　　"文书"还有"文字"之义，如《史记·匈奴列传》："逐水草迁徙，毋城郭常处耕田之业，然亦各有分地。毋文书，以言语为约束。"②除此之外，"文书"还有文章与书法、信件、契约等义。在所有的词义中，"文书"一词的主要词义为"文档"，虽然"文书"一词在产生之时是作为"诗书古籍"之义，但是在后来的发展过程中，"文书"一词主要指代"文档"之义，并且在大量古籍中出现和使用。

　　汉代"文书"一词即具有"文档"之义，此时"文档"主要指"公文""案卷""文书奏章"。"文书"一词初具明确的文档含义形成于东汉，《汉书》载："律令凡三百五十九章，大辟四百九条，千八百八十二事，死罪决事比万三千四百七十二事。文书盈于几阁，典者不能遍睹。"③

　　通过汉代可以看出，"文书"一词自其产生时起其文档名词的含义就较为明确，在其后的各历史时期中也具有较高的使用率，使得"文书"一词具有较强的历史连续性。自汉代起，"文书"一词使用频率一直居通用性文档名词排行之首，且在后代的演变过程中，虽曾夹杂其他词义，但仍以"文档"之义为主。

　　（2）"文书"一词的使用情况分析

　　"文书"一词自产生之后，在文档类名词中保持着极高的使用频率，其连续性极强。"文书"一词在汉代使用数量较多，在《汉书》《史记》等史书中均有使用，尤其多用于《太平经》一书中。"文书"一词在《太平经》一书中出现得极为集中，达92次。

　　通过数据库检索"文书"一词，"文书"一词在汉代有14本书籍出现过，在经部、史部、子部、集部四个领域均有出现，共出现139次。统计发现，

① 班固. 汉书 [M]. 北京：中华书局，1962：23.

② 司马迁. 史记 [M]. 北京：中华书局，2006：635.

③ 班固. 汉书 [M]. 北京：中华书局，1962：1101.

"文书"一词在汉代共有三个词义，其中作为"诗书古籍"共计83处，"公文、案卷"53处，"文字"3处。

"文书"一词出现后，在后世各朝代的使用数量都有比较平稳的增长，发展与演变都具有极强的继承性和连续性。

2.公文

现如今"公文"一词就是指"处理或联系公务的文件"，但在古代，文档名词的含义与今有所不同，其内涵与当代最大的差别是：古代"公文"的"公"字，是指"朝廷、官家"，和今天的"国家、社会"的含义有性质上的区别。如《汉书》载："伏惟圣主之恩，不可胜量。君子游道，乐以忘忧；小人全躯，说以忘罪。窃自思念，过已大矣，行已亏矣，长为农夫以没世矣。是故身率妻子，戮力耕桑，灌园治产，以给公上，不意当复用此为讥议也。"①

东汉荀悦所撰《汉纪》载："苞苴盈于门庭，聘问交于道路，书记繁于公文，私务众于官事。于是流俗成矣，而正道坏矣。"②是迄今所见"公文"一词的最早出处，"公文"一词在秦汉时期仅出现了这一次。

"公文"一词在古代的流变有以下规律：第一，连续性较强。东汉以后，除三国时期外，从两晋开始，历经南北朝、隋唐五代、宋、元、明直至清代，"公文"一词一直被使用，具有较好的连续性、继承性和上升空间。但具体而言，在"公文"一词产生的早期，即东汉、两晋、南北朝、隋唐五代时期，该词的使用频次一直很低，并在三国时期短暂中断。其原因主要在于当时人们偏爱使用"文书"一词，"文""书"两个单音节词在当时都有很高的使用率，其组合也成为当时文档领域中使用频次最高的双音节词。而"公文"一词的组合中，单音节词"公"在文档领域中使用率并不高，除"公文"外，"公牍""公函"等词出现较晚，使用频次也很低。第二，"公文"一词的出现频次总体上呈由低到高的波浪式趋势递增发展。其中，在宋、明、清三代的使用

---

① 班固. 汉书 [M]. 北京：中华书局，1962：2895.

② 荀悦，袁宏. 两汉纪 [M]. 北京：中华书局，2002：158.

频次较高，特别是在清代呈爆发式增长。这主要得益于清后期国家迈入近代化历程，外来文化的影响不断加大，"公文"一词内涵的合理性、科学性愈加凸显出来，"公"的含义也从"朝廷、官方"向"国家、社会"转变，政府管理制度、公务流程和公文体例的变化，使得"公文"一词含义更加明晰、细化，能够更加准确地界定公务文书，从而使"公文"一词得到了更为广泛的使用。

3.其他"文族"文档名词

书文。"书文"的含义和"文书"基本相似。"书文"一词最早始于汉代，史部中出现其几处用法，东汉《太平经》中使用较多，是这部著作中惯用的词语，如："或有鬼神所使书文，不可知而治愈者，是人自命禄为邪之长也，他人不能用其书文也。"[1]南北朝及以后，该词使用较规范，但是作为文档名词的用法使用数量仍较少，说明它的使用并不为各代重视，是不常用的"文族"文档名词。

文字。具有文档类含义的"文字"一词最早出现在东汉王充所作《论衡》："古圣先贤遗后人文字，其重非徒父兄之书也，或观读采取，或弃捐不录，二者之相高下也，行路之人，皆能论之，况辩照然否者不能别之乎？"[2]这句话中"文字"一词泛指贤良圣明的先人留给后世的文化典籍等。

典文，指重要的法律条文。《汉书》载："今律令烦多而不约，自典文者不能分明，而欲罗元元之不逮，斯岂刑中之意哉！其议律令可蠲除轻减者，条奏，唯在便安万姓而已。"[3]

图文。即图谶之文。其在古代文献中出现的次数较少，在汉代的主要用法有《汉书》："予以不德，托于皇初祖考黄帝之后，皇始祖考虞帝之苗裔，而太皇太后之末属。皇天上帝隆显大佑，成命统序，符契图文，金匮策书，神明诏告，属予以天下兆民。"[4]

---

① 陈国勇. 太平经 [M]. 广州：广州出版社，2003：133.

② 王充. 论衡 [M]. 长沙：岳麓书社，1991：211.

③ 班固. 汉书 [M]. 北京：中华书局，1962：1103.

④ 班固. 汉书 [M]. 北京：中华书局，1962：4095.

策文。诰命文字的一种，与"册文"含义相似，只用于帝王封赠臣下。如东汉《太平经》："试取上古、人所案行、得天心而长吉者书文，复取中古、人所案行、得天心者书策文，复取下古、人所思务行、得天意而长自全者文书，宜皆上下流视考之，必与重规合矩无殊也，乃子蒙且大解，乃后且大信吾书言也。"①

二、秦汉"书族"文档名词

单音节词"书"在先秦就具有突出的地位，到了秦汉时期"书族"名词仍具有突出重要的地位。因为此阶段它在数量上仍然是其他名词不能比拟的，同时它与当时的大时代背景一样也在逐渐发生变化。

（一）"书族"文档名词的构成、内涵与应用

先秦时期，"书族"名词中以单音节词"书"为主，但也已出现少量双音节词，如书简、书策等。到了秦汉时期，作为文档名词的单音节词"书"仍具有重要地位，但"书族"名词中的主要地位已被双音节词逐步取代，共出现了15种。特别是"文书"一词，虽刚刚出现，但使用次数已达139次，跃居这一时期所有文档名词使用次数的首位，并从此长期在中国文档名词发展史上占据重要地位。

秦汉时期的"书族"文档名词，含义多泛指文书、档案、书信。与单音节词"书"共同组成新词的另一词素都具有较为丰富的内涵，表达不同的含义。在组词时，"书"置于组合词的前面时，多为书写、记录之义，是动词；置于组合词的后面时，多指记录文字等信息符号的物质载体形态，是名词。有些词素表明了文档的物质载体形式，如"书牍""书案"；有些表明了文档的外部表现形态，如"书籍""簿书"；有些大致表示文件的内容，如"文书""诏书"；还有些词素表明文档活动的过程，如"书记"。这种组合而成的双音节词使得文档名词表达的意思更加明确，概念更加具体。

① 陈国勇. 太平经［M］. 广州：广州出版社，2003：44.

在下表（表3–6）秦汉时期出现的15个"书族"文档名词中，除先秦时期已出现的"书契""典书""册书""凤凰衔书"4个文档名词外，其他11个均为本时期新增的名词。

表3–6　秦汉"书族"文档名词使用情况

序号	名词	使用次数	使用频次	是否为秦汉时期新增
1	文书	139	2.106061	是
2	诏书	83	1.257576	是
3	图书	54	0.818182	是
4	书文	47	0.712121	是
5	簿书	22	0.333333	是
6	书记	18	0.272727	是
7	书奏	18	0.272727	是
8	书契	13	0.196970	否
9	奏书	7	0.106061	是
10	券书	7	0.106061	是
11	典书	3	0.045455	否
12	牍书	2	0.030303	是
13	册书	2	0.030303	否
14	凤凰衔书	2	0.030303	否
15	赤雀衔丹书	1	0.015152	是

从表3–6中可以看出，在"书族"文档名词中，"文书"一词出现次数最多，在秦汉时期共出现139次，使用频次为2.10606，其次是"诏书"一词，在秦汉时期共出现83次，使用频次为1.257576，还有"图书"一词，出现了54次，使用频次为0.818182，这三个文档名词属于高频词语，当然，还有一些使用频次较低的，如赤雀衔丹书、凤凰衔书、册书、牍书、典书等。但总体来看，"书族"文档名词在秦汉时期的使用频次还是较多的，在秦汉文档名词中占有重要地位。

（二）本时期重要的文档名词

1.图书

"图书"是"书族"文档名词中一个重要的文档名词，从秦汉到清朝均有出现，在整个"书族"文档名词中属于延续性较好的文档名词之一。

（1）"图书"一词的构词与内涵

"图书"一词是"书"与"图"两个单音节词素的同类近义组合，属联合式双音节词。单音节词"书"和"图"在金文中就已经出现，其义项中有相同、相近的部分，按照同义组合或近义组合的原则（同义组合或近义组合可以使单音节词不够清晰、精准的词义指称变得更明确起来），它们具备了组合为双音节词的条件。因此，在它们各自被作为单音节词使用一段时间后，在"同性相吸"作用下，逐渐组合成双音节词来使用并固定下来。

西汉时期，在"图书"一词产生之初，词义的扩展尚未展开，其用法主要集中在"图籍"这一词义上。"图籍档案"之义是"图书"一词产生时的本义。根据具体词义内涵的不同，可将"图书"之"图籍"这一外延较大的词义分为四种具体含义：一是指代户籍与地图档案，二是指记录史事的文书、档案，三是指代河图洛书，四是指代图谶。

"图书"用来指代"户籍与地图档案"最早见于西汉。《史记》载：

> 沛公至咸阳，诸将皆争走金帛财物之府分之，何独先入收秦丞相御史律令图书藏之。沛公为汉王，以何为丞相。项王与诸侯屠烧咸阳而去。汉王所以具知天下厄塞，户口多少，强弱之处，民所疾苦者，以何具得秦图书也。何进言韩信，汉王以信为大将军。语在淮阴侯事中。[①]

又《两汉纪》：

> 沛公入咸阳，宫室、妇女、珍宝、犬马之饰甚盛，欲留之。张良谏沛公曰："秦为无道，故使沛公得至于此。今始至秦，即安其乐，此助桀为

---

① 司马迁. 史记［M］. 北京：中华书局，2006：353.

虐也。"乃还军霸上。诸将皆争取秦宝货，萧何独悉收秦图书。①

"图书"用来指代"记录史事的文书、档案记录"最早见于东汉。《潜夫论》载：

> 昔自周公不求备于一人，况乎其德义既举，乃可以它故而弗之采乎？由余生于五狄，越蒙产于八蛮，而功施齐、秦，德立诸夏，令名美誉，载于图书，至今不灭。②

"图书"用来指代"河图洛书"最早见于西汉。《汉书》："秦遂不改，至始皇灭六国，二世而亡。昔三代居三河，河洛出图书，秦居渭阳，而渭水数赤，瑞异应德之效也。"③"河图洛书"，取"图"意为"河图"，"书"意为"洛书"构成"图书"一词。"河图""洛书"可谓中华文化的源头。传说认为河图是由龙衔来或负来，或者说负图之"龙马"是像马之龙。古代中国人的传说中认为洛书是由神龟负出，因此洛书也称为"龟书"。④当代蒙古族学者韩永贤经多年研究，认为"河图是游牧时期所用的气象图，洛书是游牧时期所用的罗盘图"⑤。其词义内涵相对固定，后世常沿用。如《论衡》："夫河出图，洛出书，圣帝明王之瑞应也。图书文章，与仓颉所作字画何以异？天地为图书，仓颉作文字，业与天地同，指与鬼神合，何非何恶而致雨粟、神哭之怪？"⑥

图谶指将来能应验的预言、预兆，是古代关于宣扬迷信的预言、预兆的书籍，多为隐语、预言。图谶经常被用作政治工具，用来巩固皇权，甚至通过大肆捏造图谶用作推翻皇权的工具，"图书"用来指代图谶是从汉代开始的。《汉书》载：

---

① 荀悦，袁宏. 两汉纪［M］. 北京：中华书局，2002：16.

② 王符，汪继培，彭铎. 潜夫论笺校正［M］. 北京：中华书局，1985：36.

③ 班固. 汉书［M］. 北京：中华书局，1962：1438.

④ 王永宽. 论河图洛书与远古物象崇拜［J］. 中州学刊，2006（1）：146-147.

⑤ 韩永贤. 对河图、洛书的探究［J］. 内蒙古社会科学（文史哲版），1988（3）：43.

⑥ 王充. 论衡［M］. 长沙：岳麓书社，1991：84.

某者，高皇帝名也。书言王莽为真天子，皇太后如天命。图书皆书莽大臣八人，又取令名王兴、王盛，章因自窜姓名，凡为十一人，皆署官爵，为辅佐。章闻齐井、石牛事下，即日昏时，衣黄衣，持匮至高庙，以付仆射。①

西汉之后，"图书"一词词义有了很大变化，特别是其主词义由产生初期主要的"图籍"转变为"书籍"。但其本义的用法，在后续朝代的更替中仍有所使用，延续性较好。②除泛指各类书籍外，"图书"一词还用来指代特定书籍，通常指其所属文献，也可指上文中提到过的文献以及专门领域的文献，如《太平经》："夫人持珍物璧玉金钱行，冥尚坐守之，不能寐也。是尚但珍物耳，何言当传天宝秘图书，乃可以安天地六极八远乎？出，子复重慎之。"③其中"图书"一词专指《太平经》一书。除了主词义"书籍"和沿用"图籍"之义外，西汉以后"图书"一词还陆续出现了四种新的义项，即用来指代"书信""书画作品""印章"以及"特定官职"。随着朝代的更替，"图书"的词义不断发展，内涵越来越丰富。

（2）"图书"一词的使用情况分析

"图书"一词在古代使用得较为广泛，其含义也比较丰富。如表3-7所示，"图书"一词在汉代共出现了70次，三国两晋南北朝时期出现了72次，隋唐五代出现了257次，宋代出现了395次，元代出现了173次，明代出现次数为401次，清代出现次数691次。以"图书"一词在汉代出现的70次中为例，其作为"户籍、地图档案"含义共出现了18次，作"图谶"含义出现了15次，作为"河图洛书"共出现了21次，作"书籍"含义出现了16次。

自汉至清，"图书"一词一直沿用至今，其使用具有极强的延续性。其频次总体呈现上升趋势，但个别朝代具有特殊性与不规律性。该词在西汉出现伊始，频次颇高，三国两晋南北朝时期频次出现下降的情况，隋唐、两宋、明清

---

① 班固. 汉书［M］. 北京：中华书局，1962：4095.

② 马定保. 北宋时期对档案工作的一次研讨［J］. 档案工作，1986（8）：47.

③ 陈国勇. 太平经［M］. 广州：广州出版社，2003：98.

一直处于稳定增长期，并在清代达到高峰。其中，元代是个特例，"图书"一词的出现频次的增长出现停滞，主要原因是：一方面，元朝统治时间非常短，只有97年，产生文献较少；另一方面，元朝是少数民族统治，当时全国使用三种语言文字，即蒙古文、汉文和波斯文，公文使用蒙古文和汉语公牍文两种文字，统治阶级偏好使用与他们语言习惯相符合的名词。

表3-7　"图书"主要义项各朝代出现次数统计表

朝代	户籍地图档案	图谶	河图洛书	书籍	书画作品	私章、图章	书信	官职	出现总数
汉	18	15	21	16					70
三国两晋南北朝	1	7	8	56					72
隋唐五代	16	5	31	187	17		1		257
宋	19	15	35	308	15	2	1		395
元	7	3	15	141	3	4			173
明	5		16	274	5	101			401
清	4	3	83	507	5	88		1	691
总计	70	48	209	1489	45	195	2	1	2059

2.诏书

"诏"，从言从召，召亦声，会意兼形声字。"言"是言论，"召"是召唤。本义是告知，告诉。先秦没有此字，秦汉才出现，多用于上告下，是一种下行文。诏书，是皇帝通告臣民的文书，专指性非常强。常被用于官方场合，如皇帝给臣子的批复，朝廷颁布的律令、下发的公告等等。《史记》中就有记载："魏其乃使昆弟子上书言之，幸得复召见。书奏上，而案尚书大行无遗诏。诏书独藏魏其家，家丞封。"[①]

---

① 司马迁. 史记 [M]. 北京：中华书局，2006：625.

"诏书"一词产生于汉代，在汉代共出现了83次，使用频次为1.257576，其形成阶段，虽然没有得到广泛而大量的使用，但在秦汉"书族"文档名词中的使用次数已经位居第二。"诏书"是专指性文档名词，自出现起含义就十分明确，不具有多义性，且其含义变化不大，意为皇帝颁发的命令，是帝王的专用文书。"诏书"一词的使用量巨大，使用频次高，南北朝开始已经被广泛使用并固化下来，并在以后的封建时代贯穿始终，是族内连续性最强的名词之一。

3.其他"书族"文档名词

书记。"书记"一词古代含义较为丰富，作文档含义时，指文字、书籍、文章；也可以指书牍、书信。其最早出现在汉代，如《论衡》："论说之家著于书记者皆云：'天雨谷者凶。'书传曰：'苍颉作书，天雨谷，鬼夜哭。'此方凶恶之应和者，天何用成谷之道，从天降而和，且犹谓之善，况所成之谷从雨下乎？"① "书记"一词自汉代出现，南北朝和唐代时使用最多，此后使用数量越来越少，这说明其文档含义逐渐消亡。在明代、清代的通俗小说中多为表示官名的用法，较少表示文件、档案的含义。

书奏。"书奏"一词的含义比较单一、明确，指书简、奏章等，具有专指性。"书奏"最早见于汉代，多见于史部文献。如《史记》载："是时张汤方乡学，以为奏谳掾，以古法议决疑大狱，而爱幸宽。宽为人温良，有廉智，自持，而善著书、书奏，敏于文，口不能发明也。汤以为长者，数称誉之。"②

册书。"册书"初称"策书"，源于周代，魏以后改为"册书"，是帝王用于册立、封赠的文书。"册书"一词含义丰富，其在秦汉时指皇帝颁发的文书，主要出现在《汉书》中。如："自昭帝时，涿郡韩福以德行征至京师，赐策书束帛遣归。"③ 又如："书奏，天子以册书答曰：'问：弘称周公之治，

---

① 王充. 论衡 [M]. 长沙：岳麓书社，1991：75.

② 司马迁. 史记 [M]. 北京：中华书局，2006：703.

③ 班固. 汉书 [M]. 北京：中华书局，1962：3083.

弘之材能自视孰与周公贤？’”①作为中国古代帝王诏令文书的文种名称之一，“册书”早在先秦时期就已出现，几乎在后世的每个朝代均有提及，可见其延续性较好。但从使用频次来看，“册书”一词的使用频次仅有0.057，使用率较低。

　　奏书。“奏书”一词最早出现在汉代，指代奏章，即臣下向君主进呈的文书。如《汉书》：“邹阳，齐人也。汉兴，诸侯王皆自治民聘贤。吴王濞招致四方游士，阳与吴严忌、枚乘等俱仕吴，皆以文辩著名。久之，吴王以太子事怨望，称疾不朝，阴有邪谋，阳奏书谏。”②

　　券书，指契约文书。如东汉《太平经》载：“不惜难之也，但恐太文，难为才用。具说天下承负，乃千万字尚少也，难胜，既为子举其凡纲，令使众贤可共意，而尽得其意，与券书无异也。”③

三、秦汉“案族”文档名词

（一）“案族”文档名词的构成、内涵与构词特点

　　“案族”文档名词的基本构词要素——“案”，是汉语中最早出现的文字之一，出现于先秦时期。关于“案”的解释，《说文解字》曰：“案，几属。”段注曰：“《考工记》。玉人之事，案十有二寸，枣栗十有二列。大郑云：案，玉案也。后郑云：案，玉饰案也。枣栗实于器，乃加于案。”④“案”的本义是几一类的器具。古人亦认为“案”作为几属是指一种有足的托盘，吃饭的时候把饭菜放在上面，从厨房端至吃饭的地方。唐代颜师古曰：“无足曰盘，有足曰案，所以陈举食也。”⑤《汉书·外戚传》：“亲

---

①　班固. 汉书［M］. 北京：中华书局，1962：2618.

②　班固. 汉书［M］. 北京：中华书局，1962：2338.

③　陈国勇. 太平经［M］. 广州：广州出版社，2003：45.

④　许慎，段玉裁. 说文解字注［M］. 上海：上海古籍出版社，1981：260—261.

⑤　史游. 急就篇［M］. 长沙：岳麓书社，1989：169.

奉案上食。"①由于食案是生活中常用的器具，人们非常熟悉，所以那些与食案样式相似的家具人们也都称为"案"，其中使用最多的是"几案"一词。由于"几"在古代也指矮小的桌子，与"案"在形状和用途上都十分相似，故把二者合称为"几案"。

"案"字在后世的使用过程中被引申为记事或储存备查的文件的含义。具体有以下几种：官府处理公事的文书、成例和狱讼判定的结论等；指榜、告示；关于办法、计划、建议等的文件；官署的部门或单位；指涉及法律或政治的事件等。"案族"文档名词的特殊内涵与指代多与上述含义有关。后来经过不断发展，"案"也开始出现了很多作动词的用法。在古文中，"案"通"按"。"案"作动词时有检索、查阅的意思，如"披图案籍"这一用法。还有其他的动词含义，非常丰富，如依据、按照、查考、考核、查办、审理等等。在古代文献中，其他常见的用法有"案：……""案曰：……""案验"等等。

"案"在先秦时期尚未出现文档义项。据笔者检索结果，"案"这一单音节词单独作为文档名词使用的用法较为少见，主要是和其他单音节词共同构成双音节词表示其文档含义，最早的双音节"案族"文档名词是见于东汉的"文案"一词。在后世的发展演变过程中，又逐渐产生了"案牍""案卷""档案""书案""案牒""案记"等双音节文档名词。

"案族"文档名词具有一些普遍的族类特征，主要有以下几个特点：

第一，从造词结构上来看，"案族"文档名词大部分属于并列式。并列式是"案族"文档名词的主要构词特征，具体表现为名词与名词并列，如"案牍""案卷""案牒"等等。

第二，在构词顺序上，在双音节词中"案"字可以居前也可居后，其内涵各有不同。与"案"组合的另一单音节词，或表明文档的物质载体形式，如"案牍""案牒"；或表明文档的外部表现形态，如"案卷""案册"；或表示文档的内容，如"文案""书案"。

---

① 班固. 汉书 [M]. 北京：中华书局，1962：3968.

第三，从词义上来看，双音节"案族"文档名词中少量具有通用性，如"案牍"，而多数的表意较为明确，专指性强。"案族"文档名词多有侧重点，即特指某一具体类别的文档，如"案牒"专指官署的文书簿册。

另外，某些"案族"名词可作为属概念来形成新的文档名词，如"档案"一词"作为一种大类概念，其重要表现就是许多专门档案名词（小类）已经以"档案"作为属概念命名。即：把档案作为一类事物的概念，在其前加一个限定词，就成为这一大类事物的某一种。如：仪注档案、粮饷档案、食饷档案、户部档案税课司档案、过继档案、八旗档案、壮丁档案、军机处档案、俸禄档案、散赈档案、谕旨档案、租地档案、工程档案等。"①

第四，"案族"文档名词还可用于与其他名词共同构成各种官职名称，这些官员一般为负责执掌文案工作的文官。如：提控案牍、提领案牍、照略案牍、尚书案奏、尚书案事、礼制书案、奉制书案、引制书案、奉行书案等等。这类用法在古代文献中出现的次数相当多，需要与文档类含义进行仔细区分。

（二）"案族"文档名词的应用

秦汉时期，"案族"文档名词首次出现，且只有一个名词——"文案"。

"文案"或称"文按"，基本含义是公文案卷，后期增加了指代文书档案官职、图书账册、文书档案工作等含义。根据检索到的结果，"文案"一词最先出现于东汉的《太平经》，其文如下："天君言：'自责之人，皆于自然，亦神所资善也。使主案天文籍之人视之，有自责，乃白生籍神。''使敕视文，文案籍有此人。'"②这里"文案"一词是指神灵官方的公文。

经检索，"文案"一词在中国古代文献中总计出现了702次：汉（1）、两晋南北朝（16）、隋唐五代（100）、两宋（169）、元（30）、明（99）、清（287）。自从秦汉时期"文案"一词出现以后，其成为较常见的文档名词，从汉代以后一直为后世使用，在使用时间上具有连续性，在使用范围上具有普遍性。

---

① 丁海斌，田丹. 清代文献中所见"档案"一词及相关问题研究［J］. 档案学研究，2013（6）：88.

② 陈国勇. 太平经［M］. 广州：广州出版社，2003：397.

四、秦汉"牍族"文档名词

（一）"牍族"文档名词的构成、内涵与应用

"牍族"文档名词是简牍文化的产物，产生于先秦后期，在隋唐、宋、明、清等朝代有较高的使用频次。《说文解字》云："牍，书版也。"[①]牍是指古代用于书写的长方形木板。古代木片是常用的书写材料，所以"牍"字以"片"作为意符，说明"牍"是由"木片"制作的。

"牍"是一个意义广泛的单音节词，并非单指文档，"牍族"的文档含义是由其语言环境及与其组合的词素所决定的。其作为文档名词出现时，多指官府中的公文，也有书信等含义。随着语言文字的发展、演变，单音节词"牍"与其他单音节词结合形成复音词，如"案牍"等，就形成了更为明确的文档意义。先秦以后，作为在古汉语中有重要地位的单音节词，"牍"逐渐确立了较丰富、较广泛意义上的内涵，并与越来越多的相关单音节词组合，使"牍族"文档名词的大家庭成员越来越多，内涵也越来越丰富、明确。

汉代出土的木牍，大约一尺，宽度一般为3—10厘米。古人写信，一般写在一尺长的木牍上，所以书信也叫"尺牍"。信写完之后，有字的一面盖上一块有凹槽的木板，用绳子通过凹槽交叉捆扎，绳子的结扣在凹槽内，再在凹槽中纳入胶泥加封，在胶泥上加盖印章。等泥团干燥后，绳子的结扣被封在黏土里，中途也就无法私自拆封了，犹如现在使用火漆封物一般。这样既可以保密，又便于传递。书写短篇文字，如果一件牍可以写得下，就没有必要把竹简编连成简册，又不用担心脱简或错简，这是木牍的优点。

木牍还有一种特殊用途，用来做名片，古代叫作"刺"或"谒"。古时候，每当下级进见上级，都必须"持牍趋谒"，这是古代一种礼节。据古书记载，上面除写明自己的姓名、籍贯、官爵之外，还写上"再拜问起居""谒"等字样。这种木牍在安徽省马鞍山的一座古墓中共发现17件，可见是平时预先写好以备不同场合使用的。官吏向上级汇报事情的时候，可以把事项书写在

---

① 许慎，段玉裁. 说文解字注 [M]. 上海：上海古籍出版社，1981：318.

木牍上拿着备用，所以古书中常提到"奏牍"或"版奏"，古代官吏所持的"笏"，也就是奏牍。

除此之外，宽的木牍还可以用来画图。在造纸术发明之前，既可以在布帛上画图，也可以在木牍上画图。在甘肃省天水放马滩一号秦墓中发现七幅地图，是目前所见最早的地图，它就是画在四块木牍的正反面。由于木牍通常用在文书、契约、书札等方面，因此旧时把文书、契约之类总称为"文牍""案牍"。

在"牍族"文档名词的构成上，"牍"字后置者居多，且大部分"牍族"文档名词具有专指性及专用性，文档属性较强。经过检索发现，先秦时期"牍族"文档名词仅有一个：竿牍，指书信。到了秦汉时期，先秦时期的"竿牍"一词消失，"牍族"文档名词共有4个：尺牍、书牍、牍书和奏牍。这4个文档名词均为秦汉时期新增，出现次数分别为3、3、2、2。

（二）本时期重要的文档名词

1.尺牍

"尺牍"字面上指书写载体。在古代文献的不断发展中，"尺牍"渐渐具备了参考文献资料的意思，包含文档类事物的含义。从文档名词的角度而言，"尺牍"大多数指的是信札，其含义与用法同函牍、书牍相近。尺牍由"牍"这个单音节词衍生而来，与"牍"本身的意思联系紧密。除了文档名词本身的性质之外，"尺牍"还用来指文辞、墨迹、字迹。

据《史记》记载："女无美恶，居宫见妒；士无贤不肖，入朝见疑。故扁鹊以其伎见殃，仓公乃匿亦自隐而当刑。缇萦通尺牍，父得以后宁。故老子曰'美好者不祥之器'，岂谓扁鹊等邪？"[①]文中的"通尺牍"即是指通书信。"尺牍"最初产生在汉朝，便是作为信札、书信的意思出现，专指性明显。

"尺牍"一词在汉朝出现后，在以后的几乎每个朝代都有出现，在古文献中共出现1781次，而具备文档性质出现的情况有：汉朝（3）、晋朝（5）、

---

①　司马迁．史记［M］．北京：中华书局，2006：614.

南北朝（23）、唐朝（73）、宋朝（170）、元朝（44）、明朝（137）和清朝（573），总计1028次。汉至晋朝，"尺牍"虽然仍未被大量应用，但是在晋朝出现了"尤工尺牍"，其含义得到丰富，有了文辞之意。南北朝、唐宋时期，"尺牍"的出现次数逐渐增加。元朝是少数民族王朝，"尺牍"并未被广泛接纳。到了明朝时期，值得一提的是，"尺牍"共出现了760次，但是有623次作为文章的小标题出现，如"卷三·尺牍"，可见"尺牍"的使用及地位得到了广泛的接受认可，清朝仍是词汇最丰富的时期，且"尺牍"的所有含义在清朝都得以体现。

2.书牍

"书牍"是简牍书信之类的简称，在使用方面与"简牍"相似，并且在书信的含义上与"函牍"类似。"书牍"一词首现于汉代，出现3次，其使用频次为0.045454。如汉司马迁《史记》云："岁馀，每河东守尉行县至绛，绛侯勃自畏恐诛，常被甲，令家人持兵以见之。其后有上书告勃欲反，下廷尉。……勃恐，不知置辞。吏稍侵辱之。勃以千金与狱吏，狱吏乃书牍背示之，曰'以公主为证'。"[1]

此句中的"书牍"可译为书简、文书，可用"简牍"代替。秦汉以后，书牍在非政务活动中指书札、书信，在政务活动中指公文、文件，多数用在非政务活动上。

3.其他"牍族"文档名词

牍书。"牍书"和"簿书"含义相似，主要指官署文书。该词起源时间比较早，连续性也较强，但使用频率较低，在秦汉时期仅出现了2次，如汉朝贾谊《新书》云："大臣之俗，特以牍书不报，小期会不答耳，以为大故不可矣。天下之大指，举之而激。俗流失，世坏败矣。因恬弗知怪，大故也。"[2]

奏牍。"奏牍"具有专指性，含义单一，前字"奏"就决定了"奏牍"

① 司马迁. 史记［M］. 北京：中华书局，2006：371.

② 贾谊，扬雄. 贾谊新书；扬子法言［M］. 上海：上海古籍出版社，1989：22.

的含义，即指书写奏章的简牍，犹奏章。如《史记》载："朔初入长安，至公车上书，凡用三千奏牍。公车令两人共持举其书，仅然能胜之。人主从上方读之，止，辄乙其处，读之二月乃尽。"①

五、秦汉"簿族"文档名词

（一）"簿族"文档名词的构成、内涵与应用

"簿族"文档名词起源于战国时期，也是中国古代文档名词的重要组成部分之一。先秦时期只产生了"簿正"和"名簿"两个文档名词，到了秦汉时期，"簿族"文档名词的数量逐渐多了起来，包括簿书、簿籍、官簿、对簿、上簿、军簿、名簿、兵簿、校簿、图簿10个文档名词。除了"名簿"以外，其他9个文档名词均为秦汉新增，具体使用情况如表3-8所示。

表3-8　秦汉"簿族"文档名词使用情况

序号	名词	使用次数	使用频次	是否为秦汉时期新增
1	簿书	22	0.333333	是
2	上簿	9	0.136364	是
3	对簿	5	0.075758	是
4	官簿	4	0.060606	是
5	簿籍	3	0.045455	是
6	军簿	3	0.045455	是
7	名簿	2	0.030303	否
8	兵簿	1	0.015152	是
9	校簿	1	0.015152	是
10	图簿	1	0.015152	是

"簿族"文档名词含义较为丰富，不仅表示簿册文书之意，还表示履历、资历、考核、户籍、战绩等多种文档含义。与之对应的适用范围也涉及政治、经济、文化、法律、军事、宗教、人文地理等方方面面。

---

① 司马迁. 史记 [M]. 北京：中华书局，2006：729.

（二）本时期重要的文档名词

1.簿书

"簿书"一般是指官署中的簿册文档，"簿书"一词最早出现于汉朝时期，在汉朝共出现了22次，其使用频次为0.333333。如《汉书·贾谊传》中：

> 矫伪者出几十万石粟，赋六百余万钱，乘传而行郡国，此其亡行义之尤至者也。而大臣特以簿书不报，期会之间，以为大故。至于俗流失，世坏败，因恬而不知怪，虑不动于耳目，以为是适然耳。夫移风易俗，使天下回心而乡道，类非俗吏之所能为也。①

2.簿籍

"簿籍"一词在整个"簿族"文档名词中使用次数和频次位居前列，也属于一个重要的通用性文档名词。"簿籍"一词最先出现于汉代，但其使用频次和次数都不高，在汉代共出现3次，使用频次为0.045454。在古代汉语释义中，"簿籍"主要是指登记、书写所用时所用的册籍。如东汉《太平经》中：

> 乐生念，自令自忽者勿望生。殊无长生之籍，强入神仙，斋家所有，祠祭神灵，求蒙仙度，仙神案簿籍，子无生名，祷祭神，不享食也。走行乞丐，复诸神灵，其神怒之，猛兽所食，骨肉了已，狐狸所啮，不归故乡。②

3.其他"簿族"文档名词

对簿。"对簿"一词中的"簿"，指狱辞的文书，相当于现在的诉状。因古代审讯时，需依据状文核对事实，故称"对簿"。《史记》载："广未对，大将军使长史急责广之幕府对簿。"③这里所提及的"对簿"一词即是此意。而"对簿公堂"一词即是由此延伸出来的。"对簿"指受审问，公堂指旧时官吏审理案件的地方。此用法现在也有所提及，即指在法庭上受审问。

官簿。"官簿"的含义指记载官员资格、履历的簿册。其最早出现在汉

① 班固. 汉书 [M]. 北京：中华书局，1962：2244-2245.

② 陈国勇. 太平经 [M]. 广州：广州出版社，2003：413.

③ 司马迁. 史记 [M]. 北京：中华书局，2006：633.

代，《汉书》中："先是逢信已从高弟郡守历京兆、太仆为卫尉矣，官簿皆在方进之右。及御史大夫缺，三人皆名卿，俱在选中，而方进得之。"[①]这里所提到的官簿即是指记录官吏功绩和经历的簿籍。

军簿。"军簿"从字面意思理解即为军中的文书簿册。如司马迁在其《史记》中有所提及：

> 程不识故与李广俱以边太守将军屯。及出击胡，而广行无部伍行陈，就善水草屯，舍止，人人自便，不击刀斗以自卫，莫府省约文书籍事，然亦远斥候，未尝遇害。程不识正部曲行伍营陈，击刀斗，士吏治军簿至明，军不得休息，然亦未尝遇害。[②]

图簿。"图簿"一词是指地图、户籍等簿册，而主要是指地理图籍。如班固在《汉书》中提到："以图簿未定，未授国邑，且令受奉都内，月钱数千。诸侯皆困乏，至有庸作者。"[③]其中的图簿即是地理图籍之意。

六、秦汉"籍族"文档名词

（一）"籍族"文档名词的构成、内涵与应用

"籍族"文档名词亦起源于战国时期，是中国古代文档名词的重要组成部分，但当时主要作为单音节词"籍"出现。随着社会的发展演变，"籍族"逐渐衍生成多音节词，并开始具有越来越丰富的文档含义。"籍族"名词的文档含义主要可以包括以下两种：一是指图书、簿册；二是特指某一方面的，如"户籍"和"黄籍"主要就是指户口方面的登记造册。

如表3-9所示，先秦时期产生了"户籍""法籍""图籍""典籍"4个文档名词，到了秦汉时期，"籍族"文档名词又增加"簿籍""载籍"。其中"载籍"一词在秦汉时期的使用次数最多，共出现22次，其使用频次为0.333333，其次是"图籍"一词，在秦汉时期共出现了15次，其频次为

---

①　班固. 汉书［M］. 北京：中华书局，1962：3417.

②　司马迁. 史记［M］. 北京：中华书局，2006：631.

③　班固. 汉书［M］. 北京：中华书局，1962：4129.

0.227273。

表3-9 秦汉"籍族"文档名词使用情况

序号	名词	使用次数	使用频次	是否为秦汉时期新增
1	载籍	22	0.333333	是
2	图籍	15	0.227273	否
3	法籍	8	0.121212	否
4	典籍	4	0.060606	否
5	簿籍	3	0.045455	是
6	户籍	1	0.015152	否

（二）本时期重要的文档名词

1.载籍

"载籍"一词首现于汉代，共出现了22次。含义比较简单，为书籍或者典籍的意思，具有通用性意义。如《汉书》中：

> 古之王者世有史官，君举必书，所以慎言行，昭法式也。左史记言，右史记事，事为《春秋》，言为《尚书》，帝王靡不同之。周室既微，载籍残缺，仲尼思存前圣之业，乃称曰："夏礼吾能言之，杞不足征也；殷礼吾能言之，宋不足征也。文献不足故也，足则吾能征之矣。"①

尽管"载籍"一词基本含义多指书籍或者典籍，但其在历史上出现的频率较高，使用次数较多，在整个"籍族"文档名词中依旧扮演着十分重要的角色。

2.典籍

"典籍"一词最早出现在先秦时期，尽管其使用次数不多，但是在"籍族"文档名词中仍旧属于通用性文档词汇，其早期的含义与文档的意义密切相关，主要指法典、图籍等重要档案。

"典籍"一词在秦汉时期共出现了4次，使用频次为0.060606。如《汉

---

① 班固. 汉书 [M]. 北京：中华书局，1962：1715.

书》载："古之儒者，博学虖《六艺》之文。《六艺》者，王教之典籍，先圣所以明天道，正人伦，致至治之成法也。"[①]

从其具体使用情况来看，"典籍"一词作为文档含义在古代只出现过33次，频次仅为0.013。它在先秦时期的文档含义比较明显，秦汉之后"典籍"除文档含义之外，逐渐衍生出现图书、职官等含义，其文档含义的用法甚至在晋、明、清等时期出现了空白。总体上来说，在笔者检索的范围内，"典籍"在古代作为图书含义的用法占主要地位，比例达到了86%，作为职官的用法占到了12%，而其文档含义的用法仅占4%。

七、秦汉"册族"文档名词

（一）"册族"文档名词的构成、内涵与应用

"册族"文档名词产生时间较早，但使用频次较低，是中国古代文档名词的一个重要组成部分。其含义广泛，包含封诏类文档名词、簿册类文档名词、祭告类文档名词和其他专指类文档名词。封诏类文档名词如册书、册文，主要含义指帝王册立或封诏的文书；祭告类文档名词如祝册、册祝，指写在册书上的祭告天地宗庙的祝词或写有祝词的册书；簿册类文档名词如册籍、籍册，均具有簿册和人名册档案的含义。

秦汉时期"册族"文档名词有3个："典册""册文""册书"。其在秦汉出现的次数分别为8、6、2次。这3个名词在先秦就已经出现，秦汉时期并没有新增加的"册族"文档名词。

（二）本时期重要的文档名词

1.典册

"典册"作为中国古代一个典型的文档名词，其早在先秦时期就已出现，并且在后世得到了较好的沿袭，除了在三国时出现短暂的空白之外，各个朝代均有提及。从出现情况来看，"典册"共出现了496次，从先秦到宋代一直呈

---

① 班固. 汉书［M］. 北京：中华书局，1962：3589.

递增的趋势，在元、明出现短暂的下降之后，在清朝又达到了一个使用高峰，其中隋唐、宋及清是"典册"出现的高峰期，共出现了399次，占到了总次数的80%。

从"典册"的使用范围来看，"典册"在经部、史部、子部、集部等文献中均有出现，可见其应用的范围比较广泛。其中，"典册"在史部、子部和集部文献中出现的次数较多，连续性也较强，说明"典册"更多是作为一种比较规范和正式的文档称谓来使用的，多见于官方或官员撰写的文献；其在经部、丛书和小说类中出现的次数较少，说明民间使用得较少。

"典册"一词是秦汉"册族"文档名词中出现次数最多的名词，它在秦汉时期共出现了8次，如西汉焦延寿的《焦氏易林》中："典册法书，藏在兰台。虽遭乱溃，独不遇灾。"[①]"典册"一词的含义泛指朝廷重要文书。

2.册文

"册文"一词最早出现在先秦时期，自先秦起在后来的各个朝代文献中均有提及，具有较好的延续性，使用率也相对较高。"册文"一词在秦汉时期共出现了6次，其含义为册命、册书等诰命文字的一种，只用于帝王封赠臣下。如《汉书》载：

> 闳为贤弟驸马都尉宽信求咸女为妇，咸惶恐不敢当，私谓闳曰："董公为大司马，册文言'允执其中'，此乃尧禅舜之文，非三公故事，长老见者，莫不心惧。此岂家人子所能堪邪！"[②]

秦汉以后其应用渐繁，有祝册、立册、封册、谥册等名目，凡祭告、上尊号及诸祭典均用之。

---

① 焦延寿，尚秉和. 焦氏易林注 [M]. 3版.北京：中央编译出版社，2012：298.

② 班固. 汉书 [M]. 北京：中华书局，1962：3738.

八、秦汉"典族"文档名词

（一）"典族"文档名词的构成、内涵与应用

"典族"文档名词起源于先秦，族类名词数量较多，连续性较强。先秦时期已经有了9个名词，从秦汉时期开始直到清朝末期，除了在三国时期因战乱形成并存留下来的文献较少而出现短暂的下降之外，整个"典族"的文档名词数量逐渐增多并相对稳定，即使是在少数民族统治的元朝也保持了相对稳定的局面，并在清朝达到顶峰，达到19个之多。

"典族"文档名词内涵广泛，涉及文书档案、法律档案、朝廷文书、会计簿册、帝王册命、抵押凭证以及专门的档案职官等，包括综合类文档名词、法律法规类文档名词、凭证类文档名词、特指类文档名词、成例类文档名词和训示类文档名词等。

秦汉时期的"典族"文档名词共有12个，使用总次数为109次，其中典谟、典文、典训、典浩、典宽五个名词为秦汉新增，具体如表3-10所示：

表3-10　秦汉"典族"文档名词使用情况

序号	名词	使用次数	使用频次	是否为秦汉时期新增
1	六典	28	0.424242	否
2	典谟	17	0.257576	是
3	典法	12	0.181818	否
4	典文	12	0.181818	是
5	典训	10	0.151515	是
6	典册	8	0.121212	否
7	典诰	6	0.090909	是
8	典籍	4	0.060606	否
9	典宪	4	0.060606	是
10	训典	4	0.060606	否
11	典书	3	0.045455	否
12	文典	1	0.015152	否

（二）本时期重要的文档名词

1.典谟

"典谟"一词出现于秦汉时期，并且在后世的各朝代中沿袭下来，其具有较强的延续性和较高的使用频次。"典谟"一词在这一时期出现了17次，频次为0.257576，是秦汉"典族"文档名词中出现次数较多的名词。"典谟"是"典族"文档名词中的特指类文档名词，特指《尚书》中的某些篇章。

"典谟"是《尚书》中《尧典》《舜典》《大禹谟》《皋陶谟》等篇的通称。"典"是指记载上古帝王政绩、活动及国家典章制度的典籍，如《尧典》《舜典》，"谟"通"谋"，是上古君臣在政务方面的谋议决策，如《大禹谟》。另外，"典谟"还特指《尚书》，而《尚书》的性质是先秦夏、商、周三代史官记录和保存的文告档案汇编。由此可见，"典谟"其意为重要的历史档案。《两汉纪》载："撰《汉书》百篇，以综往事，庶几来者亦有监乎此。其辞曰：'茫茫上古，结绳而治。书契爰作，典谟云备。明德惟馨，光于万祀。其在中叶，实有陶唐。丕显伊则，配天惟明。……'"①随着语言的发展，"典谟"一词逐渐增加了非文档名词的含义，主要指经典或法言，但这种用法极少。

2.典训

"典训"首现于汉代，共出现10次，其使用频次为0.151515。如《蔡邕集》载：

> 汉世后氏无谥，至于明帝，始建光烈之称。是后转因帝号，加之以德，高下优劣，混而为一，违礼"大行受大名，小行受小名"之制。《谥法》："有功安民曰熹。"帝后一体，礼亦宜同，大行皇太后宜谥为和熹皇后，上稽典训之正，下协先帝之称。②

"典训"一词的含义是指之前记载的相关准则性的训示，与"训典"一词含义相似。其延续性较强，自从出现之后在各个时期基本没有间断。据统

---

① 荀悦，袁宏. 两汉纪 [M]. 北京：中华书局，2002：547.
② 蔡邕. 蔡邕集编年校注 [M]. 石家庄：河北教育出版社，2002：426.

计，"典训"一词在古代文献中共出现了192次，总频次为0.074，属低频文档名词。

3.其他"典族"文档名词

典文，指重要的法律文件。《汉书·刑法志》载："今律令烦多而不约，自典文者不能分明，而欲罗元元之不逮，斯岂刑中之意哉！其议律令可蠲除轻减者，条奏，唯在便安万姓而已。"①

典诰。"典诰"一词的用法与"典谟"基本相似，是对《尚书》中某些篇章的特指。其最早出现于汉代，如《蔡邕集》："逮作御史，允执国宪；纳于侍中，在帝左右；爰董武事，王师孔闲。群公以旧德硕儒，道通术明，宜建师保，延入华光，侍宴露寝，敷典诰之精旨，达圣王之聪睿。"②

九、秦汉"图族"文档名词

（一）"图族"文档名词的构成、内涵与应用

"图族"文档名词是我国古代文档名词的一个重要组成部分，该族类文档名词的起源时间较早，名词个数和数量较少，频次较低，呈波浪式发展。"图族"文档名词的含义广泛，涉及地图档案、户籍档案以及谱牒档案等。其中地图类文档名词如图、地图等，户籍档案类文档名词如图籍，谱牒类文档名词如图牒、图谱。

秦汉时期的"图族"文档名词共有图书、地图、图籍、图法、图文、图簿6个文档名词，其中图书、图文、图簿为秦汉新增。如表3-11所示，秦汉时期出现次数最多的"图族"文档名词是"图书"一词，使用次数为54次，使用频次为0.818182，其次是"地图"一词，使用次数为22次，频次为0.333333。图簿、图文、图法三词较其他"图"族文档名词出现次数较少，属低频文档名词。

---

① 班固. 汉书［M］. 北京：中华书局，1962：1103.

② 蔡邕. 蔡邕集编年校注［M］. 石家庄：河北教育出版社，2002：351.

表3-11　秦汉"图"族文档名词使用情况

序号	名词	使用次数	使用频次	是否为秦汉时期新增
1	图书	54	0.818182	是
2	地图	22	0.333333	否
3	图籍	15	0.227273	否
4	图法	5	0.075758	否
5	图文	2	0.030303	是
6	图簿	1	0.015152	是

（二）本时期重要的文档名词

1.图文

"图文"一词是秦汉时期新增加的文档名词，与"图族"其他名词相比其出现次数较少，在秦汉仅出现了2次，使用频次为0.030303。

"图文"即图谶之文，首现于汉代。如《汉书》载："予以不德，托于皇初祖考黄帝之后，皇始祖考虞帝之苗裔，而太皇太后之末属。皇天上帝隆显大佑，成命统序，符契图文，金匮策书，神明诏告，属予以天下兆民。"[①]

2.图簿

"图簿"一词最早出现于在汉朝，只出现了1次，使用频次为0.015152，"图簿"作为文档名词使用时同"图籍"含义一样，亦指地图、户籍等簿册。如《汉书》载："莽至明堂，授诸侯茅土。下书曰：'予以不德，袭于圣祖，为万国主。……以明好恶，安元元焉。'以图簿未定，未授国邑，且令受奉都内，月钱数千。诸侯皆困乏，至有庸作者。"[②]

尽管"图簿"与"图籍"都是指地图户籍档案，但是却呈现出不同的发展状况。从出现时间来看，"图籍"在先秦时就已出现，而"图簿"在汉朝才开始出现；从时间延续性来看，"图籍"在三国之外的各个朝代均有出现，使用范围较广，延续性较强，而"图簿"仅在汉、三国两晋南北朝、隋唐五代和宋

---

① 班固. 汉书 [M]. 北京：中华书局，1962：4095.

② 班固. 汉书 [M]. 北京：中华书局，1962：4128-4129.

朝出现过，延续性较差；从使用频次来看，"图籍"一词共出现了193次，频次为0.075，在整个"图族"文档名词中排第二位，而"图簿"仅出现了6次，频次为0.002，可见使用率极低。

十、秦汉"令族"文档名词

（一）"令族"文档名词的构成、内涵与应用

"令族"是指含有单音节词"令"的有法律性质的文书名词聚类。"令族"文档名词最早出现在先秦时期且在当时已经具有一定的规模，到了秦汉时期，"令族"文档名词的数量已经达到11个之多，是我国古代文档名词的重要组成部分。

"令族"文档名词可分为以下几类：行政类的，例如法令、政令、律令，这些名词都是国家政府机关下发的命令文件；军事类的，例如将令、军令，军令状等，这些名词都是适用于国家军队的特殊文件，表达的是将帅和皇帝的旨意；其他类，有一些特指性很强的名词，例如阴令和宪令，其中阴令特指皇帝在后宫发布的命令性文件，极具代表性。

秦汉时期的"令族"文档名词共有法令、政令、律令、诏令、阴令、施令、军令、将令、功令、宪令、违令11个文档名词，其中律令、诏令、宪令、违令为秦汉新增的名词。如表3-12所示，秦汉时期出现次数最多的"令族"文档名词是"法令"一词，使用次数为161次，使用频次为2.439394，政令、律令的使用频次也较高，功令、宪令、违令三个词的使用频次较低，属于低频文档名词。

表3-12　秦汉"令族"文档名词使用情况

序号	名词	使用次数	使用频次	是否为本时期新增
1	法令	161	2.439394	否
2	政令	58	0.878788	否
3	律令	53	0.803030	是
4	诏令	34	0.515152	是

续表

序号	名词	使用次数	使用频次	是否为本时期新增
5	阴令	23	0.348485	否
6	施令	23	0.348485	否
7	军令	16	0.242424	否
8	将令	12	0.181818	否
9	功令	5	0.075758	否
10	宪令	3	0.045455	是
11	违令	1	0.015152	是

（二）本时期重要的文档名词

1.法令

"法令"一词是中国古代"令族"法律文书名词中使用频次最高的名词，它在秦汉时期出现的次数也是最高的。"法令"一词出现时间早。最早出现在先秦，主要是指法律条令。该词的使用频率经历了两个高峰期，其中一个就是秦汉时期。

"法令"一词在汉代的使用次数较多，共出现161次，其中在经部著作中出现8次，在集部出现9次，在史部出现76次，在子部著作中出现68次，由此可见其较集中出现在史部的著作中，其中比较有代表性的著作是《汉书》《史记》等，尤其多见于《史记》中。《史记》是我国古代最早的一部纪传体通史，关于帝王纪实较为详尽的，所以对于帝王经常发布的命令，也会有翔实的记载，"法令"一词就作为法律文书名词在这本史书上使用了。如"今陛下兴义兵，诛残贼，平定天下，海内为郡县，法令由一统，自上古以来未尝有，五帝所不及。"①这里的"法令"就是特指皇帝颁发的法律条文。在本文检索的秦汉时期的66本书籍中，该词就出现了161次，可见其使用频率之高，可能因为当时没有其他法律条文类的名词在这一时期频繁使用，"法令"一词就占据

---

① 司马迁. 史记 [M]. 北京：中华书局，2006：43.

了先秦法律界的一席地位。两晋时期的"法令"依然持续着上升的态势，出现了另一个高峰。

"法令"一词出现后，在后世各朝代的使用数量都有比较平稳的增长，发展与演变具有极强的继承性和连续性。从检索结果中可以发现，"法令"一词的总出现次数远远超过其他的"令族"法律文书名词出现次数，而且，该名词使用数量接近同样数量巨大的"诏令"这一专指性法律文书名词，使用范围和普及度都非常高。与其他"令族"法律文书名词相比，"法令"显然是占主导地位的。根据检索结果发现，越靠近近代，"法令"一词使用就越频繁，表现出了更为旺盛的生命力。至今我们仍在法律界的很多方面使用这一法律文书名词。

2.诏令

"诏令"一词是中国古代是比较有代表性的法律文书名词，其使用量比较大，使用频次高。"诏令"是专指性法律文书，它是血缘系封建专制政体的产物，是封建帝王统治国家的重要工具。自出现起含义就十分明确，意为皇帝颁发的命令，是帝王的专用文书，且其含义变化不大。该词自出现起就在各个朝代有应用，从检索的结果来看，在中国古代各类史书中均有出现，由此可以看出它使用的范围非常广泛。

"诏"，会意兼形声字，本义是告知、告诉。先秦没有此字，秦汉才出现，秦始皇改令曰诏，命曰制。秦朝立国后，制、诏就逐渐成为君主发号施令的专用文体。这可以算是我国古代史上第一次由皇帝来用明文去界定一种公文文体。这时候的"诏"，就是以君王名义发布的公文的统称，是用来通告臣民的文书，专指性非常强。该文体常被用于官方场合，例如皇帝交给臣子的批复，政府颁布的律令、下发的命令，等等。

两汉继承了秦朝以来的许多制度，比如法制，一般"诏"和"令"并用。在汉代，"诏"多用于皇帝或依照皇帝的意愿发布的官方命令，有时候也泛指答复朝臣的奏章，再者就是用于皇帝即位、逝世时特意颁发的法令公文。汉朝初期，刘邦颁发的《诏封诸王》《诏封有功》《求贤诏》等。文景之后，国力强盛，尤其是发展到了汉武帝时期，汉帝国进入了全盛时期，关于诏类的公文也受到汉赋的影响，由极盛逐渐沦为形式化的文体代表。

"诏"在秦时开始使用，"令"则在先秦时期就出现并广泛使用了。两词素集合起来形成的新词——"诏令"，作为法律文书的代表，最早产生于汉代。如《汉书》："莽知天下溃畔，事穷计迫，乃议遣风俗大夫司国宪等分行天下，除井田奴婢山泽六管之禁，即位以来诏令不便于民者皆收还之。"①其概述了王莽即位后颁布便利于民的诏令。又如《史记》："然萧何常从关中遣军补其处，非上所诏令召，而数万众会上之乏绝者数矣。"②这里也是指皇帝的文书。

3.其他"令族"文档名词

律令。"律令"一词最早出现在汉代，一共出现了53次，其中在《汉书》一书中出现的次数最多，一共24次，占据了秦汉出现次数的一半。如《汉书》中"初顺民心作三章之约。天下既定，命萧何次律令，韩信申军法，张苍定章程，叔孙通制礼仪，陆贾造《新语》。"③又如《汉书》："今明主躬垂明听，虽不置廷平，狱将自正；若开后嗣，不若删定律令。律令一定，愚民知所避，奸吏无所弄矣。"④剩下的较多地出现在《史记》《前汉纪》《战国策》一类著作中。

宪令。"宪令"主要指国家的法令，在含义上的特指性比较强，"宪令"一词最早出现在汉代，出自《史记》："上官大夫与之同列，争宠而心害其能。怀王使屈原造为宪令，屈平属草稿未定。"⑤

---

① 班固. 汉书 [M]. 北京：中华书局，1962：4179.

② 司马迁. 史记 [M]. 北京：中华书局，2006：354.

③ 班固. 汉书 [M]. 北京：中华书局，1962：80-81.

④ 班固. 汉书 [M]. 北京：中华书局，1962：1102.

⑤ 司马迁. 史记 [M]. 北京：中华书局，2006：505.

十一、秦汉其他文档名词

其他文档名词这一族类在秦汉时期数量锐减，从58个减为2个，使用次数从145次降到7次，其中"中古文"一词出现6次，"起居注"一词出现1次。这种现象是秦汉时期文档名词发展的一大特点。在这一时期人们创造出了更多的以族类为依据的新词，逐渐形成体系，而较少使用先秦时期那种多元化的词语或者表意不明确的单音节词。这说明社会发展过程中，文档工作逐渐步入正轨，并越来越趋向专业化。

值得一提的是"起居注"一词，在秦汉时期首次出现。起居注，即专门记载皇帝的言行记录，是记载皇帝言行的一种专门的官方文书。因其记录主体为特定的形成者——皇帝，这就将"起居注"与其他的文档名词从本质上区别开来，因而在一定程度上具有行政的官档性质。起居注记录的内容十分广泛，从最初的单纯记载皇帝的起居，后来逐步扩展到记录与朝政相关的内容，包括重要的祭祀、典礼、仪式、政务处理、巡幸以及问安、行李等内容。

"起居注"的起源甚早，《汉书》载："古之王者世有史官，君举必书，所以慎言行，昭法式也。左史记言，右史记事，事为《春秋》，言为《尚书》，帝王靡不同之。"[①]这可以看作起居注的滥觞，而"起居注"一词的正式出现应该是在东汉荀悦的《申鉴》中："先帝故事，有《起居注》，日用动静之节必书焉。宜复其式，内史掌之，以纪内事。"[②]从内容上来看，这时的"起居注"更侧重于"起居"之上，多记载后宫杂事。

本章小结

秦汉时期是文档名词的初生期，"新生与消亡"是这一时代的显著特点。先秦时期，档案名词术语处于数量众多、多元共存的局面。到了秦汉时期，这

① 班固. 汉书［M］. 北京：中华书局，1962：1715.

② 荀悦. 申鉴［M］. "新世纪万有文库"本.沈阳：辽宁教育出版社，2001：11.

种多元性经历了一些变化与调整，新增了许多族类，且族内产生了大量新的文档名词并被以后的各个朝代广泛使用。同时，一些符合先秦使用习惯的名词在秦汉时期不再被广泛使用，逐渐消亡，如特殊文档名词。可以说，秦汉时期同先秦时期一样，在中国古代整个文档名词的发展过程中处于开端状态。

第四章　三国两晋南北朝：在动荡中发展的文档名词

三国两晋南北朝（220—589年），又称魏晋南北朝，这个时期起于220年魏文帝曹丕称帝，终于589年隋统一中国，共369年。这是一个整体上呈现朝代更迭频繁并有多国并存的时期，其中只有37年时间的短暂统一。具体可分为三国时期、东西两晋与十六国时期、南北朝时期。三国两晋南北朝是一段不稳定的历史时期，也是中国古代文化产生重大变革的时期，同时也是连接秦汉这一文档名词奠基期与隋唐这一文档名词快速发展期的过渡时期。文档名词作为语言文化的一部分，在这一历史时期处于一种在动荡中向前发展的状态。

第一节　三国两晋南北朝文档名词发生、发展的历史背景

三国两晋南北朝时期是中国历史上政权更迭最频繁的时期之一，该政治特点决定了这一时期思想、经济、民族、文化等方面的特色，也直接影响到文档名词的使用与发展。社会的动荡，一方面使得档案工作遭受了挫折与破坏；另一方面，思想、经济、民族、文化等方面的发展，以及各国统治者为了政治斗争对档案典籍收集、保管的高度重视，促使大量新文档名词诞生，也推动了文

档名词的发展。

一、三国两晋南北朝时期的政治与文档名词

（一）九品中正制、门阀制度与文档名词

人事制度与人事档案直接相关。这一时期人事制度的主要特征是九品中正制与门阀制度的结合。

九品中正制，首先大体是由各地方推选大、小中正官。中正是品评人才的官职名称。大、小中正产生后，由中央分发一种人才调查表，在该表中将人才分为九等。此表由各地大小中正以自己所知将各地知名人士无论是否出仕皆登记其上，表内详记年籍各项，分别品第，并加评语，并将表呈交吏部，吏部依此进行官吏的升迁与罢黜。这里人才记录表称薄伐（薄通簿），也写作薄阀，即官籍。

九品中正制的实行一方面解决了选拔官吏无标准的问题，也提升了人事档案的重要性。《太平御览》卷214引《晋阳秋》："考之簿世，然后授任。"[①]

自州中正的设立至两晋，九品中正制逐渐完成门阀化的转变，而最终成为门阀士族的选举工具，即所谓"上品无寒门，下品无士族"。因此，这促使三国两晋南北朝时期产生了另外一种古代重要新的档案类型——谱牒档案。谱牒是以家族发展为背景、记录氏族世系发展的图册，各世族为了维护和巩固门第的特权，都十分重视对谱牌的编修，豪门世族都有自己的家谱或族谱。据《隋书·经籍志》记载，这一时期的谱牒材料，共有50余部，近1300卷。谱牒档案的产生与兴盛促使图牒、图谱等新的文档名词的产生，对文档词汇的产生、使用与发展，起到了一定的推动作用。

（二）户籍制度、户籍检查工作与文档名词

这一时期战争频繁，国家分裂。人口流失情况严重，户口混乱、人口隐匿

---

① 孙盛，汤球. 晋阳秋辑本三卷续二卷［M］. 光绪年间史学丛书刻本（1875-1908）：528.

情况愈演愈烈,户籍制度实施困难,各政权不得不对户籍制度进行调整,与此同时,各政权也展开声势浩大的户籍档案检查活动。

三国两晋南北朝的户籍有两类——普通民户户籍和特殊民户户籍。普通民户归州郡管理,主要包括地主、农民等,占人口的大多数;特殊民户是国家统计户口一般不包括的特殊身份的人,主要有兵、僧尼、奴隶、杂户等。东晋时期普通民户户籍有黄籍、白籍两种形式。黄籍为江南土著户的版籍,是纳税服役的实籍户籍(虽然西晋时期户籍也可能为黄纸写成,但当时并未出现"黄籍"一词),白籍是中原南渡人口侨寓户的户口册。白籍出现于永嘉之乱后,北方地区沦陷,少数民族进入中原,中原的士大夫阶层便纷纷南逃,南逃的北方士人,在政府的允许下,寄居南方,所登记的户籍就为白籍。当时还有专门登记各民户财产的资簿,是地方官每年在进行评资、定户等工作中所形成的文书。同时,三国两晋南北朝时期将官吏户籍档案称为官籍。郑樵《通志》:"自隋唐而上,官有簿状,家有谱系,官之选举,必由于簿状,家之婚姻,必由于谱系。"[1]同时,也很重视赋役户籍档案的管理,曹魏专设主管田户、户籍、地籍的官员"户曹校",专门管理户籍和地籍两种籍册。

为了加强户籍档案的管理,各王朝多次展大规模的户籍档案检查活动,形成了户籍档案检查工作的高潮。"历史上有名的三次大的土断是东晋哀帝兴宁二年的'庚戌土断',刘宋义熙土断,梁元帝天监土断。其余各政权,西晋中山王'遣使募徙国内八县,受通道、私占变易姓名、诈冒废除者七百余户',前燕'纠麇奸优,无敢藏匿,出户二十余万';后燕、南燕、北魏、东魏、南齐也开展户籍档案的搜检清理工作。"[2]

该时期对户籍制度的重视,户籍检查工作的落实,在文档名词上表现为有关户籍方面的文档名词如"黄籍""选簿""阙簿"等的大量产生与使用。

---

① 郑樵. 通志略 [M]. 上海:上海古籍出版社,1990:1.
② 尉迟慧丽,林卫荣. 论两晋南北朝时期的户籍档案检查工作 [J]. 云南档案,2008(3):61.

二、三国两晋南北朝时期的文化与文档名词

三国两晋南北朝特定的时代条件，造就了一个我国古代文化从春秋战国以来，又一次出现了大变革的时代——一个既动荡不安又绚丽多姿、宗教盛行的时代。魏晋玄学的产生，国内各民族大融合的形成，中西文化的频繁交流，印度佛教的广为流传等新因素，使得三国两晋南北朝时期的文化更加多元。

思想的解放，各民族文化的碰撞，儒学的衰微，佛教、道教、玄学的兴盛，使得三国两晋南北朝时期成为中国历史上一个思想发展的重要历史时期，也是中国历史上思想比较活跃的时期，是继战国"百家争鸣"以后又一个思想解放的时代。这一时期，文献数量与文档名词的数量激增，按本书检索范围内数据来看，秦汉文献66部，三国两晋南北朝文献共155部，文献总数增加不少，另外，各文档名词在使用数量上也有明显的增长，可以说明语言文字在当时的活跃性。

（一）儒学的衰落与玄学的发展

春秋战国之后，社会、统治阶层和相当一部分文人学士选择了孔孟儒家学说，加上汉武帝"罢黜百家，独尊儒术"，奠定了儒学的主导地位。伦理道德价值系统和三纲五常人格形象成为维护政治体制和社会秩序的主要思想理论，并形成礼教制度。但另一方面，出于同一原因，儒学在专制政治的腐蚀下，显示出种种弊端。魏晋南北朝的祸乱年代，人们对两汉以来的儒学表现出了前所未有的失望，而动乱也使儒学作为官学的控制力下降。"乱世苦难，儒学失落，引发了对人生意义的探讨，对外在权威的怀疑和否定，才有了内在人格的觉醒和追求，根源于老庄的玄学在魏晋之际流行起来。与着眼于实实在在的王道秩序和名教秩序的建构相较，玄学诉诸无限本体，以追求理想人格为中心议题，超越纷乱时世的无常，具有一种思辨和空灵的气象。"[①]玄学开辟了一个思辨时代，清谈，亦称"清言"或"玄言"，用老庄思想阐释儒家经义。由魏

---

① 周建平. 浅析魏晋南北朝文化的多元化［J］. 南京理工大学学报（社会科学版），2000（2）：26.

晋延至齐、梁，知识分子争相效仿。

儒学的衰落与玄学的发展，一方面促进了新的文档名词的产生与发展和旧文档名词使用的增加，《文心雕龙》中就出现了较多新生文档名词，如"文计""文移""书翰""简牍"等，《诗品》也出现了"文符"等新生文档名词；另一方面也影响人们对文档名词的使用偏好，加快相关旧文档名词的消失，如汉代出现的"中古文"一词，在汉代主要出现在《汉书》《论衡》等史书与儒学经典中，三国两晋南北朝的文献中并未出现。

（二）宗教神学的兴盛

三国两晋南北朝时期宗教迅速发展，主流宗教有两种，一为国外传来的佛教，一为本土道教。

佛教自两汉之际传入中国，到南北朝时期，开始了中国化佛教的独立发展阶段。[①]周建平认为，佛教对现实的无边苦海的描述与三国两晋南北朝动荡并黑暗社会现状十分契合，佛教宣传的皈依佛祖就能够得救的信念使人们萌生了脱离苦海的希望，社会各阶级，下到平民，上到帝王，都将佛教作为精神寄托，信佛蔚然成风。梁武帝萧衍在天监三年（504年）的崇佛诏中说："愿使未来世中，童男出家，广弘经教，化度含识，同共成佛。"[②]

中国本土宗教道教自从汉末开教以来，历经三国两晋南北朝由民间道团逐渐上升为官方宗教。三国两晋南北朝，是道教的第一个发展时期，这与帝王贵族为代表的统治阶层的支持分不开。太武帝崇敬道教，改年号为太平真君（440—450年），并为寇谦之起天师道场于京城之东南，"于是崇奉天师，显扬新法，宣布天下，道业大行"[③]。

由于统治阶级的偏好，这一时期的宗教与国家文档工作有着千丝万缕的联系，产生了大量的宗教文献，文档名词的产生与发展不可避免地受到宗教哲

---

① 周建平. 浅析魏晋南北朝文化的多元化［J］.南京理工大学学报（社会科学版），2000（2）：27.

② 僧祐，道宣. 弘明集；广弘明集［M］. 上海：上海古籍出版社，1991：116.

③ 朱大渭. 魏晋南北朝文化的基本特征［J］.文史哲，1993（3）：43.

学文化的影响。该时期许多新生文档名词被佛教和道教文献所使用，如"文翰""篇牍"出现在佛学经典《高僧传》，"文表""书典"分别被佛教经典《出三藏记集》和《弘明集》所使用，"文簿"和"书案"分别出现在道教经典《真诰》和《冥通记》中，等等。

三、三国两晋南北朝文书、档案工作与文档名词

动乱和发展是这一时期文书、档案工作的主题。一方面，社会动荡、各民族政权频繁更替，必然会引起文档工作的动荡和多变；另一方面，这一时期的文书、档案工作也是我国文档工作经历了先秦、秦汉的创立时期而逐渐走向成熟的重要发展时期。

（一）乱世中的档案与文书工作

三国两晋南北朝是中国历史上的动乱时期，社会的动乱严重地摧残、破坏了档案工作。西晋时期"八王之乱"，前后十六年，京都屡遭战祸，收藏在石渠阁的档案书籍严重损害。南北朝时期的政权更迭非常频繁，给这一时期的档案工作带来极大的、不利的影响，如"永嘉之乱"档案典籍损坏很是严重。战争祸乱及各种人为主观的破坏，使这一时期各国的文书档案几乎荡然无存，各国所收集的档案典籍也在战争中遭受极大的损坏。这些都为南北朝时期的档案工作带来负面影响。

另一方面，各国统治者为了政治斗争、社会管理等各方面的需要，对档案的收集、形成、保管等颇为重视。对乱世而言，档案的重要性是不言而喻的。从收集上看，以南朝梁元帝为例，他在位仅三年，收集各种典籍竟有六七万卷之多。曹丕代汉建魏、刘备吞并益州时，首先做的工作就是接管旧有的档案，并予以妥善保管。西晋将领王浚攻灭吴国时，也曾用心收集吴国的重要档案。正是由于他们的努力，才使此时期档案不至于尽数销毁。从保管上看，既有保管档案的专门机构，又设有专门的档案工作机构和档案工作人员。魏晋南北朝时期由于连年战乱，两汉时期统一而固定的档案机构不复存在，档案文书一般存于秘府。当然，由于我国古代档案与文书、图籍界限不清，秘阁与后世真

正意义上的档案机构尚有较大差距，其中既保存有大量档案，又保存有许多图书、文物等其他物品。另外宗庙、中书府、尚书府等地方也都收藏有档案。如魏文帝下诏曰："其以此诏藏之宗庙，副在尚书、秘书、三府。"①在各朝的中央往往都设有尚书郎、都令史、令史、书令史、主客令史、记室令史、主书、主簿、书佐、通事郎、舍人、通事、中书舍人、通事舍人等一系列职岗，选置人员以从事文书档案工作。在各级地方政府中，也有治中从事、诸部从事、主簿、记室书佐、诸曹佐等一整套的文书档案工作职岗，安置数目不等的幕属从事文书档案工作。

此外，这一时期各王朝统治者还很重视档案的编纂与利用。如晋武帝继位之初即下诏"自泰始以来，大事皆撰录，秘书写副。后有其事，辄宜缀集以为常。"②正由于王朝的重视，这一时期出现了大批史书，如《三国志》《宋书》《十六国春秋》等，以及大量的起居注也相继问世，推动了文档名词的产生与使用。以《三国志》一书为例，就使用了包括"文告""文诰""文翰""文表""书典""簿记""典则"在内的7个三国时期新生文档名词。

动乱时期的文书工作，除继续沿用与完善汉代的工作制度以外，又由于纸张的出现带来一系列新的文书工作制度。在用材方面，文书开始用纸来书写。凡拟制与皇帝有关的诏、敕、章、奏等皆用黄色，而拟制与皇帝无关的文书则用白色。在卷轴方面，文书用纸以后，在按简牍文书书写习惯（即自右至左直行书写）的同时，也按简牍文书的习惯卷收。在用印方面，简牍文书的用印是封泥，纸质文书改用朱色水印，即朱印。在勾检方面，勾检指审核文书，魏晋时曾在尚书省中设置比部，置比部郎中主其事，专"掌诏令律令勾检等事"，即稽核皇帝和中央政府颁发的下行文，以保证政令的统一。在连署方面，魏晋南北朝存在连署制度，连署指的是几位官员在同一公文上联合签署姓名，以表示对该文书内容共同负责。

---

① 陈寿，裴松之注. 三国志 [M]. 北京：中华书局，2005：60.
② 房玄龄，等. 晋书 [M]. 北京：中华书局，2000：40.

（二）三国两晋南北朝时期的文书、档案名称

三国两晋南北朝时期的文书总称为"公文"，有时也统称为"书记"。刘勰在《文心雕龙·书记篇》中对这一时期的文书名称、使用范围、拟制要求、作用等等都做了精辟的概括：

> 夫书记广大，衣被事体，笔札杂名，古今多品。是以总领黎庶，则有谱、籍、簿、录；医历星筮，则有方、术、占、试；申宪述兵，则有律、命、法、制；朝市征信，则有符、契、券、疏；百官询事，则有关、刺、解、牒；万民达志，则有状、列、辞、谚。并述理于心，著言于翰，虽艺文之末品，而政事之先务也。①

皇帝颁下的文书、档案名称，种类沿用秦汉"四书"，分诏书、制书、册书、戒敕四种，只是北朝北周时期，把制书改为天制，敕书改为天敕。官员上行皇帝的文书，沿用秦汉的章、奏、表、驳议，但新出现了"启""笺"。这一时期官府之间的往来文书量较汉代有大幅度增加，特别是平行的往来文书。除沿用汉代的令、教、移、檄、露布、状、谱、书、计等名称之外，又增加了符、帖、牒、关、刺、行状、簿录等新的名称，还赋予了券、契、辞、谚等古文书名称以新的含义。

总之，各朝、各国统治者，基本上沿用了汉制，对各种文书程式做了更为详尽的规定，诸如文书名称、用语、抬头制度等。《中国档案事业史》总结写道："文书行文程式。该期各国对文书的名称、使用范围、使用机关、文书运行方向，行文方式（直接或间接）、文书用语、书写格式等方面都规定得比较具体、详细。以南朝刘宋为例，《宋书·礼志二》载有皇太子监国期间上下行文的七种程式：第一种，尚书仆射、左右丞行文皇太子用启（笺），'关门下位及尚书官署'，即要经过门下省、尚书省，以达于皇太子；第二种，太常寺下行尚书各曹用'符'文；第三种，尚书各曹行太常寺用'关'文；第四种，尚书省各曹行门下省用'关'文；第五种，记尚书令据某曹关文而上笺于皇太

---

① 刘勰. 文心雕龙［M］. 北京：中华书局，1985：36-37.

子，皇太子断理后，下司徒执行的'令'文程式；第六种，为尚书令或仆射转发颁下的监国的'令'文程式；第七种，监国除授百官的'板'文程式，由侍御史受之，再达于尚书，由尚书奉令颁行……文书的结构程式。魏晋南北朝时期，特别是六朝时期，文书的结构程式变化很大，文书的结构更趋复杂，一般包括：首称、正文、末称、后书等组成部分。"[①]

（三）纸张应用下的文档工作

三国两晋南北朝时期，纸张的广泛应用为档案工作带来了极大的变革。魏晋南北朝时期造纸术是直接继承两汉麻纸技术发展起来的，东晋时大量物美价廉的纸张，为文字记载提供了良好的书写材料。在公元404年，由桓玄（代晋自立为楚）下诏用"黄纸"取代简牍，纸便成了国家文书的正式书写材料。

纸张的出现给文书、档案工作带来了深远的影响。由于纸具有当时一切载体材料的优点并排斥掉其缺点，所以取代了简牍、缣帛等书写载体，其地位从辅助载体上升为主要载体。物美价廉的纸张为书面文献提供了丰富的物质载体，而桓玄"黄纸"诏令的颁布，成为国家文书、档案从传统的简牍过渡为新型纸张的标志。这一转变为文书、档案工作的发展。同时，由于纸张便于书写、保存与携带，从一定程度上推动了文献作品的产生，对文档名词的发展起到了重要的作用。

总之，虽然魏晋南北朝处于社会动乱时期，但文书与档案工作意识的强化、文书与档案名称的继承与丰富、文书和档案载体的变革等活动为文档名词的发生与发展提供了良好的生存环境，准备了充足的养料，这一时期的文档名词的发展并没有受到社会大环境阻碍而停滞不前。

第二节 三国两晋南北朝文档名词概述

三国两晋南北朝时期上接秦汉，下连隋唐，是文档名词发展的过渡期。这

[①] 周雪恒. 中国档案事业史［M］. 北京：中国人民大学出版社，1994：150-151.

一时期文档名词的发展表现出继承与发展的特征。继承主要指在这一时期，前代的旧有文档名词仍然在使用，并持续发展。发展主要指产生了众多的带有新时期特征的新文档名词。

一、三国两晋南北朝文档名词的构成与特点

三国两晋南北朝时期文档名词共约11大类、129个，包括"文族""书族""案族""牍族""簿族""籍族""典族""图族""册族""令族"以及其他文档名词（见表4-1）。

表4-1　三国两晋南北朝文档名词族类构成表

族类	名词（出现次数）	新增文档名词	消亡文档名词	名词数量（总出现次数）	族类频次
文	策文（18）、公文（9）、文典（8）、文字（39）、文告（4）、文契（3）、文墨（4）、文疏（4）、文诰（12）、文翰（6）、文檄（6）、文札（2）、文表（5）、文券（1）、文状（1）、文奏（7）、文按（1）、文计（1）、文约（1）、文记（6）、文移（2）、文符（7）、文献（3）、文簿（11）、书文（9）、文书（91）、文案（16）、册文（19）、典文（33）、图文（1）	文告、文契、文诰、文翰、文札、文表、文券、文状、文奏、文按、文计、文记、文移、文符、文簿	文学、中古文	30（330）	2.13

续表

族类	名词（出现次数）	新增文档名词	消亡文档名词	名词数量（总出现次数）	族类频次
书	诏书（239）、文书（91）、书记（39）、典书（38）、书契（35）、书奏（17）、图书（16）、簿书（14）、书翰（13）、书文（9）、册书（6）、书典（4）、凤书（3）、书案（3）、凤凰衔书（3）、牍书（1）、书牍（1）、判书（1）、贤能之书（1）、奏书（1）、书函（1）	书案、书典、书翰、书牍、凤书、书函	赤雀衔丹书、事书、官书、券书	21（536）	3.46
案	文案（16）、书案（3）、案牍（2）、	书案、案牍		3（21）	0.14
牍	案牍（2）、牍书（1）、简牍（2）、书牍（1）、尺牍（28）、篇牍（5）、连牍（1）、札牍（1）、吏牍（1）	案牍、简牍、书牍、篇牍、连牍、札牍、吏牍	竿牍、奏牍	9（42）	0.27
簿	文簿（11）、簿书（14）、簿籍（5）、簿领（8）、簿记（1）、选簿（6）、名簿（8）、阙簿（1）、上簿（1）、讯簿（1）、军簿（2）、兵簿（2）、战簿（1）、校簿（2）、图簿（1）	文簿、簿领、簿记、选簿、阙簿、讯簿、战簿	官簿、对簿	15（64）	0.41
籍	簿籍（5）、载籍（39）、户籍（9）、黄籍（36）、法籍（1）、典籍（4）、图籍（17）、礼籍（2）	黄籍		8（113）	0.73

续表

族类	名词（出现次数）	新增文档名词	消亡文档名词	名词数量（总出现次数）	族类频次
册	册书（6）、册文（19）、祝册（1）、典册（13）			4（39）	0.25
典	文典（8）、书典（4）、典册（13）、典法（20）、典诰（24）、典籍（4）、典例（1）、典谟（28）、典书（33）、典文（33）、典宪（23）、典训（17）、典则（47）、典证（2）、训典（22）、六典（13）	书典、典例、典则、典证		16（292）	1.88
图	地图（23）、图簿（1）、图牒（7）、图法（2）、图籍（17）、图谱（2）、图文（1）、图书（16）、图（2）	图牒、图谱		9（71）	0.46
令	法令（628）、政令（51）、诏令（55）、律令（130）、军令（23）、将令（37）、功令（13）、阴令（79）、违令（17）、施令（56）、格令（1）、宪令（5）	格令		12（1095）	7.06
其他	起居注（58）、质要（2）			2（60）	0.39

　　三国两晋南北朝时期延续前代各族类规模，各族内文档名词数量继续增加，文档名词根据已有的族类扩展，族类体系进一步完善，这一时期的文档名词发展有以下几个特点：

　　第一，文档名词复音化趋势更趋明显。既有单音节词，如"图"；也有双音节和多音节词，如"文字""起居注"等，但主要以双音节词为主，具体而言，129个文档名词中，双音节词125个，约占96.9%；多音节词3个，约占2.3%；单音节词1个，约占0.8%。

以"牍族"文档名词为例。两晋时期具有文档意义的"牍"，出现在《后汉纪·光武皇帝纪》中，其文曰："是时天下垦田多不实，百姓嗟怨。诸郡各使吏奏事，帝见陈留吏其牍下疏云……。"[①]从这段文字我们可以看出，与其他单音节词一样，"牍"是一个意义广泛的单音节词，并非单指文档，而这段文字中"牍"的文档含义是由其语言环境决定的。先秦以后，一些在古汉语中具有重要地位的单音节词，如"书""文""牍""籍""策""册"等，逐渐确立了较丰富、较广泛意义上的内涵，不再具有文档含义的专指性。

就广义的社会层面而言，文档名词是具有特定意义的狭义名词。所以，当人们的认知水平达到一定高度、语言文字的内涵达到一定丰富程度时，为了更为准确地表达文档内涵，人们就很少再使用单音节词表达文档含义了。到了两晋时期，文档名词已完全确立了复音词的主导地位。也就是说，最迟到公元5世纪，文档名词就基本完成了双音化过程。这一时间早于古汉语复音词发展的整体过程。

第二，族别方面，"文族"名词数量居首，含30个名词，约占23.26%；其他类文档名词最少，仅有2个名词，约占1.6%。用计量语言学方法对检索数据分析可知，在这11个族类中，"令族"出现频次居首，远高于其余族类；按照出现频次排序，出现频次最高的前五个名词为"法令""诏书""律令""文书""载籍"，分布在不同族类，可见在三国两晋南北朝时期并未出现如其他朝代单个族类名词数量与名词频次均占最多的情况。

与秦汉时期相比，各族类文档名词数量均有增加，新增名词情况如下："文族"15个，"书族"6个，"案族"2个，"牍族"7个，"簿族"7个，"籍族"1个，"典族"4个，"图族"2个，"令族"1个，共45个。消亡文档名词情况如下："文族"2个，"书族"4个，"簿族"2个，"牍族"2个，共

① 袁宏，周天游. 后汉纪校注 [M]. 天津：天津古籍出版社，1987：186.

10个。表4-2为本时期与秦汉各族类文档名词数量对比。

这时期新生文档名词数量很高，远超过消亡的文档名词数量，显示出三国两晋南北朝时期文档名词的活跃性。在新生文档名词中，有一些在中国古代历史上占有重要地位，如黄籍、文簿、简牍、案牍等，是重要的汉语词汇。

表4-2　秦汉、魏晋南北朝各族类名词数量对比表

时期	文族	书族	案族	牍族	簿族	籍族	册族	典族	图族	令族	其他	总计
秦汉	17	15	1	4	10	6	3	12	6	11	2	87
魏晋南北朝	30	21	3	9	15	8	4	16	9	12	2	129

如前文所述，三国两晋南北朝时期文档名词的应用呈现出继承性与发展性两种特征。

继承性表现为：首先，三国两晋南北朝时期使用的"诏书""文书""起居注""典谟""簿籍"等文档名词是前代既已出现过的，表现出继承关系。其次，继承性还表现在相关文献与前代的关系上。为前世修史，有利于传承历史，而后世为前世修史，不可避免地会使用大量的前代语言，表现出语言的传承关系。如上述词语就大量出现于《三国志》《后汉纪》等两晋时期为前代修撰的史书中。

在继承之上的发展性也是很明显的。

首先，表现在新文档名词继续产生。三国两晋南北朝时期处于文档名词的快速发展期，所以仍有一些新的文档名词产生，如"黄籍"等。三国两晋南北朝时期文档名词的发展演变十分活跃，大量新词出现，在我们检索到的这一时期所有文档名词中，新出现的名词在名词数量和名词出现次数上，都超过了秦汉已有的旧词。新增的名词多于消亡的名词，名词发展的活跃度较高。用计量语言学方法对检索数据分析可知，在这12个族类中，"令族"出现频次居首。且按照出现频次排序，出现频次最高的前五个名词为"法令""诏书""律令""文书""阴令"，均不是新出现的文档名词，可见新生文档名词在其刚出现的时期并不能被广泛使用。

其次，表现在部分文档名词的消亡。部分秦汉文档名词在三国两晋南北朝时期不再使用，各族类均有，其他类文档名词在这一历史时期已经逐渐淡出，不再被广泛而频繁地使用了。一些在秦汉文献中出现过的文档名词，具有一定的普遍性，所以就保存了下来。原因有以下几种：一是名词逐渐消失了，这种情况主要是单音节文档名词，这也是文档名词从单音节词向复音词过渡的必然现象；二是它们在其后的朝代中仍陆续有所使用，只是因为三国两晋南北朝时期文献少、该名词使用频率低或我们的检索范围未达等，在该时期未见而已；三是有些名词在发展的过程中，文档含义逐步消失，不再作为文档名词使用，而是专指其他相关事物，如图书等；四是有的名词其含义较为广泛，并非专指文档，如"文献"一词，我们在三国两晋南北朝文献中见到其具有文档含义的次数极少。

最后，表现在前代文档名词的继续使用与内涵的延伸。如"诏书"一词，从秦开始成为帝王布告臣民的专用文书，但当时的使用量还不是很多，基于笔者的检索情况，在秦汉的文献中，只出现83次，而三国两晋南北朝时期出现次数则达239次，其发展是显而易见的。又如"典籍"一词最早出现在先秦时期，其早期的含义与文档的意义密切相关，主要指法典、图籍等重要档案。随着时间的推移和语言的发展，到三国两晋南北朝时期，"典籍"一词的含义不断扩展，逐渐成为泛指图书、档案等各种文献的名词，内涵得到延伸。

二、三国两晋南北朝文档名词的应用

关于文档名词其应用，我们主要关注以下几个方面的问题：名词数量、文档名词的出现次数、频次与应用领域问题。

（一）三国两晋南北朝文档名词出现的次数与频次

从魏晋南北朝文档名词的总体使用情况来看，在我们可查的155部魏晋南北朝时期文献中，各族类文档名词共计约有129个，总出现次数为2663次，在各文献中的平均出现次数（总频次）约为17.18。这种极高的出现频次说明魏晋南北朝文献与文档类事物的相关性较高，这与该时期人们思想解放，统治者重视档案的编纂利用，大量史书、典籍的出现有关，典籍与史书等作品多会使用大量文档名词。表4-3和图4-1为这一时期各族类文档名词使用次数与平均频次与秦汉时期的对比。

表4-3　秦汉、魏晋南北朝各族类名词使用次数对比表

时期	文族	书族	案族	牍族	簿族	籍族	册族	典族	图族	令族	其他	总计
秦汉	242	418	1	10	51	53	16	109	99	389	7	1395
魏晋南北朝	330	536	21	42	64	113	39	292	71	1095	60	2663

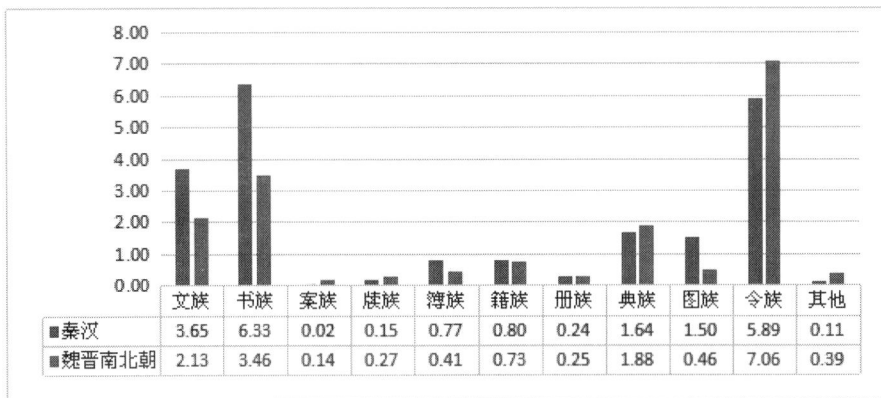

	文族	书族	案族	牍族	簿族	籍族	册族	典族	图族	令族	其他
秦汉	3.65	6.33	0.02	0.15	0.77	0.80	0.24	1.64	1.50	5.89	0.11
魏晋南北朝	2.13	3.46	0.14	0.27	0.41	0.73	0.25	1.88	0.46	7.06	0.39

图4-1　秦汉、魏晋南北朝各族类名词使用频次对比图

这一时期的文档名词族类中，"文族"文档名词的名词数量最多，"令族"文档名词的使用总次数最多，特别是"法令"的出现次数达到了628次，高过其他文档名词族类总出现次数，频次高达4.05。

从"族类"角度看，"令族"文档名词在三国两晋南北朝的出现频次（7.06）最高，"书族"（3.46）、"文族"（2.13）次之，与秦汉相比，各族类名词出现次数均有所增加，但因为魏晋南北朝时期的文献远多于秦汉时期，所以该时期"文族""书族""簿族""图族""其他族类"名词使用频次低于秦汉时期。

（二）三国两晋南北朝文档名词应用领域

三国两晋南北朝时期，文档名词主要出现在史部、子部和集部文献中。在检索范围内，并未发现该时期经部、丛书以及通俗小说中出现文档名词，这主要是与这三类文献书目较少有关。在三国两晋南北朝时期155部文献中，经部文献仅有6部，丛书仅有1部，而通俗小说出现较晚，该时期并未出现。

从各族类名词来看，总的来说史部文献出现的文档名词较多，子部文献次之，集部文献最少。但也有比较特殊的族类与文档名词，在族类方面，"簿族"文档名词和其他族类文档名词没有在集部文献中出现，主要出现在史部和子部文献中；在文档名词方面，有的文档名词在子部出现的较多，如"法令"一词，总出现628次，子部文献出现563次，在史部出现65次，集部没有出现。又如"典则"在子部文献出现36次，史部出现8次，集部出现3次。

总而言之，虽然三国两晋南北朝社会动乱，群雄割据，但各族文档名词的数量与文档名词出现次数均有所增长，呈现出在动荡中发展的特征。

第三节　三国两晋南北朝各族类文档名词

如前文所述，三国两晋南北朝时期名词的构成可分成11类："文族""书族""案族""牍族""簿族""籍族""典族""图族""册族""令族"以及其他类文档名词。其中，"文族"文档名词种类最多，新增名词数量也最多，而"令族"文档名词出现次数、频次最高，"案族"文档名词出现次数和频次最低，其他类文档名词种类最少，"册族"在该时期未产生新的文档名词，基本沿用前代所产生的文档名词。三国两晋南北朝时期，除了几个比较重要的族类如"文族""书族""令族""簿族"，其他族类文档名词种类与出现次数和新增名词数均不高，文档名词还处在发展阶段。

一、三国两晋南北朝"文族"文档名词

（一）"文族"文档名词的构成与特点

如表4-4所示，三国两晋南北朝时期"文族"包括"策文""文字""文诰""文簿""公文""文符"等30个文档名词。

表4-4　三国两晋南北朝"文族"名词构成表

	全部文档名词	新增文档名词	消亡文档名词
名词名称	策文、公文、文典、文字、文告、文契、文墨、文疏、文诰、文翰、文檄、文札、文表、文券、文状、文奏、文按、文计、文约、文记、文移、文符、文献、文簿、书文、文书、文案、册文、典文、图文	文告、文契、文诰、文翰、文札、文表、文券、文状、文奏、文按、文计、文记、文移、文符、文簿	文学、中古文
名词数量	30	15	2

其族类特征主要有：

第一，"文族"文档名词是最具代表性的中国古代文档名词，其所含文档名词数量历代均较高，三国两晋南北朝时期也如此，但不同的是，虽然"文族"文档名词数量最多，但其总出现次数低于"令族"文档名词。

第二，从构词结构来看，"文族"文档名词大多以"文"字为主进行组词，并且将"文"字置前者居多，如"文书""文字""文典""文诰""文簿""文翰"等24个，约占80%，而"文"字后置的结构仅有"策文""公文""书文""册文""典文""图文"6个，约占20%。

第三，在类别上，这一时期"文族"名词均为双音节词，如"文献""文典""文诰""文簿"等，没有单音节词和多音节名词。

第四，在词性上以复音合成词为主，其组合方式主要有三种，与秦汉时期基本相同。

（二）"文族"文档名词的应用

三国两晋南北朝时期"文族"文档名词数量最多，其总使用次数也较高。从表4-5中可以看出"文书""文字""典文"属于高频次文档名词，说明其在三国两晋南北朝时期应用比较广泛，而许多新生文档名词如"文券""文状""文帐"仅出现1次，属于极低频文档名词，这些名词大都是指某一专业领域内的某一类专门事物，单指性或特指性强，如"文券"就专指公文案卷，限定于官府文书工作这一领域。

表4-5　三国两晋南北朝"文族"名词应用情况表

序号	名词	使用次数	使用频次
1	文书	91	0.587097
2	文字	39	0.251613
3	典文	33	0.212903
4	册文	19	0.122581
5	策文	18	0.116129
6	文案	16	0.103226
7	文诰	12	0.077419
8	文簿	11	0.070968
9	公文	9	0.058065
10	书文	9	0.058065
11	文典	8	0.051613
12	文奏	7	0.045161
13	文符	7	0.045161
14	文檄	6	0.038710
15	文记	6	0.038710
16	文翰	6	0.038710
17	文表	5	0.032258
18	文墨	4	0.025806
19	文疏	4	0.025806

续表

序号	名词	使用次数	使用频次
20	文告	4	0.025806
21	文献	3	0.019355
22	文契	3	0.019355
23	文札	2	0.012903
24	文移	2	0.012903
25	文约	1	0.006452
26	文券	1	0.006452
27	文按	1	0.006452
28	文状	1	0.038710
29	文计	1	0.006452
30	图文	1	0.006452

三国两晋南北朝时期"文族"共有30个文档名词，其中有15个是新生文档名词，即在三国两晋南北朝时期首次出现，如"文告""文契""文诰""文翰""文札""文表""文券""文状"等。

而产生于前代的旧有文档名词，存在四种情况：一是仍然维持其使用率，如"文书"，秦汉时期出现次数为139次，魏晋南北朝为91次，又如"策文"，秦汉时期出现9次，魏晋南北朝为18次；二是使用次数得到增长，如"文字"，秦汉时期出现1次，魏晋南北朝为39次，又如"文案"，秦汉时期出现1次，魏晋南北朝为16次；三是在魏晋南北朝消亡，如"文学"和"中古文"在该时期的文献中没有出现；四是使用次数降低，如"文献"等。

从应用领域来看，"文族"文档名词主要出现在史部、子部和集部文献中。比较而言，史部文献中出现次数较多，集部文献中出现次数较少。如"文书"在三国两晋南北朝共出现91次，在史部文献出现51次，子部文献中出现39次，集部文献出现1次。又如该时期新生文档名词"文簿"共出现11次，在史部文献中出现10次，在子部文献中出现1次，集部文献未出现。

（三）重要"文族"名词

下面对该时期出现的"文族"文档名词及某些具有特殊意义的名词加以具体介绍：

1.三国两晋时期新出现的"文族"文档名词

文告，是公告与通告的统称。《三国志》："愍恤江表，务存济育，戢武崇仁，示以威德。文告所加，承风向慕，遣使纳献，以明委顺，方宝纤珍，欢以效意。"①

文诰。"诰"，古代帝王对臣子的命令，文诰即古代帝王对臣子的下达命令的文书。《三国志》："凡自权统事，诸文诰策命，领国书符，略皆综之所造也。"②

文契。文契即文书契约、契据。西晋潘岳《马汧督诔》："久之，安西之救至，竟免虎口之厄，全数百万之积，文契书于幕府。"③据检索结果推断，至少在晋代或者更早些时候，"文契"一词已经有了较为成熟的概念并得到了广泛的认同，因为在晋代文献中，"文契"已经用来解释说明其他同义词语，且这部文献还是作为佛教经典的《妙法莲华经》"券（券即文契也）"。从释义和结构来看，"文契"一词应是"文书契约"一词的缩略用法。

文符，指文书，"符"是古代朝廷传达命令或征调兵将用的信物。王羲之在给谢安的信中写道："又自吾到此，从事常有四五，兼以台司及都水御史行台文符如雨，倒错违背，不复可知。"④

2.南北朝时期新出现的"文族"文档名词

文表。文表公文表章。《金楼子》："马耽，以才学知名，谯纵文表皆耽

---

① 陈寿. 三国志 ［M］. 北京：中华书局，2005：115.

② 陈寿. 三国志 ［M］. 北京：中华书局，2005：1046.

③ 严可均. 全晋文（中）［M］. 北京：商务印书馆，1999：988.

④ 中华书局编辑部."二十四史"（简体字本）：晋书［M］. 北京：中华书局，2000：1396.

所制，会则赋诗，亦多箴谏。"①

文札。文札指文书。《魏书》："高客，博学，善文札，美风流。景明初，拜散骑侍郎。"②

文移。文移指公文、文书。《魏书》："今修此堰，止欲以报继伯侵盗之役，既非大举，所以不复文移北土。"③

文券。文券即文契，契约。《宋书》："绰大喜，悉出诸文券一大厨与觊之，觊之悉焚烧，宣语远近：'负三郎责，皆不须还，凡券书悉烧之矣。'"④

文按。"文按"一词作为"文案"的别称，用来泛指政府机关的公文案卷，与"文案"相比使用范围极小，社会认可度极低。《魏书》："请自今在军阅簿之日，行台、军司、监军、都督各明立文按，处处记之。"⑤

文计。指文书与会计簿籍。《文心雕龙》："是以在汉之初，史职为盛，郡国文计，先集太史之府，欲其详悉于体国。必阅石室，启金匮，抽裂帛，检残竹，欲其博练于稽古也。"⑥

文奏。指臣子对皇帝陈述意见或说明事情的文书，"奏，进也"。《魏书》："十六年，高祖选为门下通事令史，迁录事，令掌奏文案，高祖善之。又为侍中李冲、黄门崔光所知，出内文奏，多以委之。"⑦

文记。文记犹文奏，官府文书。《魏书》："渊明解制度，多识旧事，与

---

① 中华书局编辑部."二十四史"（简体字本）：金楼子［M］．"丛书集成初编"本.北京：中华书局，1985：103.

② 中华书局编辑部."二十四史"（简体字本）：魏书［M］．北京：中华书局，2000：1068.

③ 中华书局编辑部."二十四史"（简体字本）：魏书［M］．北京：中华书局，2000：890.

④ 中华书局编辑部."二十四史"（简体字本）：宋书［M］．北京：中华书局，2000：1378.

⑤ 中华书局编辑部."二十四史"（简体字本）：魏书［M］．北京：中华书局，2000：1138.

⑥ 刘勰．文心雕龙［M］．北京：中华书局，1985：23.

⑦ 中华书局编辑部."二十四史"（简体字本）：魏书［M］．北京：中华书局，2000：1186.

尚书崔玄伯参定朝仪、律令、音乐，及军国文记诏策，多渊所为。"①

文状。文状在南北朝仅有一种词义——指向上级申报的文书。《后汉书》："及文姬进，蓬首徒行，叩头请罪，音辞清辩，旨甚酸哀，众皆为改容。操曰：'诚实相矜，然文状已去，奈何？'"②

文翰。文翰作为文档名词的含义为公文信札，"翰"指毛笔和文字、书信等。《魏书》："正光末，广阳王渊为东北道行台，召为郎中，军国文翰皆出其手。于是才名转盛。"③除此文档含义外，文翰也指文辞和官职。

文簿。"文簿"一词中，"文"主要是指文字、文章等可以记载在某种载体之上并显现出来供人们识别的指代某种信息内涵的记录符号；而"簿"则主要是指代可供记录的载体，如本子、册子等。"文簿"主要指文册簿籍之意，词义偏档案化。《魏书》："冲机敏有巧思，北京明堂、圆丘、太庙，及洛都初基，安处郊兆，新起堂寝，皆资于冲。勤志强力，孜孜无怠，旦理文簿，兼营匠制，几案盈积，剖厥在手，终不劳厌也。"④

3.其他重要文档名词

文字。"文字"一词最早出现在东汉王充所作《论衡·别通篇》"古圣先贤遗后人文字，其重非徒父兄之书也，或观读采取，或弃捐不录，二者之相高下也，行路之人，皆能论之，况辩照然否者不能别之乎？"⑤这句话中"文字"一词泛指贤良圣明的先人留给后世的文化典籍等。随后的三国时期，"文字"一词的文档类含义更为明确、具体，甚至还出现了"册命文书"等专门用法，词义更加偏文书化，如《三国志》曰："朝廷以布为平东将军，封平陶侯。使人于山阳界亡失文字，太祖又手书厚加慰劳布，说起迎天子，当平定天

①　中华书局编辑部."二十四史"（简体字本）：魏书［M］．北京：中华书局，2000：426.

②　中华书局编辑部."二十四史"（简体字本）：后汉书［M］．北京：中华书局，2000：1891.

③　中华书局编辑部."二十四史"（简体字本）：魏书［M］．北京：中华书局，2000：1269.

④　中华书局编辑部."二十四史"（简体字本）：魏书［M］．北京：中华书局，2000：800.

⑤　王充．论衡［M］．长沙：岳麓书社，1991：211.

下意，并诏书购捕公孙瓒、袁术、韩暹、杨奉等。"①

典文。典文有三种释义：一指律令条文；二指经书典籍；三指记载典章制度的文献。南朝沈约所著《上宋书表》："自永光以来，至于禅让，十余年内，阙而不续，一代典文，始末未举。"②前两种释义秦汉时期就已出现，这里不加以详述，而后一种词义"记载典章制度的文献"最早见于三国两晋南北朝时期，词义偏文书化。

二、三国两晋南北朝"书族"文档名词

（一）"书族"文档名词的构成与特点

如表4-6所示，三国两晋南北朝时期"书族"包括"诏书""书籍""典书""书记""书契"等21个文档名词。

表4-6　三国两晋南北朝"书族"名词构成表

	全部文档名词	新增文档名词	消亡文档名词
名词名称	书案、书典、书文、书翰、书记、书契、书奏、文书、诏书、簿书、牍书、书牍、册书、典书、凤凰衔书、判书、贤能之书、奏书、凤书、书函、图书	书案、书典、书翰、书牍、凤书、书函	赤雀衔丹书、事书、官书、券书
名词数量	21	6	4

其族类特征主要有：

第一，从类别上，"书族"文档名词既包括双音节名词，也包括多音节名词，在21个文档名词中，双音节文档名词19个，约占90%，多音节文档名词2个，约占10%。它们大多为通用性文档名词，如"书契""文书"等；也有一些专指性名词，如"诏书"就专指"皇帝布告臣民的文书"。

① 陈寿. 三国志 [M]. 北京：中华书局，2005：169.

② 中华书局编辑部. "二十四史"（简体字本）：宋书 [M]. 北京：中华书局，2000：1645.

第二，从造词结构上来看，"书族"复音文档名词大部分属于并列式。从词的结构方式分析，复音词大致可以分为几类：并列式、偏正式、动宾式、主谓式、述补式。三国两晋南北朝时期，19个"书族"复音文档名词中有15个为并列式结构，占词语总数的71%。名词与名词并列的有"簿书""书奏""书契""书籍""书翰""书典""书牍""书簿""书案""书文""书函""典书""图书""册书""牍书"；动词与动词并列的有"书记"。另外还有偏正式结构的名词，如"文书""诏书""凤书""奏书""判书"。有些复音词在发展过程中改变了词性，由动词性词组变为指物的名词，这种情况以动宾式结构的名词居多，如"书诏""书文"。

第三，在词性上以复音合成词为主，其组合方式主要有四种：一是单音节词"书"+表示载体的单音节词，如"书牍""书案"等；二是表示档案的外部表现形态的单音节词+"书"，如"册书""簿书"等；三是限定性词语+"书"，如"凤书""诏书""典书""凤凰衔书""贤能之书"等；四是"书"+表示文档活动的过程的单音节词，如"书记"等。

（二）"书族"文档名词的应用

如表4-7所示，三国两晋南北朝时期"书族"共有21个文档名词，其中有6个是新生文档名词，即在三国两晋南北朝时期首次出现，包括书案、书典、书翰、书牍、凤书和书函。

表4-7 三国两晋南北朝"书族"名词应用情况表

序号	名词	使用次数	使用频次
1	诏书	239	1.541935
2	文书	91	0.587097
3	书记	39	0.251613
4	典书	38	0.245161
5	书契	35	0.225806
6	书奏	17	0.109677
7	图书	16	0.103226

续表

序号	名词	使用次数	使用频次
8	簿书	14	0.090323
9	书翰	13	0.083871
10	书文	9	0.058065
11	册书	6	0.038710
12	书典	4	0.025806
13	书案	3	0.019355
14	凤凰衔书	3	0.019355
15	凤书	3	0.019355
16	牒书	1	0.006452
17	书牒	1	0.006452
18	判书	1	0.006452
19	贤能之书	1	0.006452
20	奏书	1	0.006452
21	书函	1	0.006452

　　从整个古代使用频次上来看，该时期"书族"文档名词中大部分为低频词，只有"诏书"为中频词。而从本时期来看，可以看出"文书""诏书"属于高频次文档名词，说明其在三国两晋南北朝时期应用比较广泛，而许多新生文档名词如"书牒""书函"仅出现1次，属于极低频文档名词。

　　从应用领域来看，三国两晋南北朝的"书族"文档名词主要出现在史部、子部和集部文献中，其中史部文献中出现较多，集部文献中出现次数较少。如"诏书"在史部文献出现225次，子部文献中出现12次，集部文献出现2次。又如该时期新生文档名词"书典"共出现4次，均出现在史部文献中。

　　而产生于前代的旧有文档名词，存在四种情况：一是仍然维持其使用率，如"文书"，秦汉时期出现次数为139次，魏晋南北朝为91次，又如"书奏"，秦汉时期出现18次，魏晋南北朝为17次；二是使用次数得到增长，如"诏书"，秦汉时期出现83次，魏晋南北朝为239次，又如"书记"，秦汉时期出现18次，魏晋南北朝为39次；三是在魏晋南北朝消亡，如赤雀衔丹书、事书、官书和券书在该时期的文献中没有出现；四是在先秦出现，而在秦汉并未使用，至魏晋南北朝又开始使用的名词，如"判书"和"贤能之书"。

（三）重要"书族"名词

下面对该时期出现的"书族"文档名词及某些具有特殊意义的名词加以具体介绍：

诏书。诏书意为皇帝颁发的命令，是帝王的专用文书，常被用于官方场合，如皇帝给臣子的批复，朝廷颁布的律令、下发的公告，等等。其为专指性文档名词，自出现起含义就十分明确，不具有多义性，且其含义变化不大。"诏书"一词，南北朝开始已经被广泛使用并固化下来，词义用法已经成熟。《后汉书·光武帝本纪》注云："帝之下书有四：一曰策书，二曰制书，三曰诏书，四曰诫敕。"①

书牍。"牍"，形声，本义是古代写字用的木片，也称木简，后引申为公文。"书牍"是简牍书信之类的总称，最早见于南北朝。《南齐书》："去冬今春，频荷二敕，既无中人，屡见嗟夺。经涉五朔，逾历四晦，书牍十二，接觐六七，遂不荷润，反更曝鳃。"②

书翰。"翰"指毛笔和文字、书信。书翰的含义为文字、书信。该词首次出现于南北朝。《宋书》："弘明敏有思致，既以民望所宗，造次必存礼法，凡动止施为，及书翰仪体，后人皆依仿之，谓为王太保家法。"③

书典。"典"，会意字，其本义指重要的文献，《说文》载："典，五帝之书也。从册在丌上，尊阁之也。"④"书典"意为典籍，史书。"书典"的文档词义于南北朝首次出现。《后汉书》："验之以事，合契若神。自书典所

① 中华书局编辑部."二十四史"（简体字本）：后汉书［M］．北京：中华书局，2000：17.

② 中华书局编辑部."二十四史"（简体字本）：南齐书［M］．北京：中华书局，2000：400.

③ 中华书局编辑部."二十四史"（简体字本）：宋书［M］．北京：中华书局，2000：868.

④ 许慎，段玉裁．说文解字注［M］．上海：上海古籍出版社，1981：200.

记，未之有也。"①

书函。书函本义为书信的封套，引申为书信的含义。"书函"的文档类含义用法于南北朝首次出现。《后汉书》中记载："四月己卯，大赦天下，以建武三十二年为建武中元元年，复博、奉高、赢勿出元年租、刍稿。以吉日刻玉牒书函藏金匮，玺印封之。"②

凤书。谓帝王受命的吉兆，作为文书是指皇帝的诏书。唐张说《羽林恩召观御书王太尉碑》："谁家羽林将，又逐凤书飞。"同龙一样，凤凰是古代传说中的百鸟之王，也是皇权至尊的象征之一，因此由"凤"字构成的文档名词可以用于表示皇帝使用的诏书。凤书最早使用于南北朝时期。《南齐书·离帝纪上》："是以祯祥发采，左史载其奇，玄象垂文，保章审其度，凤书表肆类之运，龙图显班瑞之期。"③

贤能之书。最早见于先秦时期，含义是推荐贤能的上书，属于行政事务类的官方文书。在《周礼》中有记载："三年则大比，考其德行道艺，而兴贤者能者。乡老及乡大夫帅其吏与其众寡，以礼礼宾之。厥明，乡老及乡大夫、群吏献贤能之书于王，王再拜受之，登于天府，内史贰之。"④

该词在秦汉文献并未发现，南北朝时期出现一次，为《宋书》引上文《周礼》所言，"故《周礼》，乡大夫'献贤能之书于王，王拜而受之'。所以尊道而贵士也。"⑤

---

① 中华书局编辑部."二十四史"（简体字本）：后汉书 [M]．北京：中华书局，2000：1290.

② 中华书局编辑部."二十四史"（简体字本）：后汉书 [M]．北京：中华书局，2000：2153.

③ 中华书局编辑部."二十四史"（简体字本）：南齐书 [M]．北京：中华书局，2000：15.

④ 孙治让．周礼正义 [M]．北京：中华书局，1987：845-849.

⑤ 中华书局编辑部."二十四史"（简体字本）：宋书 [M]．北京：中华书局，2000：241.

三、三国两晋南北朝"牍族"文档名词

（一）"牍族"文档名词的构成与特点

如表4-8所示，三国两晋南北朝时期"牍族"包括"案牍""尺牍""牍书""书牍""篇契"等9个文档名词。

表4-8　三国两晋南北朝"牍族"名词构成表

	全部文档名词	新增文档名词	消亡文档名词
名词名称	案牍、牍书、简牍、书牍、尺牍、篇牍、连牍、札牍、吏牍	案牍、简牍、书牍、篇牍、连牍、札牍、吏牍	竽牍、奏牍
名词数量	9	7	2

其族类特征主要有：

三国两晋南北时期"牍族"文档名词皆为双音节词，它们具有一个非常明显的特征：该族名词在构词上"牍"字多数在合成词词尾。该时期除了"牍书"为"牍"在前，其他8个文档名词均为牍字后置，约占89%。从"牍"字后置的"牍族"文档名词的组合来看，它主要有三种类型：

第一是前置如"简""书""卷"等本身具备文档类含义的单音节词素。这些前置单音节词素也凸显了"牍族"文档名词的主要指代含义。如"书"主要指书札，与"牍"结合的"书牍"，主要指代书信、书札。

第二是前置与文档有关的工具含义的词素，如"尺""案"等。这种"牍族"文档名词的组合非常的形象："尺牍"是长一尺的木简，用以指信札；"案牍"指官府文书。

第三是前置专指性强的单音节词素，如"吏"等。专指性强的字与"牍"字结合，决定了相应文档名词的使用背景或范畴，如"吏牍"指公文。

"牍"字存在少量前置的组合，如"牍书"，它们也是"牍族"文档名词的组成部分。值得注意的是，两个同样的字前后顺序不同所指代的主要含义也不完全相同，如"牍书"与"书牍"，"牍书"主要指簿书，官署文书，而"书牍"主要是笔记、书札之意。

（二）"牍族"文档名词的应用

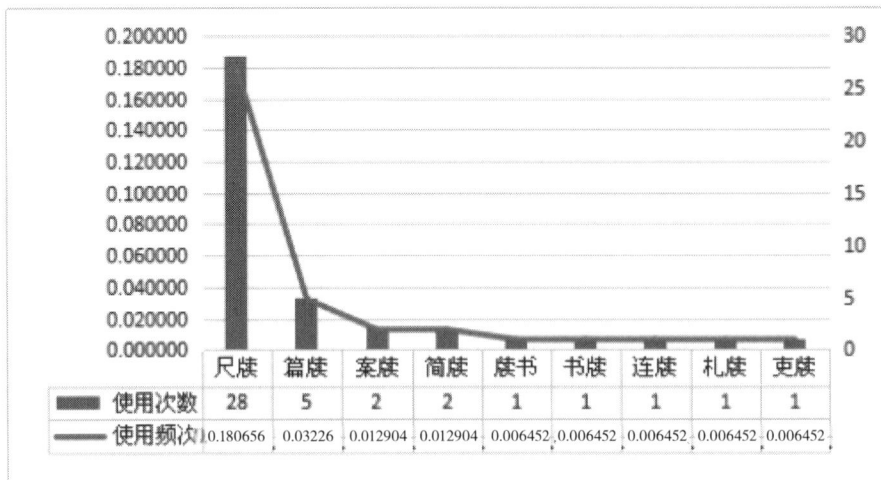

图4-2 三国两晋南北朝"牍族"文档名词应用情况图

三国两晋南北朝时期"牍族"共有9个文档名词，其中有7个是新生文档名词，在三国两晋南北朝时期首次出现，包括"案牍""简牍""书牍""篇牍""连牍""札牍""吏牍"，新生文档名词约占78%。

从使用次数与频次来看，除了"尺牍"，其他名词出现次数均较低，均在5次及以下，属于极低频次文档名词（见图4-2），而"奏牍""竿牍"在这一时期没有出现。

从应用领域看，"牍族"文档名词主要出现在史部、子部和集部文献中，其中史部文献出现最多，集部文献出现最少。如"尺牍"共出现28次，在史部文献中出现14次，子部文献中出现8次，集部文献中出现4次。

（三）重要"牍族"名词

下面对该时期出现的"牍族"文档名词及某些具有特殊意义的名词加以具体介绍：

简牍。原是古代书写用的竹木片，亦泛指书写用品，后来引申为公文、信件、文稿。其文档含义最早见于南北朝，《颜氏家训》："稍仕至尚仪曹郎，末为晋安王侍读，随王东下。及西台陷殁，简牍湮散，丁亦寻卒于扬州；前所轻者，后思一纸，不可得矣。"①

札牒。札，牒也，古代书写用的木片。札牒指簿册。《颜氏家训》："《后汉书·杨由传》云：'风吹削肺。'此是削札牒之柿耳。"②

吏牍。指公文，官方文书。最早见于南北朝，《后汉书》："时诸郡各遣使奏事，帝见陈留吏牍上有书，视之，云'颍川、弘农可问，河南、南阳不可问'。"③

四、三国两晋南北朝"簿族"文档名词

（一）"簿族"文档名词的构成与特点

如表4-9所示，三国两晋南北朝时期"簿族"包括"文簿""簿籍""簿领""名簿"等15个文档名词。

表4-9　三国两晋南北朝"簿族"名词构成表

	全部文档名词	新增文档名词	消亡文档名词
名词名称	文簿、簿书、簿籍、簿领、簿记、选簿、名簿、阙簿、上簿、讯簿、军簿、兵簿、战簿、校簿、图簿	文簿、簿领、簿记、选簿、阙簿、讯簿、战簿	官簿、对簿
名词数量	15	7	2

其族类特征主要有：

第一，在类别上，这一时期"簿族"文档名词均为复音词，如"主簿""文簿""簿书"等，没有单音节词和多音节名词。

第二，从构词结构来看：第一种是"簿"字在前，表示文件、文章、记录等含义，其后缀以表示载体的单音节词，如"书""籍""领"等；第二种是限定性词语+"簿"，"簿"字在后，主要指代载体，通常是书本和小册子，

---

① 颜之推. 颜氏家训 [M]. 北京：中国文史出版社，2003：102.

② 颜之推. 颜氏家训 [M]. 北京：中国文史出版社，2003：301.

③ 中华书局编辑部."二十四史"（简体字本）：后汉书 [M]. 北京：中华书局，2000：520.

如"文簿""校簿"等。第一种方式构成的文档名词多为通用性文档名词，适用范围较广，如"簿书""簿籍""簿领"等文档名词；而第二种方式构成的文档名词一般是专指性文档名词，其专指性较强，具有特定方面的意义，如"名簿""军簿""战簿"等文档名词。

（二）"簿族"文档名词的应用

三国两晋南北朝时期"簿族"共有15个文档名词，其中有7个是新增文档名词，即在三国两晋南北朝时期首次出现，包括文簿、簿领、簿记、选簿、阙簿、讯簿、战簿。

从整个古代使用频次上来看，该时期"簿族"文档名词中大部分为低频词，而从本时期来看，"文簿""簿书"为中频文档名词，说明其在三国两晋南北朝时期应用比较广泛，而许多新增文档名词如"图簿""战簿"仅出现1次，属于低频文档名词。（见表4-10）

表4-10　三国两晋南北朝"簿族"名词应用情况表

序号	名词	使用次数	使用频次
1	簿书	14	0.090323
2	文簿	11	0.070968
3	簿领	8	0.051613
4	名簿	8	0.051613
5	选簿	6	0.038710
6	簿籍	5	0.032258
7	军簿	2	0.012903
8	兵簿	2	0.012903
9	校簿	2	0.012903
10	簿记	1	0.006452
11	阙簿	1	0.006452
12	上簿	1	0.006452
13	讯簿	1	0.006452
14	战簿	1	0.006452
15	图簿	1	0.006452

从应用领域来看，三国两晋南北朝的"簿族"文档名词比较特殊，没有在集部文献中出现，主要出现在史部和子部文献中，其中史部文献中出现次数较多。如"簿领"共出现8次，其中在史部文献出现7次。又如该时期新增文档名词"文簿"共出现11次，在史部文献中出现10次，在子部文献仅出现1次。

而产生于前代的旧有文档名词，存在三种情况：一是仍然维持其使用率，如"簿籍"，秦汉时期出现次数为3次，魏晋南北朝为5次；二是使用次数降低，如"簿书"；三是在魏晋南北朝消亡，如"官簿""对簿"在该时期的文献中没有出现。

（三）重要"簿族"名词

下面对该时期出现的"簿族"文档名词及某些具有特殊意义的名词加以具体介绍：

1.通用性"簿族"文档名词

具有通用功能的"簿族"文档名词主要有"簿书""簿籍""文簿""书簿""簿领"等。

文簿，主要是指文册簿籍之意，具有其通用性质。"文簿"一词最先出现于南北朝时期，其含义可细分为：第一，广义文簿，义同今义"档案"，具有日后查考备用之意。如《后汉书·循吏传》："兴起稻田数千顷，每于农月，亲度顷亩，分别肥瘠，差为三品，各立文簿，藏之乡县。"[①]其中的文簿一词即是指代的文书簿籍之意，藏于乡县备案以供日后方便查阅。第二，公文簿册，用于官府官吏之间，此为其最早具有的内涵。两种词义均偏档案化。"初，世隆之为仆射，自忧不了，乃取尚书文簿在家省阅。性聪解，积十余日，然后视事。"[②]

簿领。最先见于南北朝时期，它的基本释义为官府记事的簿册或文书。

---

① 中华书局编辑部."二十四史"（简体字本）：后汉书 [M]．北京：中华书局，2000：1668.

② 中华书局编辑部."二十四史"（简体字本）：魏书 [M]．北京：中华书局，2000：1128.

《后汉书》：“仕郡仓曹掾，扬州刺史欧阳参奏太守成公浮臧罪，遣部从事薛安案仓库簿领，收就于钱唐县狱。”[①]到了唐宋时期，簿领一词的使用频率有了大幅度的增长，并在宋朝达到了鼎盛。其原因在于唐宋时期的档案文书工作有了很大改善，不再像南北朝时期那样杂乱无序，堆积成山。“臣等弩力，惟尽心簿领，终不足上裨圣治。”[②]此段话讲述了陈恕整顿赋税，疏通货财，使国家财政收入显著增长，而这些重要的政绩都是和簿领紧紧挂钩的，说明了簿领在这中间发挥的重要作用。从唐朝到清朝，簿领一词的使用情况一直没有太大变化，不管是使用的次数还是其含义，都是指官府记事的簿册或文书。

2.专指性“簿族”文档名词

三国两晋南北朝时期，专指性“簿族”文档名词可分为人事档案类“簿族”文档名词（选簿、阙簿、名簿）、刑事诉讼类“簿族”文档名词（上簿、讯簿）、军事管理类“簿族”文档名词（军簿、兵簿、战簿）和行政事务类“簿族”文档名词（校簿）、天文地理类“簿族”文档名词（图簿）和物税收类“簿族”文档名词（簿记）。

讯簿。“讯”指办案或者审讯，“簿”指卷宗，词义即指办案卷宗。最早见于南北朝，《宋书》：“讯前一二日，取讯簿密与刘湛辈共详，大不同也。”[③]

战簿。战簿指古时军中登记战功和战利品的账册。最早见于南北朝，《宋书》：“上意不能明，使有司奏玄谟多取宝货，虚张战簿，与徐州刺史垣护之并免官。”[④]中的“战簿”一词即是指功绩之意。

---

① 中华书局编辑部.“二十四史”（简体字本）：后汉书[M].北京：中华书局，2000：1816.

② 中华书局编辑部.“二十四史”（简体字本）：宋史[M].北京：中华书局，2000：7552.

③ 中华书局编辑部.“二十四史”（简体字本）：宋书[M].北京：中华书局，2000：1085.

④ 中华书局编辑部.“二十四史”（简体字本）：宋书[M].北京：中华书局，2000：1304.

选簿。最早见于南北朝，指代铨选官吏的簿籍。《南齐书》："肇域官品，区别阶资，蔚宗选簿梗概，钦明阶次详悉，虞通、刘寅因荀氏之作，矫旧增新，今古相校。"[①]

阙簿。阙簿指登记官吏缺额的簿册，最早见于南北朝。《世说新语》："后宣武漂洲与简文集，友亦预焉。共道蜀中事，亦有所遗忘，友皆名列，曾无错漏。宣武验以蜀城阙簿，皆如其言。"[②]

五、三国两晋南北朝"籍族"文档名词

（一）"籍族"文档名词的构成与特点

如表4-11所示，三国两晋南北朝时期"籍族"包括"载籍""黄籍""图籍""户籍""簿籍""典籍"等8个文档名词。

表4-11 三国两晋南北朝"籍"族名词构成表

	全部文档名词	新增文档名词	消亡文档名词
名词名称	簿籍、载籍、户籍、黄籍、法籍、典籍、图籍、礼籍	黄籍	
名词数量	8	1	0

其族类特征主要有：

第一，该时期以"籍"字为主字，组词时均为"籍"字居后。"籍"字在后主要表示载体，通常是书本和小册子。

第二，根据中文构词法的规律，该族文档名词中主要是偏正结构，如"典籍""户籍""黄籍"等。

第三，"籍族"名词的含义都较为广泛，主要可以分为以下两个方面：一是指图书簿册等最原始的含义；二是特指某一方面，如"户籍"和"黄籍"主

---

① 中华书局编辑部. "二十四史"（简体字本）：南齐书 [M]. 北京：中华书局，2000：207.

② 刘义庆. 世说新语 [M]. 杭州：浙江古籍出版社，2011：204.

要就是指户口方面的登记造册。

（二）"籍族"文档名词的应用

三国两晋南北朝时期"籍族"共有8个文档名词，其中只有"黄籍"是新增文档名词，即在三国两晋南北朝时期首次出现。

从使用次数与频次来看，可以看出"载籍"和"黄籍"属于较高频次文档名词，说明其在三国两晋南北朝时期应用比较广泛，而有5个文档名词出现次数低于10次，属于低频文档名词（见图4-3）。

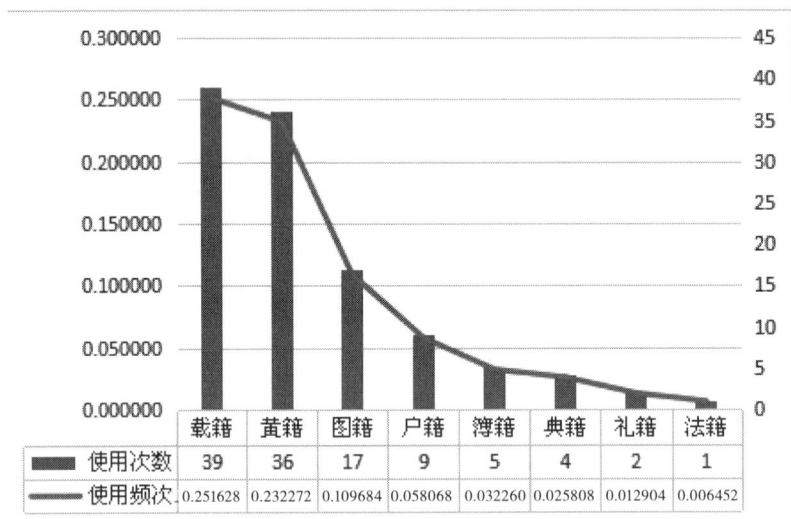

	载籍	黄籍	图籍	户籍	簿籍	典籍	礼籍	法籍
使用次数	39	36	17	9	5	4	2	1
使用频次	0.251628	0.232272	0.109684	0.058068	0.032260	0.025808	0.012904	0.006452

图4-3 三国两晋南北朝"籍族"名词应用情况图

从应用领域看，牍族文档名词主要出现在史部、子部和集部文献中，其中史部文献出现最多，集部文献出现最少。以"载籍"一词为例，总出现39次，在史部出现32次，子部出现4次，集部出现3次。

而产生于前代的旧有文档名词，存在三种情况：一是仍然维持其使用率，如"簿籍"，秦汉时期出现次数为3次，魏晋南北朝为5次；二是使用次数降低，如"法籍"，秦汉时期出现次数为8次，魏晋南北朝为1次；三是使用次数增加，如"载籍"，秦汉时期出现次数为22次，魏晋南北朝为39次。

（三）重要"籍族"名词

下面对该时期出现的"籍族"文档名词及某些具有特殊意义的名词加以具

体介绍：

1.黄籍

黄籍，顾名思义，就是用黄纸制成的户口簿籍，属于专指性文档名词。《宋书》载："辛酉，开亡叛赦，限内首出，蠲租布二年。先有资状、黄籍犹存者，听复本注。诸旧郡县以北为名者，悉除；寓立于南者，听以南为号。"①这里的黄籍也就是户籍册的意思。

"黄籍"是具有特殊意义的文档名词。"黄籍"这个名词的组词特点是表示载体颜色的"黄"字在前，后面加一个表示木牍或纸张等载体形态的"籍"字。在这种组词中，"黄"字不仅代表了一种颜色，而且由这种颜色特指了一种专门文档。"郡国诸户口黄籍，籍皆用一尺二寸札，已在官役者，载名。"②这里的"札"是指木牍，之所以称为"黄籍"，当是用黄色药物处理过，以防虫蛀。其后用黄纸代替木牍，也是用黄檗处理过的纸，可避蠹鱼。在长期使用的过程中，"黄籍"成为户籍名册的特定名称，其含义与载体颜色的关联性渐渐淡薄，后世即使不再用黄纸，因习惯仍称户口名册为"黄籍"或"黄册"。

黄籍主要是指三国两晋南北朝时期的户籍黄籍。最先出现于南北朝时期，并且盛行于南北朝时期，这是因为当时境内有大量北来侨民，他们的户籍与土著居民不同，系用白纸制成。这样，东晋南朝普通民户的户籍就分为两种：用黄纸制成的土著居民的户籍和用白纸制成的侨民户籍。人们为区别这两种户籍，始以纸色对它们命名：前者称黄籍，后者称白籍。到了唐宋朝时期，黄籍依旧占据着重要的作用。而明朝时期，黄籍已经不存在了，改称为黄册。

黄籍用纸的高度为一尺二寸，凡承担官府徭役的人都要登记入籍。在黄籍上要登记每个民户成员的名字和他们在家庭中的地位，并且注明性别、年龄，还要说明死、逃、服役、患病等情况，除此之外，通婚状况、门户的门第等

---

① 中华书局编辑部."二十四史"（简体字本）：宋书［M］. 北京：中华书局，2000：37.

② 张鹏一. 晋令辑存［M］. 西安：三秦出版社，1989：8.

级等都得注明。据沈约说，东晋咸和三年（328年）至宋元嘉的黄籍，皆"朱笔隐注，纸连悉缝"①。这里透露出黄籍上字的颜色一般用两种：一般的用墨笔，而重要的籍注则用朱笔，并且每张纸之间的接缝处都粘连得很好。这说明黄籍采取了当时书籍的通行形式——卷轴式。

2.载籍

载籍属于通用性文档名词，词义具有一定通用性。"载籍"一词出现于秦汉时期，自其产生起，历代出现次数均较多，其含义比较简单，主要指书籍或者典籍，具有通用性意义。

三国两晋南北朝时期载籍属于"籍族"出现次数最多的文档名词，具有十分重要的记录功能和参考功能。如《魏书》：

> 于是曜武，振旅而旋。长路匪夷，出入经年。毫毛不犯，百姓称传。周览载籍，自古及今。未闻外域，奔救内患。弃家忧国，以危易安。惟公远略，临难能权。②

六、三国两晋南北朝"典族"文档名词

（一）"典族"文档名词的构成与特点

如表4-12所示，三国两晋南北朝时期"典族"包括"文典""典谟""典书""典文""典训"等16个文档名词。

表4-12 三国两晋南北朝"典族"文档名词构成表

名词名称	全部文档名词	新增文档名词	消亡文档名词
名词名称	文典、书典、典册、典法、典诰、典籍、典例、典谟、典书、典文、典宪、典训、典则、典证、训典、六典	书典、典例、典则、典证	
名词数量	16	4	0

---

① 许辉，蒋福亚. 六朝经济史［M］. 南京：江苏古籍出版社，1993：205.

② 中华书局编辑部."二十四史"（简体字本）：魏书［M］. 北京：中华书局，2000：404.

其族类特征主要有：

第一，从词素构成上来看，"典族"文档名词主要由双音节文档名词组成。

第二，从含义上来看，"典族"文档名词中"典"字的含义多为"重要的文献"，以此与其他单音节词组合成双音节词，如典籍、典文、典书、训典等。

第三，从组词结构上来看，双音节词"典族"文档名词的结构皆为偏正结构。"典族"文档名词把"典"字前置的名词居多，达到了12个，这里的"典"字在偏正结构中主要起修饰作用，主要是"重要的"之义；"典"字后置的较少，仅有4个——训典、六典、书典和文典，这里"典"的含义为重要的文献，包括文件、档案，而其前的单音节词起限定范围的修饰作用。

第四，从内涵的广度来看，"典族"文档名词的含义广泛，涉及文书档案、法律档案、朝廷文书等。如法律档案类名词六典、典宪、典文、典法等。

（二）"典族"文档名词的应用

三国两晋南北朝时期"典族"共有16个文档名词，其中有4个是新生文档名词，即在三国两晋南北朝时期首次出现，包括书典、典例、典则、典证。

这时期"典族"文档名词出现次数比较多，除了典例、书典、文典、典籍和典证次数低于10次，其他"典族"文档名词出现次数较多，属于中频文档名词（见表4-13）。

表4-13 三国两晋南北朝"典族"名词应用情况表

序号	名词	使用次数	使用频次
1	典则	47	0.303226
2	典书	33	0.212903
3	典文	33	0.212903
4	典谟	28	0.180645
5	典诰	24	0.154839
6	典宪	23	0.148387

续表

序号	名词	使用次数	使用频次
7	训典	22	0.141935
8	典法	20	0.129032
9	典训	17	0.109677
10	六典	13	0.083871
11	典册	13	0.083871
12	文典	8	0.051613
13	书典	4	0.025806
14	典籍	4	0.025806
15	典证	2	0.012903
16	典例	1	0.006452

从应用领域来看，"典族"大多数文档名词出现在史部、子部和集部文献中，其中史部文献出现较多，集部文献出现较少。如"典书"一词共出现33次，在史部文献中出现17次，子部文献中出现12次，集部文献中出现4次。但也有几个文档名词比较特殊，如"典则"在史部出现8次，子部出现36次，集部出现3次，又如"典证"共出现2次，均出现在史部文献中。

而产生于前代的旧有文档名词，存在三种情况：一是仍然维持其使用率，如"典籍"，秦汉时期出现次数为4次，魏晋南北朝为4次；二是使用次数增加，如"典谟"，秦汉时期出现次数为17次，魏晋南北朝为28次；三是使用次数降低，如"六典"，秦汉时期出现次数为28次，魏晋南北朝为13次。

（三）重要"典族"名词

下面对该时期出现的"典族"文档名词及某些具有特殊意义的名词加以具体介绍：

1. 成例类文档名词

在中国古代，各个王朝的统治者非常重视各种经验的积累，把一些重要的治国理政的经验记录下来以备查考之用，同时各王朝后世的继任者非常重视先祖的圣训和遗言等，遇到不能解决的事情的时候往往查询先祖的档案材料，以供参考。而"典证"和"典例"就是这种做法的一种很好的应用。

典证。典则指出典和依据，最早见于南北朝时期，《魏书》："时中书博士索敞与侍郎傅默、梁祚论名字贵贱，著议纷纭。允遂著《名字论》以释其惑，甚有典证。"①

典例。典例指可依为准则的成例，最早见于南北朝时期，《宋书》："伏惟至尊孝越姬文，情深明发，公服虽释，纯哀内缠。推访典例，则未应亲奉。"②

2.法律法规类文档名词

法律法规类文档名词主要包括"六典""典法""典则""典文""典宪"5个文档名词，虽然侧重点各有不同，但是它们都是指有关法律法规的文档或法律文档汇编，是法律文档的不同称谓。

典则。指记载的重要的典章法则、准则，最早见于西晋时期，《正法华经》："若入累含薄授法要，蒸庶欣载，钦仰典则。"③

典法。"典法"即典章法规，是法规档案的一种称谓，最早见于先秦。三国两晋南北朝时期典宪也用来指重要的法令、规则。《后汉书》载："逆臣董卓，荡覆王室，典宪焚燎，靡有孑遗，开辟以来，莫或兹酷。今大驾东迈，巡省许都，拔出险难，其命惟新。"④

3.综合类文档名词

在"典族"文档名词中存在这样一些名词，它们的内涵较广，往往具备多个文档义项，因此将其归入到综合类文档名词中加以分析，主要包括典籍、典册等名词。

---

① 中华书局编辑部."二十四史"（简体字本）：魏书［M］．北京：中华书局，2000：727．

② 中华书局编辑部."二十四史"（简体字本）：宋书［M］．北京：中华书局，2000：316．

③ 佛光大藏经编修委员会．佛光大藏经·经部：正法华经［M］．高雄：佛光出版社，2009：452．

④ 中华书局编辑部."二十四史"（简体字本）：后汉书［M］．北京：中华书局，2000：1088．

　　"典籍"一词最早出现在先秦时期，其早期的含义与文档的意义密切相关，主要指法典、图籍等重要档案。随着时间的推移和语言的发展，到三国两晋南北朝时期，"典籍"一词的含义不断扩展，逐渐成为泛指图书、档案等各种文献的名词。如《后汉书》载："唐虞三代，《诗》《书》所及，世有史官，以司典籍，暨于诸侯，国自有史，故《孟子》曰：'楚之《梼杌》，晋之《乘》，鲁之《春秋》，其事一也。'"①《魏书》载："逮乎秦皇，剪弃道术，灰灭典籍，坑烬儒士，盲天下之目，绝象魏之章，《箫》《韶》来仪，不可复矣。"②

七、三国两晋南北朝"图族"文档名词

（一）"图族"文档名词的构成与特点

　　如表4-14所示，三国两晋南北朝时期"图族"包括"图""地图""图书""图牒""图籍"等9个文档名词。

表4-14　三国两晋南北朝"图族"文档名词构成表

	全部文档名词	新增文档名词	消亡文档名词
名词名称	地图、图簿、图牒、图法、图籍、图谱、图文、图书、图	图牒、图谱	
名词数量	9	2	0

　　其族类特征主要有：

　　第一，从词素构成上来看，"图族"文档名词除了"图"是单音节文档名词之外，主要由双音节文档名词构成，双音节文档名词的构成比例占到了89%。

　　第二，从组词结构上来看，"图族"文档名词主要是偏正结构。其中

---

　　① 中华书局编辑部. "二十四史"（简体字本）：后汉书［M］. 北京：中华书局，2000：890.

　　② 中华书局编辑部. "二十四史"（简体字本）：魏书［M］. 北京：中华书局，2000：590.

"图"字前置的居多，共有7个，如"图书""图簿""图文"等，"图"字后置的较少，仅有1个即"地图"，这里的"图"是其本义，前边的单字起限定的作用。

第三，从内涵的广度来看，"图族"文档名词的含义广泛，涉及地图档案，户籍档案以及谱牒档案等。其中地图类文档名词如图、地图等，户籍档案类文档名词如图籍，谱牒类文档名词如图牒、图谱。

（二）"图族"文档名词的应用

三国两晋南北朝时期"图族"共有9个文档名词，其中有2个是新生文档名词，即在三国两晋南北朝时期首次出现，包括图谱和图牒。图4-4为应用情况。

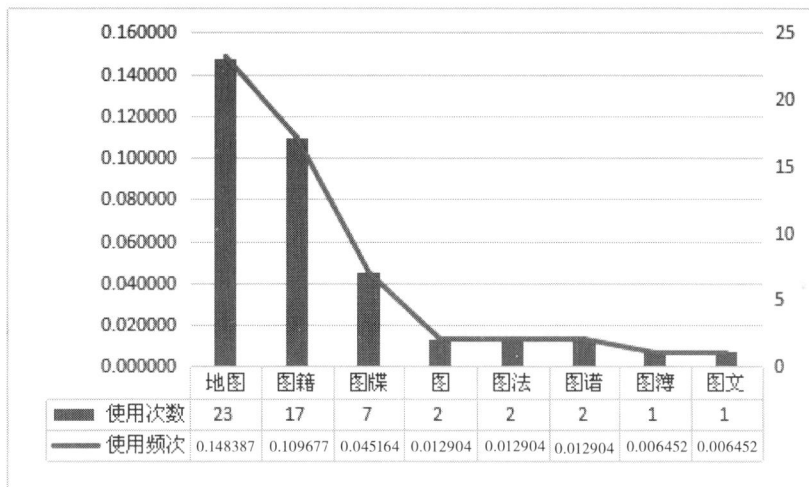

	地图	图籍	图牒	图	图法	图谱	图簿	图文
使用次数	23	17	7	2	2	2	1	1
使用频次	0.148387	0.109677	0.045164	0.012904	0.012904	0.012904	0.006452	0.006452

图4-4　三国两晋南北朝"图族"名词应用情况图

而产生于前代的旧有文档名词，存在三种情况：一是仍然维持其使用率，如"地图"，秦汉时期出现次数为22次，魏晋南北朝为23次；二是使用次数增加，如"图籍"，秦汉时期出现次数为15次，魏晋南北朝为17次；三是使用次数降低，如"图法"，秦汉出现次数为5次，魏晋南北朝则降为2次。

从应用领域来看，"图族"大多数文档名词出现在史部、子部和集部文献中，其中史部文献出现较多，集部文献出现较少。以"地图"一词为例，共出现23次，在史部出现17次，子部出现6次，集部没有出现。又如"图籍"共出现17次，在史部出现12次，子部出现4次，集部出现1次。

（三）重要"图族"名词

下面对该时期出现的"图族"文档名词及某些具有特殊意义的名词加以具体介绍：

"图牒"与"图谱"两个文档名词尽管含义上各有侧重，但是两者均有谱牒档案的含义，因而把两者放在一起分析。

从时间上来看，"图谱"和"图牒"均在三国两晋南北朝时期就开始出现；从时间延续性来看，"图谱"和"图牒"在出现之后的各个朝代均有出现，延续均性较好；从数量上和频次上来看，中国古代"图牒"一词出现的次数略多于"图谱"，达到了130次，而"图谱"为99次；从各朝代出现的次数来看，"图谱"在三国两晋南北朝和元朝出现的次数最少，仅有2次和3次，在隋唐五代、宋、明、清时出现次数较为均衡，分别为19次、23次、27次和25次。而"图牒"同"图谱"一样在三国两晋南北朝和元朝出现的次数最少，只有7次和4次，在隋唐五代出现的次数最多，达到了73次。

从内涵来看，二者均有谱牒档案的含义，南朝谢灵运《入华子岗是麻源第三谷》："遂登群峰首，邈若升云烟。羽人绝仿佛，丹丘徒空筌。图牒复磨灭，碑版谁闻传。"[1]

二者除了具有谱牒档案的含义之外，"图牒"还有图籍表册和图谶的含义，如"若其官邑之省置，风物之有亡，田赋之上下，盖存乎图谍"[2]。而"图谱"还具有医药档案的含义。《隋书》载：

> 至于阴阳河洛之篇，医方图谱之说，弥复为少。臣以经书，自仲尼已后，迄于当今，年逾千载，数遭五厄，兴集之期，属膺圣世。伏惟陛下受天明命，君临区宇，功无与二，德冠往初。[3]

---

① 谢灵运. 谢灵运集［M］. 长沙：岳麓书社，1999：107.

② 白居易著. 白居易集［M］. 北京：中华书局，1979：936.

③ 中华书局编辑部."二十四史"（简体字本）：隋书［M］. 北京：中华书局，2000：869.

八、三国两晋南北朝"案族"文档名词

（一）"案族"文档名词的构成与特点

如表4-15所示，在三国两晋南北朝时期"案族"文档名词仅出现3个——"书案""文案""案牍"。

表4-15 三国两晋南北朝"案族"文档名词构成表

	全部文档名词	新增文档名词	消亡文档名词
名词名称	文案、书案、案牍	书案、案牍	
名词数量	3	2	0

其族类特征主要有：

第一，从造词结构上来看，均属于并列式。并列式是"案族"文档名词的主要构词特征，具体表现为名词与名词并列。

第二，在构词顺序上，在双音节词中"案"字可以居前也可居后，其内涵各有不同。与"案"组合的另一单音节词，或表明文档的物质载体形式，如"案牍"；或表示文档的内容，如"文案""书案"。

第三，从词义上来看，三国两晋南北朝时期出现的"案族"文档名词均为通用性文档名词。

（二）"案族"文档名词的应用

三国两晋南北朝时期"案族"共有3个文档名词，即文案、书案和案牍，三个文档名词出现次数均不高，属于低频文档名词（见图4-5）。

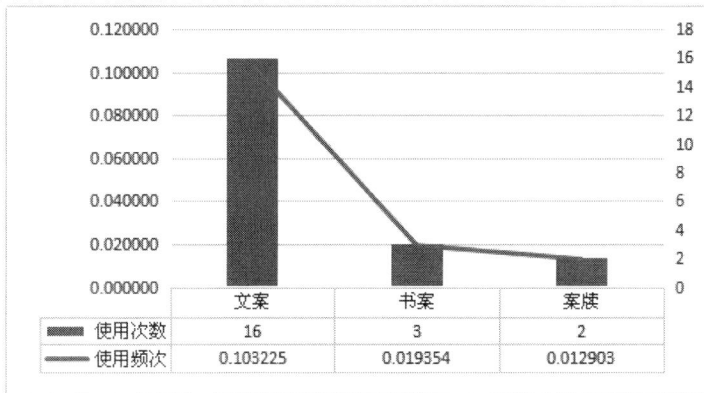

	文案	书案	案牍
使用次数	16	3	2
使用频次	0.103225	0.019354	0.012903

图4-5 三国两晋南北朝"案族"名词应用情况图

其中有2个是新增文档名词，即在三国两晋南北朝时期首次出现，包括案牍和书案。

从应用领域来看，"案族"文档名词主要出现在史部、子部文献中，其中史部文献出现最多，集部文献出现最少。如"文案"一词共出现16次，在史部文献中出现14次，子部文献中出现2次。又如"书案"，在史部出现2次，子部出现1次。

（三）重要"案族"名词

下面对该时期出现的"案族"文档名词及某些具有特殊意义的名词加以具体介绍：

1.书案

"案"是汉语中最早出现的文字之一，出现于先秦时期，本义指长方形的桌子，如书案、案几。《说文解字》中解释："案，几属，从木安声。"清代段玉裁在《说文解字注》中详细解释说："《考工记》玉人之事，案十有二寸，枣栗十有二列。大郑云：案，玉案也。后郑云：案，玉饰案也。枣栗实于器，乃加于案。"[①]"案"在后世的使用过程中含义不断被引申，指记事的或储存备查的文件。"书案"作为文档名词，含义为公文案卷。最早出现于南北朝时期，《后汉书》："韩夫人尤嗜酒，每侍饮，见常侍奏事，辄怒曰：'帝方对我饮，正用此时持事来乎！'起，抵破书案。"[②]

从其古代的整体使用情况来看，作为文档含义的"书案"一词只出现过29次（总出现次数为584次）。总体上来说，在笔者检索的范围内，"书案"在古代作为书桌含义的用法占主要地位，比例高达95%，而其文档含义的用法仅占5%。可见其文档含义非常弱。

2.案牍（按牍）

案，指书桌或办公桌。"案牍"一词出现时的基本含义是指官府文书及其

---

① 许慎，段玉裁. 说文解字注 [M]. 上海：上海古籍出版社，1981：260—261.
② 中华书局编辑部."二十四史"（简体字本）：后汉书 [M]. 北京：中华书局，2000：314.

延伸义——公务活动。它与相关的"文书""文案"等一样，是使用广泛的文档名词。"案牍"一词一般用于表述文档及文档工作，专指性强，较少使用于其他领域。

经鉴别，"案牍"首次出现于南北朝。目前可查文献中，"案牍"一词最早出现在南朝齐诗人谢朓的两首诗中。其一，《冬日晚郡事隙》："案牍时闲暇，偶坐观卉木。"①此处"案牍"一词代指公务活动。其二，《落日怅望》："情嗜幸非多，案牍偏为寡。"②此处"案牍"意为泛指的官府文书。此外，《魏书》："失之千里，差在毫厘。雄久执按牍，数见疑讼，职掌三千，愿言者六。"③《魏书》这句文句，有"按牍"和"案牍"两种形式，为同一词语的不同写法，这里指的是断案文书。但该词在南北朝时期只是零星出现，还没有形成规模。自唐代开始，"案牍"一词使用较多，宋代延续了前朝对该词的使用习惯，使用频率也较高。"案牍"一词除泛指官府公文、档案以外，也可以用来指代专门档案，一般为刑狱案件、诉讼档案。

3.文案（文按）

最普遍使用的含义为公文案卷。根据检索到的结果，"文案"一词最先出现于东汉的《太平经》。"文案"是较为常见的文档名词，从汉代以后便一直为后世使用，在使用时间上具有连续性，在使用范围上具有普遍性。到南北朝时，"文案"的使用已经较为普及。史部文献中比较常见的用法有："高祖闻而嘉之。虽处机近，曾不留心文案，唯从容论议，参赞大政而已。"④或者是："义康性好吏职，锐意文案，纠剔是非，莫不精尽。既专总朝权，事决自

---

①　谢朓. 谢宣城全集［M］. 大连：大连出版社，1998：195.

②　谢朓. 谢宣城全集［M］. 大连：大连出版社，1998：188.

③　中华书局编辑部. "二十四史"（简体字本）：魏书［M］. 北京：中华书局，2000：1145.

④　中华书局编辑部. "二十四史"（简体字本）：魏书［M］. 北京：中华书局，2000：1003.

己，生杀大事，以录命断之。"①"文案"在这些例句里均为文书档案工作的意思。

九、三国两晋南北朝"册族"文档名词

（一）"册族"文档名词的构成与特点

如表4-16所示，三国两晋南北朝时期"册族"包括"册书""册文""祝册""典册"4个文档名词。

表4-16 三国两晋南北朝"册族"文档名词构成表

	全部文档名词	新增文档名词	消亡文档名词
名词名称	册书、册文、祝册、典册		
名词数量	4	0	0

其族类特征主要有：

第一，从词素构成上来看，"册族"文档名词均为双音节文档名词。

第二，从组词结构来看，"册族"文档名词中的双音节名词包括偏正式和联合式两种基本结构。偏正式双音节词包括两种情况：一是以"册"为中心词（被修饰词），如"祝册"；二是以"册"为修饰词，如"册宝""册书""册文"等。"典册"为联合式双音节词，属于同义或近义联合。

第三，从词义构成来看，"册族"文档名词主要包含以下三种方式：一是采用"册"字的册立诏书含义组成的名词，如"册书""册文"；二是采用其簿册含义组成的名词，如"典册"；三是以"册"为记录载体形成的专有名词，如"祝册"。

第四，从内涵的广度来看，"册族"文档名词内涵广泛，涉及封诏类、祭告类、簿册类以及专指类文档名词等。其中封诏类档案如"册书""册文"等，祭告类档案如祝册，簿册类档案如"典册"等。

---

① 中华书局编辑部."二十四史"（简体字本）：宋书［M］．北京：中华书局，2000：1184.

（二）"册族"文档名词的应用

三国两晋南北朝时期"册族"只有4个文档名词，属于低频文档名词，并且没有出现新增文档名词，也无消亡文档名词（见图4-6）。其中"祝册"一词在先秦时期产生后，秦汉并未出现，又在三国两晋南北朝文献中重新出现。册书、典册、册文分别属于"书族""典族"和"文族"文档名词，三词较秦汉时期相比，出现次数均有所增长。

从应用领域来看，"册族"文档名词主要出现在史部、子部和集部文献中，其中史部文献出现较多，集部、子部文献出现较少。如"典册"一词共出现13次，在史部文献中出现8次，子部文献中出现1次，集部文献中出现4次。

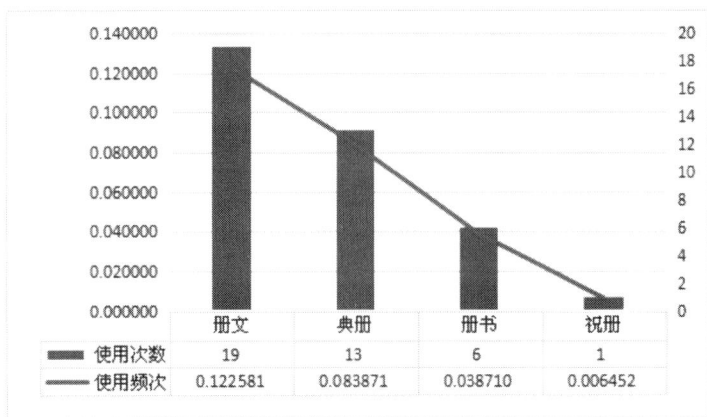

	册文	典册	册书	祝册
使用次数	19	13	6	1
使用频次	0.122581	0.083871	0.038710	0.006452

图4-6 三国两晋南北朝"册族"名词应用情况图

（三）重要"册族"名词

下面对该时期出现的"册族"文档名词及某些具有特殊意义的名词加以具体介绍：

典册。典册（亦作典策）由"典""册"组合而成，"册"是用竹片或木片串成的竹木简，其基本含义与单音节词"典"比较接近，主要指官方重要的册籍，内涵的文档属性较强，普通文献一般不用此称呼。三国两晋南北朝时期"典册"指记载典章制度等的重要册籍，如《三国志》记载："秋八月辛卯，相国晋王麓，壬辰，晋太子炎绍封袭位，总摄百揆，备物典册，一皆如前。"①

册文。原为诰命文书的一种，同"册命""册书"等，只用于帝王封赠臣下。后其应用渐广，祭告、上尊号及诸祭典等皆应用之，有祝册、立册、封册、谥册等之分别。《南史》载："诏吏部郎张缵为哀册文，有司奏谥曰穆，葬宁陵，祔于小庙。简文即位，追崇曰太后。"②

十、三国两晋南北朝"令族"文档名词

（一）"令族"文档名词的构成与特点

如表4–17所示，三国两晋南北朝时期"令族"包括"法令""律令""阴令""格令"等12个文档名词。

表4–17　三国两晋南北朝"令族"文档名词构成表

名词名称	全部文档名词	新增文档名词	消亡文档名词
名词名称	法令、政令、诏令、律令、军令、将令、功令、阴令、违令、施令、格令、宪令	格令	
名词数量	12	1	0

其族类特征主要有：

第一，"令族"是指含有单音节词"令"的法律文书名词聚类，这里的"令"字是共同词素，从词素构成上来看，这时期"令族"文档名词均为双音节文档名词。

第二，从组词结构来看，"令族"文档名词中的双音节名词均为限定性词语+"令"，多为偏正式结构，如"法令""律令""政令"等。

第三，将"令族"内法律文书名词按新组成词素的词性来划分，分为两类：一是"令"与名词词素重组的法律文书名词，如"法令""政令""将

---

① 陈寿. 三国志 [M]. 北京: 中华书局, 2005: 115.
② 李延寿. 南史 [M]. 长沙: 岳麓书社, 1998: 192.

令""宪令"等；二是"令"与动词词素重组的法律文书名词，如"诏令""施令"等。

（二）"令族"文档名词的应用

三国两晋南北朝时期"令族"共有12个文档名词，其中只有"格令"是新生文档名词，即在三国两晋南北朝时期首次出现。

这时期"令族"文档名词出现次数比较多，尤其是"法令"，出现628次，频次达到4.05，为高频文档名词，而"律令"和"阴令"频次均在0.5以上，为中频文档名词（见图4-7）。从整体来看，"令族"文档名词出现次数均较多，总出现次数为各族类最高。

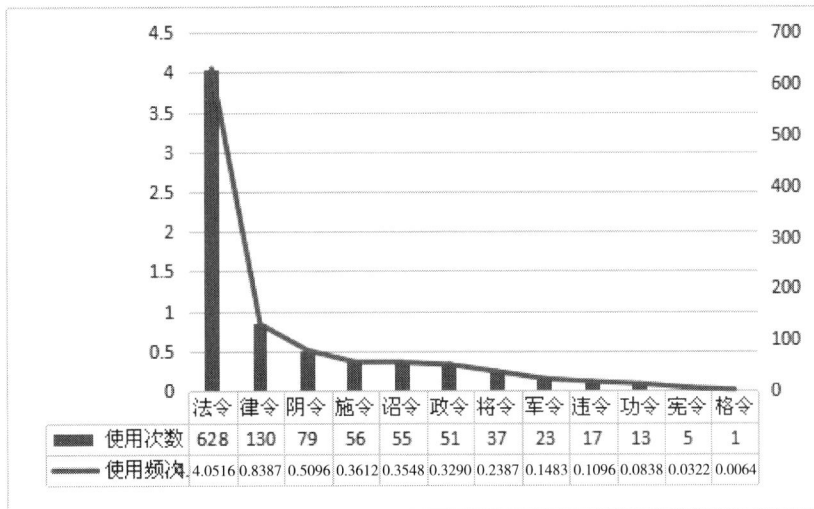

	法令	律令	阴令	施令	诏令	政令	将令	军令	违令	功令	宪令	格令
使用次数	628	130	79	56	55	51	37	23	17	13	5	1
使用频次	4.0516	0.8387	0.5096	0.3612	0.3548	0.3290	0.2387	0.1483	0.1096	0.0838	0.0322	0.0064

图4-7　三国两晋南北朝"令族"名词应用情况图

从应用领域来看，"令族"文档名词出现在史部、子部和集部文献中，其中史部文献和子部出现较多，集部文献出现较少。如"法令"一词，总出现628次，在史部出现63次，子部出现565次，集部没有出现。又如"律令"共出现130次，在史部出现105次，子部出现13次，集部出现12次。

（三）重要"令族"名词

下面对该时期出现的"令族"文档名词及词义发生变化的名词加以具体介绍：

　　格令。格令为该时期新生文档名词，"格"在古代主要指规则、标准（特指法律条文），那么"格"字与专指命令的词素"令"相结合组成新生词语"格令"的时候，就会赋予"格令"一词新的概念：法律类的命令。"格令"一词首次出现在南北朝，语出《颜氏家训》："且议官所知，不能精于讼者，以浅裁深，安有肯服？既非格令所司，幸勿当也。"[1]格令在宋元时期使用的次数较多，后来一直保持着平稳的态势发展，到清朝时期出现了63次，和其他的"令族"法律文书名词相差甚远，所以为不常见的词语。

　　军令。军令最早见于春秋战国时期，表示军事上所发布的命令。三国两晋时期开始，"军令"不仅仅单纯地被当作命令来使用，而且还作为法典类的名词开始使用，比如在《梁武帝集》中就出现败军令、军令，两晋时期的"军令"一共出现5次，其中4次就出现在《三国志》中。"军令"在三国两晋时期的意思主要分为两类：其一，延续前代军事命令类的文件名称。如"策母先自曲阿徙于历阳，策又徙母阜陵，渡江转斗，所向皆破，莫敢当其锋，而军令整肃，百姓怀之。"[2]又如："蒙麾下士，是汝南人，取民家一笠，以覆官铠，官铠虽公，蒙犹以为犯军令，不可以乡里故而废法，遂垂涕斩之。"[3]其二，发展为军事类的法典名称，词义偏文书化。"军令上第二十二、军令中第二十三、军令下第二十四、右二十四篇，凡十万四千一百一十二字。"[4]这种变化在后世仍被沿用。

十一、三国两晋南北朝其他文档名词

　　除了以上9个族类，三国两晋南北朝时期还存在不属于文档名词族类的其他文档名词，其他文档名词类别在该朝代无新增文档名词，也无消亡文档名词，共包括2个文档名词，即"起居注"和"质要"（见表4-18）。其中起居

---

① 颜之推. 颜氏家训 [M]. 北京：中国文史出版社，2003：227.

② 陈寿. 三国志 [M]. 北京：中华书局，2005：815.

③ 陈寿. 三国志 [M]. 北京：中华书局，2005：945.

④ 陈寿. 三国志 [M]. 北京：中华书局，2005：691.

注作为多音复音词出现次数较多，属于中频文档名词。

从应用领域来看，其他类文档名词只出现在史部和子部文献中。起居注在史部文献中出现54次，在子部文献中出现4次；质要在史部文献中出现1次，在子部文献中出现1次。

表4-18　三国两晋南北朝其他文档名词应用情况表

序号	名词	使用次数	使用频次	是否为本时期新增
1	起居注	58	0.374193	否
2	质要	2	0.012903	否

1.起居注

"起居注"一词最早见于汉代，汉代仅出现1次，三国两晋南北朝时期"起居注"出现次数激增，出现58次，表示其在该时期被广泛使用，用法如《魏书》："二月辛未，行幸灵泉池。壬申，还宫。戊寅，初诏定起居注制。己卯，诏遣侍臣循行州郡，问民疾苦。"[①]

起居注内容相对单一，是中国古代记载帝王言行、兼记朝政大事的日记体史册，是皇帝的言行录，属于编年体文献。

三国两晋南北朝时期是"起居注"记史体制的确立时期，所以该时期"起居注"一词会大量出现。三国魏明帝太和年间，设置著作郎，于掌修传统史籍外，兼修起居注，但尚无记载起居注的制度，"中书著作郎专修国史，而起居注无闻焉。吴、蜀分据，亦各有史职"[②]。西晋、东晋，则是起居注记载方式发生演变，以及"名""实"转化的重要时期。晋朝沿袭史官专设体制，仍称著作郎。晋惠帝元康二年（292年），置著作郎一人、佐著作郎八人，隶属于秘书省。"著作郎掌起居集注，撰录诸言行勋伐旧载史籍者。"[③]这表明起居注成为官方制度化的载籍，北魏朝廷设立起居注令，以二人专修起居注。从

① 中华书局编辑部."二十四史"（简体字本）：魏书［M］．北京：中华书局，2000：112.

② 王钦若，等．册府元龟［M］．北京：中华书局，1960：6643.

③ 刘知几．四库家藏·史通［M］．济南：山东画报出版社，2004：91.

此，历代皇帝效法。

2.质要

质要指古代买卖货物的券契，亦泛指券契。最早见于春秋时期，《左传·文公六年》有载："宣子于是乎始为国政，制事典，正法罪，辟狱刑，董逋逃，由质要，治旧洿，本秩礼，续常职，出滞淹。"[①]秦汉时期并未出现，南北朝时期出现3次。用法如《后汉书·马融传》："亦方将刊禁台之秘藏，发天府之官常，由质要之故业，率典刑之旧章。"[②]

本章小结

三国两晋南北朝时期作为社会动荡、政权更迭的动乱时期，是中国历史发展的一个重要时期，儒学衰落，佛教、道教、玄学兴盛，在哲学、文学、艺术、史学、科技等方面有新的发展。档案与文书工作有了一定的改进，各个王朝都非常重视档案的收集、整理、保管和编纂利用，对各种文书程式做了更为详尽的规定，文献数量增加。同时，这时期纸张的出现促使公文载体实现了根本性的变革，国家档案管理工作的效率得到极大的提高，从一定程度上推动了文献作品的产生，对文档名词的发展起到了重要的作用。

总的说来，这一时期的主要文档名词共分为11个族类，包括"文族""书族""案族""牍族""簿族""籍族""典族""图族""册族""令族"以及其他类文档名词。一方面，名词仍以复音词为主，各族类名词数量与名词出现次数基本超越秦汉时期，前代所出现文档名词多仍在使用，秦汉时期共出现87个文档名词，共出现1395次，三国两晋南北朝共有129个文档名词，共出现2663次。而在频次方面，三国两晋南北朝11个族类中仅有"令族""案族""牍族""册族""典族""其他类文档名词"六个族类文档名词频次

①　左丘明. 左传 [M]. 长沙：岳麓书社，1988：99.

②　中华书局编辑部."二十四史"（简体字本）：后汉书 [M]. 北京：中华书局，2000：1330.

高于秦汉时期，这主要与检索到的朝代文献数量有关，三国两晋南北朝时期共有检索文献155部，而秦汉时期仅有66部文献。另一方面，文档名词词义和前代相比得到扩展，名词的组词方式也更加灵活和成熟。三国两晋南北朝时期共出现45个新增文档名词，共有10个文档名词在此时期消失，一些文档名词，如"文字"一词，其文档类含义在该时期出现了"册命文书"等专门用法，词义内涵得到扩展，专指性进一步加强。文档名词应用的社会普及度亦有所提高。

可以说，三国两晋南北朝处于中国古代文档名词在动荡中发展的时期，社会环境的不稳定没有阻挡文档名词在继承中持续发展，为隋唐与两宋文档名词的快速发展奠定了基础。

第五章　隋唐五代：稳定发展中的文档名词

　　公元581—960年是中国历史上的隋唐五代时期。公元581年，隋朝建立，589年灭陈，结束了中国历史上又一次长期混战、分裂局面。隋二世而亡，此后，在唐统治的290年间里中国封建社会达到了鼎盛阶段，隋唐时期的文档名词也得到了规模性的稳定发展。公元907年唐灭，之后的53年里，中国进入了动荡战乱的五代十国时期，政治文化的发展由盛转衰，这段时期文档名词的发展受到短暂的冲击。但后周时期柴荣的统一战争为北宋统一北方奠定了基础，也为之后文档名词在宋代的繁荣发展奠定了基础。

第一节　隋唐五代文档名词发生、发展的历史背景

　　隋唐五代处于中国历史的中古时代的后期，是中国历史的又一次社会大变革的时期。这种自上而下或自下而上的结构性变革影响到政治、经济、文化、道德观念、经过三百年的分裂、战乱以及种族和信仰的冲击融合，引塞外精悍之血，注入中原文明，实现了历史上第二次政治、社会、风俗的多元统一，也构成了这一历史时期文档名词发展演变的社会历史基础。下面分别从基本历史

脉络、政治、文化及文书、档案工作等几个方面介绍隋唐五代时期文档名词的产生、发展的历史背景及其影响。

一、隋唐五代时期的政治与文档名词

钱穆先生认为："本来政治应该分为两方面来讲：一是讲人事，一是讲制度。人事比较变动，制度由人创立亦由人改订，亦属人事而比较稳定，也可以规定人事；限制人事。"[①]从政治角度讲，人事易变无常，而制度是比较稳定的。因此，在这里笔者主要从制度角度分析社会政治与文档名词的发展变化的关系。具体而言，可分为以下几个方面：

（一）政治体制

隋文帝执政初期是从北周接管的政体，后颁布了适应当时社会制度的政令，并制定了新法典。《通典·选举典》注云："南朝至于梁、陈，北朝至于周、隋，选举之法，虽互相损益，而九品及中正至开皇中方罢。"[②]《隋书·经籍志》中的史部有旧事、官职、仪注、刑法四篇，皆为六代典制。隋朝中央职官废北周六官，复魏晋旧制；制度方面，废九品中正制，实行三省六部制。地方上，隋代改地方三级制为二级制，唐代又出现向三级制回归的现象。经济上，实行均田制和租庸调制，并采取"大索貌阅"和"输籍定样"等清查户口措施，以避免偷税漏税。这些政策对隋朝文档名词产生重大影响。如"令族"文档名词在《隋书》中共出现98处，新增的文档名词"敕令"出现8处，出现最多的是"律令"一词，为28处，例如：

> 其台省令史士卒欲赎者，听之。时欲议定律令，得齐时旧郎济阳蔡法度，家传律学，云齐武时，删定郎王植之，集注张、杜旧律，合为一书，凡一千五百三十条，事未施行，其文殆灭。法度能言之。[③]

由此可见，隋朝时期力图通过政治体制改革来重整政治风貌，这一举措同

---

① 钱穆. 中国历代政治得失 [M]. 北京：生活·读书·新知三联书店，2001：前言4.

② 杜佑. 通典 [M]. 北京：中华书局，1988：328.

③ 魏征，令狐德棻. 隋书 [M]. 北京：中华书局，1973：697.

时也推动了文档名词的应用。

　　唐承隋制。唐王朝是君主专制中央集权的封建政权，它在全国范围内建立了一套体系完整的官僚机构，以便于统治者从中央到地方层层控制。《唐六典》是唐朝行政法典，成于开元盛世，记载了以三省六部制为核心的规范官制，包含了当年的"令""式"，其民有计帐、户籍。唐王朝的中央政务机构，主要有三省、六部、九寺、五监。而且，中书省、门下省是"机要之司"，政务裁决和行政一体化。中书省草诏制令，门下省审覆封驳，尚书省指挥政务。"六部二十四司"更偏重政务，也可参与决策，"九寺五监"则负责具体事务，二者是一种上承下行的关系。另外，在唐玄宗时期，宰相李林甫任职时整理了大量国家的文牍、档案汇报的方式等，极大地简化了行政程序，因此在纷繁复杂的政务情况下，能够整理出头绪。如《旧唐书》载："每事过慎，条理众务，增修纲纪，中外迁除，皆有恒度。"[①]唐代政治体制的改革进一步影响到文档名词的发展。如唐代"令族"文档名词在延续隋朝的基础上进一步发展，仅《唐六典》一书就出现"令族"文档名词61处，其中"政令"一词出现最多，有31处。例如：

　　　　太子率更寺：令一人，从四品上……主簿一人，正九品下。（晋率更令置主簿一人……隋太子率更寺主簿一人，皇朝因之。）率更令之职，掌宗族次序，礼乐、刑罚及漏刻之政令。凡皇太子释奠于先圣先师，讲学齿胄，皆总其仪注，而为之导引。[②]

　　五代时期是唐末藩镇割据的延续，最主要的政治根源便是以皇权为象征的封建专制主义的中央集权衰落，中央不仅不能控制地方势力，反而受地方势力的挟制，甚至最终为军事实力派所废。这一时期大体延续了唐朝后期的政治体制，分别设有主管行政、财政、军事的三省六部、三司、枢密院。由于社会动乱，经济、文化遭到破坏，文档名词的发展也进入了消沉期。

---

① 刘昫，等. 旧唐书［M］. 北京：中华书局，1975：3238.
② 李林甫，等. 唐六典［M］. 北京：中华书局，1992：699—700.

（二）军事改革

北魏开始实行均田制，西魏实施府兵制，到了隋代和前唐，均田、府兵成为隋唐王朝强盛的支柱。隋初沿袭旧制，实行兵、民分籍，府兵及其家属不入民籍而入兵籍。后隋文帝开皇十年诏："凡是军人，可悉属州县，垦田籍帐，一与民同。军府统领，宜依旧式。"①此后，均田制和府兵制结合起来，兵民同籍。这一制度改革促使文档名词"籍帐"出现，表户口簿册的含义。唐前期军队沿用"府兵制"，长安城内另有皇家禁卫军，及高祖时便有的世袭父子兵等。而边军采取世袭军户制，军户可以免除相当的税赋徭役。唐朝统一了隋朝末年军阀割据的局面，直至唐末玄宗时期，均田制、府兵制最终崩溃，均田制和租庸调制的破坏导致府兵制改为征兵制和募兵制，两税法替代租庸调法。募兵制虽改变了内重外轻的局面，但也滋长了藩镇割据，加重了五代时全国大分裂的局面。到了北宋，终于全国统一，新的禁军制度终于形成。

隋唐时期军中事务的处理也推动了文档名词的发展。例如军队兵制的改革，多与士兵的户籍、军籍相关，军队因故更新的名册要实时呈报给中央，与南北朝时期相比，与军务相关的专指性文档名词更加普及，如"军簿"一词是从南北朝时期继承下来的，隋唐时期出现4处。《通典》有云："程不识正部曲行伍营陈，击刁斗，士吏治军簿至明，军不得休息，然亦未尝遇害。"②"户籍"一词较南北朝时期（9处）有较大发展，隋唐五代共出现58处。《唐六典》载："户曹、司户参军掌户籍、计帐，道路、逆旅、田畴、六畜、过所、蠲符之事，而剖断人之诉竞。"③隋唐五代时期，中央经常下达命令给地方和军队，军中也规定各种法理以保证纪律，因此"令族"文档名词在军务改革中与前朝相比也得到较大发展，如"军令"一词在三国两晋南北朝时期出现23处，到了隋唐五代时期使用频率较高，共有137处。如《通典》云："贞观十六年十二月，狩于骊山。时阴寒晦冥，围兵断绝。上乘高遥见之，欲

①　魏征，令狐德棻. 隋书［M］. 北京：中华书局，1973：35.

②　杜佑. 通典［M］. 北京：中华书局，1988：3797.

③　李林甫，等. 唐六典［M］. 北京：中华书局，1992：749.

舍其罚，恐亏军令，乃回辔入谷以避之。"①

（三）科举制度

科举利禄，起源于汉，大备于唐。隋初建立时废除北周"六官"制度，复行魏晋官制，以才授官，弱化世族垄断仕官的能力。隋文帝开皇中取消九品中正制，改为举荐，曾先后多次颁布诏令以开科取士，开皇十八年（598年）七月，"丙子，诏京官五品以上，总管、刺史，以志行修谨、清平干济二科举人"②。隋朝除创立进士科外，还建立了对后世产生重大影响的政事堂议事制度、监察制度、考绩制度等政治制度。

唐代创造文官考试制度，以满足封建专制主义中央集权政治的统治。唐代设甲库为专门性质的中央人事档案库，以保管官员的甲历档案。唐代科举分贡举和制举，科举考试由中央政府掌握，再将人才分配到各地为官，加强了中央集权，使官吏选拔有了统一的制度和要求。唐代的进士科实际上是文学之科，唐代的科举培育出一种意义深远的"进士文化"，科举制度在唐中期以后逐渐成为一种具有社会意义、政治意义和文化意义的制度。另外，唐代的中央官学最初成立时便有"六学二馆"，"六学"包括国子学、太学、四门学、律学、书学、算学，唐代设立弘文馆和崇文馆为研究机构，而且秘书省、弘文馆、集贤院和史馆从事图书、档案的编撰活动。五代时期科举考试沿袭唐制，要通过铨选获得官职，官员任满后必须再经过铨选而重新获得职务。

唐五代科举制度对文档语言产生了重要影响。如"卷族"文档名词最早产生于唐代，"文卷"一词就是受科举、文字等影响而产生的。例如，《太平广记》取材自唐代卢肇的《逸史》，载："皇甫弘应进士举，华州取解……谓子弟曰：'汝试取次，把一帙举人文章来。'既开，乃皇甫文卷。钱公曰：'此定于天也。'遂不改移。"③又如《云溪友议》载：

> 襄阳牛相公赴举之秋，每为同袍见忽。及至升超，诸公悉不如也。

---

① 杜佑. 通典 [M]. 北京：中华书局，1988：2074.

② 魏征，令狐德棻. 隋书 [M]. 北京：中华书局，1973：43.

③ 李昉，等. 太平广记 [M]. 北京：中华书局，1961：2206.

尝投赟于刘补阙禹锡，对客展卷，飞笔涂窜其文，且曰："必先辈未期至矣！"然拜谢砻砺，终为怏怏乎。历廿余岁，刘转汝州，陇西公镇汉南，枉道驻旌旆。信宿，酒酣，直笔以诗喻之。刘公承诗意，方悟往年改张牛公文卷。①

由此可见，隋唐时期文档名词"文卷"的产生和运用为"卷族"文档名词在后世的发展做出了重要铺垫。

（四）法律制度

隋文帝执政初期便制订了新的法典，改造了地方政治制度，振兴了国家的财政结构，沿北方边境加强了对突厥人的防务。实现律令制度，更定刑律，只有加强中央集权政治，隋王朝和之后的唐王朝才能巩固、安定、强盛。隋朝虽然只维持了30余年的时间，但所成的体制对后代有深远影响。正如王夫之在《读通鉴论》中所述："以立法而施及唐、宋，盖隋亡而法不亡也。"②

唐律的基本观念是以"礼教"为中心的，唐律体系可以说是以法律工具强制推行"礼"的原则，是"礼治原则的法典化"，反映了中国古代的法典体系走向成熟的过程。总之，以礼入法，法律儒家化，是一个历史过程。唐代法典体系由"律、令、格、式"构成。"凡律以正刑定罪，令以设范立制，格以禁违正邪，式以轨物程事。"③《唐律》共12篇，30卷，502条，不仅是现存最早最完整的中国古代法典，而且是古代史上行用时间最长的一部法典。

唐代刑罚虽与隋大致相同，但用法较隋审慎。中央政府的司法机关，主要为刑部和大理寺，地方无独立的司法机关，由州县兼办。五代时期，战乱频繁，社会混乱，违法之事随处可见，但五代诸国也时时修订刑法，以巩固其统治，维护社会秩序。如后梁太祖朱温颁行天下的《大梁新定格式律令》，后唐的《同光刑律统类》《大中统类》《清泰编敕》、后晋高祖时期《天福编敕》，后周太祖年间《大周续编敕》，后周世宗时期的《大周刑统》，这一时

① 范摅. 云溪友议 [M]. 上海：古典文学出版社，1957：48.

② 王夫之. 读通鉴论 [M]. 北京：中华书局，2013：525.

③ 李林甫，等. 唐六典 [M]. 北京：中华书局，1992：185.

期南方众国也积极编定了许多法书，据《十国春秋》记载，吴国统治时期曾编定《吴令》，南唐时也修订过《升元格》等。

此外，《唐律》又称《唐律疏议》，是一部法典，也是一部律学、应用训诂学实践类书，注文、疏文直接训释律文中的法律词汇。律学即为中国古代的法律解释学，繁荣于魏晋、成熟于唐。隋唐五代是中国历史上辉煌发展的时期，也是中国封建社会的鼎盛时期。《唐律疏议》作为法律词汇语义系统研究语料具有典型性，且在这部律书中存在了大量的文档词汇，如"文书""文案""文簿""簿书"等文档名词共出现了127处，其中"文书"一词出现最多，有99处。再如，"令族"文档名词的发展与法律制度息息相关，"法令""军令"等文档名词被大量使用，共达700余次。由此可见，在律法体系完善的唐代，文档名词在政治方面的利用有突破性的进展，对后世的发展也具有深远影响。

二、隋唐五代时期的文化与文档名词

隋唐五代是中国古代史的鼎盛时期。隋王朝在政治、经济、典章制度、文化教育等多方面为唐代的发展提供了借鉴。文化得以繁荣发展除了自身的规律外，社会经济的迅速发展为文化的发展提供了物质基础，政治环境保证了文化发展的基本条件。封建社会文化的本质是为封建专制主义的统治而服务的文化。隋唐时期的文化也是为政治上的封建中央集权政治体制服务的。隋唐时期被称为中国文明史上的"黄金时代"，不仅在于国家的社会开放性，而且在于中华文明的伟大创造力。此时语言上由单音词向双音词的演变基本完成，词义更加丰富，文档双音词已产生众多，进入了文档名词的稳定发展时期。晚唐衰落、五代纷乱的政治局面直接对文明的稳定发展产生了冲击，与盛唐相比，文档名词的发展进入了短暂的衰落期。

唐文化历经发展的三百年间，既有高潮，也有低潮，有继承发展，也有融合创新。唐代在文化发展史上属于成熟、发达时期。这与当时国家的社会背景息息相关，国家的统一安定和政治强大，植根于唐代社会经济的持续发展，促进了唐文化繁荣昌盛。唐代文化发展史可以分为三个阶段：（1）唐太宗、高宗时期为唐文化的建设时期，良好继承了前朝的发展成果，并做出总结性的整合，为后续发展奠定基础。（2）从武则天到玄宗开元天宝年间的盛唐，为唐文化的大繁荣、大发展时期，唐朝拥有了崇高的国际地位和辉煌的经济文化成就。（3）玄宗以后，经安史之乱，中央集权衰落，地方出现长期藩镇割据。这阶段唐文化既有衰落，也有振兴，在扬弃过程中逐渐消融了前一阶段的成果，而且有向地方扩散的趋势。五代十国是一个大震荡、大变革时期，不仅中唐以来的经济重心南移趋势进一步加强，而且文化重心也开始南移。

（一）学术与文档名词

隋唐王朝是经过多年战争、分割后统一的时期，给学术的再次发展提供了可能，促使词汇发展也拥有崭新的面貌特征。新词新意的产生，适应了语言表达的需要，丰富了汉语词汇宝库，编史修志的同时也使档案事业得到了重视，"文族""书族""卷族""簿族""案族""籍族"等各族类文档名词频频出现，说明在隋唐五代时期，尤其是鼎盛的唐王朝时期，档案工作兴起，文档名词也迈入了稳定的进步发展阶段。

1.经学

经学是研究儒家经籍的学问，包含哲学、政治学、伦理学等多方面内容。由于隋唐时期佛教、道教和文学艺术的兴盛，经学的发展受到制约，因此后人说唐人"重文辞""轻经术"。因此，总体来看，隋唐五代是经学发展史上的重要过渡期与转变期。

颜师古在太宗时期任秘书少监，受诏考定五经文字，成《五经定本》，从文字上统一了经文。隋唐五代有了石经和刻板书，避免了传抄中的伪讹和异体，这也是统一文字的重要工作。隋唐五代的经学虽衰微不振，但仍有文档名词存在，例如《周礼注疏》载："其有官府合用官物而受财者，并副写一通敕令文书与职内，然后职内依数付之，故云受其贰令书之。"[1]贾公彦疏中出现

---

[1]　郑玄，贾公彦. 周礼注 [M]. 上海：上海古籍出版社，1990：105.

了文档名词"敕令"。"敕令"一词最早出现于唐代，为帝王所发布的命令、法令或立法文书，共出现69处。由此可见唐代对文档名词的利用已具有普遍性。另外，唐人较重要的经学著作还有李鼎祚《周易集解》十七卷，史征《周易口诀议》六卷，玄宗御注《孝经正义》三卷等。

2.史学

隋唐时期，史学成绩斐然，在整个学术领域中，史学成为最发达的部分。国家建立了史馆制度，隋设著作曹，掌国史，原隶属秘书省。炀帝时加起居舍人二人，为史职，隶属中书省。唐初因隋旧制，称著作局，仍隶属秘书省。贞观三年（629年），"移史馆于门下省北，宰相监修。自是著作局始罢此职。及大明宫初成，置史馆于门下省之南"。五代还建立了由史官修《起居注》、宰相撰《时政记》及修实录的制度。由于制度较完善，对史料档案的记录、保存、整理及史书的编修都起到了积极作用。

"二十四史"中有八部修成于唐初，分别是《晋书》《梁书》《陈书》《北齐书》《周书》《北史》《南史》和《隋书》。以这八部史书为例，经检索发现其中使用了大量文档名词，如"文书"（82处），"文案"（46处），"文籍"（38处），"文簿"（24处），"簿书"（23处），"簿籍"（19处），"案牍"（12处），"黄籍"（4处），"书牍"（2处），可见唐五代时期史学中的文档意识已比较浓郁了。再如，唐五代时期修撰了有重大价值的"政书"。"四部"分类中"史部"包括"政书"，记录历朝仪制、职官、邦计、军政等状况。"开元十年，起居舍人陆坚被诏集贤院修"六典"，玄宗手写六条，曰理典、教典、礼典、政典、刑典、事典……二十六年书成。"①贞元十七年（801年），杜佑著《通典》二百卷。宋建隆二年（961年），王溥奏上《唐会要》百卷。《唐六典》《通典》《唐会要》都是总结性的著作，唐元稹《类集》三百卷和姚康《统史》三百卷均亡佚，鲜明地反映了唐五代时期史学具有集大成的转折性特色。

---

① 欧阳修，宋祁. 新唐书［M］. 北京：中华书局，1975：1477.

《旧唐书》唐穆宗以后的部分多为杂说、琐记，保存了大量唐代的原始资料，受到后代史学家的重视。此外，王仁裕撰《开元天宝遗事》、尉迟偓撰《中朝故事》、刘崇远撰《金华子》记载唐代朝野故事；崔令钦《教坊记》记录了唐玄宗时教坊制度的变革，对了解唐代舞乐、音乐和文学等状况价值极高；五代王定保《唐摭言》十五卷，评述唐代贡举制度，同时保存了文人活动资料等。这些五代十国时期的撰著都或多或少有文档名词存在，其中"文族"文档名词占多数。如《唐摭言》共出现文档名词24处，其中"文族"文档名词16处，"文书"一词出现5次，如："差功曹卢宗回主试。除文书不堪送外，便以所下文状为先后，试杂文后，重差司录侯云章充试官，竟不列等第。"①《开元天宝遗事》共有文档名词4处，其中"文族"文档名词有2处。如："苏颋与李乂对掌文诰，玄宗顾念之深也。八月十五夜，于禁中直宿，诸学士玩月，备文酒之宴。时长天无云，月色如昼。"②这些都进一步说明了文档名词在隋唐五代的史学方面得到广泛运用。

隋唐五代史学思想的发展，有社会发展和各文艺、技术领域发展的基础，另一方面，史学又涵盖和影响了众多的思想、文化领域。史学和史馆的发展促进了这一时期档案的整理和编撰，使分散的各族类文档名词在史学档案文献编撰的同时得到完善和补充。

隋唐五代时期史学思想最重要的成就是刘知幾的《史通》。该书在《史官建置》和《历代正史》中记述了历代史官制度的沿革和官修正史的情况，有利于我们了解相关的档案和档案工作的情况。刘知幾重视档案史料的鉴别，反对迷信灾异的记载。在《言语》《浮词》《叙事》《模拟》等篇中，刘知幾对修史中的语言运用和技巧表达提出建议，在记叙上主张尚简与用晦。《史通》一书所含的文档名词涉及了"文族""书族""案族""牍族""簿族""籍族""册族""典族""图族""令族"10个族类，共出现80余处，应用最多

---

① 王定保. 唐摭言 [M]. 上海：上海古籍出版社，1978：14.

② 王仁裕，等. 开元天宝遗事十种 [M]. 上海：上海古籍出版社，1985：84.

的是"文族",为28处。如《史通·六家》载:"自古帝王编述文籍,《外篇》言之备矣。"① "爰逮中叶,文籍大备,必翦截今文,模拟古法,事非改辙,理涉守株。"②

3.类书

类书是我国古代的一种大型资料性书籍,采载辑录群书,以事类区分或以语词立项加以编辑,以便于检索利用。类书有兼采众类的,也有专收一类的。类书的编纂始于魏文帝黄初元年(220年),命刘劭等人"集五经群书,以类相从,作皇览"③。隋唐时期类书编纂盛极,隋炀帝下令撰成《桂苑珠丛》一百卷,虞世南撰《北堂书钞》,又名《大唐类苑》。"北堂者,秘书省之后堂。此书盖世南在隋为秘书郎时所作……朱彝尊《曝书亭集》亦称:'曾见《大唐类要》百六十卷,反覆观之,即虞氏《北堂书钞》。'"④又有梁释宝编《经律异相》五十卷等。唐代类书编撰成果大盛,除现存《北堂书钞》和《艺文类聚》外,"太宗时编的,还有一千卷的《文思博要》,后来从龙朔到开元,中间又有官修的《累璧》六百三十卷,《瑶山玉彩》五百卷,《三教珠英》一千三百卷(《增广皇览》及《文思博要》),《芳树要览》三百卷,《事类》一百三十卷,《初学集》三十卷,《文府》二十卷,私撰的《碧玉芳林》四百五十卷,《玉藻琼林》一百卷,《笔海》十卷。这里除《初学记》之外,如今都不存在。内中是否有分类的总集,像《文馆词林》似的,我们不知道"⑤。由此可见,在这一时期类书编纂活动是空前绝后的。

盛唐时期大量编纂类书,既显示了文化兴旺发达的气象,又表现出此时档案文献收集整理能力的大成,类书中也多有文档名词出现。例如,虞世南的

① 刘知几. 史通 [M]. 郑州:中州古籍出版社,2012:22.

② 刘知几. 史通 [M]. 郑州:中州古籍出版社,2012:23.

③ 陈寿. 三国志 [M]. 北京:中华书局,1959:618.

④ 永瑢,纪昀. 四库全书总目提要 [M]. 海口:海南出版社,1999:690.

⑤ 闻一多. 闻一多全集:第3册 [M]. 北京:生活·读书·新知三联书店,1982:4.

《北堂书钞》中出现"文书"（41处），如"白日接宾夜省文书"①；又出现"文案"（7处），如"给事黄门，四人。与侍中掌文案、赞相威仪，典署其事"②。在徐坚的《初学记》中出现"文书"（5处），如"《晋公卿礼秩》曰：'愍怀立东宫，乃置六傅，省尚书事。始置詹事丞。文书关由六傅公子闻，时号太子六友'"③，及"文籍"（9处），如"魏文黄初初，分秘书立中书。中书自置令，典尚书奏事；而秘书改令为监，别掌文籍焉"④。在《艺文类聚》中出现"案牍"（3处）、"文书"（14处），如：

> 虎豹犀象，奇伟猛兽，以长人巨无霸为垒校尉，秦汉以来师出，未尝有也，时汉兵八九千人，二公兵以五六十万，到，遂环昆阳城作营，且围之数百重，有流星坠寻营，营中正昼有云气，如坏山直下营而不及地尺而散，吏士皆厌伏，上选精兵三千人与战，大破之，杀司徒王寻，赴水溺死者以万数，滍水为之不流，更始以上为大司马，遣之河北，安集百姓，破邯郸，诛王郎，入宫收文书，寻得吏民谤毁上言可击者数千章，上会诸将烧之。⑤

虽然许多类书均已散佚，但现存的各种类书，仍有作为查找资料的工具书的价值，而且在辑佚、校勘、考据等多方面具有一定的学术意义，唐朝大量主持修撰类书，更为宋及以后历朝开了先河。

（二）文学与文档名词

隋唐五代时期文学发展兴盛，众多学术成果开始浮现，对文档名词的应用越来越多。北朝末年，绮丽的骈俪文辞笼罩北方文坛。隋代承袭骈俪的风习，并无特殊风格，学术成果不多，薛道衡是其中最有成就的一位。而唐代经历了骈文与古文的变革，大体可分为三个阶段：第一阶段，高祖至睿宗（618—712

---

① 虞世南. 北堂书钞［M］. 北京：中国书店，1989：91.
② 虞世南. 北堂书钞［M］. 北京：中国书店，1989：191.
③ 徐坚. 初学记［M］. 北京：中华书局，1962：232.
④ 徐坚. 初学记［M］. 北京：中华书局，1962：294.
⑤ 欧阳询. 艺文类聚［M］. 新1版. 上海：上海古籍出版社，1982：235.

年）。骈文最为流行，以"四杰"（王勃、杨炯、卢照邻、骆宾王）作品为代表，多用四六句法，措辞绮丽，对仗工整。第二阶段，玄宗至德宗（713—804年）。由骈文至古文的过渡。玄宗时的张说、苏颋，作品多以制诰文为代表。此外，德宗时陆贽为宰相，创造了骈体公牍文，德宗所颁诏敕，多出于陆贽。第三阶段，顺宗至唐亡（805—907年）。顺宪二宗之后，古文兴起，以韩愈、柳宗元为代表。所谓古文，即效法古代经典及秦汉时文章的体制，非骈偶的散文。韩柳开启了古文运动之风，但一时未能取代骈文的地位。李德裕和武宗宣宗时的李商隐、温庭筠，都是骈文名家。当时政府的文告和朝臣的章奏，仍多采用骈体。唐末骈文益盛，至五代而不衰，古文的大盛当属宋代。

唐长孺先生曾谈道："唐代经济、政治、军事以及文化诸方面都发生了显著的变化……但这些变化，或者说这些变化中的最重要部分，乃是东晋南朝的继承，我们姑且称之为'南朝化'。"[①]文化的"南朝化"也是历史的必然，当时的学术风气就是普遍南朝化。"文学的南朝化则更早也更显著。"[②]虽然隋代还没来得及展示自己的文学风格就灭亡了，但是为初唐储备了大量的文学人才，使得唐代文学达到了中国文学的辉煌巅峰。

唐人尚文学，学者必精熟《文选》，杜甫、李白之诗，韩愈、柳宗元之文，极为雄奇深秀。唐代诗僧王梵志的白话诗明显带有初唐口语特点。新兴的韵文（文人曲子词），发展于中唐而繁荣于晚唐、五代。五代诗继承唐代余绪，又为宋代前奏。

张相的《诗词曲语辞汇释》中隋唐五代诗词就是重要取材对象之一，在近代汉语词汇研究领域有开创之功。由于唐代社会文明发展程度较高，文档名词也无处不在，在文献中运用文档名词具有普遍性。例如，在唐诗文献中大概出现过8个文档名词，它们是"簿书""案牍""文书""文案""文卷""簿

---

①　唐长孺. 魏晋南北朝隋唐史三论——中国封建社会的形成和前期的变化 [M]. 武汉：武汉大学出版社，1992：486.

②　唐长孺. 魏晋南北朝隋唐史三论——中国封建社会的形成和前期的变化 [M]. 武汉：武汉大学出版社，1992：490.

籍"　"黄籍"　"文籍"，其中"簿书"一词出现的处数最多，共在33首唐诗中出现35处。其中，白居易的《题西亭》中出现了3次"簿书"一词，这首诗的前四句是："朝亦视簿书，暮亦视簿书。簿书视未竟，蟋蟀鸣座隅。"①"簿书一词在所检索的唐代文献中出现51处，而大部分是在唐诗中（35处）。……文书一词在唐代文献中出现的频率最高，为173处。"②

（三）科学技术与文档名词

隋唐承南朝之绪，注重天文历法。李淳风、梁令瓒等观仪象，精通星经、历法；唐代高僧一行大师是天文历算法的集大成者。唐代设置了司天台（太史局）专掌天文星历法，司天台的部分天文档案亦要报送史馆，以供修史之用，报送材料包括"天文祥异"和气象材料等。因此，史馆亦存有天文档案。③之后，王孝通撰《缉古算经》，阮元曰："孝通《缉古》，实后来立天元术之所本也。"④唐代的史学盛于经学，如李鼎祚著《周易集解》、颜师古撰《汉书注》、杜佑撰《通典》等。隋唐时期地图档案由兵部职方司管理，并重视地图档案的收集和汇编，促进了文档名词"地图"　"图"的运用和发展。隋中央政府收集的全国各地区的图籍档案相当完备，如《隋区宇图经》一千二百卷。唐代规定："凡地图委州府三年一造，与板籍偕上省。"⑤建中元年（780年）十一月二十九日，"请州图每二年一送职方，今改至五年一造送"⑥。五代十国时，后唐曾将地图每五年造送改为每逢闰年造送，内容上要求"点勘文字，无令差误"⑦。唐高宗时，许敬宗撰《西域图志》，开新疆方志之先河，惜已失传；德宗时，贾耽画《陇右山南图》及《海内华夷图》、李吉甫著《元和郡

①　中华书局编辑部. 全唐诗［M］. 增订本. 北京：中华书局，1999：4988.

②　丁海斌，吴晓菲. 唐诗中的文档名词与唐代诗人的文档意识［J］. 档案学通讯，2014（05）：92.

③　丁海斌. 三国至隋唐五代时期的天文档案工作［J］. 辽宁档案，1994（12）：37.

④　阮元，等. 畴人传汇编［M］. 扬州：广陵书社，2009：142.

⑤　李林甫，陈仲夫，等. 唐六典［M］. 北京：中华书局，1992：162.

⑥　王溥. 唐会要［M］. 北京：中华书局，1955：1032.

⑦　王溥. 五代会要［M］. 上海：上海古籍出版社，1978：254.

县图志》等。在隋唐时期有关天文地理的档案工作中，多出现"图族""簿族"文档名词，如"图""地图""图法""图簿""候簿"等。其中，"图法"一词出现于先秦，最初的含义是图录和法典，在隋唐五代时期表示天文档案，《旧唐书》载："臣详其图法，皆主星名。"[①]再如，开元九年，僧一行奉诏造新历，即《大衍历》，唐代太史令用灵台候簿核对，证明《大衍历》相合的有十之七八。[②]

隋唐五代时期除重视天文历法之外，还重视医药和化学，"隋唐两代的医事制度，主要建有三个系统：一是为帝王服务的尚药局；二是为太子服务的药藏局；三是为百官医疗兼教育机构的太医署及地方医疗机构"[③]。隋唐时期"与医药有关的档案记录有：医事考核记录、医案档案、方剂档案、药物档案、食谱档案等"[④]。隋唐时期注重医药档案的编研工作，隋代编撰了长达2600卷的《四海类聚方》等大型方书。唐玄宗开元十年下敕撰《开元广济方》五卷，"宜令郡县长官，就《广济方》中逐要者，于大板上件录，当村坊要路榜示，仍委采访使勾当，无令脱错"[⑤]。因此众多流传方书著录于《隋书·经籍志》《旧唐书·经籍志》《新唐书·艺文志》中。唐代医药专家则有甄权、孙思邈等。《旧唐书·方伎传》载：甄权"撰《脉经》《针方》《明堂人形图》各一卷"[⑥]，孙思邈"撰《千金方》三十卷"[⑦]。此外，中国古代医家和神仙道术相出入，药物学与炼丹术关系密切，如《隋书》和《旧唐书》的《经籍志》中，炼丹的书归于医药类。再如，孙思邈也是著名的炼丹家，在其《太

① 刘昫，等. 旧唐书 [M]. 北京：中华书局，1975：4572.

② 欧阳修，宋祁. 新唐书 [M]. 北京：中华书局，1975：587.

③ 丁海斌，杨晴晴. 中国古代医药档案遗存及其科学文化价值研究 [J]. 档案管理，2009（5）：15.

④ 丁海斌，李昊天，吴智. 隋唐时期的科技档案与科技档案工作 [J]. 兰台世界，2007（14）：3.

⑤ 董诰，等. 全唐文 [M]. 北京：中华书局，1983：359.

⑥ 刘昫，等. 旧唐书 [M]. 北京：中华书局，1975：5090.

⑦ 刘昫，等. 旧唐书 [M]. 北京：中华书局，1975：5096.

清丹经要诀序》中说："余历观远古方书，金云：身生羽翼、飞行轻举者，莫不皆因服丹。每咏言斯事，未尝不切慕于心。"①唐代具有医药档案含义的文档名词较少，但仍然存在，如"图谱"一词：《隋书》载："至于阴阳河洛之篇，医方图谱之说，弥复为少。"②再如《外台秘要方》中出现"图籍"一词，"余幼多疾病，长好医术，遭逢有道，遂蹑亨衢，七登南宫，两拜东掖，便繁台阁二十余载，久知弘文馆图籍方书等，繇是睹奥升堂，皆探其秘要。"③

隋末唐初，大规模的农民起义推动了社会生产，文化事业蓬勃发展，客观物质条件丰富，梨、枣木板材可雕刻书版，墨、纸可用以印刷书籍，这些都推动了印刷业的创新。继盖印和拓印之后，初唐民间开始出现了雕版印刷术，叶梦得在《石林燕语》明确写道："唐以前，凡书籍皆写本，未有模印之法，人以藏书为贵。"④雕版印刷由最初的"佛像雕印"和早期的"密宗经咒"，再是"图文并茂的佛经"逐渐走向成熟。早期的雕版印刷实物旁证有1906年在新疆吐鲁番出土的《妙法莲华经》印本残卷，内含武则天刻字；隋大业三年（607年）的《敦煌隋木刻加彩佛像》；还有出自敦煌，咸通九年（868年）唐代的《金刚经》等。五代时期冯道奏请雕刻儒经，印刷业从民间进入官府，由此产生官刻，国子监刻书成为传统。《旧五代史》注："唐明宗之世，宰相冯道、李愚请令判国子监田敏校定《九经》，刻板印卖，从之。"⑤五代雕刻儒经是印刷史上的里程碑事件，不仅有助于促成儒学经典的普及和文化的传播，而且标志我国书籍流通和文字传播方式进入新阶段。西蜀的雕版印刷比较发达，主要有占卜书、字书小学诸类书；乾符四年和中和二年的历书，吴越王刻《宝箧印陀罗尼经》840000卷，石敬瑭刻《道德经》等。后蜀印刷导致了"蜀

① 张君房. 云笈七签［M］. 北京：华夏出版社，1996：431.

② 魏征，令狐德棻. 隋书［M］. 北京：中华书局，1973：1299.

③ 王焘. 外台秘要方［M］. 上海：上海古籍出版社，1991：41.

④ 叶梦得. 石林燕语［M］. 北京：中华书局，1984：116.

⑤ 薛居正，等. 旧五代史［M］. 北京：中华书局，1976：588.

中文学复盛",后汉将《周礼》等未刊稿的"四经"刻版印行,后唐长兴三年(932年)至后周广顺三年(953年),刻印了"九经"和《五经文字》《九经字样》等,反映了传统文化在中华民族具有高度的凝聚力。另外,私人刻书也比较广泛:前蜀武成二年(909年)任知玄召雇良工开雕《道德经广圣义》,前蜀乾德五年(923年)昙域和尚刻贯休《禅月集》,和凝自著、自写、自刻、自印、自发"短歌艳曲",后蜀宰相毋昭裔刊刻了《初学记》《昭明文选》《白氏六帖》等书。

唐五代时期刊刻文献的类型有佛教版画、佛经、历日、韵书、医学、文学等,唯独没有正史,其中唐代佛教经文最为丰富。如敦煌藏经洞出土的韵书《大唐刊谬补阙切韵》、文学作品《故圆鉴大师二十四孝押座文》等。字书和韵书类书籍是科举考试的重点,对指导学生识字、辨音,以及避免考试出现作诗撰赋时犯讳、错误用韵、舛谬用字等至关重要。南唐文臣大多都参与了北宋四部类书的编纂工作,这些档案的校勘整理为北宋书籍刊刻发展和兴盛奠定了基础。

唐五代时期的雕版印刷对文化继承和发展具有重要作用。雕版印刷的发展大大增加了档案数量,促进了档案种类多样化,对今后各朝代的档案机构、人员配置和档案管理活动逐渐有了更高的要求。由于唐代社会经济繁荣,佛教兴盛,科举制度确立,雕版印刷术的发明与普及,纸张的大量生产,促使文献、书籍大量出版,为档案文献编纂实践进一步发展创造了良好的社会环境和技术条件。隋唐五代时期是中国古代封建社会文化发展的大繁荣时期,雕版印刷的产生也大大促进了文档名词的传播,对文档名词的认知度也不断从官方向民间普及。

(四)宗教与文档名词

佛教经典的翻译,在玄奘时代达到高潮,从东汉末年到盛唐时代的六百年,因翻译佛经,中国语言大量吸收了外来语,创造的新字词、成语有数万之多,留下了重要的文字档案。口语词集中了种类丰富、数量众多的禅宗语录后也成为重要的档案材料。唐代是佛教文献发展的最高峰,佛教翻译而来的大量多音节音译词对汉语复音词产生了一定影响,单音节文档名词"卷"也多用于佛教类的文献中,在佛教经典中多指代"经卷",丰富了"卷"的含义。许多至今仍为中国社会各阶层沿用的习语都源自佛家经典。

唐高祖李渊重视道教胜于佛教。玄宗以后历代皇帝除了武宗外，皆佛、道兼崇。五代时期，后唐庄宗、后晋高祖、后周世宗也都崇尚道士，道教为了传道布教，甚重著述。金丹道教极盛之后，晚唐五代时内丹道教兴起并趋近成熟。祆教、景教、摩尼教和伊斯兰教等诸宗教思想的传入，与中国传统文化相融合，使人们的思想和生活也都受到了影响，唐人的诗，宋人的理学，皆是佛学和儒学的结晶。另外，汉文化与景教文相融合，产生了许多新词，丰富了当时的词汇，有助于辞书编纂。唐五代除了经典翻译，不少僧侣将所经历的国家和见闻记录成书，成为唐人对地理、交通研究的重要档案，同时在绘画、天文学、数学、建筑、医药学和化学等诸领域也有新造就。如唐代日僧圆仁的游记《入唐求法巡礼行记》，是一部研究唐代口语词汇的宝贵资料。

隋唐五代宗教文化盛行，在盛唐文化发展中占据一定影响地位，所形成的重要档案资料存在大量文档名词。如佛教经典《大般若波罗蜜多经》中出现的文档名词包括"文字"58处、"文约"1处、"典书"4处、"书典"3处、"法令"91处、"施令"12处等。再如《释迦方志》中也有文档名词出现，其中"文字"2处、"敕令"1处、"典籍"1处等，应用如："故塔兴周世，经二十余王，至秦始皇三十四年焚烧典籍，育王诸塔由此沦亡。佛经流世，莫知所在。"[①]

（五）民族、国际文化与文档名词

隋唐五代文化是高度开放的文化，这首先表现在国内各民族的交流和域外诸国的交流上。隋唐的统一不仅是南、北国土的统一，还实现了南北朝以来几百年间民族大规模的融合和巩固，隋代统治者兼有多民族血统，将边疆少数民族有生命力的文化注入到中原传统文化中，起到了激活、刺激的作用，才能有利于开创新局面。唐王朝的国内民族政策执行较好，对周边远近诸国采取了睦邻开放的态度。五代时期后晋、后唐、后汉、北汉是由突厥沙陀部落所建的，

---

① 道宣. 释迦方志［M］. 上海：上海古籍出版社，2011：97.

他们无论在政策执行上还是用人问题上，都没有歧视汉族的倾向，因为在这四个封建政权建立前，沙陀人已与汉人融洽无间了。文化高度开放的另一层含义是思想意识的开放。在封建制度下，统治阶级的思想、文化政策对于文化的发展起着巨大的制约作用。隋唐五代各朝基本秉承南北朝的传统，采取儒、佛、道三家并立的方针，三教的斗争与交流大大促进了思想的活跃。

在唐代中国，主要存在三个地方民族政权：东北有渤海国，渤海亡而契丹兴；西南有南诏；西藏有吐蕃。这三个政权对中国历史贡献诸多。南诏文化影响了云南。渤海、辽（契丹）、金（女真）促进社会文化的发展。英勇的吐蕃人抵御大食势力向东推进，保卫边疆。此外，北有奚族、室韦、东西突厥、薛延陀、回纥、黠嘎斯、葛逻禄等少数民族，而且疏勒西域、南道诸城邦都对民族大家庭做出了很多贡献。"唐兴，蛮夷更盛衰，尝与中国抗衡者有四：突厥、吐蕃、回鹘、云南是也。"[①]不同民族的认知差异表现在不同语言和词汇上，对档案的本身称谓也有所不同，并设置不同名称类似性质的执行部门，配置不同名称的职官进行编辑、整理。此时，出现了很多反映民族心态的词语，多与心理、天气相关，而且创造了多元的民俗文化词语，汉语同音词多，为谐音取义提供了有利条件。谐音取义作为一种语言的修辞方式，也为之后文档名词的产生奠定了基础。

在隋文帝和隋炀帝统治时期，国际文化交流方面已取得非凡的成绩。唐作为富强统一的大国，经济文化更得到了空前发展，长安是当时亚洲经济文化交流的中心，唐在东面和新罗、日本友好往来，在东南海上和东南亚有着和平的经济文化联系，在西面和大食、拂林（东罗马帝国）不断派遣使节访问。玄奘在天竺国王的宫廷里看到《秦王破阵乐》，通过丝绸之路，中国的绢帛一直传承到今天土耳其的伊斯坦布尔和西欧各地。在唐以前，海外各国称中国人为汉人，之后为唐人。直到今天，早年出国的中国人居住的地方，仍叫"唐人街"。

在语言文化交流的同时，文档名词也因语言需要而得到广泛的流传，使

---

① 欧阳修，宋祁. 新唐书［M］. 北京：中华书局，1975：6023.

得文档名词在应用的同时含义也更加丰富。例如民族档案文献中以石刻为载体形式出现的碑碣墓志档案资料，具有数量巨大、语料真实的特点。主要表现在"族谱"及"家谱"档案的种类繁多且详尽，且墓志文献中关于文档名词的记载具有真实性的特点。例如："图牒"一词，唐玄宗《追尊元元皇帝父母并加谥远祖制》："圣祖父母，著在图牒。母益寿氏已崇徽号曰先天太后，父周正御大夫敬追尊为先天太皇，仍于谯郡置庙。"[①] "简牍"一词，咸亨二年《□满墓志》："兹乃德编简牍，业纪图书。"[②] "图籍"一词，圣历三年《宋府君夫人淳于氏墓志》："家宝国珍，炳贲图籍。"[③]

三、隋唐五代时期的文书、档案工作与文档名词

唐五代是中国古代语言文化繁荣发展的重要阶段，涌现了大量的复音词，再加之此前秦代焚书坑儒和南北朝动乱后，大量文献、档案有待重新整理，唐代中书省、门下省、尚书省分别设置了甲库，用来专门保管官员甲历档案，形成了归档、移交、鉴定、利用等一系列制度，甲库的设置是唐代文书、档案工作发展的重要标志。隋唐时期统治者为维护国家机关的有效运行，同时制定了一整套完备的文档工作方法，文书、档案工作的建设促进了文档名词的广泛运用。

（一）文书、档案机构与职官设置

东汉末年长期动乱使文书、档案资料遭受严重破坏，隋朝大一统后，重视文书、档案事业建设。隋改官制，立三师三公，设中书、门下、尚书三省，尚书统管六部，隋朝设置了秘阁、观文殿、修文殿和嘉则殿等为文书、档案机构。隋炀帝喜好集书，即位近二十年，共成书一百三十部，一万七千多卷。《封氏闻见记》记载："炀帝限写五十副本，分为三品，于东都观文殿东西廊

---

① 姚美玲. 唐代墓志词汇研究［M］. 上海：华东师范大学出版社，2008：78.

② 中国文物研究所，河南文物研究所. 新中国出土墓志·河南（壹）：下册［M］. 北京：文物出版社，1994：382.

③ 姚美玲. 唐代墓志词汇研究［M］. 上海：华东师范大学出版社，2008：86.

屋列以贮之。"①

　　"三省是隋唐时期中央最高辅政机构，也是文书档案工作的最高管理机关。"②中书省负责草拟诏令，门下省"掌出纳帝命"③辅助决策，尚书省负责执行，三省并列又各司其职，具有较高的行政效率。三省都交由宰相负责，宰相即"同中书门下平章事"。其中尚书省统管的吏、户、礼、兵、刑、工六部，各设"都事"主管文书工作。中书省长官为中书令，副职为中书侍郎，另设中书舍人、起居舍人、右补阙从事文书工作。中书舍人主要职掌"侍奉进奏，参议表章"和皇帝诏令的起草、更正工作；起居舍人要记录皇帝的言论、百官上书奏折、皇帝下发文书和日常起居情况等；右补阙为谏官，也负责史馆的修撰工作。门下省长官为侍中，副官为黄门侍郎，下设给事中、起居郎、门下录事、符宝郎、侍中等从事文书、档案工作。"给事中掌陪侍左右，分判省事。凡百司奏抄，侍中审定，则先读而署之，以驳正违失。"④负责具体办理文书的封驳任务。起居郎为贞观初期所设，"每仗下，议政事，起居郎一人执笔记录于前，史官随之"⑤。"起居郎"同中书省的"起居舍人"互为监督，但这时二者已有职能区分，起居郎"每天子临轩，侍立于玉阶之下，郎居其左，舍人居其右。人主有命，则逼阶延首而听之，退而编录，以为起居注。"⑥起居舍人则"掌修记言之史，录天子之制诰德音，如记事之制，以记时政损益。季终，则授之于国史"⑦。门下录事主要负责文书的保管工作，下设主事、令史、书令史和甲库令史；符宝郎"掌天子八宝及国之符节。有事则请于内，既事则奉而藏之"⑧。职责同中书省中的右补阙相似，同为监督。

---

①　封演，赵贞信. 封氏闻见记校注 [M]. 北京：中华书局，2005：10-11.

②　周雪恒. 中国档案事业史 [M]. 北京：中国人民大学出版社，1994：159.

③　李林甫，等. 唐六典 [M]. 北京：中华书局，1992：241.

④　刘昫，等. 旧唐书 [M]. 北京：中华书局，1975：1843.

⑤　欧阳修，宋祁. 新唐书 [M]. 北京：中华书局，1975：1208.

⑥　刘知几. 史通 [M]. 郑州：中州古籍出版社，2012：218.

⑦　刘昫，等. 旧唐书 [M]. 北京：中华书局，1975：1850-1851.

⑧　欧阳修，宋祁. 新唐书 [M]. 北京：中华书局，1975：1209.

除三省外，唐代中央还设置了秘书省（又名兰台、麟台）、弘文馆（又名修文馆、昭文馆）、集贤院、翰林院、南曹、甲库等，作为监管文书、档案工作的机构，贞观三年（629年），设史馆集中文书、档案，负责史书编纂和谱牒档案编纂等活动。唐中后期，宦官专权，设内枢密使和宣徽使，有掌管奏章、传达诏令的权力。地方上唐初沿袭隋制为二级制，后开元二十一年（733年）设道为地方一级，行政制度回归三级制。道的长官为地方节度使，下设节度掌书记管理文书之事，"掌朝觐、聘问、慰荐、祭祀、祈祝之文与号令升绌之事"①。州的长官为刺史，下设录事参军事和参军事等负责军队文书事宜。县级长官为县令，主要由主簿、录事负责文书工作。

（二）文书名称与制度

1.文书名称和种类

唐代文书种类繁多，主要有三类十五种，《唐六典》中规定：

> 凡上之所以逮下，其制有六，曰：制、敕、册、令、教、符。凡下之所以达上，其制亦有六，曰：表、状、笺、启、牒、辞。诸司自相质问，其义有三，曰：关、刺、移。②

下行文书的前三种"制、敕、册"是皇帝专用文种。实际上，诏令类文书有七种："凡王言之制有七：一曰册书，二曰制书，三曰慰劳制书，四曰发敕，五曰敕旨，六曰论事敕书，七曰敕牒，皆宣署申覆而施行之。"③后三种中，"令"是皇太子的专用文种，"教"为亲王、公主等专用文种，"符"为官府所使用的文种。另外，还增设了"转帖、批答、堂帖、堂判、堂案、告身"等下行文种。"唐武后甲申，转帖百官令拜表，百官但赴拜，不知何事，此盖若今之都吏，送知会部堂堂贴，使司官知之。"④转帖为通知、照会性质的文书。批答是皇帝对百官奏章的批示答复。"宰相判四方之事有堂案。处分

① 欧阳修，宋祁. 新唐书［M］. 北京：中华书局，1975：1309.
② 李林甫，等. 唐六典［M］. 北京：中华书局，1992：10-11.
③ 刘昫，等. 旧唐书［M］. 北京：中华书局，1975：1849.
④ 翟灏. 通俗编［M］. 北京：东方出版社，2013：105.

百司有堂帖。"①堂判、堂案，是政事堂宰相对各类事务判决、处理的文书，告身是授官文书，"旧制，吏部给告身，先责其人输朱胶绫轴钱。"②

上行文书主要为奏章类文书，除"表、状、笺、启、辞、牒"外，还有奏抄、榜子、熟状、咨报、辞等文种。榜子，是百官向皇帝奏事时使用，宋代称为札子。"唐人奏事，非表、非状者，谓之榜子，亦谓之录子。"③熟状，是宰相呈报给皇帝审批的处理一般日常行政事务的文书。咨报，是唐代学士院向中书省行文专用的文书。辞，为一般百姓、官吏的上呈文书。"庶人言曰辞也。"④

同级官署往来的公文使用平行文书，为"关、刺、移"三种，沿袭前代不变。

唐五代传世典籍中的公文文种，主要由公牍学、古代官制研究和秘书学的学者分而耕之，借鉴已有研究成果⑤，现将唐典籍中的公文文种归纳，如下表（表5-1）所示。

表5-1　唐代典籍中的公文文种表

行文方向	文种
下行文	皇帝诏令类：册、诏、制、敕（发日敕、敕旨、议事敕、敕牒）、敕文、德音、批答、盟、令、教
	官府下行文：符、檄、判
	其他：堂案、堂贴、告身、转帖
上行文	表、状、笺、启、辞、牒、奏疏、商量状、奏抄、奏弹、奏议、榜子、露布、咨报
平行文	关、刺、移

此外，还存在某种特殊作用的专门性文书，如甲历文书、记注文书、律法文书、舆图文书、会盟外交文书、赋役文书等，规定了不同名称，有利于文书工作。

① 李肇，等. 唐国史补；因话录［M］. 新1版. 上海：上海古籍出版社，1979：49.

② 司马光. 资治通鉴［M］. 北京：中华书局，1956：8995.

③ 欧阳修. 欧阳修全集［M］. 北京：中华书局，2001：1935.

④ 刘昫，等. 旧唐书［M］. 北京：中华书局，1975：1817.

⑤ 丁思喆. 唐五代敦煌公文研究［D］. 南京：南京师范大学，2011：58.

第二节 隋唐五代文档名词概述

隋唐五代是文档名词的发展期，南北朝动乱、隋代短暂、五代纷更，都影响了文档名词的继承与应用，文档名词的发展时期主要在唐代。唐代是中国历史上的黄金时代，政治经济和语言文化发展都促进了社会的发展，统治者为加强封建王朝的统治完善了文书、档案事业，民间也在文学、诗词、小说中运用了文档名词，进一步促进了文档名词的产生和发展。

一、隋唐五代文档名词的构成及特点

（一）隋唐五代文档名词的构成

在检索的412部隋唐五代时期文献中，共出现文档名词170个（按剔除不同族类共有名词累计所得，如"文卷"同时在"文族"和"卷族"中出现，只算1个，见表5-2），除20个特殊文档名词之外，还涉及了11个族类，分别是"文族""书族""案族""卷族""牒族""簿族""籍族""册族""典族""图族"和"令族"。其中新增族类1个，为"卷族"。

表5-2 隋唐五代时期文档名词族类构成表

族类	族类名词构成	新增名词	消亡名词	总数
文族	文书、册文、文字、文案、文籍、书文、文牒、文翰、文簿、文约、文墨、典文、文解、公文、文状、文记、文献、文表、策文、文告、文典、文疏、文卷、文证、文奏、文诰、文檄、文符、文帐、文帖、文契、文券、文榜、文历、文稿、文按、文凭、文款	文卷、文凭、文籍、文牒、文榜、文历、文解、文稿、文帖、文帐、文款、文证	文札、文计、文移、图文	38
书族	诏书、文书、簿书、书契、书奏、册书、典书、书记、书翰、图书、书诏、书典、书文、券书、凤书、奏书、契书、书籍、书函、书案、书牍、判书、书簿、牍书、事书、书禀、凤凰衔书、贤能之书、赤爵衔丹书、赤雀衔丹书	书籍、书簿、书诏、契书		30

续表

族类	族类名词构成	新增名词	消亡名词	总数
案族	文案、案牍、簿案、书案、案记、案卷	簿案、案记、案卷		6
卷族	文卷、案卷	文卷、案卷		2
牍族	简牍、尺牍、案牍、书牍、公牍、牍书、牍聿、篇牍、讼牍、箧牍、瓯牍、札牍、奏牍、吏牍	公牍、牍聿、讼牍、箧牍、瓯牍、奏牍	连牍	14
簿族	簿书、文簿、簿籍、簿领、名簿、簿最、选簿、官簿、簿案、军簿、上簿、班簿、黄簿、候簿、簿状、簿历、阙簿、书簿、帑簿、版簿、收簿、簿记、图簿、校簿、对簿、讯簿	书簿、簿案、黄簿、官簿、班簿、对簿、簿最、帑簿、收簿、候簿、簿历、簿状、版簿	兵簿、战簿	26
籍族	载籍、黄籍、户籍、簿籍、籍帐、图籍、典籍、礼籍、法籍、书籍、文籍	书籍、籍帐、文籍		11
册族	册文、典册、册书、祝册、册宝、册祝、册子、册奏、册印	册奏、册子、册宝、册印		9
典族	典册、六典、典谟、典书、典训、典法、典诰、典则、典文、训典、典宪、书典、文典、典籍、典例、典誓	典誓	典证	16
图族	地图、图牒、图书、图谱、图籍、图表、图法、图、图簿	图表	图文	9
令族	法令、政令、律令、诏令、军令、阴令、敕令、将令、施令、功令、宪令、违令、格令、饬令、令状	令状、敕令		15
其他	八法、八则、质剂、比居、质要、傅别、役要、比要、礼命、要会、岁会、月要、月成、治成、治中、治要、治凡、约剂、起居注、凤凰诏	凤凰诏		20

继南北朝动乱后，隋唐建立了大一统帝国，社会发展稳定，并重视文书、档案工作，因此隋唐五代时期是文档名词的重要发展时期，不仅发展了"卷族"文档名词，完善了文档名词族类，且稳定发展了其他各族类文档名词。根

据上表我们可以分析得出：

隋唐五代时期的文档名词共涉及11个族类，文档名词数量最多的是"文族"，其次是"书族"。这一时期的文档双音节词在继承魏晋南北朝时期的基础上得到进一步的稳定发展。从整体上分析，族类文档名词发展到隋唐五代时期，通用性文档名词已经全部出现完毕，随着社会的稳定发展，专指性文档名词出现的数量越来越多，适用范围越来越广。

从造词结构上看，隋唐五代时期出现的11个族类文档名词主要包括并列式、联合式、偏正式三种形式。其中"册族"文档名词中联合式双音节词较多，如"册籍""籍册"等，它们多属于同义或近义联合。双音节词"典族"文档名词的结构皆为偏正结构，"典"字在偏正结构中起修饰作用。"籍族""图族"等族类文档名词大多数为偏正式，如隋唐五代时期新增的"籍帐"一词。"书族""案族""令族"文档名词大部分是并列式，且以名词与名词并列为主，如"簿书""案牍""法令""律令"等，由不同来源的两个名词共同构成的并列式。

从11个族类的新增情况来看，"簿族"在隋唐五代时期新增的文档名词达13个，为最多。其次是"文族"12个，"书族"8个，"牍族"6个，"册族"5个，"令族"3个，"案族"3个等。"簿族"新增的13个文档名词中只有"书簿"和"簿案"两个通用性文档名词，可以看出"簿族"中的通用性文档名词数量较少，但是使用频次高。而专指性文档名词数量是通用性的3倍多，其内涵各有特殊性，但是其使用频次远远低于通用性文档名词。再次，从消亡情况来看，"文族"消亡4个文档名词，为消亡最多的族类，"簿族"消亡2个，位居其次，"牍族""典族""图族"仅消亡1个，而"书族""案族""籍族""册族""令族"等族类文档名词数量有增无减。因此，从新增与消亡数量上可以看出，隋唐五代时期不仅较好地继承和发展了传统文档名词，而且尤其在大唐盛世的背景下发展了具有本时代特性的文档名词。隋唐五代时期大量文档名词种类的产生，为后世文档名词有选择性地重点发展提供了良好的基础。

（二）隋唐五代文档名词的特点

隋唐五代处于中古时代的后期，继三国两晋南北朝中古复音词全面发展的基础上，一些偏正式、联合式的复音词代替了上古单音节词，隋唐五代时期双音节词的使用已成为汉语词汇的主体，多音节词也得到广泛使用，推动了文档名词的稳步发展。隋唐五代时期的文档名词分别以单音节文档名词"文""书""案""卷""牍""簿""籍""册""典""图"和"令"为核心词素（根词），构成"文族""书族""案族""卷族""牍族""簿族""籍族""册族""典族""图族"和"令族"11个族类。从文档名词研究的角度看，单音节文档名词"卷"在先秦就已存在，但"卷族"文档名词直到唐代才产生，说明到隋唐五代为止，复音节文档名词还在进一步发展。

从词义上看，在隋唐五代时期出现的文档名词中既有通用性文档名词，也存在大量专指性文档名词。如"书族"30个文档名词中21个是专指性文档名词，"簿族"26个文档名词中有18个是专指性文档名词，"籍族"11个文档名词中有9个是专指性文档名词，"案族"6个文档名词中4个是专指性文档名词。因此，"书族""簿族""籍族""案族"等族类都包含大量的专指性文档名词，在隋唐五代时期使用数量较多。

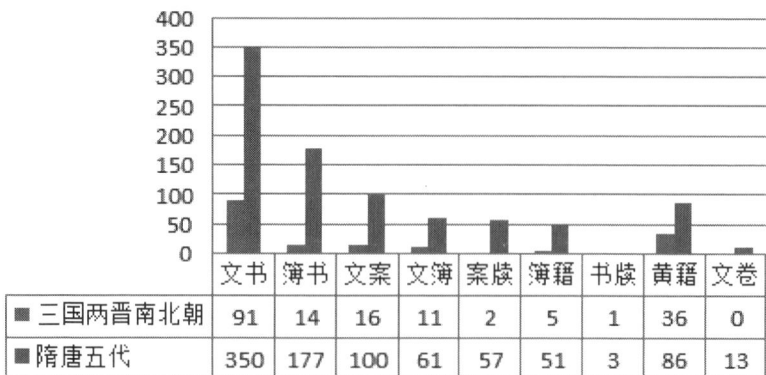

	文书	簿书	文案	文簿	案牍	簿籍	书牍	黄籍	文卷
■三国两晋南北朝	91	14	16	11	2	5	1	36	0
■隋唐五代	350	177	100	61	57	51	3	86	13

图5-1　隋唐五代与三国两晋南北朝重要文档名词出现次数对比图

通过图5-1我们可以发现，继三国两晋南北朝时期之后，隋唐五代时期的文档名词在继承基础上又有了一定发展，而且具有以下特点：

第一，在隋唐五代时期我们检索的9个重要文档名词中，只有"文卷"一词是隋唐五代时期的新增名词，重要的是，"文卷"一词的出现标志着"卷族"文档名词（案卷、卷宗等）的开端。"文书""簿书""文案""文簿""案牍""簿籍""书牍"和"黄籍"这8个文档名词是三国两晋南北朝时期就已经存在的，它们依然在隋唐五代时期的文献中出现，并成为该阶段文档名词的主体。可见，隋唐五代时期虽然有了一定的发展变化，但遵循语言发展的固有规律，首先仍表现为继承性。

第二，从使用次数上看，"文书"一词继承了在三国两晋南北朝时期的领先地位，依然是所检索文献中出现数量最多的文档名词。另外，文档名词出现的数量都有增加，名词数量也超过南北朝时期。通过对图5-1的分析，可以发现不管是名词数量位居前列的"文书""簿书"和"文案"，还是名词数量处于末端的"文簿""案牍""簿籍""书牍"和"黄籍"，这些文档名词的数量在隋唐时期都有增加，其中"文书""簿书""文案"这三个文档名词出现次数大幅增加，"文书"增加259次，"簿书"增加163次，"文案"增加84次。

第三，通过对比图5-1中三国两晋南北朝时期与隋唐五代时期都出现过的8个文档名词，在出现次数上，我们可以发现，其按名词出现次数从大到小排列，"文簿""案牍""簿籍""书牍"和"黄籍"这5个名词在南北朝出现数量是较小的。而在隋唐五代时期，这5个名词的出现情况也继承了南北朝时期这一特点，其并没有随着隋唐盛世的到来成为被广泛使用的文档名词。

表5-3　隋唐五代与三国两晋南北朝重要文档名词出现频率比较表

时期	文书	簿书	文案	文簿	案牍	簿籍	书牍
隋唐五代	0.850	0.430	0.243	0.148	0.138	0.124	0.007
三国两晋南北朝	0.587	0.090	0.103	0.071	0.013	0.032	0.006

如表5-3所示，可明确看出隋唐五代时期和三国两晋南北朝时期文档名词的频次对比。在文档名词的出现频次方面，隋唐五代时期从高到低依次

为："文书""簿书""文案""文簿""案牍""簿籍""书牍"。因为这一时期检索的文献范畴大大增加，所以，可以明显看出除了名词"书牍"频率变化较小外，其他文档名词按频率发展高低排序依次为"簿书"0.340、"文书"0.263、"文案"0.140、"案牍"0.125、"簿籍"0.092、"文簿"0.077。可见，文档名词"簿书""文书""案牍"发展较好，其他文档名词出现的频率并没有很大的提升。与前代相比，到隋唐五代时期，新词出现有所减少。总的说来，隋唐五代时期已进入到了中国古代文档名词的稳步发展期。

二、隋唐五代文档名词的应用

从整体上来看，隋唐五代时期的文档名词约有170个，共出现6452次（见表5-4）。在数量上较魏晋南北朝时期的133个略有发展，而在总出现次数方面较魏晋南北朝时期的2663次具有规模性的较大发展。

表5-4　隋唐五代时期文档名词应用情况汇总表

族类	族类名词（次数）	总次数	总频数
文族	文书（350）、册文（220）、文字（174）、文案（100）、文翰（77）、文簿（61）、文籍（61）、文牒（44）、策文（36）、文状（26）、公文（25）、文檄（21）、文墨（21）、文诰（21）、文记（20）、书文（18）、文献（17）、文疏（16）、文表（13）、文卷（13）、文帐（11）、文典（9）、文符（8）、文奏（7）、典文（6）、文约（5）、文券（5）、文帖（5）、文解（4）、文告（4）、文契（3）、文榜（3）、文证（2）、文稿（2）、文按（1）、文凭（1）、文款（1）、文历（1）	1412	3.427

续表

族类	族类名词（次数）	总次数	总频数
书族	诏书（580）、文书（350）、簿书（177）、书契（104）、书奏（92）、册书（86）、典书（86）、书记（46）、书翰（29）、图书（52）、书诏（20）、书典（19）、书文（18）、券书（15）、凤书（13）、奏书（12）、契书（5）、书籍（4）、书函（4）、书案（3）、书牍（3）、判书（2）、书簿（2）、牍书（2）、事书（2）、书禀（1）、贤能之书（30）、赤雀衔丹书（7）、凤凰衔书（2）、赤爵衔丹书（1）	1767	4.289
案族	文案（100）、案牍（57）、簿案（7）、书案（3）、案记（2）、案卷（1）	170	0.413
卷族	文卷（13）案卷（1）	14	0.034
牍族	简牍（36）、尺牍（73）、案牍（57）、书牍（3）、公牍（3）、牍书（2）、牍聿（1）、篇牍（1）、讼牍（1）、箧牍（1）、瓯牍（1）、札牍（1）、奏牍（1）、吏牍（1）	182	0.442
簿族	簿书（177）、文簿（61）、簿籍（51）、簿领（40）、名簿（34）、簿最（16）、选簿（14）、官簿（8）、簿案（7）、军簿（6）、上簿（5）、班簿（4）、黄簿（1）、候簿（4）、簿状（4）、簿历（3）、阙簿（2）、书簿（2）、帑簿（2）、簿记（2）、校簿（2）、版簿（1）、收簿（1）、图簿（1）、对簿（1）、讯簿（1）	450	1.092
籍族	载籍（123）、黄籍（86）、文籍（61）、户籍（58）、簿籍（51）、籍帐（19）、图籍（14）、典籍（9）、礼籍（6）、书籍（4）、法籍（1）	432	1.049
册族	册文（220）、典册（126）、册书（86）、祝册（12）、册宝（10）、册祝（4）、册子（3）、册奏（2）、册印（1）	464	1.126
典族	典册（126）、六典（118）、典谟（88）、典书（86）、典训（83）、典法（68）、典诰（37）、典则（34）、典文（6）、训典（25）、典宪（88）、书典（19）、文典（9）、典籍（9）、典例（5）、典誓（1）	802	1.947

续表

族类	族类名词（次数）	总次数	总频数
图族	地图（150）、图牒（73）、图书（52）、图谱（19）、图籍（14）、图表（13）、图法（9）、图（2）、图簿（1）	333	0.808
令族	法令（714）、政令（415）、律令（256）、诏令（191）、军令（137）、阴令（109）、敕令（69）、将令（51）、施令（37）、功令（16）、宪令（15）、违令（13）、格令（12）、饬令（3）、令状（1）	2039	4.949
其他	八法（2）、八则（12）、质剂（22）、比居（5）、质要（3）、傅别（9）、役要（2）、比要（3）、礼命（3）、要会（6）、岁会（9）、月要（7）、月成（2）、治成（2）、治中（1）、治要（1）、治凡（1）、约剂（13）、起居注（272）、凤凰诏（7）	382	0.927
总数		6452	15.66

注：为便于对比和统计，不同族类的共有名词在此表中有重复出现的现象，如"文卷"同时在"文族"和"卷族"出现。但总数是按剔除不同族类共有名词累计所得。

　　如表5-4所示，隋唐五代时期各族类文档名词应用频次较高的是"令族""书族""文族"和"典族"，而"案族""册族""籍族""图族"等应用较少，"卷族"因在隋唐时期刚刚出现，所以频次最低，符合族类文档名词初期产生的特点。"令族"在隋唐五代时期的使用率处于较高水平，尤其是"军令""法令""政令"等文档名词数量多了起来，说明其使用范围较广，涉及领域较多。在检索中发现，最多出现于"史部"，为1393次，其次是"子部"，为1218次。再如，单音节文档名词"文""书"等本身就是高频词，其中"文"在隋唐五代时期共出现2479次，"书"在隋唐五代时期共出现3136次，所构成的双音节文档名词在隋唐五代时期也被大量使用，合成文档名词"文书"在隋唐五代时期被使用了350次。说明隋唐五代时期对已存的文档名词实现了更好的延续，这一时期实现南北统一，社会刚稳定下来，需要编史修志，历史档案资料得到总结利用。

隋唐五代时期共出现文档名词6452次，频次为15.66。在统计的11个族类文档名词中"令族""书族""文族"是应用情况最好的三个族类，其中"令族"出现2039次，占文档名词出现总次数的24.1%；"书族"出现1767次，占文档名词出现总次数的20.9%；"文族"出现1412次，占文档名词出现总次数的16.7%。而且，根据表5-6可以看出，"令族""书族""文族"这三个族类也是三国两晋南北朝时期文档名词应用情况最好的三个族类。历史上文档名词是顺应朝代发展而发展的，隋唐是社会大发展时期，能适应于社会应用的语言词汇得以完善，不适的遭到淘汰和剔除。文档名词在这一时期总体上得到了稳定发展，原本发展较好的族类在总数量和总次数上都得到了规模性发展，其他族类在隋唐文档名词广泛应用的背景下也得到了补充和完善。

表5-5　隋唐五代与三国两晋南北朝各族类名词出现次数比较表

族类	时期		族类	时期	
	三国两晋南北朝	隋唐五代		三国两晋南北朝	隋唐五代
文族	330	1412	籍族	113	432
书族	536	1767	册族	39	464
案族	21	170	典族	292	802
卷族	0	14	图族	71	333
牍族	42	182	令族	1095	2039
簿族	64	450	其他	60	382

隋唐五代时期除上述重点分析的11个族类之外，还存在一些特殊类型的文档名词，它们大都具有较强的专指性，有些还具有断代发展的属性，例如"质剂"一词最早出现于先秦时期，直至唐代才被再次使用，说明其在历史发展中较不稳定。这些文档名词普遍存在使用频次较低的共同点，其中有的文档名词有表达相近含义的替代词，有的涉及领域较狭隘，故未能被广泛使用。且这些文档名词在历史上零星出现，常间断使用，同族文档名词种类较少，尚不能构成完整的族类。

总体而言，隋唐五代时期的文档名词在应用过程中，能适应时代特点的文档名词发展显著，如在唐代科举制度的影响下孕育而出的"卷族"文档名词；在唐代统治者重视法律制度的影响下，"令族"文档名词在隋唐五代时期较三国两晋南北朝发展了近1倍；受整体隋唐五代文档名词在社会中得到普及应用的影响，其他没划分到族类的文档名词在数量和使用次数上也均有增加。隋唐五代时期以继承自先秦时期至三国两晋南北朝时期产生的文档名词为主，也较好地发展了适应本时期背景特点的文档名词，为后朝后代文档名词得以繁荣发展奠定了重要基础。

第三节　隋唐五代各族类文档名词

隋唐五代是文档名词的重要发展时期，共存有11个族类，各族类文档名词在经历这一时期后种类上更丰富，使用量也越来越多。并且，隋唐五代时期新产生了"卷族"文档名词，使文档名词族类的发展更加完善。在所有族类当中，隋唐五代时期发展最好的是"令族"文档名词，其次是"书族""文族""典族"等。另外，在隋唐五代时期仍存在一些特殊性质的文档名词，有些文档名词虽然产生较早，但由于使用频次较低、继承性和延续性较弱等原因，尚不能构成一个完整的族类，如"质剂""傅别"等。

一、隋唐五代"文族"文档名词

（一）"文族"文档名词的构成与特点

文档含义的单音节词"文"，本身就是高频单音节文档名词，在先秦就已出现。"文"作为名词其含义较为广泛，多泛指文章，或文章的内容，早期含义较为模糊。到了隋唐五代时期，"文"作为文档类的单音节名词，其指代性质更为明显，意思多为文章、文献典籍、条文法令、礼节仪式的记录等。

"文族"文档名词即含有"文"字的文档名词聚类，隋唐五代时期"文族"文档名词包括"文书""文籍""文案""文簿""文卷"等38种（见表

5-6），总计出现1412次。其中消亡文档名词4个，新增文档名词12个，发展最好的文档名词是"文书"，其次是"册文"。与三国两晋南北朝对比，"文族"内新增文档名词较多，在隋唐五代时期得到了很好的应用，也证明了隋唐五代是文档名词的发展期。其中，"文"表示记录在载体上的记录符号。文书中的"书"指的是纸张、竹简、丝织品等物质载体形态；文籍中的"籍"表示书册、登记册的含义，也是承载记录的物质载体形态；文案中的"案"本义为记录时所用的桌子，引申为文档；文簿中的"簿"表示本子、册籍一类的记录载体；文卷中的"卷"本义是动词，逐渐引申为书卷、案卷。

表5-6 隋唐五代"文族"文档名词构成表

族类	族类名词构成	新增名词	消亡名词
文族	文书、册文、文字、文案、文籍、书文、文牒、文翰、文簿、文约、文墨、典文、文解、公文、文状、文记、文献、文表、策文、文告、文典、文疏、文卷、文证、文奏、文诰、文檄、文符、文帐、文帖、文契、文券、文榜、文历、文稿、文按、文凭、文款	文卷、文凭、文籍、文牒、文榜、文历、文解、文稿、文帖、文帐、文款、文证	文札、文计、文移、图文
数量	38	12	4

隋唐五代时期"文族"文档名词主要有以下特点：

第一，"文族"文档名词的组成与前代相较又有所发展，例如，"文卷"一词是此前没有的，出现之后延续性较强，在之后的朝代被广泛运用。

第二，隋唐五代时期"文族"文档名词在所有的族类名词中使用频率较高，使用范围较广。"文书"一词在文档领域中含义的精确性和通用性较强，它的出现频次在隋唐五代文档名词中依旧位居前列。

第三，在词性上，"文族"文档名词以复音合成词为主，组词方式主要有三种：一是大多数，以单音节"文"加上一个表示载体形态的单音节词，构成了一个合成词，如"文案""文簿"等。二是"文"+表示具体内涵的单音节词，它们组合在一起用以表示"与文字记载有关的事物"，如"文"+"凭"

（证据，证明）组合成"文凭"一词，在古代表示用作凭证的官方文书，近现代则表示毕业证书、学历证明，它们的效力均需要通过文字等形式记录下来以作凭证，这类的"文"通常取"表示记录语言的符号（如文字）以及与之有关的事物"的含义，同时出现的类似文档名词还有文契、文约、文证、文帐等。三是限定性单音节词+"文"，如"公文""策文""图文"等，这类在隋唐五代时期仅占11%的比例。

第四，"文族"文档名词含义广泛，主要指各种类型的在公务活动中形成的公文、档案以及公务活动、官职、文章、书籍等，具有广泛的含义。如：

①钱财记录："弘微经纪生业，事若在公，一钱尺帛出入，皆有文簿。"①

②户籍档案："及尔朱之乱，政移臣下，或废或立，甚于弈棋，遂分为东西二国，皆权臣擅命，战争不息，人户流离，官司文簿，又多散弃。今按旧史，户三百三十七万五千三百六十八。"②

③在公务活动中产生的公务文件，如白居易《紫薇花》诗云："丝纶阁下文书静，钟鼓楼中刻漏长。独坐黄昏谁是伴，紫薇花对紫微郎。"③

④文档证据："玄绍在坐未起，而收兵已报具得其文书本末，玄绍即首伏，于坐斩之。焚其文书，其余党悉无所问，众愧且服，州部遂安。"④

⑤执照文书，如白居易《卖炭翁》诗云："翩翩两骑来是谁，黄衣使者白衫儿。手把文书口称敕，回车叱牛牵向北。一车炭，千余斤，官使驱将惜不得。半匹红纱一丈绫，系向牛头充炭直。"⑤

⑥调查报告："上每孜孜求理，焦劳不倦。一日，密召学士韦澳，尽屏左右，谓澳曰：'朕每便殿与节度、观察使、刺史语，要知所委州郡风俗、物

① 李延寿. 南史 [M]. 北京：中华书局，1975：551.

② 杜佑. 通典 [M]. 北京：中华书局，1988：146-147.

③ 中华书局编辑部. 全唐诗 [M]. 北京：中华书局，1999：4953.

④ 姚思廉. 梁书 [M]. 北京：中华书局，1973：301.

⑤ 中华书局编辑部. 全唐诗 [M]. 增订本. 北京：中华书局，1999：4715-4716.

产。卿宜密采访，撰次一文书进来，虽家臣舆老，不得漏泄。'"①

⑦投降书："未战之间，有贼数百骑诈持文书，云是降簿，乞缓师。"②

（二）"文族"文档名词的应用

隋唐五代时期的"文族"文档名词共计38种，出现1412次（见表5-7）。其中"文书""册文""文字""文案"这四个文档名词，在隋唐五代时期出现次数最多，共计844次，占总次数的59.8%，其余34种文档名词仅占余下的小部分。

表5-7 "文族"文档名词隋唐五代统计表

序号	文档名词	数量	频次
1	文书	350	0.850
2	册文	220	0.534
3	文字	174	0.422
4	文案	100	0.243
5	文状	26	0.063
6	书文	18	0.044
7	文牒	44	0.107
8	文翰	77	0.187
9	文簿	61	0.148
10	文约	5	0.012
11	文墨	21	0.051
12	文籍	61	0.148
13	典文	6	0.015
14	文解	4	0.010
15	公文	25	0.061
16	文记	20	0.049
17	文献	17	0.041

① 裴廷裕. 东观奏记 [M]. "丛书集成初编"本. 北京：中华书局，1985：12.

② 李延寿. 北史 [M]. 北京：中华书局，1974：1367.

续表

序号	文档名词	数量	频次
18	文表	13	0.032
19	策文	36	0.087
20	文告	4	0.010
21	文典	9	0.022
22	文疏	16	0.039
23	文帖	5	0.012
24	文契	3	0.007
25	文券	5	0.012
26	文榜	3	0.007
27	文历	1	0.002
28	文稿	2	0.005
29	文按	1	0.002
30	文凭	1	0.002
31	文款	1	0.002
32	文卷	13	0.032
33	文证	2	0.005
34	文奏	7	0.017
35	文诰	21	0.051
36	文檄	21	0.051
37	文符	8	0.019
38	文帐	11	0.027

由于历史继承性和延续性，"文族"文档名词在隋唐五代时期继续发展。随着中古语言文字的演变，单音节文档名词在应用上逐渐淡化，更多的是与其他字组成复音词，其族类名词品种越来越丰富，所指称的文档类事物也更加形象、具体。隋唐五代处于中古时代的后期，"文族"作为族类文档名词使用较多的一类，具有典型代表性，如表5-7所示。在隋唐五代时期"文族"名词

中，"文书"一词出现的次数最多，频率最高，并且较前朝都有所发展；除"文书"外，出现次数从高到低分别为"册文""文字""文案"等。隋唐五代是"文族"文档名词的重要发展期，为其在随后宋代发展达到高潮奠定了重要基础。

（三）重要"文族"文档名词的介绍

在隋唐五代时期出现了38个"文族"文档名词，大部分都是从前朝继承下来的，由于隋唐时期社会政治、文化发展繁荣，文书工作和档案事业在唐代受到重视，故"文书"一词在隋唐五代时期"文族"使用频次为0.850，当属最高。"文字"一词也使用较多，现今通行含义为"记录语言的符号，如汉字"。但在古代，"文字"一词具有多种义项且应用广泛。而这些释义中，就包括多种文档类含义和用法，泛指文化典籍等文字记载。《通典》载："后汉桓帝初置秘书监，掌图书古今文字，考合同异。其后监令掌图籍之纪，监述作之事，不复专文字之任矣。"[1]隋唐五代时期新增的文档名词有12个，且都为低频文档名词，分别是"文卷""文凭""文籍""文牒""文榜""文历""文解""文稿""文帖""文帐""文款""文证"。

"文牒"是隋唐五代时期"文族"新增文档名词中使用次数较多的，有44次，它作为低频词和高切合度文档名词的代表，在之后的朝代也都基本属文档类含义，准确度极高，近100%。其主要含义为"案卷、文书"，如："盗相公文牒，窃注名姓于军籍中，以陵驾府县。"[2]它属于综合性文档名词，可用来泛指各类案卷、文书。"文牒"起源于唐代，在隋唐五代期间表示文档含义使用率较高，如《旧唐书》："近缘狂寇乱常，诸道分置节度，盖总管内征发、文牒往来，仍加采访，转滋烦扰。"[3]在之后的使用中，"文牒"一词表达的含义变多，还可表示发号施令、调动军队的信物凭证等。

"文卷"一词起源于唐代。它在唐代最初是指"为应科举考试所作的文

① 杜佑. 通典 [M]. 北京：中华书局，1988：736.

② 韩愈，马其昶. 韩昌黎文集校注 [M]. 上海：上海古籍出版社，2018：177.

③ 刘昫，等. 旧唐书 [M]. 北京：中华书局，1975：252.

章", 如《云溪友议》: "刘公承诗意, 方悟往年改张牛公文卷。"①随后, 在白居易的诗作中已体现出"文卷"被赋予了更为广泛的内涵, 用来泛指诗书、文章,《忆元九》: "近来文卷里, 半是忆君诗。"②五代时期的"文卷"一词基本上沿用了唐代的释义和用法, 但由于自身定义的局限性, 其使用范围主要集中于子部和集部。随着历史的继承, 宋代时"文卷"一词出现了表示"公文案卷"的含义, 如王溥所著《唐会要》: "诸司文卷, 恐有稽失, 请令御史大夫就诸司检校。"③至此, "文卷"一词不仅用来指代文章, 而且用以指代公文案卷, 这就使得"文卷"一词的应用领域更为宽泛。

"文历"一词最早出现于后晋, 但由于定义的专门性和极强的专指性(特指账册), 综合性较差, 因此应用范围较小, 出现次数较少, 仅1次。它不但在同一历史时期含义固定, 而且在不同历史时期不同文献中所表达的也是同一概念, 五代时期《旧唐书》载: "先使判官崔颀就佶强索其纳给文历, 并请供二百万贯钱物以助军费, 佶答曰: '所用财帛, 须承敕命。'未与之。"④

"文证"一词出现于唐代, 在唐五代时期共用2处,《文选》注: "《毛诗序》曰: 诗有六义焉, 二曰赋。故赋为古诗之流也。诸引文证, 皆举先以明后, 以示作者必有所祖述也。他皆类此。"⑤"文"与表示内涵的单音节词"证"结合, 表示与文字记载有关的事物, "文证"用以证明文书。

其余在隋唐五代时期新增的"文族"文档名词当中使用较多的是"文帖", 但也只有5次, 在使用中表示"公文"的含义, 如唐代李匡文的《资暇集》载: "每收其书皮之右所劙下者, 以为逐日须取, 文帖余悉卷贮。每岁终则散主守家吏, 俾作一年之簿, 所劙之处多不端直, 文帖且又繁积。"⑥

① 范摅. 云溪友议 [M]. 上海: 古典文学出版社, 1957: 48.

② 中华书局编辑部. 全唐诗 [M]. 增订本. 北京: 中华书局, 1999: 4864.

③ 王溥. 唐会要 [M]. 北京: 中华书局, 1955: 885.

④ 刘昫, 等. 旧唐书 [M]. 北京: 中华书局, 1975: 3565.

⑤ 萧统. 文选 [M]. 上海: 上海古籍出版社, 1986: 1.

⑥ 周勋初. 唐人轶事汇编 [M]. 上海: 上海古籍出版社, 2006: 777.

其次是"文榜"一词，仅使用过3次，解释为告示、布告等："元和六年，为监生郭东里决破棘篱圻裂文榜，因之后来多以虚榜自省门而出，正榜张亦稍晚。"①虽然"文稿"一词只出现过2次，"文凭"一词只出现过1次，但其均具有极强的延续性，特别"文稿"一词现在看来属于使用率连续增长的文档名词，在现代汉语中仍有使用，内涵和表达也更加具体。

二、隋唐五代"书族"文档名词

（一）"书族"文档名词的构成与特点

"书族"文档名词即是含有单音节词"书"的文档名词聚类，这里的"书"字即共同核心词（根词），它既包括单音节词"书"，也包括许多双音节词及多音节词，自"书"这一文字产生以来，其单音节词的用法较多，使用范围比较广泛，"书"一词本身属于高频单音节文档名词，隋唐五代时期共出现的3136次，频次为7.612。但从各历史朝代整体使用频次上看，"书族"文档名词在隋唐五代时期频次为4.289，较三国两晋南北朝时期的频次3.458，隋唐五代时期"书族"文档名词有小幅度的增长。隋唐五代时期使用的"书族"文档名词有"诏书""文书""簿书""书契""书奏""书籍""书记""书翰""书典""书文""书牍""书案"等30种，总计出现1767次，新增文档名词8个（见表5-8）。从"书族"的发展中可以看出，发展较好的文档名词是"诏书""文书""簿书"和"书契"，其中发展最好的是专指性文档名词"诏书"，其使用次数与频次体现了隋唐时期帝王对封建王朝统治方面的强化，文档名词的发展与王朝的兴衰直接相关。

---

① 王定保. 唐摭言［M］. 上海：上海古籍出版社，1978：159-160.

表5-8　隋唐五代"书族"文档名词构成表

族类	族类名词构成	新增名词
书族	诏书、文书、簿书、书契、书奏、册书、典书、书记、书翰、图书、书诏、书典、书文、券书、风书、奏书、契书、书籍、书函、书案、书牒、判书、书簿、牒书、事书、书禀、凤凰衔书、贤能之书、赤爵衔丹书、赤雀衔丹书	书籍、书簿、书诏、事书、契书、券书、赤爵衔丹书、赤雀衔丹书
数量	30	8

隋唐五代时期"书族"文档名词呈现出以下特点：

第一，隋唐五代时期出现并使用的"书族"双音节文档名词已全部出现，并达到历史高峰，其中专指性文档名词种类发展数量和使用频次最多，如"诏书"累计使用数量达580次，频次为1.408。"书族"文档名词的发展虽有起落，但历史延续性好，直至清代仍存有28个。

第二，其中"簿书"出现177次，"文书"出现350次。"文书""簿书"两词的使用次数位于检索范围内隋唐时期所有文档名词前列，说明"书族"文档名词在隋唐的使用具有一定的普遍性。

第三，作为单音节词，单音节词"书"起源于先秦，是中国最古老、最普遍的表示文档之意的单音节词之一。在组词时，"书"置于组合词的前面时，有书写、记录之义，是动词；置于组合词的后面时，指记录文字等信息符号的物质载体形态，是名词。"书族"名词的含义比较广泛，可以分别指代书写、公文、档案以及其他信息记录等。如："臣以为始造簿书，以备用人之遗亡耳。"①

（二）"书族"文档名词的应用

在30种隋唐五代时期的"书族"文档名词中，只有"文书""书籍""书案""书文""书记""书簿""书禀""书典""册书""图书"10种是通用性"书族"文档名词，共计使用581次，出现次数仅占全部比例的32.9%，

① 张九龄.曲江集[M].广州：广东人民出版社，1986：588.

具体使用情况如表5-9所示：

表5-9 通用性"书族"文档名词隋唐五代统计表

序号	文档名词	数量	频次
1	文书	350	0.850
2	书籍	4	0.010
3	书案	3	0.007
4	书文	18	0.044
5	书记	46	0.112
6	书簿	2	0.005
7	书稟	1	0.002
8	书典	19	0.046
9	册书	86	0.209
10	图书	52	0.126

"文书"一词具有极强的继承性和延续性，从检索结果中可以发现，隋唐五代时期"文书"一词的总出现次数远远超过其他的"书族"通用性文档名词出现次数，而且，该名词使用数量与专指性文档名词"诏书"同样巨大，文档名词"文书"使用范围和普及度都非常高，与其他"书族"文档名词相比，"文书"显然是占主导地位的。

从造词结构上来看，"书籍"属于并列式复音词。"书籍"最初的含义与登记册有关，古代"书籍"一词亦兼有文书、诏命典策等文档含义。《史通》中就有例句："尧、舜相承，已见坟、典；周监二代，各有书籍。至孔子讨论其义，删为《尚书》。"①当词中的"书"字做动词的时候，一般可理解为书于简册，谓有记载。另外，有校定简册的意思。如："职在书籍，谨依旧文，重述蒐狩之义，作颂一篇，并封上。"②另外，"书籍"除文档含义之外，逐渐衍生出图书、典籍等含义，在唐代之后，基本均为非文档含义用法。"书

---

① 刘知几，浦起龙. 史通通释［M］. 上海：上海古籍出版社，1978：330.

② 范晔. 后汉书［M］. 北京：中华书局，1965：1955.

籍"作为图书的含义使用较多，在古文中有时很难与文书、档案的含义区分开来。"学士二人，掌经籍图书，教授诸生，课试举送如弘文馆。校书郎二人，从九品下。掌校理书籍。"①总之，"书籍"一词在产生初期的主要含义都是与文件、档案相关的。在后世的发展演变中，词义中的文档含义逐渐变得越来越弱，"图书"相关含义的用法越来越多，并逐渐固化。

"书案"一词最早出现于南北朝时期，但是使用次数不多。后在唐、宋两代偶有使用，但是使用范围很小。偶见于诗歌，如唐代文学家刘禹锡诗："游鱼惊拨刺，浴鹭喜瑽琤。为客烹林笋，因僧采石苔。酒瓶常不罄，书案任成堆。檐外青雀舫，坐中鹦鹉杯。"②

"书文"在隋唐五代时期使用过18次，"书文"的含义和"文书"基本相似。"书文"用作名词时，可用来指代文书，还可以用来表示文字。如《后汉书》载："汉起，驱轻黠乌合之众，不当天下万分之一，而旌旃之所拔及，书文之所通被，莫不折戈顿颡，争受职命。"③"书文"中的"书"也可以作动词使用，指撰文并书写。

"书记"一词自汉代出现，南北朝和唐代时使用最多，隋唐五代时期出现过46次，在通用性"书族"文档名词内仅次于文书。"书记"一词此后使用数量越来越少，这说明其文档含义逐渐消亡。

"书簿"自唐代用于表示文档类事物之后，使用数量一直较少，在唐代也仅使用过2次，"书簿"一词在后世发展中作为书籍的含义使用得越来越广泛，而文档类含义逐渐弱化，因此它不是常用的通用类文档名词。

"书典"作为文档名词在出现于两晋南北朝（4处），隋唐五代时期略有发展并达到历史小高峰（19处），但总的来说，"书典"不是常用的文档名词。

专指性"书族"文档名词出现的时间较早，先秦时期就已存在，到唐代

---

① 欧阳修，宋祁. 新唐书［M］. 北京：中华书局，1975：1294.

② 中华书局编辑部. 全唐诗［M］. 增订本. 北京：中华书局，1999：4099.

③ 范晔. 后汉书［M］. 北京：中华书局，1965：476.

全部文档名词已出现完毕，一直延续到清朝。隋唐五代时期"书族"专指性
文档名词数量较多，有20种，同时含有双音节词及多音节词，具体如表5-10
所示。

表5-10　专指性"书族"文档名词隋唐五代统计表

类别	文档名词	数量	频次	类别	文档名词	数量	频次
皇帝诏书类	诏书	580	1.408	行政事务类	簿书	177	0.430
	书诏	20	0.049		书奏	92	0.223
	凤书	13	0.032		奏书	12	0.029
	凤凰衔书	2	0.005		牍书	2	0.005
	赤爵衔丹书	1	0.002		事书	2	0.005
	赤雀衔丹书	7	0.017		典书	86	0.209
契约凭证类	书契	104	0.252		贤能之书	30	0.073
	契书	5	0.012	书信类	书牍	3	0.007
	判书	2	0.005		书函	4	0.010
	券书	15	0.036		书翰	29	0.070

皇帝诏书类"书族"文档名词可分为两类，其一为诏书类，包括"书诏"
与"诏书"，两者含义和用法基本相同。作为文档含义使用，始于唐代，《旧
唐书》中记载："承平时工艺书画之徒，待诏翰林，比无学士，只自至德后，
天子召集贤学士于禁中草书诏，因在翰林院待进止，遂以为名。"[1]另外，该
词中的"书"也有作动词的用法，译为"书写诏书"。其二为凤书类。包括
"凤书""凤凰衔书""赤爵衔丹书""赤雀衔丹书"，其中"赤爵衔丹书"
产生于隋唐时期。《隋书》中有如下用法：

> 允恭克让，其在斯乎？七十二君，信蔑如也！故神禽显贲，玄应特
> 昭，白爵主铁豸之奇，赤爵衔丹书之贵。班固《神爵》之颂，履武戴文，
> 曹植《嘉爵》之篇，栖庭集牖。[2]

① 刘昫，等. 旧唐书 [M]. 北京：中华书局，1975：5057.
② 魏征，令狐德棻. 隋书 [M]. 北京：中华书局，1973：1426.

　　行政事务类"书族"文档名词在隋唐五代时期使用频次最多的是"簿书"，为0.43。"簿书一词最早出现于汉代，使用次数和频次都较低。《汉书·贾谊传》中记载："而大臣特以簿书不报，期会之间，以为大故。"①经过了魏晋、南北朝时期的缓慢发展，"簿书"一词自唐代起的使用次数有了小幅上升。"乃令官为簿书，籍其所入。"②其次是"书奏"，文档名词"书奏"最早出现于汉代，并且多出现于史部文献中。"宽为人温良，有廉智，自持，而善著书、书奏，敏于文，口不能发明也。"③汉代以后的魏晋、南北朝时期，该词使用数量较少，直至唐代以后才逐渐恢复。

　　隋唐五代时期出现的契约凭证类"书族"文档名词均属于低频词。在所有的契约凭证类"书族"文档名词中，"书契"历史最为悠久，先秦时期已在《周礼》中得到使用，历史延续性较好，表达的含义具有专指性。"书契"一词于隋唐五代时并存，且在唐宋之际达到了第一个使用高峰。在唐代的使用如"史臣曰：两仪定位，日月扬晖，天文彰矣；八卦以陈，书契有作，人文详矣。若乃坟索所纪，莫得而云，《典》《谟》以降，遗风可述。"④"契书"与"书契"具有相同的起源，也是用来表示"契据、契约"的含义。但与"书契"悠久的历史不同，"契书"首次作为文档名词是出现在反映唐朝历史的《旧唐书》中："先寓居郑州，典质良田数顷；及为节度使至镇，各与本地契书，分付所管令长，令召还本主，时论称美。"⑤"券书"一词在唐代的使用频次虽远不及"书契"，但只有契约、文书的含义，是一个专指性极强的契约凭证类"书族"文档名词。"券书"最早出现于汉朝，在《史记·孟尝君列传》中有记载："孟尝君闻冯驩烧券书，怒而使使召驩。"⑥自唐起一直用至

①　班固. 汉书 [M]. 北京：中华书局，1962：2244—2245.

②　金沛霖. 四库全书子部精要：下册 [M]. 天津：天津古籍出版社，1998：588.

③　司马迁. 史记 [M]. 北京：中华书局，1959：3125.

④　令狐德棻，等. 周书 [M]. 北京：中华书局，1971：742.

⑤　刘昫，等. 旧唐书 [M]. 北京：中华书局，1975：3834.

⑥　司马迁. 史记 [M]. 北京：中华书局，1959：2360.

清朝，历史延续性较好，如《南史》中就有例句："珣颇好积聚，财物布在人间，及薨，弘悉燔券书，一不收责，其余旧业，悉委诸弟。"①

书信类"书族"文档名词在隋唐五代期间使用最多的是"书翰"，有29次，"书翰"常表文字、书信的含义。其次是"书函"，本义为书信的封套，引申为书信的含义。在《旧唐书·魏征传》中也有记载："征亡后，朕遣人至宅，就其书函得表一纸，始立表草，字皆难识。"②文档名词"书牍"从造词结构上来说是并列式复音词。"书牍"是简牍、书信之类的总称。往来的书信保存下来也是档案，因此归为文档类含义，较少见其他含义及用法。常见的例句有："及居选官，任守隆重，书牍盈案，宾客满门，云应答如流，无所壅滞，官曹文墨，发摘若神，时人咸服其明赡。"③该词含义侧重为书信，有一定的专指性，文档含义程度较弱，从使用次数和频次两方面来看，"书牍"在中国古代不是常用的文档名词。

三、隋唐五代"案族"文档名词

（一）"案族"文档名词的构成与特点

"案"是"案族"文档名词的基本构成要素，具有物质载体属性，本义指长方形的桌子，如书案、案几等，在后世的使用过程中含义不断被引申，指记事的或储存备查的文件。《说文解字》中解释："案，几属，从木安声。"《说文解字注》："《考工记》：玉人之事，案十有二寸，枣栗十有二列。大郑云：案，玉案也。后郑云：案，玉饰案也。枣栗实于器，乃加于案。"④在古文中，"案"通"按"，如"文案"也是"文按"，"案"作动词，有检索、查阅的意思，如"披图案籍"这一用法。在古代文献中，其他常见的用法有"案：……""案曰：……""案验"等。

---

① 李延寿. 南史［M］. 北京：中华书局，1975：569.

② 刘昫，等. 旧唐书［M］. 北京：中华书局，1975：2561.

③ 姚思廉. 梁书［M］. 北京：中华书局，1973：232.

④ 许慎，段玉裁. 说文解字注［M］. 上海：上海古籍出版社，1981：260—261.

"案族"在隋唐五代时期出现的文档名词有6个，分别是"文案""案牍""簿案""书案""案记"和"案卷"（见表5-11），总计出现170次。在三国两晋南北朝时期出现的3个"案族"文档名词全部继承的基础上，又新增3个文档名词。总体来看"案族"文档名词皆属于低频文档名词，在族类文档名词中应用较少。上述主要的文档名词只有2个——"文案"和"案牍"，其中"文案"出现100次，"案牍"出现了57次（见表5-12）。主词素"案"在所检索的文献中有案几、文书、案卷、记录等含义。"案族"文档名词含义丰富，可以指代档案、公务文件、判决书、官职名称等。其含义如：

①管理公务文件的工作："或复冬日之阳，夏日之阴，良辰美景，文案间隙，负杖蹑屐，逍遥陋馆，临池观鱼，披林听鸟，浊酒一杯，弹琴一曲，求数刻之暂乐，庶居常以待终，不宜复劳家间细务。"[①]

②管理文书、档案的官员："诸文案失衷应杖十者为一负，罪依律次，过随负记。"[②]

表5-11 隋唐五代"案族"文档名词构成表

	族类名词构成	新增名词
案族	文案、案牍、簿案、书案、案记、案卷	簿案、案记、案卷
数量	6	3

隋唐五代时期的"案族"文档名词具有一些普遍的族类特征，主要有以下几个特点：

第一，从造词结构上来看，隋唐五代时期出现的"案族"文档名词属于并列式，皆是名词与名词并列组合而成的，如"文案""书案"。

第二，在构词顺序上，在双音节词中"案"字可以居前也可居后，其内涵各有不同。与"案"组合的另一单音节词，或表明文档的物质载体形式，如

① 姚思廉. 梁书 [M]. 北京：中华书局，1973：385.
② 李延寿. 北史 [M]. 北京：中华书局，1974：1572.

"案牍"；或表明文档的外部表现形态，如"案卷"；或表示文档的内容，如"文案""书案"。

第三，从词义上来看，双音节"案族"文档名词中少量具有通用性，如"案牍"；而多数的表意较为明确，专指性强。"案族"文档名词多有侧重点，即特指某一具体类别的文档，如"案记"专指卷宗文录。

（二）"案族"文档名词的应用

如表5-12所示，"案族"文档名词总体数量不多，使用频次不高。

表5-12 "案族"类文档名词隋唐五代统计表

序号	文档名词	数量	频次
1	文案	100	0.243
2	案牍	57	0.138
3	书案	3	0.007
4	簿案	7	0.017
5	案记	2	0.005
6	案卷	1	0.002

隋唐五代是传统汉语中"案族"文档名词的主要发展期，从东汉、南北朝至隋唐五代时期，"案族"文档名词处于快速发展时期，使用数量不断攀升。最早出现的是"文案"一词，出现于汉代。南北朝新增"案牍""书案"；隋唐五代在继承汉代和南北朝的基础上，还新增了"簿案""案记""案卷"。与其他族类的文档名词相比，"案族"名词词汇数和使用量相对较少。因为其族内名词的专指性较强，"案族"文档名词在所有族类当中占据着较为特殊的地位。尤其是现代所用的"档案"一词，现已成为通用、规范的档案专业名词。最初产生的"文案"和"案牍"在历代使用数量上一直保持领先地位，且都是通用性文档名词。隋唐五代之际产生的"案卷"一词为之后"案族"文档名词的发展做出重要铺垫。

"文案"亦作"文按"，最普遍使用的含义为公文案卷。且"文案"是较为常见的文档名词，从汉代以后便一直为后世使用，在使用时间上具有连续性，在使用范围上具有普遍性。"文案"在汉代和南北朝时期指文书、档案工作，到唐代时，"文案"的用法进一步发展，成为隋唐五代时期"案族"里面使用最为频繁的文档名词，频次为0.243。史部典籍中经常使用"文案"一词，说明该词表意严谨、明确，具有一定的专业性。常见的用法为："勉居选官，彝伦有序，既闲尺牍，兼善辞令，虽文案填积，坐客充满，应对如流，手不停笔。"①

"案牍"一词在历史上总计出现了644次，隋唐五代出现了57次，约占总次数的9%，较南北朝时期出现的2次，说明"案牍"一词在隋唐五代时期得到较多发展。案牍，指公事文书，官府文书。它与相关的"文书""卷牍""文案""案卷"等名词一样，是使用较为广泛的文档名词。"案牍"一词一般用于表述文档及文档工作，专指性强，较少使用于其他领域。"案牍"首次出现于南北朝，"案"通"按"，如"雄久执按牍，数见疑讼，职掌三千，愿言者六。"②但该词在南北朝时期只是零星出现，还没有形成规模。自唐代开始，"案牍"一词使用较多，在之后的朝代也多有延续，使用频率也较高。"徽性勤至，凡所居官，案牍无大小皆亲自省览，以是事无稽滞，吏不得为奸。"③此时唐代出现的"案牍"已具备通用性文档之意。

"书案"一词在不同语境中表达着不同的含义。"书案"作为普通名词，含义为长形的书桌。"书案"作为文档名词，含义为公文案卷。"书案"在古代作为书桌含义的用法占主要地位，比例高达95%，而其文档含义的用法仅占5%。可见其文档含义总体来说非常弱。在唐代诗歌中偶有使用，使用范围很小。如："酒瓶常不罄，书案任成堆。"④

案卷是古代官署分类存档的文件。一案一卷，故称案卷。今机关、企业等分类保存以备查阅的文件，亦称案卷。古今差异不大，多使用于与法律相关的

① 姚思廉. 梁书 [M]. 北京：中华书局，1973：378.
② 魏收. 魏书 [M]. 北京：中华书局，1974：1692.
③ 李延寿. 北史 [M]. 北京：中华书局，1974：2390.
④ 中华书局编辑部. 全唐诗 [M]. 增订本. 北京：中华书局，1999：4099.

业务活动中。"案卷"一词最早出现于五代，如：

> 张九龄累历刑狱之司，无所不察。每有公事赴本司行勘，胥吏辈未
> 敢讯劾，先取则于九龄。因于前面分曲直，口撰案卷，囚无轻重，咸乐其
> 罪。时人谓之"张公口案"。[①]

"案记"一词作为"案族"文档名词在隋唐五代仅出现过2次，"案记"
作为文档名词时，含义为卷宗文录。"案记"使用频率很低，首次出现于唐
代，如："凡有敕处分，承敕人宣付司言连署、案记，别钞一本，付门司传
出。"[②]

"簿案"一词自隋唐五代时期出现以来，就已达到使用的高峰，但仍属于
低频文档名词，在后代使用较少直至消亡。"簿案"有谓官府文书。唐代元
结作诗《漫酬贾沔州》云："未曾弛戈甲，终日领簿案。"[③]

四、隋唐五代"卷族"文档名词

"卷族"文档名词是指含有单音节词"卷"的文档名词聚类，是中国古
代文档名词的重要组成部分之一，"卷族"文档名词的出现时间比较晚，最早
出现于隋唐，在古文献中出现的频次及次数都比较少。在"卷族"文档名词的
构成上，"卷"字前置者居多，且大部分"卷族"文档名词具有专指性或专
用性。

（一）"卷族"文档名词的构成与特点

关于汉字"卷"，《说文解字》云："膝曲也。从卩桊声。"[④]"卷"本
读"quán"，是"踡""蜷"的本字，也通"拳"，本膝曲义。随着语言的
发展，汉字"卷"的词性也多样化，用以区分，其读音也有所不同。本文所
研究的是名词性质的"卷"（juàn），也是汉字"卷"渐渐衍生的名词，指书

---

① 王仁裕，姚汝能. 开元天宝遗事；安禄山事迹 [M]. 北京：中华书局，2006：45.

② 李林甫，等. 唐六典 [M]. 北京：中华书局，1992：349.

③ 元结，聂文郁. 元结诗解 [M]. 西安：陕西人民出版社，1984：196.

④ 许慎，段玉裁. 说文解字注 [M]. 上海：上海古籍出版社，1981：431.

卷、书册。在古文献中，"卷"（juàn）具有名词、量词的词性。

单音节词"卷"有以下几种含义：一、书本。古时书籍写在帛或纸上，卷起来收藏，因此书籍的数量论"卷"，一部书可以分成若干卷，每卷的文字自成起讫，后代仍用来指全书的一部分。二、卷子。三、机关里保存的文件。组合后的"卷族"文档名词的含义有"文件""档案""公文奏章""登记簿"等。

通过对"卷族"主要文档名词的使用情况进行梳理与总结，归纳其特点如下：

第一，"卷族"文档名词与其他文档族类名词相比，起步比较晚。隋唐五代时期，"文卷"一词的出现，是以后"卷族"文档名词出现的开端。"卷"在此族名词中用来指代记录文字的载体形态。"卷族"在隋唐五代时期及之后，文档名词种类逐渐增多，但是不如其他族类文档名词增长幅度大，少数文献出现次数较多，大多数使用频率极低。并且"卷族"文档名词基本应用于比较正式的事务当中，专指性比较明显。因此，"卷族"文档名词有着历史时间短、数量少、使用频率低、使用范围小的特点。

第二，比较通用的名词，例如"文卷""案卷"，从隋唐五代开始就已经存在，其他"卷族"文档名词逐渐增加，明朝是最终成熟期，清朝时期则呈现出比较稳定的状态，可见"卷族"文档名词也存在一定的历史延续性。

第三，"卷族"文档名词的组合呈现出多样化的特征，与其组合者有表示文字的"文"，有表示载体的"牍""案""册"，有表示文档集合的"宗"等。"卷"字在合成词中的排列也有前有后，但"卷"字前置者居多。虽然其使用频次有高低，但是多数名词间存在着一定的通性。

第四，"卷族"文档名词中含有"卷"字的某些名词，在组词上具有"摇摆性"，如"卷册"亦可变为"册卷"，"卷宗"亦可变成"宗卷"。虽说其意思有相通之处，但是在使用频次及词义特点上仍有不同，不能视为同一个词。

（二）"卷族"文档名词的应用

"卷"这个词，在先秦就存在了，但多是动词。先秦以后，"卷"的含义逐渐扩展，有了书籍的"卷次"等含义。但直到隋唐前，在我们的检索范围内未见"卷牍""案卷""卷宗""文卷"等文档名词的用法，这些用法是在文字发展过程中，在中国封建社会中期以后词义逐渐扩展而来的。虽然隋唐"文卷"一词的词义只是接近文档之意，还未直接指代文档，但它却是后来"卷牍""案卷""卷宗"等其他"卷族"文档名词产生的基础，在学术上值得我们重视。

如表5-13所示，在"卷族"文档名词中，主要名词如"文卷""案卷""卷宗"的使用时间较久，与前代有着密切的联系。其他一些名词如"卷簿""卷册""册卷""卷牍""卷宗""宗卷"主要集中在元朝、明朝和清朝，而比较稀有的名词，如"卷摺"，只在清朝出现过。对于常见的"卷族"文档名词，我们可以通过统计文献资料总结其意义与特点，研究其继承延续性及普及的规律，而对于稀有的文档名词，也要重视创新以及其出现的条件和背景。"卷族"文档名词大多数集中在元、明、清三个朝代，且使用频率不高。根据所检索文档名词出现的情况，把"卷族"文档名词分为通用性文档名词及专指性文档名词：通用性文档名词包括"文卷""卷册""卷簿""卷牍"，专指性文档名词包括"案卷""卷宗""宗卷""卷摺"。

表5-13　"卷族"文档名词各时期统计表

时期	文档名词	数量	出现次数	频次
隋唐五代	文卷、案卷	2	14	0.034
宋	文卷、案卷、卷册、卷牍	4	99	0.161
元	文卷、卷册、卷牍、卷宗、宗卷	5	135	0.496
明	文卷、案卷、卷簿、卷册、卷牍、卷宗、宗卷	7	298	0.659
清	文卷、案卷、卷簿、卷册、卷牍、卷宗、宗卷、卷摺	8	394	0.739

（三）重要"卷族"文档名词的介绍

"卷族"文档名词最早产生于隋唐五代时期，双音节文档名词共2个，总计出现14次。"文卷"和"案卷"出现的频次和文献数都比较少，普及度比较低，符合词汇产生初期的特点。其中"文卷"出现13次，"案卷"仅出现1次，说明"文卷"的应用更为广泛（见表5-14）。在后世的使用中"文卷"一词也是经久不衰的，具有良好的延续性。隋唐五代时期"卷族"文档名词的产生对后世具有重要的影响。

表5-14 "卷族"类文档名词隋唐五代统计表

文档名词	数量	频次
卷	504	1.223
文卷	13	0.032
案卷	1	0.002

1.文卷

在《汉语大词典》中，"文卷"通常解释为：为应科举考试所作的文章，泛指文章；公文案卷。在本系列中国古代文档名词研究中，"文卷"主要是公文案卷的意思。"文卷"一词在各个朝代所代表的主要内容和应用范畴有不同的侧重，因此，以朝代为背景对其内容和范畴进行分析，能掌握其主要的名词特点。

第一，泛指文章。"文卷"一词指代文章，意同今日之"书卷"一词，还不是严格的文档含义。如白居易《忆元九》诗云："近来文卷里，半是忆君诗。"[1]而在此之后的各个朝代中，"文卷"和"书卷"这两个名词虽然不是人们经常使用的文档名词，但它们基本上是连续出现的。而且，特别重要的是，虽然隋唐"文卷"一词的词义只是接近文档之意，还未直接指代文档，但它却是后来"卷牍""案卷""卷宗"等其他"卷族"文档名词产生的开端。

第二，科举卷宗。"文卷"一词指科举卷宗含义的数量比较少，并且主要体现在宋朝，笔者猜测是由于宋朝科举制度的发达造成了这一现象的产生。

第三，公文案卷。公文案卷是"文卷"的主要文档含义，也是文档名词"文卷"在古文献中的主要体现。正如清朝张廷玉《明史》记载："七年七

---

① 中华书局编辑部. 全唐诗［M］. 增订本. 北京：中华书局，1999：4864.

月，密云山水骤涨，军器、文卷、房屋俱没。"①可见文中的"文卷"指朝廷的公文档案。

在检索中，"文卷"一词总共出现545处，隋唐五代出现13次，约占2.4%，分别分布于3部子部文献和5部集部文献中，这些文献都是成书于唐后期（756年到907年，即"安史之乱"爆发之后）。在检索的范围内，隋唐时期以前检索的文献中没有出现过"文卷"这个名词；隋唐五代时期"文卷"出现的频次和数量都比较少，普及度比较低，符合词汇产生初期的特点。这一发现为确定"文卷"的出现时间提供了初步的佐证，我们可以初步确定这个名词出现在唐后期。并且，唐后期单音节文档名词"卷"逐渐来指代记录文字的载体形态，而不是此前的动词用法。"文卷"是隋唐五代时期最早产生的"卷族"通用性文档名词，贾岛曾在表达匠人精神时用"文卷"一词，如"苦拟修文卷，重擎献匠人"②等。

2.案卷

"案卷"乃古代官署分类存档的文件，一案一卷，故称案卷，今指各单位分类保存以备查阅的文件。"案"族的词义很单纯，而且用法含义上代代相传。第一次出现"案卷"一词是在五代时期。五代王仁裕在《开元天宝遗事》写道："每有公事赴本司行勘，胥吏辈未敢讯劾，先取则于九龄。因于前面分曲直，口撰案卷。"③可见"案卷"一般为一案一卷，且多使用于法律事务，具有一定的专指性。

从"案卷"出现开始，其意思就主要是指司法刑狱系统的案件卷宗，这一含义一直被保留，现在仍主要指司法系统的案件资料汇总，其古今含义继承性非常连贯。可以说，因为"案卷"一词与其他文档名词相比，使用领域中的专业性极强，使用上具有不可替代性，因而其语言生命力非常强大，并且在现代档案管理学中已经发展成为一个重要的档案学词汇，专指由互有联系的若干文

---

① 张廷玉，等. 明史［M］. 北京：中华书局，1974：450.
② 贾岛，李嘉言. 长江集新校［M］. 上海：上海古籍出版社，1983：57.
③ 王仁裕，姚汝能. 开元天宝遗事；安禄山事迹［M］. 北京：中华书局，2006：45.

件组合而成并放入卷夹、卷皮的档案保管单位，也是全宗内档案系统排列、编目和统计的基本单位。

"案卷"在古文献中共出现183次，最早在隋唐五代文献中仅出现过1次，意思与司法刑狱有关，虽然使用次数较少，但历史延续性较强，至清代进入了最为成熟的阶段，不论从出现的次数、频次，还是名词的内涵，都是历史上数量最多、频率最高、含义最广的时期。

五、隋唐五代"牍族"文档名词

（一）"牍族"文档名词的构成与特点

主词素"牍"表示古代写字用的木片的意思，即木牍。在出现的名词中可以引申为记录文字的物质载体。"牍族"文档名词含义分别为官府中的公文、文章、书籍、文册、书信、写字的书桌等。如："初，吏部选才，将亲其人，覆其吏事，始取州县案牍疑议，试其断割，而观其能否，此所以为判也。"[1] "牍族"文档名词共14个，总计出现182次。较三国两晋南北朝时期消亡了1个文档名词，为"连牍"，新增了6个文档名词，分别为"公牍""牍聿""讼牍""箧牍""瓯牍"和"奏牍"。（见表5-15）"牍族"在族类文档名词中属于使用频次较少的一类，因此在历史上发展较为缓慢。在继承的名词中"简牍"发展较好，共出现36次；而新增的名词中"瓯牍""箧牍"是极低频文档名词。

表5-15 隋唐五代"牍族"文档名词构成表

族类	族类名词构成	新增名词	消亡名词
牍族	简牍、尺牍、案牍、书牍、公牍、牍书、牍聿、篇牍、讼牍、箧牍、瓯牍、札牍、奏牍、吏牍	公牍、牍聿、讼牍、箧牍、瓯牍、奏牍	连牍
数量	14	6	1

---

① 杜佑. 通典 [M]. 北京：中华书局，1988：361.

（二）"牍族"文档名词的应用

"牍族"类文档名词分为可分为"强文档属性名词""弱文档属性名词"和"稀缺性文档名词"，其区分标准是名词本身的词义。强文档属性，是指该词文档含义的义项是其主要义项或专指义项，文书、档案的含义较为明确；弱文档属性，指其文档含义不强，它们在书札、信件、笔记等含义上具有专指性质。如文书类事物，尤其是官府文书，一般情况下都会作为档案保存以备查考，书信一般也会保存为档案，但信件流通性强，官府和民间都会使用，且保存性查考性不强，较文书而言，其档案属性较为模糊。因此，把文书、档案性质明显的词作为强文档属性名词，而书信、书札等含义明显的词作为弱文档属性名词。（见表5-16）

表5-16 "牍族"文档名词隋唐五代统计表

类型	文档名词	数量	频次
强文档属性文档名词	奏牍	1	0.002
	公牍	3	0.007
	牍书	2	0.005
	牍聿	1	0.002
	案牍	57	0.138
弱文档属性文档名词	简牍	36	0.087
	书牍	3	0.007
	尺牍	73	0.117
稀缺性文档名词	篇牍	1	0.002
	讼牍	1	0.002
	箧牍	1	0.002
	瓯牍	1	0.002
	札牍	1	0.002
	吏牍	1	0.002

1.强文档属性文档名词

隋唐五代时期的强文档属性"牍族"文档名词包括"奏牍""公牍""牍

书""牍聿"和"案牍"5个。其中，"案牍"使用频次最高，是隋唐五代时期"牍族"类使用较多的文档名词之一，也是"案族"文档名词。"奏牍"仅使用过1次，"奏牍"一词具有专指性，指书写奏章的简牍，犹奏章，含义比较单一，前字"奏"就决定了"奏牍"的含义。"牍聿"一词出现频次极低，在隋唐五代时期也仅有1次，"牍聿"，即簿籍，古代称笔为聿。"牍聿"被应用于政务处理中，具有公文的性质。"牍书"一词指簿书，官署文书。该词起源时间比较早，连续性也较强，但使用频率极低，唐代《初学记》载："愿托一牍书，致镐池君所。"①

"公牍"一词最早出现在唐朝，学界此前一致认为其起源于唐代范摅编著的《云溪友议》："初为西江王大夫仲舒从事，终日长吟，不亲公牍。府公微言，拂衣而去。"②而笔者经过考证，可以认定"公牍"一词最早载于韦绚的《戎幕闲谈》，其云："赞皇公曰：予昔为太原从事，睹公牍中文水县解牒。"③将"公牍"一词的起源提早了40年左右。可以看出，文档名词"公牍"首次出现，就指代公文，专指性比较强，且广泛用于公务活动中，并且这个含义一直被以后的朝代所继承保留。

2.弱文档属性文档名词

隋唐五代时期的弱文档属性的"牍族"文档名词有3个，"简牍""书牍"和"尺牍"。"简牍"是该时期使用数量较多的"牍族"文档名词，达到36次。"简牍"，原是古代书写用的竹木片，亦泛指书写用品，后来引申为文书、书籍、书简等。随着盛唐文化的繁荣，"简牍"出现的次数逐渐增多，同时"简牍"除了指书籍、书简之外，文书的意思也相继出现，应用范围得到进一步扩大，逐渐引入政府公务中，同时也指信件。

"尺牍"共使用过73次，在弱文档属性文档名词中使用率最高，按字面理解指书写载体。在古代文献的不断发展中，"尺牍"渐渐具备了参考文献资料

---

①　徐坚，等. 初学记［M］. 北京：中华书局，1962：108.

②　范摅. 云溪友议［M］. 上海：古典文学出版社，1957：29.

③　陶宗仪. 说郛：第7卷［M］. 刻本. 上海：商务印书馆，1927：14.

的意思，包含文档类事物的含义。从文档名词的角度考虑而言，"尺牍"大多数指的是信札，其含义与用法同"函牍""书牍"相近。

"书牍"一词在隋唐五代时期共使用了3次，较南北朝时期1次略有增加，在非政务活动中指书札、书信，在政务活动中指公文、文件，用在非政务活动时占多数，如："祖饯于平乐馆，高彪送永在坐，因援笔书牍。"①

3.稀缺性文档名词

隋唐五代时期的"牍族"的稀缺性文档名词出现较多，有6个，但使用频次较低，都只使用过一次。其中"篇牍"，指书籍、典籍；"讼牍"，指诉状；"箧牍"，指书箱、简册；"瓯牍"，指置于匣中的文书；"札牍"，"札"与"牍"都是古代书写用的小木片，因此借指簿册；"吏牍"，指公文。

六、隋唐五代"簿族"文档名词

（一）"簿族"文档名词的构成与特点

自战国至隋唐五代以来，由于文书、档案的不断积累，单音节文档名词"簿"及其"簿族"逐渐得到丰富和普及，使用频次及次数也有所提升。"簿族"名词即含有单音节词"簿"的文档名词聚类，其中单音节文档名词"簿"在隋唐五代时期出现过124次，"簿族"文档名词共26个，共出现450次，且都由双音节词文档名词构成，分别是"簿书""簿籍""文簿""簿领""对簿""讯簿""上簿""名簿""阙簿""图簿""军簿""簿历""簿状""书簿""簿案""黄簿""官簿""班簿""选簿""版簿""簿最""帑簿""收簿""候簿""簿记"和"校簿"。三国两晋南北朝时期仅有15个文档名词，共出现64次，其中隋唐五代时期消亡了"簿族"文档名词2个。从新增文档名词的情况来看，隋唐五代时期是"簿族"文档名词新增数量最多的朝代，总计新增了13个文档名词，分别是"书簿""簿案""黄

---

① 徐坚，等. 初学记［M］. 北京：中华书局，1962：515.

簿""官簿""班簿""对簿""簿最""版簿""帑簿""收簿""簿历""簿状"和"候簿"类。（见表5-17）

表5-17 隋唐五代"簿族"文档名词构成表

族类	族类名词构成	新增名词	消亡名词
簿族	簿书、文簿、簿籍、簿领、名簿、簿最、选簿、官簿、簿案、军簿、上簿、班簿、黄簿、候簿、簿状、簿历、阙簿、书簿、簿记、帑簿、版簿、收簿、图簿、校簿、对簿、讯簿	书簿、簿案、黄簿、官簿、班簿、对簿、簿最、帑簿、收簿、候簿、簿历、簿状、版簿	兵簿、战簿
数量	26	13	2

因而从整体来看，"簿族"文档名词呈现出以下几个特点：

第一，"簿"置于组合词前面时，其词性是动词，意为"造册登记"；"簿"置于组合词后面时，其词性是名词，意为"本子""册子"等。

第二，在该族名词中，出现频率最高的是"簿书"一词，出现177次，其次是"文簿"，出现61次，"簿籍"出现51次。

第三，在隋唐时期文献中，"簿族"名词含义较为广泛，主要指各种财物进出、土地与人口名册等档案记录、在公务活动中形成的公文等，还具有货币、文章书籍、传说、文学才华等多种含义，如："中夜忽寐，一青绶人检簿书报云：'来年有乐坤及第，坤名已到冥簿，不见乐冲也。'冲遂改为坤。"[1]因"簿族"名词主要与文书、档案有关，所以古代掌管文书、档案的官吏常称为主簿。但是，"簿族"文档名词在现代已经很少使用了。

（二）"簿族"文档名词的应用

隋唐五代时期"簿族"文档名词共计26个，其中有13个产生于隋唐五代时期，可见"簿族"文档名词在隋唐五代时期得到了较好的发展。隋唐五代时期通用性"簿族"文档名词的使用频次较高，出现次数较多，且更多是用于官府

---

[1] 范摅. 云溪友议 [M]. 上海：古典文学出版社，1957：57.

之间。具体如表5-18所示：

表5-18　通用性"簿族"文档名词隋唐五代统计表

序号	文档名词	数量	频次
1	簿书	177	0.430
2	簿籍	51	0.124
3	文簿	61	0.148
4	书簿	2	0.005
5	簿案	7	0.017
6	簿领	40	0.097
7	簿记	2	0.005
8	校簿	2	0.005

在隋唐五代时期出现的26个"簿族"文档名词中仅有8个是通用性文档名词，其余18个皆为专指性文档名词，占总数量的69.2%。"簿族"文档名词在隋唐五代时期总计出现450次，8个通用性文档名词共出现342次，而18个专指性文档名词出现108次，占总次数的24%。可见隋唐五代时期出现的"簿族"专指性文档名词数量众多，但应用情况较差。

表5-19　专指性"簿族"文档名词隋唐五代统计表

类别	文档名词	数量	频次
	簿历	3	0.007
	簿状	4	0.010
	黄簿	1	0.002
	官簿	8	0.019
人事档案类	班簿	4	0.010
	选簿	14	0.034
	名簿	34	0.083
	阙簿	2	0.005
	版簿	1	0.002

续表

类别	文档名词	数量	频次
刑事诉讼类	对簿	1	0.002
	讯簿	1	0.002
	上簿	5	0.012
军事管理类	军簿	6	0.015
财物税收类	簿最	16	0.039
	帑簿	2	0.005
	收簿	1	0.002
天文地理类	候簿	4	0.010
	图簿	1	0.002

　　如表5-19所示，专指性"簿族"文档名词中人事档案类数量最大，使用时间最长且使用范围最广。隋唐五代履历、资历方面的文档名词较多，包括"簿历""簿状""黄簿""官簿"和"班簿"等。刑事诉讼类文档名词主要包括三个："对簿"（1处）、"讯簿"（1处）和"上簿"（5处），它们对于隋唐五代时期案件的审理起到了审查、核实的重要作用，其中"上簿"在隋唐五代时期刑事诉讼类的文档名词中次数最多，频次最高。军事管理类"簿族"文档名词只在唐代出现过"军簿"，即军中的文书簿册。财物税收类"簿族"文档名词最早出现于在唐朝时期，主要是指记录财物的出纳、登记以及收税的账簿，分别是"簿最"（16处）、"收簿"（1处）及"帑簿"（2处），三者中"簿最"一词的使用次数和使用频次最高，主要集中在唐朝时期，并且断代性质严重，不具有时间上的连续性。天文地理类"簿族"文档名词主要是用来记录天文气象和山川地理方面的簿册，其中，"图簿"一词多指代地理图籍，"候簿"是指天文观测记录簿，且"候簿"一词出现时间较晚，在唐代应用较少。

（三）重要"簿族"文档名词的介绍

　　据上文所述，隋唐五代时期"簿族"文档名词数量繁多，其中新增的文档名词众多。受篇幅所限，主要以"书簿""簿案""簿历"三个产生于隋唐五代时期的"簿族"文档名词为例进行介绍。

"书簿"一词最先出现于唐朝时期，虽然仅使用过2次，但具有较强的延续性，"书簿"一词的使用一直延续至清朝。"书簿"出现时有书籍之意，如唐代薛渔思《河东记》载："院有四合大屋，约六七间，窗户尽启，满屋唯是大书架，置黄白纸书簿，各题签榜行列，不知纪极。"①之后，"书簿"一词表示文书、簿籍之意被广泛使用，如李东阳诗云："闲官远书簿，夙夜不在公。"②

"簿案"一词最先出现于唐朝时期，有过7处记载，其基本含义为官府文书。元结《漫酬贾沔州》诗云："未曾弛戈甲，终日领簿案。"③"簿案"一词的使用具有延续性，从唐朝"省务既繁，簿案堆积"④到清朝的"廉静寡欲，勾校簿案"⑤，都反映出了官府文书、档案的一些情况。

"簿历"是一个内涵丰富的专指性文档名词，涵盖了经济、文化、人事等方面。"簿历"一词最早始于隋唐五代时期，应用期间有多种释义。一是指履历和考绩记录，如："选用之法，三科而已：曰德也，才也，劳也。今选曹皆不及焉；考校之法，皆在书判、簿历、言词、俯仰而已。"⑥二是指来人登记册，如《旧唐书·姚珽传》中提及的"臣闻银榜铜楼，宫闱严秘，门阁来往，皆有簿历"⑦，此中的"簿历"是指群臣之间往来的记录造册。三是指土地粮食等方面的详细记录，如"若应收授之田，皆起十月，里正勘造簿历；十一月，县令亲自给授，十二月内毕"⑧，即是指唐朝时期的县令十分注重土地政

① 冯梦龙. 太平广记钞 [M]. 北京：团结出版社，1996：314.

② 李东阳. 李东阳集：第1册 [M]. 长沙：岳麓书社，2008：119.

③ 中华书局编辑部. 全唐诗 [M]. 增订本. 北京：中华书局，1999：2701.

④ 李延寿. 北史 [M]. 北京：中华书局，1974：2693.

⑤ 虫天子. 中国香艳全书 [M]. 北京：团结出版社，2005：2230.

⑥ 司马光. 资治通鉴 [M]. 北京：中华书局，1956：7268.

⑦ 刘昫，等. 旧唐书 [M]. 北京：中华书局，1975：2906.

⑧ 李林甫. 唐六典 [M]. 北京：中华书局，1992：753.

策方面的记载。

七、隋唐五代"籍族"文档名词

（一）"籍族"文档名词的构成与特点

"籍族"文档名词即含有单音节词"籍"的文档名词聚类。该族类文档名词以"籍"字为主字，多组成双音节词。如表5-20所示：在隋唐五代时期，"籍族"文档名词共11个，分别是"簿籍""载籍""典籍""户籍""黄籍""法籍""图籍""籍帐""礼籍""书籍"和"文籍"。较魏晋南北朝时期，新增文档名词3个，为"籍帐"（19处）、"文籍"（61处）和"书籍"（4处），说明"籍族"文档名词在隋唐五代时期比较常用。

表5-20 隋唐五代"籍族"文档名词构成表

	族类名词构成	新增名词
籍族	载籍、黄籍、文籍、书籍、户籍、簿籍、籍帐、图籍、典籍、礼籍、法籍	文籍、书籍、籍帐
数量	11	3

隋唐五代时期的"籍族"文档名词有以下特点：

第一，该族文档名词以"籍"字为主字，组词时都以"籍"字居前或居后。该族文档名词的组成方式均是由"籍"+表示载体功能的汉字构成，如"籍图"和"籍帐"。"籍"字在前表示文件、文章、记录等含义，"籍"字在后主要作为载体使用，通常表示书本和小册子的含义。

第二，根据中文构词法的规律，隋唐五代时期"籍族"文档名词中主要是偏正结构，如"籍帐""典籍""户籍""黄籍"等。

第三，主词素"籍"主要有登记、记录和登记册的含义。"籍族"文档名词主要是册籍档案之意，也有一些特别的非文档含义，如文章、货币等含义。在组词方式上，"籍帐"一个词"籍"排在前面，表示登记之义；其他三个名词，"籍"都排在后面，为登记册的含义，说明在该族文档名词中，"籍"作为信息物质载体的含义更广泛些。如：

　　转北中郎谘议参军，入直西省，知撰谱事。先是，尚书令沈约以为"晋咸和初，苏峻作乱，文籍无遗。后起咸和二年以至于宋，所书并皆详实，并在下省左户曹前厢，谓之晋籍，有东西二库。此籍既并精详，实可宝惜，位宦高卑，皆可依案……窃以晋籍所余，宜加宝爱"。①

　　又如隋唐五代时期《稽神录》记载："入门，堂上有官人，遍召溺者，阅籍审之。"②文中的"籍"则指的就是户籍等档案资料。

（二）"籍族"文档名词的应用

　　"籍族"文档名词中的名词数量相对较少，使用频次很低。从历史整体上看，"籍族"文档名词在隋唐五代的使用频次为1.049，较南北朝的频次0.729有显著发展。另外，中低频单音节文档名词"籍"的词义既具有通用性文档名词性质，又具有专指性文档名词性质，因此"籍族"文档名词在隋唐五代的具体情况如表5-21所示：

表5-21　"籍族"文档名词隋唐五代统计表

类型	文档名词	数量	频次
通用性文档名词	载籍	123	0.299
	典籍	9	0.022
	簿籍	51	0.124
	文籍	61	0.148
	书籍	4	0.010
专指性文档名词	户籍	58	0.141
	图籍	14	0.034
	黄籍	86	0.209
	籍帐	19	0.046
	法籍	1	0.002
	礼籍	6	0.015

---

①　李延寿. 南史［M］. 北京：中华书局，1975：1461-1462.

②　徐铉. 稽神录［M］. "古小说丛刊"本. 北京：中华书局，1996：101.

从表5-21中明显看出，隋唐五代时期"籍族"文档名词中"载籍"一词出现次数最多，使用频率最高。按出现次数从高到低排列，前三位分别是"载籍"（123次）、"黄籍"（86次）、"文籍"（61次）。隋唐五代时期"籍族"文档名词中"法籍"为低频词汇，在唐代仅出现一次。"法籍"在古代也称之为法典，是统治者阶级参考事物的规律制定出来的，在古代有着十分重要的规范和约束作用，是一个国家得以秩序井然运行的保障。

1.通用性文档名词

隋唐五代时期的通用性"籍族"文档名词有5个，"载籍""典籍""簿籍""文籍"和"书籍"。通用性文档名词数量较专指性少，但使用频率较高。

"载籍"就是书籍或者典籍的意思，具有通用性意义，在唐代依旧发挥着十分重要的记录功能，如："永念前修，叹深彤管。览载籍于既往，考行事于当时，存亡得失之机，盖亦多矣。"①由此可见，"载籍"虽是隋唐五代时期"籍族"文档名词中使用最多的，频次达到0.299，但较南北朝的0.339，已有减少趋势，这是由文档名词的发展规律造成的。

"典籍"一词在"籍族"文档名词中属于通用性文档词汇，与文档的意义密切相关，主要指法典、图籍等重要档案。"典籍"在隋唐五代时期共有9处，较南北朝略有发展，同时也是历史上使用最多的时期。

2.专指性文档名词

隋唐五代时期较多地使用专指性"籍族"文档名词，有"户籍""图籍""黄籍""籍帐""法籍"和"礼籍"6种，其中"籍帐"一词产生于隋唐时期，文档名词"户籍"和"黄籍"在唐代得到很大发展，"图籍"一词产生于战国时期，历史继承性较好，在隋唐五代时期较历史前朝略有发展。

"户籍"专指登记户口的册籍，古时也称"户版""丁籍""黄籍""籍帐"等，属于一个十分重要的专指性文档名词，对于了解古代的户籍制度具有十分重要的作用。隋唐时期社会政治、经济发展稳定，国土面积和人口数量

---

① 魏征，令狐德棻. 隋书［M］. 北京：中华书局，1973：1105.

等迅速增加。唐代采用"两税法"代替"租庸调法"，进一步完善了人口登记和户口管理方面的制度。从隋唐开始，中国古代的户籍制度进入了完善发展阶段。"天下户为九等，三年一造户籍，凡三本，一留县，一送州，一送户部。"①即国家户等分为九个等级，每年一造计帐，三年一造户籍。户籍簿一式三份，一份留县，一份送州，一份送户部。编制户籍时，"县司责手实计帐，赴州依式勘造，乡别为卷，总写三通。其缝皆注某州某县某年籍，州名用州印，县名用县印"②。

"黄籍"在隋唐五代时期共出现过86次。隋唐五代时期的黄籍用法继承前朝，采取了当时书籍的通行形式——卷轴式；黄籍上字的颜色一般用墨笔，重要的籍注则用朱笔，并且纸张之间的接缝处都粘连完好。唐时黄籍依旧占据着重要的地位。"自今后，准式各令送付本官。又准式：职田黄籍，每三年一造。"③文档名词"黄籍"在隋唐得到了稳定发展，为后代的频繁使用做出铺垫。

"籍帐"产生于隋唐时期，历史上总计出现了38次，在隋唐五代使用了19次，占50%，可见后代发展较差。"籍帐"，其基本释义为登记户口、田地、赋税等的簿册，如刘昫在《旧唐书》中提到："会昌四年，又割泽州隶河阳节度使，仍移治所于孟州，户口籍帐入河南府。"④这里的"籍帐"即登记户口的簿册之意。总之，"籍帐"一词在唐代便达到鼎盛，使用范围更广，含义也更加丰富。

八、隋唐五代"册族"文档名词

（一）"册族"文档名词的构成与特点

"册族"文档名词即是含有"册"字的文档名词聚类。如表5-22所示：

---

①　杜佑. 通典［M］. 北京：中华书局，1988：64.

②　王溥. 唐会要［M］. 北京：中华书局，1955：1559.

③　董诰，等. 全唐文［M］. 北京：中华书局，1983：578.

④　刘昫，等. 旧唐书［M］. 北京：中华书局，1975：1426.

"册族"文档名词是隋唐五代时期族类文档名词中的一个重要组成部分，由"册书""册文""册奏""典册""祝册""册祝""册子""册宝"和"册印"9个名词组成，总计出现464次。较三国两晋南北朝时期，新增文档名词5个，分别是"册奏""册祝""册子""册宝"和"册印"，其中使用最多的是专指性文档名词"册宝"，但也仅有10次。

表5-22　隋唐五代"册族"文档名词构成表

	族类名词构成	新增名词
册族	册文、典册、册书、祝册、册宝、册祝、册子、册奏、册印	册奏、册祝、册子、册宝、册印
数量	9	5

隋唐五代时期的"册族"文档名词有以下特点：

第一，从词素构成上来看，"册族"文档名词主要由双音节文档名词组成，有的与"册"组合的另一单音节词本身已具备文档名词含义，如"书""文""典"，结合在一起组成的双音节名词有更明确的文档含义。

第二，从组词结构来看，隋唐五代时期"册族"文档名词中的双音节名词基本为偏正式。分为两种情况：一是以"册"为中心词（被修饰词），如"祝册"；二是以"册"为修饰词，如"册书""册宝"。

第三，从各名词的使用频次来看，"册族"文档名词族类中的各名词均属于低频次词，即频次在1.000以下。其中"册文"频次最高，为0.534，在隋唐五代时期的使用率相对较高，而"册奏""册子""册印"分别为0.005、0.007和0.002，使用率极低，可以看出"册族"文档名词的使用并不是特别频繁。

（二）"册族"文档名词的应用

"册族"文档名词最早出现于先秦时期，发展到南北朝时有4个，共出现39次。隋唐五代时期数量上丰富到9个，总计出现464次（见表5-23）。由此可见，"册族"文档名词在隋唐五代时期的使用范围较广，内涵也越来越丰富，包含封诏类文档名词、祭告类文档名词、簿册类文档名词和其他专指类文档名词等。

表5-23　"册族"文档名词隋唐五代统计表

类型	文档名词	数量	频次
封诏类文档名词	册书	86	0.209
	册文	220	0.534
	册奏	2	0.005
	典册	126	0.306
祭告类文档名词	祝册	12	0.029
	册祝	4	0.010
簿册类文档名词	册子	3	0.007
其他专指类文档名词	册宝	10	0.024
	册印	1	0.002

1.封诏类文档名词

隋唐五代时期"册族"中封诏类文档名词有4种，"册书""册文""册奏"和"典册"，其中，"册奏"最早产生于隋唐之际，而"册文"是隋唐五代时期"册族"文档名词中使用数量最多的。

"册书"初为"策书"，源于周代，曹魏以后改为"册书"，是帝王用于册立、封赠的文书。"册书"一词在前朝时泛指皇帝颁发的文书，延续到隋唐时含义更丰富，也指帝王用于册封的诏书，如《唐六典》载："凡王言之制有七：一曰册书。"注曰："立后建嫡，封树藩屏，宠命尊贤，临轩备礼则用之。"①从"册书"一词在历史上的应用情况来看，从先秦到隋唐时期一直呈上升的趋势，随后开始下降，在隋唐时期频次最高，达到了0.209，一方面这与隋唐时期文化兴盛有关，另一方面也说明隋唐时期人们对"册书"的使用较为频繁。

"册文"原为册命、册书等诰命文字的一种，只用于帝王封赠臣下，后来其应用渐繁，有祝册、立册、封册、谥册等名目，凡祭告、上尊号及诸祭典均用之。在隋唐五代时期"册文"一词在"册族"文档名词中列居首位，可见其

---

① 李林甫，等. 唐六典［M］. 北京：中华书局，1992：273.

在隋唐五代之际发展较好，使用较为频繁。

"册奏"一词产生于唐代，后用于宋代，其用法比较单一，主要指的是册命、奏章之类的文书，如《旧唐书》载："于时军国多务，凡有制诰，皆成其手。师古达于政理，册奏之工，时无及者。"①

2.祭告类文档名词

隋唐五代时期"册族"中封诏类文档名词有"祝册"和"册祝"2种。"祝册"与"册祝"是指写在册书上的祭告天地宗庙的祝词或指写有祝词的册书，在中国古代整个封建王朝时期，出于对天地和祖先的崇拜和纪念，祭祀活动频繁，作为祭祀活动中形成的文书，"祝册"和"册祝"经常出现，隋唐五代亦是如此。从出现次数和频次来看，"祝册"与"册祝"分别出现了12次和4次，频次分别为0.029和0.010，可见"祝册"在隋唐五代时期应用更多。

3.簿册类文档名词

隋唐五代时期"册族"中簿册类文档名词仅有"册子"一例，且产生于隋唐五代时期，历史延续性较好，是"册族"文档名词中唯一目前还在使用的名词，但是其文档含义已基本消失。"册子"一词在隋唐五代时期仅使用过3次，如："后因一朝，沩山问曰：'汝从前所有学解，以眼耳于他人见闻及经卷册子上记得来者，吾不问汝……汝试道一句来，吾要记汝。'"②这里的"册子"指记录经卷的簿册。

4.其他专指类文档名词

隋唐五代时期产生了专指册书与宝玺的文档名词，分别是"册宝"和"册印"。但是从二者的出现次数及频次来看，"册宝"一词在隋唐五代之际出现了10次，频次为0.024，而"册印"仅出现了1次，频次为0.002，可见从语言使用习惯上来说，"册宝"在隋唐五代之际处于主导地位，"册印"只是作为"册宝"的一个辅助性词语出现和使用，这种使用频次一直保持到后代。

---

① 刘昫，等. 旧唐书 [M]. 北京：中华书局，1975：2594.

② 静筠二禅师. 祖堂集 [M]. 北京：中华书局，2007：827.

九、隋唐五代"典族"文档名词

（一）"典族"文档名词的构成与特点

"典族"文档名词是指含有单音节词"典"的文档名词族类。"典"作为单音节文档名词在早时期古文献中并没有被大量使用，而是随着文化发展和文献的积累而频次逐渐升高，唐代经济文化达到鼎盛，与"典族"文档名词的使用骤然上升有直接关系。如表5-24所示：隋唐五代时期"典族"文档名词共16个，共出现802次。其中，此阶段消亡文档名词1个，为"典证"；新增文档名词1个，为"典誓"，且继宋代使用1次以后便消亡了。但从历史上看，"典族"文档名词在隋唐五代时期得到了稳定发展。

表5-24　隋唐五代"典族"文档名词构成表

	族类名词构成	新增名词	消亡名词
典族	典册、六典、典谟、典书、典训、典法、典诰、典则、典文、训典、典宪、书典、文典、典籍、典例、典誓	典誓	典证
数量	16	1	1

隋唐五代时期的"典族"文档名词有以下特点：

第一，从词素构成上来看，"典族"文档名词除单音节文档名词"典"外，在隋唐五代出现的"典族"文档名词全部由双音节文档名词组成，共计16个。

第二，从"典"字含义上来看，"典族"文档名词中"典"字的含义多为"重要的文献"，以此与其他单音节词组合成的双音节词，如"典册""典籍""典文""典书"和"训典"等。

第三，从组词结构上来看，双音节"典族"文档名词的结构皆为偏正结构。"典族"文档名词中把"典"字前置的名词居多，隋唐五代16个"典族"文档名词中达到了12个，这里的"典"字在偏正结构中主要起修饰作用，主要是"重要的"之义；"典"字后置的较少，仅有4个，分别为"训典""六典""书典"和"文典"，这里"典"的含义是其本义，而其前的单音节词素起限定范围的修饰作用。

第四，从内涵的广度来看，隋唐五代时期"典族"文档名词的含义广泛，涉及文书档案、法律档案、朝廷文书、帝王册命、抵押凭证以及专门的档案职官等，如法律档案类名词"典""六典""典宪""典文""典法"，朝廷文书类名词如"典册"，文档职官类名词如"典书"等。

（二）"典族"文档名词的应用

隋唐五代时期出现了16种"典族"文档名词，在历史使用上位于前列，可以看出"典族"文档名词在隋唐五代时期占据了重要性地位。中低频单音节文档名词"典"在相关文献中，不仅代表着文档性质义项，而且也在专门领域内使用，因此，隋唐五代时期出现的"典族"文档名词可分为"综合类文档名词""行政事务类文档名词""法律法规类文档名词""成例类文档名词""特指类文档名词"以及"训示类文档名词"六种类型（见表5-25）。

表5-25　　"典族"文档名词隋唐五代统计表

类型	文档名词	数量	频次
综合类文档名词	典籍	9	0.022
	典册	126	0.306
	文典	9	0.022
	书典	19	0.046
行政事务类文档名词	典书	86	0.209
法律法规类文档名词	六典	118	0.286
	典法	68	0.165
	典则	34	0.083
	典文	6	0.015
	典宪	88	0.214
成例类文档名词	典例	5	0.012
特指类文档名词	典谟	88	0.214
	典诰	37	0.090
	典誓	1	0.002
训示类文档名词	训典	25	0.061
	典训	83	0.201

1.综合类文档名词

在"典族"文档名词中存在这样一些名词，它们的内涵较广，往往具备多个文档义项，因此将其归入到综合类文档名词中加以分析，隋唐五代时期出现的综合类文档名词有"典籍""典册""文典""书典"4种。

其中"典籍"一词最早出现在先秦时期，其早期的含义与文档的意义密切相关，主要指法典、图籍等重要档案，随着时间的推移和语言的发展，"典籍"一词的含义不断扩展，逐渐成为泛指图书、档案等各种文献的名词，如："林昌业者，漳浦人也。博览典籍，精究术数，性高雅，人不可干。"[①]从其具体使用情况来看，隋唐五代时期，作为文档含义的"典籍"一词只出现过9次，频次仅为0.022，与同类型的"典册"比相差甚多。

"典册"（亦作"典策"）由"典""册"组合而成，文档属性较强，作为中国古代的一个文档名词典型，早在先秦时期就已出现。其次，"典册"一词含义丰富，在前代使用中既泛指朝廷重要文书，也指记载典章制度等的重要册籍，发展到隋唐时增加了帝王册命的义项，如："今将受王典册，其敬听朕命。"[②]再次，从"典册"在隋唐五代时期的使用范围来看，"典册"一词在经部、史部、子部、集部四个部类的文献中都有出现，应用的范围较广。其中，"典册"在史部、子部和集部文献中出现的次数较多，分别达到了9次、21次和95次，连续性也较强，多见于官方或官员撰写的文献中，说明"典册"一词更多是作为一种比较规范和正式的文档称谓来使用的；在经部文献中仅使用过1次。这与唐代文档名词的发展背景有关，官府大量组织修史典籍，产生大量档案材料。

2.行政事务类文档名词

行政事务类文档名词仅有一个，即"典书"。"典书"一词起源于先秦时期，并在之后历朝历代中传承发展，隋唐五代时期"典书"一词共出现86

---

① 　徐铉. 稽神录［M］. "古小说丛刊"本. 北京：中华书局，1996：47.

② 　温大雅. 大唐创业起居注［M］. "丛书集成初编"本. 北京：中华书局，1985：31.

处，较先秦时期1处、秦汉时期3处和三国两晋南北朝时期的33处有较大发展，从"典书"一词的发展情况可以再次看出，隋唐五代时期是文档名词的稳定发展时期。"典书"一词多指代典籍："诸王言曰令，境内称之曰殿下。公侯封郡县者言曰教，境内称之曰第下。自称皆曰寡人。相以下公文上事，皆诣典书。"①此外"典书"也有法令的含义，如："于是令付典书遵用，以为永准。"②

3.法律法规类文档名词

隋唐五代时期法律法规类"典族"文档名词种类丰富，包括"六典""典法""典则""典文""典宪"5种，都是从历史上延续下来的，说明隋唐五代统治者对法律法规的重视，各朝代也纷纷制定了历法和刑法，以维护统治。这5种文档名词虽然都指有关法律法规的文档或法律文档汇编，但各有侧重。其中"六典"最早出现于《礼记》与《周礼》，其内涵主要是指法律档案，与公文性质相近，是法规档案的汇编。《通典》记载："后周文帝又依《周礼》建六官，遂置天官大冢宰卿一人，掌邦治，以建邦之六典，佐皇帝治邦国。"③"典法"即典章法规，是法规档案的一种称谓。"典则"指记载的重要的典章法则、准则。"典宪"指重要的法令、规则。"典文"指记载的重要的法律条文。《旧唐书》记载：

> 侍中魏征议曰："稽诸古训，参以旧图，其上圆下方，复庙重屋，百虑一致，异轸同归。泊当涂膺箓，未遑斯礼；典午聿兴，无所取则。裴颜以诸儒持论，异端蜂起，是非舛互，靡所适从，遂乃以人废言，止为一殿。宋、齐即仍其旧，梁、陈遵而不改。虽严配有所，祭享不匮，求之典则，道实未弘。"④

4.成例类文档名词

---

① 杜佑，王文锦，等. 通典［M］. 北京：中华书局，1988：863.

② 姚思廉. 梁书［M］. 北京：中华书局，1973：167.

③ 杜佑. 通典［M］. 北京：中华书局，1988：512.

④ 刘昫，等. 旧唐书［M］. 北京：中华书局，1975：850.

在中国古代，各个王朝的统治者非常重视各种经验的积累，把一些重要的治国理政的经验记录下来以备查考之用，同时各王朝后世的继任者非常重视先祖的圣训和遗言等，遇到不能解决的事情时候往往查询先祖的档案材料，用以参考。隋唐五代时期出现了"典例"表示出典和依据。"典例"一词是从南北朝继承下来的，在隋唐五代时期使用过5次，使用较少。

5.特指类文档名词

从出现时间和延续性来看，"典谟"和"典诰"在秦汉时期开始出现，沿袭前朝，在隋唐五代继续使用，而"典誓"仅在唐朝和宋朝出现和使用，且分别仅出现1次，便消亡了，未能像"典谟"一样在后世中得到继承。从使用次数和频次上看，隋唐五代依旧较多地使用了"典谟"一词，出现88次，"典谟"是《尚书》中《尧典》《舜典》和《大禹谟》《皋陶谟》等篇的并称，而"典诰"指《尚书》中《尧典》《汤诰》等篇的并称，"典谟"与"典诰"用法相似，具有明确的文档含义。

6.训示类文档名词

隋唐五代时期出现的"典族"训示类文档名词包括"训典"和"典训"两种，二者在构词方式上虽然不同，但是两者均侧重于"训"字，都是指之前记载的相关准则性的训示。从使用次数和频次上看，文档名词"训典"和"典训"分别使用25次和83次，频次分别为0.061和0.201，都处于古代使用的高峰期，说明隋唐五代时期对训示类文档名词的重视，同时也说明"典族"文档名词在隋唐五代时期得到了较大发展。

十、隋唐五代"图族"文档名词

（一）"图族"文档名词的构成与特点

"图族"文档名词即含有"图"的文档名词聚类，"图族"文档名词个数和数量较少，频次较低，但在文档及相关名词（如"图书"）发展中的地位极其重要，是我国古代文档名词的一个重要组成部分。"图"，最早出现在先秦时期，作为文档名词使用时指地图档案，隋唐五代时期出现的文档名词共9

个，分别是"图""地图""图牒""图法""图籍""图谱""图簿""图书"和"图表"，总计出现333次。对比三国两晋南北朝时期，消亡1个文档名词，为"图文"；新增1个文档名词，为"图表"。（见表5-26）再次，"图族"文档名词在隋唐五代时期得到了较好发展，例如"地图"出现150次，"图牒"出现73次等。虽然一直以来"图族"文档名词的数量较少，但历史延续性较好，其中的一些文档名词在当今文档名词的使用中仍占据重要地位。

表5-26　隋唐五代"图族"文档名词构成表

	族类名词构成	新增名词	消亡名词
图族	地图、图牒、图书、图谱、图籍、图表、图法、图、图簿	图表	图文
数量	9	1	1

隋唐五代时期的"图族"文档名词有以下特点：

第一，从词素构成上来看，"图族"文档名词除了"图"是单音节文档名词之外，主要由双音节文档名词构成，双音节文档名词的构成比例占到了90%。

第二，从组词结构上来看，隋唐五代时期"图族"文档名词主要是偏正结构。其中"图"字前置的居多，共有7个；"图"字后置的较少，仅有"地图"，这里的"图"是其本义，前边的"地"字起限定的作用。

第三，从内涵的广度来看，"图族"文档名词的含义广泛，涉及地图档案，户籍档案以及谱牒档案等。其中地图类文档名词如"图""地图"等，户籍档案类文档名词如"图籍"，谱牒类文档名词如"图牒""图谱"。

（二）"图族"文档名词的应用

隋唐五代时期出现的"图族"文档名词共9种，总计出现333次，具体情况如表5-27所示。

表5-27 "图族"文档名词隋唐五代统计表

文档名词	数量	频次
图	2	0.005
地图	150	0.364
图牒	73	0.177
图法	9	0.022
图籍	14	0.034
图谱	19	0.046
图簿	1	0.002
图书	52	0.126
图表	13	0.032

隋唐五代时期出现的"图族"文档名词频次皆较低，最高的是"地图"，出现150次，频次为0.364，三国两晋南北朝时期"地图"才出现23次，"地图"一词在隋唐五代时期开始出现大规模发展趋势。该时期应用最少的为"图簿"，仅有一次。隋唐五代时期是"图书"一词出现较多的朝代，文档含义较为丰富。隋唐五代时期出现的"图族"文档名词中"地图""图牒""图法""图籍""图谱""图簿""图书"是从历史上延续下来的，而"图表"一词是隋唐时期在"图"的基础上新产生的。"图"，作为一个单音节文档名词，最早出现于先秦，在隋唐时期以文档名词的含义出现的次数已经很少，至唐代之后基本上已经不具备文档名词的含义。

（三）重要"图族"文档名词的介绍

"图簿"与"图籍"都是指地图户籍档案，却在隋唐五代时期呈现出不同的发展状况。"图籍"在隋唐五代时期使用过14次，频次为0.034；"图簿"在隋唐五代期间仅使用1次，频次为0.002。这与"图籍"更多地作为泛指地图和户籍档案的文档名词在古文献中出现和使用有关。

"图谱"和"图牒"均出现于三国两晋南北朝时期，在隋唐五代时期得到规模性发展。其中"图谱"一词在三国两晋南北朝时期出现并仅使用2次，在隋唐五代出现过19次；"图牒"一词在三国两晋南北朝时期出现并仅使用7次，在隋唐五代时期出现了73次，达到高峰。而从内涵来看，二者均有谱牒档案的含义，《旧唐书》载：

> 臣得奉礼郎李冈、太祝柳仲年、协律郎诸葛畋李潼、检讨官王皥、修撰朱俌、博士闵庆之等七人伏称："谨按《高祖神尧皇帝本纪》及皇室图谱，并武德、贞观、永徽、开元已来诸礼著在甲令者，并云献祖宣皇帝是神尧之高祖，懿祖光皇帝是神尧皇帝之曾祖，以高曾辨之，则献祖是懿祖之父，懿祖是献祖之子。即博士任畴所奏倒祀不虚。臣等伏乞即垂诏敕，具礼迁正。"①

另外二者除了具有谱牒档案的含义之外，"图牒"（图谍）还有图籍表册和图谶的含义，如："若其官邑之省置，风物之有亡，田赋之上下，盖存乎图谍。"②《旧唐书·唐俭传》载："明公日角龙庭，李氏又在图牒，天下属望，非在今朝。"③而"图谱"还具有医药档案的含义。《隋书》载：

> 至于阴阳河洛之篇，医方图谱之说，弥复为少。臣以经书，自仲尼已后，迄于当今，年逾千载，数遭五厄，兴集之期，属膺圣世。伏惟陛下受天明命，君临区宇，功无与二，德冠往初。④

"图法"一词出现于先秦，最初的含义指图录和法典，在隋唐五代时期衍生出天文档案的意思，如《旧唐书》载：

> 又以祀九宫坛，旧是大祀。龟从议曰："九宫贵神，经典不载。天宝中，术士奏请，遂立祠坛。事出一时，礼同郊祀。臣详其图法，皆主星名。纵司水旱兵荒，品秩不过列宿。今者，五星悉是从祀，日月犹在中祠，岂容九宫独越常礼，备列王事，诚誓百官。尊卑乖仪，莫甚于此。若

---

① 刘昫，等. 旧唐书［M］. 北京：中华书局，1975：967-968.

② 白居易. 白居易集［M］. 北京：中华书局，1979：936.

③ 刘昫，等. 旧唐书［M］. 北京：中华书局，1975：2305.

④ 魏征，令狐德棻. 隋书［M］. 北京：中华书局，1973：1299-1300.

以尝在祀典，不可废除，臣请降为中祠。"制从之。①

"图表"一词同"图族"中的其他文档名词相比，其频次仅为0.032，使用率极低，出现的时间较晚，在唐代才开始出现，同时其延续性也不是特别好。作为文档名词使用时其含义主要是记录各种事物的表册或簿册。

十一、隋唐五代"令族"文档名词

（一）"令族"文档名词的构成与特点

"令族"是指含有单音节词"令"的法律性质的文档名词聚类，更多强调的是共同核心词（根词）的概念，即该族名词有一个共同的核心单音节词"令"，该族类名词（复音词）皆是以这个核心单音节词为构词核心。②"令族"文档名词既包括单音节词"令"，也有双音节词，如含有名词词素的"律令"及含有动词词素"诏令"等名词，隋唐五代时期出现"令族"文档名词总计15个，总计出现2039次。"令族"文档名词属于高频次族类中的一种，具有法律文书的代表性。隋唐五代时期新增了3个文档名词，"令状""敕令"和"饬令"。（见表5-28）其中"令状"和"饬令"产生于唐代，"令状"是"令"与名词词素重组的文档名词，"饬令"是"令"动词词素重组的文档名词；而"敕令"一词最早产生于战国，直到隋唐五代被再次使用，文档名词"饬令"在历史发展中出现了断代现象。

表5-28　隋唐五代"令族"文档名词构成表

	族类名词构成	新增名词
令族	法令、政令、律令、诏令、军令、阴令、敕令、将令、施令、功令、宪令、违令、格令、饬令、令状	令状、敕令、饬令
数量	15	3

隋唐五代时期的"令族"文档名词有以下特点：

---

① 刘昫，等. 旧唐书［M］. 北京：中华书局，1975：4572.

② 丁海斌. 中国古代文档名词发展演变史系列研究论文序言［J］. 档案，2014（5）：10.

第一，都有共同的词素，并以此来构成相关的多音节词。"令族"的所有文档名词都是从"令"这一核心词素（根词）派生出来的同族词，这个词素是这些词结构上的根本部分，也称为词根，"令"进而与其他词素组织起来，构成以它为基本意义的另一些新词。如"律令""诏令"等，而且专指性的词语很多，"诏令"就专指皇帝口述的命令，随后装订成册，也是一种特定的法律文书。

第二，偏正结构的词语比较多。例如"法令"一词，无法论证"法"和"令"哪个是核心词素（根词），二者互相修饰。隋唐五代时期出现的文档名词大部分都是偏正结构的，如"政令""律令"等。

第三，在重组的新词中，限定"令"的那个词素，大多都出现了名词形容词化的趋势。例如，"将"一般指代将军或将士，那"将令"一词中"令"就被限定成将军的命令，所以"将"一词素就出现了形容词的一些特征。隋唐五代时期出现的这类词语有"政令""军令""将令""阴令"等。

第四，由共同词素所构成的名词含义比较丰富，其中的名词不仅表示法律文书之意，还表示指示、口令等多种含义。总之，"令族"文档名词涉及全国的政治、经济、文化、教育、生活等各个方面。

（二）"令族"文档名词的应用

南北朝处于动乱时期，故"令"一词使用次数有所减少，降到744次，频率也有所回落，降到8.964。但隋唐之后，使用次数上升到3847次，频率也逐渐升高。隋建国之后，修纂令三十卷，开皇元年颁行律典，次年颁布令典，实行律、令、格、式的基本法律结构。唐代延续隋的法律体系，以律、令、格、式为中心进行修改和完善。"唐中期以后，令也随着律的发展不断完善。……值得注意的是，令的产生时，是对'律'的执行程序的补充（有时也涉及其他法律以外的制度），所以有律令法体系的说法，但令在中国古代社会后期却逐渐销声匿迹了。"[①]

---

① 赵旭. 法律制度与唐宋社会秩序［D］. 长春：东北师范大学，2006：33.

隋唐五代时期"令族"文档名词的使用量是南北朝时期的1.86倍，可见"令族"文档名词在隋唐五代时期得到稳定发展。唐代又新产生了"敕令"和"令状"，在隋唐五代之时"令族"法律文书名词的数量和使用频率已经基本稳定。

新组合成的复音词会应用到国家的很多领域，会更加明确地界定出各个双音节词表示什么样的文书。如表5-29所示，隋唐五代时期与名词词素重组的"令族"文档名词可分为以下几种类型：行政类，包含"法令""政令"和"律令"，这些名词都指国家政府机关下发的命令文件；军事类，包含"将令""军令"和"令状"，这些名词都指适用于国家军队的特殊文件，表达的是将帅的命令和皇帝的旨意；其他一些特指性很强的名词，例如"阴令"特指皇帝在后宫发布的命令性文件，具有较强的代表性。

表5-29 与名词词素重组的"令族"文档名词隋唐五代统计表

类型	文档名词	数量	频次
行政类文档名词	法令	714	1.733
	政令	415	1.007
	律令	256	0.621
军事类文档名词	将令	51	0.124
	军令	137	0.333
	令状	1	0.002
其他文档名词	宪令	15	0.036
	功令	16	0.039
	阴令	109	0.265
	格令	12	0.029

1.行政类文档名词

隋唐五代时期"令族"文档名词中，"法令"出现的数量和频次远大于其他文档名词，是隋唐五代时期出现的高频文档名词之一，也是"令族"法律文书名词中最重要的一个。"法令"一词早在先秦就已出现，一直延续到隋唐五代。"法令",把抽象的法律内容具体化,特指政权机关所颁布的命令、指示、决定等的总称。

"政令"作为法律文档名词在隋唐五代时期的应用仅次于"法令",在古代汉语中,行政机关的执行就叫作"政",布告叫作"令",所以政令就泛指政府所发布的命令。"政令"一词产生于先秦,但从先秦到南北朝为止,出现次数一直不高,发展到隋唐五代时,"政令"一词的平均频次从南北朝时期的0.329上升到1.007,并为后代的使用奠定了稳定基础。

"律令",主要特指律度、法令、法规。明法科是唐宋科举取士科目中的一种,设立的主要目的就是选拔通晓法律的专业人士。《通典·选举》有云:"明法试律令各十帖,试策共十条,(律七条,令三条。)全通为甲,通八以上为乙,自七以下为不第。"①这里可以看出,关于对律令的考察成为明法科的主要内容,也就意味着以国家法律作为考试内容的选官制度在唐代发展得比较完善了。在唐代,国家性质的科举考试的内容逐渐地侧重于经义、律令、诗赋等,所以提升了民众对学习国家律令的积极性。《通典·刑法一》有云:

> 律令凡三百五十九章,(萧何本定律九篇,叔孙通又加十八篇,张汤又撰《越宫律》二十七篇,赵禹撰《朝律》六篇,合为六十篇。)大辟四百九条,千八百八十二事,死罪决事比万三千四百七十二事。②

由此可见,"律令"一词继隋唐之后,意义发生了很大的变化。

2.军事类文档名词

隋唐五代时期"令族"文档名词中,属于国家军事类的法律文书名词主要有"将令""军令"和"令状",其共同特点就是与国家军队有直接关系,下达的大多是将帅的命令,或是向军队派发实行的文书样本。其中,"将令"主要指将帅的命令,即军令,早在先秦就已出现,在隋唐时期得到延续,但发展情况不如大部分同族文档名词,频率较低。

---

① 杜佑. 通典 [M]. 北京:中华书局,1988:357.
② 杜佑. 通典 [M]. 北京:中华书局,1988:4198.

"军令"一词专指性比较强，主要是特指军事上所发布的命令。如《通典》有云："元振翊戴上皇，有大功于国，虽违军令，不可加刑。"①虽然特指性强，但是适用范围并没有很局限，在子部著作《奉天录》还曾提到："军令不严，为伏兵所败，三将之师望旗大溃，戎器委数百里，铁马一万蹄没焉。"②唐代诗人韩愈的诗说道："转输非不勤，稽逋有军令。"③"军令"一词在诗词中出现，说明该词应用的范围比较广。文档名词"军令"在隋唐五代时期的使用次数有所增多，已经达到137次，使用的范围变得更加广泛，涉及的领域也变得多了起来，为该名词在宋朝的发展奠定扎实的基础。

"令状"一词最早出现在唐代。"令"一字主要特指命令类的相关内容，"状"作为名词使用的时候一般特指陈述、记录的文件和信件、卷子等，那么两个表示文件类的词素结合在一起就形成了"令状"这一双音节词语。"令状"主要是表示基于权力强制执行的文件。张鷟的《朝野佥载》有云：

> 顼奏曰："于安远告虺贞反，其事并验，今贞为成州司马。俊臣聚结不逞，诬遘贤良，赃贿如山，冤魂满路，国之贼也，何足惜哉！"上令状出，诛俊臣于西市。④

这里的"令状"很明显已经有了一定的法律意义。

3.其他文档名词

这类文档名词指示性很强，使用次数和频率都很低，一般只见于古文。隋唐五代时期出现的有"宪令""功令""阴令"和"格令"。其中"功令"一词含义丰富，既指国家考核和选用官员的法令，也特指法令（文件类的名称）；"格令"一词特指法律类的命令，首次出现于南北朝，仅使用1次，隋唐五代时得到发展，共出现12次，词义不变。

"宪令"主要指国家的法令。"宪令"一词在隋唐之前各朝只有零星出

---

① 杜佑. 通典 [M]. 北京：中华书局，1988：2082.

② 赵元一. 奉天录 [M]. "丛书集成初编"本. 北京：中华书局，1985：2.

③ 中华书局编辑部. 全唐诗 [M]. 增订本. 北京：中华书局，1999：3809.

④ 张鷟. 朝野佥载 [M]. "唐宋史料笔记丛刊"北京：中华书局，1979：33.

现，在隋唐五代得到发展，共出现15次，频次为0.036，这与该时期政治制度完备、法律制度完善的背景有直接关系。

"阴令"作为"令族"文档名词的一种，特指性极强，主要是指古代君王在后宫所发布的有关妇人之事的命令。"阴令"一词最早出现在先秦，在秦汉以及两晋南北朝继续使用，但是数量变化不大，到了隋唐时期发展明显，共出现109次，为宋代的继续发展做出铺垫。

隋唐五代时期还有与动词词素重组的"令族"文档名词。（见表5-30）

表5-30　与动词词素重组的"令族"类文档名词隋唐五代统计表

文档名词	数量	频次
诏令	191	0.464
敕令	69	0.167
饬令	3	0.007
施令	37	0.090
违令	13	0.032

"诏令"作为"令族"文档名词的一种，在史书中被广泛应用。"诏令"一词专指性较强，指政府颁布的律令、下发的命令。"诏令"文书是帝王的专用文书，在隋唐时期被广泛作为封建王朝进行统治的重要工具。

"饬令"出现于隋代，在隋唐五代时期使用较少，仅为3次，在之后宋、元、明、清都得到延续。但总体来看，在各朝代使用次数较少，属于低频词。

"施令"一词在隋唐五代时期出现37次，指施行政令，如韩愈《元和圣德诗》："经战伐地，宽免租簿。施令酬功，急疾如火。"[1]再如，《通典》云："督甄令史奔骑号法施令曰：'春禽怀孕，蒐而不射；鸟兽之肉不登于俎，不射；皮革齿牙骨角毛羽不登于器，不射。'甄会。"[2]

"敕令"中"敕"一词通常解释为皇帝的诏书和命令，带有名词性质，在唐代的敕书分类中使用，有发敕、敕旨、论事敕和敕牒4种。"敕令"的含义主要

---

① 中华书局编辑部. 全唐诗 [M]. 增订本. 北京：中华书局，1999：3765.

② 杜佑. 通典 [M]. 北京：中华书局，1988：2070.

有两种：一种是在道教中的符，作为名词主要是指三清天尊下达的法旨圣谕，作为动词主要是指道教符箓法箓书写的命令；另外一种就是在法律上的含义，作为动词使用的时候，特指诫令、命令，作为名词主要是指皇帝的诏令或诏书。"敕令"一词在唐代"令族"文档名词中占据重要地位，具有以下特点：

第一，"敕令"一词最早作为帝王所发布的命令、法令或立法文书是在唐代。语出《周礼注疏》："其有官府合用官物而受财者，并副写一通敕令文书与职内，然后职内依数付之，故云受其贰令书之。"[①]"敕令"一词自出现后，该词的名词含义就开始广泛使用起来。

第二，在词语使用的过程中，词义发生变化。"敕令"一词在唐代出现时，用得最多的是命令别人这一义项，作为名词（命令文书）的使用次数还是较少。仅唐代，"敕令"一词出现了168次，经过筛选和甄别，当名词使用的次数仅有69次，在同族类的名词中是比较特殊的。

第三，特指性很强，一般会和皇权联系在一起。到了唐代的时候，"敕令"的使用范围变得更加宽泛了，并且开始作为法律性的文书类法典出现，如《元和郡县图志》："寺内有肃成殿，永徽中奉敕令玄奘法师于此院译经，每言此寺即阎浮之兜率天也。"[②]

十二、隋唐五代其他文档名词

（一）其他文档名词的构成与特点

隋唐五代时期除上述11个族类以外，还存在20个特殊的文档名词，分别为"起居注""凤凰诏""礼命""质要""比居""傅别""质剂""役要""八法""八则""比要""要会""岁会""月要""月成""治成""治中""治要""治凡"和"约剂"。这20个文档名词不包含在上述族类内，且在隋唐五代时期文档名词稳定发展的趋势下得到了普遍发展。

---

① 郑玄，贾公彦. 周礼注疏 [M]. 上海：上海古籍出版社，1990：105.
② 李吉甫. 元和郡县图志 [M]. 北京：中华书局，1983：73.

这些文档名词既包含双音节文档名词，也包含多音节文档名词。其中的大多数起源于先秦时期，"起居注"一词起源时间略晚，最早出现于秦汉时期。而且，隋唐五代时期出现的这些文档名词并不是在各朝代中延续下来的，大多出现了断代的特点。如表5-31所示，在统计的20个文档名词中，除"凤凰诏"一词最早出现于隋唐时期外，只有"起居注""质要"两个文档名词是直接从三国两晋南北朝时期传承下来的，其余17个文档名词皆是继先秦以后再次被提及。随着隋唐五代时期的文档名词被广泛使用，各类文档名词都得到稳定普及。

表5-31　隋唐五代其他文档名词构成表

族类	族类名词构成	新增名词
其他	八法、八则、质剂、比居、质要、傅别、役要、比要、礼命、要会、岁会、月要、月成、治成、治中、治要、治凡、约剂、起居注、凤凰诏	八法、八则、质剂、比居、傅别、役要、比要、礼命、要会、岁会、月要、月成、治成、治中、治要、治凡、约剂、凤凰诏
数量	20	18

（二）其他文档名词的应用

隋唐五代时期出现的特殊文档名词共20种，总计出现382次，是继先秦之后再次规模性出现的时期，具体如表5-32所示：

表5-32　隋唐五代其他文档名词使用情况表

序号	文档名词	使用次数	使用频次
1	起居注	272	0.660
2	礼命	3	0.007
3	比居	5	0.012
4	役要	2	0.005
5	质要	3	0.007
6	傅别	9	0.022
7	质剂	22	0.053
8	八法	2	0.005

续表

序号	文档名词	使用次数	使用频次
9	八则	12	0.029
10	比要	3	0.007
11	要会	6	0.015
12	岁会	9	0.022
13	月要	7	0.017
14	月成	2	0.005
15	治成	2	0.005
16	治中	1	0.002
17	治要	1	0.002
18	治凡	1	0.002
19	约剂	13	0.032
20	凤凰诏	7	0.017

从表5-32来看，"起居注"一词的使用次数在这些特殊的文档名词中列居首位，为272次，频次达到0.66，是其余文档名词远不及的。其余文档名词的使用频次都较低，且都仅在历史上零星出现，历史继承性和延续性较弱，如表中"治中""治要""治凡"仅在隋唐五代时期出现一次。这些稀有的文档名词或专指性极强，或有相近含义的可替代文档名词，如"岁会"一词专指一年的收支。白居易《奉天县令崔鄯可仓部员外郎判度支案制》载："况地官之属，有堆案盈几之文，有月计岁会之课。"①"约剂"一词在古代被用作凭据的文书、契券。《周礼·春官·大史》："凡邦国都鄙及万民之有约剂者藏焉。"郑玄注："约剂，要盟之载辞及券书也。"②

（三）重要文档名词的介绍

这些特殊的文档名词中使用频次最高的是"起居注"一词，"起居注"是帝王的言行录。在隋唐时期作为文档名词的使用是从前朝继承下来的，另外，

---

① 董诰，等. 全唐文 [M]. 北京：中华书局，1983：6689.
② 郑玄，贾公彦. 周礼注疏 [M]. 上海：上海古籍出版社，1990：400.

隋代于内史省（即中书省）设"起居舍人"。唐代于门下省设"起居郎"，和"起居舍人"分记皇帝言行，编撰内容更为丰富。

"比居"和"役要"都可指代簿册，但具体含义不同。"比居"现指邻居，在古代指登记人口、丁壮的簿籍。而"役要"专指记录工役姓名人数的簿册。贾公彦疏："役要，则役人簿要。"①

"质要""傅别"和"质剂"都与契约有关，其中"质要"是古代买卖货物的券契，亦泛指券契。《左传》："由质要。"注曰："质要，券契也。"②"傅别"是西周时期出现的借贷契约，而"质剂"是西周时期出现的买卖契约。"傅别"的形式与"质剂"有所不同，"傅别"是在一片简牍上只写一份借贷的内容，然后从中央剖开，债权人和债务人各执一半，牍上的字为半文。③《周礼注疏》载："云判半分而合者即质剂、傅别、分支、合同，两家各得其一者也。"④在隋唐五代时期"质剂"共出现22次，相较"质要"和"傅别"使用较多，具体应用如："一八方而混同，极风采之异观。质剂平而交易，刀布贸而无算。"注曰："轼，车横覆膝，人所凭也。《周官》曰：听卖买以质剂。又曰：以质剂结信而止讼。"⑤

本章小结

隋唐大一统帝国的重建，在政治制度和体制方面更加完善，为之后经济文化繁荣发展奠定了稳固根基。而语言是伴随文化的发展而进步的，隋唐时期对民族文化和国际文化实行包容政策，为本土文化注入了新鲜血液。五代时期是藩镇割据的延续，短暂的动乱并没有造成经济文化的停滞不前，依旧是大唐盛

---

① 郑玄，贾公彦. 周礼注疏 [M]. 上海：上海古籍出版社，1990：173.

② 杜预，孔颖达. 春秋左传正义 [M]. 上海：上海古籍出版社，1990：314.

③ 阎建明. 中国传统文化中的法律思想和证据意识 [J]. 中国公证，2010（4）：24.

④ 郑玄，贾公彦. 周礼注疏 [M]. 上海：上海古籍出版社，1990：532.

⑤ 萧统. 文选 [M]. 上海：上海古籍出版社，1986：279.

世的延续。随着历史朝代的推进，隋唐五代时期的文书档案工作的内容更加明确具体、利用范围更加广泛。简而言之，隋唐五代时期的政治、文化及文书档案工作的发展对这一时期文档名词的产生、发展有重要的直接影响。

隋唐五代时期是近古汉语的大发展时期，双音节文档名词基本形成完毕，分为通用性文档名词和专指性文档名词两大类型，具体涉及行政、经济、文化、人口、科技、天文、地理等各方面。在族类文档名词发展中，隋唐五代时期发展较好的族类有"文族""书族""令族"等。其次，历史上"卷族"产生时间较晚，最早的文档名词"文卷"是在隋唐科举制的影响下产生出来的，所以，除去其他文档名词外，到隋唐为止共有11个文档名词族类。隋唐五代时期的文档名词在历史原有发展的基础上有所继承，摒弃了不适应本时期发展特点的文档名词，在各族类中陆续产生了一些新的文档名词，且在今后的发展中也有较好的应用，如"文籍""书籍""书簿"等。

从整体的宏观应用情况来看，隋唐时期的文档名词多应用于官方，多被作为封建上层阶级进行统治的工具，如"文族""书族"多与文书档案的编撰有关，"令族"是法律档案的一部分等，民间较少使用。隋唐五代的文化繁荣，诗词、散文等也多有文档名词出现，但著作之人也大都与文书、档案工作有接触。总体来说，隋唐五代是文档名词的重要的稳步发展时期，为之后宋代及明清文档名词发展的黄金时代奠定了重要的基础。

第六章　两宋：繁荣时期的文档名词

宋代（960—1279年），分为北宋（960—1126年）与南宋（1127—1279年），合称两宋。宋是继汉唐之后的又一盛世王朝，共历十八帝三百二十年，社会经济繁荣，政治制度更加成熟，文化教育与科学创新达到了中国古代社会的顶峰。文书、档案工作也随之发展到了空前的水平，形成了中国文档名词发展史上的一个承前启后的繁荣期。

第一节　两宋文档名词产生、发展的历史背景

关于两宋人文之盛，严复先生曾说过"古人好读前四史，亦以其文字耳。若研究人心政俗之变，则赵宋一代历史，最宜究心。"[①]宋代是一个"公人世界"[②]，文书与档案工作也在"重文抑武"的背景下达到了历史新高峰。

---

① 王栻. 严复集 [M]. 北京：中华书局，1986：668.

② "公人世界"由陆九渊、叶适二人提出。廖峻认为：宋代的"公人"是胥吏中地位较低的阶层，多从事与体力相关的杂役。"公人世界"是指借由宋代官员和胥吏的活动所呈现的二者之间的特定态势，在"公人世界"中，官员在处理政务时，往往唯胥吏是听。以宋代官员与胥吏为主体所构成的"公人世界"始终都处在受特定条件限定的共生与制衡的状态之下。（廖峻：《宋代"公人世界"中的官吏共生与制衡》）

这些都为两宋时期文档名词的繁荣发展奠定了坚实的基础。

一、两宋政治与文档名词

宋王朝形成了以三省六部为中枢的决策、行政与监察各自相对独立的中央政治系统。宋代管理制度主要体现在以下几个方面：

一是集中军权，削弱武将的兵权。961年，"杯酒释兵权"使得大将军石守信等人交出兵权，由皇帝掌握。北宋设枢密院，枢密使有调动军队权力，将领"有握兵之重，而无发兵之权"。

二是集中行政权，将辅佐皇帝的权力机构划分为三：宰相、枢密院和三司。军权归枢密院掌握。政事堂与枢密使对掌大政，号称"二府"。财权则由三司的长官三司使管理。另设立了审官院、审刑院等。在地方设置知州、通判。这些都有利于皇帝对百官的管理和控制。

三是集中财权和司法权。集中财权是在各路设置转运使，将地方上财赋收入除一小部分留作"诸州度支经费"外，全部送至京师。中央还派京官去地方上监收。集中司法权是规定地方司法人员改由中央派文官担任，死刑须报请中央复审核准。

四是宋代科举制的完善。赵匡胤一建国就恢复了科举制度，并对唐代科举制度进行了一系列改革，逐步建立起一整套的科举立法。通过科举制度选拔出人才，包括文档工作人员，对宋代文档名词演变以及对宋代文档工作的完善具有重要影响，同时也为档案管理要素的完善提供了必要条件。中国封建社会里，两宋文化的发展是令人瞩目的。对此，不少先哲前贤曾予以高度评价。

在两宋时期的社会管理制度之下形成了一系列富有政治色彩的文档名词，如"文族"中的"文案"，"簿族"中的"簿书"以及"牍族"中的"案牍"均有指代当时制度下的官府公文的含义。这一时期的文档名词整体呈现以下特点：

第一，文档名词的专业化。"案族"文档名词中以"案卷"为例，在古代"案卷"是指古代官署分类存档的文件，如："安石曰：李定事，陛下未能了然无疑。李定事有本末，陛下但取案卷，子细详前后情理，即事自见。此事自有人为奸罔，而陛下不寤。"①

受宋代财权和司法权力的集中的影响，"案卷"在宋代有专门档案之意，专指司法刑狱案件的卷宗、诉讼档案等，其文档含义也有了进一步的细化。类似的"案族"文档名词还有"文案"，"文案"一词从汉代以后一直为后世沿用，到了南北朝时期，"文案"已普遍使用，史部文献中常见用法如："高祖闻而嘉之。虽处机近，曾不留心文案，唯从容论议，参赞大政而已。"②或者是："义康性好吏职，锐意文案，纠剔是非，莫不精尽。既专总朝权，事决自己，生杀大事，以录命断之。"③上述例句中"文案"均为文书档案工作的意思。唐代"文案"成为"案族"文档名词中使用最为频繁的文档名词，到了宋代"文案"一词继承了原有的使用方法，并受到了宋代集权统治以及文官政治的影响，"文案"的词义更具专业性，一般指官府公文及图书账册，作为专门档案，也有议事文件、刑事档案、诉讼档案、断狱规定等的含义。如："望自今议事，……先以所议文案送翰林及两省官看详三日，送御史台、尚书省各三日，令各为议。"④

第二，文档名词数量变化明显。宋代社会管理制度中处处有着"重文抑武"的倾向，这一倾向也间接地影响到了不同文档名词数量的变化，宋代文官政治背景下的文档名词呈现出以下特点："文"类文档名词数量呈增加趋势，"武"类文档名词呈减少趋势。以"簿族"文档名词中的"文簿"与"军簿"为例。同一研究范围内，"文簿"一词总计出现346次：南北朝（11）、唐（61）、宋（82）、元（39）、明（86）、清（67），使用频次为0.134，仅次于"簿籍"一词，因此"文簿"在"簿族"文档名词中也具有重要地位，而"军簿"一词总计出现20次：汉（3）、南北朝（2）、唐（6）、宋（2）、

① 李焘. 续资治通鉴长编：第17册［M］. 北京：中华书局，1986；5779.

② 魏收. 魏书［M］. 北京：中华书局，1974；1488.

③ 沈约. 宋书［M］. 北京：中华书局，1974；1790.

④ 李焘. 续资治通鉴长编：第3册［M］. 北京：中华书局，1979；548.

明（3）、清（4）。"文簿"与"军簿"在数量上的差异可以从侧面看出宋代"重文抑武"倾向，也可以看出这一时期的文档名词深受宋代政治的影响。

二、两宋时期文化与文档名词

在中国古代社会中，两宋人文最盛，也被称为东方的"文艺复兴时期"。王国维曰："天水一朝人智之活动与文化之多方面，前之汉唐，后之元明，皆所不逮也。"①陈寅恪认为："华夏民族之文化，历数千载之演进，造极于赵宋之世。"②宋代文化的发展决定了两宋文档名词的衍生与发展。

（一）语言文化与文档名词

从汉语发展的历史阶段看，宋代跨越了中古和近代汉语的历史时期。王力先生认为汉语的中古期为公元4世纪至12世纪（南宋前半期），近代期为公元13世纪至19世纪（鸦片战争）。宋代文档名词在一定程度上也表现出相应的特点。对宋代的相关文档名词加以认真研究，将对厘清档案名词发展脉络和解读宋代档案管理制度具有重要意义。

在语言文字规范方面，宋朝政府通过一系列文化政策，特别是通过对语文学的提倡而介入了语言文字规范活动。具体内容是：

第一，设立秘书省正字官。秘书省正字官的职责是"校雠典籍，判正讹谬"，据《宋史》记载："孝宗即位，诏馆职储养人才，不可定员。乾道九年，正字止六员。"③这体现了宋代统治者对语言文字规范的重视。

第二，重文轻武的"右文"政策。宋代实行"重文轻武"，亦即"兴文教，抑武事"的右文政策。所谓右文，也称为文治，是指用儒家的理论思想统治社会。宋代重科举，重教育，印刷、校雠事业发达，这都对文化发展产生了促进作用。

第三，语文学的大力提倡。宋代政府对语言文字规范的干预和领导主要是

---

① 方麟. 王国维文存 [M]. 南京：江苏人民出版社，2014：748.

② 何忠礼. 中国古代史史料学 [M]. 增订本：上海：上海古籍出版社，2012：104.

③ 脱脱撰. 宋史 [M]. 长春：吉林人民出版社，2005：2428.

通过对语文学的提倡来实现的。宋代最高统治者大力提倡语文学。在整个中国语文学史中，宋代"奉诏"编纂的韵书、字书是最多的。这些官修的韵书、字书，虽然主观上是为读经、解经服务的，但是一经颁行，便成为朝野遵循的语言（特别是书面语言）和文字规范的标准。特别是宋太宗亲命徐铉、句中正等刊定《说文解字》，在客观上不仅为宋代也为后代确立了汉字规范的标准。

宋代出现了大量记载语言文字规范的古籍，大量文档名词也随之出现，研究宋代文档名词产生的文化背景时，深入分析当时的词汇特征对研究当时文档名词的特征具有参考价值。宋代语言呈现两大特点：

一是书面语与口头语言关系密切。二者关系密切，是源与流的关系。如《涑水记闻》中所载：

> 于是韩稚圭曰："枢密院国家戎事之要，今文书散落如此，不可。"乃命大理寺丞周革编辑之，数年而毕，成千余卷。得杜衍祁公手录誓书一本于废书，其正本不复见。

《涑水记闻》一书是司马光的一部语录体笔记，书中杂录宋代发生的旧事，起于太祖，迄于神宗，每条皆注其述说之人，故被称为《记闻》，透过该书的语言记录可以间接地看出宋代时期文档名词伴随着宋代语言学的发展而发展。

二是多语言文字并进。地区之间、民族之间的差别形成了多种语音与文字。差异极大的地方口音给交流带来很大的不便，因此宋人开始追求以开封和洛阳方言为准的标准语音。多民族也必然导致多种语言和文字的存在。除汉语外，当时存在着契丹文、西夏文、女真文、回文和黑汗（喀喇汗）国文、古藏文、白文等多种语言和文字。虽然汉语占据着主导地位，但各种语言和文字之间必然相互影响和渗透，并反映到各种宋代书面文献之中。

（二）印刷出版业与文档名词

宋代是印刷出版业的黄金时代，宋版书至今名声不衰。活字印刷的发明成为宋代文化登峰造极的见证者。北宋沈括《梦溪笔谈》卷十八中有世界上关于活字印刷的最早记载：

> 板印书籍，唐人尚未盛为之，自冯瀛王始印五经已后，典籍皆为板本。庆历中，有布衣毕昇又为活板。其法，用胶泥刻字，薄如钱唇。……昇死，其印为予群从所得，至今保藏。①

从语言学的角度来讲，汉字字体的发展、简化与文档名词的演变关联密切，是研究字体的演变过程、研究文档名词的演变过程的前提条件。个别文档名词受印刷字体的影响具有特定含义，以"书族"为例，在"书族"文档名词中的"书契"一词有三层含义：一是指正面写字、侧面刻齿以便验对的竹木质券契；二是指有契约性质的文书；三是指文字。其中第一、三层含义同两宋时期印刷出版业与宋代字体的发展关系密切。如：

> 昔者始有书契，以科斗为文，而其后始有规矩摹画之迹，盖今所谓大小篆者。至秦而更以隶，其后日以变革，贵于速成，而从其易。②

（三）文学艺术与文档名词

宋代诗词在发展的过程中也带动了文档名词的发展与普及，如《寄题杭州通判胡学士官居诗四首》："石林荦荦森座隅，激水注射成飞渠。寒音琤然落环佩，爽气飒尔生庭除。主人清标自可敌，底处胜概为能如。想君不欲时暂去，其余满案堆文书。"又如《郡斋水阁闲书》写道："不报门前宾客，已收案上文书。独坐水边林下，宛如故里闲居。"

第二节　两宋文档名词概述

宋代进入了文档名词发展的繁荣期，多数族类名词达到了出现次数和使用频次的小高峰，除沿袭大量唐代文档名词以外，又新增了一批带有两宋特征的文档名词。整体呈现出数量大、词义广、应用领域多等特点。

两宋时期是文档名词的发展的繁荣期。大量已有名词进入使用的高峰

---

① 沈括. 梦溪笔谈［M］. 北京：中华书局，2009：198.
② 苏轼. 苏东坡全集［M］. 2版. 北京：北京燕山出版社，2009：1767.

期，又出现了大量的新词，且多为双音节词，如"文验""架阁文书""案牒""荐牍"等。从本书检索范围内的数据来看，两宋时期文献615部，较其他时期这一时期的文献总数较大，另外，两宋时期各族文档名词共192个，消亡了12个，较之前其他时期名词数量多，这一现象以侧面反映出两宋时期文档名词的发展较为突出。

一、两宋文档名词的构成与特点

（一）两宋文档名词构成

从文档名词归属族类的角度进行划分，两宋时期文档名词的构成可分成十二大族类，分别是"文族"文档名词、"书族"文档名词、"案族"文档名词、"卷族"文档名词、"牍族"文档名词、"簿族"文档名词、"籍族"文档名词、"册族"文档名词、"典族"文档名词、"图族"文档名词、"令族"文档名词及其他文档名词，具体构成如表6-1所示：

表6-1　两宋时期文档名词族类构成表

族类	族类名词的组成（个数）	新增名词（个数）	消亡名词（个）
文族	文卷、策文、公文、文典、文字、文告、文凭、文契、文墨、文款、文疏、文牒、文榜、文诰、文翰、文历、文验、文解、文稿、文橛、文引、文札、文表、文帖、文券、文状、文奏、文计、文约、文记、文帐、文移、文符、文献、文证、文簿、书文、文书、文案、文牍、册文、文册、典文、图文、中古文、架阁文字、架阁文书、文籍（48）	文验、文引、文牍、文册、架阁文字、架阁文书（6）	文按（1）
书族	书案、书簿、书诏、书典、书文、书翰、书籍、书记、书契、书奏、文书、诏书、簿书、牍书、书牍、册书、典书、架阁书、凤凰衔书、赤雀衔丹书、图书、事书、贤能之书、判书、契书、奏书、契书、券书、书函（29）	架阁文书（1）	书槁、亦爵衔丹书（2）

续表

族类	族类名词的组成（个数）	新增名词（个数）	消亡名词（个）
案族	书案、案牒、案卷、案记、文案、簿案、案牍（7）	案牒（1）	
卷族	文卷、案卷、卷册、卷牍（4）	卷牍（1）	
牍族	案牍、牍书、竿牍、公牍、官牍、函牍、简牍、卷牍、书牍、文牍、尺牍、奏牍、篇牍、禀牍、讼牍、连牍、札牍、荐牍、吏牍（19）	官牍、函牍、卷牍、文牍、禀牍、荐牍（6）	牍聿、篋牍、瓯牍（3）
簿族	文簿、书簿、簿书、簿籍、簿领、簿子、簿历、簿记、簿状、簿案、簿牒、簿钞官簿、黄簿、班簿、选簿、名簿、版簿、对簿、上簿、讯簿、军簿、兵簿、战簿、校簿、候簿、门簿、青簿、疏簿、典簿、图簿（30）	簿子、簿牒、簿钞、门簿、青簿、疏簿、典簿（7）	阙簿、簿最、收簿、帑簿（4）
籍族	书籍、簿籍、载籍、户籍、黄籍、法籍、册籍、籍册、典籍、图籍、籍图、鱼鳞图籍、文籍、礼籍（14）	册籍、籍册、籍图、鱼鳞图籍（4）	籍帐（1）
册族	卷册、册宝、册籍、册书、册文、册印、册祝、册子、册奏、黄册、籍册、文册、祝册、典册、青册（15）	卷册、册籍、黄册、籍册、文册、青册（6）	
典族	文典、书典、典簿、典册、典法、典诰、典例、典谟、典契、典书、典文、典宪、典训、典则、训典、六典（16）	典簿、典契、典籍（3）	典誓（1）
图族	地图、图表、图簿、图牒、图法、图籍、图谱、图文、籍图、鱼鳞图、鱼鳞图籍、图书（12）	籍图、鱼鳞图、鱼鳞图籍（3）	
令族	法令、政令、诏令、律令、军令、敕令、将令、功令、阴令、违令、施令、饬令、格令、宪令、军令状、令状（16）	军令状（1）	
其他	凤凰诏、起居注、八法、八则、质要、比居、傅别、礼命、质剂、要会、比要、役要、岁会、月要、月成、治成、治中、治要、治凡、约剂（20）		

如表6-1所示，两宋时期主要文档名词共计192个（计数时剔除不同族类

中的共有名词，只保留一个，如"架阁文书"在"文族"和"书族"中只算1个），涉及12个族类。这些文档名词的总使用次数为21721次，总的出现频次为35.319。其中，"文族"种类有48种，使用次数5936次，出现频次为9.652，新增名词有6个，消亡词语有1个。"书族"种类有29种，使用次数4757次，出现频次为7.735，新增名词有1个，消亡词语有2个。"案族"种类有7种，使用次数335次，出现频次为0.545，新增名词有1个，无消亡词语。"卷族"种类有4种，使用次数99次，出现频次为0.161，新增名词有1个，无消亡词语。"牍族"种类有19种，使用次数697次，出现频次为1.133，新增名词有6个，消亡词语有3个。"簿族"种类有30种，使用次数1520次，出现频次为2.472，新增名词有7个，消亡词语有4个。"籍族"种类有14种，使用次数699次，出现频次为1.137，新增名词有4个，消亡词语有1个。"册族"种类有15种，使用次数690次，出现频次为1.122，新增名词有6个，无消亡词语。"典族"种类有16种，使用次数1148次，出现频次为1.867，新增名词有3个，消亡词语有1个。"图族"种类有12种，使用次数463次，出现频次为0.753，新增名词有3个，无消亡词语。"令族"种类有16种，使用次数4514次，出现频次为7.340，新增名词有1个，无消亡词语。"其他"文档名词种类有20种，使用次数863次，出现频次为1.403，既无新增名词，也无消亡词语。

从以上两宋时期文档名词的构成情况上看，两宋时期整体上呈现出繁荣的趋势，这一时期各族文档名词除"其他"外均出现了新增的情况。如"文族"中的"文验""文引""架阁文书"，"令族"中的"军令状"等。

（二）两宋时期文档名词特点

两宋时期文档名词的内涵与构词等特点主要体现在以下几个方面：

从内涵上看，两宋时期的文档名词较其他时期数量增长幅度大，在已有文档名词族类体系的基础上不断完善，名词内涵的演变与这一时期社会各个方面的发展联系紧密，演变过程中在整体上呈现出以下特点：第一，内涵涉及领域更广。这一点在各族类中均有体现，如"册族"文档名词涉及册立诏书类档案、祭告类档案、户籍类档案以及谱系档案等。第二，专指性进一步提升。族类名词中表现较为明显的是"文族"文档名词，先秦时期的单音节词"文"就具有"文字符号记录及相关的事物"之意，沿用至两宋，单音节文档名词"文"已衍生出了丰富的"文族"文档名词，其族类名词的内涵大部分是主要文档名词的代表，皆指文书档案。第三，受政治因素影响大。受两宋时期文官政治的影响，各族类文档名词中出现了具有政治色彩的文档名词，以"牒族"文档名词为例，"牒族"的文档含义是由其语言环境及与其组合的词素所决定的，受政治因素影响同样体现在两宋"牒族"文档名词多指官府中的公文，也有书信等含义，较有代表性的"案牒"等词，就形成了更为明确的文档意义。

从文档名词的构词上看，宋代各族类文档名词的单音节词根可以相互结合形成新的文档名词。从表6–1中可以发现宋朝各个族类名词组词结构出现多样化的现象，并且其族类的代表单音节名词，如"文""书""牒"等，都可以相互组合形成文档名词，并且是文献中重要的双音节文档名词。宋代文档名词由双音节和多音节词共同组成，以双音节词为主。

从新增与消亡情况上看，整体上两宋时期新增文档名词较多，消亡名词较少。各族类均出现了新增名词如："文验""文引""文牒""文册""架阁文字""架阁文书""案牒""卷牒""官牒""函牒""文牍""禀牍""荐牍""簿子""簿牒""簿钞""门簿""青簿""疏簿""典簿""册籍""籍册""籍图""鱼鳞图籍""卷册""文册""青册""黄册""典籍""典契""鱼鳞图""军令状"，共32个。同时，"文按""书禀""赤爵衔丹书""牒聿""箧牍""瓯牍""阙簿""簿最""收簿""帑簿""籍帐""典誓"这12个名词在这一时期走向了消亡。这些消亡的文档名词多为专指性文档名词，内涵单一，应用范围较为狭小。

从族类的种类数量上看，如图6–1所示：两宋时期各族类文档名词与隋唐五代时期相比，仅有"书族"文档名词的种类减少，其他族类名词的数量保持稳定或增加，整体来看，两宋时期的文档名词在种类变化上也呈现出繁荣的趋势。

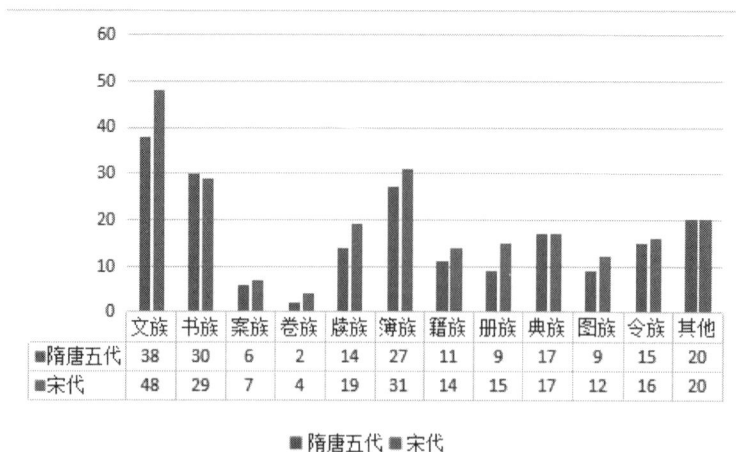

	文族	书族	案族	卷族	牍族	簿族	籍族	册族	典族	图族	令族	其他
■隋唐五代	38	30	6	2	14	27	11	9	17	9	15	20
■宋代	48	29	7	4	19	31	14	15	17	12	16	20

■隋唐五代 ■宋代

图6-1 隋唐五代与两宋文档名词同族类种类数量比较表

二、两宋文档名词的应用

两宋时期文档名词的应用情况主要从其与隋唐五代文档名词族类的比较中进行说明，具体表现为以下几个方面。

（一）两宋时期文档名词的出现次数与使用频次

第一，从文档名词的出现次数上看，两宋时期与隋唐五代相比，各族类文档名词的出现次数呈大幅度增长的趋势，这也说明了两宋时期是文档名词发展过程中的繁荣期。无论是从两个时期的整体出现次数，还是具体到从两个时期各族类名词出现次数来说，两宋时期均高于前一时期，如"文族"文档名词在隋唐五代时期的中出现次数是1412次，而到了两宋时期其使用次数达到了5936次。

第二，从族类使用频次上看，隋唐五代及两宋时期各族类名词的使用频次如表6-2所示，整体来说，两宋时期文档名词的使用次数高于隋唐五代时期。其中，"文族""书族"名词始终都是高频词汇。这两个族类名词在隋唐五代和两宋时期的使用频次均在1以上。

第三，文档名词从隋唐五代向两宋时期发展的过程中，表现较为突出的为"文族""书族"，隋唐五代时期"文族"名词的出现次数为1412次，使用频次为3.427，到了两宋时期，"文族"文档名词的出现次数达到5936次，使用频次达到了9.652，从族类文档名词在出现次数以及使用频次的变化情况中不难看出两宋时期文档名词发展的繁荣景象。

表6-2 两宋时期与隋唐五代各族文档名词使用情况对比表

时期 族类	隋唐五代		两宋	
	出现次数	使用频次	出现次数	使用频次
文族	1412	3.427	5936	9.652
书族	1767	4.289	4757	7.735
案族	170	0.413	335	0.545
卷族	14	0.034	99	0.161
牒族	182	0.442	697	1.133
簿族	452	1.097	1520	2.472
籍族	432	1.049	699	1.137
册族	464	1.126	690	1.122
典族	804	1.951	1148	1.867
图族	333	0.808	463	0.753
令族	2039	4.949	4514	7.340
其他	382	0.927	863	1.403

（二）两宋时期文档名词的应用领域

两宋时期文档名词主要分布在史部、子部以及集部文献中，以"文书"为例，在两宋时期的615部文献中，"文书"一词在86部文献中使用过，共出现465次，可见当时该词使用之频繁。

两宋时期，"文书"一词的含义虽然经过漫长历史时间的演变和发展被赋予了更多、更广泛的内容，但是，其最常用的含义仍然是指各级政府的行政公文。典型的例子如《新唐书》云：

> 凡充其职者无定员，自诸曹尚书下至校书郎，皆得与选。入院一岁，则迁知制诰，未知制诰者不作文书。班次各以其官，内宴则居宰相之下，一品之上。①

---

① 欧阳修，宋祁. 新唐书［M］. 北京：中华书局，1975：1184.

两宋时期，出现了专门从事档案收藏、管理的机构——架阁库。其所藏"架阁文书"也超越了公文处理阶段，发展出来了专指档案含义的用法。如："六部架阁，其库在天水院桥，掌六曹之文书，主二十四司之案牍，故官置库掌其架阁，皆无失误矣。"①

宋代的架阁库制度促成了具有档案含义的名词诞生——"架阁文字"和"架阁文书"，其中"架阁文字"出现40次，比"架阁文书"多10次。"架阁文字"的出现也是宋代文档名词的一种发展。在宋代，档案是以"架"和"阁"的方式在库房里摆放，因而"架阁"一词逐渐被引申使用，档案库被称为"架阁库"，文档官员被称为"主管架阁文字"，档案被称为"架阁文字"。

宋代新出现了"文牍""文册""黄册""架阁文字""架阁文书"等文档名词。作为新出现的名词，它们使用范围和出现的次数都比较小。"文牍"，即公文案牍的合称，出现32次，其一直属于小范围使用的文档名词；"文册"一词出现3次，出现次数不多；两晋南北朝将户籍档案称为"黄籍"，到宋代开始称为"黄册"，"黄册"一词出现2次，这说明在宋代，"黄册"已经出现了，只是到了明代才被更加广泛地使用。以上三个新词的出现表明，随着白话文在宋代的逐渐形成，表达文档类概念的词汇或是被旧词新用，或是被拆分组合，新的用法和表达含义被不断地推出。

总之，由于宋代社会经济的高度发展和世俗社会的逐渐成形，语言的世俗化发展倾向也在加速，"文书""案牍"等传统文档名词已并非表达档案概念的全部词汇，个别词汇随着历史的演进甚至丧失了表达档案概念的功能，而与此同时，表达广泛意义上档案概念的文档名词在增加，这为"档案"这一专门文档名词的出现做了充分铺垫。

---

① 吴自牧. 梦粱录 [M]. 杭州：浙江人民出版社，1984：74.

第三节 两宋各族类文档名词

两宋时期的文化繁荣发展，是文档名词产生的肥沃土壤。这一时期仅有少量文档名词走向消亡，大部分文档名词被继续沿用，文档名词整体上处于发展状态。本书通过检索两宋时期的615部文献，对这一时期的"文族""书族""案族""卷族""牍族""簿族""籍族""册族""典族""图族""令族"及特殊文档名词出现的频次进行了细致检索，并对每一族类文档名词的内涵、应用情况和主要名词进行了研究分析。

一、两宋"文族"文档名词

（一）"文族"文档名词的构成特点

两宋时期的"文族"文档名词在类别上以双音节词为主，也有多音节词。包括"文卷""策文""公文""文典"等48个文档名词。其中，双音节词45个，占93.75%；多音节词3个，占6.25%。（见表6-3）

表6-3 两宋时期"文族"文档名词汇总表

族别	名词	消亡名词	新增名词	名词总数
文族	文卷、策文、公文、文典、文字、文告、文凭、文契、文墨、文款、文疏、文牒、文榜、文诰、文翰、文历、文验、文解、文稿、文檄、文引、文札、文表、文帖、文券、文状、文奏、文计、文约、文记、文帐、文移、文符、文献、文证、文簿、书文、文书、文案、文牍、册文、文册、典文、图文、文籍、中古文、架阁文字、架阁文书	文按	文验、文引、文牍、文册、架阁文字、架阁文书	48

综合来看，两宋时期"文族"文档名词的特点主要有：

第一，两宋时期"文族"文档名词大多以"文"字为主字进行组词，并且将"文"字前置者居多，如"文书""文字""文契"等；"文"字后置结构较少，如"书文""策文""中古文"等。除此之外，也有在"文族"名词前设置修饰语形成新的多音节专有文档名词的情况，如"架阁文字""架阁文书"等。这些文档名词在古时均兼具文书、档案的含义。例如，"文书"是一个概括性的名词，指的是一种记录信息、表达意图的文字材料，"文卷"指根据特定目的而收集在一起的有关数据的集合，"文簿"指公文簿、登记簿之类的簿册，"文案"指古代官衙中掌管档案、负责起草文书的幕友，亦指官署中的公文、书信等。除了具有文件、档案的含义外，它们中个别词汇还代指从事文书工作的人员，如"文书"文案等。

第二，两宋时期"文族"文档名词的组合方式主要有四种，大体与隋唐五代时期类似：一是单音节词"文"+表示载体的单音节词，如"文牍""文牒""文案"等，其中"文"主要取刻画、书写等动词含义，"牍""牒""案""簿"表示物质记录载体的形态，类似名词的渐次形成与演变也折射出中国古代历史上文字记录载体的演变；二是"文"+表示具体内涵的单音节词，它们组合在一起用以表示"与文字记载有关的事物"，如"文"+"凭"（证据，证明）组合成"文凭"一词，在古代表示用作凭证的官方文书，近现代则表示毕业证书、学历证明，它们的效力均需要通过文字等形式记录下来以作凭证，这类的"文"通常取"表示记录语言的符号（如文字）以及与之有关的事物"的含义，类似的名词还有"文约""文证""文帐"等；三是限定性单音节词+"文"，如"公"（朝廷；国家）+"文"组成"公文"一词表示"官方政务文书"，"图"（图谶）+"文"组成"图文"一词表示"图谶之文"，类似的名词还有"策文""典文""中古文"等；四是"架阁文字""架阁文书"这类专有名词，即修饰性双音节词+文族双音节词组成新的复音词用以表示专门含义，这类名词的应用范围较为有限，一般只出现在专门领域且大都起源于古代中后期，这是因为它们的形成需要一个大前提——相关复音词出现并发展趋于成熟，用法和含义已经较为固定并取得了较高的认可度。

（二）"文族"文档名词在两宋时期的应用

宋朝"文族"文档名词较其他族类名词相比出现次数比较多，从频次角度而言，比较突出的文档名词"文字"和"文书"频次超过1，其他在两宋时期均为低频词。但是与其他族类比较，"文族"名词还是古文献中使用最普遍的。"架阁文字"虽在宋朝刚开始出现，但是其出现次数高于其他前朝出现的名词，可见新生名词也在两宋时期被大量使用。

如表6-4所示：在"文族"文档名词中使用比较突出的有"文字""文书"，使用频次分别是4.662、1.608，两者属于高频词；其次，"文献""文案""公文""文移""册文""文籍""文牒""文状""文簿""文卷"为低频词，这些文档名词的使用频次在0.1至1之间，其余文档名词的使用频次在0.1以下，属于低频词汇。

表6-4　两宋"文族"文档名词汇总表

名词	次数	频次	名词	次数	频次	名词	次数	频次
文字	2867	4.662	文檄	40	0.065	文引	12	0.020
文书	989	1.608	架阁文字	40	0.065	文墨	11	0.018
文献	267	0.434	策文	36	0.059	文表	11	0.018
文案	169	0.275	文疏	35	0.057	架阁文书	10	0.016
公文	155	0.252	文翰	35	0.057	文典	9	0.015
文移	153	0.249	文榜	34	0.055	文告	9	0.015
册文	141	0.229	文牍	32	0.052	中古文	8	0.013
文籍	134	0.218	文约	26	0.042	文奏	7	0.011
文牒	112	0.182	书文	21	0.034	文册	3	0.005
文状	98	0.159	文诰	20	0.033	典文	3	0.005
文簿	82	0.133	文契	19	0.031	文札	2	0.003
文卷	63	0.102	文券	17	0.028	图文	2	0.003
文帐	57	0.093	文稿	15	0.024	文款	1	0.002
文解	55	0.089	文帖	14	0.023	文验	1	0.002
文符	51	0.083	文凭	12	0.020	文计	1	0.002
文记	44	0.072	文历	12	0.020	文证	1	0.002

（三）重要"文族"文档名词介绍

"文"字是汉语中出现较早的文字之一，"文族"文档名词也相对出现较早，整体上分为四类，即趋势性增长名词、波浪式发展名词、逐渐消亡型名词、稀见文档名词。

"文书"是"文族"文档名词中生命力较强的名词，属于高频词汇。同时也是中国文档名词发展演变史上最为重要的名词之一，它不仅是我国文档名词中起源较早的复音词之一，而且是历代使用连续性较强的文档类名词。"文书"一词自从在西汉首次产生后，它的出现频次即在文档名词中位居前列，从发展趋势看，如图6-2的频次曲线图所示，除其产生的秦汉时期外，其在三国以后的发展演变呈现出典型的连续性递增式发展趋势，而宋代正处于"文书"一词的上升期。

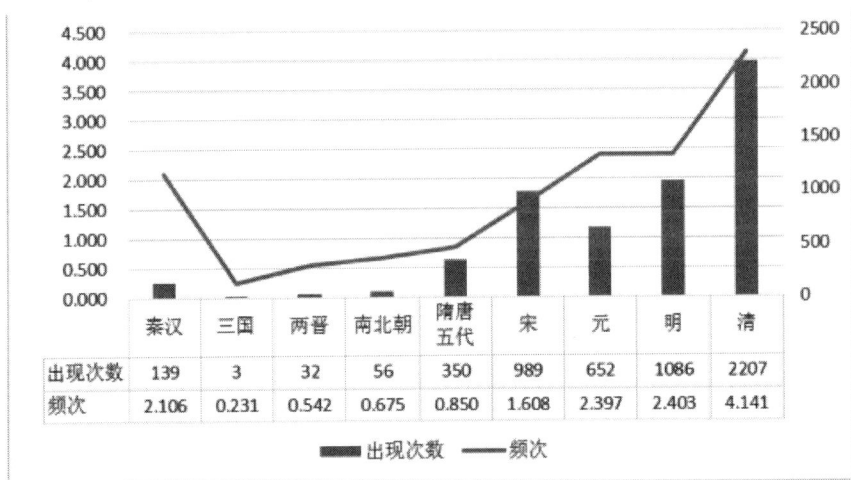

	秦汉	三国	两晋	南北朝	隋唐五代	宋	元	明	清
出现次数	139	3	32	56	350	989	652	1086	2207
频次	2.106	0.231	0.542	0.675	0.850	1.608	2.397	2.403	4.141

图6-2 趋势性增长名词"文书"的出现次数和频次

"文书"一词自产生后就被一直使用，使用频次自三国以后呈增长趋势，该词的应用领域也伴随着文档名词的发展而拓展。秦汉时期"文书"一词最初多用于诗书古籍中，如《太平经》："师弟子者，主传相教通达凡事文书道德之两手也。"①到了两宋时期，"文书"一词被应用至更多古籍之中，如地理名著《岭外代答》：

> 足加鞋袜，游于衢路，与吾人无异，但其巾可辨耳。其来投文书也，紫袍象笏，趋拜雍容。使者之来，文武官皆紫袍红鞾，通犀带，无鱼。自贡象之后，李邦正再使来钦，乃加金鱼，甚长大。其俗之轿如布囊，而使者至钦，则乘凉轿，雨晴皆用之。②

"文书"一词还被应用至律法古籍之中，《宋刑统》（全称《宋建隆重详定刑统》）是中国历史上首部刊印颁行的法典，"文书"一词也被运用其中，如："诸制书有误，不即奏闻，辄改定者，杖八十。官文书误，不请官司而改定者，笞四十。"③

在宋代志怪小说中也出现了"文书"一词，如《夷坚志》："又再拜感泣，遂收而育之，命名曰'神授'。儿性质警敏，每览读文书，一过辄忆。"④

从以上"文书"一词在两宋时期的应用情况可以看出，其在这时期的使用环境不再被其在秦汉产生初期时"诗书古籍"的含义所限制，其应用范畴在两宋时期被进一步延伸。

二、两宋"书族"文档名词

在615部宋代古籍中共出现了29个"书族"文档名词，较前时期相比新增了1个名词即"架阁文书"，2个文档名词即"书禀""赤爵衔丹书"走向消亡。（见表6-5）"书族"文档名词整体使用频次占这一时期其他各族类文档名词的21.90%。以下从其特点以及应用情况上加以说明。

---

① 佚名. 太平经 [M]. 上海：上海古籍出版社，1993：462.
② 周去非. 岭外代答 [M]. 上海：上海远东出版社，1996：32.
③ 窦仪，等. 宋刑统 [M]. 北京：中华书局，1984：157.
④ 洪迈. 夷坚志 [M]. 北京：中华书局，1981：12.

（一）"书族"文档名词的构成特点

早在先秦时期"书"单音节词的使用非常普遍，一个单音节词可以具有多种含义。"书"的义项中也包括文件、档案的含义。先秦以后各种双音节词逐渐产生，并且使用越来越广泛，尤其到了两宋时期成为主流的文档名词，出现频次仅次于"令族""文族"文档名词。"书"作为单音节词用法灵活，但是含义复杂多样，不具有专指性，而文档名词必须有一定的专业性，表意必须明确，如"书契"一般指具有凭证价值的契约类文档，所以到两宋时期"书族"双音节词得到了前所未有的发展。"书族"文档名词主要包括"书案""书簿""书诏""书典""书文""书翰""书籍""书记""书契""书奏""文书""诏书""簿书""牍书""书牍""册书""典书""架阁文书""凤凰衔书""赤雀衔丹书""事书""贤能之书"等，共29个，如表6-5所示：

表6-5 两宋时期"书族"文档名词汇总表

族别	名词	消亡名词	新增名词	名词总数
书族	书案、书簿、书诏、书典、书文、书翰、书籍、书记、书契、书奏、文书、诏书、簿书、牍书、书牍、册书、典书、架阁文书、凤凰衔书、赤雀衔丹书、事书、贤能之书、判书、契书、券书、奏书、书函、图书、架阁文书	书稟、赤爵衔丹书	架阁文书	29

第一，从文档名词的内涵上看，"书族"文档名词具有广义性，主要表现在两个方面：一是文档名词的内涵本身，二是通过文档名词的使用频次间接反映出其广义性的特点。例如"文书"一词，与文档类相关的含义就有文字图籍、公文、案牍、字据、契约，从事书信、公文工作的人等。词义丰富的名词一般使用频率也较高，"文书"一词在两宋文献中共出现989次，是使用频率

较高的文档名词，并且自产生起就一直使用至今，具有很好的延续性。从内涵发展上来看，有些"书族"文档名词在两宋时期产生了概念的外延缩小或扩大的变化。外延缩小的变为特指，外延扩大的变为泛指，如"书籍"从原来的图籍、书册的含义，扩大到了如今的"装订成册的图书和文字"。

第二，从文档名词的构成上看，"书族"文档名词大部分属于并列式。当意义复杂的单音节词以某个相同的意义组合在一起后，意义变得单一且明确。名词与名词并列如"簿书""书奏""书契""书籍""书翰""书案"等，动词与动词并列的如"书禀""书记"。另外还有偏正式结构的名词，如"文书""诏书"。有些复音词在发展过程中改变了词性，由动词性词组变为指物的名词，这种情况以动宾式结构的名词居多，如"书诏""书文"。

第三，将两宋时期文档名词的内涵与构成结合起来分析，与单音节词"书"共同组成新词的另一词素都具有较为丰富的内涵，表达不同的含义。在组词时，"书"置于组合词的前面时，多为书写、记录之义，是动词；置于组合词的后面时，多指记录文字等信息符号的物质载体形态，是名词。[①]有些词素表明了文档的物质载体形式，如"书牍""书案"；有些表明了文档的外部表现形态，如"书籍""簿书"；有些大致表示文件的内容，如"文书""诏书"；还有些词素表明文档活动的过程，如"书记"。这种组合而成的双音节词使得文档名词表达的意思更加明确，概念更加具体。

（二）"书族"文档名词在两宋时期的应用

从文档名词使用情况上看，两宋时期"书族"文档名词中的多数名词都达到了使用次数的高峰阶段，如"诏书""簿书""书奏"等词。其中"诏书"一词总计出现了5980次：汉（83）、两晋南北朝（239）、隋唐五代（580）、两宋（2118）、元（520）、明（453）、清（1987）；"簿书"一词总计出现了2060次：汉（22）、两晋南北朝（14）、隋唐五代（177）、两宋（877）、元（183）、明（227）、清（560）；"书奏"一词总计出现了537次：汉

---

① 丁海斌，吴晓菲. 隋唐时期文档名词研究［J］. 档案，2014（11）：11.

（18）、两晋南北朝（17）、隋唐五代（92）、两宋（213）、元（73）、明（19）、清（105）。这些具有官府公文含义的"书族"文档名词在宋代均达到了使用次数的最高峰，体现了两宋时期以文官政治巩固古代皇权的政治特点。表6-6为两宋"书族"文档名词使用情况。

表6-6 两宋"书族"文档名词使用情况

名词	次数	频次	名词	次数	频次	名词	次数	频次
诏书	2118	3.444	书牍	33	0.054	牍书	8	0.013
文书	989	1.608	册书	30	0.049	书典	5	0.008
簿书	877	1.426	典书	29	0.047	书簿	4	0.007
书奏	213	0.346	书文	21	0.034	凤凰衔书	4	0.007
书籍	133	0.216	图书	19	0.031	书记	3	0.005
书契	89	0.145	贤能之书	15	0.024	事书	2	0.003
书诏	88	0.143	书案	12	0.020			
书翰	36	0.059	架阁文书	10	0.016			

两宋"书族"文档名词较其他族类名词总体而言普遍出现次数比较多，从频次角度而言，比较突出的文档名词"诏书""文书""簿书"频次超过1，其他在两宋时期均为低频词。但与其他族类比较，"书族"文档名词还是古文献中使用最为普遍的。"架阁文书"虽在宋朝刚开始出现，但是其出现次数高于同时期出现的名词，可见，新增名词也在两宋时期被熟悉使用。

（三）重要"书族"文档名词介绍

两宋时期的"书族"文档名词有"文书""诏书""书契""书奏""书籍""书文""簿书""书记""书牍""书案""书诏""书簿""书禀""书典""书翰"等。"诏书"和"文书"两词的使用次数和频次均为族内最高，是中国古代较为常用的文档名词。本书选取这两个词做主要介绍。

1.诏书

"诏"，从言从召，召亦声，会意兼形声字。"言"是言论，"召"是召唤。本义是告知，告诉。先秦没有此字，秦汉才出现，多用于上告下，因此，

"诏书"是一种下行文。"诏书"是专指性文档名词，自出现起含义就十分明确，意为皇帝颁发的命令，是帝王的专用文书。该词总计出现了2118次，是两宋时期"书族"文档名词使用频次最高的，"诏书"一词的使用量巨大，使用频次极高，体现了中国古代皇权的崇高地位。

该词最早出现于汉代，南北朝开始已经被广泛使用并固化下来，并在以后的封建时代贯穿始终，是族内连续性最强的名词之一。宋代和清代是其使用量的两个高峰，这与两宋时期君权不断巩固的历史背景书息息相关的。如《癸辛杂识》：

> 余终未之信也。及三月十七日，诏书到杭，改元大德。①

2.书契

"书契"一词在两宋时期总计出现了89次，"书契"早在先秦时期就已产生，从它的本义来看，它与当时以简牍为主要书写载体的原始生活密切联系在一起。"书契"一词具有两个含义，一是可用来指文字，二是带有文档含义的"书契"是指契约之类的文书凭证，很少出现其他含义。这是它最符合表示文书、档案类含义的用法。如《文房四谱》中所载：

> 昔苍颉创业，翰墨作用，书契兴焉。夫制作上圣则宪者，莫先于笔。详原其所由，究察其成功，铄乎焕乎，弗可尚矣！②

三、两宋"案族"文档名词

（一）"案族"文档名词的构成特点

"案族"文档名词的基本构词要素——"案"是汉语中最早出现的文字之一，出现于先秦时期，本义指长方形的桌子，如书案、案几。"案"字早在《周礼》中就已经常出现，其后各朝代的历史文献中均有频繁的使用，是起源较早并延续至今的汉字之一。两宋时期"案族"文档名词的具体构成如表6–7所示。

---

① 周密. 癸辛杂识 [M]. 北京：中华书局，1988：225.
② 宋易简，等. 文房四谱（外十二种）[M]. 上海：上海古籍出版社，1991：19.

表6-7 两宋时期"案族"文档名词汇总表

族别	名词	消亡名词	新增名词	名词总数
案族	书案、案牒、案卷、案记、文案、簿案、案牍	案牒	无	7

第一，"案"字在后世的使用过程中含义不断被引申，指记事的或储存备查的文件。具体来说有以下几种含义：官府处理公事的文书、成例和狱讼判定的结论等，指榜、告示，关于计划、办法、建议等的文件，官署的部门或单位，指涉及法律或政治的事件等。"案族"文档名词的特殊内涵与指代多与上述含义有关。后来经过不断发展，"案"也开始出现了很多做动词的用法。在古文中，"案"通"按"。"案"作动词，有检索、查阅的意思。还有非常丰富的动词含义，如依据、按照、查考、考核、查办、审理等。在古代文献中，其他常见的用法有"案曰""案验"等。

第二，从构词结构上来看，"案族"文档名词大部分属于并列式。并列式是"案族"文档名词的主要构词形式，具体表现为名词与名词并列，如"案牍""案卷""案牒"等。在双音节词中"案"字可以居前也可居后，其内涵各有不同。与"案"组合的另一单音节词，或表明文档的物质载体形式，如"案牍""案牒"；或表明文档的外部表现形态，如"案卷"；或表示文档的内容，如"文案""书案"。

第三，从文档名词的内涵上来看，"案"在先秦时期尚未出现文档义项。根据检索数据，"案"这一单音节词单独作为文档名词使用的用法较为少见，主要是和其他单音节词共同构成双音节词表示其文档含义，最早的双音节"案族"文档名词是见于汉代的"文案"一词。在后世的发展演变过程中，又逐渐产生了"案牍""案卷"等双音节文档名词。"案族"文档名词主要包括"书案""案牒""案卷""案记""文案""簿案""案牍"共7个文档名词。少量双音节"案族"文档名词在内涵上具有通用性，如"案牍"，而多数的表意较为明确，专指性强。"案族"文档名词多有侧重点，即特指某一具体类别的文档，如"案牒"专指官署的文书簿册。

　　此外，"案族"文档名词还可与其他名词共同构成各种官职名称，这些官员一般为负责执掌文案工作的文官，如：提控案牍、提领案牍、照略案牍、尚书案奏、尚书案事、礼制书案、奉制书案、引制书案、奉行书案等。

（二）"案族"文档名词在两宋时期的应用

　　从文档名词的使用情况上看，两宋时期的"案族"文档名词较其他族类的名词相比在名词个数与使用次数上均少于其他族类。

　　如表6-8所示，两宋时期"案族"文档名词出现了使用频次的小高峰，较其他时期相比频次变化小。另外，这一时期"案族"文档名词的数量较少，整体还处于正在发展的状态，还没有步入"案族"文档名词的最繁荣阶段。

表6-8　两宋"案族"文档名词使用情况

名词	书案	案牒	案卷	案记	文案	簿案	案牍
频次	0.020	0.023	0.049	0.011	0.275	0.008	0.159
次数	12	14	30	7	169	5	98

　　从图6-3数据可以发现，两宋"案族"文档名词较其他族类名词总体而言普遍出现次数不是很多，仅有的7个名词从频次角度而言，大多数都是低频词，频次都未超过1。其中，"案牒"始于两宋时期。

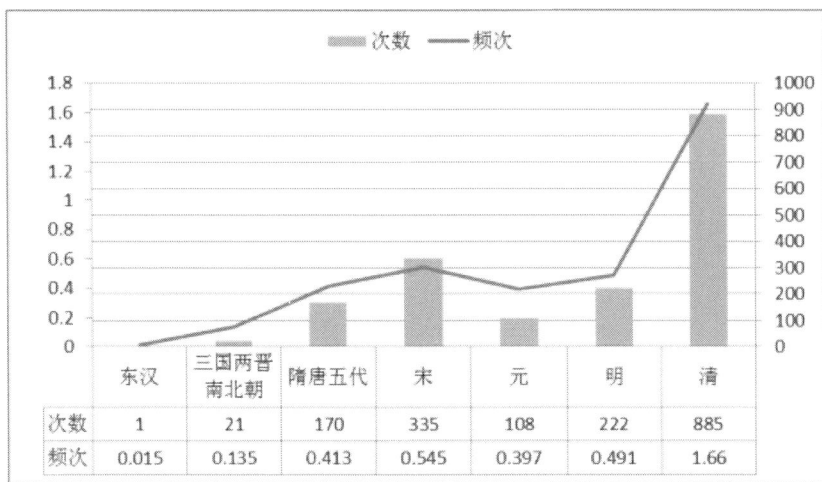

	东汉	三国两晋南北朝	隋唐五代	宋	元	明	清
次数	1	21	170	335	108	222	885
频次	0.015	0.135	0.413	0.545	0.397	0.491	1.66

图6-3　"案族"文档名词各朝代使用频次及次数统计图

（三）重要"案族"文档名词介绍

以下将从两宋时期"案族"的7个文档名词中选取其中使用较为普遍且出现次数与使用频次均较高的名词作为主要介绍。

1.文案

"文案"亦作"文按"，最普遍使用的含义为公文案卷。"文案"一词在两宋总计出现了169次，是"案族"中出现次数最多的文档名词，"文案"一词最先出现于东汉的《太平经》。

"文案"是较为常见的文档名词，从汉代以后便一直为后世使用，在使用时间上具有连续性，在使用范围上具有普遍性。两宋继承了唐代对"文案"一词的使用习惯，一般指官府公文及图书账册，作为专门档案，也有议事文件、刑事档案、诉讼档案、断狱规定等的含义，词语的专业性进一步加强，如：

> 望自今议事，……先以所议文案送翰林及两省官看详三日，送御史台、尚书省各三日，令各为议。①

在宋代，"文案"一词的档案含义基本丧失，并且与现代汉语里"文案"的意义也不大相同，主要指官府公文。如：

> 诏问朝臣以政之损益，司徒左长史傅咸上书，以为："公私不足，由设官太多。旧都督有四，今并监军乃盈于十；禹分九州，今之刺史几向一倍；户口比汉十分之一，而置郡县更多；虚立军府，动有百数，而无益宿卫；五等诸侯，坐置官属；诸所廪给，皆出百姓。此其所以困乏者也。当今之急，在于并官息役，上下务农而已。"咸，玄之子也。时又议省州、郡、县半吏以赴农功，中书监荀勖以为："省吏不如省官，省官不如省事，省事不如清心。昔萧、曹相汉，载其清静，民以宁壹，所谓清心也。抑浮说，简文案，略细苛，宥小失，有好变常以徼利者，必行其诛，所谓省事也。以九寺并尚书，兰台付三府；所谓省官也。若直作大例，凡天下之吏皆减其半，恐文武众官，郡国职业，剧易不同，不可以一概施之。若

---

① 李焘. 续资治通鉴长编：第3册［M］. 北京：中华书局，1979：548.

有旷阙，皆须更复，或激而滋繁，亦不可不重也。"①

"文案"还有另一个含义，也指旧时衙门里草拟文牍、掌管档案的幕僚，其地位比一般属吏高。到了明代，通俗小说中已多次出现"文案"一词，说明该词的使用经过发展已经较为口语化，贴近社会生活，并广泛使用于社会各领域。

2.案牍

"案牍"一词在各时期的使用情况如下：两晋南北朝（2）、隋唐五代（57）、两宋（98）、元（76）、明（93）、清（318），总计出现了644次。案牍，指公事文书，官府文书。它与相关的"文书""卷牍""文案""文牍""案卷"等一样，是使用广泛的文档名词。"案牍"一词一般用于表述文档及文档工作，专指性强，较少使用于其他领域。

"案牍"首次出现于南北朝，但该词在南北朝时期只是零星出现，还没有形成规模。自唐代开始，"案牍"一词使用较多，宋代延续了前朝对该词的使用习惯，使用频率也较高。"案牍"一词除泛指官府公文、档案以外，也可以用来指代专门档案，一般为刑狱案件、诉讼档案，如："诏天下州府断狱，先于案牍之上坐所该律令、格式及新敕，然后区分。"②

四、两宋"卷族"文档名词

（一）"卷族"文档名词的构成特点

两宋"卷族"名词包括"文卷""案卷""卷册""卷牍"4个文档名词。（见表6-9）"卷族"文档名词较其他族类文档名词起步比较晚，隋唐五代时期，"文卷"一词的出现，是以后"卷族"文档名词出现的开端。"卷"在此族名词中用来指代记录文字的载体形态。在两宋时期，"卷族"文档名词种类逐渐增多，但是不如其他族类名词增长幅度大。少数名词在文献中出现

① 司马光. 资治通鉴 [M]. 郑州：中州古籍出版社，2003：773.
② 薛居正，等. 旧五代史 [M]. 北京：中华书局，1976：580.

次数较多，但大多数使用频率极低。并且"卷族"名词基本应用于比较正式的事务当中，专指性比较明显。因此，"卷族"文档名词有着历史时间短、数量少、使用频率低、使用范围小的特点。

从文档名词的构成上看，"卷族"文档名词呈现出组合形式多样化的特征，与其组合者有文字"文"，有载体"牍""案""册"等，"卷"字在合成词中的排列也有前有后，但"卷"字前置者居多。

表6-9 两宋时期"卷族"文档名词汇总表

族别	名词	消亡名词	新增名词	名词总数
卷族	文卷、案卷、卷册、卷牍	无	卷牍	4

从文档名词的内涵上看，单音节文档名词"卷"有以下两种含义：一、书本。古时书籍写在帛或纸上，卷起来收藏，因此书籍的数量论卷，一部书可以分成若干卷，每卷的文字自成起讫，后代仍用来指全书的一部分。二、卷子。机关里保存的文件。组合后的"卷族"名词的含义有"文件""档案""公文奏章""登记簿"等。

（二）"卷族"文档名词在两宋时期的应用

从文档名词的应用上看，如图6-4所示，整体上无论是从文档名词的出现次数还是在使用频次上"卷族"文档名词均低于其他族类。两宋时期的"卷族"文档名词中仅有"文卷"一词的使用频次高于0.1，属于低频词汇，其余的"案卷""卷册""卷牍"三词的使用频次均低于0.1，属于极低频次。其中，"卷牍"一词为这一时期的新增词汇，使用频次仅为0.002。

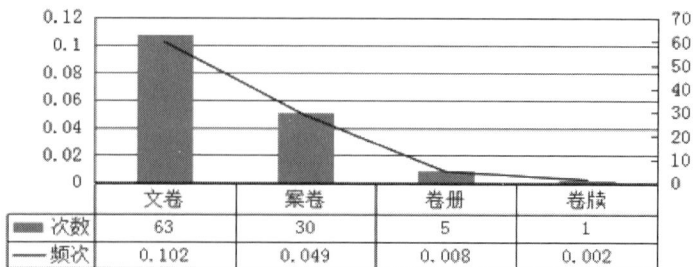

	文卷	案卷	卷册	卷牍
次数	63	30	5	1
频次	0.102	0.049	0.008	0.002

图6-4 两宋"卷族"文档名词使用次数与频次汇总表

（三）重要"卷族"文档名词介绍

1.文卷

在统计的宋代615部文献中，共出现63处"文卷"一词，自隋唐五代开始"文卷"一词就开始使用，到了宋代出现次数较隋唐有所增加。但在正史中出现的次数极少，这说明在宋代"文卷"一词并不属于通用的官方语言。结合隋唐"文卷"一词出现较多的情况分析，可见，"文卷"一词在当时的使用次数处于下降状态，且在正史语言中的应用较为少见，生活化气息明显。鉴于"文卷"一词自"卷族"产生就开始使用且为贯穿整个"卷族"发展始终的通用性文档名词，本书以较有代表性的"文卷"一词为例做主要介绍。

"文卷"一词表示一般意义的档案含义情况较为少见，但宋代仍有此种现象存在。

至宋代，"文卷"一词多指文章、卷子的合称，如：

> 牛僧孺将赴举时，投贽于刘梦得，对客展读，飞笔涂窜其文。居三十年，梦得守汝，牛出镇汉南，枉道汝水，驻旌信宿。酒酣，赠诗于梦得曰："粉署为郎二十春，向来名辈更无人。休论世上升沉事，且斗尊前见在身，珠玉会应成咳唾，山川犹觉露精神。莫嫌恃酒轻言语，曾把文章谒后尘。"梦得方悟往年改文卷之事，和答云："昔年曾忝汉朝臣，晚岁空余老病身。初见相如成赋日，后为丞相倚门人。追思往事咨嗟久，幸喜清风语笑频。犹有当时旧冠剑，待公三日拂埃尘。"[①]

> 李翱尚书牧江淮郡日，进士卢储投卷来谒，李礼待之。置文卷几案间，赴公字视事。长女及笄，见文，寻绎数四，谓小青曰："此人必为状头。"李公闻之，深异其语，乃慕为婿。来年，果状头及第，才过殿试，径赴佳姻，《催妆诗》曰："昔年将去玉京游，第一仙人许状头。今日已成秦晋会，早教鸾凤下妆楼。"卢止官舍，迎内子入庭，花开，乃题诗

---

① 阮阅. 诗话总龟：第1册 [M]. 北京：人民文学出版社，1987：166.

日："芍药斩新栽，当庭欲朵开。东风与拘束，留待细君来。"①

2.卷册

"卷册"一词在各时期有着不同的内涵，在其整个发展演变过程中，主要有三种含义：数量单位，文档，文献资料。

"卷册"在古文献中一小部分指代文档类事物的数量单位，并且从元朝开始就具备数量单位的含义。司马光《传家集》云：

> 近据中书门下后省修成尚书六曹条贯，共计三千六百九十四册，寺监在外。又据编修诸司敕式所申，修到敕令格式一千余卷册。②

可见，"卷册"在文中指代文档类事物的数量单位。

五、两宋"牍族"文档名词

（一）"牍族"文档名词的构成特点

"牍"字从古代产生开始就具有书写材料的意义。"牍"在出现的名词中可以引申为记录文字的载体，并延伸出公文、档案等含义。两宋时期"牍族"文档名词主要包括"案牍""牍书""笞牍"等19个文档名词，"牍族"文档名词除单音节词"牍"外，其余皆为双音节词，如表6-10所示。

表6-10　两宋时期"牍族"文档名词汇总表

族别	名词	消亡名词	新增名词	名词总数
牍族	案牍、牍书、笞牍、公牍、官牍、函牍、简牍、卷牍、书牍、文牍、尺牍、奏牍、篇牍、禀牍、讼牍、连牍、札牍、荐牍、吏牍	牍聿、篚牍、瓯牍	官牍、函牍、卷牍、文牍、禀牍、荐牍	19

① 阮阅. 诗话总龟：第1册 [M]. 北京：人民文学出版社，1987：245.

② 司马光. 司马文正公传家集 [M]. 上海：商务印书馆，1937：675.

（二）"牍族"文档名词在两宋时期的应用

两宋时期"牍族"文档名词的应用情况相对于整个古代"牍族"文档名词的发展演变过程来看，处于中间繁荣期。在清代族类名词使用频次都达到高峰以前，仅有两宋时期的"牍族"文档名词的使用频次达到了1以上，宋代是"牍族"文档名词使用多、发展较为繁荣的阶段。

从表6-11的数据可以看出，两宋时期的"牍族"文档名词大多数都是低频词，仅有少数频次高于0.1。两宋时期的"牍族"文档名词汇总数仅低于清朝，说明"牍族"文档名词随着宋代文化的急剧发展，也得到了一定的认同、发展及推广。

表6-11 两宋"牍族"文档名词汇总表

名词	次数	频次	名词	次数	频次	名词	次数	频次
案牍	98	0.159	牍书	8	0.013	竿牍	105	0.171
公牍	29	0.047	官牍	1	0.002	函牍	2	0.003
简牍	15	0.024	卷牍	1	0.002	书牍	33	0.054
文牍	32	0.052	尺牍	170	0.276	奏牍	152	0.247
篇牍	5	0.008	禀牍	1	0.002	讼牍	5	0.008
连牍	1	0.002	札牍	1	0.002	荐牍	32	0.052
吏牍	19	0.031						

（三）重要"牍族"文档名词介绍

1.案牍

"案牍"一词主要是文书、公文一类的统称，其泛指性更强一些，兼具其他文档含义。尤其需要指出的是，当"案牍"作为一种大类概念使用时，多指司法刑狱类档案。

在宋代，"案牍"最广泛的含义仍然是泛指所有文书类档案，比如：

> 六部监门在六部大门之左，凡所掌之事，隶于六部，部门受其出入之
> 时，以听上稽访。门之司存，盖至是而愈重矣。奉行列曹之命，以正胥吏
> 之失，赞长贰之惩决，以遵长官之意耳。六部架阁，其库在天水院桥，掌

六曹之文书，主二十四司之案牍，故官置库掌其架阁，皆无失误矣。①
有关司法案牍档案含义的较为普遍：

> 内飞龙使唐文扆久典禁兵，参预机密，欲去诸大臣，遣人守宫门。王宗弼等三十余人日至朝堂，不得入见，文扆屡以蜀主之命慰抚之，伺蜀主殂，即作难。遣其党内皇城使潘在迎侦察外事，在迎以其谋告宗弼等。宗弼等排闼入，言文扆之罪，以天册府掌书记崔延昌权判六军事，召太子入侍疾，丙子，贬唐文扆为眉州刺史。翰林学士承旨王保晦坐附会文扆，削官爵，流泸州。在迎，炕之子也。丙申，蜀主诏中外财赋、中书除授、诸司刑狱案牍专委庾凝绩，都城及行营军旅之事委宣徽南院使宋光嗣。②

宋代已经充分认识到了档案在司法断狱方面的重要参考作用：

> 理断公讼必二竞俱至，券证齐备，详阅案牍，是非曲直，了然于胸次，然后剖决，盖人之所见有偏，若惮案牍之繁，倦于详览，遽执偏见，自以为得其情，而辄剖决者，其过误多矣。③

2.卷牍

"卷牍"主要指文件，同时具有动名词性质，指批阅文件，谓官员从事公务。笔者检索"牍族"文档名词发现，它的含义与"案牍"极为接近，但"案牍"泛指性较强，在两宋"牍族"文档名词中使用频率高，而"卷牍"的使用频率极低，具体情况为：宋朝（1）、元朝（2）、明朝（3）和清朝（14）。初次出现在宋朝，《续资治通鉴长编》云："御史录案之甚明，自取彝刑，俄闻废命，卷牍固存，于朝论推原，岂本于妄身？"④文中"卷牍"已具有文档的意思。

① 吴自牧. 梦粱录 [M]. 杭州：浙江人民出版社，1984：74.

② 司马光. 资治通鉴 [M]. 郑州：中州古籍出版社，2003：2794.

③ 陈襄. 州县提纲 [M]. "丛书集成初编"本. 北京：中华书局，1985：13.

④ 李焘. 续资治通鉴长编：第34册 [M]. 北京：中华书局，1993：12254.

六、两宋"簿族"文档名词

（一）"簿族"文档名词的构成特点

"簿"，最早出现于战国时期，本义指记事或记账的竹简。"簿族"文档名词是简牍文化的产物，因此，产生时间略晚。两宋时期"簿族"文档名词主要包括"文簿""书簿""簿书""图簿"等31个文档名词（见表6-12）。

表6-12　两宋时期"簿族"文档名词汇总表

族别	名词	消亡名词	新增名词	名词总数
簿族	文簿、书簿、簿书、簿籍、簿领、簿子、簿历、簿记、簿状、簿案、簿牒、簿钞、官簿、黄簿、班簿、选簿、名簿、版簿、对簿、上簿、讯簿、军簿、兵簿、战簿、校簿、候簿、门簿、青簿、疏簿、典簿、图簿	阙簿、簿最、收簿、帑簿	簿子、簿牒、簿钞、门簿、青簿、疏簿、典簿	31

该族类名词以"簿"字为主字陆续形成多组双音节词，如簿书、簿籍、文簿等，两宋时期的"簿族"文档名词呈现以下特点：

第一，具有特定的构成词素。"簿族"文档名词主要有两种组成方式：第一种是"簿"字在前，表示文件、文章、记录等含义，其后为表示载体的单音节词，如"书""状""案""牒""籍"等；第二种是"簿"字在后，主要指代载体，通常是书本和小册子，其前则主要是指记录符号即文字，如"文""书"等。第一种方式构成的文档名词多为通用性文档名词，适用范围较广，如"簿书""簿籍""簿领"等文档名词；而第二种方式构成的文档名词一般是专指性文档名词，其专指性较强，具有特定方面的意义，如"名簿""版簿""候簿"等文档名词。

第二，族类文档名词数量较多。本书中提及的两宋"簿族"文档名词总计包括31个，相对于同一时期的其他族类文档名词如"卷族""书族""牍族"

等族类来说，其数量是很可观的。

第三，专业化程度越来越高。本书根据文档名词自身的含义和其应用领域将其划分为通用性文档名词和专指性文档名词，从其各自出现的时间来看，通用性文档名词在隋唐五代时期已经全部出现完毕，而专指性文档名词则是在两宋时期才集结完毕，在两宋时期的这一发展节点说明其专指程度越来越强。

第四，历史连续性强。"簿族"文档名词最早出现于先秦时期，然后一直延续到清朝时期，在这历史期间，"簿族"文档名词从未缺席，一直活跃在历史的舞台上。

第五，文档名词含义较为丰富，不仅表示簿册文书之意，还表示履历、资历、考核、户籍、战绩等多种文档含义。与之对应，其适用范围也涉及政治、经济、文化、法律、军事、宗教、人文地理等方方面面。

（二）"簿族"文档名词在两宋的应用

"簿族"文档名词在两宋时期的使用数量较多，除了个别名词如"簿书""名簿""版簿""对簿""上簿"以外，其他各个名词在两宋时期的使用情况较为平均且使用频次较低，但应用领域广泛，使用范围涉及政治、经济、文化、法律、军事、人文地理等方方面面。

表6—13将宋代"簿族"文档名词按照频次的高低进行统计，从频次上看，"簿族"文档名词中频次超过1的仅有1个即"簿书"。"簿籍""文簿""上簿""班簿"使用频次在0.1—1之间，为低频词，其余26个"簿族"文档名词的使用频次均在0.1以下，为极低频词。从文档名词的数量演变上看，从先秦开始"簿族"文档名词经历了一个快速发展期，到两宋时期达到高峰。

表6-13　两宋"簿族"文档名词汇总表

名词	次数	频次	名词	次数	频次	名词	次数	频次	名词	次数	频次
簿书	877	1.426	名簿	22	0.036	簿状	7	0.011	讯簿	2	0.003
簿籍	94	0.153	对簿	21	0.034	簿子	5	0.008	军簿	2	0.003
文簿	82	0.133	簿记	16	0.026	簿案	5	0.008	门簿	2	0.003
上簿	79	0.128	版簿	12	0.020	簿钞	5	0.008	战簿	1	0.002
班簿	76	0.124	黄簿	8	0.013	书簿	4	0.007	青簿	1	0.002
官簿	61	0.099	兵簿	8	0.013	候簿	4	0.007	校簿	1	0.002
簿历	60	0.098	典簿	8	0.013	簿牒	3	0.005	疏簿	1	0.002
簿领	43	0.070	选簿	7	0.011	图簿	3	0.005			

（三）重要"簿族"文档名词介绍

在"簿族"文档名词中通用性文档名词共出现1520次，总出现频次为2.473，从整体上看两宋时期的"簿族"文档名词中通用性文档名词的使用数量与专指性文档名词相比更为突出。本书选取使用频次较高的"簿书""簿籍""文簿"三个"簿族"文档名词做主要介绍。

1.簿书

"簿书"出现频率较高，总计出现了877次，在古文献中使用范围很广。如图6-5所示，宋代"簿书"一词在出现次数和使用频次上均达到了最高峰。

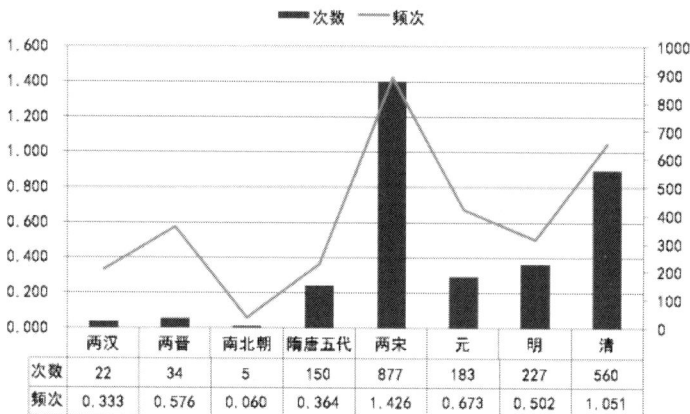

	两汉	两晋	南北朝	隋唐五代	两宋	元	明	清
次数	22	34	5	150	877	183	227	560
频次	0.333	0.576	0.060	0.364	1.426	0.673	0.502	1.051

图6-5　"簿书"文档名词的出现次数及使用频次统计图

在古代汉语中，"簿书"一词既是一种专指性文档名词，指簿册、文档职官等；也是一种具有宏观文档含义的名词，等同于文书、档案。具体如下：

第一，指记录财物出纳的簿册。《周礼·天官·小宰》言："八曰听出入以要会。"注曰："要会，谓计最之簿书。"①说明汉代已有意义明确的"簿书"一词，并且由此出现了与财务出纳工作相关的一种特定的官职名称，如《唐会要》载："中书门下皆立簿书，谓之'具员'，取其年课。"②

第二，指官署中的文书簿册。《汉书·贾谊传》中记载："而大臣特以簿书不报，期会之间，以为大故。"③即是这个意思。

第三，义同今义"档案"，具有查考备用的功能。如"不置簿书，则无所稽考"④中的"簿书"一词即体现了其查考备用对于固国安邦的重要性。

第四，义同今"公文"，主要指官府之间的公文往来。如"人君惟生杀柄不以假人，至簿书期会，宜责有司"⑤中的"簿书"一词已经同"文书"互通，表达政府公文之意。

从图6-5来看："簿书"一词最早出现于汉朝时期，但是出现的频率较低。到了两晋时期，"簿书"一词的使用次数有小幅度的上升。但到了南北朝时期，出现了一个很大幅度的下降趋势，并且与历代相比均处于最低点。而其后使用次数呈现出一个上升趋势，并在宋代达到了顶峰时期，总计出现了800余次。"簿书"在元朝的使用频次大幅下落，接近汉晋的水平，至明、清迅速回升，到了清朝又出现了一个小高峰，但仍未超过两宋的水平。

2.簿籍

"簿籍"一词总计出现413次：汉（3）、晋（1）、南北朝（4）、隋唐五代（51）、宋（94）、元（53）、明（75）、清（132）。其出现次数仅约为

①　孙诒让. 周礼正义［M］. 北京：中华书局，1987：167.

②　王溥. 唐会要［M］. 新1版. 上海：上海古籍出版社，2006：1088.

③　班固. 汉书［M］. 北京：中华书局，1962：2244—2245.

④　丘濬. 大学衍义补［M］. 北京：京华出版社，1999：162.

⑤　欧阳修，宋祁. 新唐书［M］. 北京：中华书局，1975：4209.

"簿书"一词的四分之一，但是在整个"簿族"文档名词中其使用次数和频次位居第二。

在古代汉语释义中，"簿籍"主要是指登记、书写所用时所用的册籍。如户口簿、军队名册、账簿等。在我国古代文档名词的分工领域中，"簿籍"一词多与户口籍贯、土地凭证等有关。"簿籍"一词作为文档名词比较常见，可见其语言生命力顽强，而其含义也十分丰富。

第一，广义簿籍，类似于"文书"一词，具有一定意义的通用性，被当作是官府档案的统称。广义簿籍之意出现次数较多，约占半数。如"寺司合有簿籍"①指代此意。

第二，财务簿籍，主要表示登记财务的账册之意，多出现在财务管理方面。

第三，赋役簿籍，在古代，赋役簿籍又被称为籍帐，或"版籍""图籍"。赋役簿籍内容繁多，是朝廷向民众征派赋役的主要依据，也是国家沟通社会的主要纽带之一。

第四，土地簿籍，由于土地是中国古代乡村社会最主要的生产资料，也是政府征派赋役的主要参照，因此土地簿籍是比较常见的。

第五，人事簿籍，为了使统治者更好地对群众进行控制，因此人事簿籍显得十分普遍而重要。如"掖廷局掌宫人簿籍"中的"簿籍"即是此意。

"簿籍"是在"簿族"文档名词中使用次数和使用频次较高的一个文档名词，并从宋朝时期开始一直稳定持续发展到清朝时期，可见其具有历史延续性。

3.文簿

"文簿"一词总计出现346次：南北朝（11）、唐（61）、宋（82）、元（39）、明（86）、清（67）；使用频次为0.134，仅次于"簿籍"一词，因此，"文簿"在"簿族"文档名词中也具有重要地位。并且"文簿"是为数不

---

① 薛居正，等. 旧五代史［M］. 北京：中华书局，1976：1941.

多的"簿"字在后表示记载某种信息载体的通用性文档名词。

"文簿"一词中，"文"主要是指文字、文章等可以记载在某种载体之上以显现出来供人们识别的指代某种信息内涵的记录符号；"簿"主要是指代可供记录的载体，如本子、册子等。"文簿"总的来说主要是指文册簿籍之意，具有通用性质。

"文簿"有多种含义：第一，广义文簿，义同今义"档案"，具有日后查考备用之意。第二，财务管理，主要用于财务使用情况的记录方面。第三，公文簿册，用于官府官吏之间，此为其最早所具有的内涵。第四，记录各位官员姓名的点名册，如："或於御前简阅，虽三五千人，邑多不执文簿，暗唱官位姓名，未常谬误。"[①]第五，指公告，如："及疾笃，敕台省府署文簿求白鱼以为药，外始知之。"[②]

"文簿"一词最先出现于两晋时期，并且一直延续到清朝时期，其间从未出现断代情况，具有十分强大的继承和传承性。"文簿"一词使用时间长，使用次数多，适用范围广，在中国古代"簿族"文档名词研究领域中占据了其价值所对应的重要地位。

七、两宋"籍族"文档名词

（一）"籍族"文档名词的构成特点

"籍"，最早出现于先秦战国时期，本义即是登记册、户口册。"籍"字表示其文档含义最先出现于先秦战国时期，《周礼》中有"掌讶掌邦国之等籍，以待宾客"，其中的"籍"即礼籍、簿籍之意。该族类文档名词以"籍"字为主字，多组成双音节词。两宋时期"籍族"文档名词主要包括"书籍""簿籍""载籍""户籍""黄籍""法籍""册籍""籍册""典籍""图籍""籍图""鱼鳞图籍""文籍""礼籍"14个文档名词（见表

---

①　李百药. 北齐书［M］. 北京：中华书局，1972：530.

②　李延寿. 南史［M］. 北京：中华书局，1975：146.

6-14）。

表6-14　两宋时期"籍族"文档名词汇总表

族别	名词	消亡名词	新增名词	名词总数
籍族	书籍、簿籍、载籍、户籍、黄籍、法籍、册籍、籍册、典籍、图籍、籍图、鱼鳞图籍、礼籍、文籍	籍帐	册籍、籍册、籍图、鱼鳞图籍	14

　　"籍族"文档名词的含义都较为广泛，主要可以分为以下几个方面：一是指图书簿册等最原始的含义；二是特指某一方面，如"户籍"和"黄籍"主要指户口方面的登记造册；三是指其他方面，如文章、货币、才华等意思。从整体意义上来看，即可简单地分为文档含义和非文档含义，本书主要研究其文档含义。

　　"籍族"文档名词以"籍"字为主字，组词时都以"籍"字居前或居后。"籍"族名词的组成方式均是由"籍"＋表示载体功能的汉字构成，相关汉字为"册""图"等。"籍"字在前表示文件、文章、记录等含义，"籍"字在后主要作为载体使用，通常是书本和小册子。根据中文构词法的规律，该族文档名词中的名词结构主要有：首先，多数名词是偏正结构，如"户籍"等。其次也存在其他类型的名词，如"籍图"和"籍册"，它们属于并列名词。

（二）"籍族"文档名词在两宋时期的应用

　　从表6-15数据可知，"籍族"文档名词中"载籍"出现次数最多，其次是"文籍""书籍"。"籍族"文档名词随着历史的演进，其出现的名词数量基本成正相关平稳增长趋势。具体而言，先秦、秦汉到两宋，处于快速发展期，不断地产生新的名词；而两宋以后，则处于平稳发展的趋势，不再有新的名词产生。

表6-15　　"籍族"文档名词两宋时期的使用情况

名词	次数	频次	名词	次数	频次	名词	次数	频次	名词	次数	频次
载籍	243	0.395	图籍	91	0.148	礼籍	9	0.015	册籍	2	0.003
文籍	134	0.218	户籍	85	0.138	黄籍	7	0.011	鱼鳞图籍	1	0.002
书籍	133	0.216	法籍	10	0.016	籍图	4	0.007			
簿籍	94	0.153	典籍	9	0.015	籍册	3	0.005			

（三）重要"籍族"文档名词介绍

从"籍族"文档名词的数量上看，该族类相对于"文族""书族"等数量较少，共14个名词，本书选取使用频次较前的两个名词加以介绍。

1.簿籍

"簿籍"一词的使用频次虽不是位居全部"籍族"文档名词的首位，但其应用范围与"载籍"相比更为广泛。在我国古代档案名词的分工领域中，"簿籍"一词多与户口籍贯、土地凭证等有关。在宋代，"簿籍"既是政府管理、财税征收的可靠依据，同时也可以当作身份凭证，还是官员晋升或贵族阶层免纳赋税徭役特权的依据，在发生纠纷的时候，也经常被当作司法官吏裁决纠纷的法律证据。

"簿籍"在司法实践中应用较多。通过对宋代文献考查可以发现，虽然现实司法实践中民事证据种类繁多，但登记于官府的各类簿籍是最具权威性的一种证据类型。一般来说，簿籍由官府制作，与契约等私人文书相比，证明力相对更高，所以在司法判案中，当法官产生疑问时，往往以簿籍来对质、验证。宋代司法判案普遍地遵循着这样一个证据规则，即"出簿籍相质证"。

在宋代，"簿籍"一词与"文书""簿书""案牍"等一样，具有一定意义的通用性，被当作官府档案的统称。如：

臣等今月十九日于太常寺集，命大乐令贾峻奏王朴新法黄钟调七均，音律和谐，不相凌越。其余十一管诸调，望依新法教习，以备礼寺施用。其五郊天地、宗庙、社稷、三朝大礼，合用十二管诸调，并载唐史、《开元礼》，近代常行。广顺中，太常卿边蔚奉敕定前件祠祭朝会舞名、乐曲、歌词，寺司合有簿籍，伏恐所定与新法曲调声韵不协，请下太常寺检详校试。如或乖舛，请本寺依新法声调，别撰乐章舞曲，令歌者诵习，永为一代之法，以光六乐之书。[①]

2.户籍

在整个文档名词的发展史上，"户籍"一词总计出现了348次：先秦（3）、秦汉（1）、两晋（1）、南北朝（7）、隋唐五代（58）、两宋（85）、元（82）、明（31）、清（80）。其主要指登记户口的册籍，古时也称户版、丁籍、黄籍、籍帐。我国户籍制度建立于春秋、战国之交，并且各朝各代都有出现，一直延续至今。户籍一词专指户口籍册方面，属于一个十分重要的专指性文档名词，研究"户籍"对于了解古代的户籍制度具有十分重要的作用。

《汉书·地理志》保存了最早的全国户口记录。以后历代均定期分类审编，用以稽查人口，征课赋税，调派劳役。户籍制度到宋代时期又有了新的发展，宋代是编造五等丁户簿，重点是评估和确定户等。如《玉壶清话》中所载：

> 陛下岂不闻秦戍五岭，汉事三边，道殣相枕，户籍消减，一人失道，亿兆惟毒！然而开远夷、通绝域，必因魁杰之主，济以好事之臣。[②]

八、两宋"册族"文档名词

（一）"册族"文档名词的构成特点

"册"，指用竹木条和皮绳穿成的简册之形，本义指简册。后世在"册"字文档含义的基础上不断衍生出其他文档名词。两宋时期"册族"文档名词主要包括"卷册""册宝""册籍""册书""册文""册印""册祝""册

---

① 薛居正，等. 旧五代史 [M]. 北京：中华书局，1976：1941.
② 文莹. 玉壶清话 [M]. "唐宋史料笔记丛刊"本. 北京：中华书局，1984：5.

子""册奏""黄册""籍册""文册""祝册""典册""青册"15个文档
名词（见表6-16）。"册族"文档名词内涵广泛，涉及册立诏书类档案、祭
告类档案、户籍类档案以及谱系档案等。其中封诏类档案如"册书""册文"
等，祭告类档案如"祝册""册祝"，户籍类档案如"黄册"等。

表6-16　两宋时期"册族"文档名词汇总表

族别	名词	消亡名词	新增名词	名词总数
册族	卷册、册宝、册籍、册书、册文、册印、册祝、册子、册奏、黄册、籍册、文册、祝册、典册、青册	无	卷册、册籍、黄册、籍册、文册、青册	15

从具体构成来看，主要呈现以下特点：

第一，从词素构成上来看，"册族"文档名词除单音节文档名词"册"
外，主要由双音节文档名词组成。

第二，从组词结构来看，"册族"文档名词中的双音节名词基本上为偏
正结构。既包括由两个单音节文档名词构成的名词，如"册书""册文""册
籍""籍册"也包括"册"字作为一个辅助要素、侧重点在另一个单字上的名
词，如"祝册""册宝"等。

第三，从组词方式上来看，"册族"文档名词主要包含下几种方式：一是
采用"册"字册立诏书含义组成的名词，如"册""册书""册文""册奏"
等；二是采用其簿册含义组成的名词，如"籍册""册籍""黄册"；三是以
"册"为记录载体形成的专有名词，如"册祝""祝册"。

（二）"册族"文档名词在两宋的应用

在整个文档名词的发展史上，两宋时期的"册族"文档名词的数量整体较
少，如图6-6、6-7所示，自先秦"册族"文档名词产生直到清代，"册族"
文档名词的个数均未超过20个。就整个发展过程来看，宋代时期的使用个数为
15个，低于明代和清代。

从图6-6可以发现，"册族"文档名词中"册宝"出现次数最多，其次是

"册文""典册"。宋朝至明朝是"册族"文档名词发展的稳定期，较隋唐五代时期相比，宋代又新增了6个文档名词即"卷册""籍册""册籍""青册""文册"及"黄册"。

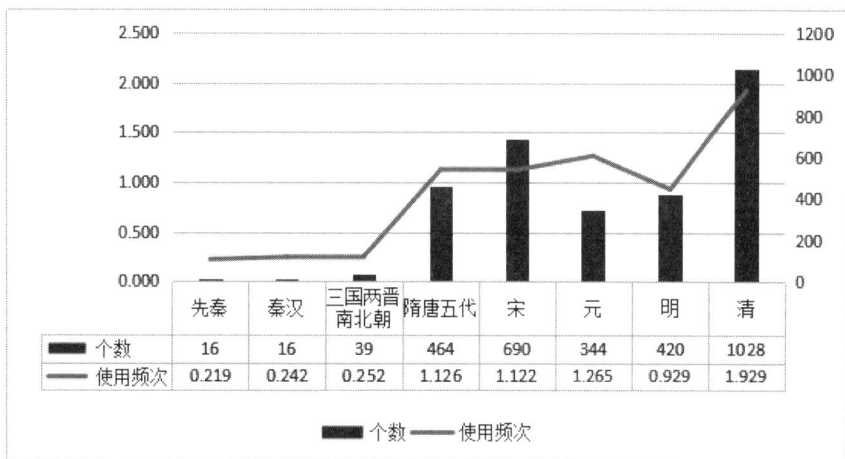

图6-6 "册族"文档在各时期的使用情况

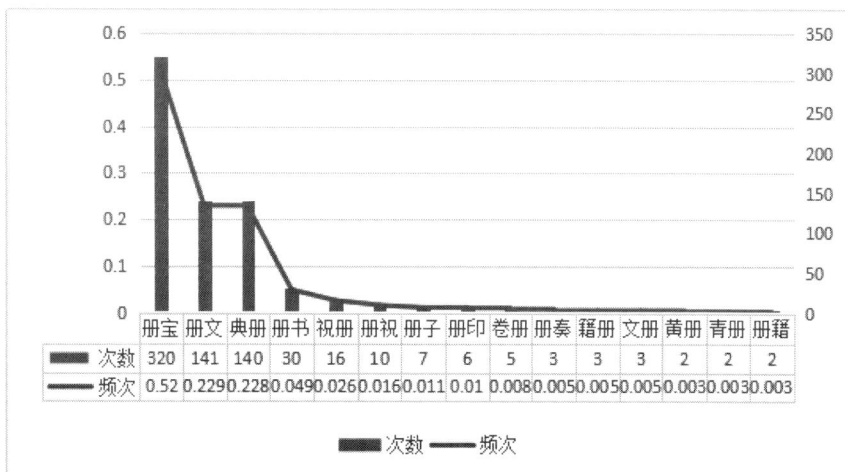

图6-7 两宋"册族"文档名词使用情况

（三）重要"册族"文档名词介绍

1.祝册与册祝

按照各文档名词含义的不同，可将中国古代"册族"文档名词加以归类合并为四大类，分别是封诏类、祭告类、簿册类和专指类。

"祝册"与"册祝"都是指写在册书上的祭告天地宗庙的祝词或写有祝词的册书，在中国古代整个封建王朝时期，出于对天地和祖先的崇拜和纪念，祭祀活动频繁，作为祭祀活动中形成的文书，"祝册"和"册祝"经常出现。从其内涵来看，这里的"册"指册书，多为一种载体，来记载祭告用的文字。如《宋史》载：

> 四年正月，车驾次巩县，罢鸣鞭及太常奏严、金吾传呼。既至，斋于永安镇行宫，太官进蔬膳。是夜，漏未尽三鼓，帝乘马，却舆辇伞扇，至安陵，素服步入司马门行奠献礼，诸陵亦然。又诣下宫。凡上宫用牲牢、祝册，有司奉事；下宫备膳羞，内臣执事，百官陪位，又诣元德太后陵奠献，别于陵西南设幄殿，祭如下宫。①

又如：

> 按唐故事，凡有事于上帝，则百神皆预遣使祭告，唯太清宫、太庙则皇帝亲行，其册祝皆曰："取某月某日有事于某所，不敢不告。"宫庙谓之"奏告"，余皆谓之"祭告"。唯有事于南郊，方为正祠。至天宝九载，乃下诏曰：'告'者，上告下之词。……②

2.黄册

"黄册"一词产生于宋代，但并未在产生之时便指代户籍簿册，而是指科举考试所备用的辅助簿书。如《送余直卿廷对》："黄册几载传，青衫今日酬。学舍丈人行，文场少年俦。"③明代及以后，它主要指户籍簿册，应用广泛且专指性极强，是中国古代重要的户籍类文档名词。

---

① 脱脱，等. 宋史 [M]. 北京：中华书局，1977：2883.

② 沈括. 梦溪笔谈 [M]. 长沙：岳麓书社，1998：1.

③ 葛绍体. 东山诗选 [M]. 清代宜秋馆刻本：177.

九、两宋"典族"文档名词

（一）"典族"文档名词的构成特点

"典族"文档名词是指含有"典"字的文档名词族类。两宋时期"典族"文档名词主要包括"文典""书典""典簿""典册""典法""典诰""典籍""典例""典谟""典契""典书""典文""典宪""典训""典则""训典""六典"17个文档名词（见表6-17）。

表6-17 两宋时期"典族"文档名词汇总表

族别	名词	消亡名词	新增名词	名词总数
典族	文典、书典、典簿、典册、典法、典诰、典籍、典例、典谟、典契、典书、典文、典宪、典训、典则、训典、六典	典誓	典契、典籍、典簿	17

从词素构成上来看，"典族"文档名词除单音节文档名词"典"外，主要由双音节文档名词组成，其中以双音节文档名词占主导地位。双音节"典族"文档名词的结构皆为偏正结构。"典族"文档名词把"典"字前置的名词居多，这里的"典"字在偏正结构中主要起修饰作用，主要是"重要的"之义；"典"字后置的较少，如文典，这里"典"的含义是其本义，而其前的单音节词起限定范围的修饰作用。"典族"文档名词的含义广泛，涉及文书档案、法律档案、朝廷文书、会计簿册、帝王册命、抵押凭证以及专门的档案职官等，法律档案类名词如"典""六典""典宪""典文""典法"，契约类文档名词如"典契"，朝廷文书类如"典册"，会计簿册类如"典簿"，文档职官类如"典书""典簿"等。

（二）"典族"文档名词在两宋的应用

如图6-8所示，两宋时期"典族"文档名词个数较少，同一族类下的名词的出现次数相差较大，出现次数最高（"六典"为407次）与最低（"典例"为2次）相差405次。"典宪""典册""典谟"三者的出现次数较为相近。该族类中仅有"典契"一词的是在两宋时期新出现的，作为后出现的文档名词其使用次数并不是最少的，"典簿"与"典例"两词的使用次数最少，仅出现了2次。

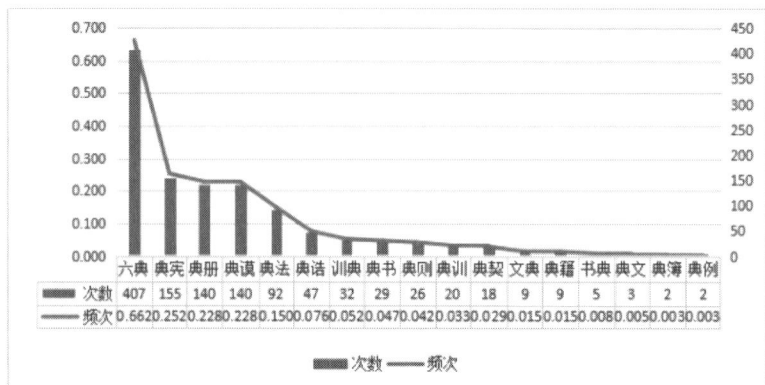

	六典	典宪	典册	典谟	典法	典诰	训典	典书	典则	典训	典契	文典	典籍	书典	典文	典簿	典例
次数	407	155	140	140	92	47	32	29	26	20	18	9	9	5	3	2	2
频次	0.662	0.252	0.228	0.228	0.150	0.076	0.052	0.047	0.042	0.033	0.029	0.015	0.015	0.008	0.005	0.003	0.003

图6-8 "典族"文档名词在两宋时期的使用情况

（三）重要"典族"文档名词介绍

1.典册

"典族"文档名词中的"典册"作为中国古代一个典型的文档名词，其早在先秦时期就已出现，并且在后世得到了较好的沿袭，除了在三国时出现短暂的空白之外，各个朝代均有提及。

"典册"（亦作"典策"）由"典"与"册"组合而成，"册"是用竹片或木片串成的竹木简，其基本含义与单音节词"典"比较接近，主要指官方重要的册籍，内涵的文档属性较强，普通文献一般不用此称呼。具体地说，首先"典册"具有朝廷重要文书的泛指性含义。其次，"典册"指记载典章制度等的重要册籍。从出现情况来看，"典册"从先秦到宋代一直呈递增的趋势，其中隋唐、宋及清是"典册"出现的高峰期。如《吴郡志》中所载："元符末，诏许中外言事。时昭慈圣献皇后既复位号，典册有未尽正者。策引古义上书，言甚切。"[1]

---

① 范成大. 吴郡志［M］. 南京：江苏古籍出版社，1999：390.

2.训典与典训

训示类"典族"文档名词主要包括"训典"与"典训"两个文档名词，二者在构词方式上虽然不同，但是两者均侧重于"训"字，都是指之前记载的相关准则性的训示。如《史记》载：

> 及夏之衰也，弃稷不务，我先王不窋用失其官，而自窜于戎狄之间。
> 不敢怠业，时序其德，遵修其绪，修其训典，朝夕恪勤，守以敦笃，奉以
> 忠信。①

从出现时间上来看，"训典"早于"典训"一词，早在先秦时期已经出现，而"典训"在汉朝文献中始有出现。从时间延续性上来看，二者的延续性都较强，自从出现之后在各个时期基本没有间断。从出现次数上来看，"训典"共出现了138次，"典训"出现了181次，其中隋唐五代、宋和清是二者共同出现的高峰期。从总频次上来看，"训典"频次为0.054，"典训"为0.070，频次均较低，如表6-18所示：

表6-18 "训典"与"典训"朝代统计表

朝代	训典		典训	
	次数	频次	次数	频次
先秦	8	0.110		
秦汉	4	0.061	10	0.152
三国两晋南北朝	12	0.142	17	0.110
隋唐五代	25	0.061	83	0.201
宋	32	0.052	20	0.033
元	5	0.018	8	0.029
明	18	0.040	6	0.013
清	24	0.045	37	0.069
总计	128	0.054	181	0.070

---

① 司马迁. 史记 [M]. 北京：中华书局，1959：135.

十、两宋"图族"文档名词

（一）"图族"文档名词的构成特点

"图族"文档名词主要是指以"图"作为主要的构成要素而组成的族类文档名词，两宋时期"图族"文档名词主要包括"地图""图表""图簿""图牒""图法""图籍""图谱""图文""籍图""鱼鳞图""鱼鳞图籍""图书"12个文档名词（见表6-19）。

从构词特点来看，除了一个单音节文档名词"图"之外，整个"图族"文档名词主要由双音节文档名词构成。从族内构成来看，其主要包括由两个单音节文档名词组成的名词，如"图牒""图簿""图表""图文"，同时也包括专指性文档名词，如"图""地图"，另外，还包括在保留了"图"字原始文档含义的基础上，后世含义出现转变的名词，如"图表""图法"。

表6-19 两宋时期"图族"文档名词汇总表

族别	名词	消亡名词	新增名词	名词总数
图族	地图、图表、图簿、图牒、图法、图籍、图谱、图文、籍图、鱼鳞图、鱼鳞图籍、图书	无	籍图、鱼鳞图、鱼鳞图籍	12

（二）"图族"文档名词在两宋的应用

如图6-9所示：两宋时期的"图族"文档名词有12个，总出现次数为463次，其中，"地图"一词在两宋时期的使用频次高达267次，占两宋时期整个"图族"文档名词总出现次数的50%以上，这12个名词中新增名词有3个，即"籍图""鱼鳞图"和"鱼鳞图籍"，三者在两宋时期出现的总次数为7次，占两宋时期"图族"文档名词总出现次数的1.512%。这一时期的"图族"文档名词应用较为广泛，涉及档案种类较多，其中地图类文档名词如"图""地图"等，户籍档案类文档名词如"图籍"，谱牒类文档名词如"图牒""图谱"。

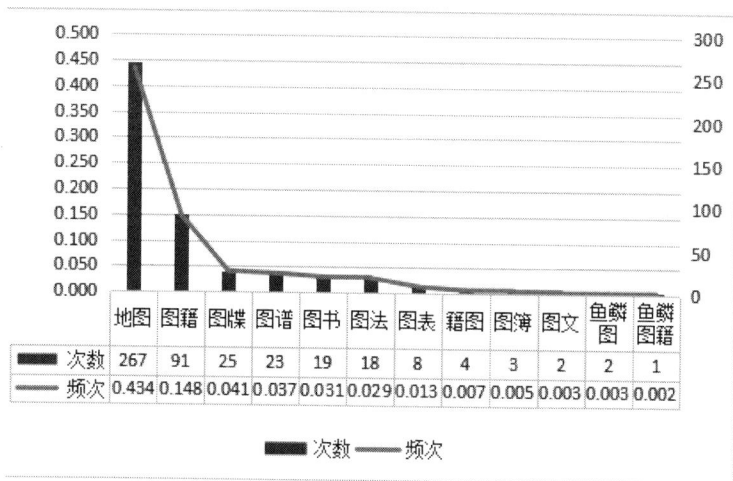

图6-9 两宋"图族"文档名词使用情况

（三）重要"图族"文档名词介绍

1.图表

"图族"文档名词中"图表"一词较其他名词出现的时间较晚，在唐代才开始出现。同时其延续性也不是特别好，在明朝的文献中未检索到其作为文档名词的用法。从频次来看，其频次仅为0.013，使用率极低。

在两宋时期，具有文档名词含义的"图表"主要是指记录各种事物的表册或簿册，这种用法也最为普遍，如《续资治通鉴》卷二百三十三注中记载：

从省称："为今次宣命指挥从省，交割时一匹匹点检看觑，当里面别无小损破弱，即行交割，不云生事。"从省又云："设使一色好绢，亦须剩住几日。《交割图表》子细云云。"州司勘会，久来交绢体例，每二千匹作一会，只事逐会点数来交割，不曾差人解拆绢一匹匹看验量托。今来若纵令如此拣选量度，不惟邀难住滞，深恐顿失事体，仍虑节次别生事端，无有了期云云。[①]

另外，"图表"还有一个特殊的文档名词的含义，即谱牒档案，用于代指

① 李焘. 续资治通鉴长编：第17册 [M]. 北京：中华书局，1986：5654.

记录事物的册子。

2.图书

从内涵上看，在汉代以前主要以文档含义出现和使用，而在汉代之后主要以书籍的含义出现和使用。"图书"一词的文档含义较为丰富：一是专指河图洛书，"河图""洛书"是古人按照天圆地方说用记号来记录天文、气象、地理知识而绘制的立体图；二是指图籍，即疆域版图与户籍等簿册；三是泛指档案；如《汉书》载："四年春正月，以诛郅支单于告祠郊庙。赦天下。群臣上寿置酒，以其图书示后宫贵人。"①

宋代"图书"一词出现了新的词义，用来指代印章，私章。《印文考略》："古人于图画书籍，皆有印以存识，遂称图书印。今呼官印仍曰印，呼私印曰图书。"②苏辙所作诗《池州萧丞相楼》"丞相风流直至今，朱栏仍对旧山林。奔驰轩冕身何有，跌宕图书意最深"③中的"图书"即指印章。

十一、两宋"令族"文档名词

（一）"令族"名词的构成特点

"令族"是指含有单音节词"令"的有法律性质的文书名词聚类。两宋时期"令族"法律文书有"法令""政令""诏令""律令""军令""敕令""将令""功令""阴令""违令""施令""饬令""格令""宪令""军令状""令状"共16个（见表6-20），其中"军令状"一词是两宋时期新形成的名词，它属于军事类名词，是适用于国家军队的特殊文件，表达的是将帅和皇帝的旨意。

---

① 班固. 汉书 [M]. 北京：中华书局，1962：295.

② 上海书店出版社. 丛书集成续编 [M]. 上海：上海书店出版社，1994：213.

③ 苏辙. 苏辙集 [M]. 北京：中华书局，1990：179.

表6-20 两宋时期"令族"文档名词汇总表

族别	名词	消亡名词	新增名词	名词总数
令族	法令、政令、诏令、律令、军令、敕令、将令、功令、阴令、违令、施令、饬令、格令、宪令、军令状、令状	无	军令状	16

（二）"令族"名词在两宋的应用

两宋时期出现的16个"令族"名词的使用情况如表6-21所示，从使用的次数上看这一时期使用次数相差较大，最高使用次数与最低使用次数相差1037次。从使用频次上看，16个名词中仅有3个名词（"法令""诏令""政令"）使用频次超过了1。

表6-21 主要"令族"名词在两宋时期的使用情况

名词	使用次数	使用频次	是否为两宋时期新增
法令	1038	1.688	否
诏令	956	1.554	否
政令	661	1.075	否
律令	458	0.745	否
敕令	428	0.696	否
军令	346	0.563	否
将令	117	0.190	否
格令	80	0.130	否
功令	65	0.106	否
违令	46	0.075	否
宪令	35	0.057	否
令状	28	0.046	否
阴令	25	0.041	否
军令状	22	0.036	是
施令	10	0.016	否
饬令	1	0.002	否

宋代是"令族"文档名词全面发展的时期,以"令"为例,该词在各朝代的使用的情况如表6-22所示。该词在各部的出现次数上看,宋代的使用次数高达10347次,位居各朝代首位,且与其他时期相比较为突出,可见这一时期"令"的使用次数激增,发展速度较快。

表6-22　"令"一词分部类(朝代)出现情况统计表

朝代	部类						出现次数合计
	经部	史部	子部	集部	丛书	通俗小说	
先秦	60	2	35				97
秦汉	25	197	43	3			268
三国			3				3
两晋		769	206				975
南北朝		430	263	51			744
隋唐五代	734	1393	1282	429	9		3847
宋	421	4238	2669	2806	213		10347
元		306	43	138	21		508
明	114	118	573	345	231	687	2068
清	101	311	1015	1640	104	1627	4798
出现次数合计	1455	7764	6132	5412	578	2314	23655

(三)重要"令族"名词介绍

1.军令状

在两宋时期出现的"令族"文档名词中仅有一个新增名词即"军令状","军令状"一词最早出现在宋朝,据《续资治通鉴长编》载:"仍命引至中书取军令状,志聪等素谨愿,皆听命。"①"军令状"在宋朝一共出现了22次,其中在史部出现6次,都集中到了《续资治通鉴长编》一书中。在子部出现12次,在《东轩笔录》一书中:

　　　　介之死,必有棺敛之人,又内外亲族及会葬门生无虑数百,至于举枢

---

① 李焘. 续资治通鉴长编:第13册 [M]. 北京:中华书局,1985:4395.

窆棺，必用凶肆之人，今皆檄召至此，劾问之，苟无异说，即皆令具军令状，以保任之，亦足以应诏也。①

在集部出现4次，如苏轼《陈公弼传》中的"取军令状以还"②。

2.诏令

"诏令"是中国古代比较有代表性的法律文书名词，该词自出现起就应用于各个朝代。"诏令"主要为专指性法律文书名词，自诞生起含义就十分明确，且含义变化不大，意为皇帝颁发的命令，是帝王的专用文书。"诏令"文书是血缘系封建专制政体的产物，是封建帝王统治国家的重要工具。

《吴郡志》载："咸安二年，桓温矫太后诏，令废帝为海西公，徙居吴县西七里。敕吴国内史刁彝防卫。帝深虑横祸，乃杜塞聪明，终日酣畅。"③"诏令"一词的使用量比较大，使用频次高。该词在各朝代的使用情况，见图6-10：

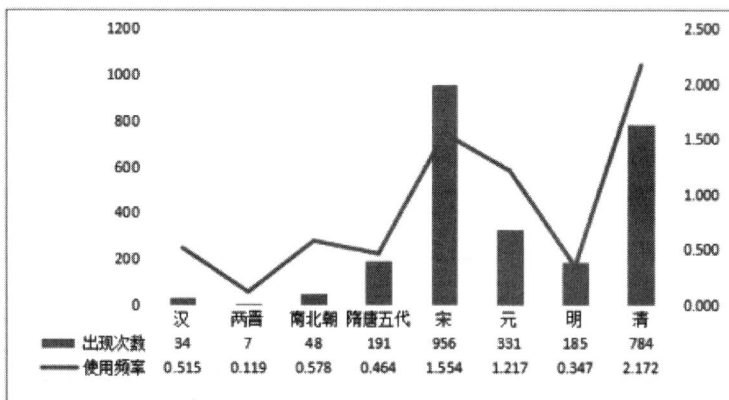

图6-10 "诏令"一词在各朝代的使用情况

从上图中可看出，"诏令"一词使用次数和使用频次的两个高峰期出现的朝代是一致的，都是在宋代和清代。在宋代时达到第一个使用高峰。"宋代'令'的文体已不存在，主要被'诏'所取代。诏，多用于下达具体政令，如

---

① 魏泰，马永卿．东轩笔录；嬾真子录［M］．上海：上海古籍出版社，2012：51.

② 苏轼．苏轼文集［M］．北京：中华书局，1986：418.

③ 范成大．吴郡志［M］．南京：江苏古籍出版社，1999：660.

用于科举、求言、考课、改制、举荐、农田、河防等事务。"[1]该词在元代、明代的使用次数有所回落,后在清代达到第二个使用高峰。

十二、两宋其他文档名词

(一)特殊文档名词的构成

两宋时期的多音节文档名词主要包括"凤凰诏""起居注""八法""八则""质要""比居""傅别""礼命""质剂""要会""比要""役要""岁会""月要""月成""治成""治中""治要""治凡""约剂"共20个文档名词。

(二)特殊文档名词在两宋的应用

两宋时期的特殊文档名词整体上出现次数较少,除了"起居注"一词以外,其他文档名词的出现次数均在50次以下。在使用频次方面,除了"起居注"一词的使用频次在1以上,其他各个特殊文档名词的使用频次均在1以下,这一时期的特殊文档名词的使用频次具体情况如表6-23所示。这些特殊文档名词应用广泛,涉及各个领域,包括法律、经济、医学、书法、军事等各个方面。

表6-23　两宋时期特殊文档名词汇总表

名词	次数	频次	名词	次数	频次
起居注	770	1.252	比居	3	0.005
质剂	20	0.033	礼命	2	0.003
月要	10	0.016	治中	2	0.003
凤凰诏	9	0.015	质要	1	0.002
八则	9	0.015	比要	1	0.002
岁会	9	0.015	役要	1	0.002
约剂	8	0.013	月成	1	0.002
八法	6	0.010	治成	1	0.002
傅别	4	0.007	治要	1	0.002
要会	4	0.007	治凡	1	0.002

---

[1] 陈龙. 古代"令"的变迁 [J]. 秘书, 2003(2):14.

（三）重要特殊文档名词介绍

在两宋时期，共出现了20个特殊文档名词，其中"起居注"一词不是这一时期的新增名词，但其使用次数在两宋时期达到了新高，以下做主要介绍。

起居注，该词最早出现在秦汉时期，此后逐渐发展起来，该词在各时期的出现次数如下：秦汉时期（1）、三国两晋南北朝时期（58）、隋唐五代时期（272）、两宋时期（770）、元代（100）、明代（70）、清代（4121）。与隋唐五代相比，两宋时期"起居注"一词的使用次数激增。起居注是我国古代记录帝王的言行录。自秦汉时期产生以后，历代帝王几乎都有起居注，但流传下来的很少，主要原因在于其一般不外传，仅作为撰修史书的基本材料之一，可见，起居注本身就是这特定的文档事物。

在唐宋时期在门下省下设"起居郎"和"起居舍人"分记皇帝言行。负责修起居注的官员，在皇帝公开的各种活动中均随侍在旁，因此起居注记录的内容甚为广泛，包括皇帝宫中私生活外的种种言行，其编撰方式，可以分别说明如下：首先是关于礼仪方面的记事或是行踪，例如祭天、向皇太后问安等等，其次是皇帝的圣旨，再次是中央各部重要的奏折、题本，最后是地方大官的奏折。同类的事情中，则以事务轻重为顺序加以记载。

如《吴郡志》载："累迁修起居注，三班盐铁院。"[①]

又《困学纪闻》载："'记注'谓汉、晋以后起居注之类，虚美隐恶，史无直笔，故曰'诬'。阮逸谓若裴松之注《三国志》，恐非。"[②]

本章小结

宋代时期我国经济空前繁荣，文化昌盛，科技发达。宋代是我国历史发展的繁荣期，同时也是文档名词发展的繁荣期。宋代吸取历史经验，改变中唐以

---

① 范成大. 吴郡志［M］. 南京：江苏古籍出版社，1999：372.

② 王应麟. 困学纪闻［M］. 上海：上海古籍出版社，2008：1205.

后武将拥有重兵、藩镇割据的局面，采取一系列加强封建专制的统治措施，在文学、艺术、科技以及史学等方面均取得了较大进展。同时，在文书与档案工作上也取得了较大进步，文书种类主要有诏令文书、上奏文书以及来往文书三大类，文书工作与档案工作制度也趋于完备。

宋代文档名词发展的显著特征为繁荣。其繁荣主要表现在名词数量大幅增长、内涵涉及广泛、专指性含义增强等多个方面。宋代文档名词承袭隋唐五代的12个族类，隋唐五代时期文档名词个数为196个，总计出现8447次，发展至宋代，名词个数增长至232个，出现总数高达21721次，其中，新增名词有"文验""文册""架阁文书""案牒""卷册""青簿""册籍""黄册""典簿"等26个，与此同时，也有少量文档名词走向消亡，如"书禀""牍聿""阙簿""籍帐"等12个，这些消亡的文档名词内涵较为单一，应用范围较为狭小，从整体上看，除了"书族"文档名词个数有明显减少以外，其他族类名词的数量保持稳定或增加。

在数量激增的基础上，宋代文档名词内涵的涉及领域也进一步拓展，如"册族"文档名词，该族名词发展至宋代内涵上主要涉及四大方面，即册立诏书类档案、祭告类档案、户籍类档案以及谱系档案。另外，部分文档名词受到宋代文官政治的影响而富有政治色彩，以"牍族"文档名词为例，两宋时期多指官府中的公文。从构词结构上看，宋代"文族""册族""书族""籍族""牍族"等多族文档名词词根相互结合形成的新文档名词被继续沿用。文档名词由单音节词和双（多）音节词共同组成，其中以双音节词为主，这一时期汉语言体系内部的主要文档名词皆已出现。

总之，宋代社会环境的空前繁荣为这一时期文档名词的繁荣创造了条件，促进了"架阁文书"等新文档名词的出现，同时，加强对宋代文档名词的研究有利于我们换个角度认识宋代历史，且有利于我们进一步研究文档名词的发展史。

第七章 元代：顿挫与融合中的文档名词

元代（1271—1368年），是蒙古族建立的王朝。经十一帝，共97年。元统治者开疆辟土，建立了中国历史上疆域最广阔的王朝，中西经济文化交流空前繁荣。元代作为中国历史上一个少数民族统治的朝代，推进了中国多元一体文化的发展，促进了中国各民族文化的全面交流，所以这一时期的文档名词具有融合的特点。而蒙汉文化的相互碰撞，使得汉文化受到了一定的冲击，这种现象在文档名词中体现为顿挫的特点。所以，顿挫与融合的特点在整个元代文档名词中相互交织，共同塑造出元代文档名词的独特性。

第一节 元代文档名词发生、发展的历史背景

元代作为我国历史上第一个由少数民族建立的完整意义上的统一政权，不仅对前代政治、经济以及文化等制度进行了一定程度的沿袭，同时也进行了较大程度的变革。它的统治时期虽不长，但其上承唐宋，下启明清，产生了许多新的政治、文化、社会现象。这些新的变化对于文档工作、文档管理制度以及文档名词的形成与发展都有一定程度的影响，综上，在多方面因素的影响下，

元代的文档名词有它自己的特点。

一、元代的政治与文档名词

（一）吏治制度与文档名词

在中国封建社会里，"官"和"吏"是统治阶级中的两个层次。在官僚机构中，官在一个部门或一地区负责全面或一个方面的工作，处在不同层次的决策地位上，即领持大概者，官也。而吏则是封建官府中的具体办事人员，元朝统治者主要依靠吏来实施具体统治。故后世有人说元代是以吏治国。这也是元代政治制度的一大特点。

吏员是文书的具体起草者。正是这些众多吏员名目的设置，使得元代的吏员选拔程式含有诸多的内容，并且不同的吏员其职责各不相同，这就推动了诸如"案牍""文簿""文卷"等与吏员程式或与其职责相关的文档名词的发展。例如：《元典章》作为法令文书的分类汇编，仅在其吏部卷七、卷八讲述有关公规的两卷内容中，就发现其涉及的文档名词种类达到19种，其中"文卷"一词使用最多，达到37次，"案牍"一词出现了12次，"文簿"一词出现了10次。如吏部卷七中的《置立朱销文簿》中道：

> 合从中书省以下在内大小诸衙门、并各处行中书省以下在外大小诸衙门，各置朱销文簿，将应行大小公事尽行标附，依程期检举勾销，准备监察御史、提刑按察司官不测比对元行文卷施行月日，照刷稽迟。[①]

又如吏部卷八《刷卷朱销入架》载："照得诸司应行事务，例置朱销文簿，日逐销附，廉访司上、下半年照刷了毕。其朱销文簿，所在官司无凭照勘。"[②]

（二）户籍制度与文档名词

元代的户籍采取分类管理的制度，即"诸色户计"，等同于汉朝的"编户

---

① 陈高华，等. 元典章［M］. 北京：中华书局，2011：510-511.
② 陈高华，等. 元典章［M］. 北京：中华书局，2011：532.

齐民"。元政府规定：

> 军、民、站、匠、诸色户计，各乡保村庄丁口鼠尾簿一扇，各户留空纸一面于后，凡丁口死亡，或成丁，或产业，孽畜增添、消乏，社长即报官，于各户下，令掌簿吏人即便标注，凡遇差发、丝银、税粮、夫役、车牛、造作、起发、当军，检点簿籍，照各家即目增损气力分数科摊，据即目实在丁口、事产、物力符同，给户贴、造籍册，仍细注元签时属何属，再拨属何属，目今现属何属当役，因而将民籍、站籍、匠籍，诸一切户籍细细目，手持造籍各三本，以为定例。①

这就是元代"诸色户计"制度，即元朝廷将全国的人户以不同的标准划分为不同的户计，分别立籍进行管理。元代的民户并不同于以往任何一个朝代的民户，它是基于元代职业户籍基础上而划分的户计，是将其全部人户以职业、民族、宗教的不同，而划分的数目达数十种的户计。在元代以前，民户往往是指整个封建王朝统治下的臣民，经过汉代编户齐民后，称为民户。元代民户则有广义和狭义之分，所谓广义的民户是指仅相对于军户而言，军户之外的其他人都称为民户。而从狭义上看，民户指的是区别于军站匠户和各种专业户计。通俗地讲，元代的民户即种田户。

在元代，民户有着与其他诸色不同的法律地位。而法律地位最大的不同就是在于承担朝廷赋税义务方面。其他诸色户计的赋役可根据有关法律免除义务，而民户则需要承担几乎全部的赋役。

要实施元代民户赋役的征收，则必须要依靠户籍制度的完善。通过户籍，朝廷便可以征收固定的赋税、差役，并对人口进行管理和控制。在《元典章》户部卷中，关于《户口条画》的记载："中书省差断事官帖木烈、三岛等前去北京、松州、兴州、平洆、西京、宣德等处，钦依圣旨，一户户检照乙未、壬子籍册，对证分间，定造到备细文册。"②

---

① 吴伟，姜茂发. 我国元代户籍分类制度研究［J］. 宁夏社会科学，2009（6）：110.
② 陈高华，等. 元典章［M］. 北京：中华书局，2011：582.

又如《检举户地籍册》中记载："监察御史呈'为大都路失散户地籍册'事。今后，拟令各路府州司县，将自前至今抄数到诸色户籍地亩干照文册。"①

可以看出，"籍册"与"文册"在户籍制度中使用较多。需要特别指出的是，"籍册"一词虽然总体上使用频率较低，但在笔者所统计的数据中，其在元代的使用次数最多。由此，我们可以推断出，元代户籍制度的实行推动了"籍册"与"文册"等词语的使用这一结论。值得注意的是，在《通制条格》中，也使用"青册"一词来作为户籍册的代名词，如："青册里籍定的军每似这般除豁了呵，军的数目减少的一般。"②只是这种用法较少，没有"籍册"与"文册"的普及度高。

（三）法律制度与文档名词

元代法律与其他政治制度一样，同样具有蒙汉二元的特点。蒙古征服者一方面在汉地继承汉人的传统法律制度，另一方面又不愿也不可能放弃蒙古旧有的习惯，在法律层面同样表现出明显的二元特征。

元代法律的形式，包括法律用语，也与前代有很大不同。唐宋以来的律令格式或敕令格式体系完全被打破。《大元通制》中分为制诏、条格、断例三部分，而且《至正条格》是在《大元通制》的基础上重新删订而成，亦分为诏制、条格、断例三部分，取消了别类。下面以"诏制"为例进行具体说明。

"诏制"是指以皇帝名义下发的圣旨诏书。观元代诏书内容主要有以下几种：建国号、改元、立后、建储、上皇太后封号及举行大型庆典时颁发的诏书；颁授时历、行铜钱、行科举以及征伐、诏谕等实行重大政治、经济、军事、文化政策与决策时颁行的诏书；朝廷重要的人事任免方面的诏书以及除授、封赠制书等。元代的诏制作为一种法律形式列入法典的内容涉及具体可操作的法律条文并不多，主要是一些重大政治决策性的政令文书。例如《元典

---

① 陈高华，等. 元典章 [M]. 北京：中华书局，2011：595.
② 黄时鉴. 通制条格 [M]. 杭州：浙江古籍出版社，1986：22.

章》中，关于《行蒙古字诏》的内容如下：

至元六年二月十三日，钦奉诏书：

朕惟字以书言，言以纪事，此古今之通制……故特命国师八思马创为蒙古新字，译写一切文字，期于顺言达事而已。自今已往，凡有玺书颁降，并用蒙古新字，仍各以其国字副之。所有公式文书，咸遵其旧。[①]

又如《圣政卷》中记载：

风宪之官，职膺耳目，纠劾百司。凡政令之从违，生民之休戚，言责所关，实要且重。惟今百度载新，图治伊始，式遵世祖皇帝以来累朝成宪，各扬乃职，以肃政纲。[②]

可见，元代"诏制"的推行，推动了文档名词的普及度以及适用性。诸如诏书、政令、诏令等词语被广泛使用。

二、元代的文化与文档名词

（一）语言文化与文档名词

元朝疆域辽阔，民族众多，有蒙古人、女真人、汉人等几十种，他们所持的语言各不相同。当时规定使用蒙古文、汉文、波斯文三种语言文字，蒙古语是官方语言。公牍文使用蒙古文和汉文两种文字。汉文公牍文是从蒙古语原文机械地翻译过来的硬体译文，即将蒙古语文本中的词汇逐个对译成汉语中相应的词汇，而不改变它们原有的语法顺序，句法奇特。元代决策性的文件如宫廷议事记录、圣旨、令旨以及各省文件多采用这种文体。而汉地这种用法较少。

除蒙古文、汉文外，全国还通用波斯文。元朝在进兵西北的过程中招纳降服了许多少数民族，这些中亚西亚少数民族统称色目人，他们在政治、军事和经济中占有很强的话语权，这些人大都信奉伊斯兰教，通行的语言是波斯语，因而波斯文同蒙古文、汉文并列成为元朝官方使用的文字。多语种的环境大大

---

① 陈高华，等. 元典章 [M] . 北京：中华书局，2011：7.
② 陈高华，等. 元典章 [M] . 北京：中华书局，2011：39.

推动了官方和民间在不同语言间的对译研习和实践，在语言对译的影响下，元朝文稿中出现了大量的白话词语。如《元典章》中，《台官不刷卷》记载：

> "监察每行省里照刷文卷去呵，令史每要了肚皮，合断罢的罪过有呵，台里说将来者。些小迟了文书、错了文书来底罪过有呵，监察每就便断者。行省里有的理问所文卷，廉访司官人每照刷者。"么道，奏准圣旨行了来。①

又如《行院令史稽迟与行省令史一体断罪》中：

> 据监察御史呈："依奉台札，前去陕西、四川，照刷两处行中书省、行枢密院文卷。所据刷出行院令史稽迟事理，未审合无与行省令史一例斟酌断罪。乞照详"事。②

在《指卷照刷》中：

> "合免文卷以外，婚姻、田产、驱良的勾当错了的，合改正的有呵，罪过免了呵，合改正的用着的文卷，指卷照刷者。"么道，圣旨有来。③

从上面的内容中，我们可以看到，除了使用硬译公牍文体外，元代人也有自己的语言偏好。他们习惯用"文卷"一词来表示公文案卷，所以在元代的文档名词出现次数统计中，"文卷"一词共出现了123次。而在所统计的文献中，并没有找到"案卷"一词，其出现了暂时的空白期。而在宋代、明代的文献中，"案卷"一词都有所使用。

除此之外，笔者将元代文档名词与宋代、明代文档名词进行比较，可以发现，很多词语在元代都没有使用，而在宋代与明代又有所使用。例如："牍书""版簿""礼籍"等词语。相反，一些词语在元代的使用次数反而较文档名词繁荣时期的宋代而有所增加，例如"文奏""祝册"等词语使用频次的提高。另外，在历史上，元代文档名词的出现次数趋势较其他朝代而言，整体上呈下降的趋势，这种变化有所反常且消亡的词语数目也较多。可以推断，少数

---

① 陈高华，等. 元典章［M］. 北京：中华书局，2011：182.

② 陈高华，等. 元典章［M］. 北京：中华书局，2011：183.

③ 陈高华，等. 元典章［M］. 北京：中华书局，2011：184.

民族统治的元代，其政治、文化，尤其是语言文化，对元代文档名词的普及度以及适用性有较大的影响。

（二）文学艺术与文档名词

民族融合对历史的影响不可估量，对人们思想观念的影响，更显得烙印深刻。元代杂剧的兴起，就与民族融合不无关系。

元代社会实际上存在着两个重要文化系统：一个是传统儒家的，一个是新的统治民族的。两个系统在这个时期相互冲突并有所融合，在一个异质文化占据主导地位，对传统思想文化产生巨大的冲击和破坏的氛围下，冲突与融合衍化出思想观念的解放，形成了独特的时代风尚。它从本质上与传统的礼乐文化精神相冲突，因而长期以来遭受封建文化专制的束缚。而到元代时期，蒙古人入主中原，以愉悦为主要目的的草原游牧文化与中原农耕文化相结合，使得汉族上千年来的传统思想与观念有所改变。戏剧有了新的生存的土壤。元杂剧因此成为社会全体成员共同接受、喜爱的一种流行艺术。

元杂剧又称北杂剧、北曲，是用北曲演唱的戏曲形式。代表人物有关汉卿、郑光祖、马致远、白朴等。元杂剧内容题材广泛，上至朝廷君臣，下至闾里市井，各行各业，无所不包，无所不有。

不同的内容对于不同的文档名词的普及度及适用性各不相同。尤其是反映现实生活判案内容的元曲中，对于"文书""文卷""文簿"等词语的使用有极大的推动作用。如：

> （张千云）当该司吏安在？（外郎上，云）来了。你都在司房里躲着，厅上唤哩，我答应去。（做见科，云）小的每是当该司吏。（正末云）兀那司吏，有什么合金押的文书，将来我看。（外郎云）理会的。（外郎做递文书科，云）文书在此。（正末云）这个是什么文卷？（外郎云）这个是在城李阿陈，因奸气杀丈夫，勒杀亲儿。前官断定了，大人判个斩字，拿出去杀坏了罢。[①]

---

① 徐征，张月中，张圣洁，等. 全元曲 [M]. 石家庄：河北教育出版社，1998：6396.

（王翛然云）令史，你知道么？我奉郎主的命，着我审囚刷卷，便宜行事。我将着势剑金牌，先斩后奏，你若文案中有半点儿差迟，我先切了你颗驴头。将文案来！（令史云）理会的。我先将这宗文卷，与大人试看咱。（令史做递文书科）（王翛然云）是什么文卷？（令史云）这是巩推官问成的，杨谢祖欺兄杀嫂。[①]

（孛老云）尊神，你使些神通，挈将他来折对咱。（净云）凭着我也成不的，你且这里伺候者。等天曹来呵，你告他，不争你着我去拿他，我怕他连我也杀了。（孛老云）我不曾见你这等神道。（下）（正末扮太尉引判官、小鬼上）（正末云）吾神乃东岳太尉，掌管善恶生死文簿，到森罗殿上对案，走一遭去来。[②]

经笔者统计，仅"文书"一词就在32部元曲文献中出现过，在整个元代文档名词整体上呈下降趋势的情况下，不得不说元曲的发展提高了元代部分文档名词的普及度。

第二节　元代文档名词概述

在经历过宋代文档名词的繁荣发展时期后，元代的文档名词呈现出了顿挫与融合的特点。

顿挫是指这一时期的汉语言文档名词，无论是从其族类的种类数量还是出现频次而言，整体上呈现出下降的趋势。这一时期，一些文档名词出现了空窗期。这种现象所折射出的便是元代少数民族政治、经济与文化对于文档名词的影响，以及元代统治阶级独特的语言偏好，使得文档名词在元代进入短暂的顿挫时期。

元王朝结束了五代以来长期的分裂局面，实现了多民族国家的统一、巩

---

① 徐征，张月中，张圣洁，等. 全元曲［M］. 石家庄：河北教育出版社，1998：2310-2311.

② 徐征，张月中，张圣洁，等. 全元曲［M］. 石家庄：河北教育出版社，1998：6146.

固和发展。它的统一有利于民族融合的进一步加强，文档名词作为文化融合的一部分，也具有这样的特点。其主要表现为文档名词在继承的基础之上亦有创新。例如："卷宗"一词即产生于元代。

一、元代文档名词的构成与特点

（一）元代文档名词的整体构成

元代时期文档名词共有148个，从文档名词所归属的族类角度来进行划分，该时期名词的构成可分成十二类："文族"文档名词、"书族"文档名词、"案族"文档名词、"卷族"文档名词、"牍族"文档名词、"簿族"文档名词、"籍族"文档名词、"册族"文档名词、"典族"文档名词、"图族"文档名词、"令族"文档名词以及其他文档名词（见表7–1）。

表7–1　元代文档名词族类构成表

族类	文档名词的组成	新增名词	消亡名词	总次数（总频次）
文族	文卷、策文、公文、文典、文字、文告、文凭、文契、文墨、文疏、文牒、文榜、文诰、文翰、文历、文验、文解、文稿、文橛、文引、文表、文帖、文券、文状、文奏、文按、文约、文记、文帐、文移、文符、文献、文簿、书文、文书、文案、文牍、册文、文册、典文、中古文、架阁文字、架阁文书、文籍		文款、文札、文记、文证、图文	2457（9.03）
书族	书簿、书诏、书典、书文、书翰、书记、书契、书奏、文书、诏书、簿书、书牍、册书、典书、架阁文书、凤凰衔书、判书、事书、贤能之书、奏书、凤书、契书、券书、书涵、图书		书案、书籍、牍书、赤雀衔丹书	1642（6.04）
案族	案牍、文案、案牒、簿案		书案	108（0.4）
卷族	文卷、卷册、卷牍、卷宗	卷宗	案卷	134（0.49）

续表

族类	文档名词的组成	新增名词	消亡名词	总次数（总频次）
牍族	案牍、竿牍、公牍、简牍、卷牍、书牍、文牍、尺牍、奏牍、荐牍、吏牍		牍书、官牍、函牍、篇牍、禀牍、讼牍、连牍、札牍	187（0.69）
簿族	簿籍、文簿、书簿、簿案、簿牒、簿领、上簿、黄簿、官簿、班簿、选簿、名簿、兵簿、收簿、候簿、簿历、簿状、典簿、簿子、簿书、簿记		簿钞、版簿、对簿、讯簿、军簿、战簿、校簿、门簿、青簿、疏簿、图簿	363（1.33）
籍族	簿籍、载籍、户籍、黄籍、籍帐、法籍、册籍、籍册、图籍、籍图、文籍		书籍、籍注、典籍、鱼鳞图籍、礼籍	248（0.91）
册族	卷册、册宝、册籍、册书、册文、册印、册祝、籍册、文册、祝册、典册、青册		册子、黄册、册奏	344（1.26）
典族	典簿、典册、典法、典诰、典例、典谟、典书、典文、典宪、典训、典则、六典、训典、文典、书典		典籍、典契	211（0.78）
图族	地图、图表、图牒、图法、图籍、图谱、籍图、图书		图簿、图文、鱼鳞图、鱼鳞图籍	105（0.29）
令族	法令、政令、诏令、律令、军令、敕令、将令、功令、阴令、违令、施令、饬令、格令、宪令、军令状、令状		无	1571（5.78）

续表

族类	文档名词的组成	新增名词	消亡名词	总次数（总频次）
其他	凤凰诏、起居注、约剂、比要、岁会、月要、月成、质剂		八法、八则、质要、比居、傅别、礼命、要会、役要、治成、治中、治要、治凡	110（0.4）

　　由表7-1中，我们可以得知，在少数民族统治下的元代，148个文档名词总的使用次数为7480次，总的出现频次为27.4。其中"文族"种类有44种，使用次数2457次，出现频次为9.03，消亡词语有5个；"书族"种类有25种，使用次数1642次，出现频次为6.04，消亡词语有4个；"案族"种类有4种，使用次数108次，出现频次为0.4，消亡词语有1个；"卷族"种类有4种，使用次数134次，出现频次为0.49，消亡词语有1个；"牍族"种类有11种，使用次数187次，出现频次为0.69，消亡词语有8个；"簿族"种类有21种，使用次数363次，出现频次为1.33，消亡词语有11个；"籍族"种类有11种，使用次数248次，出现频次为0.91，消亡词语有5个；"册族"种类有12种，使用次数344次，出现频次为1.26，消亡词语有3个；"典族"种类有15种，使用次数211次，出现频次为0.78，消亡词语有2个；"图族"种类有8种，使用次数105次，出现频次为0.29，消亡词语有4个；"令族"种类有16种，使用次数1571次，出现频次为5.78，无消亡词语；其他文档名词种类有8种，使用次数110次，出现频次为0.4，消亡词语有12个。值得一提的是，只有"卷族"新增一个词语"卷宗"（"宗卷"），其他族类没有新增词语。

　　由元代文档名词的整体构成情况可得，元代文档名词总体上呈现出衰落的趋势，但是在衰落基础上有所创新发展。发展出适应元代社会基础以及元代统治者偏爱的文档名词，诸如"卷族"一词的使用次数超越前代以及"卷宗"

（"卷宗"）一词的诞生。同样地，大量缺乏社会基础并且不符合元代文学语言习惯的词语消失，诸如"簿族"中的"青簿""版簿""战簿"等词语。

（二）元代文档名词的特点

元代之所以是文档名词的顿挫与融合期，必然有其特殊性。从其特点和应用中就可以窥探一二。这一时期，文档名词的特点有以下几个方面：

第一，就整体情况而言，元代文档名词的各族类使用稍显成熟，即中国传统文化发展到元代，经过了数千年的历史，语言词汇的使用已经显现出成熟的趋势。"文""书""册""卷""牍""案"等单字词不再单独使用，而是以复音节词语的形式出现。

第二，从构词结构上看，词素之间相互组合成为合成词仍然是元代文档名词构词的主要特征，并且这些合成词具有较明显的通用性特征。文档名词的构成以双音节词语为主，有少量的多音节词语，没有单音节词语。可见，这一时期，复音节文档名词发展成熟的趋势已经很明显。也可以看出，双音节文档名词的专指性、适用性高，已经取代了单音节文档名词。在元代，148个文档名词中，双音节词语有140个，占94.6%；多音节文档名词有8个，占5.4%。

第三，从新增和消亡的名词看，元代消亡名词较多，这是元代文档名词一个比较显著的特点。其中以"簿族"和其他文档名词居多，例如"簿钞""版簿""对簿"以及"八则""质要""比居""傅别"等词语的消亡。出现这种消亡现象的原因可能有以下两个方面：一是元代时期，通行多种语言，本文统计检索的是部分汉语文献，使得检索范围有限；二是元人的语言习惯偏好，如"版簿"是指户籍的意思，元代通常用"籍册""青册"等词语来代替"版簿"一词，如《元典章·户部》载"监察御史呈'为大都路失散户地籍册'事"[1]；三是受农耕文化与游牧文化间碰撞的影响——在各族类以外的其他文档名词多是来自先秦时期，虽然元代文化总体上呈现出多元性，但是最初元统治者对于农耕文化还是排斥的，先秦文化的传播受到阻碍，这就使得部分词语

---

① 陈高华，等. 元典章 [M] . 北京：中华书局，2011：595.

消失。可以看出，少数民族统治的元代，政治、经济以及文化等多方面因素对文档名词的影响较为深刻。

第四，从族类的种类数量看，元代同族类种类数量除"卷族""令族"外，其他族类的种类数量均有不同程度的减少。其中，"文族""书族"数量减少幅度较小。（见表7-2）这种族类种类数量总体降低的趋势也是元代文档名词顿挫特点的一个表现。从侧面看，文档名词种类的减少说明词语使用集中性的提高。

表7-2 元代与两宋文档名词同族类种类数量比较表

时期	文族	书族	案族	牍族	籍族	簿族	典族	图族	册族	卷族	令族	其他
两宋	48	29	7	19	15	31	17	11	15	4	16	20
元	44	25	4	11	11	21	15	8	12	4	16	8

二、元代文档名词的应用

元代文档名词的应用主要从其与宋代文档名词族类的比较中进行说明，具体通过以下几个方面来具体进行分析。

（一）元代文档名词的使用次数与出现频次

第一，从文档名词的使用次数看，元代文档名词的使用次数呈大幅度的下降趋势，这是元代文档名词顿挫的一个显著特点。在宋代使用次数越多的族类，这种变化趋势越加明显。例如：在两宋时期，"文族"文档名词总出现次数是5936次，而在元代，这种次数已经下降到了2457次，下降比例达到58.6%。

第二，从族类出现频次看，如图7-1，元代族类名词的出现频次与两宋相比较而言，除"卷族""册族"外，总体上呈现出下降的趋势。在元代，高频次文档名词族类有"文族"（9.03）、"书族"（6.04）、"令族"（5.78）；中频次文档名词族类有"簿族"（1.33）、"册族"（1.24）；其他文档名词族类为低频次名词族类。但我们也可以看到，即使是出现频次较高的"文族"，其出现频次都比两宋低0.62。这种文档名词趋势回落的现象与蒙汉文化相互碰撞和交流有较大的关系。这也是元代文档名词顿挫的表现形式之一。

第三，值得一提的是，虽然元代"卷族"文档名词从使用次数和频次上都超越了宋代，尤其是"文卷"一词使用次数的提高以及"卷宗"（"宗卷"）一词的首次创新使用，但是也无法掩盖元代文档名词使用次数整体下降的趋势。

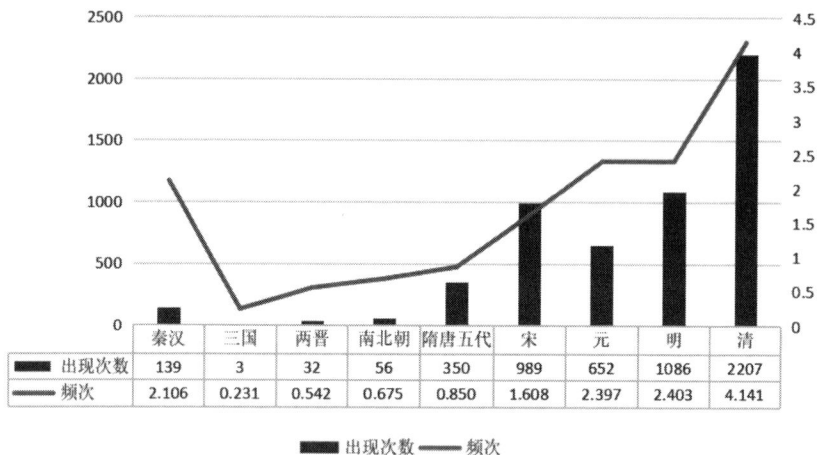

	秦汉	三国	两晋	南北朝	隋唐五代	宋	元	明	清
出现次数	139	3	32	56	350	989	652	1086	2207
频次	2.106	0.231	0.542	0.675	0.850	1.608	2.397	2.403	4.141

■ 出现次数 —— 频次

图7-1　元代与两宋文档名词族类出现频次比较表

（二）元代文档名词的应用领域

元代时期，文档名词主要分布在史部和集部文献中。以"文书"一词为例，笔者在成书时间为元代或者主要讲述元代时期内容的272部文献中，统计出"文书"的使用次数为652次，其中，4部史部文献中使用次数为400次；32部集部文献中使用次数为232次；其他部类使用次数为20次。

从文档名词的分布文献中，不难看出，元代文档名词受其政治、经济、文化的影响较大。元代统治者下令仿照唐宋，编纂《元典章》《至元新格》等条例，元代还产生元曲等新的文学，这些多方面的因素均不同程度地提高了相关文献中文档名词的普及度及适用性，使得元代文档名词的集中性进一步加强。

第三节　元代各族类文档名词

以下主要从每个族类的构成与特点、应用情况以及重要文档名词介绍三个方面进行具体说明。

一、元代"文族"文档名词

（一）"文族"文档名词的构成与特点

如表7-3所示，元代时期"文族"包括"文告""文书""文字""文卷""文献""文移"等44个文档名词，消亡的名词有："文款""文札""文记""文证""图文"，共5个词语。其族类特征主要有：

第一，作为中国历史上最具代表性和典型性的文档名词，在元代，"文族"文档名词的使用次数、出现频次以及种类的数量相较于其他族类而言，仍然占有绝对的优势地位。其中，尤其以"文书"一词为代表，其含义多样，使用次数较多，历史的继承性较好，在继承中有所创新。

第二，从构词结构看，以"文"字置前者居多，如"文字""文书""文献"等，共36个词语，约占80%；"文"字后置结构较少，如"书文""策文""典文"等，共8个词语，约占20%。除此之外，也有在"文族"名词前置以修饰语形成新的多音节专有文档名词的情况，如"架阁文字""架阁文书"。这种用法比较少，且词语出现次数仅1到2次，频次极低。

第三，在类别上，这一时期"文族"文档名词除了两个多音节词"架阁文字""架阁文书"外，其他均为复音词，如"文献""文典""文诰""文簿"等，没有单音节词。

第四，在词性上同宋代一样，仍然以复音合成词为主，其组合方式主要有四种：一是单音节词"文"+表示载体的单音节词，如："文案""文簿"等，其中，"文"主要取"刻画、书写"等动词含义，"案""簿"表示物质记录载体的形态；二是"文"+表示具体内涵的单音节词，它们组合在一起用以表示"与文字记载有关的事物"，如"文凭""文契"等；三是限定性单音节词+"文",如"公文""策文"等;第四种则是"架阁文字""架阁文书"这类专有名词,即修饰性双音节词+文族双音节词,组成新的复音词,用以表示专门含义,但这种用法不常用。

表7-3   元代"文族"文档名词构成表

族别	名词	新增名词	消亡名词	名词总数
文	文卷、策文、公文、文典、文字、文告、文凭、文契、文墨、文疏、文牒、文榜、文诰、文翰、文历、文验、文解、文稿、文檄、文引、文表、文帖、文券、文状、文奏、文按、文约、文记、文帐、文移、文符、文献、文簿、书文、文书、文案、文牍、册文、文册、典文、中古文、架阁文字、架阁文书、文籍	文按	文款 文札 文记 文证 图文	44

（二）元代"文族"文档名词的应用

从表7-4中可以看出,元代"文族"文档名词中"文字""文书"属于高频次词语。其中,"文字"的使用次数最多,为1007次,频次达到3.7;其次,"文书"的使用次数为652次,频次约为2.4;极低频次的词语有:"文表""典文""架阁文字""文按""架阁文书"等,使用次数在一次或者两次。而这些极低频次的词语,除"文诰"一词在宋代的使用次数为20次外,其他词语在宋代与明代的使用次数也较低,在所统计文献内,其使用次数在10次以内。这可以从侧面说明文档名词发展到元代,其词语的使用多以继承为主。笔者通过对比宋代和元代的"文族"文档名词,发现元代除了"文卷""文凭""文验""文契"四个词语使用次数高于宋代外,其他词语的使用次数均有不同程度的减少。这与其元代文档名词顿挫的特点相吻合。

从词语内涵来看,"文族"文档名词的含义基本沿用前代用法,以继承性特征为主。

表7-4 元代"文族"文档名词应用表

序号	名词	使用次数	出现频次
1	文字	1007	3.702206
2	文书	652	2.397059
3	文卷	123	0.452206
4	文献	68	0.25
5	文移	59	0.216912
6	册文	55	0.202206
7	文籍	45	0.165441
8	文簿	39	0.143382
9	文解	38	0.139706
10	公契	31	0.113971
11	文案	30	0.110294
12	公文	28	0.102941
13	文状	28	0.102941
14	文奏	28	0.102941
15	文凭	23	0.084559
16	文牒	23	0.084559
17	文册	19	0.069853
18	文帐	18	0.066176
19	文牍	17	0.0625
20	文榜	14	0.051471
21	文券	9	0.033088
22	文约	9	0.033088
23	书文	9	0.033088
24	文疏	8	0.029412
25	文引	8	0.029412
26	文符	8	0.029412
27	文檄	7	0.025735

续表

序号	名词	使用次数	出现频次
28	文告	6	0.022059
29	文历	6	0.022059
30	文翰	5	0.018382
31	文稿	5	0.018382
32	文墨	4	0.014709
33	文记	4	0.014706
34	中古文	4	0.014706
35	策文	3	0.011029
36	文帖	3	0.011029
37	文典	2	0.007353
38	文诰	2	0.007353
39	文验	2	0.007353
40	文表	2	0.007353
41	典文	2	0.007353
42	架阁文字	2	0.007353
43	文按	1	0.003676
44	架阁文书	1	0.003676

（三）重要"文族"文档名词介绍

1.文书

作为历史上使用连续性最强的文档名词之一，元代"文书"一词，是使用次数仅次于"文字"的高频次词语。并且元代以"文书"为属概念的类特征词语较多，对其进行研究有重要的意义。

（1）元代文献中"文书"一词出现次数分布情况

"文书"一词的使用历史悠久，那么，在元代它的使用情况是怎样的呢？它的时间范畴分布情况如何？如表7-5所示：

表7-5 "文书"一词在元代文献中出现的次数

文献类型	文献名称	出现次数
史部（4部）	《元史》	32
	《元典章》	249
	《通制条格》	117
	《岛夷志略》	2
子部（7部）	《中和集》	1
	《衍极》	1
	《言行龟鉴》	2
	《南村辍耕录》	5
	《平宋录》	1
	《唐才子传》	1
	《元代征缅录》	1
集部（32部）	《包待制陈州粜米》	3
	《玉清庵错送鸳鸯被》	9
	《杨氏女杀狗劝夫》	1
	《东堂老劝破家子弟》	14
	《庞居士误放来生债》	19
	《包龙图智赚合同文字》	47
	《翠红乡儿女两团圆》	8
	《吕洞宾度铁拐李》	1
	《陶学士醉写风光好》	4
	《鲁大夫秋胡戏妻》	1
	《神奴儿大闹开封府》	9
	《半夜雷轰荐福碑》	1
	《谢金吾诈拆清风府》	2
	《吕洞宾三醉岳阳楼》	7

续表

文献类型	文献名称	出现次数
集部（32部）	《包待制三勘蝴蝶梦》	4
	《河南府张鼎勘头巾》	21
	《救孝子贤母不认尸》	3
	《包待制智斩鲁斋郎》	6
	《四丞相高会丽春堂》	1
	《郑孔目风雪酷寒亭》	10
	《包待制智赚灰阑记》	1
	《崔府君断冤家债主》	2
	《张孔目智勘魔合罗》	6
	《秦脩然竹坞听琴》	6
	《罗李郎大闹相国寺》	4
	《看钱奴买冤家债主》	13
	《望江亭中秋切鲙》	9
	《风雨像生货郎旦》	14
	《包待制智赚生金阁》	1
	《冯玉兰夜月泣江舟》	2
	《黑旋风双献功》	2
	《西厢记诸宫调》	1
其他（3部）	《荆钗记》	4
	《客杭日记》	3
	《招捕总录》	1
总计	46	652

第一，由表7-5我们可以看出，在统计的272部元代文献中，有46部文献使用过"文书"一词，共出现652处。说明"文书"一词在元代文献中的使用范围比较广泛，在《元典章》《元史》和其他文献中均出现过。

第二，从表7-6中可得，在这46部出现"文书"一词的文献中，除31部元代文献作者无从考证，元英宗至治年间出现次数最多，为117处；其次为元仁宗时期，出现23处；最少的是元武宗和元惠宗时期，为1处。说明"文书"一词主要使用于元前期，并且呈现出一定的连续性。

表7-6 "文书"一词在元代不同时期文献出现的次数

文献时期	含有"文书"的文献数	"文书"出现的处数
至元	4	12
元贞/大德	3	4
至大	1	1
皇庆/延祐	3	23
至治	1	117
天历/至顺	2	7
至正	1	1
未知时期	31	487
总计	46	652

第三，从元代各种档案名词出现次数比较而言，除"文字"一词外，"文书"一词出现次数是最多的，其次就是"文卷""案牍""文簿""文案""文籍""簿籍"等词。

第四，《元典章》是由元代的原始文牍资料组成的研究元代历史不可缺少的重要文献。"文书"一词在《元典章》中出现次数很多，高达249处。对其进行研究，有助于我们更准确地了解"文书"这一档案名词在元代的使用情况。

此外，《元史》是本文统计时特选的文献。它虽然完稿于明朝初年，但其作者主要是元末明初的元代遗老——宋濂、王祎等人，是具有可信性的。在《元史》中，出现"文书"一词32处，下文再进行仔细分析。

（2）元代文献中"文书"一词的内容范畴分布情况

"文书"一词使用范围比较广泛，文献种类主要集中在史部、集部类文献。

第一，"文书"一词主要出现在史部文献中，特别是《元典章》《通制条格》《元史》中多次出现。由表7-5可以了解到，"文书"一词在《元典章》中出现249处，《通制条格》中出现117处，《元史》中出现了32处，《岛夷志略》中出现了2处。

第二，"文书"一词在集部类文献中出现次数仅仅少于史部类文献。在32部集部类文献中检索到"文书"一词232处，而这些元代集部文献中元曲所占的比例较大，说明其在元曲中的出现频次很高。

第三，在子部类文献中，共检索出有7部文献出现和使用"文书"一词12处，其中，《南村辍耕录》（5处）《言行龟鉴》（2处），其他5部文献各出现"文书"一词1处。说明其在知识分子之间也被使用过。

第四，在其他类文献中，"文书"一词出现了8处，分别是：《荆钗记》（4处）《客杭日记》（3处）《招捕总录》（1处），这说明在戏曲类文献中，"文书"这一档案名词也是有所出现的。

第五，"文书"一词在经部中没有出现，说明其在代表儒家经典传统文学中是很少被使用的。

（3）元代文献中"文书"一词的含义

"文书"一词使用时间悠久、范围广泛，在元代的使用具有丰富的内涵。在不同的语境中，"文书"一词具有不同的含义。

①文档类含义

第一是指公文、案牍，这也是其首要含义。如文献中记载：

（张千云）当该司吏安在？（外郎上，云）来了。你都在司房里躲着，厅上唤哩，我答应去。（做见科，云）小的每是当该司吏。（正末云）兀那司吏，有什么合金押的文书，将来我看。（外郎云）理会的。（外郎做递文书科，云）文书在此。（正末云）这个是什么文卷？（外郎云）这个是在城李阿陈，因奸气杀丈夫，勒杀亲儿。前官断定了，大人判个斩字，拿出去杀坏了罢。①

至元二十五年十月十六日，尚书省奏：辽阳行省与将文书来，"义州一个刘义小名的女孩儿根底，姓刘的人根底招到养老女婿住了十年，生了两个孩儿。如今同姓的人做夫妻的体例无。"②

至大四年十月二十三日，御史台奏：监察每文书里说有，"脱脱木儿驸马根底，与甲时分，柒伯副内，脱脱木儿驸马穿的甲已与了两副，八鲁刺等又与了壹副细甲。"么道。这勾当俺问那不问？奏呵，八鲁刺根底依着您奏来的要罪过者。今后咱每根底做来的甲，咱每根底不呈献明白，不奏了，休与人者。么道圣旨了也，钦此。"③

第二是指字据、契约。如文献中记载：

（见科，云）老相公，我问刘员外借了十个银子，着你立一纸文书，着小姐也画一个字，我就做保人。（李府尹云）这等，绣房中请出小姐来。④

你道他是名门子，又道他富不赀。（道姑云）你老相公借他十个银子，如今该本利二十个，须要还他哩。（正旦云）待我父亲回来还他，干我甚事？（唱）他有钱财只做得钱财使，（道姑云）他道老相公借银子的文书，你也画得有字来。（正旦唱）论婚姻须不曾画个婚姻字，（道姑云）当日借银子原写着我是保人，他要拖我到官中告去。我是出家人，怎么好做借银子的保人？可不连累我，倒替你吃官司！⑤

第三是指登记簿，如文献中记载：

至赣境，捕官吏害民者治之，民相告语曰："不知有官法如此。"进至兴国县，去贼巢不百里，命择将校分兵守地待命。察知激乱之人，悉

① 徐征，张月中，张圣洁，等. 全元曲［M］. 石家庄：河北教育出版社，1998：6396.

② 黄时鉴. 通制条格［M］. 杭州：浙江古籍出版社，1986：39.

③ 黄时鉴. 通制条格［M］. 杭州：浙江古籍出版社，1986：271.

④ 徐征，张月中，张圣洁，等. 全元曲［M］. 石家庄：河北教育出版社，1998：5791.

⑤ 徐征，张月中，张圣洁，等. 全元曲［M］. 石家庄：河北教育出版社，1998：5796-5797.

置于法，复诛奸民之为囊橐者。于是民争出请自效，不数日遂擒贼魁，散余众归农。军中获贼所为文书，旁近郡县富人姓名具在。霆镇、明善请焚之，民心益安。遣使以事平报于朝。[①]

②非文档类含义

第一是指书籍。如文献中记载：

> 孩儿每万千死罪犯公徒，那厮每情理难容，俺孩儿杀人可恕。俺穷滴滴寒贱为黎庶，告爷爷与孩儿每做主。这三个自小来便学文书，他则会依经典习礼义，那里会定计策厮亏图？百般的拷打难分诉。岂不闻"三人误大事，六耳不通谋"？[②]

第二是指文章，如文献中记载：

> 如今依在先圣旨体例里，翰林院官人每根底不商量了，蒙古必阇赤休委付者，州里也依那体例委付学正去者。提调的路分里，廉访司官人每好生的提调者，交学者好生的学呵，依着薛禅皇帝交行来的圣旨体例里，提调来的则依着那个体例里提调者，文字好生的教学者，教授、学正、必阇赤则依着那般体例里委付着，学文书的其间里不拣谁休入来者，道来。这般道了呵，不好生的提调呵，文字其间里入去的人每，不怕那甚么。[③]

> 四年二月，初定一岁十二月荐新时物。六年冬，时享毕，十二月，命国师僧荐佛事于太庙七昼夜，始造木质金表牌位十有六，设大榻金椅奉安祏室前，为太庙荐佛事之始。七年十月癸酉，敕宗庙祝文书以国字。八年九月，太庙柱朽，从张易言，告于列室而后修，奉迁栗主金牌位与旧神主于馔幕殿，工毕安奉。自是修庙皆如之。丙子，敕冬享毋用牺牛。[④]

> 诸举人谤毁主司，率众喧竞，不服止约者，治罪。诸举人就试，无故不冠及擅移坐次者，或偶与亲姻邻坐而不自陈者，怀挟代笔传义者，并扶

---

① 宋濂. 元史 [M]. 北京：中华书局，1976：3677.

② 徐征，张月中，张圣洁，等. 全元曲 [M]. 石家庄：河北教育出版社，1998：45.

③ 黄时鉴. 通制条格 [M]. 杭州：浙江古籍出版社，1986：78-79.

④ 宋濂. 元史 [M]. 北京：中华书局，1976：1832-1833.

出。诸折毁试卷首家状者，推治。诸举人于试卷书他语者，驳放；涉谤讪者，推治。诸试日，为举人传送文书，及因而受财者，并许人告。诸举人于别纸上起草者，出榜退落。①

第三是指文字，如文献中记载：

> 秋七月庚寅朔，监察御史斡勒海寿劾奏殿中侍御史哈麻及其弟雪雪罪恶，御史大夫韩嘉讷以闻，不省，章三上，诏夺哈麻、雪雪官，出海寿为陕西廉访副使，韩家讷为宣政院使。壬辰，诏命太子爱猷识理达腊习学汉人文书，以李好文为谕德，归旸为赞善，张冲为文学。李好文等上书辞，不许。赐公主不答昔你平江田五十顷。②

（4）元代文献中"文书"一词的组词类型

在元代官方文献中，文书一词的应用已非常普遍，已经具有了一定的类名词意义。而作为一种大类概念，其重要表现就是许多专门档案名词已经以"文书"作为属概念命名，即把文书作为一类事物的概念，在其前加一个限定词，就成为这一大类事物的某一种，如举债文书、钱债文书、从良文书、合同文书、图籍文书、勾头文书、军政文书、印信文书、保辜文书等等。

①举债文书

> 只为那举债文书我画的有亲笔迹，因此上被强勒为妻室。这真心儿誓不移，情愿万打千敲受他磨到底。今日留得个一身归，谢哥哥肯救我亲生妹！③

②钱债文书

> 他可也便见如同陌路人。（曾云）我想这等人，何足道哉！（正末唱）也非是小生多议论，则我这一片济贫的心比他人心地真。（曾云）依居士的主见，可是如何？（正末唱）我恨不的罄囊儿舍与人些钱，恨不的刮土儿可便散与人些银？（曾云）这许多钱债文书都烧毁了，可惜了也。（正

---

① 宋濂. 元史［M］. 北京：中华书局，1976：2023-2024.

② 宋濂. 元史［M］. 北京：中华书局，1976：886.

③ 徐征，张月中，张圣洁，等. 全元曲［M］. 石家庄：河北教育出版社，1998：5811.

末云）便好道万般将不去，惟有业随身。先生也，（唱）量这千百锭家旧文契有那的几锭本。①

　　钱无那三辈儿家钱，福无那两辈儿家福。你但看日中则昃，月满则亏，这都是无往不复。久以后到头来另有个养身活路，（卜儿云）你将钱债的文书都烧毁了，还有甚养身活路在那里？（正末做念佛科，唱）我待着你一家儿受佛门普度。②

③从良文书

　　（云）婆婆，凡百的事，你则依着我者。咱家中奴仆使数的，每人与他一纸儿从良文书，再与他二十两银子，着他各自还家，侍奉他那父母去。咱家中牛羊孳畜驴骡马匹，每一个畜生脖子里挂一面牌，上写着道："庞居士释放，不许人收留。"去那鹿门山外有水草处，任他生死。咱家中有十只大海船，一百小船儿，将咱家中金银宝贝玉器玩好，着那小船儿搬运在那大船上，俺一家儿明日到东海沉舟去也。（卜儿云）居士，我依着你，把牛羊孳畜尽释放了，但是家中人都与他从良文书。则一桩儿，你也依着我，留下海船，不要将那钱物载去沉了，等我做些买卖，可不好那。③

　　九年正月，河南省请益兵，敕诸路签军三万。诏元帅府、统军司、总管万户府阅实军籍。二月，命阿术典行省蒙古军，刘整、阿里海牙典汉军。四月，诏："诸路军户驱丁，除至元六年前从良入民籍者当差。七年后，凡从良文书写从便为民者，亦如之。余虽从良，并令津助本户军役。"七月，阅大都、京兆等处探马赤户名籍。④

④合同文书

---

①　徐征，张月中，张圣洁，等．全元曲［M］．石家庄：河北教育出版社，1998：5479-5480.

②　徐征，张月中，张圣洁，等．全元曲［M］．石家庄：河北教育出版社，1998：5493.

③　徐征，张月中，张圣洁，等．全元曲［M］．石家庄：河北教育出版社，1998：5493.

④　宋濂．元史［M］．北京：中华书局，1976：2514.

在集部类文献中，"合同文书"出现24处。

（正末云）俺哥哥有请。（见科）（社长云）亲家，你来唤我，莫不为分房减口之事么？（刘天祥云）正是。只因年岁饥歉，难以度日，如今俺兄弟家三口儿，待趁熟去也。我昨日做下两纸合同文书，应有的庄田物件房廊屋舍，都在这文书上，不曾分另。兄弟三二年来家便罢，若兄弟十年五年来时，这文书便是大证见。特请亲家到来，做个见人也，与我画个字儿。①

（正末云）小生东京义定坊居住，哥哥刘天祥，小生刘天瑞。因为六料不收，奉上司的明文，着分房减口。哥哥守着祖业，小生三口儿在此趁熟。当那一日，立了两纸合同文书，哥哥收一纸，小生收一纸，怕有些好歹，以此为证。只望员外广修阴德，怎生将刘安住孩儿抬举成人长大。把这纸合同文书分付与他，将的俺两把儿骨殖埋入祖坟。小生来生来世，情愿做驴做马，报答员外。是必休迷失了孩儿的本姓也。②

（云）伯娘，则我就是您侄儿刘安住。（搽旦云）你说是十五年前趁熟去的刘安住么？你父亲去时有合同文书来，您有这合同文书便是真的，无便是假的。（正末云）伯娘，这合同文书，有、有、有！③

⑤图籍文书

如今太祖早朝，议下江南之策。小官言曰："虽尧舜禹汤，兴兵未免有所损益。莫若小臣掉三寸之舌，说李主归降，岂不易哉！"太祖依臣所奏，先将文书行至升州，随令小官直至南唐，索取图籍文书为由，若见李主，必中说词。④

⑥勾头文书

---

① 徐征，张月中，张圣洁，等. 全元曲［M］. 石家庄：河北教育出版社，1998：6475—6476.

② 徐征，张月中，张圣洁，等. 全元曲［M］. 石家庄：河北教育出版社，1998：6479-6480.

③ 徐征，张月中，张圣洁，等. 全元曲［M］. 石家庄：河北教育出版社，1998：6487.

④ 徐征，张月中，张圣洁，等. 全元曲［M］. 石家庄：河北教育出版社，1998：2789.

"勾头"的意思是拘票，"勾头文书"意思就是逮捕证。

（社长云）马儿，我和你说，"洞宾作"，想必是洞中一块宾铁拿来打成这口剑，则怕是这个杀了你媳妇儿。（郭云）不是。（社长云）既然不是，依着你怎么说？（郭云）我如今和你告官去，讨一纸勾头文书，长街市上寻那个道人去。但有人念这四句诗的。便是他杀了俺媳妇儿。（社长云）这也说的是。（郭诗云）我如今先去尔寻他，慢慢的告请差官捕。①

（郭云）你赖不过，我今告着你哩。（正末云）你凭什么勾我？（郭云）我凭勾头文书勾你。（正末云）你文书那里？（郭出文书科）（正末云）你念我听。（郭念云）奉州官台旨。即勾唤杀人贼一名胡道人。是你不是你？②

⑦保辜文书

古代刑律规定，凡打人致伤，官府视情节立下期限，责令被告为伤者治疗。如伤者在期限内因伤致死，以死罪论；不死，以伤人论。叫作保辜。"保辜文书"出现次数很多，共出现11处。

（云）是谁家的狗咬着你来？（王小二云）你家的狗咬着我来。（正末云）你道我家狗咬着你，众街坊试看咱：若是我家狗咬他，我便写与你保辜文书：若不曾咬着，你便陪我缸来。（街坊云）员外说的是。俺看他这条腿不曾咬着。（王小二云）不是这条腿，是那一条腿。（街坊云）也不曾咬。③

（王小二云）钞又不曾讨的，又着员外怪了，讨了我一纸保辜文书。总只是一时间言语差错，连忙伏低做小，也是迟哩。则我这无钱的真个不好。天那，兀的不穷杀王小二也！④

---

① 徐征，张月中，张圣洁，等. 全元曲 [M]. 石家庄：河北教育出版社，1998：1617.

② 徐征，张月中，张圣洁，等. 全元曲 [M]. 石家庄：河北教育出版社，1998：1619.

③ 徐征，张月中，张圣洁，等. 全元曲 [M]. 石家庄：河北教育出版社，1998：3108.

④ 徐征，张月中，张圣洁，等. 全元曲 [M]. 石家庄：河北教育出版社，1998：3109.

⑧势剑文书

势剑又称战剑，是武当剑法的代表性套路之一。它双手握剑，格砍劈刺，神威勇猛，气势磅礴，可与刀法媲美。剑法多以劈、砍、撩、刺、击、格等为主。是武当派剑法中的经典套路。

> （衙内云）张二嫂！张二嫂那里去了？（做失惊科，云）李稍，张二嫂怎么去了？看我的势剑金牌可在那里？（张千云）就不见了金牌，还有势剑共文书哩！（李稍云）连势剑文书都被他拿去了！（衙内云）似此怎了也！①

⑨军政文书

> 我想当日在哥哥根前立下军政文书，若不救的孙孔目出来，岂不怕输了我李山儿这一颗头那？②

⑩印信文书

> 皇庆二年二月二十七日，中书省奏："差将各处去的使臣并回去的使臣每，外路官人每根底他每自己索的葡萄酒并酒将去呵，却谎说是上位赐将去的，么道说的人多有。听得来也有。咱每与将去的也者，似这般谎将蒲萄酒并酒去的，好生的计较者。"么道亦烈赤俺根底传圣旨来。俺商量来，上位知识的外路官人每根底，若上位谁根底赐将蒲萄酒并酒去呵，教宣徽院与兵部印信文书呵，却教兵部官与印信别里哥文字，凭着那别里哥将去者。③

> 又言："行台官言：去岁桑哥既败，使臣至自上所者，或不持玺书，口传圣旨，纵释有罪，擅籍人家，真伪莫辨。臣等请：自今凡使臣，必降玺书，省、台、院诸司，必给印信文书，以杜奸欺。"帝曰："何人乃敢尔耶？"对曰："咬剌也奴、伯颜察兒，比尝传旨纵罪人。"帝悉可其

---

① 徐征，张月中，张圣洁，等. 全元曲［M］. 石家庄：河北教育出版社，1998：191.

② 徐征，张月中，张圣洁，等. 全元曲［M］. 石家庄：河北教育出版社，1998：939.

③ 黄时鉴. 通制条格［M］. 杭州：浙江古籍出版社，1986：280.

奏。①

⑪令旨文书

皇太子、皇后、皇太后、太皇太后下达命令等使用"令旨文书"。

大德四年四月，中书省所委官廉访使乞失烈陆拾言，安童阿兰赍孥小薛大王令旨，于龙兴等处地面贩卖人口，拟合禁约。礼部与刑部照得大德二年六月御史台奏，诸王驸马差着使臣各路州县开读令旨文书，动众迎接，多骑铺马等事。本台商量来，今后诸王驸马有大勾当呵，皇帝根底明白奏过教行者，小勾当呵，经由中书省行者。他无体例勾当罢了呵，怎生？钦奉圣旨：是也。那般者。开读文字去的人根底有呵，和那文字那里的廉访司官一处将来者。钦此。②

⑫匿名文书

诸捕盗官，辄受人递至匿名文字，枉勘平人为盗，致囚死狱中者，杖九十七，罢职不叙；正问官六十七，降先职二等叙；首领官笞四十七，注边远一任；承吏杖六十七，罢役不叙；主意写匿名文书者，杖一百七，流远；递送匿名文书者，减二等；受命主事递送者，减三等。诸捕盗官搜捕逆贼，辄将平人审问踪迹，乘怒殴之，邂逅致死者，杖六十七，解职别叙，记过，征烧埋银给苦主。③

诸写匿名文书，所言重者处死，轻者流，没其妻子，与捕获人充赏。事主自获者不赏。诸写匿名文字，讦人私罪，不涉官事者，杖七十七。诸投匿名文字于人家，胁取钱物者，杖八十七，发元籍。诸见匿名文书，非随时败获者，即与烧毁；辄以闻官者，减犯人二等论罪。凡匿名文字，其言不及官府，止欲讦人罪者，如所讦论。④

⑬奇职文书

---

①　宋濂. 元史 [M]. 北京：中华书局，1976：4043.

②　黄时鉴. 通制条格 [M]. 杭州：浙江古籍出版社，1986：285-286.

③　宋濂. 元史 [M]. 北京：中华书局，1976：2631.

④　宋濂. 元史 [M]. 北京：中华书局，1976：2685.

夹谷之奇字士常，其先出女真加古部，后讹为夹谷，由马纪岭撒曷水徙家于滕州。之奇少孤，舅杜氏携之至东平，因受业于康晔。授济宁教授，辟中书省掾。大兵南伐宋，授行省左右司都事。时行省官与中书权臣有隙，特遣使核其财用，而之奇职文书，亦被按问。张弘范率其属诣使者言："夹谷都事素公清，若少有侵渔，弘范当与连坐。"会御史台立，擢之奇佥江南浙西道提刑按察司事，既而移佥江北淮东。①

⑭招伏文书

"……监察每的后头，那里廉访司与将文书来：'监察每上马了的第二日，他都出来，待勾当里来有。'说将来。俺商量来：似这般要肚皮的人，与钞、过钱人每明白指证，招伏文书与了呵，使见识，没病，推辞着病么道，不对证的人每根底，依体例交罢了，拿着交硬问呵，怎生？"么道，奏呵，"那般者。"么道，圣旨了也。钦此。②

照得皇庆元年三月初二日本台官奏过事内一件："五品以上的职官每，犯着较重的罪过，招伏文书要了，遇着赦，免了罪呵，合殿降的、合标附的也有。似这般勾当，不索烦乱上听，依着立定十二章体例行呵，怎生？"奏呵，"那般者。"么道，圣旨了也。③

⑮遍行文书

"遍行文书"是到处下发的文告。

奏呵，奉圣旨："恁说的是有。听得在前省里文书好生少来。依着您这商量来的行者。各处遍行文书者。"么道，圣旨了也。钦此。都省咨请遍行合属，钦依施行。④

⑯交行文书

至大四年十一月二十一日，特奉圣旨："有的汉儿、回回阴阳人每，

---

① 宋濂. 元史 [M]. 北京：中华书局，1976：4061-4062.
② 陈高华，等. 元典章 [M]. 北京：中华书局，2011：1562.
③ 陈高华，等. 元典章 [M]. 北京：中华书局，2011：1563.
④ 陈高华，等. 元典章 [M]. 北京：中华书局，2011：133.

诸王、诸子、公主、驸马、大官人处，都休交行者。交行文书禁约者。"

么道，圣旨了也。钦此。具呈照详。①

至元二十三年四月，湖广行省准中书省咨：

准哈剌赤、阿剌八赤蒙古文字译该："汉儿民户根底，铁尺、古朵、又带刀子拄棒寻出来也。么道，交觑呵。""安童根底说了，交行文书，疾忙拘收者。"么道，圣旨了也。钦此。②

2.文移

"文移"指文书公文。《酷寒亭》记载："我急忙忙取得文移，趱程途不敢耽迟。怎禁他这孩儿倒疾，紧拽住咱家衣袂，则待要步步追随。"③

"文移"一词，在元代仍然以继承为主。其词语的用法多沿用宋代，较宋代和明代而言，元代"文移"一词使用次数减少约100次。

3.文按

"文按"通"文案"，指公文案卷。如："至元六年，行用元宝钞，止七十余万锭。于时为御史曾照刷提举司文按，故知。"④

"文按"一词，历史上使用次数极少，在笔者统计范畴内，共出现了16次，且用法等同于"文案"。

二、元代"书族"文档名词

（一）"书族"文档名词的构成与特点

如表7-7所示，元代时期"书族"包括"书簿""文书""书诏""书典""册书""凤书"等25个文档名词，与宋代相比较而言，无新增名词。消亡的名词有"书案""书籍""牍书""赤雀衔丹书"共4个词语。其族类特征主要有：

---

① 陈高华，等. 元典章［M］. 北京：中华书局，2011：1121.

② 陈高华，等. 元典章［M］. 北京：中华书局，2011：1222.

③ 臧懋循. 元曲选［M］. 杭州：浙江古籍出版社，1998：457.

④ 王恽. 玉堂嘉话［M］. 北京：商务印书馆，1939：38.

第一，从词素的构成来看，元代时期，"书族"文档名词仍然主要由双音节文档名词组成，在25个词语中，占88%；多音节词语有3个，分别是："架阁文书""凤凰衔书"和"贤能之书"，占12%。

第二，从意义成分上来看，与单音节词"书"共同组成新词的另一词素都具有较为丰富的内涵，表达不同的含义。在组词时，"书"置于组合词的前面时，多为书写、记录之义，是动词，例如"书诏""书契"；置于组合词的后面时，多指记录文字等信息符号的物质载体形态，是名词，例如"典书""判书"。

表7-7 "书族"文档名词构成表

族别	名词	新增名词	消亡名词	名词总数
书族	书簿、书诏、书典、书文、书翰、书记、书契、书奏、文书、诏书、簿书、书牍、册书、典书、架阁文书、凤凰衔书、判书、事书、贤能之书、奏书、凤书、契书、券书、书涵、图书	无	书案 书籍 牍书 赤雀衔丹书	25

（二）元代"书族"文档名词的应用

从表7-8中可以看出，元代时期，"书族"文档名词中，"文书""诏书"属于高频次词语。其中，"文书"的使用次数最多，为652次，使用频次约为2.4；其次，"诏书"的使用次数为520次，使用频次约为1.9；中频次的词语有"簿书""书奏""典书"等；极低频次的词语有"书牍""架阁文书""凤凰衔书""事书"等。同宋代"书族"文档名词相比较，笔者发现除"典书""书典""书记""图书"四个词语宋代的使用次数低于元代外，其他词语均不同程度高于元代。

从词语内涵来看，"书族"文档名词词义发展历史悠久，广义性明显，在元代的使用方法仍然以继承为主。从应用领域来看，在元代，"书族"虽然没有"文族"的种类数量多，但是"书族"的使用次数高于"文族"，可见，元代"书族"文档名词具有比较高的普及度与使用性。

表7-8　"书族"文档名词应用表

序号	名词	使用次数	使用频次
1	文书	652	2.397059
2	诏书	520	1.911765
3	簿书	183	0.672794
4	书奏	73	0.268382
5	典书	36	0.132353
6	书契	35	0.128676
7	书诏	26	0.095588
8	图书	25	0.091912
9	书翰	18	0.066176
10	册书	12	0.044118
11	书文	9	0.033088
12	契书	9	0.033088
13	奏书	7	0.025735
14	书典	6	0.022059
15	判书	5	0.018382
16	券书	5	0.018382
17	书记	4	0.014706
18	书函	4	0.014706
19	书簿	3	0.011029
20	贤能之书	3	0.011029
21	凤书	3	0.011029
22	书牍	1	0.003676
23	架阁文书	1	0.003676
24	凤凰衔书	1	0.003676
25	事书	1	0.003676

（三）重要"书族"文档名词介绍

由于前面对"文书"一词已经阐述过，所以现在对使用次数较多的"诏书""簿书"进行介绍与说明。

1.诏书

"诏书"是专指性文档名词，自出现起含义就十分明确，意为皇帝颁发的命令，是帝王的专用文书。在《元典章》中的诏令卷中，提高了"诏书"一词的通用性及专指性。如在《中统建元诏》中：

> 中统元年五月□日，钦奉诏书节该：

> 祖宗以神武定四方，淳德御群下。……可自庚申年五月十九日，建号为中统元年。惟即位体元之始，必立经陈纪为先。①

2.簿书

"簿书"在造词结构上属于并列式复音词，含义虽多，但大部分都是围绕"登记册子"发展而来的。在早期，"簿书"可用作官方文书的统称，兼具文书、档案等多方面的含义。发展到后来，"簿书"主要指官府中的簿册文档，专指性得到加强。例如："中书门下皆立簿书，谓之具员，取其年课。"②

三、元代"案族"文档名词

（一）"案族"文档名词的构成与特点

"案族"文档名词是指含有单音节词"案"的文档名词，是中国古代文档名词中的一个重要组成部分。如表7-9所示，元代时期"案族"包括"文案""案牍""案牒""簿案"，共4个文档名词，与宋代相比较而言，没有新增的名词。消亡的名词有"书案"。其族类特征主要有：

第一，从造词结构上来看，同其他朝代一样，"案族"文档名词大部分属于并列式。并列式是"案族"文档名词的主要构词特征，具体表现为名词与名

---

① 陈高华，等. 元典章［M］. 北京：中华书局，2011：5.

② 王溥. 唐会要［M］. 新1版. 上海：上海古籍出版社，2006：1088.

词并列，如"案牍""案牒"等。

第二，在构词顺序上，在双音节词中"案"字较为灵活。可以居前也可居后，其内涵各有不同。与"案"组合的另一单音节词，或表明文档的物质载体形式，如"案牍""案牒"，或表示文档的内容，如"文案"。

第三，从词义上来看，双音节"案族"文档名词中少量具有通用性，如"案牍"；而多数的表意较为明确，专指性强。"案族"文档名词多有侧重点，即特指某一具体类别的文档，如"案牒"专指官署的文书簿册。

表7-9　"案族"文档名词构成表

族别	名词	新增名词	消亡名词	名词总数
案族	案牍、文案、案牒、簿案	无	书案	4

（二）元代"案族"文档名词的应用

从表7-10中可以看出，元代时期，"案族"文档名词中，"案牍"使用次数最多，为76次，使用频次约为0.28；使用第二多的是"文案"，使用次数为30次，使用频次约为0.11；"案牒""簿案"使用较少，次数为1次。相较于同时期的"文族""书族"类名词而言，"案族"文档名词无论是种类还是使用的次数都较少。这也符合"案族"文档名词在整个历史时期中使用频次都相对较少的特点。

从词语内涵来看，"案"字有以下几种含义：案子，案件，案卷，记录，提出计划、办法或其他建议的文件。"案族"文档名词与后来"档案"一词的出现具有密不可分的联系，"案族"文档名词在元代文献中的含义仍然主要是公文、档案，承续前朝的用法和意义。从其应用范围来看，在元代，"案族"文档名词的种类和使用次数较低，使用领域较窄。

表7-10　"案族"文档名词应用表

序号	名词	使用次数	使用频次
1	案牍	76	0.279412
2	文案	30	0.110294
3	案牒	1	0.003676
4	簿案	1	0.003676

（三）重要"案族"文档名词介绍

"案族"文档名词在元代时期，整体使用次数较少，"案牍"作为该族中出现频次最高的词语，对它的研究具有典型性。"文案"在元代"案族"文档名词中是出现频次第二多的词语，所以对它进行介绍也很有必要。

1.案牍

通过检索的文献资料，我们可以对元代"案牍"一词的基本含义进行总结。

在广义上，"案牍"一词指广泛意义上的公文档案，但以提控案牍的含义较为突出。它更值得注意的含义是一些专指意义，如籍帐案牍等。

第一，指"公文"。

案牍的众多含义中，首先指"公文"。文献中有具体体现："先生若肯做官，寡人与先生选一个闲散衙门，除一个清要的官职，无案牍劳形，必不妨于政事。（正末云）贫道怎做得官也呵！"①

第二，指"提控案牍"。

"提控案牍"是元代的官名。它同照磨、管勾的品秩相近，同属低级的职务。在品秩较高的官署，他们的官阶一般是八品；在一些品秩较低的官署，他们的官阶一般是九品。提控案牍的职责是"批署、审阅文书案卷，避免官府公务的迟误和差错"②。而在提控案牍的手下，也有一些吏人承办具体的公务，而他们则负责约束吏人，并对所承办的公务负责。

第三，指"掌管公文的人"。

"案牍"一词不仅有"公文"的意思，还指"掌管公文的人"。如：

> 延祐三年，部拟："行台察院书吏、各道廉访司掌书，元系吏员出身者，并依旧例，以九十月为满，依汉人吏员降等于散府诸州案牍内选用，任回依例升转。大宗正府蒙古书写，四十五月依枢密院转各卫译史除正八

---

① 徐征，张月中，张圣洁，等. 全元曲［M］. 石家庄：河北教育出版社，1998：1578-1579.

② 任德起. 元代照磨官研究［J］. 审计研究. 1994（2）：45.

品例，籍定发补诸寺监译史。察院书吏与宣慰司令史，皆系八品出身转部者，宜以五折四理算，宣慰司令史出身正八品，察院从八品，其转补到部者以五折四准算太优，今三折二。其廉访司径发贡部及已除者，难议理算。"①

第四，专属名词——籍帐案牍。

"籍帐案牍"是指登记户口、田地、赋税等的簿册档案。如：

架阁库管勾二员，正八品。掌庋藏省府籍帐案牍，凡备稽考之文，即掌故之任。至元三年，始置三员，其后增置员数不一。至顺初，定为二员。典吏十人。蒙古架阁库兼管勾一员，典吏二人。回回架阁库管勾一员，典吏二人。②

2.文案

① "文案"的含义。

词语在不同的环境中具有不同的内涵，"文案"一词也是一样。它不仅具有案卷的含义，同样也有公文、档案的意思。下面进行分别介绍。

第一，指"案卷、文卷"。

"文案"一词首要的含义，就是"案卷、文卷"。如：

（王翛然云）令史，你知道么？我奉郎主的命，着我审囚刷卷，便宜行事。我将着势剑金牌，先斩后奏，你若文案中有半点儿差迟，我先切了你颗驴头。将文案来！（令史云）理会的。我先将这宗文卷，与大人试看咱。（令史做递文书科）（王翛然云）是什么文卷？（令史云）这是巩推官问成的，杨谢祖欺兄杀嫂。③

第二，指"公文"。

同"案牍"一词相同，"文案"也有"公文"的含义。如：

① 宋濂. 元史［M］. 北京：中华书局，1976：2087.

② 宋濂. 元史［M］. 北京：中华书局，1976：2125.

③ 徐征，张月中，张圣洁，等. 全元曲［M］. 石家庄：河北教育出版社，1998：2310-2311.

八月乙丑朔，平阳地震，坏民庐舍万有八百二十六区，压死者百五十人。丙寅，太白犯舆鬼。己巳，置中书省检校二员，秩正七品，俾考核户、工部文案疏缓者。罢江西等处行泉府司、大都甲匠总管府、广州人匠提举司、广德路录事司。罢泉州至杭州海中水站十五所。抚州路饥，免去岁未输田租四千五百石。①

第三，指"档案"。

作为文档名词之一，"档案"的含义在文献中有多处体现：

"……今后各处经断官吏须要于起给解由内开写元犯过名，断罢缘由，申覆合干上司。如有隐蔽不行开写者，罪及给由官吏，仍令各道廉访司更为检察，庶望少革滥给之弊。都省准呈，遍行合属照会，依上施行了当。"近年以来，诸求仕官吏人等各将所犯罪名隐蔽，不于解由内开写。纵有开到过名，即无备细招词、拟断缘由。除本部有文簿可考者依上照拟回报，若无文案者，似难追究。②

②"文案"一词的组词类型：

我们可以通过以"文案"一词作为属概念的各种档案词汇，考察元代文献中的"文案"一词的组词类型，这样可以使我们更多地了解元人对该词的理解和该词所具有的丰富含义。

而作为一种大类概念，其重要表现就是许多专门档案名词已经以"文案"作为属概念命名，即把文案作为一类事物的概念，在其前加一个限定词，就成为这一大类事物的某一种，如土田文案、帐籍文案等等。

第一是指土田文案，即记载土地、田地的案卷，如："八月甲子，诏御史台凡有司婚姻、土田文案，遇赦依例检覆。乙丑，荧惑犯岁星。己巳，荧惑犯舆鬼。辛巳，太阴犯昂。壬午，太白犯轩辕。"③

第二是指帐籍文案，是分项记载人口或钱物出入事项的簿籍档案，如：

① 宋濂. 元史 [M]. 北京：中华书局，1976：349-350.

② 陈高华，等. 元典章 [M]. 北京：中华书局，2011：410.

③ 宋濂. 元史 [M]. 北京：中华书局，1976：442.

掌储藏帐籍文案以备用。择选人有时望者为之。旧有管干架阁库官，宣和罢之，绍兴十五年复置，吏、户部各差一员，礼、兵部共差一员，刑、工部共差一员，以主管尚书某部架阁库为名，从大理寺丞周枨之请也。嘉定八年，又置三省、枢密院架阁官。①

四、元代"牍族"文档名词

（一）"牍族"文档名词的构成与特点

如表7-11所示，元代时期"牍族"包括"案牍""竿牍""公牍""简牍""卷牍""文牍"等11个文档名词，没有新增的名词，相对宋代而言，其消亡的名词比较多，有"牍书""官牍""函牍""篇牍""连牍"等，共8个词语。其族类特征主要有：

第一，从构词特点看，该族名词在构词上"牍"字均在合成词词尾。这也是它最为明显的特点。从"牍"字后置的"牍"族文档名词的组合来看，它主要有三种类型：首先是前置如"简""书""文"等本身具备文档类含义的单音节词素；其次是前置与文档有关的工具含义的词素，如"尺""案""竿"等；最后是前置专指性强的单音节词素，如"吏""荐"等。

第二，从词义来看，"牍族"文档名词专指性含义较强，例如"奏牍"具有专指性，指书写奏章的简牍，犹奏章。奏牍含义单一，前字"奏"就决定了"奏牍"的含义。

表7-11 "牍族"文档名词构成表

族别	名词	新增名词	消亡名词	名词总数
牍族	案牍、竿牍、公牍、简牍、卷牍、书牍、文牍、尺牍、奏牍、荐牍、吏牍	无	牍书、官牍 函牍、篇牍 禀牍、讼牍 连牍、札牍	11

---

① 马端临. 文献通考 [M]. 北京：中华书局，1986：482.

（二）元代"牍族"文档名词的应用

从表7-12中可以看出，元代时期，"牍族"文档名词中，"案牍"使用的次数最多，为76次，使用频次约为0.28；使用第三多的是"文案"，使用次数为30次，使用频次约为0.11；"案牒""簿案"使用较少，次数为1次。相较于同时期的"文族""书族"文档名词而言，"牍族"文档名词在元代的使用次数较少，整体上属于极低频次词语。

从词语内涵来看，"牍"含义广泛，并非单指文档含义。所以，"牍族"的文档含义是由其语言环境及与其组合的词素所决定的。在元代，"牍族"文档名词中多具有很强的文档含义的词语有"案牍""卷牍""奏牍"等，弱文档含义的词语有"尺牍""简牍""书牍"等。

表7-12　"牍族"文档名词应用表

序号	名词	使用次数	使用频次
1	案牍	76	0.279412
2	尺牍	44	0.161765
3	奏牍	23	0.084559
4	文牍	17	0.0625
5	公牍	8	0.029412
6	吏牍	7	0.025735
7	简牍	5	0.018382
8	荐牍	3	0.011029
9	卷牍	2	0.007353
10	竿牍	1	0.003676
11	书牍	1	0.003676

（三）重要"牍族"文档名词介绍

"牍族"文档名词除了沿用古代的用法外，部分词语的词义在历史发展过程中也有所演变与发展。由于前面已经对"案牍"一词进行了介绍，现在对使用次数较多的"尺牍"和"奏牍"进行具体的说明。"简牍"一词，虽然使用次数不多，但是简牍文化却是中国古代文化的重要组成部分，所以有必要对"简牍"一词进行说明。

1.尺牍

"尺牍"大多数指的是信札，在其词义演变过程中，还用来指文辞、墨迹、字迹。如："初，灵帝好学，自造《皇羲篇》五十章，因引诸生能为文赋者。本颇以经术相招，后诸为尺牍及工书鸟篆者，皆加引召，遂至数十人。"①

2.奏牍

"奏牍"具有专指性，指书写奏章的简牍，犹奏章。"奏牍"含义单一，前字"奏"就决定了"奏牍"的含义，如："玠帅蜀罔功，每交结权要及中外用事者，奏牍词气悖慢，示敢专制之状，上意不平之。"②

3.简牍

"简牍"，原是古代书写用的竹木片，亦泛指书写用品，后来引申为文书、书籍、书简等。如："简牍希阔，公会有期，郎吏陟降，堂序进退、揖诸，礼容甚都"③

五、元代"籍族"文档名词

（一）"籍族"文档名词的构成与特点

如表7–13所示，元代时期"籍族"包括"簿籍""载籍""户籍""黄籍""图籍""册籍"等11个文档名词，没有新增的名词，消亡的名词有"书籍""籍注""典籍""鱼鳞图籍""礼籍"，共5个词语。其族类特征主要有：

第一，从构词结构来看，元代"籍族"文档名词由双音节词语构成，没有单音节词语和多音节词语。

第二，该族类名词以"籍"字为主字，组词时都以"籍"字居前或居后。

---

① 马端临. 文献通考 [M]. 北京：中华书局，1986：387.

② 刘一清. 钱塘遗事 [M]. 上海：上海古籍出版社，1985：69.

③ 王士点，商企翁. 秘书监志 [M]. 杭州：浙江古籍出版社，1992：58.

"籍族"文档名词的组成方式均是由"籍"+表示载体功能的汉字构成，相关汉字为"册""图""帐"等。"籍"字在前，表示文件、文章、记录等含义，"籍"字在后主要作为载体使用，通常是书本和小册子。

第三，该族文档名词中主要可以分为三类：多数名词是偏正结构，如"籍帐""户籍""黄籍"等；也存在其他类型的名词，如"籍图"和"籍册"，它们属于并列名词；还有一类是动宾名词，如"载籍"。

表7-13 "籍族"文档名词构成表

族别	名词	新增名词	消亡名词	名词总数
籍族	簿籍、载籍、户籍、黄籍、籍帐、法籍、册籍、籍册、图籍、籍图、文籍	无	书籍、籍注、典籍、鱼鳞图籍、礼籍	11

（二）元代"籍族"文档名词的应用

从表7-14中可以看出，元代时期，"籍族"文档名词中，"户籍"一词使用次数最多，为82次，其频次约为0.3；此外使用较多的有"簿籍""载籍"。总体而言，元代"籍族"文档名词使用次数相对较低，没有"文族""书族"等族类使用得那么普遍。

"籍族"文档名词是中国古代文档名词中的一个重要组成部分，并且历史悠久，最早可追溯到先秦时期，并且随着历史的推进，其使用频率越来越高，使用范围越来越广，且其本身的内涵也越来越丰富。从词语内涵看，"籍"主要是书名、登记册等，例如："户籍"一词，毫无疑问，就是专指户口的登记册。词语用法基本以继承为主。

表7-14 "籍族"文档名词应用表

序号	名词	使用次数	使用频次
1	户籍	82	0.301471
2	簿籍	53	0.194853
3	文籍	45	0.165441

续表

序号	名词	使用次数	使用频次
4	载籍	39	0.143382
5	图籍	11	0.040441
6	籍册	10	0.036765
7	籍帐	2	0.007353
8	册籍	2	0.007353
9	籍图	2	0.007353
10	黄籍	1	0.003676
11	法籍	1	0.003676

（三）重要"籍族"文档名词介绍

1.户籍

"户籍"是专指性很强的文档名词，主要指登记户口的册籍。如：

> 哲宗元祐初，御史论陕西转运使吕太中假支移之名，实令农户计输脚钱十八，百姓苦之。乃下提刑司体量，均其轻重之等：以税赋户籍在第一等、二等者支移三百里。①

"户籍"一词，在元代共出现82次，在"籍族"文档名词中，使用次数居首位。值得一提的是，元代除了使用"户籍"作为登记户口的册子外，在《通制条格》中，也使用"青册"来作为户籍册的意思。

2.簿籍

"簿籍"是册子、籍册的通用性词语。如《秘书监志》记载：

> 承此，当部除已委请本部王郎中依上施行外，合行移关，请照验依奉省札内处分事理，将本府应有文卷簿籍，若有合交付翰林院等各衙门计问，本部已委官就便交割，仍将交付讫各项事目数目开坐关来。②

"簿籍"是除"户籍"外，使用次数第二多的词语，在元代，其使用次数

---

① 马端临. 文献通考 [M]. 北京：中华书局，1986：61.
② 王士点，商企翁. 秘书监志 [M]. 杭州：浙江古籍出版社，1992：30.

为53次，用法以继承为主。

六、元代"簿族"文档名词

（一）"簿族"文档名词的构成与特点

如表7-15所示，元代时期"簿族"包括"书簿""簿案""官簿""簿历""上簿""收簿"等21个文档名词，与宋代相比较而言，无新增名词。消亡的名词有"簿钞""版簿""对簿""讯簿""军簿"等，共11个词语。其族类特征主要有：

第一，从词语结构来看，元代"簿族"文档名词由双音节词语构成，未发现多音节词语和单音节词语。

第二，从文档名词组成方式来看，主要有两种：第一种是"簿"字在前，表示文件、文章、记录等含义，其后缀以表示载体的单音节词，如"簿书""簿状""簿案""簿牒""簿籍"等；第二种是"簿"字在后，主要指代载体，通常是书本和小册子，其前则主要是指记录符号即文字，如"文簿"等。

表7-15　"簿族"文档名词构成表

族别	名词	新增名词	消亡名词	名词总数
簿族	簿籍、文簿、书簿、簿案、簿牒、簿领、上簿、黄簿、官簿、班簿、选簿、名簿、兵簿、收簿、候簿、簿历、簿状、典簿、簿子、簿书、簿记	无	簿钞、版簿、对簿、讯簿、军簿、战簿、校簿、门簿、青簿、疏簿、图簿	21

（二）元代"簿族"文档名词的应用

从表7-16中可以看出，元代时期，"簿族"文档名词中，"簿书"一词使用的次数最多，为183次，使用频次约为0.67，属于低频次词语；其他诸如"簿书""簿籍"等词语，相对使用较多；使用较少的词语有"簿子""簿历""簿状""簿案"等词语，其使用次数均为1次，频次都低于0.004。

"簿族"文档名词是简牍文化的产物。在元代，"簿族"是出现频次仅次于"文族""书族"的第三大族类，其应用领域也相对较广。但是其族类消亡词语也是较多的，这就与元人的语言偏好有极大关系。如前文所讲，"版簿"一词是指户籍册的意思，而元代多以"籍册""文册"等词语为属概念，前面加"户口"或者"土地"等名词，来指专门户籍册子。而在《通制条格》中，也有使用"青册"来作为户籍册的意思。这种语言偏好与元统治者、书籍撰写者、翻译者有极大的关系。

表7-16　"簿族"文档名词应用表

序号	名词	使用次数	使用频次
1	簿书	183	0.672794
2	簿籍	53	0.194853
3	文簿	39	0.143382
4	上簿	23	0.084559
5	簿领	19	0.069853
6	名簿	10	0.036765
7	官簿	8	0.029412
8	班簿	7	0.025735
9	黄簿	4	0.014706
10	书簿	3	0.011029
11	选簿	3	0.011029
12	簿记	2	0.007353
13	簿子	1	0.003676
14	簿历	1	0.003676
15	簿状	1	0.003676
16	簿案	1	0.003676
17	簿牒	1	0.003676
18	兵簿	1	0.003676
19	收簿	1	0.003676
20	候簿	1	0.003676
21	典簿	1	0.003676

（三）重要"簿族"文档名词介绍

由于前文已对"簿书""簿籍"进行说明，这里不再赘述，主要对使用次数较多的"文簿"以及词义在历史演变发展过程中有所引申的词语"典簿"一词进行介绍。

1.文簿

"文簿"总的来说，主要是指文册簿籍之意，具有通用性的特点。例如："本部参详：今后如遇得替官员解由呈所申官司，拟合令置文簿，委自首领官员一员不妨本职，专一提调，当该人吏常切勾销检举，毋致延迟人难。"①

在元代，"文簿"一词共出现39次，用法以继承为主，是一个通用性较强的文档名词。

2.典簿

"典簿"一词出现时间较晚，直到晋时才开始出现，但其延续性较好，在隋唐之后的各朝代沿袭下来。从其含义来看，"典簿"在出现之初主要作为一个官职名，其主要职责是掌章奏文牍事务。例如《秘书监志》卷一载："秘书监正三品，少监从四品，监丞从五品，典簿从七品。"②其词义在演变过程中，引申为"账册档案"，如："分监印亦如之。幕府曰经历，曰典簿，印随号改。秘书郎职管钥，给印一。管勾掌故牍，给印一，皆铸以铜，直纽，龟匣。"③

在元代，"典簿"一词多用于职官，在统计范畴内，其文档含义仅出现了一次，但是仍然需要引起重视。

七、元代"典族"文档名词

（一）"典族"文档名词的构成与构词特点

如表7-17所示，元代时期"典族"包括"文典""书典""典簿""典

---

① 陈高华，等. 元典章［M］. 北京：中华书局，2011：412.
② 王士点，商企翁编. 秘书监志［M］. 杭州：浙江古籍出版社，1992：20.
③ 王士点，商企翁编. 秘书监志［M］. 杭州：浙江古籍出版社，1992：49.

册""典法""典例"等15个文档名词，没有新增的名词，消亡的名词有"典籍"和"典契"，共2个词语。其族类特征主要有：

第一，从词素构成上来看，"典族"文档名词除单音节文档名词"典"外，主要由双音节文档名词组成。

第二，从"典"字含义上来看，"典族"文档名词中"典"字的含义多为"重要的文献"，并与其他单音节字组合成的双音节词，如"典册""典籍""典簿""典文""典书""训典"等。

第三，从组词结构上来看，双音节词"典族"文档名词的结构多为偏正结构。"典族"文档名词把"典"字前置的名词居多，这里的"典"字在偏正结构中主要起修饰作用，其含义主要是"重要的"之义；"典"字后置的较少，仅有4个即"训典""六典""书典"和"文典"，这里"典"的含义是其本义，而其前的单音节词起限定范围的修饰作用。

表7-17　"典族"文档名词构成表

族别	名词	新增名词	消亡名词	名词总数
典族	文典、书典、典簿、典册、典法、典诰、典例、典谟、典书、典文、典宪、典训、典则、训典、六典	无	典籍 典契	15

（二）元代"典族"文档名词的应用

从表7-18中可以看出，元代时期，"典族"类文档名词中，"六典"一词使用的次数最多，为63次，使用频次约为0.23；其他诸如"典书""典册"等词语，相对使用较多；使用较少的词语有"典文""典例""典簿"等，其使用次数在2次及以下，频次都低于0.01。同宋代"典族"文档名词相比较，除"典书""书典"外，元代其他词语的使用次数均低于宋代。

"典"其本义指重要的文献，早期的文档皆为重要的文献。在历史的发展过程中，"典族"的文档含义越加丰富，涉及各种不同种类的簿册、文书、档案、职官等意义，如文档职官类文档名词有"典书"。在元代，"典族"文档名词仍然以继承为主。

表7-18 "典族"文档名词应用表

序号	名词	使用次数	使用频次
1	六典	63	0.231618
2	典书	36	0.132353
3	典册	32	0.117647
4	典法	19	0.069853
5	典谟	13	0.047794
6	典宪	12	0.044118
7	典训	8	0.029412
8	典则	8	0.029412
9	书典	6	0.022059
10	训典	5	0.018382
11	典诰	3	0.011029
12	文典	2	0.007353
13	典文	2	0.007353
14	典例	1	0.003676
15	典簿	1	0.003676

（三）重要"典族"文档名词介绍

前文对"典簿"已经介绍过，这里不再赘述，选取使用次数较多的"六典"和"典书"进行说明。

1.六典

"六典"，最早出现于《礼记》与《周礼》。"六典"在产生之初就其内涵与性质而言主要是指法律档案，这种用法在后世基本上沿用下来。例如《文献通考》自序："《仪礼》所言，止于卿士大夫之礼；《六典》所载，特以其有关于职掌者则言之，而国之大祀，盖未有能知其品节仪文者。"①

————————

① 马端临. 文献通考［M］. 北京：中华书局，1986：6.

2.典书

"典书"最早是作为一种职官名，这也是其常用的含义。其在词义演变过程中，引申为"法令、典籍"的意思。如"春诵，夏弦，大师诏之。瞽宗秋学礼，执礼者诏之。冬读《书》，典书者诏之。"①

八、元代"图族"文档名词

（一）"图族"文档名词的构成与特点

如表7-19所示，元代时期"图族"包括"地图""图表""图牒""图法""图籍""图谱""籍图""图书"共8个文档名词，无新增名词。消亡的名词有"图簿""图文""鱼鳞图""鱼鳞图籍"共4个词语。其族类特征主要有：

第一，从词素构成上来看，元代"图族"文档名词由双音节文档名词构成，没有找到多音节词语。

第二，从组词结构上来看，"图族"文档名词主要是偏正结构。其中"图"字前置的居多，共有6个，比例达75%；"图"字后置的较少，仅有2个即"地图"和"籍图"，这里的"图"是其本义，前边的单字起限定的作用。

第三，从内涵的广度来看，"图族"文档名词的含义广泛，涉及地图档案、户籍档案以及谱牒档案等。其中，地图类文档名词如"地图"，户籍档案类文档名词如"图籍"，谱牒类文档名词如"图牒"。

表7-19　"图族"文档名词构成表

族别	名词	新增名词	消亡名词	名词总数
图族	地图、图表、图牒、图法、图籍、图谱、籍图、图书	无	图簿、图文、鱼鳞图、鱼鳞图籍	8

（二）元代"图族"文档名词的应用

从表7-20中可以看出，元代时期，"图族"文档名词中，"地图"一词

---

① 杨天宇. 礼记译注［M］. 上海：上海古籍出版社，1997：341.

使用的次数最多，为50次，使用频次约为0.18；"图书"一词使用次数为25次，频次约为0.09；其他词语诸如："图籍""图法""图牒""图谱"等使用次数较少，频次极低。由此可以看出，元代"图族"文档名词使用较同时期的"文族""书族"来讲，适用性以及普及度较低。

"图族"文档名词在各族类中，属于低频次词语且数量较少。在元代，"图族"的含义基本沿用了前代，地图档案的含义是最为常用的用法。其应用领域主要分布在史部文献中。

表7-20 "图族"文档名词应用表

序号	名词	使用次数	使用频次
1	地图	50	0.183824
2	图书	25	0.091912
3	图籍	11	0.040441
4	图法	9	0.033088
5	图牒	4	0.014706
6	图谱	3	0.011029
7	籍图	2	0.007353
8	图表	1	0.003676

（三）重要"图族"文档名词介绍

"图族"文档名词与"文族""书族"词语相比，是使用频次较低的族类，其用法以继承为主。现在对其使用次数居前三位的"地图""图书""图籍"三个词语进行说明。

1.地图

"地图"一词最早出现于先秦时期，起初其含义为描摹土地山川等地理形势的图，基本具备了地图档案的意义。例如《文献通考》中记载："周官卝人掌金玉锡石之地，而为之厉禁以守之。若以时取之，则物其地图而授之（物色占其形色之咸淡也，授之教取者之处），巡其禁令。"①也是基本沿用其初始

① 马端临. 文献通考［M］. 北京：中华书局，1986：177.

含义。

2.图书

"图书"一词主要词义是指书籍，但是在历史发展过程中，其词义引申有"图谶、户籍地图档案、河图洛书"等多种含义。具体要在语境中进行特定分析。如："今图南不谓图书之数，较然不可相同，而欲以背理之人为比而同之，截截自分界限，是得指失肩背矣。"[①]这里的"图书"就是河图洛书的意思。

在元代，"图书"作为文档名词而使用，其出现次数有25次，使用较少，且需要具体分析不同语境中其具体的含义。

3.图籍

"图籍"泛指地图和户籍档案，例如："车驾岁清暑上京，丞相率百官各奉职分司扈从，秘府亦佩分监印，辇图籍在行间，所以供考文、备御览者，视它职为华要。"[②]

九、元代"册族"文档名词

（一）"册族"文档名词的构成与特点

如表7-21所示，元代时期"册族"包括"卷册""册宝""册籍""典册""册文""册书"等12个文档名词，没有新增的名词，消亡的名词有"册子""黄册""册奏"，共3个词语。其族类特征主要有：

第一，从词素构成上来看，元代"册族"文档名词是由双音节词语组成，在检索的范畴内，未发现"册族"多音节文档名词。

第二，从组词结构来看，"册族"文档名词中的双音节名词包括偏正式和联合式两种基本结构。偏正式双音节词包括两种情况：一是以"册"为中心词（被修饰词），如"祝册""文册"等；二是以"册"为修饰词，如"册

---

①　雷思齐. 易图通变：第4卷［M］. 抄本. 北京：刘渊阁，1781（清乾隆四十六年）：4.

②　王士点，商企翁. 秘书监志［M］. 杭州：浙江古籍出版社，1992：56.

宝""册书""册文"等。联合式双音节词包括"册籍""籍册"等，它们多
属于同义或近义联合。

第三，从词义构成来看，元代"册族"文档名词主要包含以下三种：一是
采用"册"字册立诏书含义组成的名词，如"册书""册文"；二是采用其簿
册含义组成的名词，如"籍册""册籍"；三是以"册"为记录载体形成的专
有名词，如"册祝""祝册"。

表7-21 "册族"文档名词构成表

族别	名词	新增名词	消亡名词	名词总数
册族	卷册、册宝、册籍、册书、册文、册印、册祝、籍册、文册、祝册、典册、青册	无	册子 黄册 册奏	12

（二）元代"册族"文档名词的应用

从表7-22中可以看出，元代时期，"册族"文档名词中，"册宝"一词
使用的次数最多，为160次，使用频次约为0.59；接下来使用次数较多的词语
为"册文"，使用次数为55次，频次约为0.2；其他词语诸如"册籍""册
印""卷册"等使用次数较少，频次极低。总体而言，元代"册族"文档名词
总的使用次数较少，专指性较强。

从内涵来看，"册族"含义广泛，涉及封诏类、祭告类、簿册类以及专指
类文档名词等。在元代，没有延伸出新的含义，多是沿用前代的多种用法。

表7-22 "册族"文档名词应用表

序号	名词	使用次数	使用频次
1	册宝	160	0.588235
2	册文	55	0.202206
3	祝册	40	0.147059
4	典册	32	0.117647
5	文册	19	0.069853
6	册书	12	0.044118

续表

序号	名词	使用次数	使用频次
7	籍册	10	0.036765
8	青册	7	0.025635
9	册祝	4	0.014706
10	册籍	2	0.007353
11	册印	2	0.007353
12	卷册	1	0.003676

（三）重要"册族"文档名词介绍

1.册宝

"册宝"专指册书与宝玺。例如《元典章》诏令中，记载："比者远近宗亲复以为请，又中书百司及诸老臣请授册宝，昭示中外。"[①]

"册宝"一词，在元代使用次数为160次，在"册族"中使用次数居于首位，其词义基本沿用古代，以继承性特点为主。

2.册文

"册文"原为帝王封赠臣下的文书，册命、册书等诰命文字的一种。后来应用范围渐广，凡祭告、上尊号及各种祭典都可以使用，包括立册、封册、祝册、谥册等。例如："同日受册，有司撰选仪注，忘载册文。及百僚在列，方知阙礼，宰臣相顾失色。中书舍人王勃立召小吏五人，各令执笔，口授分写。"[②]

"册文"是"册族"中使用次数相对较多的词语，使用次数为55次，在元代，其用法仍然以继承性为主。

十、元代"卷族"文档名词

（一）"卷族"文档名词的构成与特点

如表7-23所示，元代时期"卷族"包括"文卷"、"卷册"、"卷宗"

① 陈高华，等. 元典章［M］. 北京：中华书局，2011：16—17.

② 马端临. 文献通考［M］. 北京：中华书局，1986：465.

（宗卷）、"卷牍"，共4个文档名词。新增的名词有1个，即"卷宗（"宗卷"）"。消亡的名词是"案卷"。其族类特征主要有：

第一，"卷族"名词的组合呈现出多样化的特征，与其组合者有文字（文）和文档集合（宗）等，"卷"字在合成词中的排列也有前有后。

第二，在该族名词中，"文卷"在所检索的元代文献中出现次数最多，其次为"卷宗"。

第三，在使用范围方面，"文卷"最广泛，在15部文献中使用过。其他名词仅在一部或者两部文献中出现。

第四，由于"卷宗"的出现，"卷"族已接近成熟了，并在其后的明朝该族名词最终成熟起来。

表7-23 "卷族"文档名词构成表

族别	名词	新增名词	消亡名词	名词总数
卷	文卷、卷册、卷宗（宗卷）、卷牍	卷宗（宗卷）	案卷	4

（二）元代"卷族"文档名词的应用

从表7-24中可以看出，元代时期，"卷族"文档名词中，"文卷"一词使用的次数最多，为123次，使用频次约为0.45；其他词语诸如"卷宗""卷牍""卷册"等词语使用次数极少，频次极低。但是较于宋代而言，元代"卷族"文档名词在总的使用次数上高于宋代，尤其是"文卷"一词的使用次数高于宋代，与随后的明代、清代使用次数相差较少，可见元人对"文卷"一词的偏好。除此之外，元代"卷族"文档名词新增"卷宗"这个词语，但是它的使用范围比较小。也说明文档名词从最初产生到成熟发展需要一个逐渐被认知的过程。

从词语内涵看，"卷族"文档名词在元代文献中的含义有"档案""公文"等意思，其内涵多与其语境有关系。可以从下面对于"文卷"一词的含义用法分析看出。

表7-24　"卷族"文档名词应用表

序号	名词	使用次数	使用频次
1	文卷	123	0.452206
2	卷宗	8	0.029412
3	卷牍	2	0.007353
4	卷册	1	0.003676

（三）重要"卷族"文档名词介绍

"卷族"文档名词在元代这个顿挫时期，其使用次数首次超过了繁荣时期的宋代，所以对它的研究很有意义。"文卷"一词作为使用次数最多的"卷族"文档名词，对它的研究很有典型意义。而"卷宗"、"宗卷"（"宗卷"）是元代新出现的词语，所以非常值得探讨。

1.文卷

词语在不同的语言环境中，所代表的实际意义并不相同。考察元代文献中的"文卷"一词，可以了解元人对该词的理解和该词所具有的丰富含义。

第一，指案卷，"文卷"的首要含义是"案卷"，如：

（张千云）当该司吏安在。（外郎上云）来了。你都在司房里躲着。厅上唤哩。我答应去。（做见科云）小的每是当该司吏。（正末云）兀那司吏。有甚么合金押的文书。将来我看。（外郎云）理会的。（外郎做递文书科云）文书在此。（正末云）这个是甚么文卷。（外郎云）这个是在城李阿陈。因奸气杀丈夫。勒杀亲儿。前官断定了。大人判个斩字。拿出去杀坏了罢。①

第二，指公文，"文卷"也有公文的含义。

三月乙酉，诏蒙古带、唆都、蒲寿庚行中书省事于福州，镇抚濒海诸郡。以沿海经略副使合刺带领舟师南征，升经略使兼左副都元帅，佩虎符。丁亥，太阴犯太白。戊子，太阴犯荧惑。己丑，行中书省请考核行御

① 徐征，张月中，张圣洁，等. 全元曲［M］. 石家庄：河北教育出版社，1998：6396.

史台文卷，不从。①

第三，指为应科举考试所作的文章，"文卷"在古文当中，经常使用的就是"科举考试中所作的文章"之意。文献中有所解释：

> 凡试日怀挟所业经义及遥口相授者，即时遣出。所试合格，取通多业精者为上，余次之。解文，首具元请解及已落见解人数，所试经义，朱书"通""否"，监官、试官署名于其下。进士文卷、诸科义卷、帖由，并随解文送贡院。其有残废笃疾，并不得预解。或应解而不解，不应解而解，监官、试官为首罪，停所任，受赂以枉法论，长官听朝旨。②

第四，指文章，"文卷"也有广义上所作的文章之意：

> 其四云张九龄览苏颋文卷，谓为文阵之雄师。按颋为相时，九龄元未达也。此皆显显可言者，固鄙浅不足攻，然颇能疑误后生也。惟张象指杨国忠为冰山事，《资治通鉴》亦取之，不知别有何据？近岁兴化军学刊《遗事》，南剑州学刊《散录》，皆可毁。③

2.卷宗

据目前可考文献，"卷宗"一词最早出自《吏学指南》，在元大德五年（1301年）刊行的《吏学指南》中记载："卷宗，事始所出，谓之卷宗。宋曰案祖。"④这里"卷宗"一词的含义是记录事件源流的文件整体，指包括事件发生原委的一系列文件。由于《吏学指南》是一部史学启蒙性质的著作，也带有一定的辞书的性质。根据其带辞书的性质可以推测，"卷宗"一词应在《吏学指南》之前就已经出现，只是未能有文献记录留存下来。

元代"卷宗"也有档案、案卷的含义。"宗"字是集合之意，其档案集合的含义较明确，与今天"全宗"的"宗"字含义相同。例如《元典章》中记

① 宋濂. 元史 [M]. 北京：中华书局，1976：198-199.

② 马端临. 文献通考 [M]. 北京：中华书局，1986：283.

③ 马端临. 文献通考 [M]. 北京：中华书局，1986：1651.

④ 杨讷. 吏学指南（外三种）[M]. 杭州：浙江古籍出版社，1988：40.

载："于仁虞院交割到元行文卷内，检照得别无上项卷宗。"①

"卷宗"是元代新增的文档名词，虽然其使用次数较少，为8次，但仍有对其进行分析的必要。作为文档名词而言，新生事物需要一个逐渐被认知的过程。元代作为其初生期，所以使用较少。

3.宗卷

"宗卷"是"卷宗"的颠倒词，古代常见这种用法，同"卷宗"，可以视为同一个词。例如：

> 【油葫芦】只待置下庄房买下田，家私积有数千，那里管三亲六眷尽埋冤。逼的人卖了银头面，我戴着金头面；送的人典了旧宅院，我住着新宅院。有一日限满时，便想得重迁。怎知他提刑司刷出三宗卷，恁时节带铁锁纳赃钱。②

值得一提的是，虽然古代"卷宗"与"宗卷"作为颠倒词可以视为一个词，但到了现代，它们并不是颠倒词，宗卷是一个独立的词。现代，宗卷即"关于全宗的案卷"，是指档案馆（室）说明某档案全宗历史情况的专门案卷；卷宗则是指针对一项工作、一个问题或一个案件等的案卷。

十一、元代"令族"文档名词

（一）"令族"文档名词的构成与特点

"令族"文档名词是顺应法律文书的运用需求而产生的。如表7-25所示，元代时期"令族"包括"法令""政令""诏令""律令"等词语，共16个文档名词，没有新增或者消亡的词语。其族类特征主要有：

第一，从构词结构来看，由双音节词语构成。偏正结构的词语比较多，例如"律令""军令"等。

第二，从词素上来看，限定"令"的那个词素，大多都出现了名词形容词

---

① 陈高华，等. 元典章 [M]. 北京：中华书局，2011：598.
② 李春祥. 元代包公戏曲选注 [M]. 北京：中州书画社，1983：63.

化的趋势。例如，"将"一般指代将军或将士，那"将令"一词中"令"就被限定成将军的命令，所以"将"一词素就出现了形容词的一些特征。

第三，历史连续性强。"令族"法律文书名词最早出现于先秦时期，一直延续到清代时期，在这段古代史的历程中，"令族"法律文书名词从未缺席，总是活跃在历史的舞台上，并且都经历着从发展到低迷的演变。

第四，从词的含义来看，其中的名词不仅表示法律文书之意，还表示指示、口令等多种含义。族类名词涉及了全国的政治、经济、文化、教育、生活等方面。

表7-25 "令族"文档名词构成表

族别	名词	新增名词	消亡名词	名词总数
令族	法令、政令、诏令、律令、军令、敕令、将令、功令、阴令、违令、施令、饬令、格令、宪令、军令状、令状	无	无	16

（二）元代"令族"文档名词的应用

从表7-26中可以看出，元代时期，"令族"文档名词中，"诏令"一词使用的次数最多，为331次，使用频次约为1.22，属于中频次词语；其他词语诸如"法令""政令""律令""将令"等词语使用频次居中；"令状""敕令"使用次数最少，为1次。总体而言，元代"令族"文档名词使用频次居中，虽然没有"文族""书族"文档名词通用性高，但比"卷族""籍族"等族类使用次数多。

由于"令族"属于法律文书类文档名词，所以其使用较为稳定，虽然内容多与各种"政令""军令""律令"等有关，但其涉及多方面的领域。

表7-26 "令族"文档名词应用表

序号	名词	使用次数	使用频次
1	诏令	331	1.216912
2	法令	268	0.985294

续表

序号	名词	使用次数	使用频次
3	政令	205	0.753676
4	律令	174	0.639706
5	将令	148	0.544118
6	敕令	143	0.525735
7	施令	119	0.4375
8	军令	80	0.294118
9	违令	36	0.132353
10	格令	22	0.080882
11	阴令	18	0.066176
12	功令	14	0.051471
13	宪令	6	0.022059
14	军令状	5	0.018382
15	令状	1	0.003676
16	饬令	1	0.003676

（三）重要"令族"文档名词介绍

1.诏令

"诏令"主要是专指性的法律文书名词，自出现起含义就十分明确，意为皇帝颁发的命令，是帝王的专用文书，且其含义变化不大。如《元典章》中各种诏令的颁发，又如"乾道元年，诏令淮西总领所拨付建康中收到子粒令项桩管，非诏旨毋得擅用。"①

在元代，"诏令"一词共出现331次，是使用次数较多的词语，其内涵与用法以继承为主。

2.法令

"法令"主要是指法律条令。"法令"一词自出现后，在后世各朝代的

---

① 马端临. 文献通考 [M]. 北京：中华书局，1986：71.

使用数量都有比较平稳的增长，发展与演变具有极强的继承性和连续性。但是，在元代也有命令的意思，如："劝修行心念无明夜，呆弟子今朝省也。奉吾师法令到蓬莱，着我便提拔出你虎窟狼穴。休占风月门庭闹，莫厌蓬莱途路赊。"[①]

十二、元代其他文档名词

（一）其他文档名词的构成与特点

我们将元代除了以上介绍的十一大族类外的其他文档名词，统一划归到这一类目中，有"起居注""约剂""凤凰诏""比要""岁会""月成""月要""质剂"，共8个词语。无新增的词语，消亡词语较多，有"八法""八则""质要""比居""傅别""礼命"等12个词语（见表7-27）。该族类的特征主要有两点：

第一，从构词结构来看，由双音节词语和多音节词语构成。其中，双音节词语有6个，占75%；2个多音节词语，占25%。

第二，从词素来看，词素构成并没有统一的规律，并且词语的内涵并没有新的变化，基本沿用古代含义。

表7-27　其他文档名词构成表

族别	名词	新增名词	消亡名词	名词总数
其他	凤凰诏、起居注、约剂、比要、岁会、月要、月成、质剂	无	八法、八则、质要、比居、傅别、礼命、要会、役要、治成、治中、治要、治凡	8

（二）其他文档名词的应用

从表7-28中可以看出，元代时期，其他文档名词中，"起居注"一词使用的次数最多，为100次，使用频次约为0.37，属于低频次词语；"约剂"使

---

① 王学奇. 元曲选校注［M］. 石家庄：河北教育出版社，1994：3353.

用次数为3，频次约为0.01；"质剂"使用次数为2，频次约为0.007；其他词语诸如"凤凰诏""比要""岁会""月要""月成"，使用次数为1次，频次极低。总体而言，元代时期，其他文档名词使用频次很低。

从词语内涵来看，含义基本沿用古代用法，且大部分词语，诸如"约剂""比要""岁会"等皆来自先秦时期，所以词语的使用也与先秦的用法基本相同。

表7-28　其他文档名词应用表

序号	名词	使用次数	使用频次
1	起居注	100	0.367647
2	约剂	3	0.011029
3	质剂	2	0.007353
4	凤凰诏	1	0.003676
5	比要	1	0.003676
6	岁会	1	0.003676
7	月要	1	0.003676
8	月成	1	0.003676

（三）其他文档名词介绍

1.起居注

"起居注"一词最早见于汉代，它记载着我国古代帝王的言行，兼记着朝政大事，是一种日记体史册的名称。在历史发展过程中，用法仍然沿用古义。例如："翰林学士承旨、中奉大夫兼修起居注、领会同馆事忽鲁火孙授光禄大夫、守司徒、判翰林国史集贤院、领会同馆、秘书监事，修起居注如故。"①

"起居注"在元代共出现100次，在其他文档名词中，使用次数居于首位。值得一提的是，在其他朝代中，"起居注"在其他文档名词的使用中仍然居于首位，可以看出，"起居注"一词是继承性与连续性都较高的词语。

2.约剂

---

① 王士点，商企翁. 秘书监志［M］. 杭州：浙江古籍出版社，1992：28.

　　"约剂"是一个先秦即已存在的名词，一般是指古代经济活动中用作凭据的文书、契券。例如："凡以财狱讼者，正之以傅别、约剂（傅别，中别手书也。约剂，各所持券也。若今时市买为券书以别之，各得其一，讼则按券以正之也）。"①

　　"约剂"一词，在元代使用次数为3次，含义用法基本沿用古代，是一个以继承性为主要特征的文档名词。

本章小结

　　元朝是我国历史上第一个由少数民族建立起来的统一的规模空前的多民族封建君主专制国家。在这样的历史背景下，元代文档名词的显著特征可以概括为顿挫与融合。

　　在经历了宋代文档名词的大繁荣时期后，元代文档名词无论是从使用的次数还是族类的种类数量上来看，都有大幅度的下降趋势。很多文档名词在元代短暂的97年统治时期内，走向了消亡。但是在接下来文档名词成熟期的明代，这些大部分消亡的词语又开始使用了，诸如"牍书""册子""版簿""礼籍"等词语。这种短暂的顿挫是元代文档名词的一大特点。

　　而提到这种顿挫的变化，就不得不提到元代特殊的历史文化背景。少数民族建立起来的元代，民族众多，有蒙古人、女真人、汉人等几十种，他们所持的语言各不相同。当时全国规定使用三种官方语言文字，即蒙古文、汉文、波斯文。其中蒙古语是官方语言，朝廷用蒙古语议事，公牍文使用两种文字，即蒙古文和汉文。汉文公牍文是从蒙语原文机械地翻译过来的硬体译文，即逐个将蒙古语文本中的词汇机械地对译成汉语中相应的词汇，而不改变它们原有的语法顺序，句法奇特。元代的官方文件多采用这种文体。从《元典章》中，就可以看到大量的公牍文。这是历史上少见的一种语体，使得元代的语言文化与

---

　　①　马端临. 文献通考［M］. 北京：中华书局，1986：1406.

其他朝代有明显的区别。除此之外，元代的政治制度除了沿袭前代外，也有少数民族自己的统治特色。总体而言，元代文档名词的使用次数、使用频次以及应用领域等在元代整体衰落的趋势便是其顿挫的表现形式。

在顿挫的基础上有发展，便是文档名词融合的表现形式。这一时期，除了继承宋代部分文档名词的使用含义及用法外，元代也有所创新，例如"卷宗"一词的诞生。虽然其使用次数较少，但是作为新事物，其产生总需要一个过程，尤其是文档名词，需要逐渐被人们所接纳使用。此外，元人对"卷族"文档名词的偏好，使得"文卷"使用次数超越了宋代，并且使得"文卷"一词的含义更加丰富，用法更加多样，这也体现出了元代文档名词融合的特点。但是由于其统治时间较短，所以，"卷族"文档名词的使用次数总体上还是比较少的。

作为蒙汉文化碰撞与交流产物的一部分，文档名词深刻地反映了其时代的特色。所以文档名词由繁荣时期的宋代走向顿挫与融合时期的元代，有其产生的必然性。对这一时期文档名词的研究，对于我们了解元代政治、经济、文化等特点同样有着重要的意义。

丁海斌 著

中国文档名词发展演变史

——档案学、文书学之历史语言学研究（下）

百花洲文艺出版社
BAIHUAZHOU LITERATURE AND ART PRESS

第八章 明代：顿挫之后恢复与发展时期的文档名词

在经历了几近20年的铁马狼烟之后，明太祖朱元璋于1368年建立了一个新的封建王朝，拉开了明代277年（1368—1644年）历史的序幕。明王朝是继元朝之后由汉族建立的封建王朝，同时它也是中国古代史上最后一个由汉族建立的中原王朝，其文化具有鲜明的复兴传统的特征。传统文档词汇继元代文档名词的整体下滑后，于明代得以继承、整合与运用，得到了迅速的恢复与发展，并继续推动文档名词的通用化和进一步地成熟。

第一节 明代文档名词发生、发展的历史背景

语言文化作为一种文化产物，具有强大的历史延续性。无论是从口头语言过渡到书面语言，还是从某一时期被创造性地提出到被后世继承运用，抑或束之高阁，都与历史发展紧密相关。文档语言作为一种在自然语言的基础上经过专业加工而形成的专业语言，与历史发展的大背景具有同一性的关系。明代文档名词的发生、发展，首先受明代的政治、经济、文化等社会面貌的宏观规定与约束，其次在具体的文书管理和档案管理等活动中形成的书

面文献中表现出来。

一、明代政治与文档名词

（一）明代内阁机构的设立与文档名词

集权主义是封建社会政治的一个突出特征，与以往朝代相比，明代政治权力的集中化程度有了明显的提高，最突出的特点就是皇帝权力绝对化。丞相制度的废除和内阁制的建立成为了明代政治的两大显著特征，标志着君主专制的顶峰时期的到来。

明太祖朱元璋在元至正二十四年（1364年）称吴王时，就曾告诫众臣："立国之初，当先正纪纲。元氏暗弱，威福下移，驯至于乱，今宜鉴之。"[①]甚至还直截了当地提出："自其归心于我，即与之定名分，申约束，故皆禀号令，无敢异者。尔等为吾辅相，当守此道，无谨于始而忽于终也！"[②]可见朱元璋在还未称帝时，就已经对权力的控制表现得极为强势。明初，虽明太祖沿袭元制，继续由中书省掌行政，宰相机构统领六部，但已有意限制宰相权力。如洪武十一年（1378年），朱元璋就曾下令"命奏事毋关白中书省"[③]。洪武十三年（1380年），废除中书省、御史台和大都督府等，权分六部，直接对皇帝本人负责。至此国家大权集中到皇帝手中，中央集权达到顶峰。为了进一步维护君主专制，朱元璋在《皇明祖训》中明确要求："以后子孙做皇帝时，并不许立丞相，臣下敢有奏请设立者，文武群臣即时劾奏，将犯人凌迟，全家处死。"[④]至此延续千年的丞相制度被废弃，直至封建社会覆灭也没能恢复。

虽朱元璋意欲大小权力独揽，但面对一个人口达千万的国家，想要一人独揽复杂的国家事务，难免心有余而力不足。据《春明梦余录》记载："八

---

① 中华书局编辑部．"二十四史"（简体字本）：明史［M］．北京：中华书局，2000：8．

② 夏燮．明通鉴：中册［M］．长沙：岳麓书社，1999：72．

③ 中华书局编辑部．"二十四史"（简体字本）：明史［M］．北京：中华书局，2000：22．

④ 张德信，毛佩琦．洪武御制全书［M］．合肥：黄山书社，1995：389．

日之间，内外诸司奏札凡一千六百六十，记三千二百九十一事。"①朱元璋曾经说道："朕代天理物，日总万几，安敢惮劳，但朕一人处此多务，岂能一一周遍。"②于是，机构几经变换，最终于嘉靖、隆庆、万历三朝正式形成内阁制。《明史·职官志》注："嘉、隆以前，文移关白，犹称翰林院，以后则竟称内阁矣。"③

明代内阁职在"佐天子出令"，即以票拟之权，辅佐皇帝处理政事。具体事项有票拟批答、起草诏令、与议、奏请、立法、司法等，但皆不得独立行使权力，事事皆须依皇帝而为之。内阁相当于现在的秘书机构，是向皇帝负责的公文处理专门机构，因此对公文处理工作提出了更高的要求，极大地变革了历朝公文处理的模式。

内阁作为协助皇帝处理各种文书档案的专门性秘书机构，日日需要收发处理全国大量的公务文书，由于不同文书的内容不同，处理方法与流程也各不相同。为了有效掌握不同文书的内容，提高行政办事效率，当务之急就是要对复杂的文书按照其主体目的区别进行种类划分，并且对不同种类的文书名称进行整合、规范与统一。如《明史》中记载：

> 入内阁者皆编、检、讲读之官。④

> 掌献替可否，奉陈规诲，点检提奏，票拟批答，以平允庶政。凡上之达下，曰诏，曰诰，曰制，曰册文，曰谕，曰书，曰符，曰令，曰檄，皆起草进画，以下之诸司。下之达上，曰题，曰奏，曰表，曰讲章，曰书状，曰文册，曰揭帖，曰制对，曰露布，曰译，皆审署申覆而修画焉，平

---

① 孙承泽. 春明梦余录 [M]. 北京：北京古籍出版社，1992：389.

② 历史语言研究所. 明太祖实录 [M]. 台北：历史语言研究所，1962：2545.

③ 中华书局编辑部. "二十四史"（简体字本）：明史 [M]. 北京：中华书局，2000：1192.

④ 中华书局编辑部. "二十四史"（简体字本）：明史 [M]. 北京：中华书局，2000：1158.

允乃行之。①

通过明代上下行文的文书名称来看，该时期文书体系多数是建立在唐宋元公文名称基础之上的，是集唐宋元公文文种之大成的文书体系。因而明代内阁的创立首先就促进了明代时期政务类文档名词的继承与恢复。

此外，明代对文书的名称和用法做了明确规定，各项政务文档名词的使用被限定在标准规范之内，也非常有利于促进文档名词用法的统一。以"诏"和"谕"为例：

"诏"又称"诏书"，本义用作动词，是"召而与言"的意思，后又引申出"指导""教诲"之意，始现于秦代，一直沿用至清，是通用性较好的古代文档名词之一。秦汉至宋代，诏书的使用范围是比较广阔的，东汉蔡邕《独断》记载：

> 诏书者，诏诰也，有三品。其文曰"告某官某""如故事"，是为诏书。群臣有所奏请，尚书令奏之，下有司曰"制"，天子答之曰"可"，若"下某官"云云，亦曰诏书。群臣有所奏请，无尚书令奏"制"之字，则答曰"已奏，如书"，本官下所当至，亦曰诏。②

唐宋元三代，"诏"一词继承前代功能，继续用以宣布大政，对臣僚请示的回答也用诏书。至明代诏书的用途发生了变化，不再作为指示或者答复官员奏请的日常文书，而是成为专门传达皇帝意志于天下的文书。如《明史·礼制》记载："凡颁命四方，有诏书，有赦书，有敕符、丹符，有制谕、手诏。"③每逢重大仪式、宣告重大事件、部署重大指令、颁布重要法律时，才可使用诏书。

至于日常性的指示与答复，则用"谕"。"谕"是明代首创的文种，皇

---

① 中华书局编辑部．"二十四史"（简体字本）：明史［M］．北京：中华书局，2000：1157.

② 蔡邕．独断［M］．"丛书集成初编"本．上海：商务印书馆，1939：4

③ 中华书局编辑部．"二十四史"（简体字本）：明史［M］．北京：中华书局，2000：945.

帝对臣子若有所宣示多用"谕"：如下达一些指示性文书多用"谕旨"；对臣子的某些过失予以警示，称之为"戒谕"。如此一来，明代皇帝公示性文书和日常文书就被明确地区分开。又如"题""奏"的创立，就将诸司上奏的政务与臣民谏言区分开来。再如"书"，是专门用于明朝与各国使节往来的外交活动，"讲章"专指经筵讲官的讲稿，"揭帖"则是明代内阁专用于进奏机密要事的公文。

由此可见，内阁制度的建立对明代政务类文档名词的发展产生了很大的影响，其不仅促进了明代唐宋元时期各类公文文种的充分继承，而且在调整公文职能以提高公文运转效率的过程中，极大地推动了明代文书使用的进一步细化与规范化，使得各项政务文档名词的使用限定在标准规范之内，促进了各类公文名词用法的统一，从而加速了政务类文档名词的使用由分散走向统一的进程。

（二）张居正"考成法"与文档名词

考成法是明朝万历年间，内阁首辅张居正向明神宗上奏《请稽查章奏随事考成以修实政疏》中提出的对政府官员"随事考成"的考核官吏的办法。张居正在奏折中指出："盖天下之事，不难于立法，而难于法之必行；不难于听言，而难于言之必效。"①张居正洞悉明代政治的运转形式和弊病所在，主要就是公文履行，上下敷衍塞责，"顾上之督之者虽谆谆，而下之听之者恒藐藐"②。于是他提出采取逐级考核的方法：

> 抚按以此核属官之贤否，吏部以此别抚按之品流，朝廷以此观吏部之藻鉴。若抚按官不能悉心甄别，而以旧套了事，则抚按官为不称职矣，吏部宜秉公汰黜之。……庶有司不敢以虚伪蒙上，而实惠旁孚，元元之大幸也。③

为了事事都能够得到贯彻执行，张居正又建立了随事考成的制度：

① 张居正. 张文忠公全集 [M]. 上海：商务印书馆，1935：40.
② 张居正. 张文忠公全集 [M]. 上海：商务印书馆，1935：40.
③ 张居正. 张文忠公全集 [M]. 上海：商务印书馆，1935：73.

凡六科每日收到各衙门题奏本状，奉圣旨者，各具奏目，送司礼监交收。又置文簿，陆续编号，开具本状，俱送监交收。……

凡各衙门题奏过本状，俱附写文簿，后五日，各衙门具发落日期，赴科注销，过期稽缓者参奏。①

凡六部、督察院遇各章奏，或题奉明旨，或覆奉钦依，转行各该衙门，俱先酌量道里远近，事情缓急，立定程期，置立文簿存照，每月终注销。除通行章奏不必查考者，照常开具手本外，其有转行覆勘，提问议处，催督查核等项，另造文册二本，各注紧关略节，及原立程限，一本送科注销，一本送内阁查考。该科照册内前件，逐一附簿候查。下月陆续完销，通行注簿。每于上下半年缴本，类查簿内事件，有无违限未销。如有停阁稽迟，即开列具题候旨，下各衙门诘问，责令对状。次年春夏季终缴本，仍通查上年未完，如有规避重情，指实参奏。秋冬二季，亦照此行。又明年仍复挨查，必俟完销乃已。若各该抚按官，奏行事理，有稽迟延阁者，该部举之。各部院注销文册，有容隐欺蔽者，科臣举之。六科缴本具奏，有容隐欺蔽者，臣等举之。如此月有考，岁有稽，不惟使声必中实，事可责成。而参验综核之法严，即建言立法者，亦将虑其终之罔效，而不敢不慎其始矣。②

如此就形成了一个比较完整的考成系统，六科执有一册记录簿，考察六部及抚按臣，内阁执有一册，以考察六科，任何一级官吏、任何一事，都在监督考察之下。最终使得各级官吏对中央发布的政令，不敢敷衍搪塞，同时也使得中央立法机构考虑所行之事可行与否，不敢随便行事，最终保证了政令的贯彻执行，提高行政效率。

考成法的核心就是行政公文制度改革，比如明确了各级政府的各项任务都必须在规定期限内完成，定期完成文件注销，以及公文要及时备份以备归档

---

① 张居正. 张文忠公全集 [M]. 上海：商务印书馆，1935：40.
② 张居正. 张文忠公全集 [M]. 上海：商务印书馆，1935：41.

查考等，其中就涉及大量的专业性的文档名词如"文书""文册""簿""文簿"等。考成法的实施极大地提高了明代文书档案工作的规范化，大量文档工作的开展以及明代封建统治者对于文书档案管理工作的重视，进一步促进了文档名词在明代的复苏。仅《请稽查章奏随事考成以修实政疏》一文中就涉及文档名词"文簿""簿""题奏本""底簿""檄本""手本""章奏""文册"8种，共计23处。而且纵观明代中后期，万历年间文档名词的运用最为活跃，如万历年间《明实录》中"文书"一词共计出现187次，占《明实录》文档名词总出现次数的39.20%；又如"文簿"一词出现共计19次，占《明实录》文档名词总出现次数的29.69%，这与"考成法"的实施有很大关系。

二、明代经济与文档名词

（一）赋税制度的完善与"册族"文档名词的发展创新

明王朝建国以后，为了迅速恢复社会秩序、安定百姓生活、发展经济，统治者首要解决的问题就是重新恢复整理赋税制度，确定纳税人口。洪武十四年（1381年）明太祖朱元璋首先编造赋役黄册，创立黄册制度。《明史》载："帝以徭役不均，命编造黄册。"①黄册制度作为明代的重要赋役户籍管理制度，在稳定人口、巩固政权、规范赋役税收方面发挥了重大作用。而从文档名词发展的角度讲，黄册制度也催生了"黄册"一词"户籍档案"含义的产生与广泛运用。

"黄册"一词早在宋代时期就已经产生，但其主要为"泛黄的书卷"之意，不属于文档名词的范畴。如薛蜗《省试舟中》记载："青灯对黄册，销尽几英雄。"②"黄册"在经历元代短暂的空窗期于明代重新出现之后，"泛黄的书卷"这一含义已经不复存在，得益于黄册制度的制定，该词产生了新的含义并且得以固定，专指为国家核实户口、征调赋役而制成的户籍档案。可见，

---

① 中华书局编辑部."二十四史"（简体字本）：明史［M］．北京：中华书局，2000：2635.

② 厉鹗．宋史纪事［M］．上海：上海古籍出版社，2013：1687.

黄册制度的建立首先确定了"黄册"一词为专门性户籍档案的性质，对"黄册"词义的创新与推广具有非常重要的意义。

此外，纵观明以前封建社会对于户籍类文档名词的使用可以发现，前朝人们更习惯使用"籍族"文档名词来表示户籍档案，因为"籍"的本义就是记载有关贡赋、人事、户口等内容的"档案"。如先秦时期就已经产生直到今日仍在使用的"户籍"，秦汉时期产生的"簿籍"，三国两晋南北朝产生的"黄籍"，隋唐时期产生的"籍帐"等，均是专门用于表示登记户口的簿册，直到明代黄册制度的创立才使得户籍类文档名词得以向"册族"扩展。该时期除"黄册"外，还催生了"白册""逃户周知册"以及"鼠尾册"等名词，这些新产生的文档名词均为户籍档案之意。

明统治者在制定了赋役黄册之后，意识到土地隐匿给国家税收造成损失的严重问题，于洪武二十年（1387年）又进一步制定了用于登记土地的"鱼鳞图册"。值得注意的是，"鱼鳞图册"这一文档名词虽首创于明代，但"鱼鳞图"的绘制最早于宋代农业经济较为发达的两浙、福建等地就已经产生，初称"鱼鳞图"。《朱熹文集》记载："打量纽算，置立土封，桩摽界至，分方造帐，画鱼鳞图、砧基簿及供报官司文字。"[1]元末明初，太祖朱元璋为征收税粮，延续宋代江南地区绘制"鱼鳞图"的做法，率先对浙西等地进行土地调查与登记，《杨维桢集》记载："分履淞之三十八都二百一十五图。阅岁终，鱼鳞图籍成。"[2]"鱼鳞图"又称为"鱼鳞图籍"。直至洪武二十年（1387年），"鱼鳞图"才正式命名为"鱼鳞图册"，简称"鱼鳞册"。《洪武实录》记载："图其田之方圆，次其字号，悉书主名及田之丈尺四至，编类为册，其法甚备。以图所绘状若鱼鳞然，故号鱼鳞图册。"[3]

赋税制度关乎民生，所以与赋税制度有关的文档工作就显得极为重要和活跃，相关的文档名词也就具有很强的生命力。"黄册"与"鱼鳞图册"作为赋

① 朱熹. 朱子全书：第25册 [M]. 上海：上海古籍出版社，2002：4624.

② 杨维桢. 东维子文集：第1卷 [M]. "四部丛刊初编"本. 上海：商务印书馆，1922：4.

③ 历史语言研究所. 明太祖实录 [M]. 台北：历史语言研究所，1962：2726.

税制度的两大重要基石，在全国范围内的推广实施，首先促进了"黄册""鱼鳞图册""鱼鳞册"等专有文档名词的发展。

其次，赋税制度的实施也极大地促进了明代"册族"文档名词的发展创新。"册族"文档名词在其产生之初多指向诰命文书之类。隋唐以前，"册族"文档名词主要为封诏类或者祭告类文档名词，如"册""册文""册书""祝册"等。直到隋唐五代时期"册子"一词才首次出现。随后于宋元时期又先后出现"卷册""册籍""籍册""文册"等簿册类文档名词。虽至隋唐时期"册族"簿册类含义就已经产生，但由于出现的时间较晚，社会接受程度不高，因而其在唐宋元时期的发展非常缓慢。直至明代"册族"簿册类文档名词才以雷电之势迅速崛起。仔细观察"册族"簿册类文档名词的内涵还可以发现，其新增内涵多指向"户口册""地籍册"之意。如"册子"一词，在明以前多指"记录有文字的簿册档案"或者"书册"，该词发展至明代则开始出现"户口册、名册、登记册"的内涵，《喻世明言》记载："单公时在户部，阅看户籍册子，见有一邢祥名字，乃西京人。"①

究其原因，笔者认为这与明代"黄册""鱼鳞图册"的制定和普及有很大的关系。由于"黄册""鱼鳞图册"均是典型的"册族"簿册类文档名词，且均释义为"人口登记簿""地籍登记簿"之类，因而赋税制度的实施实质上就以官方形式推广了"册族"文档名词"登记簿"一类的簿册类文档词义内涵，从而实现了"册族"簿册类文档名词含义的拓展。明代统治者对"册族"文档名词使用的偏爱与创新，加之我国古代历朝统治者为了增强统治稳定性，非常注重对户籍册、地籍册这类档案的编制和管理，共同促进了"册族"簿册类文档名词使用次数的迅速增长与使用范围的普及。如"文册"一词始出于宋代，多指簿书、公文册籍之意。《欧阳修集》云："又有广费资财，多写文册，所业又非绝出，而惟务干求势门，日夜奔驰，无一处不到，如林概者。"②由于

---

① 冯梦龙. 喻世明言 [M]. 上海：上海古籍出版社，1998：200.

② 欧阳修. 欧阳修全集 [M]. 北京：中华书局，2001：1560.

人们的语言习惯以及大量相同含义的文档名词的存在，"文册"这一新出现的文档名词并没有得到发展。到了明代，"黄册""鱼鳞图册"的广泛应用赋予了"文册"新的含义，代指黄册之类的人口记录，自然在高度重视人口管理的明代有了长足的发展与普及。《大学衍义补》记载："版犹今之文册也。每岁之间，其人或损或益，其数有多有寡，益而多则登之，损而寡则下之。"[①]

综上，明代赋税制度不仅直接推动了"黄册""鱼鳞图册""鱼鳞册"等专有文档名词的产生与发展，而且也带动了"册族"文档名词在明代的繁荣，对推动明代文档名词在恢复发展下的突破与创新具有非常重要的意义。

（二）商品经济的繁荣与商业文档名词的发展

随着明代中后期社会生产力的提高，工农业发展迅猛，手工业中出现了资本主义萌芽，农业中经营地主迅速增多，极大地促进了商品的交流以及商业资本的积累；再加上明代统治者为了提高经济生产力，逐步放松对工商业发展的管制，降低商税，为明代商品经济发展奠定了良好的社会环境，促使明代中后期商品经济呈现出高度繁荣之态。

商品经济繁荣，商务往来频繁，社会需求多种多样，进而刺激新的商业模式和交易方式的出现，这不仅促进了传统的商业文档名词的继承发展，如"金折""借券""质剂""约剂"等文档名词在明代的继承；而且还推动了商业文档名词的创新，比如明代首次出现的"账簿""典票""会票""发票"等。另外，明代商品经济的繁荣促进了市民群体的扩大，深刻地影响了明代文人的创作活动。晚明文学中，商贾题材为文学作家所重视，传奇、戏曲、杂记、小说中均有涉及，如杂剧《继母大贤》，传奇《青衫泪》《分金记》，小说《金瓶梅》《喻世明言》等均是以商人为主题的创作，这些文学作品继而成为了商业文档名词的主要汇集处，如"合同文书"一词在明代共出现13次，均出现于明代小说中；又如新产生的"账簿"一词在明代共计出现4次，其中有3次出现于小说中。

---

① 丘濬. 大学衍义补［M］. 北京：京华出版社，1999：85.

三、明代文化与文档名词

纵观公元1368年至1644年长达277年的明代文化，其社会文化成就的辉煌令人惊叹，而这些成就当然与其所处的政治经济环境密不可分。明代作为一个存在近三百年的统一王朝，期间虽发生过一些农民起义、统治阶级的内部斗争以及其他武装冲突，但除却靖难之役期间及明朝末年的几十年外，总的来说各次武装冲突延续的时间都不长，规模有限，涉及的地区较小，全国大体处于平和安定的局面之中，为明代文化事业的发展提供了良好的环境。

此外，明代处于我国封建社会的重要转折时期，生产水平比以前有所提高，元末战乱期间遭到破坏的农业、手工业生产在明初逐渐得到恢复，而后又发展到空前高度。明中叶以后商品交换空前繁荣，萌发了反传统、冲击封建网络的近代启蒙思潮。明代文化的总结与创新工作提供了较为充足的物质基础和思想依据，加之明代所处的世界性大航海与地理大发现的时代，也为中西文化交流碰撞提供了难得的机会，从而共同成就了明代文化的辉煌与繁荣。

总结其社会文化特色，最鲜明的当属明代社会文化富于总结性。文化事业的发展不可能一蹴而就，只有经过长期的积累，才能根深叶茂，而明代在时间上具有这一优势，使之在发展文化事业上可以席丰履厚。明代文化在许多领域，都逐步开始将中国人民在以前几千年中创造的成果，做详细的回顾与整理，产生了许多总结性的著作，譬如迄今为止部头之大仍居首位的《永乐大典》，以及大型农书《农政全书》等，其得以产生总结性的集大成著作的条件，是前朝无法与之相比的。

明代文化作为明代文档名词的生成基础，其特色自然也会体现于明代文档名词之中，从而在明代文档名词的发展上也呈现出总结性的特点，特别是明代刻书印刷出版事业的繁荣，为前朝文化在明代的传承和发展提供了极好的技术条件和社会环境。这一特点在经历了元朝部分文档名词的使用出现短暂空白之后，表现得尤为明显，许多由于元朝文化特点和语言习惯不再使用的文档名词，在明代得到总结和恢复。

　　此外明代通俗小说的繁荣又进一步推动了文档名词的广泛传播，文档名词逐步从官方向民间过渡，小说中大量使用白话语言促使文档名词向民间和口语化的方向发展，提高了明代文档名词的普及性与通用性。

（一）明代刻书印刷出版业的兴盛与文档名词

　　明代统治者很重视文化教育，朱元璋曾说道："朕谓治国之要，教化为先；教化之道，学校为本。今京师虽有太学，而天下学校未兴，宜令郡县皆立学。"①至此，全国各州县先后设立儒学，制定八股取士制度，营造礼贤馆于应天，招聘贤能之士，并予以优厚待遇。并于洪武元年（1368年）八月下诏废除书籍税，同年"命有司博求古今书籍"②。为明代印刷出版业的繁荣奠定了良好的文化环境。

　　18世纪中叶，资本主义经济在我国萌芽，城市工商业、手工业及私人作坊得到了迅速发展。同时，鉴于明代社会安定，大众对精神文化的需求不断提高，旧本古籍在数量上远不能满足社会大众的需要，较强的市场需求成为图书刻印业兴盛的直接动力。

　　此外，这一时期我国造纸印刷术普遍兴盛，为刻印出版业的兴盛提供了有力的技术保障。明代造纸技术有很大的进步，"印书纸有太史、老连之目，薄而不蛀，然皆竹料也。若印好版书，须用绵料白纸无灰者。闽、浙皆有之"③。随着造纸术的进步，印刷技术也日趋成熟，除雕版印刷术更为精致外，活字印刷特别发达，套版印刷也得到进一步的发展和应用。据明代胡应麟《少室山房笔丛》云："雕本肇自隋时，行于唐世，扩于五代，精于宋人……然宋盛时刻本尚希。"④明清两代是中国古代书籍印刷出版的黄金时代。自明代起，特别是中后期，无论内府、中央官署、地方政府，还是寺庙道观、书院、私人书坊等，都在从事印刷工作。因此，无论是从分布地域还是印刷出版

数量、内容、样式来看，印刷出版在明代已经达到兴盛发达的状态，进而形成了许多丰富、高质量的图书典籍。

明代文档名词作为一种书面文化语言，自然是以书籍文献为依托载体的，该时期刻书印刷事业的繁荣首先极大地推动了本朝散文笔记、小说戏曲等文学作品的大范围出版传播，从而也就促进了以书籍文献为依托的文档名词的社会普及度的提升，如"版簿""官牒""赤雀衔丹书""军簿""校簿""门簿""礼籍""牍书""簿最"等。此外，明代官私藏书兴盛，大量宋元遗书得以重新收集与传承，借助于该时期刻印技术的发展繁荣，珍贵的历朝旧典被重新出版传播，一些一度被中断使用的文档名词也就得以"重见天日"。

以"疏簿"为例。"疏簿"一词出现时期较晚，是宋代新产生的文档名词，出自宋代方逢辰《蛟峰文集》第六卷的《题方景说出家疏簿》，主要指僧道募捐的册子，且在宋朝仅出现这一次，为宋代时期的极低频词汇。元代时期便不再出现和使用，使该文档名词出现了短暂的空白期。明代进士沈琮在明代早期重新刊印《蛟峰文集》八卷，"疏簿"一词才得以重新登上明代文档名词的舞台。

（二）明代小说的繁荣与文档名词

随着明代手工业和城市商业的进一步发展，以及唐宋传奇、宋元话本、金元杂剧等文学向前推进。该时期文学艺术的显著特点就是在题材上偏重日常琐事，在表现形式上追求自然率真。

小说作为通俗文学中最具有代表性的文体，备受文人青睐，几乎所有文人都将小说纳为案头必读之书。伴随着官府对社会控制的松动以及朝廷文化政策的重大改变，从竭力贬低、严格限制"稗官小说"到开始关注和收藏"稗官小说"转变，社会上重视小说特别是长篇通俗小说的现象逐渐形成气候。小说的盛行又进一步促进了小说创作的积极性，创作和刊刻长篇通俗小说在嘉靖年间前期达到高潮，最具典型的就是长篇世情小说《金瓶梅》以及"三言二拍"等白话短篇小说的出现，标志着追求世俗情趣的市民文学达到了繁荣的顶点。

在研究明代各文档名词使用的内容范畴时，我们会发现相较于以往文档名词多出现于经典文献中，明代文档名词的使用范畴扩大到通俗小说。而且无论是小说中出现文档名词的数量，还是涵盖文档名词的小说数量占全部适用范畴内文献的比重值都不可忽略。相较于其他形式的文献，小说更加通俗易懂，生动活泼，受到了各个阶层的欢迎，带动了明代文档名词的深入普及和稳定，小说中大量使用白话语言促进了文档名词向民间和口语化的发展。

以单音节词"令"的使用范畴为例。"令"作为法律文书名词在先秦时期就已经有了应用，历史延续性很强，且应用范围非常广阔，经部、史部、子部、集部、丛书及通俗小说中均有使用，如表8-1所示：

表8-1　"令"一词分部类（朝代）出现情况统计表

朝代	部类						合计
	经部	史部	子部	集部	丛书	通俗小说	
先秦	60	2	35	—	—	—	97
秦汉	25	197	43	3	—	—	268
三国	—	—	3	—	—	—	3
两晋	—	769	206				975
南北朝	—	430	263	51			744
隋唐五代	734	1393	1282	429	9	—	3847
宋	421	4238	2669	2806	213	—	10347
元	—	306	43	138	21		508
明	114	118	573	345	231	687	2068
清	101	311	1015	1640	104	1627	4798
出现次数合计	1455	7764	6132	5412	578	2314	23655

通过表8-1可以看出，虽然通俗小说于明代才刚刚兴起，但在它的文献范畴之中，"令"出现的数量最多，占总数的33%，使用频率最高。可见当时"令"作为法律文书名词，已经深入百姓生活的方方面面。通俗小说在明代

"令"的使用上展现出强大的生命力，一反历朝"令"多集中于史部、子部、集部的规律，不仅扩大了"令"的使用范围，而且极大地推动了"令"在继元代落寞后的迅速恢复和普及化。又如明代通用性最强的"文书"一词，就在15部小说中出现过，共计272处，占出现总次数的25%，仅次于史部文献。

另外，鉴于小说本身不拘一格的写作手法，其在运用文档名词时又进一步丰富了文档名词的含义，使其不拘于文书档案工作的范畴，通用性更强，特别是促进了明代文档名词的普及化。

以"文书"为例。明以前，"文书"的词汇含义虽然经过漫长历史时间的演变、发展，被赋予了更多、更广泛的内容，但其最常用的含义仍然是指各级政府的行政公文。"文书"一词发展到明代，其内涵不仅包括文书类和档案类的意义，还包括非文档类的含义，这一发展在明代小说中尤为常见，如《型世言》记载："子平道：'婆婆，不如我一发替你虔诚烧送，只要把我文书钱，我就去打点纸马土诰，各样我都去请来。若怕我骗去，把包中百中经作当。'就留下包袱。"[①]这里的"文书"就指"烧香用的香火纸"。

第二节　明代文档名词概述

自文档名词在宋代经历了大发展大繁荣时期以后，在汉语言体系内部，文档名词整体上趋于稳定，变化主要是局部的。只有在古代文化发展的末期，清代受民族语言——满语——的影响，在整体体系仍占主导地位的前提下，才产生了比较大的变化，产生了"档案""档子""档册"等对文档名词体系有重要影响的新名词。明代作为最后一个由汉族建立起来的中原王朝，虽然在这近300年的统治期间也有中原与少数民族以及西方文化的交流碰撞，但从整体而言并没有改变中原文化的主导地位，所以总的来说这一时期的文档名词表现出来的主要特征是恢复与发展。

---

① 陆人龙. 型世言 [M]. 济南：齐鲁书社，1995：305.

所谓"恢复"，是指由于元代属于少数民族统治的封建王朝，在其特殊的语言文化和使用习惯的影响下，汉语言文档名词的使用出现了短暂挫折，甚至部分文档名词的历史延续性一度中断。而明代作为汉族建立起来的封建王朝，其文化特点与用语习惯与秦汉唐宋一脉相承，再加上明代印刷出版的繁荣与文档制度的进一步细化与完善，为曾经顿挫甚至一度中断使用的文档名词的重新使用提供了有利的文化、制度和技术环境，促进了文档名词顿挫后的恢复。

"发展"是指明代文档名词在全面继承和恢复前朝文档名词的同时，进一步推动了文档名词的通用性和普及性，为清代文档名词的成熟和转型奠定了重要的基础。明代新出现的文档名词只有7个，数量相比唐宋时期大幅减少，新出现的文档名词使用频次极低，使用范畴极小，并没有对明代整体的文档名词体系产生太大的变革和影响，可见文档名词体系至明代已经较为稳定。因而这一时期文档名词的发展已经不再是主要关注新出现文档名词的种类及其适用范畴，而是文档名词通用性和普及性的拓展，特别是通俗小说的兴起，推动明代文档名词口语化和民间化的进程，极大地扩展了明代文档名词的使用范畴。此外，明代对于"册族"文档名词的特别偏爱也是明代文档名词的重要发展和创新之处。

一、明代文档名词的构成与特点

（一）明代文档名词的整体构成

明代"文族""书族""案族""卷族""牍族""簿族""籍族""册族""典族""图族""令族"及其他不包含在以上11个族类中的特殊文档名词的组成及出现的频次如表8-2所示：

表8-2 明代文档名词族类构成表

族类	文档名词的组成	新增名词	消亡名词	总数
文族	文卷、策文、公文、文典、文字、文告、文凭、文契、文墨、文疏、文牒、文榜、文诰、文翰、文历、文验、文解、文檄、文稿、文引、文礼、文示、文表、文贴、文券、文状、文奏、文约、文记、文移、文符、文献、文簿、书文、文书、文案、文牍、册文、典文、文册、文籍	文示	架阁文字、文帐、文按、中古文、架阁文书	41
书族	书簿、书诏、书禀、书翰、书记、书函、书契、书奏、诏书、簿书、牍书、书牍、册书、奏书、典书、凤凰衔书、赤雀衔丹书、判书、事书、贤能之书、凤书、契书、券书、书文、文书、图书		架阁文书、书典	26
案族	案牍、案卷、案记、案牒、文案		簿案	5
卷族	卷簿、卷册、卷宗、宗卷、卷牍、文卷、案卷	卷簿 宗卷		7
牍族	竿牍、公牍、简牍、官牍、尺牍、奏牍、试牍、篇牍、讼牍、连牍、史牍、荐牍、案牍、牍书、卷牍、书牍、文牍	试牍		17
簿族	簿籍、簿领、簿子、簿记、簿状、簿牒、官簿、黄簿、班簿、选簿、名簿、版簿、对簿、上簿、讯簿、军簿、梭簿、簿最、收簿、候簿、门簿、疏簿、文簿、书簿、簿书、卷簿、典簿、资簿	资簿 卷簿	簿历、簿案、兵簿	28
籍族	载籍、户籍、黄籍、籍账、法籍、册籍、籍册、图籍、礼籍、簿籍、文籍		籍图	11
册族	册宝、册印、册祝、黄册、祝册、典册、鱼鳞册、鱼鳞图册、册子、卷册、册籍、册书、册文、籍册、文册、青册	鱼鳞册 鱼鳞图册		16
典族	典法、典诰、典例、典谟、典宪、典训、典则、讯典、六典、典契、文典、典簿、典册、典书、典文		书典	15
图族	地图、图牒、图法、图谱、图籍、鱼鳞图册、图书	鱼鳞图册	籍图、图表	7

续表

族类	文档名词的组成	新增名词	消亡名词	总数
令族	法令、政令、律令、将令、军令、令状、军令状、宪令、功令、阴令、格令、诏令、敕令、饬令、违令、施令			16
其他	凤凰诏、起居注、八法、八则、傅别、质剂、要会、岁会、月要、月成、治成、约剂		比要	12

明代主要文档名词，共172个（此处计数时剔除不同族类重复的共有名词，只保留一个，如"文卷"属于"文族"和"卷族"，在计算过程中只算一个。以下具体分析各族类的百分比和频数等情况时，为保证各族数据完整性，对重复出现文档名词重复计数），涉12个族类，其中新增文档名词7个，消亡文档名词共计12个。具体而言：

"文族"文档名词共41个，占明代文档名词总数的20.40%，新增文档名词1个（这里有必要说明一下，由于"文件"一词只在《永乐大典》中出现一处[①]，而现存世的《永乐大典》皆为副本，孤证难立，所以没有将"文件"一词列入明代的新增文档名词里），消亡名词5个，是明代12个族类文档名词中占比最高的族类，可见明代时期"文族"文档名词使用最为广泛，在该时期各类型文献中大量出现，因而有必要在后续研究中给予其重点关注；其次是"簿族"文档名词，共计28个，占总数的13.93%，新增名词2个，消亡名词3个；"书族"文档名词26个，占总数的12.94%，消亡名词2个；"牍族"文档名词17个，占总数的8.46%，新增名词1个；"令族"文档名词16个，占总数的7.96%，稳定性较强，无新增及消亡名词；"册族"文档名词个数与"令族"相同，共计16个，占总数的7.96%，新增名词2个；"典族"文档名词共计15个，占总数的7.46%，无新增名词，消亡名词1个；"籍族"文档名词共计11个，占总数的5.47%，无新增名词，消亡名词1个；"卷族"文档名词7个，

① 张全海. "E考据"在人文社科研究中的应用——以永乐大典中的"文件"为例［J］. 浙江档案，2019（6）：23.

占总数3.48%，新增文档名词2个；"图族"文档名词7个，占文档名词总数3.48%，新增文档名词1个，消亡文档名词2个；"案族"文档名词共计5个，占总数的2.49%，无新增及消亡名词，发展较为稳定。除此之外，明代还有12个不包含在以上11个族类中的特殊文档名词，占总数的5.97%。

明代文档名词以继承与恢复传统名词为主，新增文档名词较之前朝大为减少，"书族""案族""籍族""典族""令族"甚至均无新增文档名词。虽然明代文档名词发展的特性以继承性为主，但同时存在该时期自身的特点，发展出了少量具有本时代特征的名词，如"鱼鳞图册""鱼鳞册"，以及推动了"黄册"一词的迅速发展至成熟，同时也有少量缺乏社会基础的名词在这个时代消亡，如"架阁文书""架阁文字"等。

（二）明代文档名词的特点

总的来说，明代文档名词的内涵与构词特点主要体现在以下几个方面：

第一，从整体上来看，明代文档名词主要是通过继承传统名词而来。在明代的172个主要文档名词中，新增文档名词只有7个，分别是"文示""试牍""卷簿""宗卷""鱼鳞册""鱼鳞图册"和"资簿"，均属于偶见型专门性文档词汇。"文示"指文告，"试牍"为试卷之意，"资簿"借指记录官员资历的簿册，均可被发展更加成熟、社会普及度更高的"文告""卷牍""簿籍"等所取代，因而使用量很小，此后也很少使用，其在明清均属于极低频率词汇。"鱼鳞册"和"鱼鳞图册"得益于明代的田籍登记制度而产生，但由于其属于特殊文档名词，应用领域狭窄，因而也没有得到长足的发展，于明清两朝均为极低频率词。

消亡的文档名词有"架阁文字""文帐""文按""架阁文书""书典""簿历""簿案""兵簿""籍图""图表""中古文""比要"共12个名词，数量相较于元代而言大幅度减少，消失的原因主要是它们都属于特殊或专门文档名词，名词本身的词语内涵单一、应用领域狭窄、使用频率低。特别是部分名词具有明显的时代性，在所指代的对应事物消失后便丧失了原有的应用价值，如"架阁文字""架阁文书"等。其中，比较特殊的是"图表"一词，该词最早产生于唐代，使用频率一直不高，明代更是未见使用。但该词在现代确实是一个使用频率极高的通用性名词。

第二，从构词上看，明代文档名词与元代相同，既有双音节词，也有多音节词，但以双音节词为主，没有单音节文档名词产生。在明代172个文档名词中，双音节词164个，占95.35%，多音节词有8个，占4.65%，相较于元代双音节词占94.6%，多音节词占5.4%，双音节词的比重上升，说明在单音节词、双音节词和多音节词三种构词类型中，双音节词是我国古代文档名词发展的主要方向。

第三，相较于元代，明朝各族类文档名词的通用性明显增强。中国传统文化发展到明朝，已经经历了数千年的历史，词汇的整合、运用已相当成熟。"文""书""册""卷""牍""案""籍""簿""令"等单字词早已不再单独使用，而它们之间相互组合成合成词成为文档名词构词的主要特征。所以，我们在族类名词组成中可以看到大量的交叉存在的名词，如"文书""文册""文卷"等。一些族类的文档名词，组成文字相同，位置不同，如"牍书"和"书牍"，其含义不一定相同，因而要把其放在具体语境下来分析。这些合成词具有较明显的通用性特征，只有极少数专门档案名词（如"黄册"）不是完全由这些具有通用性的单字词组合而来的。

第四，这一时期文档名词运用还具备了较好的成熟性，具体表现在这些构词单位（单字词）的含义表达了文档的两种基本载体上：信息载体（符号，如"文"）和物质载体（装具或承载物，如"卷""册""案""牍"）。说明人们对这类事物的认识已较深入。

二、明代文档名词的应用

（一）明代文档名词出现的次数与频次

如表8-3从明代文档名词总体使用情况上来看，在可查的452部明代文献里，各族类文档名词共172个，总出现次数为8224次，在各文献中的平均出现次数（总频次）约为18.19（各族类重复文档名词只计数1个），这是一个较高的出现频次，说明明代文献与文档类事物的相关性较高，这不仅与明代统治者对文书档案工作的重视息息相关，还与文档名词发展至明代进一步的成熟与普及有很大关联。

表8-3　明代各族类文档名词应用情况汇总表

族类	族类名词组成	总次数	总频数
文族	文卷、策文、公文、文典、文字、文告、文凭、文契、文墨、文疏、文牒、文榜、文诰、文翰、文历、文验、文解、文檄、文稿、文引、文礼、文示、文表、文贴、文券、文状、文奏、文约、文记、文移、文符、文献、文簿、书文、文书、文案、文牍、册文、典文、文册、文籍	3330	7.367
书族	书簿、书诏、书禀、书翰、书记、书函、书契、书奏、诏书、簿书、牍书、书牍、册书、奏书、典书、凤凰衔书、赤雀衔丹书、判书、事书、贤能之书、风书、契书、券书、书文、文书、图书	2009	4.445
案族	案牍、案卷、案记、案牒、文案	222	0.491
卷族	卷簿、卷册、卷宗、宗卷、卷牍、文卷、案卷	298	0.659
牍族	竿牍、公牍、简牍、官牍、尺牍、奏牍、试牍、篇牍、讼牍、连牍、史牍、荐牍、案牍、牍书、卷牍、书牍、文牍	444	0.982
簿族	簿籍、簿领、簿子、簿记、簿状、簿牒、官簿、黄簿、班簿、选簿、名簿、版簿、对簿、上簿、讯簿、军簿、梭簿、簿最、收簿、候簿、门簿、疏簿、文簿、书簿、簿书、卷簿、典簿、资簿	584	1.292
籍族	载籍、户籍、黄籍、籍账、法籍、册籍、籍册、图籍、礼籍、簿籍、文籍	388	0.858
册族	册宝、册印、册祝、黄册、祝册、典册、鱼鳞册、鱼鳞图册、册子、卷册、册籍、册书、册文、籍册、文册、青册	420	0.929
典族	典法、典诰、典例、典谟、典宪、典训、典则、讯典、六典、典契、文典、典簿、典册、典书、典文	351	0.777

续表

族类	族类名词组成	总次数	总频数
图族	地图、图牒、图法、图谱、图籍、鱼鳞图册、图书	208	0.460
令族	法令、政令、律令、将令、军令、令状、军令状、宪令、功令、阴令、格令、诏令、敕令、饬令、违令、施令	2173	4.808
其他	凤凰诏、起居注、八法、八则、傅别、质剂、要会、岁会、月要、月成、治成、约剂	120	0.265
总数		8224	18.19

从各族类频次数据看，"文族"继续领跑其他族类文档名词，出现频次最高（7.367），其次是"令族"（4.808）、"书族"（4.445），这三大族类文档名词均属于明代高频文档名词族类。明代中频文档名词族类为"簿族"（1.292），"案族""卷族""牍族""籍族""册族""图族""典族"以及剩余不属于这11族类的其他文档名词为明代文档名词低频族类，频次均小于1，如图8-1所示：

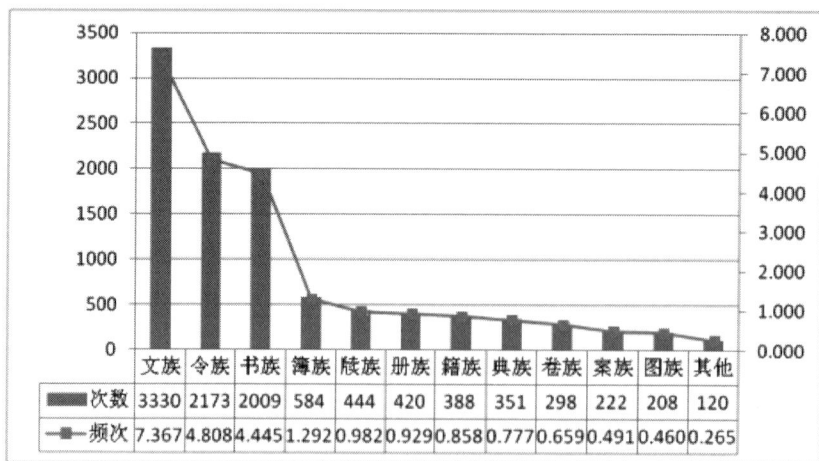

图8-1　明代文档名词各族类频次统计图

（二）双音节词的通用性和集中度进一步增强

明代部分双音节词表现出较强的通用性和集中性。通用性的表现主要是这些双音节词出现次数、文献数较多，以"文书"为例。明代文献中"文书"一词在笔者检索的452部文献中出现次数为1086次，由文献部数可以看出，"文书"一词在明代的使用范围是很广泛的。其中，该名词共出现在5种文献中，文献种类主要是史部、子部、集部、小说和其他文献。在不同种类的文献中，"文书"一词的使用情况是不同的。史部文献5部，子部文献33部，集部文献1部，小说文献15部，其他文献6部，共计60部文献中出现"文书"一词，其使用范围之广，社会普及度之高为前朝所不及。

明代文档名词集中度的提升主要表现在明代已经较少形成新的文档名词，以及"文书""诏书"等成熟的通用性文档名词的高频次高使用率，与通用性不强的文档名词的低频次低使用率（如"牍书"）的分界线越来越明显。明代文档名词的使用逐步集中于形成历史久远、通用性较强的文档名词上，说明人们已经认识到不同领域形成的文档事物的同一性，标志着文档名词的使用在明代的进一步集中，实质上这符合文档名词发展的一般规律。

我国古代文档名词在经历了宋代的大发展大繁荣时期之后，人们对于文档事物的认识更加深入，逐步认识到各领域形成的文档事物的相同点，从而减少文档名词的分散形成。元明两朝新近形成的文档名词数量相较前朝大幅度减少，文档名词的使用出现一种集中化的趋势，即越来越朝着通用性文档名词聚集。

据统计，明代使用次数最多的30个文档名词在检索的明代452部文献中出现的总次数为6392次，约占明代出现文档名词总数的77.72%，剩余的142个文档名词只占约22.28%，明代时期文档名词使用的集中程度可见一斑。因此，新增文档名词的减少也表明了文档名词形成分散性的减弱，标志着明代文档名词的通用性的逐步增强，是清代形成统一名词"档案"的重要过渡阶段。

（三）明代专指性文档名词的应用具有较高的成熟度

从古代文档名词发展的整体趋势来看，清代是文档名词发展的最终成熟期。但清代由于文献数量大，虽然在一些族类名词的出现次数上超过了明朝，但笔者通过对比明清时期各族内共有文档名词的频次发现明代已经有一半以上的文档名词的频次接近或者大于清代。为了更好地表现出各族类文档名词在明代的成熟情况，笔者统计了明清两朝共同出现的文档名词（为保障族类的完整性，统计时包含重复文档名词），并对其出现的频次进行比较，具体如表8-4：

表8-4　明清两朝族内词频对比统计表

族类	明代族内词频 大于等于清代	明代族内词频 小于清代	明清共有族内名词数
文族	21	19	40
书族	16	5	21
案族	2	3	5
卷族	5	2	7
牍族	9	6	15
簿族	18	5	23
籍族	7	4	11
册族	11	5	16
典族	10	6	16
图族	4	3	7
令族	1	15	16
其他	7	3	10
总计	111	76	187

从表8-4可以看出，除"令族""案族"外，明代各族内文档名词的频次超过清朝的占一半以上，说明在文档名词框架体系以及词义已经基本稳定的大环境下，各族文档名词的使用多数已于明代达到峰值，说明多数文档名词在明代已经率先成熟。

为了总结这些在明代就已经发展成熟的文档名词的特点，笔者进一步对各族内文档名词进行分析发现，这些在明代就已经成熟的文档名词多数是历代文档名词中的中低频次名词，例如"文诰""文契""书契""书函"等。同时它们大多都是专门领域内使用的文档名词，通用性较差；而文档含义明确、通用性较强且使用频次较高的词汇如"文书""公文""簿书"等，均于清代继续发展成熟。

我国古代文档名词发生发展的特点是由分散发生到逐步统一，因而各文档名词在产生之初都有其专指性，随着时间的推移以及人们对文档事物认识的逐步深化，少数文档名词的通用性逐步增强直至统一。因而古代文档名词的成熟大致可以分为两个阶段，首先是专门领域内文档名词率先成熟，然后是通用性较强的文档名词的继续成熟直至最终统一。而通过表8-4可以发现多数专门领域内的文档名词已于明代时期发展到峰值。因而，明代是专门性文档名词的重要成熟期。

（四）明代文档名词应用领域开始向通俗小说拓展

小说发展到明代，辉煌一时，不仅是在明代，甚至在整个古代文化史上均占有一席之地。明代文化作为明代文档名词的基础，其特色自然也影响着明代文档名词的发展，最为显著的就是明代文档名词开始向通俗小说拓展，文档名词的应用领域出现重大突破。

明代以前，小说类文献还没有登上历史舞台，文档名词一直集中出现于史部、子部、集部和丛书类文献之中，直至明代小说的兴起才打破了这一格局，且在收录运用文档名词方面表现强盛。明代小说类文献是继史部、子部后文档名词出现几率最高的第三大类文献，无论是小说类文献中出现文档名词的数量，还是涵盖文档名词的小说类文献的数量占全部适用范畴内文献的比重值都不可忽略。比如明代通用性最强的"文书"一词，就在15部小说类文献中出现过，共计272处，占出现总次数的25%；又如"文卷"一词，在7部小说类文献中出现共计27次，占出现总次数的19%。

相较于其他形式的文献，小说的形式以通俗易懂、生动活泼为特色，传播度极广，受到了各个阶层的欢迎。明代文档名词也得益于小说受众大、传播广的特点，不仅可以带动明代文档名词的深入普及和增加其稳定性，而且小说中大量使用白话语言也促进了文档名词向民间和口语化的发展，这一时期从而成为清代文档名词的烂熟与转型的重要过渡阶段。

第三节　明代各族类文档名词

明代处于我国封建社会的后期，社会文化环境的稳定以及文档事业的迅速发展，使得这一时期的文档名词表现出非常明显的继承性和发展性的特点。文档名词的运用已经具有较好的成熟性，为清代文档名词的烂熟打下了重要的基础。

总的来说，中国古代历史上主要的族类文档名词在明代均有继承和使用，且在各族类内部均有通用性较强的代表性名词，这些名词即是在对应族类中起代表性作用的、主要的文档名词。

一、明代"文族"文档名词

"文族"文档名词是中国古代文档名词中最具代表性和典型性的一类名词。不管是在各个朝代还是在整个中国古代历史上，它的出现次数、频次及所含名词数量多高于其他族类。其应用范围极为广泛，在文档名词研究中极具代表性。其在明代也是如此，尽管明代"文族"文档名词出现的频次不及宋元时期，但它仍然是明代出现频次最高的族类。以下进行具体论述。

（一）"文族"文档名词的构成与特点

明代"文族"文档名词包括"文书""文卷""册文""文字""文牒""文案"等41个文档名词，全部为双音词。消亡文档名词主要有5个，分别是"文按""文帐""架阁文字""架阁文书""中古文"，新增文档名词为"文示"，如表8-5所示：

表8-5 明代"文族"文档名词汇总表

族别	名词	新增名词	消亡名词	名词总数
文族	文卷、策文、公文、文典、文字、文告、文凭、文契、文墨、文疏、文牒、文榜、文诰、文翰、文历、文验、文解、文檄、文稿、文引、文礼、文表、文贴、文券、文状、文奏、文约、文记、文移、文符、文献、文簿、书文、文书、文案、文牍、册文、典文、文册、文籍、文示	文示	文按、文帐、架阁文字、中古文、架阁文书	41

在"文族"文档名词中，"文"的主要词义是"文字符号"，此外还有字、文字、文章、文言等多种含义，它们也是形成该族类复音词词义的必不可少的基础。

综合来看，"文族"文档名词的特点主要有：

第一，"文族"文档名词是中国古代文档名词中最具代表性和典型性的一类名词。不管是在各个朝代还是在整个中国古代历史上，它的出现次数、频次及所含名词数量多高于其他族类，其应用范围极为广泛，在文档名词研究中极具代表性。这与其成员多、历史延续性强有很大关系。在该族类中，很多名词都是从历史上延续下来的，如"文书""文卷""文案""文册"等名词，尤其是"文书"这一文档名词，出现频率最高，使用最集中、最广泛，几乎每个朝代它的使用次数都是遥遥领先，这也是其今后力压群雄，成为最重要的文书名词之一的原因。

第二，在文档名词的构成方式上，相对于宋元时期均有多音节词而言，明代"文族"文档名词最大的变化就是全部由双音节词构成。其组合方式主要有三种：

一是单音节词"文"+表示载体的单音节词，如"文牍""文札""文牒""文案""文簿""文籍"等，其中"文"主要取"刻画、书写"等动词含义，"牍""札""牒""案""簿"表示物质记录载体的形态，类似名词的渐次形成与演变也折射出中国古代历史上文字记录载体的演变。

二是"文"+表示具体内涵的单音节词，它们组合在一起用以表示"与文字记载有关的事物"。如"文"+"凭"（证据、证明）组合成"文凭"一词，在古代表示用作凭证的官方文书，近现代则表示毕业证书、学历证明，它们的效力均需要通过文字等形式记录下来以作凭证，这类的"文"通常取"表示记录语言的符号（如文字）以及与之有关的事物"的含义，类似的名词还有"文契""文约""文证""文帐"等。

这两种组合方式均是"文"字前置的结构，共有36个"文族"名词使用该构词方式，约占"文族"文档名词总数的87.80%，是明代"文族"文档名词的主要组合方式。

三是限定性单音词+"文"的"文"字后置组合方式，如"公"（朝廷、国家）+"文"组成"公文"一词表示"官方政务文书"，"策"（策命）+"文"组成"策文"一词表示"策命之文"，类似的名词还有"典文"。明代"文族"文档名词中只有5个使用"文"字后置的组合方式，约占总数的12.20%。

（二）"文族"文档名词在明代的应用

在"文族"文档名词中使用比较突出的文档名词"文书"，频次为2.4，其次是"文献""文卷""文字""文案""文簿""文稿""文牒""公文""文移""文契""文凭""文册"共12个文档名词频次在0.1到1之间，为低频词，剩余文档名词的频率在0.1以下，属于极低频词汇。可以看出"文族"文档名词使用高度集中，实质上这一特征是宋代、元代甚至是清代都不具备的，宋、元、清至少都有2个非低频词汇，而在明代则是"文书"一家独大，表现出"文书"一词在明代文档领域中含义的精确性和通用性的空前提升。如表8-6所示：

表8-6　明代"文族"文档名词汇总表

序号	名词	数量	频次
1	文书	1086	2.4027
2	文字	381	0.8429
3	公文	231	0.5111

续表

序号	名词	数量	频次
4	文献	230	0.5088
5	文卷	221	0.4889
6	文移	186	0.4115
7	文案	99	0.2190
8	文簿	86	0.1903
9	文牒	78	0.1726
10	文契	72	0.1593
11	文凭	68	0.1504
12	文册	68	0.1504
13	文稿	67	0.1482
14	册文	42	0.0929
15	文墨	39	0.0863
16	文籍	37	0.0819
17	文券	37	0.0819
18	文表	32	0.0708
19	文檄	25	0.0553
20	文引	24	0.0531
21	文状	23	0.0509
22	文榜	22	0.0487
23	文疏	19	0.0420
24	策文	18	0.0398
25	文约	17	0.0376
26	书文	16	0.0354
27	文牍	16	0.0354
28	文解	15	0.0332
29	文帖	14	0.0310
30	文奏	11	0.0243
31	文典	10	0.0221
32	文记	10	0.0221

续表

序号	名词	数量	频次
33	文符	8	0.0177
34	文告	6	0.0133
35	文翰	5	0.0111
36	文诰	4	0.0088
37	文札	3	0.0066
38	文历	1	0.0022
39	文验	1	0.0022
40	文示	1	0.0022
41	典文	1	0.0022

此外，明代"文族"文档名词在出现的时候，多与表示文档作用、档案价值、相关法律制度等词语连用。以"文卷"一词为例，在笔者检索统计过程中，经过认真分析发现，"文卷"出现多与"照刷"连用，即"照刷文卷"制度。仅仅在《大明会典》中就出现了10处，占其在该书中总出现次数的20.4%，出现频率很高。照刷文卷这一文书制度在明朝被严格执行，说明了明朝统治者对文档管理的重视。

（三）重要"文族"文档名词介绍

1.文书

"文书"作为"文族"名词中重要的名词之一，在明朝以前就具有重要的使用价值。特别是在"档案"这一名词还没有出现的古代，"文书"这一名词使用历史悠久，于明代更是上升为唯一的高频词汇，可见其通用性之高，为其他文档名词所不及。

（1）"文书"的词义及其应用

"文书"一词最早出现在西汉贾谊的《过秦论》："禁文书而酷刑法。"[①]这里的"文书"意思是秦始皇焚书坑儒中的一切书籍。而明人已经在

---

① 曾国藩. 经史百家杂钞[M]. 长沙：岳麓书社，1987：57.

某些语言环境中使用具有通用意义的"文书"。较宽泛意义的"文书"一词不仅有文书类含义，如指代奏章、公文等，还有档案类含义，如指代契约、字据、财务簿册、案牍等，以及一些非文档类含义等相关内涵。

第一，指"公文"。经过漫长的历史发展，"文书"被赋予了更为丰富的内涵。但是，其最常用的含义还是"公文"，由于其高频率地在政治、经济、文化生活中使用，其出现次数最多也就不足为奇了。

作为统治阶级管理社会的重要工具，公文起着记载传递、保存公务信息的作用。公文中记载了大量的天文、科举、职官、宫室等方面信息，以及国家在政治、经济、军事方面的重大活动等。

> 李星驰返云南履中丞之任，弹压文武，申严号令，昼夜视事，较前数政诸公加精励焉。事闻于朝，白简猬起，李仍日坐堂皇，治文书如故，再奉严旨诘责而终不去。直至代者入境，始交承印节而归。则在事许久，陆贾之装，已不赀矣。①

第二，指"奏章"。奏章作为古代臣属向帝王进言陈事的文书，是明代重要的文书档案种类之一：

> 上谕内阁，朕览文书，见御史左光斗一疏朕避宫之由，朕昔幼冲时，皇考选侍李氏恃宠屡行气殴圣母，以致怀愤在心，成疾崩逝，使朕有冤难伸，惟抱终天之痛前。②

> 疏入，上传谕内阁："朕幼冲时，选侍气凌圣母，成疾崩逝，使朕抱终天之恨。皇考病笃，选侍威挟朕躬，欲封皇后。朕心不安，暂居慈庆宫。选侍复差李进忠、刘朝等，每日章奏文书，先奏选侍，方与朕览。朕思祖宗家法甚严，从来有此规制否？朕今奉养选侍于哕鸾宫，仰遵皇考遗爱，无不体悉。其李进忠等，盗库首犯，事干宪典，原非株连。卿等可传示遵行。"③

第三，指"文字记录"。这也进一步体现了其文字性质：

---

①　沈德符. 万历野获编［M］. 北京：中华书局，1959：562.

②　历史语言研究所. 明熹宗实录［M］. 台北：历史语言研究所，1962：66.

③　文秉. 先拨志始［M］. 北京：中华书局，1985：28-29.

又凡四夷分十八所，设通事六十人，大通事有都督都指挥等官，统诸小通事，总理贡夷降夷及归正人夷情番字文书译审奏闻。夫此即仿古象胥之制而设是官职，自国初迨正德不过百有余年，而遂失其所守，何也？①

第四，指"从事公文工作的人"。现代汉语中，"文书"不仅有文字材料的意思，还指各级各类机关单位、团体、军队和其他社会组织的办公室中承担文字材料和信息处理工作的文书工作人员。如柳青《创业史》第一部第四章："有一回，我把贫农的贫字，写成贪污的贪字了。乡文书把我好克了一顿，说我故意糟踏贫农。"②

而在检索的明代文献中，"文书"也有类似含义，指"从事公文工作的人"。如陆粲《庚巳编》：

是夕，觉体中不佳，归而卧疾，遂不起。且死，曰："吾今往东岳作见报司矣。"数日，其妻梦先来家，冠服如贵官，语妻曰："吾在见报司，司事甚繁剧，赖有乡人常熟金某为同寮，助理文书，甚得其力，可为吾寄声谢其家也。"妻以其言告家人。③

《明宣宗实录》也有记载：

贵州布政司言，普安州儒学生员皆是罗罗僰人，莫知向学，今选俊秀军生王玺等入学读书，以备贡举。又言，前奉礼部文书，本司所辖州郡生徒堪应举者，许于湖广布政司就试，缘去湖广路远，于云南为近，宜就近为便。上命就试云南。④

以上四种是"文书"的文书类含义，当然明代"文书"也具有档案内涵：

第五，指"契约档案"。如集部总集中冯梦龙所编《山歌》中选段：

姐儿睏弗着好心焦，思量子我里个情哥只捉脚来跳。好像漏湿子个文

---

① 严从简. 殊域周咨录 [M]. 北京：中华书局，1993：283.

② 柳青. 创业史 [M]. 北京：中国青年出版社，1960：74.

③ 陆粲. 庚巳编 [M]. "元明史料笔记丛刊"本. 北京：中华书局，1987：57.

④ 历史语言研究所. 明宣宗实录 [M]. 台北：历史语言研究所，1962：741.

书失约子我，冷锅里筛油测测里熬。①

又如《炎徼纪闻》记载：

> 岁时、召亲戚挝铜鼓，斗牛于野，刲其负者、祭而食之，大脔若掌，以牛角授子孙，曰，某祖、某父、食牛凡几。要约、无文书，刊寸木、刻以为信，争讼不入官府，即入、亦不得以律例科之。②

第六，指"财务簿册类档案"。如《初刻拍案惊奇》中记载：

> 妈妈见如此说，也应道："我晓得，你说的是，我觑着他便了，你放心庄上去。"员外叫张郎取过那远年近岁欠他钱钞的文书，都搬将出来，叫小梅点个灯，一把火烧了。张郎伸手火里去抢，被火一逼，烧坏了指头叫痛。员外笑道："钱这般好使？"妈妈道："借与人家钱钞，多是幼年到今，积攒下的家私，如何把这些文书烧掉了？"③

通过分析"文书"的含义，可以看出在明代"文书"一词依旧表现出很强的文档一体化的文档名词类含义。实际上在统计的452部文献中，"文书"一词还有非文档名词类含义，包括军令状或保证书、字据、文章书籍、战书等等。

第七，指"军令状"。如《三国演义》第四十六回记载：

> 孔明曰："操军即日将至，若候十日，必误大事。"瑜曰："先生料几日可完办？"孔明曰："只消三日，便可拜纳十万枝箭。"瑜曰："军中无戏言。"孔明曰："怎敢戏都督！愿纳军令状：三日不办，甘当重罚。"瑜大喜，唤军政司当面取了文书，置酒相待曰："待军事毕后，自有酬劳。"孔明曰："今日已不及，来日造起。至第三日，可差五百小军到江边搬箭。"饮了数杯，辞去。鲁肃曰："此人莫非诈乎？"瑜曰："他自送死，非我逼他。今明白对众要了文书，他便两胁生翅，也飞不去。我只分付军匠人等，教他故意迟延，凡应用物件，都不与齐备。如此，必然误了日

① 冯梦龙. 山歌 [M]. 南京：江苏古籍出版社，2000：89.
② 田汝成. 炎徼纪闻 [M]. "丛书集成初编"本. 上海：商务印书馆，1936：55.
③ 凌濛初. 初刻拍案惊奇 [M]. 长沙：岳麓书社，2003：495.

期。那时定罪，有何理说？公今可去探他虚实，却来回报。"①

第八，指"字据"。如《三国演义》第五十四回中写道：

> 周瑜写了书呈，选快船送鲁肃投南徐见孙权，先说借荆州一事，呈上文书。权曰："你却如此糊涂！这样文书，要他何用！"肃曰："周都督有书呈在此，说用此计，可得荆州。"权看毕，点头暗喜，寻思谁人可去。猛然省曰："非吕范不可。"②

第九，指"书籍"。《喻世明言》第十三卷：

> 乃与弟子王长端坐石门之外。凡七日，忽然石门洞开，其中石卓、石凳俱备，卓上无物，只有文书一卷。取而观之，题曰《黄帝九鼎太清丹经》。③

第十，指"战书"。如《东郭记》记载：

> 自家齐将章子是也。奉命将兵二十万进讨子之，复闻遣齐人相助。昨移下文书，约俺挑战，彼以奇兵从旁截杀。则索布下阵势，直逼燕城，一面待他兵到也。④

由上文可以看出，明代"文书"的词义异常丰富，为前朝所不及，而且"文书"一词也广泛地出现于史集、子集、小说等各类文献中。"文书"作为明代唯一的高频文档名词，进一步研究"文书"一词在明代的使用情况，总结其出现的规律和特征，具有非常重要的意义。

第一，"文书"一词运用的时间范畴。

检索明代文献我们不难发现，"文书"一词的出现和使用，无论是总的次数（1086次），还是使用文献数（71部），在检索的18个文档名词中都是最多的，可见其使用范围最广泛。那么，它在哪个时期使用的频率高，哪个时期使用的频率低？通过对表8-7的分析，结合具体的时期背景，我们可以总结出一些比较准确的结论。

---

① 罗贯中. 三国演义 [M]. 3版. 北京：人民文学出版社，1973：381.

② 罗贯中. 三国演义 [M]. 3版. 北京：人民文学出版社，1973，2007：441.

③ 冯梦龙. 喻世明言 [M]. 上海：上海古籍出版社，1998：154.

④ 孙仁孺. 东郭记 [M]. 北京：中华书局，1959：81.

表8-7　含有"文书"一词的文献统计情况表

文献时期	含有"文书"的文献数	"文书"出现的次数
洪武	2	2
永乐	1	13
洪熙	1	10
宣德	2	35
正统	2	70
成化	1	21
弘治	3	39
正德	2	28
嘉靖	8	40
隆庆	4	13
万历	19	293
天启	5	134
崇祯	10	10
未知时期	11	378
总计	71	1086

　　通过上表我们可以看到，在统计的452部文献中，共有71部文献出现"文书"一词，共出现1086处。可以看出，"文书"作为重要的文档名词在明代的使用范围是很广泛的。并且从表格中可以看出，"文书"这一名词集中出现于明代中后期，除了一部分书的作者无法查询到其具体的成书年代，在能查询到的书目作者的成书日期中，明神宗万历年间含有"文书"一词的书目文献最多，出现的"文书"一词次数也就最多，共计293处。其次就是明熹宗天启年间出现了134次。在明代前期出现的次数还是相对来说很少的，出现次数最少的是明太祖洪武时期，只有2次。明穆宗隆庆、明思宗崇祯年间出现的次数也相对较少，分别为13次、10次。

　　由此可见，在明朝建立后的各代皇帝中，除了明惠帝、景帝、光宗朝以外，"文书"一词在其他朝文献中，或多或少都有所出现，说明其使用具有一定的连续性。

此外，我们可以重点关注《明实录》中"文书"一词的应用情况。《明实录》共计13部，出现"文书"名词次数较多的主要有：《明神宗实录》187次，《明英宗实录》69次，《明熹宗实录》40次，《明孝宗实录》37次。而出现"文书"名词次数较少的主要有：《崇祯实录》1次，《明穆宗实录》5次，《明仁宗实录》10次，《明宪宗实录》27次。《太祖高皇帝实录》和《光宗贞皇帝实录》没有出现"文书"一词。（见表8-8）对于研究明代的文档名词，《明实录》是一部重要的文献资料，而且对研究明代文档名词的使用情况具有重要作用。

表8-8　《明实录》中"文书"一词的使用情况

名称	出现次数
太祖高皇帝实录（洪武）	0
太宗文皇帝实录（永乐）	13
仁宗昭皇帝实录（洪熙）	10
宣宗章皇帝实录（宣德）	34
英宗睿皇帝实录（正统）	69
宪宗纯皇帝实录（成化）	21
孝宗敬皇帝实录（弘治）	37
武宗毅皇帝实录（正德）	27
世宗肃皇帝实录（嘉靖）	33
穆宗庄皇帝实录（隆庆）	5
神宗显皇帝实录（万历）	187
光宗贞皇帝实录（泰昌）	0
熹宗悊皇帝实录（天启）	40
思宗崇祯实录（崇祯）	1
总计	477

万历朝"文书"一词使用频率激增，主要有以下原因：一、明代经过几代

皇帝的努力，经济、文化得到很大的发展；二、《神宗实录》的卷数和字数较其他实录多很多；三、神宗在位时间最长，有一定的历史功绩。

在明朝皇帝中，执政时间最久的就是明神宗万历皇帝，在位48年。由内阁首辅张居正主持的万历新政，解决了万历登基之初内忧外患的问题。

值得一提的是，本书统计时特选了《明史》这部文献。它虽然完稿于清朝初年，但其作者主要是明末清初的明朝遗老——冯铨、洪承畴等人，使用的语言主要是明代语言，因此是具有可信性的。而且，《明史》从开始编写到完稿，历时数十年，编纂时间之久、用力之勤超过以往诸史。因此对其进行研究，对更加清楚、全面地了解明代文档名词的使用情况，具有十分重要的意义。

第二，"文书"一词运用的内容范畴。

"文书"一词在明代的使用范围广泛。其中，该名词共出现在5大类文献中，文献种类主要是史部、子部、集部、小说和其他类文献。在不同种类的文献中，"文书"一词的使用情况是不同的。史部文献5部，子部文献33部，集部文献1部，小说文献15部，其他文献6部。

首先，"文书"一词在史部文献中出现最多，为605处，主要出现在《明实录》《大明会典》《万历会计录》《殊域周咨录》和《明史》中。这些书都是研究明代政治、经济、社会以及中外关系、民族关系的重要史料，对于研究"文书"在明代的使用情况，具有重要的价值和意义。

其次，"文书"一词在子部和小说类文献中出现也很集中，共计462处。特别是在《酌中志》《型世言》《三国演义》等中多次出现。明代，反映市民阶层生活和思想的民俗小说空前繁荣，具有重要的社会作用和文学价值，尤其是在四大名著中的《三国演义》里出现了27处。"文书"这一文档名词在小说类文献中的出现，说明其社会普及度是很高的。

第三，经部文献中没有出现"文书"一词，说明在传统的儒家经典中，"文书"一词出现得相对少一些。而在集部文献中"文书"名词只出现了1次。

　　第四，其他类文献主要是《飞丸记》《双珠记》《鸣凤记》《锦笺记》等几部文献。这些文献主要选自明朝末年毛晋编的《六十种曲》。毛晋毕生所藏的八万四千多册书中，大部分是明刻本，也有宋、元本。他刻录的书之所以在当时社会广受欢迎，是因为他的书不仅精致，而且校勘十分严谨。《六十种曲》在我国文化艺术史上影响力很大，具有极高的成就，因此对其进行研究也同样具有重要的意义。

表8-9　354部明代文献中出现"文书"一词的文献统计表

文献类型	文献名称	出现次数	文献时期
史部（5部）	《明史》	32	
	《明实录》	477	
	《殊域周咨录》	5	万历
	《大明会典》	90	万历
	《万历会计录》	1	万历
子部（33部）	《练兵实纪》	2	隆庆
	《野记》	3	
	《万历野获编》	13	万历
	《五杂组》	5	万历
	《半村野人闲谈》	1	正德
	《北使录》	1	正统
	《庚巳编》	6	
	《古穰杂录摘抄》	2	延佑
	《广右战功录》	2	嘉靖
	《皇明典故纪闻》	13	万历
	《继世纪闻》	1	嘉靖
	《明朝小史》	2	
	《先拨志始》	6	崇祯
	《玉堂丛语》	6	万历
	《玉堂荟记》	2	崇祯
	《云南机务抄黄》	2	洪武
	《北窗琐语》	2	嘉靖
	《病榻遗言》	6	万历
	《大同纪事》	1	嘉靖

续表

文献类型	文献名称	出现次数	文献时期
子部（33部）	《客座赘语》	2	万历
	《烈皇小识》	2	崇祯
	《炎徼纪闻》	1	嘉靖
	《燕对录》	2	弘治
	《贤奕编》	2	万历
	《尧山堂偶隽》	1	万历
	《治世余闻》	6	弘治
	《酌中志》	84	崇祯
	《玉镜新谭》	5	崇祯
	《尧山堂外纪》	2	万历
	《前闻纪》	1	宣德
	《戏暇》	1	万历
	《遁甲演义》	3	嘉靖
	《三命通会》	2	
集部（1部）	《山歌》	1	崇祯
小说（15部）	《情史》	2	崇祯
	《隋炀帝艳史》	11	崇祯
	《禅真后史》	3	
	《剑侠传》	2	隆庆
	《清平山堂话本》	6	嘉靖
	《古今谈概》	5	天启
	《型世言》	19	崇祯
	《杜骗新书》	2	万历
	《英烈传》	12	万历
	《三国演义》	27	
	《喻世名言》	32	天启
	《警世通言》	39	天启
	《醒世恒言》	18	天启
	《初刻拍案惊奇》	63	
	《二刻拍案惊奇》	31	

续表

文献类型	文献名称	出现次数	文献时期
其他（6部）	《飞丸记》	3	
	《东郭记》	2	万历
	《双珠记》	6	万历
	《运甓记》	2	洪武
	《鸣凤记》	4	隆庆
	《锦笺记》	1	万历
合计（出现次数）	60	1086	

（2）以"文书"一词作为属概念的各种文档类型

"文书"一词在明代文献中使用广泛，已经成为具有专业性通用名词，这是明代文档名词发展的一个重要特征。作为一个专业性通用名词，许多专门文档名词（小类）已经以"文书"作为属概念命名，即把文书作为一类事物的概念，在其前加一个限定词，就成为这一大类事物的某一种。这种现象在宋代已经出现，如"架阁文书"。但宋代的这种现象还不普遍，到了明代则广泛出现了，如匿名文书、交通文书、礼仪文书、合同文书、广缉文书、致仕文书等等。下面分别进行介绍：

第一，匿名文书。"匿名文书"不全同于今天的"匿名信"，它是指"隐匿己名或假冒他人姓名的公私文书，往往以攻讦或恐吓他人为目的"。①该名词类型使用广泛，共计36处，其中《明实录》中出现最多，为22处，《万历野获编》2处，《皇明典故纪闻》2处，《先拨志始》1处，《治世余闻》2处，《酌中志》1处，《明史》1处，《大明会典》5处。对于历朝历代都视为"厉禁"的匿名文书，明代也不例外，遇匿名文书即毁，如《万历野获编》记载："凡遇匿名文书，俱即时焚毁，其言一概不行。"②又："今制：匿名文书，禁不得行。唯内外大计，吏部发出访单，比填注缴纳，各不著姓名。虽开列秽

---

① 赵凯. 汉代匿名文书犯罪诸问题再探讨［J］. 河北学刊，2009（3）：83.

② 沈德符. 万历野获编［M］. 北京：中华书局，1959：475.

状满纸，莫知出于谁氏，然尚无入御览者。"①

投匿名文书犯罪的案例不胜枚举，如："盗用印信，钦投匿名文书罪皆绞。"②

在《大明会典》中多次见到"投匿名文书告人罪"不予受理等记载：

十七年奏准，凡科举入场及开榜之日，如挟私投匿名文书，中伤士子者，在内听巡城御史五城兵马司，在外听按察司，并应捕人役，缉拿到官，依律治罪。见者即便依律烧毁。③

第二，交通文书。"交通文书"是记录本国与敌国之间、吏民之间勾结情况的文书。文段中提到对于交通文书的处置情况"烧之""俱毁之"，并且，交通文书作为勾结证据，其凭证作用也十分明显，即"正名定罪，诛止其身"。

自古治乱贼者，正名定罪，诛止其身。昔汉光武平叛贼王郎，得吏民交通文书数千章，不一省视，会诸将烧之曰：令反侧子自安。④

高煦狼狈失据，密遣人诣行幄陈奏，愿宽假今夕与妻子别，明旦躬赴军门归罪，上许之。是夜高煦尽取积岁所造兵器与凡谋议交通文书毁之，城中通夕火光烛天。⑤

第三，赍银文书。自古以来，将税粮、漕粮、马草等折收银两情况的部分，叫"轻赍银"。"赍银文书"是记载漕粮、马草折收银两情况的文书。

邦奇告以原无相害之意，再三谕止之。诸军曰："辽阳兵已至城下，奸细以辽阳鞍子为号，已拿得矣。老爹去睡，三堂今夜一个不留。"挥其兵进，且分兵至李进士分司，要出赍银文书，看为何事。又分兵至镇守府

①　沈德符. 万历野获编［M］. 北京：中华书局，1959：301.
②　历史语言研究所. 明孝宗实录［M］. 台北：历史语言研究所，1962：4104.
③　李东阳，等. 大明会典［M］. 扬州：广陵书社，2007：1229.
④　李东阳. 李东阳集：第3册［M］. 长沙：岳麓书社，2008：1618—1619.
⑤　历史语言研究所. 明宣宗实录［M］. 台北：历史语言研究所，1962：540.

武忠，极其困辱。①

第四，礼仪文书。"礼仪文书"在《酌中志》中出现了2处：

> 其次，六科廊掌司六员或八员，分东西两房，管精微科内外章疏及内官脚色、履历、职名，月报逃亡事故、数目。其次，又数十员或八员，管二十四衙门、山陵等处内官职级、姓名，撰写每日传行圣旨，稽查门禁，钤束当差、听事，题奏应行礼仪、应颁赏赐。其次，六科廊誊黄写字一员。其次，管掌写字，则按节令挨次题禀礼仪文书及赏例，或百员，或数十员，分两班四拨，各若干人。②

> 次早同众奏请御笔将枢辅二字改作"督抚"，此稿珍藏内阁，可考也。今上登极之日，体乾总办礼仪文书，有进封妃周娘娘为皇后红掩面文书一本，该永贞写传红，累臣侍永贞誊完，问曰："此文书是那项下办理的？"永贞曰："印公公。"曰："既已奏过，今即奏览发行乎？"永贞曰："然。"累臣曰："略早些了，……。"③

第五，告病文书。意同今天的"辞职书"，官员要告老还乡时，一般书写告病文书，以请示上司准予辞官回家。《禅真后史》中有详细的记载：

> 次日，进上绝呈一纸，说史酉鱼脑上受伤，发晕而死。大尹收了绝呈，发付狱中吏役，将史酉鱼尸首吊出牢墙去了。又取甘一庵等合寺和尚，重录口词，取保出狱。将四笼妖物，当堂烧毁。县尉闻知，跌足长叹，暗思："堂尊如此行为，岂是做官的体统？风声传入京都，朝廷罪及，何以分辩？我不如及早挂冠而去，庶免林木池鱼之害。"数日后，写了告病文书，申详上司，挈了家眷回本乡去了。④

第六，合同文书。"合同文书"在笔者检索的明代文献中出现了17处。

① 薄音湖，王雄. 明代蒙古汉籍史料汇编 [M]. 呼和浩特：内蒙古大学出版社，1993：274.

② 刘若愚. 酌中志 [M]. 北京：北京古籍出版社，1994：94.

③ 刘若愚. 酌中志 [M]. 北京：北京古籍出版社，1994：210.

④ 清溪道人. 禅真后史 [M]. 济南：齐鲁书社，1988：280-281.

适此三棍脱得银去，已出境外。晚投宿一店，店主见其来晚，提其六箱皆重，疑是窃贼，明日将集众擒之。三棍闻其动静，次早天未明，只挑得四箱去，以二箱寄店。店主越疑是贼，出首于官。太府将银逐封开之，内封有一合同文书，称某人买举人者。太府提某生员到，不敢认。太府以甘言赚之，乃招认，即收入监。后又投分上解释，再骗去银四百两方免申道。又没入店主之屋，及官卖其妻婢，并箱内一千都追入库。彼四箱被棍挑去者，幸得落名，不受再骗。①

第七，出缺文书。"出缺"是指因为原任人员免职、离职或死亡等原因，而造成岗位的遗缺。出缺文书，是记录官员因其他原因导致职位出现空缺情况的文书。

知府问那箱中血染布条，道："因扭锁伤指裏上，随即脱落箱中。"知府点头道："事有偶然如此。若非今日张三事露，岂不枉了奶子与小厮？杜外郎枉赔了许多钱钞，坏了一个前程。"叫着实打，打了廿五，画招，拟他一个窃盗。便叫杜外郎道："是我一时错认，枉了你了！幸得尚未解道，出缺文书还未到布政司，你依旧着役。"②

第八，广捕文书、广缉文书、缉捕文书。三个名词意思相同，意同今天的"通缉令"，在检索文献中出现了7次。

再说贺知州听得杨总督去任，已自把这公事看得冷了，又闻氏连次不来哭禀，两个差人又死了一个，只剩得李万，又苦苦哀求不已。贺知州分付，打开铁链，与他个广捕文书，只教他用心缉访，明是放松之意。李万得了广捕文书，犹如捧了一道赦书，连连磕了几个头，出得府门，一道烟走了。身边又无盘缠，只得求乞而归，不在话下。③

姚公道："不消说得，必是遇着歹人，转贩为娼了。"叫其子姚乙密地拴了百来两银子，到衢州去赎身。又商量道："私下取赎，未必成

---

① 张应俞. 江湖奇闻杜骗新书 [M]. 太原：山西古籍出版社，2003：279.
② 陆人龙. 型世言 [M]. 济南：齐鲁书社，1995：320.
③ 冯梦龙. 喻世明言 [M]. 上海：上海古籍出版社，1998：517-518.

事。"又在休宁县告明缘由，使用些银子，给了一张广缉文书在身，倘有不谐，当官告理。姚乙听命，姚公就央了周少溪作伴，一路往衢州来。那周少溪自有旧主人，替姚乙另寻了一个店楼，安下行李。①

次日到临安府进了状，拿得旧主人来，只如昨说，并无异词。问他邻舍，多见是上轿去的。又拿后边两个轿夫来问，说道："只打得空轿往回一番，地方街上人多看见的，并不知余情。"临安府也没奈何，只得行个缉捕文书，访拿先前的两个轿夫，却又不知姓名住址。②

第九，致仕文书。古代官员的正常离休叫作"致仕"。此外，古人还经常用致事、致政、休致等名称，盖指一般情况下官员辞职回家、告老还乡的情况。致仕制度起源于周代，自汉以后逐渐形成一种制度。"致仕文书"，就是关于记录官员退休情况的文书。

是日退堂，与奶奶述其应梦之事。春儿亦骇然说道："据此梦，量官人功名止于此任。当初坟堂中教授村童，衣不蔽体，食不充口。今日三任为牧民官，位至六品大夫，大学生至此足矣。常言：'知足不辱'。官人宜急流勇退，为山林娱老之计。"可成点头道是。坐了三日堂，就托病辞官。上司因本府掌印无人，不允所辞。勉强视事，分明又做了半年知府。新官上任，交印已毕，次日又出致仕文书。③

第十，典田文书。典田，就是将田地的使用权和收益权出典给别人，但是承典人要交付比绝卖价格低很多的典价。在古时候，自耕农占有少量的土地，在需要应急又不愿意放弃土地所有权时常常采用这种方式。因此，记载典田信息的凭证性的文书，就是典田文书。

陈祈心下忐忑，且走到毛家，去取文券。看见了毛家儿子，问道："尊翁故世，家中有甚么影响否？"毛家儿子道："为何这般问及？"陈祈道："在下也死去七日，倒与尊翁会过一番来，故此动问。"毛家儿子

---

①　凌濛初. 初刻拍案惊奇 [M]. 长沙：岳麓书社，2003：28.
②　凌濛初. 初刻拍案惊奇 [M]. 长沙：岳麓书社，2003：338.
③　冯梦龙. 警世通言 [M]. 北京：人民文学出版社，1956：482.

道："见家父光景何如？有甚说话否？"陈祈道："在下与尊翁，本是多年相好的。只因不还我典田文书，有这些争讼。昨日倒亏得阴间对明，说文书在床前木箱里面，所以今日来取。"毛家儿子道："文书便或者在木箱里面，只是阴间说话，谁是证见，可以来取？"①

第十一，军机文书。"军机文书"在两部文献中出现过，《明史》1处，《明实录》14处，并且一些文献中还记载了掌管重要军事机密文书的人为"有才识者"。

> 及夏中农时已过，何以措力徒使军士彼此失业，审若可缓即姑缓之，此盖卿等忽略之过。然尔职务军旅此治文书者之忽略也，今于文职内简有才识者一人遣来，专理军机文书。②

> 士宁赍敕往永平等处，总兵官陈英处治军机文书，士宁初到即移文吏部，欲以南京俸于原籍，北京俸于永平，支给吏部言其不务公而急于私利，上命召还降其职。③

第十二，往复文书。史部文献中还出现了国与国之间交流使用的"往复文书"：

> 若本国前后往复文书，常用大头目印信，今承令取具该府卫印信，登庸以从命为敬，已照依来文内遵行。书到，烦为转达天朝两广布按都等衙门，庶登庸真实情由得以暴白。④

2.文示

文示，指"文告、告示"。《农政全书·荒政》记载："权差官已有当司封去帖牒，若差见任官员，即请本州出给文示干当。其赏罚，一依当司封去权差官帖牒内事理施行。"⑤

---

① 凌濛初. 二刻拍案惊奇 [M]. 上海：上海古籍出版社，1983：332-333.
② 历史语言研究所. 明仁宗实录 [M]. 台北：历史语言研究所，1962：298.
③ 历史语言研究所. 明宣宗实录 [M]. 台北：历史语言研究所，1962：508.
④ 严从简. 殊域周咨录 [M]. 北京：中华书局，1993：222.
⑤ 徐光启，石声汉. 农政全书校注 [M]. 上海：上海古籍出版社，1979：1263.

"文示"是明代新出现的文档名词，由于含义固定，专指性强，含义偏文书化，在明代仅出现一次，属于稀见文档名词，至清朝也仅出现4次，属于极低频词汇。

二、明代"卷族"文档名词

（一）"卷族"文档名词的构成与特点

明代"卷族"文档名词数量较少，主要包括有"文卷""案卷""卷簿""卷册""卷宗""宗卷""卷牍"7个文档名词，其中"卷簿""宗卷"为明代新增文档名词，如表8-10所示：

表8-10　明代"卷族"文档名词汇总表

族别	名词	新增名词	名词总数
卷	文卷、案卷、卷册、卷宗、宗卷、卷牍、卷簿	卷簿、宗卷	7

"卷"字主要有以下几种含义：书本；古时书籍写在帛或纸上，卷起来收藏，因此书籍的数量论卷，一部书可以分成若干卷，每卷的文字自成起讫，后代仍用来指全书的一部分；卷子；机关里保存的文件等。"卷"字很形象，写好的帛或纸"卷起来收藏"为一卷。组合后的"卷族"名词的含义有"文件""档案""公文奏章""登记簿"等。

归纳起来"卷族"文档名词主要呈现出以下两个方面的特点：

第一，"卷族"名词的组合呈现出多样化的特征，与其组合者有文字（"文"）、载体（"牍""案""册""簿"）、文档集合（"宗"）等，"卷"字在合成词中的排列也有前有后。虽然除了"文卷"外其余名词都属于极低频词，但是多数名词之间还存在着一定的共性。

第二，"卷族"文档名词中含有"卷"字的某些名词，在组词上具有"摇摆性"，如"卷宗"亦可变成"宗卷"。这类名词虽然在内涵上有相通之处，但是在使用频次及词义特点上仍然存在着不同点，因此不能简单地将其视为同一个词。

（二）"卷族"文档名词在明代的应用

从表8-11中可以看出，明代"卷族"文档名词仅仅有7个，且与其他族类名词相比总体而言普遍出现次数不是很多，除了"文卷"外，其余6个名词都是极低频词，频次都未超过0.1。该时期"卷族"文档名词都是继承前朝所得，没有产生新的名词。此外，"案卷"一词在继元代消亡后在明代重新登上历史舞台，明代是"案卷"一词最终在清代发展成熟的重要过渡阶段。

表8-11　明代"卷族"文档名词汇总表

序号	名词	次数	频次
1	文卷	221	0.489
2	卷册	26	0.058
3	案卷	25	0.055
4	卷宗	14	0.031
5	宗卷	5	0.011
6	卷簿	4	0.009
7	卷牍	3	0.007

需要特别关注的是"卷册"。"卷册"是明代"卷族"7个文档名词中频次上升最多的名词，虽然其仍属于极低频词的范畴，但是相较于其他"卷族"名词，其是表现最活跃的"卷族"文档名词，究其原因主要与"卷册"具有双族别属性，既属于"卷族"也属于"册族"，而明代人们非常偏爱"册族"文档名词有很大的关系。

从使用范围方面观察，"卷族"文档名词中，"文卷"一词的使用范围最广，在33部文献中使用过；"案卷"次之，在14部文献中使用过；而"卷宗""卷簿""卷册""宗卷""卷牍"五个名词的使用范围分别是4部、3部、3部、3部和1部文献。

此外，明代"卷族"文档名词中，"文卷""案卷""卷册"等较为通用的文档名词使用时间较久，与前代有着较为密切的联系，它们从隋唐五代开始就已经存在，可见"卷族"文档名词也存在一定的历史延续性。

（三）重要"卷族"文档名词介绍

1.文卷

明代"卷族"的主要文档名词当属"文卷"，其无论是使用频次还是使用范围都为同族文档名词所不及，而且"文卷"一词不仅本身具有丰富的文档名词含义，还作为许多专有名词的属概念构词成分，使用非常普及。以下就对"文卷"一词的基本内涵和组词类型进行详细介绍：

（1）"文卷"的词义及其运用

明人已经在某些语言环境中使用具有通用意义的"文卷"一词。而较宽泛意义的"文卷"一词不仅包括文书类含义，如公文、案卷、奏章等，还包括档案类含义以及非文档名词类内涵。考察明代文献中的"文卷"一词，可以了解明人对该词的理解和该词所具有的丰富含义。下面进行分别介绍：

第一，指"公文"。"文卷"在作"公文"含义时，经常与"照刷"二字连用，而"照刷文卷"作为明代重要的公文处理制度，其目的主要是为了稽查官吏在处理一些有关钱粮、赋役、会计和政治等公事中有无"稽迟""遗漏""埋没"等错误。

在《大明会典》中就出现"照刷文卷"字样10处，以及"改洗文卷""牵查文卷"等。

> 罚江西按察司副使胡希颜米二百石，坐先任山西时文卷有埋没者，为刷卷御史所举也。①

> 且说瞿侍郎暗思离却嘉禾之后，虑张令休本族权势，以致漏网。当下复入州厅，叠成文卷，差承局星夜赴京，申详枢密院定夺。将沈鬼等一行罪犯，尽行发配。当下，本境土豪恶宦，看了这个样子，谁敢擅行威福，欺压小民？此是瞿侍郎第一等好处。②

> 南京守备魏国公徐鹏举引疾辞任不允，河南巡按御史沈奎奏文卷，三

---

①　历史语言研究所. 明武宗实录 [M]. 台北：历史语言研究所，1962：1156.

②　清溪道人. 禅真后史 [M]. 济南：齐鲁书社，1988：455-456.

年一次照刷。①

第二，指"诉讼案卷、刑事案卷"。明代文卷常用于衙门举证、诉讼中，有"诉讼案卷、刑事案卷"的意思：

> 次早，星火发牌，按临洪同县。各官参见过。分付就要审录。王知县回县，叫刑房吏书，即将文卷审册，连夜开写停当，明日送审不题。却说刘志仁与玉姐写了一张冤状，暗藏在身。②

> 姜秀才情知理亏，躲了不出见官。太守断姚乙出银四十两还他乌龟身价，领妹子归宗。那乌龟买良为娼，问了应得罪名，连姜秀才前程都问革了。郑月娥一口怨气先发泄尽了。姚乙欣然领回下处，等衙门文卷叠成，银子交库给主，及零星使用，多完备了，然后起程。③

第三，指"奏章"。文卷有"奏章"之意：

> 戊子，命故崇信伯费柱第栻袭爵，礼部拟上帝王庙祭器乐器供器及帏幌等物色，略如太庙式诏可南京守备，魏国公徐鹏举引疾辞任不允。河南巡按御史沈奎，奏文卷三年一次，照刷国家令典。近以岁灾数，停公务废各官皆改迁吏，非原役以致奸蠹日滋，请自今灾不及十分者，不得概停刑部议覆从之。④

以上是明代"文卷"一词的文书类含义，具有丰富的档案内涵：

第四，指"钱粮税务方面的档案"。《明实录》中记载：

> 内府各监局库所收段匹军器香蜡等项钱粮，户工二部奏差风力科道官二员前去吊取文卷备查，原收若干用过若干，见存若干约彀几年，支用造册奏缴，该部将以后应派之数酌量折征银两解部，以济边用。⑤

> 南京刑部都察院大理寺日，凡官员军民人等，有犯除恶逆不孝人命强

---

① 历史语言研究所. 明世宗实录［M］. 台北：历史语言研究所，1962：2991.

② 冯梦龙. 警世通言［M］. 北京：人民文学出版社，1956：371.

③ 凌濛初. 初刻拍案惊奇［M］. 长沙：岳麓书社，2003：31.

④ 历史语言研究所. 明世宗实录［M］. 台北：历史语言研究所，1962：2990-2991.

⑤ 历史语言研究所. 明穆宗实录［M］. 台北：历史语言研究所，1962：14-15.

盗诈伪等项真犯死罪，及故烧仓库钱粮衙门文卷，依律外其监守自盗及杂犯死罪以下，悉依定去条例令，各犯自备米于南京仓输纳赎罪，纳毕，仍依运砖罚钞例发落，内有该追钱粮赃物者，依例追征纳米之例。①

第五，指“档案”。文卷同样指广义上的档案，在相关文献中检索到的“查无文卷”“文卷备查”“原造文卷”等一方面体现了文卷作为档案的查考作用，另一方面也体现了其原始记录性：

今代宗鼒鉐等四十八位奏辨封爵，除充衮一位病故，俊拙等六位查无文卷所据，鼒鉐四十位既经抚按查勘明白，宜准改封辅国。②

凡战巡船该修造者，该营批差千户或百户解泊桥外投批，督造分司行委提举司官吏查照本船点单，将船上浮动什物逐一点齐。如船身破坏者，查原造文卷，点完板片，方准开桥放入。③

相较于元代“文卷”一词的含义明显偏于文书化，明代时期“文卷”一词逐步出现档案类含义，“文卷”的词义和“文书”一样具有较为明显的文档一体化的特征。

除此之外，明代文献中“文卷”一词还有一些非文档名词类的含义，主要包括纸张、文章、为应试科举考试所作的文章等。

第六，指“纸张”。

我自小曾亲笔砚，颇有些高明识见，人人都称为大掾。弄刀笔，换文卷。谁道清廉不爱钱？谁道清廉不爱钱？④

第七，指“文章”。

背手为云覆手雨，纷纷轻薄何须数！君看管鲍平时交，此道今人弃如土。昔时齐国有管仲，字夷吾，鲍叔，字宣子，两个自幼时以贫贱结交。后来鲍叔先在齐桓公门下，信用显达，举荐管仲为首相，位在己上。两人

---

① 历史语言研究所．明宣宗实录［M］．台北：历史语言研究所，1962：767.

② 历史语言研究所．明神宗实录［M］．台北：历史语言研究所，1966：4350.

③ 李昭祥．龙江船厂志［M］．南京：江苏古籍出版社，1999：17.

④ 邵璨．香囊记［M］．“六十种曲”本．北京：中华书局，1958：116.

同心辅政，始终如一。①

果然秀州揭晓，唐卿不得与荐。元来场中考官道是唐卿文卷好，要把他做头名。有一个考官，另看中了一卷，要把唐卿做第二。②

十月应天府尹张槚等题，万历十六年九月初三日揭晓，将中式举人周应秋等一百三十五名姓名榜示外。随将中式举人文卷依式刊刻试录进呈。③

后来王雱十九岁中了头名状元，未几天亡。可见小妹知人之明。这是后话。却说小妹写罢批语，叫丫鬟将文卷纳还父亲。老泉一见大惊！"这批语如何回复得介甫！必然取怪。"一时污损了卷面，无可奈何，却好堂候官到门："奉相公钧旨，取昨日文卷，面见太爷，还有话禀。"老泉此时，手足无措，只得将卷面割去，重新换过，加上好批语，亲手交堂候官收讫。④

第八，指"书籍"。

又想："我向来人知我是个骸鬼，那得这许多物件？况六月单衣单裳，吃人看见不雅。"转入房中，趁没人，将金冠、钗、花、银杯放入一个多年不开的文卷箱内，直藏在底里，上面盖了文卷。止将银子腰在身边，各处去快活。⑤

（2）以"文卷"一词作为属概念的各种文档类型

通过上文我们可以看出，在明代官方文献中，文卷一词的应用已经非常普遍，并且与"文书"相似，成为专业通用性名词，具有了一定的类名词意义，因此许多专门文档名词（小类）已经以"文卷"作为属概念命名，即把文卷作为一类事物的概念，在其前加一个限定词，就成为这一大类事物的某一种。

---

① 洪楩. 清平山堂话本 [M]. 上海：上海古籍出版社，1992：141.

② 凌濛初. 初刻拍案惊奇 [M]. 长沙：岳麓书社，2003：417.

③ 周晖. 金陵琐事 [M]. 台北：成文出版社，1983：484.

④ 冯梦龙. 醒世恒言：第十一卷 [M]. 北京：人民文学出版社，1956：221.

⑤ 陆人龙. 型世言 [M]. 济南：齐鲁书社，1995：314.

如：钱粮文卷、印信文卷、花名文卷等。通过考察明代文献中有关"文卷"一词的组词类型，可以使我们在结合史料的基础上，对明代人如何使用该词有一个比较清晰的认识。下面进行分别介绍：

第一，钱粮文卷。在笔者所检索的文献中出现了2处，分别是《明实录》1处，《大明会典》1处。

《明神宗实录》："庚辰，户部题称：顷奉旨议裁革淮凤营田金事，一应钱粮文卷归并徐、海、颖三道各照所辖州县，画地督率招垦，年终抚按核实具奏。"①

《大明会典》："收受仓粮草料、放支等项钱粮文卷差错遗漏送法司。"②

第二，印信文卷。印信文卷表示已经盖有官府公章的文卷等。《明武宗实录》记载："掌詹事府事礼部左侍郎兼翰林院学士刘机等奏，端门内之左有房五间，乃詹事府及左右春坊司经局候朝之所，兼置诸司印信文卷什器于其中。"③

第三，主事文卷。主事，是明代的一种官名。明代所设的各部司官中，主事处于正六品，是比较低等的办事官吏。"主事文卷"在《明实录》和《明史》中各出现了1处。

督粮参政刘琏不职，仪劾之。琏乃诬仪淫乱事。适参将石亨欲奏镇守中官郭敬罪，先咨仪。仪误缄咨牒于核饷主事文卷中，户部以闻，致亨、敬相奏讦。诏仪、琏自陈，而切责敬等。琏止停俸二岁。仪虽引罪，自负其直，词颇激，遂被劾下吏瘐死。④

第四，花名文卷。过去古代在登记户口的时候，将人的名字称为"花名"，把户的名称称为"花户"。"花名文卷"就是指记载相关人员名册的

① 历史语言研究所. 明宣宗实录 [M]. 台北：历史语言研究所，1962：2083.

② 李东阳，等. 大明会典 [M]. 扬州：广陵书社，2007：832.

③ 历史语言研究所. 明宣宗实录 [M]. 台北：历史语言研究所，1962：742.

④ 中华书局编辑部. "二十四史"（简体字本）：明史 [M]. 北京：中华书局，2000：2881-2882.

文书：

> 那掌案孔目得了关节，来禀县尹道："目下天色炎热，本县狱房窄小，众犯患病者多，只索将结案重犯解入清海州交割，庶免传染秽污之害。"大尹查检呈词，果见狱中所递病呈三十余纸，听信孔目之言，连夜造成花名文卷，提出成狱潘厓一干罪犯人等共十五人，当堂打了脊杖，套上行枷，每一名犯人差二个军健监辖，随即起行。①

2.卷簿

"卷簿"是明代新出现的文档名词，在明代3部文献中共出现4次，词义偏档案化，为登记钱银的簿册档案之意；此外，"卷簿"一词还有非文档名词含义。

第一，指"钱粮账册档案"。《王阳明全集》记载：

> 中间多系各府、州、县解到起运等项钱粮，未经转解，若不严加查考，恐滋侵欺。为此仰抄案回司，即便吊取原行卷簿到官，责令该库官攒并经手人役，从公清查，要见某项原收某府、州、县，解到某色起运钱粮若干。②

> 为此仰抄案回道，即便亲诣赣州府库，督同该府官，先将正德十二年二月起至正德十五年九月终止，各项纸米、工价、赃罚、商税等项银两卷簿，逐一清查盘理。要见军前用过若干，即今见在若干，有无侵渔、隐漏若干，及有衣物等项，年久朽坏，相应变贸若干，备查开册，缴报本院查考。③

第二，指"档案"。《龙江船厂志》记载：

> 船只凡遇该修造，黄船由外守备、战巡船由操江各该衙门移文本部，一行督造主事，一行龙江提举司，相勘应否。督造主事吊查卷簿，果及年限，看验委系破坏，取具提举司官吏匠作不扶结状，呈报本部，复委都水

---

① 清溪道人. 禅真后史 [M]. 济南：齐鲁书社，1988：347.
② 王阳明. 王阳明全集 [M]. 新编本. 杭州：浙江古籍出版社，2010：1191.
③ 王阳明. 王阳明全集 [M]. 新编本. 杭州：浙江古籍出版社，2010：1211.

司会勘是实，札行料计。①

文中"吊查卷簿，果及年限"，即查阅其中的"卷簿"，可见其具有凭证价值，有档案的性质。明朝在3种文献中出现过"卷簿"，其都具有对人类活动的查考凭证价值，可见明朝时期创造出来的"卷簿"已有了文件、档案的意思，在社会活动中有着重要的作用。

第三，指"试卷"。该词义是"卷簿"的非文档名词含义，主要指科举考试中文人书写的文章，《林大钦集》记载：

时内阁取定二卷，都御史汪公鋐得一卷，大诧，曰："怪哉！安有答策无冒语者。"大学士张公孚敬取阅一过，曰："是虽破格，然文字明快，可备御览。"遂附前二卷封进。上览之，擢无策冒者第一。启之，乃林大钦也。

夏公大骇，谓予何不传谕前语。予无以自解，乃就大钦询之。对曰："某实不闻此言，闻之，安敢违也。"予乃检散卷簿，则大钦是日不至，次日乃领之。②

3.宗卷

同"卷宗"，泛指档案、案卷。如《明史》记载："经历、照磨、检校受发上下文移，磨勘六房宗卷。"③

此外，"宗卷"还有家谱的含义，主要出现在豫剧豫西调传统剧目《盗宗卷》中。有学者认为，"宗卷"指代家谱是民间的俗称，如曾庆瑛在其文章《谈〈盗宗卷〉》中云："皇家的谱牒，秦汉时候称为'属籍'，宋朝以后称为'玉牒'，是档案文件的一种。把这叫做'宗卷'，是民间的俗称。"④

---

①　李昭祥. 龙江船厂志［M］. 南京：江苏古籍出版社，1999：17.

②　林大钦. 林大钦集［M］. 广州：广东人民出版社，1995：389.

③　中华书局编辑部. "二十四"（简体字本）：明史［M］. 北京：中华书局，2000：1233.

④　曾庆瑛. 谈《盗宗卷》［J］. 档案学通讯,1979（5）：41.

三、明代"案族"文档名词

（一）"案族"文档名词的构成与特点

"案族"文档名词数量是明代各族类文档名词中数量最少的，只有5个，分别是"案牒""案卷""案记""文案""案牍"，有1个消亡名词为"簿案"。如表8–12所示：

表8–12　"案族"文档名词汇总表

族别	名词	消亡名词	名词总数
案族	案牒、案卷、案记、文案、案牍	簿案	5

"案族"名词，顾名思义，就是以"案"字为核心词构成的。"案"是"古代供饮食、读写或置放物品的用具"①，是中国古代最古老的家具之一。后来在漫长的使用过程中，"案"与放于上面的"文""牍""卷"等结合，发展成为文档名词。

作为与"档案"一词发展演变具有重要关系的"案族"名词，在明代呈现出以下四个方面的特点：

第一，从造词结构上来看，"案族"文档名词大部分属于并列式。并列式是"案族"文档名词的主要构词特征，具体表现为名词与名词并列，如"案牍""案卷""案牒""文案"等等。

第二，在构词顺序上，在双音词中"案"字可以居前也可居后，其内涵各有不同。与"案"组合的另一单音词，或表明文档的物质载体形式，如"案牍""案牒"；或表明文档的外部表现形态，如"案卷"；或表示文档的内容，如"文案""案记"。

第三，"案族"名词的组合分别为"案"与"文""牍""卷""牒""记"组合，形意兼具，同时有一定的多样化特征。

第四，从词义上来看，双音节"案族"文档名词中少量具有通用性，如"案牍"；而多数的表意较为明确，专指性强。"案族"文档名词多有侧重

---

① 华夫. 中国古代名物大典：下册 [M]. 济南：济南出版社，1993：1.

点，即特指某一具体类别的文档，如"案牍"专指官署的文书簿册，"案卷"专指法律文书，等等。

（二）"案族"文档名词的应用

从表8-13中可以看出，"案族"名词中的文案、案牍、案卷相比较其他文书、文卷等名词出现频率略微低些，因而"案族"名词整体呈现出了比较低的使用率，在与"档案"出现关系密切的同时，出现和使用频率降低，也为后来该族名词退出历史舞台埋下伏笔。

表8-13　明代"案族"文档名词汇总表

序号	名词	数量	频次
1	文案	99	0.219
2	案牍	93	0.206
3	案卷	25	0.055
4	案牒	3	0.007
5	案记	2	0.004

此外，就明代"案族"文档名词本身而言，其中使用频率最高的是"文案"，其次是"案牍"。"文案"是较为常见的文档名词，从汉代以后便一直为后世使用，在使用时间上具有连续性，在使用范围上具有普遍性。到南北朝时，"文案"的使用已经较为普及。直至明代，"文案"一词的适用范围进一步扩大，通俗小说中多次出现"文案"一词，说明该词的使用已经较为口语化，贴近社会生活，并广泛使用于社会各领域。"案牍"首次出现于南北朝，沿用至明代，含义通常为文书、文卷等等，通用性较强。至于"案牒""案卷""案记"也均是历史性文档名词，但均属于专业性文档名词，历来都属于极低频词汇。

值得注意的是，对452部明代文献进行检索，均没有检索到"档案""档子""档册""档卷""卷档"等词，这更验证了"档案"这一名词是出现在清入关后，是在满汉文化不断地融合的过程中产生的。"档"是来源于满语"𬀩"的汉语译音，在满译汉、汉译满的需要下，"档"与汉语原有的

"案""册""卷"等相组合，组成新词。在实际使用中，出于各种原因，"档案"成为最后的统一名词。

（三）重要"案族"文档名词介绍

1.文案

明代"案族"中使用频次最高的是"文案"，是见于东汉的最早的双音节"案族"文档名词，从汉代以后便一直为后世使用，在使用时间上具有连续性，在使用范围上具有普遍性。到南北朝时，"文案"的使用已经较为普及，是较为常见的文档名词。明代"文案"的词义延续前朝特点，并显出较为鲜明的文档一体化的特征，以下就从"文案"一词的基本含义和组词类型出发对其进行详细介绍：

（1）"文案"的词义及其运用

第一，指"文书、公文"：

练未及旬，帅而入滁阳，途中太师韩国公李善长诣军门而谒，与语，知其胸怀必能成事，使掌案牍。时掌案牍者已数人矣，特以善长与肩之，约曰："方今群雄并起，吾见群雄中持案牍者及谋事者，多非左右善战之士，人不得尽其能，以至于败。羽翼既去，未久雄亦亡矣。卿智人，与决大事，掌行文案，无若前非。"①

致仕时，刘瑾岁遣旗校，觉察天下官罪过，所至声势赫然，郡县馈赠少不如意，辄怒詈无忌，下至遭捶挞，归则肆其谤诬，瑾多从之，用中等以是被黜吏部，奉行文案而已。②

梁陈伯之为江州，目不知书，得文案，伴视之，唯作大"诺"。③

神衣黄袍，插金花，侍卫甚众，谓玘曰："知汝有吏才，特召来为我掌四殿八厢公牍。"指阶上竹笥十六示之曰："此皆文案也。"山王为昆城妖神，玘素知，自念一承职，永不得生矣。因力辞曰："某素不谙吏

---

① 邓士龙. 国朝典故 [M]. 北京：北京大学出版社，1993：19.

② 历史语言研究所. 明宣宗实录 [M]. 台北：历史语言研究所，1962：1230.

③ 冯梦龙. 古今谈概 [M]. 哈尔滨：黑龙江人民出版社，1988：215.

事，亦不识一字，惟大王哀免。"再三强之，固不从。[①]

第二，指"案卷、罪状"。文案也用于法律事务中，此时与"案卷"含义类似，通常以"叠成文案、文案叠成"等形式出现。同时，记录了一些官员心术不正、收受贿赂的情况，"改文案以脱罪"，对普通百姓造成了巨大的危害。如：

> 县官审问一番，一面情词，将汪十五重刑拷打，逼勒供招"白昼持刀杀人"，验出查四伤痕，虽不殒命，凶器现存，依律拟成绞罪，叠成文案，申详上司。汪十五父亲虑查三暗行嘱托狱中谋害，县中上下用了银两，解入建州大狱里来。[②]

> 元来知县只怕杨化魂灵散了，故如此对李氏说。不知杨化真魂，只说自家的说话，却如此答。知县就把文案叠成，连人解府。知府看了招卷，道是希奇，心下有些疑惑，当堂亲审，前情无异。[③]

> 上退朝御左顺门谓吏部尚书蹇义曰，今日都察奏云南按察司吏受赂洗改文案脱免有罪，法当绞。朕闻太祖皇帝尝言，吏心术不正不可任用，圣见深远。今六部都察院政本之地所用之吏，尤须择人，苟有赃私必置之法，若九年考满应授官者，尤当考察，庶不滥用以病百姓。[④]

以上是"文案"的文书类含义，除此之外，"文案"还有档案类含义以及非文档类含义，具体情况如下：

第三，指"账册簿籍档案"。

> 被告审实，承恩永戍，高捷依限完赃，免戍立功，其余徒杖有差。都察院并议：后此入卫倒死马匹，如已至蓟，照每匹原价，除已追桩赃并截日扣贮粮草银外，所欠价计审应扣银若干，明立文案，移文住卫处所部道衙门，即行扣寄在库，或月或季，该营另文差官带领倒马军士赴道，挂号

① 陆粲. 庚巳编 [M]. "元明史料笔记丛刊"本. 北京：中华书局，1987：124-125.

② 清溪道人. 禅真后史 [M]. 济南：齐鲁书社，1988：162.

③ 凌濛初. 初刻拍案惊奇 [M]. 长沙：岳麓书社，2003：169.

④ 历史语言研究所. 明宣宗实录 [M]. 台北：历史语言研究所，1962：1256-1257.

户部，领出前扣银两，责限买完马匹解道印烙。①

一严卷册，各仓收放，类凭仓攒积棍增减文案，查盘官到，止是开报虚数合无印置。②

自三十七年为始，将加征银两，各权征一半，随粮带征，解该府贮库，遇有各处水路防守兵勇工食，申请抚按，明立文案，就近支用。③

一凡铨选官员、调遣军马、赏赐物件、处决重刑、创立制度及为令为律事务所奉圣旨，必须文案上出事内钦写。其余常行事理，虽有奉到圣旨，止于文簿及案验内钦录，不必出事开写。④

第四，指"档案"。"文案"在作"档案"含义时，通常会与表示档案作用的词语连用，如"文案可核""查照文案""文案可考"等。

累臣于逆贤之侧，绝无站处说处，于永贞又心志不同，久遭蒙猜妒，既不容出宫门，何由知外事？又不曾到先帝御前做官，按从来恩荫总未及若愚弟侄，工部锦衣卫之文案历历可核也。⑤

今又及十年续修之期，乞敕宗人府礼部查照所收文案明白，送院续修，但宗支日繁，所司开送名爵谥号，嫡庶行次婚配，生卒年月类，多阙漏不详，或相抵牾，虽参互考订，恐终不得。⑥

辛亥，詹事府少詹事兼翰林院学士柯潜奏：比以灾异，敕吏部、都察院，会同各衙门掌印官，公同考察所属官员。本院属官，俱以文翰为职，侍读等官彭华等，见在经筵讲读，及纂修实录，其带俸郎中等官吴谦等，并四夷馆译字官，俱在内阁书写诏敕，翻译外夷文字，无事绩文案可

---

① 历史语言研究所. 明宣宗实录［M］. 台北：历史语言研究所，1962：8898-8899.

② 历史语言研究所. 明宣宗实录［M］. 台北：历史语言研究所，1962：688.

③ 北京图书馆古籍出版编辑组. 北京图书馆古籍珍本选刊：第52册［M］. 北京：书目文献出版社，1998：110.

④ 李东阳，等. 大明会典［M］. 扬州：广陵书社，2007：1219.

⑤ 刘若愚. 酌中志［M］. 北京：北京古籍出版社，1994：212-213.

⑥ 历史语言研究所. 明宣宗实录［M］. 台北：历史语言研究所，1962：426.

考。①

（2）以"文案"一词作为属概念的各种文档类型

不同的语言环境，赋予了文档名词更加丰富的含义。通过考察以"文案"一词作为属概念的各种文档词汇，并结合明代文献中具体的语境，就能更清楚地了解当时明人使用该词的具体情况。

第一，谥议文案。在古代，帝王、贵族、大臣等死后，需要评定他们的生平事迹，根据谥法拟定谥号，然后奏请钦定，称之为"谥议"。记载谥议内容的档案，称为"谥议文案"。

> 永乐元年五月进高皇帝、高皇后谥议。前一日，于奉天殿中设谥议案。是日早，帝衮冕升殿，如常仪。文武官朝服四拜。礼部官奏进尊谥议。序班二员引班首升丹陛，捧谥议官以谥议文授班首，由中门入，至殿中。赞进尊谥议。驾兴，诣谥议文案。班首进置于案，跪，百官皆跪。帝览毕，复坐。班首与百官俯伏兴，复位，再行四拜。礼毕，帝亲举谥议，付翰林院臣撰册文。②

第二，支销文案。"支销文案"是用于记载钱粮、绵布等支销情况的档案。

> 庚戌，命巡按直隶监察御史郑韶及户部郎中汪浒等，查理宣府钱粮。先是总兵官都督纪广妾病故，广令百户孙纲于总督边储侍郎刘琏处领绢一百五十匹为丧事之用云，后当照例纳米三百石，既而不纳。事觉。户部奏每年运去籴粮银不下十数万两，送纳折粮绵布不下百万余匹，各不见支销文案，恐有扶同埋没及官豪势要侵欺借贷情由。③

第三，行移文案。"行移"是指古代官府签发的记载通知事项的文件。

---

① 中央研究院历史语言研究所编. 明宪宗实录［M］. 台北：中央研究院历史语言研究所教印，1962：1211.

② 中华书局编辑部. "二十四史"（简体字本）：明史［M］. 北京：中华书局，2000：885.

③ 中央研究院历史语言研究所编. 明英宗实录［M］. 台北：中央研究院历史语言研究所教印，1962：4473-4474.

"行移文案"类似于如今使用的"通知"。在军队里，根据行移文案来部署相关的军队、物资等，下级军官要照此执行。《明熹宗实录》记载："因言抚臣外处危边，力抗强胡，如入山遇虎豹，无不即呼求救者。然臣部不过调募行移文案，咎不在部署迟发，而在各镇缓视，此后援兵经行之地逐日计程。"①

2.案卷

"案卷"一词产生于五代时期，五代王仁裕在《开元天宝遗事》写道：

> 张九龄累历刑狱之司，无所不察。每有公事赴本司行勘，胥吏辈未敢讯劾，先取则于九龄。因于前面分曲直，口撰案卷，囚无轻重，咸乐其罪。时人谓之"张公口案"。②

从"案卷"出现开始，其意思就主要是指司法刑狱系统的案件卷宗，这一含义一直被保留，明代"案卷"主要含义也是指司法系统的案件资料，可见其古今含义的继承非常连贯。除此之外，明代"案卷"一词的含义也有了新的发展，也可指代档案文书，由此可见"案卷"一词的词义于明代也开始向文档一体化的方向靠拢。

第一，指"司法刑事卷宗"，这是明代时期"案卷"的主要内涵：

> 其时山东巡按是灵宝许襄毅公。按临曹州，会审重囚。看见了玄玄子这宗案卷，心里疑道："此辈不良，用药毒人，固然有这等事；只是人既死了，为何不走？"③

> 重湘道："既说阴司报应不爽，阴间岂无冤鬼？你敢取从前案卷，与我一一稽查么？若果事事公平，人人心服，我司马貌甘服妄言之罪。"④

第二，指"档案"。案卷在作档案之意时，通常会与"查考"等相关的作用名词同时出现。如《王阳明集》记载："查得方舆胜境内开，思明路下有迁

---

① 中央研究院历史语言研究所编. 明熹宗实录［M］. 台北：中央研究院历史语言研究所教印，1962：594.

② 王仁裕，姚汝能. 开元天宝遗事；安禄山事迹［M］. 北京：中华书局，2006：45.

③ 凌濛初. 二刻拍案惊奇［M］. 上海：上海古籍出版社，1983：381.

④ 冯梦龙. 喻世明言［M］. 上海：上海古籍出版社，1998：373.

隆州，缘无志书案卷可考沿革。但查递年黄册，及审各目老，皆称迁隆洞黄添贵果系官户宗枝。"①

又如《震川先生集》记载："其一曰，复官布之旧。乞查本县先年案卷，官布之征于三区，在于某年；其散于一县，在于某年。"②

四、明代"牍族"文档名词

（一）"牍族"文档名词的构成与特点

明代"牍族"文档名词主要包括"案牍""牍书""竿牍""公牍""官牍""简牍""卷牍""书牍""文牍""尺牍""奏牍""试牍""篇牍""讼牍""连牍""荐牍""史牍"17个文档名词，其中"试牍"是明代新增名词，主词素是"牍"，如表8-14所示：

表8-14　明代"牍族"文档名词汇总表

族别	名词	新增名词	名词总数
牍族	案牍、牍书、竿牍、公牍、官牍、简牍、卷牍、书牍、尺牍、奏牍、篇牍、讼牍、连牍、荐牍、史牍、文牍、试牍	试牍	17

"牍"字有以下两种基本含义：本义为古代写字用的木片；引申义为文件、书信等。在"牍族"名词中，"牍"字的含义应是其本义——"古代写字用的木片"，因为文字曾有一段时期是刻录在木片、竹简上的，因此该族名词呈现出明显的物质载体特征。

在明代，"牍族"文档名词的特点呈现为以下几点：

第一，在构词上，"牍"字多数是在合成词词尾，且大部分"牍族"文档名词具有专指性及专用性。从"牍"字后置的"牍族"文档名词的组合来看，它主要有三种类型：

一是前置如"简""书""文""卷"等本身具备文档类含义的单音词

①　王阳明. 王阳明全集［M］. 新编本. 杭州：浙江古籍出版社，2010：1156.
②　归有光. 震川先生集［M］. 上海：上海古籍出版社，1981：168.

素。这些单音词素与"牍"结合组成"牍族"文档名词，而且这些前置单音词素也凸显了"牍族"文档名词的主要指代含义。如"书"主要指书札，与"牍"结合的"书牍"，其指代意思也主要为书札。

二是前置与文档有关的工具含义的词素，如"尺""案""竿"等。这种"牍族"文档名词的组合非常形象："尺牍"是长一尺的木简，用以指信札；"案牍"指官府文书；"竿牍"指书札。由此可见，工具含义的词素前置的文档名词，有些仍是其表面比较浅显的意思。而其他有些名词则不仅仅停留在表面的字义上，有了更深一层的意思，如"尺牍""案牍"引申出信札、文书等含义。

三是前置专指性强的单音词素，如"讼""史""试""公""官""荐""奏"等。专指性强的字与"牍"字结合，决定了相应文档名词的使用背景或范畴，如"试牍"主要指试卷，"奏牍"指奏章，"荐牍"指举荐人才的文书。

第二，明代"牍族"文档名词也有一个"牍"字在构词组合的前置情况，如"牍书"。需要说明的是虽"牍书"和"书牍"两个名词由同样的两个单音节字组成，但前后顺序不同所指代的主要含义也不完全相同，"牍书"主要指簿书、官署文书，而"书牍"主要是笔记、书札之意。

（二）"牍族"文档名词的运用

从表8-15中可以看出，"试牍"虽然是明代"牍族"新产生的文档名词，但出现次数只有3次，属于极低频词汇，且从整体上来看，"牍族"文档名词在明代的使用频次普遍较低。多数"牍族"文档名词的频次均小于0.1，属于极低频词，仅有"尺牍""案牍""奏牍"在明代出现的频次大于0.1。

表8-15 明代"牍族"文档名词汇总表

序号	名词	次数	频次
1	尺牍	137	0.303
2	案牍	93	0.206
3	奏牍	74	0.164
4	书牍	31	0.069

续表

序号	名词	次数	频次
5	公牍	22	0.049
6	竿牍	18	0.040
7	吏牍	17	0.038
8	文牍	16	0.035
9	荐牍	10	0.022
10	简牍	7	0.015
11	讼牍	4	0.009
12	连牍	4	0.009
13	卷牍	3	0.007
14	试牍	3	0.007
15	牍书	2	0.004
16	官牍	2	0.004
17	篇牍	1	0.002

此外，从"牍族"文档名词的含义上看，具有专指性及专用性，"牍族"名词整体上的文档属性较强。其中"案牍""奏牍"属于强文档属性的文档名词，专指性非常强，文书、档案的含义较为明确。如"奏牍"，该词就有很强的专指性，指书写奏章的简牍，犹奏章，含义单一明确。

（三）重要"牍族"文档名词介绍

明代"牍族"主要文档名词有"案牍""尺牍"，新产生的文档名词有"试牍"，均是明代非常有代表性和特色的文档名词，以下分别对这三个文档名词进行介绍：

1.案牍

（1）"案牍"的词义及其运用

经考证，南北朝时期出现了"案牍"一词，唐宋以后其使用频率逐渐增加，而到元明时期已经成为使用广泛、通俗的文档名词了，该词的使用含义比较单纯。在笔者所检索的文献范围内，并没有发现文档和文档工作以外的含义。虽然"案牍"一词无论在出现次数上，还是使用文献的数量上，其频率都有所降低，但其泛指一般意义上的档案的含义并没有受太大影响。而在具体的语言环境中，它所具有的含义又是不同的。

明人已经在某些语言环境中使用具有通用意义的"案牍"一词。而较宽泛意义的"案牍"一词除了包括案卷等相关内涵外，还包含"档案"含义，其词义偏向于文档一体化的特征。下面进行分别介绍：

第一，指"公文"。唐代诗人刘禹锡在《陋室铭》中提到"无丝竹之乱耳，无案牍之劳形"，而明代案牍一词在作"公文"义时，也经常与一些词连用，组成"案牍烦劳""案牍之劳""案牍积劳"等，表现了明代官员公文工作的辛苦。

> 师逵，字九达，东阿人。少孤，事母至孝。年十三，母疾，思藤花菜。逵出城南二十余里求得之。及归，夜二鼓，遇虎。逵惊呼天，虎舍之去。母疾寻愈。洪武中，以国子生从御史出按事，为御史所劾，逮至。帝伟其貌，释之，谪御史台书案牍。久之，擢御史，迁陕西按察使。狱囚淹系千人，浃旬尽决遣，悉当其罪。母忧去官，庐墓侧，不饮酒食肉者三年。[1]

> 刑部尚书郑赐以部吏所书文移多谬误，郎中等官亦不省视，皆当治罪。成祖曰："人精神有限，案牍烦劳，岂无过误？但无欺弊，可释之。"[2]

> 他日公谒庙果如教，辄相见。一日公入，语及案牍之劳，答曰："吾检勘阳间事更劳也。"公曰："神所司可使鄙人见之乎？"曰："公第闭目即见矣。"公果闭目，则见堂下囚徒纷纭哀告百状。[3]

> 予尝治一荐绅，年愈四旬，因案牍积劳，致成大病，神困食减，时多

---

① 中华书局编辑部．"二十四史"（简体字本）：明史［M］．北京：中华书局，2000：2768.

② 余继登．典故纪闻［M］．上海：商务印书馆，1936：96.

③ 《中华野史》编委会．中华野史：第7卷［M］．西安：三泰出版社，2000：6196.

恐惧，上焦无渴，不嗜汤水，或有少饮，则沃而不行，然每夜必去溺二三升，莫知其所从来，且半皆浊液。①

第二，指"法律事务案卷"。"案牍"一词在司法案件中使用也很广泛，通过"阅案牍而断案"，显示了"案牍"在案件处理过程中重要的参考作用。

张淳，字希古，桐城人。隆庆二年进士，授永康知县。吏民素多奸黠，连告罢七令。淳至，日夜阅案牍。讼者数千人，剖决如流，吏民大骇服，讼浸减。凡赴控者，淳即示审期，两造如期至，片晷分析无留滞。乡民裹饭一包即可毕讼，因呼为"张一包"，谓其敏断如包拯也。②

第三，指"往来的文书"。《殊域周咨录》记载：

既而至镇城，私与都抚詹荣定计。荣曰："此地易摇，今反侧子甫贴席，一有所问，则呶喧矣。惟静定以计禽之。"督府曰："吾意也天镇兵迩来无不感国恩者，吾辈又日教阅抚循之，可用也。即宗人有草泽谋，易与耳，但当虑其北走。"于是召总兵官尚文喻之曰："君知虏谍能入吾境乎？"曰："知。"曰："然岂无我不逞者入虏乎？天象人事殊可畏也。且君不以私人密布境上，而但求于案牍叱咤之间，误矣！"尚文乃县赏曰："得虏谍或私出塞者，国典外给百金。"不三日，而诘边之令偏矣。③

第四，指"档案"。"案牍"在作档案之意时，通常会与相关的作用、管理名词同时出现，如"陈年案牍查之"等。

双江先生在兵部时，尝欲托某修兵部条例。盖我朝不设丞相，而朝廷之事皆分布六部，凡历朝大典章大刑政，但取六部陈年案牍查之，事事皆在。若将六部案牍中有关于政体者一一录出，修为一书，则累朝之事更无

---

① 张介宾. 类经 [M]. 北京：人民卫生出版社，1965：546.

② 中华书局编辑部. "二十四史"（简体字本）：明史 [M]. 北京：中华书局，2000：4822-4823.

③ 严从简. 殊域周咨录 [M]. 北京：中华书局，1993：686.

遗漏矣。①

（2）以"案牍"一词作为属概念的各种文档类型

第一，粮储案牍。即记载粮食储备情况的档案。

> 陕西凉州卫掌卫事都指挥陈斌等，坐本卫粮储案牍等物延毁于火，上
> 命陕西按察司逮鞫之。②

第二，提控案牍。在《明史》中，检索"案牍"一词，共有13处，其中"提控案牍"一词，就出现了6处，可以看出其所占比例较大。"提控案牍"是掌握、管理案牍的官员，是一种官名。它同掌管照磨、管勾的品秩相近，同属于比较低级的职务。提控案牍的职责是"批署、审阅文书案卷，避免官府公务的迟误和差错"③。而在提控案牍的手下，也会有一些小吏负责承办具体的公务，而提控案牍则要约束吏人，并对他们承办的具体公务负责。

通过对所检索到的文献内容的研究，我们可以了解到明代提控案牍及相关的官员的俸禄制度情况及具体的执行情况。提控案牍具体负责文书事宜，以及一些官员到官任职的事情。《明史》："总督漕运兼提督军务巡抚凤阳等处兼管河道一员。太祖时，尝置京畿都漕运司，设漕运使。"注曰："洪武元年置漕运使，正四品，知事，正八品，提控案牍，从九品，属官监运，正九品，都纲，省注。十四年罢。"④

> 初，太祖下集庆，自领江南行中书省。戊戌，置中书分省于婺州。后
> 每略定地方，即置行省，其官自平章政事以下，大略与中书省同。设行省
> 平章政事（从一品），左、右丞（正二品），参知政事（从二品）。左、
> 右司，郎中（从五品），员外郎（从六品），都事、检校（从七品），照
> 磨、管勾（从八品），理问所，正理问（正四品），副理问（正五品），

---

① 何良俊. 四友斋丛说 [M]. 北京：中华书局，1959：48.

② 历史语言研究所. 明英宗实录 [M]. 台北：历史语言研究所，1962：3453.

③ 任德起. 元代照磨官研究 [J]. 审计研究，1994（2）：45.

④ 中华书局编辑部. "二十四史"（简体字本）：明史 [M]. 北京：中华书局，2000：1182-1183.

知事（从八品），寻改知事为提控案牍。①

2.尺牍

《说文解字》云："牍，书版也。"②这是"牍"字面上的意思，指书写载体。明代"尺牍"一词的专指性较强，有"公务信函"之意，其含义与用法同"函牍""书牍"相近，词义偏文书化。如《归庄集》记载："惟第五道，主考颇加删改，府君与门人尺牍，以为窜入鄙语，故今集中对策止存前四道。"③

除此之外，南北朝时期"尺牍"还有非文档名词的含义，指"墨迹、字迹"。尺牍的由来与"牍"本身的意思联系紧密，是由"牍"这个单音节词衍生而来。除了文档名词本身的性质之外，"尺牍"还用来指文辞、墨迹、字迹。王延之说："勿欺数行尺牍，即表三种人身。"④

3.试牍

试牍，专指"试卷"。"试牍"是明代新产生的文档名词，内涵单一，在明代文献中仅有三处记载。

《万历野获编》云："房试南士，以试牍贻人，名曰《公鉴录》，合刻一等六等之文。有一人以岁考领案补廪，次年科考，即以劣等斥之。其文并列，一日寄至都下。"⑤

《鹄湾文草》记载："夫公之于士也，无旧谱，无常格，无我相，而後楚人之才，欲留为不尽；盾之以豁达，竦之以精严，引之以高深，行之以变化，而後楚人之才，又乐为之尽。今其试牍具在，始甲之，既乙之，而终甲之者有矣。"⑥

---

① 中华书局编辑部．"二十四史"（简体字本）：明史 [M]．北京：中华书局，2000：1227.

② 许慎，段玉裁．说文解字注 [M]．上海：上海古籍出版社，1981：318.

③ 归庄．归庄集 [M]．北京：中华书局，1962：522.

④ 张彦远．法书要录 [M]．上海：上海古籍出版社，2013：38.

⑤ 沈德符．万历野获编 [M]．北京：中华书局，1959：494.

⑥ 谭元春．谭元春集 [M]．上海：上海古籍出版社，1998：606.

《快园道古》记载："先叔三峨喜评论试牍，言之侃侃，即数百名外，其间高下，谓一名不可移易。故人言'张三峨看考卷极准，极确，却要在发案之后。'"①

五、明代"册族"文档名词

（一）"册族"文档名词的构成与特点

如表8-16所示，"册族"文档名词主要包括"卷册""册宝""册籍""册书""册文""册印""册祝""册子""黄册""册籍""文册""祝册""典册""鱼鳞册""鱼鳞图册""青册"共16个文档名词，其中"鱼鳞图册""鱼鳞册"是明代新增文档名词。

表8-16 明代"册族"文档名词汇总表

族别	名词	新增名词	名词总数
册	卷册、册宝、册籍、册书、册文、册印、册祝、册子、黄册、籍册、文册、祝册、典册、青册、鱼鳞图册、鱼鳞册	鱼鳞图册、鱼鳞册	16

在"册族"名词中，"册"字有以下含义：册子，用于书籍等。"册"字的意思很明确，就是"册子"的意思。通过与其他文档类名词组合，"册族"名词呈现出更加丰富的内涵，演变出"档案""册子""姓名登记簿""账簿""公文"等含义。

归纳其特点，主要有以下四个方面的特征：

第一，该族名词都含有同样的"册"字，"册"字在该族名词中，既体现了文档的载体，同时也表明了文档的组织形式。

第二，从词素构成来看，明代"册族"文档名词由双音节文档名词和多音节文档名词组成，其中以双音节文档名词为主，在我们检索到的16个"册族"文档名词中占到14个之多，比例达到87.50%；相较于历代"册族"文档名词

① 张岱. 快园道古 [M]. 杭州：浙江古籍出版社，1986：128.

以单音节词和多音节词组成，明代"册族"文档名词中多音节词，如"鱼鳞册""鱼鳞图册"的出现是明代"册族"文档名词构词区别于其他朝代最大的特征。

第三，从组词结构来看，明代"册族"文档名词中的双音节名词基本上为偏正结构。既包括由两个单音节文档名词构成的名词，如"册书""册文""册籍""籍册""卷册""文册""典册"，又包括"册"字作为一个辅助要素、侧重点在另一个单字上的名词，如"祝册""册宝"等。

第四，从组词方式来看，明代"册族"文档名词主要包含以下几种方式：一是采用"册"字册立诏书含义组成的名词，如"册书""册文"等；二是采用其簿册含义组成的名词，如"籍册""册籍""黄册""册子"等；三是以"册"为记录载体形成的专有名词，如"册祝""祝册""青册""鱼鳞册""鱼鳞图册"等。

（二）明代"册族"文档名词的运用

从使用频次上来看，明代"册族"文档名词从整体来看频次较低，均属于低频词汇，其中"册宝"一词出现的次数最多，其次是"册籍""文册""黄册"，它们是明代"册族"的主要文档名词，剩余名词的频次均低于0.1，属于极低频词汇。

表8-17　明代"册族"文档名词频次汇总表

序号	名词	次数	频次
1	册宝	72	0.159
2	册籍	69	0.153
3	文册	68	0.150
4	黄册	51	0.113
5	册文	42	0.093
6	册子	31	0.069
7	卷册	26	0.058
8	典册	18	0.040

续表

序号	名词	次数	频次
9	祝册	11	0.024
10	册祝	6	0.013
11	册印	5	0.011
12	籍册	5	0.011
13	鱼鳞图册	5	0.011
14	青册	5	0.011
15	鱼鳞册	4	0.009
16	册书	2	0.004

从"册族"文档名词的内涵来看，明代"册族"文档名词内涵广泛，涉及册立诏书类档案、祭告类档案、户籍类档案以及谱系档案等。其中封诏类档案如"册书""册文"等，祭告类档案如"祝册""册祝"，户籍类档案如"黄册""鱼鳞册""鱼鳞图册""青册"等。

虽然宋朝至明朝是"册族"文档名词发展的稳定期，但"册族"内文档名词在各朝的使用情况不大相同。比如宋朝"典册"和元朝"祝册"属于该朝主要文档词汇，但它们在明代使用次数和使用范围并不突出。为了进一步分析明代时期"册族"文档名词的使用情况，我们可以对宋、元、明三朝"册族"文档名词的具体变化情况进行对比，如表8-18所示：

表8-18　宋、元、明时期"册族"文档名词频次对照表

名词	朝代		
	宋	元	明
卷册	0.008	0.004	0.058
册宝	0.520	0.588	0.159
册籍	0.003	0.007	0.153
册书	0.049	0.004	0.044
册文	0.229	0.202	0.093

续表

名词	朝代		
	宋	元	明
册印	0.010	0.007	0.011
册祝	0.016	0.015	0.013
册子	0.011	0	0.069
黄册	0.003	0	0.133
籍册	0.005	0.037	0.011
文册	0.005	0.070	0.150
祝册	0.026	0.147	0.024
典册	0.228	0.118	0.040
鱼鳞册	0	0	0.009
鱼鳞图册	0	0	0.011
青册	0.003	0.026	0.011

从表中可以看出，相较于宋、元时期，"册宝""册文""典册"的使用于明朝时期下降明显，这三个文档名词均属于专门领域的名词，如"册宝"专指册书和宝玺，"典册"专指典章册籍以及皇帝册命，"册文"专指册命、册书等诰命文字，通用性不强，因而随着时间的推移逐渐被其他文档名词所取代，这是它们的频次在明代下降的主要原因。

"黄册""册籍""文册""卷册""册子"在明代使用较为活跃，其中"黄册"和"册籍"在明代上升最为明显。明代作为我国古代文档名词发展的后期阶段，文档名词使用与发展已经基本成熟。具体表现为发展成熟的通用性文档名词（如"文书"）的高频次高使用率与通用性不强的文档名词（如"牍书"）的低频次低使用率的分界线越来越明显，在这种情况下，于明朝之前很少出现但在明朝增加十分明显的文档名词，就值得重点关注。见表8-19：

表8-19 明代发展显著的"册族"文档名词汇总表

	先秦	秦汉	三国两晋 南北朝	隋唐五代	宋	元	明	清
卷册	0	0	0	0	5	1	26	61
册籍	0	0	0	0	2	2	69	186
册子	0	0	0	3	7	0	31	184
文册	0	0	0	0	3	19	68	47
黄册	0	0	0	0	2		51	34

这几个文档名词中既包括专门文档名词，如"黄册""册籍"，又包括通用性文档名词，如"文册""册子""卷册"，他们的共同特征主要有两点：

第一，形成的时间都比较晚，均不早于隋唐五代，且在明代之前都没有得到长足发展，出现频次极低，至明朝使用数量陡然增多，除"文册"在明代就已经成熟外，其余文档名词都至清朝最终发展成熟，明代是其在完全成熟之前非常重要的转折与过渡期。

第二，它们都是"册族"文档名词的重要组成部分，可见明代人们对"册族"文档名词的偏爱。

此外，需要尤为关注的是"鱼鳞图册""鱼鳞册"等新产生的文档名词。"鱼鳞册"和"鱼鳞图册"虽是明代新产生的文档名词，但鱼鳞图册的绘制却不是在明代才开始的。据《宋史》记载："凡结甲册、户产簿、丁口簿、鱼鳞图、类姓簿二十三万九千有奇，创库匮以藏之，历三年而后上其事于朝。"①

可见在南宋时期个别地区的官府已有绘制鱼鳞册作为管理田亩工具的办法，但在全国范围内推行鱼鳞图册的事却是从明初开始的。据《明实录》记载："图其田之方圆，次其字号，悉书主名及田之丈尺四至，编类为册，其法甚备。以图所绘状若鱼鳞然，故号鱼鳞图册。"②

"黄册"的迅速发展以及新文档名词"鱼鳞册""鱼鳞图册"的产生与明

---

① 脱脱，等. 宋史 [M]. 北京：中华书局，1977：4179.
② 历史语言研究所. 明太祖实录 [M]. 台北：历史语言研究所，1962：2726.

代的户籍政策密不可分，政治制度对于文档名词发展成熟的重要推动作用可见一斑。至明末，所贮历代黄册在200万本以上。黄册与鱼鳞图册一起，被保存在著名的后湖黄册库中。

以上可以看出，明代文档名词最大的创新之处就是"册族"文档名词的发展，但需要说明的是，明代文档名词的创新是局部的。其理由有二：

第一，"黄册""鱼鳞图册""鱼鳞册""册籍"等名词，只是一种专门文档名词，不具有通用性。

第二，"册族"文档名词在明代的发展只是一种横向比较的结果，总体而言，该族文档名词的整体使用频次较低，并且随着社会的高度发展和语言的世俗化发展，"册族"文档名词随着历史的演进已基本丧失了表达档案概念的功能，逐渐被其他现代名词所代替，因而对于明代整体文档名词体系而言，其发展创新只是局部的。

（三）重要"册族"文档名词介绍

明代"册族"新产生的文档名词有 "鱼鳞图册""鱼鳞册"，上升变化明显的主要有"黄册""册子""册籍""卷册""文册"，都是研究"册族"文档名词需要重点关注的对象，以下对这几种文档名词的词义和运用进行简要介绍：

1.黄册

黄册，指"户口版籍"，属于偏档案化文档名词，又称"赋役黄册"。该词最早出现在宋代，一说是源于古代的"男女始生为黄"（初生儿被称为黄儿、黄女，登记入册，曰黄册）；一说是户口册籍的封面为黄色，故名。宋代以前，魏晋南北朝、隋唐时期以"黄籍"的形式出现，后来逐渐采用"黄册"这种用法。《丘濬集》记载："臣按：所谓版者，即前代之黄籍，今世之黄册也。周时惟书男女之姓名、年齿，后世则凡民家之所有，丁口、事产皆书焉，非但民之数而已也。"①明代为征派赋役编造黄册，清代基本沿用了这种

---

① 丘濬. 丘濬集［M］. 海口：海南出版社，2006：544.

用法。

　　"黄册"一词共出现了87次，总频次为0.034。具体而言，其在宋朝开始出现，但是仅出现2次，频次为0.003，使用频率极低。到了元朝时出现了短暂的空白，在明朝随着制度的规范化，"黄册"一词大量出现，在明代使用次数达到了顶峰，共出现了51次，频次也达到了0.113。虽然清朝延续了明朝的做法，但是"黄册"频次为0.064，略低于明代，说明"黄册"一词已于明代发展成熟。

　　2.鱼鳞图册

　　鱼鳞图册，即"土地登记簿"，属于偏档案化文档名词。因其形似鱼鳞而被称为"鱼鳞图册"，亦称"鱼鳞册""鱼鳞图""鱼鳞图籍""丈量册"。它是专门编订的全国土地总登记簿，详细地记载了土质、形状、等级等，以便统治者对全国土地进行管理和控制。据《天下郡国利病书》记载："旧制丈量之法，有鱼鳞图。每县以四境为界，乡都如之。田地以丘相挨，如鱼鳞之相比，或官或民，或高或圩，或肥或瘠，或山或荡，逐图细注，而业主之姓名随之。"①

　　明代为征派赋役和保护封建土地所有权都会编制鱼鳞图册，"鱼鳞图册"是明代新出现的文档名词。

　　《农政全书》中记载："书主名，及田四至，如鱼鳞相比次，汇为册，谓之鱼鳞图册上之。"②

　　《泾野子内篇》中关于"鱼鳞册"的记载：

　　　　诏问："天下之民，所赖以为养者惟土田，然天下之田亩甚不能均。国初丈量田地，攒造《鱼鳞册》，以均其田税，庶绝通弊，使小民不致重累。然欲丈量，只在得人，然尤贵于得法。田地既清，他政自举，不识如何？"③

---

①　顾炎武. 顾炎武全集：第13册 [M]. 上海：上海古籍出版社，2011：721.

②　徐光启，石声汉. 农政全书校注 [M]. 上海：上海古籍出版社，1979：66.

③　吕楠. 泾野子内篇 [M]. 北京：中华书局，1992：99.

　　根据相关文献记载，该类文档事物最早出现于宋代，初称为"鱼鳞图"。据《朱文公文集》卷一百《晓示经界差甲头榜》中载："打量纽算，置立土封，桩摽界至，分方造帐，画鱼鳞图、砧基簿及供报官司文字。"①这段文字中的"鱼鳞图"，被认为是"鱼鳞图见于载籍之始"②。

　　在元末明初时期，这种称谓发生了改变，称为"鱼鳞图籍"。杨维桢（元）在《送经理官成教授还京序》中载：

　　　　前济宁郡教授成君彦明氏，以文墨长才为今天子录用，洪武元年春，遣使行天下经理田土事。而成君在选中，分履淞之三十八都二百一十五围。阅岁终，鱼鳞图籍成。③

　　到了明清时期，则演变成为"鱼鳞册""鱼鳞图册"。"鱼鳞图册"一词在明代共出现5次，并且全部出现在子集之中。

　　3.卷册

　　从词义上看"卷册"一词偏档案化。第一，指"登记簿档案"，如《王阳明全集》记载：

　　　　本县官库银两先已窖藏，及各衙门印信，俱各见在，止被劫去在仓米一百五十九石，在库皮盔铁铳弓弩三百件，铁弹子三十二斤，及衣服靴钞等物，并将远近年分卷册，俱各毁坏。④

　　这里的"卷册"就是指登记有库房库存的登记簿。

　　第二，泛指"书籍"。《麓堂诗话》记载："诗在卷册中易看，入集便难看，古人诗集，非大家数，除选出者，鲜有可观。"⑤

　　"卷册"一词的出现时间很晚，始现于宋代，且宋、元时期出现频次分别为5次、1次，使用率极低，直到明代才有了较大的发展，并于清代继续发展

①　朱熹. 朱子全书［M］. 上海：上海古籍出版社，2002：4624.

②　万国鼎. 万国鼎文集［M］. 北京：中国农业科学技术出版社，2005：254.

③　李修生. 全元文：第41册［M］. 南京：凤凰出版社，2004：152.

④　王阳明. 王阳明全集［M］. 新编本. 杭州：浙江古籍出版社，2010：447.

⑤　李东阳. 麓堂诗话［M］. "丛书集成初编"本. 北京：中华书局，1985：17.

成熟。

4.册籍

从词义上看，"册籍"一词属于档案类文档名词。第一，指"记账的簿册"。《东周列国志》载："乃籍库藏中宝玉重器之数，造成册籍，献于晋侯，以求进兵，只等楚兵宁静，便照册输纳。门尹般再要一人帮行，宋公使华秀老同之。"①

第二，指"人名册"。

行兵马司造册，本部给帖，暂令各人承管耕种，办纳油麻。其方琏等陆名于正统、天顺年间，冒认上元县及该卫所税粮、屯粮，合移咨户部查吊各人册籍，开豁差徭。②

册籍之弊，古今一律。国初洪武五年，户部发下户由，以定民籍，十四年始大造。自是以来，每十年一攒造，民年十五为成丁，未及十五为未成丁，官府按册以定科差，脱漏户口者有禁，变乱版籍者有刑，凡有科征差役，率验其户口、田产，立为等第，敷役者不得差贫卖富，受役者不得避重就轻，其制度可谓详尽矣。③

5.册子

从词义上看，"册子"一词属于档案类文档名词。第一，指"记录事物的簿册档案"。《少室山房笔丛》记载："苏长公用事多误，由才高意爽，不屑检册子耳。洪景卢《随笔》指摘凡数十处，大概得之，第亦有不尽然者。"④

第二，指"户口册、名册"。《水东日记》载："近尝以请于翰林友人，则曰当时亦有以户口为言者，泰和陈先生执议不从，曰：'此非造黄册子，何用户口耶？'"⑤

①　冯梦龙，蔡元放. 东周列国志 [M]. 上海：上海古籍出版社，2012：259.

②　李昭祥. 龙江船厂志 [M]. 南京：江苏古籍出版社，1999：110.

③　丘浚. 丘浚集 [M]. 海口：海南出版社，2006：545-546.

④　胡应麟. 少室山房笔丛 [M]. 上海：上海书店出版社，2001：407.

⑤　叶盛. 水东日记 [M]. 北京：中华书局，1980：251.

《喻世明言》中也有记载："单公时在户部，阅看户籍册子，见有一邢祥名字，乃西京人。"①

6.文册

从词义上看，"文册"一词属于档案类文档名词。第一，指"公文簿、登记簿之类的簿册"。《西洋朝贡典录》记载："八年，遣使赍诏及印绶往赐之。十六年，给勘合文册，凡中国使至，必照验相同。"②

第二，指"户口簿籍"。《大明英烈传》记载："宁安庆因进婺州户口文册，共二万七千户，计十二万三千五百余人。明日，徐定请了王祎、薛显二人，早至帐下。"③

六、明代"书族"文档名词

（一）"书族"文档名词的构成与特点

明代"书族"文档名词主要包括"书簿""书诏""书禀""书文""书翰""书记""书契""书奏""文书""诏书""簿书""牍书""书牍""册书""典书""凤凰衔书""赤雀衔丹书""判书""事书""贤能之书""奏书""凤书""契书""券书""书函""图书"共26个文档名词，消亡名词有2个，分别是"架阁文书""书典"，如表8-20所示：

表8-20 明代"书族"文档名词汇总表

族别	名词	消亡名词	名词总数
书族	书簿、书诏、书禀、书文、书翰、书记、书契、书奏、文书、诏书、簿书、牍书、书牍、册书、典书、凤凰衔书、赤雀衔丹书、判书、事书、贤能之书、奏书、凤书、契书、券书、书函、图书	架阁文书、书典	26

① 冯梦龙. 喻世明言 [M]. 上海：上海古籍出版社，1998：200.

② 黄省曾，谢方. 西洋朝贡典录 [M]. 北京：中华书局，1982：60.

③ 赵景深，杜浩铭. 英烈传 [M]. 上海：上海古籍出版社，1981：100.

"书"是汉语中最早出现的文字之一，早在金文中就已出现，并在后世的各类汉字形体中均有确切、可考的记载，是起源较早并延续至今的常用汉字之一。书，本意是表示用笔把文字写清楚。《说文解字》的解释为："箸也。从聿，者声。"[①]

归纳起来，明代"书族"文档名词的特点有以下两点：

第一，从词素的构成来看，明代"书族"文档名词由双音节文档名词和多音节文档名词组成，其中以双音词为主体，在我们检索到的26个"书族"文档名词中占到23个之多，比例达到88.46%，相较于元代"书族"双音节文档名词占88%，明代"书族"双音节文档名词比重略有提升。

第二，从构词结构来看，"书族"文档名词大部分属于并列式。以双音节文档名词为例，当意义复杂的单音词选取其中相同的意义组合在一起后，意义变得单一且明确了。这种组合起到了对单音词多种意义的选择作用，使含混的意义变得确切。如名词与名词并列的有"簿书""书奏""书契""书籍""书翰""书典""书牍""书簿""书案""册书""典书""券书""书函"，动词与动词并列的有"书禀""书记"。另外还有偏正式结构的名词，如"文书""诏书""判书""事书"。有些复音词在发展过程中改变了词性，由动词性词组变为指物的名词，这种情况以动宾式结构的名词居多，如"书诏""书文"。

（二）明代"书族"文档名词的运用

如表8-21所示，从频次上来看，明代"书族"文档名词与其他族类名词相比，总体而言普遍出现次数比较多，从频次角度而言，比较突出的文档名词"文书""诏书"属于中频词，频次超过1，其他在明代均为低频词。

表8-21 明代"书族"文档名词频次汇总表

序号	名词	出现次数	频次
1	文书	1086	2.403
2	诏书	453	1.002
3	簿书	227	0.502
4	书牍	31	0.069
5	书契	29	0.064
6	券书	22	0.049
7	图书	21	0.464
8	奏书	20	0.044
9	书奏	19	0.042
10	书文	16	0.035
11	书翰	15	0.033
12	契书	13	0.029
13	判书	8	0.018
14	书诏	7	0.015
15	书簿	6	0.013
16	书记	6	0.013
17	典书	6	0.013
18	凤书	6	0.013
19	书函	6	0.013
20	贤能之书	4	0.009
21	牍书	2	0.004
22	册书	2	0.004
23	书禀	1	0.002
24	凤凰衔书	1	0.002
25	赤雀衔丹书	1	0.002
26	事书	1	0.002

此外，明代消失的文档名词有"架阁文书""书典"。"架阁文书"是随宋代从中央到地方普遍设立的管理文书档案的架阁库的产生而诞生的，所以始

于宋代，并且在宋代被迅速地熟悉和使用。虽元、明统治者沿袭了宋朝的架阁库制度也设立了架阁库，但只有宋朝将架阁库内的文书档案称为"架阁文书"或"架阁文字"。①因而于元明两代"架阁文书"一词的使用次数就迅速减少，直至文档名词消失。

从明代"书族"文档名词的含义来看，"书族"文档名词具有广义性。古代汉语的广义性既是词义的内涵问题，也与词的使用频率有关。例如"文书"一词，与文档类相关的含义就有：文字图籍，公文，案牍，字据、契约，从事书信、公文工作的人等。词义丰富的名词一般使用频率也较高，"文书"一词在明代文献中共计1086次，是使用频率较高的文档名词，并且自产生起就一直使用至今，具有很好的延续性。

从词义发展上来看，有些"书族"文档名词产生了概念的外延缩小或扩大的变化。外延缩小的变为特指，如"簿书"在早期可用作官方文书的统称，兼具文书、档案等多方面的含义，发展到后来，"簿书"主要指官府中的簿册文档，专指性得到加强。外延扩大的变为泛指，如"书籍"从原来的图籍、书册的含义，扩大到了如今的"装订成册的图书和文字"。词义随着人的认识，一步又一步地由低级向高级发展着。

（三）重要"书族"文档名词介绍

明代"书族"使用频率较高的文档名词有"文书""诏书""簿书""书契"。"文书"一词在前文中已经详细介绍，在此不做赘述。"券书"虽然在明代属于低频词汇，但从"券书"一词的整体发展情况来看，该词无论是从出现的次数还是频次上，都在明代达到了峰值，因而也需要我们对其进行重点关注。本节主要对"诏书""簿书""书契""券书"四个名词的词义和运用进行介绍：

1.诏书

诏书，专指"皇帝颁发的命令"，从词义上看，"诏书"一词属于文书类

---

① 丁海斌，董学敏. 宋代文档名词研究［J］. 档案，2014（12）：6.

文档名词。《喻世明言》中记载："似道假意乞许终丧，却又讽御史们上疏，虚相位以待己。诏书连连下来，催促起程。"①又如《大学衍义补》记载："德宗从之。故行在诏书始下，虽骄将悍卒，莫不挥涕激发。"②

"诏"，从言从召，召亦声。会意兼形声字。"言"是言论，"召"是召唤。本义是告知，告诉。先秦没有此字，秦汉才出现，多用于上告下，因此"诏书"很明显是一种下行文。"诏书"是专指性文档名词，自出现起含义就十分明确，是帝王的专用文书，而且相对于前朝，"诏书"既用以宣布大政，也可以用于对臣僚请示的回答。"诏书"发展至明代用途发生了变化，不再作为指示或者答复官员奏请的日常文书，而是成为专门传达皇帝意志于天下的文书。

"诏书"一词的使用量巨大，使用频次极高，体现了中国古代皇权的崇高地位。虽于明代"诏书"的使用情况相较于宋元时期有所回落，但仍然是"书族"内使用频次除"文书"外最高的，可见其在"书族"文档名词中具有很高的活跃度。据统计，检索到的452部明代文献中有146部文献记载着"诏书"，共出现453次。

2.簿书

簿书，指"官府讼狱簿册"，属于文书类文档名词。

《王阳明全集》记载：

　　有一属官，因久听讲先生之学，曰："此学甚好。只是簿书讼狱繁难，不得为学。"先生闻之曰："我何尝教尔离了簿书讼狱，悬空去讲学？尔既有官司之事，便从官司的事上为学，才是真格物。……"③

《袁中郎小品》记载：

　　"上官如云，过客如雨，簿书如山，钱谷如海，朝夕趋承检点，尚恐

---

① 冯梦龙. 喻世明言［M］. 上海：上海古籍出版社，1998：281.

② 丘濬. 丘濬集［M］. 海口：海南出版社，2006：82.

③ 王阳明. 王阳明全集［M］. 新编本. 杭州：浙江古籍出版社，2010：104.

不及，苦哉！苦哉！"①

"簿书"一词在明代共出现227次，是继"文书""诏书"之后的"书族"使用频率最高的文档名词，是"书族"文档词汇的主要文档名词之一。"簿书"在造词结构上属于并列式复音词，含义虽多，但大部分都是围绕"登记册子"发展而来的。在早期，可用作官方文书的统称，兼具文书、档案等多方面的含义。发展至明代，"簿书"主要指官府中的簿册文档，专指性得到加强。

"簿书"一词最早出现于汉代，经过了魏晋南北朝时期的缓慢发展，"簿书"一词自唐代起的使用次数有了小幅上升。到宋代时使用次数（877）和频次（1.426）都达到顶峰。由此可见，唐宋时期"簿书"一词得到了很好的发展。究其原因，主要在于唐宋是我国古代历史中社会、经济发展的一个辉煌时期，特别是经济发展更是到了一个新的高度。经济活动的频繁必然需要相应的文化、制度保障，而"簿书"一词的主要含义即是经济生活中钱财物的出纳账册，所以，"簿书"一词的大量出现就不足为奇了。②但到了元代，它的使用频率出现大幅下降趋势，到明代又处于逐步上升的状态，直到清朝出现了第二个使用高峰，由此可以看出明代是"簿书"一词继宋代之后走向第二次高峰的重要过渡期。

3.书契

"书契"一词自先秦时期就已经产生，是"书族"文档名词中为数不多的历史继承性良好的文档名词之一，历代均有出现，没有出现过历史空窗期，明代"书契"一词主要有两层含义：

第一，指"契约"，属于偏档案化的文档名词。《大学衍义补》记载：

> 凡民之争，多起于财。财之彼此取予，分数多少，其初也，必有书契期约以相质正，故有以财致讼起狱者，一以是正之。苟无质正及有所欺伪，则惟正之以公理，罔有偏私焉。③

---

① 袁宏道. 袁中郎小品 [M]. 北京：文化艺术出版社，1996：37.

② 丁海斌，董学敏. 宋代文档名词研究 [J]. 档案，2014（12）：6.

③ 丘濬. 丘濬集 [M]. 海口：海南出版社，2006：1639.

第二，其也有非文档名词的含义，指"文字"。《法书通释》记载："自苍颉始造书契，而古文篆隶，相滋以生。今之真书，即古隶法，行草二体，皆自此生。"①

4.券书

第一，指"契约、债书"，同样属于偏档案化的文档名词。这一含义是"券书"的主要内涵，明代"券书"一词共计出现22处，有21处"券书"表示"契约"之意。

《二刻拍案惊奇》记载："左近边有个社公祠，他把福物拿到祠里，摆下了，跪在神前道：'小人陈祈，将银三千两，与毛烈赎田。毛烈收了银子，赖了券书。告到官司，反问输了小人。'"②

《智囊全集》记载：

　　张病时谓婿曰："妾子不足任，吾财当畀汝夫妇。尔但养彼母子，不死沟壑，即汝阴德矣。"于是出券书云："张一非吾子也，家财尽与吾婿，外人不得争夺。"婿乃据有张业不疑。③

第二，指"书籍、文章"，是该词的非文档名词类含义。袁宏道诗曰："全栽芝菊为疆界，尽写云岚入券书。门对仙童浇药地，巷通毛女浣花渠。闲中每爱天台去，好与刘晨间屋居。"④

七、明代"簿族"文档名词

（一）"簿族"文档名词的构成与特点

明代"簿族"文档名词主要包括"文簿""书簿""簿书""簿籍""簿领""簿子""簿记""簿状""簿牒""官簿""黄簿""版簿""班

①　王伯敏，任道斌，胡小伟．书学集成　元～明［M］．石家庄：河北美术出版社，2002：260.

②　凌濛初．二刻拍案惊奇［M］．上海：上海古籍出版社，1983：329.

③　冯梦龙．智囊全集［M］．北京：中华书局，2007：291.

④　袁宏道，钱伯城．袁宏道集笺校［M］．2版．上海：上海古籍出版社，2008：1019.

簿""选簿""名簿""对簿""上簿""讯簿""军簿""校簿""簿
最""收簿""候簿""门簿""疏簿""卷簿""典簿""资簿"共28个文
档名词，其中"资簿""卷簿"是明代"簿族"新增文档名词；消亡名词有3
个，分别是"簿历""簿案""兵簿"，如表8-22所示：

表8-22 明代"簿族"文档名词汇总表

族别	名词	新增名词	消亡名词	名词总数
簿族	文簿、书簿、簿书、簿籍、簿领、簿子、簿记、簿状、簿牒、官簿、黄簿、版簿、班簿、选簿、名簿、对簿、上簿、讯簿、军簿、校簿、簿最、收簿、候簿、门簿、疏簿、卷簿、典簿、资簿	资簿、卷簿	簿历、簿案、兵簿	28

总结起来，明代"簿族"文档名词的特点主要有以下两个方面：

第一，在词性上，明代"簿族"文档名词全部是以"簿"为主词素构成的
双音节词，这也是"簿族"文档名词的一般性特点。

第二，"簿族"文档名词即是含有单音词"簿"的文档名词聚类，从构成
方式来看，其文档名词主要有两种组成方式：

第一种是"簿"字在前，表示文件、文章、记录等含义，其后缀以表示载
体的单音词，如"书""状""案""牒""籍"等。这种方式构成的文档名
词多为通用性文档名词，适用范围较广，如"簿书""簿籍""簿领"等文档
名词。

第二种是"簿"字在后，主要指代载体，通常是书本和小册子，"簿"之
前的单音词主要是指记录符号即文字，如"文""书"等。该种方式构成的文
档名词一般是专指性文档名词，其专指性较强，具有特定方面的意义，如"名
簿""版簿""候簿""疏簿""典簿"等文档名词。据统计，在明代的28个
"簿族"文档名词中有20个名词是这种构词方式，约占71.43%，是明代"簿
族"文档名词的主要构成方式，而明代"簿族"文档名词的构词方式也表现出

明代"簿族"文档名词的专业化程度非常高。

（二）明代"簿族"文档名词的运用

从族群数量上来看，"簿族"文档名词数量较多，是明代除"文族"外的第二大族群，共计28个文档名词，其数量是很可观的，其适用范围也涉及政治、经济、文化、法律、军事、宗教、人文地理等方方面面。

如表8-23所示：从频次上来看，明代"簿族"文档名词中使用频率最高的为"簿书"，频次为0.502；其次是"文簿""簿籍""对簿"，频次均在0.1以上；剩余"簿族"文档名词均为极低频词。可以看出"簿族"文档名词整体使用频次较低，而且族内文档名词之间发展也是不均衡的。

表8-23　明代"簿族"文档名词出现次数与频次汇总表

序号	名词	出现次数	频次
1	簿书	227	0.502
2	文簿	86	0.190
3	簿籍	75	0.166
4	对簿	45	0.100
5	簿子	36	0.080
6	门簿	19	0.042
7	簿领	14	0.031
8	疏簿	14	0.031
9	上簿	10	0.022
10	选簿	7	0.015
11	书簿	6	0.013
12	簿状	6	0.013
13	名簿	6	0.013
14	簿记	5	0.011
15	官簿	5	0.011
16	卷簿	4	0.009
17	军簿	3	0.007

续表

序号	名词	出现次数	频次
18	校簿	3	0.007
19	簿牒	2	0.004
20	黄簿	2	0.004
21	收簿	2	0.004
22	班簿	1	0.002
23	版簿	1	0.002
24	讯簿	1	0.002
25	簿最	1	0.002
26	候簿	1	0.002
27	典簿	1	0.002
28	资簿	1	0.002

从"簿族"文档名词发展特征上看，"簿族"文档名词的消亡是以元代为节点的，元代以前，每个朝代或多或少地都有新文档名词出现，宋代是"簿族"文档名词发展的高峰期。而从元代开始一直到清代，其文档名词发展都较为稳定，不再出现新的文档名词，甚至有的文档名词开始处于消亡状态。明代"簿族"文档名词就处于消亡状态，消亡的文档名词有"簿历""簿案""兵簿"。"簿案"为狭义的通用性文档名词，代指官府文书；"簿历"和"兵簿"均为专指性文档名词，"簿历"主要指履历、资历类文档名词，"兵簿"主要指军事名册。

（三）重要"簿族"文档名词介绍

从"簿籍"文档名词出现的频次来看，"簿书""文簿"是明代"簿族"文档名词的主要代表，"簿书"一词前文已经介绍，在此不再赘述。除此之外，在明代"簿族"文档名词中，"簿子""门簿""疏簿"频次上升非常明显，值得我们对其重点关注。以下主要对"文簿""簿子""门簿""疏簿"以及明代新增"簿族"文档名词"资簿"的词义及其运用进行详细介绍：

1.文簿

　　"文簿"一词最先出现于两晋，并且一直延续到清代，在这中间所出现的历史朝代中从未出现断代情况，具有十分强大的继承性和传承性。"文簿"的，"文"主要是指文字、文章等可以记载在某种载体之上显现出来供人们识别的指代某种信息内涵的记录符号，而"簿"则主要是指代可供记录的载体，如本子、册子等。"文簿"主要是指簿籍档案之意，词义上属于文档一体化文档名词，具有通用性质。"文簿"具有以下三种含义：

　　第一，指"公文簿册"。用于官府官吏之间，此为其最早所具有的内涵。《剪灯新话》记载："即引撰循西廊而行，别至一厅，文簿山积，录事中坐，二使以撰入白，录事以朱笔批一帖付之，其文若篆籀不可识。"①

　　第二，指"财物登记册"。主要用于财务情况的记录方面，《王阳明集》记载：

　　　　置立支销文簿，该道用印钤记，各付一本收执，每用银两，即同该州官开封动支，照数登记，务在实用，不得花费分毫，工完之日，开数缴报，通将各支销簿会合查考。②

　　第三，指"档案"。具有日后查考备用之意，《西游记》记载：

　　　　悟空执着如意棒，径登森罗殿上，正中间南面坐下。十王即命掌案的判官取出文簿来查。那判官不敢怠慢，便到司房里，捧出五六簿文书并十类簿子，逐一查看。③

　　这里的"文簿"就是指以供查考的档案。

　　2.簿子

　　"簿子"一词在词义上偏档案化。第一，指"人名册"。

　　　　十王道："上仙息怒。普天下同名同姓者多，敢是那勾死人错走了也？"悟空道："胡说，胡说！常言道：官差吏差，来人不差。你快取生

　　①　翟佑，等. 剪灯新话 外二种［M］. 上海：古典文学出版社，1957：37－38.
　　②　王阳明. 王阳明全集［M］. 新编本. 杭州：浙江古籍出版社，2010：1176.
　　③　吴承恩. 西游记［M］. 济南：齐鲁书社，2007：20.

死簿子来看！"①

随后跋李拿出几个簿子来，对玉支道："照出文官四十二员，武官五十一员，其余头目不算。"文官以叶晋、黄统为首。②

第二，指"登记簿档案"。

许宣自开店来，不匡买卖一日兴一日，普得厚利。正在门前卖生药，只见一个和尚将着一个募缘簿子道："小僧是金山寺和尚，如今七月初七日是英烈龙王生日，伏望官人到寺烧香，布施些香钱！"③

赵婆道："这锺老爷是个笃实的长老，若没有花押，犹恐不稳。缘簿上施主们，人人都是有花押的。"黎赛玉道："花押不难，教人将出簿子来，我押就是。"④

为是官司行下文书来，着落本村，但凡开客店的，须要置立文簿，一面上用勘合印信；每夜有客商来歇宿，须要问他："那里来？何处去？姓甚名谁？做甚买卖？"都要抄写在簿子上。官司查照时，每月一次，去里正处报名。⑤

3.门簿

门簿，指"来客登记簿、留名簿"。

昨日开榜，有个陇西李益中了状元。细查门簿，并无此人姓名。书生狂妄如此，可恼！可恼！咱有一计，昨日玉门关节度刘公济一本奏讨参军，我就奏点李益前去，永不还朝，中吾计也！⑥

老爷今早分付，只开家宴，不接贺客。倘在朝公卿、大小官员下顾，但收帖子，登记门簿，不必通报。⑦

---

① 吴承恩．西游记［M］．济南：齐鲁书社，2007：20.

② 佚名．梼杌闲评［M］．济南：齐鲁书社，1995：196.

③ 冯梦龙．警世通言［M］．北京：人民文学出版社，1956：438.

④ 清溪道人．禅真逸史［M］．上海：上海古籍出版社，1990：89.

⑤ 施耐庵．水浒传［M］．图文本．上海：上海古籍出版社，2004：142.

⑥ 汤显祖．紫钗记［M］．北京：人民文学出版社，1982：80.

⑦ 章培恒．四库家藏：六十种曲（五）［M］．济南：山东画报出版社，2004：76.

"门簿"一词，最早产生于宋朝，最初除了表示"来客登记簿"外，还可用来指代"山川田地登记簿"，如《朱子语类》记载："《禹贡》亦不可考其次第，那如经量门簿？所谓门簿者，载此一都有田若干，有山若干。"①

但发展至明代，"门簿"一词的"山川土地登记簿"的含义就消失了，专指性增强，专门用来指代古代门房的登记簿之类，词义上属于偏档案化的文档名词。

4.疏簿

疏簿，指"僧道募捐的册子"。最早产生于宋代，属于宗教文化领域的专门性的档案类文档名词，含义单一，专指性强。《醒世恒言》记载："不管贫富，就送过一个疏簿，募化钱粮，不是托言塑佛妆金，定是说重修殿宇。"②

5.资簿

资簿，专指"记载官员资格、履历的簿册"。《万历野获编》记载："海大喜，以为此第一强项吏也，立疏特荐，新郑即召入为比部郎，其治状与资簿不问也。"③

"资簿"是明代新产生的文档名词，专指性较强，属于偏档案化的文档名词，在明代只出现1次，属于极低频词汇。

八、明代"籍族"文档名词

（一）"籍族"文档名词的构成与特点

明代"籍族"文档名词主要包括"簿籍""载籍""户籍""黄籍""籍账""法籍""册籍""籍册""图籍""礼籍""文籍"，共11个文档名词，如表8-24所示：

---

①　朱熹. 朱子全书：第14册［M］. 上海：上海古籍出版社，2001：150.

②　冯梦龙. 醒世恒言［M］. 北京：人民文学出版社，1956：841.

③　沈德符. 尤历野获编［M］. 北京：中华书局，1959：556.

表8-24 明代"籍族"文档名词汇总表

族别	名词	名词数量
籍族	簿籍、载籍、户籍、黄籍、籍账、法籍、册籍、籍册、图籍、礼籍、文籍	11

明代"籍族"文档名词的特点主要有以下两点：

第一，该族类名词以"籍"字为主字，组词时都以"籍"字居前或居后。"籍族"文档名词的组成方式均是由"籍"＋表示载体功能的汉字构成，相关汉字为"册""图""帐"等。"籍"字在前表示文件、文章、记录等含义，"籍"字在后主要作为载体使用，通常是书本和小册子。

第二，从构词结构的角度出发，明代"籍族"文档名词主要可以分为三种结构：一是偏正式结构，主要有"籍帐""典籍""户籍""黄籍""法籍""图籍""礼籍"；二是并列式结构，主要有"簿籍""册籍""籍册""文籍"；三是动宾式结构，如"载籍"一词。

（二）"籍族"文档名词的运用

从数据来看，明代"籍族"文档名词中，出现频次最高的为"载籍"，其后是"簿籍"和"册籍"，频次在0.1以上，剩余"籍族"文档名词频次均低于0.1，属于极低频词。（见表8-25）整体来看，明代"籍族"文档名词中的名词数量相对较少，使用频次很低。

表8-25 明代"籍族"文档名词出现次数与频次汇总表

序号	名词	出现次数	频次
1	载籍	147	0.325
2	簿籍	75	0.166
3	册籍	69	0.153
4	文籍	37	0.082
5	户籍	31	0.069
6	图籍	17	0.038
7	籍册	5	0.011

续表

序号	名词	出现次数	频次
8	籍帐	3	0.007
9	法籍	2	0.004
10	黄籍	1	0.002
11	礼籍	1	0.002

明代"籍族"文档名词以专指性文档名词为主，除"载籍""册籍""文籍""簿籍"外，其余"籍族"名词皆为专指性文档名词。

为了更好了解"籍族"文档名词在明代的发展趋势，我们进一步对比了宋、元、明"籍族"文档名词频次，如表8-26所示：

表8-26　宋、元、明时期"籍族"文档名词频次汇总表

名词	朝代		
	宋	元	明
簿籍	0.153	0.195	0.166
载籍	0.395	0.143	0.325
户籍	0.138	0.301	0.069
黄籍	0.011	0.004	0.002
籍账	0	0.007	0.007
法籍	0.016	0.004	0.004
册籍	0.003	0.007	0.153
籍册	0.005	0.037	0.011
图籍	0.148	0.040	0.038
礼籍	0.015	0	0.002
文籍	0.216	0.165	0.082

通过表8-26，我们可以看出，元代特殊的语言环境和文化环境造成的出现小幅度上升、下降甚至是消亡趋势的文档名词，如"簿籍""载籍""户籍""籍册""礼籍"等文档名词，都于明代恢复到与宋朝相当的水平，不仅可以看出这部分文档名词具有较强的生命力，也可以证实语言文化环境对文档名词的重要影响，表现出"籍族"主要文档名词在明代良好的过渡性。此外，"黄籍""籍账""法籍""图籍"均属于专指性极强的文档名词，在明代呈现出下降趋势，表现不佳。

（三）重要"籍族"文档名词介绍

明代"籍族"文档名词出现频次最高的依次是"载籍""簿籍""册籍"，它们同时也是"籍族"中的通用性文档名词，是"籍族"通用性文档名词的典型代表。"户籍""图籍"是明代"籍族"专指性文档名词中频次较高的文档名词，是"籍族"专指性文档名词中的典型。鉴于"簿籍""册籍"前文中已经介绍，在此不再赘述，以下我们对通用性文档名词"载籍"，以及专指性文档名词"户籍""图籍"的词义和运用进行介绍：

1.载籍

载籍，指"书籍典册"。《大学衍义补》记载："周虽未并言，而昭穆之次，秩然已有定序。是则昭穆之名，前此已有之，而明著于载籍，则始于此耳。"①

又《宋濂全集》记载："余观载籍之中，有民社者能修陂渠之政，则屡书之而不厌其详，此无他，以民食之所系，故特用是以为劝也。"②

明代"载籍"一词共出现147次，属于通用性文档名词，该名词不仅在通用性文档名词中频次最高，也是明代"籍族"文档名词中出现频次最高的名词，使用次数最多，在整个"籍族"文档名词中扮演着十分重要的角色，其基本含义比较简单，就是书籍或者典籍的意思，具有很强的通用性。

2.户籍

---

① 丘濬. 丘濬集 [M]. 海口：海南出版社，2006：929.

② 宋濂. 宋濂全集 [M]. 北京：人民文学出版社，2014：1142.

户籍，指"户口籍册"。含义单一，专指性强，为偏档案化文档名词。《喻世明言》记载：

> 话说西北一路地方，被金虏残害，百姓从高宗南渡者，不计其数，皆散处吴下。闻临安建都，多有搬到杭州入籍安插。单公时在户部，阅看户籍册子，见有一邢祥名字，乃西京人。①

《大学衍义补》记载：

> 所谓版者，即前代之黄籍，今世之黄册也。周时惟书男女之姓名、年齿，后世则凡民家之所有，丁口、事产皆书焉，非但民之数而已也。我朝每十年一大造，其册首著户籍，次书其丁口，次田地、房屋、牛只。②

由此可以看出，明代"黄册"与"户籍"的不同之处，明代编制的"黄册"的内容比"户籍"更加详细，"户籍"是仅仅指"军、民、匠、灶之属"③，而"黄册"还涉及"丁口""田地""房屋牛只"等。

3.图籍

第一，专指"地图档案"，属于档案化文档名词。《小山类稿》记载：

> 必其深自悔罪，言黎家无人，暂为天朝护守印信，不敢专有土地，谨以国中图籍献之朝廷，且乞恩，愿世为藩臣，入贡不绝；然后朝命以夷荒遐远，在中国为无用，委而畀之。④

《大学衍义补》记载："臣按：先儒谓掌天下之地图，而隶于司马，谨之也。战国策士每言：'窥周室，则可以按图籍争天下。'"⑤

第二，指"经籍图书之类"，通用性较强。《宋濂全集》记载："由雁荡而南，时有白云覆于谷口者，名白雲峰。屹然人立者，名玉女峰。崭崭势欲柱

---

① 冯梦龙. 喻世明言 [M]. 上海：上海古籍出版社，1998：200.

② 丘濬. 丘濬集 [M]. 海口：海南出版社，1995：544.

③ 丘濬. 丘濬集 [M]. 海口：海南出版社，1995：544.

④ 张岳. 小山类稿 [M]. 福州：福建人民出版社，2000：148.

⑤ 丘濬. 丘濬集 [M]. 海口：海南出版社，1995：1453.

天者，名天柱峰。其他诸峰，星联肺附，登名图籍者盖七十有二焉。"①

九、明代"典族"文档名词

（一）"典族"文档名词的构成与特点

明代"典族"文档名词主要包括"文典""典簿""典册""典法""典诰""典例""典谟""典契""典书""典文""典宪""典训""典则""讯典""六典"，共15个文档名词，消亡名词为"书典"，如表8-27所示：

表8-27　明代"典族"文档名词汇总表

族别	名词	消亡名词	名词数量
典族	文典、典簿、典册、典法、典诰、典例、典谟、典契、典书、典文、典宪、典训、典则、讯典、六典	书典	15

明代"典族"文档名词全部为双音节词。总结起来，"典族"文档名词的构词特点主要包含以下两点：

第一，从"典"字含义上来看，明代"典族"文档名词中"典"字的含义多为"重要的文献"，以此与其他单音节词组合成的双音词，主要有"文典""典簿""典册""典法""典诰""典例""典谟""典书""典文""典宪""典训""典则""六典""讯典"；此外，"典"字也包括其他含义，如典当等，组合成"典契"，释义为典押房屋、土地等财产所立的契约。

第二，从组词结构上来看，双音节"典族"文档名词皆为偏正结构。"典族"文档名词把"典"字前置的名词居多，达到了12个，这里的"典"字在偏正结构中主要起修饰作用，其含义主要是"重要的"，除"典契"中的"典"释义为典当；"典"字后置的较少，仅有3个——"训典""六典""文典"，这里"典"的含义是其本义，即典籍文献之意，而其前的单音节词起限

---

① 宋濂. 宋濂全集［M］. 北京：人民文学出版社，2014：1750.

定范围的修饰作用。

（二）明代"典族"文档名词的运用

如表8-28所示，明代"典族"文档名词频次均没有超过1的，使用频次较低，可见明代人们对"典族"文档名词使用得并不是特别频繁。在"典族"文档名词中使用频次相对较高的有"典则""六典""典谟"，频次均高于0.1，剩余"典族"文档名词频次极低。明代"典族"消亡的文档名词为"书典"，为通用性名词，代指典籍，如"自书典所记，未之有也"[①]。始现于三国两晋南北朝时期，虽一直都是极低频词汇，社会普及率不高，但除明代外，"书典"自其产生到清代都有所提及，明代是其唯一出现应用空白的历史时期。

表8-28　明代"典族"文档名词出现次数与频次汇总表

序号	名词	出现次数	频次
1	典则	133	0.294
2	六典	66	0.146
3	典谟	49	0.108
4	典册	18	0.040
5	讯典	18	0.040
6	典法	12	0.027
7	文典	10	0.022
8	典宪	10	0.022
9	典诰	7	0.015
10	典例	7	0.015
11	典契	7	0.015
12	典书	6	0.013
13	典训	6	0.013
14	典文	1	0.002
15	典簿	1	0.002

---

① 范晔. 后汉书 [M]. 北京：中华书局，1975：1909.

　　从应用广度来看，"典族"文档名词的含义广泛，涉及文书档案、法律档案、朝廷文书、会计簿册、帝王册命、抵押凭证以及专门的档案职官等。法律档案类名词如"六典""典宪""典文""典法"，契约类文档名词如"典契"，朝廷文书类如"典册"，会计簿册类如"典簿"等。

　　（三）重要"典族"文档名词介绍

　　"典则""六典""典谟"是明代"典族"使用频次较高的文档名词，其中"典则"不仅是"典族"出现次数和频次最高的文档名词，也是明代"典族"中使用频率上升幅度最高的文档名词，值得我们对其重点关注。此外"典簿"一词一直都是作为职官名存在的，但在明代"典簿"一词也有文档名词类含义。以下就对"典谟""典则""六典""典簿"的词义和运用进行介绍：

　　1.典谟

　　典谟，指《尚书》中《尧典》《舜典》和《大禹谟》《皋陶谟》等篇的并称，是特指类文档名词。

　　　　典谟诸书，恐是曾经史官润色来。[①]

　　　　群圣人与天地参，以天地之文发为人文，施之卦爻而阴阳之理显，形之典谟而政事之道行，咏之《雅》《颂》而性情之用著，笔之《春秋》而赏罚之义彰，序之以礼、和之以乐而扶导防范之法具。虽其为教有不同，凡所以正民极、经国制、树彝伦、建大义，财成天地之化者，何莫非一文之所为也。[②]

　　在这里，"典"是指记载古帝王政绩、活动及国家典章制度的典籍，如《尧典》《舜典》。"谟"通"谋"，是上古君臣对政务的谋议决策，如《大禹谟》。另外还特指《尚书》，而《尚书》是夏、商、周史官所记录和保存的文告档案汇编。由此可见"典谟"的文档含义十分明确。

---

①　丘濬. 丘濬集［M］. 海口：海南出版社，2006：1150.
②　宋濂. 宋濂全集［M］. 北京：人民文学出版社，2014：75.

2.典则

典则，指"典章法则、准则"。《大学衍义补》记载：

> 蔡沈曰："典则，治世之典章法度也。百二十斤为石，三十斤为钧，钧与石，五权之最重者也。关通，以见彼此通同，无折阅之意；和平，以见人情两平，无乖争之意。言禹以明明之德，君临天下，典则法度，所以贻后世者如此。至于钧石之设，所以一天下之轻重，而立民信者，王府亦有之，其为子孙后世虑，可谓详且远矣。"

> 臣按：圣人本律作器，以一天下者，非止一钧石也。而五子所歌，举大禹所贻之典则，止言钧石，而不及其他，何哉？[①]

"典则"是明代"典族"文档名词中出现频次最高的名词，而且从图8-2中可以看出，"典则"始出现于三国两晋南北朝时期，于隋唐五代时期达到第一个峰值，宋元时期迅速衰落，于明代得以恢复并发展到最高峰，标志着"典则"一词在明代已经达到成熟。"典则"一词在明代的迅速发展以及成熟，表现出明代统治者对于法典、准则的高度重视。

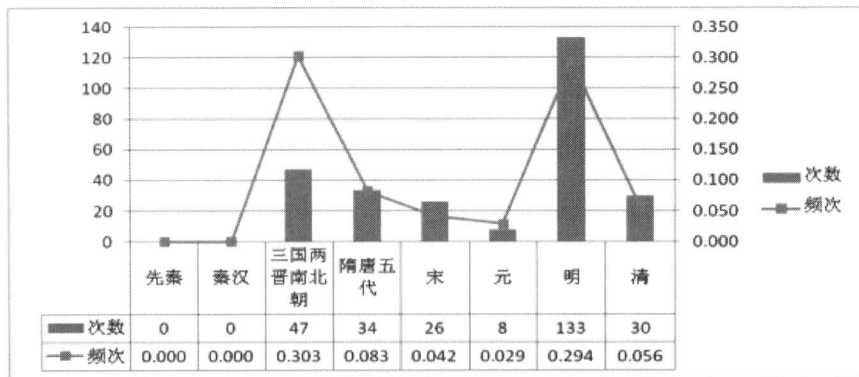

	先秦	秦汉	三国两晋南北朝	隋唐五代	宋	元	明	清
次数	0	0	47	34	26	8	133	30
频次	0.000	0.000	0.303	0.083	0.042	0.029	0.294	0.056

图8-2　历朝"典则"次数和频次汇总折线图

3.六典

第一，专指"先秦时期六方面的治国之法"。《安雅堂稿》记载："烨彼

---

① 丘濬. 丘濬集 [M]. 海口：海南出版社，1995：1471.

乾符，玄文垂显。温温太史，掌邦六典。谟诰有章，图书有辨。辞尚体要，言文行远。皇后典学，必资多闻，稽古之士，以沃我君。"①

"六典"一词出自《周礼·天官·大宰》：

> 大宰之职，掌建邦之六典，以佐王治邦国。一曰治典，以经邦国，以治官府，以纪万民；二曰教典，以安邦国，以教官府，以扰万民；三曰礼典，以和邦国，以统百官，以谐万民；四曰政典，以平邦国，以正百官，以均万民；五曰刑典，以诘邦国，以刑百官，以纠万民；六曰事典，以富邦国，以任百官，以生万民。②

《大学衍义补》也有记载："故曰太宰掌建六典，以佐王治邦国。吁，散之有统，操之有要，朝廷之政，无不举矣。"③"六典"一词发展至明代仍主要是对《周礼》的重新表述，是对《周礼》用法的一种沿袭和重复。

第二，指"《唐六典》的简称"。《谷山笔麈》记载：

> 宫人参随视朝起于晋代，六朝相因，至唐不改。《六典》曰："宫嫔掌朝会赞相之事，引客立于殿廷。"唐诗所称，如"户外昭容紫袖垂，双瞻御座引朝仪"是也。④

这里的"六典"就是指《唐六典》。

4.典簿

明代虽然关于"典簿"一词的记载较多，但几乎全部为职官名称，仅有1处记载表现出"典簿"文档名词的含义，代指"账册档案"，词义偏档案化。《见只编》记载："乃有新好罗绮衣裳，质之商典，因密往查其典簿，以子母钱赎得。"⑤

① 陈子龙. 安雅堂稿［M］. 沈阳：辽宁教育出版社，2003：284.

② 孙诒让. 周礼正义［M］. 北京：中华书局，1987：58.

③ 丘濬. 丘濬集［M］. 海口：海南出版社，2006：49.

④ 于慎行. 谷山笔麈［M］. "元明史料笔记丛刊"本. 北京：中华书局，1984：144.

⑤ 姚士麟. 见只编［M］. 上海：商务印书馆，1936：214.

十、明代"图族"文档名词

（一）"图族"文档名词的构成与特点

明代"图族"文档名词有"地图""图法""图牒""图籍""图谱""鱼鳞图册""图书"，共7个文档名词，其中"鱼鳞图册"为明代新增名词，消亡名词有2个，分别是"籍图""图表"，如表8-29所示：

表8-29　明代"图族"文档名词汇总表

族别	名词	新增名词	消亡名词	名词总数
图族	地图、图牒、图法、图籍、图谱、图书、鱼鳞图册	鱼鳞图册	籍图、图表	7

"图"，最早出现在先秦时期，作为文档名词使用时指地图档案，《史记》载："秦王恐其破璧，乃辞谢固请，召有司案图，指从此以往十五都予赵。"[①]"图族"文档名词即含有"图"的文档名词聚类。

总体上看，明代"图族"文档名词的特点主要有以下两点：

第一，从词素构成上来看，明代"图族"文档名词以双音节文档名词为主，构成比例占到了85.71%。

第二，从组词结构上来看，"图族"文档名词主要是偏正结构。其中"图"字前置的居多，共有6个，比例达85.71%；"图"字后置的较少，仅有1个即"地图"，这里的"图"是其本义，前边的"地"字起限定的作用。

（二）"图族"文档名词的运用

如表8-30所示，从出现次数与频次上看，明代"图族"文档名词属于低频文档名词，其中使用相对较高的为"地图""图谱"两个文档名词。

表8-30　明代"图族"文档名词出现次数与频次汇总表

序号	名词	出现次数	频次
1	地图	126	0.279
2	图谱	27	0.060

---

① 司马迁. 史记 [M]. 北京：中华书局，1959：2440.

续表

序号	名词	出现次数	频次
3	图书	21	0.046
4	图籍	17	0.038
5	图牒	10	0.022
6	鱼鳞图册	5	0.011
7	图法	2	0.004

　　"鱼鳞图册"是明代新出现的文档名词，属于经济类多音节文档名词，因而使用范围并不是特别广泛，于明代主要集中在子部文献中。具体言之，"鱼鳞图册"一词在明代4部子集文献《农政全书》《野记》《皇明典故纪闻》《世纬》共出现5次，虽其在清代继续沿用，但是明、清两朝鱼鳞图册的频次比是0.011∶0.009，可见"鱼鳞图册"一词在明代就已经发展成熟。

　　此外，明代消亡的"图族"文档名词有"籍图"和"图表"。"籍图"一词在明代之前总计出现了6次：两宋4次、元代2次。主要用来指代文籍图书。在"图族"文档名词中属于专指性词汇，最早见于宋朝，并在此朝代达到了使用巅峰。从元朝开始使用次数逐渐下降，明代这一文档名词就消失了。至于"图表"一词，同"图族"中的其他文档名词相比，其出现的时间较晚，在唐代才开始出现，主要泛指记录各种事物的表册或簿册，也可表示专门的谱牒档案，该词和"籍图"一样，历代的使用率都极低，且历史连续性非常差，明代就没有出现。

　　从运用广度来看，"图族"文档名词的含义广泛，涉及地图档案，户籍档案，谱牒档案以及天文记录档案等。其中地图类文档名词如"地图"等，户籍档案类文档名词如"图籍""鱼鳞图册"，谱牒类文档名词如"图牒""图谱"，天文档案名词如"图法"等。

　　（三）重要"图族"文档名词介绍

　　1.地图

　　地图，指"地理山川图籍档案"。《东周列国志》记载："省特至王城，会秦穆公，将五城地图，及钱谷户口之数献之，情愿纳质归君。"①

"地图"是明代"图族"文档名词中通用性最高的文档名词，共出现126次，是明代"图籍"文档名词中唯一频次大于0.1的低频文档名词。"地图"一词最早出现于先秦时期，是古代文档名词历史延续性最好的文档名词之一，且其含义固定，专指描摹土地山川等地理形势的图，在元代使用频次出现短暂下滑后，于明代得以迅速恢复和发展。

2.图谱

第一，指"谱牒档案"。《宋濂全集·张氏谱图序》载："清河之族布于大江之南，其迁江阴者，则不知始于何世。图谍丧漫，不可钩考，至月崖翁始入于谱。"②

又《大学衍义补》记载：

> 然魏晋以来，官有簿状，家有谱系，官之选举，必由于簿状；家之婚姻，必由于谱系。历代并有图谱局，置郎、令史以掌之，仍用博通古今之儒，知撰谱事。③

第二，指"图集"，如《农政全书》中提及的"农器图谱""蚕事图谱""桑事图谱""木棉图谱""麻苎图谱"等等。

第三，指"乐谱、曲谱"，明代张綖编撰的《诗余图谱》就是编取宋人歌词，择声调合节者，汇而谱之的词谱。

从图8-3中可以看出，"图谱"一词产生于三国两晋南北朝时期，至隋唐五代时期达到发展的第一个高峰，发展势头强劲。至隋唐五代后的宋元时期，呈现下降趋势，特别是元代下降幅度明显，几乎与三国两晋南北朝时期相同，"图谱"一词又回到了初始点。至明代，"图谱"一词迅速恢复，并且无论是使用数量还是使用频次都达到了历史最高值，"图谱"在明代的飞速成熟，表现出明代人们对于"图谱"一词的偏爱。

---

① 冯梦龙，蔡元放. 东周列国志［M］. 上海：上海古籍出版社，2001：237.

② 宋濂. 宋濂全集［M］. 北京：人民文学出版社，2014：450.

③ 丘濬. 丘濬集［M］. 海口：海南出版社，2006：1451.

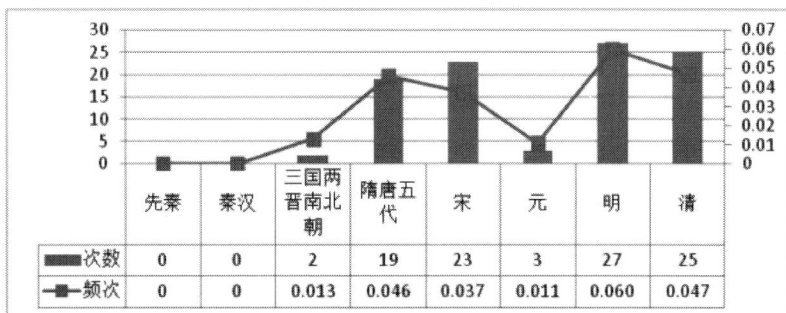

图8-3 历朝"图谱"出现次数与频次汇总折线图

	先秦	秦汉	三国两晋南北朝	隋唐五代	宋	元	明	清
次数	0	0	2	19	23	3	27	25
频次	0	0	0.013	0.046	0.037	0.011	0.060	0.047

十一、明代"令族"文档名词

（一）"令族"文档名词的构成与特点

明代"令族"文档名词主要包括"法令""政令""诏令""律令""军令""敕令""将令""功令""阴令""违令""施令""饬令""格令""宪令""军令状""令状"共16个文档名词，如表8-31所示：

表8-31 明代"令族"文档名词汇总表

族别	名词	名次数量
令族	法令、政令、诏令、律令、军令、敕令、将令、功令、阴令、违令、施令、饬令、格令、宪令、军令状、令状	16

"令"本义是发布命令，尚不属于法律文书名词的范畴，但单音词的应用非常灵活，一词多义。"令"出现以后，词义很快就发生了拓展，增加了名词的义项，表示必须执行的要求、法规，有了法律文书的含义。"令族"文档名词就是以"令"为主词素构成的文档名词。

总体而言，明代"令族"文档名词的特点体现在以下几个方面：

第一，它们都有共同的词素，并以此来构成相关的多音节词组。"令族"的所有文档名词都是从一个词素——"令"派生出来的同族词，这个词素是这些词结构上的根本部分，也称为词根，"令"进而与其他词素组织起来构成以它为基本意义的另一些新词，如"律令""诏令"等等。而且专指性的词语很多，"诏令"就专指皇帝口述的命令，随后装订成册，也是一种特定的法律文书。"阴令"就专指皇帝后宫妃嫔所遵循的法令形式。

第二，从组词结构上来看，"令族"文档名词主要是偏正结构。其中"令"字后置的居多，共有14个，比例达87.5%，前面的字起修饰限定作用，如"律令""军令"等等；"令"字前置的较少，仅有2个，即"军令状"和"令状"。

第三，重组的新词中，限定令的那个词素，大多都出现了名词形容词化的趋势。例如，"将"一般指代将军或将士，那"将令"一词中"令"就被限定成将军的命令，所以"将"这一词素就出现了形容词的一些特征，《三国演义》有云："若不射，又恐违了将令。"①这里在说违背将军的命令。这样的词语还有很多，如"政令""军令""阴令"等等。

（二）"令族"文档名词的运用

从表8-32中可以看出，"令族"名词数量较多。明代"令族"法律文书名词总计16个，相对于其他族类，如"律族""契族"的法律文书名词来说，其数量是很多的，所以在法律界，"令族"也是很具有代表性的一类文书名词。"军令"是明代"令族"文档名词使用频率最高的名词，也是"令族"文档名词中唯一的中频词，其余族内文档名词的频次均小于1，为低频词汇。

"令族"是明代文档名词使用频次排第二的族类，仅次于"文族"文档名词，说明"令族"法律文书名词就整体而言在明代的主要著作中有相对较高的使用频率，在明代使用频次最高的10个文档名词里，"令族"文档名词就占据了5席，分别是"军令""将令""法令""政令""律令"，通过这5个词语的使用也可一窥明代时期中央权力高度集中的状态。

---

① 罗贯中. 三国演义［M］. 上海：上海古籍出版社，2004：296.

表8-32 明代"令族"文档名词出现次数与频次汇总表

序号	名词	出现次数	频次
1	军令	462	1.022
2	将令	389	0.861
3	法令	279	0.617
4	政令	254	0.562
5	律令	241	0.533
6	诏令	185	0.409
7	违令	104	0.230
8	阴令	75	0.166
9	功令	52	0.115
10	敕令	51	0.113
11	施令	29	0.064
12	军令状	20	0.044
13	宪令	15	0.033
14	格令	13	0.029
15	饬令	3	0.007
16	令状	1	0.002

从"令族"文档名词的内涵来看，"令族"属于法律文书类文档名词，整个族内名词均属于专门文档名词，且含义非常丰富。其中的名词不仅表示法律文书之意，还表示指示、口令等多种含义。族类名词所涉及了全国的政治、经济、文化、教育、生活等方面。

从"令族"文档名词发展演变的整体趋势而言，明代的"令族"文档名词全面继承前朝，就"令族"文档名词个数而言，较为稳定，没有新增名词或者消亡名词。从"令族"文档名词的总频次上来看，"令族"文档名词在经历了宋朝的大发展大繁荣时期后，在元、明时期呈现出下降的趋势，直至清朝时期迅速发展到最高峰，因而明代是"令族"文档名词重要的转折点。

（三）重要"令族"文档名词介绍

从使用频次上来看，明代"令族"文档名词使用频次最高的前两位分别是"军令"和"将令"，均属于国家军事类的法律文书名词，与国家军队有直接关系，下达的大多都是将帅的命令，向军队派发实行的文书样本，同时这两个"令族"文档名词也是明代"令族"经过元代衰落之后仅有的恢复迅速的文档名词，频次超过全面发展时期的宋朝。

1.军令

第一，指"军事上发布的命令"。

《西游记》记载："这阵上梅山六弟助威风，那阵上马流四将传军令，摇旗擂鼓各齐心，呐喊筛锣都助兴。两个钢刀有见机，一来一往无丝缝。"①

《红佛记》记载："长戈锐戟谁能竞，听我主申军令，发号疾如风，赏罚明如镜。"②

第二，指"军事类的法典"。

> 公尝出兵，令五鼓战。将领闻贼已觉，恐迟失事，二更即发，大破之。公赏其功，而问以违令之罪，以军令当斩，乃具闻请释，曰："万一不用命而败，奈何？"人谓公得将将之体。③

"军令"从词义上看属于文书类文档名词，先秦时期就已经产生，各朝代均有一定使用，没有停断。在元代使用数量上轻微回落，这和少数民族的语言影响有很大关系。"军令"至明代迅速恢复发展，至清代最终发展成熟，因而明代是"军令"一词发展的重要恢复与过渡阶段。

2.将令

将令，指"军令、将军的指令"，词义上属于文书类文档名词，比较单一。《红佛记》记载："你看他志平吴楚，功盖华夷，挥戈处赤日车回，炼石来青天缺补。说他将令的严明，使三军股栗；看他摧锋的气概，是一阵雷霆。

---

① 吴承恩. 西游记 [M]. 济南：齐鲁书社，2007：39-40.

② 张凤翼. 红佛记 [M]. "六十种曲"本. 北京：中华书局，1958：49.

③ 冯梦龙. 智囊全集 [M]. 北京：中华书局，2007：557.

因风纵火，智慧丧胆遁逃。"①

《东周列国志》记载："越椒奉元帅将令，径到申邑，来见楚王，奏知请兵交战之意。"②

"将令"一词最早在先秦就出现了，语出战国时期的《尉缭子·将令第十九》，经历了几个朝代的发展，到宋代开始发展得比较迅速，使用次数增长，发展至明代"将令"一词频次已经达到0.861，其含义延续前朝，表示"将军的指令"之意。

十二、明代其他文档名词

（一）其他名词的构成与特点

明代除了11个族类的文档名词外，还有一些不包含在以上族类的文档名词，我们将其统一到一个族类中，统称为"明代其他文档名词"，主要有"凤凰诏""起居注""八法""八则""傅别""质剂""要会""岁会""月要""月成""治成""约剂"共计12个文档名词，消亡名词为"比要"，如表8-33所示：

表8-33 明代其他文档名词汇总表

族别	名词	消亡名词	名词总数
其他	凤凰诏、起居注、八法、八则、傅别、质剂、要会、岁会、月要、月成、治成、约剂、	比要	12

综合来说，该族类文档名词的特点主要表现为以下两个方面：

第一，从词素构成上来看，明代其他文档名词有双音节文档名词和多音节文档名词，其中以双音节文档名词为主，共计10个，占83.3%。

第二，从构成结构上来看，这一族类文档名词的构词结构复杂多样，它们的结构各不相同，完全没有统一的构成词素。

---

① 张凤翼. 红佛记［M］.（六十种曲）本. 北京：中华书局，1958：8.

② 冯梦龙，蔡元放. 东周列国志［M］. 上海：上海古籍出版社，2001：322.

（二）明代特殊文档名词的运用

如表8-34从数据上来看，明代该族群文档名词使用的频次不高，都属于低频词，在这12个文档名词中使用频次最高的是"起居注"，剩余词汇的频次均小于0.1，属于极低频词。

表8-34　明代其他文档名词出现次数与频次汇总表

序号	名词	出现次数	频次
1	起居注	70	0.155
2	八则	9	0.020
3	岁会	8	0.018
4	约剂	8	0.018
5	质剂	7	0.015
6	月要	5	0.011
7	凤凰诏	4	0.009
8	傅别	4	0.009
9	月成	2	0.004
10	八法	1	0.002
11	要会	1	0.002
12	治成	1	0.002

从文档名词的使用范畴来看，该族群除"起居注""凤凰诏"外，其余10个文档名词均是出自《周礼》中的专有文档名词，使用范围非常狭小，因而历史连续性不强，使用率极低。

从文档名词的种类来看，该族类文档名词中涉及大量经济类文档名词，有"约剂""质剂""岁会""月要""傅别""月成""要会""治成"，由此可以看出，《周礼》中经济类文档名词在明代产生了深刻的影响。

从其含义上来看，该族类文档名词内涵明确，专指性强，这一点是该族类文档名词的重要特征。虽然数量较少，但他们是文档名词的基本组成部分。这些文档名词中绝大部分的含义基本上从产生的时代延续到今天，几乎没有发生过多少变化，自形成之日起其含义就基本固定下来了。如"凤凰诏"历来均是指朝廷发的文书，"起居注"就是史官撰写的皇帝言行记录，采取编年体的形式，逐日逐月加以记载，自秦汉时期产生后，其含义就没有发生过改变。这些基本词汇的意义在漫长的历史发展中没有发生什么变化，保证了汉语的稳定和古今汉语的连贯性，为我们学习古代汉语创造了条件。

（三）明代其他文档名词介绍

"起居注"是该族类文档名词中频次最高的名词，是该族类的最具代表性的文档名词，但通过横向对比发现，明代"起居注"相较于历朝呈现出明显下降趋势，其原因值得我们重点关注。文档名词词义固定单一是该族类的显著特点，并且对于文档名词的运用基本都是对历史文献的重复与继承，以下对其分别进行介绍：

1.起居注

"起居注"是专门记载皇帝言行的一种官方文书，属于偏档案化文档名词。因其记录主体为皇帝，这就将"起居注"与其他的文档名词从本质上区别开来，因而在一定程度上具有行政的官档性质。"起居注"一词起源甚早，秦汉之际就已经产生，东汉荀悦在《申鉴》卷二中说道："先帝故事，有《起居注》，日用动静之节必书焉。宜复其式，内史掌之，以纪内事。"[①]发展至唐朝时期该词的内涵基本确立，记录的内容十分广泛，从最初的单纯记载皇帝的起居，后来逐步扩展到记录皇帝与朝政相关的内容，包括重要的祭祀、典礼、仪式、政务处理、巡幸以及问安、行李等内容，如《典故纪闻》记载："太祖以儒士杨训文为起居注，谕之曰：起居之职非专事纪录而已，要在输忠纳诲，致主于无过之地而后为尽职也。"[②]

但从"起居注"的整体发展来看，起居注的频次变化呈波浪式前行的趋势，如图8-4所示。虽然"起居注"是明代其他文档名词中频次最高的名词，但明代"起

---

① 荀悦. 申鉴 [M]. "新世纪万有文库"本. 沈阳：辽宁教育出版社，2001：11.

② 余继登. 典故纪闻 [M]. 上海：商务印书馆，1936：7.

居注"是呈现出下降趋势的，究其原因主要是由于明代史官制度不及前朝，"起居注"自洪武年间设立之后曾一度被废弃。

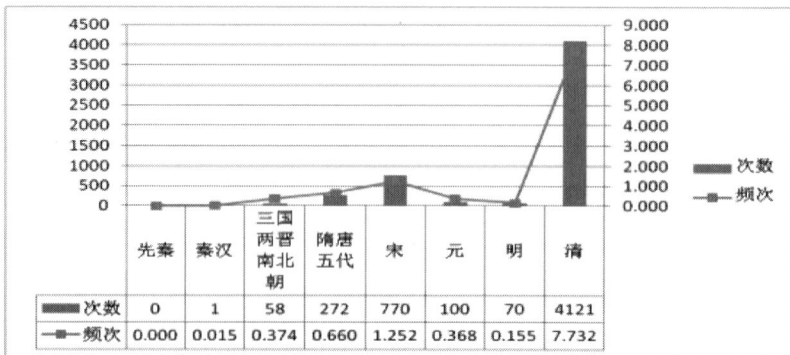

	先秦	秦汉	三国两晋南北朝	隋唐五代	宋	元	明	清
次数	0	1	58	272	770	100	70	4121
频次	0.000	0.015	0.374	0.660	1.252	0.368	0.155	7.732

图8-4 "起居注"频次统计表

神宗时议开史局，分起居官及史官侍班之法，分纂六曹章奏，并常朝记注，但不久制度弛废。万历年间，内阁学士张居正提出"其记录体例，只备事由颠末，日月先后，待异日之考求"①，要求恢复起居注，以为修国史参考。该提议虽被批准，命史官记注，但统治者对此多有顾虑："一日，神宗顾见史官，还官偶有戏言，虑外闻。自失曰'莫使起居闻之，闻则书矣'。"②不久后起居注又被废弃，因而在明朝"起居注"的出现次数相对很少，与统治者的忌惮忧虑之心有很大的联系。

2.八则

八则，指"周代治理都鄙的八项法规"。出自《周礼·大宰》：

以八则治都鄙：一曰祭祀，以驭其神；二曰法则，以驭其官；三曰废置，以驭其吏；四曰禄位，以驭其士；五曰赋贡，以驭其用；六曰礼俗，以驭其民；七曰刑赏，以驭其威；八曰田役，以驭其众。③

"八则"在明代共出现9次，用法如《丘濬集》记载："臣按：成周设司

---

① 孙承泽. 春明梦余录 [M]. 北京：北京古籍出版社，1992：162.

② 孙承泽. 春明梦余录 [M]. 北京：北京古籍出版社，1992：162.

③ 《十三经注疏》整理委员会. 十三经注疏：周礼注疏 [M]. 北京：北京大学出版社，1999：27-28.

会之官，以职财计。而必先之掌六典、八法、八则者何？盖六典、八法、八则，皆大宰佐王之职。"①

3.岁会、月成

岁会，指"一年收支的总计"；月成，指"每月财物出入记录簿册档案"。出自《周礼·司会》："以月要考月成，以岁会考岁成。"②

"岁会"一词，在明代共出现8次，用法如《大学衍义补》记载："至于一岁之终，则有岁会，则是一岁有考也。于是岁终大计，则听其所致之事，诏王行废置之法。"③

"月成"一词，在明代共出现4次，用法如《大学衍义补》记载："有职内以会其入，有职岁以会其出，有职币以会其余；而其大要则总之以司会，则掌之以司书。其所以参校钩稽之者，日有日要，月有月成，岁有岁会。"④

4.约剂

约剂，指"用作凭据的文书、契券"。出自《周礼·大史》："凡邦国都鄙及万民之有约剂者藏焉。"郑玄注："约剂，要盟之载辞及券书也。"⑤明代共出现8次，用法如《宋濂全集》记载："尝以泉布贷人，人久不能偿，取其约剂焚去，漫若不复省。"⑥

5.质剂、傅别、要会

质剂，指"贸易券契质和剂的并称"；傅别，指"商业债务合同，剖为二，双方执一以核对"；要会，指"会计簿文书档"。这三个词均与契券之类有关，出自《周礼·小宰》："四曰听称责以傅别……七曰听卖买以质剂，

① 邱濬著. 丘濬集 [M]. 海口：海南出版社，2006：434.

② 《十三经注疏》整理委员会. 十三经注疏：周礼注疏 [M]. 北京：北京大学出版社，1999：165.

③ 丘濬. 丘濬集 [M]. 海口：海南出版社，2006：207.

④ 丘濬. 丘濬集 [M]. 海口：海南出版社，2006：438.

⑤ 《十三经注疏》整理委员会. 十三经注疏：周礼注疏 [M]. 北京：北京大学出版社，，1999：693.

⑥ 宋濂. 宋濂全集 [M]. 北京：人民文学出版社，2014：1704.

八曰听出入以要会。"①明代"质剂"一词共出现7次,"傅别"一词共出现4次,"要会"只出现1次,具体用法如下:

始苦身出行贾。逾年,赎其质剂而还。徐拓舍傍地,构宅买田,有中人产矣。②

士师之职,凡以财狱讼者,正之以傅别、约剂。③

岁终,则考其属官之治成而诛赏,令群吏正要会而致事。④

6.月要

月要,指"每月财政记录档案"。出自《周礼·宰夫》:"月终则令正月要。"注曰:"月计曰要。"⑤在明代共出现5次,用法如《大学衍义补》记载:"然后参互以考日成,以月要考月成,以岁会考岁成,防吏之奸欺,非以戕吾民也。"⑥

7.凤凰诏

凤凰诏,指"朝廷发布的诏书"。出自五代《花间集》:"破蕃溪凤凰诏下,步步蹑丹梯。"华钟彦注:"凤凰诏,即天子之诏也。天子诏书必自中书省发,中书省者,即禁苑中凤凰池所在地也,故云凤凰诏。"⑦明代共出现4次,用法如《湘皋集》记载:"城北腴田,如云香秫,一壶自有长生术。凤凰诏下,恩数先加遗逸。"⑧

---

① 《十三经注疏》整理委员会. 十三经注疏:周礼注疏 [M]. 北京:北京大学出版社,1999:57.

② 钟惺. 隐秀轩集 [M]. 上海:上海古籍出版社,1992:368.

③ 丘溶. 丘溶集 [M]. 海口:海南出版社,2006:1638.

④ 丘溶. 丘溶集 [M]. 海口:海南出版社,2006:207.

⑤ 《十三经注疏》整理委员会. 十三经注疏:周礼注疏 [M]. 北京:北京大学出版社,1999:70.

⑥ 丘溶. 丘溶集 [M]. 海口:海南出版社,2006:434.

⑦ 汉语大词典编辑委员会,汉语大词典编纂处. 汉语大词典:第12卷 [M]. 上海:汉语大词典出版社,1993:1061-1062.

⑧ 蒋钦挥. 全州历史文化丛书:湘皋集 [M]. 南宁:广西人民出版社,2001:488.

8.八法

八法，指"国家行政管理法规性文件"。出自《周礼·司会》："司会掌邦之六典、八法、八则之贰，以逆邦国都鄙官府之治。"①在明代只出现1次，《大学衍义补》记载：

> 司会，职财计者也，而必先掌六典、八法、八则之贰，以逆邦国、都鄙官府之治者，圣人以为职会计以进身者，不顾国政之是非，不度民情之弊疲，惟利是积，则或伤于仁。②

9.治成

治成，指"综计工作成绩之簿册"。出自《周礼·小司徒》："岁终，则考其属官之治成而诛赏。"注曰："成谓计簿。正所治计会文书。"③在明代只出现1次，《大学衍义补》记载："岁终，则考其属官之治成而诛赏。"④

本章小结

明朝作为最后一个由汉族建立起来的王朝，处于中国古代社会后期，传统文档名词的发展日趋成熟，整体上各类名词渐趋稳定，变化相对较小，其发展特征可以概括为3个关键词：继承、总结、发展。

继承和总结是明代文档名词表现出来的显著特征。元代虽然在模仿唐宋的文化进程中，也对历代使用的文档名词有所继承和发展，但作为一个由少数民族建立起来的统一王朝，文化差异和语言习惯始终影响着对历代文档名词的继承。明代作为由汉族建立起来的封建王朝，对汉文化的理解和继承有着明显的优势，再加上明代统治者对于前朝文献的重视，以及明代中后期印刷出版业的

---

① 《十三经注疏》整理委员会. 十三经注疏：周礼注疏［M］. 北京：北京大学出版社，1999：163.

② 丘濬. 丘濬集［M］. 海口：海南出版社，2006：443.

③ 《十三经注疏》整理委员会. 十三经注疏：周礼注疏［M］. 北京：北京大学出版社，1999：285.

④ 丘濬. 丘濬集［M］. 海口：海南出版社，2006：207.

高度繁荣，在广泛收集和刊印的过程中使得前朝文献被较好地保存，作为书面记录一部分的文档名词借此机会得以被很好地传承。

具体来说，除去"文示""试牍""卷簿""宗卷""资簿""鱼鳞册""鱼鳞图册"七个明代新出现的名词外，其余明代文档名词都是从历史上延续下来的。如"文书""文册""文卷""文簿""文案""簿籍""案牍"等，都是秦汉以来中国古代文献中陆续出现的名词，也是中国古代中后期较具通用性的文档名词，这些文档名词在明代均得以继续发展成熟。此外，多数于元代出现短暂空窗期的文档名词，如"疏簿""对簿""门簿""官牍""典籍""册子""黄册""礼籍""典契"等，在明代得以重新被运用。因而相较于元代，明代对前朝文档名词有更好的继承性和总结性。

从文档名词的族类上来看，明代是各族类文档名词重要的恢复期。如"案族""牍族""典族""图族"相较于元代都有了较大程度的恢复和发展。虽然"文族""卷族""牍族""册族"有新产生的文档名词，但新出现的文档名词无论是使用频次还是使用范畴均在极低水平，并没有对明代整体的文档名词体系产生太大的变革和影响，其余各族文档名词均是继承前朝所得，从而各族类整体上在明代表现出较强的总结性和稳定性。

明代文档名词在继承与总结的基础上也取得了较大的发展，主要表现为明代文档名词普及性的进一步上升，以及各族类文档名词通用性与集中性明显增强，推动人们对于文档事物的认识的继续深入。

从明代文档名词运用频次来看，除"令族""案族"外，明代各族类文档名词，特别是专指性较强的文档名词的频次有一半以上接近甚至超过清代，即多数族类文档名词的使用已于明代达到峰值，标志着专门领域内文档名词在明代已发展成熟，为清代文档名词的烂熟与转型奠定了良好的基础。

从文档名词词义上来看，除去少量文档名词的词义具有文档一体化的特征，如"文书""文示""文卷""案卷""案牍""文簿"等，明代多数文档名词的词义要么偏文书化，如"尺牍""诏书""簿书""凤凰诏""军令"等；要么偏档案化，如"册籍""文册""书契""券书"等。由此可以看出，文档名词发展到明代，文书类含义与档案类含义疏离程度逐步加深，也表现出该时期人们对于文档事物认识得更加深入，文档名词的文书类含义与档案类含义的区分越来越明显，为清代最终出现统一性的档案名词奠定基础。

除此之外，内阁制度推动了明代政务类文档名词的规范化、标准化进程；赋役制度的创新与完善推动了"册族"文档名词的发展，如"鱼鳞册""鱼鳞图册"的首创，"黄册""册子""卷册"等簿册类文档名词使用频次的迅速上升；明代小说的繁荣也促进了文档名词的使用范畴的极大拓宽，明代文档名词朝着更加通用化和普及化的方向发展，推动人们对于文档事物的认识继续深入，均是明代最具特色的发展创新之处。

第九章 清代：烂熟与转型中的文档名词

　　清代（1644—1911年），前后共计268年的历史，它是满汉文化、中外文化相互交流、相互影响的重要时期。其中，1840年鸦片战争是一个至关重要的时间节点，它将清代历史划分为古代史和近代史两部分，也使得清朝成为我国历史上横跨古代与近代两个历史时期的最后一个封建王朝，具体来说，1644—1840年为清朝古代时期（又称"清代前中期""清古代"），1840—1911年为清朝近代时期（又称"清晚期""清近代"）。

　　清代前中期是中国传统文档名词的烂熟期，文献多，出现的文档名词数量庞大，文档名词出现的频次也有所提升。其中，由满汉文化结合而出现的"档案""档子""档册"等"档族"名词是这个时代的创新和亮点。清晚期则处于文档名词术语由少量名词通用阶段向统一术语阶段转变的过渡时期，封建文化的渐趋没落与外来文化的澎湃东来，密切地影响着文档名词的发生、发展，"公文""文件""文凭"等"文族"名词在清晚期的嬗变尤为引人注目。与此同时，"书族""案族""牍族"等其他族类文档名词在清代也发生着或多或少的变化，它们的发生、发展及应用真实地记录着清代语言文化与社会环境的变迁，可谓是另一种意义上的"历史见证者"。

第一节 清代文档名词发生、发展的历史背景

清代，各民族及中外交流日趋频繁，在文档名词和语言文化领域也引起了相应的连锁反应。例如由于满汉语言接触、交流，满语逐渐衰退，最终被汉语所替代；中外文化交流不断加强对"文件"等新名词的发生和发展起到了举足轻重的作用。在不同文化交往日益密切的情况下，其语言文字的接触与交融是不可避免的。因此，对清代文档名词的研究既是对语言文化的研究，又是对历史现象（历史事件）的研究。

一、清代前中期文档名词发生、发展的历史背景

（一）清代前中期政治对文档名词的影响

政治上，清代前中期高度强化的中央集权统治、融军事和人口管理于一体的八旗制度①、更趋严密和完善的文档管理制度等因素，对文档名词在清代前中期的发展演变产生了不同程度的客观影响。

1.政治体制

清代前中期，中央集权统治得到进一步加强，特别是在康雍乾时期达到顶峰。在文档名词领域，则是表现为与皇权和中央集权相关的文档名词出现频次不断攀升，如"起居注""诏书"和"军机处档案"等。

"起居注"一词在清代发展到了顶峰。这种状况的产生与"起居注"一词的演进及官职的设立有关。"起居注"的起源甚早，《汉书·艺文志》已有记载，而"起居注"名称的正式形成应该在东汉，从内容上来看，这时的"起居注"更侧重于"起居"，多记载后宫杂事，仍局限于宫廷内部自行编撰，尚未设有专职与专人负责编撰。直到晋朝时，开始设立起居令、起居郎、起居舍人等官员来编写起居注，其后一直到清朝，各朝代都曾有起居注的撰写。但是，由于动乱与起居注本身尚未成为一个持续性的制度，清朝以前的起居注，

---

① 为行文方便，将八旗制度、军机处这类清代前中期设立并沿用至清晚期的制度或机构等影响因素，统一归入清代前中期进行论述。

大部分已不存。清代，起居注最早在清太宗和清世祖顺治年间即有撰写，但断断续续，直到清圣祖于康熙九年（1670年）正式设立起居注馆，由经筵日讲官来专职编修起居注，其职位多由翰林院的官员兼任，称为起居注官，起居注的制度得以延续下来，极少中断，由此清代"起居注"一词的使用数量呈几何级形势增长（如图9-1）。清代"起居注"主要记载皇帝一天的言行，主要包括上谕、君主处理在京衙门与地方封疆大吏的题本及八旗的奏折、引见臣僚等事项。清朝对起居注十分重视，大学士明珠曾言："起居注皆记载机密事宜，垂诸史册，所关重大，臣等不敢阅。"[①]清代"起居注"记载的事情非常详细，如乾隆二十一年正月：

（十四日——引者注）时夜色已二鼓，上传内阁学士张玉书、翰林院掌院学士陈廷敬、学士张英近御座前，谕曰："每见汉唐以来，群臣协乐，有赓和之诗。今朕虽不敢效古先圣王，亦欲纪一时之盛，可仿柏梁体赋诗进览。"……

十五日癸亥。早，翰林院学士陈廷敬、内阁学士张玉书至乾清门候旨。侍卫捧御制诗序出。群臣集太和殿下，以次各赋诗九十三韵。"[②]

其中完整地记录了时间、地点、人物、事件等诸多事宜，记载内容相当全面。

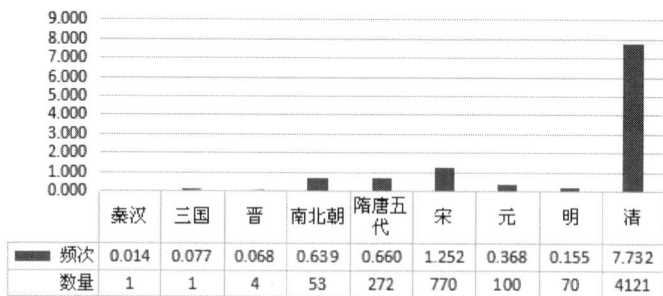

	秦汉	三国	晋	南北朝	隋唐五代	宋	元	明	清
频次	0.014	0.077	0.068	0.639	0.660	1.252	0.368	0.155	7.732
数量	1	1	4	53	272	770	100	70	4121

图9-1 "起居注"一词在各历史时期的出现频次

① 齐木德道尔吉，黑龙，宝山，等. 清朝圣祖朝实录蒙古史料抄 [M]. 呼和浩特：内蒙古大学出版社，2003：317。

② 中国第一历史档案馆. 康熙起居注 [M]. 北京：中华书局，1984：808.

与"起居注"类似的反映清代前中期中央集权统治强化的文档名词还有"诏书"和"军机处档案"等。"诏书"一词在清代出现次数极多，达1980余次，它是皇帝布告臣民的专用文书，它在清代的大量出现表明皇帝对地方和臣民的管理更趋直接和具体，也从侧面反映出清代中央集权得到进一步加强，如："今只须草诏书两道，一拿问刘福，一抚谕孟密，着金砚驰赴军前，令干珠等奉行。"①

军机处是清代中央核心机构，主要辅佐皇帝办理军政要务，雍正朝始设，它的设立标志着我国古代封建君主专制主义中央集权统治达到顶峰。其在日常运行过程中，必然需要形成和管理大量的文书档案，"军机处档案"即作为它的伴生名词而出现，这类重要的军国大政档案在办理完毕后都会妥善保管以备日后查用，如："据称，伊将养廉银三千两捐办。初以其出自恺忱，留于工程备用。旋即降旨，以后停其购解。现有军机处档案可查。"②

2.军事体制

八旗制度是清代独有的，它既是一种人口管理制度，也是一种专门的军事体制，八旗制度对清朝的建立和发展起着十分重要的作用。受此影响，一些与八旗制度相关的文档名词在清代应运而生，如"另记档案""八旗档案""俸禄档案"等。另记档案是清代的一个专有名词，是八旗人户的一种。八旗壮丁原则上三年编审一次，分正户、另户、另记档案及旗下家人等。八旗的户籍编审制度早在入关前就已建立，但各种户籍名称的规范化，是从雍正朝开始的。乾隆初年进而又规定，各旗编造丁册的时候，要区分"另户、开户、户下"等不同身份，并且在各自名下，开写三代履历，还要将另户、另记档案、开户、户下等分别造具清册，八旗的户籍册从此有了各种名目。不同的户籍称谓，表示的是在八旗内不同的身份和地位，而身份和地位的不同，又直接关系到所获钱粮的多少，是不可等闲视之的大事。"另记档案"与"另记档案人"

① 夏敬渠. 野叟曝言［M］. 北京：作家出版社，1993：1268.

② 佚名. 清实录：第20册［M］. 北京：中华书局，1986：235.

是相对应的，因档而得名，"另记档案人"的地位高于奴仆、低于正户。"另记档案"一词在所检索的清代文献中共出现过131次，"另记档案者"4次，说明该词在清代使用频次较高，与清代八旗的户籍管理密切相关。类似的还有"俸禄档案"和"八旗档案"等："八旗都统等遵旨议覆八旗官员俸禄。嗣后每年二月俸禄档案，值开印之初，即便咨部。八月俸禄档案，于七月初五以前咨部。"①"副都统布兰泰疏称：各部所存八旗档案，请各派专员，分年贮库。"②

清代统治者非常重视文书、档案工作，所谓"衙门公事，全凭文案"，在军事作战和后勤保障体系中，其处理军粮运送的机构有专门的文书办理人员，"粮台文案"就是其中的一种。"粮台"是清代官署名，为清代行军时沿途所设经理军粮的机构，该机构中专门负责办理文书的人员称"粮台文案"，如："嗣后除带兵人员实系防剿吃紧，仍准由各省督抚奏请夺情外，其余随营粮台文案各员及并非军务省分之道府以下各官，该督抚不得概行奏留，以示限制。"③

3.文档管理制度

受益于前朝文档管理经验的积累和总结，清代前中期文档管理制度更趋严密和完善，对文档名词的影响主要表现在以下三个方面：

第一，清代前中期有选择性地沿用了前朝的部分文档管理制度，如架阁库和照刷文卷制度等，因此与这些文档管理制度密切相关的一些文档名词得以延续使用。

照刷文卷制度的沿袭，确保了"文卷"一词在清代文档名词领域依然占有一席之地。

第二，受清代前中期文档管理体系变革的影响，一些传统文档名词在内涵、处理机构设置、性质和处理人员的构成等方面发生了不同程度的变化，如

---

① 佚名. 清实录：第8册［M］. 北京：中华书局，1985：316.
② 佚名. 清实录：第10册［M］. 北京：中华书局，1985：412.
③ 佚名. 清实录：第49册［M］. 北京：中华书局，1987：544.

"文案"。在乾隆初年使用的"文案"一词上，当时所指文案事务，主要由笔帖式等微员末吏办理；道光以后的文案，却已有行营（军营）与督抚衙署之分，且所指文案，其内涵除泛指文牍和文书事务外，亦有指代草拟文牍、掌管案宗的幕客幕友或军队吏员之意。但行营文案与督抚文案，在身份和待遇上差别显著，前者为朝廷官吏，可以议叙升擢；后者则是主官聘请的幕友，无官阶无官俸，与主官的关系属于私人性质。如《清实录》记载：

> 朝廷甄叙之典，所以鼓励人材。其襄理幕务，由本官自行延请，与在官供职不同。朕曾通谕各督抚盐政等，概不准将幕友保列，以杜冒滥。前据卢坤奏，请将襄办文案出力之幕友候选州同宋绪加以奖励。①

第三，清代统治阶级非常重视文档管理工作，并建立了一套严密、完整、系统的文档管理制度，使得文档名词内涵方面的专指性和文档的价值重要性在清代都有显著提升。清代统治者一直都对文档管理工作十分重视，入关前就有专门负责文书档案事务的人员，如"笔帖式"等；入关以后除在各衙门广设笔帖式之外，还招募聘用了大量的"书吏"，专门从事公文的接收、处理、撰写、誊抄、寄递和保管查用等文书处理和档案管理工作，并先后设立了名目繁多的文档管理机构，如总务科、机要科、案牍科、编辑课、文牍课、承宣厅等。专业人员和机构的充实进一步促进了文档管理制度和体系的完善，清代在文档的形成与归档、整理、稽查、迁移、编研、利用等方面都有专门的规定和详细说明，例如档案的形成与归档："凡有恩赐，即将送去之人、所赏之人俱登记档案。"②档案的编研："监察御史陈豫朋奏称，吏户两部档案繁多，请开馆纂辑成书。其礼工两部事宜，亦请增辑。查吏部则例，原系归并律例馆修辑，所有新增条例，仍请附律例馆汇集成书。"③同时，这一时期还实行档案副本制度，并对档案遗失或损毁等有专门的罪罚措施。如：

> 后经开户及旗人抱养民人子为嗣，或因亲入旗或良民之子随母改嫁入

---

① 佚名. 清实录：第36册［M］. 北京：中华书局，1986：694.

② 佚名. 清实录：第6册［M］. 北京：中华书局，1985：670.

③ 佚名. 清实录：第10册［M］. 北京：中华书局，1985：188.

旗，或旗下家奴开户及旗下家奴过继与另户为嗣，已入另户档内。后经首明者亦别记档案。令该旗造册三本，一存旗、一咨户部、一咨呈宗人府存案。①

      谕：据盛京户部侍郎富德奏称，牛马税课司失火，所有房屋档案等项俱被焚毁。应将该监督常英照例交部议处，俟伊任满之日，再将所交银两与前任监督等所交查对，倘有缺少，即着落常英赔补，照例治罪等语。税课司档案，甚关紧要。观此失火而焚毁档案，必有情弊。富德彼时，即应提该监督之衙役，将有无情弊之处详细审明。果无情弊，只照疏忽例查议尚可。倘有情弊，所收税课即多，亦应从重治罪。②

受此影响，文档名词的专指性不断强化，出现了大量的专有文档名词，如"上传谕旨""上谕簿""廷寄档""电寄档""谕旨汇奏""丝纶簿"等，这些都是皇帝的诏书、谕旨，但因传达程序不同，则采用不同名称，专指性更强。相应地，在具体的行业领域和应用场景中，还产生了专有的文档名词，特指性更为明显，如"钉封公文"，它作为一种专有名词大量出现于清代文献中，指一种用特殊方法封合的文书——它用钉子先在文书上打孔，而后用纸捻子穿上，以示文书的机密和紧要，一般用于寄递处决囚犯的紧要公文，其作用和性质等同于"斩决公文"，"前年苏州接了一角刑部的钉封文书。凡是钉封文书，总是斩决要犯的居多"。③此外，受益于文档管理制度的不断完善，使得文档管理工作和文档的重要性日趋深入人心，清代对文书的价值作用十分看重，对保管场所有专门规定："然度量权衡，国家政令权力之标帜，犹文书之有玺押，军令之徽章也。"④"这兵机房可非同小可！里面是将军的兵符令箭、印信公文、来往快报，但凡有人擅入，登时打死。"⑤

①　嵇璜，等. 清朝通典 [M]. 杭州：浙江古籍出版社，1988：2072.

②　佚名. 清实录：第13册 [M]. 北京：中华书局，1986：80.

③　吴趼人. 二十年目睹之怪现状 [M]. 上海：上海古籍出版社，2005：249.

④　郑振铎. 晚清文选：卷下 [M]. 北京：中国社会科学出版社，2002：157.

⑤　佚名. 粉妆楼 [M]. 西安：三秦出版社，1994：193.

总体而言，清代前中期文档管理制度更趋严密和完善，促使文档管理工作的重要性和地位得到显著提升，作为文档管理工作语言载体的文档名词不仅获得了更加广泛深入和更高频次的应用，而且文档名词的专门化程度也取得了明显提高。

（二）清代前中期经济对文档名词的影响

清代前中期，对文档名词具有直接影响的经济因素主要有土地赋役制度、工商业制度等。

1.土地赋役制度

在土地赋役制度上，清代前期采用的是"一条鞭法"和"丁银"制度，其主要的征收依据是各家各户的人丁数量，因此"黄册"等户口版籍类文档名词依然起着至关重要的作用，以"黄册"为例，它又称"赋役黄册"，是国家为核实户口、征调赋役而制成的户口版籍，明朝时为征派赋役编造黄册，清前期基本沿用了这种用法，因而"黄册"一词的出现次数和使用频次较为稳定（明51次、清34次），未出现较大幅度的波动。清代中期，雍正朝开始推行"摊丁入亩"新政，一改过往以人丁数量为主要征收依据的土地赋役制度，将人丁税等一概纳入地亩税中一并征收，这直接导致在土地赋役等相关经济工作中，人口户籍类文档名词出现式微迹象，而用以表明统计土地亩数、丈量土地数量的文档名词使用则渐趋活跃，如在清代土地赋役工作上，出现了专门的特殊文档名词——丈量册：

> 十一年，命右侍郎王宏祚订正《赋役全书》，先列地丁原额，次荒亡，次实征，次起运存留。起运分别部寺仓口，存留详列款项细数。其新垦地亩，招徕人丁，续入册尾。每州县发二本，一存有司，一存学宫。赋税册籍有丈量册，又称鱼鳞册，详载上中下田则。①

2.工商业制度

清代前中期的工商业突出表现为手工业工艺的发达，经过长期的经验积累

---

① 王雷鸣. 历代食货志注释：第5册 [M]. 北京：农业出版社，1991：108.

和工艺积淀，清前中期的手工业已经较为成熟、系统，而名器珍品等手工业集大成者多由内务府营造并用于宫廷之中。对于这类器物珍玩的制造，内务府都有详细的记载，并按年月日编成档册，是为"各作成做活计清档"，其主要内容为内务府造办处所属木器作、珐琅作、铜器作等各"作"的制造记录，按年份记载，每"作"之下又按月日时序排纂，始于雍正，嘉庆时改称"旨意题头档"，一直延续至宣统年间。这些活计清档，对于研究清宫的珍藏、宫廷殿阁的陈设、器具珍玩的制作、外国新技术的传入（如枪、炮、子弹、望远镜、地球仪、天文仪器等）以及与外国贸易等等，都是极为重要的第一手资料。

（三）清代前中期文化对文档名词的影响

清代文化主要有三类：汉文化、满文化和外来文化。这三种文化的交流、融合与碰撞，构成了清代文化发展的主旋律，清代前中期以传统文化的继承总结性和满文化的特殊性为主导。

1.传统文化的继承总结

清继明体，满承汉制，清代统治者乐于认同汉文化，因此清代文化对中原传统文化具有很强的继承性。在清代前中期文档名词领域，检索发现"文书""案牍""文案""簿书""文册""档案""案卷""文卷""档册""簿籍""卷宗""文簿""档子""文籍""卷册""文牍""公文"这17个文档名词中，除"档案""档子""档册"外，其他14个文档名词在含义和使用方式上与前代一脉相承，这些名词是秦汉以来中国古代文献中经常出现的名词，具有很强的代表性和积极的继承性。以"文书"一词为例：先秦出现了单音词"书"，秦汉产生双音词"文书"，此后的历朝历代文献中，"文书"一词出现的频率一直处于领先地位，且含义比较固定。主要有：第一，指公文，如收发公文；第二，指从事公文、书信工作的人，此用法甚至沿用至今；第三，指字据、契约，有凭证的含义；第四，指书籍、文章。清代继承了以上用法，如："戊子，谕翰林院：凡部院衙门，俱设司官专管定稿说堂，笔帖式专管翻译，厅官专管收发文书。"① "子富将行，翠凤嘱道：'晚歇耐要来个哩，勿晓得俚哚赎身文书写个阿对。'"②这类名词在数量上占有多数，并且在含义上与前代大致相同。虽然它们有的出现了细微的含义上的拓展变化，但总体而言，还是呈现出了很强的继承关系。这种与前代的继承关系，仍然在清代前中期文档名词中占有主体地位。

另一方面，近代以后在外来文化和新文化的影响下，中国传统文化的影响力逐渐式微，之于中国古代文化发展史而言，清代前中期时期无疑是其演变轨迹中的一个巅峰期。伴随着语言文化上的总结与成熟，传统文档名词在清代前中期也进入了总结与成熟期。从我们检索到的清代文档名词分析，除个别文档名词（如"文牍"）外，清代前中期都是绝大多数文档名词发展演变史上数量最多、频次最高、内涵最广的时期，如"文书""公文""案牍""籍记""典册"等，即大多数文档名词都在清代前中期进入了最为成熟的阶段，这也切合我国古代文化的发展轨迹。

2.满汉文化的交融

清朝是以少数民族为主体统治的王朝，入关之前，满族（女真）文化就开始由原始的萨满文化体系广泛吸收蒙汉等周遭民族文化；入关之后，满汉文化的融合加速了所产生的各具两族特色的清朝文化渐成其文化主体。这一特点，在清代前中期文档名词领域表现得尤为突出，如"档案"一词就是由源于满族文化的"档子"与来源于汉文化的"案卷"合并连缀而成的。③类似的名词还有"档子""档册""册档""文档""案档"等，它们多见于清前期的文献中，多以"档"字为主字，且组词时以"档"字居前者为多、为

① 佚名. 清实录：第7册 [M]. 北京：中华书局，1985：143.

② 韩邦庆. 海上花列传 [M]. 北京：人民文学出版社，1982：420.

③ 丁海斌，王爱华. 再谈"档案"词源问题 [J]. 中国档案，2005（3）：31-33.

主，如"档案""档子""档册"①；除"档子"是由满语"ᡩᠠᠩᠰᡝ"音译之外，其他词语的组成方式均是由"档"字＋与文档相关的汉字构成，相关汉字如"案""簿""册""卷"等，且都表示文档的载体与承载物。这类名词出现以后，便逐渐因其内涵的科学性、满汉文化的交融性等因素相对更容易被接受和认可，不仅大量使用于清代文献，而且近代以后更是被广泛应用于各类社会活动之中。

总的来看，政治、经济、文化等社会因素对文档名词的影响应该是辩证的：一方面，当时的政治、经济、文化等社会因素推动着文档名词的发生与发展；另一方面，文档名词和其他词语的组合客观地记录着政治、经济、文化等社会因素的变化过程。清代前中期是中国传统文档名词的烂熟期，文献多，出现的文档名词数量庞大，文档名词出现的频次显著提升。其中，受益于高度强化的中央集权统治而产生的"军机处档案"以及应用更趋广泛系统的"起居注"等政治类文档名词，与"摊丁入亩"新政相辅相成的"丈量册"等经济类文档名词，由满汉文化融合而出现的"档案""档子""档册"等文档名词是清代前中期的创新和亮点，彰显了政治、经济、文化等社会因素对文档名词发生、发展的强大影响力。

二、清代晚期文档名词发生、发展的历史背景

清晚期封建文化和封建统治的渐趋没落与近代教育、外交、工商业制度的兴起和发展，西方文化和科技的引入，同时发生且相互交织，密切地影响着文档名词在清晚期的发生、发展。在中国文档名词发展演变历程中，清晚期是文档名词术语由古入今、由少量名词通用阶段向统一术语阶段转变的过渡时期。这一时期的文档名词既有自古代沿袭而来的，如"文书"一词；也有自清晚期

---

① 丁海斌，田丹. 论清代文献中所见"档子"一词 [J]. 档案学研究，2012（5）：84-88；丁海斌，田丹. 清代文献中所见"档册"一词研究 [J]. 档案学通讯，2012（6）：24-28；丁海斌，田丹. 清代文献中所见"档案"一词及相关问题研究 [J]. 档案学研究，2013（6）：84-93.

起源的，如"文件"一词；亦有在清晚期嬗化而变的，如"文凭"一词：可谓姿态万千。

（一）清晚期政治对文档名词的影响

政治上，清晚期频繁的军事作战需要、近代教育与外交制度的兴起和发展等因素，对文档名词在清晚期的发展演变产生了不同程度的客观影响。

1.军事体制

清晚期为了巩固对全国的统治以及军事作战的需要，建立了更为完善的驿站制度，而传递军用文书是这类驿站的主要职能之一。"火牌文书"是清代专有的一种军事文书，它是传递军用文书的凭证，主要起证明驿兵身份、注明送达期限等作用。

> 且说这火牌文书到了浙江绍兴府。绍兴府的知府老爷，姓彭名朋，字友三，初任作过三河县……时任绍兴府正堂。一接这个火牌，连忙到了书房内，把彭兴儿叫过来，说："你去请李壮士来。"①

同时，"地图"一词，由于军事作战较为频繁以及对外开放的需要，在清代的使用频次出现明显上升，居于清代"图族"文档名词首位，其出现次数高达521次，这也是"地图"一词在中国古代使用频次的最高峰。这里的"地图"主要是指按照一定比例绘制的地图文件或地图档案：

> 阅土、俄交战地图，俄兵由丹牛浦江东越巴拉堪山，据有克斯登吉城，进攻费里伯布立斯。土京屏障恃阿得里阿拉铺拉炮台，而闻已无斗志。俄军分两路，一薄土京，一由喀立柏里循海而南。土京盖岌岌矣。②

> 将直隶地图细阅，略考水道，约直隶大河不由东西淀而入海者凡三：日南运河……日际河……日北运河。③

2.教育制度

清晚期兴办洋务运动和清末新政改革的过程中，近代教育和学堂开始创立

---

① 贪梦道人. 彭公案 [M]. 呼和浩特：内蒙古人民出版社，2009：58.
② 郭嵩焘. 郭嵩焘全集：第10册 [M]. 长沙：岳麓书社，2012：246.
③ 曾国藩. 曾文正公全集：第1册 [M]. 北京：中国书店，2011：355.

并取得了一定的发展。近代教育的萌芽和发展引起了相关制度和思想观念的变化，其中就包括"文凭"一词内涵的嬗变，"文凭"一词在古代主要是指"用作凭证的官方文书"，尚未出现并使用"毕业证书、学历证明"之类的含义，"文凭"一词的近现代含义和用法，是清代晚期前后才开始使用并逐渐嬗变成型的，而且当时的词义内涵远较今天丰富。在近代教育的萌芽和兴起过程中，人们选择使用"文凭"一词指代"毕业证书、学历证明"并非偶然，因为"文凭"一词在以往就是指"具有凭证性质的官方文书"，在这一类含义中，自然包括"官方制作并颁发的毕业证书或学历证明"，只是由于先前科举制度设置中并无毕业证书这一环节，也无毕业或肄业等说法，近似的称谓即是广为人知的"举人""进士"等，而近代教育体系的创立必然需要"文凭"以及类似的专门术语："学部右丞创为学生毕业不给奖励，唯予文凭之议。"[①]随后，伴随着近代教育的发展以及大量近义名词的出现（如"执照""凭照""证明""字据"等），"文凭"一词的内涵更趋于专门化，逐渐演变为"毕业证书、学历证明"这一专门含义。时至今日，"文凭"一词"毕业证书、学历证明"这一专门含义已经取得了广泛且深入的认可，是一个典型的专门文档名词。除了泛指"毕业证书"外，"文凭"一词还用以指代各类学校、教育机构发放的毕业证书等学历证明，例如毕业文凭、卒业文凭、肄业文凭和修业文凭等："母询学业，则出毕业文凭以视母。其母固不识字，乃又附会其说，母亦信之。"[②]"顺直学堂甲、乙、丙三班学生修业文凭标朱盖章。甲班廿二人已十学期毕业矣。"[③]而且，"文凭"的价值和重要性在清代就已经得到了一些行业的认可和重视，演变出多种类型的专有名词，如教习文凭："至如教师定范，各省宜设师范总学堂一所，分学堂数所。由学部派员考察，次其等第。领有堪胜教习之文凭，方准受徒授学。教课勤惰，亦由学官访察，分别奖

① 恽毓鼎. 恽毓鼎澄斋日记：第一册［M］. 杭州：浙江古籍出版社，2004：321.

② 徐珂. 清稗类钞：第7册［M］. 北京：中华书局，1986：3514.

③ 恽毓鼎. 恽毓鼎澄斋日记［M］. 杭州：浙江古籍出版社，2004：538.

罚。"①行医文凭："予偿献策于凤石师，合凡悬牌者扃试之，医理明通者，给文凭准其行道（门牌须粘文凭于上），否则由巡警查禁而驱逐之。"②由这些较为完整、系统的称谓体系亦可确认，清晚期时近代教育的发展已经初具雏形。

科举制度在清代前中期得以延续，但到了清晚期时伴随着近代教育制度的兴起和发展，传统的科举制度日渐式微。受此影响，与科举制度紧密相关的文档名词在清晚期时逐渐消亡，如"卷摺"一词就是在清晚期时退出了文档名词的历史舞台。"卷摺"一词含义专指性强、应用范围单一，是一个典型的专门文档名词。清代，"卷摺"一词在所检索文献中共出现11处，并且这些文献的编撰年代均属清晚期；它在清代专指"科举考试的考卷"，可资佐证的是以上11处检索结果中"卷摺"一词均为"科举考试的考卷"之意，如《苌楚斋五笔·前人论写卷摺法》："国朝每科殿试鼎甲三名，殿试卷例用玻璃盒装置，陈于礼部大堂三日，任人观览，以资则效。……舒城孙省斋方伯观，为先文庄公受业师，当时以工书名，其卷摺评为七省第一。"③科举考试消失后它也就失去了相应的存在意义，所以在相关事物消亡之后也逐渐消逝了。

3.外交制度

外交，即对外交往，主要发生在清晚期即1840年鸦片战争以后，虽然这类外交更多是被迫的，清政府大都处于被动、不得已的地位，但是客观上却促进了近代政治、教育、外交等社会因素的剧烈变革，进而在一定程度上促进了新的文档名词和文档管理机构的诞生与发展。如驻扎文凭，即驻外大使的赴任凭证，又称"国书"，它是一国派遣或召回大使、公使时，由国家元首致接受国元首的正式文书，分为派遣国书和召回国书，外交使节一般在递交国书后方能正式履行职务。

摺件已缮就矣。刘云生为其外部所持，不令随同呈递国书，经函致威

---

① 郑振铎. 晚清文选·卷下［M］. 北京：中国社会科学出版社，2002：128.
② 恽毓鼎. 恽毓鼎澄斋日记［M］. 杭州：浙江古籍出版社，2004：322.
③ 刘声木. 苌楚斋随笔续笔三笔四笔五笔［M］. 北京：中华书局，1998：1095-1096.

妥玛，属其转致外部，乃得随同一见，而终以国书无名，不认作公使。乃为疏请补发国书。而嵩焘固正使也，亦无驻扎文凭，外部亦曾一问及之；以其意方欲得公使驻扎，不加深求也。故于疏内申明补颁充当公使驻扎文凭，兼列正副使名。①

又如出洋文凭，即出国留学或游学的身份证明如："应请嗣后游历读学生，由学堂选派者，即由学堂筹给资斧。由商局选派者，即由商局筹给资斧。出洋时仍由督抚给与文凭，到洋后仍由出使大臣一体照料。"②

为了满足对外交往和兴办洋务的需要，也为巩固封建统治，清晚期因此创设了很多新的机构，如总理衙门档案机构，近代企业文书档案管理机构，半殖民地文书档案管理机构，等等，这些机构的创立和运行也进一步促进了清晚期文档名词的繁荣与多样式发展，如清代专题档案汇编而成的档册中，就陆续新增了"洋务档""总理各国事务衙门清档"等词汇。

（二）清晚期经济对文档名词的影响

清晚期，对文档名词的发生、发展具有直接影响的经济因素主要有频繁活跃的土地流转、繁荣发达的商业交往以及西方科学技术的传入等。

1.土地赋役制度

清晚期土地流转承租十分活跃，除了贫农与地主之间，地主之间、官民之间的土地出租交易也常有发生。受此影响，"租地档案"等文档名词频繁出现，如："丁亥，谕内阁。徐桐、崇礼奏，遵旨确查礼部南厂官地，并请核定亩数立案各摺片。据称礼部租地档案不全。"③

2.工商业制度

清晚期的商业呈现出繁荣发展的景象。商业的繁荣发达，必然伴随着大量且频繁的社会交易。作为商业交易的伴生物，契据合约、会计账簿等文档名词便得到了更广泛的应用，如：

---

① 钟叔河. 走向世界丛书：第4册［M］. 2版. 长沙：岳麓书社，2008：107－108.
② 任继愈. 中华传世文选：第12册［M］. 长春：吉林人民出版社，1998：580.
③ 佚名. 清实录：第56册［M］. 北京：中华书局，1987：30.

过了两日，田雁门忽然请黄子文到自己房间里坐下，说道："……书局的事，兄弟既然答应了一手接济，不便食言。如今有四千银子的庄票在此，兄先拿去，创办起来。以后倘有不敷，再写信给兄弟，另行筹汇，决不致事败垂成的。"黄子文接过庄票，便道："我二人相见以心，那些契券文凭的故套，也可以蠲免的了。但是无论如何，我必断不负此重任就是了。"①

此外，清代会计制度的不断完善促进了"簿书""簿册""账簿"等会计类文档名词的应用，如："其取息几何，其已用及未用几何，登之簿书，岁终会计。"②而洋务贸易和对外商业的兴盛，使得西方商业体系的部分内容也被介绍和引入国内，如讼师文凭，即律师从业资格证："闻西国设有数科，量材取士……讼师亦须深明律例，考有文凭，方准行世。无论何学，总期实事求是。坐而言者，可起而行焉。"③专利文凭，即现今所称专利许可证书：

丕登者，如士人考得新理新法，工商创成一技一艺，即献诸国家，由商部考验，上者锡以爵禄，中者酬以宝星，下次亦准其擅为专门之艺，或传为世业，或专利数年，国家给以文凭，以杜通国工商剿袭仿造。即国家欲仿其新法者，亦与本人商购，偿以重赏。④

3.科学技术

科学技术作为影响生产力发展水平的重要一环，同时也是经济发展中重要的社会因素之一，新型科学技术的发明使用，对社会各方面都会产生不同程度的影响。19世纪40年代前后，电报技术在西方国家陆续投入使用，电报的便捷高效对军事作战通讯的提升效果尤为显著，一经采用便得到了各国的青睐和重视。鸦片战争以后，西方列强在华或占地或设立租界，为了管理和控制这些远离本土的利益，19世纪80年代前后，电报技术就被西方列强引入中国并催生出

① 蓮园. 负曝闲谈 [M]. 上海：上海古籍出版社，1985：83.
② 刘大櫆. 刘大櫆集 [M]. 上海：上海古籍出版社，1990：154.
③ 任继愈. 中华传世文选：第12册 [M]. 长春：吉林人民出版社，1998：195.
④ 任继愈. 中华传世文选：第12册 [M]. 长春：吉林人民出版社，1998：172.

"文电""文报"等文档名词。这两个名词都是在清晚期，即电报技术传入之后才开始被使用，且使用初期都主要用来代称"电报"等含义，如：

为详请事，窃本路钦奉谕旨，收归国有。四月十五日，奉到宪台行知度支部、邮传部文电，十七日即奉到宪檄，分委各员前往公司，按照部电所指各节，查明造报。公司以部派查报，尚须请旨办理，并非接收；细绎文电，且有请宪台察酌情形，分别电覆，藉资参酌等语，遵即转知驻宜公司，妥为接洽。①

（三）清晚期文化对文档名词的影响

清代文化主要有三类：汉文化、满文化和外来文化。这三种文化的交流、融合与碰撞，构成了清代文化发展的主旋律。具体而言，清晚期突出表现为中外文化的交流与碰撞以及通俗文艺的兴盛，这些变化都反映在文档名词的发展演变上。

1.中外文化的碰撞

外来文化的引入对文档名词的发生、发展及演变产生着重要的影响，这一时期人们迫切地汲取和学习西方先进科学技术与文化，大量翻译外国文献，使文档名词领域涌现出"文件""文档""文电"和"文报"等新兴名词。

（1）"文件"一词的出现与使用

《枢垣记略》内文中使用了"文件"一词，该书成稿于1823年前，原文如下："军机章京随围系轮班前往，不随往者每日满、汉各二人诣内阁听报，满洲章京在诰敕房，汉章京在蒙古堂祗候。遇有行在，军机处文件分别照行。"②此处的"文件"一词与我们现在的理解是基本一致的，用来表示朝中各处传递的公务文书。

与《枢垣记略》同时期的《皇清奏议》一书中也出现过"文件"一词。原文为："所安各塘不过以备驰递文件之用，只可以唐古忒番兵安设，是以每塘挑选附近番兵四、五名，就地添设，并交噶布伦等办给口粮。"③此处同样表

---

① 佚名. 清末实录（外十一种）[M]. 北京：北京古籍出版社，1999：106.

② 梁章钜. 枢垣纪略 [M]. 北京：中华书局，1984：144-145.

③ 张羽新. 清朝治藏典章研究 [M]. 北京：中国藏学出版社，2002：63.

示清代官方文书。

据笔者统计，"文件"一词在清代各类书籍文献中共出现440次，涉及书目达90本，光绪年间该词的出现次数更是高达345次。该词在第一次鸦片战争之前的使用多用于记载国内事务，多见于奏折等公务类书籍，表示文书、公文等意。而1840年之后，该词的使用范围更广，既有表达外国事务的用法，又有沿用之前表示国内政务的内容。记录体裁也更多样，除了出现在官方公务文书中，私人的笔记、小说中也出现了"文件"一词，如表9-1所示：

表9-1 清代"文件"一词出现情况

成书时间（年号）	书名	出现次数	文献体裁
嘉庆	《皇清奏义》	1	官方史料
	《随园随笔》	1	私人笔记
	《枢垣记略》	1	官方史料
道光	《碑传集》	1	私人笔记
	《那文毅公奏议》	1	私人笔记
	《西藏奏疏》	1	官方史料
	《平定回疆剿擒逆裔方略》	1	私人笔记
	《陶云汀先生奏疏》	1	私人笔记
	《夷氛闻记》	1	私人笔记
	《子良诗存》	1	私人笔记
	《铜政便览》	1	官方史料
	《海国四说·兰仑偶说》	1	私人笔记
咸丰	《张文襄公奏义》	11	私人笔记
	《曾文正公奏稿》	3	私人笔记
	《东华续录》	2	私人笔记
	《海运续案》	2	官方史料
	《吴文节公遗集》	2	私人笔记
	《三略汇编》	3	私人笔记

续表

成书时间（年号）	书名	出现次数	文献体裁
同治	《曾忠襄公文集批牍书札》	1	私人笔记
	《东华续录》	3	私人笔记
	《航海述奇》	11	私人笔记
	《胡文忠公遗集》	1	私人笔记
	《涧于集》	1	官方史料
	《蕉轩随录》	1	私人笔记
	《李文恭公遗集》	2	私人笔记
	《李文忠公奏稿》	13	私人笔记
	《太医院志》	2	官方史料
	《刑部通行條例》	1	官方史料
	《左文襄公年谱》	1	私人笔记
	《治台必告录》	2	私人笔记
	《中复堂遗稿》	1	私人笔记
	《许文肃公遗稿》	5	私人笔记
光绪、宣统	《兵学新书》	2	私人译著
	《曾惠敏公使西日记》	1	私人笔记
	《曾惠敏公奏疏》	2	私人笔记
	《曾文正公年谱》	1	私人笔记
	《曾忠襄公文集批牍书札》	1	私人笔记
	《出使美日秘国日记》	1	私人笔记
	《出使日记续刻》	3	私人笔记
	《春秋左传诂》	1	官方史料
	《大清光绪新法令》	80	官方史料
	《大清删除新律例》	2	官方史料
	《矿学心要》	2	私人笔记
	《丁文诚公奏稿》	1	私人笔记
	《东华续录》	33	私人笔记
	《读例存疑》	1	私人著述
	《环游地球新录》	2	私人笔记

续表

成书时间（年号）	书名	出现次数	文献体裁
光绪、宣统	《京师大学堂章程》	1	官方史料
	《戡定新疆记》	1	私人笔记
	《钦定吏部铨选则例》	5	官方史料
	《两淮盐法志》	7	官方史料
	《列国陆军制》	15	官方史料
	《两浙輶轩续录》	1	私人笔记
	《林文忠公政书》	1	私人笔记
	《清经世文三编》	3	官方史料
	《清经世文续编》	22	官方史料
	《日本国志》	3	私人笔记
	《日本源流考》	1	官方史料
	《三洲日记》	3	私人笔记
	《盛世危言新编》	2	私人笔记
	《时务通考》	45	私人笔记
	《西巡回銮始末记》	2	私人笔记
	《适可斋记言记行》	6	私人笔记
	《出使英法义比四国日记续》	3	私人笔记
	《出使英法俄国日记》	19	私人笔记
	《伦敦与巴黎日记》	11	私人笔记
	《顺天府志》	1	官方史料
	《四川盐法志》	1	官方史料
	《东行续录》	1	私人笔记
	《东行初录》	3	私人笔记
	《望山庐日记》	1	私人笔记
	《英轺日记》	5	私人笔记
	《谭嗣同集》	1	个人传记
	《原富》	1	私人笔记
	《约章成案汇览》	38	官方史料
	《证俗文》	1	私人著述
	《海上尘天影》	1	小说
	《西巡大事记》	3	私人笔记
	《行素斋杂记》	1	私人笔记

续表

成书时间（年号）	书名	出现次数	文献体裁
光绪、宣统	《中西兵略指掌》	3	私人笔记
	《钦定大清现行新律例》	1	官方史料
	《清稗类钞》	1	杂记
	《太平天国战记》	1	私人笔记
	《澄斋日记》	3	私人笔记
	《洪秀全演义》	2	小说
	《廿载繁华梦》	1	小说
	《孽海花》	2	小说
	《异辞录》	2	私人笔记
	《述庵秘录》	1	私人笔记

在清代，知识分子多为社会上层人士，这些大家或本身在朝中身居要职或为朝中大臣的幕僚。从"文件"一词所在的书稿来看，除了一些大臣用于远赴国外考察的见闻记录外，一些未曾远洋海外，但谙悉朝中政事的官臣，也将"文件"一词用来记录时事。方浚师便是其中之一，作为晚清大臣，他所作的《蕉轩随录》一书内容涵盖政事、经史、评诗等社会生活多方面，该书系晚清笔记丛书之一，具有重要史料价值。书中有段政事记录如下："予曾历试以各国洋字文件，均能通晓译写，此非其明效与？考试之奏，出台臣、阁臣，发明《春秋》正论，事虽未罢，而有名无实矣。"①

此处的"洋字文件"即外国公文资料，同文馆学习外国文字，作者自身也通晓外文，可见学习西方的文字、文化已然成为当时社会上层的流行趋势，而"文件"一词在此多与"洋字""书稿"等事物联系，也体现了该词的时代特性。从这些有关对外时事事务的记录中可看出，"文件"一词的使用已具备一定的认可度，在该时期形成了较为稳定的内涵。

19世纪末，该词日渐得到文人的青睐，开始比较普遍f 出现在文人的笔记中。如果说19世纪中期至19世纪末，"文件"一词的使用特点主要表现为数量

① 方浚师. 蕉轩随录 续录［M］. 北京：中华书局. 1995：321.

的增长，那么，19世纪末至清朝覆灭，该词的使用特点体现于所在的文学体裁种类的丰富，在私人著述方面，不仅将"文件"记述在笔记中，更是在小说、杂记等市井化的记述形式上有所创新，这为"文件"一词的广泛使用奠定了民间基础。

这一时期，小说、杂记数量大幅增加，叙述题材多是暗讽当局或记录市井生活，其相较于官方的烦琐书文，更受百姓欢迎，这些图书不仅在内容思想上吸引着民众，更引导着民众习惯新潮的用语。在这些载体中逐渐开始运用"文件"一词，运用语境也多是与公务事项结合在一起，这推动了该词民众化的使用进程。

无论是私人笔记还是官方史料既然能如此运用，说明该时期"文件"一词已经得到了清朝上层阶级的认可，使用数量虽然不是非常之多，但开始较为广泛地出现在这些史料或笔记中，"文件"在此时使用频率也较之前一段时期有所提高。该词的运用范围不断扩大，但其使用语境和含义却较为稳定，这为近现代该词的广泛使用奠定了基础。

（2）"公文"一词的广泛使用

同时，受外来文化的影响，中国古代传统文档名词的出现频次和词语内涵在清代晚期也发生了或大或小的演变，如"公文"一词虽在我国古代使用较为连续，但由于其大都用于专指"官方政务文书"这一特定概念，所以在清晚期以前应用范围较为有限，出现频次始终较低。清晚期时其使用次数大幅增长，受益于西方政治制度和文档管理体系的传入，以及清政府企图借助改革实现国家近现代化的过程，以曾纪泽所撰《出使英法俄国日记》一书为例，据统计该书中共出现"公文"一词442处，如："承局中总办派人赴华，极所欣感。俟局中有公文通知，余当为之转达，且将写荐函数封，分致译署暨南北洋大臣。"[①] 与此相似的还有《伦敦与巴黎日记》（"公文"一词出现21处）、《东行初录》（"公文"一词出现6处）等书，这些书均为晚清政府所派驻外

---

① 钟叔河. 走向世界丛书：第5册［M］. 2版. 长沙：岳麓书社，2008：281.

国特使所撰，由于是在出使外国期间所撰，因此这些书籍所使用的语言和名词难免不受到外国文化的影响；同时，作为特使他们可谓是当时社会最了解和知悉外国文化与政治体制的一群士人，即"通洋务，知政体"，掌握外文并结合对国内外政治、文化、词汇等背景知识的理解，他们所撰写的日记或笔记类著作中大量使用"公文"一词，反映出在近代化背景下，"公文"一词内涵的合理性、科学性愈发凸显的趋势，"公"的含义也从"朝廷、官方"向"国家、社会"转变。同时，政府管理制度、公务流程和公文体例的变化，使得"公文"一词的含义更加明晰、细化，能够更加准确地指代公务文书，从而使"公文"一词在清晚期获得了更为广泛的使用。类似的文档名词还有"文凭"等，"文凭"一词"学历证明、毕业证书"之近现代含义的最早出处实为美国传教士裨治文①用中文编写而成的《美理哥合省国志略》，该书初刻于1838年，为当时的中国知识界人士提供了当时所能看到的最新、最全、最可靠的美国概况，尤其是美国历史沿革、政治制度的介绍，填补了中国人对美国认识的空白，是为当时中国人认识美国的主要教科书。以上新名词的兴起和传统名词内涵的嬗变，无不彰显出中外文化的交流和碰撞对清代文档名词的起源和发展产生了深刻且久远的影响。

2.通俗文艺的促进推广

清代晚期的通俗文艺较为兴盛，突出表现为通俗小说的大量出现和"京剧"等新形式民间艺术的形成。清代前中期以文言文和白话文杂糅的手法写就的通俗小说因为易于阅读、趣味性强等因素得以迅速传播和发展，清晚期时人们开始探索便于民众读书识字的方法，于光绪年间兴起了白话文改良运动，并由此引发了"小说界的革命"。以小说为代表的通俗文学的快速发展与大量传播，对文档名词的推广和普及具有显著的促进作用。检索发现，"公文""文

---

①　裨治文（Elijah Coleman Bridgman，1801年—1861年）是第一位来华的美国传教士。他于1830年2月抵达广州，积极学习中文，包括中国文化和宗教等。创办并主编英文《中国丛报》月刊，介绍报道中国语言、文化、历史、艺术、典制等，还将中国《孝经》译为英文，并用中文编写了《美理哥合省国志略》。

件""案牍""文案"等文档名词在清晚期通俗小说中大量出现，说明这些文档名词在清晚期时已经获得了普遍认可，融入了百姓日常生活及文学创作中，也表明更符合人们日常交流需要和语言习惯的文档名词具有更为旺盛的生命力。"文案"一词在清晚期通俗小说中使用频繁，当时"文案"一词有文件、档案之意，如："临安府把文案呈上郡王，郡王是个刚直的人，便道：'既然恁地，宽了崔宁。且与从轻断治。……'"①又可作为官名使用，如称呼衙门里的官员为"文案老爷"，指旧时衙门里草拟文牍、掌管档案的幕僚，其地位比一般属吏高，见于清末中篇小说《老残游记》第四回："像你老这样抚台央出文案老爷来请进去谈谈，这面子有多大！"②

　　民间艺术作为通俗文艺的另一种表现形式，其口口相传的传播方式对文档名词的发生、发展亦有较为显著的促进和推广作用。例如清晚期"文书"一词新出现了"曲艺名词、弹词的别称"这一专门用法：

　　　　说唱古今书籍，编七字成句，坐中者开口弹弦子，横坐者佐以洋琴……五月十九，仓桥元帅庙有文书老会，凡省中唱书者不取阁钱，挨唱一回，以家伙到庙先后为序，不甚知名者以此为荣也。庙中惟备茶点，人家喜事、生日多用之。③

　　类似地，通俗文艺给予了文档名词更为广泛的应用领域，也给传统文档名词注入了更多新的活力，这类文档名词的内涵和应用频次也得到了相应的拓展和提高。

　　总的来说，清晚期处于文档名词术语由古入今、由少量名词通用阶段向统一术语阶段转变的过渡时期，这一时期独特而复杂的政治、经济、文化等社会因素影响着文档名词的发生与发展，例如近代教育、外交等政治因素的影响推动着"文凭""公文"等传统文档名词在清晚期的内涵转变，繁荣的工商业

---

①　冯梦龙. 警世通言［M］. 北京：人民文学出版社，1956：97.

②　刘鹗. 老残游记［M］. 2版. 北京：人民文学出版社，1982：33.

③　浙江省通志馆. 重修浙江通志稿：第2册［M］. 标点本. 北京：方志出版社，2010：1080.

和科学技术等经济因素促进着"簿册""契券文凭"等文档名词的发展，并催生了"文电""文报"等技术伴生类文档名词，中外文化的交流和通俗文艺等文化因素不仅直接影响着"文件""文档"等新兴文档名词的起源，而且直接促进了文档名词在清晚期的广泛传播和深入推广。而这些文档名词的发生、发展及应用也真实客观地记录着政治、经济、文化等社会因素在清晚期的变迁过程，可谓是另一种意义上的"历史见证者"。

第二节　清代文档名词概述

清代，作为中国古代由少数民族统治的最后一个封建王朝，有着特殊的时代烙印。它在文化上有很强的总结性和少数民族的特殊性，这些也反映到文档名词的发展演变上。

一、清代文档名词的构成、内涵与构词特点

（一）构成

清代主要文档名词共201个，涉12个族类，如表9-2所示。它们之中，既有自古代沿袭而来，如"文书"一词，据不完全统计，中国古代大约有240余个文档名词，而它们之中竟有八成左右在清代仍有使用，表现出较为鲜明的继承性；也有自清代起源而生，如"文件"一词，是为新增文档名词（参见表9-3）；亦有在清代化变而嬗，如"文凭"一词；与此同时，也有一部分文档名词在清代已不再使用，属消亡型文档名词，可谓姿态万千。

表9-2　清代主要文档名词汇总表①

族别	名词	名词总数
文族	文字、文献、公文、文书、文报、文移、文凭、文卷、文案、文稿、文件、文牍、文牒、文檄、文告、文榜、文典、文状、文契、文电、文疏、文册、册文、文札、文诰、书文、策文、文解、文表、文墨、文奏、文按、文约、文档、文款、文验、文计、文记、典文、图文、文翰、文历、文示、文帖、文券、文帐、文符、文证、文簿、中古文、架阁文字、架阁文书	52
档族	档案、档册、册档、档子、文档、案档	6
书族	文书、书籍、诏书、书牍、书奏、簿书、书翰、书文、书案、书稟、书诏、书契、书簿、官书、书记、事书、典书、书典、册书、牍书、贤能之书、赤爵衔书、凤凰衔书、架阁文书、赤雀衔丹书、赤爵衔丹书	26
案族	案牍、文案、案卷、档案、书案、案牒、案记、簿案、案档	9
簿族	簿记、典簿、簿籍、簿书、簿子、书簿、簿领、簿状、簿案、卷簿、簿历、文簿、簿牒、主簿、官簿、黄簿、班簿、选簿、名簿、对簿、上簿、军簿、兵簿、批簿、收簿、候簿、门簿、疏簿	28
籍族	书籍、载籍、籍记、簿籍、户籍、册籍、典籍、图籍、籍帐、籍奏、籍注、法籍、黄籍、籍册、礼籍、籍图	16
卷族	文卷、案卷、卷册、卷宗、卷摺、宗卷、卷牍、卷簿	8
牍族	公牍、案牍、文牍、书牍、简牍、函牍、竿牍、卷牍、官牍、牍书、牍聿、尺牍、奏牍、试牍、篇牍、稟牍、讼牍、篚牍、瓯牍、连牍、札牍、荐牍、吏牍、军牍	24
册族	册子、册籍、卷册、典册、档册、册宝、册档、文册、册文、黄册、册印、祝册、籍册、册祝、鱼鳞图册、鱼鳞册、丈量册、册书	18

① 部分文档名词于不同族类之间有重合，如"文书"一词同时包含于"文族"和"书族"，下文同。

续表

族别	名词	名词总数
典族	典簿、文典、典册、典谟、典籍、典训、六典、典诰、典法、典例、训典、典票、典契、典书、典文、典宪、典则、书典、典证	19
图族	地图、图表、图籍、图谱、图、图法、符图、图牒、图文、籍图、鱼鳞图、鱼鳞图册	12
特殊	六典、诏书、质剂、傅别、约剂、官书、岁会、八法、八柄、九贡、九两、九功、五刑、礼籍、事书、官契、质要、比居、比要、礼命、要会、月要、治成、治中、治要、治凡、书契、中古文、丈量册、起居注、赤爵衔丹书、鱼鳞册、鱼鳞图、凤凰诏、鱼鳞图册、赤雀衔丹书、赤爵衔书、凤凰衔书、三梦之法、架阁文字、架阁文书、贤能之书	42

表9-3　清代新增文档名词汇总表①

时期	产生背景		
	满汉文化融合	中外文化交流	特殊领域应用所需
清古代	档案、案档、档册、册档、档子	文件、文档	批簿、军牍、丈量册、典票
清近代		文电、文报	卷摺

　　清代消亡文档名词有"文引""资簿""版簿""讯簿""校簿""簿最""八法""八则""月成""事书"共计10个文档名词，它们都属于特殊或专门文档名词，消亡的原因主要是名词本身的词语内涵单一、应用领域狭窄，在所指代的对应事物消失后便丧失了原有的应用价值，如"八法""事书"等。另外，还有一种情况是原有文档名词的使用空间被其他名词所取代而导致的消亡，如"文引"一词主要是指通关文凭，在清代被"文凭"和"证明"等更加明确、有效的名词逐渐取代。

---

　　① 新增是指此前所有历史时期从未使用而在清代首次出现的文档名词；消亡是指相邻的前个历史时期（此处指明代）仍有使用，但清代不再使用的文档名词。

（二）内涵与构词特点

清代文档名词的内涵与构词特点主要体现在以下几个方面：

第一，在类别上，其中既有单音节词，如"图"，也有双音节和多音节词，如"文书""中古文"等，但以双音节词为主。具体而言，201个文档名词中，双音节词185个，占92%；多音节词15个，占7%；单音节词1个，不足1%。族别方面，"文族"居首，含52个名词，占26%；"档族"最少，仅有6个名词，占3%；其他族类居于两者之间，较为均衡，一般包含20个左右文档名词。在这些文档名词之中，大部分名词（如"公文""文书""起居注"等）是从清以前便开始使用并沿用至清代；也有一部分名词（如"档案""档册"）是从清代才开始兴起并在清晚期得以延续发展；除此之外，还有一部分名词（如"文电""文报""文件"）则是发源于清晚期并从此得以发扬光大，详见表9-3。

第二，用计量语言学方法对检索数据分析可知，在这12个族类中，"文族"出现频次居首，远高于其余族类，其出现频次几乎相当于第二大族类"书族"的2倍以上；且按照出现频次排序，出现频次最高的前五个名词也大都属于"文族"。也就是说，清代时"文族"文档名词使用最为广泛，在该时期各类型文献中大量出现，因此，有必要在后续研究中给予其重点关注。

第三，清代201个主要文档名词中，新近形成的文档名词共有14个（如表9-3所示），它们分别是"文件""文电""文报""文档""档案""档册""册档""档子""案档""批簿""卷摺""军牍""丈量册"和"典票"。除"批簿""卷摺"等出现频次较少的专门文档名词外，在其中使用较为频繁、对后世影响较大的名词主要有"文件""文档""档案"等"文族"和"档族"文档名词，即清代新增文档名词主要集中在"文族"和"档族"，类别上渐趋单一。此外，这些新近形成的名词都在一定程度上受到了外来文化（如满族文化、西方文化）的影响，清代前中期主要是满族文化的影响，而清晚期正处于近代化历程之中，受西方文化影响较为显著，外来文化的影响是清代文档名词发展演变的重要影响因素之一。

二、清代文档名词的应用解析

（一）清代文档名词的总体特点

第一，清代文档名词所涉文献丰富，角度不同。中国古代文献资料的留存，尤以清代数量最多。清代既形成了《四库全书》等古代文献总汇，又产生了大量的本朝文献，这些本朝文献反映了十七世纪到二十世纪初近三百年的历史，对印证清代史实具有很强的凭证作用，对现今各个领域的建设也具有很强的参考作用。清代文献的名称和种类繁多，不下数百种，既有皇帝发布的诏令文书，又有记载皇帝言行和政务活动的档案，也有记载皇室和皇族事务的档案以及外交文书等。从文字上看，绝大部分是汉文档案，小部分是满文或满汉文合璧档案，也有少量其他少数民族文字的档案和外文档案。从内容上看，涉及政治、经济、军事、外交、文化、教育、艺术、天文、地理、气象、民族、外国侵略、人民革命运动，以至宫廷生活、典章制度等各个方面。

第二，清代中国传统文化进入了烂熟期。从我们检索到的清代文档名词来看，除个别文档名词（如"文牍"）外，绝大多数文档名词到清代都进入了最为成熟的阶段，不论从出现的次数、频次，还是名词的内涵，都是历史上数量最多、频次最高、含义最广的时期，说明传统文档名词已进入到了烂熟期。具体来说，在主要文档名词中，"文书""案牍""文案""簿书""文册""案卷""文卷""籍簿""卷宗"等的出现次数和频次都有所提升。唯有"文簿"一词有所降低，这与清人的偏好有关，与元代有些相似，元代"文簿""文牍"等词的使用频次也有所降低。

第三，满汉文化融合所产生的新的文档名词是清代文档名词发展变化的亮点。这在中国历史上是少见的，元代并没有发生这种文化融合。此外，中国古代文档名词中，受外来语影响而产生的文档名词也很少。因此，不论从文档名词对后世的影响，还是从外来语与汉语的结合的角度看，清代"档族"文档名词的产生都是十分重要的历史事件。

（二）清代文档名词的继承性

清承明制，满承汉制，清代统治者乐于认同汉文化，因此清代文化具有很强的对传统文化的继承性。具体表现在文档名词上，通过我们的检索发现，在"文书""案牍""文案""簿书""文册""档案""案卷""文卷""档册""簿籍""卷宗""文簿""档子""文籍""卷册""文牍""公文"这17个文档名词中，除"档案""档子""档册"外，其他14个文档名词在含义和使用方式上与前代一脉相承，这些名词是秦汉以来中国古代文献中经常出现的名词，具有很强的代表性和积极的继承性。

我们以"文书"一词为例：先秦出现了单音节词"书"，秦汉产生双音节词"文书"，此后的历朝历代文献中，"文书"一词出现的频率一直处于领先地位，且含义比较固定，主要有：第一，可以指公文，如收发公文；第二，可以指从事公文、书信工作的人，此用法甚至沿用至今；第三，可以指字据、契约，有凭证的含义；第四，可以指书籍、文章。其中，前三种用法延续至当代。清代亦继承了以上用法，如："戊子，谕翰林院：凡部院衙门，俱设司官专管定稿说堂；笔帖式专管翻译；厅官专管收发文书。"[1]"子富将行，翠凤嘱道：'晚歇耐要来个哩，勿晓得俚哚赎身文书写个阿对。'"[2]

此外，除"文书"一词外，清代所主要使用的文档名词中继承特征明显的还有"案牍""案卷""文案""文册""文卷""簿书""文簿""簿籍""公文"等。它们在数量上占有多数，并且在含义上与前代大致相同。它们有的虽然也有细微的含义上的拓展变化，但总体而言，还是呈现出了很强的继承关系。这种与前代的继承关系，仍然在清代文档名词中占有主体地位。

（三）清代文档名词的创新性

尽管清朝统治者十分注重对先进文化的吸收借鉴，但在语言使用上，在清代官方文字"满汉同文"的背景下，满汉语言相互借鉴、融合是不可避免的，

---

[1]　佚名. 清实录，第7册 [M]．北京：中华书局，1985：143.

[2]　韩邦庆．海上花列传 [M]，北京：人民文学出版社，1982：420.

满语言对汉语言的渗透也是不可避免的；此外，近代以后，中外文化交流过程中也对文档名词的发生、发展产生了重大影响。具体而言，在文档名词领域，"档案""档子""档册"三个名词是这类创新性的突出表现。①

第一，关于"档子"。"档子"一词在创新上有一定的特殊性，主要原因在于其源于满语"𡀔"（Dangse）一词的汉语音译。在对"𡀔"一词的翻译过程中，早期使用音译比较多，所以"档子"一词多出现在清前期的文献中，但数量不多。"档子"一词的使用范围比较狭窄，多出现在正史，以及少量的笔记和小说中。"档子"一词在史部文献的《满文老档》《清实录》中多次出现。在《清实录》中的也主要出现在清前期的几位皇帝的实录当中，如《清世祖章皇帝实录》和《清高宗纯皇帝实录》。从这个角度来讲，说明该词与满族民族文化关系十分密切。在具体含义上，清代"档子"一词可泛指"文档"。如清代"档子房"一词为清代中央、地方衙署及八旗营房中办理文书和管理档案的机构的统称。与它同义或相近的名词有"档房""档案房""满档房""汉档房""黄档房"等。"档子房"的主要职责是缮写文书，保管各官署定期缮修和汇抄的档册、收发文登记簿、公文底簿及有关文书等，部分档子房兼做文书处理和人事工作。如：

> 副都统布兰泰疏称：各部所存八旗档案，请各派专员，分年贮库。该旗有应查事件，行文该管衙门，费用印文到部，交八旗司员，会同堂主事查看。该司有应查档案之处，移文付档子房，会同查阅。至八旗存贮档案，亦按年编号，令笔帖式收掌。任满之日，该参领查明无失，出具甘结。参领等更替，一并查明交代。从之。②

因为同一个满语词有不同的翻译方法，所以清代"档子"一词也经常与"档案"一词等义。如：

---

① 丁海斌，田丹. 论清代文献中所见"档子"一词［J］. 档案学研究，2012（5）：84-88；丁海斌，田丹. 清代文献中所见"档册"一词研究［J］. 档案学通讯，2012（6）：24-28；丁海斌，田丹. 清代文献中所见"档案"一词及相关问题研究［J］. 档案学研究，2013（6）84-93.

② 佚名. 清实录：第10册［M］. 北京：中华书局，1985：412.

内阁奏言：内三院既改为内阁，另设翰林院，查旧例各有分管职掌。今再行详酌，及应归各衙门者，分列款项奏请内阁职掌：一、具题纂修实录等项书籍各官职名。……一、登记世官档子。一、收揭帖红本票签档子。①

另外，"档子"一词也常常指专门档案，如人事档案和财务簿册档案等。

第二，关于"档册"。从统计结果和时间范畴来看，"档册"一词在清前期文献出现次数略多于"档子"，同样具有鲜明的满语色彩。从清代各种文档类名词的比较来看，"档册"一词的使用数量和频率并不高，处于中等偏下的水平。从使用方式上来讲，"档册"一词在清代的使用，已经具备了一定的"属概念"（大类概念）地位，即与其他词合缀，以偏正词组的身份构成一种二级类别的新词组，如起居注档册、人丁档册、会审档册、钱粮档册、户口档册、兵马档册、吏部兵部档册等。从广义上讲，"档册"一词可泛指档案册籍，尤其多指会计类的档案，即账簿登记册等；也常常具有其他专指含义，如档案登记簿、编年体档册等，如："是以将本年额赋，再行蠲免。其上年及今年春夏间已完之项，著该督抚董率有司，详细确查，记明档册。"②

第三，关于"档案"。"档案"一词是满汉合璧的结果，"档"来源于满语，"案"来源于汉语，是满汉同文过程中满汉语言融合的结果。从文献检索结果来看，清人对"案族"文档名词比较偏爱。因此除"档子""档册"外，"ᡩᠠᠩᠰᡝ"一词在音意合译时汉语选择"案"字就比较容易理解了。清代出现的"档案"一词，无论在形式还是内涵上都是清代对文档类名词发展的一大创新，并随着时代的发展从近代开始逐渐成为统一性名词。"档案"一词在清代文献中出现的频率较高，呈现出前多后少的局面，并具有一定的连续性。从康熙朝开始，"档案"一词被更多地使用。在清前期的康、雍、乾、嘉、道五朝，其使用频次达到高潮。

---

① 佚名. 清实录：第3册［M］. 北京：中华书局，1985：962.

② 佚名. 清实录：第8册［M］. 北京：中华书局，1985：727.

　　从检索出来的数据来分析，"档案"一词在《清实录》中出现频率最高，《清太宗文皇帝实录》中就有所出现，而在《清高宗纯皇帝实录》中出现"档案"一词多达278处，使用频率极高。一方面由于乾隆在位时间较长，其历史功绩较多；另一方面也由于经过顺治和康乾盛世的培育，满族文化在当时达到了鼎盛时期，说明当时满文化的影响仍然很大，也说明经过一段时间使用，"档案"已逐渐被人们所接受。道光朝以后各实录，"档案"一词使用的频次大大降低，说明了满文化的影响在降低，人们在汉语文献中更多地使用"案牍"等汉语固有的名词，较少使用与满文关系密切的"档案"。这样，从语言的演变角度也折射出了社会发展的轨迹。

　　清人已经在某些语言环境中使用具有现今意义的"档案"一词，另外，该词的意义还可以扩展到文书等相关词汇。如："满洲每参领下酌派二员，蒙古、汉军每参领下酌派一员，授为贴写笔帖式，办理一切档案事件，五年期满。"① "户部军需局系因办理军务而设，此时自无庸设立专局。着照户部所议，将该部军需局裁汰。一切档案，酌量分派陕西山西二司承办，以复旧制。"②

　　除此之外，清晚期时"文凭"一词内涵的嬗变以及"文件""文电""文报""文档"等新名词的形成与发展也都在多个层面和维度上体现了清代文档名词的创新性，后文中我们将对这类文档名词给予详细阐释，此处不再冗述。

第三节　清代各族类文档名词

　　如前文所述，清代文档名词共包括12个族类："文族""档族""书族""案族""簿族""籍族""卷族""牍族""册族""典族""图族""特殊"。其中，"文族"名词在出现次数、频次等方面皆处于领先地

---

①　佚名. 清实录：第8册［M］. 北京：中华书局，1985：170.

②　佚名. 清实录：第33册［M］. 北京：中华书局，1986：1075.

位，这一点与此前的历朝历代相近；"特殊"处于第二位，但是名词分布相对分散，出现频次也较低；"档族"仅包括6个名词，却是全新的族类，是清代的一大特色，并对后世有较大影响，诸如此类。总的来说，中国古代历史上主要的族类文档名词在清代均有使用，且在各族类内部均有突出使用的文档名词，例如"公文""文件""文凭"之于文族，"文书"之于"书族"，"文案""案卷"之于"案族"，"档案""档子""档册"之于"档族"，这些名词即是在对应族类起代表性作用的、主要的文档名词。

一、清代"文族"文档名词

（一）"文族"文档名词的构成、内涵与构词特点

如表9-4所示，清代"文族"文档名词包括"文书""公文""文件""文凭""中古文""架阁文书"等52个文档名词。

表9-4　清代"文族"文档名词汇总表

族别	名词	名词总数
文族	文字、文献、公文、文书、文报、文移、文凭、文卷、文案、文稿、文件、文牍、文牒、文檄、文告、文榜、文典、文状、文契、文电、文疏、文册、册文、文札、文诰、书文、策文、文解、文表、文墨、文奏、文按、文约、文档、文款、文验、文计、文记、典文、图文、文翰、文历、文示、文帖、文券、文帐、文符、文证、文簿、中古文、架阁文字、架阁文书	52个

其族类特征主要有：

第一，"文族"文档名词是中国古代文档名词中最具代表性和典型性的一类名词，不管是在各个朝代还是在整个中国古代历史上，它的出现次数、频次及所含名词数量多高于其他族类，其应用范围极为广泛，在文档名词研究中极具代表性。清代"文族"文档名词的使用数量、频次亦均高于其他族类。

第二，在类别上既有双音节词，也有多音节词，但以双音节词为主。具体而言，52个文档名词中，双音节词49个，占94%；多音节词3个，占6%。

第三，在结构上，"文族"文档名词大多以"文"字为主进行组词，并

且将"文"字置前者居多，如"文书""文字""文契"等，共43个，约占83%；"文"字后置结构较少，如"书文""策文""中古文"等，共7个，约占13%。除此之外，也有在"文族"名词前置以修饰语形成新的多音节专有文档名词的情况，如"架阁文字""架阁文书"，共2个，约占4%。

第四，在词性上以复音合成词为主，其组合方式主要有四种：一是单音节词"文"+表示载体的单音节词，如"文牍""文札""文牒""文案""文簿"等，其中"文"主要取"刻画、书写"等动词含义，"牍""札""牒""案""簿"表示物质记录载体的形态，类似名词的渐次形成与演变也折射出中国古代历史上文字记录载体的演变；二是"文"+表示具体内涵的单音节词，它们组合在一起用以表示"与文字记载有关的事物"，如"文"+"凭"（证据、证明）组合成"文凭"一词，在古代表示用作凭证的官方文书，近现代则表示"毕业证书、学历证明"，它们的效力均需要通过文字等形式记录下来以作凭证，这类的"文"通常取"表示记录语言的符号（如文字）以及与之有关的事物"的含义，类似的名词还有"文契""文约""文证""文帐"等；三是限定性单音节词+"文"，如"公"（朝廷、国家）+"文"组成"公文"一词表示"官方政务文书"，"图"（图谶）+"文"组成"图文"一词表示"图谶之文"，类似的名词还有"策文""典文""中古文"等；第四种则是"架阁文字""架阁文书"这类专有名词，即修饰性双音节词+"文族"双音节词组成新的复音词用以表示专门含义，这类名词的应用范围较为有限，一般只出现在专门领域且大都起源于古代中后期，这是因为它们的形成需要一个大前提——相关复音词的出现并发展趋于成熟，用法和含义已经较为固定并取得了较高的认可度。

（二）"文族"文档名词在清代的应用

清代"文族"文档名词的出现次数、频次及所含名词数量均高于其他族类，究其原因，在于"文族"的主词"文"的主要含义是指文字符号，以其指代"原始性符号记录"①在内涵上颇具科学性。总之，"文族"文档名词在清代文献的适用范围相当广泛，在清代文档名词中具有极强的代表性。正如图9-1所示，在"文族"文档名词内部，"文书""文字"属于高频次文档名词，说明它们在清代具有较为广泛的内涵和应用范围，如"文书"一词不仅可指代公务文书，而且还可代指私人文书，泛指性和综合性强，因此具有较高的使用频次；除一些高频次通用性文档名词外，清代"文族"文档名词还有一些专指性低频次文档名词，如"公文""文卷""文凭""文验"等，这些名词大都是指某一专业领域内的某一类专门事物，单指性或特指性强，如"文验"专指证明身份的文书、"公文"则被限定于"官方政务文书"这一概念范畴，因此这些名词的使用范围和出现频次相对较低。

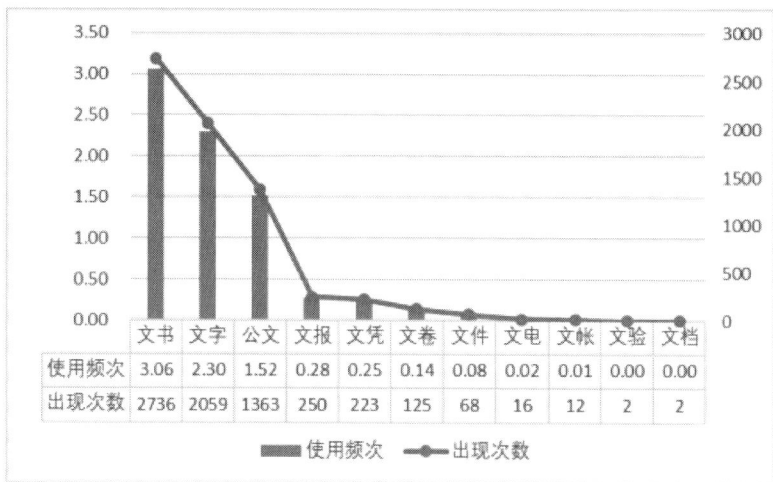

	文书	文字	公文	文报	文凭	文卷	文件	文电	文帐	文验	文档
使用频次	3.06	2.30	1.52	0.28	0.25	0.14	0.08	0.02	0.01	0.00	0.00
出现次数	2736	2059	1363	250	223	125	68	16	12	2	2

图9-1　清代主要文族名词使用频次与出现次数图

（三）主要"文族"文档名词介绍

清代"文族"主要文档名词包括"文书""文件""公文""文凭""文档""文案""文卷"等。这些文档名词中有一部分与其他族类存在交叉关

---

① 笔者在给档案下定义时，与传统档案定义的最大不同是加入了"符号"一词，即将档案定义为"人们有意识保存起来的人类活动的原始性符号记录"。见丁海斌、李娟《从信息划分与定义规则出发再谈档案定义》（《档案》2011年6期）。

系，本书考虑将"文书"置于"书族"，"文案"置于"案族"，"文卷"置于"卷族"，以避赘述之嫌。

"公文""文凭""文件""文档"作为清代"文族"代表性文档名词，它们之间有着鲜明的差异性与共同点，其差异性主要体现在起源的时间范畴不同，"公文""文凭"二词在清代以前就已经出现并得到较为广泛的应用，如"公文"一词起源于东汉，"文凭"一词在唐代也已经出现；而"文件""文档"二词则是在清代（更确切地说是在清晚期）才开始形成并逐步发展成熟的文档名词，起源时间范畴的不同是这四个文档名词最为显著的差异。梳理这四个文档名词的发展脉络和演变趋势，它们的共同之处在于，清晚期即近代以后它们在出现频次或词语内涵上都发生了较为显著的变化，颇为引人注目。因此，对这四个清代"文族"主要文档名词的介绍与研究不仅要关注其在清代前中期的发展，而且更要注意到它们在清晚期时的变化。

1.公文

"公文"一词，为古词今用，是现代汉语常用词，为双音节、"文"字后置结构。它取"公"字意为"属于国家或集体的"，取"文"字意为"用文字记载下来以及与之有关的事物"，组合成"公文"一词，通常指处理或联系公务的文件。"公文"一词至晚出现于东汉末年，始见于东汉末年荀悦所撰《汉纪·武帝纪》："苞苴盈于门庭，聘问交于道路，书记繁于公文，私务众于官事。于是流俗成矣，而正道坏矣。"①它是先秦产生的单音节词"文"在秦汉时期与单音节词"公"等其他词素融合发展的产物。

梳理"公文"一词的发展脉络，如图9-2所示，清代以前"公文"一词自东汉产生起，除三国时期外，从两晋开始，历经南北朝、隋唐五代，宋、元直至明，它一直被沿袭使用，连续性强，但是在清代以前，"公文"一词并不具有特别突出的地位，其使用量和应用范畴都比较有限，只能算作中国古代历史上众多文档名词中的较为平凡的一个名词。进入清代以后，特别是在清晚期，

---

①　荀悦，袁宏. 两汉纪：上册 [M]. 北京：中华书局，2002：158.

"公文"一词的出现频次迅速提升，并在民国时逐渐跃升为汉语常用词，两相对比，地位悬殊，这主要是得益于外来文化的传入和国家近现代化改革的需要。显然，清代尤其是清晚期之于"公文"一词的发展演变具有不容忽视的显著意义。

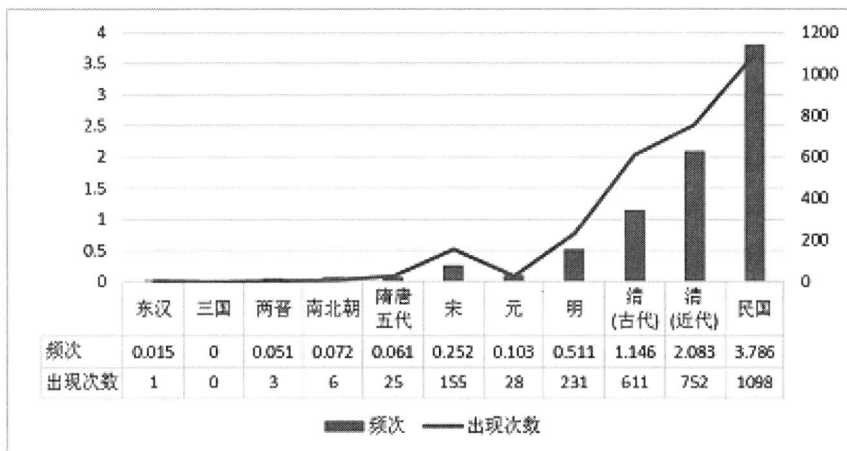

图9-2 "公文"一词在各历史时期的频次和出现次数

类似文献、史实都显著表明，清代以来"公文"一词能够取得高速发展与外来文化的影响以及外国政治制度、文档管理体系的传入存在着密切关联；同时，受外来文化影响而愈加清晰明确的词义也为"公文"一词在民国时期的高速发展并最终跃升为现代汉语常用词奠定了坚实的基础。

"公文"一词在我国古代已经具有十分明确的含义"谓在官文书"[①]和较为固定的应用范畴"官方政务文书"。

清代以来，即使"公文"一词在外来文化的影响下出现了使用量剧增并渐次向高频词、近代通用文档名词演变，但它的主要含义与应用范畴仍然较为固定，基本不变。以《出使英法俄国日记》为例，该书中大量使用"公文"一词，但概括起来，其用法颇为固定，主要有两个含义：

一是公文草稿。因曾纪泽作为特使出使海外，且部分公文涉及中外语言的

---

① 长孙无忌，等. 唐律疏议［M］. 北京：中华书局，1983：203.

翻译校对问题，因此该书中大量出现"核公文"或"核改公文"等字样，即核校修改公务文书。如：

> 廿七日 阴。巳初二刻起，茶食后，阅英文。写一函加致译署总办，核改公文稿二件。饭后，写一函寄李相，一禀呈九叔父。申正二刻，偕内人率女儿、甥女赴命妇裴隐士家茶会，酉正归。饭后，至智卿室坐极久。核公文三件。亥正，偕清臣赴命妇穆尔司瓦次家茶会。子初二刻归，丑初睡。[1]

> 十六日 晴。辰正二刻起，添编寄总署电十余字。茶食后，登楼，催湘浦诸人查发码号。与女儿一谈。核阅英署译官所翻公文。调洋墨良久。[2]

二是由机构或组织出具的正式文件，如：

> 德国克虏伯炮局局董驻法者哈师来谒，谈极久。请余往观其局。余答以明春公事稍暇，当往一游。又请余致书中国官宪，言该局欲与吾华径相交易，不愿假手于经纪之人干预购办枪炮机器之事；现将派一局董，前赴中华谒见官宪，面谈贸易之要，求余写荐信数函。余答以"径相交易，彼此有益，中国官宪久有此意。承局中总办派人赴华，极所欣感。俟局中有公文通知，余当为之转达，且将写荐函数封，分致译署暨南北洋大臣。惟派去之人，必须真明机器、枪炮之事，且须清廉不苟之人，乃能有益。派去者不能带枪炮、机器，却须多带图样，面为讲说，以备中华采择"。哈师唯唯而去。[3]

此外，晚清梁章钜在《浪迹续谈》一书中对"公文"一词在古代及当时的用法和通行含义做了简单考证："《三国志·赵俨传》：'公文下郡。'《北史·苏绰传》：'所行公文，绰皆为之条式。'今人上行下行之件，亦同此称。"[4]对比发现，古往今来，"公文"一词始终具有明确的行政属性，与官方政务活动密切相关，"公"字已决定了其根本性质，即属于国家或集体。有

---

① 钟叔河. 走向世界丛书：第5册 [M]. 2版. 长沙：岳麓书社，2008：326.

② 钟叔河. 走向世界丛书：第5册 [M]. 2版. 长沙：岳麓书社，2008：562.

③ 钟叔河. 走向世界丛书：第5册 [M]. 2版. 长沙：岳麓书社，2008：281-282.

④ 梁章钜. 浪迹丛谈 续谈 三谈 [M]. 上海：上海古籍出版社，2012：168.

鉴于此，"公文"一词并不像"文书""案卷"等既可指代公务文书也可指代私人文书，它仅可作为"公务文书"的代称。这也明确表明，外来文化的影响只是改变了相应的社会环境，帮助"公文"一词成为近现代化过程中更契合公务活动和日常交流需要的通用文档名词，然而它并没有改变"公文"一词自古代起源初期就蕴含的词义和自身所包含的古代文化源流。

总结发现，清代各类文献中，时间越往后发展，"公文"一词的出现频次和契合度越高（几乎所有的检索结果都是），这说明"公文"一词在清代已经逐步取得广泛认可并被普遍使用。这一时期，"公文"一词不仅活跃在政府公务领域，在丛书、通俗小说等民间文学创作中也都随处可见它的身影，如"海捕公文""批票公文""一角公文""钉封公文""斩决公文"等大量专有名词的出现就是鲜明的例证，这些专有名词的大量应用也从侧面反映和佐证了"公文"一词在清代已经取得了官方和民间的一致认可，且已具有属概念的性质，与具体名词相结合便可用以专指某些特殊事物。

（1）海捕公文、批票海捕公文、批票公文。海捕：旧时对逃亡或隐藏的犯人，以文书形式通行各地，犹如后来的通缉。海捕公文，就类似于现今的通缉令，也可兼作办差官员的身份证明，具有介绍信的性质，是一种政府出具的通缉文书和办案凭证。与"海捕公文"意思相近的用法还有"批票海捕公文"和"批票公文"等。

> 老爷问说："你两个人是临安的班头？"柴元禄说："是下役在临安太守衙门当捕快。"老爷说："既是你们出来办案，可有海捕公文？拿来我看。"济公说："老爷要问公文，是昨天晚上在店里丢的。"①

> 众喽卒闻听，不由得生起气来，遂用双手带一横拦着贾明，大声问道："你找谁呀？"贾明答道："我拿那个穿白衣服的贼人。"喽卒头目问道："你是哪衙门的官人？带有批票海捕公文吗？"②

---

① 郭小亭. 济公全传［M］. 长春：吉林文史出版社，1998：322.
② 张杰鑫. 三侠剑：上册［M］. 北京：中国文史出版社，2003：77.

胜爷又说道："我可并不认识他，我是办案的，这个老头是大飞贼，他故意打扮的这宗模样，他将我蒙混啦。你如不信，可以将你们掌柜的请来，我这里还带着批票公文呢！"列位，茶铺饭馆子都明白这个，没有敢验批票公文的。①

（2）一角公文、这角公文。在清代文献中，发现有大量"一角公文""这角公文"的用法，经分析，此处的"一角"应为量词，其含义当类似于现如今所言"一件公文""这件公文"。

钱塘县就发一角公文到上海县，存了一个案，准了金月兰具结取保出去。把一场天大的官司化得来无影无踪，烟消火灭。②

李兰生接到了这角公文，不敢怠慢，连忙叫上四个能干差役，吩咐一番。又去知照捕房，派了两个巡捕协同拿捉。③

塔翻译先掀帘进去，只见雯青静悄悄的，正在那里把施特拉《蒙古史》校《元史·太祖本纪》哩，见两人连忙站起道："今儿俄礼部送来一角公文，不知是什么事？"说着，把那个金边白封儿递给塔翻译。④

（3）钉封公文、斩决公文。"钉封公文"（又称"钉封文书"），它作为一种专门文书大量出现于清代文献中。钉封公文，简称钉封，古用名词，为旧时一种用特殊方法封合的文书。它用钉子先在文书上打孔，而后用纸捻子穿上，以示文书的机密和紧要。一般用于寄递处决囚犯的紧要公文，其作用和性质等同于"斩决公文"，且这种用法主要出现在清代。

前年苏州接了一角刑部的钉封文书，凡是钉封文书，总是斩决要犯的居多。⑤

我道："文书何以要用钉封，这却不懂，并且没有看见过这样东

① 张杰鑫. 三侠剑：下册 [M]. 长春：吉林文史出版社，1996：891.

② 张春帆. 九尾龟 [M]. 济南：齐鲁书社，1993：11.

③ 张春帆. 九尾龟 [M]. 济南：齐鲁书社，1993：228.

④ 曾朴. 孽海花 [M]. 上海：上海古籍出版社，2001：122.

⑤ 吴趼人. 二十年目睹之怪现状 [M]. 上海：上海古籍出版社，2005：249.

西。"继之道："儿戏得很！那文书不用浆糊封口，只用锥子在上面扎一个眼儿，用纸捻穿上，算是一个钉子，算是这件事情非常紧急，来不及封口的意思。"我道："不怕人家偷拆了看么？"继之道："怕甚么！拆看钉封公文是照例的。譬如此刻有了钉封公文到站，遇了空的时候，只管拆开看看，有甚么要紧，只要不把他弄残缺了就是了。"①

官叫差役拿辫子在他头上去验，验得颜色粗细，与及断处痕迹，一一相符。从此便是跪铁链、上夹棍、背板凳、天平架，没有一样不曾尝过。熬不过痛苦，只得招了个"强奸不遂，一时性起，把妇人杀死。辫发被妇人扭住，不能摆脱，割辫而逃"。于是详上去，定了个斩决。……今天斩决公文到了，只怕那请旌的公事，也快回来了。②

在《粉妆楼全传》一书中，还曾出现过对"公文"存放地点和重要性的描述，将其与兵符令箭、印信和来往快报等重要物件相提并论："这兵机房可非同小可！里面是将军的兵符令箭、印信公文、来往快报，但凡有人擅入，登时打死。"③可见在清代时"公文"已经基本等同于"文书""文案"等名词，用以专指办理公务的文件，且具有一定的保密性，被作为重要文件妥善保管，有严格的管理制度。

由以上内容为代表的清代通俗小说大量使用"公文"一词，说明清代时"公文"一词已经获得了普遍认可，融入了百姓日常生活及文学创作中，也间接预示了"公文"一词在晚清以后的持续增长以及由于符合人们的交流需要和语言习惯被普遍认可之后所蕴含的旺盛生命力。正是在清代，在外来文化的影响下，"公文"一词的应用范围得以持续扩展，其高频词地位得以确定，最终逐步发展为现代最为常用的代表性文档名词之一。

2.文凭

现今"文凭"一词的基本含义为"毕业证书、学历证明"，它象征着一个

---

① 吴趼人. 二十年目睹之怪现状［M］. 上海：上海古籍出版社，2005：250.
② 吴研人. 二十年目睹之怪现状［M］. 上海：上海古籍出版社，2005：300.
③ 佚名. 粉妆楼全传［M］. 西安：三秦出版社，1994：193.

人文化水平和受教育程度的高低。但"文凭"一词在我国古代主要是指"用作凭证的官方文书"，尚没有出现并使用"毕业证书、学历证明"之类的含义。"文凭"一词的近现代含义和用法，是清代晚期前后才开始使用并逐渐嬗变成型的，而且当时的词义内涵远较今天丰富。

　　"文凭"一词在清晚期前后由古代词义向近现代词义的嬗变，是一个渐进的、连续的过程。具体而言，这一过程主要体现在三个方面：

　　第一，"文凭"一词的产生及其在古代（含清代前中期）的发展。"文凭"一词最早出现于唐代李德裕《会昌一品集》别集卷五《王智兴度僧尼状》："臣今於蒜山渡点其过者一日一百余人，勘问惟十四人是旧人沙弥，余是苏常百姓，亦无本州文凭，寻已勒还本贯。"[①]据考，《会昌一品集》共分本集、别集、外集三部分，"内皆武宗时制诰"[②]，会昌即为唐武宗时年号。这表明，至晚在唐武宗年间，"文凭"一词已经产生并被应用于文献之中。其后，历经宋、元、明、清、民国，到现今，"文凭"一词的使用从未中断过，呈现出极为鲜明的连续性特征（如图9-3所示）。

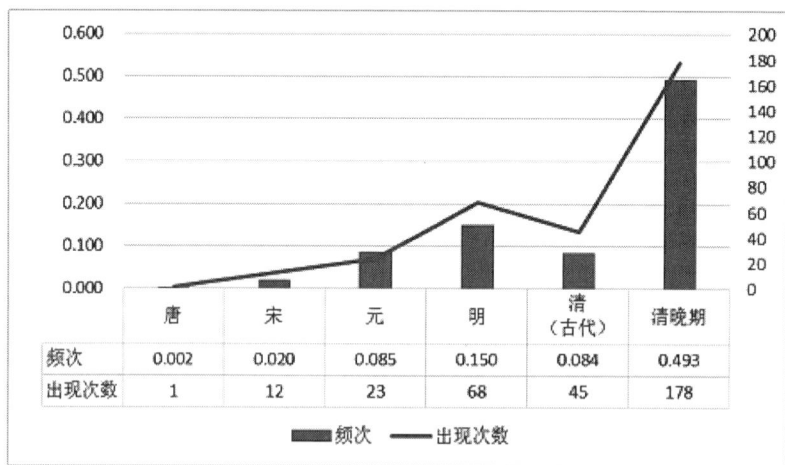

	唐	宋	元	明	清（古代）	清晚期
频次	0.002	0.020	0.085	0.150	0.084	0.493
出现次数	1	12	23	68	45	178

图9-3　"文凭"一词在各朝代的频次和出现次数统计图

①　李德裕. 李卫公会昌一品集　别集　外集　补遗［M］. 北京：中华书局，1985：211.

②　中国大百科全书出版社编辑部. 中国大百科全书中国文学：1［M］. 北京：中国大百科全书出版社，1988：381.

在古代包括清代前中期，"文凭"一词主要有两种含义：一是"旧时官吏赴任作为凭证的文书"，如《水浒传》第五十五回："当下凌振来参见了高太尉，就受了行军统领官文凭，便教收拾鞍马军器起身。"①二是"旧时官府发给百姓的证明文书"，如《文献通考·征榷一》："凡民有遗嘱并嫁女承书，令输钱给印文凭。"②概括而言，即"用作凭证的官方文书"。作为文档名词来讲，"文凭"一词是以"文"为主字，表明与"文字"和"文字记载物"等事物的密切联系；但其内涵却以"凭"字为重，即主要起凭证作用，表现出很强的含义专指性，应用范畴和使用方法颇为固定，甚至比较单一，是一个典型的专门性文档名词。

第二，"文凭"一词在清晚期前后的嬗变过程。清晚期前后，"文凭"一词开始出现"学历证明、毕业证书"这一新含义，如魏源《海国图志》卷五十九："回忆少年在本国舍农业儒、登大学之堂者三年，始进会城书院而肄业，于各国古今文史、地理、天文、律例规条、四时土产悉欲博览研求，以应每岁掌院临场汇考，毋得逾等，在内四年，文凭给领。由是出而进于大院，习古圣经文，亦幸上等。三年别换文凭。"③该处的"文凭"一词已经明确体现出"学历证明、毕业证书"之类的含义。这篇文字的原始出处为美国传教士裨治文④用中文编写而成的《美理哥合省国志略》，该书初刻于1838年，为当时的中国知识界人士提供了当时所能看到的最新、最全、最可靠的美国概况，尤其是美国历史沿革、政治制度的介绍，填补了中国人对美国认识的空白，是为当时中国人认识美国的主要教科书。目前所见，这可能是"文凭"一词"学历证明、毕业证书"之含义的最早出处。

---

① 施耐庵. 水浒传 [M]. 济南：齐鲁书社，1992：415.

② 马端临. 文献通考 [M]. 杭州：浙江古籍出版社，1988：147.

③ 魏源. 海国图志 [M]. 长沙：岳麓书社，1998：1641.

④ 裨治文（Elijah Coleman Bridgman，1801年—1861年）是第一位来华的美国传教士。他于1830年2月抵达广州，积极学习中文，包括中国文化和宗教等。创办并主编英文《中国丛报》月刊，介绍报导中国语言、文化、历史、艺术、典制等，还将中国《孝经》译为英文，并用中文编写了《美理哥合省国志略》。

晚清前期，由于"文凭"一词的近现代含义刚刚兴起，所以这一阶段"文凭"一词仍然处于古代与近现代含义并用阶段，以郭嵩焘所著《伦敦与巴黎日记》为例，"文凭"一词的古今含义在该书中均有使用，如："廿三日。发总署公文四件：一、咨复应给新加坡领事俸薪，一、咨新加坡领事胡璇泽禀请总署核议收取出洋船牌费及出洋民商身格纸费，一、请酌颁领事官文凭（官员赴任的凭证文书——引者注），一、咨德使奏调参赞。"① "初十日。……其总办都得尔腿他出，副总办罗斯马仑迎于车次，预备马车至学馆，洋语曰阿尔格立据尔堵尔②……来学者必先试之，每六月一加试，二年半出院，给以文凭（毕业证书、学历证明——引者注），并农部尚书主之。"③

总体来看，晚清前期类似同一部著作中同时使用"文凭"一词古代与近现代含义的情况屡见不鲜，在具体使用量上也难分伯仲。这也符合文档名词发展的一般规律，即人们的语言习惯和社会心理的转变并不是一蹴而就的，它需要一个渐进的适应、认可和接受的过程。

晚清后期及民国，"文凭"一词的词义发生了较大转折，其古代常用含义"用作凭证的官方文书"等用法渐趋消亡，使用空间日渐被其他词义相接近的名词所挤占，如"凭据""证明"等；相反，"文凭"一词的近现代含义"毕业证书、学历证明"日益被认可并广泛传播，逐渐地取得了统治地位并固定下来，延续至今。按照时间顺序，《那桐日记》中所用语言的变化即较为鲜明地体现出晚清后期至民国期间"文凭"一词的以上两种变化趋势：

《那桐日记》东使（即出使日本，1901—1902年）日记："今日喜宾会④约入会，捐资六十元，给与文凭小印，姑照办。"⑤

《那桐日记》光绪三十年（1904年）："专条一款，以法文为凭，又俄皇

①　郭嵩焘. 郭嵩焘全集：第10册［M］. 长沙：岳麓书社，2012：489.

②　阿尔格立据尔堵尔，Agriculture（农业）的音译。——原注

③　郭嵩焘. 郭嵩焘全集：第10册［M］. 长沙：岳麓书社，2012：593–595.

④　喜宾会，日本于1893年成立的首个吸引外国游客来日的斡旋机构。

⑤　北京市档案馆. 那桐日记［M］. 北京：新华出版社，2006：391.

给罗、微两大臣文凭, 又我清给庆王、翁、张文凭, 与徐悦陶照录一分, 存外务部丞参堂, 以备外交因应。"①

《那桐日记》宣统三年（1911年）: "初九日 早进内, 巳正散值。未正到协和医院, 第一次学生五年毕业发给文凭, 余首先登台演说, 至四点始散。是日中西客数百人, 其盛举也。"②

《那桐日记》中华民国三年（1914年）: "十四日 午后熙四亲家太太来道乏。今日在汇丰银行存玉件二匣, 立有洋文凭据一纸。"③

在"文凭"一词内涵嬗变的同时, "毕业证书、学历证明"这一新含义的加入使得"文凭"一词具有了更符合近现代社会发展和语言文化需要的含义, 从而进一步拓宽了"文凭"一词的应用范围。如上文图9-3所示, 其应用频次在清晚期出现较为明显的提升。

第三, 影响"文凭"一词内涵嬗变的主要因素。概括来讲, "文凭"一词在清晚期的嬗变主要受以下两个方面的影响:

（1）西方传教士的影响。如前所述, 美国传教士裨治文用中文编写的《美理哥合省国志略》一书是目前所见"文凭"一词"学历证明、毕业证书"之近现代含义的最早出处, 该书是外国传教士中文著述中影响较大的一种, 其后魏源的《海国图志》、梁廷枏的《海国四说》、徐继畬的《瀛环志略》等著作中关于美国的部分莫不以此书为主要依据和蓝本, 进一步促进了"文凭"一词近现代含义的广泛传播。除此之外, 也有传教士将"diploma"（毕业文凭、学位证书）译为"凭文""执照"等, 这些近义名词的对比使用间接推动了"文凭"这一新事物在中国的传播和发展, 亦在一定程度上促进了"文凭"一词内涵的嬗变、转化。

（2）近代教育的兴起与发展。清晚期, 即近代以来, 在兴办洋务运动和清末新政改革的过程中, 近代教育和学堂开始创立并取得了一定的发展, 与以

---

① 北京市档案馆. 那桐日记 [M]. 北京: 新华出版社, 2006: 507.

② 北京市档案馆. 那桐日记 [M]. 北京: 新华出版社, 2006: 685.

③ 北京市档案馆. 那桐日记 [M]. 北京: 新华出版社, 2006: 773.

往官办书院、私人书塾不同的是，这些学堂主要讲授算术、几何、地理乃至外语等课程，课程设置与西方国家极为相似，其最初目的即是培养洋务人才，方便学习和引入国外先进科技、制度等，主要服务于军事和工业建设，以求实现"自强""求富"。这些举措在客观上促进了近代教育的萌芽和发展，而近代教育的萌芽和发展必然会带来和引入一些新的变化，例如制度和思想观念的变化，其中就包括"文凭"一词内涵的嬗变。在近代教育的萌芽和兴起过程中，人们选择使用"文凭"一词指代"毕业证书、学历证明"并非偶然，因为"文凭"一词在以往就是指"具有凭证性质的官方文书"，在这一类含义中，自然包括"官方制作并颁发的毕业证书或学历证明"，只是由于先前科举制度设置中并无毕业证书这一环节，也无毕业或肄业等说法，近似的称谓即是广为人知的"举人""进士"等，近代教育体系的创立势必需要"文凭"以及其他专门术语："学部右丞创为学生毕业不给奖励，唯予文凭之议。"①换句话说，清晚期前后"文凭"一词"毕业证书、学历证明"之类内涵的出现和使用并没有突破其先前"用作凭证的官方文书"这一大概念，它只是这一大概念中的其中一类专门情况。随后，伴随着近代教育的发展以及大量近义名词的出现（如"执照""凭照""证明""字据"等），"文凭"一词的内涵更趋于专门化，逐渐演变为"毕业证书、学历证明"这一专门含义。时至今日，"文凭"一词"毕业证书、学历证明"这一专门含义已经取得了广泛且深入的认可，是一个典型的专门文档名词。

研究发现，清代"文凭"一词不仅继承了我国古代常用的两类含义，而且新出现了"毕业证书、学历证明"这一近现代含义，并且在清晚期这一阶段，这三类含义都有使用、同时存在，在具体使用过程中它们还衍变和拓展出许多专门名词和用法。

（1）旧时官吏赴任作为凭证的文书

这一用法自古代沿袭而来，在清晚期文献中仍有使用，是其古代含义在清

---

① 恽毓鼎. 恽毓鼎澄斋日记［M］. 杭州：浙江古籍出版社，2004：321.

晚期时的主要体现。如："二月初一日（十九日）晴。五孙弥月，午刻祭告先人。吉甫来贺。饭后访吴子清谈。子清十去秋简甘凉道，九月中道出蒲州，为乱兵所掠，仅以身免，沿途贷借而归，文凭虽未失，然官已去矣。"① "地方办差人员，无法应给，以予接洽有素，仍事事向予晓聒。而自己又须趁此赶办赴任手续，领文凭，谒吏部，公私交迫，忙碌殆不可言状。"②

（2）旧时官府发给百姓的证明文书

与上一用法相比，该用法虽然也是继承自古代，且为"文凭"一词在古代的两类主要含义之一，但是清晚期时这一用法使用量极少，尚不足10处。如："是晚朱、褚众人，也不回去，一齐在此歇息，以便明日送行。次日绝早便起身，出来取了二百两碎银，命他作为路费，又给了沿途文凭一道。"③又如："巴地本瓜亚国也，荷兰设计笼络，纳其租税，施号令，设法度，盘踞海口；征课饷，给文凭，慎出入，严盗匪，管束诸夷。……水旱来往，皆给与文凭，不得滥相出入。"④

（3）泛指用作凭证的官方文书

在发展过程中，"文凭"一词综合以上两类专指性含义，逐渐形成了泛指性用法，代称"用作凭证的官方文书"，作为具体内涵的抽象上升，它的概念外延更为宽泛，使用量相对较大。这一泛指性用法在清晚期也曾多次出现，例如："今日喜宾会约入会，捐资六十元，给与文凭小印，姑照办。近卫公遣人来看视，伊藤侯亦有人来，邮船公司东家及第一银行东家涩泽来拜。早雨，午晴，终日未出门，亥正睡。"⑤ "马格理言：西洋交兵，不杀俘虏。其在官者，皆有文凭佩之身，被俘出示文凭，则以官礼处之，饮食居处以官为差。或与约不再任战，即纵遣之。被俘者不允所约，则禁制之使不得逃，俟战事毕而

①　恽毓鼎. 恽毓鼎澄斋日记［M］. 杭州：浙江古籍出版社，2004：583.

②　吴永. 庚子西狩丛谈［M］. 北京：中华书局，2009：139.

③　佚名. 施公案［M］. 济南：齐鲁书社，1993：1012.

④　魏源. 海国图志［M］. 长沙：岳麓书社，1998：527-528.

⑤　北京市档案馆. 那桐日记［M］. 北京：新华出版社，2006：391.

后释归。或允不任战，及归，又请领兵，主兵者责其失信，常至罢黜。"①

（4）各类学校、教育机构发放的毕业证书等学历证明

这是"文凭"一词在清晚期时逐渐形成的新用法，与古代用法相比，这一用法在清晚期时虽然尚处于初步形成阶段，但其总体使用量已超过四成，约占45%，表现出较为强劲的上升趋势，直接促进了该时期"文凭"一词出现频次的显著提升。具体应用上，泛指"毕业证书"，如："三十日 晴。辰刻至畿辅学堂，率高等小学诸生行毕业礼，发文凭，共二十一人，学部考试取十八人，奏充廪增附生，余三人给佾生留习。已刻诣讲习馆。"②除此之外，这些学历证明又包括毕业文凭、卒业文凭、肄业文凭和修业文凭等各种专门称谓。第一，毕业文凭，即学生在学校或训练班修业期满，达到规定要求，结束在校学习时所颁发的学历证明，如："母询学业，则出毕业文凭以视母。其母固不识字，乃又附会其说，母亦信之。"③

第二，卒业文凭，考试合格后方能被授予卒业文凭，若不合格则需要补习后再行考试，通过后方可以换发卒业文凭。如："许照日本'特别及第'之例换给龚、李二生卒业文凭。黄兆祥来，请令二生补习十日，再行试验，乃换文凭；可之。"④

第三，肄业文凭，即没有达到毕业年限或程度而离校停学时所颁发的证书。如："王道书院谈会，听讲生到者三十余人，或求增讲师，或请给肄业文凭；察其情形，讲者、听者程度皆不及，明年拟设读经、考课二门以待能者。"⑤

第四，修业文凭，学生在校学习为修业，修业期满，发给文凭。如："顺直学堂甲、乙、丙三班学生修业文凭标朱盖章。甲班廿二人已十学期毕业

①　郭嵩焘. 郭嵩焘全集：第10册［M］. 长沙：岳麓书社，2012：74.

②　恽毓鼎. 恽毓鼎澄斋日记［M］. 杭州：浙江古籍出版社，2004：498.

③　徐珂. 清稗类钞：第7册［M］. 北京：中华书局，1986：3514.

④　郑孝胥. 郑孝胥日记［M］. 北京：中华书局，1993：1119.

⑤　郑孝胥. 郑孝胥日记［M］. 北京：中华书局，1993：2699.

矣。"①

由这些较为完整、系统的称谓体系或可确认，清晚期时近代教育的发展已经初具雏形。

（5）其他专门性含义

"文凭"一词的内涵和用法逐渐深入人心，取得了较大范围的认可，这一时期也有在"文凭"一词前或后置以修饰语形成新的专有文档名词的情况。

第一，驻扎文凭，即驻外大使的赴任凭证，又称"国书"，它是一国派遣或召回大使、公使时，由国家元首致接受国元首的正式文书，分为派遣国书和召回国书。召回国书一般在新任大使或公使递交派遣国书时一并递交，外交使节一般在递交国书后方能正式履行职务。例如："摺件已缮就矣。刘云生为其外部所持，不令随同呈递国书，经函致威妥玛，属其转致外部，乃得随同一见，而终以国书无名，不认作公使。乃为疏请补发国书。而嵩焘固正使也，亦无驻扎文凭，外部亦曾一问及之；以其意方欲得公使驻扎，不加深求也。故于疏内申明补颁充当公使驻扎文凭，兼列正副使名。"②

第二，执照文凭，又称赦罪文凭，即赦罪文书。如：

> 昔年生父遭事，发配湖南情真，喜逢恩赦，康熙万岁纶音传到湖南，是以赦免。原有执照文凭，嗣后得进，家寒走火，房舍全烧，怕死逃命，执照烧毁，欲即领补，又乏使费。伏乞青天超怜革命，格外开恩，请查案卷，以分清浊。③

> 不料侯春怀仇，竟告逃军，亲家赦罪文凭偏又烧毁，县里军册查处，其中定有人作弊，暗改文书。④

第三，契券文凭，即公证文书。如：

> 过了两日，田雁门忽然请黄子文到自己房间里坐下，说道："刚才

---

① 恽毓鼎. 恽毓鼎澄斋日记［M］. 杭州：浙江古籍出版社，2004：538.

② 钟叔河. 走向世界丛书：第4册［M］. 2版. 长沙：岳麓书社，2008：107-108.

③ 珊仁. 五公案［M］. 长沙：岳麓书社，1994：628.

④ 珊仁. 五公案［M］. 长沙：岳麓书社，1994：628.

接到舍下一个电报，第三个小妾，病在垂危，催促兄弟连夜回去。书局的事，兄弟既然答应了一手接济，不便食言。如今有四千银子的庄票在此，兄先拿去，创办起来。以后倘有不敷，再写信给兄弟，另行筹汇，决不致事败垂成的。'"黄子文接过庄票，便道："我二人相见以心，那些契券文凭的故套，也可以蠲免的了。但是无论如何，我必断不负此重任就是了。"①

第四，免役文凭，即免除劳役的凭证。如：

南宋绍熙三年闰二月甲寅，则定僧道度牒价至八百千，盖免地税、免役文凭也。其用之以募兵，以修河堤，以赈饥，以给俸饷，以充使臣路费，以赏赐近戚幸臣，如金币。②

第五，文凭路引，即通关文书，修饰语后置结构。如：

黄三太仍不谢恩。王大人又说："作官必有文凭路引。"正赶上圣上换衣服，脱马褂子，圣上遂说道："以此马褂为凭。"黄三太这才谢恩。③

此外，在一些文献中，"文凭"一词前或后虽然未加修饰语，但结合上下文便可明确辨别出其所指代的专门事物，如行医凭证，类似于执业证明："予偿献策于凤石师，合凡悬牌者局试之，医理明通者，给文凭准其行道（门牌须粘文凭于上），否则由巡警查禁而驱逐之。"④专利文凭，即现今所称"专利许可证书"，如："丕登者，如士人考得新理新法，工商创成一技一艺，即献诸国家，由商部考验，上者锡以爵禄，中者酬以宝星，下次亦准其擅为专门之艺，或传为世业，或专利数年，国家给以文凭，以杜通国工商剿袭仿造。即国家欲仿其新法者，亦与本人商购，偿以重贽。"⑤讼师文凭，律师从业资格证，如："闻西国设有数科，量材取士……讼师亦须深明律例，考有文凭，方

①　蘧园. 负曝闲谈 [M]. 上海：上海古籍出版社，1985：83.

②　俞正燮. 癸巳存稿 [M]. 上海：商务印书馆，1937：396.

③　张杰鑫，张丰原. 三侠剑下 [M]. 西安：三秦出版社，1996：1119.

④　恽毓鼎. 恽毓鼎澄斋日记 [M]. 杭州：浙江古籍出版社，2004：322.

⑤　任继愈. 中华传世文选：第12册 [M]. 长春：吉林人民出版社，1998：172-173.

准行世。无论何学，总期实事求是。坐而言者，可起而行焉。"①教习文凭，教师资格证，例如："至如教师定范，各省宜设师范总学堂一所，分学堂数所。由学部派员考察，次其等第。领有堪胜教习之文凭，方准受徒授学。教课勤惰，亦由学官访察，分别奖罚。"②出洋文凭，留学、游学的身份证明，如："应请嗣后游历读学生，由学堂选派者，即由学堂筹给资斧。由商局选派者，即由商局筹给资斧。出洋时仍由督抚给与文凭，到洋后仍由出使大臣一体照料。"③这些用法从侧面进一步佐证了清晚期时"文凭"一词的内涵更趋广泛化、多样化。

据检索发现，清晚期以来，除官府之外的其他机构也可以制作、发放文凭，但仅可在其机构体系内部通行。例如：

> 果然到了十天八天，郭士立便与那洪、萧两人洗礼。两人在教堂已非一日。可巧郭士立又因要事须回香港，便着洪、萧两人入广西传道。立刻给了文凭，交洪、萧两人领了，各自分别而去。④

> 朝贵到了这个时候，正没有主意，只见冯云山说道："今朝贵兄家眷不在此间，幸秀全哥哥尚有传教文凭，不如我们找一间教堂住下，较为妥当。"秀全道："此计甚妙。……"……六人便一齐举步，转过县署前街，寻着一间礼拜堂，谒见那教士，具道传教的来意。那教士验过文凭，通过姓名，不胜之喜。⑤

3.文件

"文件"是清代颇具特色和代表性的"文族"文档名词，是在清代晚期才开始形成并逐渐发展起来的。

据笔者考证，目前所知最早使用"文件"一词的是成稿于1823年前的《枢

① 任继愈. 中华传世文选：第12册［M］. 长春：吉林人民出版社，1998：195.

② 郑振铎. 晚清文选：卷下［M］. 北京：中国社会科学出版社，2002：128.

③ 任继愈. 中华传世文选：第12册［M］. 长春：吉林人民出版社，1998：580.

④ 黄世仲. 洪秀全演义［M］. 北京：人民文学出版社，1984：23.

⑤ 黄世仲. 洪秀全演义［M］. 北京：人民文学出版社，1984：28.

垣记略》一书，该书中出现了"军机处文件分别照行"①之语。

　　据笔者统计，"文件"一词在清代各类书籍文献中共出现440次，涉列书目达90本，光绪年间该词的出现次数更是高达345次。该词在第一次鸦片战争之前的使用多用于记载国内事务，多见于奏折等公务类书籍，表示文书、公文等。而1840年之后，该词的使用范围更广，表达外国事务的用法增多，又沿用之前表示国内政务的内容，"文件"一词在此多与"洋字""书稿"等事物联系，也体现了该词的时代特性。清宣宗道光二十四年（1844年）前后，经梁廷枏编撰而成的《兰仑偶说》（兰仑即伦敦，系用之指代英国——笔者注）一书中也使用了"文件"一词："其职值宿宫卫者曰律占麻连。专司马政者曰马士达阿付厘夥士。司掌文件曰色吉力达厘押窝。司水师船者曰特里舍厘阿付利尼微。"②虽然尚不能断言这就是"文件"一词的最早出处，但是至少可以肯定至晚在道光二十四年（1844年）前后"文件"一词已经出现并得以应用。"文件"一词应当是我国古代汉语在清晚期发展演变的产物，它发源于古汉语单音节词"文"和"件"，为适应社会发展和语言交流的需要而产生，类似的文档名词还有"文电""文报"等。

　　图9-4为"文件"一词在晚清民国的出现 情况。

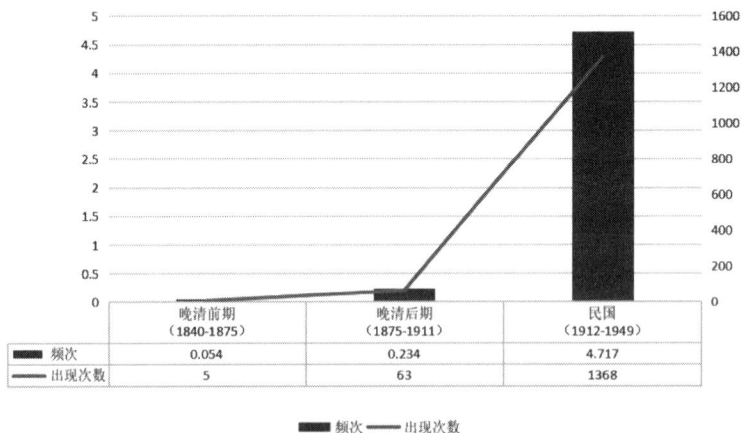

図9-4 "文件"一词的频次和出现次数（清晚期至民国）

①　梁章钜. 枢垣纪略［M］. 北京：中华书局，1984：144-145.
②　梁廷枏. 海国四说［M］. 北京：中华书局，1993：137.

　　总体来看，清晚期的"文件"一词仍然处于起步阶段，虽然时有出现且已扩展到通俗小说等民间领域，可大多数著作洋洋洒洒几十万字，"文件"一词却总计才出现一至两次，使用频次较低。起源阶段的"文件"一词几乎每次出现都和处理外国事务有关，如晚清前期（1840—1875）"文件"一词共出现5处，其中2处内容是关于外国制度和文化："同文馆学习西洋文字之八旗俊秀，予曾历试以各国洋字文件，均能通晓译写，此非其明效与？"① "其职值宿宫卫者曰律占麻连。专司马政者曰马士达阿付厘夥士。司掌文件曰色吉力达厘押窝。司水师船者曰特里舍厘阿付利尼微。"②另外3处内容则与鸦片战争期间同英国协商及签订条约相关："大英钦差大臣并各随员等，皆可任便往来，收发文件，行装囊箱，不得有人擅行启拆，由沿海无论何处皆可。"③

　　"叠次奏报情形，非系开脱逆情，即属代求恩宥，于一切防守剿堵事宜置之不问。并因该逆有缴还定海之言，辄将义律呈递伊里布文件，及该夷目给与留浙头目夷信，代为由驿递交伊里布，以致伊里布听信顺从，迟延观望。"④

　　"因欲坚立友谊，嗣后大合众国驻扎中华之大臣任听以平行之礼、信义之道与大清内阁大学士交移交往，并得与两广、闽浙、两江督抚一体公文往来；至照会京师内阁文件，或交以上各督抚照例代送，或交提塘驿站赍递，均无不可；其照会公文如有印封者，必须谨慎赍递。"⑤

　　直到晚清后期（1875—1911），"文件"一词的出现也通常是和外国事务有关，这从"文件"一词大量出现于清朝派驻外国的特使所著日记或书籍等史实中即可证明，如："廿六日。礼拜。……日意格、马眉叔、陈敬如早过，

①　方浚师. 蕉轩随录　续录［M］. 北京：中华书局，1995：321.

②　梁廷枏. 海国四说［M］. 北京：中华书局，1993：137.

③　《汉口租界志》编纂委员会. 汉口租界志［M］. 武汉：武汉出版社，2003：515.

④　中国第一历史档案馆. 鸦片战争档案史料：第3册［M］. 天津：天津古籍出版社，1992：157-158.

⑤　全国人大常委会办公厅研究室. 中国近代不平等条约汇要［M］. 北京：中国民主法制出版社，1996：64.

相与酌定照会外部文件，遂尽一日之力。"①"十二日记 西洋各国设邮政局，有邮部尚书理之。凡各港埠轮船入口，到局报明何日出口，何时开行，所至何口，所经何港。该局将官署文件、商民书函，汇于一匣，名曰信箱。"②"余复登岸，偕至其馆，赠言留别，并顺将国王咨北洋大臣及礼部文件携回。"③

晚清后期，"文件"一词开始摆脱与外国事务的"绑定"关系，"独立"出来用以表示范围更广的"公私文书"。其中，又以"公务文书"含义使用居多，如："军机章京随围系轮班前往，不随往者每日满汉各二人诣内阁听报，满洲章京在诰敕房，汉章京在蒙古堂祇候，遇有行在，军机处文件分别照行。"④"独立"之后的"文件"一词应用日趋广泛，频繁出现于清晚期多部通俗小说中便是例证："仑樵就住在威毅伯幕中，掌管紧要文件，威毅伯十分信用。"⑤"论起他父亲，虽是武员，却还是个有文墨的，凡他的衙里公事从没用过老夫子，所有文件都是自己干来。"⑥

4.文档

王金玉先生根据辽宁省档案馆现存的《明实录稿本》曾提出"文档"一词最早出现于明初，而笔者根据现存古籍文献材料考证，"文档"一词应出现于满语译词"档子""档案"等产生之后，在清代中期才开始应用。其最早出现于雍正时期的谕旨："今但据隆升咨称，文档不符，册籍迟延，遂将周彬参奏解任，殊非大臣公平察吏之道，周彬不必解任，若果有侵欺作弊之处，俟隆升确实查出具奏之后，再降谕旨。"⑦其含义与现在的理解方式相近，且该词出现后一直保持着一定的使用频率。

————————————

① 郭嵩焘. 郭嵩焘全集：第10册 [M]. 长沙：岳麓书社，2012：469.

② 钟叔河. 走向世界丛书：第8册 [M]. 2版. 长沙：岳麓书社，2008：643-644.

③ 王梦珂. 马建忠集 [M]. 北京：中华书局，2013：171.

④ 梁章钜. 枢垣纪 [M]. 北京：中华书局，1984：144-145.

⑤ 曾朴. 孽海花 [M]. 北京：中国文史出版社，2003：117.

⑥ 黄小配. 二十载繁华梦 [M]. 天津：天津古籍出版社，1986：241.

⑦ 中国第一历史档案馆. 雍正朝汉文谕旨汇编：第8册 [M]. 桂林：广西师范大学出版社，1999：8.

二、清代"档族"文档名词

（一）"档族"文档名词的构成、内涵与构词特点

表9-4 清代"档族"文档名词汇总表

族别	名词	名词总数
档族	档案、档册、册档、档子、文档、案档	6个

清代"档族"主要包括"档案""档子""档册""册档""文档""案档"共6个文档名词，其中尤以"档案""档子""档册"最为典型，具有鲜明的清代特色，它们多见于清前期的文献中。

"档"是来源于满语"𐊰"的汉语译音，满语"𐊰"是指写在木片上的符号记录，包括财物记录和萨满教的画有符号的长木牌等。而后"档"与汉语原有的"案""册""卷"等相组合，组成新词。需特别指出的是"档子"是由满语"𐊰"一词的汉语音译而来，与"档案"具有渊源关系，即在音译"𐊰"为"档子"的基础上，逐渐演变为音译与意译相结合的"档案"一词。清代"档族"文档名词是满汉文化交流中逐步形成的。另外，该族类名词以"档"字为主字，且组词时以"档"字居前者为主，如"档案""档子""档册"；除"档子"是由满语音译之外，其他词语的组成方式均是由"档"字和与文档相关的汉字构成，相关汉字如"案""簿""册""卷"等，且都表示文档的载体与承载物。这是与"文族"文档名词重要的不同点，即"文族"重在"文"（文字、文章），"档族"重在"档"（橱架、存放），充分反映出文书与档案的不同。"档案"一词，横木为档，"档"是档案柜架之意；"案"一般解释为几属，是整理或承载档案的工具。两者结合，有整理、保存档案的含义，这更符合档案的特征。

另外，在检索过程中进一步确认，清代之前从未发现具有文档含义的单音节词"档"和与"档"组合的复音词，这证明了此前笔者关于"档案一词是满汉文化结合的产物"的判断。

（二）主要"档族"文档名词介绍

1.档案

"档案"一词是代表"人们有意识保存起来的人类活动的原始性书面符号记录"①这一事物的核心名词。这一名词出现于清代，从近代开始逐渐成为统一性名词。"档案"一词首现于清初，所以，从时间范畴的角度对"档案"一词在清代文献中出现和使用的情况进行分析、总结，具有重要的学术意义。清代"档案"一词的使用情况主要体现在以下几个方面：

第一，从数量方面来看，在清代文献中，共检索出"档案"一词426处。其中，清入关前1部文献（汉译《满文老档》），未出现"档案"一词；在清前期文献中，"档案"一词共出现379处；在清后期文献中，共出现42处。

第二，总体而言，"档案"一词在清代文献中出现的频率较高，呈现出前多后少的局面，但具有一定的连续性。由表9-5我们可以看出，在清入关后的各朝实录中，除了顺治朝、宣统朝以外，"档案"一词在其他朝实录中，或多或少都有所出现。说明其使用具有一定的连续性。

第三，虽然"档案"一词在清代文献中出现的频率已比较高，有后来居上的趋势。但它毕竟是清代新出现的名词，难以马上取其他名词而代之，更不能马上一统天下。长期使用的汉语名词，如"文书""案牍""文案""案卷"等，仍有较高的使用量。同时，作为新出现的名词，"档案"一词的使用量不久就上升到比较靠前的位置，说明它具有一定的合理性。

第四，从出现"档案"一词的文献数来看，在清代所有检索文献中，只有22种文献中使用了"档案"一词，说明其使用范围的广泛性还有所欠缺。总体来看，"档案""档子""档册""册档"这些带有满语色彩的档案类名词，其使用的文献面都较窄，主要还是集中在官方文献或官僚笔记中，其他文献则较少。

---

① 丁海斌，李娟. 从信息划分与定义规则出发再谈档案定义［J］. 档案，2011：6.

表9-5　《清实录》中"档案"一词的使用情况

名称	出现次数
清太祖武皇帝实录（努尔哈赤）	0
清太宗文皇帝实录（皇太极）	3
世祖章皇帝实录（顺治）	0
圣祖仁皇帝实录（康熙）	21
大清世宗皇帝实录（雍正）	39
大清高宗皇帝实录（乾隆）	229
大清仁宗皇帝实录（嘉庆）	21
大清宣宗皇帝实录（道光）	16
大清文宗皇帝实录（咸丰）	2
大清穆宗皇帝实录（同治）	2
大清德宗景皇帝实录（光绪）	8
大清宣统政纪	0
总计	341

从表9-5看，清入关后各朝实录中，顺治实录中未见"档案"一词。但从"档案"一词产生的规律看，该词是清入关后实行"满汉同文"的结果，是满汉文化融合的产物。"现在看到的材料是它在顺治年间就出现了。"①虽然在《世祖章皇帝实录》（《顺治实录》）中未见过该词，甚至在本文检索的403篇文献中亦未见顺治朝出现"档案"一词，但我们在其他文献中可以检索到顺治时期已经有"档案"一词。顺治十五年（1658年）十月二十日浙江巡抚陈应泰揭帖："因年久记不得了，还当查延时出征档案等语。及查档案，并无马进宝 带来兵丁数目。"②顺治十八年（1661年）十月一日，户部阿思哈题本："查得顺治十年四月臣部题定档案。"③

---

① 丁海斌，王爱华. 再谈"档案"词源问题. 中国档案［J］，2005（3）：33.

② 历史语言研究所. 明清史料己编［M］. 北京：中华书局，1987：890.

③ 故宫博物院明清档案部. 清代档案史料丛编：第4辑［M］. 北京：中华书局，1979：148.

这两份材料的时间分别是顺治十五年（1658年）和顺治十八年（1661年），这符合笔者此前的判断，即"档案"一词应该在清入关后实行"满汉同文"过程中，经过大量的满汉互译而逐渐产生的。

根据以上各方面的资料，我们可以得出如下结论：清顺治朝已经产生了"档案"一词，并且出现时间应在实行"满汉同文"一段时间以后。最初的使用频率处于极低的水平，随着这种翻译方法被人们逐渐认同，使用频率逐步提升。

清代"档案"一词具有十分丰富的含义，其义项远较现今多样：

第一，一般意义的档案。清人已经在某些语言环境中使用具有通用意义的"档案"一词。较宽泛意义的"档案"一词还包括文书等相关内涵。如：

> 满洲每参领下酌派二员，蒙古、汉军每参领下酌派一员，授为贴写笔帖式，办理一切档案事件，五年期满。①

> 户部军需局系因办理军务而设，此时自无庸设立专局。着照户部所议，将该部军需局裁汰。一切档案，酌量分派陕西山西二司承办，以复旧制。②

第二，以"档案"一词作为属概念（上位类）的各种档案类型。在清代官方文献中，"档案"一词的应用已非常普遍，已经具有了一定的类名词意义。如《清实录》："谕曰：宗人府王公等，平日办事草率，毫不尽心。今失火焚毁玉牒，伊等之怠玩可知。玉牒非寻常档案可比。著将该衙门王公等交部严察议奏。"③这里的"档案"一词显然是作为一种大类概念所使用的。

作为一种大类概念，其重要表现就是许多专门档案名词（小类）已经以"档案"作为属概念命名，即把档案作为一类事物的概念，在其前加一个限定词，表示这一大类事物的某一种，如仪注档案、粮饷档案、食饷档案、户部档案、税课司档案、过继档案、八旗档案、壮丁档案、军机处档案、俸禄档案、

---

① 佚名. 清实录：第8册 [M]. 北京：中华书局，1985：170.

② 佚名. 清实录：第33册 [M]. 北京：中华书局，1986：1075.

③ 佚名. 清实录：第14册 [M]. 北京：中华书局，1986：389.

散赈档案、谕旨档案、租地档案、工程档案等。

（1）仪注档案

仪注是指礼之制度、仪节，需要有相关的文件或记录，从而形成档案。如《清实录》：

> 圣母孝圣宪皇后大事，工部承办一切事宜，均属妥协。除德成、刘浩、派办泰东陵工程，意见拘执，几至贻误，毋庸议叙外。其余各堂官，俱著交部议叙。其办事出力之司员，并著该堂官查明，分别等第，交部议叙。至礼部查办仪注档案。[①]

> 四年八月初八日，上亲行释奠礼，太常寺卿呈仪注，献帛进酒皆不跪。上特跪以将敬，命记档案，永远遵行。圣天子尊师重道，远轶前古，宜乎人文化成，臻极盛也。[②]

（2）粮饷档案、食饷档案、户部档案、税课司档案等

记载财物情况的档案是有史以来最早的档案类型之一，清代亦不例外。粮饷档案、食饷档案、户部档案等皆属此类。如：

> 派出查旗王大臣等奏称：稽察八旗另记档案开户人等，应将历年丁册，并现在食饷档案细核等语。向令查明另记档案人等为民。[③]

> 上以此项银两，历任盐政并未奏明，私行动用，检查户部档案，亦无造报派项用数文册。[④]

> 税课司档案，甚关紧要。观此失火而焚毁档案，必有情弊。富德彼时，即应提该监督之衙役，将有无情弊之处详细审明。[⑤]

（3）过继档案、八旗档案、壮丁档案、监生档案

人事档案也是较早产生的档案种类之一。清代的人事档案种类繁多，小到

---

①　佚名. 清实录：第21册［M］. 北京：中华书局，1986：823.
②　陆以湉. 冷庐杂识［M］. 北京：中华书局，1984：1.
③　佚名. 清实录：第17册［M］. 北京：中华书局，1986：413.
④　方浚师. 蕉轩随录　续录［M］. 北京：中华书局，1995：311.
⑤　佚名. 清实录：第13册［M］. 北京：中华书局，1986：80.

孩子过继，大到八旗户籍，皆须记档。如：

瑛父佟国昌，于康熙十余年间曾经出继于佟养敬之子佟熙年为嗣等
语。将伊所呈过继情由，询伊阖族及镶黄旗族人。俱称不知此事。所有家
谱，亦无过继字样。查阅部档，亦无过继档案。①

副都统布兰泰疏称：各部所存八旗档案，请各派专员，分年贮库。该
旗有应查事件，行文该管衙门，赍用印文到部，交八旗司员，会同堂主事
查看。②

今该副都统请将此项附入旗分佐领之另记档案，及开档之一百四名，
于该旗佐领册内开出，附入水师营壮丁档案。俟有水手缺出，挑选强壮者
充当。③

贡监，见归学臣约束，而学臣衙门并无监生档案。请嗣后饬令该府州
县备造履历清册，申送学臣，以凭查核。④

（4）军机处档案

清代军机处是中央核心机构，办理事务，形成公务，保存档案，是其必然
的业务内容。军机处档案属军国大政档案。

据称，伊将养廉银三千两捐办。初以其出自悃忱，留于工程备用。旋
即降旨，以后停其购解。现有军机处档案可查。⑤

（5）俸禄档案

八旗都统等遵旨议覆八旗官员俸禄。嗣后每年二月俸禄档案，值开印
之初，即便咨部。八月俸禄档案，于七月初五以前咨部。红档既过之后，
不准增减。再，袭职官员引见之后，其俸禄档案，俟该部覆奏行文到日，
视其所裁之职行俸。如得俸之后，始经该部覆者，将行文到日以后之

① 佚名. 清实录：第10册 [M]. 北京：中华书局，1985：1000.
② 佚名. 清实录：第17册 [M]. 北京：中华书局，1985：412.
③ 佚名. 清实录：第17册 [M]. 北京：中华书局，1986：138.
④ 佚名. 清实录：第8册 [M]. 北京：中华书局，1985：40.
⑤ 佚名. 清实录：第20册 [M]. 北京：中华书局，1986：235.

俸，照所裁之职行，永著为例。从之。[①]

（6）散赈档案

今去麦熟之时，尚有月余。应筹接济之道，以资其耕作。若从京师遣官分查，必致稽迟时日。副都统赵弘济，系上年散赈之员，着驰驿前往保定，会同该督唐执玉、布政使王谟等，查阅上年散赈档案，将其中被水稍重、应行加赈之州县，一一确查明白。[②]

（7）谕旨档案

即庆桂等亦金称所言未必可信。随命将从前办理安南军务时谕旨档案并朱批孙士毅具奏原摺详悉检查。本日据庆桂等奏称，详查谕旨奏摺，俱无此事。朕亲自恭阅，实无此谕旨。[③]

（8）租地档案

丁亥，谕内阁。徐桐、崇礼奏，遵旨确查礼部南厂官地，并请核定亩数立案各摺片。据称礼部租地档案不全。[④]

（9）工程档案

此派遣之事，着允禵会同内大臣公费扬古派遣管辖兵丁。酌派章京，工部司官派二员，令记工程档案。[⑤]

（10）另记档案

"另记档案"一词是清代的一个专有名词，是八旗人户的一种。八旗壮丁的户籍原则上三年编审一次，分正户、另户、另记档案及旗下家人等。

八旗的户籍编审制度早在入关前就已建立，但各种户籍名称的规范化，是从雍正朝开始的。乾隆初年进而又规定，各旗编造丁册的时候，要分别"另户、开户、户下"等不同身份，并且在各自名下，开写三代履历，还要将另

---

① 佚名. 清实录：第8册［M］. 北京：中华书局，1985：316.
② 佚名. 清实录：第8册［M］. 北京：中华书局，1985：386.
③ 佚名. 清实录：第30册［M］. 北京：中华书局，1986：97.
④ 佚名. 清实录：第56册［M］. 北京：中华书局，1987：30.
⑤ 佚名. 清实录：第6册［M］. 北京：中华书局，1986：17.

户、另记档案、开户、户下等分别造具清册，八旗的户籍册从此有了各种名目。不同的户籍称谓，表示的是在八旗内不同的身份和地位，而身份和地位的不同，又直接关系到所获钱粮的多少，是不可等闲视之的大事。

有清一代并没有现代意义上的户口登记制度，凡官方的人丁户口册籍，都是为特定目的而制订的，所以每种册籍关注的，只是与其目的相关的那部分人口。所以，"另记档案"与"另记档案人"是相对应的，因档而得名，这种情形在历史上是不多见的。说明"档案"一词在当时具有一定的重要性和通用性。"另记档案人"的地位高于奴仆、低于正户。"另记档案"一词在所检索的清代文献中共出现131处；"另记档案者"4处。说明该词在清代使用频次颇高，与清代八旗的户籍管理密切相关。

总之，"档案"一词在清代出现以后，得到了较广泛的应用。通过相关文献的检索统计与文本解读，我们可以更清楚地了解"档案"一词出现的具体情况，知晓这一重要文档名词在清代的使用情况以及当时人们对它的认识，其学术价值是显而易见的。

2.档子

在中国文档名词发展演变史上，"档子"一词具有很强的特殊性。第一，它是翻译词，即它是满语"䪿"一词的汉语音译，这种从其他语种音译而来的汉语文档名词，在中国文档名词发展演变史上是极其少见的；第二，它与"档案"一词具有渊源关系，即在音译"䪿"为"档子"的基础上，逐渐演变出音译与意译相结合的"档案"一词。

"档子"一词是由满语"䪿"的汉语音译，它的主要使用时期大约在清初（包括清入关前的短暂时期）。在清代文献中，"档子"一词的使用范围也较为狭窄，文献种类主要是正史，稍及笔记和小说。在时间上，"档子"一词主要使用于清前期，清后期以后就逐渐消失了。清入关前形成的文献很少，主要是《满文老档》。《满文老档》中出现"档子"一词12处，是我们所见文献中单种文献使用该词最多的。除《满文老档》外，《清实录》中出现"档子"一词的频次最高，为10处。而其他文献出现的处数只有一两处而已。这充分说明

"档子"一词主要使用在清前期，特别是清入关前，"档子"一词使用的频次是相当高的。

清入关前，特别是后金时期，有"巴克什"之称谓。巴克什，满文为baksi，又写作榜式，原为一种尊称，译成汉语为"儒""先生""大儒""读书人"①。它源于蒙古语，原指师傅；或谓是汉语博士之音译。努尔哈赤时，将巴克什作为一种赐号，封赠给文职官员，犹如将巴图鲁作为赐号，封赠给武勇之人一样，以示褒奖。巴克什除作为赐号外，还是一种文职的称谓，负责记录档子。《满文老档》第五十一册记载：

> 革都梅游击、硕尔惠游击、耨德依备御等之职，呈档子于汗。汗问曰："赏有职人之档子，八贝勒皆有乎？"告曰："诸贝勒无有奖赏档子，仅此一册耳。"汗曰："将此一册缮写八册，革职则八册皆革；录职则八册皆录。如此，于尔等巴克什亦有裨益也。"遂缮写八册档子。②

清入关前，努尔哈赤和皇太极命人创制了老满文和新满文，巴克什们用以记录"档子"，形成了清入关前宝贵的历史记录。

清入关后，社会发展受汉文化的影响日益加深，特别是在官方文件满汉同文的过程中，满汉对译，由音译"档子"逐步产生音意结合的"档案"一词，"档子"一词的使用就逐渐减少并最终消失了。

清后期文献中，只在《庸闲斋笔记》中检出1处"档子"一词。这一处记载的是乾隆年间旧事："洎乾隆年间纪文达公阅历朝档子，始知文龙曾通款我朝，则文龙在明固万死不足惜者也。"③此外，《清史稿》是本次统计特选文献。它虽然完稿于民国时期的1927年，但其作者主要是清遗老，使用的语言主要是清代语言。在《清史稿》中，只出现1处"档子"一词，即"档子房"。此处的"档子房"是机构名称，作者在叙述时不得不使用清代原词。除此之

---

① 孙文良. 满族大辞典 [M]. 沈阳：辽宁大学出版社，1990：113.

② 中国第一历史档案馆，中国社会科学院历史研究所. 满文老档 [M]. 北京：中华书局，1990：480.

③ 陈其元. 庸闲斋笔记 [M]. 北京：中华书局，1989：162.

外，洋洋五百三十六卷的《清史稿》并未再使用"档子"一词，说明晚清、民初时期的文人已基本不使用"档子"一词了。

"档子"一词产生于后金时期，女真人尚不知制作纸张的方法，所以将文字书写于木板（木牌），称之为档子。因此，满语"🀰"（"档子"）一词就成为书面记录（簿籍）的专用语。在检索清代文献时，可发现多种文献中有关于"档子"一词的解释。其内容大致如下：

陆陇其《三鱼堂日记》卷上："又《陕西提督李思忠墓志铭》注云：本朝用薄版五六寸，作'满'字其上，以代簿籍。每数片辄用牛皮贯之，谓之档子。"①

杨宾《柳边纪略》卷三：

> 边外文字多书于木，往来传递者曰牌子，以削木片若牌故也。存贮年久者曰档案、曰档子，以积累多贯皮条挂壁若档故也。然今文字之书于纸者亦呼为牌子、档子，犹之中土文字汉以前载在竹简，故曰简。以韦编贯，故曰编。今之人既书于纸，为卷为部，而犹呼之为编为简也。②

赵慎畛《榆巢杂识》卷上："国初八旗无簿籍，用薄版五六寸，作满字于上以代之。每数片用牛皮贯之，谓之'档子'。"③

以上三部著作，分别为清初学者陆陇其（1630—1692年）、杨宾（1650—1720年）、赵慎畛（1761—1826年）所作。其中，以陆陇其最为年长、学术影响也最大，而以杨宾的记载最为详细。以前档案界多言杨宾之述，似乎有忽略"首创者"之嫌。

总结以上三部著作对"档子"的解释，其要点如下：

第一，"档子"即清入关前的簿籍。

第二，清入关前"档子"的书写载体为木板。

第三，使用牛皮作为木板之间的穿结工具。

---

①　陆陇其. 三鱼堂日记［M］. 北京：中华书局，1985：52.

②　杨宾. 柳边纪略［M］. 北京：中华书局，1985：55.

③　赵慎畛. 榆巢杂识［M］. 北京：中华书局，2001：91.

清代文献中，"档子"一词主要有三个方面的含义：文档、档案、文书。具体如下：

（1）意同今"文档"。清代"档子"有时用来泛指文档，如"档子房"。档子房是清代中央、地方衙署及八旗营房中办理文书和管理档案的机构的统称。有档房、档案房、满档房、汉档房、黄档房、档子房等不同称谓。主要职责是缮写文书，保管各官署定期缮修和汇抄的档册、收发文登记簿、公文底簿及有关文书等，部分档房兼做文书处理和人事工作。以下为几段相关记载：

　　副都统布兰泰疏称：各部所存八旗档案，请各派专员，分年贮库。该旗有应查事件，行文该管衙门，费用印文到部，交八旗司员，会同堂主事查看。该司有应查档案之处，移文付档子房，会同查阅。至八旗存贮档案，亦按年编号，令笔帖式收掌。任满之日，该参领查明无失，出具甘结。参领等更替，一并查明交代。从之。①

　　西屋一所七进，共三百五十间。徽式新屋一所七进，共六百二十间。私设档子房一所，共七百三十间②

　　又档子房，钱粮处，俱派厅员司其事。③

除档子房外，清初文献中的"档子"一词含义已较宽泛，相当于各种簿籍记录等。如"十九日，每牛录各派十人书写档子"④。

（2）意同今"档案"。

第一，一般意义上的档案，如《清实录》：

　　内阁奏言：内三院既改为内阁，另设翰林院，查旧例各有分管职掌。今再行详酌，及应归各衙门者，分列款项奏请内阁职掌：一、具题纂修实

---

① 佚名. 清实录 [M]. 第10册. 北京：中华书局，1986：412.

② 佚名. 清朝野史大观：第2册 [M]. 上海：上海书店，1981：129.

③ 赵尔巽，等. 清史稿 [M]. 北京：中华书局，1976：3319.

④ 中国第一历史档案馆，中国社会科学院历史院历史研究所. 满文老档 [M]. 北京：中华书局，1990：221.

录等项书籍各官职名。……一、登记世官档子。一、收揭帖红本票签档子。①

《满文老档》第七十册天命十年："以下为八旗新卦勒察部敕书之档子。"②

第二，专门档案。清前期"档子"常常指人事档案和财务簿册档案。如《满文老档》第五十一册天命八年五月：

> 革都梅游击、硕尔惠游击、樯德依备御等之职，呈档子于汗。汗问曰："赏有职人之档子，八贝勒皆有乎？"告曰："诸贝勒无有奖赏档子，仅此一册耳。"汗曰："将此一册缮写八册，革职则八册皆革；录职则八册皆录。如此，于尔等巴克什亦有裨益也。"遂缮写八册档子。③

《满文老档》第六十八册天命十年有"正红旗档子"④。

《满文老档》第七十二册："初四日，赐与审案衙门之八通事以千总之衔。顿多惠、舒古图来告後，记于档子。""由于申诉，升其备御为三等参将，并记于诸申之档子。"⑤

《红楼梦》："方才南安郡王、东平郡王、西宁郡王、北静郡王四家王爷，并镇国公牛府等六家，忠靖侯史府等八家，都差人持了名帖送寿礼来，俱回了我父亲，先收在帐房里了，礼单都上上档子了。"⑥"除了祭祀喜庆，无事叫他不用到这里来，看仔细碰在老爷气头儿上，那可就吃不了兜着走了。并

---

① 佚名. 清实录 [M]. 第3册. 北京：中华书局，1986：962.

② 中国第一历史档案馆，中国社会科学院历史研究所. 满文老档 [M]. 北京：中华书局，1990：682.

③ 中国第一历史档案馆，中国社会科学院历史研究所. 满文老档 [M]. 北京：中华书局，1990：480.

④ 中国第一历史档案馆，中国社会科学院历史研究所. 满文老档 [M]. 北京：中华书局，1990：661.

⑤ 中国第一历史档案馆，中国社会科学院历史研究所. 满文老档 [M]. 北京：中华书局，1990：705.

⑥ 曹雪芹. 红楼梦 [M]. 北京：金城出版社，1998：55.

说与帐房儿里，把这一项钱粮档子销了。"①

《蜃楼志》："笑官因在家守制，将家中诸务料理一番，把苏兴升做总管，代了苏元，兼管库房货物房事务，苏邦管了仓廒、一切乡间的银账租账，苏玉承管城中银账，伍福管了大门，叶兴管了买办，皆立有四柱册子，着苏兴按月收付稽查，上了各项档子，自己一年一算。"②

《补红楼梦》："贾琏道：'知道了。喜儿，来！对二奶奶说去，说我的话，教照数发给他，教彩明记了档子就是了。'……贾琏回到自己屋内，见平儿不在屋里，只道是到王夫人上房去了。彩明倒上茶来，贾琏道：'才刚儿领油漆裱糊的工价上了档子没有？'"③

（3）文书、奏章。如：

又谕：文麟等奏，安集延回酋递送档子，乌城逆回投顺安集延，逆首马仲由乌城递禀乞抚各一摺。安集延怕夏围攻番城，剿败回匪。该怕夏如果为国出力，何以呈递档子内，并无投诚交城之语？且将该城汉民概令剃发，发往南路，不知安插何地。该怕夏现在城外安营乞濠，派拨缠头看守城垣。④

此外，在所检清代文献中，亦能发现有关"档子"作用的记载，其时"档子"在人事、经济管理、历史查考等领域中所发挥的作用较为突出。如《满文老档》第十一册："凡自总额真以下，村拨什库以上各官所立誓言，均皆奏于汗，汗阅后书于档子。日后，尔等若变心犯罪，即依誓言审断。"⑤《庸闲斋笔记》："泊乾隆年间纪文达公阅历朝档子，始知文龙曾通款我朝，则文龙在明固万死不足惜者也。"⑥

3.档册

———————————

① 曹雪芹. 红楼梦［M］. 北京：金城出版社，1998：517.

② 庾岭劳人. 蜃楼志［M］. 上海：上海古籍出版社，1994：68.

③ 琅环山樵. 补红楼梦［M］. 太原：北岳文艺出版社，1989：123.

④ 佚名. 清实录：第51册［M］. 北京：中华书局，1987：340.

⑤ 中国第一历史档案馆，中国社会科学院历史研究所. 满文老档［M］. 北京：中华书局，1990：101.

⑥ 陈其元. 庸闲斋笔记［M］. 北京：中华书局，1989：162.

"档册"一词与"档案""档子"一样，来源于对满语"ᡩᠠᠩᠰᡝ"的翻译。有清一代，这三个名词都有所使用，但具体使用情况有同有异。通过了解清代"档册"一词的使用情况，不但可以比较"档册""档案""档子"三词的异同，还会使我们对其他相关问题有更多的了解。

"档册"一词在清代文献中出现和使用情况如下：

第一，清代文献中共检索出"档册"一词171处。其中，清入关前1部文献（汉译《满文老档》），"档册"一词出现14处；在清前期文献中，共出现103处；在清后期文献中，共出现54处；《清史稿》共出现"档册"一词2处。总体而言，"档册"一词在清代文献中具有一定的出现频次，并呈现出前多后少的局面。

第二，清代"档册"一词的使用频次较低，大大低于"文书""案牍""档案"等词，略高于"档子"一词，但如果会同"册档"一词①，其出现频次则可达到中等水平。

第三，"档册"一词在清代的使用具有一定的连续性。清代入关后的各朝实录中，"档册"一词从顺治朝开始一直到宣统朝，或多或少都有所出现，表明其使用具有一定的连续性。

第四，"档册"一词在清入关前的《满文老档》中出现14处，与"档子"一词出现的频率差不多（"档子"在《满文老档》中出现12处），而"档案"一词在汉译《满文老档》中并未出现。由此可见，清早期（入关前及入关初）翻译满语"ᡩᠠᠩᠰᡝ"一词时，主要是"档册"和"档子"两词对译，"档案"一词的出现要稍后些，这符合笔者以前的判断②。

第五，在清代笔记中，共有13种文献出现"档册"一词，其中乾隆朝文献有1部，道光朝文献有4部，咸丰朝文献有1部，同治朝文献有2部，光绪朝文献4部，宣统朝文献有1部。在白话小说中，只有一部文献出现"档册"一词，是

① "册档"与"档册"两词意义与用法相近，我们在某些情况下也可将它们合一而论。

② 丁海斌，王爱华. 再谈"档案"词源问题［J］. 中国档案，2005（3）：31-33.

嘉庆朝的文献。可见在清代笔记中"档册"一词也具有一定的连续性，但使用频次不是很高。

在理解清代"档册"一词内涵的过程中，以"档册"一词作为属概念（上位类）的各种档案词汇，考察清代文献中"档册"一词的组词类型，能够使我们更清晰地了解清人对该词的理解和该词所具有的丰富含义。这是因为与"档案""档子"一样，在清代官方文献中，"档册"一词的应用也具有一定的普遍性，具有了一定的类名词意义。作为一种大类概念，其重要表现就是许多专门档案名词（小类）已经以"档册"作为属概念命名，即把档册作为一类事物的概念，在其前加一定的限定词，就使其成为了这一大类事物中的某一种（小类）。如汉字档册、清字档册、汉文档册、各官档册、罪证档册、本案档册、人证档册、起居注档册、人丁档册、会审档册、内阁档册、源流档册、钱粮档册、俸饷档册、司库档册、户口档册、兵马档册、吏部兵部档册、两黄旗档册、八旗档册、满州档册、兵马档册、收支档册、支销档册等等，这些名词也反映了档册的应用范围和内容特点。如：

> 以军机处缮修汉字档册出力，予……等四人供事补用县丞。①

> 大学士明珠等奏，奉上谕以起居注档册事问九卿。佥云：起居注皆记载机密事宜，垂诸史册，所关重大，臣等不敢阅。②

> 将节年发遣人犯及拨往种地户口档册逐一细查。③

通过以上资料，我们可以对清代"档册"一词的基本含义进行总结：在广义上，"档册"指广泛意义上的档案册籍，但以账簿登记册的含义较为突出。更值得注意的是它具有一些专指意义，如档案登记簿、编年体档册等。

（1）泛指官府档案。在清代，"档册"一词与"档案""档子"一样，具有一定意义的通用性，泛指官府档案，如：

> 戊子。大学士等遵旨议奏：国史纪载，传信万世，应将太祖、太宗、

---

① 佚名. 清实录：第58册［M］. 北京：中华书局，1987：698.

② 佚名. 清实录：第5册［M］. 北京：中华书局，1985：89.

③ 佚名. 清实录：第16册［M］. 北京：中华书局，1986：861.

世祖、圣祖四朝有功任事之臣，博采见闻，查核一切档册，陆续作传。[①]

（2）账册簿籍。除以上较宽泛意义的"档册"一词外，它更多的含义是专指簿籍，即登记、书写所用的册籍。如户口簿、军队名册、账簿、徭役档册等，其中尤以经济类档册居多，如：

> 是以将本年额赋，再行蠲免。其上年及今年春夏间已完之项，著该督抚、董率有司详细确查，记明档册。准抵甲寅年应征正课，至新经入额之一千一百余两，一体蠲免。[②]

> 盛京户部侍郎双喜奏：宁古塔地方，每年应领俸饷银，请照黑龙江例，将应支俸饷档册，于十一月先送臣部查对。[③]

（3）"随手档"。我们还应特别关注清代一种特殊档册："随手档"——一种编年体（大流水）档案记录。

"随手档"始于乾隆元年（1736年)，迄于宣统三年（1911年)，为清军机处奏折文书的总登记簿。凡臣僚进呈的奏折，经皇帝朱批之后进行登记，朱批全录，谕旨及折件则登记事由。有发内阁承办之件，皆注明"交"字；直接交兵部之件，并注明马递及里数。

此项档簿，最初以春夏二季为一本，秋冬二季为一本，后来因折件增多，改为一季一本。这种档簿在清代是查检档案的基本依据，至今仍然具有重要的史料价值。它既是档案登记簿，又可把它作为清乾隆朝以后的大事年表来用，还可利用它了解官员上奏事件和皇帝批答的内容以及事件的起因与结果等。

（4）编年体档册[④]。"档册"还指官文书汇抄，或称编年体档册，即按年汇辑的官府档案。这种汇抄是将各种官文书的原文分别按编年体（以年为主，将本年同类文书所办事件，按编年体、纪事本末体分别汇抄（或记录），

---

①　佚名. 清实录：第7册［M］. 北京：中华书局，1985：235.

②　佚名. 清实录：第8册［M］. 北京：中华书局，1985：727.

③　佚名. 清实录：第10册［M］. 北京：中华书局，1985：539.

④　另参见鞠德源. 清代的编年体档册与官修史书［J］. 故宫博物院院刊，1979（7）：34-37.

逐年逐月逐日汇总排纂、抄录成档册，而且每种汇抄都是自成体系的大型史料长编。这是清代档案的重要特点之一。纵观有清一代，这种档案编年汇抄几乎被应用到各个方面，而且一经立档，大都贯彻始终。如：

又谕："如格、陈璧奏监察吏部清厘档卷完竣，……。以后仍于月终、年终，随时删修。一切档册，均提存司堂，以便检阅。至文选、考功两司各项官册，记载尤多庞杂，著责成该管司员，一并厘定。"①

根据现存清中央机构各种官文书汇抄的情况，我们可将其分为如下几种：

第一，诏令谕旨汇抄。这类档册是清代皇帝诏书、谕旨的编年汇抄，因传达谕旨的程序不同，而取有不同的名称。如："上传谕旨""上谕簿"（或称"上谕档"）、"寄信档"（亦称"廷寄档"）、"电寄档""谕旨汇奏""丝纶簿"等。如：顺治帝亲政后，在八年至十年间发布的上谕，按编年时序汇抄成册，称为"上传谕旨"。以后各代均沿袭此制度，皇帝的谕旨（上谕)下达之后，陆续汇抄成册。自康熙、雍正以来，专门汇抄皇帝的各项明发谕旨的档册，称为"上谕簿"（或称"上谕档"）。此种档册，最初每半年为一册，后期逐渐改为每季为一册。

第二，专案汇抄。这一类档册就是我们今天所说的专题档案汇编。采用纪事本末体，以重大事件或重要专案为纲，将同一事件或同类事务方面的谕旨、奏折等，按年月日顺序抄录成册。如："西藏档""剿捕档""洋务档""总理各国事务衙门清档"（简称"清档"）、"收电档""发电档""电报档"等。如："剿捕档"为镇压农民起义方面的专档。自嘉庆元年（1796年)始至光绪七年（1881年)止，凡有关镇压川楚白莲教起义、天理教起义、太平军起义、捻军起义等方面的谕旨、奏折，均汇总抄编成册。

第三，题奏汇抄。这是专门的大臣题奏或部门文档汇抄档册，这种档册是清代档案中最系统最典型的大型档案史料长编，包括"六科史书""外记档""满文月折档"等。如："六科史书"，系沿用明朝制度，凡经吏、户、

---

① 佚名：清实录：第58册. 北京：中华书局，1986：456.

礼、兵、刑、工六科办过的题本、奏本，均照贴黄（题本的内容摘要)抄录，清初有照录题本全文的。清前期、中期的这种汇编史料价值较高；后期则徒具形式，抄录很不认真，因而丧失了汇编的原意。

第四，宫廷事务汇抄。即专门性的宫廷事务档案汇抄。这类档册名目繁多，不胜枚举，大都属于内务府汇抄有关宫廷事务方面的谕旨和题奏等文书。包括"内务府奏销档""光绪大婚档""德宗景皇帝大事档""慈禧六旬庆典档"等。如：内务府"口奏绿头牌白本档案"，又称"内务府绿头牌奏销档"，简称"内务府奏销档"，为有关宫廷钱粮、织造、园苑、行宫、陵寝工程和修缮经费、八旗事务等方面的档案编年汇抄。这项档册始于顺治十一年（1654年)，一直沿用到清灭亡以后。顺、康两朝全系满文，雍正以后多为满汉文兼书，是研究清代经济史、宫廷史的重要资料。

第五，专人（官）汇抄。这类档册是指按照官员在某一职务上的事务文档汇抄。如："比邵二云学士检得通政使档册，有于谦一本，为易储事，而公冤乃得白。究恨未见公之谏疏也"①。

第六，编年体记事档册。各类编年体记事档册是按年、月、日时序记载事项的档案。这类档册名目繁多，包括"起居注档册""膳底档""日记糟账""各作成做活计清档"等。

如"各作成做活计清档"是关于内务府造办处所属木器作、珐琅作、铜器作等各"作"制造各项器物珍玩及各项什物的详细记录。每一档册按年分"作"记载，每"作"之下又按月日时序排纂。此项档册始于雍正元年（1723年)，止于嘉庆九年（1804年)，后改称"旨意题头档"，一直延续至宣统三年（1911年)。这项档案，虽属有关工艺器物制作方面的记录，但它涉及范围相当广泛。对于研究清宫的珍藏，宫廷殿阁的陈设，器具珍玩的制作，外国新技术的传入（如枪、炮、子弹、望远镜、地球仪、天文仪器等)以及与外国贸易等等，都可提供一些有价值的档案资料。以下为相关记载示例：

---

① 陈其元. 笔记小说大观二编一庸闲斋笔记：第2册［O］. 新兴书局，1978：209.

　　大学士明珠等奏：奉上谕以起居注档册事问九卿。佥云：起居注皆记载机密事宜，垂诸史册，所关重大，臣等不敢阅。且满汉起居注官共二十二员，日直记载，俱系公同校阅。凡九卿官员所奏之事，从无私自缮写送进史馆记注之例。如有缮写送进者，起居注衙门必进呈御览，方敢入册，向来定例如此。①

　　总之，"档册"一词在清代，既有一定的通用性，也有一定的专指性，是清代所使用的重要的文档名词。②

三、清代"书族"文档名词

（一）"书族"文档名词的构成、内涵与构词特点

表9-6　清代"书族"文档名词汇总表

族别	名词	名词总数
书族	文书、书籍、诏书、书牍、书奏、簿书、书翰、书文、书案、书禀、书诏、书契、书簿、官书、书记、事书、典书、书典、册书、牍书、贤能之书、赤爵衔书、凤凰衔书、架阁文书、赤雀衔丹书、赤爵衔丹书	26个

　　如表9-6所示，清代"书族"文档名词共26个，其中，常用的"书族"文档名词多为双音节词，且它们产生时间较早，到清代仍有使用，表现出较为鲜明的继承性。清代各种"书族"文档名词都被广泛而频繁的使用着，用词多样性在一定程度上反映了清代中国社会发展的活力与文化多样性。总体来看，清代"书族"文档名词主要有以下特征：

　　第一，从构词结构来看，"书族"文档名词大部分属于并列式。从词的结构方式分析，复音词大致可以分为几类：并列式、偏正式、动宾式、主谓式、述补式，并列复音词是复音词的主体。当意义复杂的单音节词以某个相同的意义组合在一起后，意义变得单一且明确了。这种组合起到了对单音节词多种意

---

① 佚名. 清实录：第5册 [M]. 北京：中华书局，1986：89.

② 参阅鞠德源. 清代的编年体档册与官修史书 [J]. 故宫博物院原刊，1979（2）:34-36.

义的选择作用，使含混变为确切。名词与名词并列的有"簿书""书奏""书契""书籍""书翰""书典""书牍""书簿""书案"，动词与动词并列的有"书禀""书记"，另外还有偏正式结构的名词，如"文书""诏书"。有些复音词在发展过程中改变了词性，由动词性词组变为指物的名词，这种情况以动宾式结构的名词居多，如"书诏""书文"。

第二，从意义成分来看，与词根"书"共同组成新词的另一词素都具有较为丰富的内涵，表达不同的含义。每个词或者是在"书"前加了词素，或是在"书"后添加了词素来构成新词。这些前加成分和后附成分是造词结构里的意义成分。它们起说明或限制的作用，修饰或区划词根的意义，从而形成一个新词的结构形式。有些词素表明了档案的物质载体形式，如"书牍""书案"；有些表明了档案的外部表现形态，如"书籍""簿书"；有些大致表示文件的内容，如"文书""诏书"；还有些词素表明文档活动的过程，如"书记"。这种组合而成的双音节词使得文档名词表达的意思更加明确，概念更加具体。如"书契"与"书"相比，专指性就得到了加强，专指契约、凭证类的文书，因此不易与其他名词混淆。在清代，既能泛指文件、档案，又能表示专门类型的文档，如"诏书"是皇帝布告臣民的专用文书。"书族"名词文档类含义多指官府中的公文，用于公务活动，语体色彩较为官方、正式。

第三，从词义来看，复音词也具有广义性。古代汉语的广义性使得词义义域宽广，覆盖面大，言语交际频率高，并具有极强的构词能力，在汉语词的复合化过程中起着重要的作用。广义性既是共时现象，也是历时现象。在一个族群内的众多名词在平面上的比较是共时现象，某一特定名词的历史发展与古今演变属于历时现象。另外，广义性既是词义的内涵问题，也与词的使用频率有关。因此在研究名词时需要综合考察这几项内容标准。例如"文书"一词，与文档类相关的含义就有：（1）文字图籍，（2）公文、案牍，（3）字据、契约，（4）从事书信、公文工作的人。另外，"文书"一词在清代文献中共出现2207次，是清代"书族"使用频次最高的文档名词，并且该词自产生起就一直延续至今，具有良好的继承性和发展性。

第四，从词义发展来看，有些词组在凝固成复音词的过程中产生了概念的外延缩小或扩大的变化，另外还有一些词语出现分化现象。外延缩小的变为特指，外延扩大的变为泛指。如"书籍"从原来的图籍、书册的含义，扩大到了如今的"装订成册的图书和文字"。还有一些双音节词在历史上经历了一个从可以自由换序到不能自由换序的过程，含义逐渐分化，如"诏书"与"书诏"，"簿书"与"书簿"，"文书"与"书文"，等等。在这些词产生的初始阶段，它们的含义还是基本一致的，可以互换使用，但随着语言的发展，它们发展出了各自不同的侧重点，在使用中能体会到细微的差别和不同的感情色彩或语体色彩，因此逐渐成为了不同的名词。这标志着属于人们认知程度范畴的词义必然随着人们的认识的发展并与同时期的生产活动相适应，一步又一步地由低级向高级，由浅入深，由粗到精，由简单到复杂，由片面到多方面，与事物俱新，随认识前进，在一定程度上向前发展着。

（二）主要"书族"文档名词介绍

"文书"一词是清代"书族"文档名词中出现次数最多、使用频次最高的代表性名词，同时，它也是中国文档名词发展演变史上最为重要的名词之一。因为它不仅是我国文档名词中起源最早的复音词之一，而且它是历代以来使用连续性最强的文档类名词（"二十五史"中唯一连续出现的文档类名词[1]）。另外，"文书"一词在西汉首次产生后，它的出现频次在汉代语言档名词中即跃居首位，且在随后的各历史时期均稳居前列（主要是第一位，仅在个别朝代中居第二位及以下）。如图9-5所示：

---

[1] 丁海斌，葛洪源. 从《二十五史》看中国古代档案名词的演变［J］. 档案学通讯，2003（2）：91.

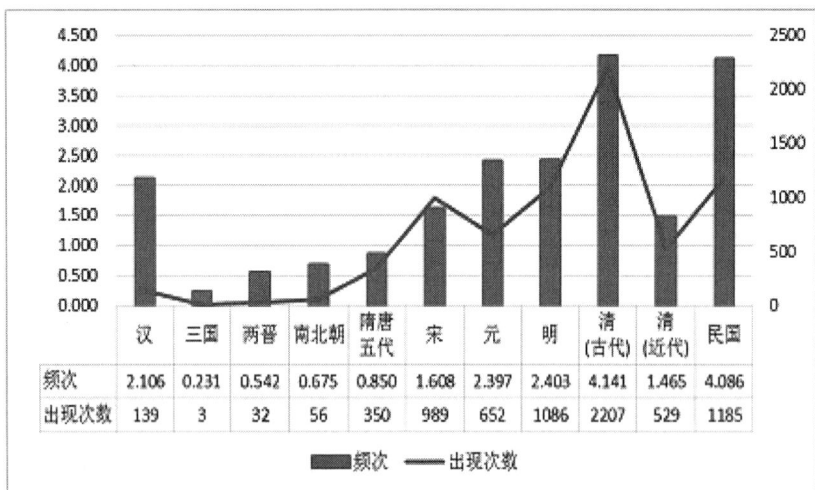

图9-5　"文书"一词在各历史时期的出现频次和次数

　　"文书"一词是在单音节词"文"和"书"分别产生、发展的基础上生成、发展起来的，二者结合在一起组成"文书"一词，其含义就是指"运用书写工具在物质载体上记录文字材料"。"文书"一词最早出现于西汉贾谊所著的《过秦论》，文曰："秦王怀贪鄙之心，行自奋之智，不信功臣，不亲士民，废王道，立私权，禁文书而酷刑法，先诈力而后仁义，以暴虐为天下始。"[①]该处"文书"的含义是指诸子百家的诗文典籍，其较为明确的文档含义约形成于东汉，如《汉书·刑法志》："文书盈于几阁，典者不能遍睹。"[②]此外，在古代它还具有"契约字据""书札""文章和书法的合称"等含义，但其主要含义仍是文档。

　　清代"文书"一词的应用主要分为两个时期，且前后差异较大。清朝古代时期，"文书"一词得以延续使用，并且其使用范围也从史部文献扩展到子部、集部和通俗小说类文献中，应用范围更趋广泛，特别是在通俗小说中频繁出现"文书"一词。这表明"文书"一词的用法趋向口语化，使用场景更加丰

---

① 曾国藩. 广注经史百家杂钞 [M]. 上海：国学整理社，1936：81.

② 班固. 汉书 [M]. 北京：中华书局，1962：1101.

富，逐步深入到社会生活的各个方面。这一时期，即清代前中期"文书"一词逐渐成为使用最广泛的文档名词之一。然而，进入清晚期，"文书"一词的应用出现了两大变化：其一是"文书"一词的使用频次比较而言出现一定下降，退居第二位（清晚期列"公文"之后，民国时列"文件"之后），"文书"一词不再作为主导名词占据榜首位置，结束了其在中国文档名词发展演变史上近一千二百五十年的统治地位，但仍作为一个主要文档名词继续发挥作用。其二是词义的丰富，清晚期，"文书"一词的含义空前广泛，发展趋于成熟。首先，它继承了"文书"一词在以往各个历史时期发展演变过程中所产生和通行的几类含义：

（1）公文，案牍。包括一般性公务文书："雍正朝，世宗命诸臣有紧密事，改用折奏，专设奏事人员，以通喉舌，自是，无不立达御前，通政司惟掌文书而已。"①上行文："一来他与段文经是骨肉至亲；二来他的家住在大名府城外，在下上文书表过，他的住处那个庄，地名叫张栋村小潭口，离大名府城八十里。"②下行文："及至圣上升殿，展爷谢过恩后，包公便将加恩科的本章递上。天子看了甚喜，朱批依议，发到内阁，立刻出抄，颁行各省。所有各处文书一下，人人皆知。"③平行文："神力王吩咐文案办文书，知会浙江巡抚与湖北巡抚，两处应付粮草。歇兵五日。"④等具体文书。此外，与"公文"一词仅指代"官方政务文书"不同，"文书"既包括官方文件，还包括民间书信、文章等私文书，如："厥后咸丰戊午中英法之役，光绪甲申中法、甲午中日之两役，至辛丑十二国和约之赔款四万五千万为极矣。无战不败，败必偿款，此为国耻，宁不彰彰。然吾国公私文书，则每每讳赔偿为抚恤。"⑤即清晚期时大多数官方文件和民间书信、文章等都将清政府对外赔款讳言为

①　徐珂. 清稗类钞：第3册［M］. 北京：中华书局，1984：1301.

②　佚名. 刘公案［M］. 北京：华夏出版社，1995：316.

③　石玉昆. 三侠五义［M］. 上海：上海古籍出版社，1980：143.

④　郭光瑞，贪梦道人. 永庆升平全传［M］. 上海：上海古籍出版社，1993：288.

⑤　徐珂. 清稗类钞：第1册［M］. 北京：中华书局，1984：458.

抚恤。

（2）诗书，典籍。如："古之人其择吏也甚精，人知吏之不可以妄求，故不敢轻为士。为士者皆其修洁之人也。今世之取人，诵文书，习程课，未有不可为吏者也。其求之不难而得之甚乐，是以群起而趋之。"①又如："《国朝会要》，自元丰三百卷之后，至崇宁、政和间，复置局修纂。宣和初，王黼秉政，罢修书五十八所。时《会要》已进一百十卷，余四百卷亦成，但局中欲节次觊赏，故未及上。既有是命，局官以谓若朝廷许立限了毕，不过三两月可以投进。而黼务悉矫蔡京所为，故一切罢之，官吏既散，文书皆为弃物矣。"②

（3）文字，图籍。如："凡前圣所早称至德纯行，殆无一而不备，上而天象、地舆、历算、音乐、考礼、行师、刑律、农政，下至射御、医药、奇门、壬遁、满蒙、西域、外洋之文书字母，殆无一而不通，且无一不创立新法，别启津途。后来高才绝艺，终莫能出其范围。然则雍、乾、嘉、道，累叶之才，虽谓皆圣祖教育而成，谁曰不然！"③

（4）书札，即书信如："一日，上在禁中，偶视贵人之冠钗间垂一小卷文书，戏取开视之，乃细字曰：'张商英乞除右仆射。'上语贵人：'汝勿预外庭事。'"④又如："正在忧烦之际，今天将文书拆开一看，这才心中明白，不由得大吃一惊，只臊得面红耳赤。原来信上写的是——钦差大臣文华殿大学士兵部尚书彭朋拜书：久仰天王鸿仪，威名贯满宇宙。"⑤

（5）字据，契约。如："应元道：'前日卑职原说这点银子不够，此刻若回曹州，往返多日。不如想个树上开花的法子，安抚衙内当案王孔目，卑职与他厮熟，太尊只须立纸文书与他，待结案时交付，岂不省一番急迫。'天锡

①　苏辙. 栾城集［M］. 上海：上海古籍出版社，2009：465.

②　洪迈. 容斋随笔［M］. 长沙：岳麓书社，2006：135.

③　李元度. 国朝先正事略［M］. 长沙：岳麓书社，2008：2.

④　黄以周，等. 续资治通鉴长编拾补［M］北京：中华书局，2004：765.

⑤　贪梦道人. 彭公案［M］. 呼和浩特：内蒙古人民出版社，2009：582.

依言。"①又如："施公将呈状逐次看完，俱告的是牛黄，绰号叫牛腿炮。霸占陈忠两顷地，讹刘进禄房屋一所送与家丁，硬讹李富银两若干。俱各私立文书，有保人。"②

（6）文章和书法的合称，有时也包含书画。如《与徐昭法》："落此一瓣香，百年如觌面。出其论文书，并与他著撰。体裁既整齐，字句亦工练。夜坐天山堂，诸家评略遍。"③

其次，新出现了"曲艺名词、弹词的别称"这一清晚期专门用法："说唱古今书籍，编七字成句，坐中者开口弹弦子，横坐者佐以洋琴……五月十九，仓桥元帅庙有文书老会，凡省中唱书者不取阉钱，挨唱一回，以家伙到庙先后为序，不甚知名者以此为荣也。庙中惟备茶点。人家喜事、生日多用之。"④

至此，除现今通用的"职务名称，指专门从事文书工作的人员"这一现代化含义外，包括"文书"一词产生初始的含义（泛指文字图籍）、晚清特有含义（曲艺名词，弹词的别称）和发展过程中的所有含义在这一阶段均有使用，其词义较为丰富、全面，这是"文书"一词趋向成熟的标志。这一现象亦表现为两个方面：

一是"文书"一词经常作为属概念与其他修饰语组合在一起形成新的专有名词，意为"处理政务、行使职权的依据和凭证"，较频繁地出现于刑事、军事及其他领域。

如刑事领域：

缉捕文书。"河南州县，凡奉有统行缉捕文书，则发海捕。海捕者，大率以流丐为之，官亦与以票，三五成群，行至乡镇，遇商店，即送香一支，必给以钱十文或八文，较之平常乞食，难易迥殊矣。行可年余，则归而缴票，谓之

---

① 俞万春. 结水浒传［M］. 长沙：岳麓书社，2014：281.

② 佚名. 施公案［M］. 济南：齐鲁书社，1993：311.

③ 徐世昌，闻石. 晚晴簃诗汇［M］. 北京：中华书局，1990：237.

④ 浙江省通志馆. 重修浙江通志稿：第2册［M］. 标点本. 北京：方志出版社，2010：1080.

销差，其果能缉捕与否，初不问也。"①

海捕文书。"俗语说得好：奸臣生逆子，天理昭彰。那蔡京果然惶惧，深恐嚷到天子耳朵里，只得不敢认真，只移文与山东制置使，行个海捕文书。"②

口供文书。"是小可恐头领受屈，使个见识，禀道：这些贼骨头，抵死不认，拷杀也是无益。不如不去审他，只把口供文书做死了，一齐报解都省，刘彬、贺太平那里拼用些钱，只照初供办理，显得太守能办事。"③

军事领域：

鸡毛文书。"宋江、吴用领吕方、郭盛、戴宗、凌振、戴全、张魁一干人马，大队回归山寨，正出北门，只见一骑报马飞到，乃是清真山马元的差人，呈上鸡毛文书一角。"④

报捷文书。"却还有一封又是鄂州张世杰的报捷文书。说甚么俘获千人，夺得战马百匹，战船五十号。"⑤

火牌⑥文书。"且说这火牌文书到了浙江绍兴府。绍兴府的知府老爷，姓彭名朋，字友三，初任作过三河县……时任绍兴府正堂。一接这个火牌，连忙到了书房内，把彭兴儿叫过来，说：'你去请李壮士来。'"⑦

其他领域：

卖身文书。"契云：'立卖身文书冯苏，本籍浙江临海县，今同母某氏卖到平西王藩下，当日得受身价银一万七千两。媒人胡国柱，卖身人冯苏'云

① 徐珂. 清稗类钞：第11册［M］. 北京：中华书局，1986：5475.

② 俞万春. 结水浒传［M］. 长沙：岳麓书社，2014：125.

③ 俞万春. 结水浒传［M］. 长沙：岳麓书社，2014：273.

④ 俞万春. 结水浒传［M］. 长沙：岳麓书社，2014：338

⑤ 吴趼人. 痛史［M］. 福州：福建人民出版社，1981：14.

⑥ 火牌，清代传递军用文书的凭证，与驿站制度有关，主要起证明驿兵身份、注明送达期限等作用。

⑦ 贪梦道人. 彭公案［M］. 呼和浩特：内蒙古人民出版社，2009：58.

云。"①

匿名文书。"尝拾匿名文书，即命仆焚毁，曰：'吾聊以此报上泽也。'"②

二是清晚期文献中较多地出现了专门计量"文书"件数的量词以及对"文书"价值和作用的专门描述，足见清晚期时"文书"一词已经取得了官方和民间的一致认可，应用广泛，词义和用法更趋成熟。如专门量词的出现："说罢，便缮起一角文书，差人赍到种公处去。"③"马玉龙说：'好办，我去见中堂大人，给他走一套文书，跟他要这个人。'"④对"文书"价值和作用的专门描述和认识："然度量权衡，国家政令权力之标帜，犹文书之有玺押，军令之徽章也。"⑤这里是指有印信玺押的"文书"；没有盖印签署"文书"只能称之为草稿，与废纸无异，并不具备行政和法律效力。

四、清代"案族"文档名词

（一）"案族"文档名词的构成、内涵与构词特点

清代"案族"文档名词主要包括"文案""案牍""案卷""档案""书案""案牒""案记""簿案""案档"9个名词（见表9-7），它们是清代文档名词的重要组成部分。清代"案族"文档名词数量相对较少，大部分名词使用频次较低，但"文案""案牍""案卷""档案"等词都具有重要学术研究价值。

---

① 徐珂. 清稗类钞：第11册［M］. 北京：中华书局，1986：5270.

② 昭梿. 啸亭杂录［M］. 北京：中华书局，1980：495—496.

③ 俞万春. 结水浒传［M］. 长沙：岳麓书社，2014：604.

④ 贪梦道人. 彭公案［M］. 呼和浩特：内蒙古人民出版社，2009：623.

⑤ 郑振铎. 晚清文选·卷下［M］. 北京：中国社会科学出版社，2002：157.

表9-7 清代"案族"文档名词汇总表

族别	名词	名词总数
案族	案牍、文案、案卷、档案、书案、案牒、案记、簿案、案档	9个

清代"案族"文档名词具有一些普遍的族类特征，主要有以下几个特点：

第一，从造词结构上来看，"案族"文档名词大部分属于并列式。并列式是"案族"文档名词的主要构词特征，具体表现为名词与名词并列，如"案牍""案卷""案牒"等等。

第二，在构词顺序上，在双音节词中"案"字可以居前也可居后，其内涵各有不同。与"案"组合的另一单音节词，或表明文档的物质载体形式，如"案牍""案牒"；或表明文档的外部表现形态，如"案卷""案册"；或表示文档的内容，如"文案""书案"。

第三，从词义上来看，双音节"案族"文档名词中少量具有通用性，如"案牍"；而多数的表意较为明确，专指性强。"案族"文档名词多有侧重点，即特指某一具体类别的文档，如"案牒"专指官署的文书簿册。另外，某些"案族"名词可作为属概念来形成新的文档名词，如"档案"一词"作为一种大类概念，其重要表现就是许多专门档案名词（小类）已经以'档案'作为属概念命名。即：把档案作为一类事物的概念，在其前加一个限定词，就成为这一大类事物的某一种。如：仪注档案、粮饷档案、食饷档案、户部档案等。"①

第四，"案族"文档名词还可用于与其他名词共同构成各种官职名称，这些官员一般为负责执掌文案工作的文官。如：提控案牍、提领案牍、照略案牍、尚书案奏、尚书案事、礼制书案、奉制书案、引制书案、奉行书案等等。这类用法在清代文献中时有出现，需要与文档类含义进行仔细区分。

---

① 丁海斌，田丹. 清代文献中所见"档案"一词及相关问题研究［J］. 档案学研究，2013（6）：88.

（二）"案族"文档名词在清代的应用

如表9-8所示，"案族"文档名词出现的时间较晚，大部分产生于隋唐时期。最早出现的是"文案"一词，出现于汉代。汉以后，南北朝、隋唐五代、宋、清分别增加了一些新的名词。南北朝新增"书案""案牍",隋唐五代新增"簿案""案记""案卷"，宋新增"案牒"。宋以后在传统汉文化的范畴内，"案族"文档名词中已无新词产生，而清代情况出现了变化，清代"案"与满语音译词"档"结合，新增"档案""案档"两词。由此可见，清代是少数民族语言文化影响下的"案族"文档名词的发展期，清朝对传统语言文化的总结与运用较好，各种文档名词被广泛而频繁地使用着，清代"案族"文档名词的总使用数量达到了最高峰，出现次数和使用频次均达到了最高点，远超过其他朝代，如图9-6所示。特别需要指出的是，清初出现了"档案"这一重要的文档名词，并因其专业性和特指性在近代以后被广泛使用于各种社会活动中。

表9-8 各个历史时期出现的"案族"文档名词①

朝代	"案族"文档名词及其使用数量	名词数量及总使用数量
汉	文案（1）	1（1）
南北朝	文案（16）、书案（3）、案牍（2）	3（21）
隋唐五代	文案（100）、案牍（57）、书案（3）、簿案（7）、案记（2）、案卷（1）	6（170）
宋	文案（169）、案牍（98）、案卷（30）、书案（12）、案记（7）、簿案（5）、案牒（14）	7（335）
元	案牍（76）、文案（30）、案牒（1）、簿案（1）	4（108）
明	文案（99）、案牍（93）、案卷（25）、案牒（3）、案记（2）	5（222）

---

① 楷体部分是本时期新出现的文档名词。

续表

朝代	"案族"文档名词及其使用数量	名词数量及总使用数量
清	案牍（318）、文案（287）、案卷（127）、书案（11）、案牒（9）、案记（7）、簿案（4）、档案（119）、案档（3）	9（885）

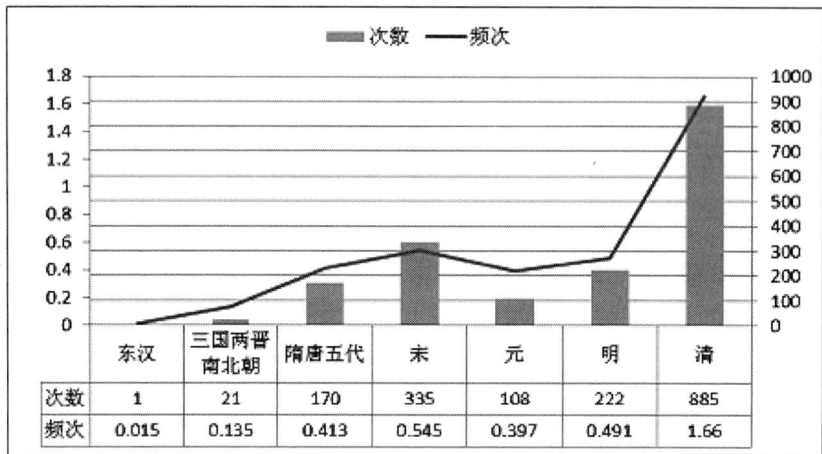

图9-6 "案族"文档名词各朝代使用频次及次数示意图

总体而言，与其他族类的文档名词相比，清代"案族"文档名词词汇数和使用量相对较少，如"文族""书族""簿族""牍族"等族类词汇数都达到了20个以上，出现次数也比"案族"名词多。"案族"文档名词发展至今，只有个别词语因其专业性和专指性还保持着较高的使用频率，如"文案""档案""案卷"等，大部分名词在现代社会中基本不再使用了。

（三）主要"案族"文档名词介绍

在此介绍清代主要"案族"文档名词——"案者""文案"。

1.案卷

"案卷"是古代官署分类存档的文件；一案一卷，故称"案卷"。今机关、企业等分类保存以备查阅的文件，亦称案卷。"案卷"一词在内涵上具有连续性和继承性，古今差异不大，多使用于与法律相关的业务活动中，其词义很单纯，而且用法含义上代代相传。"案卷"一词最早出现于五代："每有公事赴本司行勘，胥吏辈未敢讯劾，先取则于九龄。因于前面分曲直，口撰案卷，囚无轻重，咸乐其罪。时人谓之'张公口案'。"①宋代时，"案卷"已有专门档案之意，专指司法刑狱案件的卷宗、诉讼档案等。检索到的文献中出现"这宗案卷"的常用用法，说明"案卷"一词在法律类公务活动中使用已经较为普遍，如："安石曰：'李定事，陛下未能了然无疑。李定事有本末，陛下但取案卷，子细详前后情理，即事自见。此事自有人为奸罔，而陛下不寤。'"②经仔细筛选发现，元代未出现"案卷"具有文档名词含义的用法，可能与少数民族统治者的语言习惯有关。从明清两代起，"案卷"的使用规模不断扩大。明代时，"案卷"一词在通俗小说中已有使用，一般的使用场景为县衙断案，也开始被应用于社会生活的其他领域。清代使用最多，较为通用，已有"文件""档案"之意，并成为较常见的文档名词，"案卷"一词开始具有较强大的生命力，如"前几天我偶然翻检旧案卷，见前任官内，罗魏氏已经告过他一次忤逆"③。

　　另外，在检索中发现成书于清乾隆三十五年（1770年）的《续名医类案》使用了69次"案卷"，原因在于该书乃杂取近代医书及史传地志、文集说部之类，故分门排纂，全书分345门，内、外、妇、儿、五官等各科病症兼备，分类条理清楚，选案广泛，且该书内"案卷"一词的使用多以"医类案卷"的形式出现，因此不足为奇。

　　清代文献中"案卷"一词的分布比较广泛，常见的出现方式为"检票案卷""检查案卷""调齐案卷""清理案卷"等。详见图9-7。

①　王仁裕，姚汝能. 开元天宝遗事；安禄山事迹［M］. 北京：中华书局，2006：45.

②　李焘. 续资治通鉴长编：第17册［M］. 北京：中华书局，1986：5779.

③　吴趼人. 二十年目睹之怪现状［M］. 北京：人民文学出版社，1959：357.

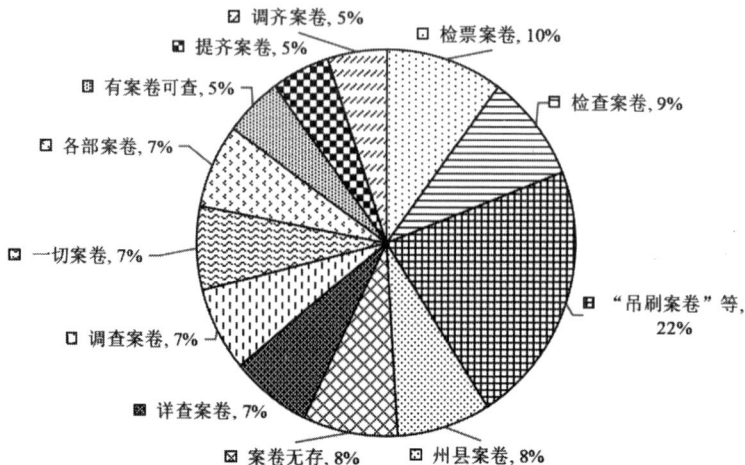

图9-7　清代"案卷"一词的组词分布

从组词方式的使用上可以看出，"吊刷案卷""检票案卷""检查案卷"等词组使用次数较多。"案卷"一词词义单纯，故组词方式灵活自由，但其含义无特殊变化，专业化属性亦不明显。如：

　　谕："嗣后各省每年完欠钱粮，随奏销时核实具奏，毋庸循岁终奏闻之例。"二十二年，免江南乾隆十年以前积欠漕项银米地价耗羡。江苏巡抚陈宏谋奏："江苏钱粮积年未能归款，由于州县案卷，任书承携贮私室，以致残缺无由查考，应严饬各州县将卷宗黏连盖印，妥存署中。至江省用款繁多，州县不免借垫，嗣后仍令随时详请抵兑。……"①

　　己亥。谕总理事务王大臣：左都御史孙嘉淦因办理废员一案参奏福敏，经年累月，不至衙署，案卷送阅，偏执己见，定准之稿，概不画行等语。从来大臣办理公务，惟当一秉公忠，和衷商酌。②

　　勒令交工，即有老妪幼妇跳河拼命。而山安厅自禀，与船目议明，以原捆交工，八折收受，而船兵又以六分改捆抵交，仍要八折收受各等语。

---

① 赵尔巽，等. 清史稿：第13册 [M]. 北京：中华书局，1976：3535-3536.

② 佚名. 清实录：第9册 [M]. 北京：中华书局，1985：457.

众证确然，而乃以为畏惧成势，草率了案。以监司公定案卷为虚，以奸弁挟怨巧言为实，此又额之所未解也。①

2.文案

"文案"一词中"案"是指长形的桌子或架起来代替桌子用的长木板，与"文"组合在一起指代公文案卷，亦作"文按"。该词在清代通俗小说中使用较为频繁，其时"文案"一词既有文件、档案之意，如"临安府把文案呈上郡王，郡王是个刚直的人，便道：'既然恁地'宽了崔宁。且与从轻断治……'"②，又可作为官名使用，如称呼衙门里的官员为"文案老爷"，指旧时衙门里草拟文牍、掌管档案的幕僚，其地位比一般属吏高，见于清末中篇小说《老残游记》第四回："像你老这样抚台央出文案老爷来请进去谈谈，这面子有多大！"③

清代"文案"一词的使用方式上沿袭前制，在"文案"的处理机构设置、性质和处理人员的构成方面有所变化，在乾隆初年使用的"文案"一词上，当时所指文案事务，主要由笔帖式等微员末吏办理。道光以后的文案，却已有行营（军营）与督抚衙署之分，且所指文案，其内涵除泛指文牍和文事务外，亦有指代草拟文牍、掌管案宗的幕客幕友或军队吏员之意。但行营文案与督抚文案，在身份和待遇上差别显著，前者为朝廷官吏，可以议叙升擢；后者则是主官聘请的幕友，无官阶无官俸，与主官的关系属于私人性质。④如：

> 朝廷甄叙之典。所以鼓励人材。其襄理幕务。由本官自行延请。与在官供职不同。朕曾通谕各督抚盐政等、概不准将幕友保列。以杜冒滥。前据卢朝廷甄叙之典，所以鼓励人材。其襄理幕务，由本官自行延请，与在官供职不同。朕曾通谕各督抚盐政等，概不准将幕友保列，以杜冒滥。前

---

① 昭梿. 啸亭杂录 [M]. 北京：中华书局，1980：72-73.

② 冯梦龙. 警世通言 [M]. 北京：人民文学出版社，1956：97.

③ 刘鹗. 老残游记 [M]. 2版. 北京：人民文学出版社，1982：33.

④ 关晓红. 从幕府到职官：清季外官制改革中的幕职分科治事 [J]. 历史研究,2006(5):88-103+191.

据卢坤奏，请将襄办文案出力之幕友候选州同宋绪加以奖励。①

伊犁将军常清奏已革尚书陈孚恩、已革总督乐斌，在印房并文案处效力当差，尚属奋勉。得旨：陈孚恩荒诞谬妄，因迎合载垣等获谴，乐斌前在陕甘任内声名狼藉，昏庸乖谬，贻误地方。②

在具体文献中，清代"文案"一词在史部"编年"类和"政书"类使用最多，"编年"类中仅《清实录》就有174次，"政书"类中《大清会典事例》使用最多，为90次。清代"文案"一词在组词方式上与"文书"较为相似，多以"办理文案""帮办文案""襄办文案""随办文案""粮台文案""军营文案"等形式出现。其使用分布见图9-8。

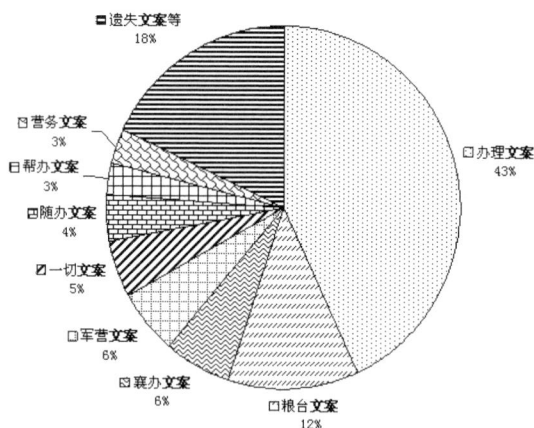

图9-8　清代"文案"一词的组词分布

通过"文案"一词的组词类型统计图不难发现，"办理文案"这个词组出现次数最多，且使用在《清实录》里面次数最多，为41次。如：

谕内阁：前因蒋攸铦奏，已捐分发尚未签掣省分之县丞孙有孚，随同办理文案得力，请留直隶试用。降旨发往直隶差委。兹据吏部查与定例不符，奏明请旨。县丞孙有孚，著仍留直隶试用，毋庸赴部签掣省分。嗣后

①　佚名. 清实录：第36册［M］. 北京：中华书局，1986：694.
②　佚名. 清实录：第47册［M］. 北京：中华书局，1987：319.

不得援以为例。①

图示中所见的"襄办文案"次数约占"文案"组词的6%，"襄办"与"办理"含义接近，但"襄办"有协助办理的意思。另外，"襄办"也指一种没有品级的头衔。

进而，我们可以了解到"军前襄办"，它有时候相当于军需供应商，有军队的特批手续，属于编外人员，不属于具体官职，类似于"钦差"，属于临时委派。清雍正年间兴"襄办"之事，通过了解清代文档名词亦可得知乾隆时沿用，如：

> 大小事务办理悉臻妥善，使边境肃清，番民畏服，方可另易生手。即朕于丙辰年归政，所有应行典礼，襄事有人，亦无必须伊二人来京襄办之事。福康安与和琳，惟当仰体朕意，以地方为重，不必因此急思回京也。再本年春间雨泽短少，现在京城四月初旬，三次得雨，前后约计六寸有余。②

另一组词为"粮台文案"。"粮台"乃清官署名，为清代行军时沿途所设经理军粮的机构。如：

> 是年。苏常迭陷。仅存上海一隅。丁漕丝毫无收。仅资沪关税项。实不足以赡军。乃设立厘局。藉资接济。又设立江北厘捐。归大营粮台经理。③

> 而朝廷倚畀正殷，不得不温谕慰留，为一时权宜之计。其军务省分带兵人员，防剿吃紧，经各督抚奏请夺情，亦每俯如所请。俟军务告竣，再行守制。事非得已，礼本从权。至如该御史所奏，随营粮台文案各员，及非军务省分之道府以下各官，岂得概从一律？嗣后除带兵人员实系防剿吃紧仍准由各省督抚奏请夺情外，其余随营粮台文案各员，及并非军务省分

---

① 佚名. 清实录：第33册 [M] . 北京：中华书局，1986：1054.

② 佚名. 清实录：第27册 [M] . 北京：中华书局，1986：338.

③ 《大清会典事例》：第241卷 [M] . 北京：中华书局，1987：844.

之道府以下各官，该督抚不得概行奏留，以示限制。①

清代处理军粮运送的机构都有专门的文书办理人员，所谓"衙门公事，全凭文案"，历代统治者都非常重视文书、档案工作，并设有专门的机构和人员，清代尤其如此，如清代处理军粮运送的机构都有专门的文书办理人员，所谓"衙门公事，全凭文案"。

五、清代"簿族"文档名词

（一）"簿族"文档名词的构成、内涵与构词特点

"簿族"文档名词是清代文档名词中的一个重要组成部分，包括"簿记""典簿""簿籍""簿书""簿子""书簿""簿领""簿状""簿案""卷簿""簿历""文簿""簿牒""主簿""官簿""黄簿""班簿""选簿""名簿""对簿""上簿""军簿""兵簿""批簿""收簿""候簿""门簿""疏簿"共28个文档名词（见表9-9）。

表9-9　清代"簿族"文档名词汇总表

族别	名词	名词总数
簿族	簿记、典簿、簿籍、簿书、簿子、书簿、簿领、簿状、簿案、卷簿、簿历、文簿、簿牒、主簿、官簿、黄簿、班簿、选簿、名簿、对簿、上簿、军簿、兵簿、批簿、收簿、候簿、门簿、疏簿	28个

清代"簿族"文档名词中通用性名词较少，而专指性名词较多，其内涵各有其特殊性，单词使用频次较低。"簿族"文档名词呈现出以下几个特点：

第一，"簿族"文档名词有两种组成方式：第一种是"簿"字在前，表示文件、文章、记录等含义，其后缀以表示载体的单音节词，如"书""状""牒""记"（记载事物的书册或文字）和"籍"等；第二种是"簿"字在后，主要指代载体，通常是书本和小册子，其前则主要是指记录符号即文字，如"文""书"等。第一种方式占据主导地位，包含了大多数"簿

---

① 佚名. 清实录：第49册 [M]. 北京：中华书局，1987：544.

族"文档名词。

第二，根据中文构词法的规律，该族双音节词一般为偏正结构，如"簿状""簿记""簿领""簿书"等。但也有特殊情况，如"簿籍"，它属于并列名词。

第三，"簿族"文档名词最初主要用于官府文书，如"簿书""簿案""簿领"等最初都仅指官府记事的文书簿册。其后含义越来越广泛，主要指官府人员进出、财务情况、土地买卖等文书、档案，以及在公务活动中形成的各种货币、文章书籍、传说、文学才华等多种含义。本书主要以其文档含义的词作为研究对象。

（二）主要"簿族"文档名词介绍

"簿书"和"簿状"是清代"簿族"主要的文档名词，从它们自身所具有的含义和应用范围而言，这两个名词恰好是清代"簿族"通用性和专指性文档名词的典型代表。

1.簿书

"簿书"一般是指记录财物出纳或官署中的文书簿册，兼具文书、档案等多方面的含义，是清代"簿族"中的通用性文档名词之一。

清代"簿书"一词在各类文献中共出现560次，是"簿族"中使用最广、出现频次最高的名词，这表明"簿书"在清代已经成为表达文书、档案类概念的一个重要词汇。其在清代的文档含义主要有两种：一是指记录财物出纳的簿册，如刘大櫆《乞捐输以待周急引》："其取息几何，其已用及未用几何，登之簿书，岁终会计。"[1]二是指官署中的文书簿册，如《清实录》："使徒从事于簿书案牍，而置本务于不图，岂称识治体培国脉者乎？"[2]

---

① 刘大櫆. 刘大櫆集［M］. 上海：上海古籍出版社，1990：154.

② 佚名. 清实录：第32册［M］. 北京：中华书局，1986：699.

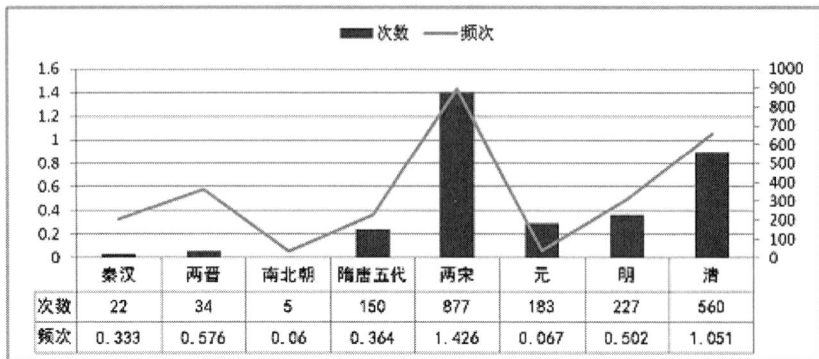

图9-9 "簿书"文档名词的使用次数及频次统计表

如图9-9所示，"簿书"一词最早出现于秦汉，但是其时使用频次较低。到了晋代，"簿书"的使用次数有了一个小幅度的上升，但在南北朝时期，随即出现了一个很大幅度的下降趋势，这是"簿书"一词在中国古代发展演变史上的最低点。而从南北朝时期开始一直到宋代，其使用频次呈现出一个上升的趋势，并且在宋代，"簿书"的使用次数达到了顶峰，总计出现了877次，这表明在两宋时期，"簿书"一词的使用相当频繁。到了元代，"簿书"的使用数量有了较大幅度的下降，但是从元代到清代则处于一个逐步上升的过程，进入清代以后其使用数量还出现了一个小高峰，达到了560次之多，居清代"簿族"文档名词之首。

在清代具体文献中，"簿书"一词的出现方式比较单一，主要有五种，按使用比例次序分别是："簿书期会""簿书钱谷""簿书案牍""掌簿书""以簿书为事"。详见图9-10：

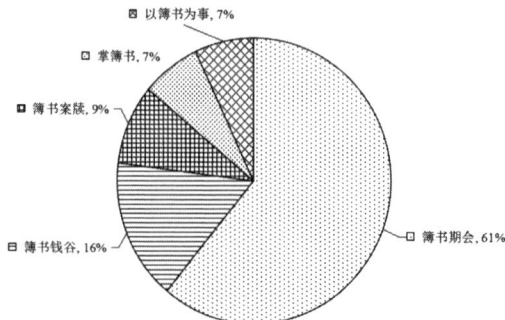

图9-10 清代"簿书"一词的组词分布

以"簿书期会"为例，"簿书"多指官署中的文书簿册，"期会"为在规定的期限内实施政令，多指有关朝廷或官府的财物出入。如：

> 如此而陷于匪僻者，盖亦寡矣。此实国家根本之计，兴道致治之原。督抚责任封疆，为朝廷宣猷布化，当以此课州县之殿最，而不徒斤斤于簿书期会之闲，以厚民生，以正民俗。朕实有厚望焉。将此通谕知之。①

同其他文档类名词一样，"簿书"和"案牍"两词也具有较强的摇摆性，它们经常以等义的形式并列出现。如：

> 大小臣工，于民皆有父母师保之责。使徒从事于簿书案牍，而置本务于不图,岂称识治体培国脉者乎?古之循吏，转凋敝为沃饶，化顽愚以礼让。如召杜文翁之流，岂徒恃讲求之有素、才略之过人欤?《书》曰："慎乃俭德，惟怀永图。"②

2.簿状

"簿状"一词是清代"簿族"中的专指性文档名词之一。其基本释义为记载官吏身份、资历的簿册，并且已经具有一定的现代人事档案的功能，但其主要是记录官员的簿册，和记录家族的谱系相对应，都是具有记录功能的文档事物，作为日后可供记录查考的重要凭证。例如明朝丘濬在《大学衍义补》中提到："后世封建之制废，仕者无世官，无分地。然魏晋以来，官有簿状，家有谱系，官之选举，必mh于簿状；家之婚姻，必由于谱系。"③

"簿状"一词最先见于晋代，唐代对"簿状"的叙述逐渐增多，到了宋代对"簿状"的用法更为重视，使用次数也达到了顶峰。如郑樵《通志》："魏立九品，置中正，州大中正主簿，郡中正功曹，各有簿状，以备选举。"④郑氏所说的"簿状"，就是谱牒著作。至于清代，"簿状"已经成为了记录官员们各种事迹的专门之书，其重要程度越来越高，但涉及最多的依旧是谱牒，如

---

① 佚名. 清实录：第32册［M］. 北京：中华书局，1986：544.
② 佚名. 清实录：第32册［M］. 北京：中华书局，1986：699.
③ 丘濬. 丘濬［M］. 海口：海南出版社，2006：1451.
④ 郑樵. 通志二十略［M］. 北京：中华书局，1995：2.

清代吴梅村提及的"南北重门第，凡仕宦之家必有谱，达其簿状于铨曹，以为选举之格"[①]。

综上所述，清代"簿状"的用法多是官员们的事迹记录，也可以称为官员们的档案记录材料，并且受到了广大官员的重视，"簿状"一词的用法因此越来越广泛。

六、清代"籍族"文档名词

（一）"籍族"文档名词的构成、内涵与构词特点

清代"籍族"文档名词是指含有单音节词"籍"的文档名词，包括"书籍""典籍""载籍""户籍""籍记""籍注"等16个名词（见表9-10），该族文档名词中的名词数量相对较少，使用频次普遍较低。

表9-10　清代"籍族"文档名词汇总表

族别	名词	名词总数
籍族	书籍、载籍、籍记、簿籍、户籍、册籍、典籍、图籍、籍帐、籍奏、籍注、法籍、黄籍、籍册、礼籍、籍图	16个

总体上，它们呈现出以下几个特点：

第一，该族类名词以"籍"字为主字，组词时都以"籍"字居前或居后。"籍族"名的组成方式均是由"籍"＋表示载体功能的汉字构成，相关汉字为"册""图""帐"等。"籍"字在前表示文件、文章、记录等含义，"籍"字在后主要作为载体使用，通常是书本和小册子。

第二，根据中文构词法的规律，该族文档名词主要可以分为三类：首先，多数名词是偏正结构，如"籍帐""典籍""户籍""黄籍"等。其次也存在其他类型的名词，如"籍簿""籍图"和"籍册"，它们属于并列名词。再次还有一类是动宾名词，如"籍奏""籍注"和"籍记"。

---

① 吴伟业. 吴梅村全集 [M] . 上海：上海古籍出版社，1990：1202.

第三，"籍族"名词的含义都较为广泛，主要可以分为以下几个方面：一是指图书簿册等最原始的含义；二是特指某一方面，如"户籍"和"黄籍"主要就是指户口方面的登记造册；三是指其他，如文章、货币、才华等意思。从整体意义上来看，即可简单地分为文档含义和非文档含义，本书主要研究其文档含义。

第四，"籍族"文档名词最早出现于战国时期，但主要作为单音节词"籍"出现，随着社会的发展演变，"籍族"逐渐衍生成复音词，并开始具有越来越丰富的文档含义。具体而言，先秦、秦汉到两宋，其处于快速发展期，不断地产生新的名词；而两宋以后，则处于平稳发展的时期，不再有新的名词产生。清代"籍族"文档名词的数量和出现频次达到了最高峰，但从族类名词的总名词数上看，与其他文档名词族类相比，名词数相对较少，如"文族""书族""牍族"等的词汇数都达到了20以上，而"籍族"名词仅有16个。

（二）主要"籍族"文档名词介绍

清代"籍族"文档名词中较为典型的是"籍记"和"籍注"这两个名词，它们分别代表着"籍族"通用性和专指性两类文档名词。

"籍记"一词是清代"籍族"中的通用性文档名词，它最先出现于汉朝时期，其基本释义为登记姓名于簿册上。班固《汉书》："乃部户曹掾史，与乡吏、亭长、里正、父老、伍人，杂举长安中轻薄少年恶子，无市籍商贩作务，而鲜衣凶服被铠扞持刀兵者，悉籍记之，得数百人。"[1]译为："部署户曹属吏，以及乡吏、亭长、里正、父老、伍人等下属，（让他们）分别举报长安城中各处的轻薄少年和不服管教的恶劣子弟，对没有本地户口的商贩工匠，和身着危险服装如披铠甲着臂衣、手持刀箭兵刃的，全部查核记录，共得数百人。"此话中的"籍记"一词就是指登记姓名于簿册之上的意思。

"籍记"一词总计出现了346次：秦汉（2）、三国（2）、两晋（1）、隋

---

① 班固. 汉书［M］. 北京：中华书局，1962：3673.

唐五代（6）、两宋（120）、元（38）、明（45）、清（132）。"籍记"在清代的使用次数最多，并且其使用含义也有一定的变化，不仅指在簿册之上登记姓名、户口、兵马、赋税等，还更加强调了籍记的重要性。如："有友入其斋，先生不在，阅籍，见有某夜与老妻敦伦一次语。友嫌其亵，以笔点之而去。先生归，查籍记事，见敦伦处俱加一点。"①这句话就突出了籍记的真实性，具有重要的查考作用。总之，籍记在清代是一个集大成者的词语，这一时期其词语义项多样，应用范畴广泛，出现次数较高，达到了前所未有的一个高度。

作为清代"籍族"中的专指性文档名词，"籍注"一词的早期含义为东晋和南朝时将服官役者的姓名、年限载入用黄纸书写的户籍总册，即谓之籍注。它最先出现于南北朝时期，并且主要出现于这个时期。《宋书》："每有赠鲜肴者，若不可寄致其家，则不肯受。母本侧庶，籍注失实，年未及养，而籍年已满，便去职归家。"②此段话中的"籍"即是指户口册的意思，因当时规定，官员父母年满八十，就应解职归家奉养。"籍注"就是指将户口登记注册的意思。

南北朝之后，"籍注"一词则只在宋朝和清朝出现过。清代，"籍注"出现分开解释的现象，即簿籍上面记录了某些信息，如蒲松龄《聊斋志异》："官命稽籍，籍注马寿若干，应死于某年月日，数确符。"③这句话解释为"判官叫人去查生死簿，上面写着马的年龄是多少，应在某年某日死，这些数字都与它的情况相符。"因此这里的"籍注"是指簿册记录之意。

综上所述，"籍注"的使用情况不是很常见，仅在南北朝时期使用频繁，并且义项单一，到了清代，"籍注"的使用次数虽然减少，但是出现了新的释义，这是其在清代的显著特色。

---

① 吴炽昌. 客窗闲话；续客窗闲话［M］. 北京：文化艺术出版社，1988：416.

② 沈约. 宋书［M］. 北京：中华书局，1974：2257.

③ 蒲松龄. 聊斋志异［M］. 长沙：岳麓书社，2019：575.

七、清代"卷族"文档名词

（一）"卷族"文档名词的构成、内涵与构词特点

清代"卷族"文档名词数量较少，共包括"文卷""案卷""卷册""卷宗""卷折""宗卷""卷牍""卷簿"8个文档名词（见表9-11）。

表9-11　清代"卷族"文档名词汇总表

族别	名词	名词总数
卷族	文卷、案卷、卷册、卷宗、卷折、宗卷、卷牍、卷簿	8个

它们主要有以下特征：

第一，在清代文献中，"卷族"名词出现不多，数量较少，其使用空间逐渐让位于其他族类文档名词。在文档名词发展演变史上，"卷族"文档名词与其他文档族类名词相比起步较晚，隋唐五代时期，"文卷"一词的出现是以后"卷族"文档名词出现的开端。单音节词"卷"在该族类名词中用来指代记录文字的载体形态，虽然"卷族"名词在隋唐五代之后数量逐渐增多，但是不如其他族类名词增长幅度大，且少数名词出现频率较高，大多数名词使用频率极低，同时"卷族"文档名词基本应用于比较正式的事务当中，专指性较高，因此"卷族"文档名词有着历史时间短、数量少、使用频次低、应用范围小等特点。

第二，"卷族"文档名词中含有"卷"字的某些名词，在组词上具有"摇摆性"，如"卷册"亦可变为"册卷"，"卷宗"亦可变成"宗卷"。这类名词虽然在内涵上有相通之处，但是在使用频次及词义特点上仍然存在着不同点，因此不能简单地将其同一看待。

第三，"卷族"文档名词的组合方式呈现出多样化的特征，与单音节词"卷"组合者有文字（"文"）、有载体（"牍""案""册"）、有文档集合（"宗"）等，"卷"字在合成词中的排列也有前有后。虽然各个名词使用频次有高低之别，但是多数名词之间还存在着一定的共性。

第四，清代"卷族"文档名词中，"文卷""案卷""卷册"等较为通用的文档名词使用时间较久，与前代有着较为密切的联系，它们从隋唐五代开始就已经存在，可见"卷族"文档名词也存在一定的历史延续性。其他名词在清代大多呈现出比较稳定的状态。比较少见的名词，如"卷折"，仅在清代出现过。从使用频次、出现次数和应用范围来看，"案卷"最多，"文卷"第二，"卷折"和"卷簿"最少。

（二）主要"卷族"文档名词介绍

清代"卷族"文档名词中较具代表性的是"文卷"和"卷折"。

1.文卷

清代"文卷"一词的含义包括三种：（1）应科举考试所作的文章，如"周兴嗣《千字文》，今之科场、号舍、文卷，及民间质库、计簿，皆以其字编次为识，取其字无重复，且众人习熟，易于检觅也"①。（2）泛指文章，如"今官文书中钓、调等字俱作吊，如吊生员孝试，应作调，而作吊；吊文卷查勘，应作钓，而亦作吊，是也"②。（3）指公文案卷，如"逐一确查据实覆奏，寻奏查刘标到任卸事、交代文卷及应存钱粮数目相符，实无亏短。一切交盘，悉系实存在库"③。在文档名词研究中，主要引用"公文案卷"的意思。

清代是各文档名词的烂熟期，"文卷"一词亦不例外，它在经史子集各部类中均有使用，其中史部中仍以"编年"类和"政书"类为最高。值得注意的是清朝集部在"文卷"一词的使用上，有小小的"偏爱"。因集部多收录诗文词总集和专集等，而"文卷""书卷"有"文之集合"之意，故而如此。

清代文献中使用"文卷"一词，常见的出现方式有"照刷文卷""一切文卷""钱粮文卷""任内文卷"等。其使用分布详见图9-11：

---

① 陆以湉. 冷庐杂识 [M]. 北京：中华书局，1984：387.

② 梁章钜. 浪迹丛谈　续谈　三谈 [M]. 上海：上海古籍出版社，2012：171.

③ 佚名. 清实录：第18册 [M]. 北京：中华书局，1986：350.

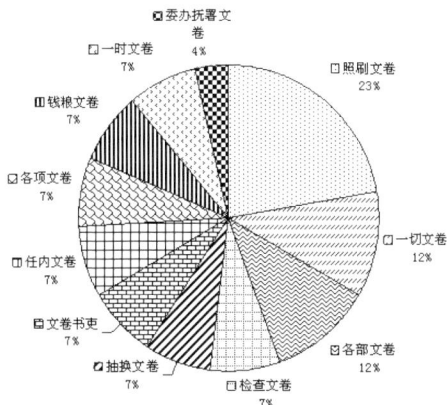

图9-11　清代"文卷"一词的组词分布

从使用分布看"钱粮文卷"的使用约为7%，据史籍检索分析，亦可看出清代"照刷文卷"尤以审计"钱粮文卷"为重点。凡在京部院各衙门支领钱物、直省钱粮奏销交盘、漕粮、盐课、各仓粮解册等，都要经过户科的审核稽查。

> 又谕：御史西琅阿奏，请照定例画一刷卷一摺。户部三库并内务府广储司银库及户部捐纳房，向来只将出入钱粮数目或按月或于年终汇奏，并不将文卷移送河南道刷卷，行之已久。上年因工部书吏假印冒领一案，复命军机大臣会同三库内务府妥议章程，层层稽察，立法已为详尽，并行知各衙门一体遵照。[①]

2.卷折

清代，"卷折"一词在所检索文献中共出现11处，并且这些文献的编撰年代均属清晚期；在这11处中"卷折"均为"科举考试的考卷"之意，如《苌楚斋五笔·前人论写卷折法》：

> 国朝每科殿试鼎甲三名，殿试卷例用玻璃盒装置，陈于礼部大堂三日，任人观览，以资则效。……舒城孙省斋方伯观，为先文庄公受业师，

---

① 佚名. 清实录：第31册 [M]. 北京：中华书局，1986：72.

当时以工书名，其卷折评为七省第一。①

可知，清代"卷折"一词含义专指性强、应用范围单一，是一个典型的专门文档名词，所以在相关事物消亡之后也逐渐消逝了，它在清代专指"科举考试的考卷"，科举考试消失后它也就失去了相应的存在意义，对于"卷折"一词"科举考试的试卷"之意而言，清代这一时期的相关文献即展现了它产生、发展及消亡的全部过程。

八、清代"牍族"文档名词

（一）"牍族"文档名词的构成、内涵与构词特点

清代"牍族"文档名词主要包括"尺牍""案牍""简牍""奏牍""函牍""公牍""书牍""竿牍""文牍""牍书""卷牍""官牍""牍聿""篇牍""吏牍""试牍""禀牍""讼牍""篚牍""瓯牍""连牍""札牍""荐牍""军牍"24个文档名词（见表9-12），除了单音节词"牍"之外，这24个名词是"牍族"文档名词发展演变史出现过的所有名词，它们集中出现于清代，也进一步表明清代是文档名词发展史上的烂熟期。"牍族"文档名词是简牍文化的产物，滥觞于先秦后期，在隋、唐、宋、明、清等朝代都有较高的使用频次，其中又以清代为最。

表9-12　清代"牍族"文档名词汇总表

族别	名词	名词总数
牍族	公牍、案牍、文牍、书牍、简牍、函牍、竿牍、卷牍、官牍、牍书、牍聿、尺牍、奏牍、试牍、篇牍、禀牍、讼牍、篚牍、瓯牍、连牍、札牍、荐牍、吏牍、军牍	24个

清代"牍族"文档名词皆为双音节词，它们具有一个非常明显的特征：这些名词在构词上"牍"字多数在合成词词尾，且大部分"牍族"文档名词具有专指性及专用性。从"牍"字后置的"牍族"文档名词的组合来看，它主要有

---

① 刘声木. 苌楚斋随笔续笔三笔四笔五笔［M］. 北京：中华书局，1998：1095-1096.

三种类型：

　　第一是前置如"简""函""书""文""卷"等本身具备文档类含义的单音节词素。这些单音节词素与"牍"结合组成"牍族"文档名词，而且这些前置单音节词素也凸显了"牍族"文档名词的主要指代含义。如"函"主要指书信，"书"主要指书札，与"牍"结合的"函牍""书牍"，其指代意思也主要为书信、书札。

　　第二是前置与文档有关的具备工具含义的词素，如"尺""案""竿""瓯""箧"等。这种"牍族"文档名词的组合非常形象："尺牍"是长一尺的木简，用以指信札；"案牍"指官府文书；"竿牍"指书札；"瓯牍"指置于匣中的文书；"箧牍"指简册。由此可见，工具含义的词素前置的文档名词，有些仍是其表面比较浅显的意思，如"竿牍""瓯牍"，人们通过表面字义就可了解其意思，如"瓯"就是指匣子一类的东西。而其他有些名词则不仅仅停留在表面的字义上，有了其他更深一层的意思，如"尺牍""案牍""箧牍"，引申出信札、文书、简册等含义。

　　第三是前置专指性强的单音节词素，如"讼""禀""试""军""吏""荐"等。专指性强的字与"牍"字结合，决定了相应文档名词的使用背景或范畴，如"试牍"主要指试卷，"军牍"指军中文书，"吏牍"指公文。

　　当然，"牍"字在构词组合时也有少量前置的情况，如"牍聿""牍书"，它们也是"牍族"文档名词的组成部分。值得注意的是，两个同样的字前后顺序不同所指代的主要含义也不完全相同，如"牍书"与"书牍"，"牍书"主要指簿书、官署文书，而"书牍"主要是笔记、书札之意。因此在研究"牍族"文档名词的时候要注意每个词的主要指代含义和使用背景，不能一概而论。

（二）主要"牍族"文档名词介绍

　　"案牍"一词是"牍族"最为常用、文档含义较为清晰的代表性名词。"案牍"一词总计出现了644次：两晋南北朝（2）、隋唐五代（57）、两宋（98）、元（76）、明（93）、清（318），如图9-12所示。"案牍"一词多指官府的"公文""文书",与"文书"含义大面积重合。该词词义相当单纯,极少见文档及文档工作外的含义。因此,"案牍"一词在清代文献中的大量使用也拜"文书"所赐。清代"案牍"一词在各部类文献中除经部外均有显现,例如在《岁时习俗资料汇编》中出现了3次;在子部中,以纪晓岚所著《阅微草堂笔记》出现次数最多,共有9次;史部"编年"类的《清实录》使用"案牍"一词214次等。

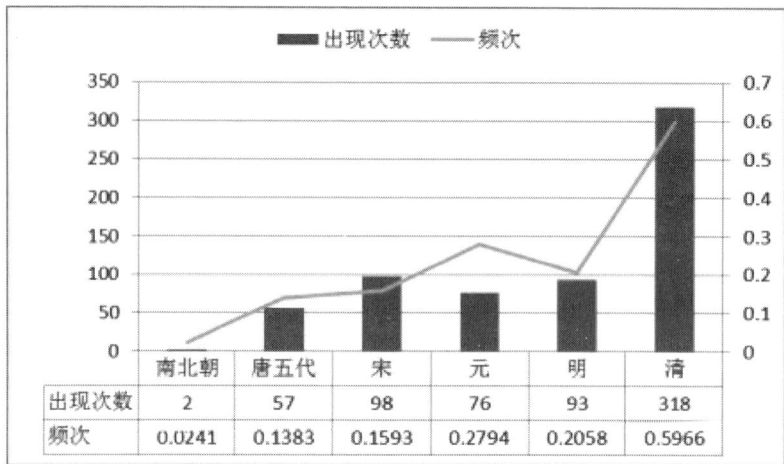

	南北朝	唐五代	宋	元	明	清
出现次数	2	57	98	76	93	318
频次	0.0241	0.1383	0.1593	0.2794	0.2058	0.5966

图9-12 "案牍"各朝代的出现次数及频次统计图

经考证,"案牍"一词首次出现于南北朝,如:"雄久执按牍,数见疑讼,职掌三千,愿言者六。"[1]但该词在南北朝时期只是零星出现,还没有形成规模。自唐代开始,"案牍"一词使用较多,宋代延续了前朝对该词的使用习惯,使用频率也较高。"徽性勤至,凡所居官,案牍无大小皆亲自省览,以是事无稽滞,吏不得为奸。"[2]这里的"案牍"一词有通用性文档之意。"淳化元年,令刑部定置详覆官五员,专阅天下所上案牍,勿复公遣鞫狱。"[3]这里的"案牍"一词专指法律文档。值得指出的是,在元代,"案牍"还在持续使用,这与其他"案族"文档名词用法不太相似,因为其他名词多在元代出

① 魏收. 魏书 [M]. 北京:中华书局,1974:1692.

② 李延寿. 北史 [M]. 北京:中华书局,1974:2390.

③ 马端临. 文献通考 [M]. 北京:中华书局,1986:1444.

现使用上的断档。在元代，"案牍"作为官府文书等表示文档含义的用法并不
是很多，在检索结果中，绝大部分都是表示官职名称，如"提控案牍""提领
案牍"等等。"案牍"一词在明代继续沿用，到清代使用最为频繁，是当时较
常用的文档名词之一，含义通常为文书、档案、文卷等等，通用性较强，如：
"壬子，三司火，自已至戌止，焚屋千八十楹，案牍殆尽。时元绛为三司使，
宋迪为判官，迪遣使煮药失火。火炽，帝御西角楼以观。"①另外，在明、清
两代的通俗小说中也经常使用"案牍"一词，说明该词的用法已经较为口语
化，广泛使用于社会生活的各个方面。如：

> 四川制置司有三十年前一宗案牍，急要对勘，年深尘积，不知下落。
> 司中吏胥彷徨终日，竟无寻处。有人教他请问杨抽马，必知端的。吏胥来
> 问，抽马应声答道在某屋某柜第几沓下。依言去寻，果然即在那里番出
> 来。②

在清官修的《全唐文》内，多次出现"案牍"一词，亦可佐证"案牍"在
唐代既已出现并使用。清代"案牍"一词常见的出现方式有"案牍滋繁""清
案牍""案牍繁多"等，详见图9-13：

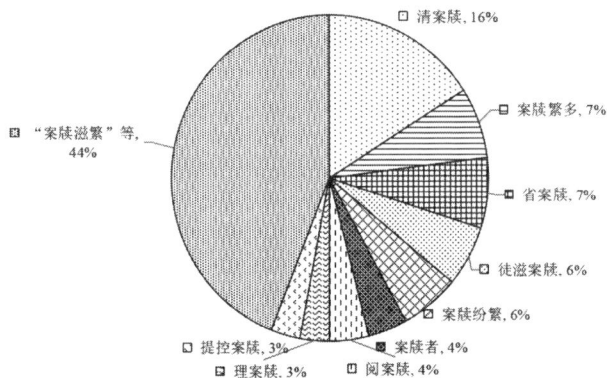

图9-13 清代"案牍"一词的组词分布

---

① 毕沅. 续资治通鉴 [M]. 北京：中华书局，1957：1762-1763.
② 凌濛初. 二刻拍案惊奇 [M]. 长沙：岳麓书社，1993：448.

从图9-13得见的出现次数较多的组词，可详见如下三个例子：

若江浙等省，讼狱繁多，必致事益壅积。且日久弊生，事外生事，或至酿成人命重案，此岂息事安民之道？嗣后除农忙停讼外，不得再沿隆冬停讼之陋习，应准理者即行准理，应完结者即予完结，以免稽滞。至各省巡道，原有督查讼案之责，分巡所至，并宜严行查核，不得视为具文，务期政平讼理，案牍肃清，以副整饬地方吏治至意。可将此通行传谕知之。①

经军机大臣穷诘，无可置辩，忽又牵扯本案以前之事，似此案外牵控哓哓不已。若复纷纷提质，适以堕其拖累迁延之计，徒长习风，益滋案牍。该犯如此居心行事，既藉端讹诈于前，又习控图翻于后，行同无赖，不顾行止。②

丁丑，谕军机大臣等：御史郭柏荫奏条陈台湾事宜一摺。该府孤悬海外，民番杂处，奸宄众多。宜择廉明公正之员，方足以资抚驭。至于稽察匪徒、盘查仓库、清案牍以省株连、严巡防以惩偷渡、杜顶冒以重操防，所奏各条，著钟祥饬知该镇道体察情形，会同妥议具奏。③

从以上内容可以了解到：随着清王朝制度的建立，统治者自上而下重视档案工作，档案的类别和数量大量增加，即"案牍纷繁"和需要"清案牍"；与之相适应的是，清代建立了很多专门的档案管理机关，如总务科、机要科、案牍科、编辑科、文牍科、承宣厅等，且各个机关的文书档案工作的机构设置比较齐全。

---

① 佚名. 清实录：第15册 [M]. 北京：中华书局，1986：1060-1061.

② 佚名. 清实录：第35册 [M]. 北京：中华书局，1986：408.

③ 佚名. 清实录：第37册 [M]. 北京：中华书局，1986：808-809.

九、清代"册族"文档名词

（一）"册族"文档名词的构成、内涵与构词特点

"册族"文档名词是指含有单音节词"册"的文档名词聚类，它们是中国古代文档名词中的一个重要组成部分，最早出现于先秦时期，并且随着历史的推进，其名词个数越来越多，使用范围越来越广，内涵也越来越丰富。清代"册族"主要有"档册""册档""文册""黄册""鱼鳞册"等18个文档名词（见表9-13），从具体构成来看，它们主要呈现出以下特点：

第一，从词素构成来看，清代"册族"文档名词主要由双音节文档名词组成，在我们检索到的18个"册族"文档名词中占到15个之多，比例达到83%。

第二，从组词结构来看，清代"册族"文档名词中的双音节名词基本上为偏正结构。既包括由两个单音节文档名词构成的名词，如"册书""册文""册籍""籍册""册档"和"档册"，也包括"册"字作为一个辅助要素，侧重点在另一个单字上构成的名词，如"册宝"等。

第三，从组词方式来看，清代"册族"文档名词主要包含下几种方式：一是采用"册"字册立诏书含义组成的名词，如"册书""册文"等；二是采用其簿册含义组成的名词，如"籍册""册籍""黄册"等；三是以"册"为记录载体形成的专有名词，如"册祝""祝册"；四是满汉文化结合形成的名词，如"档册""册档"。

第四，从内涵的广度来看，清代"册族"文档名词内涵广泛，涉及册立诏书类档案、祭告类档案、户籍类档案以及谱系档案等。其中封诏类档案如"册书""册文"等，祭告类档案如"祝册""册祝"，户籍类档案如"黄册"等。

第五，从时间分布来看，清代是"册族"文档名词发展的高峰期，在满汉文化融合的影响下不仅出现了两个新的文档名词"册档"和"档册"，并且其族类文档名词数量达到顶峰，共18个，同时其出现频次也在清代达到顶点。

表9-13　清代"册族"文档名词汇总表

族别	名词	名词总数
册族	册子、册籍、卷册、典册、档册、册宝、册档、文册、册文、黄册、册印、祝册、籍册、册祝、鱼鳞图册、鱼鳞册、丈量册、册书	18个

（二）主要"册族"文档名词介绍

清代"册族"主要文档名词有"黄册""册子""档册"和"册档"等，其中"档册"和"册档"是由满汉文化结合而形成的特殊文档名词，在"档族"文档名词中已论述过，故不再赘述，在此主要介绍"黄册""册子"，它们在清代的使用情况如下：

1.黄册

"黄册"又称"赋役黄册"，是明代国家为核实户口、征调赋役而制成的户口版籍。该词最早出现在宋代，"男女始生为黄，一说户口册籍的封面为黄色，故名。"[①]宋以前，魏晋南北朝隋唐时期以"黄籍"的形式出现，后来逐渐采用"黄册"这种用法。[②]《丘濬集》记载："臣按：所谓版者，即前代之黄籍，今世之黄册也。周时惟书男女之姓名、年齿，后世则凡民家之所有，丁口、事产皆书焉，非但民之数而已也。"[③]主要指的是国家为核实户口、征调赋役而制成的户口版籍，明清为征派赋役编造黄册，清代基本沿用了这种用法。另外，在清代"黄册"还特指宗人府的户籍簿。清代宗室载入黄册，觉罗则载入红册，以图永世保存，但该用法在检索文献中出现次数较少。

在使用频次上，"黄册"一词共出现了87次，频次为0.034。具体而言，该词在宋朝开始出现，但是仅出现2次，使用频次极低。到了元朝时出现了短暂的空白，在明朝随着制度的规范化，"黄册"一词大量出现，在明代使用频次达到了顶峰，共出现了51次；清朝由于延续了明朝的做法，因而"黄册"一

---

① 赵寿强. 张之洞诗稿详注［M］. 石家庄：河北人民出版社，2018：827.

② 丁海斌，刘纹序，冷静. 明代文档名词研究［J］. 档案，2015（2）：20.

③ 丘濬. 丘濬集［M］. 海口：海南出版社，2006：544.

词的出现次数和使用频次较为稳定，并未出现较大幅度的减少，总共出现了34次。

2.册子

"册子"一词的文档含义较广，概括起来主要有三种。

一是泛指记录事物的簿册，如：

> 大抵所读经史，切要反复精详，方能渐见旨趣。诵之宜舒缓不迫，令字字分明。更须端庄正坐，如对圣贤，则心定而义理易究。不可贪多务广、涉猎卤莽，才看过了，便谓已通。小有疑处，即更思索，思索不通，即置小册子逐日抄记，以时省阅，俟归日逐一理会。①

二是指户口册，如《水东日记》载：

> 景泰中初修《寰宇通志》，采事实凡例，一准祝穆《方舆胜览》。予窃以为祝氏此书，赵宋偏安之物，不可为法。况此书初为四六设，今欲成盛代混一之书，要须有资军国，有益劝戒，如地图道里户口之类，皆未可阙。必如永乐中志书凡例，而充益之可也。主议者其或未之思乎？近尝以请于翰林友人，则曰当时亦有以户口为言者，泰和陈先生执议不从，曰："此非造黄册子，何用户口耶？"后闻此书竟以屡见状元之名可厌而改为之矣。②

三是专指药方档案，但这种用法极少，如《朱子语类》载：

> 钦宗勤俭慈仁，出于天资。当时亲出诏答，所论事理皆是。但于臣下贤否邪正辨别不分明，又无刚健勇决之操，才说着用兵便恐惧，遂致播迁之祸，言之使人痛心！如诏旨付主帅论用兵事，亦尽有商量处置。但其后须有"更当子细，不可误事"之语。又尝在李先生家药方册子上见个御笔，其册子是朝廷纸做，乃是当时议臣中有请授祖宗科举之法，上既俞之矣。③

---

① 朱熹. 朱子全书：第22册 [M]. 上海：上海古籍出版社，2002：1767.

② 叶盛. 水东日记 [M]. 北京：中华书局，1980：250-251.

③ 黎靖德. 朱子语类 [M]. 长沙：岳麓书社，1997：2751-2752.

"册子"作为文档名词使用时产生较晚，直到隋唐五代才开始出现，在后世的宋朝及明清时期的文献中亦有提及，共出现了225次，频次达到了0.087，在整个"册族"文档名词之中属于频次较高的名词之一。具体到各朝代而言，其出现次数并不平均，在隋唐五代、宋朝和明朝时出现次数较少，仅为3次、7次和31次，而到清朝时出现了较大幅度的增长，出现了184次。需要特别指出的是"册子"是"册族"文档名词中唯一目前还在使用的名词，但是其文档含义已基本消失。

总体而言，"册族"文档名词属于典型的古汉语文档名词，清代以后，它的使用频次进一步下降，除"册子"还保留其形式继续使用之外，其余各文档名词在现代社会中已基本消亡了。

十、清代"典族"文档名词

（一）"典族"文档名词的构成、内涵与构词特点

清代以"典"与其他单音节词组合，形成了19个"典族"文档名词：典簿、文典、典册、典谟、典籍、典训、六典、典诰、典法、典例、训典、典票、典契、典书、典文、典宪、典则、书典和典证（见表9-14）。从具体构成来看，清代"典族"文档名词主要有以下几个特点：

第一，从词素构成来看，清代"典族"文档名词全由双音节文档名词组成，且清代时"典族"文档名词共19个，而整个中国文档名词发展演变史上"典族"文档名词中仅22个，可见清代之于"典族"文档名词发展演变史的重要地位。

第二，从"典"字含义来看，清代"典族"文档名词中"典"字的含义多为"重要的文献"，以此与其他单音节词组合成的双音节词，如"典册""典籍""典簿""典文""典书""训典"等；此外，也包括"典"字的其他含义，如典当之意，组合成"典票""典契"等文档名词。

第三，从组词结构来看，清代"典族"文档名词的结构皆为偏正结构。"典族"文档名词把"典"字前置的名词居多，达到了15个，这里的"典"字

在偏正结构中主要起修饰作用，其含义主要是"重要的"之义；"典"字后置的较少，仅有4个——"训典""六典""书典"和"文典"，这里"典"的含义是其本义，而其前的单音节词起限定范围的修饰作用。

第四，从内涵的广度来看，"典族"文档名词的含义广泛，涉及文书档案、法律档案、朝廷文书、会计簿册、帝王册命、抵押凭证以及专门的档案职官等。如法律文档类名词"六典""典宪""典文""典法"，契约类文档名词如"典票""典契"，朝廷文书类如"典册"，会计簿册类如"典簿"，文档职官类如"典书""典簿"等。

第五，从使用时间分布来看，在"典族"文档名词发展演变史上，由于人们语言使用习惯不同、文档名词的发展和消亡以及文献检索数量的限制等方面的原因，在整个中国古代还没有出现过某一个历史时期"典族"全部22个文档名词同时出现的情况，而清代是"典族"文档名词发展的高峰期，其名词总数达到19个之多。

表9-14 清代"典族"文档名词汇总表

族别	名词	名词总数
典族	典簿、文典、典册、典谟、典籍、典训、六典、典诰、典法、典例、训典、典票、典契、典书、典文、典宪、典则、书典、典证	19个

（二）主要"典族"文档名词介绍

1.典册

"典册"（亦作"典策"）由"典""册"组合而成，"册"是用竹片或木片串成的竹木简，其基本含义与单音节词"典"比较接近，主要指官方重要的册籍，内涵的文档属性较强，普通文献一般不用此称呼。具体地说，首先"典册"具有朝廷重要文书的泛指性含义，如"三仕成均，两为祭酒，六入翰林，三拜承旨。凡朝廷高文典册多出其手"[①]；其次，"典册"指记载典章制度等的重要册籍，如《三国志》记载："壬辰，晋太子炎绍封袭位，总摄百

---

① 胡玉缙. 四库全书总目提要补正［M］. 北京：中华书局，1964：1426.

揆，备物典册，一皆如前"①；再次，"典册"具体指帝王的册命，如"今将
受王典册，其敬听朕命"②。

"典册"作为中国古代一个典型的文档名词，其早在先秦时期就已出现，
并且在后世得到了较好的沿袭，除了在三国时出现短暂的空白之外，各个朝代
均有使用。从出现情况来看，"典册"一词共出现了496次，从先秦到宋代一
直呈递增的趋势，在元、明出现短暂的下降之后，在清朝又达到了一个使用高
峰，共出现133次。从清代"典册"一词的使用范围来看，"典册"在经部、
史部、子部、集部、丛书、通俗小说六大部类的文献中均有出现，可见其应用
的范围相当广泛。其中，"典册"一词在史部、子部和集部文献中出现的次数
较多，分别达到了30、38和53次，与前代连续性也较强，说明"典册"更多是
作为一种比较规范和正式的文档称谓来使用的，多见于官方或官员撰写的文
献；在经部、丛书和小说类中出现的次数较少，分别为6次、1次和5次，说明
民间文化领域使用得较少。

2."六典""典法""典则""典文""典宪"等法规类文档名词

"六典""典法""典则""典文""典宪"这五个词都属于法律法规类
文档名词，虽然侧重点各有不同，但是它们都是指有关法律法规的文档或法律
文档汇编，是法律文档的不同称谓，这些名词在清代均有使用。

从起源时间看，"六典"与"典法"的出现时间最早，早在先秦时期就
已出现，"典文"与"典宪"出现于汉朝，而"典则"一词直到晋朝才开始出
现。从时间延续性上来看，"六典"与"典法"二者的时间延续性最好，在各
个朝代的文献中均有出现。从出现次数上来看，"六典"一词的出现次数最
多，达到了1180次，"典法""典宪"和"典则"的出现次数相对较少，分别
为308次、298次和288次，而"典文"一词仅出现了57次。可见古人更倾向于
使用"六典"，对于"典文"的使用并不是特别频繁。

---

① 陈寿. 三国志 [M]. 北京：中华书局，1959：153.

② 温大雅. 大唐创业起居注 [M]. 上海：上海古籍出版社，1983：46.

而从名词的具体内涵来看，五者各有侧重，具体如下：

"六典"，最早出现于《礼记》与《周礼》。如《周礼·天官·大宰》记载："大宰之职，掌建邦之六典，以佐王治邦国。一曰治典，以经邦国……六曰事典，以富邦国，以任百官，以生万民。"①这里的"六典"涉及邦国的治理、百官的任用以及人民的生计与教化，就性质而言为官府常守之法则，与公文性质相近，是法规档案的汇编。②"六典"在产生之初就其内涵与性质而言主要是指法律档案，这种用法在后世基本上沿用下来，主要指法律档案。如《通典》记载："后周文帝又依《周礼》建六官，遂置天官大冢宰卿一人，掌邦治，以建邦之六典，佐皇帝治邦国"③。

"典法"即典章法规，是法规档案的一种称谓，如《管子·君臣上》载："是故主画之，相守之；相画之，官守之；官画之，民役之；则又有符节、印玺、典法、策籍以相揆也。"④"典宪"指重要的法令、规则。如《后汉书》载："逆臣董卓，荡覆王室，典宪焚燎，靡有孑遗，开辟以来，莫或兹酷。今大驾东迈，巡省许都，拔出险难，其命惟新。"⑤

"典文"指记载的重要的法律条文。如《汉书·刑法志》载："今律令烦多而不约，自典文者不能分明，而欲罗元元之不逮，斯岂刑中之意哉！"⑥又如《孔子改制考》载：

> 至于父兄百官不欲，则又自亲、郡王至宗室、九卿、科道会议无以为然者。如三年丧为周制，何至盈廷悖谬，争议大礼，至于短丧如此？至于引"《志》曰"，则又援据典文律例，云受之先祖，则又笃守祖宗成法，

---

① 孙诒让. 周礼正义 [M]. 北京：中华书局，1987：58.

② 赵彦昌. 周代史官与档案管理 [J]. 档案管理，2008（1）：57.

③ 杜佑. 通典 [M]. 北京：中华书局，1988：513.

④ 李山. 管子 [M]. 北京：中华书局，2009：174.

⑤ 中华书局编辑部. "二十四史"（简体字本）：后汉书 [M]. 北京：中华书局：2000：1088.

⑥ 班固. 汉书 [M]. 北京：中华书局，1962：1103.

惊疑违驳如此。①

"典则"指记载的重要的典章法则、准则。如《旧唐书》记载：

> 侍中魏征议曰："稽诸古训，参以旧图，其上圆下方，复庙重屋，
> 百虑一致，异轸同归。洎当涂膺篆，未遑斯礼；典午聿兴，无所取则。裴
> 颁以诸儒持论，异端蜂起，是非舛互，靡所适从，遂乃以人废言，止为一
> 殿。宋、齐即仍其旧，梁、陈遵而不改。虽严配有所，祭享不匮，求之典
> 则，道实未弘。"②

总体而言，清代"典族"文档名词虽然出现频次较低，但是它们产生时间较早，连续性强，并且内涵广泛，包括综合类文档名词、法律法规类文档名词、凭证类文档名词、特指类文档名词、成例类文档名词和训示类文档名词等，在清代文档名词中也是一个不可或缺的名词聚类。

十一、清代"图族"文档名词

（一）"图族"文档名词的构成、内涵与构词特点

清代"图族"包括"图""地图""图表""图籍""图谱""图法""符图""图牒""图文""籍图""鱼鳞图册"和"鱼鳞图"共12个文档名词（见表9-15）。该族类文档名词在历史上起源时间较早，名词个数较少，频次较低，大都呈波浪式发展，在文档及相关名词（如"图书"）发展中的地位极其重要。从具体构成来看，整个"图族"文档名词主要呈现出以下特点：

第一，从词素构成上来看，清代"图族"文档名词除了"图"是单音节文档名词之外，主要由双音节文档名词构成，双音节文档名词的构成比例占到了75%。

第二，从组词结构上来看，清代"图族"文档名词主要是偏正结构。其

---

① 康有为. 康有为全集：第3集［M］. 上海：上海古籍出版社，1992：361.

② 刘昫，等. 旧唐书［M］. 北京：中华书局，1975：850.

中"图"字前置的居多，共有6个，比例达50%；"图"字后置的较少，仅有4

个，即"地图""符图""籍图"和"鱼鳞图"，这里的"图"是其本义，前

面的单字起限定作用。

第三，从内涵的广度来看，清代"图族"文档名词的含义广泛，涉及地图

档案，户籍档案以及谱牒档案等。其中地图类文档名词如"图""地图"等，

户籍档案类文档名词如"图籍"，谱牒类文档名词如"图牒""图谱"。

表9-15 清代"图族"文档名词汇总表

族别	名词	名词总数
图族	图、地图、图表、图籍、图谱、图法、符图、图牒、图文、籍图、鱼鳞图册、鱼鳞图	12个

（二）主要"图族"文档名词介绍

"图书"和"地图"二词是"图族"中最为常见、最被人们熟知的文档名

词，它们在清代文献中均有使用，具有一定的代表性。

1.图书

"图书"一词是清代"图族"中一个重要的文档名词，它从先秦到清代均

有出现，在整个"图族"文档名词中属于延续性较好的文档名词之一。从其使

用情况来看，在中国古代"图书"一词作为文档名词使用时仅出现了161次，

在本书关于"图书"一词的整个检索数量中占比大约为3%，而其作为书籍类

含义的用法占到了大约97%，由此可见"图书"一词在古代主要是以书籍的含

义出现和使用的。而从具体使用情况来看，"图书"一词在先秦及秦汉时主要

是作为文档名词出现和使用的，其中先秦作为其起源时期，使用数量较少，作

为文档名词使用的用法共出现了5次，但却占到了总出现次数的80%以上，而

在汉朝时"图书"作为文档名词的用法达到了高峰期，共出现了68次，占到了

总出现次数的90%。在整个先秦及秦汉时期"图书"一词的内涵主要是用来指

代文档名词的，其文档类含义用法占主导地位，书籍类含义的用法处于辅助地

位。而在汉朝之后"图书"一词作为文档名词使用的数量开始逐渐下降，其含

义也主要用于指代书籍，其中在三国两晋南北朝、隋唐五代、宋、元、明、清

作为文档名词使用的数量分别为18次、25次、17次、4次、6次和18次，在各个历史时期检索到的结果总数中比例分别为4%、7%、2%、2%、1.2%和0.7%。除了数量下降之外，其文档内涵和应用也主要是对前代的延续，并无新的用法出现。由此可见"图书"一词在汉代以前主要以文档含义出现和使用，而在汉代之后主要以书籍的含义出现和使用。

从其内涵来看，"图书"一词的文档含义较为丰富：

一是专指河图洛书。"河图""洛书"是古人按照天圆地方说，为了用记号来记录天文、气象、地理知识而绘制的立体图[①]，关于"河图""洛书"，学界比较一致的看法是认为它们是古时的历法（也有人认为是天文图和地理图），在原始社会末期，记号语言已相当发达，可以表示当时的任何科技事物，可以说当时的"河图""洛书"已经是真正意义上的科技文件，是首领们指导生产、安排生活的工具。[②]而其具体用法如《竹书纪年》载：

> 庚申，天雾三日三夜，昼昏。帝问天老、力牧、容成曰："于公何如？"天老曰："臣闻之，国安，其主好文，则凤凰居之；国乱，其主好武，则凤凰去之；今凤凰翔于东郊而乐之，其鸣音中夷则，与天相副。以是观之，天有严教以赐帝，帝勿犯也。"召史卜之，龟燋。史曰："臣不能占，其问之圣人。"帝曰："已问天老、力牧、容成矣。"史北面再拜曰："龟不违圣智，故燋。"雾既降。游于洛水之上，见大鱼，杀五牲以醮之，天乃甚雨，七日七夜，鱼流于海，得图书焉。《龙图》出河，《龟书》出洛，赤文篆字，以授轩辕，接万神于明廷，今塞门谷口是也。[③]

又如《汉书》记载：

> 五月，诏贤良曰："朕闻昔在唐虞，画像而民不犯，日月所烛，莫不率俾。周之成康，刑错不用，德及鸟兽，教通四海。海外肃慎，北发渠搜，氐羌徕服。星辰不孛，日月不蚀，山陵不崩，川谷不塞；麟凤在郊

---

① 王英玮. 档案文化论 [M]. 北京：中国人民大学出版社，1998：26-28.

② 丁海斌. 档案学的哲学与历史学原论 [M]. 沈阳：辽宁大学出版社，2011：158-159.

③ 张玉春. 竹书纪年译注 [M]. 哈尔滨：黑龙江人民出版社，2003：88.

薮，河洛出图书。呜乎，何施而臻此与！今朕获奉宗庙，夙兴以求，夜寐以思，若涉渊水，未知所济。猗与伟与！何行而可以章先帝之洪业休德，上参尧舜，下配三王！朕之不敏，不能远德，此子大夫之所睹闻也。贤良明于古今王事之体，受策察问，咸以书对，著之于篇，朕亲览焉。"于是董仲舒、公孙弘等出焉。①

二是指图籍，即疆域版图与户籍等簿册。如《史记》载：

沛公至咸阳，诸将皆争走金帛财物之府分之，何独先入收秦丞相御史律令图书藏之。沛公为汉王，以何为丞相。项王与诸侯屠烧咸阳而去。汉王所以具知天下厄塞，户口多少，强弱之处，民所疾苦者，以何具得秦图书也。何进言韩信，汉王以信为大将军。语在淮阴侯事中。②

又《两汉纪》记载：

沛公入咸阳，宫室、妇女、珍宝、犬马之饰甚盛，欲留之。张良谏沛公曰："秦为无道，故使沛公得至于此。今始至秦，即安其乐，此助桀为虐也。"乃还军霸上。诸将皆争取秦宝货，萧何独悉收秦图书。③

三是泛指档案。如《韩非子》中记载：

古之全大体者：望天地，观江海，因山谷，日月所照，四时所行，云布风动……故至安之世，法如朝露，纯朴不散；心无结怨，口无烦言。故车马不疲弊于远路，旌旗不乱于大泽，万民不失命于寇戎，雄骏不创寿于旗幢；豪杰不著名于图书，不录功于盘盂，记年之牒空虚。④

《汉书》载：

四年春正月，以诛郅支单于告祠郊庙。赦天下。群臣上寿置酒，以其图书示后宫贵人。⑤

① 班固. 汉书 [M]. 北京：中华书局，1962：160-161.
② 司马迁. 史记 [M]. 北京：中华书局，2006：353.
③ 荀悦，袁宏. 两汉纪 [M]. 北京：中华书局，2002：16.
④ 李维新校注. 韩非子 [M]. 郑州：中州古籍出版社，2008：212.
⑤ 班固. 汉书 [M]. 北京：中华书局，1962：295.

2.地图

"地图"一词是清代"图族"文档名词中出现次数和使用频次最高的名词，其出现次数高达521次。该词除了在三国时期出现短暂的空白之外，在各个朝代均有出现，是整个"图族"文档名词中通用性较高的文档名词之一。"地图"一词尽管在先秦时期最早出现，但是其在先秦时期的使用数量却在各朝代中最少，频次也最低，可见在这个时期"地图"一词还处于萌芽阶段，还没有得到大规模的应用。在隋唐五代、两宋及明清时期"地图"一词出现的次数开始增多，达到了100次以上，特别是在清代出现了521次，达到最高峰。

"地图"一词最早出现于先秦时期，起初其含义为描摹土地山川等地理形势的图，基本具备了地图档案的意义。如《管子》载：

> 凡兵主者，必先审知地图。辕辕之险，滥车之水，名山、通谷、经川、陵陆、丘阜之所在，苴草、林木、蒲苇之所茂，道里之远近，城郭之大小，名邑、废邑、困殖之地，必尽知之。地形之出入相错者，尽藏之。然后可以行军袭邑，举错知先后，不失地利，此地图之常也。①

从这里可以看出地图档案包含的内容之丰富。又如《战国策》记载：

> 臣窃以天下地图案之。诸侯之地五倍于秦，料诸侯之卒，十倍于秦。六国并力为一，西面而攻秦，秦破必矣。今西面而事之，见臣于秦。夫破人之与破于人也，臣人之与臣于人也，岂可同日而言之哉！②

这里的"地图"主要指按照一定比例绘制的地图文件或地图档案。在后来的发展中"地图"一词也主要以地图档案的含义留存下来。

总而言之，清代"图族"文档名词同其他族类的文档名词相比，无论是名词个数还是出现的总体次数都较少，但是其仍是清代文档名词中不可或缺的重要组成部分。随着时间的推移，"图族"文档名词基本上退出了历史的舞台，而沿用至今的"地图""图书"和"图表"三个名词，其文档含义也已经消失。

---

① 黎翔凤. 管子校注 [M]. 北京：中华书局，2004：529-530
② 刘向. 战国策 [M]. 上海：上海古籍出版社，2008：280.

十二、清代特殊文档名词

（一）特殊文档名词的构成、内涵与构词特点

表9-16   清代特殊文档名词汇总表

族别	名词	名词总数
特殊	六典、诏书、质剂、傅别、约剂、官书、岁会、八法、八柄、九贡、九两、九功、五刑、礼籍、事书、官契、质要、比居、比要、礼命、要会、月要、治成、治中、治要、治凡、书契、中古文、丈量册、起居注、赤爵衔丹书、鱼鳞册、鱼鳞图、凤凰诏、鱼鳞图册、赤雀衔丹书、赤爵衔书、凤凰衔书、三梦之法、架阁文字、架阁文书、贤能之书	42个

本书所称特殊文档名词主要有两层含义：一是特指《周礼》中起源并在清代延续使用的文档名词。二是专有或专指的文档名词，专有特殊文档名词指仅在一个朝代出现的文档名词，例如清代的"丈量册"；专指特殊文档名词指特定主体使用的特殊文档名词，例如"起居注"专指我国古代帝王的言行记录。总体来讲纳入特殊范围的文档名词既不具备同类文档名词使用范围的通用性，又不具备时间上的连续性。但通过对这些不适合纳入前文已述族类的文档名词进行专门研究，方可使文档名词发展演变的研究变得更为系统、完整和全面，因此特殊文档名词之于清代文档名词研究具有不可或缺的地位和价值。具体而言，清代特殊文档名词包括"起居注""六典""诏书""架阁文书""架阁文字""贤能之书""鱼鳞图册"等42个文档名词（见表9-16），数量上仅次于"文族"文档名词。特殊文档名词在总体上主要有以下共性特征：

第一，没有统一的构成词素。本书对中国文档名词的研究，其重要思路就是按照族类来进行，这样研究的缘由和好处主要在于它们均具有统一的构成词素，而这个最基本的构成要素一般都是一个单音节文档名词，如"文族"文档名词中的"文书""公文""文件""文凭"等都含有单音节词"文"；"册族"文档名词中的"典册""簿册""册籍""黄册"等都以"册"字作为统一的基础构成词素。而特殊文档名词的构词结构却复杂多样，如"起居

注""凤凰诏""丈量册"等，它们的结构各不相同，完全没有统一的构成词素。这个特点也是特殊文档名词区别于其他成体系的族类文档名词的一个重要特点。

第二，历史连续性差。总体而言，历史的连续性、文化的传承性是中国历史文化发展的主基调。文书、档案及其管理工作作为社会文明的重要组成部分和传承工具，也具有发展的连续性和传承性。作为这种文明传承在语言文字领域中的体现，文档名词也表现出很强的传承性。但是，历史的发展并非都是一以贯之的，文化的发展也是多元的。在文化连续性、继承性的总体背景下，部分文档名词却未曾呈现出历史连续性的特点，只在一个或少数几个朝代中偶然出现和使用，随后便不再被传承与使用，其中便包括本书所要探讨的特殊文档名词。在整个特殊文档名词族类中，除"起居注"之外的大部分多音节文档名词，仅在其形成朝代或者特殊的历史时期作为专有的文档名词出现和使用，而不像其他族类的文档名词，如"文书""典法"等，几乎贯穿整个中国古代；而特殊文档名词在历史上常常是昙花一现，缺乏连续性、继承性。即便是延续性最强的"起居注"，尽管在出现时间上没有出现长时间的断层，但其在元明时期的出现次数却出现了大幅度减少，又在清代爆发式增长。可见，特殊文档名词在整体上不具备历史的连续性和广泛的通用性，大多受到限制而局限于特定的范畴。

第三，专指性较强。从特殊文档名词的形成和起源来看，大部分特殊文档名词或是形成在专门的历史时期，或是形成在专门的领域，或是有特殊的形成主体，这就导致了它们有一个共同的特征即专指性特别强。如"鱼鳞册""鱼鳞图册""鱼鳞图籍""丈量册"的含义特别明确，均是指土地登记的簿册。"凤凰诏""凤凰衔书"等都是指专门的诏书。特殊文档名词大都是在特殊的时代背景下形成的，也主要在某些特殊的领域中使用，而其他族类文档名词大多具有通用性，不受时间和范围的限制，例如"文族"的"文书"、"簿族"的"簿籍"、"档族"的"档案"等并不是专指某个领域的专有文档名词，而是通用于各个文档范畴。

第四，内涵较明确。在中国文档名词的发展历史中，有一些文档名词从形体上看，古今完全一样，而它体现出来的含义却迥然不同，比如：单音节文档名词"册"字原意是指记录朝廷授权、分封信息的本子，后来随着语言的发展，"册"字演变成一个量词，用来形容书籍的数量；双音节文档名词"册籍"最开始主要指记账的簿册，后来逐渐增加了人名册、书籍的含义。特殊文档名词虽然数量较少，但他们是文档名词的基本组成部分，这些文档名词中绝大部分的含义基本上从产生的时代延续到今天，几乎没有发生过变化，自形成之日起其含义就基本固定下来了，如"凤凰诏"历来均是指朝廷发的文书。这些基本词汇的意义在漫长的历史发展中没有发生什么变化，体现了汉语的稳定和古今汉语的连贯性，为我们学习古代汉语创造了条件，而特殊文档名词的这个特点也是其他族类所不具备的。

第五，单个名词使用量较小。从单个特殊文档名词在文献中出现的数量来看，几乎所有特殊文档名词在文献中出现和使用的数量都相对较少，除了"起居注"一词在中国古代出现了5392次之外，大部分特殊文档名词在文献中出现的数量不足百次，甚至更少，如"鱼鳞图册"仅出现5次，"丈量册"更是只有1次。单个名词使用量较小是特殊文档名词区别于其他族类的文档名词的一个重要特点。

（二）主要特殊文档名词介绍

"架阁文字（书）"与"起居注"是清代特殊文档名词中的典型代表，它们的使用情况较好地体现了特殊文档名词在清代的发展演变状况。

1.架阁文字（书）

"架阁文字（书）"在我国历史上仅出现于宋、元、清三个朝代的文献典籍中，其中宋代50次、元代3次、清代3次。具体而言，"架阁文字（书）"在宋代出现的次数相对还是较多的，其中"架阁文字"出现40次，"架阁文书"出现10次，但在宋朝重文轻武、文风盛行的大背景下，书籍著作的大量出现（宋代文献共615部）导致了其出现频次的低下。而在元、清时期出现的次数则分别只有3次，笔者推测这与两朝的统治者为少数民族有关。文化的融合、相互渗透必然导致旧有事物的消亡和新事物的产生，例如满文"☙"的引入与汉文的融合产生了"档族"文档名词，并使得"档族"文档名词成为清朝档案称谓的主流，从而压缩了其他文档名词的使用范围和频次。

"架阁文字（书）"，指宋朝藏于架阁库中的文书档案，宋朝始创"架阁库"档案管理制度，从吏部首置"架阁库"开始，其后各部以及掌管财政的三司和最高军事机关枢密院也均设置相，并逐渐在地方推广。从中央机构到地方官府形成了一整套体系完整组织严密的架阁库档案管理体系。"架阁库"的建立除加强了对文书档案的有效管理之外，还催生了一个新的档案名词，即"架阁文字（书）"。"架"为庋（放器物的架子）物的用器，"阁"有"载"意，档案存放于数层的"架阁"之上，便于分门别类地存放和查找，主管架阁库的文档官员被称为"主管架阁文字"，而其管理对象——"架阁文字（书）"——即为档案。

"架阁文字"作为"架阁库"档案管理制度的一种产物，最早出现在宋代，这也是"架阁文字"使用的高峰期，这时的"架阁文字"主要以两种形式出现：一是单独使用，主要指一般意义上的文书档案，如《续资治通鉴长编》记载：

> 诏监察御史里行王祖道罚铜十斤，满中行六斤。以判司农寺舒亶言："本寺未了文字二千四百余件，未了帐七千余道，失催罚钱三百九十余千，未架阁文字七万余件，朝廷已送大理寺根究。伏缘建置六察，正以督治官司违慢为职，今并不弹奏。"诏罚祖道，而中行自劾尝权户察故也。①

二是与档案职官连在一起使用，这也是"架阁文字"一词在宋代的主要用法，如："秦桧死，魏良臣参大政，莘老疏天下利害以闻。良臣荐之，主管礼、兵部架阁文字。"②

到了元、清两代，"架阁文字（书）"主要是对宋代史实的重新表述，并未

---

① 李焘. 续资治通鉴长编：第22册［M］. 北京：中华书局，1990：7587.

② 脱脱，等. 宋史［M］. 北京：中华书局，1977：11892.

出现新的用法，更多的是对宋代用法的一种沿袭和重复。如马端临《文献通考》五十一卷记载："……曰催驱房，主考督文牍稽违；曰制敕库房，主编检敕、令、格、式，简纳架阁文书。绍圣元年，诏在京官司所受传宣、内降，随事申尚书省或枢密院覆奏。"①第二百卷载："儒林郎主管尚书吏部架阁文字李大性撰。淳熙十三年投进。自为序略曰：仰惟皇朝，圣明相绍，明良之懿，著在青史，坦然明白，信以传信。"②此二处虽然使用了"架阁文字（书）"，但从其文章具体内容来看是对宋朝的写史，而不是对该"架阁文字（书）"的传承使用。

2.起居注

"起居注"就是史官撰写的皇帝言行记录，采取编年体的形式，逐日逐月加以记载。起居注虽然不是严格意义上的"史"，但却是最原始的史料，皇帝驾崩后，就由史官根据其起居注编撰成"实录"，"实录"成书后，起居注随即被销毁，故历代的起居注在后世皆见不到。即使在当时，起居注也是绝密档案，甚至连皇帝本人也不能看，这样做的目的就是为了保证起居注的真实性。后来起居注必须得让皇帝过目，史官忌讳也越来越多，不敢有闻必录，而只采录敕旨，其真实性也大大下降。作为专门记载皇帝的言行记录，"起居注"是记载皇帝言行的一种专门的官方文书。因其记录主体为特定的形成者——皇帝，这就将"起居注"与其他的文档名词从本质上区别开来，因而在一定程度上具有行政的官档性质。起居注记录的内容十分广泛，从最初的单纯记载皇帝的起居，后来逐步扩展到记录和皇帝与朝政相关的内容，包括重要的祭祀、典礼、仪式、政务处理，巡幸以及问安、行李等内容。

---

① 马端临. 文献通考［M］. 北京：中华书局，2011：1474.
② 马端临. 文献通考［M］. 北京：中华书局，2011：5755.

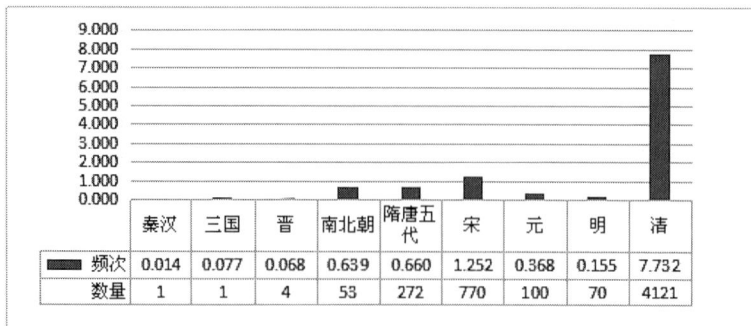

图9-14　"起居注"一词在各历史时期的出现频次和数量

　　如图9-14所示，"起居注"一词在清代发展到了顶峰。整体来看，它的发展演变呈现出波浪式前行的趋势，由最初的个别点逐步发展为清代的大规模使用。从出现次数来看，"起居注"一词在检索文献中的使用数量较其他特殊文档名词都高，总数达到了5392次，是特殊文档名词中出现次数最多同时也是唯一一个出现次数达到1000次以上的文档名词；从各朝代的出现次数来看，从汉代起始一直到宋代"起居注"的出现次数呈不断增长的趋势，到了元明出现了较大幅度的下降，之后在清代达到了最大值。其中隋唐、两宋和清代是"起居注"使用的高峰期，清代达到了顶峰。

　　这种状况的产生与"起居注"一词的演进及官职的设立有关。"起居注"的起源甚早，《汉书·艺文志》载："古之王者世有史官，君举必书，所以慎言行，昭法式也。左史记言，右史记事，事为《春秋》，言为《尚书》，帝王靡不同之。"①这可以看作起居注的滥觞，而起居注名称的正式形成应该在汉朝，东汉荀悦在《申鉴》中说道："先帝故事，有《起居注》，日用动静之节必书焉。宜复其式，内史掌之，以纪内事。"②从内容上来看，这时的"起居注"更侧重于"起居"之上，多记载后宫杂事，如《隋书》中记载道："汉时起居，似在宫中，为女史之职。"③这些起居注多为中国宫廷内部自行编撰，

　　① 班固. 汉书 [M]. 北京：中华书局，1962：1715.

　　② 荀悦. 申鉴 [M]. "新世纪万有文库"本. 沈阳：辽宁教育出版社，2001：11.

　　③ 魏征. 令孤德棻. 隋书 [M]. 北京：中华书局1973：966.

并未设有专职与专人来负责编撰。直到晋朝时，开始设立起居令、起居郎、起居舍人等官员来编写起居注，其后一直到清朝，各朝代都曾有起居注的撰写。但是由于动乱与本身未成为一个持续性的制度，清朝以前的起居注，大部分均已不存。

清代，最早在清太宗和清世祖顺治年间即有撰写，但断断续续。直到清圣祖于康熙九年（1670年）年正式设立起居注馆，由经筵日讲官来专职编修起居注，其职位多由翰林院的官员兼任，称为起居注官，起居注的制度得以延续下来，极少中断，因此导致了清代"起居注"一词的使用数量呈几何级形势增长。清代"起居注"主要记载皇帝一天的言行，主要包括上谕、君主处理在京衙门与地方封疆大吏的题本及八旗的奏折，同时还记载引见臣僚的事情。清朝对起居注十分重视，大学士明珠就曾经说"起居注皆记载机密事宜，垂诸史册，所关重大，臣等不敢阅"①。这一时期"起居注"记载的事情已非常详细，如《康熙起居注》载："初六日甲午。早，上御乾清门，听部院各衙门官员面奏政事。……本日起居注官傅达礼、喇沙里、陈廷敬。②其中完整地记录了时间、地点、人物、事件等诸多事宜，记录内容全面。

总体而言，特殊文档名词大都是在特定的时代背景下形成的，随着时间的推移和语言的发展变化，特殊文档名词逐渐失去了原有的含义和特定的应用领域，日渐被其他一些更能适应时代需求的文档名词所取代，现今特殊文档名词基本上已经退出了历史的舞台。

本章小结

清朝是中国历史上第二个由少数民族建立的统一政权，也是中国历史上最后一个封建帝制王朝，对中国历史的发展演进产生了广泛而又深远的影响。

---

① 齐木德道尔吉，黑龙，宝山，等. 清朝圣祖朝实录蒙古史料抄上［M］. 呼和浩特：内蒙古大学出版社，2003：317.

② 中国第一历史档案馆. 康熙起居注［M］. 北京：中华书局，1984：200.

在文化上，康乾时期编纂而成多部集大成之作，如《四库全书》《古今图书集成》等，对整理和总结中国历史文化遗产做出了重大贡献，也为研究清代文化现象，诸如总结文档名词演变、探讨中国古代档案管理制度和研究古代语言特点等提供了良好的第一手素材。同时，由于文档材料的大量积累和文档处理水平的提高，也出于巩固封建统治的需要，清代创设了很多新的文档管理机构，如总理衙门档案机构，近代企业文书档案管理机构，半殖民地文书档案管理机构等，这些机构的创立和运行也进一步促进了清代文档名词的繁荣与多样式发展。

在某种意义上，清朝的建立是对中国数千年传统文化的继承，而清朝二百余年的发展，也意味着中国传统的政治、经济、文化等都达到了一个新的高度。对传统文化继承与发展并举的态势，在清朝政治、经济、文化、社会生活等各个方面都有显著的表现。在文档名词领域，清代对前朝的继承与创新，表现得尤为突出，同前代相比，"公文""文书""文案""文卷""案卷""案牍""簿书"等文档名词更多地表现为继承；而"文件""文凭""档案""档册""档子"等文档名词，则在创新上表现得较为明显。作为第二个由少数民族建立的全国统一政权，同元代相比，清代的汉化更为深入，具体到文档名词的使用上，清代尽管有自己的民族特色（尤其是在入关前），例如"档案""档子""档册"等文档名词的使用；但更多地表现为借鉴和学习，也就是积极地继承和融合中华民族传统文化精髓。此外，中西方文化的交流和融合客观上促进了部分文档名词的转型，还产生了一部分新的文档名词，例如"公文""文件""文凭"等文档名词在清晚期的嬗变尤为引人注目。

总体而言，清代文档名词既依循前朝，又在多个领域有所创新，一方面它在古代文档名词发展演变史上具有很强的总结性，另一方面它又对中国文档名词由古入今起到了很好的过渡和衔接作用。这一时期上承封建传统，下启民国新风，在中国文档名词发展演变史上具有不容置疑的、至关重要的地位。

第十章　民国：近代化时期的文档名词

中华民国（1912—1949年）是1911年辛亥革命后建立的近代国家。这一时期的文档名词既上承传统又深受政体变迁和外来文化的影响，在历经数千年的平稳发展之后，进入了一个大的转型时代。

第一节　民国时期文档名词发生、发展的历史背景

就民国时期文档名词存在与发展而言，其历史背景主要有三个基本层次：一是从民国的大历史背景来看，与此前的朝代更迭有所不同，民国时期发生了前所未有的变化——国家政体的变化。这是民国文档名词存在与发展的前提条件和决定因素。二是文化的发展，特别是新文化运动对文档名词的使用与革新产生了巨大的影响。白话文更是直接影响了文档名词的语言方式与社会普及度。三是民国文书和档案工作也进入了一个重要的发展变革时期。在这一时期，文书工作随政体转变迅速步入近代化，档案学也作为一门独立的学科产生了，文档名词的近代化水平和社会普及度迅速提升。以下分别从三个方面对民国文档名词存在与发展的主要历史背景进行简要介绍。

一、民国文化及与文档名词的演变

在民主共和的新政体背景下，这一时期虽然历经军阀割据混战、日本侵略、外来势力在中国角逐竞争等诸多不利因素的影响，但历史进步、文化发展的大趋势却是不可抵挡的，并成为文档名词发展、变化的决定因素。

民国文化的主题是近代化的深入发展。中国文化的近代化始于晚清，但当时还受到封建专制国体的限制，因拘束而呈现出反复性。而民国始于资产阶级革命，对近代化主题的追求更加直接、自由。1912年民国建立时公布的《国歌》中说："揖美追欧，旧邦新造。"国家与文化的革新成为时代的主题。民国之父孙中山先生是个坚定的立足中国、走向世界的巨人，他态度坚定地指出"还必须使我们的国家对欧洲文明采取开放态度"①，这是中国近代化的必由之路。

民国时期，政治动荡，政体不一。但从文化发展而言，人们的基本追求不曾改变。崇尚民主与科学的现代化追求，是民国文化精神的价值核心；企盼中华民族及其文化复兴的强烈民族主义冲动和文化的精神关怀，是民国文化持久发展的内在动力；自觉寻求中西文化全面深入的交汇与融合，既为民国文化的发展提供了活力，又成为这一时期文化创新最为直接的生成途径与形式。这种三位一体的文化精神结构承接晚清而来，伴随民国文化发展的整个行程。

人们深深感到民族生存与文化息息相关，欲有效地挽救民族危机，不能不从文化的根本上着手，革新旧文化，创造新文化。于是，新文化运动、新文学运动、新启蒙运动蓬勃兴起，教育救国、科学救国诸论纷纷出现，西方文化得到大规模全方位的引进。当然，在创新的过程中，对传统文化的"因袭"也是必然。中国传统文化不必要也不可能被全部替代，所以，民国文化是中西文化的合体。这一点，也反映到语言文字的革新上。

北洋政府统治时期的思想文化在西方文化的传播和中国传统文化发展的共同作用下，得到了极大的升华，正如毛泽东所说的："其声势之浩大，威力之

① 孙中山. 孙中山全集：第1卷［M］. 北京：中华书局. 1981：86.

猛烈，简直是所向无敌的。其动员之广大，超过中国任何历史时代。"[①]

　　国民时期，在国内政局动荡和日本帝国主义侵略中国等复杂的社会环境中，国民政府在推行政治、经济、军事建设的同时，也特别重视文化建设，先后采取了一系列的重要措施来发展文化事业，以巩固自己的政权，包括实行党化教育、推行新生活运动、推行语言文字改革运动、发展新闻出版业、推行国民精神总动员运动和保护文物等等。南京国民政府文化建设是中国现代文化事业的起始。其指导思想是被歪曲了的孙中山"三民主义"理论和蒋介石的法西斯主义思想。

　　就与文档名词演变的关系而言，民国时期最直接表现在两个方面：一是文化，特别是语言文化；二是行政管理制度的改革。

　　1.民国时期的语言文化与文档名词

　　从中国与世界文明主流的关系看，新文化运动是一场中国文化的世界化运动，也是中国与世界文明主流全面接轨的运动。世界化就是西化，所以民国文化的主流是学习西方，是现代化、世界化。

　　1915年兴起的新文化运动，对我国语言文字的现代化具有划时代的意义：一是它促进了民族共同语的形成；二是推进了汉字改革运动的发展；三是确定了新中国语文现代化的基本方向。新文化运动对我国语言文字现代化起到了奠基性作用，发挥着长远的、不可低估的影响。

　　从五四时期起，白话文开始代替文言文，提倡语言文字的统一化和简化。数千年来，中国言文分离的现象极其严重，造成上层文化与下层文化间的隔膜，极大妨碍了文化的发展。清末时期，人们已经开始探索便于民众读书识字的办法。但白话文使得取代文言文还是在新文化运动时期。胡适在《建设的文学革命论》一文中，旗帜鲜明地提出"国语的文学，文学的国语"十字口号，并进而指出："我们所提倡的文学革命，只是要替中国创造一种国语的文学。有了国语的文学，方才可有文学的国语。有了文学的国语，我们的国语才可

---

① 毛泽东. 毛泽东选集：第2卷 [M]．北京：人民出版社，1991：698.

算得真正国语。国语没有文学，便没有生命，便没有价值，便不能成立，便不能发达。"①此文一出，标志着文学革命与国语运动"双潮合一"（黎锦熙语）。无论是社会精英，还是普通大众，看书读报、开口讲话、提笔写作，都采用白话，昔日的文化隔绝从此不复存在，这对于全社会的文化普及、教育推广和精神解放，意义极为深远。文档名词主要应用于社会行政领域，属于上层文化范畴。而新文化运动促使它更趋向于普及化、简化，对文档名词的影响是巨大的。正如后人总结所说：

> 1927年至1945年，国民政府进行过三次文书工作改革。颁布过"公文改良办法"，确定了政府机关间的行文关系，提倡公文改用白话文，并统一了文书收发和档案管理的办法。②

2. 民国时期的行政制度改革与文档名词

辛亥革命终于推翻了几千年的帝制，为中国带来了一个全新的民主共和制的国体与政体。黄兴曾说："民国初建，百端待理。立政必先正名，治国首重饬纪。"③也就是说，新的政体必须与反映这种政体性质的语言词汇相匹配，特别是公文，它是国家权力机关的意志传递的信息载体，是进行国家管理的重要工具和手段，必须与新的政体相匹配。

二、民国时期的文书、档案工作

1911—1949年的民国时期是中国历史上一个特别的阶段，无论是社会性质、国家政权、经济文化与之前相比都有着巨大的变化，其中变化最大的当属政权，具有资本主义性质的政权首次出现在中国的历史舞台上，满足封建体制的文书、档案制度无疑要被摒弃，新规范的建立势在必行。虽然国家规范化建设涉及的内容有很多，如政治、教育、商业、文化等各个方面，但国家政权方面的规范化建设更为紧迫突出，所以作为国家政权重要工具的文书、档案规范

---

①　陈金淦. 胡适研究资料［M］. 北京：知识产权出版社，2010：269.

②　陆瑜芳. 秘书学概论［M］. 3版. 上海：复旦大学出版社. 2015：41.

③　毛注青. 黄兴年谱长编［M］. 北京：中华书局，1991：307.

化建设，是必不可少的。它促成了中国文书学、档案学的产生，在中国公文史、档案史上具有重要的地位。

民国时期建立了资产阶级新型政体下的文书、档案工作，它成为民国文档名词存在的具体环境。

（一）辛亥革命与南京政府时期

南京临时政府是中国历史上第一个、也是唯一的一个资产阶级民主共和的革命政府，它虽然存在的时间极短，但仍具有重大的历史作用和意义，这个时期的机关文书档案工作在性质和内容上都发生了根本的变化。

1894年，中国第一个资产阶级革命团体"兴中会"成立，开创了中国资产阶级革命团体文书、档案工作的先河。尽管当时资产阶级革命团体还刚刚兴起，并受到秘密活动的限制，文书、档案工作还很简单，但它是近代资产阶级团体组织文档工作的开端，它的影响随着资产阶级革命的发展而越来越大。

1912年1月1日，南京临时政府成立，标志着延续了数千年的封建政权文档工作的结束和近代资产阶级政权文档工作的开始。革命党人提出了资产阶级的政治要求和主张，孙中山倡议现代文官制度，在组建自己的政权机关的同时，各级机关为处理政务的需要设立了相应的文书工作机构，以加强对机关文书档案工作的管理。1911年12月3日，各省代表会议通过了《中华民国临时政府组织大纲》，大纲规定南京临时政府的组织采取总统制。在总统府下设有秘书处，其下又设总务、文牍、军事、财政、民政、英文、收发等七科。文牍科是秘书处的二级机构，行政上受秘书处长领导，文牍科的主要任务是负责整理和保管总统府在日常工作中形成的档案，可以说是总统府的机关档案室。而总统府往来的文件由收发科负责登记编号，然后根据文件内容送交总务、军事、财政等科处理。政府各部设有政务厅负责管理文书工作。

南京临时政府成立之后，临时大总统孙中山认为"现今临时政府业已成立，所有行用公文程式，亟应规定，以期划一，而利推行"[①]。1912年1月26

---

① 中国第二历史档案馆. 民国时期文书工作和档案工作资料选编［M］. 北京：档案出版社，1987：2.

日，内务部颁发了南京临时政府第一个公文程式条例。该公文程式明文规定，公文一律改用令、咨、呈、示、状五种名称，并明确其使用范围。南京临时政府在规范公文文种上有两个特点：一是摒弃了代表封建等级的公文文种，如制、诏、诰、敕、谕、旨、册、题本、奏本、启本、奏折、录副奏折、揭帖、表奏等；二是大幅度减少了公文文种的数量，如清政府的官府往来之文件共有三四十种之多，而南京临时政府则只有9种，摒弃掉了近75%，上行文的种类由清朝时期的9种减少到南京临时政府时期的1种。①南京临时政府制定了符合资本主义政权性质的文种，如状、公布等。这个公文程式的颁布，是资产阶级民主思想在文书改革上的体现，在中国文书史上具有重要的意义。

此后的北洋政权、国民政府，虽然都废共和而实行政治独裁，但在公文制度上，却基本沿用了南京临时政府时期的建制和公文程式。因此，可以说南京临时政府的文书改革奠定了整个民国时期文书档案工作的基调。

（二）北洋军阀时期

北洋政府从本质上是清末反动统治的继续，但从国家机构上却又有明显的不同。以袁世凯为首的军阀集团，由于受西方资产阶级政治的影响和国内革命党人的牵制，因而在清末官制改革的基础上建立起来的是一套模仿资产阶级共和国模式的国家机器。

这一时期的军事独裁政府都建立了相应的文书、档案工作机构。在总统府（或称执政府、大元帅府）、国务院，一般都设有秘书厅，负责文书档案工作。1912年7月18日颁布的《国务院秘书厅官制》规定：秘书厅职掌宣达法令，撰拟及保管机要文书，典守印信，编纂记录，翻译文电，核对文稿，收发文件，保管文书图籍等。国务院下设各部中，都设有总务厅文书科负责文书档案工作。省、县等各级地方政府亦设有文书档案机构或人员。

在北洋政府时期的不同阶段，具体情况有所不同，如袁世凯时期在总统府直辖的五局一所中，由机要局负责文档工作。1914年5月5日颁布的《大总统府

---

①　李祚明，孔庆泰. 南京临时政府的文书制度［J］. 历史档案，1982，（03）：134-136. 刘凯. 民国时期公文规范化进程研究［D］. 云南大学,2015：20.

政事堂机要局官制》规定，机要局的职权主要有：颁布命令，恭请钤章；撰拟命令及各项文电；收发京外官署的文牍电信；典守印信；审核各部事务；处理关于清室往来文件；办理关于立法院往来文件；与各部院接洽的文件；保管图书；编辑档案。①

在整个北洋政府时期国务院下设的各部中，文书档案工作都是由总务厅下的文书科负责。文书立卷被称作"编档"，案卷是归档的基本单位。在地方政府，省政府下设总务处或总务科负责文书档案工作。县政府根据需要下设二至四科，由第一科掌总务，职掌范围包括机要、印信、人事、统计、收发、档案、会计、庶务等，并设科长、科员、技士等职官。北洋政府还对文书档案采用分类归档及分级立卷的管理办法，同时采用一案一卷的管理方式。在每个办事机构细则中都有关于文书档案保存的相关规定，这也就是现代意义上的档案立卷。

在北洋政府统治时期，为了与北洋军阀反动统治相对抗，南方也建立了与北方政权分庭抗礼的政权机构，先后有护国军政府、护法军政府和大元帅府等。这些政权延续了民国建立初期的做法，机构中的部门设置与北洋政府有所不同，一般设秘书处专门负责处理文书档案工作。

总的说来，不论是北洋政府还是南方的政权机构，在文书档案工作的制度建设上都受到了西方资本主义国家的影响，在一定程度上模仿了西方国家的政治体制，继承和实现了从封建主义向资本主义的转变。这一时期，各个部门都建立了一整套的有关文书档案方面的规章制度。各级政府部门共制定颁发了近百个有关文书和档案工作制度及实践方面的法令、章程、规则、条例、办法、细则等，反映了这一时期我国文书档案制度的建设水平。在公文程式法令方面，北洋政府曾颁发过三个影响较大的公文程式法令。第一个是1912年11月6日公布的北洋政府时期的第一个公文程式法令——《临时大总统公布公文程式令》。它是北洋政府对南京临时政府制定的公文程式进行修改、补充修订

---

① 袁世凯. 袁世凯全集：第26卷 [M]．郑州：河南大学出版社．2013：250-251．

而成。这个法令中明确规定了令、布告、状、咨、公函、呈和批等七种公文名称及其具体的使用范围。第二个是 1914 年 5 月 26 日公布《大总统公文程式令》，规定使用策令、申令、告令和批令等公文名称。这是袁世凯为复辟帝制而进行的一段序曲，它所规定使用的文种明显反映着帝制思想，因而这也是历史倒退的标志。第三个是黎元洪继任总统时期，北洋政府于1917年 11 月 6 日颁布的《大总统公布公文程式令》。这个公文程式法令是对第二次公文程式法令的否定，也使这个时期的公文程式恢复到以前，并且一直沿用至北洋政府统治结束以后。以上这三个《公文程式令》是这一时期文书档案制度建设的典型代表。

北洋军阀时期的公文文种基本延续了南京临时政府公文文种布局，但在文种"令"的使用上，得到了细化，细化为大总统令、院令、部令、训令、指令等，"令"由泛化向专门化发展。

总之，北洋政府在继续坚持南京临时政府的新制下，对公文、档案的近代化又进行着摸索性尝试，从整体上来看具有历史的进步性，为南京国民政府时期文书档案制度的发展做了很好的铺垫。

（三）国民政府时期

1928—1948年为国民政府时期。此前南京临时政府时期档案管理事务已多隶属于秘书机构，已具有了一定的近代专职档案机构的性质。而到了国民政府时期，机关文书档案工作已有了明确的分工，文书档案机构已分别建立起来，规章制度逐步完善，机关档案室工作更趋全面成熟。

从1928—1932年间，国民党中央各部陆续建立起来大批独立的专职档案管理机构，机关专职档案室已经相当普遍。这些机构大多设于机关的总务司下面，也有的隶属于秘书科、文书科。内政部在总务司第二科下设总档案室；外交部设立了档案处；实业、交通、教育、财政等各部均建立了掌卷室、管卷室、管卷股等。此外，在党务系统和军队系统也相继建立了专职的档案管理机构，例如国民党中央党部秘书处直属的中央档案整理处；国民党军队内部的临时档案室、中心档案室、一般档案室等。各机关在管理体制上多数采用档案室集中保管本机关档案的组织形式，当时称作"集中制"，表明当时在一个机关范围内档案集中保管的趋势加强了。

同期，地方省、县政府机关内的专职档案机构也陆续开始建立。据1935年《南京市政府档案管理调查报告》称，南京市政府机关除社会、教育两局合建档案室，秘书处和工务、财政、土地各局均单独成立档案室。1929年江苏省民政厅颁布《江苏省各县县政府办事通则》《区公所办事细则》，规定各县县政府设立档案室。1937年以后，受抗日战争的影响，国民党政府机关的文书档案工作被削弱，直至抗战胜利后，国民党政府中央机关和地方机关才陆续恢复了文书档案工作机构。

随着档案管理机构的普遍建立，大部分档案机构都制定了一套较为系统的档案管理制度。例如1928年内政部制订了《档案室办事规则》；1930年考试院制订了《文卷管理规则》，行政院发布了《保存机关旧有档案令》，交通部制订了《文卷管理规则》；参谋部1932年颁布《档卷管理规则》；军政部1933年颁布《整理案卷暂行办法》。此外，司法部、内政部、财政部、教育部、外交部、中央设计局等也都对编卷次序、编卷方法等做了较详细的规定。国民政府中央各部和地方政府以及党务和军队系统专职档案室的普遍建立，使各机关对文书档案的管理更加集中和统一，在制度上也开始逐步规范和完善起来。

1934年，国民政府内政部次长甘乃光在机关效率运动中，提出了"文书档案连锁法"。此法提高了办事效率，解决了文书档案工作中档案分散、混乱、保管无序等问题，达到了公开、统一、集中的目的。此方法首先在内政部推行，教育部稍做改进后也开始效法使用。此后，广西、江西、四川等地也陆续开始推行。甘乃光、周连宽、何鲁成、程长源等一批致力于档案学科研究的官员、学者参加了改革，出版了大量关于文书、档案工作研究的论著，融合借鉴了外国图书馆和档案管理的理论方法，结合中国实际，为中国近代档案学的产生奠定了坚实的方法论基础，构建了基本的理论框架。1938年何鲁成编著出版了《档案管理与整理》一书以及同期出现的大量著作、文章，在很大程度上是对文书档案改革运动的总结和概括，标志着我国近代档案学的初步形成。文书档案改革运动还直接导致了档案学教育的产生。1939年湖北私立武昌文华图书馆专科学校为适应当时国内档案管理人才之需要，设立了档案讲习班。

国民政府的行政效率运动是在中国政治、文化近代化的大背景下展开的，它促进了近代西方文书、档案管理思想的引进、传播。文书档案改革运动及以后在公文方面的书籍不仅大量地出现，涉及的内容范围更是不断扩大，也可以说这一时期是针对实际工作所进行的一种探讨，涉及静止的公文和动态的公文两大方面，如定义、处理、程式、管理、流转等内容。从内容上具体又大致可以分为三类：第一类是介绍和讲解已公布的公文程式，，如韦维清《新旧公文程式合述》、韩东屏《新式公文写作》；第二类是介绍公文历史，如许同莘《公牍学史》；第三类是介绍公文定义、结构、体例、撰写等方面的理论式著作，如徐望之《公牍通论》、程守仁《公文研究》。

国民政府为了推动文书档案改革工作的顺利进行，引进了西方国家的档案管理理论，自觉或不自觉地促进了近代西方档案管理思想在本国的传播。这一时期，国民政府有关部门和中央档案整理处曾派蒋廷黻、傅振伦、朱士嘉到美、英、法、德等国家考察档案工作，一些留学人员也在国外参观考察一些档案馆。这时期一些研究成果主要是欧美近代档案学思想的引进和我国文书档案改革实践总结的结果。例如，这一时期毛坤编《档案行政学》参考了《法国大革命后之档案管理》《欧美训练档案管理者之经验》《美国档案管理员之训练》以及《国家档案分类中之三步骤》等十多部专著；编《档案经营法》讲义时参考引用了英国詹金逊的《档案管理手册》《约翰生的档案管理法》及美国斯铁氏的《伊阿华省公档案》等多种国外档案学书籍中的思想。

国民政府时期还注重通过学校教育进行公文规范化的推工作。当时的学校教育主要有学校函授教育和短期训练班，以短期训练班为主。如私立武昌文华图书馆学专科学校档案管理短期职业训练班和行政干部训练团档案班。学校函授教育的代表为私立崇实档案函授学校。

第二节 民国文档名词概况

民国从创立到覆亡，只有38个春秋，它的存在时间很短，但却是历史大动荡大变革的时代，历史内涵极为丰富。在诸多现象中，文档名词所发生的持续变化，反映了民国时期文档名词的变迁过程，也从侧面反映了我国现代档案意识的确立过程，值得我们关注与探讨。在这样一个历史时期中，继承与创新不可避免地成为时代的主题之一。

一、民国时期文档名词使用中的继承

民国虽然是一个大变革的时期，但这一时期上承数千年的文化积淀，自身发展历程短暂，不可避免地存在继承性。

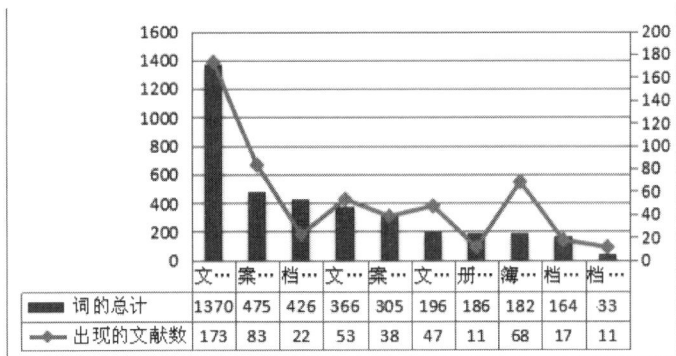

	文…	案…	档…	文…	案…	文…	册…	簿…	档…	档…
■ 词的总计	1370	475	426	366	305	196	186	182	164	33
◆ 出现的文献数	173	83	22	53	38	47	11	68	17	11

图10-1 清代出现次数最多的十个文档名词

首先，通过图10-1、图10-2的比较和此前我们的系列研究文章，可以看出，除"文件"这个在民国时期新兴的文档名词外，"文书""档案""案卷""文卷""卷宗""公牍""案牍"等词与前代皆有承继关系，有的甚至有上千年的承继关系。在延续至今的主要文档名词（"文书""文件""公文""档案"）中，"文书""公文""档案"都属于历史性名词，"文书一词是中国古代（中期开始一直到近代）使用连续性最强的文档类名词之一[①]，

---

① 丁海斌，葛洪源. 从《二十五史》看中国古代档案名词的演变［J］. 档案学通讯，2003（2）：91.

连续使用的时间最长，有2000多年之久；"公文"也有1000多年的历史；"档案"出现的时间较短，从清初至今不到400年；只有"文件"是近现代出现的新名词。文档名词的历史继承性还是比较突出的。

其次，以上继承关系中有一些细微之处值得我们关注：

第一，"文书""档案""文案""案卷"和"文卷"这5个词，在民国和清代都出现在排名前十的文档名词中。总体来说，历代所沿用的文档名词在民国时期的继承性还是比较好的。

第二，在清代文献中新出现的具有满族文化特征的"档子""档册""册档"等文档名词，虽然在民国时期仍然有所出现，但却不再被经常使用。说明其已经成为非主流的文档名词。

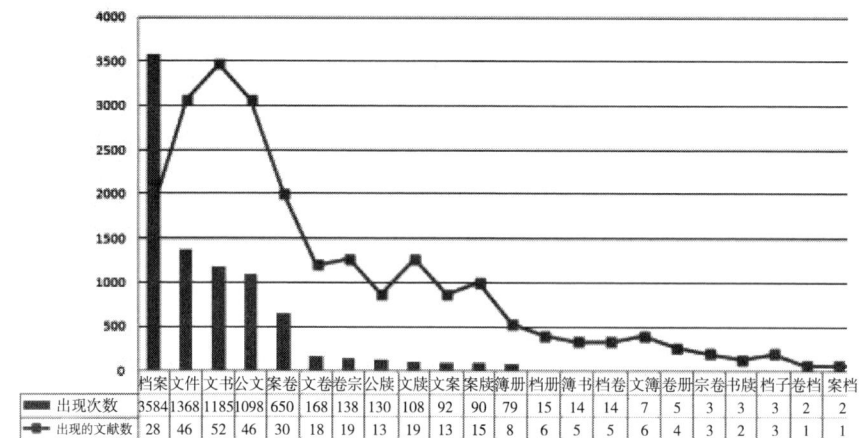

	档案	文件	文书	公文	案卷	文卷	宗卷	公牍	文牍	文案	案牍	簿册	档册	档册	簿书	档卷	文簿	卷册	宗卷	书牍	档子	卷档	案档
出现次数	3584	1368	1185	1098	650	168	138	130	108	92	90	79	15	14	14	7	3	3	3	3	2	2	
出现的文献数	28	46	52	46	30	18	19	13	19	13	15	8	6	5	5	6	4	3	2	3	3	1	1

图10-2　民国时期主要文档名词使用频率比较

需要指出的是，以上继承中仍然有一些细微变化。在民国和清代都出现的文档名词中，民国时期各文档名词的出现次数和频率都要略低于清代。原因有二，一是清代检索的文献数量较多，基数大且存在时间长，而民国仅在历史上短暂地存在了三十八年；二是多数文档名词是从古代一直沿用至今，而发生在"五四"前后的新文化运动的重要成果之一就是文言文被白话文所替代后逐渐退出了历史舞台。自此，白话文成为了正式通用的文体，这使得古典用语的使用量和使用频次都有所下降。

表10-1为民国时期各文档名词使用情况总表：

表10-1　民国时期各文档名词的使用情况总表

名词	查询的文献数	出现的文献数	出现次数	频次
档案	290	28	3584	12.359
文件	290	46	1368	4.717
文书	290	52	1185	4.086
公文	290	46	1098	3.786
案卷	290	30	650	2.241
文卷	290	18	168	0.579
卷宗	290	19	138	0.476
公牍	290	13	130	0.448
文牍	290	19	108	0.372
文案	290	13	92	0.317
案牍	290	15	90	0.310
簿册	290	8	79	0.272
档册	290	6	15	0.052
簿书	290	5	14	0.048
档卷	290	5	14	0.048
文簿	290	6	7	0.024
卷册	290	4	5	0.017
宗卷	290	3	3	0.010
书牍	290	2	3	0.010
档子	290	3	3	0.010
卷档	290	1	2	0.007
案档	290	1	2	0.007
卷簿	290	1	1	0.003
官牍	290	1	1	0.003
函牍	290	1	1	0.003
簿档	290	1	1	0.003

二、民国时期文档名词使用中的创新

虽然来自历史传承的文档名词在民国仍占有主体地位，但民国文档名词的创新是显而易见的，甚至可以说，民国时期是中国历史上文档名词变化最大的时期之一。在文档名词方面，最大的创新表现在"文件"与"档案"两词大量使用，并成为统一文书与档案事物名词。"文件"一词出现于清末之中国近代社会，如：

> 期满，由现任水陆提督偕各大臣亲到学院，与掌教鉴定，考取一等者，即编入行伍，授以把总、千总之职，次第而升，以资历练。文件自理，枪炮自发，虽至贱至粗之事，亦不惮辛劳而尝试之。①

但"文件"在民国时期才开始广泛使用，其使用量高于"文书"一词，是出现次数最多、使用频率最高的文书类名词。"文件"成为了各级行政机关办公的主要用语，使用频繁，并设有专门的文书科，收发文件，如：

> 文书科掌事务如左：
>
> 一　关于机密文书之撰拟事项
>
> 二　关于不属于各司及本司各科文件之撰拟事项
>
> 三　关于典守印信事项
>
> 四　关于校封本部所发文件事项
>
> 五　关于本部文件之收发事项
>
> 六　关于本部文件之分配事项
>
> 七　关于承办本部官佐之任免事项
>
> 八　关于本部电台监理事项②

在检索的290种民国时期文献中皆没有找到对"文件"一词定义的解释。但是在谈到"档案"的定义、"档案"与"文书"的区别时，均有涉及"文件"一词。大致内容如下：

---

① 郑观应. 盛世危言 [M]. 北京：华夏出版社. 2002：124.

② 徐百齐. 中华民国法规大全：第5册 [M]. 2版. 上海：商务印书馆，1937：188.

殷钟麒《中国档案管理新论》：

　　案为记载每一公务经过情况之文件。公文投入机关，一经处理，不问已结未结，新办旧办，时间久暂，数量多寡，皆为有案可查，办复文件，辄曰案奉、案准、案据，未收到者，为无案可稽。汇集关于记载每一公务之文件，储存于方框格木架，以备参考，即日档案。档案为整个机关行政过程之重要纪录，政治史料之总汇，无论文件附件，凡有公证意义之事物，皆须搜集保存以为档案，公者言其文件曾经多数人之参加，证者言其文件在法律上有证明某事之价值是也。然以方框格木架储存案卷，系就以往档案保管之形态而言，近二十年来，管理方法逐渐改进，日趋于科学化，记载公务之案如故，而储存案之工具，并不全系方框格木架，已由档架而变箱橱，由大体而改小型，以便用为原则。兹特下一定义："档案者一机关中文书处理手续完毕后，集合收发文件及有关之附件，汇案编制，分别门类，庋藏箱橱，备长期参考之卷册也。" [①]

何鲁成《档案管理与整理》：

　　如此看来，一机关所收入之文件，及拟发出之文件未必一一归档，一一保存，凡文件自收入之日起迄其保存之日止，均谓档案，自数量方面考察，则档案应为被办理完毕而保存于本机关内者，当扣除发出之文件（无论正件或附件）为本机关收发之大部分，而非全部。再自时间方面考察，则文件在运行时，非档案室权力所及，本身之存在又不确定，不能作为档案。必待归档后方可称谓档案。故对档案一名词，吾人可得一种认识，即档案非为一机关内文件之全体，而为一机关内之文件已办妥归档者。此就时间方面说明档案之性质。再就空间而论，并非一切文件，均为档案，例如私人交际之函件，商店往来之帐目，不得作为档案。档案必须为公文书，所谓公文书乃指一机关对机关或个人，所作之公的意思表示之文件，其对象为大众抑为个人，可置不论，惟必须为公务，而办理者又必

---

　　① 《档案学通讯》杂志社．档案学经典著作：第2卷［M］．上海：上海世界图书出版公司，2013：688.

须循一定之手续。一机关长官私人意见表示之文书，不能作为档案，必须借机关内之地位所表示意见之文书。此为档案在空间方面之限制。文件除去上列两种限制，均为档案，其性质如何可不论，档案亦不限文件，档案之附件，范围无限制，如办理禁政，可附烟苗烟具毒品等。凡文内述及者，均可附送，均可作为档案。

如上所述，档案者乃一机关内所收入及发出之公的意思表示之文件及附件，已办妥归档者。惟此项文件及附件，何以称为档案，主要目的，在区别文件及附件，已办理完毕，其本身已确定，须长期保存，留待参考与文件及附件正在办理中者。①

龙兆佛《档案管理法》：

根据上述三种解释，我们可以知道文件由点收、核办至封发的过程叫做文书，汇集已办结而又同属于一宗案情的文件，在保管的过程中便叫做档案，就时间说，第一过程叫做文书，第二过程中叫做档案，文书和档案只是表示一样东西的两个过程，再就是数量说，单一的文件叫做文书，汇集同案的文件叫做档案。②

三位学者所提到的"文件"都是作为解释"档案"的含义，或者对"文书""文件"和"档案"做比较时所提及的。并没有对"文件"一词下定义或对其内涵进行解释。但我们还是可以从细节中归纳出一些内容：

第一，"文件"一词意同"文书"。

第二，"文件"多指公务文书，是指机关公务文书的总称。同"文书"一样，"文件"也包括私人或社会组织在活动中形成的文字材料，即私人文件。

第三，文件是档案的基础，档案是文件的精华；文件是档案的因素，档案是文件的有机体。③

---

① 何鲁成. 档案管理与整理 [M]. 北京：档案出版社，1987：1-2.

② 龙兆佛. 档案管理法 [M]. 北京：中国人民大学历史档案系翻印，1958：7.

③ 陈兆祦，和宝荣，王英玮. 档案管理学基础 [M]. 第3版. 北京：中国人民大学出版社，2005：13.

关于"档案"一词在民国时期成为统一的档案事物名词，主要可以从行政效率运动的影响、近代档案学者与档案著作的涌现、近代档案教育的创立、外来学术影响与清末民初的白话文运动这五个方面进行分析与解读。在后文的"档族"名词及其主要文档名词中会对"档案"进行详细的论述。

三、民国时期文档名词的族类划分

为了更好地从整体上了解和分析民国时期文档名词的使用情况，现根据已检索出的26个文档名词的组成特点将其分为以下5个族类（见表10-2），以便进行更详细的分析与研究。

表10-2　民国时期五个族类文档名词使用情况总表

族类	名词个数	出现文献数	出现次数	频次
档族	7	46	3621	12.486
文族	7	200	4026	13.883
卷族	8	81	981	3.383
牍族	6	51	333	1.148
簿族	5	21	102	0.352

这5个族类的文档名词有一个共同特征，即每族类中都有一个名词，不论是在出现次数还是使用频次上都远高于同族其他的文档名词，如："档族"中的"档案"，"文族"中的"文书"等。这些主词的生命力强，而非主词常常是被历史淘汰的对象。当然，在不同历史时期，主词有所变化也是有可能的。

第三节　民国时期主要文档名词族类分析

民国时期的文档名词"族类"也发生了较大变化，占据主要地位的族类及其内涵皆不同于传统农业文化时代，它们既来自传统，也深受近代西方文化的影响，形成了新的文档名词群类。

一、"档族"及其主要文档名词在民国时期使用情况分析

（一）"档族"名词的特征解析

"档族"，即含有"档"字的文档名词族类，包括档案、档子、档册、档卷、簿档等（见表10-3）。"档族"文档名词虽产生于清代，但它上升为主要文档名词族类，是由于民国时期"档案"一词成为指代档案类事物的通用名词。

表10-3　民国时期"档族"文档名词使用情况表

族类	名词	出现文献数	出现次数	频次
档族	档案	28	3584	12.359
	档册	6	15	0.052
	档卷	5	14	0.048
	档子	3	3	0.010
	卷档	1	2	0.007
	案档	1	2	0.007
	簿档	1	1	0.003
合计	7	45	3621	12.486

"档族"文档名词呈现出以下几个特点：

第一，该族类名词以"档"字为主字，且组词时以"档"字居前者为多、为主，如档案、档册。

第二，除"档子"是由满语"ᡩᠠᠩᠰᡝ"音译之外，其他词语的组成方式均是由"档"字＋与文档相关的汉字构成，"档"作为音译单音节词与其他相关汉语单音节词如"案""簿""册""卷"等组合成双音节词，且与其组合的单音节词都是表示文档载体与承载物含义的单音节词。这是与"文族"重要的不同点，即"文族"重在"文"（文章、文字），即重在信息载体；而"档"字虽为音译，但与汉语"档"字的"横木为档"之义契合，所以"档族"则重在"档"（橱架、存放），即重在物质载体及其管理，充分反映了文书与档案的不同。

第三，在"档族"中，从出现的次数和频次上看，"档案"（出现次数3584、频次12.359）一词出现的次数最多、使用频率最高，表明"档案"一词

当时已被广泛地接受，成为档案事物专业名词。

第四，从使用范围来看，"档案"也远远高于其他该族类名词，出现的文献数为28，使用范围较广。

（二）"档案"一词在民国时期使用情况分析

"档案"是"档族"名词中最具代表性的文档名词，不论是在出现次数上还是在使用频率上都远远高于其他该族类名词。在现代汉语中，"档案"一词是表示"人们有意识保存起来的人类活动的原始性符号记录"①这一事物的核心名词。这一名词虽出现于清代，但却从近代开始逐渐成为统一档案事物名词。本节研讨的是它在民国时期的使用与演变情况。

1.民国时期文献中"档案"一词出现与使用的时间范畴

"档案"一词虽然首现于清代，但是却是在民国时期才逐步统一成为这一事物的核心名词，而且民国时期档案学逐步形成发展，因而从时间范畴对"档案"一词在民国时期文献中出现和使用情况进行分析，具有重要的学术意义。表10-4为"档案"一词在民国时期的出现情况：

表10-4 民国时期"档案"一词出现的次数（分时期统计）

文献时期	含有"档案"的文献数	"档案"一词出现的次数
北洋军阀政权时期 （1912.1—1928.12）	4（共检索文献83）	13
国民党统治时期 （1929.1—1949.10）	24（共检索文献207）	3571
总计	28	3584

第一，在民国时期文献中，"档案"一词共出现3584次。其中，北洋军阀统治时期的83种文献中，共出现13次；在国民党统治时期的207种文献中，共出现3571次。

第二，"档案"一词虽然出现的文献数在所检索的文档名词中不是最多的，但其使用频率远高于"文件""公文"等其他文档名词。

---

① 丁海斌，李娟. 从信息划分与定义规则出发再谈档案定义［J］. 档案，2011（6）：6.

第三，总体上看，"档案"一词的出现次数在民国时期呈现出前少后多的局面。

从图10-3的折线图中可以看出，"档案"一词主要集中在民国后期，其中又以三四十年代较为集中。可见，"档案"一词在民国时期已成为统一的档案类事物名词。

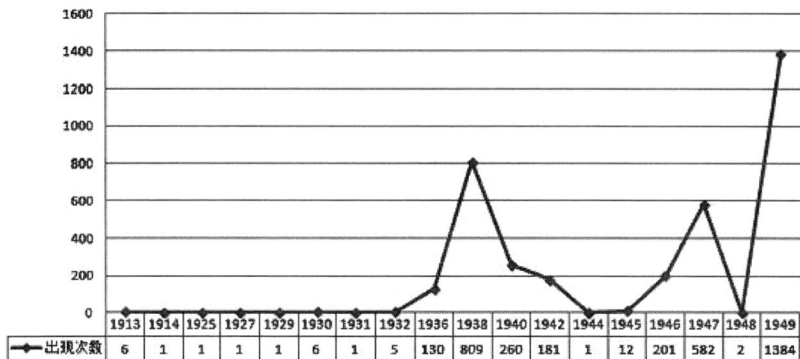

	1913	1914	1925	1927	1929	1930	1931	1932	1936	1938	1940	1942	1944	1945	1946	1947	1948	1949
出现次数	6	1	1	1	1	6	1	5	130	809	260	181	1	12	201	582	2	1384

图10-3 民国时期"档案"一词使用的时间情况折线图

第四，从出现"档案"一词的文献来看，在检索的290部文献中，只有28部文献使用了"档案"一词，低于使用"案卷"的文献。其主要出现在档案著作中，说明其使用范围的广泛性还有所欠缺。

此外，在从时间范畴对"档案"一词进行研究时，还有两个问题需要进一步的探讨：

其一，"档案"成为民国时期统一使用的档案类事物名词。

"档案"一词在民国中后期，特别是在30年代和40年代，取代"案卷""文案"等历代沿用的传统档案事物名词，逐步成为统一的档案类事物名词。"档案"作为档案类事物名词被固定下来并使用至今，是综合因素作用的结果，涉及多个方面：

第一，"行政效率运动"加快了"档案"作为统一档案事物名词的进程，同时为中国档案学的产生奠定了基础。"行政效率运动"是上世纪30年代国民政府行政改革中的重要举措，内容涉及多个方面，亦包括以文书档案连锁法为核心内容的文书档案改革。随着文书档案改革的地域扩展，影响的扩大，政府创办了《行政效率》期刊，提高了政府各部门及其官员对文书、档案的重视程度，进而推动了"档案"一词的普及。

第二，民国时期形成了档案学者群体，涌现了一批档案学专著和期刊，为"档案"一词的广泛普及营造了浓厚的学术氛围。史学界通过对明清档案进行系统的整理与研究，形成了富有特色的档案理论。一些学者已经不再仅仅是史学家，而成为档案学者的一员。以单士元、张德泽为代表的史学界档案学者群体在《文献论丛》等刊物上发表了他们的档案理论。行政界的档案学者主要通过《行政效率》来发表自己的见解，或著书立说，其中以民国档案学经典著作"档案学十三本旧著"为代表。

第三，近代档案学教育的创立，也为"档案"一词的传播和广泛普及起到了不可忽视的推动作用。近代档案学教育与两个档案学校息息相关。其一是私立武昌文华图书馆学专科学校；其二是殷钟麒先生开设的私立崇实档案函授学校。这两个学校，作为档案教育机构，培养了一批档案学者与人才，推动了社会档案意识的增强与进步。

第四，外来学术的影响推动了"档案"一词的使用与普及。民国时期，中国的先驱们已清醒地认识到："欧美近一百年来的文化，雄飞突进，一日千里，种种文明都是比中国进步得多。"[1]因此，树立了"发扬吾固有之文化，且吸收世界之文化而光大之，以期与诸民族并驱于世界"[2]的基本思想。在档案领域，开始向西方学习。如王重民在《美国国立档案馆印象记》介绍了美国档案在保护方面的先进方法。培养了大量档案人才的武昌文华图书馆学专科学校，就曾开设过西洋档案学课程，向学生讲授欧美档案馆情况。在《中国档案管理新论》中殷钟麒就提到了国外对"档案"一词的论述：

> 至于西洋方面，相当于档案一名词者，共有九个。（一）档案，（Archives），（二）年鉴，（三）编年史，（四）历史，（五）

---

① 孙中山. 三民主义 [M]. 长沙：岳麓书社，2000：127.
② 孙中山. 三民主义 [M]. 北京：中国长安出版社，2011：234.

年行录，（六）纪念品，（七）契据，（八）记载，（九）文书（Docament）以上九个名词，常相混用，一般通用以档案为多。英国档案学者金肯生（H.Jenkinson）著《档案管理法》一书，谓档案一名词，各国语言均喜引用，迄今沿用已广，惟档案二字，原指文书放置之所，而非档案本身，因误用已久，遂相沿成习。[①]

第五，清末民初，语言从以文言为主向以白话为主的转变也是推动"档案"成为统一档案事物名词的原因之一。近代之中国社会历经封建制度没落、资产阶级改良、西方列强侵略、洋务运动、马列主义传播等一系列重大事件。在中西文化的激烈对撞和交融中，特别是在五四运动中的白话文运动中，秦汉以来的白话由文言的附庸借助时代的大变革取代文言成为正式的通用文体。在变革当中，历代所使用的"案牍""案卷"等也在这个过程中逐步淡化，而"档案"一词的使用范围和影响力不断扩大，最终成为统一的档案事物名词。

其二，关于"挡案"一词。

在所检索的文献中，发现"挡案"一词：

今唐程陈谭等，俱已遁矣。惟唐蟒为唐才常之子，其父曾有功革命且与谭督交情笃厚。故取消独立。后谭督百计为唐蟒设法希图解脱。连日派人将唐所出各种悖逆文告。分送洗刷。各种挡案，悉行抽换，又令唐仿陈之骥胡万泰之办法。补具呈请，取消独立公文。将到文簿提前日期拭补填入。以为日后将功赎罪之计。[②]

通过对文本的解读，我们得知"挡案"意同档案，这同时印证了"档"字来源于满语"　"，由其音译而来，故音译为"挡"。而在满汉文化融合中，加入传统汉语元素，组成新词"档案"。

2.民国时期文献中"档案"一词的内容范畴

第一，在民国时期文献中，通过检索发现共有28种文献中出现了"档案"

---

　　① 　《档案学通讯》杂志社. 档案学经典著作：第2卷［M］. 上海：上海世界图书出版公司，2013：689.

　　② 　冯仁伩. 民国经世论说文集：下卷［M］. 武汉：文明进行社，1914：140.

一词，远不如"文书""文件"等文档名词。这说明其使用范围还有一定的局限性。但从表10-5的统计看，"档案"一词涵盖了政治、经济、文化、法律等共六类，其内容范围虽比"案卷"少一类，但出现的次数却远远多于"案卷"一词。这说明"档案"一词的影响力、社会认可度已然超越"案卷"，并最终成为统一的档案类事物名词。

第二，由表10-5可知，"档案"一词主要出现在民国档案旧著中，共计出现3542次。民国时期是我国档案学的形成与发展时期，特别是在30到40年代出版了大量的档案学专著，将其作为被检索的文献正是"档案"一词出现次数激增的原因。

第三，除民国档案十三本旧著外，"档案"一词在历史和文学中出现频率最高（同为9处），"档案"在文学类中出现的频率远远低于"案卷"一词（5种，17处）。但需要指出的是《官场现形记》和《二十年目睹之怪现状》虽成书于民国时期，但确为清人所作，使用的词语难免会有沿袭清代的习惯，因而在文学领域中"档案"的频率大于"案卷"，可见在知识分子中对"档案"的认可度高于"案卷"。

第四，"档案"一词在政治和法律类的文献中有一定的使用频率，说明"档案"一词在民国时期政府行政管理和社会管理工作中起到一定的作用。

第五，从使用了"档案"一词的文献数来说，以政治和历史类文献最多，其涉及的内容也多是政府活动，因此在使用名词术语时多带有官方色彩。

表10-5　民国时期"档案"一词使用情况的分类统计表

文献类型	文献	处数	成书时期
政治类（4种）	《战时整理田赋问题》	2	1942
	《京沪杭汉四大都市之市政》	3	1931
	《现代外交学》	1	1931
	《中山政治ABC》	1	1929
文学类（2种）	《自勉斋随笔》	8	1947
	《民国经世论说文集》	1	1914

续表

文献类型	文献	处数	成书时期
文化类（2种）	《报坛逸话》	1	1940
历史类（4种）	《国学图书馆第四年刊》	2	1931
	《民国政府田赋实况 下》	1	1944
	《国史大纲》	2	1940
	《通史新义》	1	1930
	《清史稿》	5	1927
	《外人在华投资统计》	1	1932
	《中华币制史》	1	1925
法律类（2种）	《审计法令汇编》	2	1948
	《中华民国法令大全》	6	1913
民国档案旧著（12种）	《县政府档案管理法》	130	1936
	《档案管理与整理》	809	1938
	《档案管理法》	258	1940
	《县政府公文处理与档案管理》	80	1942
	《档案科学管理法》	99	1942
	《公文处理法》	10	1945
	《文书之简化与管理》	200	1946
	《公文档案管理法》	154	1947
	《档案管理之理论与实际》	185	1947
	《公牍学史》	6	1947
	《档案管理法》	229	1947
	《中国档案管理新论》	1384	1949
总计		3584	

3.民国时期文献中"档案"一词的解释

如何理解"档案"一词，是我们学习档案学理论与进行档案学研究必须解答的首要问题。民国时期是中国档案学的初创与发展时期，研究档案学的学者已经从个别人发展到行政界、史学界、学术界的相当一部分人，出现了一批关于档案学研究与档案文书工作的著作与文章。对当今档案学的发展，对我们研究档案名词的演变，仍然具有重要启示与意义。因此特选取其中关于"档案"一词的定义与解释，其大致内容如下：

何鲁成在《档案管理与整理》一书中结合中西两方对档案一词的解释，对档案下了定义："档案者乃已办理完毕归档后汇案编制留待参考之文书。"[①] 其认为档案必须是公文文书，排除了私人文件，具有一定的局限性。

龙兆佛在从文书与档案二者的区别入手，点明了何谓档案：

> 我们可以知道文件由点收、核办至封发的过程叫做文书，汇集已办结而又同属于一宗案情的文件，在保管的过程中便叫做档案，就时间说，第一过程叫做文书，第二过程中叫做档案，文书和档案只是表示一样东西的两个过程，再就是数量说，单一的文件叫做文书，汇集同案的文件叫做档案，文书是组成档案的因子，档案是文书的集合体，所以文书档案又是表示一样东西的不同的数量，如此说明或可以明了档案是什么，并可以知道文书与档案之区别了。[②]

傅振伦也持此意见："盖公文档案，本为一物。收到之公文，正在处理，尚未完结而未归档者，为公文；及办案结束归档储存者，方可称为档案也。"[③]周连宽在其著作《档案管理法》中指出："所谓档案，系指处理完毕而存贮备查之公文也。"[④]

傅振伦、秦翰才在此基础上对档案的定义、认识和文书与档案的关系问题上进一步进行了研究。秦翰才认为："档案不为官署所专有，凡为一个事业组织如银行，如百货公司，如学术团体等等，皆必有其档案。即为一私人，亦可有其档案。"[⑤]对档案的认识实现了从公文文书到私人文件的突破，并将档案

①　何鲁成. 档案管理与整理［M］. 北京：档案出版社，1987：4.

②　龙兆佛. 档案管理法［M］. 北京：中国人民大学历史档案系翻印. 1958：7.

③　傅振伦，龙兆佛. 公文档案管理法［M］. 北京：档案出版社. 1988：5.

④　周连宽. 档案管理法［M］. 南京：正中书局. 1945：1.

⑤　秦翰才. 档案科学管理法［M］. 桂林：科学书店. 1942：2.

的范围扩大，将电影、地图、有声记录等都纳入到档案的范围之中。

由殷钟麒所著、在解放前夕出版的《中国档案管理新论》更是集民国档案学的大成之作。书中对档案的定义、范围、档案与文书的区别与联系做了详尽的解释与说明，补充与丰富了前人的观点。他认为："档案者一机关中文书处理手续完毕后，集合收发文件及有关之附件，汇案编制，分别门类，庋藏箱橱，备长期参考之卷册也。"①

纵观以上几部著作中对"档案"一词的定义与解释，可总结出如下要点：

第一，对"档案"一词的定义与认识是一个不断深化与完善的过程。从最初的公务文书到兼具私人文件，所含的范围也不断地扩大。反映了当时我国档案工作的实际。

第二，在研究档案管理的同时还研究文书处理工作，始终保持着对文书处理与档案管理二者既有区别而又有密切联系的研究思想，反映了文书与档案的密切关系。在对档案进行定义时，多把文书（文件）作为档案定义的属概念，来定义档案，认为档案与文书（文件）是一个有机体。办理完毕经过整理的文书（文件）可以转化为档案，以此来区分文书（文件）与档案。

第三，侧重于从"档案"是历史记录的角度研究档案的定义，指出了"档案"的作用，即留待参考。

4.民国文献中所见"档案"种类

"档案"一词泛指已经归档的文书簿册，其中以公务档案的含义较为突出。此外，它还具有一些专指意义，如法律档案、清季档案、外交档案。

（1）泛指公务档案

公务档案是以政府机关或者社会组织为主体，在公共活动中形成的档案。如：

总务处各分掌事务如左：

关于文件表册会议记录缮写，及登记事项。

---

① 《档案学通讯》杂志社．档案学经典著作：第2卷［M］．上海：上海世界图书出版公司，2013：688．

关于公文书报收发，及登记事项。

关于要守印信事项。

关于档案保管登记调阅事项。[①]

（2）其他种类档案

按照档案所有权的不同、形成时间的早晚以及人们对档案分类的习惯性认识，还可以把档案分为历史档案、文书档案、专门档案等。在所检文献中也发现一些这样的档案，如：

第一种：历史档案。

历史档案是指形成时间离现在久远、基本失去了凭证作用、主要发挥其历史文化价值的档案。如清季档案，所指的就是清朝末年的档案，即从1840年鸦片战争到1911年辛亥革命推翻清政府。"本馆藏有清季档案，关于财政教育备者甚富，备中南海海军一种虽无甚价，亦足为研求历史参考之材料。"[②]

第二种：专门档案。

专门档案是指在不同领域的业务工作中形成的、具有比较稳定的文件名称和格式规范的档案。外交档案，即在国家之间互相往来的外事活动中形成的档案，如："二十七年，迁左都御史。时俄罗斯遣使请定界，诏遣大臣往议。马齐疏言：'俄罗斯侵据疆土，我师困之于雅克萨城，本可立时剿灭，皇上宽容，不忍加诛。今悔罪求和，特遣大臣往议，垂之史册，关系甚巨。其档案宜兼书汉字，使臣并参用汉员。'"[③]

5.民国文献中所见"档案"在其时的基本价值

档案具有原始记录性，是第一手的资料，具有凭证价值和情报价值。在所检民国时期中文献中，亦能发现有关档案发挥其价值的记载。

档案的情报价值：

美国密西干大学教授爱立斯Howard S.Ellis受太平洋国际学会之委托研

① 审计部. 审计法令大全［M］. 上海：商务印书馆. 1948：17.

② 国学图书馆. 江苏省立国学图书馆第四年刊［M］. 南京：龙蟠里本馆. 1931：1.

③ 赵尔巽，等. 清史稿：第34册［M］. 北京：中华书局，1977：10221.

究法德两国在华投资，著为谕文。其中颇有材料，惜皆根据书籍档案，而未自行调查，故详于已往而略于现今。①

档案的凭证价值：

京局发行额抵押额是否核实，种类不同，情形各异。其间有无弊窦，实非将财政部币制局与该局有关系之档案，并各分局各机关商号之簿册，切实钩稽，悉心查考，不足以明真像。②

对"档族"及其主要文档名词"档案"的使用情况进行梳理与总结，可概括如下：

第一，"档族"文档名词都是满汉文化融合的产物。在清以前的文献中，并没有发现"档案"一词，档案类事物也并没有类似于"档"字的读音。"档"字来源于满语"ᡩᠠᠩ"，是满文汉译的结果。"档族"文档名词是人们在当年大量满文汉译的过程中，"ᡩᠠᠩ"与汉唐以来的文档事物名词相结合，诸如：案牍、文卷等，组成了新的文档名词，即"档案""档卷""档册"。除了上文中提到的"挡案"可以证明"档"字是满文音译的结果外，在民国时期的《国防与外交》中亦发现"挡"：

伊犁一隅，镇守使所管游牧地方，征收哈萨克一部份草头税，据民国五年册报，已达三十九万四千七百六十四元余，闻诸道路，尚未涓滴归公；牧利之大，可以知矣。据民国四年份收入挡册，新省财厅所辖，牲税为五十二万一千八百五十余元，牧税为一十一万七千七百九十余元，火印税为六千零四十余元。③

第二，"档族"文档名词中，"档案"一词不论是在出现次数还是使用范围都远远高于其他同族文档名词。随着时间的推移，到了现代，除了"档案"一词，其他的同族类文档名词已经很少能看见了。而民国时期正是"档案"逐

① 刘大钧. 外人在华投资统计［M］.［出版地不详］：中国太平洋国际学会，1932：38-39.

② 张家骧. 中华币制史［M］. 北京：民国大学出版部，1925：186.

③ 谢彬. 国防与外交［M］. 2版. 上海：中华书局，1936：23.

步统一为固定档案事物名词的形成时间，出现的同族文档名词反映了这一过程。正如殷钟麒所说，"档案"一词成了档案事物的固定名词：

> 凡此诸种名称中，自以卷与档案为正确之名词，余则相习称呼，将渐归于淘汰，愿我学术界，皆以档案二字为社会科学固定之名词，与欧西各国趋于一致也。①

二、"文族"及其主要文档名词在民国时期使用情况分析

（一）"文族"名词的特征解析

"文族"，即含有"文"字的文档名词，包括文书、文件、文牍、文案、文卷、文簿等（见表10-6）。其中，"文"指表示记录语言的符号。文牍中的"牍"因其字从片部，而片为半木，所以出之于版者为牍。以此相传，出之于竹，以至易版为纸，仍成为"牍"，现指记录的载体。"案"多指长桌，案几。"簿"是指本子、册籍。"卷"古指书的卷轴。"件"是量词，用于计量事物的数量。这些词语在古时均兼具文书、档案的含义，多为摇摆词。但在民国时期，"文件"已经成为文书类的专有名词，不再有档案的含义，而"文书""文牍""文案"除了具有文件、档案的含义外，还指从事文书工作的人员。

表10-6　民国时期"文族"文档名词使用情况表

	名词	出现文献数	出现次数	频次
文族	文件	46	1368	4.717
	文书	52	1185	4.086
	公文	46	1098	3.786
	文卷	18	168	0.579
	文牍	19	108	0.372
	文案	13	92	0.317
	文簿	6	7	0.024
总计	7	200	4026	13.883

---

①　《档案学通讯》杂志社．档案学经典著作：第2卷［M］．上海：上海世界图书出版公司，2013：689．

"文族"文档名词呈现出以下特点：

第一，该族文档名词中都以"文"字为主字。且除"公文"外，"文"字在构词结构上均为前置。

第二，与"文"字搭配的各个字，多指文档的载体，且为历代所沿用。

第三，从出现的次数、频率和使用范围来看，"文件"最高，"文书"次之，往下依次为"公文""文卷""文牍""文案"和"文簿"。前三者皆成为当代通用之文书类名词。

第四，"文件"和"公文"的广泛使用，说明了在民国时期，文档名词有了进一步的分类，文书与档案两个事物界限愈发明显，逐渐形成两个学科体系。

（二）"文书"一词在民国时期使用情况分析

"文书"一词作为该族文档名词中的典型代表，早在西汉就已出现，《过秦论》中就有"禁文书而酷刑法"的记载。时至今日，"文书"一词仍然被广泛使用，并且成为文书工作、档案工作的核心专业名词。但其含义与使用情况已经发生变化，它在民国时期是如何被使用的，具有怎样的特点，还需要进一步的解答。

1.民国时期文献中"文书"一词时间范畴

"文书"一词在民国时期是怎样使用的？与其他类文档名词又有什么区别和联系？本部分从时间范畴的角度入手，对"文书"一词在民国时期文献中出现和使用情况进行分析。基本情况如下：

第一，在民国时期文献中，共检索出"文书"一词1185处。由表10-7可知，北洋军阀统治时期的83种文献中，共出现139处；在国民党统治时期的207种文献中，共出现1046处。

第二，如图10-4所示，同"档案"一词一样，"文书"一词的使用情况也呈现出前少后多的局面，但其使用的连续性和在前期使用的频率都要高于"档案"一词。

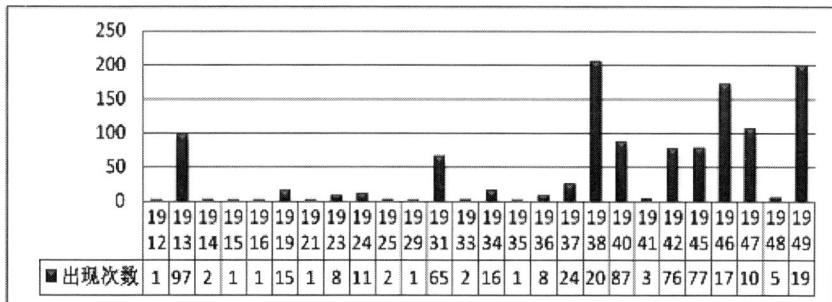

图10-4 民国时期"文书"一词出现时间柱状图

第三，"文书"一词出现时间较早，而且一直沿用至今。故与其他文档类名词相比，其出现与使用的频率都远高于"文卷""案卷""文案"等兼具文书与档案含义的摇摆词。但是却不及 "文件"一词，这说明文书与档案逐步分化，逐渐成为两个独立的名词。

第四，从表10-7来看，有52种文献中使用了"文书"一词，是所检索的词语中出现文献数最多的文档名词，说明其使用范围相对较广。

表10-7 民国时期"文书"一词使用情况表（分时期统计）

文献时期	含有"文书"的文献数	"文书"一词出现的次数
北洋军阀政权时期（1912.1—1928.12）	14（共检索文献83）	139
国民党统治时期（1929.1—1949.10）	38（共检索文献207）	1046
总计	52	1185

2.民国时期文献中"文书"一词内容范畴

第一，在本文所收集的290种文献中，一共包含12大类型，从表10-8的统计看，其中七大类都包含了"文书"一词，其内容范围涵盖了法律、政治、经济、文学等多个方面。出现的次数也大大多于其他类文档名词，这说明"文书"一词具有比较大的影响力以及社会认可度。

第二，"文书"一词主要在民国档案十三本旧著中出现，共计896处。除此之外，则在法律类文献中出现与使用的频率最高，特别是在《中华民国法令大全》之中，更是多达97处。这说明"文书"一词在民国时期的国家行政活动和社会管理工作中起着重要的作用。

第三，由表10-8可知，"文书"一词在法律类的文献中有一定的使用频率，说明"文书"在规范人们日常生活、政府行政行为方面也具有不可忽视的作用。

第四，由表10-8可明显看出，在出现"文书"的各种文献类型当中，文学类的文献数量远高于其他类型文献，说明"文书"一词在使用方面涉及范围广泛，在各种文学作品中都具有一定的使用频率。

表 10-8   民国时期"文书"一词使用情况分类统计表

文献类型	文献	次数	成书时期
法律类（7本）	《中华民国临时约法》	1	1912
	《中华民国法令大全》	97	1913
	《省制与宪法》	1	1916
	《中华民国宪法》	1	1923
	《法学通论》	12	1938
	《最新六法全书》	17	1946
	《审计法令汇编》	2	1948
历史类（9本）	《中国近时外交史》	2	1914
	《中国革命纪事本末》	11	1924
	《清史稿》	30	1927
	《新疆概观》	2	1933
	《古物保管委员会工作汇报》	1	1935
	《采菲录》	2	1936
	《汪记舞台内幕》	1	1940
	《国史大纲》	8	1940
	《我所认识的蒋介石》	4	1949

续表

文献类型	文献	次数	成书时期
文化类（2本）	《江苏省国术馆年刊》	1	1929
	《国民辞典》	2	1941
文学类（14本）	《民国趣事》	1	1915
	《蒸阳请愿录》	1	1921
	《七人之狱》	2	1923
	《金鸡墩》	1	1925
	《乐府文学史》	1	1931
	《官场现形记》	14	1934
	《巴金自传》	2	1934
	《死水微澜》	3	1936
	《二十年目睹之怪现状》	23	1937
	《我们的华北》	1	1937
	《孽海花》	1	1941
	《自勉斋随笔》	1	1947
	《石屋余渖》	1	1948
	《曼殊室随笔》	1	1948
政治类（5本）	《京都市政汇览》	15	1919
	《中华民国国民政府》	1	1925
	《现代外交学》	9	1931
	《比较政治制度》	1	1934
	《大同书》	2	1936
经济类	《中华银行史》	5	1923
军事类	《国防与外交》	8	1938

续表

文献类型	文献	次数	成书时期
民国档案旧著 （13本）	《公牍通论》	55	1931
	《县政府档案管理法》	1	1936
	《档案管理与整理》	184	1938
	《档案管理法》	78	1940
	《县政府公文处理与档案管理》	6	1942
	《档案科学管理法》	40	1942
	《公文处理法》	77	1945
	《文书之简化与管理》	154	1946
	《公文档案管理法》	58	1947
	《档案管理之理论与实际》	5	1947
	《公牍学史》	30	1947
	《档案管理法》	13	1947
	《中国档案管理新论》	195	1949
总计	52	1185	

3. 民国时期文献中"文书"一词的内涵

傅振伦对文书这样定义："文字之说明意见，叙述事实，传达消息，表示行为动向，而具备内容形式者，是曰文书。"①他还把文书划分为公文书和私文书两类。

龙兆佛在《档案管理法》中在谈到档案与文书的区别时，提到：

> 文件由点收，核办至封发的过程止叫做文书，汇集已办结而又同属于一宗案情的文件，在保管的过程中便叫做档案，就时间说，第一过程中叫做文书，在第二过程中叫做档案，文书和档案只是表示一样东西的两个过程，再就数量说，单一的文件叫做文书，汇集同案的文件叫做档案，文书是组成档案的因子，档案是文书的集合体，所以文书档案又是表示一样东

---

① 傅振伦，龙兆佛. 公文档案管理法［M］. 北京：档案出版社. 1988：5.

西的不同的数量。①

龙兆佛的解释还是着眼于档案，从文书与档案的转化关系入手，对档案与文书的区别做出了说明，并没有给"文书"下一个准确的定义，只是通过对比，对"文书"一词的内涵进行了阐述。从其论述中，可以总结出其对"文书"的一些理解：文书从数量上来说是单一的；文书是正在办理过程中的文件，在概念上是动态的。

4.民国文献中以"文书"一词作为属概念（上位类）的各种文书类型

词语的含义丰富多样，即便是同一个词语，在不同的语言环境中，也会有不同的意义。我们可以通过分析以"文书"一词作为属概念（上位类）的各种文档名词，考察民国时期文献中的"文书"一词的组词类型，以便使我们更多地了解民国时期该词所具有的丰富内涵。

在检索的文献中，出现了许多跟"文书"相关的固定词语搭配，如钉封文书、船舶文书、海捕文书、行移文书、政务文书、外国文文书等。这说明"文书"在民国时期已经被频繁使用，在社会上具有广泛的认可度，并且成为一个固定的概念，即属概念。而加在"文书"前面的各种限定词，将"文书"这一属概念，划分为各种类型。

第一，钉封文书。

按照《汉语大词典》的解释，钉封文书是"旧时一种用特殊方法封合的文书。它用钉子先在文书上扎眼，而后用纸捻子穿上，以示文书的机密和紧要"。通常被用作寄送死刑犯的公告文书。在所检索的民国时期文献《官场现形记》和《二十年目睹之怪现状》中，共计出现6次。

> 陶子尧不等到看完，两只手已经气得冰冷，眼睛直勾勾的，坐在那里一声也不言语。停了一会子说道："这是我的'钉封文书'到了！"②

> 前年苏州接了一角刑部的钉封文书。凡是钉封文书，总是斩决要犯的

① 龙兆佛. 档案管理法［M］. 北京：中国人民大学历史档案系翻印. 1958：7.
② 李宝嘉. 官场现形记［M］. 北京：团结出版社. 2017：118.

居多，拆开来一看，内中却是云南的一个案件。大家看见，莫名其妙，只得把他退回去。①

第二，外交文书。

所谓外交文书，指在外事活动中形成并专门使用的文件，是国家对外交往的重要手段。除下文所引述之外，还在《民国辞典》中出现过2次。

信任状是一种正式的外交文书，用以证明外交官的性质，及外交官对于两国间所有的权限；且表明深愿维持两国间平和亲善的往来；并详载外交官的姓氏，官阶及身分，这种文书，在中国称为"国书"。②

第三，军事文书。

军事文书指办理军队公务文书，在所检索的文献《中国革命纪事本末》中共出现4次。如《湖北军政府内部组织之条例》第三章第十一条中有"印刷及翻译军事文书事项"。③

第四，海捕文书。

海，比喻范围之广。海捕，就是指在全国范围内缉捕。海捕文书是封建时期，官府昭告各地用以抓捕在逃嫌犯的公文。类似于现在的通缉令，简称"海捕"。

这下，却使顾天成大为安慰。胸怀也开展了，眉头也放宽了，从早起来，就计划到做了官后，做些什么事情。报复幺伯，报复罗歪嘴，还要下两通海捕文书，一通捉拿刘三金，一通查访招弟，并派人打探正月十一夜与罗歪嘴他们一道走的那女人是什么人。差不多每天早起，都要把这计划在心里头暗暗复诵一遍，差不多计划都背熟了，而洋兵还未打到北京。④

5.民国时期文献中"文书"一词的基本含义

"文书"一词有着深远的历史渊源。随着社会的发展，"文书"这个概念

---

① 吴趼人. 二十年目睹之怪现状［M］. 上海：上海古籍出版社，2005：249.

② 杨熙时. 现代外交学［M］. 上海：民智书局. 1931：151.

③ 郭孝成. 中国革命纪事本末［M］. 上海：商务印书馆，1912：10-12.

④ 李劼人. 死水微澜［M］. 武汉：长江文艺出版社，2017：184.

的含义虽有变化，但其基本内涵大体上是相近的。

（1）档案类含义

民国时期人们在某些语言环境中使用的"文书"已经具有作为查考、凭证依据的档案类的意思。如：

> 堂主事掌清文奏稿。汉主事掌汉文典籍。经历掌出纳文移。笔帖式掌翻译文书。（各部同。笔帖式为满员进身之阶。国初，大学士达海、额尔德尼、索尼诸人，并起家武臣，以谙练国书，特恩赐号"巴克什"，即后之笔帖式也。厥后各署候补者纷不可纪矣。）①

（2）文书类图书类等相近含义

"文书"除了作为查考、凭证依据的档案外，其在民国时期的文献中还有其他的一些含义。

第一种，公文、案牍。

> 司法部改正公文程式饬文

> 官署公文程式，业奉教令公布。司法官署公文书程式。自应遵照酌量修正，除批文一项仍旧适用外，凡关于向用呈令布告各项文书，应即一律改为详或饬或示，并查照此次公布之格式办理。至同级或无隶属关系之司法官署暨对于司法官署以外之官署，所有文书往复，概仍准用公函，仰即遵照。②

第二种，书籍、文章。

> 若中人以下，泣别六亲，顾念乡里，念老父慈母罔极之恩，不能报养，顾寡妻幼子伶俜之苦，谁为哀怜。良朋走视而咨嗟，兄弟相持而涕泣。文书则付之炬火，琴剑则空自摩挲。③

> 人民之身体、家宅、文书、财产，无故不受人搜索、押收，虽官府亦

---

① 赵尔巽，等. 清史稿：第12册 [M]. 北京：中华书局，1976：3265-3266.

② 商务印书馆编译所. 中华民国法令大全第十六类 公文式 公报 [M]. 上海：商务印书馆，1913：18.

③ 康有为. 大同书 [M]. 2版. 上海：中华书局，1936：19-20.

必形迹可凭乃而搜押。①

第三种，文字图籍。

> 太宗自为秦王，即开文学馆，召集十八学士。即位之后，又开弘文馆，收揽文学之士，编纂文书，唱和吟咏。唐诗纪事卷一载太宗帝京篇十首，自序言："余以万机之暇，游息艺文。"则其好文可知。《旧唐书·音乐志一》载杜淹论《玉树后庭花》，《伴侣曲》，为亡国之音。②

第四种，从事有关书信、公文工作的人，这是由文书本义衍生而来的。

> 会计由银行家章先生担任；我们说笑话，他既是银行家，所以会计的任务，是包括筹措经费在内的，不单记记账便了，一切"资源"的开发，都在他职务范围之内。王先生在救国会本来担任文书一职，为"驾轻就熟"起见，就由他担任。李先生办理补习学校和图书馆，擅处理事务之长，不得不请他屈就事务一职。邹先生呢，他的态度，是那么严肃、正经，颇有"肃政史"之风，所以请他做监察，随时监督我们是否忠于职责。他文名满天下，我们以为他如椽之笔搁置不用，是非常可惜的，所以要他兼做文书，以分王先生的贤劳。③

第五种，书札。

书札也可称为信札、书牍，就是现在的信函。

> 在这人流当中，间或一匹瘦马，在项下摇着一串很响的铃铛，载着一个背包袱、挎雨伞的急装少年，飞驰而过，你就知道这是驿站上送文书的人。不过近年因为有了电报，文书马已逐渐逐渐地少了。④

（三）"文族"文档名词的使用特点

"文族"文档名词在民国时期的使用情况与历代使用情况有所不同，发展较大，主要体现在以下几个方面：

---

① 康有为. 大同书［M］. 2版. 上海：中华书局，1936：162-163.

② 罗根泽. 乐府文学史［M］. 北平：文化学社，1931：188.

③ 沙千里. 七人之狱［M］. 北京：生活·读书·新知三联书店，1984：82.

④ 李劫人. 死水微澜［M］. 武汉：长江文艺出版社，2017：18.

第一，"文族"文档名词与其他族类相比，出现时间较早且具有较强的历史延续性。"文书""文案""文牍"等是我国历代较常使用的文档名词。"文书"更是唯一在《二十五史》中都曾出现的文档名词。[①]而"文案"一词也在秦汉之后被广泛使用，且连续性较强。从民国时期的统计来看，"文族"文档名词依然占据着重要的位置，在出现次数排名前十的文档名词中（见表10-1），"文族"就占据六个席位，表现出了较强的历史延续性。

第二，在古代"文书"兼具档案、文件的意思，但是在民国时期，其指代档案的用法逐渐减少，趋于弱化，主要意同于文件。特别是在民国时期，实行推广的"文书档案连锁法"当中，许多学者都论述了"文书"与"档案"的不同，"文书"已不能指代档案了。此外，在古代，一般所说的"文书"都是指代公务文书，而在民国时期，已对公文、私人文件有了明确的认识与划分。

第三，"公文""文件"作为"文族"文档名词中的新秀，已经在文档的历史舞台上大放异彩。"公文"与"文件"虽不是在民国时期产生的，但确实是在民国时期被广泛加以使用的。在《中国档案学文书学要籍评述》中就列举了许多民国时期对公文研究的著作。"公文"与"文件"的出现与使用，标示着文档名词有了进一步的分类，文书学与档案学逐渐形成两个各自独立的学科体系。

三、"卷族"及其主要文档名词在民国时期使用情况分析

（一）"卷"族名词特征解析

"卷族"，即含有"卷"字的文档名词，包括"案卷""卷宗""宗卷""卷册""文卷"等8个名词（见表10-9）。"卷"在《辞源》中有这样的解释："官厅存档的文书""书可舒卷的叫卷"。"案"指"狭长的桌子；架起来的隔板；处理公事的记录"[②]。"案卷"以前也称作"卷宗"或"宗

---

① 丁海斌，葛洪源. 从《二十五史》看中国古代档案名词的演变［J］. 档案学通讯，2003（2）：91.

② 辞海编纂委员会. 辞海［M］. 上海：上海辞书出版社，1989：1025.

卷"，指归档的案牍，编次成卷，每一案立成一卷。

表10-9 民国时期"卷族"使用情况表

族类	名词	出现文献数	出现次数	使用频次
卷族	案卷	30	650	2.241
	文卷	18	168	0.579
	卷宗	19	138	0.476
	档卷	5	14	0.048
	卷册	4	5	0.017
	宗卷	3	3	0.010
	卷档	1	2	0.007
	卷簿	1	1	0.003
总计	8	81	981	3.3831

"卷族"文档名词呈现出以下特点：

第一，该族类词中的"卷"字在组词上前后皆宜，没有明显的位置区别。

第二，从词语组成来看，该族类名词多与表示文档单位的字结合在一起，如"册""宗""簿"等；也与表示承载物的字结合在一起，如"案""档"。

第三，从使用频次、出现次数和使用范围来看，"案卷"最多，"文卷"和"卷宗"次之，其余名词出现较少，也表现出一种逐渐统一的过程，其中的主词"案卷"至今仍在使用。

（二）"案卷"一词在民国时期使用情况分析

"案卷"是"卷族"名词中最具代表性的文档名词。其无论是在出现次数上，还是在使用频次上，都远高于同族其他的文档名词。如今"案卷"指"按照一定的主题等内部特征和外部特征编立的、具有密切联系的若干文件的组合体"[①]。"案卷"一词出现和使用的时间长，本节就其在民国时期的使用情况

---

① 陈兆祦，和宝荣，王英玮. 档案管理学基础［M］. 3版. 北京：中国人民大学出版社，2005：133.

进行探讨与研究。

1.民国时期文献中"案卷"一词时间范畴

"案卷"与"文书"一样都是汉语在长期发展过程中传承下来的文档名词。"案卷"一词为历代所沿用，其含义与用法在民国时期有何种变化？与其他文档名词又有什么区别和联系？这就要求我们从时间范畴的角度出发，对其在民国时期文献中出现和使用情况进行分析与总结，基本情况如下：

第一，在所检索的民国时期文献中，共检索出"案卷"一词共650处。其中，北洋军阀统治时期的83种文献中，共出现49处；在国民党统治时期的207种文献中，共出现601处（见表10-6）。

第二，从表10-1可知，"案卷"一词在民国时期文献检索出的文档名词中出现次数与使用频次均排在第五位，低于"档案""文件""文书""公文"这些现在文书学与档案学的核心名词。但远高于诸如"案牍""文牍"等传统文档名词。

表10-10 民国时期"案卷"一词使用情况表（分时期统计）

文献时期	含有"案卷"的文献数	"案卷"一词出现的次数
北洋军阀政权时期 （1912.1—1928.12）	7（共检索文献83）	49
国民党统治时期 （1929.1—1949.10）	23（共检索文献207）	601
总计	30	650

第三，该词的使用情况在民国时期亦呈现出前少后多的局面。特别是在1938、1947和1949年中，出现次数均达百次（见图10-5），之所以出现这样的情况，是因为把民国档案学旧著作为检索的内容，其中含有大量"案卷"。

还需要进行深入分析的是，民国前期与后期"案卷"与"档案"两词出现与使用频次的比较：

第一，民国前期文献中 "案卷"一词的使用频次与出现次数大于"档案"。在北洋军阀统治时期"案卷"在7部著作中共计出现了49处。而同时期

"档案"一词仅在4部文献中出现了13次（见表10-4）。在这个时期中，"案卷"一词多出现于文献《中华民国法令大全》，共计35处，是我们所见文献中使用该词最多的。而其他文献出现的处数多则8处，少则1—2处。而"档案"仅在此部书中出现了6处，说明在此阶段"案卷"的社会认可度高于"档案"一词，"档案"还没有成为统一的档案事物名词。这是因为"案卷"一词出现较早，是历代所沿用的文档名词之一。因其使用时间较长，人们习惯性沿用，故而在"档案"一词出现后仍然被使用，且使用频率高于"档案"。

第二，民国后期文献中"案卷"一词的使用频次远低于"档案"。

在国民党统治时期的文献中，"案卷"一词出现次数远低于"档案"，分别为601：3569。档案学产生后，在民国档案著作中，其出现次数也同样远低于"档案"。这说明"档案"已经是档案类事物的专有名词。

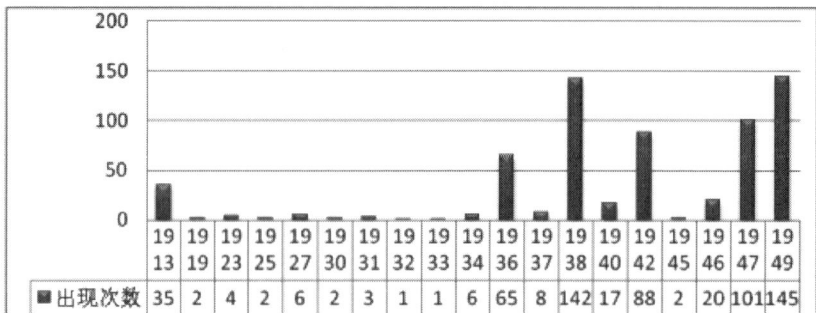

年份	1913	1919	1923	1925	1927	1930	1931	1932	1933	1934	1936	1937	1938	1940	1942	1945	1946	1947	1949
■出现次数	35	2	4	2	6	2	3	1	1	6	65	8	142	17	88	2	20	101	145

图10-5 民国时期"案卷"一词出现时间柱状图

2.民国时期文献中"案卷"一词内容范畴

第一，根据本文所收集的12大类，共290种文献，以及表10-11的统计看，"案卷"一词涵盖了其中的7类，其中包括法律、政治、经济、文化、文学等多个方面，这说明"案卷"一词具有一定的社会影响力与认可度。

第二，"案卷"一词在民国时期档案学十三本旧著中共计出现395次，涉及12部。除此之外，法律类文献中使用的次数最多，少则1处（《公文处理法》），多者达35处（《中华民国法令大全》）。说明其在民国时期国家政治活动与社会管理工作中经常使用。

　　第三，由表10-11可知，"案卷"一词在经济、政治文献中有一定的使用频率，说明在官方知识分子中该词已有了较高的认可度。

　　第四，在出现"案卷"的各种文献类型当中，文学类的文献数量远高于其他类型文献，说明"案卷"一词在通俗的文学作品中具有一定的使用频率，具有一定的社会认可度。

表10-11　民国时期"案卷"一词使用情况的分类统计表

文献类型	文献	次数	成书时期
地理类（1部）	《湖南地理志》	1	1933
法律类（2部）	《中华民国法令大全》	35	1913
	《公文处理法》	1	1932
经济类（4部）	《中华银行史》	1	1923
	《中华货币史》	2	1925
	《兴安区屯垦第一年工作概况》	2	1930
	《广西田赋概要》	2	1936
历史类（3部）	《粤嵯纪实》	2	1922
	《清史稿》	4	1927
	《救国无罪》	1	1937
文化类（1部）	《国学图书馆第四年刊》	2	1931
文学类（5部）	《官幕秘传》	3	1923
	《官场现形记》	6	1934
	《七人之狱》	1	1937
	《二十年目睹之怪现状》	6	1937
	《彷徨》	1	1947
政治类（2部）	《京都市政汇览》	2	1919
	《京沪杭汉四大都市之市政》	1	1931

续表

文献类型	文献	次数	成书时期
民国档案旧著（12部）	《县政府档案管理法》	63	1936
	《档案管理与整理》	142	1938
	《档案管理法》	17	1940
	《县政府公文处理与档案管理》	21	1942
	《档案科学管理法》	67	1942
	《公文处理法》	2	1945
	《文书之简化与管理》	20	1946
	《公文档案管理法》	33	1947
	《档案管理之理论与实际》	27	1947
	《公牍学史》	3	1947
	《档案管理法》	37	1947
	《中国档案管理新论》	145	1949
总计	30	650	

3.民国时期文献中"案卷"一词的解释

程长原在《县政府档案管理法》的档案室命名一节中提到："档案室的名称，过去素不一律，这原因是档案两字无绝对的规定；清代称为档子、案牍、公文、官书等，现代称为案卷、文卷、档案等。"①何鲁成在谈到文书与档案的关系时曾说："不过旧文书（档案）既然另外有人保管，为表示时间上之差异起见，便将办理完毕了的旧文书称作案卷或卷宗。"②"档案就是案卷，案卷二字有同案情的文件积合为一卷之意。"③

傅振伦在其著作中也有类似看法："吾国档案，其名不一：古代曰中、典、簿、书、版籍、文案，近代则曰案牍、文书、函电。或分举，或连用。

① 程长原. 县政府档案管理法［M］. 北京：商务印书馆，1936：2.
② 何鲁成. 档案管理与整理［M］. 北京：档案出版社，1987：47.
③ 何鲁成. 档案管理与整理［M］. 北京：档案出版社，1987：48.

官署收藏，每以案为一卷，故曰案卷；一卷为一宗。故又曰卷宗。"①其又对卷宗进行了解释："卷宗为保管档案之单位，其下为件。每一案由。必有其起因、演变、经过、结果。汇集此类文件而为一卷宗。"②

殷钟麒所著的《中国档案管理新论》中在继承上述学者有关"案卷"一词的理解之外，还对"案"与"卷"的内涵进行了更详细的说明，并指出了"档案"与"案卷"的些许不同之处。他认为："案"指多份文书；"卷"是档案的单位，仅仅是单份文书；"案卷"仅是"档案"的一部分。

总结民国各档案学者对"案卷"的理解与认识，可总结其特点如下：

第一，对"案卷"一词的理解，民国学者在继承了明清对其理解的基础上，对"案卷"一词进行了不断的研究与发展。对"案卷"的理解，由一开始的认为"案卷"是档案的别称，发展到"分卷，组成'案卷'对档案进行管理"。体现出了档案管理思想，与现在的档案管理学理论一脉相承。

第二，同时也明确了"案卷"与其他文档名词的异同。虽然"案卷""卷宗""档卷""档册"这些档案类名词，在民国时期均指代档案，但也存在某些不同之处。"案"，表示的是多种文书。"卷"，则是档案的一个单位。"卷"的范围最大，"案"次之，"宗"与"册"意义等同，都是最小的单位。"卷"和"卷宗"，都属于单数，是属于档案的一部分。而"档案"与"档册"均指全部，是一个整体。其余的称呼，例如"案牍""档册""宗卷""文卷"等，都是沿袭了过去的称呼。"案卷"一词的用法与理解也逐渐趋于现代对其的定义，即逐渐成为了保管档案的基本单位。

4.民国时期文献中"案卷"一词的内涵

第一类，意同今"档案"。

在"档案"一词出现后，出于长久以来人们的用语习惯，"案卷"一词仍在使用。其含义也基本等同于当前我们所使用的"档案"一词。如《清

---

① 傅振伦，龙兆佛. 公文档案管理法 [M]．北京：档案出版社，1988：6.

② 傅振伦，龙兆佛. 公文档案管理法 [M]．北京：档案出版社，1988：36.

史稿》：

> 臣以经界为地方要政，从前岂无案牍。乃派员将新旧各案卷概行检阅，始寻出乾隆五十九年前大臣尚书和琳、内阁学士和瑛任内奏设鄂博原案一卷，注明藏内界址，系在距帕克里三站之雅拉、支木两山，设有鄂博。①

《广西田赋概要》：

> 清赋之进行，民五虽然奉令继续，但其调查工作之结果，清厘全省赋额之实施，种种经过，均无案卷可查，故其结果，仅在田赋征收额之数字上藉知若干。②

第二类，意同今"案卷"。

民国时期所使用的"案卷"一词除了有档案的含义外，还是构成档案全宗的基本单元。中华民国法令规定，编译科有以下职权：

> 一 翻译各国文牍法规及各项书报。
>
> 二 编录案卷。
>
> 三 保存档案。
>
> 四 编制统计。③

编列卷目　档案处点收归档文件后，即审查各该文件是否旧案，或系新案，如系旧案，即应并钉入原卷内，如新案则按其性质，分类编号，登入卷宗目录簿，并将该案之事实，摘成简由，若遇该文件虽属旧案，而因事实之变迁，与旧案歧异，有分别之必要者，亦应依其性质，另行分类编号，惟须在卷壳上，载明某案与某相关等字样，俾便查阅，本局案卷目录，依局务情形，暂编二十三类，计接收、组织、任免、度支、材料工具、法令、契约、调查、道路、路线、桥梁、码头、堤岸、沟渠、水利、

---

① 赵尔巽，等. 清史稿：第16册 [M]. 北京：中华书局，1976：4538.

② 杨世贤. 广西田赋概要 [M]. 南宁：广西省政府经济委员会，1936：148-149.

③ 商务印书馆编译所. 中华民国法令大全第三类 官规 [M]. 上海：商务印书馆，1913：159.

公共建筑、土地、执照、登记、取缔、外交、购置、总务等。①

（三）"卷族"文档名词使用特点

与"档族""文族"相比，"卷族"文档名词的出现次数和使用频率较低，结合上述对"卷族"使用情况的分析，可以得出以下两个结论：

第一，词语含义发生了转变。"案卷"一词在明清时期被大规模使用，其含义比较单一，基本上指代档案。"宗卷"也是如此。但是在民国时期，这两词已经发生了一些变化，"案卷"一词更多地应用于档案管理中，成了保管档案的基本单位，区别于档案。"宗卷"一词也开始作为归档文件的保管单位：

> 京都市政公所各处分科办事细则
>
> …………
>
> 第二十条 各科已办结文件，应即按科分编卷宗，并登入卷宗簿。
>
> 第二十三条 各处文件卷宗，非经本管处处长、副处长许可，不得钞借他人阅览。②

此外，在所检索的相关文段中，"宗卷"也多出现在法律事务中。如：

> 审判批长旁边另一个推事的座前，安放着一本薄薄的卷宗。原来那卷宗里的案子，是几个青年组织了一个所谓火花读书会，因他人煽动日本纱厂的工潮，不知怎样牵连了他们，被高二分院以"危害民国"罪判处徒刑。③

第二，除"案卷"和"卷宗"外，该族其余文档名词出现次数较少，并呈现出逐渐退出文档名词历史舞台的趋势。也表明了文书、档案名词逐步分化并各自统一的过程。

---

① 董修甲. 京沪杭汉四大都市之市政 [M]. 上海：大东书局，1931：6-7.

② 京都市政公所. 京都市政汇览 [M]. 北京：京华印书局，1919：7-15.

③ 沙千里. 七人之狱 [M]. 北京：生活·读书·新知三联书店，1984：32.

本章小结

在中国社会史上，民国算得上是最为混乱、最为动荡的时期之一，其文化变动之剧烈，内容之繁复，创新之活跃和影响之巨大，也为历史上所少见。这是中华民族及其文化从衰变走向复兴的过渡时期。在这个时期，我国档案学从无到有、从初始稚步到渐进发展，民国后期更是涌现了一大批档案学者和档案著作，在他们的努力下，中国档案学呈现出一派欣欣向荣之势，为建国后我国档案学的研究与发展奠定了基础。

本章中笔者在对民国时期文档名词与前朝的对比分析之余，对民国时期文档名词的使用情况进行了总体分析，并在此基础之上有重点地对"档族""文族""卷族"及其中主要的、具有时代性的文档名词"档案""文书""案卷"的出现时间、内容范畴、基本含义等方面进行了分析与研究，试图总结与分析民国时期各文档名词的规律性变化与发展。

总之，随着时间的推移，档案学从建立到逐步成熟，"档案"逐渐取代其他名词，成为档案类事物的专有名词，并一直传承与沿用至今。而一些历代沿用具有文书与档案双重意义的摇摆词，诸如"文牍""案牍"等也逐渐退出历史的舞台。

第十一章　中华人民共和国：全面专业化时期的文档名词

1949年10月1日中华人民共和国成立，宣告一个崭新的历史时代的诞生。这个时代，来自世界和来自我们国家内部的强大动力，促使我们的国家发生了日新月异的变化，我们虽然也经历过挫折与失败，但历史的车轮仍然滚滚向前，把我们带入了现代化、智能化的新时代。新中国的文书工作和档案工作也随之走入这个新时代。不同行业和领域的文档工作形成和应用了大量新的文档名词。文档名词大家族在扬弃和继承传统文档名词的基础上，在现代化、智能化的前提下又增添了许许多多鲜活的新成分，形成了一个个诸如科技档案和专门档案以及数字档案等相对独立的文档名词体系，专业词汇走向了全面的规范化与专业化。

第一节　中华人民共和国文档名词产生与发展的历史背景

中华人民共和国成立后，经历了社会主义建设的初步发展、停滞、恢复和繁荣阶段，在特定的历史背景下，文书工作和档案工作也体现初建、曲折中前进、迅速发展的特点。

一、文档名词产生的历史文化背景

中华人民共和国建立以来70多年，经历了划世纪的跨越式发展，已经进入了向世界先进国家迈进的新时代。70年来社会变迁、科技突飞猛进、经济高速发展，为文档名词的发展铺就了前进的道路，培育了充分的历史养料，打下了坚实的基础。

（一）中华人民共和国的语言文化和文档名词

语言作为文化的载体，是文化产生和发展的关键，文化的发展也反过来使语言更加丰富和细密。1949年10月10日，中国文字改革协会与中华人民共和国同步成立。1950年6月，中国科学院语言研究所成立。中国的语言文字工作也进入了它的黄金时期。1955年2月，汉语拼音方案委员会成立。1958年确定采用拉丁字母的《汉语拼音方案》，这一时期，明确汉字简化、推行汉语拼音方案、推广普通话及现代汉语规范化是语言规划工作的主要任务。根据语言之间有无亲缘关系及亲缘关系的远近，可以将现代中国境内各民族分别使用的语言归属为五大语系：汉藏语系、阿尔泰语系、南亚语系、南岛语系和印欧语系。汉语分布遍及全国各地，有许多地域变体—方言。现代汉语有七大方言：北方方言、吴方言、赣方言、客家方言、湘方言、闽方言、粤方言。

语言和文化在社会的发展变化中不断地调节自我，力求适应社会发展。文档名词也随之汉语的规范不断地产生新词和规范用语。例如，建国初期重视科技发展，出现"科技文件"和"科技资料"等有时代特征的文档新词语。文档名词的规范性越来越强，出现了一些文档名词术语规范和专业名词词典等。例如：《档案工作基本术语》（中华人民共和国档案行业标准DA/T 1—2000），1993年陈兆祦、黄坤坊编著的《简明档案学词典》，1994年吴宝康、冯子直主编的《档案学词典》等。文档名词的诞生作为一种重要的语言现象，其演变和发展从一个领域层面，折射出不同时期中国文档工作方面语言文化的发展进程。

（二）中华人民共和国的行政制度改革和文档名词

1949年政治协商会议，初步建立了中国共产党领导的多党合作和政治协商制度；1954年，颁布第一部社会主义类型宪法——《中华人民共和国宪法》，体现人民民主原则和社会主义原则，并正式确认民族区域自治这项新中国基本政治制度。各民族人民积极参加国家政治、经济、文化建设，加强了民族团结、促进了国家的全面发展。全国档案事业确立各级党委直接领导的集中统一管理体制。这种管理体制对于建国初期使用文档名词的意识统一起到积极作用。

"文革"期间，人民的生命财产和其他公民权利受到践踏，司法部门瘫痪，社会秩序极端混乱。文书档案工作陷入停顿，文档名词率使用大大降低。

党的十一届三中全会开始，确立了新时期民主法治建设思想。1982颁布新宪法，并进行多次修订，相继出台《选举法》《刑法》《刑事诉讼法》等各种法律法规。国家陆续制定档案管理规定。党和政府还批准、制定、颁布了大量的有关档案工作的法律、法规、行政规章和规范性文件。陆续出台了《科学技术档案工作条例》（1980）、《人民法院诉讼档案管理办法》（1984）、《中华人民共和国档案法》（1987）、《会计档案管理办法》（1998）、《干部档案工作条例》（1991）、《标准档案管理办法》（1991）等一系列档案法规。这些规定对相关的文档名词进行了规范。国家档案工作会议的召开和行业法规的颁布、档案工作制度化，日趋规范的档案工作及其管理，对于文档名词的体系构建提供了一个良好的现实平台。1997年，中共十五大把"依法治国"确立为政治体制改革的重点。1999年3月，"依法治国"被正式写入宪法，也确立了依法管理档案工作和档案事业的原则。

进入21世纪，社会信息化进程加快，电子政务建设是我国"十五"计划的主要内容之一，政府机关转变管理职能，转变工作方式、转变工作作风，进一步提高工作质量和工作效率，建立办事高效、运转协调、行为规范的行政管理体制，政府系统政务信息化建设已成为重要环节。电子政务打破组织界限，构建电子化的虚拟机关等，带给档案载体和工作内容的变化，围绕这些变化，新的现代文档名词也随之产生，也在变化着。

（三）中外文化交流与文档名词的发展

中国的对外文化交流从初期的中苏为主到改革后的世界范围，由借鉴苏联的"引进来"为主到改革开放后文化上的"引进来"和"走出去"相结合，扩大新中国的影响,促进国内文化建设事业的发展。作为科技文化事业的重要组成之一的档案事业也伴随着交流而发展，与时代同步，新中国以后产生的文档名词中也有外来词的一席之地。

新中国成立后，对外文化交流工作受到党和政府的高度重视。新中国对外文化交流的对象首先是苏联及其他社会主义国家。1949—1966年中苏之间大规模的文化交流，具有主要依靠官方推动、政治意识形态色彩浓厚、以中国主动吸收和借鉴苏联的社会主义文化为主的特点。1953年后，中国开展大规模的经济建设和向社会主义过渡的活动，更是加强了对苏联的宣传和介绍，积极倡导向苏联学习，各个领域掀起了向苏联学习的高潮，中苏文化交流空前繁盛。新中国成立初期的档案工作是在学习和借鉴苏联档案工作的基础上发展的。文档名词中有着很深的苏联痕迹，如"全宗"一词，源于苏联的"芬特"，后改为"全宗"。

随着中国改革开放的深化，中国的对外文化交流有了更加迅速的发展，对外文化交流的领域不断扩大，截至2005年，我国已与166个建交国家中的145个签订了文化合作协定，随着中国经济的飞速发展和对外文化交流的扩大，在世界范围内兴起的"中国热"日渐升温，突出表现在"汉语热"和"中国文化热"两个方面。因此，以传授汉语和推广中国文化为己任的孔子学院相继在世界各地建立起来。

改革开放后，我国国家规模社会主义档案事业成为对外文化与科技交流的一个重要方面，我国档案界与外国档案机构间进行大量的档案工作的国际合作与交流工作，吸收并借鉴他国档案工作的经验和档案学理论成果，把握国际档案工作的新动向，提高我国档案工作的国际影响力。档案工作国际合作与交流的主要形式有：通过参加国际档案理事会及其地区组织的活动，国家间、中外城市间建立双边的档案工作合作关系，开展国际档案学术交流与合作等。1980

年我国国家档案局正式参加国际档案理事会，还参加联合国教科文组织综合计划情报处组织的有关档案专业的活动。同时，近年来我国国家和地方档案馆还开展了对散失在他国的档案的征集工作。这些档案交流活动也促进文档名词术语标准的进一步规范和统一。

进入21世纪以后，经济全球化深入发展，科学技术日新月异，以互联网为标志的信息化浪潮席卷全球，1964年日本神岛教授第一次提出了"信息社会"（日文发音为Joho Shakai）概念，1967年日本的一个政府机构"科学、技术和经济研究小组"提出"Johoka"即信息化一词。1970年日本学者第一次把"Joho Shakai"翻译为英文"Information Society"。1986年12月信息化传入中国。20世纪末，中国档案事业进入档案信息化建设时期，各领域产生一系列的具有信息化属性的文档名词，诸如"档案信息资源""电子病历档案"等等。

二、文档工作发展概况

中华人民共和国成立后，经过近70年的发展，档案事业逐渐成为一个统一领导，分级管理的整体，档案工作机构完善，档案工作信息化工作发展迅速。文书工作和档案工作的规范化、制度化、现代化为文档名词的发展和统一使用打下坚实的基础。

（一）中华人民共和国时期的文书与文书工作

新中国成立以来，文书工作经历了三个主要发展阶段，使文书工作逐渐完善起来。文书的种类在国家规定下逐渐固定。文书中的公文运转程序和制度规定也都固定下来。

1. 文书工作的发展阶段

第一阶段是1949—1954年，为文书工作的总结经验、局部改进时期。这一时期，颁布了《关于纠正电报、报告、指示、决定等文字缺点的指示》《关于学习标点符号的指示》等规定，这些对肃清文牍主义、官僚主义起了很大作用。

第二阶段是20世纪50年代后期到1966年"文革"之前，为文书工作的完善时期。1954年以后，文书工作迅速统一和发展起来，中央办公厅召开第一次全国档案工作会议，通过了《中国共产党中央和省（市）级机关文书处理工作和档案工作暂行条例》（1955年）。1956年中共中央制定了《中国共产党县级机关文书处理工作和档案工作暂行办法》。这一时期，我国社会主义时期的文书和文书工作已形成一套较完整、系统的规范和制度。"文革"十年，文书工作和制度遭到严重破坏和退步。

第三阶段是1976年到1985年，为文书工作的恢复和全面发展阶段。文书学奠定了独立发展的学科地位，形成了包括"文书工作发展史""机关文书处理学"等若干较成熟科目的学科体系。

《国家行政机关公文处理办法》（国务院办公厅1987年2月发布，1993年11月修订，2000年8月24日再修订）；《中国共产党机关公文处理条例》（经中共中央批准，中共中央办公厅1996年5月发布）；1999年，国务院颁布了《国务院机关公文处理办法》。

2. 文书的种类

随着文书工作的发展，管理方式的规范化，文书的格式、用途和名称日趋固定。新中国成立以来文书的用途和格式变化，实际是文书所记载的信息内容变化的反映。集中反映在文书名称、文书格式和文书传递方向上。文书用途变化的结果，则是产生用以区别其用途的不同文种。文种数量繁简，呈现出一定的周期性。目前文种是13种。

国家文件规定文件的划分、文种的类别。1987 年2月国务院办公厅发布的《国家行政机关公文处理办法》规定：我国现行的公文按来源又可分为收文和发文；按行文关系分为上行文、平行文和下行文；按机密程度和阅读范围分为绝密件、机密件、秘密件和普通件；按文件分送对象和目的分为主送件、抄送件、批转件和转发件；按处理时效的要求分为特急件、急件和平件；按专业内容又分为法规文件、外交文件、司法文件、军事文件、计划文件、统计文件、会计文件和科技文件等。这规定了以"文件"为属概念的一系列文档名词的词语。

1996年5月中共中央办公厅印发了《中国共产党机关公文处理条例》，规定中国共产党各级各类机关使用的公文文种有决议、决定、指示、意见、通知、通报、公报、报告、请示、批复、条例、规定、函、会议纪要等文种。我国现行通用公文一般专指2000年中华人民共和国国务院办公厅发布（修订）的《国家行政机关公文处理办法》中规定的我国各级行政机关使用的公文文种有命令（令）、决定、公告、通告、通知、通报、议案、报告、请示、批复、意见、函、会议纪要等共12类13种。

我国现行的13种法定行政机关公文中，除"会议纪要"是新中国成立后总结公文实践活动经验的新创造外，其他12种名称都或多或少是从前人那里沿用或演变而来的。如"命令""报告""批复""函"来自古代公文；"议案""公告""通告"来自辛亥革命诞生的南京临时政府和随后的国民党政府；"决定""指示""通告""通报"来自新民主主义革命时期革命根据地的民主政府。当然，这些文种的服务对象及使用范围现在都发生了新的变化。建国五十年，文种基本上是"大稳定，小调整"，它既是人民政权稳固性的反映，也是文种本身科学性的反映。而且，新中国法定文种的划分，以简化、确切、便利公务活动为原则，这是新中国公文种类由繁到简的根本原因。

《国家行政机关公文处理办法》规定公文种类有13种，《党政机关公文处理工作条例》规定文种为15种，增加了"决议"和"公报"，同时将"会议纪要"改为"纪要"。原有13个文种的适用范围与《国家行政机关公文处理办法》的规定基本相同。

3. 文书工作制度

文书工作制度是以强制性办法推行的有关指导机关（组织）文书处理工作的行为规范。包括登记制度、催办制度、审核制度、签发制度、行文制度、用印制度、保密制度、文电合一制度、立卷制度、归档制度等。建立健全统一的文书工作制度，使文书处理各项工作环节有法可依、有章可循，为文书名词的规范化使用奠定了基础。

2012年中共中央办公厅、国务院办公厅联合发布的《党政机关公文处理工作条例》规定："公文处理工作是指公文拟制、办理、管理等一系列相互关联、衔接有序的工作。"并对公文种类、公文拟制与办理程序等做了具体规定。

　　公文管理制度方面，古代以至近代的一文一事制度、主管官员署签制度、公文用印制度、公文正副本制度、公文编号和登记制度、公文承办和催办制度、文书传送制度、文书档案保管制度和保密制度。这些制度保证了文书工作的质量，提高了文书工作的效率，为档案工作打下了良好的基础。

　　推行文书处理部门立卷制度。1956年国务院《关于加强国家档案工作的决定》中明确规定了全面推行文书处理部门立卷，以建立统一的归档制度。对文书和档案从内涵和使用进行了较清楚的界定。

（二）中华人民共和国时期的档案与档案工作

　　新中国成立初期，全国档案工作属于分散式管理，中国共产党各级机关、国家政权机关、军事各部门的档案工作实行分别管理，各自管理本系统的档案工作。1954年11月，国家档案局成立，为集中统一管理体制奠定了组织基础。1956年4月，国务院颁布的《关于加强国家档案工作的决定》中，提出了档案工作的基本原则是集中统一地管理国家档案。1959年1月7日，中央发布《关于统一管理党、政档案工作的通知》，确定了党政档案工作的统一领导和党政档案的统一管理。全国档案事业实行各级党委直接领导的集中统一管理体制是中国档案工作所特有的，对于建国初期使用文档名词的意识上统一起到积极作用。

　　新中国成立后的十多年，党和政府为了建设繁荣富强的社会主义国家，从各方面支持和重视档案工作的发展，使档案事业得到了比较迅速、全面的发展。之后1966—1976"文革"十年期间虽然遭受了挫折和破坏，但总体上中国档案事业从管理体制到管理机构、档案教育等均初具规模。档案词族的划分也越来越成体系。

　　1.档案工作的发展

　　建国初期，从中央到地方建立档案室和档案馆。1951年3、4月，中共中央办公厅、政务院分别召开会议，研究中央一级文书工作和机关档案工作，提出了建立档案室的任务。从此，中央一级党政机关档案室开始建立。1954年国家档案局成立，1956年国务院《关于加强国家档案工作的决定》要求，县级以上机关、各级企事业单位和人民团体都应成立档案室，负责管理本单位的档案。

全国建立档案室的工作开始形成高潮，形成新中国最初阶段的档案室群体。

1959年10月，中央档案馆建立。1960年7月东北档案馆成立。到1965年10月，全国共建立2483个档案馆，形成一个涵盖中央、省、地市、县的各级档案馆体系。档案业务机构的建设使档案工作的管理从组织层面保证统一性，客观上有助于文档名词的广泛使用和统一。我国已有各级各类档案馆3816个，其中国家综合档案馆3046个，国家专门档案馆225个，部门档案馆142个，企业档案馆304个，文化事业单位档案馆40个，科技事业单位档案馆59个。

到20世纪80年代中后期，从中央到地方都建立了档案事业行政管理机关，中央各专业主管部门也建立了档案业务管理机关，它们在各级政府的领导下，统一地、分级地、分专业地掌管全国、本地区、本系统的档案事务。《档案法》确立了档案事业的管理原则："档案工作实行统一领导、分级管理的原则，维护档案完整与安全，便于社会各方面利用。"除中央一级以外，省、地、县三级都分别设有本级的档案局和档案馆，它们都分别由各级党委、政府相关部门管理。

档案局和档案馆经历了分分合合的历史变革。1993年，与国务院机构改革同步，我国对国家档案管理机构进行改革。中央一级档案管理机构按照中央办公厅《中央档案馆、国家档案局职能配置、内设机构、人员编制方案》的规定，中央档案馆与国家档案局合并，一个机构挂中央档案馆与国家档案局两块牌子，履行档案保管、利用和全国档案事业行政管理两种职能。60多年来，新中国的档案事业发展很快。

2. 档案的种类

档案的种类可以分为狭义和广义。在《中国档案分类法》里的分类是狭义的档案分类，是使用档案分类法检索语言对档案进行的分类。它设置了政治、经济和科学技术三大基本部类，以档案内容所体现的职能分工为主要标准，而档案的其他特征为辅助标准。广义的档案种类指的是国家全部档案的划分。依据不同的划分标准，衍生出来代表不同种类的档案名词集合，常见的有以下几种分法：

（1）按档案产生的领域分：《中国档案分类法》主要是按照行业领域进行档案分类的。此外，在教学、培训工作中，主流的分类划分方法是：文书档案、科技档案（如设计、基建、设备、产品等）及各种专门档案（如会计档案、干部档案、诉讼档案等等）。这种分法虽然未达成完全的一致，但在教学工作中亦有它的可取之处。

（2）按档案的制成材料分：纸质文字档案、非纸质文字档案（甲骨档案、简牍档案、缣帛档案）、声像档案（胶片档案、磁带档案、光盘档案）和实物档案。

（3）按信息表达方式分：文字档案、音像档案等。

（4）按记录方式分：普通档案（机械和模拟记录）、电子档案（数字）等。

（5）按立档单位性质分：党政机关档案、事业单位档案、企业档案、军队档案、农村档案等。

（6）按档案的形成时期分：新中国成立前档案（包括革命历史档案和旧政权档案）、新中国成立后档案（包括新中国成立以来党和国家和各个机关、部队、团体、企业和事业单位的档案）。前者通常称为历史档案，后者通常称为现行档案。

目前，被人们普遍认可的现实种类（非严格逻辑意义上的种类）有文书档案、科技档案、专业档案、声像档案、电子档案、实物档案等。

3. 档案研究机制的确立

新中国成立后，随着档案事业的发展，档案教育事业也有了发展的空间。1950年9月武昌文华图书馆学专科学校开设档案训练班，1951年北京大学图书馆专科档案专科班，这些是新中国档案教育的最初尝试。1952年11月，中国人民大学档案专修班成立，1955年改为历史档案系，1952年至1966年专科和本科毕业生576人。这些人成为建设新中国档案事业的核心人才，同时也为新中国档案和档案工作理论研究提供人才支撑，推动了现代文档名词的理论研究。

1958年12月，国家档案局成立档案学研究室，是新中国第一个专门的档案科学研究机构。1963年4月《1963—1972年科学技术发展规划（情报、图书、档案资料）》中提出必须成立档案科学技术研究所，加强业务理论特别是科学技术方法的研究。研究档案和档案工作的人员越来越多，为新中国初期文档名词的发展提供了基本的理论研究队伍。

4.档案管理制度

档案管理亦称档案工作，是档案馆（室）直接对档案实体和档案信息进行管理并提供利用服务的各项业务工作的总称，也是国家档案事业最基本的组成部分，包括档案收集、档案整理、档案价值鉴定、档案保管、档案检索、档案统计、档案提供利用、档案编辑这8项工作。档案实体管理分收集、整理、鉴定、保管、统计等工作环节；档案信息开发分鉴定、统计、检索、提供利用和编研5个工作环节。档案工作环节组成一个有机整体，相互关联、相互制约。例如价值鉴定工作有时与收集、整理工作结合进行，甚至在文件立卷归档时就进行初步鉴定。档案管理制度包括各环节的制度，比如档案鉴定制度包括鉴定的组织、原则、标准、方法和具体实施。国家档案工作在统一领导、分级管理的原则下，各级各类档案馆（室）依据国家档案工作法规制度，制定有个性的档案工作规章制度。

第二节　中华人民共和国文档名词概述

随着新中国档案事业的发展，档案学理论研究的不断深入，与国际档案界的接轨和同步，中华人民共和国文档名词已经由最初的简单沿用传统主要文档名词，发展到围绕整个档案事业建立的文档名词体系群和统一的档案专业术语标准，进而是更多与世界同步、与信息技术同步的附有电子和信息属性的文档名词体系。

一、中华人民共和国文档名词的构成、内涵与构词特点

中华人民共和国使用的文档名词数量大，以新增文档名词为主，继承的文档名词较少。新增词多在继承的文档名词基础上，结合文档工作内容、扩充命

名而成，体现在族系的扩大，名词间界限和应用上的逐渐清晰，减少可替代性和交叉使用。

（一）中华人民共和国文档名词的构成

中华人民共和国的主要文档名词共122个。包括沿用的传统文档名词（19个）和新产生的文档名词（103个）（见表11-2），新产生的文档名词由于涉及的范围广，选取的是使用频率较高的文档名词。

1.继承的传统文档名词

民国时期主要使用的文档名词有26个，当代沿用的传统文档名词有19个，不再使用的有7个（见表11-1）。消亡的文档名词的构词特点以单字+"档"或"牍"为主，"档族"文档名词里，"档"字做前缀的构词依然在使用，"档"字作为后缀的构词共有3个，已不再使用；"牍族"文档名词由于其载体的木质性，越来越和现代使用的档案载体脱离，所以，渐渐淡出文档名词的历史舞台。

表11-1　中华人民共和国时期对民国时期文档名词的继承与消亡汇总表[①]

沿用的文档名词（19个）	文件、文书、公文、文案、文卷、文牍、案牍、档案、档册、档卷、档子、卷宗、宗卷、案卷、簿书、簿册、文簿、卷簿、公牍
消亡的文档名词（7个）	卷册、案档、卷档、簿档、书牍、函牍、官牍

2.新增的文档名词

这些新中国成立后新增的文档名词，是文件族系和档案族系发展的结果，受我国行业领域的细化、档案工作统一管理的影响。表现了文档名词的时代感和文档工作现实结合的紧密性。新增的主要文档名词是多以"文件""档案"和"电子"为词根，与应用的领域名词组成的2、3个名词组合而成。以词族体系形式存在，也是我国档案工作集中制的一个结果。其中，"文件"族系常用的34个、"档案"族系常用的55个、"电子"族系常用的8个（见表11-

---

① 部分文档名词于不同族类之间有重合，如"文书"一词同时包含于"文族"和"书族"，下文同。

2）。"电子"族系名词还有待规范和统一，比如"电子病案"和"电子病历档案"，需要解决"电子"和各领域档案的组合命名是否规范、适用等问题。此外新增的文档名词中，还有诸如"全宗""信息"一类翻译而来的词语。

表11-2　中华人民共和国时期主要文档名词汇总表

类别	文档名词
沿用的主要文档名词（19个）	文件、档案、卷宗、簿书、案卷、案牍、文书、档册、宗卷、簿册、公牍、公文、档卷、文簿、文案、档子、卷簿、文卷、文牍
新增的主要文档名词（103个）	"××文件"（34个）：科技文件、法规文件、书面文件、外交文件、机读文件、音像文件、军事文件、纸质文件、计划文件、胶片文件、统计文件、磁带文件、会计文件、磁盘文件、技术文件、光盘文件、诉讼文件、数字影像文件、普通件、主送件、抄送件、批转件、转发件、特急件、绝密件、平件、机密件、急件、秘密件、上行文、平行文、下行文、收文、发文
	"××档案"或"档案××"（55个）： 文书档案（行政档案、党政档案、普通档案） 科技档案（气象档案、水文档案、设备档案、地质档案、天文档案、测绘档案、观测档案、农业科技档案、基本建设档案、医药卫生档案、环境保护档案） 专门档案（税收征管档案、婚姻登记档案、房地产档案、会计档案、公证档案、人事档案、商标档案、审计档案、教学档案、诉讼档案、信用档案、标准档案、统计档案、律师档案、书稿档案、病历档案、新闻艺术档案、地名档案、工程档案） 新型载体档案（数字档案、虚拟档案、声像档案、机读档案、照片档案、缩微档案、唱片档案、光盘档案、音像档案） 口述档案、实物档案（档案资料、档案文献、档案文件、档案史料、档案信息、档案数据、档案材料）
	"电子××"（8个）：电子公文、电子档案、电子文书、电子案卷、电子文件、电子病历、电子病案、电子病历档案
	其他（6个）：全宗、文献、资料、信息、文书资料、文件资料

注：新增是指此前所有历史时期从未使用而在中华人民共和国时期首次出现的文档名词；消亡是指相邻的前个历史时期（此处指民国）仍有使用，但中华人民共和国时期不再使用的文档名词。

与沿用的19个主要文档名词相比，新增文档名词数量成倍数增长，构成形成依托行业背景和工作内容的"档案""文件""电子"等文档名词族系。除了表中列出的新增主要文档名词外，还有很多像"社区档案""家庭档案""儿童牙齿档案""农民工档案""流动人口档案"等分类不易且意义具体的新词。

（二）中华人民共和国文档名词的内涵

中华人民共和国文档名词的内涵丰富，有传统文档名词内涵的沿用和发展，有新增文档名词内涵的规范和界定。下面选取5个高频词——"文件""档案""文书""公文""案卷"，进行词语内涵和族系分析。

1."文件"族系

在"文件"族系中主要34个，其中"××文件"类18个、"××件"类11个、"××文"类5个，命名多以文件涉及的载体、保密程度和运转等特点为复合元素组合而成，如"纸质文件""绝密件"和"发文"。这类词主要是从公文分类角度命名，因此，放在"公文"下面论述。下面主要分析以"文件"为后缀的名词。

（1）文件的内涵

在传统文档名词中，文件出现最晚，出现于晚清，意指公文、信件等。新中国成立后，指文书、红头文件等。新中国成立后，文件的外延越来越大。

1987年，陈兆祦提出："文件就是组织或个人在社会活动中，为了相互联系、记载事物、处理事务、表达意志、交流情况而制作的又构成该项活动组成部分的记录材料。"[①]这里强调了文件的记录方式。1993年《中国大百科全书》档案学分册将文件定义为"国家机关、社会组织、企事业单位或个人在社会活动中为处理事务、交流信息而使用的各种载体的文字、图表、声像等记录

---

① 陈兆祦. 再论档案的定义——兼论文件的定义和运动周期问题［M］. 档案学通讯，1987（2）：23.

材料。它是人们社会交往的工具，也是档案的前身"①。强调了"文件"的现行性，区别于"档案"的历史性。二者是前后的同一个事物，档案是文件的精华。《档案工作基本术语》中的文件是"国家机构、社会组织或个人在履行其法定职责或处理事务中形成的各种形式的信息记录"。发展到后来的"电子文件"。1996年国际档案理事会电子文件委员会制定的《电子文件管理指南》中指出："文件是由机构或个人在其活动的开始、进行和结束过程中所产生或接收的记录信息，该记录信息由足以为其活动提供凭证的内容、背景和结构而构成，而不管记录的形式或载体如何。"由于文件形成和使用环境的变化，其定义增添了表达方式、物质载体和信息内容、信息技术的一切信息记录材料新内涵。

在5个主要文档名词中，"文件"一词出现最晚，而生命力最强，在新中国时期，也是被完全接受，使用更为广泛。"文件"可以代替其他4个高频词，有类似"文件是档案的前身""文件等同于文书""公文是法规性的文件"等内涵上的前后和包含的联系的认识。"文件"广泛应用在具体一份文书的指代上，如"×号文件""××文件精神"，更有"电子文件"的新内涵。如果说现代档案名词的应用最大化，以"文件"的使用为代表也不为过。"文件"成为一个大族系概念。

（2）"××文件"

以"文件"为后缀的词，名词命名也符合"文件是档案的前身"这一理论，通常也是和行业领域、载体为前缀，构成复合词，例如"科技文件""纸质文件"等，内涵比较直观。易于区分和理解。"××文件"与"××档案"相比，命名数量少，使用也不够普及、规范。有时候和材料连用。例如：

关于……缓解城区交通拥堵问题和设立法院诉讼文件传递中心等12件代表建议，由主任会议组成人员牵头，相关专门委员会参与，进行重点督

---

① 中国大百科全书出版社编辑部. 中国大百科全书：图书馆学、情报学、档案学［M］. 北京：中国大百科全书出版社，1993：460.

办。①

举办科技文件编撰与项目管理培训班，规范科研管理。②

5月中旬，集中精力按综合类、业务类、会计文件材料类、科技文件材料类、声像材料类、实物类、专业文件材料类收集资料。③

2. "档案" 族系

"档案" 族系（主要有55个）是由 "档案" 为基础词所构成的文档名词，在前面加上档案内容或行业、在其后面加上上位类名词等，是对传统 "档案" 一词的进一步发展，形成一个日益扩大的词族体系。

（1）档案的内涵

由于认识档案事物具有多元化角度，以及档案事物自身的不断发展，档案的定义在国内外有众多的解释，就档案的内涵而言没有达成绝对的共识。据《中华人民共和国档案法》第二条："本法所称档案，是指过去和现在的机关、团体、企业事业单位和其他组织以及个人从事经济、政治、文化、社会、生态文明、军事、外事、科技等方面活动直接形成的对国家和社会具有保存价值的各种文字、图表、声像等不同形式的历史记录。"《档案工作基本术语》对档案定义的表述是 "国家机构、社会组织或个人在社会活动直接形成的有价值的各种形式的历史记录"，有学者认为可以进一步表述为 "档案是社会组织或个人在社会实践活动中直接形成的具有清晰、确定的原始记录作用的固化信息"。④这些定义均包含了档案的形成者、形成领域、形式、价值、原始凭证作用等因素，体现档案的社会性、历史性、确定性和原始记录性等属性。例如：

加强土地登记资料公开查询和土地登记资料的立卷归档工作，收集归

---

① 《成都年鉴》编写组. 成都年鉴［J］. 成都：成都年鉴社，2012：84.

② 辽河油田公司史志编纂委员会. 中国石油辽河油田公司年鉴［M］. 沈阳：辽宁人民出版社，2015：239.

③ 汉川市地方志编纂委员会办公室. 汉川年鉴［M］. 武汉：长江出版社，2015：216.

④ 冯惠玲，张辑哲. 档案学概论［M］. 北京：中国人民大学出版社，2001：5.

档13521卷，抵押档案325卷，办理挂失档案275件，出具证明材料14件。①

（2）"××档案"

以"档案"为后缀，前面加上行业领域、载体形式和内容等名词，构成大的档案族系主体，主要的名词有48个，这个族系就构成了新中国成立后的新增名词，又可以分为行政管理类（文书档案等）、科技与生产类（科技档案等）、其他专业类（专门档案等）、信息化类（电子档案等）和特殊领域类（声像档案等）文档名词。"档案"族系大、涉及到所有的方面，是社会对"档案"一词代表的事物及其管理工作的认可和重视程度，也是社会主义档案事业全面发展的一个标志。

　　加强人事档案、老干安保管理工作，建立和完善各项基础工作的档案信息数据库，搞好综合治理和机关文明创建工作。②

　　张女士，急匆匆地来到市南区档案馆，查找二十六年前她的结婚登记档案。③

（3）"档案××"

当代文档名词发展过程中，"档案"为前缀，开始和上位类的"信息""文献""资料""史料"和"材料""信息资源""数据"等名词组合使用，扩大了档案的内涵。这类词主要有7个：档案资料、档案文献、档案文件、档案史料、档案信息、档案材料、档案数据。它们都是"档案"的同义词。而"档案——档案信息——档案信息资源概念的提出和发展，反映了人们对档案价值属性认识的深化"④，人们更关注档案的本质、种类、范畴和价值等方面，使"档案"一词的内涵越来越丰富、使用更加广泛。例如：

　　首次实行档案信息数据异质异地备份工作，有效保护档案信息的安

---

①　延吉市地方志编纂委员会. 延吉年鉴［M］. 长春：吉林大学出版社，2012：81.

②　《湘潭年鉴》编辑委员会. 湘潭年鉴［M］. 长沙：湖南人民出版社，2014：229.

③　山东省档案局. 山东档案年鉴［M］. 北京：中国文史出版社，2013：329.

④　马素萍. 档案信息资源与现代企业可持续发展［J］. 档案与建设，1998（5）：6.

全。①

　　努力提高服务效率和服务质量，着力开发档案信息资源，充分发挥档案作用。2004年，区档案馆共接待查档人员310人次，利用档案资料560多卷册，涉及政治、经济、编史修志工作查考等多个方面，充分发挥了档案的作用。②

在"档案××"这类组合中，存在着档案和其他词语直接内涵交叉、概念模糊的问题，多半是指档案，后缀词是一种补充。

"档案文件"是"档案"和"文件"的合成词，"档案"为主词，也是指"档案"，是一种习惯叫法。例如：

　　区档案局挖掘馆藏资源，展出珍贵档案文件31件，历史档案照片342张，其中3份文件为首次对外解密公展。③

3."文书"

"文书"是在社会实践活动中人们用以记载、公布、传递和作为凭证的一种书面记录。"文书"的含义有两种，一是指物，即国家机关、社会团体、企事业单位在公务活动中或个人、家庭、家族在私务活动中所形成的文字、图表、声像等记录材料。二是指人，即国家机关、社会团体、企事业单位里从事文书起草、处理、保管等相关工作的专职人员。"文书"出现在"公文"和"文件"之前，古代多等同于"公文"，今"文书"大于"公文"，和"文件"在档案名词意义上的内涵相同，不同之处为"文书"还指从事公务、书信工作的人，另外，"文书"用于修饰"档案"，则增添了作为纸质文件代名词的新内涵。例如：

　　其次，室藏档案已由单一的文书档案发展成为多种门类、不同载体

---

①　青羊区地方志编纂委员会办公室. 青羊年鉴［M］. 北京：中央民族大学出版社，2012：277.

②　卫滨区史志编纂委员会. 卫滨年鉴（2004）［M］. 中国文联出版社，2005：93.

③　刘强. 庆祝大渡口建区50周年档案展［Z］//大渡口区年鉴［M］. 区档案局，2016：162.

的多种档案，各种专门档案、科技档案和照片、录音、录像带等载体档案的收集、保管工作得到了普遍重视。

前缀相同、后缀为"文书"和"文件"的文档名词，更多时候指同一文档事物。如"诉讼文书"和"诉讼文件"。"诉讼文书"以正确为原则，以鲜明为旨归，凡是在其中提出了诉讼当事人自己的诉讼请求，陈述诉讼理由和诉讼的根据，并引发诉讼程序的发生文书，就叫诉讼文书。

开展了诉讼文书评比、演讲比赛、岗位练兵等文体活动，丰富了干警对开展核心价值观活动的认识，提升为民服务的自觉性。[①]

"公证文书"指公证处根据当事人申请，依照事实和法律，按照法定程序制作的，具有法律效力的司法证明文书。

统一规范公证文书格式、印章使用和档案管理，制定统一质量标准，开展全市公证质量专项检查活动。[②]

"文书"包括公务文书和私人文书。其中"公务文书"是指党政机关、群众团体、企事业单位等各个社会集团在自己的工作活动中为处理公务而形成并使用的文字材料，即通常所说的公文。"公务文书"是法定机关与组织在公务活动中按照特定的体式、经过一定的处理程序形成和使用的书面材料，又称公务文件。例如：

州地震局建立和完善了依法审批防震减灾工作事务的公务文书体系，防震减灾三个审批项目被州政府纳入州政府政务服务中心。[③]

开展本地区名人档案征集、重大活动与重大事件档案的直接采集和收集、重大项目档案征集收集、党政领导干部个人保存公务文件材料收集等工作。[④]

4. "公文"

---

① 辉南县地方志编纂委员会. 辉南年鉴 [M]. 长春：吉林文史出版社，2013：35.

② 长沙市地方志办公室. 长沙年鉴 [M]. 北京：方志出版社，2011：161.

③ 《凉山年鉴》编辑部. 凉山年鉴 [M]. 成都：电子科技大学出版社，2002：247.

④ 武鸣年鉴编纂委员会. 武鸣年鉴 [M]. 南宁：广西科学技术出版社，2011：140.

"公文"是机关、团体、企事业单位在处理各种事务中形成的体式完整、内容系统的各种文书材料。"公文"一词专指国家机关、公共组织在履行职能活动中产生的具有法定效力和规范体式的书面文件，也就是广义"文件"的一个种类。从公文文书角度来看，又是广义"文书"的下位概念，专指机关或公共组织在公文活动中形成使用的，并有法定效用与一定规范体式的书面文件，如"行政公文"。

2000年国务院颁布的《国家行政机关公文处理办法》规定"行政机关的公文"是指"行政机关在行政管理过程中形成的具有法定效力和规范体式的文书"。

现代将"公文"特点概括为以下几点：必须由法定的作者制成和发布，具有法定的权威和效力，有特定的体式和处理程序等。"公文"可以作为"文件""文书"的下位概念，而不是完全等同。建国初，"公文"指"正式文件"，1980年以后区分于"文书""档案"，多用于"公文写作""公文格式"等，指官方正式文件。现代公文增加了"电子公文"——"电子文件"的一个组成部分——的新内涵。如：

> 重视电子公文查收工作，指定专人负责，及时上网查收电子公文，并做好电子公文的收发、登记、处理、归档等工作，全年未出现电子公文积压、搁置、延误等问题；及时更新网站资料和信息报送。[①]

> 采取隐瞒个人真实身份并假借他人名义长期贩卖走私汽车；参与和指使他人办理假户口、身份证等公文材料、证件，受贿9.77万元；批准开办赌博性质的娱乐场所，收受贿赂6.55万元；[②]

"××件"和"××文"是公文种类的划分后出现的名词，公文按行文关系分为上行文、平行文、下行文。按保密要求分为普通件、秘密件、机密件和绝密件。按办理时限分平件、加急件、特急件。从文件的发送目的划分为主送

---

① 舞钢市地方史志办公室. 舞钢市年鉴 [M]. 郑州：中州古籍出版社，2012：221.

② 桂林市地方志编纂委员会. 桂林市年鉴 [M]. 漓江：漓江出版社，2000：173.

件、抄送件、批转件和转发件。名词使用中针对相对应的情况，一般使用也是相连，例如：

> 外收发发机要件17495件，挂号和普通件4920件；内收发发文83次。①

> 切实做到急件即收即送，普通件当天内呈送，及时交领导审阅。②

5."案卷"

"案卷"是指机关或企业等分类保存以备查考的文件。也指特定案件在诉讼过程中形成的全部文件和材料的汇集。诉讼过程中，"案卷"可分为公安机关制作的侦查案卷，检察机关制作的检察案卷和审判机关制作的审判案卷。

"案卷"作为现代主要档案名词之一，其使用率远远超过古代，其使用含义则没有多大变化。建国初，"案卷"多用于特定司法领域。1978年以后，更多的时候等同于"档案"，同时也供"档案"（"文件"）的保管单位使用。陈兆祦、和宝荣、王英玮主编的《档案管理学基础》指出："案卷是按照一定的主题等内部特征和外部特征编立的、具有密切联系的若干文件的组合体。它既是档案的保管单位，也是档案数量统计和一般检索的基本单位之一。"③对于"案卷"一词的几种解释，都有应用。例如：

> 全面整理装订，使干部档案的案卷质量得到全面提高。④

> 至年底，全市有全宗807个，案卷42.36万宗，其中市档案馆全宗288个，案卷13.06万卷。⑤

在法律领域，"案卷"也叫"卷宗"。《中华法学大辞典》："案卷是特定案件在诉讼过程中形成的全部文件和材料的汇集。诉讼过程中，司法机关、当事人及其他诉讼参与人诉讼活动内容的记录。反映案件的事实、证据及其处理结果，反映案件从立案到终结的全部过程。从案件的司法机关立案开始，随

① 铜仁地区地方志编委会. 铜仁年鉴：2000［M］. 贵阳：贵州人民出版社，2001：173.

② 集安市地方志编纂委员会. 集安年鉴：2009［M］. 长春：吉林大学出版社，2010：80.

③ 陈兆祦，和宝荣，王英玮. 档案管理学基础［M］. 3版. 北京：中国人民大学出版社，2005：133.

④ 孙吴县人民政府年鉴编纂委员会办公室. 孙吴年鉴［M］. 2004：51.

⑤ 《镇江年鉴》编辑部. 镇江年鉴［M］. 北京：方志出版社，2004：62.

着诉讼程序的发展，各种诉讼文书、法律文件、证据材料、笔录等不断丰富、充实，最终成为完整、系统的卷宗。"①例如：

> 加强对卷宗移送、公告送达、技术咨询、评估鉴定、审计审价、拍卖变卖等诉讼服务工作集中管理和优化管理，促进诉讼服务工作的规范高效。②

也有"案卷材料"的组合使用。如：

> 检查组共审阅案卷材料756卷，审查案件690宗。③

> 县检察院批捕部门通过审查案卷材料，讯问犯罪嫌疑人，询问证人，纠正公安机关侦查过程中的违法行为18次，检查公安机关1998年度的取保候审案件47件。④

6.其他文档名词

新中国文档名词中，完全和"文件""档案"词语不相似的，就是最大的档案集合名词——全宗，属于移植而来的外来词。

建国初期，新产生的档案名词具有外来性。代表性的"全宗"的演奏即代表了由音译变成意译的文档名词发展过程。新中国档案事业引进苏联档案管理的"芬特"，全宗（fonds）一词来源于法国内政部的十四号通令，"芬特"是社会主义国家档案集合的专用术语。1955年，我国档案界改"芬特"为"全宗"。（详见本章第节）"国家档案芬特"改为"国家档案全宗"，亦称"国家全部档案"。同时，文档名词由原来的指代一个具体的事物，变成一个大的集合名词、一种管理思想、一种档案整理原则、一种社会主义国家特色的名词。"全宗"一词的产生是现代文档名词新集合确立的代表性标志，但其多以

---

① 陈光中. 中华法学大辞典：诉讼法学卷［M］. 北京：中国检察出版社，1995：5.

② 中国法律年鉴编辑部. 中国法律年鉴（2014年）［M］. 北京：中国法律年鉴社，2014：129.

③ 深圳经济特区年鉴编辑委员会. 深圳经济特区年鉴［M］. 广州：广东人民出版社，1992：581.

④ 景谷傣族彝族自治县县志编纂委员会. 景谷年鉴（2000-2001）［M］. 昆明：云南民族出版社，2003：153.

"全宗卷""全宗指南""全宗单"的组合使用。

与个人、著名人物相关的，依据档案的形成主体命名的文档名词有很多的使用案例。以"档案""全宗"为后缀、和人相结合构成的名词有"名人全宗""名人档案""人物档案""私人档案""个人全宗"。"名人全宗""名人档案""个人全宗"指代的是同一档案事物。而"人物档案""私人档案"使用不独立，也不普遍。"人物档案"前面常加"著名""干部"等限定词。例如：

> 征集陈东白先生个人珍贵手稿、作品进馆并建立名人全宗。①
>
> 结合当地重大活动和地域特点积极有效地开展了档案资料的征集活动，名人档案的征集工作有所突破，进一步丰富了各级馆藏。②
>
> 对国外藏胞人物档案库，进行补充填报。③
>
> 被誉为"中国第一私人档案"的盛宣怀档案作为馆所的专藏，是研究中国近代史，尤其是洋务运动史、中国近代资本主义发展史、中国近代实业思想史、近代上海史十分重要的原始史料。④
>
> 积极探索开展个人全宗建档工作。开展馆际档案资源共享、互换、交流。⑤

（三）中华人民共和国文档名词的构词特点

由于社会的进步、科技的发展、社会分工的明确和细化，中国古代传统文档名词应用的语言环境更丰富、更专业化，"档案"一词在当代增添了与载体材料、专业领域和计算机技术等结合的新内涵。这些特征必然反映到人们对它们的认知中，也必然反映到档案名词的用词、结构和含义的变化上。其最突出

---

① 盘锦市人民政府地方志办公室. 盘锦年鉴 [M]. 沈阳：辽海出版社，2013：154.

② 苏州市档案局. 苏州年鉴 [M]. 上海：上海科学技术文献出版社，1999：330.

③ 红原县党史地方志办公室. 红原年鉴（2006—2008）[M]. 成都：四川师范大学电子出版社，2009：82.

④ 《上海信息化年鉴》编纂委员会. 上海信息化年鉴 [M]. 上海：上海科学技术文献出版社，2008：2.

⑤ 山东省档案局. 山东档案年鉴 [M]. 北京：中国文史出版社，2012：95.

的表现为档案名词的复合化（多音化）、专业化、体系化、规范化。

1.复合化

载体概念、领域等被复合入档案名词的结构之中，形成"载体概念（名称）+通用名词（文件、档案等）""领域+通用名词"（如科技档案）等复合结构的文档多音节词。

科学技术的进步，使当代文档载体材料快速发展、日益丰富，它们在文档名词中也开始被反映出来，形成新的档案复合词、多音节词。"现代使用的文件，既包括以文字为主要记录方式的书面文件，也包括以线条、纹路、明暗反差方式记录客体信息的图样文件，以录音、摄像、计算机存贮等方式方法记录客体信息的音像文件和机读文件；既包括纸质文件，也包括胶片文件、磁带文件、磁盘文件和光盘文件。"①"文件"如此，"档案"也同样，按照其记录载体不同，分为纸质档案、机械录音档案、照片档案和光盘档案等等。

结合科技领域要素，"科技档案"下面划分为"水文档案""测绘档案""××档案"等文档名词。（详见本章第四节）

2.专业化

档案部门或文档工作领域中根据文档名词的分类产生和形成一定稳定规模的不同过程而分成的各文档名词部分，这个过程就是文档名词的专业化。专业要素、管理要素等被加入到档案名词的构成之中，形成"专业概念（名称）+通用名词（文件、档案等）""管理概念（名称）+通用名词（文、件、文件、档案等）"等复合结构的档案多音节词、词组。

"档案"按照门类，分为文书档案、科技档案和专门档案。结合管理要素，"文书档案"下面分为"党务档案"和"国家政务管理档案"等文档名词；结合专业要素，"专门档案"下面分为"人事档案""会计档案""××档案"等文档名词。随着档案门类的细化，人们对其认识得到质的提升，档案的分类进一步规范化、专业化，使档案名词之间有了明确的专业领域限定。

---

① 吴宝康，冯子直．档案学词典［M］．上海：上海辞书出版社，1994：96．

3.体系化

主从复音词的形成和使用，使文档名词的通用性、统一性、体系化程度越来越高。

在当代年鉴中，以"文件""档案"等通用性名词作为主词所形成的复合词非常多，如 "文书档案""数字档案""电子文件"等等。这种结构表明"文件""档案"等是主词、是归宿，也说明一种对主词的依赖性，这样的关系表明当代对于"文件""档案"等通用名词的认可度和统一度已经非常高。

4.规范化

人们对文档事物认识的不断深入，使得文档名词有了新组合，内涵越来越丰富，规范性越来越强。

首先，文档名词的内涵越来越丰富。如"文书档案"一词，已经不简单地是两个文档名词的并列，而是代表了一种档案分类，表示一类档案的集合。这也是古代"文书""档案"两词在今天的一种发展组合。

其次，文档名词的规范性越来越强，出现了一些文档名词术语规范和专业名词词典等。例如：1993年陈兆祦、黄坤坊编著的《简明档案学词典》，1994年吴宝康、冯子直主编的《档案学词典》，《档案工作基本术语》（中华人民共和国档案行业标准DA/T 1—2000）等。

总的来说，现代档案名词发展、创新的主要特点是复合化、专业化、多音化、体系化，使档案名词从古代以双音节词、单音节词为主转变为以多音节词为主，在各个专业领域达到前所未有的通用性和统一度。

二、中华人民共和国文档名词的应用

从文档名词起源看，明末清初开始使用的"档案"在现代，既可以作为具体的概念，也可以作为抽象的属概念。现代年鉴中"档案"一词的组词已经包罗万象，各个领域产生的以"档案"为属概念的名词相当成熟，社会认可度也极高。人们更多地习惯使用这种档案名词的分类，如年鉴中"除文书档案外，增加了科技档案、会计档案及其他专业档案，有的档案馆还接收了部分个体专业户档案。从载体上看，不仅有纸质档案，还有照片、磁性及实物档案"①。

（一）传统文档名词的部分沿用

民国时期使用的26个主要文档名词（见图11-1）中，在当代年鉴中继续使用的有19个，其中使用次数在万次以上的依次为"文件""档案""文书""公文""案卷"。这些延续下来的文档名词在当代各个工作领域被广泛使用，具有相对稳定性。

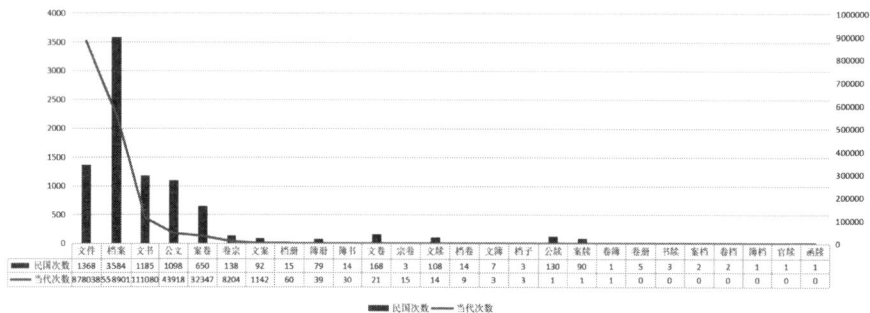

	文件	档案	文书	公文	案卷	卷宗	文案	档册	簿牒	簿书	文卷	宗卷	文牍	档卷	文簿	档子	公牍	案牍	卷牒	卷册	书牍	案档	卷档	牒档	官牒	函牒
民国次数	1368	3584	1185	1098	650	138	92	15	79	14	168	3	108	14	7	3	130	90	1	5	3	2	1	1	1	0
当代次数	878038	558901	311080	43918	32347	8204	1142	60	39	30	21	15	14	9	3	1	1	1	1	0	0	0	0	0	0	0

■ 民国次数　— 当代次数

图11-1　中国古代传统文档名词在民国和当代使用情况比较②

第一，"文件"的使用频率位居第一。"文件"一词始于清末，民国时期开始广泛使用，并成为当时使用频率最高的文书类名词。在当代，本文的检索范围内，"文件"的使用次数为878038次，使用频次进一步提升，取代了"文书"一词在所有文档名词术语中名列第一，并处于遥遥领先的地位。这体现了"文件"一词的现代意义被接纳性强，应用广泛。

第二，"档案""文书""公文""案卷"4个古代传统文档名词的使用范围仍然广泛。其中，"档案"的使用次数为558901次，位列第二，作为档案工作领域的专业名词，其通用性得到了极大的加强。"文书""公文""案卷"的出现次数均在万次以上，远远高于其他文档名词。加上产生于清末的

---

① 襄樊市地方志办公室. 襄樊年鉴：1988［M］. 北京：中国文史出版社，1989：168.

② 民国"档案"一词的使用频率主要体现在检索样本中档案十三经的使用频率高（见上一章的相关部分），普通文献的使用频率并没有"文件""文书""公文"高。

"文件"一词，5个高频词皆为传统名词，体现出了非常强的继承性。

（二）新增文档名词的应用

从知网的年鉴（1949—2015年）数据库中，统计新增文档名词的使用频率，结合词频、使用时间和组合应用习惯，分析主要文档名词的应用特点。

1.文档名词应用的词频分析

在1949—2015年的年鉴中，按由高到低的使用次数排列为"文书档案""电子档案""科技档案""声像档案""实物档案"和"专门档案"。使用次数最高的为"文书档案"14612次，最少的为"专门档案"2151次（见图11-2）。体现"档案"族类名词的应用领域主要在通用的文书工作中。

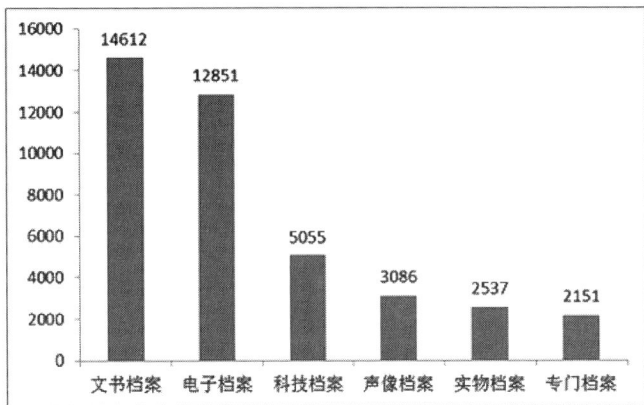

图11-2 现代年鉴中各应用领域新文档名词分析

"文书档案"和"电子档案"的使用次数都在一万次以上，远远高于其他4个文档名词，使用频率高。"文书档案"由"文书"和"档案"两个传统名词合成，这个名词体现一种档案文化传承，在档案族系中占有十分重要的位置。"电子档案"属于后来者居上，比早先的"科技档案""声像档案"都使用得多，反应载体、载体文档名词对档案工作的影响越来越重要。

2.文档名词应用的时间分析

上述6个新文档名词的使用在年鉴中都出现得较晚。最早出现在年鉴中的时间在1985—1999年之间。在建国初，虽然有档案工作和使用其他文档名词的情况，但在年鉴中未见这6个文档名词的使用。自新中国成立以后陆续出台一些档案工作法律法规、制度，使得这些新文档名词在1978年后、2000年以前得以产生和规范使用。"文书档案"应用最多，3445次；而"电子档案"最少，只有136次。2001年以后，"电子档案"的使用由第一阶段的第六，到第一名，使用率大幅度提高。而总体上看，"文书档案"第一，"电子档案"第二，都在10000次以上，二者距离变小，"实物档案"也由最后一位，超过"专门档案"，提升一位。（见表11-3）

表11-3 年鉴中各应用领域的档案名词阶段使用次数分析

应用阶段	文书档案	科技档案	声像档案	专门档案	实物档案	电子档案
1978—2000	3445	2269	744	508	296	136
2001—2015	11395	2811	2385	1681	2311	13072

此外，每一个文档名词又作为一个类别存在，下面包括若干属类。

从种类看，有党政机关文书档案，有科学技术档案。包括工业科技档案、交通科技档案，农业科技档案、科研档案、城建档案、地质档案、测绘档案、气象档案、天文档案、水文档案、土地普查档案等；有各种专业档案，如：人事档案、名人档案、人口普查档案、会计档案、教学档案、艺术档案……等。①

3.文档名词应用的组合分析

"档案""文件"既是各自群族的上位词，同时也是其他名词的下位词。人们更多地将它们作为"资料""史料""数据""文献""信息"的下位名词。"档案""文件"与"资料""材料""史料"的组合使用频繁。人们习惯使用"档案资料""档案材料""档案史料""文件资料""文件材料"这些组合。"档案资料""文件资料"被广泛应用（如图11-3）。"档案资料"使用次数达38766次，泛指档案；"文件资料"使用次数达14503次，泛指文件。

---

① 抚顺市人民政府地方志办公室，抚顺市社会科学研究所. 抚顺年鉴：1987［M］. 抚顺市人民政府地方志办公室，1988：156.

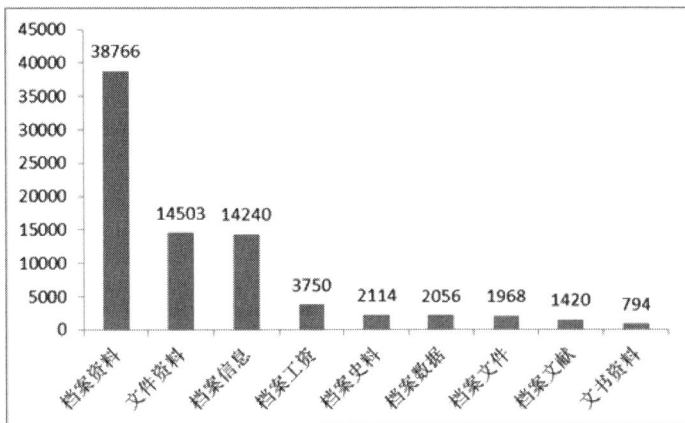

图11-3 资料、史料、数据、文献、信息的下位文档名词分析

第三节 中华人民共和国文档名词的来源

现代社会，社会发展速度加快，文化间的开发程度与相互影响加大，这也使得语言词汇的来源变得多种多样。总体而言，当代汉语的词汇来源包括继承、自创和外来三种基本途径。其中，外来语的影响加大是重要的时代特征。

一、当代外来词的典型代表——"全宗"一词的来源与演变

（一）"全宗"（fonds）一词在欧美的产生及应用

"全宗"（fonds）一词最早起源于金融行业，是"基金、总数"的意思。法国首次将"全宗"引入档案管理领域，随后推广应用于欧美，对欧美各国的档案管理影响重大。

1."全宗"（fonds）一词的起源及应用

"全宗"（fonds）词根源于拉丁语fundus（底部、底；根基，基础；土地，田产），意为"底部，基础，土地"。自公元前52年古罗马人征服高卢（现法国、比利时一带），拉丁语就成了法国人的官方及日常交流语言。

十三世纪中叶，西方的官方用语主要是拉丁文。'芬特'的拉丁词条，就是在这个时期出现在地中海东岸一些资本主义萌芽较早的城市主权

国家（威尼斯、热那亚、佛罗伦萨等）的银行金融界。它当时的含义是"结算单位"，随后泛用于欧洲。①

威尼斯是当时的贸易中心，最早的银行是1407年在威尼斯成立的银行。早期银行以办理工商企业存款、短期抵押贷款和贴现等为主要业务。Fonds它当时的含义是"结算单位"，用于金融行业，意思是"基金，资金，经费，本钱，现金，现钱"随后泛用于欧洲。除此之外，fonds还有土地、地产、经营权益、债券、背景、宝藏、库藏等含义。

2."全宗"（fonds）一词的词义变化

法国大革命后，资产阶级政府对档案管理进行大刀阔斧的改革，建立了从中央到地方的档案馆网络，如国民会议档案馆、行政区档案馆、省档案馆和市镇档案馆等。

1789年7月29日，国民议会决定保存议会的档案（会议记录、会议作出的决定和制订的法令等原件）。

在原始全宗的基础上增加了来自以下部门的其他档案：旧制度（指1789年前的王朝）司法机构、巴黎地区教会组织、大革命时期流亡贵族的文件、各部和行政机关产生并移交的文件、塞纳河地区公证人的业务文书、私人和商会或私营行业的文献集。②

其实，在1789年就已经应用，"全宗"的档案整理方法，但正式提出这一概念是1841年。因为按照"事由原则"整理档案暴露出诸多弊端，所以在资产阶级革命后档案工作的改革中其中一项重要内容就是提出了一个全新的理论——全宗理论，"全宗"一词便是伴随着全宗理论而第一次进入大众视野。

1841年，由法国颁布的《各省和各地区档案管理分类基本条例》中首次提出并使用了全宗（fonds）一词。并给"全宗"下的第一个定义就是：

To assemble the different documents by fonds, that is to say, to form a

---

① 赖世鹤，范垂学. 芬特、全宗及其他［J］. 北京档案，1986（5）：12.

② 有邑. 法国国家档案馆［J］. 档案工作. 1983（3）：59.

collection of all the documents which originate from a body，an organization，a familyor an individual，and to arrange the different fonds according to a certain order.①

即来源于一个行政当局、一个机构或一个家庭的全部档案就是一个全宗。"全宗"的概念是伴随着全宗原则出现的，并提出了档案管理领域中最重要的理论之一"respect des fonds d'archive"即"尊重全宗原则"。并且对"尊重全宗"进行了解释补充，为"le classment par fonds n`empêche pas d'obtenir tous les résultats qu'on espère d'un order plus élevé"（bartlett 111)［Docle］强调要考虑档案文件的来源，区别各个不同机关所形成的档案文件，彼此不能混杂。每个机关的全部文件，称为一个"全宗"。

档案管理领域中fonds的定义是："In archival science，a fonds is the aggregation of documents that originate from the same source."② "More specifically，a fonds distinguishes itself from a collection through its organic nature，as archival documents that have been naturally accumulated（made or received) by an individual，company，institution，etc. as a byproduct of business or day-to-day activities."③

在档案学科中，fonds是来自同一来源的文件的聚合。更具体地说，fondsj通过其有机性质与一个集合区分开来，作为商业或日常活动的副产品，由个人、公司、机构等自然积累（制造或接收）的档案文件。可以看出fonds一词首先用于商业活动当中，是一种集合体。而档案管理中的"全宗"也是一种集合体。所以将金融领域的词语fonds引申到档案管理领域中是由于有相似的概念和应用。并且fonds原意有"基础，（非物质的）宝藏，库藏"的意思，与档案领域中"全宗"是最重要的档案管理库藏有相似之处。所以法国将fonds

---

①　BARTLETT N. Respect des Fonds:The Origins of the Modern Archival Principle of Provenance［J］. Primarg Sources & Original Works,1992（1）：107.

②　"Archives Glossary" City of Victoria，Canada. Retrieved 2013-10-24.

③　"Using the Archives" Queen's University Archives. Retreved 2008-06-24.

一词引申到档案管理领域，是对fonds词义的拓展。

法国采取的音译的方法颇具成效，之后许多国家都采取音译的形式引用这一词作为档案工作的重要原则。"但是，各国的含义并不尽相同，法国强调的是'同一来源的集合体'，其它国家强调的是'有机整体'。"[①]苏联把"芬特"用在档案上指的是"在一定机关、团体、企业、部队和个人等的活动中所形成的文件材料的总合"[②]。法国提出的"全宗"对世界各国影响深远，世界各国的档案工作以此为档案管理的原则之一，并互相促进不断发展。

3. "全宗"（fonds）一词的词义发展

法国的"fonds"对欧洲各国影响重大，自1841年4月24日纳塔利斯·德·瓦伊在担任法国内政部档案管理局负责人期间亲自起草了《法国内政部第14号通令》"Instructions pour la mise en ordre et le classement des archives departementales"（commonly known as "Circular No. 14"）之后欧洲各国都引进了这种思想，并应用于档案管理领域当中。1976年出版的《德意志民主共和国档案术语辞典》（"LEXIKON ARCHIVWESEN DER DDR"仍收入了此词，释义是："某一文件作者，或合并若干文件作者所移交归档的档案材料之总体，（Fonds/Bestand—Komplex von Archivgut,der die Ueberlieferung eines oder mehrerer Registraturbildner vereinigt.）"[③]

1898年荷兰的三位著名的档案学家共同写作出版了《档案整理与编目手册》一书（简称《荷兰手册》）丰富了"全宗"的概念："一个档案全宗是一个行政单位或它的一个行政人员所正式受理或产生的，并经指定由该单位或行政人员保管的书写文件、图片和印刷品的整体。"[④]并在书中强调一个档案全宗是"一个有机的整体"[⑤]，即一个全宗是一个活的有机体，是按照一定规则

①　赖世鹤，范垂学. 芬特、全宗及其他［J］. 北京档案，1986（5）：12.

②　谢列兹聂夫. 苏联档案工作的理论与实践［M］. 2版. 北京：中国人民大学，1953：52.

③　赵南. 档案学新词"全宗"的由来［J］. 中国翻译. 1988（3）：59.

④　商学兵. 论全宗定义的主要问题与对策［J］. 档案工作，1991（5）：24.

⑤　缪勒，裴斯，福罗英. 档案的整理与编目手册［M］. 中国人民大学历史档案系档案史教研室，译. 北京：中国人民大学，1959：3.

形成、成长和变化的，因此一个全宗应独立保存、同一全宗的档案不可分散。
"正如欧洲其他各种语词是有联系一样，'档案全宗'一词，荷文为单数名词
archief，英文为archival collection，法文译者译为fonds d'archives。它的含义是
一个有机的整体。"①

至此，科学的"全宗"概念产生。

20世纪 20 年代初，英国一位档案学者出版了《档案管理手册》一书，
该书的出版者正是当时英国档案界著名的档案学家谢拉里·詹金逊。由于
英文中没有与法文全宗一词对应的词汇，再加上英国本国语言习惯和档案
工作的实际状况，詹金逊按照英语的语法及语用特点，詹金逊在专著中首次
使用了"archive group（档案组合）"的概念来对应法语的fonds一词，含义
是：Resulting from the work of an administration which was an organic whole,
complete in itself, capable of dealing independently, without any added or external
authority, with every side of any business which could normally be presented to it.②

　　他认为档案组合是一个自身结构完备（自身结构完备是指机关无需
　　借助外界职权，可以独立地开展各项业务活动）的行政机构在活动中形成
　　的文件整体。詹金逊的档案组合与荷兰的全宗概念一样强调来源的同一
　　性，但同时它还更加突出档案形成机关的独立性；另一方面，詹金逊强调
　　档案组合具有完整性，是一个完整的有机整体，而且这一有机整体不能割
　　裂。③

archive record的词义不仅是对全宗（fonds）的继承更是一种灵活运用。

与英国一样，美国也结合本国的国情，提出了具有美国特色的"组合"
思想。1941年，美国国家档案馆使用"record group（文件组合)"这一概念作

---

①　缪勒，裴斯，福罗英. 档案的整理与编目手册［M］. 中国人民大学历史档案系档案史
教研室，译. 北京：中国人民大学，1959：3.

②　Archives and Records Management Resources by Theodore R. Schellenberg Staff Information
Paper Number 18（1951).

③　刘永. 档案学概论［M］. 郑州：河南人民出版社，2006：282-283.

为档案整理和分类的基本单元。在国际档案界，record group这个术语被定义为："A major archival unit established somewhat arbitrarily with due regard to the principle of provenance and to the desirability of making the unit of convenient size and character for the work of arrangement and description and for the publication of inventories." ①

英国的"archive record"和美国的"record group"都是全宗在英美两国根据本国国情的具体应用，但是英国的"档案组合"是随着一个行政机关工作的结束而积累起来的文件，即过去积累的不再增加的文件或者说已撤销的机关的文件。美国国家档案馆服务的对象主要是还在活动的机关，美国的"record archive"所关心的政府组织不是静态的而是动态的，其组织单位的地位、权力和职能在政府等的体系中都是不断变化的。两个概念虽然相似，但含义各有不同。

俄国的档案工作在列宁十月革命的伟大领导下开始建立，并受欧美档案工作的影响，引进"全宗"一词及"全宗理论"并创造性地提出了"国家档案全宗"这一概念。苏联于20世纪初建立了苏维埃共和国的国家统一档案全宗，保证了国家对档案的所有权，它的提出是基于当时苏联政府通过的《关于改革与集中统一管理档案工作的法令》。1958年8月13日，苏联部长会议批准了新的国家档案全宗条例和苏联中央国家档案馆网。与1941年的国家档案全宗条例相比较，1958年的国家档案全宗条例为国家档案全宗下了一个定义："苏联国家档案全宗是产生于各个时代的，用各种技术和方法制成的，归苏维埃所有的，具有科学、政治和实际意义的文件材料的总和。"②增加了"全宗"的内涵和科学性。随着电子计算机的应用和信息社会的来临，档案学研究活动的开展和档案科研机构的建立，1958年的国家档案全宗条例越来越显得难以适应客观发展的需要。为此，苏联部长会议于1980年4月4日又批准了最新的国家档案全

---

① Archives and Records Management Resources by Theodore R. Schellenberg Staff Information Paper Number 18（1951）

② 杨洁."国家档案全宗"在我国的引入、演变与发展［J］.兰台世界，2015（6）：8.

宗条例并为国家档案全宗下了一个更加简明扼要的定义："归苏联国家所有的具有政治、国民经济、科学、社会文化或历史意义的文件的综合。"[①]苏联的"国家档案全宗"是对法国全宗的发展，于20世纪50年代同俄国全宗概念的音译词"芬特"一起引入我国，对我国档案管理影响重大。

（二）"全宗"一词在中国

中国的"全宗"产生与"芬特"这一俄文音译词有关，"芬特"是由建国初期苏联专家来华指导档案管理建设时引入我国的。随着我国档案管理理论的发展，于20世纪50年代逐渐转变为中国化的档案管理名词"全宗"。并随着时代与档案管理理论的发展，"全宗"一词的含义得到了不断的加深和丰富。

1. "全宗"一词产生的历史背景

我国档案工作具有悠久的历史，但是旧中国的档案工作一直为封建统治阶级服务，并没有建立真正的档案工作和档案管理制度。并且在长期的政权动变中，档案损坏、丢失现象严重。1949年新中国成立后，国家十分重视档案工作的恢复和整理。但是新中国成立之初，没有科学的档案学管理方法，甚至利用图书馆的管理套用在档案工作中。档案工作多为整理和利用历史档案，各地整理水平也不一样。所以档案学的发展"还不能另起炉灶，只能修修补补"[②]，迫切需要利用和借鉴他国先进、成熟的档案工作方法。

1945年，毛泽东在《论联合政府》中提出："苏联所创造的新文化，应当成为我们建设人民文化的范例。"[③]由于国内外复杂的政治环境，并且中国同苏联有着相似的社会主义模式，苏联的档案工作理论成为新中国发展档案学的学习对象。刘少奇在1949年10月5日中苏友好协会召开的大会上明确指出："我们要建国，同样也必须'以俄为师'，学习苏联人民的建国经验"；"苏联有许多世界上所没有的完全新的科学知识，我们只有从苏联才能学到这些

---

①　杨洁. "国家档案全宗"在我国的引入、演变与发展［J］. 兰台世界，2015（6）：8.

②　叶圣陶. 叶圣陶社长开幕词［M］. 北京：人民教育出版社，1951（1）：1-2.

③　毛泽东. 毛泽东选集：第3卷［M］. 2版. 北京：人民出版社，1991：1083.

科学知识"。①苏联在改造旧教育、发展先进的社会主义文化这方面已较为成熟，所以以俄为师，成为发展新中国的档案工作的重要途径。

新中国成立初期，我国不但派遣留学生到苏联学习，并且也聘请大量苏联专家来华教学，指导工作，编写教材等。"最先指定中国人民大学和哈尔滨工业大学作为学习苏联经验的两所院校。"②"当时，在中国人民大学任教的苏联专家无论是人数、层次还是涵盖面，在全国高校中都处于前列。中国人民大学苏联专家的数量，1950—1951年为41名，1951—1952年为48名，1952年—1953年为42名，这三年是苏联专家大规模来校指导工作的阶段。1953年暑假，部分苏联专家回国，1953–1954学年，在中国人民大学的苏联专家人数减至21人。在随后的几年里，受到政治环境的影响，苏联专家人数逐渐减少。1956—1957学年，仅剩7名专家，这也是这批苏联专家在中国人民大学执教的最后一年。从1950—1957年，中国人民大学先后聘请了98名苏联专家，是全国聘请苏联专家人数最多的高校。"③苏联专家在对我国的人才培养、专业设置等方面做出了杰出的贡献。

1949年11月，我国聘请米留申同志，他在中国参观档案工作，并编写了《关于档案工作及文书处理的参考资料》（1950年印行）。"1952年11月15日，中国人民大学受中共中央办公厅、组织部、宣传部的委托，创建办专修班起，到1953年改为档案专修科，1955年5月成立历史档案系。"④1952年至1955年中国人民大学聘请了谢列兹斯夫同志，他帮助中国编写了三部教材，并对苏联先进的档案工作经验进行了系统的介绍。1956年国家档案局又聘请了沃

---

① 中央教育科学研究所. 中华人民共和国教育大事记：1949—1982）[M]. 北京：教育科学出版社，1984：4.

② 吴惠凡，刘向兵. 苏联专家与中国人民大学学科地位的形成——1950—1957年苏联专家在中国人民大学的工作与贡献 [J]. 中国人民大学学报，2013（6）：143.

③ 吴惠凡，刘向兵. 苏联专家与中国人民大学学科地位的形成——1950—1957年苏联专家在中国人民大学的工作与贡献 [J]. 中国人民大学学报，2013（6）：144.

④ 中国人民大学档案系. 中国人民大学档案系三十年 [J]. 档案学通讯，1983（1）：16.

尔钦科夫同志为顾问，对我国档案馆工作和档案事业管理机构方面的建设起到重要作用。在苏联档案专家的帮助下，中国人民大学已翻译和公开出版的有《苏联机关的文书处理工作》《苏联档案工作的理论与实践》《苏联档案史》《苏联档案工作的理论与技术》《苏联文献公布学》《文件材料保管技术学》《苏联档案馆》《文书处理工作与档案工作》等档案事务书籍，以及后来库著的《技术档案》，米加耶夫的《档案工作的理论与实践》以及档案事务指导文件汇编等多种学习和参考资料。

"全宗"的概念就产生于这一时期，当时由于翻译水平以及对档案管理认识水平的限制，音译为"芬特"。至此，很长一段时间内我国档案工作都使用"芬特"一词来表达"文件材料的总和"的意思。

2."芬特"一词的引入

"芬特"是俄文（ФОНД）的音译，意思为"基金""总数""总和""总量"可引申为"库藏"。"芬特"对于苏联来说也是外来词，起源于法国。由"芬特"所组成的档案名词有："芬特号""芬特单""芬特卡片""芬特构成者""个人芬特""档案芬特""芬特一览表""国家统一档案芬特"等。

1949年米留申同志最早把"芬特"带到中国，"当时，中华人民共和国刚刚成立，苏联档案学家米留申把（ФОНД）带到了中国，担任翻译的是曹岩华同志，他把（ФОНД）译成了'分档'。把'芬特'译成'分档'也是煞费苦心的。'分'是音译，'档'是意译。但却没有表达出'芬特'本来含义……曾三和裴桐同志当时也感到'分档'的译法不妥，但一时又想不出确切的词来，就采用音译法译成'芬特'了。"[①]曾三同志也指出："等将来我们对档案理论熟悉了，在工作上有了经验了，再创造一个确切的新词来顶替它。"[②]

1949年12月下旬，米留申在中央机关档案工作者座谈会上，曾说了这样一段话："档案的科学技术整理，是要有系统的实行。首先就是按'芬特'分

---

①　赖世鹤，范垂学. 芬特、全宗及其他［J］. 北京档案，1986（5）：11.

②　赖世鹤，范垂学. 芬特、全宗及其他［J］. 北京档案，1986（5）：12.

类，也就是按照那些作成这些文件的机关来分类，然后再分别地整理每一个'芬特'。"

曹岩华同志对此批释说："'芬特'就是档案局里一部分档案或一种类档案的一个总合名称，'芬特'就是包括着某一个人某一机关的全部档案，如某机关'芬特'就是这个机关的全部档案，某某的个人'芬特'，就是这个人一生的一切档案材料，如按'芬特'分类，即按档案的形成机关来分类。"（见《材料工作通讯》第四期）

当时对"芬特"的解释令人费解，后来在1953年《苏联档案工作的理论与实践》中对"芬特"有了确切的解释，即"在一定机关、团体、企业、部队和个人等的活动中所形成的文件材料的总合"①。

3. "芬特"一词的中国化发展

由于"芬特"一词，外来气息强，含义不容易理解，所以迫切需要找一个科学、通俗易懂、中国化的意译词来代替它。"芬特"是俄语（**ФОНД**）和法语fonds的译音，是一个机关或个人活动中形成的全部档案的代名词，由它组成国家全部档案或国家档案全宗。韩玉梅曾在文章中回忆说：

> 1952年我担任苏联档案专家教学翻译期间，每日的课堂上下都因不能把这词译成合适的与汉语相对应的名词而苦恼。经请示曾老和当时档案专修科主任吴宝康，决定在未找到合适的汉语词汇之前，暂用译音名"芬特"。可见，使用"芬特"乃权宜之计，是不得已而用之。②

1954年谢觉哉见到曾三同志说："你们搞的档案条例很好，'芬特'的译法是不是也要改一下。"③从此"芬特"一词的译法进入了热烈讨论，分别出现了"宗集""档宗""文档""档案综合""全宗"等二十几个。1954年12月中共中央办公厅召开了党的第一次全国档案工作会议。

---

① 谢列兹聂夫. 苏联档案工作的理论与实践 [M]. 2版. 北京：中国人民大学，1953：52.

② 韩玉梅. 继承曾老档案学思想，坚持"洋为中用"的方针 [J]. 档案学研究，1992（1）：18

③ 赖世鹤，范垂学. 芬特、全宗及其他 [J]. 研究与探讨. 1987（1）.

曾老在会上作报告时指出，我们这次会议就是在学习苏联经验和总结自己经验的基础上进行的。一般地说，过去几年我们还只是处在交换经验，统一认识、学习苏联、培养干部的阶段……这一时期，虽然学习了一些苏联档案工作的理论和方法，但还没有很好地和中国实际工作结合起来。这就是说，曾老要我们在学习苏联经验方面，应当具有虚心的态度和实事求是的精神，反对保守思想和机械搬用。对于外国档案工作的经验、理论和方法，应当采取边拿来（翻译和介绍过来）、边消化、边创新的正确方针。曾老曾经说过，如果我们将别人的经验与我们的实际结合起来，讲出的理论口语化，使人一听就懂，就成为活生生的东西了。反之，我们如果在宣传中只讲外国的经验，人家听不懂，也就不愿意听。[①]

1955年10月24日，国家档案局第一业务科写了一篇《关于"芬特"问题初步研究的意见》曾三同志看了后，做出如下批示："最好的办法是'芬特'译成'全宗'，要下决心造一个词。"于是1955年12月8日国家档案局向全国发出了《关于改"芬特"为"全宗"的通知》，在通知中说：

"经过多方征求意见，并经请示领导同意，决定将'芬特'改为'全宗'，并将与'芬特'相关的'芬特构成者'改为'立档单位'，'国家统一档案芬特'改为'国家全部档案'。"[②]从此，"芬特"一词走向历史舞台。

应当指出的是，启用"芬特"，虽然暂时解决了翻译上的困难，也消除了专家一度因此对翻译质量的怀疑，但如果不经解释或说明，仍然有很多人不懂"芬特"是什么意思。曾三说："译音人家听不懂，就使我们下决心找出适合我国情况的、人们易懂易接受的词汇，来取而代之，于是便发动全国档案工作者创造新词。"这样，经过广泛讨论和征求意见，才发出了决定用"全宗"取代"芬特"的通知。在"通知"下发30年之后的1985年，曾老在谈到全宗

---

① 韩玉梅. 继承曾老档案学思想，坚持"洋为中用"的方针［J］. 档案学研究，1992（1）：18

② 赖世鹤，范垂学. 芬特、全宗及其他［J］. 北京档案，1986（5）：13.

原则时还特别讲了这个问题。他说："'芬特'改成全宗了，我们不是学苏联，不是学英美，也不是学日本，我们是学自己，但是我们参考了苏联、美国的做法。"①

从翻译的角度上来说，档案译文首先的要点是简洁，要做到"言简意赅"。亦即是："用语确当，不设虚词，质朴无华，难于曲解"……"'辞取达意而止，不以富丽为工'，此其一；要言之有据，重在考证，此其二；词汇和语法结构要尽量地适应当时的语言，保持历史性的功能，此其三。"②"全宗"一词是档案管理理论中国化产生的结果，作为"芬特"的意译词，更能体现芬特的含义，并且通俗易懂，中国化程度高。"宗"字本身代表"数"，比如古代说"物之居其大数者曰大宗"。"全"和"宗"合并在一起就是"总数"和"总和"的意思。另外"全宗"还有"全部卷宗"的含义。我国古代文件就有用"卷"一词，并且很多卷捆在一起，就成一宗。"全宗"一词更能体现文档含义。

总之，"全宗"（fonds）的概念自1814年在法国产生后，对世界各国影响重大，起初各国都引入法国的"全宗"思想，后来根据各国国情不同，对"全宗"的含义使用范围有所不同，之后各国又对"全宗"的含义进行了各国自己的发展，如英美使用"archive group"和"record group"来表示"全宗"，但各国含义有所不同，各有所强调。"全宗"一词的产生和发展是档案管理理论中国化的结果。"全宗"一词的起源与发展，体现了对档案管理理论的不断更新与发展。从语言学的角度对"全宗"进行追根溯源，既有利于丰富档案管理理论，又有利于更好地了解档案工作及档案这一事物，为更好地发展档案事业打下坚实的基础，具有一定的学术价值。

---

① 韩玉梅. 继承曾老档案学思想，坚持"洋为中用"的方针［J］. 档案学研究，1992（1）：18.

② 赵南. 翻译外文档案材料的几点体会［J］. 中国翻译，1987（1）.

二、当代文档名词的三种来源（以法律文书为例）

当代法律文书名词，从溯源的角度而言，脉络有三：其一，由传统法律文书名词继承而来；其二，由当代社会自创而来；其三，由西方法律文书名词移植而来。

（一）继承

传统继承又可分为对古代法律文书名词的继承和对近代法律文书名词的继承两个部分。根据笔者的研究结果，其中古代部分主要有诉状和合同，近代部分主要有判决书、裁决书、上诉状、笔录、抗告书。

1.古代法律文书名词的继承

我国法律文书名词在殷商甲骨文时期就已经出现了，如"令"。随着社会发展，法律制度的构建，语言文化的发展，以及法律文书的演变，法律文书名词由最初的零散分布逐渐发展成规模化的架构体系。但据笔者考证，留存至今的主要有"诉状"和"合同"两个名词，其他大部分名词被历史淘汰了。这一方面是因为法律制度的变化，古代的法律文书名词无法与之后的法律制度相匹配而被淘汰；另一方面是因为语言文化的变化，古代的法律文书名词在近代白话文推广之后，逐渐已不适应社会的语言使用习惯。

"诉状"和"合同"在封建社会结束之前已经经过了漫长的演变和使用，属于司法领域的基础性名词，具有普遍性和通用性。它们在近代时期被留存使用，并赋予较强的生命力和较普遍的社会基础，以至于在当代社会，建构社会主义法律体系时同样被保留，但应用情况与古代和近代时期已有所不同。

（1）"诉状"

"诉状"一词出现并运用于司法领域是在南北朝时期。例如沈约《宋书》中有"皆称潜驿往来，遥相要契，丑声秽问，宣著遐迩，含识能言，孰不愤叹。又获吴郡民刘成、豫章民陈谈之、建康民陈文绍等并如诉状"[1]。

随着古代诉讼程序的不断发展，诉讼文书名词不断增多，但"诉状"作为

---

① 沈约. 宋书 [M]. 北京：中华书局，1974：2030.

重要的法律文书名词一直被持续使用，并被大众广泛接受。清朝吴趼人《林公案》第十七回有"你若到县里去告状，那状词送进，如石投水，凭你三张五张诉状，连批语都没有一字"①。古代"诉状"一词的大众性是它被后世所继续使用的重要条件。

民国时期，"诉状"指代表示民事案件的原告人和刑事案件的自诉人用以向法院提出诉讼请求的文书。例如1927年12月14日发布的《诉讼状纸规则》列举了16种状纸，包括民事和刑事"诉状"②。并具体规定了诉状作为法律文书的程式要求。此外，邵勋、邵锋所著的《中国民事诉讼法论》一书中，对于近代诉讼程序所必要之材料记载为"一是书状；二是言词。书状有基本书状，如诉状、参加书状等"③。可见在近代时期，各政权统治下法律制度变革之后，"诉状"不仅被沿用而且作为该法律文书唯一名词代称保留，结束了封建社会中"一书多词"的局面。

到了当代，"诉状"一词被直接继承下来，较为官方的称呼是"起诉状"，是"公民、法人或者其他组织在自身利益受到侵害或者与他人发生争议时，向人民法院提出保护其合法权益的请求时使用的诉讼文书"④。

最早在1950年2月最高人民法院发出的《最高人民法院对北京市人民法院1949年审判工作总结和该院组织机构及工作概况报告的批示》中，附上北京市人民法院机构"代书处"1949年工作情况："代书处代书诉状：从3月18日到10月底共计民事1063件，刑事303件，共计1366件。"⑤1956年《最高人民法院各级人民法院民事案件审判程序总结》："个人起诉的有的用诉状，有

① 吴趼人. 林公案 [M]. 哈尔滨：黑龙江美术出版社，2014：56.

② 国民政府. 法令大全 [M]. 内部发行，1928：901.

③ 何勤华. 中国近代民事诉讼法学的诞生与成长 [J]. 法律科学（西北政法学院学报），2004（2）：91.

④ 马宏俊. 法律文书学 [M]. 中国人民大学出版社，2008：354-355.

⑤ 最高人民法院. 最高人民法院对北京市人民法院1949年审判工作总结和该院组织机构及工作概况报告的批示 [DB/OL]. [2017-04-25]. https：//vpn2. nlc. cn/prx/000/http/www. lawyee. net/Act/Act_Display. asp？ChannelID=1010100&KeyWord=&RID= 26050.

的口头起诉由人民法院代写诉状或者代录口诉；机关、企业、团体起诉的多用公函。"①这个总结至今都是有效的。这些都是在我国尚未颁布民事诉讼法前，出现在各种条例之中的。

在1982年的《中华人民共和国民事诉讼法》中"起诉状"代替"诉状"成为法律官方名词。但在具体使用中，"诉状"的含义存在广义和狭义之分，狭义上的"诉状"一直作为"起诉状"的别称使用。如许多著作中，都会出现"起诉状，又称诉状"②的定义。广义上的"诉状"指代的法律文书是"公民、法人、其他诉讼参与人，为保护其合法权益依法制作的文书。……包括起诉状、自诉状、答辩状、上诉状、申诉状"③。就这样，"诉状"这一延续了上千年的法律文书名词一直在当代被使用着。

（2）"合同"

在古代，合同是契约的一种，由"合同契""分支合同"等词蜕变而来。

胡元德教授认为："合同契最迟自东汉早期即已出现。"④他还认为"从明代开始直到民国，有时将合同契直接称作'合同'"⑤。但笔者在元代的戏剧资料中就已发现"合同"一词的使用，元代无名氏杂剧《合同文字》："一应家私财产，不曾分另，今立合同文书二纸，各执一纸为照。"⑥这段文字不但说明"合同"一词在元代就已出现，而且其应用已较普遍。"合同"作为司法名词在出现后一直在古代被延续使用。例如（清）赵翼《陔余丛考》卷三十三："今俗作契券，有所谓'合同'者，以两纸尾相并，共写'合同'二

①　最高人民法院. 最高人民法院各级人民法院民事案件审判程序总结［DB/OL］［2017-04-25］. https://vpn2. nlc. cn/prx/000/http/www. lawyee. net/Act/Act_Display. asp? ChannelID=1010100&KeyWord=+%D7%EE%B8%DF%C8%CB%C3%F1%B7%A8%D4%BA%B8%F7%BC%B6%C8%CB%C3%F1%B7%A8%D4%BA%C3%F1%CA%C2%B0%B8%BC%FE%C9%F3%C5%D0%B3%CC%D0%F2%D7%DC%BD%E1&RID=24945.

②　杨启敏，段红柳. 律师实务［M］. 长沙：湖南人民出版社，2006：286.

③　阳晴. 新编实用文体大全［M］. 北京：气象出版社，1992：266.

④　胡元德. 合同演变历史考述［J］. 南京师范大学文学院学报，2013（4）：155.

⑤　胡元德. 合同演变历史考述［J］. 南京师范大学文学院学报，2013（4）：155.

⑥　白焕然. 古代合同称谓种种［J］. 阅读与写作，2001（2）：31.

字于其上而各执其一以为验"①。

近代时期，"合同"一词仍被沿用，主要使用在借贷领域。"1916年（民国五年），财政部盐务署会同蒙藏院与乌珠穆沁右翼旗、浩齐特左翼旗扎萨克签定《收买蒙盐合同》十三条，为期十年。"②还出现了合同汇编，如1914年《铁路借款合同汇编》③包括东三省、山海关内外等电信借款合同、付息表等29件。

总体上，与当代意义上的"合同"涵盖范围相比，近代时期的"合同"使用范围较窄，主要原因是"契族"法律文书名词在近代时期依旧十分庞大，例如1936年南京国民政府颁布《劳动契约法》④，使用的名词是"契约"而非"合同"。

当代的"合同"是指平等民事主体的自然人、法人、其他组织之间设立、变更、终止民事权利义务关系的协议。贺卫方指出："把'合同'作为'契约'的一个同义词或近义词来使用始于1950年，经过五年多两名通用的过渡期之后，契约作为我国立法上的一个术语终于完全消失。"⑤

对于贺卫方的结论，笔者在1950年9月《政务院财政经济委员会关于机关、国家企业、合作社签订合同契约暂行办法》（后文称《办法》）中找到了例证。《办法》第二条规定："凡机关、国家企业、合作社之间有主要业务……必须签订合同。"此处使用"合同"一词，而《办法》第三条："机关、国家企业、合作社向银行申请贷款时……并须签订'契约'。"⑥又用了"契约"一词，可见，50年代"合同"与"契约"的确混用过。

①　赵翼. 陔余从考［M］. 2版. 石家庄：河北人民出版社，2007：659.

②　齐迎春. 20世纪前30年锡林郭勒盟蒙盐的经营与管理［D］. 呼和浩特：内蒙古大学，2009：28.

③　孙衡. 铁路借款合同汇编［M］. 北洋政府财政部公债司内部发行，1914.

④　顾炳元. 劳动契约法［M］. 法学编译社，1937：1–2.

⑤　贺卫方. "契约"与"合同"的辨析［J］. 法学研究，1992（2）：38.

⑥　孙琬钟. 中华人民共和国最新合同法集成：中国法律年鉴1999年分册［M］. 北京：中国法律年鉴社，1999：18.

之后立法文件中出现过"契约"。例如1957年4月1日的《"买卖契约"第六次草稿》，但"这部民法典终于未能颁布，'契约'之称也成为绝响"①。之后，"合同"一词得到广泛承认与使用，例如1964年《国际货物买卖合同成立统一法公约》等等，直到1981年12月13日中国第一部合同法诞生，在这部《中华人民共和国经济合同法》中。"合同"作为通用法律文书名词已经完全取代"契族"名词。

继承于古代的法律文书名词，经过近代时期的改革，沿用到当代。在不同的历史时期，应用情况发生了变化。在古代时期和近代时期，这些名词可能还有其他含义，应用于其他领域。但到了在当代，这些法律文书名词更加专业，专属于法律领域。在当代，这些名词在使用及发展方面受到了更为严格的法律限制，其法律效力也更强，在司法活动中起到更为重要的作用。

2.近代法律文书名词的继承

近代时期在国家制度变迁和西方法律文化的影响下，产生了一批适用于近代社会环境的法律文书名词，如"判决书""笔录""上诉状""裁定书""抗告状"等等。有的名词所依附的法律制度是我国古代就已经存在的，比如"判决书""上诉状"；有的名词本身是古代就存在的，但并非用于司法领域，近代时期受西方法律制度影响后成为法律文书名词，如"笔录"。在复杂的社会背景中，法律文书名词的使用也并不统一，存在不稳定性。整体而言，近代时期的法律文书名词乃至法律制度对我国当代法律文书名词体系的构建影响巨大，在国家制度不同的情况下，仍有部分法律文书名词得到了继承，如"判决书""笔录""上诉状"等等。一方面，这些名词属于基础性名词，具有较强的适用性；另一方面，这些名词所依附的法律制度亦与当代有延续性，相应的法律文书名词得到了继承。

（1）"判决书"

对于"判决书"一词，有一些学者将其划归为中国从日本引入的词汇，如

---

① 贺卫方．"契约"与"合同"的辨析［J］．法学研究，1992（2）：38.

在《现代汉语外来词研究》①《中国人留学日本史》②中，都将"判决""仲裁"等词列为中国从日本引入的词汇。但之后朱京伟发表了《现代汉语中日语借词的辨别和整理》③一文，旨在对现有的日语借词做进一步的辨别和整理，弄清这些语词的来龙去脉。作者列出一些在古今汉语中词义基本没有太大变化的词，并认为其不应该列为日语借词的范围之内，其中，就有"判决"。笔者同样认为"判决"一词源于中国古代。如《元典章·台纲一·内台》："诸官府见问未决之事，监察御史不得辄凭告人饰词，取人追卷。候判决了毕，果有违错，依例纠弹。其罪因有冤，随即究问。"④加之日本在封建社会时期，尤其是唐朝，向中国学习法律，因而，"判决"一词从中国流向日本的可能性更大一些。"判决书"一词属于中国近代产生的传统法律文书名词，并非是从日本移植来的。就"判决书"一词本身发展而言，是与古代的判词密不可分。

近代时期，"判决书"一词应用已非常正规且十分普遍。如1924年2月1日的《中华民国民事诉讼法》中规定了判决书的制作。要求"判决，应作判决书"⑤。在实际应用中，如《华洋诉讼判决录》中记载了当时许多判决书。《华洋诉讼判决录》中收录的50份民事判决书，19份民事决定书和9份刑事判决书出现于民国三年到民国八年，标题由案号、双方当事人、案件类型以及文书性质组成。⑥这一时期，"判决书"一词所依附的判决制度已较为成熟，名词本身的发展也形成规模化。这种规模化的产生一定程度上反映出词语被社会各阶层接受的程度已达到较高水平，这也是其在建国初期法律制度改革的又一次大潮中得以保留的原因之一。

当代"判决书"与近代时期并没有很大的差别，但在具体文书制作使用

---

① 高名凯，刘正埮. 现代汉语外来词研究 [M]. 北京：文字改革出版社，1958：89-91.

② 实藤惠秀. 中国人留学日本史 [M]. 谭汝谦，林启彦，译. 北京：生活·读书·新知三联书店，1983：329.

③ 李书成，池田温. 日本学研究：第3辑 [M]. 北京：今日中国出版社，1994：13-30.

④ 陈高华，等. 元典章 [M]. 北京：中华书局，2011：148.

⑤ 上海律师公会. 中华民国民事诉讼法 [M]. 上海：上海律师公会，1935：43.

⑥ 朱金彩. 《华洋诉讼判决录》研究 [D]. 天津：南开大学，2010：21.

上更加严谨。例如1951年3月27日《最高人民法院关于陪审员应否在判决书或调解书上署名问题的函》[①]。1982年12月4日《中华人民共和国宪法》第一百三十四条规定："在少数民族聚居或者多民族共同居住的地区，应当用当地通用的语言进行审理；起诉书、判决书、布告和其他文书应当根据实际需要使用当地通用的一种或者几种文字。"据笔者可查的资料，建国最早的关于"判决书"的法律条文是1949年11月3日的《最高人民法院关于北京市、天津市法院今后案件判决须于判决载明向何法院提起上诉的命令》[②]。

在当代法律文书制作中，"判决书"一词通常与"刑事""民事""刑事附带民事""行政"搭配使用，用来处理不同性质的案件。这些组合后产生的词语也逐渐扩展成法律文书名词体系的一个旁支。

（2）"笔录"

当代诉讼程序中的"笔录"不仅是一种法律文书，制作笔录这一法律行为来自近代时期西方的"书状主义"的引入和影响。"当事人之辩论，必向法院提出书状或者记明笔录，始为有效之主义，为书状主义。中国民事诉讼程序，兼采两个主义。"[③]"书状主义"在"笔录"一词的产生和司法化过程中起到辅助作用。清朝末期，维新变法已经提出诉讼过程中采取笔录行为，光绪三十二年（1906年），沈家本、伍廷芳等人起草《刑事民事诉讼法草案》中用的是"记录"[④]。宣统二年（1910年）《大清刑事诉讼律草案》中第七十六条就已出现"笔录"[⑤]。但该草案未审议颁布实施，也无其他案例佐证，而是在民国时期开始大面积出现在诉讼法律中，故笔者将"笔录"一词归为近代时期的法律文书名词。

民国时期，"笔录"一词直接应用于诉讼程序的规定中。最早的资料是

① 江平. 中华人民共和国法律全释：第8册 [M]. 北京：中国检察出版社，2000：406.

② 梁书文. 民事经济纠纷案件诉程汇揽 [M]. 北京：中国检察出版社，1996：392.

③ 何勤华. 中国近代民事诉讼法学的诞生与成长 [J]. 法律科学（西北政法学院学报），2004（2）：89.

④ 尤志安. 清末刑事司法改革研究 [M]. 北京：中国人民公安大学出版社，2004：187.

⑤ 尤志安. 清末刑事司法改革研究 [M]. 北京：中国人民公安大学出版社，2004：264.

1914年4月9日，北洋政府时期《地方审判厅刑事简易庭暂行规则》第五条中有"简易案件之起诉，得以言词行之。但应在笔录记明"①。1921年7月北京政府法律修订馆的《民事诉讼条例》。《条例》详细规定了言辞辩论过程。其中就有"当事人所为重要之声明，或陈述及经晓谕而不为声明或陈述之情形，审判长得命记明于笔录。"②从龙泉司法档案发现，民国十二年（1923），已经开始出现"龙泉县公署讯问笔录"。"民国十八年（1929）的一件刑事案件中，已有侦查笔录、讯问笔录和审判笔录等多种内容的笔录。"③后来的南京国民政府1932年颁布的《中华民国民事诉讼法》也都继承了这些条款，出现了"言词辩论笔录"的详细规定。可见近代时期，笔录的发展已经呈现专门化的趋势。

此外，革命根据地时期的《陕甘宁边区暂行检察条例》第七条（1946年4月19日）中也出现了"笔录"的应用记载："关于第一条第二款、第三款所定之违反宪法行政法事项，其办理程序如左列：1. 检阅有关机关之文书、簿记、证物。2. 与有关人接谈，制作接谈笔录，由被接谈人签名或盖章……。"④

新中国成立后新旧制度的兼容中，"笔录"一词得以延续。同近代时期"笔录"产生于诉讼程序中一样，"书状主义"在世界各国的广泛影响和应用的原因，还有词语本身具有的社会适应性。革命根据地的法律规定中也已经开始使用"笔录"一词，这些都为当代诉讼程序中保留"笔录"一词奠定了坚实的基础。

在当代，笔录作为实录性的法律文书，贯穿诉讼过程的始终。在受案、立案、侦查、起诉、审判、宣判、执行等过程中都有相应的笔录存在。1982年

---

① 最高人民检察院研究室编. 检察制度参考资料 第二编（旧中国部分）[M]. 内部发行，1980：56.

② 石志泉. 民事诉讼条例释义 [M]，北京：中国方正出版社，2006：173.

③ 杜正贞. 晚清民国庭审中的女性——以龙泉司法档案供词、笔录为中心的研究 [J]. 文史哲，2014（3）：84.

④ 闵钐. 中国检察史资料选编 [M]. 北京：中国检察出版社，2008：237.

《中华人民共和国民事诉讼法（试行）》①中就有"笔录"、"勘验笔录"、口述"笔录"、"调查笔录"等不同的种类。2016年9月9日由公安部、最高人民法院和最高人民检察院联合颁布的《最高人民法院、最高人民检察院、公安部关于办理刑事案件收集提取和审查判断电子数据若干问题的规定》②对电子数据收集和提取中"笔录"和"侦查实验笔录"的制作进行了规定。可见新中国成立后"笔录"不仅衍生出更加细化的词语体系。而且在时代发展的过程中，"笔录"一词将应用于更广泛的领域。

（3）"上诉状"

上诉制度在我国古代一直存在，《周礼·秋官司寇·朝士》中有"凡士之治有期日：国中一旬，郊二旬，野三旬，都三月，邦国期。期内之治听，期外不听。"③秦汉时期将上诉制度称为"乞鞫"。上诉制度一直存在于封建社会，到了清朝，上诉制度被称为"上控"。

近代意义上的上诉制度开始在我国生成的标志是"上控"被"上诉"代替。法律文书上诉状和法律文书名词"上诉状"的官方规定出现在1935年的中华民国民事诉讼法。其中第467、468、469条规定：上诉人和被上诉人应向原第二审法院提出上诉状和答辩状，上诉状中应表明上诉理由。④

北洋时期，各地方出现了具有地方特色的上诉制度，当时在江宁地区的审判厅涉及的司法裁判文件有"民事上诉状、民事抗诉状、民事答辩状、民事辩诉状／委任状……判决书、批词、申请书、公文、移送案件等一系列法律文

---

① 刘志刚，王瑶. 行政诉讼法律法规、司法解释与案例汇编［M］. 上海：复旦大学出版社，2015：2-19.

② 公安部，最高人民法院和最高人民检察院. 中华人民共和国民事诉讼法（试行）［DB/OL］［2017-04-25］. http://www.lawyee.net/Act/Act_Display.asp? ChannelID=1010100&KeyWord=&rid=3621971.

③ 姬旦. 周礼［M］. 长沙：岳麓书社，2001：338.

④ 李红英，汪远忠. 论中华民国南京政府时期的民事司法制度和实践中的几个问题［J］. 理论月刊，2009（9）：130.

书"①。

近代时期的"上诉状"属于上诉制度的附属品，应用范围并不广。但是建国后，在人民民主政权下，维护人民权益的上诉制度迅速发展，"上诉状"一词的不仅得到了延续，而且使用范围得到扩展。

在1956年10月17日最高人民法院出台《最高人民法院各级人民法院民事案件审判程序总结》②中着重规定了当事人和人民检察院的"上诉"的程序及各项事宜。"上诉状"作为关键因素得到了制度层面上的梳理。之后的1979年《刑事诉讼法》和1982年的《民事诉讼法》中都有规定。新时代下，司法领域也对原有的法律规定做出新的司法解释，2012年《最高人民法院关于适用〈中华人民共和国刑事诉讼法〉的解释》③，对刑事诉讼中涉及的所有法律文书名词，包括"上诉状""判决书""调解书""裁定书"等等，做了更符合时代的规定。

总之，法律文书名词在发展过程中被继承或被淘汰，有很多原因，如法律制度的变化、语言词汇的变化以及社会风俗习惯的变化等，都会影响一个时代的法律文书名词是否会被新的时代所沿用。作为一种专业词汇，法律文书名词大都依附于相应的法律制度，因与制度相合而被使用并作为表达手段。制度会更新，词汇也会更新。但事物的发展在变革之外，亦会表现出连续性与继承性。在社会的变迁中，某些制度或制度的某些部分的被沿用，为相应的法律文书名词的继承提供了前提。所以，即使古代中华法系在清末与民国的改革中被摧毁，民国的"六法体系"在建国后被废除，一些传统的法律文书名词却被保留了下来，并沿用至当代。这些名词在当代法律制度不断完善的过程中逐渐

---

① 陆赟. 清末民初财产纠纷的司法裁判——以江宁司法档案为样本考察［D］. 南京：南京师范大学，2014：25.

② 最高人民法院. 最高人民法院各级人民法院民事案件审判程序总结［DB/OL］［2017-04-25］. http://www. lawyee. net/Act/Act_Display. asp? ChannelID=1010100&KeyWord=&rid=24945.

③ 中国法制出版社, 中华人民共和国常用法律法规全书［M］. 北京：中国法制出版社，2015：696.

"当代化"，适用于当代社会，并衍生出旁支法律文书名词体系。

（二）自创

自创的法律文书名词大部分为原有法律文书名词的衍生词，还有一部分是法律事业发展、法律术语和名词规范化的产物。

1.概述

法律文书名词随着法律建设而发展。新中国成立以来，我国的法律建设过程通常被分为三个历史阶段，即1949年至1956年的起步阶段、1957年至1978年的停滞阶段、1978年至今的快速发展阶段。自创的法律文书名词进入相应的发展阶段，在不同阶段的法律制度和法律文书名词也陆续建立和产生，从而丰富了当代法律文书名词体系。

当代自创法律文书名词是指新中国成立后创立的、非原有名词扩展的那部分名词，是基于我国特有法律制度或规范法律行为的产物。随着我国法律制度的不断完善，对各项法律制度的认知不断加深，我国也顺应国情自创了一些法律制度和法律文书，例如抗诉制度和"抗诉书"。

这些法律文书名词数量并不多，因为我国的法律制度和法律体系已基本成型，完善过程并不会大批量f产生新的法律文书名词，许多新名词也是已有名词的扩展,如"行政复议决定书""临时查封决定书""处罚决定书"。本文将扩展名词归类于已有名词的类别下，不属于自创法律文书名词范畴。

但是无论是对已有名词的扩展，还是完全创新的法律文书名词，他们的产生不仅表明我国法律文书名词数量的日益扩大，也显示我国法律制度体系的完善和健全。基于我国司法实践的实际情况，具有中国特色的法律文书名词陆续产生，成为法律文书名词体系中不可缺少的一部分。

（1）当代自创法律文书名词的发展

法律建设的起步阶段是自创法律文书名词的开始。"这一阶段，新中国的法律发展史上有两大盛事：一是第一届全国人民代表大会一次会议隆重召开，二是诞生了中国法制史上第一部社会主义类型的宪法。"①新中国社会主义法律建设的起步，也带动着法律文书的产生和使用上的逐渐规范。当代法律文书名词中有移植的仲裁制度和仲裁文书，还有创立的法律文书名词，例如"拘留证""逮捕证""搜查证"。

法律建设的停滞阶段没有产生新的法律文书名词。20年间全国人大除了1957年的宪法，没有出台任何一部法律。立法活动停滞、法规制度制定几近停止，法律文书名词的创立止步不前。

法律建设的快速发展阶段同步带动法律文书名词的创新。1978年十一届三中全会之后，我国把发扬社会民主、加强社会主义法治提上日程。立法体制得到了改革，具有中国特色社会主义的法律体系逐渐形成。法律文书名词获得新的发展机遇。创立了"抗诉书""暂缓执行决定书"等名词。

（2）当代自创法律文书名词的特点

当代自创法律文书名词体现了对社会主义法律制度的依附性和规范性。当代自创法律文书名词的创立主要分为2种：一种是依赖我国当代特有的制度而创立，例如"暂缓执行决定书"；另一种是法律文书名词规范化的产物，例如"拘留证"。

自创法律文书名词多以"书""证"为词缀，结构多为动词+"证"、动词+"书"，辅词是代表法律行为的动词，如"逮捕""搜查""抗诉"，这些词在建国前有时候会表示法律动作本身，有时候也代表形成的法律文书，存在混用的情况。当代法律文书统一词缀后，语词使用具体、意义指代明确。

"证"一字可以理解为证件，或者凭证。"证"类词缀的"逮捕证""搜查证""拘留证"中，前面的动词辅词在当代与古代表达的意义行为相似，但古代表现为行为主体的专制和随意性。"古代封建社会司法、行政不分，中央和地方的行政官员均有适用逮捕的权力，掌握生杀予夺大权的皇帝也可以下令

---

① 杨宝成. 新中国60年法律发展的主要历程及其启示［J］. 中国浦东干部学院学报，2009（5）：27.

捕人。"①但是在当代我国，无论是公安机关、人民法院、还是人民检察院，在司法活动中行使逮捕权时需要提请一方的批准，而且当代对于人权的维护与过去也是不同的。"逮捕证""搜查证""拘留证"是我国法治建设中公正司法的体现。

2.当代自创法律文书名词的产生和应用

通过"中国法律图书馆"和"北大法宝"两个网站的数据库筛选出来的法律文书名词的研究范围，得出当代自创的法律文书名词主要包括"拘留证""逮捕证""搜查证""抗诉书""暂缓执行决定书"。这些法律文书名词是随着当代法治建设的规范和法律制度的创立而衍生。

（1）"逮捕证""搜查证""拘留证"

"逮捕证""搜查证"和"拘留证"是三个不同的法律文书名词，但其法律依据都是《中华人民共和国刑事诉讼法》，"逮捕证""拘留证""搜查证"的溯源脉络十分接近，所以将它们放在一起溯源。就其主体词来说，即除去类词缀来说，"逮捕""搜查"都是中国古代就有的，"拘留"是日源词。

第一，"逮捕"字面上，"逮"意为捉拿、押解，"捕"意为逃亡之人。"逮捕"作为合成词，意指捉拿，例如《汉书·高帝纪》"贯高等谋逆发觉，逮捕高等"②。

中国古代的历代统治者都在其法律中规定了"逮捕"的行为。虽然称谓有所不同，有"捕亡""捕系""逃捕""执"等多种叫法，但在本质上，都是法律规定的刑事强制措施。

第二，"搜查"中的"搜"和"查"都是常用词，"搜查是指侦查人员为了收集证据、查获犯罪嫌疑人依法对于犯罪嫌疑人及可能隐藏犯罪嫌疑人或罪证的人的身体、物品、住处和其他有关地方进行搜寻、检查的一种侦查行为"③。"我国先秦时期就有了搜查和扣押的措施，至唐代基本定型，宋元明

① 刘毅. 逮捕制度初探［D］. 武汉：武汉大学，2004：2.

② 班固. 汉书［M］. 北京：中华书局，1962：67.

③ 龙宗智，杨建广. 刑事诉讼法［M］. 北京：高等教育出版社，2003：263.

清基本沿用唐代的规定。"①

第三，"拘留"一词属于日源词。《现代汉语外来词研究》②中收录的法律方面58个词语中就有"拘留"。后又经过学术界对日源词汇范围不断的修正，"拘留"一词确定为晚清至民国时期从日本移植过来的词汇。

与"逮捕证""搜查证""拘留证"相似的词语在法律上的出现和应用可追溯到清末。1911年清政府颁布《刑事诉讼律（草案）》，这部草案深受日本《改正刑事诉讼法（草案）》的影响。《刑事诉讼律（草案）》第194条规定"检察官、司法警察官侦查或预审中，非有地方检察长或预审检察官之句票，不能拘摄被告人"，该草案还规定对于私宅内的狭义现行犯，检察官、司法警察官可以"径入该处实施急速之检证、搜索、扣押"③。可见，在清末的法律中已经有"句票""拘摄""搜索"之类的词，其含义与当代的名词相似。到了民国时期，1935年《刑事诉讼法》第131条规定，在特定条件下，"司法警察或司法警察官虽无搜索票，得径行搜索住宅或其它处所"。"句票""搜索票"与当代"拘留证"和"搜查证"功能相似。

"拘留证"是伴随着拘留制度在我国的实行而产生的，"在乱抓劳工的同时，日本人还在东北实行一种保安拘留制度，以可能'犯罪'和预防'犯罪'为借口，大肆逮捕无辜老百姓"④。

新中国成立，"我国立法关于'拘留—扭送'的二元制度构架也与清末、民国时期的现行犯制度存在着较为明显的法律继受关系"⑤。但是法律文书名词却发生了改变。"在我国立法史上，现行拘留、扭送的立法格局最早出现于

①　方海涛. 论我国的搜查证［D］. 重庆：西南政法大学，2011：18.

②　高名凯，刘正埮. 现代汉语外来词研究［M］. 北京：文字改革出版社，1958.

③　吴宏耀. 中国近现代立法中的现行犯制度——基于法律移植的考察［J］. 中国政法大学学报，2016（1）：66-69.

④　彭训厚. 历史的告诫——第二次世界大战的终结与总结［M］. 北京：国防大学出版社，2015：239.

⑤　吴宏耀. 中国近现代立法中的现行犯制度——基于法律移植的考察［J］. 中国政法大学学报，2016（1）：69-72.

1954年《逮捕拘留条例》。"①例如，《中华人民共和国逮捕拘留条例》②第四条规定："逮捕人犯的时候，必须持有人民法院、人民检察院或者公安机关的逮捕证，并且向被逮捕人宣布。逮捕后，除有碍侦查或者无法通知的情形外，逮捕机关应当把逮捕的原因和羁押的处所告知被逮捕人的家属。"第九条规定：执行逮捕、拘留的机关，在逮捕、拘留人犯的时候，……在搜查的时候，除紧急情形外，应当有执行逮捕、拘留的机关的搜查证。"

直到这时才出现了法律制度规定下的"逮捕证""搜查证"，虽然《条例》中并没有"拘留证"，但是笔者认为当时也已经出现。因为在北大法意数据库中查找到有关"拘留证"最早的记录是1964年1月23日由公安部和最高人民法院联合发布的《人民最高人民法院、公安部关于公安机关如何协助人民法院拘留人犯问题的联合通知》，其中"认为有必要进行逮捕，并在逮捕前必须立即采取紧急措施予以刑事拘留的，由公安机关开发拘留证，法院将人犯拘留后，交看守所关押。"③。可见在1964年之前"拘留证"一词就已经出现并使用在法律实施过程中。

"逮捕证是公安机关在办理刑事案件过程中，对符合逮捕条件的犯罪嫌疑人，根据人民检察院的批准、决定或者人民法院的决定，对犯罪嫌疑人执行逮捕时制作的法律文书"④。与"逮捕证"相对应使用的是"提请批准逮捕书""逮捕通知书"。在检察机关通过"提请批准逮捕书"之后，才可以制作"逮捕证"，对嫌疑人执行逮捕之后要发给被逮捕人家属或单位"逮捕通知书"。"逮捕证"包括三联：附卷联、看守所联、存根联。

"搜查证是公安机关在办理刑事案件过程中，为了收集犯罪证据、查获犯罪人，依法对犯罪嫌疑人以及可能隐藏罪犯或者犯罪证据的人的身体、物品、

① 吴宏耀. 中国近现代立法中的现行犯制度——基于法律移植的考察［J］. 中国政法大学学报，2016（1）：69-72.

② http://www. npc. gov. cn/wxzl/wxzl/2000-12/10/content_4272. htm

③ 最高人民法院、公安部关于公安机关如何协助人民法院拘留人犯问题的联合通知 http://www. law-lib. com/law/law_view. asp？ id=1622

④ 孙青平. 法律文书基本问题研究［M］. 北京：中国法制出版社，2012：43.

住处和其他有关的地方进行搜查时使用的文书。"①在执行逮捕、拘留的时候，遇到紧急情况，不另用"搜查证"也可以进行搜查。"搜查证"由附卷联和存根两部分组成。

拘留证指"司法机关对特定人执行拘留时的法律凭证。在我国，拘留证由公安机关或国家安全机关依法签发"②。与"拘留证"相对应使用的是"呈请拘留报告书"，在"呈请拘留报告书"经领导批准后，才可制作和使用"拘留证"。

"逮捕证""搜查证""拘留证"是在传统法律文化和移植文化的背景下，当代中国自创的法律文书名词。虽然这些词的词素并不是当代产生的，但是就词语本身以及其所代表的法律文书而言，它们都是新中国成立之后诞生的新名词。

（2）"抗诉书"

"抗诉书是指检察院依法行使审判监督的职能，对法院确有错误的刑事、民事、行政诉讼判决或裁定提出抗诉时，所制作的文书。依案件性质可分为刑事抗诉书、民事抗诉书和行政抗诉书。"③"抗诉书"一词的产生依附于抗诉制度，"抗诉是我国人民检察院对人民法院的审判活动进行法律监督的重要形式，具有非常重要的意义"④。周士敏教授认为"只有在社会主义的国家和法律制度中才存在产生抗诉制度的条件"⑤。可见，依附于抗诉制度而产生的"抗诉书"一词也是资本主义和封建主义国家所没有的。

新民主主义革命时期我国已经产生抗诉制度的萌芽，当时不叫"抗诉"而是"抗议"。中华苏维埃中央执行委员会于1934年4月8日公布的《中华苏维埃共和国司法程序》第六条规定："任何案件经过两审之后，不能再上诉，但是

① 王磊. 公安法律文书大全与制作详解［M］. 北京：中国法制出版社，2014：227.

② 浦法仁. 法律辞典［M］. 上海：上海辞书出版社，2009：517.

③ 田荔枝. 法律文书写作［M］. 北京：清华大学出版社，2014：82.

④ 贺恒扬. 抗诉论［M］. 北京：中国检察出版社，2008：1-3.

⑤ 周士敏. 抗诉制度通论［M］. 北京：中国政法大学出版社，1992：21.

检察员认为该案件经过两审后，尚有不同意见时，还可以向司法机关抗议，再行审判一次。"①此时的抗诉制度是建立在苏联的抗诉制度之上，但是直至新中国成立之前，抗诉制度没有得到完善和实施，所以这个阶段只是萌芽期，并没有产生真正的抗诉制度。

新中国建立初期，"抗诉"仍被叫作"抗议"。1954年9月21日第一届全国人民代表大会第一次会议通过的《中华人民共和国人民检察院组织法》第16条规定："最高人民检察院对各级人民法院已经发生法律效力的判决和裁定，上级人民检察院对下级人民法院已经发生法律效力的判决和裁定，如果发现确有错误，有权按照审判监督程序提出抗议。"

直至1979年7月1日第五届全国人民代表大会第二次会议通过修订后的《中华人民共和国人民检察院组织法》将"抗议"改为抗诉，其第18条规定："最高人民检察院对于各级人民法院已经发生法律效力的判决和裁定，上级人民检察院对于下级人民法院已经发生法律效力的判决和裁定，如果发现确有错误，应当按照审判监督程序提出抗诉。按照审判监督程序审理的案件，人民检察院必须派人出席法庭。"随即便产生了法律文书——"抗诉书"，《法律文书写作自学辅导》②中有1980年的一份抗诉书，可以为证。"抗诉书"一词也由此产生。例如，

（3）"暂缓执行决定书"

"暂缓执行决定书"是人民法院决定实施暂缓决定时所制作的文书。暂缓决定是指执行程序开始后，人民法院因法定事由依职权或根据当事人、其他利害关系人的申请，决定对某一项或几项执行措施在规定的期限内提供担保暂缓执行的一种制度。暂缓执行只能发生在执行过程中，须有法定的事由出现。暂缓执行只是暂时地停止执行，申请暂缓执行必须提供担保，待法定事由消失后，应立即恢复执行。

---

① 中国社会科学院法学研究所民法研究室民诉组，北京政法学院诉讼法教研室民诉组. 民事诉讼法参考资料：第1辑［M］. 北京：法律出版社，1981：166.

② 宁致远. 法律文书写作自学辅导［M］. 北京：北京大学出版社，2009.

暂缓执行制度是我国对暂缓制度的创新延伸和使用。我国对西方暂缓制度的引入最初只是有针对性的，例如暂缓判决制度针对犯罪的未成年被告人，缓刑针对刑事审判，又称为暂缓执行刑罚。暂缓制度和理念的渗透逐渐加深，在人民法院执行工作上也出现了暂缓制度。1998年《最高人民法院关于人民法院执行工作若干问题的规定（试行）》第130条："上级法院发现下级法院在执行中作出的裁定、决定、通知或具体执行行为不当或有错误的，应当及时指令下级法院纠正，并可以通知有关法院暂缓执行。"① 之后人民法院法律文书样式中又多了一种，法律文书名词中也增添了一个当代自创的法律文书名词——"暂缓执行决定书"。

总之，新中国成立后，社会主义法律制度建立和完善，当代有中国特色的法律文书名词也相伴创立；同时，这种自创也是一种制度沿革基础上的创新，是既沿袭了古代、近代传统法律制度，又移植了东西方的法律制度，综合而成的一种法律文书名词的创新。在法律文书的规范化方面也体现了当代法律文书的创新：古代法律行为和法律文书的命名和使用存在着交叉，缺乏规范和统一；当代以法律的形式固定了法律文书的类词缀，统一司法领域的法律文书名词和使用，便于法律文书名词的规范化应用，体现法律文书名词在当代的通用性、强制性、规范性。

未来在法律发展的国际化道路上，各国法律的交流和融合也必将对我国法律制度有进一步的影响，从而会带来法律文书名词的持续创新和发展。

（三）移植

法的不平衡性、社会进步、市场经济发展和法制现代化等因素，决定了法律移植的必要性，因而也带来法律文书名词的移植。中国当代法律文书的名称中有一部分源于国外，是对其他国家法律文书名词的一种移用，这种同时期空间上的吸收和转用就是法律文书名词的移植。这些名词多以单音语素"书"为词缀，构成3字以上的词组，其命名与诉讼活动内容结合，以符合我国的语言

---

① 最高人民法院出版社司考研究中心. 2014国家司法考试 必读法律法规汇编3［M］. 北京：人民法院出版社，2014：266.

使用习惯。

1.近代时期法律文书名词的移植

中国法律文书的移植始于近代。中国近代史始于1840年，而中国法律的近代化却始于20世纪初，以西方大陆法系为主的立法体例、法律原则开始移植到中国，并与中国的某些传统相结合，中国法律开始同步近代法律的轨迹。在这个过程中，"许多西方的诉讼制度在中国也被强行使用，租界内的华洋互控案件及后来纯粹涉及华人的案件，都是按照西方的诉讼程序来审理、公审制、陪审制及律师制均被采用"①。近代中国被迫采用西方法律制度的同时，一些法律文书名词是在经日本移植德法法律制度和术语、再由日本传入中国。

在近代中国法律本土化过程中，对于西方法系和日本法等的移植，顺应我国国情和民情，经过引入、磨合与使用，留存至今仍然使用的部分法律文书名词主要有"决定书"和"起诉书"。"决定书"和"起诉书"是在近代模仿日德建立公诉制度、日译法国法律术语的条件下被移植和使用的。"决定书"是借形，"起诉书"是借音（纯音译），两种借用是有区别的移植。它们在近代被植入，在当代形成语义具体、多字组成的词组，应用十分广泛。

（1）"决定书"

决定书是指"人民法院就民事诉讼中的特殊事项依照法律规定作出决定时制作的法律文书"②。"决定书"源于日文的"决定"，移植我国后在当代它的使用范围变广，变得日趋成熟、体系化。因"决定书"多针对"特殊事项"制作，故多以动词形式为前缀搭配使用，如"拘留决定书""罚款决定书"等等。

1910年编成的、以1890年的日本《民事诉讼法》为蓝本修订的《大清民事诉讼律草案》③首次规定"决定书"。"修律大臣在草案说明中指出：'决定

---

① 李春雷. 清末民初刑事诉讼制度变革研究［D］. 北京：中国政法大学，2003：18.

② 马宏俊. 法律文书学［M］. 北京：中国人民大学出版社，2008：172.

③ 清末制定的民事诉讼法草案，该草案于宣统三年（1911年）由修订法律馆起草完毕，共4编22章800条，但未及公布施行。

乃审判衙门就简易诉讼上请求之当否或关于诉讼上指挥所为之裁判，不必本于当事人之言辞辩论'，则记载这种裁判的文书就叫决定书了①"。

在日本《民事诉讼法》原文中，"决定书"为"决定"，"决定"作为法律文书的一种存在，使用于对当事人申请回避、确定诉讼费用、诉讼担保和变更等等程序性环节中，其含义与近代时期我国"决定书"相近。但我国古代传统的法律案件记录中不存在以"决定"作为法律文书的情况。因而，在该词不属于传统继承的情况下，结合上述情况，我们可推断，"决定书"一词是近代时期从日本移植而来的借形的法律文书名词。

在《大清民事诉讼律草案》第三编第一章第七节"裁判"之下，"修律大臣对'裁判'作了这样的草案说明：本案分裁判为判决、决定及命令。……决定乃审判衙门就简易诉讼上请求之当否或关于诉讼上指挥所为之裁判，不必本于当事人之言辞辩论"②。草案里将"决定"划为裁判的一种，"决定"这一裁判行为的书面文字就是"决定书"。

《华洋诉讼判决录》收录了"决定书"和"判决书"。其中，19件民事决定书，是"决定书"真正应用的实例。这些民事决定书都是以"决定书"为标题单独使用。标题不体现决定涉及的具体内容。在语词使用方面也比较简单。与当代"决定书"不同，近代时期的"决定书"涉及的范围大，一定程度上包含当代的"决定书"和"裁定书"。

在当代，"决定书"涉及的决定应用范围被扩大到诉讼过程的各个方面，命名具体，形成较复杂的"决定书"名词体系，例如"取保候审决定书""撤销取保候审决定书""监视居住决定书"。由近代的概括、泛泛使用到当代的具体、有针对性的命名，形成以"决定书"为词缀的名词体系。

（2）"起诉书"

"起诉书是人民检察院对公安机关移送审查起诉或自行侦查的案件，认为

---

① 杨鸿雁，肖强. 清末民初司法审判程序性文书的嬗变［J］. 历史教学，2014（16）：33.

② 杨鸿雁，肖强. 清末民初司法审判程序性文书的嬗变［J］. 历史教学，2014（16）：36.

被告人的犯罪事实已查清，证据确实充分，依法追究刑事责任时而制作的向人民法院提起公诉的法律文书。""起诉书"的内容在古代已有，但是这个名词产生于近代，是由移植日本的公诉制度、移植"起诉"并与我国法律名词使用习惯相融合而产生的，"起诉书"的词义有交叉性、不独有，所以后来在使用过程中存在着与"起诉状""公诉书"的争议。

"起诉"一词移植于日本翻译的法语法律词汇。明治时期，许多日本学者在翻译的时候即是利用汉字径造新词汇以对应法国法律术语，明治十九年（1886年）由藤林忠良和加太邦宪合编、知新社发行的《佛和法律字汇》中，"全书收词约2600个，其中完全用汉字对应的约1400余条"①。这本书中收录的词汇中就有"公诉"（法语：Accusation）和"起诉"（法语：Poursuite）。"公诉"在我国古代有类似的行为。我国古代虽然也有"官吏纠问"，设有御史一职，"但是由于司法与行政不分，控诉与审判不分，没有专门的、独立的国家机关担负控诉职能，因而其不等同于现代意义上的公诉"②。

"起诉书"依附于公诉制度和检察官制度产生，清末期，清政府在通过出国时间考察和听取日本学者志田钟太郎的建议下，引入了大陆法系模式的检察制度，模仿日德建立了公诉制度。进入民国时期，才陆续有法律出台，公诉制度逐渐完善，"起诉书"一词的使用也固定下来。如日本的《刑事诉讼法》第256条即规定："提起公诉，应当提出起诉书。"③在其基础上，"1935年的《刑事诉讼法》第243条规定提起公诉以起诉书为之，并对起诉书之程式作出规定"④。

"起诉书"一词在我国当代的法律文书名词体系中也占据重要地位，当代存在着"起诉状"和"起诉书""公诉书"的使用混淆问题。"起诉书"一

① 李贵连. 二十世纪初期的中国法学（续）[J]. 中外法学, 1997（5）：4.

② 刘学敏，屈波. 公诉制度渊源探析 [J]. 佳木斯大学社会科学学报, 2004（4）：32.

③ 周宏. 刑事起诉书制度研究——以普通程序起诉书为视角 [D]. 重庆：西南政法大学, 2008：19.

④ 张建伟. 公诉制度之本土资源——晚清及民国刑事诉讼相关立法例的文献解读 [J]. 中国检察官, 2016（3）：71.

词与"起诉状"相似，易造成混淆，也没有突出公诉案件的特点。"将'起诉书'改称'公诉书'，不仅能够与公诉部门的名称协调一致，而且更能体现公诉部门的公诉职能。"①"起诉书""公诉书"的名词意义存在公众认知的分歧。当代有"民事诉状""民事起诉状"和"刑事起诉书"的一些词组，但是也仍然存在"起诉书""起诉状"和"公诉书"之间的混用。"在对起诉书的具体运用上，缺乏规范化，使实践中的起诉书流于形式化、随意化，体现不出起诉书的性质特点。"②对于"起诉书"这一法律文书名词命名和使用都有待进一步的规范。

2.当代法律文书名词的移植

中华人民共和国的法制建设是从零开始的。为了保证我国社会的法律制度建设顺利进行，从苏联和西方移植法律制度和法律文书名词成为必然的选择。

新中国成立之后，我国法学的移植大体经历两个阶段，第一个阶段是1949年至50年代末，在一无传统，二国际环境复杂的情况下，对苏联法的照搬与移植就在所难免。出现了对当时的苏联法'一边倒'的移植高潮，出现了聘请苏联法学专家、派遣留学生和翻译苏联法学著作和教材等方式途径；第二个阶段是1978年改革开放至今，"我们全方位地移植西方发达国家以及法制发展有特色的一些发展中国家的法学成果，掀起了第二个移植外国法和法学的高潮"③。我国各部门法学以及法学研究的方法论体系在这两个阶段的移植，引用苏联的仲裁制度、英美的观护制度等，也相应移植了对应的法律文书名词。

进入21世纪，我国对待法律移植的态度更加辩证，也更加地积极，大力吸收引进世界先进国家的法律。在这样的大背景下，法律文书名词的数量和种类也随着国家法律的更替和完善产生变化。但是与国家法律不同的是，许多法

---

① 李绍山，黄杰．将"起诉书"改称"公诉书"更为科学［J］．人民检察，2004（12）：61.

② 周宏．刑事起诉书制度研究——以普通程序起诉书为视角［D］．重庆：西南政法大学，2008：29.

③ 何勤华．中国法学史纲［M］．北京：商务印书馆，2012：533.

律文书名词在主流法律的更替中并没有被摒弃，而是被保留继续拓展使用，如"决定书"和暂缓判决制度结合，成为新的法律文书名词"暂缓判决决定书"。这种直接移植或衍生的法律文书名词是我国被主动翻译引入现代西方法学理念、法律制度、"本土化"之后的结果。

（1）仲裁文书名词

"仲裁（Arbitration）"一词来自拉丁文，在当代，"仲裁"是"由争执双方认可的第三者对争执事项作出决定"[①]。"仲裁是民事诉讼之外的规范性和程序严格性最为明显、与民事诉讼最为相近、最可能与民事诉讼形成实质性竞争关系的民事纠纷解决机制。"[②]仲裁机制的产物——仲裁文书名词在当代法律文书名词体系中也占据重要地位。仲裁文书是仲裁机构自受理经济合同纠纷案件至裁决整个过程中，依照法律规定制作的具有法律效力的文书资料，从而形成以"仲裁"为前缀的仲裁文书体系。

学术界认为"仲裁"一词是移植于日本的外来词，在中国古代也存在仲裁行为，称为"公断"，但是封建统治环境下，商品经济不发达，没有形成制度。20世纪初，民国初期形成仲裁制度，并设置有公断处。从1912年颁布的《商事公断处章程》以及同年9月颁行的《商事公断处办事细则》，到1921年北洋政府颁布的《民事公断暂行条例》，官方依旧使用的是"公断"而非"仲裁"。"我国的仲裁制度来源于民主革命时期，仿照苏维埃的模式而建制"[③]。如1933年10月颁布的《中华苏维埃共和国劳动法》对仲裁制度已有规定；1943年4月9日晋察冀边区颁布的《关于仲裁委员会工作指示》，明确规定了仲裁及仲裁机构的性质、任务及权限。

虽然在最初的翻译过程中，"Исковоезаявление"一词对应的是我国的"起诉状"和"仲裁申请书"两个词。但是其本质还是来源于苏联，因而笔者认为仲裁文书名词属于当代移植的法律文书名词。较为常见的仲裁文书名词有

---

①　莫衡，等. 当代汉语词典［M］. 上海：上海辞书出版社，2001：259.

②　蔡虹，刘加良，邓晓静. 仲裁法学［M］. 北京：北京大学出版社，2009：1-2.

③　谭兵. 中国仲裁制度研究［M］. 北京：法律出版社，1995：3.

"仲裁申请书""仲裁协议""仲裁答辩书""仲裁裁决书""仲裁调解书"等。这些名词是基于移植的"仲裁"一词而衍生的一系列名词。

建国初期后，新中国也建立起与苏联相似的仲裁体系，早在1956年，我国对外贸易仲裁委员会颁布《中国国际贸易促进委员会对外贸易仲裁委员会仲裁程序章程暂行规定》公布了一套仲裁程序规则。此时，在我国，"仲裁"一词已经取代"公断"开始使用，仲裁的基本程序也已建立，仲裁文书名词也从此时产生。

直到1994年《中华人民共和国仲裁法》出台之前，"我国法律法规中已有14部法律、82个行政法规和190个地方性法规作出了有关仲裁的规定"[①]。自仲裁制度在我国产生至今，虽然仲裁制度和原则发生过一些变化，但是最基础的仲裁文书名词较为稳定地沿用至今。

（2）"法律意见书"

"法律意见书（legal opinions）指律师应当事人的要求，针对某一法律事务，根据掌握的事实和材料，正确运用法律进行阐述和分析，并向当事人出具明确结论的一种书面意见。"[②]"法律意见书"是改革开放引入，被逐渐在不同领域使用。

美国最早开始使用"法律意见书"一词。"20世纪80年代，美国律师界曾就法律意见书的原则展开讨论，并先后公布了制作标准或指南。英国律师在制作法律意见书时，形成了列举一系列明示的限制或保留，而这些限制或保留又被美国律师所采用，在这一阶段，法律意见书专就国际贷款合同而制作"[③]。"法律意见书"被移植到中国是在改革开放之后。"改革开放以来，一些外资进入我国，但是对我国市场经济环境并不熟悉，依照国际惯例，请国内律师出具'法律意见书'，透视可能的法律风险，寻求有利的法律及政策支持"[④]，

① 广州仲裁委员会. 仲裁研究：第9辑 [M]. 北京：法律出版社，2006：48.

② 马宏俊. 法律文书学 [M]. 北京：中国政法大学出版社，2001：45.

③ 张庆，刘宁. 法律意见书的研究与制作 [M]. 北京：法律出版社，2004：27.

④ 马宏俊. 法律文书与司法改革 [M]. 北京：北京大学出版社，2005：1.

此时，我国的律师也开始涉足非诉讼领域，从而开启了"法律意见书"在我国的使用。

"法律意见书"的概念可分为广义和狭义两种。广义的"法律意见书"指律师针对特定法律事务给予当事人的、容纳了明确结论的书面分析和陈述，包括一切律师依专业视角提供的法律衡量。狭义的"法律意见书"则仅指律师在非诉讼业务领域向委托人出具的具有法律意义的书面意见，是法律服务机构的一项业务，如"据新华社报道：由精通经济法律的律师和法律、经济方面的专家、学者组成的这个法律服务机构，是由司法部组建的。它开展的主要业务有：担任法律顾问；提供法律咨询；为经济谈判提供法律帮助；帮助审查或起草合同、章程等法律文件；代办专利申请；提供法律意见书"①。

（3）"暂缓判决决定书"

"暂缓判决决定书"是暂缓判决制度的书面结果，"所谓暂缓判决是指暂缓判决是指少年法庭在刑事诉讼活动中，对犯罪情节轻微、悔罪态度较好、依法只能或可能判处三年以下有期徒刑的未成年人，做出暂缓判决决定，由法院设置一定的考察期，让被告人回到社会上继续就业或就学，对其进行考察帮教，待考察期满后，再根据原犯罪事实和情节，结合被告人在考察期的表现予以判决"②。在我国的判决处理中也存在暂不做出判刑决定的司法实践，"明清时期，具有'缓决'的做法，《康熙起居注》中有'首恶既行正法徐大复、齐隆、王五子、费七等皆系为从这人应缓决'的记载。

"暂缓判决制度是对西方国家观护制度的借鉴，不是我国首创的。"③暂缓判决制度起源于19世纪英国的观护制度（Probation System），该制度针对应处刑的初犯少年实行暂不判处徒刑，以誓约代替徒刑的执行方式。之后这一制度传到美国、德国、日本和我国台湾地区，在台湾称为"交付观察制度"。

---

① 王振川. 中国改革开放新时期年鉴（1985年）［M］. 北京：中国民主法制出版社，2015：28.

② 郭俊. 暂缓判决的司法价值及其完善［J］. 郑州经济管理干部学院学报，2007（2）：62.

③ 谢军健. 论暂缓判决［D］. 湖南：湘潭大学，2009：2.

"我国法律对暂缓判决制度并无明文规定，1993年12月，上海长宁区法院首次适用该制度。"①

暂缓判决制度的移植给我国法律文书名词体系又增添了一词——"暂缓判决决定书"，该词是暂缓判决制度在我国实践过程中产生并改进而成的，一开始称为"暂缓判决通知书"，随着对暂缓判决制度认识的加深，便以能更加准确体现暂缓判决性质的"暂缓判决决定书"取而代之。这种由移植的西方法律制度衍生的法律文书名词虽然命名构词为中式，但是其根源于西方法律制度，故将其归为西方移植法律文书名词。

总之，我国当代法律文书名词的移植部分在引进、吸收、借鉴西方法律制度和苏联及日本的法律基础上产生，在司法实践中逐渐被适应、固定下来，实现本土化的转变，成为我国法律文书名词体系的有机组成部分，为法律实施和法律文化做出贡献。

第四节　中华人民共和国各领域文档名词

经过新中国成立以来的建设，一个完整的社会主义档案事业体系已经形成。档案事业体系遍及所有社会行业、各个角落，随之而来的文档名词的应用也极为广泛，新文档名词的数量大，一个部门涉及多个文档名词，一个文档名词有多个应用领域等，使其归类标准难以统一。为了便于对新文档名词进行研究，需要对这些新文档名词进行归类，只能依据文档名词的所属行业、载体等特点，对文档名词的应用领域进行界定。"领域"一词在《现代汉语同义词典》中解释为学术思想或社会活动的范围，在此，中华人民共和国新文档名词的应用领域指其所代表的各类档案事物所涉的档案工作范围。中华人民共和国各领域档案工作的独立和相关档案工作法规的确立、档案学理论研究的深化等，为现代新文档名词产生奠定了实践和理论基础，新文档名词与古代相比，

---

① 谢军健. 论暂缓判决 ［D］. 湖南：湘潭大学，2009：2.

使用领域分工变得更细致，体系更成熟。

第一，按照所属行业和及其工作分工，现代文档名词分为行政管理类、科技和生产类、其他专业领域类。行政管理类文档名词主要以"文书档案"为主，是指各机关团体、企事业单位行政管理过程使用的文档名词，习惯上也包括办公行政事务以外的党团工会管理中使用的文档名词。统称"行政管理类文档名词"。除了行政管理工作以外，其余各行业专门使用一些文档名词，这里文档名词涉及专业性，有电力、钢铁、地质、房产、审计、公检法等。对其归类，将其中一些涉及科学技术方面的专业领域的文档名词，统一为"科技和生产类"，如气象档案、地质档案等；其余的体现科技性不强、非科技性的文档名词，统一归为其他专业领域类，如会计档案、人事档案等。

第二，按照依托的载体和技术等区分，现代文档名词的信息化领域类和特殊领域类。按照载体归类，现代文档名词可以分为纸质类、声像类。而纸质类主要指纸张载体的文档名词，比如纸质文件、纸质档案、纸质公文、纸质案卷、纸质文书；声像类文档名词是一个集合名词，亦称音像档案、声像档案、新型载体档案。新型载体是纸张出现以后档案使用的载体集合名词。而这个载体集合随着信息技术的发展在扩大。最新增加的是计算机技术和载体，就有了由"机读档案""电子文件""电子档案"等构成的"信息化领域类文档名词"。从某种角度看，这些文档名词大的范畴属于声像档案，但是因为出现时间晚、技术性强、对文档名词影响大，所以单列为信息化领域。

对于特殊领域类的文档名词，主要是把诸如"声像档案""口述档案""实物档案"混合到一起而命名，说起特殊，源于载体特殊、形态特殊、采集特殊等，就作为一个大类加以概括，称为"特殊领域类文档名词"。

一、行政管理类文档名词

行政管理泛指一切企业、事业单位的行政办公事务管理工作。在行政管理中使用的文档名词，此处称为行政管理类文档名词，以"文书档案"为代表。随着社会的发展，行政管理的对象日益广泛，包括经济建设、文化教育、市政建设、社会秩序、公共卫生、环境保护等各个方面。在这些方面都会形成和使用"文书档案"一词，其应用领域十分广泛，具有普遍意义。

将"文书"和"档案"合成为一个档案名词，已经跨越古代那种两个单音节词的简单并列组合（如"文"和"卷"合成"文卷"）阶段，进入由两个复合词构成的复杂、以从属关系组合的现代档案名词阶段，并且"文书"一词已经不再和档案并列，而是成为其下位词，泛指行政办公一类档案。对这些概念的解读和应用，成为现代"文书"和"档案"完全分开的一个分水岭，二者在现代档案专业领域的词义明确，区分度大大提高。

（一）行政管理类文档名词的内涵、构成和构词特点

"文书档案"亦称"党政档案""行政档案""管理性档案""普通档案"，它们对于"文书档案"的概念有不同的解释，但是共同之处都是在行政事务活动中产生，对于该词的理解分歧不大。

1. "文书档案"的内涵

"文书档案"是机关、团体、企事业单位在行政管理事务活动中产生的由通用文书转化而来的那一部分档案的习惯称谓。包括命令、指示、决定、布告、请示、报告、批复、通知、信函、简报、会议记录、计划和总结等。

当代档案学者明确界定了"文书档案"的内涵："文书档案实际上是指行政管理档案，即在社会的行政管理活动中由各种行政性或曰政治性公文（如请示、批复、决定、决议、法规、法律等等）转化而成的档案……'文书档案'的概念是最早出现的。"①

2000年的《档案工作基本术语》中，"文书档案"指"反映党务、行政管理等活动的档案"。这里包括党政工团部门形成的档案，对于行政管理的范畴扩大，而档案工作中，也是这样归类的。

在年鉴中"文书档案"最早见于1981年的《中国出版年鉴》（共3次），如"以公布清代档案史料为主，并适当发表少量明代档案以及有关文书档案的

---

① 冯惠玲，张辑哲. 档案学概论［M］. 北京：中国人民大学出版社，2001：16.

图片"①，主要指官方行政事务形成的档案。

2.行政管理类文档名词的构成和构词形式

第一，按照全国档案的形成历史时期划分为新中国成立后档案、革命历史档案、旧政权档案。构词形式为"时期+档案"，突出档案的形成时间。这三个词在档案馆馆藏介绍的时候，同时使用。例如："其中，旧政权档案（1867年至1945年）35371卷，革命历史档案（1946年至1949年）499卷，新中国成立后档案（1949年至2002年）212364卷。"②

第二，按照机关存在的情况划分为现行机关档案、撤销机关档案、历史档案。构词形式为"机关类型+档案"，侧重档案的形成来源。"现行机关档案"还等同于"党政群机关档案""现行党政机关档案"，其通用性不够。

　　　革命历史档案、旧政权档案、已撤销机关档案和现行党政机关档案51万余卷，资料3万余册，最早档案可追溯至1736年，还编有可供查阅的各类检索工具3000余册。③

大同市档案馆：馆藏档案由大同市党政群机关档案、撤销机关档案、历史档案三个部分组成。

（二）行政管理类文档名词的应用

"文书档案"的同义词多，说明对"文书档案"的使用没有完全统一，同时，由于历史原因，建国初期经历了由党、政档案工作的分散到统一管理的过程，"文书档案"也就出现"党政档案""行政档案"的同义词。

"文书档案"又同"党政档案"（54次）、"行政档案"（151次）、"管理性档案"（0次）、"普通档案"（6次），年鉴中，"党政档案"最早见于1984年，共2次，之后每年都以1—7的频次出现，使用很少，主要围绕党

---

① 中国出版工作者协会. 中国出版年鉴：1981［M］. 北京：商务印书馆，1981：724.

② 白城市人民政府办公室，白城市地方志办公室. 白城年鉴（2003-2004）［M］. 长春：吉林人民出版社，2005：60.

③ 大同市地方志办公室. 大同年鉴（2007-2008）［M］. 北京：中国炎黄文化出版社，2009：373.

政档案统一管理，强调党和政两方面。并不具有通用性。如：

> 规定了统一管理党政档案工作的体制，提出了档案工作要为社会主义建设服务的方针，从而建立起我国社会主义档案事业。①

> 主要任务是贯彻执行党中央国务院指示、决定和上级档案管理机关的规定，负责公司机关党政文书、科技、财会、声像档案的收集、整理、保管、鉴定、统计和提供利用工作；②

使用中多用于"行政档案管理""行政档案工作"，独立使用的"行政档案"不多。年鉴中，在2000年后每年使用比例由个位数变成11、12次，稍微增长。"依法行政档案"，共27条，在2003年以后开始使用，主要执法领域使用。

"普通档案"最早在1991年使用1次，"普通档案培训班学制为3个月，开设了《文书学》、《档案管理学》、《科技档案管理学》、《档案文献编纂学》、《档案保护技术学》、《古代汉语》6门课程。"③1997、1998、2011、2012、2013年各1次，极少使用。"普通档案"，并不完全使用在具体的文书档案中，使用度低。

表11-4　1949—2015年年鉴中行政管理类文档名词的使用分析

序号	内容	使用次数	频次	最早出现时间
1	历史档案	4789	0.205254586	1981
2	革命历史档案	936	0.040116578	1983
3	新中国成立后档案	649	0.027815875	1983
4	旧政权档案	140	0.006000343	1985
5	撤销机关档案	29	0.001242928	1989
6	现行机关档案	20	0.000857192	1987

表11-4中，历史档案的使用频次最高，4789次。现行机关档案的使用频

---

① 《辽宁经济统计年鉴》编委会. 辽宁经济统计年鉴：1984第2部分 [M]. 北京：中国统计出版社，1984：186.

② 《本钢年鉴》编辑委员会. 本钢年鉴：1987 [M]. 沈阳：辽宁人民出版社，1987：230.

③ 《扬州年鉴》编纂委员会. 扬州年鉴 [M]. 北京：中国大百科全书出版社，1991：347.

次最低。"历史档案"一词出现最早，1981年。"现行机关档案"一词使用次数最低，只有20次。"历史档案""革命历史档案"使用次数多，说明对这些档案的管理活动更多。例如：

> 年内，区档案局努力开发利用历史档案，积极为两个文明建设服务，发挥了档案资料的作用。①

> 经查找，工作人员为其提供了济宁革命历史档案，里面详细记载了当年湖西革命历史情况。②

二、科技与生产类文档名词

现代社会，科技与经济发展的结合日益紧密，科学技术的主要力量逐步进入经济建设主战场。在科技、生产活动中产生了一个由很多文档名词构成的集合名词——"科技档案"。人们对于科技与生产类文档名词的命名，由最初对技术的狭窄认识到广泛认识，从资料到档案，一方面是对科技与生产类文档事物认识的统一，另一方面也是对其内容、性质认识深入的一个体现。

（一）科技与生产类文档名词的内涵、构成和构词特点

科技与生产类文档名词是人们对于科技、生产活动在一定专业分工中的档案事物的认识产物，随着这些专业的不断细化和专业技术活动的多领域开展，用于其中的文档名词呈现多元化的特点。

1. "科技档案"的内涵

"科技档案"一词，早期和"技术资料""科技文件材料""技术档案""科学技术档案""技术档案资料"是同义词，伴随现代科技档案事业的发展，这些词语逐渐区分了使用场合，用法变得专指、规范。

1949年，人们以"技术资料"或"技术档案资料"来命名科技档案。各个专业领域的科技档案机构被称为技术资料室或资料室，科技档案工作者被称为

---

① 上海市徐汇区年鉴编纂委员会. 徐汇年鉴［M］. 上海：汉语大词典出版社，2003：78.
② 山东省档案局. 山东档案年鉴：2012［M］. 北京：中国文史出版社，2013：307.

技术资料员或资料员，科技档案的属性被局限在资料参考范畴。1959年技术档案工作大连现场会议召开，形成并提出了"科学技术档案"概念，简称"科技档案"。

1959年12月，国务院颁布的《技术档案室工作暂行通则》："凡是记述和反映本单位的基本建设、生产技术和自然科学研究等活动的，具有保存价值，并且按照一定的归档制度作为真实的历史记录集中保存起来的技术文件资料（包括图纸、照片、表报、文字材料等）都是技术档案（或称科学技术档案）。"①至此，以国家法规的形式统一了"技术档案"一词是指归档后的"技术文件材料"。

1980年《科学技术档案工作条例》："科学技术档案是指在自然科学研究、生产技术、基本建设等活动中形成的应对归档保存的图纸、图表、文字材料、计算材料、照片、影片、录像、录音带等科技文件材料。"②这里，把"技术"规范为"科学技术"。

"科技档案是指人们在科技、生产活动中形成的由纯业务性的科技文件材料转化而成的档案。如图纸、设计任务书、科研报告等。"③科技文件材料是在科技、生产活动中直接形成的、处于使用和运行过程中的文件材料。

2000年的《档案工作基本术语》中"科学技术档案"的定义是："反映科学技术研究、生产、基本建设等活动的档案。"④

2008年《科学技术档案案卷构成的一般要求》中"科学技术档案"的定义是："国家机构、社会组织以及个人从事各项社会活动形成的，对国家、社会、本单位和个人具有保存价值的，应当归档保存的科技文件，以下简称科技

---

① 王传宇. 科技档案管理学［M］. 修订本. 北京：中国人民大学出版社，1998：17.

② 王传宇. 科技档案管理学［M］. 修订本. 北京：中国人民大学出版社，1998：18-19.

③ 冯惠玲，张辑哲. 档案学概论［M］. 北京：中国人民大学出版社，2001：16.

④ 档案工作基本术语DA/T1—2000 http://xxgk.seu.edu.cn/_s202/5d/71/c12951a154993/pagem.psp.

档案。"①

这些定义，一方面表示"科技档案"等于"科学技术档案"，人们仍将2个名词通用；另一方面对者的形成领域而言也都被认为是科技、生产领域，只是这个范畴还是很大，所以，在下位的科技与生产类文档名词的具体种类名词，依然存在着名词不统一的现象，如"农业生产技术档案""自然科学研究档案"这样的名词在年鉴中未见使用。说明科技与生产类文档名词的构词过于宽泛、合成词构成复杂，指代具体文档事物模糊和使用较少。

2. 科技与生产类文档名词的构成和构词特点

（1）"技术+档案、资料"形式的词语

以"技术"为前缀的词有"技术资料""技术档案""技术档案资料"。"技术档案资料"属于不规范名词，显口语化。"技术档案"主要应用在"科技档案"一词被规范化命名和使用之前。"技术资料"兼具资料参考性，"技术档案"具有档案属性。例如：

高薪聘请广东梅县的果树专家一年四季四次来南康现场教学，深受果农欢迎，并发放技术资料9000余份。②

加强技术资料管理工作，建立技术档案，及时做好苗木生长和田间管理的观测记载，积累资料，摸索规律，指导生产。③

整个抽水站工程的质量验收原始纪录和技术资料，得以比较完整地保存下来，这是十分宝贵和难得的技术财富。④

进一步规范职工人事档案及技术档案管理。2014年共整理档案2301份，其中职工档案1211份、离退休档案1090份，管理技术人员的技术档案

---

① 科学技术档案案卷构成的一般要求 – 标准 – 成都市档案局（馆） http：//www.cdarchive.chengdu.gov.cn/index.php？m=content&c=index&a=show&catid=88&id=1702.

② 南康市地方志办公室. 南康年鉴：2003［M］. 南康：南康志地方志办公室，2004：168.

③ 中国农业年鉴编辑委员会. 中国农业年鉴：1982［M］. 北京：中国农业出版社，1983：397.

④ 水利电力部治淮委员会办公室水利电力部治淮委员会. 治淮汇刊年鉴1982年（第八辑下册）［M］.《治淮汇刊》编辑委员会，1982：7.

423份。①

"技术档案资料"，主要应用于建筑、水文、建筑工程领域。如：

> 3月22日，经建设、环保、质检、地勘、设计等部门对工程主体质量和工程技术档案资料进行现场检查评估和查阅，验收为合格工程。②

（2）"科技+档案、文件"形式的词语

人们使用"科技档案"的时候多，多用于档案部门统计档案的大类表述中，由于"科技"是"科学技术"的缩略语，人们对"科学技术档案"使用较"科技档案"就少得多。"科技文件材料""科技文件"均作为"科技档案"的前身，是"科技档案"归档前的同义词。例如：

> 注意分析已归档的科技文件材料为开发提供的支持、服务和产生的效益进行评估。③

> 科技档案，科技咨询工作得到了加强。市档案局被评为省先进集体，受到了省政府的嘉奖。④

（3）科技与生产类文档名词的构词特点

科技与生产类文档名词的种类很多，包括"工程档案""设备档案""气象档案"和"地震档案"等16种（见图表11-6）。从结构上看，以4字为主，还有6字、8字，均为偶数形式。从内容上看，这些文档名词形成于各个科技领域，以科技类型和内容为限定词，作为档案的附属词，直接体现了档案的内容。例如：

> 加强了城建竣工档案的催交、工程档案的报送与管理工作，拓展了市政档案和乡镇城建档案的收集渠道，城建档案收集质量和入库率均有所提

---

① 北方集团史志编纂委员会. 北方集团年鉴（2014）[M]. 乌鲁木齐：新疆生产建设兵团出版社，2016：162.

② 鲁甸县年鉴编纂委员会. 鲁甸年鉴 [M]. 芒市：德宏民族出版社，2007：317.

③ 四川年鉴编辑委员会. 四川年鉴：1993 [M]. 成都：四川年鉴编辑委员会，1993：457.

④ 苏州市档案局. 苏州年鉴（1984）[M]. 苏州：苏州市档案局，1986：129.

高。[①]

（二）科技与生产类文档名词的应用

科技与生产类文档名词有7个相关词（见表11-5）。其中最早使用的"技术资料"使用频率一直最高，各相关领域习惯使用这样模糊的词。其余6个文档名词都是在1981年后使用，"科技档案"和"技术档案"使用次数在千次以上，"科学技术资料""技术档案资料""科技文件""科技文件材料"这4个词使用率较低。

表11-5　科技与生产类文档名词的应用

序号	内　容	使用次数	频　次	最早出现时间
1	技术资料	29617	1.269372536	1959
2	技术档案	4141	0.17748157	1981
3	技术档案资料	163	0.006986113	1985
4	科技档案	5055	0.216655237	1981
5	科学技术资料	130	0.005571747	1982
6	科技文件	128	0.005486028	1982
7	科技文件材料	48	0.00205726	1982

科技与生产类文档名词的应用存在着由模糊到清晰的一个认识过程。例如：会计档案、基建档案、科技档案、声像档案等各类专业档案，改变过去只保管文书档案的单一结构，成为保管多门类档案的综合性结构。[②]

上面例子里将"基建档案"和"科技档案"并列，说明当时对科技档案范围的认识还较为模糊。而二者是被包含和包含的关系，"科技档案"范畴大，是包括"基建档案"在内的大的集合概念。

根据表11-6，在年鉴中检索出科技与生产类文档名词有16个，表中反映了不同文档名词的使用频率。其中使用次数达千次以上的有3个："工程档

---

① 宝清县年鉴编纂委员会，《宝清年鉴》编辑部，宝清县地方志办公室. 宝清年鉴（2010）[M]. 2011：282.

② 番禺年鉴编辑部. 番禺年鉴 [M]. 广州：广东人民出版社，1995：16.

案""设备档案""气象档案",最少的为"天文档案",仅有4次。这16个文档名词在年鉴中出现的时间均在1980年以后,"水文档案"的出现时间最晚,为2000年开始。

表11-6 1949–2015年年鉴中主要科技与生产类文档名词的应用情况

序号	内 容	使用次数	频 次	最早出现时间
1	工程档案	6522	0.279530259	1984
2	设备档案	1450	0.062146408	1982
3	气象档案	1247	0.053445911	1985
4	地震档案	446	0.019115378	1987
5	测绘档案	337	0.014443682	1983
6	环境保护档案	155	0.006643237	1988
7	地质档案	106	0.004543117	1985
8	基本建设档案	100	0.004285959	1985
9	水文档案	55	0.002357278	2000
10	科学技术研究档案	46	0.001971541	1988
11	设备仪器档案	27	0.001157209	1995
12	医疗卫生档案	22	0.000942911	1992
13	观测档案	16	0.000685753	1992
14	工程设计档案	14	0.000600034	1985
15	工程施工档案	10	0.000428596	1994
16	天文档案	4	0.000171438	1991

三、其他专业类(专门档案)文档名词

社会上各行各业使用的文档名词除了在党政等行政管理活动、科技与生产活动中产生以外,还有在专业活动中产生、体现明显专业性的。科技与生产活动使用的文档名词也体现专业性,而更突出的是科技性,所以把专业性中体现科技与生产活动不明显的文档名词归为一类,称为其他专业类文档名词。

其他专业类文档名词主要是指专业领域产生的文档事物的称呼。也就是以

"专门档案"为主的一类文档名词统称。这里使用的专门档案是一个大的集合概念。专门档案一词出现于20世纪80年代，是社会分工细化、档案工作专业化发展的必然结果。专门档案是专门文件材料转化而来的。

专门档案下又分为若干属类，这些属类名词有些在古代就有，也有当代专用名词，如谱牒、唐朝的甲历档案即人事档案；专门档案名词也有不确定性，如人事档案和干部档案、会计档案和财会档案、诉讼档案和司法档案等，这些名词的命名随行业门类设置，多有随意性。如：

> 财会档案199893卷，专门档案40033卷，声像档案：照片25350张，录像带、磁带2326盒，缩微胶片915米。[①]

（一）其他专业类主要文档名词的内涵、构成和构词特点

1."专门档案"的内涵

当代年鉴中对于"专门档案"内涵的理解，是有分歧的。

> 所谓专门档案，是指某些专门领域产生形成的有固定名称形式，以及特殊载体的各种档案的总称。[②]

> 专门档案是指除文书档案和科技档案之外的，所有在专门活动中形成的档案……从逻辑上讲，它采用的是排除法，且自身是一个由若干具体档案种类构成的集合概念。[③]

> 专门档案是人们通过创造性劳动选取并保存起来以备查考的各种专门文件有机体系的总称。专门文件是指机关、企业、事业单位及其他社会组织，在从事某些专业性活动中，为了实现机关的职能目标而制作和使用的，具有比较稳定的文种和记录目的的各种载体类型的数据、信息记录。[④]

---

① 济南铁路局史志编纂领导小组办公室. 济南铁路局年鉴［M］. 北京：中国铁道出版社，1994：168.

② 潘玉民，杨小红. 专门档案管理［M］. 沈阳：辽宁大学出版社，1993：2.

③ 冯惠玲，张辑哲. 档案学概论［M］. 北京：中国人民大学出版社，2001：16.

④ 王英玮. 专门档案管理［M］. 北京：中国人民大学出版社，2010：3.

上述3个对专门档案的内涵的解释，突出了"专门"，分歧在于是否包括特殊载体，更多的人认为专门档案不指载体的特殊，只指文书档案、科技档案以外专门领域的内容特殊的档案集合。例如：

> 全县各单位按文件要求如期向档案馆移交2008年之前的到期档案，移交范围主要包括文书档案、科技档案、专门档案、声像档案、实物档案等，县档案馆按接收要求细则，依时间多批次接收到期档案。①

《档案工作基本术语》中"专业档案是反映专门领域活动的档案"。这个定义包括了文书档案、科技档案和专门档案。"专业档案"范畴远远大于"专门档案"一词。专业是指人类社会科学技术进步、生活生产实践中，用来描述职业生涯某一阶段、某一人群，用来谋生，长时期从事的具体业务作业规范。专门是独立门户，自成一家。"专门档案"一词取自职业业务范畴，"专业档案"取自职业的所属领域，二者内涵是交叉的关系。但是，在实际应用中往往被混淆使用。例如：

> 整理文书、会计、声像等各类档案材料及表格25种；向公检法及业务科室提供企业信息查询28000户次，专业档案查询900户次，文书档案查询80件次，接待社会查询5183人次。②

> 党、政、群机关和撤销单位的文书档案、专业档案和声像档案、获奖产品和获奖科研项目的科技档案；太仓籍著名书画家的部分书画作品档案。③

> 历史档案的公布，编纂和研究，科学技术档案的管理，影片、照片、录音档案和艺术档案的管理，人事档案、财务会计档案和其他专门、专业档案的管理，档案保护技术和缩微复制技术，档案电子检索和管理自动化技术，国际档案组织和外国档案工作介绍等。④

---

① 《九江县年鉴》编辑委员会. 九江县年鉴 [M]. 武汉：武汉出版社，2014：68.

② 北京市通州区党史区志办公室. 北京通州年鉴 [M]. 北京：方志出版社，2007：220.

③ 苏州年鉴编纂委员会. 苏州年鉴 [M]. 苏州年鉴编纂委员会，1985：658.

④ 中国出版工作者协会. 中国出版年鉴：1983 [M]. 北京：商务印书馆，1983：144.

2.其他专业类主要文档名词的构成和构词特点

“专门档案”包括很多属类，这些下位类文档名词结合了专业领域进行命名。包括“人事档案”“会计档案”和“商标档案”等19个主要文档名词（见表11-7）。专门档案类文档名词结合专业领域命名，这些名词以4字为主，前缀多为代表行业的名词，因词见意，易于统一应用，有较高的认可度。

表11-7　其他专业类文档名词（专门档案）汇总表

族别	主要名词	名词总数
专门档案	人事档案、信用档案、会计档案、统计档案、审计档案、商标档案、公证档案、教学档案、诉讼档案、标准档案、律师档案、书稿档案、病历档案、地名档案、工程档案、房地产档案、新闻艺术档案、税收征管档案、婚姻登记档案	19个

主要专门档案文档名词的内涵：

“人事档案”就是组织、人事管理部门或其他有关部门在人事管理活动中形成的，关于个人经历和德才表现，并以个人为单位集中保存起来以备查考的人事材料。

“信用档案”是有关管理机关为信用主体建立的，记录和反映信用主体在从事各种社会实践活动中的信誉和行为规范状况，具有一定查考利用价值的原始信息记录。

“会计档案”是各种社会实践主体在会计核算专业活动中形成的具有一定保存价值的会计文件。

“统计档案”是各级国家统计机关和企事业单位的统计部门在进行统计调查、统计分析等统计活动中直接形成的，具有一定保存价值的各种数字、文字、图表、声像及电子载体形式的历史记录，是具有有机历史联系的文件体系。

“审计档案”是指审计机关进行审计（含专项审计调查）活动中直接形成的对国家和社会具有保存价值的各种文字、图表等不同形式的历史记录。

这些文档名词的内涵都是基于形成专业领域、专业活动加上档案的保存价值、历史属性构成，名词的命名直观，易于记忆、易于推广，名词的接受度高。

（二）其他专业类文档名词的应用

"专门档案"的属类按年鉴中使用次数排列（图11-4），依次为"人事档案""信用档案""会计档案""统计档案""专门档案""审计档案""教学档案""婚姻登记档案""房地产档案""标准档案""诉讼档案""公证档案""商标档案""税收征管档案""律师档案"等。工作性质的差异，客观上决定这些名词使用的频率。存在几个专门档案同时使用的情况，例如：

> 司法诉讼、税收征管、金融保险等专门档案，有12个单位的修志档案已接收进馆。[①]

使用次数在1000次以上的有6个。"人事档案"最高，达11719次；还有"信用档案""会计档案""统计档案""专门档案""审计档案"。说明这些文档名词应用范围广，是各个机关、企事业单位档案工作中保存的共性专门档案种类。

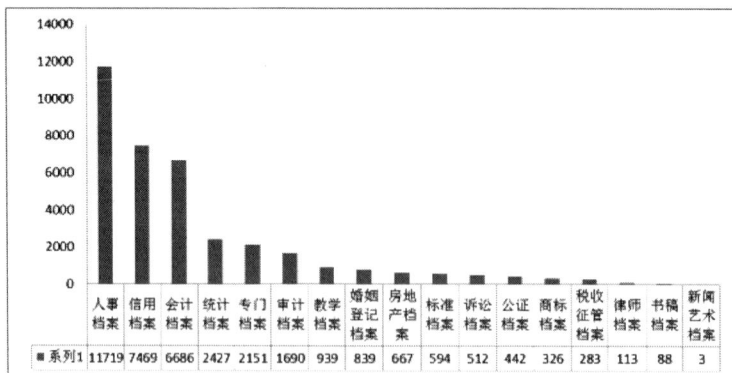

	人事档案	信用档案	会计档案	统计档案	专门档案	审计档案	教学档案	婚姻登记档案	房地产档案	标准档案	诉讼档案	公证档案	商标档案	税收征管档案	律师档案	书稿档案	新闻艺术档案
系列1	11719	7469	6686	2427	2151	1690	939	839	667	594	512	442	326	283	113	88	3

图11-4 1949-2015年年鉴中专门档案使用分析

---

①　《湘潭年鉴》编辑部. 湘潭年鉴：1994〔M〕. 北京：中国广播电视出版社，1994：78.

四、信息化领域类文档名词

信息化的发端可以追溯到20世纪中叶。微电子、计算机的发明，随后出现的各种信息技术及信息产业群，促进了70年代末至90年代初的第三次技术革命。信息技术改造国民经济各个领域，加快农业的工业化、信息化和工业的信息化。这促进了信息化领域新文档名词的产生。

信息化领域文档名词是基于计算机技术、通信技术、网络技术等命名。以"电子（虚拟、数字）+文件（档案、公文）"或"机读+文件（档案）"或"数码+档案"等形式构成。1976年在华盛顿的国际档案大会上，莱奥内尔·贝尔提出"机读档案"、1988年美国提出"电子文件"。这些都表明纸质载体主导的时代逐渐转变为光盘、磁盘等电子载体的时代。

在我国，"档案"和"文件"是同一事物两个不同阶段。在形成过程成为文件，最终保管后称为档案，也因此有"电子文件"和"电子档案"的不同命名。二者有时候在使用中没有明显界限。尤其文档一体化，更多时候使用"电子文件"。还有"数字档案""虚拟档案"，从强调档案的不同特性来命名。"电子"是指这种文件与档案的物理属性；"数字"是指这种文件与档案的逻辑属性；"虚拟"是指这种文件与档案的存在与管理形态。[1]这也决定了，这些信息化领域类文档名词的使用不统一。

（一）信息化领域类文档名词的内涵、构成和构词特点

1. 信息化领域类文档名词的内涵

信息化领域类文档名词首先是基于计算机技术、通信技术和网络技术的应用而产生的，以"机读文件""电子文件"和"电子档案"等词的出现和使用为代表。例如：

> 组织实施档案信息化、数字化建设和电子文件归档工作；开展档案的公布开放和开发利用工作，并为利用档案者提供优质服务和便利条件。[2]

---

[1] 丁海斌，赵淑梅. 电子文件管理基础［M］. 北京：中国档案出版社，2007：42.

[2] 《华侨大学年鉴》编辑部. 华侨大学年鉴［M］. 北京：社会科学文献出版社，2014：435.

凡是计算机进行信息处理时需要和产生的，以磁性介质为载体的，必须通过计算机才能阅读的计算机机读文件，统称作电子文件。①

"机读文件"是最早使用的信息化领域类文档名词。使用的时间主要在"电子文件"一词出现之前。关于"电子文件"的内涵随着时间推移在变化。1993年出版的《美国联邦文件管理术语手册》第二版对电子文件的解释为："其存储形式只能由计算机处理的文件，也叫机读文件和自动化数据处理文件。"②

冯惠玲电子文件管理教程："电子文件（Electronic Records）是以代码形式记录于磁带、磁盘、光盘等载体，依赖计算机系统存取并可在通信网络上传输的文件。"③

"电子档案"是基于"文件是档案的前身"理论的"电子文件"的中国化应用。"电子档案是指利用计算机技术形成的，以代码形式存储于特定介质上的档案。"④这些定义都是以电子或计算机为出发点、以"文件"为上位类概念进行解释的。

2. 信息化领域文档名词的构成和构词特点

信息化领域文档名词由3个部分构成。第一，与5个高频文档名词的合成词；第二，与专门名词构成的复合词，例如电子病历类名词；第三，可替代的相似名词。（见表11-8）

表11-8　信息化领域类文档名词汇总表

族别	主要名词	名词总数
电子族类	电子档案、电子文件、电子公文、电子文书、电子案卷	5个
电子病历类	电子病历、电子病历档案、电子病案	3个
数字、虚拟类	数字文件、数字档案、虚拟档案、虚拟文件	4个

① 云南省档案局. 云南档案年鉴: 1996–1997［M］. 昆明：云南科技出版社，1999：745.

② 丁海斌，赵淑梅. 电子文件管理基础［M］. 北京：中国档案出版社，2007：41.

③ 冯惠玲. 电子文件管理教程［M］. 北京：中国人民大学出版社，2001：1.

④ 邓绍兴，陈智为. 档案管理学［M］. 2版. 北京：中国人民大学出版社，1996：414.

信息化领域类文档名词，从构词结构上看，以4个字为主，并以"电子""虚拟""数字"为前缀，属于偏正式合成词；从名词意义上看，突出的是载体，使用中用于区分和纸质载体同类文档名词，这类文档名词时代感强，偏技术性。

（二）信息化领域类文档名词的应用

1."电子"+传统文档名词

信息化领域文档名词，在年鉴中的使用时间是在1990年以后，"电子"和5个主要传统文档名词的结合使用，排序为"电子档案""电子文件""电子公文""电子文书"和"电子案卷"。（见表11-9）

表11-9   "电子"+传统名词的应用

"电子"+文档名词	次数	总册数	频次
电子档案	12851	23332	0.550789
电子文件	4547	23332	0.194883
电子公文	4153	23332	0.177996
电子文书	81	23332	0.003472
电子案卷	40	23332	0.001714

"电子公文""电子文书"和"电子文件"应用范围不同，不是完全通用。电子公文是指各地区、各部门通过由国务院办公厅统一配置的电子公文传输系统处理后形成的具有规范格式的公文的电子数据。电子文书是适应现代信息管理技术要求的组织体制、运行机制和工作人员的技术素质等基本要求的数据文件。通常，"电子公文""电子文书"主要指电子数据类公务文书。比"电子文件"范畴窄。例如：

> 随着省市纸质公文和电子公文双轨运行的实施，办公室加大投入，不断改善办公自动化条件，积极稳妥地推进办公自动化建设，确保电子公文传输工作的开展。①

---

① 汉川年鉴编纂委员会. 汉川年鉴（1997-2006）［M］. 汉川年鉴编纂委员会，2008：244.

通过完善网络功能，规范工作流程，实现了对市局文件的远程收发和区局内部公文传递的电子文书处理，有效地提高了工作效率和工作质量。①

2. "电子""虚拟""数字"

在年鉴中，"电子档案"应用最广泛，共12851次，占67.92%，其次为"电子文件"，共4547次，占25.55%，（见图11-5）。"数字文件""数字档案"多在纸质档案数字化前提下，基于计算机扫描、著录等环境中使用。例如：

市文件管理中心积极实施"珠海数字文件中心"系统安全防护改造项目，向61家单位发放"数字文件中心"数字证书，为电子文件管理提供安全保障。②

南宁市房屋产权交易中心结合"数字房产"建设工作，开展了房产档案扫描工作，将纸质档案扫描转化成数字档案储存，目前已扫描档案584024份。③

"虚拟"作为前缀，应用极少。"虚拟档案""虚拟文件"鲜有使用，出现时间晚，用于系统环境下，例如：

该平台系统集入园登记、虚拟档案、中介服务、统计分析等多项功能于一体，实现园区统计申报系统数据层面共享对接，为工商、税务、投促等多部门提供数据共享。④

① 金牛区人民政府. 金牛年鉴［M］. 成都：四川辞书出版社，2004：155.
② 珠海年鉴编纂委员会. 珠海年鉴［M］. 珠海：珠海百年电子音像出版社，2011：331.
③ 广西壮族自治区建设厅. 广西建设年鉴：2009［M］. 南宁：广西民族出版社，2010：250.
④ 北京市石景山区地方志办公室. 北京石景山年鉴［M］. 北京：中华书局，2015：327.

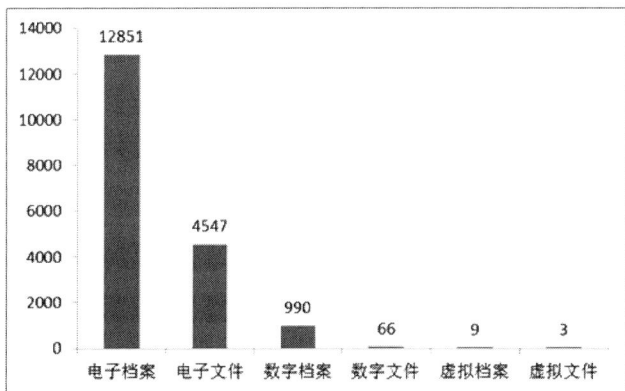

图11-5 电子、虚拟、数字组词的应用

3.病历档案的相关词分析

当代，专门档案加上"电子"等同于专门名词。以病历档案为例，"电子病历档案""电子病历"的使用是混用的。电子病历（EMR，electronic medical record）也叫计算机化的病案系统或基于计算机的病人记录（CPR，Computer- Based Patient Record）。电子病历是采用信息技术将文本、CT、B超等影像资料、病程记录等有关患者的多媒体信息综合处理，储存在一个特定系统中，电子病案实质上是医疗过程的全面信息化。电子病历档案简称电子病案（computerized patient record），是指计算机化的病案。这些概念上的界定多为同一事物。

如图11-6所示："电子病历档案"应用少，仅10次；"电子病历"泛指前后整个过程的病历，使用达3709次，可见，其具有更通俗、易于被接受等特点。例如：

开展"医疗安全和医德医风月"及"医疗质量月"活动，强化电子病历管理，抓好"护理星级服务措施"的落实，提高医疗质量。①

利用电子病历档案随机对老年人和成人进行大样本统计，发现住院老

---

① 镇江市史志办公室. 镇江年鉴（2005）[M]. 北京：方志出版社，2005：95.

年患者普遍存在多病性和多药性。[①]

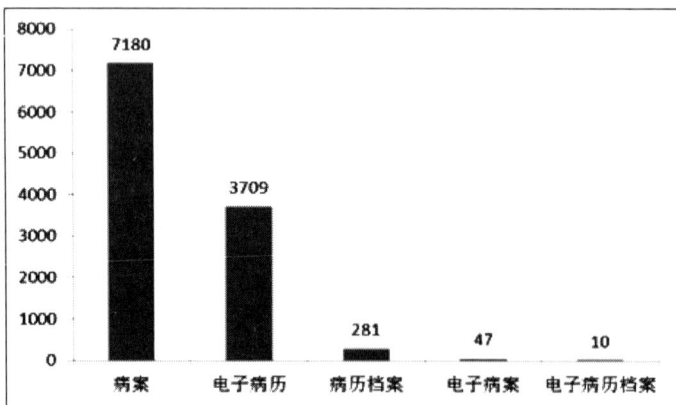

图11-6 病历档案相关名词的应用

五、特殊领域类文档名词

有些文档名词并不按照工作性质、专业领域命名，而是以突出文档事物的载体、表现形式和注重形成过程的特殊性来命名档案事物，这类文档名词合称特殊领域类文档名词。主要包括"声像档案"（13个）、"实物档案"（3个）和"口述档案"（3个）三大类，共19个文档名词（见表11-10）。这些名词出现的时间相对较晚，也是人们对档案事物认识深入和广泛的一个表现。

（一）特殊领域类文档名词的内涵、构成和构成特点

"声像档案""实物档案"和"口述档案"三个名词属于集合名词，出现时间晚，学术界对它们的界定也存在一定的分歧。这些特殊领域类文档名词构词简单、易于理解，同时也存在着和"资料""材料"等组合后使用混淆的问题。

---

① 孙涛，朱嵘，李俊德. 国医年鉴：2015卷［M］. 北京：中医古籍出版社，2015：91.

表11-10　特殊领域类文档名词汇总表

族别	文档名词	名词总数
声像档案（新型载体档案）	录音档案、录像档案、机读档案、照片档案、缩微档案、缩微胶片档案、唱片档案、光盘档案、数字档案、虚拟档案、音像档案、视听档案、音视频档案	13个
实物档案	实物档案、实物资料、实物材料	3个
口述档案	口述史料、口述历史档案、口述资料	3个

1."声像档案"的内涵、构成和构词特点

从档案存储的载体看，现代使用的载体类档案名词有"甲骨档案""金石档案""简牍档案""简帛档案""纸质档案"和"声像档案"。通常把纸张出现以后的载体形成的档案称为"新型载体档案"或"声像档案"。

《档案管理学》："声像档案是指国家机构、社会组织以及个人从事政治、经济、科学、文化、教育、军事等活动中形成的有保存价值的以音响、形象等方式记录信息的特殊载体，并辅以文字说明的历史记录，亦称音像档案、视听档案。"[1]

《档案工作基本术语》中"音像档案"的定义是"记录声音或影像的档案，包括照片、影片、录音带、录像带等"。

《档案学概论》："音像档案也被称为声像档案或视听档案，是指机构和个人在各种社会活动中形成的记录声音或影像的档案，可分为视觉、听觉、视听综合等不同形式，包括照片、影片、唱片、录音带、录像带等。"[2]

从上面的概念看，"声像档案"包括"照片档案"和"音视频档案"。二者是并列的关系。例如："建立馆藏全部档案目录及资料目录数据库、馆藏全部照片档案和音视频档案全文数据库、珍贵重要及利用频繁纸质档案全文数据

---

[1]　邓绍兴，陈智为. 档案管理学 [M]. 2版. 北京：中国人民大学出版社，1996：392.

[2]　冯惠玲，张辑哲. 档案学概论 [M]. 北京：中国人民大学出版社，2001：33.

库。"①

在档案工作中，人们也常把"音像档案"和"照片档案"并列，作为"声像档案"的一个属类，主要指录音带、录像带，以盒为单位计量。例如：

四是推进档案信息化建设，逐步将传统的纸质档案、音像档案、照片档案转化为数字档案，启动档案全文录入工作。②

建国后档案144036卷，音像档案509盒，照片档案9020张，电子档案光盘132张，缩微胶片2000幅。③

"视听档案"一词用得非常少，含义与"声像档案"一致。例如：

截至年底，全兵团公安派出所共收集、整理归档案卷18340卷。其中业务档案5148卷，户籍档案8933卷，文书档案4170卷，视听档案89卷；各类卡片5040张。④

"视听资料"是作为"资料"的属概念、比"视听档案"大的概念。但是对"视听"的载体内涵理解是一致的，都是指非纸载体的集合。"以录音磁带、录像带、电影胶片或电子计算机相关设备存储的作为证明案件事实的音响、活动影像和图形，统称为'视听资料'。又称声像资料或直感资料，一般以音响、图像等方式记录有知识的载体。视听资料一般可分为三种类型：①视觉资料，也称无声录像资料，包括图片、摄影胶卷、幻灯片、投影片、无声录像带、无声影片、无声机读件等。②听觉资料，也称录音资料，包括唱片、录音带等。③声像资料，也称音像资料或音形资料，包括电影片、电视片、录音录像片、声像光盘等"⑤。

"新型载体档案"主要用于档案工作总结，不具体指代"声像档案"，不

① 濮阳市地方史志办公室. 濮阳年鉴 [M]. 郑州：中州古籍出版社，2009：101.

② 华容年鉴编委会. 华容年鉴 [M]. 华容年鉴编委会，2013：108.

③ 《嘉定年鉴》编纂委员会. 嘉定年鉴（2008）[M]. 上海：学林出版社，2008：233.

④ 新疆生产建设兵团史志编纂委员会. 新疆生产建设兵团年鉴 [M]. 乌鲁木齐：新疆人民出版社，2001：126.

⑤ https://baike. baidu. com/item/%E8%A7%86%E5%90%AC%E8%B5%84%E6%96%99/435492?fr=aladdin

作为和"文书档案"并列的档案馆统计工作的一个档案门类使用，而是和"纸质档案"并列的载体类别的档案名词，使用率低。如："把电子文件等新型载体档案纳入工作范围，使新型载体档案与纸质档案一样得到收集、保管和利用。"①

"声像档案"一词是对声音和图像类档案进行命名后，由"照片档案""机械录音档案""录像档案""唱片档案""缩微档案""光盘档案""磁盘档案""机读档案"等属类名词构成的一个集合名词。在摄影技术出现之后，纸张长期以来作为唯一载体的局面被改变。而"电子档案"是最后出现的一个名词，从载体角度，也应属于"声像档案"范畴，但是，由于以"电子"为前缀的文档名词应用于特定的信息化领域并成为新词主流，在前文已经作为信息化领域文档名词单列阐述，在此不作赘述。

"声像档案"的同义名词有"音像档案""视听档案""音视频档案"，这些名词缺乏规范性和统一性。从构词上是"载体形式名词+档案"，为偏正式复合词。从词义上表意直观，体现了档案和新技术的相关性，从载体命名上和"纸质档案"相区别，并不指代档案的具体内容，所以，不按照内容进行分类，在使用上有载体名词内涵的交叉，对这些名词的定义和使用存在着容易混淆、界定不够清楚、不规范等问题。

2."实物档案"的内涵、构成和构词特点

"实物档案"是20世纪90年代初档案界提出的一个新的概念。"实物档案"是指以物质实体为载体反映本单位历史真实面貌的特定物品，一般包括奖状、奖杯、锦旗、荣誉证书、名人字画、牌匾、作废印章及其他有纪念意义和凭证性的物品。实物档案是指以物质实体为载体，能够反映本单位职能活动和历史真实面貌的具有保存价值的特定有形物品，它是一个单位档案全宗的重要组成部分。对于实物是否是档案、是否具有原始记录性等存有争议，但是不影响人们对于"实物档案"一词的使用。随着时间的推移，大多数单位对"实物

---

① 《中国审计年鉴》编委会. 中国审计年鉴（2013）［M］. 北京：中国时代经济出版社，2015：56-57.

档案"的认识感知逐步地由浅渐深，名词使用越发普及。相近的名词还有"实物材料""实物资料"。"实物档案"下没有具体的属类档案名词，都是具体到实物名词。"实物档案"中的实物范围很广，有奖杯、证书、光荣册、印章、纪念章等徽章证书类，纪念品、工艺品、字画等礼品书画文稿类，专利、名优产品的模具等名优产品类，以及其他有纪念意义和保存价值的实物。

"实物材料"很少在使用中指代"实物档案"，多数指代的是历史遗址或物品。例如：

> 文字、照片、声像记录等电子和实物材料整理归档。①

> 为研究明代下层人士的服饰制度、丧葬制度、生活状况、风俗习惯等提供了重要的实物材料。②

"实物资料是实际存在的有关历史的、真实存在的东西作为资料。除了实物资料，还有文献资料和口述资料。"③ "实物资料"主要用于考古发掘、遗产保护等工作中。例如：

> 墓顶已坍塌，墓砖上饰几何纹，在墓道内发现有随葬陶器，从墓葬的规模和随葬器物分析，对比前期在该区域发现的东汉墓葬，此墓属于东汉时期平民墓葬。新洲移民安置点的考古发掘成果，为研究新洲古城的历史文化提供了重要的实物资料。④

3. "口述档案"的内涵、构成和构词特点

1984年"口述档案"一词开始在国际上出现。国际档案理事会出版的《档案术语词典》，有法文词条Archives orals（口述档案）。当时只是在Orals这一词条下有相对应的中译"口述历史"。1988年8月的第十一届国际档案大会，塞内加尔档案工作者正式使用"口述档案"这一概念。国际档案理事会所编

---

① 《嘉定年鉴》编纂委员会. 嘉定年鉴［M］. 上海：学林出版社，2010：248.

② 高振威，周利宁. 江阴市长泾叫家宕明墓群［Z］//中国考古学会. 中国考古学年鉴（2009）［M］. 北京：文物出版社，2010：196.

③ https://baike.baidu.com/item/%E5%AE%9E%E7%89%A9%E8%B5%84%E6%96%99/6525420

④ 常德市人民政府地方志办公室. 常德年鉴（2012）［M］. 北京：方志出版社，2013：370.

《档案术语词典》阐述了关于口述档案的定义，我国档案界开始使用这一词语。"我国史学者将采访者与受访者'双方合作谈话的录音整理成文字稿'，或将历史事件'当事人或知情人的口头资料，经与文字档案核实，整理成文字稿'视为口述档案，应当说还是比较恰当的。当然，不应该把访谈录音排除在外。"①

"口述档案"包括口述历史、口述资料和口述录音。从构词上看，属于动宾式复合词，由主体动作为辅词修饰"档案"构成的一个合成词。"口述档案"概念产生晚，形成数量少，使用量也少。

与齐鲁电视台、济南电视台合作摄录了"五三惨案"亲历者的口述档案。据统计，一年来市档案馆征集人员共走访80多个单位、200多人次，征集到"五三惨案"、济南解放的史料1773件，照片769张，录音（像）资料22条，同时接收现行档案2000余卷和市委、市政府部分荣誉档案。②

在文档名词使用中，存在着"口述档案"和"口述资料"的交叉和混淆问题。"口述资料"是人们口耳相传的产物，传说和口述历史都属于"口述资料"，用以弥补文献资料的不足。"文献资料""实物资料"和"口述资料"合称"历史资料"。"历史材料"是指过去时代留存下来的史事、文物、作品、文献、资料等，是专门调查形成的文字或声音记录。

进村入户实地调研，共组织各类调研人员11872人，走访当事人或知情人51508人，形成口述资料、证人证言11683份。内查外调，查阅有关资料3162卷，书报刊物等文献资料112种，复印档案文献资料10606页。③

做好境外档案、视频档案、口述档案等地方特色档案征集进馆，切实形成结构合理、内容丰富、覆盖广泛的国家档案资源体系。④

① 陈子丹. 口述档案及其相关概念辨析 [J]. 云南档案，2012（7）：24.

② 济南市史志办公室. 济南年鉴:1999 [M]. 济南：济南出版社，1999：257.

③ 沧州年鉴 [M]. 沧州市政府年鉴编辑部. 沧州年鉴：2008 [M]. 天津：天津古籍出版社，2010：94.

④ 山东省档案局. 山东档案年鉴（2012）[M]. 北京：中国文史出版社，2013：91.

2008年，全市各级党史部门大力加强党史资料的征集工作，采取调访老领导、老同志、知情人，召开座谈会，查阅档案、网站、报刊等不同形式，摘抄复印了大量档案资料，征集了部分回忆录、日记、笔记和历史图片，积累了宝贵的历史资料。[①]

（二）特殊领域类主要文档名词的应用

在特殊领域类主要文档名词中，如图11-7所示，使用在千次以上的有"音像资料""声像档案""实物档案"，而"口述档案""口述史料""口述历史档案"在100次上下。这些文档名词出现在2000年以后的年鉴中。其中，"音像档案"一词使用最多，比"声像档案"多1865次，说明人们对"音像档案"的认可度高。"实物档案"一词也有2537次，也有相当的接受度。而"口述档案"类使用少，和形成的数量少、应用面小有关。

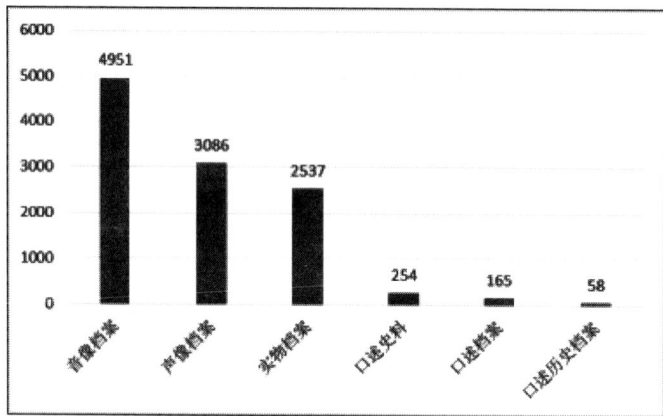

图11-7 特殊领域类主要文档名词次数比例分析

1. "声像档案"类的应用

如图11-8所示，声像档案名词在1949—2015年鉴中使用次数排序依次为"照片档案""声像档案""音像档案""录像档案""光盘档案""机读档案""录音档案""缩微档案""缩微胶片档案"。"照片档案"涉及的范围

---

① 许昌市地方史志办公室. 许昌年鉴 [M] . 郑州：中州古籍出版社，2009：110.

广，这一文档名词使用的数量最大。

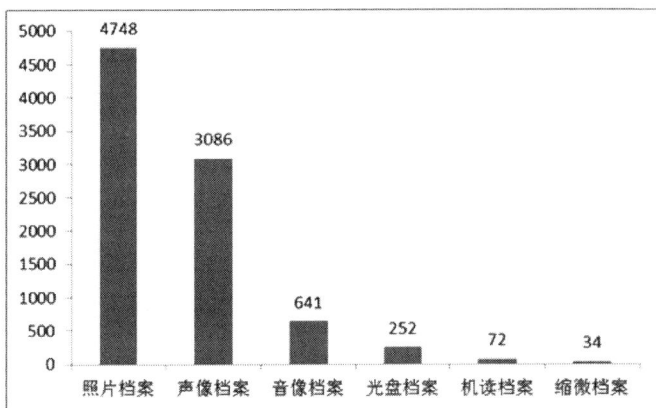

图11-8 1949—2015年年鉴中"声像档案"类名词的应用

"照片档案""音视频档案""缩微胶片档案"等主要应用于档案信息化工作中的档案数字化工作。例如：

> 管委会OA电子文件，对地方文献、音视频档案、照片档案、劳模档案以及文书档案等进行数字化处理。①

> 至此《档案数字化规范》已发布一至六部分，分别规范了总则和纸质档案、缩微胶片档案、照片档案、录音档案、录像档案的数字化加工流程，完善了北京市档案数字化标准体系。②

关于声像类作为文件的下位词的构词，这样的文档名词应用较少。"磁盘文件"（31次）、"光盘文件"（10次）、"音像文件"（6次）、"胶片文件"（2次）、"磁带文件"（2次）、"声像文件"（1次）。声像类+"文件"的使用次数合计52次，数量极少。

2."实物档案"一词的应用

"实物"+文档名词的各个名词使用差异较大。"实物资料"使用最多，达3589次；"实物档案"第二，2537次；"实物材料"103次；"实物档案资

---

① 天津经济技术开发区年鉴编纂委员会. 天津经济技术开发区（南港工业区）年鉴［M］. 北京：中华书局，2013：264-265.

② 北京年鉴社. 北京年鉴［M］. 北京：北京年鉴社，2013：163.

料"32次。"实物档案"和"实物档案资料"多有混用，例如：

> 科技档案178卷，实物档案有印模430枚，奖牌、奖杯158件；各类资料9165册（件）。①

> 照片档案4.16万张、音像档案1.24万分钟、实物档案456件。②

> 在区委办、区政府办的统一协调下，筹建区荣誉展览厅，利用奖匾、证书、图片等实物档案资料，集中收集、分类、编辑、制作图片1600多张，编写说明文字6万多字，布展工作已完成。③

3. "口述档案"一词的应用

"口述档案""口述历史档案"和"口述史料"常混用。"口述史料"包括当事人以口述的方式写下的文字性记录，以及他人对当事人的口述所作的记录。例如：

> 沈阳、大连、鞍山、锦州、昌图等市县档案局（馆）分别接收征集了蒲河生态廊道、老照片、老纪录片、"辽宁舰"、家电下乡、口述档案、满族剪纸、东北大鼓、皮影、锡雕等专题和特色档案。④

> 收集整理十九兵团老战士口述历史档案录音（像）带、实物17件（盘)，文字材料23份2万余字。⑤

> 教授通过档案文献和当事人的口述史料，详细解读了这段历史。近年来，一些相关当事人的回忆、传记、年谱相继发表和出版，关于粉碎"四人帮"的真相有不少得到了澄清。⑥

---

① 中共定边县委史志办公室. 定边年鉴（2013）［M］. 中共定边县委史志办公室，2014：84.

② 威海市地方史志办公室. 威海年鉴［M］. 北京：方志出版社，2012：275.

③ 宿豫年鉴编纂委员会. 宿豫年鉴［M］. 北京：方志出版社，2007：134.

④ 档案资源建设不断夯实［Z］// 中国共产党辽宁执政实录（2013）［M］. 中共辽宁省委党史研究室. 北京：中共党史出版社，2014：403.

⑤ 《宁夏年鉴》编辑委员会. 宁夏年鉴（2006）［M］. 北京：方志出版社，2006：422.

⑥ 北京市社会科学界联合会. 北京社会科学年鉴［M］. 北京：北京出版集团公司北京出版社，2015：989.

　　"口述档案"多应用于档案馆工作中，一般与"名人档案""声像档案"的征集一起使用。"口述史料"强调历史意义，主要在党史研究、民间资料征集工作中使用，作为"口述档案"的含义基本不使用，二者区别在于"资料"和"史料"之间。例如：

　　　　开展重要党史人物口述史料征集，整理卢荣景口述资料20余万字，完成《昨天的记忆》初稿。[①]

　　　　文字资料、口述资料、图表资料、音像资料和实物资料，包括纸质、磁性材料、感光材料和电子存储介质等载体形式。[②]

　　总体比较而言，口述类文档名词使用显弱势，使用的历史短，涉及的面也窄，但是一直在使用，并且领域分工清晰："口述档案"主要由档案部门收集和管理，"口述史料"主要由党史研究部门和民间部门采集和管理。

　　总之，以"档案"为属概念的档案名词体系的确立和完善，一方面是中国档案事业发展的结果，各级各类档案管理机构的普遍建立，国家档案名词术语的标准化、规范化，统一了各行各业以档案为属概念的档案名词，也符合我国国家档案工作集中统一管理的基本原则。另一方面，随着这些名词的不断使用，也推动档案工作的发展。人们在不断使用档案名词的同时，逐渐厘清各个"档案"族系的应用范围，对这些名词概念的区分，也进一步界定了文书工作和档案工作的关系。反过来说，各"档案"族系名词在继承古代、现代发展和自身的不断完善中逐渐统一了人们的认识。

本章小结

　　中华人民共和国的建立，掀开了人类历史的新篇章。中国经历了社会主义建设的几个阶段，各项事业取得了举世瞩目的成绩。档案事业逐渐确立了一个

---

①　《安徽年鉴》编辑委员会. 安徽年鉴（2012）［M］. 合肥：安徽年鉴社，2012：48.

②　北京市公园管理中心. 北京市公园年鉴（2013）［M］. 北京市公园管理中心，2014：471.

集中制基础上的由档案机构、档案教育、外事活动等构成的完整体系。国家档案局制定颁布了《中华人民共和国档案法》《档案名词术语标准》等一系列法规，规范档案和档案工作，使档案工作越来越规范化、专业化和信息化，档案名词术语日趋全面和稳定。文书工作也从体制改进、法规规范、流程统一等方面完成了变革和发展，文书的种类、使用和用语日趋规范、标准化。

在文书工作和档案工作的建设发展中，文档名词在各专业领域得到了迅速的扩大和应用。按照文档名词所产生和应用的领域，文档名词可分为行政管理类、科技与生产类、其他专业类、信息化领域类和特殊领域类文档名词五大类别。每个类别下包括若干具体的文档名词，目前的五大领域应用的文档名词内涵的统一界定基本完成，在应用中体现了广泛性和通用性，说明其成熟程度。伴随着社会行业的细化和新生行业的诞生，相应的专业领域的文档名词也会不断再产生，加之全球经济一体化和国际文化交流的日益频繁，文档名词中外来词也在不断增多。文档名词集合是一个随着文书工作和档案工作内容变化着的事物，未来文档名词的大家族还会继续补充新成员。

附录1：本书所检索、统计的中国古代文献表

先秦（73）			
朝代	部类	文献	作者
先秦	经部	《诗经》	［西周］不详
先秦	经部	《春秋谷梁传》	［战国］谷梁赤
先秦	经部	《春秋左传》	［春秋］左丘明
先秦	经部	《论语》	［春秋］孔子弟子及再传弟子
先秦	经部	《尔雅》	［先秦］不详
先秦	经部	《孟子》	［战国］孟子及弟子
先秦	经部	《尚书》	［春秋］孔子
先秦	经部	《易经原典》	伏羲 虞舜 姬昌 周公 孔丘
先秦	经部	《春秋公羊传》	［战国］公羊高
先秦	经部	《周易》	伏羲、虞舜、姬昌、周公、孔丘
先秦	经部	《中庸》	［战国］子思
先秦	经部	《大学》	［春秋］曾子

先秦	经部	《子夏易传》	［春秋］卜商
先秦	经部	《礼记》	西汉］戴圣
先秦	经部	《周礼》	［先秦］周公
先秦	经部	《仪礼》	［春秋］不详
先秦	经部	《孝经》	［春秋］孔子
先秦	经部	《古三坟》	［先秦］不详
先秦	史部	《国语》	［春秋］左丘明
先秦	史部	《竹书纪年》	［春秋］晋国史官、［战国］魏国史官
先秦	史部	《逸周书》	［先秦］不详
先秦	史部	《古本竹书纪年辑校》	［先秦］不详
先秦	史部	《战国纵横家书》	［战国］不详
先秦	子部	《黄帝内经素问》	［先秦］旧题黄帝
先秦	子部	《管子》	［春秋］管仲
先秦	子部	《韩非子》	［战国］韩非
先秦	子部	《商君书》	［战国］商鞅
先秦	子部	《慎子》	［战国］慎到
先秦	子部	《文子》	［春秋］辛钘
先秦	子部	《庄子》	［战国］庄周
先秦	子部	《墨子》	［战国］墨翟
先秦	子部	《尸子》	［战国］尸佼
先秦	子部	《尹文子》	［战国］尹文
先秦	子部	《曾子》	［春秋］曾参
先秦	子部	《阴符经》	［先秦］旧题黄帝
先秦	子部	《子思子》	［春秋］孔伋
先秦	子部	《尉缭子》	［战国］尉缭
先秦	子部	《孙子兵法》	［战国］孙武
先秦	子部	《穆天子传》	［战国］不详
先秦	子部	《燕丹子》	［不详］
先秦	子部	《吕氏春秋》	［战国］吕不韦

先秦	子部	《鬼谷子》	［春秋］王诩
先秦	子部	《子华子》	［春秋］程本
先秦	子部	《公孙龙子》	［战国］公孙龙
先秦	子部	《随巢子》	［战国］随巢子
先秦	子部	《荀子》	［战国］荀况
先秦	子部	《晏子春秋》	［战国］晏婴
先秦	子部	《邓析子》	［春秋］邓析
先秦	子部	《黄帝八十一难经》	［战国］秦越人
先秦	子部	《灵枢经》	［先秦］旧题黄帝
先秦	子部	《素女经》	［战国］不详
先秦	子部	《老子》	［春秋］李耳
先秦	子部	《亢仓子》	［春秋］庚桑楚
先秦	子部	《关尹子》	［战国］尹喜
先秦	子部	《列子》	［战国］列御寇
先秦	子部	《鹖冠子》	［战国］鹖冠子
先秦	子部	《黄老帛书》	［先秦］不详
先秦	子部	《司马法》	［战国］司马穰苴
先秦	子部	《孙膑兵法》	［战国］孙膑
先秦	子部	《吴子》	［战国］吴起
先秦	子部	《孙子》	［春秋］孙武
先秦	子部	《六韬》	［先秦］姜尚
先秦	子部	《风后握奇经》	［先秦］风后
先秦	子部	《禽经》	［春秋］旧题师旷
先秦	子部	《孔子集语》	［清朝］孙星衍
先秦	子部	《老子河上公章句》	［西汉］河上公
先秦	子部	《养鱼经》	［战国］范蠡
先秦	子部	《金人铭》	［战国］不详
先秦	子部	《申子》	［战国］申不害
先秦	子部	《星经》	［战国］甘德；石申夫
先秦	子部	《器经》	［春秋］孤子

先秦	子部	《范子计然》	［春秋］范蠡
先秦	其他	甲骨文献	中国科学院考古研究所

<table>
<tr><td colspan="4" align="center">秦汉（66）</td></tr>
</table>

朝代	部类	文献	作者
秦汉	经部	《大戴礼记》	［西汉］戴德
秦汉	经部	《释名》	［东汉］刘熙
秦汉	经部	《白虎通义》	［东汉］班固
秦汉	经部	《方言》	［西汉］扬雄
秦汉	经部	《增补郑氏周易》	［东汉］郑玄注 ［清］惠栋辑
秦汉	经部	《韩诗外传》	［西汉］韩婴
秦汉	经部	《尚书大传》	［西汉］伏生
秦汉	经部	《春秋繁露》	［西汉］董仲舒
秦汉	经部	《五经异义》	［东汉］许慎
秦汉	经部	《周易郑康成注》	［东汉］郑玄注
秦汉	经部	《易纬是类谋》	［东汉］郑玄注
秦汉	经部	《六艺略》	［西汉］刘歆
秦汉	经部	《易纬通卦验》	［东汉］郑玄注
秦汉	经部	《周易干凿度》	［东汉］郑玄注
秦汉	经部	《易纬辨终备》	［东汉］郑玄注
秦汉	经部	《易纬坤灵图》	［东汉］郑玄注
秦汉	经部	《易纬干元序制记》	［东汉］郑玄注
秦汉	史部	《汉书》	［东汉］班固
秦汉	史部	《史记》	［西汉］司马迁
秦汉	史部	《列女传》	［西汉］刘向
秦汉	史部	《前汉纪》	［东汉］荀悦
秦汉	史部	《后汉纪》	［东晋］袁宏
秦汉	史部	《后汉书》	［南朝宋］范晔
秦汉	史部	《补汉兵志》	［宋］钱文子
秦汉	子部	《孔丛子》	［秦］孔鲋
秦汉	子部	《太平经》	［东汉］

秦汉	子部	《焦氏易林》	［西汉］焦赣
秦汉	子部	《论衡》	［东汉］王充
秦汉	子部	《京房易传》	［西汉］京房
秦汉	子部	《淮南子》	［西汉］刘安
秦汉	子部	《九章算术》	［西汉］张苍
秦汉	子部	《灵棋经》	［西汉］东方朔［明］刘基注
秦汉	子部	《说苑》	［西汉］刘向
秦汉	子部	《金匮要略方论》	［东汉］张仲景
秦汉	子部	《太玄经》	［西汉］扬雄
秦汉	子部	《天禄阁外史》	［东汉］黄宪
秦汉	子部	《盐铁论》	［西汉］桓宽
秦汉	子部	《新书》	［西汉］贾谊
秦汉	子部	《扬子法言》	［西汉］扬雄
秦汉	子部	《风俗通义》	［东汉］应劭
秦汉	子部	《潜夫论》	［东汉］王符
秦汉	子部	《新序》	［西汉］刘向
秦汉	子部	《列仙传》	［西汉］刘向
秦汉	子部	《佛说分别善恶所起经》	［东汉］安世高译
秦汉	子部	《修行本起经》	［东汉］大力、康孟详译
秦汉	子部	《申鉴》	［东汉］荀悦
秦汉	子部	《新语》	［西汉］陆贾
秦汉	子部	《佛说兴起行经》	［东汉］康孟详译
秦汉	子部	《中本起经》	［东汉］昙果、康孟详译
秦汉	子部	《昌言》	［东汉］仲长统
秦汉	子部	《长阿含十报法经》	［东汉］安世高译
秦汉	子部	《七处三观经》	［东汉］安世高译
秦汉	子部	《佛说无量清净平等觉经》	［东汉］支娄迦谶译
秦汉	子部	《周髀算经》	［西汉］佚名
秦汉	子部	《五星占》	［汉］

秦汉	子部	《三略》	［旧题汉］黄石公
秦汉	子部	《佛说骂意经》	［东汉］安世高译
秦汉	子部	《般舟三昧经》	［东汉］支娄迦谶译
秦汉	子部	《四十二章经》	［东汉］竺法兰等译
秦汉	子部	《神异经》	［西汉］东方朔
秦汉	子部	《佛说处处经》	［东汉］安世高译
秦汉	子部	《泛胜之书》	［西汉］泛胜之
秦汉	子部	《急就篇》	［西汉］史游
秦汉	子部	《周易参同契》	［东汉］魏伯阳
秦汉	集部	《楚辞章句》	［汉］王逸注
秦汉	集部	《古诗十九首》	［汉］佚名
秦汉	其他	《赵飞燕外传》	［汉］伶玄
三国（13）			
朝代	部类	文献	作者
三国	经部	《陆氏易解》	［三国吴］陆绩撰 ［明］姚士粦辑
三国	经部	《周易略例》	［三国魏］王弼撰 ［唐］邢璹注
三国	史部	《人物志》	［三国魏］刘邵
三国	史部	《三国志》	［西晋］陈寿
三国	史部	《三国杂事》	［宋］唐庚
三国	子部	《法句经》	［三国吴］维祇难等译
三国	子部	《撰集百缘经》	［三国吴］支谦译
三国	子部	《佛说义足经》	［三国吴］支谦译
三国	子部	《六度集经》	［三国吴］康僧会译
三国	子部	《汉末英雄记》	［三国魏］王粲
三国	集部	《魏文帝集》	［三国魏］曹丕
三国	集部	《曹子建集》	［三国魏］曹植
三国	集部	《魏武帝集》	［三国魏］曹操
两晋（59）			
朝代	部类	文献	作者

两晋	经部	《尔雅注疏》	［晋］郭璞
两晋	经部	《春秋释例》	［晋］杜预
两晋	经部	《左传杜林合注》	［晋］杜预
两晋	史部	《高士传》	［晋］皇甫谧
两晋	史部	《华阳国志》	［晋］常璩
两晋	史部	《邺中记》	［晋］陆翙
两晋	史部	《南方草木状》	［晋］嵇含
两晋	子部	《傅子》	［晋］傅玄
两晋	子部	《针灸甲乙经》	［晋］皇甫谧
两晋	子部	《肘后备急方》	［晋］葛洪
两晋	子部	《九章算术》	［晋］刘徽
两晋	子部	《海岛算经》	［晋］刘徽撰
两晋	子部	《葬书》	［旧题晋］郭璞
两晋	子部	《玉照定真经》	［旧题晋］郭璞
两晋	子部	《竹谱》	［旧题晋］戴凯之
两晋	子部	《古今注》	［晋］崔豹
两晋	子部	《博物志》	［旧题晋］张华
两晋	子部	《庄子注》	［晋］郭象
两晋	子部	《抱朴子内外篇》	［晋］葛洪
两晋	子部	《神仙传》	［晋］葛洪
两晋	子部	《大方广佛华严经》	［东晋］佛驮跋陀罗译
两晋	子部	《大方等大集经》	［北凉］昙无谶译
两晋	子部	《出曜经》	［后秦］佛念译
两晋	子部	《大庄严论经》	［后秦］鸠摩罗什译
两晋	子部	《佛所行赞》	［北凉］昙无谶译
两晋	子部	《菩萨璎珞经》	［后秦］佛念译
两晋	子部	《佛说华手经》	［后秦］鸠摩罗什译
两晋	子部	《中阿含经》	［东晋］瞿昙僧伽提婆译
两晋	子部	《正法华经》	［西晋］法护译

两晋	子部	《佛说大乘菩萨藏正法经》	［西晋］法护等译
两晋	子部	《大般涅槃经》	［北凉］昙无谶译
两晋	子部	《妙法莲华经》	［后秦］鸠摩罗什译
两晋	子部	《修行道地经》	［西晋］法护译
两晋	子部	《长阿含经》	［后秦］佛陀耶舍、佛念译
两晋	子部	《合部金光明经》	［北凉］昙无谶译
两晋	子部	《普曜经》	［西晋］法护译
两晋	子部	《大哀经》	［西晋］法护译
两晋	子部	《达摩多罗禅经》	［后秦］佛陀跋陀罗译
两晋	子部	《菩萨从兜术天降神母说》	［后秦］佛念译
两晋	子部	《异苑》	［晋］刘敬叔
两晋	子部	《如来不思议秘密大乘经》	［西晋］法护等译
两晋	子部	《度世品经》	［西晋］法护等译
两晋	子部	《佛说阿惟越致遮经》	［西晋］法护等译
两晋	子部	《贤劫经》	［西晋］法护等译
两晋	子部	《十住经》	［后秦］鸠摩罗什译
两晋	子部	《法句譬喻经》	［西晋］法炬、法立译
两晋	子部	《金光明经》	［北凉］昙无谶译
两晋	子部	《生经》	［西晋］法护译
两晋	子部	《僧伽罗刹所集经》	［东晋］僧伽跋澄等译
两晋	子部	《佛五百弟子自说本起经》	［西晋］法护译
两晋	子部	《摩诃般若波罗蜜经》	［后秦］鸠摩罗什译
两晋	子部	《佛说观佛三昧海经》	［后秦］佛陀跋陀罗译
两晋	子部	《佛说如来兴显经》	［西晋］法护译
两晋	子部	《十六国春秋别本》	［北魏］崔鸿
两晋	集部	《陶渊明集》	［晋］陶潜
两晋	集部	《陆士龙集》	［晋］陆云

两晋	集部	《笔势论》	［晋］王羲之
两晋	集部	《文赋》	［晋］陆机
两晋	丛书	《汉宫春色》	［东晋］无名氏
南北朝（83）			
朝代	部类	文献	作者
南北朝	经部	《重修玉篇》	［梁］顾野王
南北朝	史部	《史记集解》	［南朝宋］裴骃
南北朝	史部	《宋书》	［梁］沈约
南北朝	史部	《南齐书》	［梁］萧子显
南北朝	史部	《魏书》	［北齐］魏收
南北朝	史部	《庐山略记》	［南朝宋］释惠远
南北朝	史部	《荆楚岁时记》	［梁］宗懔
南北朝	史部	《佛国记》	［南朝宋］释法显
南北朝	史部	《水经注》	［后魏］郦道元注
南北朝	史部	《汉魏南北朝墓志选》	［南北朝］
南北朝	史部	《三辅黄图》	［南北朝］
南北朝	史部	《洛阳伽蓝记》	［后魏］杨衒之
南北朝	史部	《晋书》	［唐］房玄龄等
南北朝	史部	《梁书》	［唐］姚思廉
南北朝	史部	《陈书》	［唐］姚思廉
南北朝	史部	《北齐书》	［唐］李百药
南北朝	史部	《周书》	［唐］令狐德棻等
南北朝	史部	《南史》	［唐］李延寿
南北朝	史部	《北史》	［唐］李延寿
南北朝	史部	《建康实录》	［唐］许嵩
南北朝	子部	《褚氏遗书》	［旧题南齐］褚澄
南北朝	子部	《五经算术》	［北周］甄鸾
南北朝	子部	《元包经传》	［北周］卫元嵩
南北朝	子部	《灵台密苑》	［北周］庾季才
南北朝	子部	《古画品录》	［南齐］谢赫

南北朝	子部	《禽经》	［旧题周］师旷
南北朝	子部	《金楼子》	［梁］孝元帝
南北朝	子部	《刘子》	［旧题北齐］刘昼
南北朝	子部	《古今同姓名录》	［梁］元帝
南北朝	子部	《世说新语》	［南朝宋］刘义庆
南北朝	子部	《异苑》	［南朝宋］刘敬叔
南北朝	子部	《述异记》	［旧题梁］任昉
南北朝	子部	《弘明集》	［梁］释僧祐
南北朝	子部	《老子道德经》	［魏］王弼
南北朝	子部	《真诰》	［梁］陶弘景
南北朝	子部	《正法念处经》	［北魏］般若流支译
南北朝	子部	《杂阿含经》	［南朝宋］求那跋陀罗
南北朝	子部	《出三藏记集》	［南朝梁］释僧祐
南北朝	子部	《齐民要术》	［北魏］贾思勰
南北朝	子部	《别译杂阿含经》	失译人名
南北朝	子部	《增壹阿含经》	［东晋］瞿昙僧伽提婆译
南北朝	子部	《佛本行经》	［南朝宋］宝云译
南北朝	子部	《南无诸佛要集经》	［南北朝］
南北朝	子部	《入楞伽经》	［北魏］菩提留支译
南北朝	子部	《大般涅槃经》	［南朝宋］慧严等译
南北朝	子部	《高僧传》	［南朝梁］慧皎
南北朝	子部	《菩萨念佛三昧经》	［南朝宋］功德直译
南北朝	子部	《雷公炮炙论》	［南朝宋］雷敩
南北朝	子部	《央掘魔罗经》	［南朝宋］求那跋陀罗
南北朝	子部	《大方广十轮经》	失译人名
南北朝	子部	《佛说广博严净不退转经》	［南朝宋］智严译
南北朝	子部	《大萨遮尼干子所说经》	［北魏］菩提留支译
南北朝	子部	《杂宝藏经》	［北魏］吉迦夜、昙曜译
南北朝	子部	《佛说佛名经》	文宣公译

南北朝	子部	《不退转法轮经》	［南北朝］
南北朝	子部	《楞伽阿跋多罗宝经》	［南朝宋］求那跋陀罗
南北朝	子部	《渐备一切智德经》	［南北朝］
南北朝	子部	《佛说十地经》	［南朝梁］达摩译
南北朝	子部	《大乘理趣六波罗蜜多经》	［唐］般若译
南北朝	子部	《颜氏家训》	［北齐］颜之推
南北朝	子部	《大乘本生心地观经》	［唐］般若译
南北朝	子部	《放光般若经》	［西晋］无罗叉译
南北朝	子部	《持心梵天所问经》	［南北朝］
南北朝	子部	《百喻经》	［南朝齐］求那毗地译
南北朝	子部	《胜思惟梵天所问经》	［北魏］菩提流支译
南北朝	子部	《佛说方等般泥洹经》	［南北朝］
南北朝	子部	《大方便佛报恩经》	失译人名
南北朝	子部	《殷芸小说》	［南朝梁］殷芸
南北朝	子部	《大乘悲分陀利经》	失译人名
南北朝	集部	《鲍明远集》	［南朝宋］鲍照
南北朝	集部	《谢宣城集》	［齐］谢朓
南北朝	集部	《昭明太子集》	［梁］萧统
南北朝	集部	《何水部集》	［梁］何逊
南北朝	集部	《江文通集》	［梁］江淹
南北朝	集部	《庾开府集笺注》	［北周］庾信
南北朝	集部	《庾子山集》	［北周］庾信
南北朝	集部	《徐孝穆集笺注》	［陈］徐陵
南北朝	集部	《玉台新咏》	［陈］徐陵
南北朝	集部	《六臣注文选》	［梁］萧统编
南北朝	集部	《文心雕龙》	［梁］刘勰
南北朝	集部	《诗品》	［梁］钟嵘
南北朝	集部	《文章缘起》	［旧题梁］任昉

南北朝	单首诗	《落日怅望〕昧旦多纷喧》	〔南朝齐〕谢朓

隋唐五代（412）			
朝代	部类	文献	作者
隋唐五代	经部	《周易集解》	〔唐〕李鼎祚
隋唐五代	经部	《周易口诀义》	〔唐〕史征
隋唐五代	经部	《周易举正》	〔旧题唐〕郭京
隋唐五代	经部	《毛诗指说》	〔唐〕成伯玙
隋唐五代	经部	《孝经注疏》	〔旧题唐〕玄宗
隋唐五代	经部	《孝经指解》	〔唐〕玄宗注
隋唐五代	经部	《春秋集传纂例》	〔唐〕陆淳
隋唐五代	经部	《春秋集传微旨》	〔唐〕陆淳
隋唐五代	经部	《春秋集传辨疑》	〔唐〕陆淳
隋唐五代	经部	《经典释文》	〔唐〕陆德明
隋唐五代	经部	《论语笔解》	〔旧题唐〕韩愈、李翱
隋唐五代	经部	《匡谬正俗》	〔唐〕颜师古
隋唐五代	经部	《干禄字书》	〔唐〕颜元孙
隋唐五代	经部	《五经文字》	〔唐〕张参
隋唐五代	经部	《九经字样》	〔唐〕唐玄度
隋唐五代	经部	《春秋左传正义》	〔晋〕杜预注、〔唐〕孔颖达疏
隋唐五代	经部	《周礼注疏》	〔汉〕郑玄注、〔唐〕贾公彦疏
隋唐五代	经部	《春秋公羊传注疏》	〔汉〕何休解诂、〔唐〕徐彦疏
隋唐五代	经部	《毛诗正义》	〔汉〕郑玄笺、〔唐〕孔颖达疏
隋唐五代	经部	《礼记正义》	〔汉〕郑玄注、〔唐〕孔颖达疏
隋唐五代	经部	《周易正义》	〔魏〕王弼等注、〔唐〕孔颖达疏
隋唐五代	经部	《春秋谷梁传注疏》	〔晋〕范宁注、〔唐〕杨士勋疏
隋唐五代	经部	《尚书正义》	〔汉〕孔安国传、〔唐〕孔颖达疏
隋唐五代	经部	《仪礼注疏》	〔汉〕郑玄注、〔唐〕贾公彦疏
隋唐五代	史部	《史记索隐》	〔唐〕司马贞

隋唐五代	史部	《史记正义》	［唐］张守节
隋唐五代	史部	《隋书》	［唐］魏征等
隋唐五代	史部	《唐创业起居注》	［唐］温大雅
隋唐五代	史部	《元经》	［旧题隋］王通
隋唐五代	史部	《贞观政要》	［唐］吴兢
隋唐五代	史部	《渚宫旧事》	［唐］余知古
隋唐五代	史部	《东观奏记》	［唐］裴庭裕
隋唐五代	史部	《卓异记》	［旧题唐］李翱
隋唐五代	史部	《魏郑公谏录》	［唐］王方庆
隋唐五代	史部	《李相国论事集》	［唐］李绛
隋唐五代	史部	《蛮书》	［唐］樊绰
隋唐五代	史部	《元和郡县志》	［唐］李吉甫
隋唐五代	史部	《南岳小录》	［唐］李冲昭
隋唐五代	史部	《吴地记》	［旧题唐］陆广微
隋唐五代	史部	《北户录》	［唐］段公路
隋唐五代	史部	《桂林风土记》	［唐］莫休符
隋唐五代	史部	《岭表录异》	［旧题唐］刘恂
隋唐五代	史部	《大唐西域记》	［唐］释辩机
隋唐五代	史部	《唐六典》	［唐］张九龄等
隋唐五代	史部	《翰林志》	［唐］李肇
隋唐五代	史部	《通典》	［唐］杜佑
隋唐五代	史部	《唐律疏义》	［唐］长孙无忌等
隋唐五代	史部	《史通》	［唐］刘知几
隋唐五代	史部	《旧唐书》	［后晋］不详
隋唐五代	史部	《唐摭言》	［五代］王定保
隋唐五代	史部	《中朝故事》	［五代］王仁裕
隋唐五代	史部	《开元天宝遗事》	［五代］王仁裕
隋唐五代	史部	《太清神鉴》	［旧题后周］王朴
隋唐五代	史部	《续通志》	［清］嵇璜、刘墉等
隋唐五代	史部	《众经目录》	［隋］法经等

隋唐五代	史部	《括地志辑校》	［唐］李泰等
隋唐五代	史部	《大慈恩寺三藏法师传》	［唐］慧立、彦悰
隋唐五代	史部	《元和郡县图志逸文》	［唐］佚名
隋唐五代	史部	《释迦方志》	［唐］道宣
隋唐五代	史部	《大唐西域求法高僧传》	［唐］义净
隋唐五代	史部	《新唐书》	［宋］欧阳修；宋祁
隋唐五代	史部	《旧五代史》	［宋］薛居正
隋唐五代	史部	《新五代史》	［宋］欧阳修
隋唐五代	史部	《五代史纂误》	［宋］吴缜
隋唐五代	史部	《五代史阙文》	［宋］王禹偁
隋唐五代	史部	《唐大诏令集》	［宋］宋敏求
隋唐五代	史部	《杜工部年谱》	［宋］赵子栎
隋唐五代	史部	《杜工部诗年谱》	［宋］鲁訔
隋唐五代	史部	《马氏南唐书》	［宋］马令
隋唐五代	史部	《陆氏南唐书》	［宋］陆游
隋唐五代	史部	《吴越备史》	［宋］钱俨
隋唐五代	史部	《唐会要》	［宋］王溥
隋唐五代	史部	《唐鉴》	［宋］范祖禹撰、吕祖谦注
隋唐五代	史部	《唐书直笔》	［宋］吕夏卿
隋唐五代	子部	《中说》	［旧题隋］王通
隋唐五代	子部	《帝范 》	［唐］太宗
隋唐五代	子部	《续孟子》	［唐］林慎思
隋唐五代	子部	《伸蒙子》	［唐］林慎思
隋唐五代	子部	《素履子》	［唐］张弧
隋唐五代	子部	《李卫公问对》	［旧题唐］李靖
隋唐五代	子部	《太白阴经》	［唐］李筌
隋唐五代	子部	《黄帝内经素问》	［唐］王冰
隋唐五代	子部	《灵枢经》	［唐］王冰
隋唐五代	子部	《巢氏诸病源候总论》	［隋］巢元方等
隋唐五代	子部	《备急千金要方》	［唐］孙思邈

隋唐五代	子部	《银海精微》	［旧题唐］孙思邈
隋唐五代	子部	《外台秘要方》	［唐］王焘
隋唐五代	子部	《缉古算经》	［唐］王孝通
隋唐五代	子部	《唐开元占经》	［唐］瞿昙悉达
隋唐五代	子部	《撼龙经》	［旧题唐］杨筠松
隋唐五代	子部	《青囊序》	［旧题唐］曾文辿
隋唐五代	子部	《太乙金镜式经》	［唐］王希明
隋唐五代	子部	《贞观公私画史》	［唐］裴孝源
隋唐五代	子部	《书断》	［唐］张怀瓘
隋唐五代	子部	《述书赋》	［唐］窦泉撰、窦蒙注
隋唐五代	子部	《法书要录》	［唐］张彦远
隋唐五代	子部	《历代名画记》	［唐］张彦远
隋唐五代	子部	《唐朝名画录》	［唐］朱景玄
隋唐五代	子部	《墨薮》	［旧题唐］韦续
隋唐五代	子部	《画山水赋》	［旧题唐］荆浩
隋唐五代	子部	《茶经》	［唐］陆羽
隋唐五代	子部	《煎茶水记》	［唐］张又新
隋唐五代	子部	《颜氏家训》	［隋］颜之推
隋唐五代	子部	《长短经》	［唐］赵蕤
隋唐五代	子部	《两同书》	［唐］罗隐
隋唐五代	子部	《资暇集》	［唐］李匡乂
隋唐五代	子部	《刊误》	［唐］李涪
隋唐五代	子部	《苏氏演义》	［唐］苏鹗
隋唐五代	子部	《兼明书》	［唐］丘光庭
隋唐五代	子部	《封氏闻见记》	［唐］封演
隋唐五代	子部	《尚书故实》	［唐］李绰
隋唐五代	子部	《灌畦暇语》	［唐］不著撰人
隋唐五代	子部	《意林》	［唐］马总
隋唐五代	子部	《编珠》	［旧题隋］杜公瞻
隋唐五代	子部	《艺文类聚》	［唐］欧阳询等

隋唐五代	子部	《北堂书钞》	［唐］虞世南
隋唐五代	子部	《龙筋凤髓判》	［唐］张鷟
隋唐五代	子部	《初学记》	［唐］徐坚等
隋唐五代	子部	《元和姓纂》	［唐］林宝
隋唐五代	子部	《白孔六帖》	［唐］白居易原本
隋唐五代	子部	《小名录》	［唐］陆龟蒙
隋唐五代	子部	《蒙求集注》	［唐］李瀚
隋唐五代	子部	《朝野佥载》	［唐］张鷟
隋唐五代	子部	《大唐新语》	［唐］刘肃
隋唐五代	子部	《次柳氏旧闻》	［唐］李德裕
隋唐五代	子部	《唐国史补》	［唐］李肇
隋唐五代	子部	《刘宾客嘉话录》	［唐］韦绚
隋唐五代	子部	《因话录》	［唐］赵璘
隋唐五代	子部	《明皇杂录》	［唐］郑处海
隋唐五代	子部	《大唐传载》	［唐］不著撰人
隋唐五代	子部	《教坊记》	［唐］崔令钦
隋唐五代	子部	《幽闲鼓吹》	［唐］张固
隋唐五代	子部	《松窗杂录》	［唐］李浚
隋唐五代	子部	《云溪友议》	［唐］范摅
隋唐五代	子部	《云仙杂记》	［旧题唐］冯贽
隋唐五代	子部	《还冤志》	［隋］颜之推
隋唐五代	子部	《集异记》	［唐］薛用弱
隋唐五代	子部	《博异记》	［旧题唐］谷神子
隋唐五代	子部	《杜阳杂编》	［唐］苏鹗
隋唐五代	子部	《前定录》	［唐］钟辂
隋唐五代	子部	《桂苑丛谈》	［旧题唐］冯翊子
隋唐五代	子部	《剧谈录》	［唐］康骈
隋唐五代	子部	《宣室志》	［唐］张读
隋唐五代	子部	《唐阙史》	［唐］高彦休
隋唐五代	子部	《甘泽谣》	［唐］袁郊

隋唐五代	子部	《西阳杂众》	［唐］段成式
隋唐五代	子部	《开天传信记》	［唐］郑綮
隋唐五代	子部	《法苑珠林》	［唐］释道世
隋唐五代	子部	《广弘明集》	［唐］释道宣
隋唐五代	子部	《开元释教录》	［唐］释智升
隋唐五代	子部	《亢仓子》	［唐］王士源
隋唐五代	子部	《玄真子》	［唐］张志和
隋唐五代	子部	《天隐子》	［唐］不著撰人
隋唐五代	子部	《无能子》	［唐］不著撰人
隋唐五代	子部	《唐语林》	［宋］王谠
隋唐五代	子部	《炀帝迷楼记》	［宋］佚名
隋唐五代	子部	《佛本行集经》	［隋］阇那崛多译
隋唐五代	子部	《月灯三昧经》	［隋］那连提耶舍译
隋唐五代	子部	《添品妙法莲华经》	［隋］阇那崛多、笈多译
隋唐五代	子部	《大方等大集经菩萨念三》	［隋］达摩笈多译
隋唐五代	子部	《起世因本经》	［隋］达摩笈多译
隋唐五代	子部	《起世经》	［隋］阇那崛多等译
隋唐五代	子部	《无所有菩萨经》	［隋］阇那崛多等译
隋唐五代	子部	《观察诸法行经》	［隋］阇那崛多译
隋唐五代	子部	《童蒙止观》	［隋］智顗
隋唐五代	子部	《大方等大集经贤护分》	［隋］阇那崛多译
隋唐五代	子部	《四童子三昧经》	［隋］阇那崛多译
隋唐五代	子部	《善思童子经》	［隋］阇那崛多译
隋唐五代	子部	《贤愚经》	［隋］慧觉等译
隋唐五代	子部	《启颜录》	［隋］侯白
隋唐五代	子部	《五千五百佛名神咒除灭》	［隋］阇那崛多译
隋唐五代	子部	《佛说月上女经》	［隋］阇那崛多译
隋唐五代	子部	《佛说德护长者经》	［隋］那连提耶舍译

隋唐五代	子部	《缘生初胜分法本经》	［隋］达摩笈多译
隋唐五代	子部	《发觉净心经》	［隋］志德译
隋唐五代	子部	《大悲经》	［隋］那连提耶舍译
隋唐五代	子部	《力庄严三昧经》	［隋］那连提耶舍译
隋唐五代	子部	《大乘同性经》	［隋］阇那耶舍译
隋唐五代	子部	《佛说诸法本无经》	［隋］阇那崛多译
隋唐五代	子部	《莲华面经》	［隋］那连提耶舍译
隋唐五代	子部	《佛说施灯功德经》	［隋］那连提耶舍译
隋唐五代	子部	《虚空孕菩萨经》	［隋］阇那崛多译
隋唐五代	子部	《佛说药师如来本愿经》	［隋］达摩笈多译
隋唐五代	子部	《佛说百佛名经》	［隋］那连提耶舍译
隋唐五代	子部	《八朝穷怪录》	［隋］佚名
隋唐五代	子部	《三论玄义》	［隋］吉藏
隋唐五代	子部	《八佛名号经》	［隋］阇那崛多译
隋唐五代	子部	《商主天子所问经》	［隋］阇那崛多译
隋唐五代	子部	《佛华严入如来德智不议》	［隋］阇那崛多译
隋唐五代	子部	《佛说文殊师利行经》	［隋］豆那掘多译
隋唐五代	子部	《佛说希有挍量功德经》	［隋］阇那崛多译
隋唐五代	子部	《入法界体性经》	［隋］阇那崛多译
隋唐五代	子部	《金刚能断般若波罗蜜经》	［隋］笈多译
隋唐五代	子部	《佛说坚固女经》	［隋］那连提耶舍译
隋唐五代	子部	《大集譬喻王经》	［隋］阇那崛多译
隋唐五代	子部	《大般若波罗蜜多经》	［唐］玄奘译
隋唐五代	子部	《大方广佛华严经》	［唐］实叉难陀译
隋唐五代	子部	《四时纂要》	［唐］韩鄂
隋唐五代	子部	《神机制敌太白阴经》	［唐］李筌
隋唐五代	子部	《大乘入楞伽经》	［唐］实叉难陀译
隋唐五代	子部	《广异记》	［唐］戴孚

隋唐五代	子部	《大乘密严经》	［唐］不空译
隋唐五代	子部	《宣室志》	［唐］张读
隋唐五代	子部	《楞严经》	［唐］般刺密帝译
隋唐五代	子部	《兼名苑》	［唐］僧远年
隋唐五代	子部	《船子和尚拨棹歌》	［唐］释德诚
隋唐五代	子部	《六祖坛经》	［唐］慧能
隋唐五代	子部	《李虚中命书》	［唐］李虚中注
隋唐五代	子部	《疑龙经》	［唐］杨筠松
隋唐五代	子部	《三国典略》	［唐］丘悦
隋唐五代	子部	《大乘大集地藏十轮经》	［唐］玄奘译
隋唐五代	子部	《魏郑公谏录》	［唐］王方庆
隋唐五代	子部	《三洞奉道科戒营始》	［唐］金明七真
隋唐五代	子部	《纪闻》	［唐］牛肃
隋唐五代	子部	《玄怪录》	［唐］牛僧儒
隋唐五代	子部	《大集大虚空藏菩萨所经》	［唐］不空译
隋唐五代	子部	《李相国论事集》	［唐］李绛
隋唐五代	子部	《圆觉经》	［唐］佛陀多罗译
隋唐五代	子部	《隋唐嘉话》	［唐］刘餗
隋唐五代	子部	《卫公兵法辑本》	［唐］李靖
隋唐五代	子部	《推背图》	［旧题唐］李淳风
隋唐五代	子部	《敦煌坛经》	［唐］慧能
隋唐五代	子部	《教诫新学比丘行护律仪》	［唐］释道宣
隋唐五代	子部	《续玄怪录》	［唐］李复言
隋唐五代	子部	《说无垢称经》	［唐］玄奘译
隋唐五代	子部	《种树书》	［唐］郭橐驼
隋唐五代	子部	《祖堂集》	［五代］静筠禅僧
隋唐五代	子部	《稽神录》	［五代］徐铉
隋唐五代	子部	《玉堂闲话》	［五代］王仁裕

隋唐五代	子部	《中华古今注》	［五代］马缟
隋唐五代	子部	《玉管照神局》	［五代］齐邱
隋唐五代	子部	《墉城集仙录》	［前蜀］杜光庭
隋唐五代	子部	《化书》	［五代］谭峭
隋唐五代	子部	《神仙感遇传》	［前蜀］杜光庭
隋唐五代	子部	《鉴诚录》	［后蜀］何光远
隋唐五代	子部	《灵城精义》	［旧题南唐］何溥
隋唐五代	子部	《江南馀载》	［南唐］佚名
隋唐五代	子部	《续仙传》	［五代］沈汾
隋唐五代	子部	《金华子杂编》	［南唐］刘崇远
隋唐五代	子部	《两同书》	［五代］罗隐
隋唐五代	子部	《广陵妖乱志》	［五代］郭廷海
隋唐五代	子部	《玉溪编事》	［五代］金利用
隋唐五代	子部	《于阗国行程记》	［五代］平居海
隋唐五代	子部	《笔法记》	［后梁］荆浩
隋唐五代	子部	《洛阳牡丹记》	［宋］欧阳修
隋唐五代	子部	《南唐近事》	［宋］郑文宝
隋唐五代	子部	《唐语林》	［宋］王谠
隋唐五代	集部	《寒山诗集》	［唐］寒山
隋唐五代	集部	《东皋子集》	［唐］王绩
隋唐五代	集部	《王子安集》	［唐］王勃
隋唐五代	集部	《盈川集》	［唐］杨炯
隋唐五代	集部	《卢升之集》	［唐］卢照邻
隋唐五代	集部	《骆丞集》	［唐］骆宾王
隋唐五代	集部	《陈拾遗集》	［唐］陈子昂
隋唐五代	集部	《张燕公集》	［唐］张说
隋唐五代	集部	《李北海集》	［唐］李邕
隋唐五代	集部	《曲江集》	［唐］张九龄
隋唐五代	集部	《李太白文集》	［唐］李白
隋唐五代	集部	《李太白集分类补注》	［唐］李白

隋唐五代	集部	《李太白集注》	［唐］李白
隋唐五代	集部	《九家集注杜诗》	［唐］杜甫
隋唐五代	集部	《补注杜诗》	［唐］杜甫
隋唐五代	集部	《集千家注杜工部诗集》	［唐］杜甫
隋唐五代	集部	《王右丞集笺注》	［唐］王维
隋唐五代	集部	《高常侍集》	［唐］高适
隋唐五代	集部	《常建诗》	［唐］常建
隋唐五代	集部	《孟浩然集》	［唐］孟浩然
隋唐五代	集部	《储光羲诗集》	［唐］储光羲
隋唐五代	集部	《元次山集 》	［唐］元结
隋唐五代	集部	《颜鲁公集》	［唐］颜真卿
隋唐五代	集部	《宗玄集》	［唐］吴筠
隋唐五代	集部	《杼山集 》	［唐］释皎然
隋唐五代	集部	《刘随州集》	［唐］刘长卿
隋唐五代	集部	《韦苏州集》	［唐］韦应物
隋唐五代	集部	《昆陵集》	［唐］独孤及
隋唐五代	集部	《萧茂挺文集》	［唐］萧颖士
隋唐五代	集部	《李遐叔文集》	［唐］李华
隋唐五代	集部	《钱仲文集》	［唐］钱起
隋唐五代	集部	《华阳集》	［唐］顾况
隋唐五代	集部	《翰苑集》	［唐］陆贽
隋唐五代	集部	《权文公集》	［唐］权德舆
隋唐五代	集部	《别本韩文考异》	［唐］韩愈
隋唐五代	集部	《五百家注昌黎文集》	［唐］韩愈
隋唐五代	集部	《东雅堂昌黎集注》	［唐］韩愈
隋唐五代	集部	《柳河东集》	［唐］柳宗元
隋唐五代	集部	《柳河东集注》	［唐］柳宗元
隋唐五代	集部	《五百家注柳先生集》	［唐］柳宗元
隋唐五代	集部	《刘宾客文集》	［唐］刘禹锡
隋唐五代	集部	《吕衡州集》	［唐］吕温

隋唐五代	集部	《张司业集》	〔唐〕张籍
隋唐五代	集部	《皇甫持正集》	〔唐〕皇甫湜
隋唐五代	集部	《李文公集》	〔唐〕李翱
隋唐五代	集部	《欧阳行周文集》	〔唐〕欧阳詹
隋唐五代	集部	《李元宾文编》	〔唐〕李观
隋唐五代	集部	《孟东野诗集》	〔唐〕孟郊
隋唐五代	集部	《长江集》	〔唐〕贾岛
隋唐五代	集部	《昌谷集》	〔唐〕李贺
隋唐五代	集部	《笺注评点李长吉歌诗》	〔唐〕李贺
隋唐五代	集部	《绛守居园池记》	〔唐〕樊宗师
隋唐五代	集部	《王司马集》	〔唐〕王建
隋唐五代	集部	《沈下贤集》	〔唐〕沈亚之
隋唐五代	集部	《追昔游集》	〔唐〕李绅
隋唐五代	集部	《会昌一品集》	〔唐〕李德裕
隋唐五代	集部	《元氏长庆集》	〔唐〕元稹
隋唐五代	集部	《白氏长庆集》	〔唐〕白居易
隋唐五代	集部	《白香山诗集》	〔唐〕白居易
隋唐五代	集部	《鲍溶诗集》	〔唐〕鲍溶
隋唐五代	集部	《樊川文集》	〔唐〕杜牧
隋唐五代	集部	《姚少监诗集》	〔唐〕姚合
隋唐五代	集部	《李义山诗集》	〔唐〕李商隐
隋唐五代	集部	《李义山诗集注》	〔唐〕李商隐
隋唐五代	集部	《李义山文集笺注》	〔唐〕李商隐
隋唐五代	集部	《温飞卿诗集笺注》	〔唐〕李商隐
隋唐五代	集部	《丁卯诗集》	〔唐〕许浑
隋唐五代	集部	《文泉子集》	〔唐〕刘蜕
隋唐五代	集部	《李群玉诗集》	〔唐〕李群玉
隋唐五代	集部	《黎岳集》	〔唐〕李频
隋唐五代	集部	《孙可之集》	〔唐〕孙樵
隋唐五代	集部	《麟角集》	〔唐〕王棨

隋唐五代	集部	《曹祠部集》	［唐］曹邺
隋唐五代	集部	《笠泽丛书》	［唐］陆龟蒙
隋唐五代	集部	《甫里集》	［唐］陆龟蒙
隋唐五代	集部	《文薮》	［唐］皮日休
隋唐五代	集部	《咏史诗》	［唐］胡曾
隋唐五代	集部	《云台编》	［唐］郑谷
隋唐五代	集部	《司空表圣文集》	［唐］司空图
隋唐五代	集部	《韩内翰别集》	［唐］韩偓
隋唐五代	集部	《唐风集》	［唐］杜荀鹤
隋唐五代	集部	《唐英歌诗》	［唐］吴融
隋唐五代	集部	《玄英集》	［唐］方干
隋唐五代	集部	《黄御史集》	［唐］黄滔
隋唐五代	集部	《罗昭谏集》	［唐］罗隐
隋唐五代	集部	《徐正字诗赋》	［唐］徐寅
隋唐五代	集部	《浣花集》	［唐］韦庄
隋唐五代	集部	《白莲集》	［唐］释齐己
隋唐五代	集部	《禅月集》	［唐］释贯休
隋唐五代	集部	《高氏三宴诗集》	［唐］高正臣
隋唐五代	集部	《箧中集》	［唐］元结
隋唐五代	集部	《河岳英灵集》	［唐］殷璠
隋唐五代	集部	《国秀集》	［唐］芮挺章编
隋唐五代	集部	《御览诗》	［唐］令狐楚编
隋唐五代	集部	《中兴间气集》	［唐］高仲武
隋唐五代	集部	《极玄集》	［唐］姚合编
隋唐五代	集部	《松陵集》	［唐］皮日休、陆龟蒙
隋唐五代	集部	《二皇甫集》	［唐］皇甫冉、皇甫曾
隋唐五代	集部	《唐四僧诗》	［唐］释灵澈等
隋唐五代	集部	《窦氏联珠集》	［唐］窦常等
隋唐五代	集部	《薛涛李冶诗集》	［唐］薛涛 李冶
隋唐五代	集部	《本事诗》	［唐］孟棨

隋唐五代	集部	《全唐诗话》	［宋］尤袤
隋唐五代	集部	《全唐诗补编》	不详
隋唐五代	集部	《全唐诗》	［清］彭定求等辑
隋唐五代	集部	《全唐五代词》	不详
隋唐五代	集部	《敦煌变文》	不详
隋唐五代	集部	《文选》	［唐］李善注
隋唐五代	集部	《韩愈集》	［唐］韩愈
隋唐五代	集部	《柳宗元集》	［唐］柳宗元
隋唐五代	集部	《昌黎文钞》	［唐］韩愈
隋唐五代	集部	《柳州文钞》	［唐］柳宗元
隋唐五代	集部	《广成集》	［唐］杜光庭
隋唐五代	集部	《锦囊集》	［唐］李贺
隋唐五代	集部	《唐朝新定诗格》	不详
隋唐五代	集部	《乐府古题要解》	［唐］吴兢
隋唐五代	集部	《诗格》	［旧题唐］王昌龄
隋唐五代	集部	《诗人主客图》	［唐］张为
隋唐五代	集部	《李峤杂咏》	［唐］李峤
隋唐五代	集部	《宫词一百首》	［唐］王建
隋唐五代	集部	《二十四诗品》	［唐］司空图
隋唐五代	集部	《二南密旨》	［旧题唐］贾岛
隋唐五代	集部	《诗式》	［唐］释皎然
隋唐五代	集部	《笔札华梁》	［唐］上官仪
隋唐五代	集部	《文笔要诀》	［唐］杜正伦
隋唐五代	集部	《诗髓脑》	［唐］元兢
隋唐五代	集部	《锦囊外集》	［唐］李贺
隋唐五代	集部	《金针诗格》	［旧题唐］白居易
隋唐五代	集部	《流类手鉴》	［唐］僧虚中
隋唐五代	集部	《炙毂子诗格》	［唐］王叡
隋唐五代	集部	《评诗格》	［旧题唐］李峤
隋唐五代	集部	《缘情手鉴诗格》	［唐］李洪宣

隋唐五代	集部	《新定诗格》	［唐］郑谷己等
隋唐五代	集部	《花间集》	［五代］赵崇祚编
隋唐五代	集部	《诗中旨格》	［五代］王玄
隋唐五代	集部	《雅道机要》	［五代］徐寅
隋唐五代	集部	《诗格要律》	［五代］王梦简
隋唐五代	集部	《风骚要式》	［五代］徐衍
隋唐五代	丛书	《尊前集》	不详
隋唐五代	丛书	《中州乐府》	不详
隋唐五代	丛书	《金奁集》	［唐］温庭筠
隋唐五代	丛书	《钗小志》	［唐］朱揆
隋唐五代	丛书	《乐府补题》	不详
隋唐五代	丛书	《教坊记》	［唐］崔令钦
隋唐五代	丛书	《云谣集杂曲子》	不详
隋唐五代	丛书	《天下同文》	不详
隋唐五代	丛书	《北里志》	［唐］孙棨
隋唐五代	丛书	《梦游录》	［唐］任蕃
隋唐五代	丛书	《妆台记》	［唐］宇文氏
隋唐五代	丛书	《杜秋传》	［唐］杜牧
隋唐五代	丛书	《灵应传》	［唐］无名氏
隋唐五代	丛书	《歌者叶记》	［唐］沈亚之
隋唐五代	丛书	《琵琶录》	［唐］段安节
隋唐五代	丛书	《步非烟传》	［唐］皇甫枚
隋唐五代	丛书	《髻鬟品》	［唐］假柯古
隋唐五代	丛书	《刘无双传》	［唐］薛调
隋唐五代	丛书	《冯燕传》	［唐］沈亚之
隋唐五代	丛书	《花九锡》	［唐］罗虬
隋唐五代	丛书	《迷楼记》	［唐］阙名
隋唐五代	丛书	《三梦记》	［唐］白行简
隋唐五代	丛书	《冥音录》	［唐］朱庆馀
隋唐五代	丛书	《妙女传》	［唐］顾非熊

隋唐五代	丛书	《黑心符》	［唐］于义方
隋唐五代	丛书	《郁轮袍传》	［唐］郑还古
隋唐五代	丛书	《南唐二主词》	［唐］李璟、李煜

宋（615）

朝代	部类	文献	作者
宋代	经部	《尔雅注疏》	［宋］郭璞、宋邢昺
宋代	经部	《论语注疏》	［宋］何晏、宋邢昺
宋代	经部	《孟子注疏》	［宋］赵岐注、宋孙奭疏
宋代	经部	《孝经注疏》	［宋］唐玄宗、宋邢昺
宋代	经部	《周官新义》	［宋］王安石
宋代	经部	《融堂四书管见》	［宋］钱时
宋代	经部	《诗地理考》	［宋］王应麟
宋代	经部	《诗考》	［宋］王应麟
宋代	经部	《经学理窟》	［宋］张载
宋代	经部	《七经小传》	［宋］刘敞
宋代	经部	《易童子问》	［宋］欧阳修
宋代	经部	《春秋传说例》	［宋］刘敞
宋代	经部	《宋本切韵指掌图》	［宋］司马光
宋代	经部	《易学辨惑》	［宋］邵伯温
宋代	经部	《易数钩隐图》	［宋］刘牧
宋代	经部	《周易口义》	［宋］胡瑗撰、倪天隐述
宋代	经部	《温公易说》	［宋］司马光
宋代	经部	《伊川易传》	［宋］程颐
宋代	经部	《周易新讲义》	［宋］耿南仲
宋代	经部	《紫岩易传》	［宋］张浚
宋代	经部	《汉上易传》	［宋］朱震
宋代	经部	《原本周易本义》	［宋］朱熹
宋代	经部	《易象意言》	［宋］蔡渊
宋代	经部	《周易要义》	［宋］魏了翁
宋代	经部	《易翼传》	［宋］郑汝谐

宋代	经部	《横渠易说》	［宋］张载
宋代	经部	《东坡易传》	［宋］苏轼
宋代	经部	《尚书全解》	［宋］林之奇
宋代	经部	《五诰解》	［宋］杨简
宋代	经部	《诗经集传》	［宋］朱熹
宋代	经部	《慈湖诗传》	［宋］杨简
宋代	经部	《絜斋毛诗经筵讲义》	［宋］袁燮
宋代	经部	《家礼》	［旧题宋］朱熹
宋代	经部	《论语拾遗》	［宋］苏辙
宋代	经部	《论语全解》	［宋］陈祥道
宋代	经部	《尊孟辨》	［宋］余允文
宋代	经部	《四书章句集注》	［宋］朱熹
宋代	经部	《四书或问》	［宋］朱熹
宋代	经部	《论孟精义》	［宋］朱熹
宋代	经部	《切韵指掌图》	［宋］司马光
宋代	史部	《宋史》	［元］脱脱
宋代	史部	《宋史纪事本末》	［明］陈邦瞻
宋代	史部	《辽史纪事本末》	［清］李有棠
宋代	史部	《金史纪事本末》	［清］李有棠
宋代	史部	《续资治通鉴长编拾补》	［清］黄以周
宋代	史部	《雍录》	［宋］程大昌
宋代	史部	《名公书判清明集》	［南宋］佚名
宋代	史部	《通志略》	［宋］郑樵
宋代	史部	《西汉会要》	［宋］徐天麟
宋代	史部	《鄂国金佗续编》	［宋］岳珂
宋代	史部	《直斋书录解题》	［宋］陈振孙
宋代	史部	《金石录》	［宋］赵明诚
宋代	史部	《遂初堂书目》	［宋］尤袤
宋代	史部	《史略》	［宋］高似孙
宋代	史部	《资治通鉴》	［宋］司马光

宋代	史部	《稽古录》	〔宋〕司马光
宋代	史部	《资治通鉴外纪》	〔宋〕刘恕
宋代	史部	《续资治通鉴长编》	〔宋〕李焘
宋代	史部	《两朝纲目备要》	〔宋〕不著撰人名氏
宋代	史部	《通鉴纪事本末》	〔宋〕袁枢
宋代	史部	《松漠纪闻》	〔宋〕洪皓
宋代	史部	《燕翼诒谋录》	〔宋〕王栐
宋代	史部	《范文正奏议》	〔宋〕范仲淹
宋代	史部	《包孝肃奏议集》	〔宋〕包拯
宋代	史部	《孔子编年》	〔宋〕胡仔
宋代	史部	《东家杂记》	〔宋〕孔传
宋代	史部	《象台首末》	〔宋〕胡知柔
宋代	史部	《钱塘先贤传赞》	〔宋〕袁韶
宋代	史部	《京口耆旧传》	〔宋〕不著撰人
宋代	史部	《骖鸾录》	〔宋〕范成大
宋代	史部	《吴船录》	〔宋〕范成大
宋代	史部	《入蜀记》	〔宋〕陆游
宋代	史部	《两汉博闻》	〔宋〕杨侃
宋代	史部	《钓矶立谈》	〔宋〕不著撰人
宋代	史部	《江南野史》	〔宋〕龙衮
宋代	史部	《江南别录》	〔宋〕陈彭年
宋代	史部	《江表志》	〔宋〕郑文宝
宋代	史部	《江南馀载》	〔宋〕不著撰人
宋代	史部	《三楚新录》	〔宋〕周羽翀
宋代	史部	《锦里耆旧传》	〔宋〕句延庆
宋代	史部	《五国故事》	〔宋〕不著撰人
宋代	史部	《蜀梼杌》	〔宋〕张唐英
宋代	史部	《岁时广记》	〔宋〕陈元靓
宋代	史部	《州县提纲》	〔宋〕不著撰人
宋代	史部	《百官箴》	〔宋〕许月卿

宋代	史部	《昼帘绪论》	［宋］胡太初
宋代	史部	《宋朝事实》	［宋］李 攸
宋代	史部	《建炎以来朝野杂记》	［宋］李心傅
宋代	史部	《谥法》	［宋］苏 洵
宋代	史部	《救荒活民书》	［宋］董 煟
宋代	史部	《玉堂杂记》	［宋］周必大
宋代	史部	《元丰九域志》	［宋］王 存
宋代	史部	《吴郡图经续记》	［宋］朱长文
宋代	史部	《干道临安志》	［宋］周 淙
宋代	史部	《淳熙三山志》	［宋］梁克家
宋代	史部	《吴郡志》	［宋］范成大
宋代	史部	《剡录》	［宋］高似孙
宋代	史部	《宝庆四明志》	［宋］罗 浚
宋代	史部	《咸淳临安志》	［宋］潜说友
宋代	史部	《吴中水利书》	［宋］单 锷
宋代	史部	《四明它山水利备览》	［宋］魏 岘
宋代	史部	《赤松山志》	［宋］倪守约
宋代	史部	《庐山记》	［宋］陈舜俞
宋代	史部	《洛阳名园记》	［宋］李格非
宋代	史部	《益部方物略记》	［宋］宋 祁
宋代	史部	《岳阳风土记》	［宋］范致明
宋代	史部	《东京梦华录》	［宋］孟元老
宋代	史部	《六朝事迹编类》	［宋］张敦颐
宋代	史部	《桂海虞衡志》	［宋］范成大
宋代	史部	《岭外代答》	［宋］周去非
宋代	史部	《都城纪胜》	［宋］耐得翁
宋代	史部	《梦粱录》	［宋］吴自牧
宋代	史部	《武林旧事》	［宋］周 密
宋代	史部	《游城南记》	［宋］张 礼
宋代	史部	《诸蕃志》	［宋］赵汝适

宋代	史部	《溪蛮丛笑》	［宋］朱 辅
宋代	史部	《麟台故事》	［宋］程 俱
宋代	史部	《庆元条法事类》	［南宋］谢深甫
宋代	史部	《郡斋读书志》	［宋］晁公武
宋代	史部	《崇文总目》	［宋］王尧臣等
宋代	史部	《子略》	［宋］高似孙
宋代	史部	《绛帖平》	［宋］姜 夔
宋代	史部	《六朝通鉴博议》	［宋］李 焘
宋代	史部	《旧闻证误》	［宋］李心传
宋代	子部	《云笈七签》	［宋］张君房
宋代	子部	《庚道集》	［宋］佚名
宋代	子部	《道枢》	［宋］曾慥
宋代	子部	《悟真篇》	［宋］张伯端
宋代	子部	《还原篇》	［宋］石泰
宋代	子部	《太上感应篇》	［宋］佚名
宋代	子部	《十七史百将传》	［宋］张预
宋代	子部	《翠微先生北征录》	［宋］华岳
宋代	子部	《养老奉亲书》	［宋］陈直
宋代	子部	《文房四谱》	［宋］苏易简
宋代	子部	《砚笺》	［宋］高似孙
宋代	子部	《云林石谱》	［宋］杜绾
宋代	子部	《农书》	［宋］陈旉
宋代	子部	《笋谱》	［宋］释赞宁
宋代	子部	《酒谱》	［宋］窦苹
宋代	子部	《北山酒经》	［宋］朱肱
宋代	子部	《梦溪补笔谈》	［宋］沈括
宋代	子部	《王氏兰谱》	［宋］王贵学
宋代	子部	《金漳兰谱》	［宋］赵时庚
宋代	子部	《桐谱》	［宋］陈翥
宋代	子部	《荔枝谱》	［宋］蔡襄

宋代	子部	《洛阳牡丹记》	［宋］欧阳修
宋代	子部	《梦溪续笔谈》	［宋］沈括
宋代	子部	《糖霜谱》	［宋］王灼
宋代	子部	《菌谱》	［宋］陈仁玉
宋代	子部	《宣和画谱》	［宋］无名氏
宋代	子部	《图画见闻志》	［宋］郭若虚
宋代	子部	《画继》	［宋］邓椿
宋代	子部	《宋朝名画评》	［宋］刘道醇
宋代	子部	《益州名画录》	［宋］黄休复
宋代	子部	《宝章待访录》	［宋］米芾
宋代	子部	《梅花喜神谱》	［宋］雪岩
宋代	子部	《林泉高致》	［宋］郭熙
宋代	子部	《山水纯全集》	［宋］韩拙
宋代	子部	《德隅斋画品》	［宋］李廌
宋代	子部	《五代名画补遗》	［宋］刘道醇
宋代	子部	《海岳名言》	［宋］米芾
宋代	子部	《叙画》	［宋］王微
宋代	子部	《棋经十三篇》	［宋］张拟
宋代	子部	《敦煌棋经》	［宋］不详
宋代	子部	《围棋义例》	［宋］徐铉
宋代	子部	《棋诀》	［宋］刘仲甫
宋代	子部	《角力记》	［宋］调露子
宋代	子部	《贾氏谈录》	［宋］张洎
宋代	子部	《困学纪闻》	［宋］王应麟
宋代	子部	《野客丛书》	［宋］王楙
宋代	子部	《示儿编》	［宋］孙奕
宋代	子部	《续世说》	［宋］孔平仲
宋代	子部	《太平御览》	［宋］李昉等
宋代	子部	《正蒙》	［宋］张载
宋代	子部	《心经》	［宋］真德秀

宋代	子部	《渔樵问对》	［宋］邵雍
宋代	子部	《千家诗》	［宋］刘克庄
宋代	子部	《百家姓》	［宋］不详
宋代	子部	《童蒙训》	［宋］吕本中
宋代	子部	《训蒙诗百首》	［宋］朱熹
宋代	子部	《十七史蒙求》	［宋］王令
宋代	子部	《性理字训》	［宋］程端蒙
宋代	子部	《三字经》	［宋］王应麟
宋代	子部	《神童诗》	［宋］汪洙
宋代	子部	《童蒙须知》	［宋］朱熹
宋代	子部	《小学诗礼》	［宋］陈淳
宋代	子部	《朱子论定程董学则》	［宋］程端蒙
宋代	子部	《名物蒙求》	［宋］方逢辰
宋代	子部	《教子斋规》	［宋］真德秀
宋代	子部	《程子四箴》	［宋］程颐
宋代	子部	《敬斋箴》	［宋］朱熹
宋代	子部	《名贤集》	［宋］不详
宋代	子部	《范氏心箴》	［宋］范浚
宋代	子部	《经学启蒙》	［宋］陈淳
宋代	子部	《五灯会元》	［宋］普济
宋代	子部	《古尊宿语录》	［宋］赜藏主集
宋代	子部	《景德传灯录》	［宋］道原
宋代	子部	《诸法集要经》	［宋］日称等译
宋代	子部	《大宋高僧传》	［宋］赞宁
宋代	子部	《释氏要览》	［宋］释道诚
宋代	子部	《父子合集经》	［宋］日称等译
宋代	子部	《法集要颂经》	［宋］天息灾译
宋代	子部	《佛母出生三法藏般若罗》	［宋］施护译
宋代	子部	《妙法圣念处经》	［宋］法天译

宋代	子部	《海意菩萨所问净印法门》	［宋］惟净译
宋代	子部	《金色童子因缘经》	［宋］惟净等译
宋代	子部	《大迦叶问大宝积正法》	［宋］施护译
宋代	子部	《大方广总持宝光明经》	［宋］法天译
宋代	子部	《禅林僧宝传》	［宋］慧洪
宋代	子部	《护国尊者所问大乘经》	［宋］施护译
宋代	子部	《众许摩诃帝经》	［宋］法贤译
宋代	子部	《林间录》	［宋］觉范慧洪
宋代	子部	《大集会正法经》	［宋］施护译
宋代	子部	《佛母宝德藏般若波罗经》	［宋］法贤译
宋代	子部	《佛说大阿弥陀经》	［宋］王日休校辑
宋代	子部	《菩萨本生鬘论》	［宋］绍德、慧绚等译
宋代	子部	《佛说未曾有正法经》	［宋］法天译
宋代	子部	《十二缘生祥瑞经》	［宋］施护译
宋代	子部	《佛说大乘智印经》	［宋］智吉祥等译
宋代	子部	《开觉自性般若波罗蜜经》	［宋］惟净等译
宋代	子部	《七佛经》	［宋］法天译
宋代	子部	《顶生王因缘经》	［宋］施护译
宋代	子部	《佛说巨力长者所问大经》	［宋］智吉祥等译
宋代	子部	《佛说大方广善巧方便经》	［宋］施护译
宋代	子部	《毗婆尸佛经》	［宋］法天译
宋代	子部	《宝授菩萨菩提行经》	［宋］法贤译
宋代	子部	《佛说大乘日子王所问经》	［宋］法天译
宋代	子部	《佛说大乘无量寿庄严经》	［宋］法贤译

宋代	子部	《佛说无畏授所问大乘经》	［宋］施护译
宋代	子部	《佛说六道伽陀经》	［宋］法天译
宋代	子部	《六趣轮回经》	［宋］日称等译
宋代	子部	《给孤长者女得度因缘经》	［宋］施护译
宋代	子部	《佛说身毛喜竖经》	［宋］惟净译
宋代	子部	《如幻三摩地无量印法门》	［宋］施护等译
宋代	子部	《蓝田吕氏遗著》	［宋］吕大临等
宋代	子部	《斐然集》	［宋］胡寅
宋代	子部	《崇正辩》	［宋］胡寅
宋代	子部	《太平广记》	［宋］李昉
宋代	子部	《类说》	［宋］曾慥
宋代	子部	《夷坚志》	［宋］洪迈
宋代	子部	《湖海新闻夷坚续志》	［宋］无名氏
宋代	子部	《鬼董》	［宋］沈氏
宋代	子部	《杨太真外传》	［宋］乐史
宋代	子部	《梅妃传》	［宋］佚名
宋代	子部	《武经总要后集》	［宋］曾公亮、丁度
宋代	子部	《武经总要前集》	［宋］曾公亮、丁度
宋代	子部	《虎钤经》	［宋］许洞
宋代	子部	《何博士备论》	［宋］何去非
宋代	子部	《守城录》	［宋］陈规
宋代	子部	《博济方》	［宋］王衮
宋代	子部	《苏沈良方》	［宋］苏轼、沈括
宋代	子部	《寿亲养老新书》	［宋］陈直
宋代	子部	《脚气治法总要》	［宋］董汲
宋代	子部	《伤寒微旨论》	［宋］韩只和
宋代	子部	《证类本草》	［宋］唐慎微
宋代	子部	《全生指迷方》	［宋］王貺

宋代	子部	《小儿卫生总微论方》	［宋］不著撰人
宋代	子部	《妇人大全良方》	［宋］陈自明
宋代	子部	《济生方》	［宋］严用和
宋代	子部	《产宝诸方》	［宋］不著撰人
宋代	子部	《新仪象法要》	［宋］苏颂
宋代	子部	《催官篇》	［宋］赖文俊
宋代	子部	《发微论》	［宋］蔡元定
宋代	子部	《三命指迷赋》	［旧题宋］岳珂
宋代	子部	《营造法式》	［宋］李诫
宋代	子部	《梦溪笔谈》	［宋］沈括
宋代	子部	《思陵翰墨志》	［宋］高宗御
宋代	子部	《五代名画补遗》	［宋］刘道醇
宋代	子部	《宋朝名画评》	［宋］刘道醇
宋代	子部	《益州名画录》	［宋］黄休复
宋代	子部	《图画见闻志》	［宋］郭若虚
宋代	子部	《林泉高致集》	［宋］郭熙、郭思
宋代	子部	《德隅斋画品》	［宋］李廌
宋代	子部	《宝章待访录》	［宋］米芾
宋代	子部	《宣和画谱》	［宋］不著撰人
宋代	子部	《山水纯全集》	［宋］韩拙
宋代	子部	《画继》	［宋］邓椿
宋代	子部	《续书谱》	［宋］姜夔
宋代	子部	《茶录》	［宋］蔡襄
宋代	子部	《品茶要录》	［宋］黄儒
宋代	子部	《宣和北苑贡茶录》	［宋］熊蕃、熊克
宋代	子部	《北山酒经》	［宋］朱翼中
宋代	子部	《糖霜谱》	［宋］王灼
宋代	子部	《扬州芍药谱》	［宋］王观
宋代	子部	《刘氏菊谱》	［宋］刘蒙
宋代	子部	《史氏菊谱》	［宋］史正志

宋代	子部	《范村梅谱》	［宋］范成大
宋代	子部	《范村菊谱》	［宋］范成大
宋代	子部	《金漳兰谱》	［宋］赵时庚
宋代	子部	《海棠谱》	［宋］陈思
宋代	子部	《荔枝谱》	［宋］蔡襄
宋代	子部	《蟹谱》	［宋］傅肱
宋代	子部	《齐东野语》	［宋］周密
宋代	子部	《家范》	［宋］司马光
宋代	子部	《二程遗书》	［宋］程颢、程颐、朱熹
宋代	子部	《公是弟子记》	［宋］刘敞
宋代	子部	《儒言》	［宋］晁说之
宋代	子部	《童蒙训》	［宋］吕本中
宋代	子部	《省心杂言》	［宋］李邦献
宋代	子部	《上蔡语录》	［宋］谢良佐
宋代	子部	《袁氏世范》	［宋］袁采
宋代	子部	《延平答问》	［宋］朱熹
宋代	子部	《近思录》	［宋］朱熹、吕祖谦
宋代	子部	《朱子语类》	［宋］黎靖德
宋代	子部	《戒子通录》	［宋］刘清之
宋代	子部	《知言》	［宋］胡宏
宋代	子部	《少仪外传》	［宋］吕祖谦
宋代	子部	《丽泽论说集录》	［宋］吕祖谦
宋代	子部	《迃言》	［宋］刘炎
宋代	子部	《大学衍义》	［宋］真德秀
宋代	子部	《北溪字义》	［宋］陈淳、王隽
宋代	子部	《准斋杂说》	［宋］吴如愚
宋代	子部	《朱子读书法》	［宋］张洪 齐同
宋代	子部	《折狱龟鉴》	［宋］郑克
宋代	子部	《棠阴比事》	［宋］桂万荣
宋代	子部	《宋高僧传》	［宋］释赞宁

宋代	子部	《阴符经讲义》	［宋］夏元鼎
宋代	子部	《道德宝章》	［宋］葛长庚
宋代	子部	《昭德新编》	［宋］晁迥
宋代	子部	《近事会元》	［宋］李上交
宋代	子部	《靖康缃素杂记》	［宋］黄朝英
宋代	子部	《西溪丛语》	［宋］姚宽
宋代	子部	《学林》	［宋］王观国
宋代	子部	《容斋随笔》	［宋］洪迈
宋代	子部	《芦浦笔记》	［宋］刘昌诗
宋代	子部	《野客丛书》	［宋］王楙
宋代	子部	《考古质疑》	［宋］叶大庆
宋代	子部	《宾退录》	［宋］赵与旹
宋代	子部	《春明退朝录》	［宋］宋敏求
宋代	子部	《宋景文笔记》	［宋］宋祁
宋代	子部	《东原录》	［宋］龚鼎臣
宋代	子部	《王氏谈录》	［宋］王钦臣
宋代	子部	《麈史》	［宋］王得臣
宋代	子部	《文昌杂录》	［宋］庞元英
宋代	子部	《梦溪笔谈》	［宋］沈括
宋代	子部	《东坡志林》	［宋］苏轼
宋代	子部	《师友谈记》	［宋］李廌
宋代	子部	《吕氏杂记》	［宋］吕希哲
宋代	子部	《冷斋夜话》	［宋］释惠洪
宋代	子部	《春渚纪闻》	［宋］何远
宋代	子部	《石林燕语》	［宋］叶梦得、宇文绍奕
宋代	子部	《岩下放言》	［宋］叶梦得
宋代	子部	《却扫编》	［宋］徐度
宋代	子部	《墨庄漫录》	［宋］张邦基
宋代	子部	《栾城遗言》	［宋］苏籀
宋代	子部	《云麓漫抄》	［宋］赵彦卫

宋代	子部	《游宦纪闻》	〔宋〕张世南
宋代	子部	《梁溪漫志》	〔宋〕费衮
宋代	子部	《老学庵笔记》	〔宋〕陆游
宋代	子部	《祛疑说》	〔宋〕储泳
宋代	子部	《鹤林玉露》	〔宋〕罗大经
宋代	子部	《贵耳集》	〔宋〕张端义
宋代	子部	《吹剑录外集》	〔宋〕俞文豹
宋代	子部	《脚气集》	〔宋〕车若水
宋代	子部	《佩韦斋辑闻》	〔宋〕俞德邻
宋代	子部	《齐东野语》	〔宋〕周密
宋代	子部	《洞天清录》	〔宋〕赵希鹄
宋代	子部	《负暄野录》	〔宋〕陈槱
宋代	子部	《事实类苑》	〔宋〕江少虞
宋代	子部	《事物纪原》	〔宋〕高承
宋代	子部	《北梦琐言》	〔宋〕孙光宪
宋代	子部	《贾氏谭录》	〔宋〕张洎
宋代	子部	《洛阳搢绅旧闻记》	〔宋〕张齐贤
宋代	子部	《南部新书》	〔宋〕钱易
宋代	子部	《儒林公议》	〔宋〕田况
宋代	子部	《涑水记闻》	〔宋〕司马光
宋代	子部	《渑水燕谈录》	〔宋〕王辟之
宋代	子部	《归田录》	〔宋〕欧阳修
宋代	子部	《嘉祐杂志》	〔宋〕江休复
宋代	子部	《东斋记事》	〔宋〕范镇
宋代	子部	《青箱杂记》	〔宋〕吴处厚
宋代	子部	《钱氏私志》	〔宋〕钱世昭
宋代	子部	《龙川略志》	〔宋〕苏辙
宋代	子部	《孙公谈圃》	〔宋〕孙升语、刘延世
宋代	子部	《甲申杂记》	〔宋〕王巩
宋代	子部	《湘山野录》	〔宋〕释文莹

宋代	子部	《玉壶野史》	［宋］释文莹
宋代	子部	《侯鲭录》	［宋］赵令时
宋代	子部	《东轩笔录》	［宋］魏泰
宋代	子部	《泊宅编》	［宋］方勺
宋代	子部	《珍席放谈》	［宋］高晦叟
宋代	子部	《铁围山丛谈》	［宋］蔡绦
宋代	子部	《南窗记谈》	［宋］不著撰人
宋代	子部	《萍洲可谈》	［宋］朱彧
宋代	子部	《默记》	［宋］王铚
宋代	子部	《玉照新志》	［宋］王明清
宋代	子部	《闻见录》	［宋］邵伯温
宋代	子部	《清波杂志》	［宋］周辉
宋代	子部	《鸡肋编》	［宋］庄绰
宋代	子部	《闻见后录》	［宋］邵博
宋代	子部	《步里客谈》	［宋］陈长方
宋代	子部	《桯史》	［宋］岳珂
宋代	子部	《独醒杂志》	［宋］曾敏行
宋代	子部	《耆旧续闻》	［宋］陈鹄
宋代	子部	《四朝闻见录》	［宋］叶绍翁
宋代	子部	《癸辛杂识》	［宋］周密
宋代	子部	《茅亭客话》	［宋］黄休复
宋代	子部	《分门古今类事》	［宋］不著撰人
宋代	子部	《睽车志》	［宋］郭彖
宋代	子部	《清异录》	［宋］陶谷
宋代	集部	《全宋词》	［宋］佚名
宋代	集部	《乐府诗集》	［宋］郭茂倩编
宋代	集部	《全宋词补》	［宋］佚名
宋代	集部	《绝妙好词》	［宋］周密
宋代	集部	《西昆酬唱集》	［宋］杨亿
宋代	集部	《楚辞补注》	［宋］洪兴祖

宋代	集部	《栾城集》	〔宋〕苏辙
宋代	集部	《曾巩集》	〔宋〕曾巩
宋代	集部	《安阳集》	〔宋〕韩琦
宋代	集部	《东窗集》	〔宋〕张扩
宋代	集部	《庐陵文钞》	〔宋〕欧阳修
宋代	集部	《尊白堂集》	〔宋〕虞俦
宋代	集部	《缘督集》	〔宋〕曾丰
宋代	集部	《石屏诗集》	〔宋〕戴敏
宋代	集部	《洺水集》	〔宋〕程珌
宋代	集部	《阆风集》	〔宋〕舒岳祥
宋代	集部	《临川文钞》	〔宋〕王安石
宋代	集部	《咸平集》	〔宋〕田锡
宋代	集部	《朱熹别集》	〔宋〕朱熹
宋代	集部	《芦川归来集》	〔宋〕张元干
宋代	集部	《竹隐畸士集》	〔宋〕赵鼎臣
宋代	集部	《陶山集》	〔宋〕陆佃
宋代	集部	《栾城后集》	〔宋〕苏辙
宋代	集部	《范文正集》	〔宋〕范仲淹
宋代	集部	《二程外书》	〔宋〕程颢、程颐
宋代	集部	《伊川先生文集》	〔宋〕程颐
宋代	集部	《文溪集》	〔宋〕李昂英
宋代	集部	《倚松诗集》	〔宋〕饶节
宋代	集部	《张乖崖集》	〔宋〕张咏
宋代	集部	《网山集》	〔宋〕林亦之
宋代	集部	《学易集》	〔宋〕刘跂
宋代	集部	《野谷诗稿》	〔宋〕赵汝鐩
宋代	集部	《四明文献集》	〔宋〕王应麟
宋代	集部	《樝溪居士集》	〔宋〕刘才邵
宋代	集部	《灵岩集》	〔宋〕唐士耻
宋代	集部	《给事集》	〔宋〕刘安上

宋代	集部	《竹斋诗集》	［宋］裘万顷
宋代	集部	《祖英集》	［宋］释重显
宋代	集部	《忠愍集》	［宋］寇准
宋代	集部	《敝帚稿略》	［宋］包恢
宋代	集部	《诗人玉屑》	［宋］魏庆之
宋代	集部	《诗话总龟后集》	［宋］阮阅
宋代	集部	《韵语阳秋》	［宋］葛立方
宋代	集部	《艇斋诗话》	［宋］曾季狸
宋代	集部	《优古堂诗话》	［宋］吴开
宋代	集部	《溪诗话》	［宋］黄彻
宋代	集部	《古今词话》	［宋］杨湜
宋代	集部	《文则》	［宋］陈骙
宋代	集部	《能改斋词话》	［宋］吴曾
宋代	集部	《彦周诗话》	［宋］许顗
宋代	集部	《碧鸡漫志》	［宋］王灼
宋代	集部	《词源》	［宋］张炎
宋代	集部	《观林诗话》	［宋］吴聿
宋代	集部	《石林诗话》	［宋］叶梦得
宋代	集部	《苕溪渔隐词话》	［宋］胡仔
宋代	集部	《沧浪诗话》	［宋］严羽
宋代	集部	《紫微诗话》	［宋］吕本中
宋代	集部	《藏海诗话》	［宋］吴可
宋代	集部	《二老堂诗话》	［宋］周必大
宋代	集部	《杜工部草堂诗话》	［宋］蔡梦弼
宋代	集部	《庚溪诗话》	［宋］陈岩肖
宋代	集部	《竹坡诗话》	［宋］周紫芝
宋代	集部	《后山诗话》	［宋］陈师道
宋代	集部	《魏庆之词话》	［宋］魏庆之
宋代	集部	《珊瑚钩诗话》	［宋］张表臣
宋代	集部	《诚斋诗话》	［宋］杨万里

宋代	集部	《风月堂诗话》	〔宋〕朱弁
宋代	集部	《临汉隐居诗话》	〔宋〕魏泰
宋代	集部	《娱书堂诗话》	〔宋〕赵与虤
宋代	集部	《岁寒堂诗话》	〔宋〕张戒
宋代	集部	《中山诗话》	〔宋〕刘攽
宋代	集部	《文章精义》	〔宋〕李涂
宋代	集部	《乐府指迷》	〔宋〕沈义父
宋代	集部	《浩然斋词话》	〔宋〕周密
宋代	集部	《续金针诗格》	〔宋〕梅尧臣
宋代	集部	《楚辞集注》	〔宋〕朱熹
宋代	集部	《离骚草木疏》	〔宋〕吴仁杰
宋代	集部	《林和靖集》	〔宋〕林逋
宋代	集部	《苏魏公文集》	〔宋〕苏颂、苏携
宋代	集部	《伐檀集》	〔宋〕黄庶
宋代	集部	《金氏文集》	〔宋〕金君卿
宋代	集部	《忠肃集》	〔宋〕刘挚
宋代	集部	《文忠集》	〔宋〕欧阳修、周必大
宋代	集部	《嘉祐集》	〔宋〕苏洵
宋代	集部	《东坡全集》	〔宋〕苏轼
宋代	集部	《后山集》	〔宋〕陈师道
宋代	集部	《淮海集》	〔宋〕秦观
宋代	集部	《宝晋英光集》	〔宋〕米芾
宋代	集部	《石门文字禅》	〔宋〕释觉慈
宋代	集部	《西塘集》	〔宋〕郑侠
宋代	集部	《云巢编》	〔宋〕沈辽
宋代	集部	《龙云集》	〔宋〕刘弇、罗良弼
宋代	集部	《道乡集》	〔宋〕邹浩
宋代	集部	《西台集》	〔宋〕毕仲游
宋代	集部	《浮溪集》	〔宋〕汪藻
宋代	集部	《建康集》	〔宋〕叶梦得

宋代	集部	《栟榈集》	［宋］邓肃
宋代	集部	《陵阳集》	［宋］韩驹
宋代	集部	《藏海居士集》	［宋］吴可
宋代	集部	《郴江百咏》	［宋］阮阅
宋代	集部	《双溪集》	［宋］苏籀
宋代	集部	《岳武穆遗文》	［宋］岳飞
宋代	集部	《五峰集》	［宋］胡宏撰 胡大时编
宋代	集部	《斐然集》	［宋］胡寅
宋代	集部	《文定集》	［宋］汪应辰
宋代	集部	《香溪集》	［宋］范浚
宋代	集部	《止斋集》	［宋］陈傅良撰 曹叔远编
宋代	集部	《慈湖遗书》	［宋］杨简
宋代	集部	《絜斋集》	［宋］袁燮
宋代	集部	《舒文靖集》	［宋］舒璘
宋代	集部	《剑南诗稿》	［宋］陆游、陆子虡
宋代	集部	《渭南文集》	［宋］陆游
宋代	集部	《水心集》	［宋］叶适
宋代	集部	《南涧甲乙稿》	［宋］韩元吉
宋代	集部	《西岩集》	［宋］翁卷
宋代	集部	《龙川集》	［宋］陈亮
宋代	集部	《白石道人诗集》	［宋］姜夔
宋代	集部	《寒松阁集》	［宋］詹初
宋代	集部	《雪矶丛稿》	［宋］乐雷发
宋代	集部	《北磵集》	［宋］释居简
宋代	集部	《西塍集》	［宋］宋伯仁
宋代	集部	《鲁斋集》	［宋］王柏
宋代	集部	《潜山集》	［宋］释文珦
宋代	集部	《柳塘外集》	［宋］释道璨
宋代	集部	《覆瓿集》	［宋］赵必
宋代	集部	《秋声集》	［宋］卫宗武

宋代	集部	《晞发集》	［宋］谢翱
宋代	集部	《真山民集》	［宋］真桂芳
宋代	集部	《伯牙琴》	［宋］邓牧
宋代	集部	《乐府诗集》	［宋］郭茂倩
宋代	集部	《岁时杂咏》	［宋］蒲积中
宋代	集部	《万首唐人绝句》	［宋］洪迈
宋代	集部	《崇古文诀》	［宋］楼昉
宋代	集部	《唐僧弘秀集》	［宋］李龏
宋代	集部	《文选补遗》	［宋］陈仁子
宋代	集部	《六一诗话》	［宋］欧阳修
宋代	集部	《中山诗话》	［宋］刘攽
宋代	集部	《临汉隐居诗话》	［宋］魏泰
宋代	集部	《优古堂诗话》	［宋］吴开
宋代	集部	《诗话总龟》	［宋］阮阅
宋代	集部	《彦周诗话》	［宋］许顗
宋代	集部	《石林诗话》	［宋］叶梦得
宋代	集部	《风月堂诗话》	［宋］朱弁
宋代	集部	《岁寒堂诗话》	［宋］张戒
宋代	集部	《庚溪诗话》	［宋］陈岩肖
宋代	集部	《唐诗纪事》	［宋］计有功
宋代	集部	《渔隐丛话》	［宋］胡仔
宋代	集部	《竹坡诗话》	［宋］周紫芝
宋代	集部	《诗话总龟前集》	［宋］阮阅
宋代	集部	《苕溪渔隐丛话前集》	［宋］胡仔
宋代	集部	《苕溪渔隐丛话后集》	［宋］胡仔
宋代	集部	《后村诗话》	［宋］刘克庄
宋代	集部	《竹庄诗话》	［宋］何溪汶
宋代	集部	《对床夜语》	［宋］范晞文
宋代	集部	《诗林广记》	［宋］蔡正孙
宋代	集部	《冷斋夜话》	［宋］惠洪

宋代	丛书	《稼轩长短句》	［宋］辛弃疾
宋代	丛书	《梦窗词集》	［宋］吴文英
宋代	丛书	《须溪词》	［宋］刘辰翁
宋代	丛书	《山中白云》	［宋］张炎
宋代	丛书	《东坡乐府》	［宋］苏轼
宋代	丛书	《后村长短句》	［宋］刘克庄
宋代	丛书	《东山词》	［宋］贺铸
宋代	丛书	《履斋先生诗馀》	［宋］吴潜
宋代	丛书	《西麓继周集》	［宋］陈允平
宋代	丛书	《乐章集》	［宋］柳三变
宋代	丛书	《小山词》	［宋］晏几道
宋代	丛书	《樵歌》	［宋］朱敦儒
宋代	丛书	《松隐乐府》	［宋］曹勋
宋代	丛书	《东堂词》	［宋］毛滂
宋代	丛书	《张子野词》	［宋］张先
宋代	丛书	《苹洲渔笛谱》	［宋］周密
宋代	丛书	《芦川词》	［宋］张元干
宋代	丛书	《酒边词》	［宋］向子諲
宋代	丛书	《六一词》	［宋］欧阳修
宋代	丛书	《介庵琴趣外篇》	［宋］赵彦端
宋代	丛书	《于湖词》	［宋］张孝祥
宋代	丛书	《琴趣外篇》	［宋］晁补之
宋代	丛书	《涧泉诗馀》	［宋］韩淲
宋代	丛书	《相山居士词》	［宋］王之道
宋代	丛书	《玉蟾先生诗馀》	［宋］葛长庚
宋代	丛书	《白石道人歌曲》	［宋］姜夔
宋代	丛书	《片玉集》	［宋］周邦彦
宋代	丛书	《鄮峰真隐词曲》	［宋］史浩
宋代	丛书	《本堂词》	［宋］陈着
宋代	丛书	《盘洲乐章》	［宋］洪适

宋代	丛书	《梅溪词》	〔宋〕史达祖
宋代	丛书	《放翁词》	〔宋〕陆游
宋代	丛书	《笑笑词》	〔宋〕郭应祥
宋代	丛书	《珠玉词》	〔宋〕晏殊
宋代	丛书	《石林词》	〔宋〕叶梦得
宋代	丛书	《竹屋痴语》	〔宋〕高观国
宋代	丛书	《山谷琴趣外篇》	〔宋〕黄庭坚
宋代	丛书	《鄮峰真隐大曲》	〔宋〕史浩
宋代	丛书	《蒲江词稿》	〔宋〕卢祖皋
宋代	丛书	《日湖渔唱》	〔宋〕陈允平
宋代	丛书	《菊谱》	〔宋〕刘蒙
宋代	丛书	《名香谱》	〔宋〕叶廷珪
宋代	丛书	《芍药谱》	〔宋〕王观
宋代	丛书	《补侍儿小名录》	〔宋〕王铚
宋代	丛书	《续补侍儿小名录》	〔宋〕温豫
宋代	丛书	《楚辞芳草谱》	〔宋〕谢翱
宋代	丛书	《侍儿小名录拾遗》	〔宋〕张邦畿
宋代	丛书	《响屧谱》	〔宋〕杨无咎
宋代	丛书	《李师师外传》	〔宋〕佚名
宋代	丛书	《天彭牡丹谱》	〔宋〕陆游
宋代	丛书	《桂海花木志》	〔宋〕范成大
宋代	丛书	《梅谱》	〔宋〕范成大
宋代	丛书	《丽情集》	〔宋〕张君房
宋代	丛书	《清尊录》	〔宋〕廉宣
宋代	丛书	《梅品》	〔宋〕张功甫
宋代	丛书	《赵后遗事》	〔宋〕秦醇
宋代	丛书	《花经》	〔宋〕张翊
宋代	丛书	《陈州牡丹记》	〔宋〕张邦基
宋代	丛书	《竹夫人传》	〔宋〕张丰
元（272）			

朝代	部类	文献	作者
元代	经部	《中原音韵》	［元］周德清
元代	经部	《易图通变》	［元］雷思齐
元代	经部	《易学滥觞》	［元］黄泽
元代	经部	《易筮通变》	［元］雷思齐
元代	史部	《元史》	［明］宋濂等
元代	史部	《元典章》	［元］历朝官修
元代	史部	《通制条格》	［元］拜柱等
元代	史部	《文献通考》	［元］马端临
元代	史部	《西游录注》	［元］耶律楚材
元代	史部	《异域志》	［元］周致中
元代	史部	《岛夷志略》	［元］汪大渊
元代	史部	《至顺镇江志》	［元］俞希鲁
元代	史部	《元史纪事本末》	［明］陈邦瞻
元代	史部	《辽史》	［元］脱脱
元代	史部	《秘书监志》	［元］王士点、商企翁
元代	史部	《析津志辑佚》	［元］熊梦祥
元代	史部	《元统元年进士录》	［元］佚名
元代	史部	《庙学典礼》	［元］佚名
元代	史部	《真腊风土记》	［元］周达观
元代	子部	《忍经》	［元］吴亮
元代	子部	《中和集》	［元］李道纯
元代	子部	《画继补遗》	［元］庄肃
元代	子部	《绘宗十二忌》	［元］饶自然
元代	子部	《衍极》	［元］郑构
元代	子部	《翰林要诀》	［元］陈绎曾
元代	子部	《言行龟鉴》	［元］张光祖
元代	子部	《钱塘遗事》	［元］刘一清
元代	子部	《敬斋古今黈》	［元］李治
元代	子部	《唐才子传》	［元］辛文房

元代	子部	《南村辍耕录》	［元］陶宗仪
元代	子部	《汝南遗事》	［元］王鹗
元代	子部	《金志》	［元］宇文懋昭
元代	子部	《北风扬沙录》	［元］陈准
元代	子部	《元朝秘史》	［元］佚名
元代	子部	《平宋录》	［元］刘敏中
元代	子部	《元朝征缅录》	［元］佚名
元代	子部	《拊掌录》	［元］元怀
元代	子部	《古杭杂记》	［元］李东有
元代	子部	《吴中旧事》	［元］陆友仁
元代	子部	《东南纪闻》	［元］佚名
元代	子部	《山房随笔》	［元］蒋正子
元代	子部	《山居新话》	［元］杨瑀
元代	子部	《岁华纪丽谱》	［元］费着
元代	子部	《困学斋杂录》	［元］鲜于枢
元代	子部	《湛渊静语》	［元］白珽
元代	子部	《北轩笔记》	［元］陈世隆
元代	子部	《勤有堂随录》	［元］陈栎
元代	子部	《招捕总录》	［元］佚名
元代	子部	《玉堂嘉话》	［元］王恽
元代	子部	《乐郊私语》	［元］姚桐寿
元代	子部	《至正直记》	［元］孔齐
元代	子部	《学古编》	［元］吾丘衍
元代	子部	《庶斋老学丛谈》	［元］盛如梓
元代	子部	《雪履斋笔记》	［元］郭翼
元代	子部	《客杭日记》	［元］郭畀
元代	子部	《席上腐谈》	［元］俞琰
元代	子部	《日损斋笔记》	［元］黄溍
元代	子部	《遂昌杂录》	［元］郑元祐
元代	子部	《解酲语》	［元］李材

元代	子部	《琅嬛记》	［元］伊世珍
元代	子部	《稗史集传》	［元］徐显
元代	子部	《保越录》	［元］佚名
元代	子部	《河朔访古记》	［元］纳新
元代	子部	《长春真人西游记》	［元］李志常
元代	子部	《安南志略》	［元］黎崱
元代	子部	《大理行记》	［元］郭松年
元代	子部	《历代蒙求》	［元］陈栎
元代	子部	《纯正蒙求》	［元］胡炳文
元代	子部	《算学启蒙总括》	［元］朱世杰
元代	子部	《金璧故事》	［元］佚名
元代	子部	《测圆海镜》	［元］李冶
元代	子部	《墨史》	［元］陆友
元代	子部	《农桑衣食撮要》	［元］鲁明善
元代	子部	《农桑辑要》	［元］不详
元代	子部	《珍珠囊补遗药性赋》	［元］李杲
元代	子部	《汤液本草》	［元］王好古
元代	子部	《历世真仙体道通鉴》	［元］赵道一
元代	子部	《王祯农书》	［元］王祯
元代	子部	《四元玉鉴》	［元］朱世杰
元代	子部	《痊骥通玄论》	［元］卞管勾集
元代	子部	《归潜志》	［元］刘祁
元代	子部	《南台备要》	［元］刘孟保
元代	子部	《阴证略例》	［元］王好古
元代	子部	《脾胃论》	［元］李杲
元代	子部	《大金吊伐录》	［元］佚名
元代	子部	《续夷坚志》	［元］元好问
元代	子部	《医学发明》	［元］李杲
元代	子部	《砚北杂志》	［元］陆友仁
元代	子部	《法书考》	［元］盛熙明

元代	子部	《杂着》	［元］胡祇遹
元代	子部	《历世真仙体道通鉴后集》	［元］赵道一
元代	子部	《庶斋老学丛谈》	［元］盛如梓
元代	子部	《娇红记》	［元］宋远
元代	子部	《人伦大统赋》	［元］张行简
元代	子部	《伤寒明理论》	［元］成无己
元代	子部	《山居新话》	［元］杨瑀
元代	集部	《杨维桢集》	［元］杨维桢
元代	集部	《梅磵诗话》	［元］韦居安
元代	集部	《吴礼部诗话》	［元］吴师道
元代	集部	《诗谱》	［元］陈绎曾
元代	集部	《词旨》	［元］陆辅之
元代	集部	《山房随笔》	［元］蒋正子
元代	集部	《诗法家数》	［元］杨载
元代	集部	《木天禁语》	［元］范梈
元代	集部	《诗学禁脔》	［元］范梈
元代	集部	《西厢记诸宫调》	［元］董解元
元代	集部	《窦娥冤》	［元］关汉卿
元代	集部	《天宝遗事诸宫调》	［元］王伯成
元代	集部	《小孙屠》	［元］萧德祥
元代	集部	《倩女离魂》	［元］郑光祖
元代	集部	《杜蕊娘智赏金线池》	［元］关汉卿
元代	集部	《望江亭中秋切鲙》	［元］关汉卿
元代	集部	《赵盼儿风月救风尘》	［元］关汉卿
元代	集部	《温太真玉镜台》	［元］关汉卿
元代	集部	《包待制三勘蝴蝶梦》	［元］关汉卿
元代	集部	《包待制智斩鲁斋郎》	［元］关汉卿
元代	集部	《尉迟恭单鞭夺槊》	［元］尚仲贤
元代	集部	《黑旋风双献功》	［元］高文秀

元代	集部	《须贾大夫谇范叔》	［元］佚名
元代	集部	《楚昭公疏者下船》	［元］郑庭玉
元代	集部	《布袋和尚忍字记》	［元］郑庭玉
元代	集部	《看钱奴买冤家债主》	［元］佚名
元代	集部	《崔府君断冤家债主》	［元］佚名
元代	集部	《裴少俊墙头马上》	［元］白仁甫
元代	集部	《唐明皇秋夜梧桐雨》	［元］白仁甫
元代	集部	《花间四友东坡梦》	［元］吴昌龄
元代	集部	《江州司马青衫泪》	［元］马致远
元代	集部	《西华山陈抟高卧》	［元］马致远
元代	集部	《吕洞宾三醉岳阳楼》	［元］马致远
元代	集部	《半夜雷轰荐福碑》	［元］马致远
元代	集部	《邯郸道省悟黄粱梦》	［元］马致远
元代	集部	《同乐院燕青博鱼》	［元］李文蔚
元代	集部	《张天师断风花雪月》	［元］吴昌龄
元代	集部	《四丞相高会丽春堂》	［元］王实甫
元代	集部	《散家财天赐老生儿》	［元］武汉臣
元代	集部	《包待制智赚生金阁》	［元］武汉臣
元代	集部	《救孝子贤母不认尸》	［元］王仲文
元代	集部	《月明和尚度柳翠》	［元］佚名
元代	集部	《洞庭湖柳毅传书》	［元］尚仲贤
元代	集部	《汉高皇濯足气英布》	［元］佚名
元代	集部	《鲁大夫秋胡戏妻》	［元］石君宝
元代	集部	《李亚仙花酒曲江池》	［元］石君宝
元代	集部	《郑孔目风雪酷寒亭》	［元］杨显之
元代	集部	《陶学士醉写风光好》	［元］戴善夫
元代	集部	《沙门岛张生煮海》	［元］李好古
元代	集部	《薛仁贵荣归故里》	［元］张国宾
元代	集部	《相国寺公孙合汗衫》	［元］张国宾
元代	集部	《河南府张鼎勘头巾》	［元］孙仲章

元代	集部	《吕洞宾度铁拐李》	［元］岳伯川
元代	集部	《梁山泊李逵负荆》	［元］康进之
元代	集部	《秦脩然竹坞听琴》	［元］石子章
元代	集部	《张孔目智勘魔合罗》	［元］孟汉卿
元代	集部	《包待制智赚灰阑记》	［元］李行道
元代	集部	《谢金莲诗酒红梨花》	［元］张寿卿
元代	集部	《死生交范张鸡黍》	［元］官大用
元代	集部	《醉思乡王粲登楼》	［元］郑德辉
元代	集部	《王月英元夜留鞋记》	［元］曾瑞卿
元代	集部	《朱砂担滴水浮沤记》	［元］佚名
元代	集部	《争报恩三虎下山》	［元］佚名
元代	集部	《包待制陈州粜米》	［元］佚名
元代	集部	《小尉迟将斗将认父归》	［元］佚名
元代	集部	《谢金吾诈拆清风府》	［元］佚名
元代	集部	《罗李郎大闹相国寺》	［元］张国宾
元代	集部	《萨真人夜断碧桃花》	［元］佚名
元代	集部	《都孔目风雨还牢末》	［元］李致远
元代	集部	《冯玉兰夜月泣江舟》	［元］佚名
元代	集部	《两军师隔江斗智》	［元］佚名
元代	集部	《李素兰风月玉壶春》	［元］武汉臣
元代	集部	《翠红乡儿女两团圆》	［元］杨文奎
元代	集部	《李云英风送梧桐叶》	［元］佚名
元代	集部	《刘晨阮肇误入桃源》	［元］王子一
元代	集部	《杨氏女杀狗劝夫》	［元］佚名
元代	集部	《李太白匹配金钱记》	［元］乔孟记
元代	集部	《玉箫女两世姻缘》	［元］乔梦符
元代	集部	《萧淑兰情寄菩萨蛮》	［元］贾仲名
元代	集部	《铁拐李度金童玉女》	［元］贾仲名
元代	集部	《桃花女破法嫁周公》	［元］佚名
元代	集部	《吕洞宾三度城南柳》	［元］谷子敬

元代	集部	《庞居士误放来生债》	［元］佚名
元代	集部	《东堂老劝破家子弟》	［元］秦简夫
元代	集部	《陈季卿误上竹叶舟》	［元］范子安
元代	集部	《杜牧之诗酒扬州梦》	［元］乔孟符
元代	集部	《宜秋山赵礼让肥》	［元］秦简夫
元代	集部	《孟德耀举案齐眉》	［元］佚名
元代	集部	《庞涓夜走马陵道》	［元］佚名
元代	集部	《随何赚风魔蒯通》	［元］佚名
元代	集部	《冻苏秦衣锦还乡》	［元］佚名
元代	集部	《风雨像生货郎旦》	［元］佚名
元代	集部	《锦云堂暗定连环计》	［元］佚名
元代	集部	《玉清庵错送鸳鸯被》	［元］佚名
元代	集部	《包龙图智赚合同文字》	［元］佚名
元代	集部	《朱太守风雪渔樵记》	［元］佚名
元代	集部	《神奴儿大闹开封府》	［元］佚名
元代	集部	《玎玎珰珰盆儿鬼》	［元］佚名
元代	集部	《元曲》	［元］不详
元代	集部	《中州集》	［元］元好问
元代	集部	《元好问集》	［元］元好问
元代	集部	《崔莺莺待月西厢记》	［元］王实甫
元代	集部	《全元词》	［元］唐圭璋
元代	集部	《西游记杂剧》	［元］杨景贤
元代	集部	《天籁集》	［元］白朴
元代	集部	《董秀英花月东墙记》	［元］白朴
元代	集部	《吴礼部诗话》	［元］吴师道
元代	集部	《荆楚臣重对玉梳记》	［元］贾仲名
元代	集部	《录鬼簿》	［元］钟嗣成
元代	集部	《宦门子弟错立身》	［元］不详
元代	集部	《逞风流王焕百花亭》	［元］不详
元代	集部	《李太白贬夜郎》	［元］王伯成

元代	集部	《马丹阳度脱刘行首》	〔元〕杨景贤
元代	集部	《苏子瞻风雪贬黄州》	〔元〕费唐臣
元代	集部	《保成公径赴渑池会》	〔元〕高文秀
元代	集部	《好酒赵元遇上皇》	〔元〕高文秀
元代	丛书	《琵琶记》	〔元〕高明
元代	丛书	《西厢记》	〔元〕王实甫
元代	丛书	《秋涧乐府》	〔元〕王恽
元代	丛书	《幽闺记》	〔元〕施惠
元代	丛书	《遗山乐府》	〔元〕元好问
元代	丛书	《圭塘乐府》	〔元〕许有壬
元代	丛书	《蜕岩词》	〔元〕张翥
元代	丛书	《磻溪词》	〔元〕丘处机
元代	丛书	《无弦琴谱》	〔元〕仇远
元代	丛书	《遯庵乐府》	〔元〕段克己
元代	丛书	《古山乐府》	〔元〕张埜
元代	丛书	《菊轩乐府》	〔元〕段成己
元代	丛书	《龟巢词》	〔元〕谢应芳
元代	丛书	《清庵先生词》	〔元〕李道纯
元代	丛书	《道园乐府》	〔元〕虞集
元代	丛书	《青楼集》	〔元〕黄雪蓑
元代	丛书	《庄靖先生乐府》	〔元〕李俊民
元代	丛书	《牧庵词》	〔元〕姚燧
元代	丛书	《贞居词》	〔元〕张天雨
元代	丛书	《竹窗词》	〔元〕沈禧
元代	丛书	《稼村乐府》	〔元〕王义山
元代	丛书	《瓢泉词》	〔元〕朱晞颜
元代	丛书	《燕石近体乐府》	〔元〕宋褧
元代	丛书	《益斋长短句》	〔元〕李齐贤
元代	丛书	《此山先生乐府》	〔元〕周权
元代	丛书	《汉泉乐府》	〔元〕曹伯启

元代	丛书	《中庵诗馀》	［元］刘敏中
元代	丛书	《兰轩词》	［元］王旭
元代	丛书	《拙轩词》	［元］王寂
元代	丛书	《石门词》	［元］梁寅
元代	丛书	《玉斗山人词》	［元］王奕
元代	丛书	《柘轩词》	［元］凌云翰
元代	丛书	《乐庵诗馀》	［元］吴存
元代	丛书	《芳洲诗馀》	［元］黎廷瑞
元代	丛书	《春梦录》	［元］郑禧
元代	丛书	《水云村诗馀》	［元］刘埙
元代	丛书	《养蒙先生词》	［元］张伯淳
元代	丛书	《韩山人词》	［元］韩奕
元代	丛书	《顺斋乐府》	［元］蒲道源
元代	丛书	《养吾斋诗馀》	［元］刘将孙
元代	其他	《北西厢记》	［元］王德信
元代	其他	《荆钗记》	［元］柯丹邱
元代	其他	《蜀锦谱》	［元］费着
元代	其他	《焚椒录》	［元］王鼎
元代	其他	《北轩笔记》	［元］陈世隆
元代	其他	《乐郊私语》	［元］姚桐寿
元代	其他	《勤有堂随录》	［元］陈栎
元代	其他	《遂昌杂录》	［元］郑元祐
元代	其他	《拊掌录》	［元］佚名
元代	其他	《古杭杂记》	［元］李东有
元代	其他	《解醒语》	［元］佚名
元代	其他	《客杭日记》	［元］佚名
元代	其他	《山房随笔》	［元］蒋正子
元代	其他	《岁华纪丽谱》	［元］费着
元代	其他	《招捕总录》	［元］佚名
元代	其他	《至正直记》	［元］孔克齐

元代	其他	《山居新话》	［元］杨瑀
元代	其他	《乐府补题》	［元］陈恕可
元代	其他	《贞一斋词》	［元］朱思本
明（452）			
朝代	部类	文献	作者
明代	经部	《大学衍义补》	［明］邱濬
明代	经部	《泰泉乡礼》	［明］黄佐
明代	史部	《明史》	［清］张廷玉等
明代	史部	《万历会计录》	［明］张学颜
明代	史部	《大明会典》	［明］李东阳
明代	史部	《明实录》	［明］历朝官修
明代	史部	《西洋番国志》	［明］巩珍
明代	史部	《东西洋考》	［明］张燮
明代	史部	《殊域周咨录》	［明］严从简
明代	史部	《徐霞客游记》	［明］徐弘祖
明代	史部	《龙江船厂志》	［明］李昭祥
明代	史部	《赤雅》	［明］邝露
明代	史部	《莆阳谳牍》	［明］祁彪佳
明代	史部	《百川书志》	［明］高儒
明代	史部	《帝京景物略》	［明］刘侗、于奕正
明代	史部	《文渊阁书目》	［明］杨士奇
明代	史部	《麻姑山志》	［明］左宗郢
明代	史部	《晁氏宝文堂书目》	［明］晁瑮
明代	史部	《徐氏红雨楼书目》	［明］徐火勃
明代	史部	《菉竹堂书目》	［明］叶盛
明代	史部	《古今书刻》	［明］周弘祖
明代	史部	《两种海道针经》	［明］不详
明代	史部	《漕船志》	［明］席书编次、朱家相增修
明代	史部	《汲古阁书跋》	［明］毛晋
明代	史部	《阁皂山志》	［明］俞策撰、［清］施闰章定

明代	史部	《西洋朝贡典录》	［明］黄省曾
明代	史部	《东林始末》	［明］蒋平阶
明代	史部	《澹生堂藏书约》	［明］祁承㸁
明代	史部	《朝鲜纪事》	［明］倪谦
明代	史部	《朝鲜赋》	［明］董越
明代	史部	《明史》	［清］张廷玉等
明代	史部	《明史纪事本末》	［清］谷应泰
明代	史部	《明儒学案》	［清］黄宗羲
明代	史部	《明会要》	［清］龙文彬
明代	子部	《传习录》	［明］王阳明
明代	子部	《一贯问答》	［明］方以智
明代	子部	《纪效新书》	［明］戚继光
明代	子部	《练兵实纪》	［明］戚继光
明代	子部	《百战奇略》	［明］刘基
明代	子部	《阵纪》	［明］何良臣
明代	子部	《火龙神器阵法》	［明］焦玉
明代	子部	《类经》	［明］张介宾
明代	子部	《本草纲目》	［明］李时珍
明代	子部	《祈嗣真诠》	［明］袁黄
明代	子部	《农政全书》	［明］徐光启
明代	子部	《煮泉小品》	［明］田艺蘅
明代	子部	《天工开物》	［明］宋应星
明代	子部	《新刻马书》	［明］杨时乔
明代	子部	《书诀》	［明］丰坊
明代	子部	《书法雅言》	［明］项穆
明代	子部	《四友斋书论》	［明］何良俊
明代	子部	《大书长语》	［明］费瀛
明代	子部	《书指》	［明］汤临初
明代	子部	《画禅室随笔》	［明］董其昌
明代	子部	《古今印史》	［明］徐官

明代	子部	《印谈》	〔明〕沈野
明代	子部	《印章集说》	〔明〕甘旸
明代	子部	《印母》	〔明〕杨士修
明代	子部	《印法参同》	〔明〕徐上达
明代	子部	《东西均》	〔明〕方以智
明代	子部	《菜根谭》	〔明〕洪应明
明代	子部	《了凡四训》	〔明〕袁了凡
明代	子部	《草木子》	〔明〕叶子奇
明代	子部	《辽小史》	〔明〕杨循吉
明代	子部	《晋五胡指掌》	〔明〕张大龄
明代	子部	《东谷赘言》	〔明〕敖英
明代	子部	《会仙女志》	〔明〕郦琥
明代	子部	《云蕉馆纪谈》	〔明〕孔迩述
明代	子部	《元故宫遗录》	〔明〕萧洵
明代	子部	《巳疟编》	〔明〕刘玉
明代	子部	《云南机务抄黄》	〔明〕张紞
明代	子部	《半村野人闲谈》	〔明〕姜南
明代	子部	《天潢玉牒》	〔明〕无名氏
明代	子部	《贤识录》	〔明〕陆釴
明代	子部	《革除逸史》	〔明〕朱睦㮮
明代	子部	《东朝纪》	〔明〕王泌
明代	子部	《星槎胜览》	〔明〕费信
明代	子部	《否泰录》	〔明〕刘定之
明代	子部	《畜德录》	〔明〕陈沂
明代	子部	《北征事迹》	〔明〕袁彬
明代	子部	《正统临戎录》	〔明〕杨铭
明代	子部	《正统北狩事迹》	〔明〕杨铭
明代	子部	《马氏日抄》	〔明〕马愈
明代	子部	《闲中今古录摘抄》	〔明〕黄溥
明代	子部	《彭文宪公笔记》	〔明〕彭时

明代	子部	《县笥琐探摘抄》	［明］刘昌
明代	子部	《吴中故语》	［明］杨循吉
明代	子部	《投瓮随笔》	［明］姜南
明代	子部	《古穰杂录摘抄》	［明］李贤
明代	子部	《病逸漫记》	［明］陆釴
明代	子部	《琅琊漫抄》	［明］文林
明代	子部	《百可漫志》	［明］陈鼐
明代	子部	《新倩籍》	［明］徐祯卿
明代	子部	《医闾漫记》	［明］贺钦
明代	子部	《苏谈》	［明］杨循吉
明代	子部	《苹野纂闻》	［明］伍余福
明代	子部	《燕对录》	［明］李东阳
明代	子部	《平濠录》	［明］钱德洪
明代	子部	《双溪杂记》	［明］王琼
明代	子部	《沂阳日记》	［明］无名氏
明代	子部	《西征日录》	［明］杨一清
明代	子部	《制府杂录》	［明］杨一清
明代	子部	《愿丰堂漫书》	［明］陆深
明代	子部	《近峰纪略》	［明］皇甫录
明代	子部	《古今风谣》	［明］杨慎
明代	子部	《大同平叛志》	［明］尹耕
明代	子部	《蓬窗类记》	［明］黄暐
明代	子部	《停骖录摘抄》	［明］陆深
明代	子部	《大驾北还录》	［明］陆深
明代	子部	《春雨堂随笔》	［明］陆深
明代	子部	《高坡异纂》	［明］杨仪
明代	子部	《玉堂漫笔》	［明］陆深
明代	子部	《海槎徐录》	［明］顾山介
明代	子部	《广右战功》	［明］唐润之
明代	子部	《说听》	［明］陆粲

明代	子部	《四友斋丛说》	〔明〕何良俊
明代	子部	《滇载记》	〔明〕杨慎
明代	子部	《世说旧注》	〔明〕杨慎
明代	子部	《尧山堂外纪》	〔明〕蒋一葵
明代	子部	《尧山堂偶隽》	〔明〕蒋一葵
明代	子部	《觚不觚录》	〔明〕王世贞
明代	子部	《丘隅意见》	〔明〕乔世宁
明代	子部	《两湖麈谈录》	〔明〕许浩
明代	子部	《谈辂》	〔明〕张凤翼
明代	子部	《蒹葭堂杂着摘抄》	〔明〕陆楫
明代	子部	《闽部疏》	〔明〕王世懋
明代	子部	《蜀都杂抄》	〔明〕陆深
明代	子部	《燕闲录》	〔明〕陆深
明代	子部	《备倭记》	〔明〕卜大同
明代	子部	《君子堂日询手镜》	〔明〕王济
明代	子部	《机警》	〔明〕王文禄
明代	子部	《都公谭纂》	〔明〕都穆
明代	子部	《方洲杂言》	〔明〕张宁
明代	子部	《皇明典故纪闻》	〔明〕余继登
明代	子部	《嘉靖东南平倭通录》	〔明〕佚名
明代	子部	《病榻遗言》	〔明〕高拱
明代	子部	《奇闻类记》	〔明〕施显卿
明代	子部	《二酉委谭摘录》	〔明〕王世懋
明代	子部	《窥天外乘》	〔明〕王世懋
明代	子部	《耄馀杂识》	〔明〕陆树声
明代	子部	《长水日抄》	〔明〕陆树声
明代	子部	《病榻寤言》	〔明〕陆树声
明代	子部	《宛署杂记》	〔明〕沈榜
明代	子部	《济南纪政》	〔明〕徐榜
明代	子部	《碧里杂存》	〔明〕董谷

明代	子部	《婆罗馆清言》	［明］屠隆
明代	子部	《春雨逸响》	［明］田艺蘅
明代	子部	《玉笑零音》	［明］田艺衡
明代	子部	《金陵琐事》	［明］周晖
明代	子部	《戏瑕》	［明］钱希言
明代	子部	《客座赘语》	［明］顾起元
明代	子部	《西南夷风土记》	［明］朱孟震
明代	子部	《雨航杂录》	［明］冯时可
明代	子部	《狂夫之言》	［明］陈继儒
明代	子部	《汝南遗事》	［明］李本固
明代	子部	《冥寥子游》	［明］屠隆
明代	子部	《益部谈资》	［明］何宇度
明代	子部	《崔鸣吾纪事》	［明］崔嘉祥
明代	子部	《见只编》	［明］姚士麟
明代	子部	《涌幢小品》	［明］朱国祯
明代	子部	《梅花草堂笔谈》	［明］张大复
明代	子部	《诏狱惨言》	［明］无名氏
明代	子部	《天变邸抄》	［明］无名氏
明代	子部	《酌中志》	［明］刘若愚
明代	子部	《今言》	［明］郑晓
明代	子部	《烈皇小识》	［明］文秉
明代	子部	《谷山笔麈》	［明］于慎行
明代	子部	《松窗梦语》	［明］张瀚
明代	子部	《玉堂丛语》	［明］焦竑
明代	子部	《清暑笔谈》	［明］陆树声
明代	子部	《皇明盛事述》	［明］王世贞
明代	子部	《皇明奇事述》	［明］王世贞
明代	子部	《皇明异典述》	［明］王世贞
明代	子部	《广志绎》	［明］王士性
明代	子部	《五杂俎》	［明］谢肇淛

明代	子部	《万历野获编》	［明］沈德符
明代	子部	《北窗琐语》	［明］余永麟
明代	子部	《倭变事略》	［明］朱九德
明代	子部	《徐襄阳西园杂记》	［明］徐咸
明代	子部	《新知录摘抄》	［明］刘仕义
明代	子部	《北巡私记》	［明］刘佶
明代	子部	《姜氏秘史》	［明］姜清
明代	子部	《致身录》	［明］史仲彬
明代	子部	《北征录》	［明］金幼孜
明代	子部	《北征后录》	［明］金幼孜
明代	子部	《瀛涯胜览》	［明］马欢
明代	子部	《北使录》	［明］李实
明代	子部	《寓圃杂记》	［明］王锜
明代	子部	《复斋日记》	［明］许浩
明代	子部	《复辟录》	［明］杨瑄
明代	子部	《天顺日录》	［明］李贤
明代	子部	《青溪暇笔》	［明］姚富
明代	子部	《抚安东夷记》	［明］马文升
明代	子部	《水东日记》	［明］叶盛
明代	子部	《菽园杂记》	［明］陆容
明代	子部	《前闻纪》	［明］祝允明
明代	子部	《野记》	［明］祝允明
明代	子部	《闲情偶寄》	［明］李渔
明代	子部	《平蛮录》	［明］王轼
明代	子部	《西湖梦寻》	［明］张岱
明代	子部	《治世余闻》	［明］陈洪谟
明代	子部	《继世纪闻》	［明］陈洪谟
明代	子部	《林泉随笔》	［明］张纶言
明代	子部	《庚巳编》	［明］陆粲
明代	子部	《震泽纪闻》	［明］王鏊

明代	子部	《謇斋琐缀录》	［明］尹直
明代	子部	《明夷待访录》	［明］黄宗羲
明代	子部	《皇明纪略》	［明］皇甫录
明代	子部	《皇明本纪》	［明］佚名
明代	子部	《旧京遗事》	［明］史玄
明代	子部	《北平录》	［明］佚名
明代	子部	《大同纪事》	［明］韩邦奇
明代	子部	《云中事记》	［明］苏祐
明代	子部	《云中纪变》	［明］孙允中
明代	子部	《读书止观录》	［明］吴应箕
明代	子部	《遵闻录》	［明］梁亿
明代	子部	《笑禅录》	［明］潘游龙
明代	子部	《老乞大》	明代朝鲜学汉语之书
明代	子部	《朴通事》	明代朝鲜学汉语之书
明代	子部	《先拨志始》	［明］文秉
明代	子部	《守郧纪略》	［明］高斗枢
明代	子部	《玉堂荟记》	［明］杨士聪
明代	子部	《两粤梦游记》	［明］马光
明代	子部	《秋园杂佩》	［明］陈贞慧
明代	子部	《赤雅》	［明］邝露
明代	子部	《偶谭》	［明］李鼎
明代	子部	《读书偶见》	［明］吴骐
明代	子部	《山左笔谈》	［明］黄淳耀
明代	子部	《巫娥志》	［明］无名氏
明代	子部	《广客谈》	［明］无名氏
明代	子部	《明朝小史》	［明］吕毖
明代	子部	《陶庵梦忆》	［明］张岱
明代	子部	《炎徼纪闻》	［明］田汝成
明代	子部	《晏林子》	［明］赵釴
明代	子部	《七修类稿》	［明］郎瑛

明代	子部	《七修续稿》	［明］郎瑛
明代	子部	《贤弈编》	［明］刘元卿
明代	子部	《玉镜新谭》	［明］朱长祚
明代	子部	《拙效传》	［明］袁宏道
明代	子部	《悬笥琐探》	［明］刘昌
明代	子部	《龙兴慈记》	［明］文禄
明代	子部	《鉴略妥注》	［明］李廷机
明代	子部	《幼学琼林》	［明］程登吉
明代	子部	《幼仪杂箴》	［明］方孝孺
明代	子部	《洞学十戒》	［明］高贲亨
明代	子部	《童子礼》	［明］屠羲时
明代	子部	《小儿语》	［明］吕得胜
明代	子部	《女小儿语》	［明］吕得胜
明代	子部	《续小儿语》	［明］吕坤
明代	子部	《社学要略》	［明］吕坤
明代	子部	《好人歌》	［明］吕坤
明代	子部	《五字鉴》	［明］李廷机
明代	子部	《幼学求源》	［明］程登吉
明代	子部	《龙文鞭影》	［明］萧良有等
明代	子部	《了凡训子书》	［明］袁黄
明代	子部	《训蒙骈句》	［明］司守谦
明代	子部	《三命通会》	［明］万明英
明代	子部	《遁甲演义》	［明］程道生
明代	子部	《智囊》	［明］冯梦龙
明代	子部	《古今说海》	［明］陆楫
明代	子部	《群书类编故事》	［明］王罃
明代	子部	《泾野子内篇》	［明］吕楠
明代	子部	《蓬窗日录》	［明］陈全之
明代	子部	《西湖游览志馀》	［明］田汝成
明代	子部	《草庐经略》	［明］佚名

明代	子部	《霞外麈谈》	［明］周应治
明代	子部	《花影集》	［明］陶辅
明代	子部	《国琛集》	［明］唐枢
明代	子部	《霏雪录》	［明］刘绩
明代	子部	《五金鱼传》	［明］佚名
明代	子部	《口齿类要》	［明］薛己
明代	子部	《耳新》	［明］郑仲夔
明代	子部	《效颦集》	［明］赵弼
明代	子部	《慎言》	［明］敖英
明代	子部	《法书通释》	［明］张绅
明代	子部	《读书镜》	［明］陈继儒
明代	子部	《龙会兰池录》	［明］佚名
明代	子部	《淞故述》	［明］杨枢
明代	子部	《意见》	［明］陈于陛
明代	子部	《南中纪闻》	［明］包汝楫
明代	子部	《明画录》	［清］徐沁
明代	子部	《明夷待访录》	［清］黄宗羲
明代	子部	《南明野史》	［清］三余氏
明代	集部	《挂枝儿》	［明］冯梦龙
明代	集部	《山歌》	［明］冯梦龙
明代	集部	《夹竹桃顶针千家诗山歌》	［明］冯梦龙
明代	集部	《王阳明集》	［明］王守仁
明代	集部	《王阳明集补编》	［明］王守仁
明代	集部	《安雅堂稿》	［明］陈子龙
明代	集部	《刘基集》	［明］刘基
明代	集部	《袁宗道集笺校》	［明］袁宗道
明代	集部	《谢榛全集》	［明］谢榛
明代	集部	《国雅品》	［明］顾起纶
明代	集部	《四溟诗话》	［明］谢榛

明代	集部	《归田诗话》	〔明〕瞿佑
明代	集部	《逸老堂诗话》	〔明〕俞弁
明代	集部	《南濠诗话》	〔明〕都穆
明代	集部	《麓堂诗话》	〔明〕李东阳
明代	集部	《诗镜总论》	〔明〕陆时雍
明代	集部	《渚山堂词话》	〔明〕陈霆
明代	集部	《爰园词话》	〔明〕俞彦
明代	集部	《词品》	〔明〕杨慎
明代	集部	《曲律》	〔明〕王骥德
明代	集部	《顾曲杂言》	〔明〕沈德符
明代	集部	《谈艺录》	〔明〕徐祯卿
明代	集部	《艺圃撷馀》	〔明〕王世懋
明代	集部	《夷白斋诗话》	〔明〕顾元庆
明代	集部	《南词叙录》	〔明〕徐渭
明代	集部	《曲藻》	〔明〕王世贞
明代	集部	《曲品》	〔明〕吕天成
明代	集部	《牡丹亭》	〔明〕汤显祖
明代	集部	《宝剑记》	〔明〕李开先
明代	集部	《精忠旗》	〔明〕冯梦龙
明代	集部	《娇红记》	〔明〕孟称舜
明代	集部	《明词汇编》	〔明〕不详
明代	集部	《震川集》	〔明〕归有光
明代	集部	《小山类稿》	〔明〕张岳
明代	集部	《升庵诗话》	〔明〕杨慎
明代	集部	《岳归堂已刻诗选》	〔明〕谭元春
明代	集部	《鹄湾文草》	〔明〕谭元春
明代	集部	《瓶花斋集》	〔明〕袁宏道
明代	集部	《朝京稿》	〔明〕宋濂
明代	集部	《九籥别集》	〔明〕宋懋澄
明代	集部	《墨畦》	〔明〕袁宏道

明代	集部	《谭曲杂札》	［明］凌蒙初
明代	集部	《未编稿》	［明］袁宏道
明代	集部	《明诗纪事》	［清］陈田
明代	集部	《明诗别裁集》	［清］沈德潜
明代	丛书	《秋佳轩诗馀》	［明］易震吉
明代	丛书	《诗馀图谱》	［明］万惟檀
明代	丛书	《还魂记》	［明］汤显祖
明代	丛书	《双珠记》	［明］沈鲸
明代	丛书	《琴心记》	［明］孙柚
明代	丛书	《淳村词》	［明］曹元方
明代	丛书	《荆钗记》	［明］柯丹邱
明代	丛书	《东郭记》	［明］孙仲龄
明代	丛书	《千金记》	［明］沈采
明代	丛书	《金莲记》	［明］陈汝元
明代	丛书	《明珠记》	［明］陆采
明代	丛书	《紫箫记》	［明］汤显祖
明代	丛书	《南柯记》	［明］汤显祖
明代	丛书	《香囊记》	［明］邵璨
明代	丛书	《怀香记》	［明］陆采
明代	丛书	《四喜记》	［明］谢谠
明代	丛书	《运甓记》	［明］吾丘瑞
明代	丛书	《瑶台片玉》	［明］施绍莘
明代	丛书	《双烈记》	［明］张四维
明代	丛书	《玉合记》	［明］梅鼎祚
明代	丛书	《锦笺记》	［明］周履靖
明代	丛书	《窥词管见》	［明］李渔
明代	丛书	《绣襦记》	［明］徐霖
明代	丛书	《玉玦记》	［明］郑若庸
明代	丛书	《杀狗记》	［明］徐田臣
明代	丛书	《西厢记》	［明］崔时佩、李景云

明代	丛书	《焚香记》	［明］王玉峰
明代	丛书	《彩毫记》	［明］屠隆
明代	丛书	《义侠记》	［明］沈璟
明代	丛书	《寻亲记》	［明］范受益
明代	丛书	《投梭记》	［明］徐复祚
明代	丛书	《玉环记》	［明］杨柔胜
明代	丛书	《三元记》	［明］沈受先
明代	丛书	《茗斋诗馀》	［明］彭孙贻
明代	丛书	《精忠记》	［明］无名氏
明代	丛书	《龙膏记》	［明］杨珽
明代	丛书	《桂洲集》	［明］夏言
明代	丛书	《玉簪记》	［明］高濂
明代	丛书	《水南词》	［明］陈霆
明代	丛书	《四贤记》	［明］无名氏
明代	丛书	《鸣凤记》	［明］无名氏
明代	丛书	《八义记》	［明］徐元
明代	丛书	《南西厢记》	［明］崔时佩、李景云
明代	丛书	《红拂记》	［明］张凤翼
明代	丛书	《紫钗记》	［明］汤显祖
明代	丛书	《邯郸记》	［明］汤显祖
明代	丛书	《北西厢记》	［明］王德信
明代	丛书	《春芜记》	［明］汪錂
明代	丛书	《青衫记》	［明］顾大典
明代	丛书	《红梨记》	［明］徐复祚
明代	丛书	《金雀记》	［明］无心子
明代	丛书	《赠书记》	［明］无名氏
明代	丛书	《玉镜台记》	［明］朱鼎
明代	丛书	《鸾鎞记》	［明］叶宪祖
明代	丛书	《霞笺记》	［明］无名氏
明代	丛书	《蕉帕记》	［明］单本

明代	丛书	《水浒记》	［明］许自昌
明代	丛书	《灌园记》	［明］张凤翼
明代	丛书	《种玉记》	［明］汪廷讷
明代	丛书	《狮吼记》	［明］汪廷讷
明代	丛书	《昙花记》	［明］屠隆
明代	丛书	《飞丸记》	［明］张景
明代	丛书	《节侠记》	［明］许三阶
明代	丛书	《白兔记》	［明］无名氏
明代	小说	《三国演义》	［明］罗贯中
明代	小说	《喻世明言》	［明］冯梦龙
明代	小说	《警世通言》	［明］冯梦龙
明代	小说	《醒世恒言》	［明］冯梦龙
明代	小说	《初刻拍案惊奇》	［明］凌蒙初
明代	小说	《二刻拍案惊奇》	［明］凌蒙初
明代	小说	《型世言》	［明］陆人龙
明代	小说	《熊龙峰四种小说》	熊龙峰
明代	小说	《宜春香质》	［明］醉西湖心月主人
明代	小说	《隋炀帝艳史》	［明］齐东野人
明代	小说	《清平山堂话本》	［明］洪楩
明代	小说	《英烈传》	［明］佚名
明代	小说	《东周列国志》	［明］冯梦龙、蔡元放
明代	小说	《三遂平妖传》	［明］罗贯中
明代	小说	《禅真逸史》	［明］清溪道人
明代	小说	《禅真后史》	［明］方汝浩
明代	小说	《杜骗新书》	［明］张应俞
明代	小说	《剑侠传》	［明］王世贞
明代	小说	《如意君传》	［明］徐昌龄
明代	小说	《僧尼孽海》	［明］唐寅
明代	小说	《昭阳趣史》	［明］古杭艳艳生
明代	小说	《剪灯新话》	［明］瞿佑

明代	小说	《觅灯因话》	［明］邵景詹
明代	小说	《古今谈概》	［明］冯梦龙
明代	小说	《情史》	［明］江南詹詹外史
明代	小说	《水浒全传》	［明］施耐庵、罗贯中
明代	小说	《水浒传》	［明］施耐庵;罗贯中
明代	小说	《西游记》	［明］吴承恩
明代	小说	《金瓶梅词话》	［明］笑笑生
明代	小说	《封神演义》	［明］许仲琳
明代	小说	《三宝太监西洋记通俗演义》	［明］罗懋登
明代	小说	《明珠缘》	［明］李清
明代	小说	《续西游记》	［明］佚名
明代	小说	《玉娇梨》	［明］荑秋散人
明代	小说	《韩湘子全传》	［明］杨尔曾
明代	小说	《三刻拍案惊奇》	［明］梦觉道人
明代	小说	《平山冷燕》	明人，不详
明代	小说	《欢喜冤家》	［明］西湖渔隐主人
明代	小说	《唐三藏西游释厄传》	［明］朱鼎臣
明代	小说	《续欢喜冤家》	［明］西湖渔隐主人
明代	小说	《怡情阵》	［明］江西野人编演
明代	小说	《西游记传》	［明］杨致和
明代	小说	《武王伐纣平话》	明人，不详
明代	小说	《西游补》	［明］董说
明代	小说	《东游记》	［明］吴元泰
明代	小说	《八仙出处东游记》	［明］吴元泰
明代	小说	《京本通俗小说》	明人，不详
明代	小说	《北游记》	［明］余象斗
明代	小说	《南游记》	［明］余象斗
明代	小说	《风流和尚》	［明］无名氏
明代	其他	《高唐梦》	［明］汪道昆

明代	其他	《五湖游》	［明］汪道昆
明代	其他	《远山戏》	［明］汪道昆
明代	其他	《女状元》	［明］徐渭
明代	其他	《昭君出塞》	［明］陈与郊
明代	其他	《桃花人面》	［明］孟称舜
明代	其他	《中山狼》	［明］康海
明代	其他	《昆仑奴》	［明］梅鼎祚
明代	其他	《一文钱》	［明］徐复祚
明代	其他	《齐东绝倒》	［明］吕天成
明代	其他	《武陵春》	［明］许潮
明代	其他	《英雄成败》	［明］孟称舜

清（533）

朝代	部类	文献	作者
清代	经部	《国朝汉学师承记》	［清］江藩
清代	经部	《经传释词》	［清］王引之
清代	经部	《孟子字义疏证》	［清］戴震
清代	经部	《说文解字注》	［清］段玉裁
清代	经部	《经义述闻》	［清］王引之
清代	经部	《读四书大全说》	［清］王夫之
清代	经部	《春秋公羊经何氏释例》	［清］刘逢禄
清代	经部	《周易外传》	［清］王夫之
清代	经部	《尚书古文疏证》	［清］阎若璩
清代	经部	《订讹类编》	［清］杭世骏
清代	经部	《尚书引义》	［清］王夫之
清代	经部	《订讹类编续补》	［清］杭世骏
清代	经部	《船山经义》	［清］王夫之
清代	经部	《深衣考》	［清］黄宗羲
清代	经部	《孟子私淑录》	［清］戴震
清代	经部	《广雅疏证》	［清］王念孙
清代	经部	《禹贡锥指略例》	［清］胡渭

清代	经部	《深衣考误》	［清］江永
清代	史部	《满文老档》	［清］额尔德尼、噶盖、库尔缠等
清代	史部	《清实录》	［清］历朝官修
清代	史部	《清太祖武皇帝实录》	［清］刚林、罗绣锦等
清代	史部	《东华录》	［清］蒋良骐
清代	史部	《读史方舆纪要》	［清］顾祖禹
清代	史部	《校雠通义》	［清］章学诚
清代	史部	《四库全书总目提要》	［清］永瑢、纪昀等
清代	史部	《日本访书志（补）》	［清］杨守敬
清代	史部	《廿二史札记》	［清］赵翼
清代	史部	《湖山便览》	［清］翟灏
清代	史部	《大清律例》	［清］多人
清代	史部	《读通鉴论》	［清］王夫之
清代	史部	《清朝通典》	［清］嵇璜、刘墉等
清代	史部	《清朝通志》	［清］嵇璜、刘墉等
清代	史部	《三藩纪事本末》	［清］杨陆荣
清代	史部	《文史通义》	［清］章学诚
清代	史部	《天禄琳琅书目》	［清］于敏中
清代	史部	《珠里小志》	［清］周郁滨
清代	史部	《续通典》	［清］嵇璜、刘墉等编
清代	史部	《清通典》	［清］嵇璜、刘墉等编
清代	史部	《百城烟水》	［清］徐崧、张大纯
清代	史部	《廿二史札记》	［清］赵翼
清代	史部	《十七史商榷》	［清］王鸣盛
清代	史部	《续资治通鉴》	［清］毕沅
清代	史部	《康熙起居注》	清代官修
清代	史部	《唐御史台精舍题名考》	［清］赵钺、劳格
清代	史部	《禹贡锥指》	［清］胡渭
清代	史部	《日下旧闻考》	［清］朱彝尊、于敏中

清代	史部	《海录》	［清］谢清高
清代	史部	《吴门表隐》	［清］顾震涛
清代	史部	《百城烟水	［清］徐崧、张大纯
清代	史部	《吴趋访古录》	［清］姚承绪
清代	史部	《泰州旧事撖拾》	［清］俞扬
清代	史部	《扬州图经》	［清］焦循、江藩
清代	史部	《宸垣识略》	［清］吴长元
清代	史部	《天府广记》	［清］孙承泽
清代	史部	《揅经室外集》	［清］阮元
清代	史部	《文渊阁书目》	［清］杨士奇
清代	史部	《支提寺志》	［清］崔嵸
清代	史部	《唐两京城坊考》	［清］徐松
清代	史部	《莲峰志》	［清］王夫之
清代	史部	《续印人传》	［清］汪启淑
清代	史部	《印人传》	［清］周亮工
清代	史部	《思适斋序跋补遗》	［清］顾广圻
清代	史部	《藏书记要》	［清］孙庆增
清代	史部	《西湖水利考》	［清］吴农祥
清代	子部	《马首农言》	［清］祁隽藻
清代	子部	《随园食单》	［清］袁玫
清代	子部	《父师善诱法》	［清］唐彪
清代	子部	《史鉴节要便读》	［清］鲍东里
清代	子部	《节增三字经》	［清］周保璋
清代	子部	《提纲释羲》	［清］佚名
清代	子部	《陆桴亭论小学》	［清］陆世仪
清代	子部	《韵史》	［清］许邂翁
清代	子部	《韵史补》	［清］朱玉岑
清代	子部	《示儿长语》	［清］潘舆德
清代	子部	《闺训千字文》	［清］佚名
清代	子部	《蒙养诗教》	［清］胡渊

清代	子部	《诸儒论小学》	［清］陈弘谋
清代	子部	《读画闲评》	［清］俞蛟
清代	子部	《画筌》	［清］笪重光
清代	子部	《芥舟学画编》	［清］沈宗骞
清代	子部	《苦瓜和尚画语录》	［清］石涛
清代	子部	《南田画跋》	［清］恽格
清代	子部	《山静居画论》	［清］方薰
清代	子部	《雨窗漫笔》	［清］王原祁
清代	子部	《广艺舟双辑》	［清］康有为
清代	子部	《金匮要略心典》》	［清］尤怡
清代	子部	《伤寒贯珠集》	［清］尤怡
清代	子部	《养生随笔》	［清］曹庭栋
清代	子部	《医学三字经》	［清］陈修园
清代	子部	《伤寒论注》	［清］柯琴
清代	子部	《柳边纪略》	［清］杨宾
清代	子部	《阿稚》	［清］和邦额
清代	子部	《板桥杂记》	［清］余怀
清代	子部	《测字秘牒》	［清］程省
清代	子部	《查抄和珅家产清单》	［清］佚名
清代	子部	《巢林笔谈正编》	［清］龚炜
清代	子部	《巢林笔谈续编》	［清］龚炜
清代	子部	《潮嘉风月》	［清］俞蛟
清代	子部	《池北偶谈》	［清］王士禛
清代	子部	《春明丛说》	［清］俞蛟
清代	子部	《戴东原先生轶事》	［清］戴清泉
清代	子部	《东南纪事》	［清］邵廷采
清代	子部	《东塘日劄》	［清］俞蛟
清代	子部	《噩梦·俟解思问录经义》	［清］王夫之
清代	子部	《发史》	［清］胡蕴玉

清代	子部	《梵林绮语录三种》	［清］佚名
清代	子部	《分甘馀话》	［清］王士禛
清代	子部	《妇人集》	［清］迦陵
清代	子部	《陔馀丛考》	［清］赵翼
清代	子部	《古夫于亭杂录》	［清］王士禛
清代	子部	《觚剩》	［清］钮琇
清代	子部	《觚剩续编》	［清］钮琇
清代	子部	《广东新语》	［清］屈大均
清代	子部	《广阳杂记》	［清］刘献廷
清代	子部	《过江七事》	［清］陈贞慧
清代	子部	《画诀》	［清］龚贤
清代	子部	《兵经》	［清］揭暄
清代	子部	《促织经》	［清］金文锦
清代	子部	《凤仙谱》	［清］赵学敏
清代	子部	《人参谱》	［清］陆烜
清代	子部	《鸡谱》	［清］佚名
清代	子部	《蚕桑辑要》	［清］沈秉成
清代	子部	《蚕桑萃编》	［清］卫杰
清代	子部	《蚕桑谱》	［清］陈启沅
清代	子部	《湖蚕述》	［清］汪曰桢
清代	子部	《授时通考》	［清］鄂尔泰
清代	子部	《三农纪》	［清］张宗法
清代	子部	《陶说》	［清］朱琰
清代	子部	《景德镇陶录》	［清］蓝浦
清代	子部	《豳风广义》	［清］杨屾
清代	子部	《花镜》	［清］陈淏子
清代	子部	《金匮要略心典》	［清］尤在泾
清代	子部	《神农本草经》	［清］孙星衍
清代	子部	《声律启蒙》	［清］车万育
清代	子部	《笠翁对韵》	［清］李渔

清代	子部	《增广贤文》	［清］车万育
清代	子部	《幼学歌》	［清］王用臣
清代	子部	《三字鉴》	［清］张宜明
清代	子部	《传家宝》	［清］石成金
清代	子部	《弟子规》	［清］李毓秀
清代	子部	《节韵幼仪》	［清］汪志伊
清代	子部	《书法约言》	［清］宋曹
清代	子部	《钝吟书要》	［清］冯班
清代	子部	《书筏》	［清］笪重光
清代	子部	《玉燕楼书法》	［清］鲁一贞、张廷相
清代	子部	《书法偶集》	［清］陈玠
清代	子部	《大瓢偶笔》	［清］杨宾
清代	子部	《侯氏书品》	［清］侯仁朔
清代	子部	《分隶偶存》	［清］万经
清代	子部	《翰墨指南》	［清］王澍
清代	子部	《论书杂记》	［清］蒋衡
清代	子部	《书法论》	［清］蒋衡
清代	子部	《承晋斋积闻录》	［清］梁巘
清代	子部	《燕乐考原》	［清］凌廷堪
清代	子部	《二曲集》	［清］李颙
清代	子部	《卜法详考》	［清］胡煦
清代	子部	《资政要览》	［清］顺治
清代	子部	《吴三桂纪略》	［清］佚名
清代	子部	《吴逆始末记》	［清］佚名
清代	子部	《平吴录》	［清］孙旭
清代	子部	《平滇始末》	［清］佚名
清代	子部	《居易续谈》	［清］王士禛
清代	子部	《齐东妄言》	［清］俞蛟
清代	子部	《梦厂杂着》	［清］俞蛟

清代	子部	《弘光朝伪东宫伪后及党祸》	［清］戴名世
清代	子部	《孤忠后录》	［清］祝纯嘏
清代	子部	《浙东纪略》	［清］徐芳烈
清代	子部	《行在阳秋》	［清］戴笠
清代	子部	《司衡君传》	［清］胡天游
清代	子部	《间书》	［清］朱逢甲
清代	子部	《荆南苗俗记》	［清］魏祝亭
清代	子部	《书文衡山遗事》	［清］李果
清代	子部	《天同一生传》	［清］王锡阐
清代	子部	《书顾伶事》	［清］杨绳武
清代	子部	《奇奴传》	［清］冯景
清代	子部	《汤中丞杂记》	［清］冯景
清代	子部	《青门老圃传》	［清］邵长蘅
清代	子部	《王烈女传》	［清］汪琬
清代	子部	《病约三章》	［清］方向瑛
清代	子部	《书本草》	［清］张潮
清代	子部	《报谒例言》	［清］张潮
清代	子部	《贫卦》	［清］张潮
清代	子部	《谲觚十事》	［清］顾炎武
清代	子部	《十驾斋养新录》	［清］钱大昕
清代	子部	《麓台题画稿》	［清］王原祁
清代	子部	《画学心法问答》	［清］布颜图
清代	子部	《小山画谱》	［清］邹一桂
清代	子部	《绘事发微》	［清］唐岱
清代	子部	《松壶画忆》	［清］钱杜
清代	子部	《海外恸哭记》	［清］黄宗羲、黄屋炳
清代	子部	《弘光朝伪东宫伪后及祸纪略》	［清］戴名世
清代	子部	《悔过自新说》	［清］李颙

清代	子部	《寄园寄的寄》	［清］赵吉士
清代	子部	《嘉定屠城纪略》	［清］佚名
清代	子部	《江变纪略》	［清］徐世溥
清代	子部	《江南闻见录》	［清］佚名
清代	子部	《江阴城守纪》	［清］韩菼.许重熙
清代	子部	《江阴城守后纪》	［清］许重熙
清代	子部	《鲒埼亭集选辑》	［清］全祖望、顾炎武、黄宗羲
清代	子部	《今世说》	［清］王晫
清代	子部	《荆园小语》	［清］申涵光
清代	子部	《九曜斋笔记》	［清］惠栋
清代	子部	《居易录》	［清］王士禛
清代	子部	《居易续录》	［清］王士禛
清代	子部	《康雍千间文字之狱》	［清］佚名
清代	子部	《老父云游始末》	［清］陆莘行
清代	子部	《茗柯文四编》	［清］张惠言
清代	子部	《茗柯文补编》	［清］张惠言
清代	子部	《茗柯文外编》	［清］张惠言
清代	子部	《文笔考》	［清］阮元
清代	子部	《初月楼古文绪论》	［清］吴德旋
清代	子部	《昭昧詹言》	［清］方东树
清代	子部	《骈体文钞》	［清］李兆洛
清代	子部	《临清寇略》	［清］俞蛟
清代	子部	《龙沙纪略》	［清］方式济
清代	子部	《陇蜀馀闻》	［清］王士禛
清代	子部	《鹿樵纪闻》	［清］吴伟业
清代	子部	《履园丛话》	［清］钱泳
清代	子部	《满清入关暴政》	［清］韩菼
清代	子部	《明季三朝野史》	［清］顾炎武
清代	子部	《南朝金粉录》	［清］牢骚子
清代	子部	《南疆绎史》	［清］温睿临、李瑶

清代	子部	《南越笔记》	［清］李调元
清代	子部	《平纪》	［清］杨捷
清代	子部	《日知录》	［清］顾炎武
清代	子部	《三风识略》	［清］董含
清代	子部	《明夷待访录》	［清］黄宗羲
清代	子部	《破邪论》	［清］黄宗羲
清代	子部	《思旧录》	［清］黄宗羲
清代	子部	《行朝录》	［清］黄宗羲
清代	子部	《今水经》	［清］黄宗羲
清代	子部	《大统历推法》	［清］黄宗羲
清代	子部	《四明山志》	［清］黄宗羲
清代	子部	《闲情偶寄》	［清］李渔
清代	子部	《制曲枝语》	［清］黄周星
清代	子部	《归玄恭遗着》	［清］归庄
清代	子部	《西堂杂俎》	［清］尤侗
清代	子部	《尧峰文钞》	［清］汪琬
清代	子部	《义门读书记》	［清］何焯
清代	子部	《穆堂别稿》	［清］李绂
清代	子部	《读书作文谱》	［清］唐彪
清代	子部	《忧庵记》	［清］戴名世
清代	子部	《野鸿诗的》	［清］黄子云
清代	子部	《论文偶记》	［清］刘大櫆
清代	子部	《答王西庄书》	［清］朱仕秀
清代	子部	《占毕丛谈》	［清］袁守定
清代	子部	《秋窗随笔》	［清］马位
清代	子部	《古文辞类纂》	［清］姚鼐
清代	子部	《三湘从事录》	［清］蒙正发
清代	子部	《书湖州庄氏史狱》	［清］翁广平
清代	子部	《枢桓记略》	［清］梁章钜
清代	子部	《蜀碧》	［清］彭遵泗

清代	子部	《双节堂庸训》	［清］汪浑祖
清代	子部	《台阳笔记》	［清］翟灏
清代	子部	《谈龙录》	［清］赵执信
清代	子部	《陶庐杂录》	［清］法式善
清代	子部	《藤阴杂记》	［清］戴璐
清代	子部	《天史》	［清］丁耀亢
清代	子部	《武宗外纪》	［清］毛奇龄
清代	子部	《夕堂永日绪论》	［清］王夫之
清代	子部	《西夏书事》	［清］吴广成
清代	子部	《西征随笔》	［清］汪景祺
清代	子部	《熙朝新语》	［清］徐锡龄、钱泳
清代	子部	《纤言》	［清］陆圻
清代	子部	《乡曲枝辞》	［清］俞蛟
清代	子部	《香祖笔记》	［清］王士禛
清代	子部	《啸亭续录》	［清］昭梿
清代	子部	《啸亭杂录》	［清］昭梿
清代	子部	《谐铎》	［清］沈起凤
清代	子部	《檐曝杂记》	［清］赵翼
清代	子部	《扬州画舫录》	［清］李斗
清代	子部	《扬州十日记》	［清］王秀楚
清代	子部	《夜谭随录》	［清］和邦额着
清代	子部	《乙酉扬州城守纪略》	［清］戴名世
清代	子部	《三鱼堂日记》	［清］陆陇其
清代	子部	《胤禛外传》	［清］胡蕴玉
清代	子部	《影梅庵忆语》	［清］冒襄
清代	子部	《永历实录》	［清］王夫之
清代	子部	《幽梦影》	［清］朱锡绶
清代	子部	《榆巢杂识》	［清］赵慎畛
清代	子部	《悦容编》	［清］长洲.卫泳懒仙
清代	子部	《阅世编》	［清］叶梦珠

清代	子部	《庄氏史案》	［清］佚名
清代	子部	《佐治药言》	［清］汪辉祖
清代	子部	《东槎纪略》	［清］姚莹
清代	子部	《台阳游记》	［清］蒋师辙
清代	子部	《通俗编》	［清］翟灏
清代	子部	《榕村语录》	［清］李光地
清代	子部	《笑林广记》	［清］游戏主人
清代	子部	《榕村续语录》	［清］李光地
清代	子部	《书影》	［清］周亮工
清代	子部	《皇华纪闻》	［清］王士祯
清代	子部	《听雨轩笔记》	［清］清凉道人
清代	子部	《潜书》	［清］唐甄
清代	子部	《述异记》	［清］东轩主人
清代	子部	《柳南续笔》	［清］王应奎
清代	子部	《红兰逸乘》	［清］张紫琳
清代	子部	《隆平纪事》	［清］史册
清代	集部	《比目鱼》	［清］佚名
清代	集部	《长生殿》	［清］洪升
清代	集部	《清忠谱》	［清］李玉、朱素臣、毕魏、叶稚斐
清代	集部	《雷峰塔》	［清］方成培
清代	集部	《怜香伴》	［清］李渔
清代	集部	《风筝误》	［清］李渔
清代	集部	《闲情偶记》	［清］李渔
清代	集部	《万古愁》	［清］柳如是
清代	集部	《桃花扇》	［清］孔尚任
清代	集部	《诗筏》	［清］贺贻孙
清代	集部	《养一斋诗话》	［清］潘德舆
清代	集部	《三家诗话》	［清］尚镕
清代	集部	《抱真堂诗话》	［清］宋征璧

清代	集部	《姜斋诗话》	〔清〕王夫之
清代	集部	《石洲诗话》	〔清〕翁方纲
清代	集部	《围炉诗话》	〔清〕吴乔
清代	集部	《国朝诗话》	〔清〕杨际昌
清代	集部	《兰丛诗话》	〔清〕方世举
清代	集部	《本事词》	〔清〕叶申芗
清代	集部	《春酒堂诗话》	〔清〕周容
清代	集部	《瓯北诗话》	〔清〕赵翼
清代	集部	《词洁》	〔清〕先着程洪
清代	集部	《随园诗话》	〔清〕袁枚
清代	集部	《贞一斋诗说》	〔清〕李重华
清代	集部	《龙性堂诗话》	〔清〕叶矫然
清代	集部	《说诗晬语》	〔清〕沈德潜
清代	集部	《壮悔堂文集》	〔清〕侯方域
清代	集部	《学余堂文集》	〔清〕施闰章
清代	集部	《已畦文集》	〔清〕叶燮
清代	集部	《曝书亭集》	〔清〕朱彝尊
清代	集部	《古欢堂集》	〔清〕田雯
清代	集部	《邵青门集》	〔清〕邵长蘅
清代	集部	《带经堂全集》	〔清〕王士祯
清代	集部	《灵芬馆词话》	〔清〕郭麐
清代	集部	《潜研堂文集》	〔清〕钱大昕
清代	集部	《惜抱轩文集》	〔清〕姚鼐
清代	集部	《纪文达公遗集》	〔清〕纪昀
清代	集部	《惜抱先生尺牍》	〔清〕姚鼐
清代	集部	《复初斋文集》	〔清〕翁方纲
清代	集部	《大云山房文稿初集》	〔清〕恽敬
清代	集部	《大云山房文稿二集》	〔清〕恽敬
清代	集部	《龚自珍全集》	〔清〕龚自珍
清代	集部	《雕菰楼文集》	〔清〕焦循

清代	集部	《双观斋词话》	［清］邓廷桢
清代	集部	《初学集》	［清］钱谦益
清代	集部	《愚庵小集》	［清］朱鹤龄
清代	集部	《梅村集》	［清］吴伟业
清代	集部	《尤西堂全集》	［清］尤侗
清代	集部	《易居堂集》	［清］徐枋
清代	集部	《魏叔子文集》	［清］魏禧
清代	集部	《载酒园诗话》	［清］贺裳
清代	集部	《蠖斋诗话》	［清］施闰章
清代	集部	《尔庵诗话》	［清］徐增
清代	集部	《姜斋诗话》	［清］王夫之
清代	集部	《秋星阁诗话》	［清］李沂
清代	集部	《緺斋诗谈》	［清］张谦宜
清代	集部	《汉诗总说》	［清］费锡璜
清代	集部	《寒厅诗话》	［清］顾嗣立
清代	集部	《望溪集》	［清］方苞
清代	集部	《词苑萃编》	［清］冯金伯
清代	集部	《词综偶评》	［清］许昂霄
清代	集部	《雕菰楼词话》	［清］焦循
清代	集部	《南雷文案》	［清］黄宗羲
清代	集部	《钝吟杂录》	［清］冯班
清代	集部	《古今词话》	［清］沈雄
清代	集部	《花草蒙拾》	［清］王士祯
清代	集部	《金粟词话》	［清］彭孙遹
清代	集部	《窥词管见》	［清］李渔
清代	集部	《莲子居词话》	［清］吴衡照
清代	集部	《七颂堂词绎》	［清］刘体仁
清代	集部	《诗辩坻》	［清］毛先舒
清代	集部	《霓裳续谱》	［清］王廷绍
清代	集部	《白雪遗音》	［清］华广生

清代	集部	《清诗别裁集》	［清］沈德潜
清代	集部	《古文观止》	［清］吴楚材、吴调侯
清代	集部	《六朝文絜》	［清］许梿
清代	集部	《吴梅村集》	［清］吴伟业
清代	集部	《顾亭林文集》	［清］顾炎武
清代	集部	《姜斋文集》	［清］王夫之
清代	集部	《牧斋集》	［清］钱谦益
清代	集部	《笛渔小稿》	［清］朱昆田
清代	集部	《渔洋山人精华录》	［清］王士禛
清代	集部	《寒松堂全集》	［清］魏象枢
清代	集部	《通志堂集》	［清］纳兰性德
清代	集部	《方苞集》	［清］方苞
清代	集部	《小仓山房诗集》	［清］袁枚
清代	集部	《答万季埜诗问》	［清］吴乔
清代	集部	《梅村诗话》	［清］吴伟业
清代	集部	《王文简古诗平仄论》	［清］翁方纲
清代	集部	《赵秋谷所传声调谱》	［清］翁方纲
清代	集部	《七言诗平仄举隅》	［清］翁方纲
清代	集部	《七言诗三昧举隅》	［清］翁方纲
清代	集部	《律诗定体》	［清］王士禛
清代	集部	《师友诗传录》	［清］王士禛
清代	集部	《师友诗传续录》	［清］王士禛
清代	集部	《渔洋诗话》	［清］王士禛
清代	集部	《诗学源流考》	［清］鲁九皋
清代	集部	《辍锻录》	［清］方贞观
清代	集部	《铜鼓书堂词话》	［清］查礼
清代	集部	《介存斋论词杂着》	［清］周济
清代	集部	《双砚斋词话》	［清］邓廷桢
清代	集部	《西圃词说》	［清］田同之
清代	集部	《续诗品》	［清］袁枚

清代	集部	《雨村词话》	［清］李调元
清代	集部	《远志斋词衷》	［清］邹祇谟
清代	集部	《张惠言论词》	［清］张惠言
清代	集部	《皱水轩词筌》	［清］贺裳
清代	集部	《词学集成》	［清］江顺诒
清代	集部	《有学集》	［清］钱谦益
清代	集部	《惜抱轩诗集》	［清］姚鼐
清代	集部	《黄梨洲文集》	［清］黄宗羲
清代	集部	《小仓山房文外集》	［清］袁枚
清代	集部	《柳如是集》	［清］柳如是
清代	集部	《一捧雪》	［清］李玉
清代	集部	《人兽关》	［清］李玉
清代	集部	《投笔集》	［清］钱谦益
清代	集部	《评三国演义》	［清］毛宗岗
清代	集部	《点评六大才子书》	［清］金圣叹
清代	集部	《诗辨坻》	［清］毛先舒
清代	集部	《古诗源》	［清］沈德潜
清代	集部	《诗学纂闻》	［清］汪师韩
清代	集部	《韩文论述》	［清］沈闳
清代	集部	《说诗菅蒯》	［清］吴雷发
清代	集部	《一瓢诗话》	［清］薛雪
清代	集部	《莲坡诗话》	［清］查为仁
清代	集部	《顾亭林馀集》	［清］顾炎武
清代	集部	《词洁辑评》	［清］先着;程洪
清代	集部	《声调谱拾遗》	［清］翟翬
清代	集部	《声调谱》	［清］赵执信
清代	集部	《戏鸥居词话》	［清］毛大瀛
清代	集部	《雨村诗话》	［清］李调元
清代	集部	《填词杂说》	［清］沈谦
清代	集部	《五言诗平仄举隅》	［清］翁方纲

清代	集部	《漫堂说诗》	［清］宋荦
清代	丛书	《香咳集选存》	［清］许夑臣
清代	丛书	《石头记论赞》	［清］不详
清代	丛书	《秦淮画舫录》	［清］捧花生
清代	丛书	《西楼记》	［清］袁于令
清代	丛书	《水浒记》	［清］不详
清代	丛书	《玉台画史》	［清］不详
清代	丛书	《八义记》	［清］不详
清代	丛书	《玉台书史》	［清］厉鹗
清代	丛书	《湘烟小录》	［清］陈裴之
清代	丛书	《梅喜缘》	［清］不详
清代	丛书	《比红儿诗注》	［清］沈可培
清代	丛书	《瑶台片玉甲种补录》	［清］不详
清代	丛书	《盘珠词》	［清］不详
清代	丛书	《香莲品藻》	［清］方绚
清代	丛书	《琼花集》	［清］不详
清代	丛书	《天启宫词》	［清］蒋之翘
清代	丛书	《海棠谱》	［清］不详
清代	丛书	《黔苗竹枝词》	［清］舒位
清代	丛书	《妒律》	［清］陈元龙
清代	丛书	《十国宫词》	［清］吴省兰
清代	丛书	《胜朝彤史拾遗记》	［清］毛奇龄
清代	丛书	《断袖篇》	［清］阿蒙
清代	小说	《阅微草堂笔记》	［清］纪昀
清代	小说	《子不语》	［清］袁枚
清代	小说	《续子不语》	［清］袁枚
清代	小说	《萤窗异草》	［清］庆兰
清代	小说	《浮生六记》	［清］沈复
清代	小说	《聊斋志异》	［清］蒲松龄
清代	小说	《平山冷燕》	［清］荻岸散人

清代	小说	《隋唐演义》	［清］褚人获
清代	小说	《十二楼》	［清］李渔
清代	小说	《玉娇梨》	［清］张匀
清代	小说	《水浒后传》	［清］陈忱
清代	小说	《醒世姻缘传》	［清］西周生
清代	小说	《绿野仙踪》	［清］李百川
清代	小说	《绣屏缘》	［清］素庵主人
清代	小说	《薛刚反唐》	［清］如莲居士
清代	小说	《红楼梦》	［清］曹雪芹、高鹗
清代	小说	《儒林外史》	［清］吴敬梓
清代	小说	《说岳全传》	［清］钱彩
清代	小说	《镜花缘》	［清］李汝珍
清代	小说	《野叟曝言》	［清］夏敬渠
清代	小说	《燕山外史》	［清］陈球
清代	小说	《娱目醒心编》	［清］许宝善
清代	小说	《豆棚闲话》	［清］圣水艾衲居士
清代	小说	《痴人福》	［清］惜阴堂主人
清代	小说	《二度梅全传》	［清］惜阴堂主人
清代	小说	《何典》	［清］张南庄
清代	小说	《歧路灯》	［清］李绿园
清代	小说	《怡情阵》	［清］江西野人
清代	小说	《浓情快史》	［清］嘉禾餐花主人
清代	小说	《呼家将》	［清］佚名
清代	小说	《增补红楼梦》	［清］娜嬛山樵
清代	小说	《虞初新志》	［清］张潮
清代	小说	《风月鉴》	［清］吴贻棠
清代	小说	《八洞天》	［清］笔练阁主人
清代	小说	《白圭志》	［清］崔象川
清代	小说	《补红楼梦》	［清］佚名
清代	小说	《春柳莺》	［清］南北鹖冠史者

清代	小说	《都是幻》	〔清〕潇湘迷津渡者
清代	小说	《飞龙全传》	〔清〕吴璇
清代	小说	《风流悟》	〔清〕坐花散人
清代	小说	《凤凰池》	〔清〕刘璋
清代	小说	《海游记》	〔清〕佚名
清代	小说	《红楼圆梦》	〔清〕梦梦先生
清代	小说	《后红楼梦》	〔清〕逍遥子
清代	小说	《蝴蝶缘》	〔清〕南岳道人
清代	小说	《幻中游》	〔清〕步月斋主人
清代	小说	《锦香亭》	〔清〕素庵主人
清代	小说	《警寤钟》	〔清〕嗤嗤道人
清代	小说	《林兰香》	〔清〕佚名
清代	小说	《梦中缘》	〔清〕李修竹
清代	小说	《明珠缘》	〔清〕李清
清代	小说	《女仙外史》	〔清〕吕熊
清代	小说	《绮楼重梦》	〔清〕兰皋主人
清代	小说	《巧联珠》	〔清〕刘璋
清代	小说	《青楼梦》	〔清〕俞达
清代	小说	《姑妄言》	〔清〕曹去晶
清代	小说	《蜃楼志》	〔清〕愚山老人
清代	小说	《天豹图》	〔清〕佚名
清代	小说	《王凤吟》	〔清〕嗤嗤道人
清代	小说	《五色石》	〔清〕笔练阁主人
清代	小说	《雪月梅》	〔清〕陈朗
清代	小说	《玉楼春》	〔清〕白云道人
清代	小说	《珍珠舶》	〔清〕湖烟水散人
清代	小说	《驻春园小史》	〔清〕吴航野客
清代	小说	《情梦柝》	〔清〕安阳酒民
清代	小说	《廿年繁华梦》	〔清〕欧阳钜源
清代	小说	《五美缘全传》	〔清〕佚名

清代	小说	《再生缘》	［清］陈端生
清代	小说	《北史演义》	［清］杜纲
清代	小说	《万花楼演义》	［清］西湖居士
清代	小说	《说唐三传》	［清］中都逸叟
清代	小说	《双凤奇缘》	［清］雪樵主人
清代	小说	《绣戈袍全传》	［清］江南随园主人
清代	小说	《玉支玑》	［清］玩花主人
清代	小说	《续英烈传》	［清］空谷老人
清代	小说	《飞花艳想》	［清］樵云山人
清代	小说	《赛花铃》	［清］白云道人
清代	小说	《浓情快史	［清］嘉禾餐花主人
清代	小说	《荆公案》	［清］无名氏

附录2：中国古代各族类文档名词数据汇总表

一、典族

序号	名词	先秦	秦汉	三国两晋南北朝	隋唐五代	宋	元	明	清	出现次数	频次
1	文典	1	1	8	9	9	2	10	96	136	0.053
2	书典			4	19	5	6		8	42	0.016
3	典	83								83	0.032
4	典簿					4	1	1	162	168	0.065
5	典册	1	8	13	126	140	32	18	133	471	0.183
6	典法	3	12	20	68	92	19	12	19	245	0.095
7	典诰		6	24	37	47	3	7	18	142	0.055
8	典籍	4	4	4	9				3	24	0.009
9	典例			1	5	7	1	7	35	56	0.022
10	典谟		17	28	88	140	13	49	120	455	0.176
11	典票								7	7	0.003
12	典契					18		7	7	32	0.012

序号	名词	先秦	秦汉	三国两晋南北朝	隋唐五代	宋	元	明	清	出现次数	频次
13	典誓				1	1				2	0.001
14	典书	1	3	33	86	29	36	6	2	196	0.076
15	典文		12	33	6	16	2	1	8	78	0.030
16	典宪		4	23	88	155	12	10	6	298	0.116
17	典训		10	17	83	20	8	6	37	181	0.070
18	典则			47	34	26	8	133	30	278	0.108
19	典证			2					2	4	0.002
20	训典	8	4	22	25	32	5	18	24	138	0.054
21	六典	5	28	13	118	407	63	66	369	1069	0.415
22	三典	1								1	0.000
总计		107	109	292	802	1148	211	351	1086	4106	1.593

二、档族

序号	名词	先秦	秦汉	三国两晋南北朝	隋唐五代	宋	元	明	清	出现次数	频次
1	档案								119	119	0.046
2	档子								64	64	0.025
3	档册								67	67	0.026
4	案档								3	3	0.001
5	册档								32	32	0.012
总计		0	0	0	0	0	0	0	285	285	0.111

三、书族

序号	名词	先秦	秦汉	三国两晋南北朝	隋唐五代	宋	元	明	清	出现次数	频次
1	书案			3	3	12			11	29	0.011
2	书簿				2	4	3	6	9	24	0.009
3	书诏				20	88	26	7	17	158	0.061
4	书禀				1			1	17	19	0.007
5	书典			4	19	5	6		8	42	0.016
6	书文		47	9	18	21	9	16	23	143	0.055
7	书翰			13	29	36	18	15	23	134	0.052
8	书籍				4	5			16	16	0.006
9	书记		18	39	46	3	4	6	10	126	0.049
10	书契	11	13	35	104	89	35	29	274	590	0.229
11	书奏		18	17	92	213	73	19	105	537	0.208
12	文书		139	91	350	989	652	1086	2207	5514	2.139
13	诏书		83	239	580	2118	520	453	1987	5980	2.320
14	簿书		22	14	177	877	183	227	560	2060	0.799
15	牍书		2	1	2	8		2	5	20	0.008
16	书牍			1	3	20	1	31	140	196	0.076
17	册书	1	2	6	86	30	12	2	7	146	0.057
18	典书	1	3	38	86	29	36	6	2	201	0.078
19	架阁文书					10	1		1	12	0.005
20	凤凰衔书	1	2	3	2	2	1	1	4	16	0.006
21	赤雀衔丹书		1		7	4		1	2	15	0.006
22	赤爵衔丹书				1				3	4	0.002
23	判书	1		1	2	7	5	8	10	34	0.013

序号	名词	先秦	秦汉	三国两晋南北朝	隋唐五代	宋	元	明	清	出现次数	频次
24	事书	1			2	2	1		1	7	0.003
25	贤能之书	1		1	30	15	3	4	5	59	0.023
26	书	11								11	0.004
27	官书	1								1	0.000
28	奏书		7	1	12	50	7	20	54	151	0.059
29	凤书			3	13	16	3	6	10	51	0.020
30	契书				5	49	9	13	20	96	0.033
31	券书		7		15	16	5	22	20	85	0.033
32	书函			1	4	20	4	6	103	138	0.054
33	图书		54	16	52	19	25	21		187	
总计		29	418	536	1767	4757	1642	2009	5430	16094	6.243

四、案族

序号	名词	先秦	秦汉	三国两晋南北朝	隋唐五代	宋	元	明	清	出现次数	频次
1	档案								119	119	0.046
2	书案			3	3	12			11	29	0.011
3	案牒					14	1	3	9	27	0.010
4	案卷				1	30		25	127	183	0.071
5	案记				2	7		2	7	18	0.007
6	文案		1	16	100	169	30	99	287	702	0.272
7	案档								3	3	0.001
8	簿案				7	5	1		4	17	0.007
9	案牍			2	57	98	76	93	318	644	0.250
总计		0	1	21	170	335	108	222	885	1742	0.676

五、卷族

序号	名词	先秦	秦汉	三国两晋南北朝	隋唐五代	宋	元	明	清	出现次数	频次
1	文卷				13	63	123	221	125	545	0.211
2	案卷				1	30		25	127	183	0.071
3	卷簿							4	4	8	0.003
4	卷册				5	1	26	61		93	0.036
5	卷折								11	11	0.004
6	卷宗					8	14	43		65	0.025
7	宗卷							5	9	14	0.005
8	卷牍				1	2	3	14		20	0.008
	总计	0	0	0	14	99	134	298	394	939	0.365

六、牍族

序号	名词	先秦	秦汉	三国两晋南北朝	隋唐五代	宋	元	明	清	出现次数	频次
1	案牍			2	57	98	76	93	318	644	0.250
2	牍书		2	1	2	8		2	5	20	0.008
3	牍聿				1				2	3	0.001
4	竿牍	1				105	1	18	82	207	0.080
5	公牍			3		29	8	22	244	306	0.119
6	官牍					1		2	10	13	0.005
7	函牍					2			379	381	0.148
8	简牍			2	36	15	5	7	37	102	0.040
9	卷牍					1	2	3	14	20	0.008
10	书牍		3	1	3	20	1	31	140	199	0.077
11	文牍					32	17	16	122	187	0.073
12	尺牍		3	28	73	170	44	137	573	1028	0.399
13	奏牍		2		1	152	23	74	187	439	0.170

序号	名词	先秦	秦汉	三国两晋南北朝	隋唐五代	宋	元	明	清	出现次数	频次
14	试牍							3	26	29	0.011
15	篇牍			5	1	5		1	16	28	0.011
16	禀牍					1			13	14	0.005
17	讼牍				1	5		4	12	22	0.009
18	簇牍				1				1	2	0.001
19	瓻牍				1				1	2	0.001
20	连牍			1		1		4	5	11	0.004
21	札牍			1	1	1			6	9	0.003
22	荐牍					32	3	10	89	134	0.052
23	吏牍			1	1	19	7	17	45	90	0.035
24	军牍								2	2	0.001
总计		1	10	42	182	697	187	444	2329	3892	1.510

七、簿族

序号	名词	先秦	秦汉	三国两晋南北朝	隋唐五代	宋	元	明	清	出现次数	频次
1	文簿			11	61	82	39	86	67	346	0.134
2	书簿				2	4	3	6	9	24	0.009
3	簿书		22	14	177	877	183	227	560	2060	0.799
4	簿籍		3	5	51	94	53	75	132	413	0.160
5	簿领			8	40	43	19	14	26	150	0.058
6	簿子					5	1	36	95	137	0.053
7	簿历				3	60	1		24	88	0.034
8	簿记			1	2	16	2	5	48	74	0.029
9	簿状				4	7	1	6	7	25	0.010

序号	名词	先秦	秦汉	三国两晋南北朝	隋唐五代	宋	元	明	清	出现次数	频次
10	簿案				7	5	1		4	17	0.007
11	簿牒					3	1	2	8	14	0.005
12	簿钞					5				5	0.002
13	簿正								897	897	0.348
14	官簿		4		8	61	8	5	18	104	0.040
15	资簿							1	2	3	0.001
16	黄簿				1	8	4	2	2	17	0.007
17	班簿				4	76	7	1	3	91	0.035
18	选簿			6	14	7	3	7	7	44	0.017
19	名簿	1	2	8	34	22	10	6	30	113	0.044
20	阙簿			1	2					3	0.001
21	版簿				1	12		1		14	0.005
22	对簿		5		1	21		45	154	226	0.088
23	上簿		9	1	5	79	23	10	12	139	0.054
24	讯簿			1	1	2		1		5	0.002
25	军簿		3	2	6	2		3	4	20	0.008
26	兵簿		1	2		8	1		1	13	0.005
27	战簿			1		1				2	0.001
28	校簿		1	2	2	1		3		9	0.003
29	批簿								1	1	0.000
30	簿最				16			1		17	0.007
31	收簿					1	2	2		6	0.002
32	帑簿				2					2	0.001
33	候簿				4	4	1	1	3	13	0.005

序号	名词	先秦	秦汉	三国两晋南北朝	隋唐五代	宋	元	明	清	出现次数	频次
34	门簿					2		19	25	46	0.018
35	青簿					1				1	0.000
36	疏簿					1		14	21	36	0.014
37	卷簿							4	4	8	0.003
38	典簿					8	1	1	162	172	0.067
39	图簿		1	1	1	3				6	0.002
总计		1	51	64	450	1520	363	584	2328	5361	2.080

八、籍族

序号	名词	先秦	秦汉	三国两晋南北朝	隋唐五代	宋	元	明	清	出现次数	频次
1	书籍			0	4	5				16	0.006
2	簿籍		3	5	51	94	53	75	132	413	0.160
3	载籍		22	39	123	243	39	147	478	1091	0.423
4	户籍	3	1	9	58	85	82	31	80	349	0.135
5	籍记								132	132	0.051
6	黄籍			36	86	7	1	1	9	140	0.054
7	籍奏								13	13	0.005
8	籍帐				19		2	3	14	38	0.015
9	法籍	2	8	1	1	10	1	2	10	35	0.014
10	籍注								9	9	0.003
11	册籍					2	2	69	186	259	0.100
12	籍册					3	10	5	2	20	0.008
13	典籍	4	4	4	9	9			3	33	0.013
14	图籍	5	15	17	14	91	11	17	33	203	0.079

序号	名词	先秦	秦汉	三国两晋南北朝	隋唐五代	宋	元	明	清	出现次数	频次
15	籍图					4	2		1	7	0.003
16	鱼鳞图籍					1				1	0.000
17	文籍				61	133	45	37		276	
18	礼籍	4		2	6	12		1	3	28	0.011
总计		18	53	113	432	699	248	388	1105	2787	1.081

九、册族

序号	名词	先秦	秦汉	三国两晋南北朝	隋唐五代	宋	元	明	清	出现次数	频次
1	档册								67	67	0.026
2	卷册					5	1	26	61	93	0.036
3	册	10								10	0.004
4	册宝				10	320	160	72	112	674	0.261
5	册籍					2	2	69	186	259	0.100
6	册书	1	2	6	86	30	12	2	7	146	0.057
7	册文	2	6	19	220	141	55	42	113	598	0.232
8	册印				1	6	2	5	23	37	0.014
9	册祝	1			4	10	4	6	6	31	0.012
10	册子				3	7		31	184	225	0.087
11	册奏				2	3				5	0.002
12	黄册					2		51	34	87	0.034
13	籍册					3	10	5	2	20	0.008
14	文册					3	19	68	47	137	0.053
15	祝册	1		1	12	16	40	11	10	91	0.035
16	册档								32	32	0.012

序号	名词	先秦	秦汉	三国两晋南北朝	隋唐五代	宋	元	明	清	出现次数	频次
17	典册	1	8	13	126	140	32	18	133	471	0.183
18	鱼鳞册							4	5	9	0.003
19	鱼鳞图册							5	5	10	0.004
20	丈量册								1	1	0.000
21	青册					2	7	5			
	总计	16	16	39	464	690	344	420	1028	3003	1.165

十、典族

序号	名词	先秦	秦汉	三国两晋南北朝	隋唐五代	宋	元	明	清	出现次数	频次
1	文典	1	1	8	9	9	2	10	96	136	0.053
2	书典			4	19	5	6		8	42	0.016
3	典	83								83	0.032
4	典簿				0	4	1	1	162	168	0.065
5	典册	1	8	13	126	140	32	18	133	471	0.183
6	典法	3	12	20	68	92	19	12	19	245	0.095
7	典诰		6	24	37	47	3	7	18	142	0.055
8	典籍	4	4	4	9				3	24	0.009
9	典例			1	5	7	1	7	35	56	0.022
10	典谟		17	28	88	140	13	49	120	455	0.176
11	典票								7	7	0.003
12	典契					18		7	7	32	0.012
13	典誓				1	1				2	0.001
14	典书	1	3	33	86	29	36	6	2	196	0.076
15	典文		12	33	6	16	2	1	8	78	0.030

序号	名词	先秦	秦汉	三国两晋南北朝	隋唐五代	宋	元	明	清	出现次数	频次
16	典宪		4	23	88	155	12	10	6	298	0.116
17	典训		10	17	83	20	8	6	37	181	0.070
18	典则			47	34	26	8	133	30	278	0.108
19	典证			2					2	4	0.002
20	训典	8	4	22	25	32	5	18	24	138	0.054
21	六典	5	28	13	118	407	63	66	369	1069	0.415
22	三典	1								1	0.000
总计		107	109	292	802	1148	211	351	1086	4106	1.593

十一、图族

序号	名词	先秦	秦汉	三国两晋南北朝	隋唐五代	宋	元	明	清	出现次数	频次
1	图	69		2	2					73	0.028
2	地图	8	22	23	150	267	50	126	521	1167	0.453
3	图表				13	8	1		13	35	0.014
4	图簿		1	1	1	3				6	0.002
5	图牒			7	73	25	4	10	11	130	0.050
6	图法	3	5	2		18	9	2	14	62	0.024
7	图籍	5	15	17	14	91	11	17	33	203	0.079
8	图谱			2	19	23	3	27	25	99	0.038
9	图文		2	1		2			4	9	0.003
10	籍图					4	2		1	7	0.003
11	鱼鳞图					2			2	4	0.002
12	鱼鳞图籍					1				1	0.000
13	鱼鳞图册							5	5	10	0.004

14	版图	3							3	0.001
15	图书		54	16	52	19	25	21		
	总计	88	99	71	333	463	105	208	629	1809	0.702

十二、令族

序号	名词	先秦	秦汉	三国两晋南北朝	隋唐五代	宋	元	明	清	出现次数	频次
1	法令	5	161	628	714	1038	268	279			
2	政令	55	58	51	415	661	205	254			
3	律令		53	130	256	458	174	241			
4	诏令		34	55	191	956	331	185			
5	军令	6	16	23	137	346	80	462			
6	阴令	2	23	79	109	166	18	75			
7	敕令				69	428	143	51			
8	将令	1	12	37	51	117	148	389			
10	功令	3	5	13	16	65	14	52			
11	宪令		3	5	15	35	6	15			
13	格令			1	12	80	22	13			
14	饬令	2			3	1	1	3			
15	令状				1	28	1	1			
16	军令状					22	5	20			
	总计	74	365	1022	1989	4401	1571	2040	0	0	0.000

十三、其他

序号	名词	先秦	秦汉	三国两晋南北朝	隋唐五代	宋	元	明	清	出现次数	频次
1	中古文		6						29	35	0.014
2	架阁文字								2	2	0.001
3	架阁文书								1	1	0.000
4	鱼鳞图								2	2	0.001
5	鱼鳞图籍									0	0.000
6	鱼鳞册								5	5	0.002
7	鱼鳞图册								5	5	0.002
8	丈量册								1	1	0.000
9	凤凰诏				7	9	1	4	2	23	0.009
10	起居注		1	58	272	770	100	70	4121	5392	2.092
11	八法	4			2	6		1		13	0.005
12	八则	4			12	9		9		34	0.013
13	八柄	1								1	0.000
14	八统	1								1	0.000
15	九赋	5								5	0.002
16	九式	3								3	0.001
17	九贡	5								5	0.002
18	九职	2								2	0.001
19	九两	1								1	0.000
20	九正	1								1	0.000
21	九事	1								1	0.000
22	九功	3								3	0.001
23	八成	2								2	0.001
24	地傅	1								1	0.000

序号	名词	先秦	秦汉	三国两晋南北朝	隋唐五代	宋	元	明	清	出现次数	频次
25	五刑	4								4	0.002
26	质要	1		2	3	1			4	11	0.004
27	比居	1			5	3			2	11	0.004
28	简稽	2								2	0.001
29	傅别	2			9	4		4	6	25	0.010
30	礼命	1			3	2			1	7	0.003
31	质剂	5			22	20	2	7	48	104	0.040
32	要会	3			6	4		1	2	16	0.006
33	要贰	1								1	0.000
34	贰令	1								1	0.000
35	比要	1			3	1	1		3	9	0.003
36	地比	1								1	0.000
37	役要	1			2	1				4	0.002
38	岁会	3			9	9	1	8	6	36	0.014
39	岁成	1								1	0.000
40	月要	2			7	10	1	5	2	27	0.010
41	月成	1			2	1	1	2		7	0.003
42	日成	2								2	0.001
43	治成	1			2	1		1	1	6	0.002
44	治中	1			1	2			1	5	0.002
45	治要	1			1	1			4	7	0.003
46	治凡	1			1	1			3	6	0.002
47	治目	1								1	0.000
48	治数	1								1	0.000

序号	名词	先秦	秦汉	三国两晋南北朝	隋唐五代	宋	元	明	清	出现次数	频次
49	约剂	7			13	8	3	8	7	46	0.018
50	官成	2								2	0.001
51	官契	1								1	0.000
52	三兆之法	1								1	0.000
53	三易之法	1								1	0.000
54	三梦之法	1								1	0.000
55	五禁之法	1								1	0.000
56	版	6								6	0.002
57	治	6								6	0.002
58	复	4								4	0.002
59	逆	4								4	0.002
60	会	5								5	0.002
61	要	4								4	0.002
62	成	1								1	0.000
63	总	1								1	0.000
64	贰	17								17	0.007
65	辟	1								1	0.000
66	质	2								2	0.001
67	剂	2								2	0.001
68	中	5								5	0.002
	总计	145	7	60	382	863	110	120	4258	5945	2.306

附录3：各族类主要名词在不同朝代的"出现次数""名词数量"统计表

各族类主要名词在不同朝代的"出现次数"												
朝代	文族	档族	书族	案族	卷族	牍族	簿族	籍族	册族	典族	图族	令族	其他
先秦	6		29			1	1	18	5	107	88	74	145
秦汉	242		418	1		10	51	53	16	109	99	389	7
三国两晋南北朝	330		536	21		42	64	113	39	292	71	1095	60
隋唐五代	1412		1767	170	14	182	450	432	464	802	333	2039	382
宋	5936		4757	335	99	697	1520	699	690	1148	463	4514	863
元	2457		1642	108	134	187	363	248	344	211	105	1571	110
明	3330		2009	222	298	444	584	388	420	351	208	2173	120
清	9304	285	8708	885	394	2329	2326	1105	1028	1086	629	6197	4928

注：本表的统计一般不包括单音节词，具体统计对象见附录表1。

各族类主要名词在不同朝代的"名词数量"												
朝代	文族	档族	书族	案族	卷族	牍族	簿族	籍族	册族	典族	图族	令族	其他
先秦	3		9			1	1	5	4	9	5	7	58
秦汉	17		15	1		4	10	6	3	12	6	11	2
三国两晋南北朝	30		21	3		9	15	8	4	16	9	12	2
隋唐五代	38		30	6	2	14	26	11	9	16	9	15	20
宋	48		29	7	4	19	31	15	15	17	11	16	20
元	44		25	4	4	11	21	11	12	15	8	16	8
明	41		26	5	7	17	28	11	16	15	7	16	12
清	50	5	27	9	8	24	28	15	18	19	10	16	31

后记

本书是以国家社科基金项目（中国文档名词发展演变史，14BTQ071）及其后续成果的形式呈现给读者的，其研究历程却是漫长的。

我的研究工作主要是源于问题意识（此外主要是源于友人的邀请）。这些问题首先是来源于工作，如档案学；其次是来源于兴趣，如历史学、哲学。

由事物而到词汇，这是一个必然的逻辑。我们不论从事哪一方面的学术研究，都会或多或少地关注本领域中的语言词汇问题，天天说到它们，以它们为表达工具，关注它们、思索它们的来源与内涵，对任何一个有学术探索精神的学者来说，都是自然而然的事情。所以，我很早就开始关注档案学领域中的名词问题了，最早的文章是《〈周礼〉中的档案、档案工作者名词之阐释》，《宁夏档案》1993—1995年分多期刊出，说起来是20多年前的事情了。

直接将我带入档案名词研究领域的是我关于"档案"一词的研究。我是在我的档案学教学工作中逐渐提升对档案词汇问题产生兴趣的，最早主要是以档案词源问题为主，前后发表了6篇相关文章。最早的一篇文章是我协助王爱华同志完成的《满汉文化融合与"档案"词源》一文（《清史研究》1997年第

3期），其后陆续发表了《再谈"档案"词源问题》（），《中国档案》2005年第3期）、《论清代文献中所见"档子"一词》（《档案学研究》2012年第5期）、《清代文献中所见"档册"一词研究》（《档案学通讯》2012年第6期）、《清代文献中所见"档案"一词及相关问题研究》（《档案学研究》2013年第6期）、《谈"当"非"档"——兼论宋代档案职官》（《档案学通讯》2014年第2期。）、《谈"档案"一词的构词及词素来源》（《档案学研究》2014年第6期）等。

我最早使用数据库工具即使用计量语言学的方法研究语言词汇问题的文章是《从〈二十五史〉看中国古代档案名词的演变》（《档案学通讯》2003年第2期）。我指导研究生研究档案词汇问题是从2009级田丹同学开始的，而大规模带领研究生研究档案词汇问题是从2011级开始的，她（他）们是吴晓菲、袁礼、董学敏、刘纹序、孟晓娇、付津；然后是2013级研究生康胜利（康胜利成为我的博士生后，继续进行了这方面的研究）、王鹤祺、杨天昊、舒建兰、宋少云、岳展宏，2014级研究生金璐、杨哲、欧阳海琴、刘丽伟、陈慧艳、霍云乔，2015级研究生杨茉、顾雪晴、李丹、王艺美、杜守一，2016级研究生史梦茜（史梦茜还协助我做了一些后期的书稿修改工作）、孙瑞、李晶晶、谢宇欣，2017级研究生丁思聪、赵丽娜、杨璐璐，以及我早年的研究生辽宁科技学院冷静教授等。从参加研究者人数众多可知研究工作量之大，这是一项集团作战完成的工程。

我在这里使用的不是"团队"而是"集团"的概念，是因为就一个课题研究而言，其人数是庞大的。不是一个"团队"，而是先后有几批人、约四十人来跟我一起研究。这个课题，所需检索和研读的资料量是前所未有的，是巨大的。而且，研究过程中所涉及的词汇达数百个，时代沿革贯穿古今。这样庞大的一个工程，其工作量是可想而知的。

在工作中还有一个困难，这就是团队成员多数是研究生，他们的时间周期是三年。所以，一批人只能解决一部分问题，这样就需要几批人来连续做。分别解决不同的问题，由浅入深，目前已经有五六批研究生参与其中。当然，成员中也有一些我此前的毕业生，现在已经是副教授了。

虽然本课题的研究工作量巨大，内容十分庞杂，但它却是我的诸多研究方向中觉得有些"好玩儿"的一个。自己觉得"好玩儿"，所以也愿意推荐给别人，此书尚未出版，我已经跟学生们说："我此前从来不做推荐书目一类的事，但这部书可以推荐给你们，因为它既有知识性，也很有趣！"写这部书时，想起元任先生说自己研究方言学是因为"好玩儿"，颇觉得很有同感。当然，我们这种专业词汇研究，和方言比起来，在"好玩儿"上还是有所不及。但由于专业情感问题，别人不怎么觉得"好玩儿"的东西，自己也觉得很"好玩儿"了！

尽管我十分愿意信任我的学生们的工作态度和工作能力，但他（她）们的工作还是有瑕疵的，检索和统计结果尚有不准确的地方。尽管100%的准确在类似的人文科学研究中很难做到，但还是应该因此向读者致歉！但有一点需要说明，这与学生们的工作态度和工作能力无关，这就是由于本课题历经数年，发表的论文数据有所差别与数据库文献的数量增加有关，当然也与检索者的认识不同有关。因此，尽管计量语言学是一种很有效的研究方法，但读者切不可将其数值作为绝对值看待，仅是一种参考值而已。

笔者研究文书、档案学科之历史语言学问题，原本是自然发生的，如《从〈二十五史〉看中国古代档案名词的演变》、"档案"词源诸文章等，都是或遇到问题后遇事做事，或灵机一动有感而发。初期未及多思，然积累日多，于不知不觉发表了70余篇文章，成就了一门独立的学问，惊觉之余，叹曰：文章本天成！此后便渐渐有意而为之，方得成今日之著作。